U0934738

三国秘传
上卷
江波 江骏祥 著
中国青年出版社

（京）新登字083号

图书在版编目（CIP）数据
三国秘传：全2册/江波，江骏祥著.—北京：中国青年出版社，2011.8
ISBN 978-7-5153-0114-3

Ⅰ.①三… Ⅱ.①江…②江… Ⅲ.①历史事件-中国-三国时代
Ⅳ.①K236.05

中国版本图书馆CIP数据核字（2011）第148558号

出版发行：中国青年出版社
社　　址：北京东四十二条21号
邮政编码：100708
网　　址：www.cyp.com.cn
责任编辑：李茹 Liruice@263.net
编辑电话：(010) 57350508
营　　销：北京中青人出版物发行有限公司
电　　话：(010) 57350522 57350524
印　　刷：三河市君旺印装厂
经　　销：新华书店

开　　本：700×1000 1/16
印　　张：56.75
插　　页：8
字　　数：828千字
版　　次：2011年10月北京第1版 2011年10月第1次印刷
印　　数：1-10000套
定　　价：88.00元（上、下卷）

董貴妃
王允
董卓
貂嬋
呂布

許褚
曹仁
曹操
曹丕
荀彧

趙雲
劉禪
諸葛亮
劉備
甘夫人
孫夫人

劉璋
劉表
袁紹
公孫瓚
袁術

張飛
關羽
姜維
黃忠
魏延

孫策
孫堅
周瑜
魯肅
陸遜

潘夫人
孫峻
孫權
孫魯班
孫魯育

司馬昭
司馬師
司馬懿
鐘會
鄧艾

目录

前 言

随着《三国秘传》的问世，一千八百年来一直被深埋在地下的396件三国惊天秘事及不为人知的权谋商战用人宝典也将随之公之于世。每个人都将会为之惊心动魄，每个人都能从中学习到超凡的谋略智慧。

惊天秘事是有着重大历史意义又长期被掩盖不为人知的奇闻秘事，不为人知的权谋商战用人宝典是蕴含在其中的谋略大智慧，随着一件件惊天秘事真实再现，一则则不为人知的权谋商战用人秘法也将会随之而现。

要想把一千八百年来一直被深埋在地下的一件件三国惊天秘事及权谋商战用人宝典分析开发出来，首先是要尽量把相关史料收集全，接下来就要严格在史料基础上进行史料分析考证。这就像矿石冶炼，有了先进的冶炼技术，才能有效地把矿石中的贵重金属提炼出来。

说到史料分析考证，许多人可能会说这还不简单，以陈寿著裴松之注的《三国志》、范晔的《后汉书》、袁宏的《后汉纪》、班固的《汉书》、《晋书》为依据不就可以了。

其实这都是些“原矿”，里面不可避免地还含有一些杂质及大量没有多少价值的成分，还要通过“冶炼”才能把贵重金属从中提炼出来。就拿王沈的《魏书》来说，里面含有大量为其主子曹操歌功颂德及贬低对手的成分，加上一些道听途说，里面不可避免含有许多杂质。再者，里面还有大量没有多少价值的鸡毛蒜皮之事。那么又该如何从中提炼出更加真实可信的三国惊天秘事及权谋商战用人宝典来呢?

关于这个问题，史学大师吕思勉为我们初步指明了方向，他的做法是：“全靠我们根据事理去推测他、考证他、解释他。”说白了就是：“史料考证＋事理分析”。

许多历史学者也都是沿着这个方向前进的。结果许多学者在对史料分析考证时，除过引经据典以外，唯一的办法就是再通过事理推论一下，导致除过明显有悖事理之事能挑拣出来外，有许多事情就很难说清楚，还会把一些杂质当史实来引用，拿鸡毛当令箭更是家常便饭。我也是按照这个方向前进的，虽然收到了许多效果，可也因此出现了许多问题。《三国秘传》共写了五稿，前两稿都是这么做的，只得一改再改，大量返工。就在我近乎绝望的时候，才明白这就像对古化石进行分析考证一个道理，要是没有C14测试年代的方法，那考古将很难进行。也就是说，要想对三国历史进行科学系统的史料分析考证，要想从中提炼出一个个惊天秘事及其权谋商战用人宝典来，仅仅靠“史料考证＋事理分析”这两项传统方法是远远不够的，还要有所突破。否则，将寸步难行。

后来我把现代科技成果充分运用到了史料分析考证中，结果收到了异乎寻常的效果。

首先我除“史料考证＋事理分析”这两项传统方法之外，充分利用现代心理行为科学的研究成果，在史料分析考证中大量运用了“心理行为分析”这一方法。通过这一方法可以较为准确地把握当事人的基本思维行为特征，心理行为过程。每个人都是一个行为主体，不同思维行为体系的人具体的行为表现也会千差万别，这样就可以准确地解释古代当事人的种种行为表现。这将在史料分析考证中就会又多出一项重要指标，而不是仅仅局限于“史料考证”与“事理分析”这两项指标。广大读者可以清楚地看到该方法在《三国秘传》中的广泛应用，如曹操的变异人格，袁绍袁术兄弟不和，袁绍的大义之心，刘备的宽仁大德，刘表的明哲保身、孙权的感情用事和迷信思想等性格特点都是通过这一现代科技分析方法考证出来的。生活在六百多年前元末明初的罗贯中就没有这些条件了。

再者，在史料分析考证中我还充分利用了“互联网查地形”这一现代科技。古代战争属于冷兵器时代，地形地貌因素对战争的影响起到至关重要的作用。如在官渡大战中，袁绍的50万大军怎么会被被挡在一个小小的官渡？在刘备东征中，一个小小的猇亭怎么会挡住刘备的40万大军？在街亭之战中，马谡为什么不挡道扎营？这都与特殊的地理环境有关。

在三国中，大大小小任何一场著名战役都与地形地貌有关。在古代，罗贯中只能参照粗糙简略的地图。而在现代，不仅有测绘非常精确的行政区划和地形、地貌图，还可以通过互联网查阅更加精细的电子地图及相关地形、地貌说明，还可以通过Google地球进一步查看相关地形、地貌的三维影像，可以更加全面完整地了解相关的情况及特征。这样自然也就能更加真实可信地分析考证出三国各著名战争，每一战争都得益于“互联网查地形”这一现代科技。而生活在六百年前的罗贯中就没有这么幸运了，那时还主要是靠马匹传输信息，他老人家也只能借凭粗略的地图靠想象去虚构，也是没办法的办法。

我在史料分析考证技术上由于充分利用了“心理行为分析”、“互联网查地形”、“系统还原”等现代科技，再加上“史料考证＋事理分析”这两项传统方法，这样严格在史料基础上还原出来的396件三国惊天秘事及权谋商战用人宝典自然也就更加真实可信。

可一部反映史实的作品仅仅用现代科技把长期以来一直被深埋在地下的一个个惊天秘事及权谋商战用人宝典给分析开发出来是远远不够的，还要有一套成熟的创作方法，这样才能把396件三国惊天秘事烹制成大众喜闻乐见、津津乐道的系列历史故事，才能在讲故事的时候把宝贵的谋略大智慧——权谋商战用人宝典传授给读者，就像在品尝美味佳肴的时候又能营养滋补身体一样。这样才能让读者在喝茶聊天看书休闲的时候，轻轻松松把宝贵的谋略智慧统统学到手。

在创作方法上，《三国秘传》与《三国演义》一样，都采用的是历史小说式创作方式。所不同的是，《三国秘传》是严格以史料为根据，在书中每一重大秘事的出处都有详细说明。

《三国秘传》是现代文明的产物，是从现代中国人的全新视角客观理性看三国，所承载的自然是现代文明行为理念，又赋予了三国新的文化内涵。它不仅能让亿万中国人欣赏到更加客观真实而又精彩的三国历史故事，学习到宝贵的权谋商战用人之法，还可以史为鉴，面向未来，更加珍惜来之不易的现代民主社会。

还有，本著是从公元155年曹操出生开始，完整地再现了三国百年权力斗争史。《三国演义》是从公元184年黄巾起义开始的，那时曹操、刘备、孙坚、袁绍等三国各主要人物都已是而立之年，之前是一片空白。这样在人物发展的过程中就会有严重缺陷，世人对他们的早年经历及性格形成就会一无所知，也就难以理解他们后来的所作所为。尤其是曹操性格本来就复杂，就更难以理解了，而本著也整个弥补了这一大空白。各主要人物人生经历及性格发展过程就像一条因果链条，从生到死，清楚明了。

还需要说明一下的是，《三国秘传》约三分之一写的都是战争，又怎能和商战联系在一些呢？相信一些读者也会提出这样的疑问。其实商场如战场，这个道理稍有商业常识的人都知道，商道与兵法的基本原理与组织管理之道是相通的。《三国秘传》许多不为人知的经典战例正好可以用于解释现代商战。这也是许多日本著名企业家纷纷从《三国演义》中取经的原因。

最后，为明辨是非，我还结合易中天《品三国》对真实再现的三国各重大秘事及谋略进行了精彩点评。当然在这一过程中免不了要有一番观点碰撞，目的是为了让广大读者看得更清楚，搞得更明白，在娱乐欣赏的过程中更好地吸取其中不为人知的谋略智慧。有一百多个相关话题就像烤肉串一样夹在故事里面。

作者：江波 江骏祥

第一回

曹操身世古来奇 奇特环境造奇人

任何一个人都不可能天成其才。一个人成才，无非是家庭教育、学校教育与社会教育的结果。因为在中国古代还没有系统的学校教育，因此一个人成才主要靠的是家庭教育、社会磨炼。为什么在中国古代特别讲究出生门第，其实仔细想一想也是有一定道理的。门第不仅能显示出一个人的社会背景情况，同时也表明一个人在家庭受教育的程度。那么曹操是在怎样的家庭教育环境中成长起来的呢?

漫天大雪，许多衣衫褴褛的人都饿死冻死在了雪地之中，一个小男孩蓬头垢面，眼泪已经哭干，正在用一双小手艰难地刨着埋在雪地里的草根，如获至宝地把草根往嘴里塞。小男孩生吞活咽下草根后，又抓起地上的雪往嘴里塞，“妈妈，妈妈……我饿，我饿……”小男孩喃喃地呼喊着，身边横七竖八躺着已经被冻僵饿死的老人、孩子、妇女，一些人也在有气无力地刨着雪地里的草根。

这时一辆双轮马车，冒着漫天大雪从远处而来，越驶越近，来到横七竖八的人群中。从马车上走下一个中年男人，头顶巧士冠，身穿厚实的锦缎棉袍，一脸慈祥之气，一看就是朝廷中的大官。此人就是曹腾，字季兴，沛国谯县（今安徽亳州市）人，时任中常侍（大宦官）。曹腾下车后，便与车夫给雪地中横七竖八的人群分发食物，“来，把面饼拿上，每人两块，吃饱了肚子就热乎了！”曹腾一边分发食物一边说道。

车夫跟在身后，给人们分发五铢铜钱，“来，这是大人给你们的钱，每人一串铜钱，拿上它可到街上买点吃的！”

“谢谢，谢谢大人！”

“大人可是我们的衣食父母啊，我们就是死也不会忘记大人的恩德！”横七竖八的人群纷纷跪地磕头道。

这时曹腾来到小男孩面前，将两块面饼递到正在食雪的小男孩手上。小男孩一脸惊恐，还没等递到手上便一把将面饼抢到手上，抱着大饼便咬，狼吞虎咽，大口大口地吞食。“孩子，别急，慢慢吃，小心噎着。”曹腾的眼睛湿润了。孩子由于吃得太猛被噎住了，又连忙捧起地上的雪吃，曹腾的眼泪禁不住从眼角流下。

曹腾蹲下身和蔼地问道：“孩子，你们从哪里来？”

“大人，我，我，我是沛国谯县人，本姓夏侯氏，一路逃荒来到洛阳，已经，已经好长时间没吃东西了。”小男孩吞了一口面饼说道。

“哎哟，我们还是同乡！”曹腾说道。

“孩子，你的父母呢？”曹腾问道。

“他们，他们，他们都饿死了……”孩子说着哭了起来，“我的爸爸和妈妈都饿死了，几天前就都饿死了，就在那边！”

曹腾和车夫看了一眼在雪地中被冻死饿死的人群，“孩子别哭，别哭！”曹腾把小男孩揽在怀中。小男孩哭了许久，曹腾起身牵着小男孩的小手说道：“走咱们回家！”

“大人，我的爸爸、妈妈都死了，我没有家。”小男孩说道。

“跟我走，你就会有个家。”曹腾牵着小男孩，走上马车。

“大人可真是活菩萨啊！”横七竖八的人群跪在雪地上纷纷拜道。马车夫扬起马鞭，“驾！”马车不久便消逝在雪地的尽头。这个被曹腾收养的小男孩后来改名曹嵩。关于曹操身世，公元200年袁绍在讨伐曹操的公告中骂曹操是“乞丐携养”，应该不会有问题。再者，上述曹嵩乃曹腾养子身世，陈寿在《三国志·魏书一·武帝纪第一》有明确记载。

曹嵩的命运也从此发生了翻天覆地的变化，从一个街头孤儿摇身一变成了高干子弟。曹腾待人宽厚，好举贤任能。有这么一则故事很能说明曹腾的为人。桓帝时期，曹腾被封为费亭侯，任大长秋（宦官总管）。蜀郡太守给曹腾写了一封信，被益州刺史种嵩搜得，上奏朝廷称曹腾：“身为内臣却与外官交往，行为不当，请免官治罪！”当时是严禁宦官与外臣往来的，这个罪名小到可以免官，大到可以杀头。桓帝称："此信是从外而来，不是出自曹腾之手，他又有什么错？"曹腾得以幸免。换成别人肯定会对种嵩怀恨在心，借机报复，可曹腾对种嵩还是如常，常称赞种嵩为人正派，能力过人。后种嵩被提升为司徒（相当于民政部长），常对人言："我能有今天，都是曹常侍之恩！"此事司马彪在《续汉书》有所记载，本著只是如实再现而已。

曹嵩就是在这样的家庭环境中成长起来的，成年后曹腾又给他娶了媳妇成了家，不久两个孙子便相继出生，两个孙子而且都是带把的。"曹家人不仅有后了，而且还可以代代相传！"曹腾怀抱两个孙儿高兴得嘴都合不拢，曹嵩夫妻站在一旁也合不拢嘴，火盆中炭火烧得正旺，满屋子都是暖洋洋、乐融融的气氛。曹腾分别给两个孩子取名，大的叫曹操，字孟德，小名阿瞒，公元155年生人，后出生的弟弟取名曹德。"两个孩子的名子都有'德'这个字，你们知道吗？这个'德'字可是立人立事之本啊！我们曹家人要代代相传，以德待人，以德处世，以德做事——"曹腾怀抱两个孙儿语重心长地说道，面容慈祥，一头花发。

"爹，快把孩子给我，小心把您老累着了！"媳妇和曹嵩从曹腾手中接过曹操和曹德，"哎哟，爹，您的身上怎么湿了，水淋淋的！"媳妇惊道。

"一定是阿瞒给我尿了！我怎么感到热乎乎呢！"曹腾笑道。

曹嵩连忙给曹腾端上热茶，"爹，喝茶。"

曹腾于桓帝末年去世后，由曹嵩嗣其爵位。从养父曹腾那里得到真传的曹嵩，再加上早年在街头流浪磨炼出来的混混劲，为了升官和发财脑袋削得比火箭还要尖，在官场上平步青云，没过多久便被提升为司隶校尉，负责监察京属司州七郡，年俸两千石（古代以粮食为标准计算官吏的俸禄，一石十斗，约合40斤）。俗话说一人当道鸡犬升天，曹嵩由街头孤儿变成了高干子弟，随后又摇身一变成了皇帝身边的重臣。跟他沾亲带故的那些曹家和夏侯家及娘家人也一并洪福齐天，夏侯惇、夏侯渊、曹仁、曹洪、许褚（曹操的娘家人）的父亲本来也都是劳苦大众出身，也都纷纷摇身一变成了谯县一带有名的大土豪。

曹操从小就生长在这么一个奇特的宦官家庭之中。在中国古代历史上，不管是哪朝哪代，都既享有极特殊的社会地位，又因生理上的缺陷常常被世人所歧视，抬不起头来。

儿时曹操有一次在和一群官宦子弟玩木猴的过程中，几个孩子议论道：“你们知道宦官是什么官？”其中有许攸、娄圭、张邈、张超、袁绍等。

曹操与许攸、娄圭、张邈、张超、袁绍从小为友之事，陈寿在《三国志·魏书六·袁绍传》记述道：“绍有姿貌威容，能折节下士，士多附之，太祖（曹操）少与交焉。”在《三国志·魏书七·张邈传》记述道：“太祖、袁绍皆与邈友。”《魏略》记述道：“攸字子远，少与袁绍及太祖善。”“娄圭字子伯，少与太祖有旧。”

“宦官是皇帝身边的宠臣，是大官，有钱也有地位！”娄圭说道。

“你说的不对！宦官就是鸡鸡被割了，送进宫伺候皇上，说起话来尖声尖气，就是这样的人！”许攸一边说着一边拉长声调表演着。

正在抽木猴的曹操听到后心里很不是滋味，这时又听到娄圭悄声说道：“你们知不知道，阿瞒的爷爷就是大宦官，官做得好大耶，只可惜就是裤裆里没这个玩意，断子绝孙！”说着还掏出自己的鸡鸡比划着，逗得正吃着红薯的袁绍等所有在场的孩子一个个捧腹大笑，红薯喷了一地。

“原来阿瞒是赘阉遗丑！难怪啊，难怪他说起话来有些尖声尖气的！”许攸说道。

曹操又羞又恼，胀红着脸，冲上前质问道：“你们说谁的爷爷是宦官？你爷爷才是宦官！才没鸡巴！你才是赘阉遗丑！”

“你爷爷就是宦官！大人们都是这么说的！你才是赘阉遗丑！”娄圭辩道。

“我不是！”曹操本能地反驳着。

“你就是！”娄圭不依不饶。

于是两人便厮打了起来，袁绍在一旁劝着架：“别打了！你们这么多人欺负阿瞒一个人！”

曹操身体本来就瘦小，再加上寡不敌众，于是脸被抓伤了，鼻子也打出血了，像泥猴一样地滚在地上，一副落魄的样子，逗得围观的孩子一个个捧腹大笑。

“曹操的爷爷是宦官！曹操是赘阉遗丑！曹操的爷爷是宦官！曹操是赘阉遗丑！”孩子们无所顾忌地一边哈哈笑着，一边朗朗地高呼着。

曹操恨不能像蚯蚓一样钻到地底下去，他扔下木猴和鞭子，抱头就跑回了家。

看到委屈的孩子，母亲忙问：“阿瞒这是怎么回事？”

“外面的人都说我爷爷是宦官，骂我是赘阉遗丑。妈，我是赘阉遗丑吗？”曹操哭道。

这个问题一下把母亲给问住了。要回答是，这不仅会伤了孩子的心，也不合适。可要回答不是，他又的确是大宦官曹腾的孙子。可你说他是，他又不是，他的爷爷是宦官，他的父亲又不是宦官，又怎么能说孩子是赘阉遗丑呢？正不知道该如何回答时，曹操又追问道：“妈，我说话你听见没有？你说我是赘阉遗丑吗？”

“外面的孩子都在瞎说，你又怎么是赘阉遗丑呢？你爸爸要是宦官又怎么能生下你和你弟弟呢？”弟弟曹德这个时候也走了进来，鹦鹉学舌似的接口道：“是的哥哥，我们不是赘阉遗丑，爸爸要是宦官又怎么能和妈妈生下咱们呢？”曹德的几句话，把母亲和曹操都逗乐了。可曹操心中还是有疑虑：“那爷爷是宦官吗？”

这个问题又把母亲给问住了，吱吱唔唔正不知怎么回答时，曹嵩手持竹简（东汉时期文字有相当部分还写在长条形竹片上），掀开门帘走了进来。刚才他们母子的对话曹嵩在门口都听到了，这个问题又怎么才能向半大的小子说清楚呢？可不说又不行。

“爸，你快说，我爷爷是宦官吗？”曹操催促道。曹嵩犹豫了一下，放下手中的竹简，憋足一口气说道：“阿瞒，这样跟你说吧，你爷爷的确是一个大宦官。”

曹操的心一下子由高空重重地摔在了地上。“那我不就真的成了赘阉遗丑？你胡说，我不是赘阉遗丑！你胡说，我不是赘阉遗丑！”曹操把竹简一把掀翻到地上，哭叫着拿头就往墙上嗵嗵直碰，曹嵩两口子惊呆了，连忙将曹操抱住。“我不是赘阉遗丑！我不是赘阉遗丑！要是这样我就不活了！谁都笑话我！谁都看不起我！”曹操哭喊着。

“阿瞒！阿瞒！你听爸爸说，你听爸爸说好不好？我刚才话还没说完！”曹嵩一边搂抱着曹操，一边心痛地喊着。

“我不听！我不听！我不听你胡说！”曹操双手捂着耳朵哭叫着。

“你爷爷是宦官，可你爸爸不是宦官啊？你爸爸要是宦官怎么会和你妈生下你和你弟弟？既然你爸爸不是宦官，你又怎么能是赘阉遗丑呢？因此，你不是赘阉遗丑！外面的小孩不知道咱家的情况，都是胡说八道！阿瞒，你听爸爸说，你不是赘阉遗丑！你不是赘阉遗丑！我的儿子怎么会是赘阉遗丑呢？”曹嵩一边说着一边把曹操心痛地搂在怀中，两行热泪滚落在曹操的脸上。这是曹嵩在孩子面前第一次落眼泪。母亲也在一旁哭着，一边附和着，“你爸爸说得对，你不是赘阉遗丑！”这时曹操才渐渐平静下来。“爸，那我爷爷是宦官，又怎么会生下你呢？”

这句话把所有的人都逗乐了，曹操也有些不好意思。

“这件事嘛是这样……”曹嵩于是便第一次给孩子们讲了自己的身世。两个孩子听得津津有味，一家人其乐融融，晚上那顿饭吃得特别香。

可事情并没有完，也完不了，这其实仅仅是个开始。童言无忌，伙伴们还是常常口无遮拦地骂曹操是“赘阉遗丑”。

没过多久，几人在一起玩藏老猫游戏，许攸藏在狗洞里，以躲避曹操这只“猫”的追捕。许攸的鬼点子被曹操给识破了。

“哎呀，兄弟，就睁只眼闭只眼，放过我这次行不？”许攸请求道。

“不行！别耍赖，捉住了就出来！”曹操坚持道。

“哎呀，就放过我这次吗，下次我也睁只眼闭只眼。”许攸嬉皮笑脸道。

“不行！”曹操坚持道。

“你这个赘阉遗丑怎么给脸不要脸！好话听不进去？”许攸从狗洞里爬出来，一把将曹操的领口提住怒道。

“你胡说！我不是赘阉遗丑！我爸爸不是宦官！他要是宦官怎么会生下我？！”曹操极力反驳道。

“你就是赘阉遗丑！你爸爸不是，可你爷爷是！”

“我不是！”

“你就是！”

曹操与许攸厮打在一起，娄圭、张邈、张超、袁绍，听说曹操和许攸打起来了，都蜂一样的连忙过来围观。

曹操与许攸就像两头小牦牛一样顶在一起。“曹操你就承认你是赘阉遗丑不就行了？有什么大不了！”娄圭喊道。

“不！我不是赘阉遗丑！你们才是赘阉遗丑！”曹操怒吼道。

“狗咬吕洞宾不识好人心，许攸把他绊倒，快给他脚下使绊子，狠狠地打！”几个公子哥连吆喝带拉偏架就把曹操绊倒在地上。“你们这么多人联合起来欺负曹操，太不像话了！”袁绍制止道。

就是这样，曹操也不知道为此事跟许攸、娄圭、张邈、张超斗过多少嘴，打过多少架。可由于他的伙伴中只有他一个出身于宦官之家，这样曹操每次都因寡不敌众，成为挨打受欺负的一方，不是被抓伤，就是被打伤。曹操不仅要承受心灵的伤痛，同时还在承受皮肉的伤痛。可那时候曹操心中的恶气在外面撒不出去，只有回到家里，通过歇斯底里式的发作——吵、闹、打、骂、砸来排解胸中像滔滔洪水般不断涌现的恶气。

“我要学剑术！长大了把这些人一个个都千刀万剐！斩尽杀绝！斩尽杀绝！”

曹操就是这样一边在家砸东西、摔碗筷、破门窗，一边破口大骂，以此来宣泄心中的怒火。曹操的家就是这样经常被砸得稀巴烂。此时的曹操已进入青春期。这在当时也是他唯一有效的宣泄渠道。下人们一个个惊恐万状。

“阿瞒啊！我的儿！快别砸了！你到底怎么了？”母亲哭道。

“你们骗我！你们骗我！外面的人都骂我是赘阉遗丑！”

曹嵩与曹母痛苦不堪，“这到底是怎么回事，我们的宝贝儿子阿瞒怎么会变成这样？”他们也不知为曹操求过多少医，问过多少药，流了多少眼泪。可每次狂风暴雨后又是一片风平浪静，甚至可以说是风和日丽。这其实就是曹操“头风病”的早期症状。

这是曹嵩做梦都没有想到的事。这就像是一场交易，曹嵩成为宦官养子之后，既让他收获到了大福大贵，同时也将为此付出沉重的代价。

由于宦官是生理上有缺陷的人，自古以来就受到世人的普遍歧视。不要说过去，就是现在也一样，比如说人妖。可不仅如此，那个时候的宦官将要背负更多的恶名，人们把官场腐败都习惯性归罪于宦官弄权。曹操作为宦官养子之子，自然也就要背负更大的恶名。

曹操，作为一名宦官养子之子，他一方面高高在上，享受着尊贵的社会地位和优越的生活；另一方面又让他感到极度自卑，在世人面前长期抬不起头来，被世人所鄙视，所厌恶。这种既高高在上又极度自卑的矛盾心理，是宦官普遍都有的。曹操从小就生活在这样一个极为特殊的家庭和社会环境中，自然也就会深刻地感受到这些，心理自然会发生扭曲。更可怕的是，这一宦官人格在曹操身上又发生了变异。因为真正的宦官，就像许多身体有残疾的人一样，他们早已经面对并接受这一现实。而曹操却不是这样，你说他是赘阉遗丑他又不是，他父亲又不是宦官；可你说他不是，他又是，他的爷爷的确是大宦官，他的确是宦官养子之子。曹操从小就生活在这样一种是又不是，不是又是的心理矛盾之中。

曹操就是这样，长期对宦官养之子之名，处在一种既深恶痛绝又挥之不去，既接受不了而又否定不了的心理矛盾之中。再加上长期的压抑、长期的困惑和发酵，可见曹操的心理有多矛盾，有多复杂，有多痛苦，有多难言。曹操本来就有的宦官人格就这么又发生了变异。这就是曹操“头风病”的早期症状。

对于同一不良刺激的恶性反应，一般人通常是1～3倍，宦官则是5～10倍，而具有变异宦官人格的曹操则不知要高出多少倍。这就意味着曹操这个人报复欲望极强。那实际情况是不是这样呢？

下回请看：袁绍母子寄人下　曹操恶搞偷新娘

第二回

袁绍母子寄人下　曹操恶搞偷新娘

相比于曹操离奇的身世，袁绍就要幸运多了。袁绍字本初，汝南汝阳（今河南上蔡）人，生于公元154年，四世三公，出身于名门望族。对袁绍极不友好的《魏书》也这样记述，袁氏家族，自祖父袁安到他们的父辈是四世三公，皆博爱容众，待人平和，宾客入其门，不论高低贵贱都能善待，故为天下人所敬仰。袁绍从小就出生在这么一个充满儒家仁德和智慧之气的家庭环境之中。可袁绍也有他的不幸。袁绍出生后不久，其父袁成（官至左中郎将）便去世，由于袁绍大伯袁平也早亡，孤儿寡母便依附在了三叔袁逢的门下，由三叔袁逢和四叔袁隗一起照顾抚养。由于袁绍从小待人和善又灵巧懂事，深受两位叔叔的怜爱。

这下袁术的母亲就不高兴了。袁术乃袁逢亲子，与曹操同年生，小袁绍一岁。关于袁绍与袁术的身世，易中天如此说道："袁绍和袁术可能是堂兄弟，也可能都是袁逢的儿子。"显然是模棱两可的说法。其实，此事在范晔《后汉书》、华峤《汉书》、《魏书》、《英雄记》中皆有记载。准确的说法应是袁绍为袁成之子，袁术为袁逢之子，老大袁平与老二袁成早亡，袁绍母子在袁成去世后依附在了袁逢的门下。袁绍和袁术是堂兄弟关系。著名史学家裴松之也持相同观点。

别人家的孩子由于聪明、和善、懂事，在自己的家里得到了优待，而自家的宝贝儿子却常常受到冷落，遭到训斥，做母亲的心里是什么滋味，也就可想而知了。

袁绍从外面玩耍回来，走进袁府。"妈，今天许攸、娄圭、张邈、张超几个玩藏老猫的时候又欺负阿瞒了，太不像话了！"袁绍说话间，见母亲向他挤眼睛，做手势，让他住嘴。正感到奇怪间，听到从隔壁房中传来袁逢教训袁术的声音："啊，你也不向你哥袁绍学学，一天到晚就知道在外面瞎胡闹，也不写字。你看你哥袁绍多懂事！”

“一天到晚尽让我向他学，他有什么了不起的？有什么好学的？” 袁术把竹简推到一旁，撅着小嘴，一脸不高兴。

“你还敢顶嘴？看我不打烂你这张嘴！”袁逢上去拍拍就是几记耳光，袁术母亲丢下手中的针线活，连忙上前把袁术护在自己的怀中。

“这小子越来越不像话了！你给我让开，让我好好教训教训他！”袁逢说着又抄起竹简要打袁术。

“你要打就来打我吧，就打我吧！”袁术母亲像老母鸡护小鸡一样护着袁术。

“孩子就是被你这样给护坏了，玉不琢不成器，子不教不成才！”袁逢挥舞着竹简吆喝道。

“你要打就打我吧，我儿子怎么就不如袁绍了？我儿子是正儿八经的袁门嫡子，他袁绍算什么东西？充其量不过是过继过来的一个庶子，跟到我们家来讨饭的有什么两样？自从他们母子进了袁家的门，我儿子隔三差五，不是挨训，就是挨打！”袁术母亲一把鼻涕一把泪地哭诉道。

袁术扑倒在母亲的怀抱中号啕大哭：“娘！爸爸不喜欢我，总说我不如我哥，我又怎么不如他了？他有什么了不起的，不就是到我们家来讨饭的吗……自从他来到咱家，样样都要向他学，他欺负我，整天以大哥自居，让我干这个，干那个，把我当佣人使，也不撒泡尿照照自己是啥东西……我爸也欺负我，动不动就训我，打我，我成啥了？我整个成了受气包……”

“孩子，不哭，不哭……有娘在，他不敢把你怎样，你怎么说也是袁家的嫡子，他算老几？”

这声声语语就像一根根针一样刺进了门外袁绍母子的耳中，袁绍一脸茫然，转身就要往门外跑，袁绍母亲一把将他拉住，袁绍张嘴要喊叫什么，母亲又连忙用手捂住他的嘴，母亲泪流满面，用祈求的目光摇着头，让他不要说话。袁绍咬紧牙关，会心地点点头。袁绍母亲随后拉着袁绍钻进了自己的房间。

这时袁逢气得把手中的竹简往桌上一扔，便摔门而去。其实，袁逢更心痛的还是自己的儿子，是希望自己的儿子也一样有出息，这样在说话的时候就总是拿袁绍做榜样，做标兵。可他又哪里知道，这么说刚开始还可以，可总这么说，听话的人心里就不是滋味了。

袁绍母亲心如刀绞：“我们孤儿寡母，无依无靠，寄人篱下，只能忍。”

袁绍依偎在母亲的怀抱中，替母亲擦干眼泪："娘……"母子俩又是一通抱头痛哭。

"娘，不行，我们搬出去住。"袁绍说道。

"娘不许你说这种浑话，你现在还小，我们孤儿寡母没有依靠怎么行？何况你三叔、四叔对咱们一直都很好。我们要是搬出去，让别人怎么想？"袁绍母亲说道。

"娘，我知道错了。"

"娘知道你是一个聪明而又懂事的好孩子，长大一定能和你爷爷、叔叔一样有出息。在人屋檐下怎敢不低头？你以后少到你弟袁术的房里去，少跟他玩，更不许欺负弟弟，听见没有？"

"娘，我知道了。"

袁术虽然小袁绍一岁，是袁绍的堂弟，可他是袁逢大宅门正儿八经的小主人，小少爷，合法继承人，自然是趾高气扬，不把寄人篱下的袁绍放在眼里。而袁绍又总是以大哥自居，指挥小兄弟干这做那，放不下大哥的架子，这样两人之间不可避免地就会产生许多矛盾。再加上袁绍从小深得袁逢、袁隗的怜爱，受到袁术母子的嫉恨，这样在两个孩子之间就产生了各种矛盾。

妯娌之间本来就容易产生各种矛盾，又同在一个大宅门内生活，低头不见抬头见，再加上孩子之间生出这许多矛盾，那相互之间的疙疙瘩瘩也就更多了。这自然又会进一步影响到袁绍与袁术这一对堂兄弟之间的关系。

世人都晓得袁绍与袁术生来不和，可又有谁知道这一对冤家，不和的根结竟在这里。整个是特殊的家庭环境造成的。

一天，曹操、袁绍、许攸、娄圭、张邈、张超几个公子哥儿相约到处游荡，碰上一家人结婚娶亲，几个少年也凑上去看热闹。骨笛声声，锣鼓阵阵，大红轿子把披着红盖头的新娘子迎进了门，几个少年看得很是开心，一边说着笑着，一边跟着瞎起哄。让所有人没有想到的是，几个坏小子竟动起了偷人家新娘子的坏主意。

"我有一个主意，不知道你们有没有兴趣？"曹操说道。

"什么主意？"许攸、娄圭、张邈、张超一个个眨巴着眼睛问道。

曹操跟许攸耳语了几句，许攸眼睛一亮，又分别跟娄圭、张邈、张超、袁绍几个耳语了几句，几个人一个个兴高采烈，连声叫好："高啊！实在是高！还是阿瞒的鬼点子多！"

"可问题是，又该怎么去拐人家才娶进门的新娘子呢？"张邈犯愁道。

曹操又跟许攸耳语几句，两人随即哈哈大笑。

几个公子哥儿趁天黑，躲在人家的菜园子里。眼看客人们正猜拳行酒令，吃喝玩乐正热闹，曹操一打手势，随着一声口哨，几个臭小子突然放声大喊：“不好了！有贼来了！有贼来偷东西来了！”“快抓贼啊！！！”

客人们纷纷从屋里拥出：“贼在哪儿？贼在哪儿？！”

“贼偷了好多东西往那边跑了！”几个公子哥指道。

客人们一窝蜂地都连忙去抓贼：“不能让贼跑了！赶快去追！”曹操等人就这么来了一个调虎离山计，把人家的新娘子给拐走了。

“哎呀，来吧，跟我们一起走吧，跟了我们要什么有什么。”

“松手！放手……你们是哪儿来的野小子？要干什么？！”

“赶紧跟我们走吧，要不然待会再有贼来把你给拐了怎么办？”

“松手！我不认识你们！”

这几个臭小子，就这么连拉带扯，连蒙带诈，把新娘子劫持到了小路上，自然是少不了一阵胡啃乱摸性骚扰。这时有人发现新娘子不见了，“新娘子到哪里去了？你们看见新娘子没有？”

现场一片混乱，“我们刚才看见几个公子哥儿把新娘子领到那边去了！”

“到那边去干什么？走，赶紧过去看看！”

新娘子看有许多人向她这边走来，连忙高声喊道：“我被这些小流氓给劫持了！快来救我啊！”现场顿时一片哗然。

“抓住他们！不能放走这些小流氓！”众人怒气冲冲，蜂拥而来。几个臭小子一见此景，丢下新娘子撒腿就跑。可就在这节骨眼上，袁绍却掉进了路旁的灌木丛中。这该怎么办？要是被抓住了，虽然不会告你调戏妇女罪，可非把腿打断不可。正在这千钧一发之时，曹操大喊一声：“贼在这里！”袁绍一急，一下子就像猎狗一样蹿了出来，跑得无影无踪。少年曹操就这么整日里飞鹰走狗，游荡无度。上述曹操偷新娘之事，刘义庆在《世语新说》里有明确记载，本著只是如实再现而已。

由此可见曹操不仅有变异的宦官人格，同时在他的性格中还有诡诈的一面，做起事来经常鬼点子、馊主意层出不穷。曹氏的遗传基因就这样在曹操身上发生了突变。易中天在《品三国》中称曹操是“天才的杰出的政治家、军事家”。显然曹操的“成才”绝非是易中天所言的天之所成，而是在奇异的家庭教育环境中一步一步形成的。

说完洛阳城里面的曹操、袁绍、袁术、许攸、娄圭、张邈、张超这些公子哥儿，不可避免还要谈到另外一个人。这个人是谁呢？

下回请看：刘备贩履惹是非　曹操出仕临大考

第三回

刘备贩履惹是非　曹操出仕临大考

这个人就是孙坚。孙坚字文台，吴郡富春人（今浙江富阳市），公元155年生，与曹操、袁术同龄，是孙武的后代，祖辈和父辈都在郡署为官。公元172年，17岁的孙坚和父亲一起乘船到钱唐（今浙江杭州市西）。船靠岸，孙坚父亲把手中的竹简卷好放到包裹中，正准备下船登岸，便遇到了数十名强盗打劫，乱哄哄地在抢掠船客财物，吓得船客都不敢登岸，可屁股后面又是浙江（今富春江），退又没处退，这该如何是好？正在大家慌作一团不知所措之时，从小就喜读兵法的孙坚对其父说道："这些强盗可破！"

"你最好别逞能，你一个人又怎么能敌得过这么一大群强盗？"父亲怯声道。

"我自有破敌之法！"孙坚说着便操刀上岸。

"不许你胡来，你给我回来！你这是找死！"父亲呵斥道，可已经来不及了。"你给我赶快回来！"父亲惊叫道。这时只见孙坚已经操刀上岸，船客一个个都投以惊异的目光："这小青年，一个人怎么能敌得过那么多强盗，这不是拿自己的命开玩笑吗？"

说话间，只见孙坚挥舞着大刀，放声吼道："这边有强盗！正在抢劫船客财物，赶快抓强盗！"

孙坚一边高声喊叫一边冲上前："张虎！你赶紧带五百人从左边上来！李豹！你赶紧带三百人从右边冲上来！两面包抄强盗！王猛！你赶紧带三百人抄到后面去，休要放过一个强盗！"

数百船客也随之助阵，齐声高喊："抓强盗啊！杀强盗啊！一个都不能放过……”

正在抢劫的强盗，听到似乎是官军正指挥兵马来追杀他们，吓得一个个甩下财物，撒腿就跑，失魂落魄没命地逃窜。被掠去财物的一些船客哪肯放过，拼命地追赶，就这么在浙江岸边上演绎出了一场强盗拼命大逃亡，全民皆兵大追捕的场面，一些强盗因逃脱不及落入群众手中，被活活打死，孙坚斩得一人首级。

强盗被吓跑了，被掠的财物也都找回来了，还杀了几个强盗，船客们一个个欢欣鼓舞。少年孙坚很自然也就成了众人心目中的英雄，孙坚从此便远近闻名，不久被召为校尉。恰在此时，会稽（今浙江绍兴）一带又发生民变，孙坚招募千余精勇协助郡守平定了民变。因平民变有功，孙坚又被提拔为盐渎丞。这一年孙坚才18岁。上述孙坚杀强盗之事，陈寿在《三国志·吴书一·孙坚传》有记载，本著只是如实再现而已。

再说刘备。刘备字玄德，生于公元161年，小曹操、袁术、孙坚6岁，家住涿郡涿县（北京市南，今河北涿州市），是没落的皇族远亲。那刘备这一支又是怎么没落的呢？刘备是汉景帝儿子中山靖王刘胜的后代。刘胜之子刘贞，在汉武帝刘彻为加强中央集权，于公元前117年实行推恩令时，被封为涿县陆亭侯。后来又在公元前112年推行郡县制时，找借口说贡奉的金子成色不好取消了刘贞的爵号，封地也被取消，当时共取消了106个诸侯的爵号和封地，刘贞就成了一个小县令。刘贞这一支就这么成了没落的皇族远亲。刘备的爷爷刘雄举孝廉，官至东郡范令。其父刘弘在县署做官，刘备幼年刘弘即病逝。刘备母子从此成为平民，只得靠织席贩履为生。

刘备身穿粗布衣，面容宽厚，目有灵光，长着一双世人所称的富贵耳，正坐在院中央编着草鞋，母亲则趴在地上忙着织席子，天气格外晴朗。“娘，快来看看，这缕草该怎么穿啊？”刘备唤道。

母亲放下手中的活，一脸笑容走过来，蹲在刘备的身边。“娘，我怎么忘了这股草该怎么穿了？”

母亲手把手说：“来，妈妈帮你穿，这么拐过来，再这么绕过去，这不就穿过去了……”

“哎呀，原来这么简单呀！”刘备说道。

“来，我拆开了你再试试。”

刘备接过来，三下两下就穿好了，又交到妈妈手上：“你看对不对？”

“哎呀，分毫不差，我的儿子可真聪明啊，长大了一定会有出息！”母亲夸赞道。

母子推着小车，车上装满了编好的草席和草鞋，刘备一脸兴奋，脖子上挂着十几双草鞋，母子二人一起到集市上叫卖。

一群小孩跟在他们的后面指手画脚，唧唧喳喳地又说又笑，几个大点儿的孩子吆喝道：“刘备！就你还皇族呢？我看你整个和我们一样！贫民一个！”逗得一群孩子哈哈大笑。

“刘备！刘备！真丢人！织席贩履小儿，冒皇亲！”许多孩子起哄道。

“娘！他们骂我！”刘备哭丧着脸说道。

“不要理他们，继续往前走！”母亲说道。两人越走越远。

在集市上，“你是不是跟小伙伴们说你是汉景帝之子中山靖王刘胜的后代了？”母亲问道。

“是的，难道我不是吗？”刘备撅着小嘴反问道。

“你当然是，他姓刘，你也姓刘，当今皇上也姓刘。”母亲说道。

“妈妈你撒谎，我不相信？”刘备一脸疑云。

这时走过来一个老人：“一双草鞋多少钱？”

“两个铜钱。”

“草席呢？”

“五个铜钱。”

“来，我要五双草鞋，一个草席！”老人说着数了十个五铢铜钱递到刘母手上，卷起草席，拿起草鞋就要走。

“哎，老大爷，我想问你一件事，可不可以？”母亲问道。

“有什么事就尽管问吧。”老人说道。

“当今皇帝姓啥呀？”母亲问道。

“这个都不知道，姓刘啊，普天之下，谁人不知，谁人不晓！”老人朗笑而去。

“那他们为什么骂我假冒皇亲呢？”刘备还是一脸疑惑。

“那是因为你爸爸不幸早亡，咱们家破落了，才不会有人相信。有谁会相信织席贩履之人是皇亲贵族呢？说给谁听，谁都不相信……”母亲说道。

“噢，我明白了，原来是这样。要是我们也坐着大马车出行，别人就不那么说了。你说对不对？”刘备问道。

“那是当然，我的儿子这么聪明仁德，长大一定能乘坐上大马车，光宗耀祖！”母亲说道。

刘备家东南处有一棵大桑树，高五丈余，远远望去就像一个豪华气派的大车盖。往来的人都赞叹此树非凡。村里的孩子常在这棵大桑树下玩耍。一天刘备跟小朋友在桑树下玩耍，玩到兴头上时，刘备指着桑树道：“我长大后就要乘像大桑树这样的天子车盖！”吓得站在一旁的叔父刘元起连忙制止道：“臭小子，你，你可不许胡说啊，这可是要灭门的！”

“不，叔叔，我要是乘坐这样的车盖在村子里转一圈，就再也不会有人笑话我是冒充皇亲了！”刘备振振有词道。正在翻看竹简的叔父连忙上前捂住刘备的小嘴。

世人都知晓刘备是织席贩履出身，可并不知道刘备在其中的酸甜苦辣。由此可见，刘备从小就有出人头地的强烈愿望。这显然也是刘备特殊的家庭环境所造成的。上述刘备出身、与母贩履为业之事，及要坐天子车盖之事，陈寿在《三国志 · 蜀书二 · 先主传》皆有记载，本著只是如实再现而已。

公元174年，20岁的曹操经奇特的家庭教育环境的长期熏陶，在家里蹲大学“毕业”，被举孝廉。此时曹操母亲早已去世。

说到孝廉，不得不说一下汉朝的察举制。察举即选举，是一种由下向上推举人才为官的制度，是汉朝选拔任用官员的主要途径。孝廉可要比现在的大学文凭金贵多了，每郡（相当于现在的市）每年只能举孝与廉各一人，主要是由当地选拔一些品德优秀和才华出众之人，对象可以是官也可以是民，实际上整个被达官显贵所垄断。曹操到底是朝中有人的人，他爷爷曹腾去世后，由其父曹嵩嗣其爵位，是皇帝身边的重臣，被举孝廉不过是小菜一碟。

更让世人眼红的是，曹操跨入仕途的第一步可谓是一步登天，不过他是乘“曹嵩牌”火箭升天的，他一步就到皇帝的身边做起了郎官（侍卫）。对王朝社会无数想在官场飞黄腾达的人来说这是一件比登天还难的事情，可对曹操来说只是小菜一碟。用现在的话来说就是去镀金。金身一镀，马上就会被派往别处做官。曹操就这样做郎官不久，很快摇身一变被任命为洛阳北部尉。

洛阳北部尉，这是一个什么官？洛阳是东汉王朝的京都，当时负责京都地区的社会治安，共划了东西南北四大片区，而曹操则是负责北部片区的治安官。而董卓刚出道的时候只是在军中担任军司马一职，相当于连长，后来才一步一步提升为营长、县令，董卓混到蜀郡北部尉却用了约二十年光景，真是不可同日而语。

而曹操一下子就到天子的眼皮底下做起了治安官，那不赶紧伸伸胳膊，拔拔腿，准备露两手才怪了。

其实，这只是对一般人而言的，对曹操这种朝中有人的人来说就不是这样了。

"让我做洛阳北部尉？这是什么鸟官，我不做！"曹操一脸不快，怯生生嘟囔道。

"你嫌这个官小，那你想做什么官？！"曹嵩也一脸不快。

"我想做洛阳令！你不是说让我做洛阳令吗？"曹操一脸青春气道。洛阳令相当于首府市长，胃口的确不小，只可惜底气主要来自于他身后的靠山。

"阿瞒哪，我什么时候说过让你做洛阳令了？我只是想让你一入仕，尽量做一个更大一点儿的官，当然能做洛阳令更好了。可现在尚书右丞司马防（司马懿的父亲）只批准你做洛阳北部尉，我有什么办法？况且你才20岁出头，一步就能坐到这个位置上，还有什么不满意？许多人就是一辈子也坐不到这个位置上。"曹嵩说道。

曹操想想也是，于是嘴里也就不再嘟囔了。

"阿瞒哪，这个洛阳北部都尉可是在天子脚下做官，京城里的文武百官可都在看着呢，你可得好好干啊！只要你干好了，以后不要说洛阳令，还可以做太守，那可是前途无量啊！"曹嵩转怒道。

"放心吧，我绝对不会给您老丢脸！"曹操信心百倍道。

只有在王朝社会，一个几岁大点儿的娃娃才能做一国国君，一个刚步入社会20岁出头的毛小子才能做治安官。于是曹操便开始认认真真地做起了他步入仕途的第一个官——洛阳北部尉，准备在天子的眼皮底下露两手，也好给他老爹长长脸。这也是曹操初入官场所面临的第一次大考，他能交一份满意的答卷吗？

曹操一到任，就把衙门修缮一新，造五色大棒，衙门左右齐刷刷的各立十五个。凡有犯禁者，不管是哪路豪强，皆棒责之。按易中天的说法："凡有禁者，不避豪强，皆棒杀之。"这就有些离谱了。无论古今中外，都要依照情节的轻重来量刑，这是放之四海皆准的基本法理。虽然王朝社会，法制还很不健全，量刑有许多随意性，但总不能为了屁大点儿的事就随便杀人吧？不要说曹操这个小治安官，他就是当朝皇帝，也不可能制定这条法令。这也有些太胡作非为了吧？这显然是在吹曹操有多严明执法，不小心把气球给吹爆了。

曹操上任，年轻气盛，一看就来头不小。可在京城底下，不知道有多少达官显贵，公子哥儿，用现在的话来说，京城里的官比内蒙古大草原上的牛羊还多，一个只有20岁的毛小子能镇得住吗？这不，没过几个月就来了一条大尾巴狼，因夜行违反禁令被曹操的手下拿到衙门内，按规定要棒责二十。没想到这条大尾巴狼，一把夺下衙役手中的五色大棒："我看你们是他妈的瞎了狗眼！也不问问老子是谁，就想打老子？老子犯了什么法？你们说？快说呀？！"

"你违反了夜行令，按规定应棒责二十！"衙役们怯生生地说道，显然也被眼前的这个人给镇住了。

"放你娘的五香大驴屁！老子喝了点儿酒，回家迟了点儿，就要挨打，天下有这样的法令吗？老子手痒痒还想打人呢？"说着，借着酒性抡起五色棒，就要打衙役。

"你给我住手！什么人敢如此大胆！在衙内耍野？我看是不是不想活了？"曹操手持竹简走了进来。此时的曹操身材瘦小，头顶法冠，显然还稚气未脱，曹操就这么登场了。

"我是蹇硕的叔叔，皇帝的宠臣。你呢？你是个什么狗屁东西？我看你还乳臭未干？"蹇硕叔把矛头指向了曹操。可他又哪里知道，他要是不提蹇硕的名字还好一些，他这么一说反倒一下子激起了曹操对宦官极度的逆反心理。

“妈的，你要是不说你是蹇硕叔还好，顶多杖你四十，现在你说你是宦官的叔叔，老子就要杖你一百，不！一百还不够，要杖你两百！”曹操挥舞着竹简吼道。

“你敢？我看你是不想活了！”蹇硕叔一屁股坐在衙案上，把脖子像长颈鹿那样伸得长长地冷笑道，“来呀，有本事你就来打呀？不打死老子，你就不是你娘养的！”

“我就敢！给我打！打！狠狠地打！”曹操挥舞竹简怒吼道。可没有一个衙役敢近前，不仅不敢近前，还在往后缩。

“我让你们给我打！听见了没有？打死了我负责！”曹操吼叫道。可还是没有人敢近前。

蹇硕叔坐在衙案戏弄地笑着，两条腿悠闲地晃悠着，意思是有本事你就来呀。

曹操狂怒，扔下竹简，一把从衙役手中夺过五色大棒，劈头盖脸就打了上去。“妈呀！你还真敢打！”蹇硕叔这时喊娘已经来不及了。衙役们见曹操先动了手，也一哄而上，噼哩啪啦，一顿五色大棒，“唉呀！唉呀！别打了，别……我给你们赔罪……”

等曹操打累了，蹇硕叔已经奄奄一息了，等曹操把心中的气都已经宣泄干净了，蹇硕叔已经血肉模糊地倒在地上。

曹操这时候才突然觉得有些不对劲，连忙把手伸向鼻孔去试，已声息全无。怎么会死呢？不会吧？“喂，我说你醒醒，你醒醒，你别给我装死，你不能死，你不能死啊——天哪！我把人打死了，我怎么把人给打死了！”曹操稀泥一样一下瘫软在了地上，冷汗一下子从脑门和脊背上全渗了出来，把衣服整个都渗透了。衙役们一见此情景，扔下五色大棒全跑了。只留下曹操一个人。这该咋办？这该咋办呀？曹操喃喃地自语着。

还能有什么办法，赶紧骑上马向他老子曹嵩通报。

曹操与蹇硕叔就这么在互相较劲，一个想把另一个镇住的过程中出事了。因对蹇硕叔蔑视其执法行为的愤怒，因骨子里就对宦官之名有一股很强的逆反心理，因从小就有一股任性妄为无法无天的公子哥儿脾气，再加上其现年20岁正值冲动的年龄，曹操就这么因一时激愤滥用职权，滥用刑法，把蹇硕叔给活活打死了。从客观上来讲，让一个才20岁的毛小子来负责京都北部地区的社会治安能不捅出娄子吗？这是迟早的事。上述曹操棒杀蹇硕叔之事，《曹瞒传》中记述道："后数月，灵帝爱幸小黄门蹇叔父夜行，即杀之。"由此也可见，曹操初入仕途的第一场大考整个是不及格。他不仅遇事不能冷静，滥用职权，而且昏头昏脑地就得罪了当时正得势的宦官势力。可让人想不到的是，易中天却为曹操的这份考卷批了高分，他的评语是："事实上曹操是很称职的。"

蹇硕叔就这么成了曹操五色大棒下的冤死鬼。宦官的孙子就这么把宦官的叔叔给活活打死了，这绝对是古今传奇。这是曹操有生以来所杀的第一个人，也是曹操手上的第一起人命官司。曹操本想在天子脚下露两手的，给他父亲曹嵩长长脸，没想到却冒冒失失地捅了这么一个大娄子。要是按现在的法律，曹操所为至少也要被判处二十年徒刑，甚至死刑，在王朝社会当然伸缩性就大了。要想摆平此事主要凭手中的权势和票子。曹操由于有他老子曹嵩在后面撑腰和多方活动，才把事情摆平，才被免于刑事处分。曹操被调往顿丘（今河南清丰县）做县令。

可让曹操没想到的是，他的冒失之举却赢得了滚滚喝彩声。

毛小子曹操竟打死了宦官蹇硕的叔叔，真可以说是胆大包天，不避豪强，自然让曹操名震朝野，让许多达官显贵、公子哥儿有所收敛，对京城治安当然会有一定的震慑作用。

不仅如此，世人对曹操的这一行为还普遍拍手叫好。为什么会这样呢？因为他打死的是臭名昭著的宦官之叔，太解恨了，又怎么能不让人拍手叫好呢？在这些人的眼里，曹操的举动完全是一种深明大义的行为。可这些人也不想想，难道对待在他们眼中臭名昭著的宦官亲属就可以滥用刑法吗？这一行为不管在古代还是现代都是讲不通的。可面对习惯于感情用事的人来说，又能说什么呢？

而且，连易中天也加入到了喝彩的人群之中，他还为曹操唱起了赞歌，用他自己的话来说就是："曹操的出道，可谓先声夺人，出手不凡。"

接着又对曹操的这一无法无天的冒失之举唱赞歌道："大法无法。对于曹操这样的大手笔，根本就用不着那么多的格式，那么多的讲究。造五色大棒，将不法之徒乱棒打死，就是这种性格和手笔的初试锋芒。”随后，他又学着男高音歌唱家的样子高歌道：“这一棒，打出了曹操的威风，打出了曹操的正义，也打出了他的杀气……”

曹操就这么一下不鸣则已，一鸣惊人。

曹操的这一顿五色大棒不仅打死了蹇硕的叔叔，也从此使他和他的宦官家庭稀里糊涂地从十常侍宦官集团中分离了出来，站在了他们的对立面。易中天称之为“能臣之路”，那么实际情况是不是这样呢？

下回请看：刘备私塾挨戒尺　曹操耍赖问许劭

第四回

刘备私塾挨戒尺　曹操耍赖问许劭

在曹操调往顿丘做县令期间，公元176年，家住涿郡涿县老家靠与母亲织席贩履为生，此时已15岁的刘备也迎来了一个新的人生起点。“听说九江太守卢植因病辞官回乡办起了学堂，涿郡有许多官家都把子弟送了过去。”刘元起跟妻子说道。

“卢植可是有名的大学士，那我们也把儿子德然送去行不行？”妻子说道。

“我也是这个意思。让玄德也一起去。”刘元起说道。

“各自一家，我们又哪有能力去管别人家的孩子？”妻子说道。

“这就是你们女人家的不对了，他是我兄长的遗孤，我这个做叔叔的又怎能不管？大哥去世后，我教他读书、识字、做人，就是为了他长大能有出息，这样我也能对得起我大哥。况且这小子从小聪明伶俐，仁德厚道，在我们宗族中是一个非常之人，更应该好好的栽培才是。”刘元起说道。

“这孩子我也打心眼里喜欢，问题是，你在县里也只是一个普通官吏，哪有钱供养他呢？”妻子问道。

“就是去借钱，就是我们少吃点，少喝点，也要供这两个孩子上学！”刘元起说道。

由此可见，那时候有头脑的父母同现在一样，也是非常注重教育的。刘备从小就是在这样的家庭教育环境中成长起来的。从“玄德”、“德然”对孩子的起名中，就能看到他们对“德育”的高度重视。当然曹腾、曹嵩也同样重视“德育”，只是由于特殊的家庭教育环境使曹操的人格发生了极度变异。刘备和堂弟刘德然就这么走进了卢植在当地所开办的私塾读书。在读书期间刘备结识了年长他七岁的公孙瓒。公孙瓒，字伯珪，公元154年生，辽西令支人（今河北迁安县）。本来在辽西郡侯太守手下做书佐（文书），相貌堂堂，大嗓门，因思维敏捷办事干练，深得侯太守器重，并嫁女为妻。听说大学士卢植回乡办学堂，侯太守便也送女婿来读书。刘备对公孙瓒自然是敬之如兄。

一天在课堂上，同学们正在高声朗读《论语·学而篇》：“子曰：‘学而时习之，不亦说乎？有朋自远方来，不亦乐乎？人不知，而不愠，不亦君子乎？’”

“子曰：‘礼之用，和为贵。先王之道，斯为美。大小由之，有所不行。知和而和，不以礼节之，亦不可行也。’”

……

“子曰：‘君子食无求饱，居无求安，敏于事而慎于言，就有道而正焉，可为好学而已。’”

十五六岁的刘备哪懂得其中深奥的道理，于是便用经书挡着脸，与同桌的刘德然嘻嘻说笑。

刘备：“今天放学后，咱们还去骑马。”

刘德然：“到哪骑？”

话音传到卢植的耳朵里，他深呼吸连哼两声，以示警戒。可正在兴头上的刘备根本就没听见。“咱们还到河边去。”

刘备：“哎呀，昨天那匹白马跑起来可真快，我去追公孙瓒大哥，差点儿没摔下来，幸亏我牢牢地抓住缰绳……”

坐在前侧的简雍急忙回过头来偷偷给刘备、刘德然发暗号，可两人还是没听见。

这时卢植一手持经书，一手提戒尺走到了他们跟前。全班同学都在一边朗读一边拭目以待，而刘备却全然不知。

刘德然：“当时我眼看你就要从马上掉下来了，吓坏了。”

刘备：“裤裆里没把尿吓出来吧？”

两个孩子不禁嘻嘻偷笑，这时只听“啪、啪”两声脆响，随着两声“哎哟！哎哟！”的尖叫声。课堂上掀起一阵哄堂大笑。卢植一脸严肃站在一旁，刘备、刘德然两个少年赶紧站起来，耷拉着脑袋，一声不吭。

“刚才你们两个聊得还挺高兴，正聊些啥？”卢植手持戒尺问道。

两人都不敢吭声。“不让你们在课堂上说话，你们窃窃私语比谁说得都欢，现在让你们说了，怎么一个个都哑巴了？”

“我要是说了，你可别打我？”刘备说道。

“嘿，还跟我讲起条件了，你要是不说，我现在就打！”卢植硬声道。

“我们刚才在说骑马的事……”刘备吱吱唔唔道。

“你看你们两个都穿着漂亮的衣服，是不是还在说遛狗，吃好吃的事啊？”卢植的问话又引得哄堂大笑。

“可就是不喜欢读书！都给我站到前面去！”卢植怒道。

刘备和刘德然两人耷拉着脑袋乖乖地走到台前。“两个人都给我趴在桌子上，听见没有？班长上来！”

两人乖乖从命，公孙瓒从最后一排走到台前。卢植把戒尺交到人高马大的公孙瓒手上：“你是班长，给我每人各打五十。要狠狠地打！”

“老师就饶刘备他们一次吧……”简雍带头和同学们纷纷替刘备求情。

“看来你小子人缘还不错。好，看在有这么多人替你求情的分上，就打十下。不能再少了。”卢植说道。

“是，老师！”公孙瓒应道。

刘备一看让公孙瓒亲自操尺，心中一阵暗喜，趁卢植不注意便给公孙瓒递了一个眼色，公孙瓒也回之以眼色，两人心领神会。

“那我可就打了？你们可得咬紧牙，作好准备！”公孙瓒摆出一副很卖力的样子。刘备则是被打得“嗷嗷”大叫，一副百般痛苦的样子。“班长！你可要手下留情，我以后再也不敢了！”

台下则又是一阵哄堂大笑，简雍更是笑得前仰后合。上述刘备在叔父资助下到卢植私塾读书及“不甚乐读书，喜狗马、音乐、美衣服”与公孙瓒为友之事，陈寿在《三国志·蜀书二·先主传》中有详细记载。

这边在顿丘做县令的曹操，自从在洛阳用五色棒打死蹇硕之叔捅了大娄子以后，一下子也安稳了许多。在这个位置上一坐就是三年。早读诗书，午研兵法，成天趴在竹简和纸书堆里，两耳不闻窗外事，一心只读圣贤书。他抄集诸家兵法，名曰《接要》，又注孙武十三篇。

此时的曹嵩已年近半百，官运亨通，又官至大司农，年俸两千石。可他的宝贝儿子曹操却又莫名其妙地卷入了他堂妹夫宋奇的案子中了。宋奇被处死，曹操由于有他老子曹嵩才保住了脑袋，被免官回家。《魏书》记述道："太祖（曹操）从妹夫宋奇被诛，从坐免官。"

"此子从小就是一个惹是生非之人，步入仕途也是一样。嗨，真是操不完的心啊！"曹嵩一边踱步一边思忖着，"可这么大的小子，总不能一天到晚在家闲逛，那还不让同僚笑掉大牙。"于是等避过风头后，曹嵩又走后门安排曹操上岗了。

"这次安排你在朝中做议郎，你可要好自为之啊！"曹嵩说道。

曹操抬眼道："我还当是什么大官？议郎、议郎，年俸六百石的小官吏，顾名思义就是发发议论，提提意见而已。"曹操说罢放下手中的竹简，拂袖而去。气得他老子曹嵩一跺脚，"嘿！"

可让曹嵩没有想到的是，文人手中的笔杆子也是武器，搞不好也会惹是生非。

嘉德殿，汉灵帝坐于大殿之上，百官皆恭立于阶下，曹操出列道："臣有奏章上奏！"

"请讲！"

曹操读奏章道：

现在官场贪污腐化、买官卖官、违法乱纪成风，民怨载道，还请圣上整顿纲纪，整顿世风。

曹嵩也立于朝堂之下，脸色很是尴尬，极不自然，朝堂百官也议论纷纷。

回到家中，"普天之下，贪污腐化成风、买官卖官早已习以为常，你一个议郎，除了空发议论，得罪人以外，又能如何？”曹嵩怒道。

“我是议郎，食皇帝俸禄，效命皇家，力陈时弊是我的职责！”曹操辩道。

“识时务者为俊杰。官场腐败生来如此，哪朝哪代不是如此？你一个议郎能管得了吗？”曹嵩反驳道。

这时嵩妾给二人倒上水，温和地劝道：“你父亲说得是对的，天下又有几个清官？要都是清官又怎么能置得起那么多良田呢？”

“去，你一个妇人家懂什么？！”曹嵩斥道。嵩妾连忙退下。

望着嵩妾的背影，曹操陷于深思之中，想想家里平时吃穿用度，再想想自家在沛国谯县大片良田，及箱底里堆满的财宝，曹操开始已有所悟，以后也就不再上书说三道四了。此事在《魏书》中也有所记载：“太祖知不可匡正，遂不复献言。”曹操就这么在官场上又混了五六年，除了在竹简堆里研读了些兵法和诗书外，几乎是一无所获，可总算没有再捅出什么大娄子来。

这些年由于此时的曹操基本上是反对宦官势力的，在当时的人们看来多少还是有些正义感，虽然一些人都对曹操的出身和品行颇有微词，可太尉乔玄对曹操还是格外欣赏。有一天乔玄对曹操说道：“我平生所见名士多矣，可还没有一个人能与你相匹。你一定会前途无量。我已老，身体又多病，你还年轻，可要好好干啊！”能得到太尉乔玄赏识这让曹操非常感动：“哪里呀，太尉过奖了！”两人也因此成了忘年之交。此时乔玄已近70岁，而曹操只是一个二十六七岁的年轻人。公元183年，曹操来探望重病在床的乔玄。此时乔玄已病退归家四年。

“孟德都看到了，我家徒四壁，为官多年却没有置什么家业，我将不久于人世，我去后，还请孟德多照顾我的家人。”乔玄握着曹操的手说道。“乔老一生清正廉明，世之楷模。请乔老放心，我会铭刻在心。”曹操自然是满口应承。

“我知道你这几年一直在潜心读书，郁郁不得志，你应该去结识一个人。”乔玄说道。

“什么人？”

“这个人叫许劭，很会看人。”还没等乔玄把话说完，曹操便接口道：“噢，这个人我知道。此人高名远望，很会看相，很多在仕途上摸爬滚打的人都找他看相。现在汝南太守徐璆处做功曹（相当于办公室主任）。”

“是啊。可有一点你可能不知道，此人每月初一都要对一些官场人物发表品评，人称之为‘月旦评’，凡经他品评的人立刻身价倍增。”乔玄说道。

“是啊，我怎么没有想到这一点呢？多谢乔老指点。”曹操立身拜道。此事在《魏书》、《汉纪》、《世语》、范晔《后汉书·卷五十一·桥玄传》皆有记载，本著只是如实再现而已。

曹操于是骑马来找许劭，想从许劭的金口中捞到一些好评。许劭，字子将，汝南平舆人（今河南平舆北），公元152年生人，大曹操3岁。许劭的爷爷许敬、叔父许训、堂兄许相并为三公。

曹操来到汝南走进衙门，“你就是大司农曹嵩的长公子曹孟德？”头戴进贤冠的许劭手执毛笔，抬头问道。

“没错！”曹操一脸堆笑道。

“蹇硕之叔是你用五色大棒打死的？”许劭问道。

“那是我在做洛阳北部尉时之所为。”曹操有些得意地说道。

“你找我有什么事吗？”许劭问道。

“久闻大名，还不是想请你看看相，品评品评。这是一点儿见面礼，不成敬意！”曹操说罢把一包沉甸甸的东西放在案几上。许劭拿到手上，掂了掂，一笑，放在一旁也不说话，然后又继续埋头写字，也不答理曹操。许劭堂兄许相与宦官套得很近，许劭恶其为人，许相多次请其辅佐，他均予以回绝。可见此时的许劭心理有多么复杂，既鄙其是“赘阉遗丑”，不愿意答理，可曹操又一贯站在反宦官的立场上。

曹操左等右等，心里很不是滋味，想说什么，又见许劭正忙。“是不是他嫌给的东西少呢？”曹操心想。曹操就这么坐在一旁等了许久，而许劭却旁若无人似的继续写他的公文。正在曹操不知所措之时，许劭突然开口道：“曹议郎，请问你要走吗？”

“哦，哦……是的，是的，我看你正忙，不便打搅，还是先告辞了，改日再来。”曹操随机应变道。

“是啊，我正在起草文牍，徐太守正赶着要，实在抱歉！”许劭起身道。

没过两天曹操又骑马到汝南来找许劭。此次曹操又带了一大包沉甸甸的东西，放到桌子上：“这些东西还请子将笑纳。”

“还是请曹议郎把这些东西拿回去，我正要和徐太守出去办事，失陪了！”许劭说着起身要出去。

曹操一下急了：“哎呀，这怎么可以呢？”曹操一边说着，一边死皮赖脸把许劭给拦住。

“现在腐败成风，到处都是乌烟瘴气，你身为朝廷议郎怎么场面上一套，背后又一套呢？”许劭嬉笑道。

“这只是一点儿见面礼，又不是买官卖官，又怎么能跟腐败连在一起呢？是不是子将嫌东西少啊？”曹操软磨硬泡缠着许劭，就是不让他走。

“这不是东西的问题，是你这个人太难品评了！”许劭随口说道。

“我这人怎么难品评了，还不是跟普通人一样，又没有多出一个鼻子两只眼睛。”曹操缠着许劭不放，显然有些要赖似的说着。

“好一个曹孟德啊，这才把你的本来面目给露了出来。”许劭一脸无奈地又坐在椅子上。

“难道我的本来面目不好吗？”曹操也坐下嬉笑道。

这时一名侍从进来，说道：“许功曹，马已经备好了！”许劭摆摆手。“这样吧，我送你一句话！”许劭说着挥毫写了起来，曹操则是一脸期待。写好后，曹操一脸兴奋，连忙伸手去取，许劭伸手一挡，用眼睛示意曹操先把放在桌子上的东西拿走。

曹操一愣，遂连口应道：“好，好，好，请放心我一定拿走！”曹操说着便猴急地拿起写好的字，只见上面写着“君清平之奸贼，乱世之英雄”十一个字。

说曹操是“乱世之英雄”，正说明曹操这一阶段在官场的行为表现在当时的人看来是充满正义感的，再加上曹操又有机变之才，给出这样的评价也是情理之中的事。可同时曹操又是“赘阉遗丑”，有一些劣迹，许劭不可能不看在眼里，于是前半句又加上了“君清平之奸贼”的评语。这正是许劭矛盾心理的真实反映。曹操看完以后，先是一愣，随后是大笑而去。

上述曹操耍赖问许劭之事，范晔在《后汉书·卷六十八·许劭传》中记述道：“曹操微时，常卑辞厚礼，求之已目。劭鄙其人而不肯对，操乃伺隙胁劭，劭不得已，曰‘君清平之奸贼，乱世之英雄。’曹大悦而去。”

许劭著名的“月旦评”能让曹操时来运转吗？

下回请看：袁绍不愿辅何进　刘备简雍筹金银

第五回

袁绍不愿辅何进　刘备简雍筹金银

就在此时一股暗潮也正在华夏大地汹涌。钜鹿（今河北巨鹿）张角、张宝、张梁兄弟三人聚事。老大张角自号大贤良师，施符弄水以为百姓去病消灾为名，传道弄法。时民间大疫，十病九危，张角找来中药古方，熬成汤药，置入陶罐中。每有患者登门求药，他便坐坛烧符施咒，让数百名患者跪拜于坛前，然后将汤药分与患者。一些患者饮了汤药果然病退身安，于是便一传十，十传百，四方八里纷纷奉张角为神。张角又派八大弟子，奔游四方，传道弄法，几年下来信众便达二三十万之众，冀、幽、青、徐、青、荆、杨、兖、豫八州百姓皆奉张角为“大贤良师”。

公元184年正月，弟子马元义带十数骑日夜兼程从京都洛阳赶回钜鹿广宗（今河北广宗），牵马走进一座民家四合大院内。

“看元义行色匆匆，京城是不是发生什么事了？”张宝出门迎道。

马元义也不作答，将缰绳交给随从，问道：“大哥在不在？”

“在，正在堂屋喝酒！”张宝应道。

两人说着走进堂屋，见张角、张梁正盘腿坐在炕上喝酒吃肉，“元义快来上炕坐，先喝碗水！”张角招呼道。

马元义二话不说，先舀了满满一瓢水咕嘟咕嘟喝下，然后才上炕盘腿坐下。“快说说京城里的情况！”张角问道。

“刘陶又向朝廷奏了咱们一本！”马元义说道。

“怎么说？”张角警觉道。

“这是从朝廷里面搞出来的奏章内容。”马元义说着从怀中掏出一封信交到张角手上。张角连忙展开，只见上面写道：

张角等惑乱百姓，必为后患，现今已形成气候，若马上令州郡捕讨，恐狗急跳墙。不如先命冀州刺史将张角爪牙及党羽遣散，然后再擒拿贼首，以绝后患，此乃不战而屈人之兵之计，机不可失，望皇上定夺！臣刘陶呈上。

张角看完后，又交到二弟张宝手上。

“那汉灵帝如何说？”张角呷了一口酒问道。

“幸好汉灵帝忙于玩乐，一天只顾着在女人的肚皮上打转，还没有顾上。”马元义应道。

张宝看完后一把将信拍在方桌上，怒道：“前番司徒杨赐表奏朝廷，要铲除我们！今番刘陶这狗官又上奏章！刀已经悬在我们的头上，只等皇帝小儿放个屁了，这是迟早的事！”

“与其如此，我们不如反了！由他来砍咱们的脑袋，不如咱们先取这些狗官的项上人头！”张梁吼道。

“可问题是，我们能是官军的对手吗？”张角喝了一口酒说道。

“我们现在共有三十六方，大方万余人，小方六七千人，每方都设有统领，已有二三十万之众，难道还害怕这些狗官军不成？”张宝说道。

“官场上买官卖官成风，做官早成了发大财的门道，许多贪官污吏就像生意人一样，花大价钱把官买到手以后，为了把钱加倍地捞回来，就到地方上压榨百姓，百姓不堪其苦，现在已是民怨载道。”马元义放下手中的牛骨，说道。

“是啊，这个世道已经快把百姓逼得走投无路了，许多百姓都在靠吃草根、吃观音土度日。我们不如乘机举事，这可是翻天覆地的千载难逢之机！”张宝喝了一口酒说道。

“只要大哥振臂一呼，就会天下响应，各州就会风起云涌！到那时大哥就是天子，我们就是各路元帅，天下就是我们的了！”张梁放下手中的牛骨头说道。

“是啊，天下凭什么就是他刘家的？他刘邦把天下抢到手已经四百多年了，凭什么一直归他刘家所有，让他刘家人一直吃喝玩乐，享受荣华富贵？也该改天换地，换换天了……”

而张角只顾喝酒一言不发，“看来我们和刘家人（官府）已经势不两立，不是你死就是我死。与其如此，不如先下手为强！大哥现在就等你一句话了！”张宝说道。

“元义的意思是？”张角问道。

“现在已经是箭在弦上。俗话说树大招风，由于我们声势日大，朝廷早已经盯上我们了，悬在头上的刀是迟早要砍下来的。正如两位兄弟所言，与其如此不如放手一搏，兴许还能改天换地。”马元义说道。

张角沉思片刻，自将酒斟满，然后将满满一碗酒咕嘟咕嘟饮下，往桌上一摔，说道：“好一个箭在弦上，看来也只能如此了！”

“大哥英明！”张宝、张梁、马元义齐声道。

“既然要干，就要像个干的样子。张宝、张梁你们马上派八大弟子分头到各州郡联络三十六方统领，以约各方同期举事。元义马上再到洛阳去，一是探听朝廷有什么消息，一旦朝廷有什么动作马上通报。再者，联络我们的人从京城里面举事。一边是遍地开花，一边是里应外合，何愁京城不克。”张角兴奋地说道。

“大哥英明，要是这样还何愁京城不克！”几人兴奋道。

“先不要高兴得太早。一定要保守秘密，当心走漏风声。兵法乃诡道，在于出其不意。”张角说道。

“请大哥放心。问题是该在何时举事为宜呢？”几人问道。

“这可要选个黄道吉日，来，把皇历拿过来。”张角说道。马元义连忙把用竹简制成的皇历递到张角手中。

张角喝了一口水，仔细翻看了起来，“今年可是一个甲子年，甲乃天干第一位，子乃地支第一位，甲子乃天地之始，开天辟地之初，六十年一个轮回。这可是六十年才能遇一回的好年份。就定在今年三月五日甲子之日！”张角兴奋道。

几人于是便开始秘密行动了起来。可让他们没有想到的是，二月，张角在济南的弟子唐周向朝廷告发了此事。马元义旋即在洛阳被捕，上千名信徒在大搜捕中落网。马元义被车裂于市中心，上千信徒遭斩首。朝廷一面又命冀州刺史火速缉拿张角兄弟。

张角兄弟闻讯，连忙命手下星夜奔告各方举兵。三兄弟分别自命天公将军、地公将军和人公将军，起义者皆头裹黄巾，“苍天已死，黄天当立，岁在甲子，天下大吉！”

上述张角民变之事，范晔在《后汉书·卷七十一·皇甫嵩传》，陈寿在《三国志·吴书一·孙坚传》中皆有详细记载，本著只是如实再现而已。

各州郡黄巾军遥相呼应，如烽火蔓延一般接连揭竿而起，手持木棒、菜刀、锄头及各色刀枪的黄巾军熊熊大火一般冲向各州郡衙门，各州郡刺史、太守皆望风溃逃，跑得慢一点儿的不是被乱棒打死，就是被砍成肉泥。官军仓皇逃窜，连战连败，从四面八方飞来的急报雪片一般飞往京城洛阳，天下震动，朝野惶惶。三月，汉灵帝就像是热锅上的蚂蚁，为了维护刘家的王权统治，连忙在嘉德殿召集群臣商议对策。汉灵帝，时年28岁，公元156年生人，父刘苌，解渎亭侯，母董夫人，汉恒帝公元168年亡，无子，由其即位，即位时12岁。

皇帝诏命：“暴民肆虐，天下震动，现拜河南尹何进为大将军，统领天下兵马，以平剿黄巾之乱！钦此！”中常侍张让（大宦官）宣旨道。

何进乃汉灵帝的大舅子，字遂高，南阳人（今河南南阳），出身屠户之家，与何皇后是同父异母兄妹。其妹何皇后因貌美及生有皇子辩而得到灵帝宠爱，于公元180年被册立为皇后。从此何氏一家便鸡犬升天，何进被拜为河南尹，其弟何苗被拜为越奇校尉，其母赐爵号为舞阳君。“谢皇上隆信，臣当万死不辞！”何进跪地谢道。上述何进身世及委任大将军之事范晔在《后汉书·卷八·孝灵帝纪第八》、《后汉书·卷六十九·何进传》皆有记载。

“平身吧。现黄巾暴乱，天下震动，你们都是老臣，快说说有何退敌之策？”汉灵帝问道。

郎中张钧出列道：“我闻张角兴兵作乱，万民响应，其根源在于十常侍徇私枉法，卖官鬻爵，让自己的亲信子弟占据州郡，谋取财利，侵害百姓，百姓之冤无处伸张，才追随张角之流起来闹事。为今之计，宜斩十常侍，悬头南郊，以谢天下百姓，以平民愤。到那时无须劳师，民乱自然可平！”

张钧一语四惊，张让、段珪、赵忠、郭胜等十常侍一个个扑腾跪地，连连磕头：“大臣不能相容，我等愿弃官归乡，以清我名，还请圣上为我等做主。”

“我等愿尽散家财以助军费……”

大殿之内顿时哗然，汉灵帝面色扭曲，拍案而起：“简直是胡说八道！

难道十常侍中就没有一个好人？”说罢拂袖而去。张钧不久便被下狱毒死。此事在范晔《后汉书·卷七十八·张让传》有明确记述。

大将军何进到任，首先是统率左右羽林军加强京城守备。

“要想打败敌人首先要保护好自己，这样才能立于不败之地！洛阳八关，即西面的函谷关，东面的虎牢关，北面的孟津关与小平津，东南面的大谷关与轘辕关，南面的伊阙关与广成关等，现在就交到了你们八大都尉的手上了！这可是洛阳的八大门户，你们一定要严加把守，不得放进一个黄巾贼！”何进剑指地图命令道。

（函谷关：位于今河南灵宝市坡头北。虎牢关：位于河南荥阳西北汜水镇，也称汜水关、成皋旋门关。孟津：黄河渡口，位于今河南孟津扣马五里处。小平津：黄河渡口，在今河南省孟津县东北。大谷关：位于偃师偏西南寇店乡水泉村南，是嵩山与龙门山间的峪谷，洛阳东南面第一关。轘辕关：位于偃师与登封交界处，位于偃师城东南30公里府店乡境内的轘辕山上，是万安山与嵩山衔接处的壑口，是洛阳东南面的第二关，是洛阳、偃师通往颍川、汝南之捷径。伊阙关：位于洛阳南今河南伊川与龙门之间，是龙门山和香山的阙口，两山夹峙，伊河穿流其中，是洛阳南面的第一关。广成关：位于梁县，即今河南临汝镇一带，两山夹一川，伊河水从中穿流而过，是洛阳南面第二关，是洛阳南下南阳、进入汝南、颍川的必经之路。）

“肝脑涂地！万死不辞！”八大都尉齐声道。

接下来大将军何进又广召官宦列将子弟，以维护他们的既得利益。

长年研读兵法的曹操就这么有了用武之地，被召为骑都尉。当然这和许劭的“月旦评”没有任何关系。

袁绍、袁术也在应召之列。袁术欣然应命，出人意料的是袁绍却因厌恶官场恶气推推脱脱不愿应命。袁绍20岁出任汉阳长，有清名。不久母亲病逝，为母守丧三年，后又为父补丧三年，共六年，此时的袁绍，仪表堂堂，面方体健，留着两撇精致的八字胡，正隐居洛阳。中常侍赵忠与段珪、郭胜等议论道：“国家有难袁本初却召而不来，也不知他脑子里想的是什么？”叔父司徒袁隗闻讯，连忙登门斥责道：“你小子是不是犯浑了，是想破袁家之门吗？”袁绍唯命是从，连忙到何进处报到。《英雄记》记述道：“（袁绍）不应辟命。绍叔父隗闻之，责数绍曰：‘汝且破我家！’”

何进见到袁绍，一把拉着他的手说道："袁氏四世三公，皆为辅国之重臣，我也久闻本初大名，今国家有难，黄巾烽火肆虐，有本初兄弟相佐，平黄巾之乱又多了一臂之力啊！"

袁绍一下子便被何进的热情所打动："本初因家中有事，没能及时来应，还请大将军海涵。"

"哪里，哪里，本初肯出山，就是对我何某最大的支持！"何进大度道。何进随后拜袁绍为骑都尉，留在身边协助工作。袁绍心中的顾虑也随之化成了满腔热忱。

在完成了前两步工作后，何进便开始主动出击了。

嘉德殿，汉灵帝高坐在上，大将军何进一身盔甲立于一旁，剑指巨幅地图道："你们看，京城洛阳处在群山与河水的环抱之中。北有北芒山和滔滔黄河，是洛阳北面的两道天然屏障，东、南、西有嵩山、万安山、龙门山、香山、熊耳山、崤山，有许多山我都叫不上名字，总而言之，整个是崇山峻岭。而在这崇山峻岭之间又有两条东北走向的河，一条叫洛河，一条叫伊河，从中间劈山削岭穿过，京都洛阳就整个处在这样的群山与河水的环抱之中。"

"洛阳可真是一块进可攻，退可守的天然宝地啊！"众文武纷纷赞叹道。

"而要想进入京都洛阳，就要经过八关，即西面的函谷关，东面的虎牢关，北面的孟津关与小平津，东南面的大谷关与轘辕关，南面的伊阙关与广成关等，现在除过函谷关以西的关中之地还算风平浪静外，京畿之地正处在一片火海之中。暴乱已经席卷冀、幽、青、徐、豫、荆、兖各州，燎原大火已经从北、东、南三个方向迅速向京都洛阳蔓延，洛阳就像是一个正在被熊熊大火烧烤的大火盆，处境十万危险。此次黄巾暴乱之中心在冀州的钜鹿郡，在魏郡以北，贼首乃张角、张宝、张梁三兄弟。暴乱已经近一月，我已命八大都尉严守洛阳八关，京城洛阳可谓是固若金汤。可是能一味被动死守吗？"

"不能！还应主动出击！平剿贼乱！"武将们纷纷应道。

"没错。奉圣上旨意，现拜尚书卢植为北中郎将，河东太守董卓为东中郎将，北地太守皇甫嵩为左中郎将，拜谏议大夫朱儁为右中郎将！"何进说道。

“谢圣上！”四人单跪领命道。

卢植就是打过刘备屁股的那个人，后又拜为尚书。

董卓，字仲颖，陇西临洮（今甘肃岷县）人，父亲官至县尉，生有三子，长子董擢早亡，次子董卓，三子董旻。董卓少豪侠仗义，结交了许多羌人朋友。有一次羌人首领来看他，可他家里又没有什么好吃好喝的招待来客，他便把家里的耕牛杀了招待客人。羌人首领为董卓的豪举所感动，没过多久就给董卓赶来了上百头牛羊。桓帝末年，朝廷招兵买马，因董卓武艺过人，善左右驰射，被召为军司马。不久随中郎将张奂征并州，因立战功，被提升为郎中，并赏绢帛九千匹。没想到董卓三碗酒下肚又来了一个豪举。他把九千匹绢帛全部分给手下的官兵。董卓如此为人，自然深得人心，深受下属欢迎，许多人自然也就愿意给他卖命。董卓后又被提升为广武令，蜀郡北部都尉，西域戊己校尉。因董卓屡立战功，拜其为河东太守。

皇甫嵩，字义真，安定朝那人，度辽将军皇甫规之侄，其父皇甫节官至雁门太守，时为北地太守。

朱儁，字公伟，会稽上虞人（今浙江），少年丧父，与母贩布为生，因得到太守徐珪的赏识而步步高升，时为谏议大夫。

“都起来吧！”灵帝抬抬手说道。

“现由你四人率四路官军平讨黄巾叛乱。北中郎将卢中郎、东中郎将董卓！”何进命令道。

“在！”卢植、董卓二人立身领命道。

“你二人各率三万官军火速出虎牢关，由官渡（在今河南中牟东北）北渡黄河。首先要剿灭东郡（治濮阳，今河南濮阳东南）黄巾贼，然后再会合幽州、冀州各路兵马，围剿黄巾贼首张角的老巢钜鹿，钜鹿在这，一定要彻底剿灭！”大将军何进剑指巨幅地图道。

“是！”卢植、董卓齐声领命道。

“左中郎将皇甫嵩、右中郎将朱儁！”

“在！”

“你二人各统率三万兵马，火速由东南出大谷关与轘辕关，沿万安山与嵩山之山涧峡谷直捣颍川郡治阳翟（今河南禹州）、许县（今河南许昌），

出其不意，攻其不备。然后会合豫州、徐州、扬州各路军马围剿颍川郡、汝南郡（治平舆县，今河南平舆北）黄巾贼！你们听明白了吗？”大将军何进剑指地图道。

“明白了！”皇甫嵩、朱儁立身领命道。

“不要看此次黄巾暴乱声势浩大，烽火连天，其实不过是一群乌合之众，只要把贼首的老巢钜鹿给端了，只要把颍川、汝南的黄巾贼军主力给打垮了，这把漫天大火自然也就会退去。兵贵神速，你们四人马上整备军马，明日出发！”

“是！”

四月，四路官军便开赴前线。上述何进派四路兵马进攻黄巾军之事，范晔在《后汉书·卷七十一·皇甫嵩朱儁列传》、《后汉书·卷六十四·卢植传》，陈寿在《三国志·魏书六·董卓传》皆有记载，本著只是如实再现而已。

刘备的老家涿郡涿县一片劫后景象，随处可见被毁坏的财物和慌乱的人群。此时刘备母亲已经去世。

“玄德来了，来，里面坐！”中山大贾张世平起身招呼道。中山为国名，治卢奴县，今河北定州市。

刘备和简雍一起走进屋。简雍，字宪和，涿郡涿县人，与刘备是同乡好友，现随刘备左右，一脸清秀。

“现正值兵荒马乱之际，我的五百匹塞外彪马都被黄巾贼抢走了，贩马的生意看来已经做不成了。”中山大贾苏双说道。

“我们二人知道贤弟正在为招募义兵之事四处筹资，这是我二人合凑的十二个金饼，一百两黄金，你就拿去用吧！”张世平说着把十二个金饼从皮囊中掏出，推到此时已24岁的刘备前面。刘备在这场官民大战中，显然是旗帜鲜明地站在刘家人一边。

刘备、简雍一脸欣喜，可当刘备伸出手时就像触电似的又缩了回来：“这，这怎么行？”

“怎么？嫌少？”张世平、苏双一脸疑云。

“哪里，是嫌多！两位大哥，往来于辽西、辽东、塞外大草原贩马多年，积攒这些金饼不容易。所以我不能拿！”刘备说道。

“金子积攒下来就是要用的，不只是为了吃穿娶妻、盖房子，大丈夫还应用金子去做大事！现黄巾四起，天下动荡，平寇安邦这本来也是我们的愿望。贤弟厚德宽仁又智慧超群，早晚必成大事，既然贤弟有此心，就算替我们去完成这个心愿！”张世平说道。

“是的，就算你替我们去完成这个心愿！”苏双附和道。

“两位大哥，那我就不客气了！不过我有言在先，这只能算是我借你们的，有朝一日我加倍奉还！”刘备收下金饼。

刘备于是便开始在涿县张榜募兵。乡里乡外一些青少年闻讯纷纷来投，其中有一人得到刘备的格外器重。此人是豹头环眼体壮如熊的张飞，字翼德，与刘备同乡，时年约二十出头。刘备见其力大体壮，善刀法骑术，便召其为自己的贴身护卫。此时，正手持大刀站在刘备身后，协助刘备招募军士。陈寿在《三国志 · 蜀书二 · 先主传二》中明确记述道：“中山大贾张世平、苏双等赀累千金，贩马周旋于涿郡，见而异之，乃多与之金财。先主由是得用合徒众。”《三国演义》所谓刘备先得到张飞资助后募兵纯属杜撰，查遍《三国志 · 蜀书六 · 张飞传》，张飞也不是什么卖酒屠猪的财主。

简雍手握毛笔正在询问和登记来报名的乡里人，刘备坐在一旁，有许多老人孩子站在一旁围观。这时走来一位壮汉，明显高出众人一两头，相貌堂堂，牵着一匹大黑马，身背大刀，一身豪气。

“请问是你们在招募义兵吗？”来人问道。

刘备眼前一亮，心想要是能得此人相助该多好啊。“是的，请问壮士是何方人氏？”刘备应道。

“我名关羽字云长，河东解良人（今山西运城市西南解州镇），因杀了乡里的贪官亡命于此，现天下大乱，见你招兵故来从军！”关羽说道。陈寿在《三国志·蜀书六·关羽传》记述道：“（关羽）亡命奔涿郡。先主于乡里合徒众，而羽与张飞为之御侮。”

“关云长，像云一样的长。你这次亡命天涯，走过的路也真够长的。来，云长，你来看！”刘备说着从怀中取出地图，关羽拴好马走过来。刘备指图道：“你看，解良在这，隶属并州，涿县在这，隶属幽州，从解良到涿县，少说也要有三千里路。”

“没想到不知不觉走了这么长的路。请问你尊姓大名？”关羽问道。

“此乃我大哥，姓刘名备，字玄德，汉室宗亲。我乃小弟张翼德！”张飞插话道。

“若大哥不弃，我愿跟随大哥驰骋疆场，斩杀贼寇！”关羽抱拳道。

“这也是我之所愿！”刘备欣喜异常，一手握住张飞的手，一手握住关羽的手，“千军易得，一将难求。我也正需要像你们两个这样的壮士，做我的左膀右臂！走咱们一起去喝酒，为云长接风洗尘！”

“那就有劳贤弟你在这儿招募军士了！”刘备对简雍说道。

“没问题，你们去吧，可别把酒都喝完了，给我留点儿！”简雍笑道。

三人骑着马，兴致勃勃地回到庄上。“来！拿酒来！今天大哥高兴！要好好喝两碗！”张飞吆喝道。

“云长年长翼德数岁，以后翼德可要以兄事之啊？”刘备笑道。

“那我以后就管云长叫二哥！”张飞一脸豪爽之气。

“那你们两个以后可就都是我的兄弟了？”刘备笑道。

“那还用说，我们三人以后就情同手足，同生共死！”张飞说道。

这时酒拿了上来，肉也端了上来。“来，先给云长倒一碗，云长多日在外漂泊，辛苦了！”刘备说道。

“不，还是大哥先喝！”关羽谦让道。

“二弟辛苦了，还是二弟先喝！”刘备让道。

“你让，我让，还不如咱们三个一起喝！”张飞笑道。

“是啊，有让的还不如三人一起喝！”三人开怀大笑。

“来！干！”三人举碗共饮，一饮而尽。

“来！再来一碗！”刘备说着，提起坛子又斟满三碗。三人一碰，又一饮而尽。

“第三碗酒，咱们要与天地共饮！”刘备说着，提着酒坛来到户外，站在院落中央，周围种着十几棵桃树。户外华光四射，天气格外晴朗。刘备让张飞把三碗酒斟满。刘备当先端起一碗酒，跪在院中央。关羽、张飞也照样各端起一碗酒，错后一个身位跪在刘备身后。刘备举碗，眼望华日盟誓道：“刘备、关羽、张飞，虽为异姓，愿结为兄弟，同心协力，救困扶危，上报国家，下安黎庶。不求同年同月同日生，但愿同年同月同日死。皇天厚土为证。背信弃义者，天打五雷轰，不得好死！”

刘备领一句，关羽、张飞在后跟一句，声声句句，铿锵有力。誓毕，三人一碰，将碗中之酒一饮而尽。随后三拜天地。

自此关羽和张飞就成了刘备的左膀右臂，三人既是上下级又是把兄弟。简雍相当于刘备的文秘。刘备随后便率自募的六七百乡勇投靠到负责幽州防务的校尉邹靖麾下。邹靖见刘备、关羽、张飞一个个都气度不凡，又带来了几百号人马，便留于军中效命。

那朝廷发往颍川、汝南与发往河北平剿黄巾军的四路官军战况又如何呢？

下回请看：孙坚垂危马儿救　张角血战皇甫嵩

第六回

孙坚垂危马儿救　张角血战皇甫嵩

先说左中郎将皇甫嵩与右中郎将朱儁所统率的两路官军。公元184年四月，两路官军出大谷关、轘辕关，经万安山与嵩山的险峻峡谷潜出，用突然袭击的方式，直捣阳翟、许县（今河南许昌）。可让他们没有想到的是颍川黄巾军统领波才早有准备，面对扑天盖地的黄巾军，朱儁指挥官军与战，官军畏缩不前，大败。波才又挥军进攻皇甫嵩，皇甫嵩为避锋芒，只得且战且退，退保长社(今河南长葛东北)，依城而守。颍川、汝南各处黄巾军，闻官军败退，群情激愤："官军不过是一群只会欺压手无寸铁老百姓的酒囊饭袋！杀啊！"

南阳黄巾军攻占宛城（南阳郡治，今河南南阳），南阳太守褚贡被剁成肉泥；汝南太守赵谦，也被黄巾军打得抱头鼠窜。颍川黄巾军统领波才更是气势如洪，率十数万黄巾军乘胜追击，进围长社，冲到城下。

"紧闭城门！紧闭城门！快！快！"皇甫嵩身穿皮甲，挥刀吼叫道。城门纷纷关上，弓箭手风一样冲上城楼。许多军士因来不及退入城中，被挡在城外。"快开城门！快开城门！我们是自己人！"

紧追在后的黄巾军眼看越逼越近，"赶快开城门！赶快开城门！"瞬间，被挡在城外的许多官军便纷纷暴毙于黄巾军的乱刀乱棒之下。这时守城的官军已经冲上了城楼，"放箭！放箭！赶快放箭！"瞬间又是箭如雨下，冲在前面的黄巾军纷纷中箭倒地，"妈呀！赶紧撤！"黄巾军基本上没有盾牌和盔甲，有的被射穿眼睛，有的被射中命门，有的身中数箭。黄巾军的第一次攻城就这么被打退了。

在城楼上，眼望着像潮水般退去的黄巾军，皇甫嵩深出一口气。"黄巾贼虽然暂时退去，可贼势甚大，漫山遍野，足足有十数万，用不了多久还会再来攻城。”皇甫嵩忧虑道。

“是啊，敌众我寡，协同剿匪的各路官军不知道什么时候才能到达。黄巾贼是因为没有攻城战具盾牌、云梯、冲车，才暂时退去的，一旦攻城战具准备好了，立刻就会再次来攻城，那时我们就危险了。”长史梁衍也一脸忧虑。

“是啊，此城城高不过三丈，难以坚守，照这样下去我军将十分危险。不过今天肯定是不会再攻城了。”皇甫嵩也一脸忧虑。

“此话怎讲？”长史梁衍问道。

“你难道不见天色已经渐黑，再加上他们还要准备攻城战具。”皇甫嵩说道。

“躲过初一躲不过十五，我们不如今夜突围出城。”长史梁衍说道。

说话间听守城将士纷纷指道：“将军你看，黄巾贼纷纷依草结营。”

皇甫嵩放眼遥望，果见黄巾军正成群结队结草为营，席地纳凉休息，心中暗喜，“我已经有了破敌之法！贼势虽盛，今夜你等只要听我号令，包管破贼！”皇甫嵩说道。

“将军有何破敌妙计快说来一听！”长史梁衍问道。

“兵有奇变，不在多寡，今贼众依草结营，正好用计破敌！到时候你看我破敌就是了。”

皇甫嵩命传令各营：“每人束草一扎！三更造饭，五更出击！”

“要是今夜再有一场西北风就更好了。”长史梁衍说道，两人相视而笑。

夜深，星明月静，将士们吃饱喝足，各束草一扎，只待一声号令。正在这时，又听风声呼啸。“呀！真是天助我成田单之大功也！”皇甫嵩兴奋道。命令军士：“出发！”

城门悄开，数千军士轻手轻脚出城，悄悄逼近依草席地而卧的黄巾军。越靠越近，指挥官一声令下：“点火把！”刹那间，数千军士手持火把齐声大吼，冲向黄巾军，城上也举火助威，鼓声雷动。“杀呀！杀黄巾贼呀！”官军军士纷纷将火把投向敌营，草遇火燃，风助火威，霎时间火光冲天，西北风卷起吞天大火扑向惊慌失措的黄巾军。黄巾军喊爹叫娘，四处奔命。

这时皇甫嵩已率两万骑步兵擂鼓而出，挥刀纵马驰向敌群，黄巾军如鸟兽般四处奔散，一直杀到天色放亮。就在这时奉命前来营救的骑都尉曹操和右中郎将朱儁又各率一路官兵杀到，三路夹击，颍川黄巾军一败涂地，尸横遍野，数万黄巾军被杀。上述长社之战，范晔在《后汉书·卷七十一·皇甫朱儁列传》有记述，本著只是如实再现而已。

随后三路军马又挥军乘胜进击汝南黄巾军，佐军司马孙坚率朱治、程普、韩当也参与了围剿。此前孙坚已由盐渎丞调为下邳丞，讨黄巾被拜为佐军司马。朱治，字君理，丹杨人；程普，字德谋，右北平土垠人（今辽宁）；韩当，字义公，辽西令支人，善弓马，膂力过人。三人一同随孙坚来征讨黄巾军。

孙坚杀得性起，率百骑突入敌群，本以为手持棍棒、菜刀、各色刀枪的黄巾军会被吓得屁滚尿流，没想到却遭到数千黄巾军的围攻。孙坚及百骑被里三层外三层团团围在其中，左冲右突杀得黄巾军人仰马翻，死伤成片，可还是不得脱。最后突入敌群之中的百骑越战越少，全部阵亡，孙坚也中枪坠马，摔入草丛之中，坐骑仰天嘶鸣，向敌群直冲而去，吓得黄巾军连忙让开一条血路。

孙坚与所部军马失散，朱治、程普、韩当皆不知孙坚去向，多以为已经战死。正在大家议论纷纷不知所措之时，却见孙坚坐骑飞驰而来，见到众将士仰天嘶鸣数声，众将士一脸茫然皆不明白其意，然后又见坐骑躺倒在草地上连声哀鸣。

“一定是孙司马受伤落马了！”朱治惊道，话音刚落，见坐骑站起，然后转身原路返回。朱治、程普、韩当连忙纵马紧随其后，在草丛中找到了受伤坠马的孙坚，此时黄巾军已经散去。众将士将孙坚救回营中，疗伤十数日后，又复出战。孙坚马儿救主之事《吴书》明确记述道：“坚乘胜深入，于西华失利。坚被创坠马，卧草中。军众分散，不知所在。坚所骑驰马还营中，踣地呼鸣，将士随马于草中得坚。坚还营十数日，创少愈，乃复出战。”

与此同时，出虎牢关，经官渡北渡黄河，由北中郎将卢植、东中郎将董卓统率的两路北伐军连破张角黄巾军，斩获万余人。张角、张宝、张梁三兄弟节节败退，只得率众退守广宗。卢植命董卓做后援，自己亲率大军追至广宗城下，企图一举歼灭张角黄巾军。可广宗城高池坚，储粮充足，卢植数次攻城均遭失败，只得从长计议，一边筑围掘壕围困张角的黄巾军；一边兴造云梯、冲车，准备攻城。卢植就这么与张角在广宗从五月一直相持到七月。就在卢植准备攻城之时，在洛阳城里却又发生了意想不到的事情。

洛阳，嘉德殿内。“一个广宗城围困了两个月，到现在都拿不下来，这仗到底是怎么打的？”汉灵帝焦躁道。

“广宗的黄巾贼其实并不难破，北中郎将卢植按兵不动，才迟迟不破。”才从前线视察归来的宦官左丰说道。

“按兵不动？难道还等着天杀黄巾贼不成？把卢中郎给朕撤职查办！”求胜心切的汉灵帝像小孩子一样用手指敲打着地图吼叫道。

“临阵换将恐于军不利。”大将军何进连忙进言。

“有什么不利？把卢植押解回京，让董卓代行其职不就行了？”汉灵帝极不耐烦地拂袖而去。此事范晔在《后汉书·卷六十四·卢植传》有明确记述。

王朝社会就是这样，嘴大说了算，权力就是硬道理，一个只知吃喝玩乐任性所为的毛小子却可以成为一国首脑，却可以任意操纵一个国家的命运，而他所说出的每一句话却都是绝对正确的圣旨，每个人都得遵守，否则脑袋就得搬家。

“既然皇上有旨，那也就只好重新调整一下军力部署了。”司空张温说道。

“那又该如何调整呢？”何进问道。

“我的意思是。”袁绍欲言又止。

“本初有什么话就尽管大胆地讲出来。”何进鼓励道。

袁绍上来手指地图道：“现在颍川、汝南的黄巾贼已平，幽、冀、青、徐、扬、兖、豫、荆各州民变虽还时有风动，可都是些小规模的，目前主要是南阳和钜鹿的黄巾贼，尤其是钜鹿的张角军。因此，我以为最好让皇甫嵩、朱儁兵分两路：让朱儁率曹操、孙坚南下，会合荆州刺史徐璆，去围剿南阳黄巾军。而皇甫嵩则让他率三万官军北上，北渡黄河，进驻东郡，以为董卓做后援。董卓则北上接替卢植。”

“很好，本初所言正合我意。”何进笑道。

卢植就这么稀里糊涂地被打入囚车押解回京，董卓持节入主卢植在广宗的大营。

卢植无故被拘，军中将士皆心怀不满，士气严重受挫，人心惶惶。那张角也不是傻子，立即抓住战机，命张宝、张梁各率两万黄巾军从广宗城中突出，东中郎将董卓连忙挥军仓促应战，可本来就人心惶惶的官军又怎能抵挡住张宝、张梁的两路夹击，慌忙抵挡了一阵后便牛群一样溃退，董卓呵止不住，只得且战且退。数千官军就这么成了黄巾军的刀下之鬼，大量辎重落入张角之手。董卓一面拼命抵抗，一面十万火急向朝廷告急，请求救援。

洛阳，大殿内，汉灵帝闻讯气急败坏，尖叫道："卢植是窝囊废，董卓也同样是窝囊废！连几个黄巾贼都抵挡不住……马上把董卓也撤职查办！"陈寿在《三国志·魏书六·董卓传》记述道："卓迁中郎将，讨黄巾，军败抵罪。"

文武百官皆面露不安之色，可无人敢言。

"那就只好调皇甫嵩进驻广宗，去接替董卓。皇甫嵩在长社大败颍川黄巾军，扭转了被动局面，应该不会有问题。"何进说道。

十月，皇甫嵩奉诏日夜兼程赶往广宗接替董卓。黄巾军才大胜董卓军，士气正盛，此时张角卧病闻皇甫嵩率数万官军增援，强支病躯与二弟张宝、三弟张梁率十万黄巾军列阵于城南，欲与官军展开一场大决战。

寒风瑟瑟，北风呼啸，北方的大地迎来了立冬以来的第一场大雪。写有"天公将军"、"人公将军"两面黄色旌旗迎面招展，张梁头裹红巾，口念咒语，在阵前焚香烧纸设坛作法，所烧的每一张纸上都大大的写有"官军"二字。随后张角又手持陶罐一边念咒，一边洒水，绕坛三周。然后立于红坛中央，奋身将陶罐破碎，抽出宝剑对天指日道：

"消灭狗官军！为死伤的兄弟报仇！"

"消灭狗官军！为死伤的兄弟报仇！"黄巾军吼声雷动，巨大的声浪响彻云霄，冲刺着漫天大雪。

对面皇甫嵩所统率的数万官军也同样士气高昂，皇甫嵩振臂吼道："将士们！黄巾贼首就在面前！养兵千日用兵一时！为大汉王朝孝忠的时候到了！杀掉贼首，消灭黄巾贼！"

"杀掉贼首张角！消灭黄巾贼！"全军将士齐声吼道。

张宝、张梁怒剑前指："冲啊！杀狗官军啊！"

张宝、张梁各率一路黄巾军方阵，如决堤洪水挥舞着各式刀枪、农具铺天盖地地向官军冲杀而来。

"盾牌掩护！弓箭手准备！"官军指挥官吼道。列阵在前的五千弓箭手刹那间皆张开弓箭。

"冲啊！杀狗官军啊！"冲在前面的黄巾军蜂拥而至。

"准备！射击！"

"再射！"

刷、刷、刷，雪花飘飘，箭如雨飞，一波次接一波次，冲在前面的黄巾军纷纷中箭倒地，可后面的黄巾军不仅不怯，依然疯一样地继续往前冲，仿佛中了什么魔法似的。前面倒下后面再上，像滚滚巨浪般冲向官军阵垒。官军阵角开始松动。"顶住！不许撤！"可又怎么能顶得住。黄巾军如惊涛骇浪般冲入官军阵营，刀枪的碰撞声，鬼哭狼嚎声，厮杀声，混杂成一团。官军被杀得人仰马翻，只得没命后撤。

而此时坐镇中军的皇甫嵩，见官军已经顶不住，纷纷开始溃逃，正准备调转马头回撤时，却听见黄巾军鸣金收兵。

眼见黄巾军退潮般渐渐逝去，皇甫嵩抖了抖皮甲上的雪花，一脸疑惑道："这到底是怎么回事？贼军正好可趁势追杀，大败我军，怎么会突然间收兵呢？"

长史梁衍也感到大惑不解。"我用兵多年，从未见过如此怪事，赶快派人去打探！"皇甫嵩命令道。

"是！"长史梁衍领命道。

皇甫嵩一边命官军退避十里之外下寨，埋锅造饭，一面等待探马的消息，以伺破敌之机。吃过晚饭，此时雪已停，不多时，探马来报，说："未到贼营，便听到营中哭声雷动，走近一看，整个是人心惶惶，乱成一团，一打听才知是贼首张角病死在城中，黄巾贼失去了贼首，营中哭声正是为此。"

皇甫嵩霍地站起："你探听准确了吗？这可是重大军情！"

"千真万确！他们口口声声嘴里面都在哭喊着'大帅啊，你不能死，你死了我们怎么办？'"探马学道。

"我此次用兵真是犹如神助，前番长社之战，贼军依草结营，今番贼首张角又病死，正是天助我成此大功！"皇甫嵩兴奋道。

"那我们该怎么办？"长史梁衍问道。

"该怎么办？今晚就出击，否则等贼军明天退回广宗城中与我军对峙就不好办了。立即传令下去！三更造饭，五更出营！不得有误！"皇甫嵩拍案道。

长史梁衍领命，刚要出帐，却听皇甫嵩喊道："回来！"

"将军还有何吩咐？"

“今天要让军士们都吃得饱饱的。还有，马上派人通知邹靖等幽州、冀州来的各路人马，今晚一起行动，给黄巾贼来个全面围剿！”皇甫嵩说着用手做了一个包围的手势。

“是！”长史梁衍兴奋道。

五更时分，皇甫嵩率官军潜出营帐，待至鸡鸣已临近黄巾军大营。这时探马来报：“贼军有的在收拾行囊，有的已经开始撤退！”

“不能让黄巾贼逃回到城里。全线出击！”皇甫嵩挥剑吼道。

数万官军以雷霆之势冲向黄巾军营寨，此时的黄巾军主心骨（他们心中的神）已倒，哪还有战心，突闻官军四面杀来，慌作一团，如风似烟般的四处溃散，“不要慌！不要慌！镇定！镇定！赶紧拿起武器抵抗！”张宝、张梁挥舞着大砍刀，一边吼叫着，一边连砍了数名惊慌失措的军士。

“二哥，你赶紧携家眷率军撤退！”张梁说道。

“那你怎么办？”张宝问道。

“我在这断后！你赶紧走，再迟就来不及了！”张梁吼道。

张宝骑马而去，没走几步又勒马回首，马腾空长啸：“三弟！”两人相视，不觉泪如泉涌。“二哥，赶紧走！不然就来不及了！”张梁挥泪吼道。

“留下的都跟我一起抵抗！”张梁率军拼命抵抗。

可又怎么能抵抗得住。邹靖这一路官军也突入黄巾军大营，刘备、关羽、张飞则是一马当先，左杀右砍，黄巾军一片片应声倒地。

张梁在抵抗中被官军乱刀砍死。

就这么从早晨一直战到下午，官军大获全胜，近五万黄巾军惨遭屠杀，漫天雪地，尸横遍野，浸满鲜血。张角的棺木还停在大帐中，皇甫嵩命令官军开棺戮尸，传首京城。这就是古战场风云，我真的不知道该同情谁。说白了这都是为了争天下，都是想把天下变成自家的私产，一方是为了夺取，一方是为了捍卫，要是在现代民主社会，天下早已归天下人所有，人人都是业主，人人都有一份，任何个人或组织要想把天下变成他一家的私产都会遭到天下人的抵制，只有头脑还未开化的人才会为这样的个人或组织去卖命，这样的事情自然也就不会发生。再者，在现代民主社会通过现代文明的方式进行政权更迭，自然也就可以避免这些毫无必要的官民大战。而在王朝社会官民矛盾却是不可解的，每当蓄积到一定程度就要爆发大规模的流血冲突。可那时候的人又怎么能认识到这些呢？所以在五千年的王朝历史中，这种血雨腥风的官民大战一直都在重演，不知道造成多少人死亡，即使暴动成功到头来也不过是城头变换大王旗。广宗之战在整个黄巾起义中是一场具有决定意义的战争，自此席卷河北、中原的黄巾起义便如火后余烬。上述广宗之战，范晔在《后汉书·卷七十一·皇甫嵩传》有详细记载，本著只是如实再现而已。

公元184年11月，张宝在曲阳又被官军所杀。相隔不久，朱儁这一路也大获全胜，南阳黄巾军也被官军剿灭。黄巾军的燎原大火就这么给压了下去，当然各地的民变还在不断发生，星星之火随时还会有燎原之势。

洛阳，和欢殿张灯结彩一片欢腾。汉灵帝、何皇后、董太后、皇子刘辩、刘协皆一脸欣喜。中常侍赵忠高声宣诏道：

皇帝诏命，改年号为中平，大犒三军。皇甫嵩立下首功，迁为左车骑将军，领冀州牧，封槐里侯，食户八千。朱儁也立功不小，迁为右车骑将军，封西乡侯，食户五千。

拜袁绍为中郎将、大将军缘（大将军的副手），拜袁术为中郎将，拜曹操为济南相，拜孙坚为别部司马……

刘备因随讨黄巾军有功被委以安喜县尉。

皇甫嵩盛赞卢植用兵方略，卢植不久又被复用为尚书，董卓随后也重新被起用。

在这些人中，除了袁绍、袁术两人以外，曹操也算是提拔最快的一位，一下子由骑都尉被提升为济南相，下辖十余县，看来还是朝中有人啊。三十而立就真的立起来了，犹如神助一般，曹嵩自然是喜出望外：“我儿子终于有出息了！”

这下曹操手中又有了实权，而且较顿丘令又大了许多，这下不会又捅出什么大娄子来吧？

下回请看：曹操济南搞改革　刘备安喜撒酒疯

第七回

曹操济南搞改革　刘备安喜撒酒疯

经过讨伐黄巾军血与火的洗礼后，曹操手中又有了实权，而且手中的权力更大了。怕他又会捅出什么大娄子来，曹嵩自然是千叮咛万嘱咐：“阿瞒啊，你现在已经30出头的人了，做起事来可不能再冒失了，为父已老，一家人现在可全靠你了！”

“父亲，你就放心好了，我现在已经不是初出茅庐的毛小子了。”曹操一边答应一边吩咐曹德道，“我到济南，你可要好好照顾父亲！”

袁绍、许攸、张邈和曹操家人一起将曹操送到洛阳城外。

“在朝廷做议郎时，只能上上奉章，发发牢骚，采纳不采纳全在上面。现在孟德成了一国之主，虽然只是下辖十余县，但许多事情总算可以自己拿主意了。”袁绍说道。

“是啊，孟德现在已经成了一方之主，自然也就可以主一方之事了。俗话说‘新官上任三把火’，不知孟德上任后要放哪三把火啊？”许攸笑道。

曹操笑而不答，显然是一副胸有成竹的样子。

“是啊，看孟德一副胸有成竹的样子，快给咱兄弟几个说来听听，先听为快！”张邈、张超附和道。

“主一方之事确实，但放三把火不敢。”曹操谦虚道，其实已经胸有成竹。

“但不管怎么说，孟德30岁就做上了济南相，要是把济南治理好了，做个榜样，将前途无量！”袁绍说道。

曹操上马，“祝孟德再建功业！”几人抱拳道。

“诸位，都回去吧，请各位多保重！”曹操和随从一起向济南国而去。

曹操到济南国上任不久，便开始大刀阔斧地推行他的改革。曹操上任后的第一步改革是：

“自本相到任以来，经多方探察，发现国中官吏有许多都是阿谀奉承、贪污腐化、声名狼藉之徒。外面的民怨大得很，想必你们也都听说了吧？”曹操训话道。

站在阶下的大小官吏战战兢兢，无人敢应。

“这些官吏本应治罪，可考虑到为朝廷做事多年，故一律免官抵罪。现在朝廷已经将本相的奏折批了下来。下列官吏从即日起免官回家，永不复用！张大顺、石守义、段鸿琪……”曹操说道。

站在阶下的大小官被免官都十有七八，一个个惊恐万状，不知所措。

“还不谢主龙恩？”曹操吼道。

一些官吏连忙匍匐在地，磕头如捣蒜道：“谢圣上，谢曹国相免罪之恩！”曹操刚露出笑脸，却听到另一群官吏叫嚷道：“我们为官多年！与百姓秋毫无犯！我们何罪之有？凭什么罢免我们的官？”

“你曹操才到济南几天！凭什么罢我们的官？”庭堂中顿时乱作一团。

“我是济南国主！你们就要听我的，我说了算！”曹操吼道。

“你是什么狗屁东西！我看你是赘阉遗丑！少他娘的到这来耍威风！”

“来人！把这些闹事者给我用乱棒打出去！”曹操吼道。护卫冲出。

“哎哟，哎哟，你曹操算老几？凭什么罢我们的官……”

“还敢有胡言者！给我拿下治罪！”

众官吏被冲上来的护卫乱棒打出。众官吏一个个鬼哭狼嚎，抱头鼠蹿。这只是曹操的第一步改革。

“城阳景王刘章因有功于王室，在当地立祠。青州诸郡纷纷仿效，济南国更盛，所立祠堂就有六百余座，搞得济南国乌烟瘴气，到处都是香烟缭绕，神鬼之声，祭祀之人随处可见，一定要把这些祠堂全部捣毁，一个不留！”曹操吼道。曹操于是亲率士卒开始对各县祠堂进行大扫荡。曹操的第二步改革计划就这么又开始实施了。

“曹国相啊，你可不能毁了我们的祠堂啊！”成百上千的民众匍匐在礼堂前，哀求曹操手下留情。

“这些都是神鬼之术！都是蛊惑人心的妖道！必然铲除！”曹操吼道。

“曹国相，这可是我们祭祀祖先的地方啊！你可不能毁了我们的祠堂，我们盖起这个祠堂不容易，家家户户都出钱！出力！你可不能毁了它呀！”

“曹国相！这可是我们祈求天神降雨的地方！你可不能……”民众纷纷祈求道。

“我是济南国主，是圣上派到济南的命官，我说什么你们就得听什么，否则就是违背皇命，按令当斩！”曹操吼道。

曹操视若无睹，命军士将祠堂推倒拆除，民众则是哀天呼地。

捣毁完一座祠堂后，曹操又带兵勇去捣毁下一座祠堂，数千民众闻讯连忙里三层外三层团团将祠堂围起来。

“按天朝王法只有公爵和王侯才能建祠堂！你们这都是违法建祠堂，按律理当拆除！”曹操骑在马上吼道。

“曹国相！求你了！别毁我们的祠堂！这是我们祭祖的地方，我们的祖先都在里面，你可能不能毁掉它啊！”民众一边哀求一边用身体保护着祠堂。

“难道你们要造反吗？你们这是对抗官府，你们要是再不让开就休怪我手上的刀不客气了！”曹操怒道。

“不！就是死，我们也不让开，就是死我们也要和我们的先人死在一起！”

曹操一挥手，数百带甲军士便冲了上去，顿时喊声大作，哭声四起：“曹国相，你不能毁我们的祠堂啊！”

护兵连抽带打连杀带砍，将民众驱散，随后曹操命令将祠堂焚毁。火光映天，民众则是哭天喊地。

曹操的这把火波及了济南国下属十几个县，六百多座祠堂全部被焚毁。这就是曹操在济南强力推行的改革。曹操满以为他手中拥有了权力就可以任意推行他的改革，就可以把什么都搞定。其实，不要说他是一个小小的济南相，他就是当朝皇上，也照样解决不了腐败和迷信这两大社会问题。当然，不能否认，此时曹操的愿望基本上还是好的，只是手段太粗暴和简单，不仅解决不了任何问题，还会激化官民之间的矛盾。只有通过成熟的教育才能转变人的头脑，才能从根本上解决问题。可那时候的人又怎么可能认识到这些？也实在是有些难为他了。曹操就这么在济南就像捅了一个巨大的马蜂窝似的，不仅官恨他，民也怨他，整个是官民共愤，怨声载道。不管曹操走到哪里，人们都是横眉冷对，恨不得冲上前将他用乱棒打死。本来就敏感的曹操当然能感觉到这些。夜晚经常有人在院外学鬼叫，搅得曹操夜不能寐，鬼叫完后又是咒语声："天灵灵，地灵灵，赘阉遗丑来祸害，赶紧让曹阿瞒滚回家，不然就要收其命……"

"来人哪！"曹操点燃烛火，焦恼万分地吼道。

"在！"侍卫应道。

"给我去看看到底是什么人，给我抓来！"曹操极不耐烦地说道。

"是！"

话音刚落，噌的一箭从窗外射来，曹操一惊，箭从眼前穿过，嘭的一声正射在迎面的立柱上。曹操惊出一身冷汗，定睛一看，上面挂有一个小布条。曹操走近仔细阅读，上面写了一行字：

曹阿瞒你赶紧滚回去，否则就要你和你全家的命！

自此曹操一天到晚心神不定，刚来时的锐气已经荡然无存。此地显然已经待不下去了，不仅得罪了官，也得罪了民，是官民皆怨。可就这么灰溜溜地回去，不让天下人笑掉大牙才怪。可要是不回去可能连命都保不住。本来是想到济南干一番事业，怎么会弄成这样……正在曹操犹豫不决之时，来了一个不速之客。

"王五你怎么来了？"曹操惊问道。

"老爷让我给你带来一样东西。"王五一边说着一边用眼色示意曹操把左右支开。

曹操连忙把左右打发开，"到底出了什么事？"曹操急问道。

“这是老爷命我十万火急给你送来的家信。”王五说着从怀里掏出一封信。

曹操连忙打开，只见上面写道：

阿瞒我儿：

济南诸官联名上奏把你告到了尚书台，诬你滥行权力罢黜地方官员，拆毁民间祠堂，搞得济南国人心惶惶，民怨沸腾，民变之潮随时可能再起。要求对你进行撤职查办。此事在朝廷已经议论纷纷，蹇硕、张让、段珪等人也趁机要告发你。依老父之见，不如赶紧称疾回乡，赶紧回来，以避眼前之祸。要是告到圣上跟前事情可就难办了。父曹嵩。

上面是草木皆兵，下面又狼烟四起，连老父亲都写信让他回乡，看来济南真是待不下去了。爱官如命的曹操这回可真的是害怕了，为保住小命，为了不殃及家人，他丢下官帽，带上随从趁夜逃离济南，来了个自己下岗——称疾回乡。曹操在济南轰轰烈烈的改革也随之破产。曹操溜回洛阳后，又干起了议郎的老行当，不过此次整个是两耳不闻窗外事。曹操在城外建造了一座房屋，长期托病在家，平日读书破卷，闲来打猎娱乐。上述曹操济南搞改革仓皇而归之事，《魏书》有详细记载，本著只是如实再现而已。

曹操父子的官场现形记基本上是其父曹嵩在前为其逢山开道，遇水搭桥，曹操则是在后面步步跟进。当曹操冒冒失失捅了什么大娄子，或闯下了什么大祸时，他老子曹嵩又是消防队员，赶紧替他把事情摆平。曹操的仕途就是这么一波三折，三起三落。由此可见，30岁的曹操虽然还很冒失，可身上同时还有一股正气。这就是易中天所谓的曹操的“能臣之路”，实在是有些搞笑。

那此时做安喜县尉的刘备情况又如何呢？刘备24岁就这么做上了县官，看来官运还是不错。

此时朝廷要淘汰一批县官，派督邮到各县巡察。督邮是郡守的下属，职责是督察各县工作情况，然后向上汇报。刘备疑在被淘汰之列。督邮来到了安喜县（隶属于冀州中山国，今河北定州市东）后，刘备害怕自己被淘汰，于是便留简雍在县衙，携关羽、张飞上门求见，想巴结督邮。刘备也是在官场上混的，少不了要带上金饼。

“在下是安喜县尉刘备，前来拜见督邮大人！”刘备牵马到来馆驿。

“你在这儿等一下，我进去通报一下！”门卫说道。

没过多久，门卫回话道：“督邮身体不适，还是请回吧！”

刘备携关羽、张飞悻悻而去。下午又来，又遭到同样的拒绝。一连数日督邮皆称疾不见，刘备的脸越拉越长，紧跟左右的关羽和张飞也一个个气不打一处来。

“走，一起喝酒去！”刘备阴沉着脸说道。

三人来到酒馆，“哟，刘县尉来了！有贵客来了！赶紧楼上请！”店小二将三人招呼到阁楼之上。

“刘县尉，要些什么菜？”店小二问道。

“就要酒！拿坛酒上来！”刘备说道。

“还要些什么？”店小二问道。

“不要了，就要酒！”刘备说道。

平时这哥仨来要点许多菜，怎么今天只要酒？店小二挠挠头，一脸疑团。

“还不赶紧去！愣在这儿干什么？”关羽说道。

“是、是、是……拿一坛上好的高粱酒来！”店小二吆喝道。

“再要三只烧鸡、六个猪手！”刘备说道，“再外加三只烧鸡、六个猪手！”

三人连喝三大碗酒，一坛酒喝完又要第二坛酒。

“督邮分明是不想见我们！”关羽喝得醉醺醺地说道。

“什么鸟督邮，竟敢不把咱大哥放在眼里？”张飞哼哼道。

刘备不禁恶从胆边生起：“他娘的，这个鸟督邮也太不把人当人看了！有什么了不起的，反正这个鸟官也做不成了！”刘备摔下酒碗，气汹汹走下楼。

“哎、刘县尉！”店小二叫道。刘备掏出一把五铢钱塞到店小二手上，二话不说，走出酒馆，去牵马。

“大哥，你这是要干什么？”关羽问道。

刘备一声不吭，翻身上马。关羽、张飞骑马紧随其后，不多时便纵马一起来到馆驿。

“大哥，你这是要干什么？”关羽问道。

刘备还是一声不吭，只听见呼呼的气喘声。他拴好马，来到馆驿门口，门卫举手挡驾：“不是说过了嘛，督邮大人有病不见！”

“太守有令，命我密捕督邮，违令者立斩不赦！”刘备吼道。

门卫一下子愣住了，不知所措：“唉……”关羽、张飞拔刀在手，怒目相视，门卫吓得一缩脖便闪开了。刘备冲入馆内：“我倒要看看这个鸟督邮到底长得是啥样？”

吃得肥肥胖胖的督邮正在悠闲习字，见刘备、关羽、张飞闯进来，甩下手中之笔厉声喝道：“哪里刁民，竟敢闯入官府，不想活了？来人哪！”一队护兵冲出。

“我是安喜县尉刘备！有令让我密捕督邮！违令者立斩不赦！”刘备厉声道。

护兵就像门卫一样，一个个都愣住了，不敢近前。督邮一看情况不对，转身缩入屋内。刘备、关羽、张飞冲入屋内，将督邮擒住：“你们凭什么抓我？”刘备也不吭声，和关羽、张飞三下两下就把胖乎乎的督邮像狗熊一样捆成了一团。“刘备你，你好大胆！你诈称皇亲！虚报战功！按令当免职！你现在又假冒上令羞辱本官，按令当斩！”

“你还想杀我大哥，老子先叫你的人头落地再说！”张飞举刀就要砍。吓得督邮腿肚子一松，跪倒在了地上：“大爷饶命，大爷饶命，你们砍了我这颗脑袋我一家老小就得饿死……”

刘备一摇手，“现在杀他有点太便宜他了。告诉手下，你是因为贪赃枉法才被抓了！”刘备命令道。

“是、是……”

关羽、张飞将督邮拖出：“督邮大人，这到底是怎么回事啊？”众人忙问。

“我是因为贪赃枉法才被他们抓了……”督邮哭丧着脸说道。

“原来是这样。督邮大人巡察了这么多县，一定是捞了不少钱吧……”

督邮就像是一大堆肉一样被甩在了马背上，“唉呀，轻点啊，勒得我好疼啊……”

“老实点，再哼哼就别怪我不客气了！”张飞厉声道。

“嗯，是、是……”

三人将督邮驮到城南，缚于一棵大树之上。刘备解下县尉印授，系于督邮脖颈之上。

“这个印授现在就归你了！”刘备说道。

“刘县尉，你可别杀我呀！我家里还有……”督邮哀求道。

“就是因为你，我才做不成这个县尉了！”刘备怒道。

“这不是因为我，是上面早就定好了呀。”

“我们兄弟，募义兵，讨黄巾，出生入死，大小十余战，屡立战功，今天仅落得了要被淘汰的命运！”刘备激愤地说道。

“大哥，杀了他！”张飞吼道。

刘备抡起马鞭向督邮劈头盖脸就是一顿乱抽，“哎哟，哎哟，刘县尉，饶命啊……真的不是我要免你的职啊……饶命啊……”

刘备也不知道用鞭子抽了督邮多少下，此时汗也出来了，酒劲也过去了，气也消得差不多了，再加上督邮的声声哀求，刘备把马鞭插到腰间。

“是啊，此事本来跟他也无关，杀他更无益。”刘备打开葫芦喝了一口水说道。

“看在大哥的面上，饶你一条小命！”张飞收刀道。

三人随后回到县衙，带上简雍，一起骑马离开安喜县。曹操在济南搞改革失败弃官回乡，刘备这安喜县尉也没做多长时间就完了。

没过多久，大将军何进遣都尉丘毅到丹阳募兵，刘备同行，至下邳（今江苏睢宁西北）遇到贼寇，刘备力战有功，又被拜为下密丞（县名，今山东昌邑市东），后又调任高唐县令（今山东高唐）。上述刘备怒鞭督邮之事，陈寿在《三国志·蜀书二·先主传》记述道：“督邮以公事到县，先主求谒，不通，直入缚督邮，杖二百，解授系其颈，弃官亡命。”在《典略》中也有记载。《三国演义》所谓张飞怒鞭督邮，整个与史不符，关羽、张飞其实只是“从犯”。

就在这时，西边的关中又出事了。

下回请看：孙坚献计杀董卓　董卓背水巧过河

第八回

孙坚献计杀董卓　董卓背水巧过河

原来是一波才平，一波又起。公元184年底，东面风起云涌的黄巾军才被镇压下去，西面凉州的金城郡（治金城，今甘肃兰州）、陇西郡（治襄武县，今甘肃陇西西）、北地郡（北地郡治富平，今宁夏吴忠市西南）等处，又开始爆发大规模的民变。西凉民军推举金城郡从事韩遂、新安县令边章为统帅，杀金城太守陈懿，举兵十万，由街亭（位于今甘肃秦安陇城镇），沿千河河谷（东南走向，流经千阳，由宝鸡入渭河），进犯关中。北地郡先零羌，也率羌军南下进逼萧关（在今宁夏固原东南）。先零羌是西羌族的一支，此时主要盘踞在北地郡。关中处境十分危险。公元185年三月，汉灵帝与大将军何进连忙派左车骑将军皇甫嵩西征，中郎将董卓副之，进驻右扶风（治槐里，今陕西兴平市东南），战局一直处在相持之中。上述西凉民变，朝廷派皇甫嵩、董卓西征，范晔在《后汉书·卷七十二·董卓传》有记载。陈寿在《三国志·魏书一·武帝纪》中记述道："金城边章、韩遂杀刺史郡守以叛，众十余万，天下骚动。"

此时一直在嘉德殿等候捷报的汉灵帝，已经整个失去了耐心："皇甫嵩前番讨伐黄巾贼，所到之处都不过数日便克，此次西征，本想一鼓即可荡平，可没想到却与西凉贼军相持不下，从三月一直相持到八月。这到底是怎么搞的？"

阶下文武官员面面相觑。

"五个月，已经五个月过去了！一直是按兵不动，按兵不动！这要等到什么时候？难道要等到天杀凉州贼寇不成？"汉灵帝吼道，吓得文武百官都不敢吱声。

“你们一个个都愣在这儿干什么？难道都哑了吗？你们说呀，该怎么办？总不能这么拖下去吧？要是照这样下去什么时候才能破敌？”汉灵帝叫道。

“臣等也感到不解。皇甫将军用兵如神，可没想到此次对凉州贼寇却一筹莫展。”中常侍张让、赵忠、司徒崔烈纷纷议论道。

“是啊，黄巾之乱风卷八州，百万之众，不到一年便被平息。凉州韩遂、边章不过十万草寇，又能掀起多大的风浪？本可一鼓荡平，可没想到却一筹莫展，真搞不明白皇甫嵩到底是怎么想的？”司空张温说道。

“不行就把皇甫嵩给朕撤职查办，押解回京！”汉灵帝怒道。

“这恐怕有些不妥？”大将军何进连忙说道。

“有什么不妥？”

“皇甫嵩是平剿黄巾贼的大功臣。”大将军何进说道。

“那就免他的职，把他的左车骑将军印授给我收了。还有，他的食户（皇帝赐封给的长工）是多少？”

“八千。”司徒崔烈应道。

“那就减掉四千。不，这太便宜他了，减掉六千！”汉灵帝叫道。皇甫嵩就这么像上次卢植一样被免了职，还好没押入囚车，这已经够给面子的了。“那么该派何者顶替皇甫嵩呢？右车骑将军朱儁老母病逝才去官回乡守丧。”大将军何进问道。上述皇甫嵩罢官削户之事，范晔在《后汉书·卷七十一·皇甫嵩传》记述道：“奏嵩连战无功，所费者多。其秋征还，收左车骑将军印授，削户六千，更封都乡侯，二千户。”

“这事情好办，朕看就让司空张温领车骑将军，去顶替皇甫嵩！”汉灵帝说道，此时他的情绪已经平静了许多。

“我？让我领车骑将军去讨伐西凉贼寇？我为官多年可还从未带过兵！”张温仿佛听错了似的。

“没错，朕说的就是你。让你张温领车骑将军去替换皇甫嵩！你刚才说的那番话正合朕意。就这么定了！”汉灵帝说道。

“谢皇上信任。”张温连忙跪拜。

“起来吧！”汉灵帝又走到巨幅地图前，指图道，“此次西征韩遂、边章，不是让你一个人去，朕让荡寇将军周慎率五万军马和你一起去，这样你总该满意了吧？”

张温顿时信心倍增：“是的。谢圣上！”

“你到长安后，和董中郎好好协调一下具体的作战部署。董中郎长年在凉州与羌、胡作战，屡立战功，对这一带没有人比他更熟悉了。以你为主，以周慎和董卓二将为副。你此次出征当务之急是要打退韩遂、边章与羌军对关中的进犯，然后还要像一年前平剿黄巾贼那样，务必要荡平贼穴金城，以绝后患！”汉灵帝指图道。

“是！”张温领命道。司空相当于现在的水利部长，张温就这么摇身一变，成了带兵打仗的将军。

九月，张温以孙坚、陶谦为参军，与荡寇将军周慎率军浩浩荡荡出潼关（位于今陕西潼关县北，晋豫陕三省交界处），入长安。陶谦字恭祖，丹阳人（郡治宛陵，今安徽宣州），公元131年生人，性情刚正，时为扬武都尉。

十一月，车骑将军张温与董卓合十万步骑兵进驻美阳（今陕西扶风市），与屯兵千阳（今陕西千阳）的西凉民军对峙。夜晚流星如火，光长十余丈，依千河河谷依山据险而守的西凉民军营寨驴马齐鸣，人心惶惶，“不好了，扫帚星来了，这可是不祥之兆，赶紧撤军……”韩遂、边章闻朝廷派大军来征，本来就胆战心惊，于是连夜率军向街亭方向撤退。张温、董卓两路出击，狠狠杀了西凉民军一阵，斩敌千余，逃脱不及的近万西凉民军纷纷跪地求饶。张温、董卓就这么首战告捷。

春暖花开，公元186年三月，朝廷使臣手持皇帝诏命来到长安。圣旨道：

为奖励有功将士，拜车骑将军张温为太尉，拜董卓为前将军……命太尉张温再接再厉，进剿韩遂、边章，务必要荡平贼穴金城，以除后患！钦此。

“谢圣上隆恩！”张温等拜命道。上述朝廷委司空张温为车骑将军代皇甫嵩西征，在美阳大胜西凉民军，并晋升为太尉之事，范晔在《后汉书·卷七十二·董卓传》有记载，本著只是如实再现而已。

随后车骑将军张温又招董卓来长安共商下一步对策，等了三天董卓才来。

“现在看来西凉韩遂、边章不过一群草寇，根本就不堪一击……”张温与周慎、陶谦、孙坚迎董卓、刘艾入府，边走边说道。刘艾，董卓长史，相当于参谋长。

殿堂中，张温开门见山用毛笔指图道："关中盆地，南面背靠的是东西走向的渭河和连绵起伏的秦岭山脉，西面和北面则是陇中高原和黄土高原，山峦起伏，关中这个聚宝盆就这样整个处在群山环抱之中。我听说进犯关中主要有五道，董将军可知道有哪五道吗？"

"我在凉州、关中用兵已老，这点常识还是知道的。进犯关中的五道是指黄河峡谷、丹江峡谷、嘉陵江峡谷、千河谷道、泾河川道。黄河峡谷是沿黄河南岸由东向西，过函谷关，出潼关进入关中；丹江峡谷是由南阳，沿丹江，过武关（位于今陕西丹凤县东20公里商山谷涧之间）进入关中；嘉陵江峡谷是由巴蜀，沿嘉陵江，出散关（位于今陕西宝鸡市西南五十里）进入关中；千河谷道是由天水（治冀县，今甘肃甘谷东南），经街亭，沿千河（东南走向，流经千阳，由宝鸡入渭河）进入关中；泾河川道是由萧关，沿泾河进入关中。只要把这五条道给守住了，关中就可高枕无忧！"董卓起身鞭指地图道。

太尉张温又起身用毛笔指图道："现在对关中的威胁不是来自于洛阳，也不是来自于南阳、汉中，而是来自于陇右的凉州民变和羌乱。由陇右进犯关中主要有两条通道：一条是千河谷道，一条是泾河川道。韩遂、边章企图从千河谷道进犯关中，现在已经被我们打退了。进犯萧关的羌军自然独木难支，不久也会退去。韩遂、边章和羌军对关中的威胁已解。那么我们现在是不是就可以高枕无忧呢？"

"我们应该乘胜追击！现在冬季已过，大地回春，正是进军的好季节。"周慎和孙坚说道。

"是的。我们现在只是取得了初步的胜利！圣上有旨，此次西征要除恶务尽，一定要荡平贼穴金城！我意下一步西征应兵分两路，董将军统率一路兵马沿泾河川道，出萧关（在今宁夏固原东南），以平剿北地羌乱；另一路兵马则以周将军、孙参军为先锋，沿千河谷道出街亭，追击西逃的西凉叛军，直捣西凉贼穴金城。不知董将军意下如何？"张温用朱笔在地图上画了两条红色的进兵线路，并在金城和先零所在地画了两个红圈。

董卓鞭指地图道："两路进兵好倒是好，可从长安到金城有一千五百里之路，路途遥远，孤军深入会很危险……"

"我十万大军才到美阳，韩遂、边章就吓得屁滚尿流，又有何惧？"张温喝了一口茶，捻须笑道。

“韩遂、边章，自起乱以来与我已有过多次交手，用兵很是诡诈，张公可不敢大意啊！”董卓也笑道。

“这个问题，我看就不要再争论了。不管怎么说，圣上有旨，命此次西征要务必荡平金城贼穴，除恶务尽！”张温说道。

“既然张公一意要由千河谷道进讨金城，我还请为周将军做后军，以做后援。老臣在凉州用兵多年，对这一带地形很熟悉。”董卓说道。

“这个我已有安排，就不劳董将军分心了……周慎、孙坚只是先头部队，当然不会让他们孤军深入，后面还有四部军马先后跟进，以做接应。这点用兵的道理老夫还是知道的。”张温有些不耐烦地说道。

这时陪坐一旁的孙坚起身，面色诡异地将张温从大堂叫出。在隔壁房间，“文台有什么事吗？”张温问道。

参军孙坚压低声音说道：“董卓口出狂言，数违张公之意，不如以召不时至之罪将其正法！”

“你说什么？怎么能随便杀人？”张温惊道，“况且董卓在凉州很有威望，要是把他给杀了，又怎么能西征？恐怕我们的兵马还没到金城，羌军就断了我们的归路。”

“张公亲率十万大军西征，威震天下，何赖于一个董卓？我观董卓之言，根本就不把张公放在眼里，轻上无礼，这是一罪；韩遂、边章肆虐，众将皆认为应趁时进讨，唯董卓认为不可，惑乱军心，这是二罪。有此二罪就足以斩其首，以正军威。而张公却不以为然，这只会有损威严！”孙坚力劝道。由此可见，孙坚虽有几分机智，可同时也是一个极为冒失和跋扈之人。此时的董卓做梦也没想到自己已命悬一线。

“就为几句逆耳之言？休再多言！”张温拂袖而去，忽又转过身来手指孙坚说道，“你不要再跟我进去了，免得董卓看出来，惹出祸端！”

张温回到大堂入座，若无其事，面带微笑地说道：“让董将军久等了，实在对不起，来喝茶！”

“既然如此，我也只能依命行事了！”董卓、刘艾起身告辞道。上述孙坚献计杀董卓之事，陈寿在《三国志·吴书一·孙坚传》中记述道：“‘今明公垂意于卓，不即加诛，亏损威刑，于是在矣。’温不忍发举，乃曰：

‘君且还，卓将疑之。’坚因起出。”

“军务在身，我就不留了。”太尉张温说道。

董卓随后率所部三万军马出萧关，进军北地（郡治富平，今宁夏吴忠西南）。羌军闻董卓率大军北伐，连忙北逃，董卓留下五千军马镇守萧关，以做后援，然后率两万五千兵马继续北上，兵锋直指羌军老巢——先零（约在今宁夏中卫市）。张温、陶谦则坐镇长安，命周慎、孙坚率三万先头部队沿千河谷道，出街亭（今甘肃秦安陇城镇）进军金城，随后又一连发了四部兵马，相互跟进。

孙坚将地图附于马背上，指图道：“我三万先头部队现在已过冀县（天水郡治，今甘肃甘谷东南），一路上如入无人之境，看来韩遂、边章已经逃回金城老家去了。我军现在已过襄武（今甘肃陇西西），金城在这儿，离金城约有八百里路程。韩遂、边章仓皇逃归，城中粮草必然匮乏。”

“你的意思是？”荡寇将军周慎问道。

“我的意思是，贼军粮草匮乏必然要从外地调运粮食，我若率一万轻骑，一日一夜三百里快速向金城突进，将军率二万军做后应，这样一则可断贼之粮道，二则可攻其不备。如此一来金城可破！”参军孙坚说道。

“此计甚妙！”周慎喜道，“不过还是由我率一万轻骑快速向金城突进，你率二万军马跟进接应。”周慎显然不愿把头功让给孙坚，身为参军的孙坚也只能从命。周慎于是亲率一万轻骑，经定西开始快速向金城突进。此时韩遂、边章已经逃入金城外围的榆中县城（今甘肃榆中，兰州东南八十里处），据城而守。而周慎的轻骑一路上则是铁骑隆隆，尘沙万里，不到三日便兵临金城外围的榆中城下。韩遂、边章率一万军马列阵于城外山口，企图趁官军立足未稳进行阻击。

“我军如此浩荡之势，区区西凉贼寇又怎能抵挡？前进！”周慎纵马扬鞭道。

“杀呀！”官军万马奔腾，一个个奋勇争先。民军在强大的冲击下如惊弓之鸟，刚一接战便被打得一败涂地，慌忙退入榆中县城。

初战告捷，官军士气更盛。周慎命军马在城东十里处扎营，埋锅造饭。周慎三碗酒下肚，挥毫给坐镇长安的车骑将军张温报捷：

我军已达韩遂、边章贼穴金城外围榆中县城，初战大捷，斩敌万余，正如张公所料，贼寇根本就不堪一击。破城在即，请张公放心！

张温接报后大喜："破城就在旦夕！"可让他没有想到的是，此时韩遂、边章也正在榆中城内谋划着破敌之计。

"你还有闲心在这喝滥酒。我军刚与官军接战便遭惨败，死伤了那么多人，这仗还怎么个打法？不如放弃金城退守西平（今青海西宁），以避强敌。"头部遭创伤的边章一脸沮丧地说道。

"将军所言差矣，现在正是破敌之良机！"韩遂喝了一口酒笑道。

"你这不是在说醉话吧？"边章说道。

"这是生死攸关的大事，我又怎么会开玩笑呢？"韩遂又咂了一口酒说道。

"快说来听听！"边章一下子来了兴趣。

韩遂笑而不答，"来先坐下，喝樽酒，我慢慢跟你说。"韩遂说着。

边章半信半疑地坐下，一口将杯中之酒饮干。

"你看，这个金盆和装在这里面的肉就如同是金城，榆中县城就是金城的东大门，我们现在就守在东大门里。一旦榆中县城失守，金城也就成了囊中之物。"韩遂说着从金盆中拿了一块肉吃了起来。

"这个谁都知道，还需要你说吗？"边章说道。

"官军的先头部队现在就驻扎在榆中城外。就用这个酒樽来代替。后军还整个在路上。"

韩遂说着把酒樽由西向东一连摆了四五个。"要是等官军的后续部队都相继到达了，在榆中城外连扎十数座连环营寨，来攻城，那榆中城将难守，金城十有八九将会落入官军之手。"韩遂说着把几个酒樽都堆积到金盆边上。"这样官军就可以多方位攻打榆中县地，而我军要进攻官军的话，官军的各个营寨就可以协同防卫，我军攻其中的任何一座营寨，其他营寨就会来包围我们。这样对我军极为不利。"

"那该如何是好？"边章一脸紧张。

"现在的问题是，官军只有一支先头部队到达了金城外围，其他后续部队则还都在路上。"韩遂说着又把酒樽由西向东一字形摆好。

"对呀！我们不能等官军的后续部队都陆续到达榆中城下再进攻，那样我们就危险了。我们应该趁官军的后续部队都还在路上，对敌军进行先发制人打击！"边章恍然大悟道。

“那么该什么时候出击呢？”边章又问道。

“破敌就在今夜！官军的先头部队现在就驻扎在榆中城东十余里处。”韩遂说道。

“我们今晚去劫营？”边章兴奋道。

“不！官军也不是傻子，肯定会有所防犯，搞不好此时正张着口袋等我们呢？”韩遂说道。

“那该如何是好？”边章用嘴撕了一口肉说道。

“官军的前头部队在城下，粮车肯定还在后面，估计现在在葵园（今甘肃甘草店）附近，军不可一日无粮。你率三千轻骑绕到官军先头部队之后，到葵园烧官军粮车。官军见粮车被烧，必然惊慌。我在城中看到大火，便率五千骑兵出击，官军必大溃！”韩遂说着把第一个酒杯打倒，“然后我们再合兵一处全线追击。官军必然会由西向东一路溃逃，这样就会像推骨牌一样，把还在路上的官军全部挨个推倒。”韩遂说着，把由西向东一字形排列的酒杯逐个打倒。“这样我军就会大获全胜！”韩遂说道。

“妙，妙，实在是妙啊！破敌就在今日！赶紧整备军马，准备出城！”边章兴奋得哇哇吼叫道。

边章于是先率三千轻骑趁着月光从南门潜出，由山间小道绕行向葵园进发。而城中的五千骑兵吃饱喝足后，正整装待发。韩遂立于城门楼之上，眼望夜空正在焦急地等待着东方的火焰。夜静得出奇，城外蝉声不断，“已经快两个时辰了，一点动静都没有，是不是会出什么问题？”韩遂边在城楼上来回踱步一边自言自语道。“将军你看！”韩遂放眼一望，见东面腾起冲天火柱。“太好了！得手了！”韩遂一阵惊喜，疾步走下城楼。

韩遂翻身上马，拔刀在手，吼道：“边将军已经烧了官军停在葵园的粮车！现在正是破敌之良机！听我命令！打开城门！各就各位！出击！”随着韩遂一声令下，城门打开，如同开闸泄洪一般，五千轻骑从榆中县城，奔涌而出。

“不好了，我们停在葵园的粮车被贼军烧了！”

周慎翻身出帐，一看东面火光映映，“怎么会发生这样的事？这该如何是好？”这时许多官军也纷纷出帐来看，人心惶惶，乱作一团。

就在这时西面又传来马蹄声和喊叫声，“你们听这到底是什么声音？”

马蹄的轰隆声如滚滚洪流般越逼越近。“是马蹄声！不好了！西凉贼来劫营了！不好了！西凉贼来劫营了……”

官军营寨顿时蜂一样乱成一团，周慎提刀上马：“不要慌！不要慌！拿起刀枪！赶快随我一起撤！”

这时韩遂已率五千轻骑滚滚洪流般冲入周慎大营，刹那间，杀声震天，营帐被点燃，被掀翻，火光冲天，许多从睡梦中惊醒的官军还不知道是怎么回事就被飞来的马刀砍掉了脑袋，脑袋还长在脖子上的惊作一团，慌忙逃窜，马棚中的战马四处狂奔，西凉骑兵还在拼命地砍杀，官军一片片倒地，周慎率数千骑兵冒死杀开一条血路，落荒而逃。

韩遂与边章又合兵一处，开始了全线追击。被压缩在榆中县城之中的数万西凉民军倾巢出动。

周慎率数千骑兵由西向东一路狂奔，与孙坚的后军会合。“我们的大营被西凉贼寇劫了！赶快断后！”周慎吼道。孙坚飞身上马，连忙和朱治、程普、韩当率三千骑兵断后，正与滚滚而来的近万西凉骑兵迎面撞上。

“不能放过一个官军！杀啊！为死伤的兄弟报仇！”韩遂、边章挥刀吼道。西凉骑兵洪水般扑面而来。

官军本来就人心惶惶，一见这阵势，纷纷调转马头，可已经躲避不及，稀里哗啦，刀枪相撞，一阵混战，孙坚所率的三千骑兵被杀得人仰马翻，死伤大半，跑得慢一点儿的全部成了凉州骑兵的刀下鬼。孙坚在程普、韩当的奋力保护下侥幸逃脱，慌乱中连印授都丢了。

其他还在路途上的各部兵马，闻周慎、孙坚统率的三万先头部队被数万西凉铁骑打得一败涂地，而且正迎面扑来，纷纷也像孙坚一样调转马头向街亭方向回撤，骨牌效应就这么产生了。上述孙坚辅周慎长途奔袭金城，周慎粮道被断，溃逃之事，范晔在《后汉书·卷七十二·董卓传》有记载，本著只是如实再现而已。孙坚兵败溃逃之事，《山阳公载记》记述道：“艾曰：‘将千骑步与虏合，殆死，亡失印授，此不主能也。’”

再说董卓这一路军马，一路北上直指羌军老巢——先零，一路也是所向披靡。当得知张温西征金城的这一路兵马皆大败而归后，连忙回军南撤。羌军随即展开了大反攻，董卓的两万余官军在南撤到望垣硖一带时（约在今宁夏同心市附近），被羌军包围，形势十分危急。董卓将地图铺在地上指道：

“我军现在已经濒临绝境，东面是清水河挡着我们的路，南面又是一条河，过河没有船具，背后有数万羌军，无路可退。”

“这该如何是好？河过不去，退又退不成，那就只有就地做活了！”董旻（董卓胞弟）说道。

“就地做活？也行不通，因为粮草已经不多了，顶多还够用两天。用不了三天军心就会自乱！”长史刘艾说道。

“那该怎么办？我们总不能坐在这儿等死吧？羌军正在大规模集结兵马，用不了多久就会全线出击，照这样下去，会全军覆没！”董旻焦躁道。

“可不管怎么说总不能等死！实在不行就杀他个回马枪！能拼几个是几个！”李傕、郭汜嚷嚷着。

“这是没办法的办法！”刘艾说道。

“说得好听，那你有什么办法？”董卓不耐烦地问道。

“我也在想这个问题，我看不如命军士到河里去捕鱼为食。”刘艾说道。

“捕鱼为食？恐怕鱼还没吃到肚子里，我们的脑袋就都已经搬了家。亏你还能想得出来？”董卓训道，“哎，对呀，这样我们不是正好可以渡河吗？哎呀！还是长史有主意啊？”董卓恍然大悟，两人会心大笑。

董卓连忙命军士假装到河中去捕鱼，而实际上是让军士车拉肩扛，运土填河。两万军士就这么随着董卓一声命下，展开了一场填河大会战，那场面、那紧张、那气氛可想而知，也难怪，这是在与死神争分夺秒。待羌军察觉，拦河围堰已经筑成，积水十数里。待羌军从背后追来时，董卓的两万余军马已抢先从围堰下稀里哗啦渡过清水河。等羌军杀声震天赶到，董卓已决开围堰，河水狂泄，水深数丈，羌军只得望河兴叹：“真他妈的！怎么让董卓这老小子跑了呢？”董卓就这么渡过清水河，逃过了全军覆没的厄运。上述董卓巧过河之事，陈寿在《三国志·魏书六·董卓传》、范晔在《后汉书·卷七十二·董卓传》中皆有记载，本著只是如实再现而已。

张温此次西征的两路兵马，除董卓这一路兵马安然返回外，西征金城的这一路皆大败而归。张温懊悔不已。

下回请看：陶谦羞辱张温遭流放　董卓软磨硬泡斗朝廷

第九回

陶谦羞辱张温遭流放　董卓软磨硬泡斗朝廷

公元186年夏，张温奉朝廷之命进军金城（今甘肃兰州）的两路大军皆大败而归，退回关中，张温懊悔不已。“本想乘胜追击一举荡平金城贼穴，没想到却大败而归，被韩遂、边章打得落花流水，这又该如何让我向朝廷交代啊？要是早听董卓之言该多好啊。” 太尉张温焦虑不安地说道。

“现在说这些又有什么用？问题是现在该怎么办？”参军陶谦说道。

“那该怎么办？”张温问道。

“还有什么办法？只好如实禀报，向朝廷请罪！”陶谦说道。

遭受如此战败，轻则免职，重则杀头，张温如坐针毡。不多日朝廷使臣便到长安宣旨，张温及随行官员连忙伏地恭迎。

圣旨道：太尉张温此番虽讨贼失利，可念其前番有讨贼之功，将功折罪，既往不咎，召回京城另用。由前将军董卓镇守关中，抵御西凉贼寇。钦此！

刚才还战战兢兢担心被押入囚车的张温，闻诏喜出望外，连连磕头做拜：“皇帝圣明，皇帝圣明，谢圣上隆恩！”由一系列事实可见，汉灵帝这个人做起事来虽然任性，像个小孩子，可待人还是挺宽厚的。

张温临别前在长安（今西安）置酒会。台下歌舞声声，台上酒气熏天。“来！喝！喝！喝！多喝几杯！”张温劝酒道。

“圣上乃仁德之主，心如大海，我们就是他心中的一条条帆船。来，为感谢皇上隆恩大家一起举杯！”张温高呼道。

“谢圣上隆恩！”

此时的张温已经喝得晕三倒四，摇摇晃晃走到陶谦跟前：“陶参军为何闷

闷不乐，在此一人孤饮啊？”这时众人的目光都集中到了陶谦身上，台下还是歌舞一片。陶谦也不作答，又孤饮一樽。

“陶参军平日行了一手好酒令，为何不趁此酒兴正浓之时划两拳，助助酒兴，也不枉此次西征！”张温说道。

“是啊，陶参军先给大伙喝个酒歌，然后打个关，跟大伙耍两拳！”众文武起哄道。这时只见陶谦举起筷子，在桌上连敲了三下。

“台下的歌舞都停下来！陶参军要给大伙唱酒歌了！”张温喊道。台下歌舞立即停了下来，女伎全部退下。大厅内顿时鸦雀无声。陶谦又满饮一樽酒，然后扬起溢满酒光的脸，用两支筷子敲着青铜酒壶，唱道：

一个车将军吗呦呦，
年近花甲吗呦呦，
奉命西征来长安呦，
欲立大功满载归。
不想风云突变呦，
五路皆败一安归，
朝廷宽恩乐满怀呦，
六六八八五魁手。
乐呀喝呀不知耻
……

这时只见张温一把将面前的桌几掀翻在地：“够了！够了！别唱了！”满堂皆惊。

“陶恭祖啊！陶恭祖！我平时待你不薄！你今日却当众羞辱于我！我简直瞎了眼……你算什么东西？你竟敢来羞辱我……嗯，我今天非要杀杀你这臭文人的威风不可！”张温吼道。

陶谦则是凛然而坐，一副士可杀不可辱的样子。

“来——来人哪！给我把这个陶恭祖，不，给我把这个臭文人给拖下去！发配边陲！扔到不毛之地去！让，让他把这些酒歌唱给山鹰去听！唱给豺狼去听……”张温吼道。

一队卫兵将陶谦架下，陶谦脖子硬得像木桩。

第二天，陶谦被押往边陲之路，虽然此路将会有无尽的沧桑，可陶谦还是一脸凛然。

此时主簿亟亟跑到张温寝室："陶恭祖一向敬重张公，昨日不过是酒后胡言，张公要是这点儿小事都不能宽待，都不能容人，就把陶恭祖远弃于不毛之地，做如此不仁不义之事，恐为天下人耻笑！"

"是啊，我昨天也酒喝多了，这该如何是好？"此时张温已经酒醒，在侍女的服侍下刚起床。

"不如摒弃前嫌，和好如初，这样才会为天下人敬仰！"主簿说道。

"是啊，赶快派人把陶恭祖追回来，替我向他赔罪！"张温说道。

主簿连忙带十数人将陶谦追回。"足下当众羞辱三公，此罪可不小啊。张公德高望重，今蒙宽待，回到洛阳后还请恭祖亲自登门致谢！"

"放心吧。"陶谦应道。

在回京城的马车上，主簿与张温说道："陶恭祖很是自责，颇有悔意，回到京城洛阳后必登门致谦。张公到时可要好言相待啊！"

"那是自然。"

回到洛阳后，陶谦与张温在殿内相遇，"陶恭祖此向可好啊？"张温招呼道。

陶谦脖子一仰，说道："我是来谢朝廷宽大之恩的，你还以为是来拜见你的？"

张温笑道："恭祖的痴病看来还没有好啊，还需要再调理些时日啊！"

两人随之抚肩哈哈大笑："你这个老小子，这张嘴还是像老鹰那么刁，也不知道什么时候能变成百灵鸟，走，到我家喝酒去！"

两人又一起饮酒，和好如初。上述陶谦酒后辱张温一事，在《吴书》中明确记述道："及军罢还，百寮高会，温属谦行酒，谦众辱温。温怒，徒谦于边。……温然其言，乃追还谦。……时温于宫门见谦，谦仰曰：'谦自谢朝廷，岂为公邪？'温曰：'恭祖痴病尚未除邪？'遂为之置酒，待之如初。"

不久徐州、长沙又相继爆发民变，陶谦被委以徐州刺史，孙坚被委以长沙太守，分别去平剿徐州和长沙的民变。此事陈寿在《三国志·魏书八·陶谦传》、《三国志·吴书一·孙坚传》皆有记载，本著只是如实再现而已。

公元187年十一月，曹操老爹曹嵩被拜为太尉。此事在范晔《后汉书·卷七十八·曹腾传》中记述道："嵩灵帝时货赂中官及输西园钱一亿万，故位至太尉。”看来曹嵩在大司农任上时贪了不少钱，可惜只做了三个月便退了休。不过总算是过了一把太尉的官瘾，可以光宗耀祖了。

公元188年八月，为壮军威，汉灵帝听大将军何进之言在洛阳平乐观广场举行盛大的阅兵式。阅兵日，秋高气爽，晴空万里，“汉”字旌旗随风飘展，五万骑步兵分为八大营阵，威武林立。汉灵帝与文武百官登上观礼台，汉灵帝头顶冕冠端坐于五彩大华盖下，大将军何进头顶武冠坐于五色小华盖下。中常侍赵忠出列高声宣诏道：

圣上有旨：为加强帝国军威，现成立西园军。

西园军由大将军何进统领，下设八大校尉：上军校尉由蹇硕担任，中军校尉由中郎将袁绍担任，下军校尉由屯骑校尉鲍鸿担任，典军校尉由议郎曹操担任，折冲校尉由虎贲中郎将袁术担任，佐军校尉由淳于琼担任……

随着宣读任命，上军校尉蹇硕、中军校尉袁绍、下军校尉鲍鸿、典军校尉曹操、折冲校尉袁术、佐军校尉淳于琼等八大校尉分别从所处的营阵中一一出列。然后齐声抱拳跪地领命道：“就是上刀山下火海！肝脑涂地！也在所不辞！”

八大营阵的骑步兵也随之齐声高呼道：“我皇万岁！万万岁！”喊声振天动地，汉灵帝一脸阳光。

“现在开始阅兵！”中常侍张让高声宣道。这时见大将军何进一身盔甲出陈道：“西园军八大校尉已列阵完毕，请圣上检阅！”

汉灵帝走下观礼台，一黄门跪地，汉灵帝在三黄门的服侍下蹬上马背。这时鼓声隆隆，号声长鸣，大将军何进紧随其后陪同阅兵。众将士皆肃穆而立，汉灵帝所到之处，受检军士皆齐声高呼“万岁”，声浪此起彼伏。汉灵帝绕行三周又回到观礼台，随后又开始操演阵形。

西园军相当于帝国近卫军。在八大校尉中，袁氏就独占二席，而且袁绍还是大将军掾（相当于大将军副手），可见何进对袁氏兄弟有多器重。身为议郎的曹操就这么又再次披挂上阵，身材虽然短小，可非常精干，尖下巴，目光炯炯。上述汉灵帝平乐观阅兵及设立西园军八大校尉之事，范晔在《后汉书·卷六十九·何进传》中有记载。

就在此时从扶风派出的流星马正向洛阳急奔。“董将军告急！董将军告急！西凉韩遂杀边章拥兵十万进围陇西，马腾也拥兵造反，两人合兵杀了凉州刺史耿鄙，进犯关中，现已攻克美阳（今陕西宝鸡市），正进围陈仓（今陕西宝鸡市东）！”流星马飞报道。马腾，字寿成，扶风茂陵人（今陕西兴平市东北），汉伏波将军马援之后，原在凉州刺史耿鄙手下做司马。上述韩遂、马腾杀凉州刺史耿鄙进犯关中之事，范晔在《后汉书·卷七十二·董卓传》有记载。

刚才在阅兵式上还一脸阳光的汉灵帝转瞬间又陷入恐慌之中，“要是陈仓失守，关中将难保，关中不保，将会危及函谷关，函谷关可是洛阳的西大门，洛阳处境将十分危险！这该如何是好？”汉灵帝手指地图道。

“应赶紧派一员上将去增援董卓，否则就来不及了。”张让、段珪、赵忠、郭胜等纷纷议论道。

“我看最好还是让大将军何进亲征！”上军校尉蹇硕进言道。

“是啊，前番张温战败而归，此番西征非大将军何进莫属！”骠骑将军董重附和道。董重乃董太后之侄，汉灵帝表兄。皇长子刘辩由何皇后所生，次子刘协由王美人所生，传说何皇后因恐失尊宠鸩杀了王美人，刘协出生后便寄养于永乐宫，由董太后抚养。刘协由董太后亲手抚养，自然格外偏爱，多次劝灵帝立为太子。这引起何家兄妹的极度愤恨。灵帝因刘辩是皇长子，母又被尊为皇后，何进又是大将军深为重用，犹豫不能决。这样在皇位继承的敏感问题上在宫中自然也就分化成了两派：一派以董太后为核心，骠骑将军董重是董太后亲侄，上军校尉蹇硕因看不惯何家兄妹，与何进长期不和，也站在了董太后一边；一派则是以何家兄妹为核心。两派就是这样长期处在明争暗斗之中，表面上看起来风平浪静，实际上是暗潮涌动。

“好吧。传旨，赐大将军何进兵车百乘，虎卫兵百人，假斧钺，西征韩遂、马腾！”汉灵帝说道。蹇硕、董重一阵暗喜。

何进跪拜领旨后，一脸疑虑。袁绍欲言又止，何进让左右退下。“大将军可不能轻易离京，此乃蹇硕、董重之谋，不可不防啊！”袁绍低声说道。

“这我当然知道，可是圣命难违啊！”何进说道。

“这个好办，现在兖州、徐州不是也在发生民变吗？”袁绍说道。

“我明白了。”何进恍然大悟。

于是何进马上来到嘉德殿拜见汉灵帝。汉灵帝正在与何皇后用餐。“什么？兖州、徐州又闹民变？那你要是到西边去了，东边怎么办？”

“可派中军校尉袁绍去。”何进站在一旁说道。

“要是这样的话那你就不要到西边去了，等兖州、徐州的民变平了以后再去。”

“可韩遂、马腾之乱也迫在眉睫。”何进说道。

“那就派其他人去。”汉灵帝说道。

“是！”何进应道。一场危机就这么顺利化解了。此事范晔在《后汉书·卷六十九·何进传》中记述道：“硕虽擅兵于中，而犹畏忌于进，乃与诸常侍共说帝遣进西击边章、韩遂。帝从之，赐兵车百乘，虎贲斧钺。进阴知其谋，乃上遣袁绍东击徐、兖二州兵，须绍还，即戎事，以稽行期。”

汉灵帝听大舅子大将军何进之言，火速派拜皇甫嵩为左将军督前将军董卓，各率两万兵马冒着腊月里的寒风进屯美阳。范晔在《后汉书·卷七十二·董卓传》记述道：“乃拜卓为前将军，与左将军皇甫嵩击破之。”此事在《后汉书·卷七十一·皇甫嵩传》中也有记载，本著只是如实再现而已。

“现西凉贼军攻陈仓正急，应赶快驰救！”董卓搓着手说道。时董卓已年近花甲。

皇甫嵩只是烤火，喝茶，久久不语，长史梁衍也是一言不发。“智者应抢占先机，勇者应果于决断，速救则城全，不救则城灭，事不宜迟，还望将军速作决断！”董卓急道。

“我看就不必劳兵去救了。百战百胜，不如不战而屈人之兵。我观当前形势，速救不可胜，待敌才能胜。还望将军耐心等待时机。”皇甫嵩挑动着炭火慢腾腾说道。

“要是陈仓城破了，长安城难保，你能负得了这个责任吗？”董卓强抑着怒火说道。

“陈仓虽小，可城高池坚，足以御敌。韩遂、马腾虽来势凶猛，可一时难以攻克此城。尤其在这隆冬时节，兵无棉衣必难以持久。因此最好是待敌生变。”皇甫嵩说道。

“嗨！”董卓粗叹一声甩袖而去。

北风呼啸，韩遂、马腾率数万民军攻城，冰冷的河水从城南而过。“加紧攻城！加紧攻城！攻下陈仓我们就可以到城里取暖了！”韩遂、马腾顶着刺骨的寒风指挥攻城。西凉民军手持盾牌、肩扛云梯，推着冲车，群狼一般开始攻城。可陈仓城高十丈，城池坚固，西凉民军数次疾攻，死伤惨重，均以失败而告终。

扎营在城外渭河北岸河滩地上的西凉民军因缺少棉衣，一个个被冻得浑身发抖，搓手跺脚，有的则七八成堆刺猬一样挤在一起，有的则十数人成堆围着星星点点的篝火。“哎呀，赶紧撤兵吧！能砍的柴草树木都已经砍完了，再下来就要把人当柴火烧了。这样下去，就是不被官军杀死，也被冻死了。”军士们窃窃私语道。

这时天上又飘起了鹅毛大雪。

美阳，官军大营中。“西凉贼寇开始撤军了！”长史梁衍报道。

“没看走眼吧？”左中郎将皇甫嵩问道。

“稀里哗啦的，就像蚂蚁大搬家。能不撤吗？再不撤，一个个就都冻成冰棍了！”长史梁衍抖着身上的积雪说道。

“没想到这么快就撤兵。传我命令，各路兵马立即进击！”皇甫嵩扔下手中的火钳命令道。

“不可轻举妄动！难道将军不闻‘穷寇勿追’吗？”董卓阻道。董卓本来就对受制于皇甫嵩心存不满，而此次料敌又胜他一筹，心里就更不是滋味了，于是便故意使坏。

皇甫嵩摆手道：“我先前不出兵，是为避开敌人的锐气。此番我出兵，是因为敌人的锐气已衰，正是破敌之良机。这是疲惫之师，不是什么‘穷寇’！这样吧，我率军出击，董将军做后援就是了。”

皇甫嵩率军出击，城里城外两面夹击，西凉民军大败，沿千河谷道向街亭方向溃逃，雪地茫茫，上万军士横尸于河谷中，漫山遍野。上述皇甫嵩陈仓大胜西凉民军及与董卓不和之事，范晔在《后汉书·卷七十一·皇甫嵩传》有记载，本著只是如实再现而已。

皇甫嵩与董卓两人就这么互相掣肘，这总不是办法。公元189年春，朝廷使臣持节到扶风宣诏：

皇帝诏命：征董卓为少府，所统兵马归车骑将军皇甫嵩统辖。钦此。

少府官职，负责宫廷衣食及各种生活用品的供应。这样董卓就要交出手中的兵权，这当然是董卓所不愿意的。董卓接旨，回到营中，一把将桌子掀翻，“娘的！这分明是皇甫嵩和何进串通一气，出的馊主意，想要架空于我！这是我辛辛苦苦带出来的兵，我凭什么要交给他皇甫嵩，猪吃桃胡想得美！”

董卓吼道。

“是啊，这他娘的也有点欺人太甚了！不成就跟他干！”董旻、李傕、郭汜也一起怒吼道。

“你们冷静点儿好不好？朝廷命官还在那边，小心让他们听见。”长史刘艾说道。

“听见就听见，难道还怕他不成？俗话说‘官逼民反民不得不反’，皇甫嵩和何进串通一气欺负咱们，咱们能不反吗？不行咱们也像韩遂、马腾那样跟朝廷对着干！”董旻气不打一处来地说道。

“问题是现在还没到那个时候，这样只会引火烧身！”刘艾说道。

“那，怎么才叫到时候？”董旻问道。

“长史说得对，现在还没到那个时候。”董卓用丝绢擦着手中的剑，冷冷地说道。

“那我们该怎么办？”董旻问道。

“四个字：软磨硬泡。”刘艾竖起四个指头说道。

“就照长史的意思办。”董卓说道。

于是刘艾执笔给朝廷上书道：

凉州之乱至今还未被剿灭，此正是臣奋发效命朝廷之秋。将士踊跃，也皆思报效朝廷，他们都是追随我多年的老部下，听说我要离去皆痛心流涕，不知该如何是好。臣恳请还是继续行前将军之职，一则安军心，二则抵御凉州贼寇。前将军董卓。

这就是董卓的软磨硬泡之计，在书中董卓既表明了自己的赤胆忠心，又表明了自己决不离去的决心。

此时汉灵帝已经患病，病榻中的汉灵帝接到董卓的上书，一脸无奈：“西凉之乱未平，要是逼得太紧了，搞不好会把董卓逼到西凉韩遂那边，那麻烦就更大了。”

“是啊，不如缓之。请圣上放心，注意保重身体，我会把此事办好。”大将军何进应道。

公元189年四月，朝廷使臣又持节来到扶风宣诏。

皇帝诏命：前将军董卓镇守边陲有功，迁董卓为并州牧，所属兵马归左将军皇甫嵩调度。钦此。

董卓接诏回到营帐。“这回是官升两级，而且手中又有实权。一州之牧，手中所掌握的兵马要比现在多多了。这下二哥总该满意了吧？”董旻有些得意洋洋地说道。

“是啊，要是这样咱们也可以弄个郡守什么的干干！”李傕、郭汜喜道。

董卓坐下，喝了一口茶，“这好是好，可还是要把手中的兵权交出来。”董卓说道。

长史刘艾则是在一旁逗着一只猴子，一言不发。“长史何意？”董卓问道。

“不仅如此，我看还有些居心叵测。”刘艾逗着猴子应道。

“这也不能不防。那该如何是好？”董卓一脸愁云。

“这也没什么难办的。”刘艾说道，“董将军快来看？”刘艾自言自语道。

董卓走过来：“一只猴子又有什么好看的？”

“你看这只猴子还真够奸的，它既要吃我给它喂的果子，又把它手中的果子牢牢地抓着不放。”长史刘艾说道。

董卓恍然大悟：“哎呀，刘艾啊，刘艾，真有你的！”

于是董卓命刘艾上书道：

臣既无过人之智，又没有什么大功，蒙圣上厚爱，统兵十年有余。现与手下将士已结为手足之情，难以分离，皆愿为国家效命疆场。臣乞将兵马也一起带往并州，一同镇守边陲。前将军董卓。

董卓鞭指地图道：“要是我们将所部兵马由扶风移屯到河东，这样我们就可以像那只猴子一样。”董卓说道。

刘艾与众武将皆哈哈大笑，猴子也在一旁吱吱乱叫。

何进为息事宁人，董卓的上书一概准奏。董卓于是率所部军马移屯河东，关中防务全部交到了皇甫嵩手上，皇甫嵩也就可以专心对付西凉韩遂、马腾了。这显然是一个双赢，甚至三赢的解决方案。上述董卓被征少府不久软磨硬泡又改派为并州牧之事，范晔在《后汉书·卷七十二·董卓传》、《后汉书·卷七十一·皇甫嵩传》中皆有记载，在《灵帝纪》中也有记载，本著只是如实再现而已。

可就在这时，天降大雨，连绵不断，而朝廷中又发生了一件震天动地的大事。

下回请看：十常侍为自保卖蹇硕　袁绍何进面前保曹操

第十回

十常侍为自保卖蹇硕　袁绍何进面前保曹操

朝廷发生了什么大事呢?

外面雷鸣电闪，大雨连绵，而在洛阳南宫嘉德殿中，汉灵帝已只剩下最后一口气。“你说呀，到底立哪个皇儿为皇太子?”董太后催问道。

汉灵帝看看太后，又看看皇后，一个是母亲，一个是爱妻，每个人的心都悬到了嗓子眼，可汉灵帝还是犹豫不能决。就在这犹豫中，汉灵帝撒手人寰，亡年33岁。董太后扑向前，手捧灵帝的脸庞，痛不欲生：“我的儿啊!你怎么去得这么早啊!你丢下满堂的富贵不要!你舍下老母不要!你舍下自己的儿子不要!一个人去了，让我该怎么活啊……”

何皇后也站在一旁不禁失声痛哭。仿佛在这一刹那，她们之间多年的猜忌和怨恨也随着眼泪和雨水而去。范晔在《后汉书·卷六十九·何进传》中记述道：“何皇后生皇子辩，王贵人生皇子协。群臣请立太子，帝以辩轻佻无威仪，不可为人主，然皇后有宠，且进又居重权，故久不决。”此事范晔在《后汉书·卷十下·孝仁皇后纪》中记述道：“初，后自养皇子协，数劝帝立为太子，而何皇后恨之，议未定而帝崩。”

“皇帝驾崩!”举宫皆哀，哀声彻天，哭声伴着风声雨声，汇于雷鸣电闪之中。

侧室中，“皇子刘辩既是皇长子，其母又是皇后，其舅何进又握有天下兵马大权，看来大势已去。”骠骑将军董重说道。

上军校尉蹇硕咬牙低声道：“为今之计，只有先除何进，后立刘协。”

大将军何进闻汉灵帝病亡，身披雨篷，冒着倾盆大雨，急乘马车驶入嘉德殿，虎贲林立两旁。何进走下马车，见司马潘隐来迎，两目相视，“怎么是你来迎？”司马潘隐不做回答，只是用眼色示意何进里面有危险不要入内。何进大惊，又连忙从偏道折回。哗哗的雨水声充斥着整个洛阳城。此事范晔在《后汉书·卷六十九·何进传》记述道：“及帝崩，硕时在内，欲先诛进而立协。及从外入，硕司马潘隐与进早旧，迎而目之。进惊，驰从偏道归营，引兵入屯百郡邸。”

何进回到大将军府，急令：“折冲校尉袁术！典军校尉曹操！佐军校尉淳于琼！”

“在！”

“你们马上统率所部西园军，进驻洛阳各大官邸、宫殿，以防异动，不得有误！”

“是！”

“中军校尉袁绍！”

“你立即率所部西园军严格把守洛阳十二道城门，对进出人员进行严格盘查，不得有误！”

“是！”

安排停当后，何进一面又称病不入宫。蹇硕之谋随之破解。

16岁的刘辩在众文武的簇拥下，在汉灵帝灵前顺利继承皇位。中常侍张让宣旨道：

圣上有旨：尊皇后为太后，临朝听政。拜袁隗为太傅，录尚书事，与大将军何进一并辅政，封弟刘协为陈留王。

天下大权就这么掌握在了何家兄妹的手上。董太后、董重、蹇硕等一个个虽打心眼里不愿意，可也无可奈何。蹇硕自知与何家兄妹结怨太深，当然不愿意束手就擒。蹇硕给中常侍张让、赵忠等写信道：

何家兄妹现已独掌朝政，此时正在与党羽密谋清除异己，诛灭我等。只因为我手中现在还握有兵权，才不敢轻动。我观何进必先来杀我，然后再来杀你们。为今之计，宜先下手为强。上军校尉蹇硕。

赵忠接到信后，连忙轻手轻脚地把门窗关好，外面的雨还在哗哗地下着。看完信后，赵忠又哆哆嗦嗦交到张让手上，张让看后又哆哆嗦嗦把信交到郭胜手上，“这可是性命攸关的大事啊！”

郭胜看后当即表态："此事万不可行！"

"为什么？"张让问道。

"我们这些人不过是依附在墙头上的草，自然是哪边势大往哪边倒。两宫相争，现在哪边势大已经一目了然，还用得着说吗？"郭胜压低声音说道。

"是啊……可问题是，要是大将军何进连我们也不放过，也一并要除掉怎么办？"赵忠不安道。

"那是不可能的。何太后要是没有我等的引进，又怎么会得到先帝的宠幸？她鸩杀王美人，先帝震怒，要不是我等从中周旋，说好话，大把大把地使钱，又怎么会有他何家兄妹的今天？况且，蹇硕是董太后的人，是他自己卷入到两宫相争的旋涡之中的，跟我们有何相干？"郭胜说道。

"可问题是我们又怎么能说清楚？董太后与何太后，一个是先帝的老娘，一个是先帝的爱妻，我们哪个都得罪不起，十年来我们一直在两宫之间和稀泥，两边都讨好，自然是难逃干系。"张让说道。

"是啊，我们又怎么能说清楚。"众宦官纷纷忧虑道。

"是啊，这倒是个问题，这该如何是好？"郭胜也紧张了起来，众宦官一个个面面相觑，不知所措。赵忠急得在屋中团团转，转着转着，只见赵忠突然停下脚步，欣喜道："有了！"

"有了什么？"张让等宦官问道。

赵忠附在张让耳旁嘀咕了一阵子，只见张让脸色由阴转疑，又由疑转晴，随口说道："要是这样既能逃脱干系，又能讨好何家兄妹。可这下就苦了蹇硕，蹇将军了。"

"事到如今已经顾不了这些了，否则将遭灭族之祸。"

雨还在不断地下着，"这雨已经一连下了二十多天了，怎么还是不见停啊……"张让、赵忠、郭胜头顶雨篷，赶忙一起乘马车来到大将军府。

何进看了蹇硕写给张让、赵忠等中常侍的密信后，一把将信拍在案几上："上军校尉密谋造反，该如何处置？"

"应收监治罪！"袁绍说道。

袁绍冒雨将蹇硕住处围了起来，蹇硕被押入死牢，不久便被处死。所统兵马全部归属何进。上述十常侍为自保出卖蹇硕之事，范晔在《后汉书·卷六十九·何进传》记述道："中常侍郭胜，进同郡人也。太后及进之贵幸，胜有力焉。故胜亲信何氏，遂共赵忠等议，不从硕计，而以其书示进。"

此时汉灵帝的灵柩因大雨不断，无法下葬，还停在梓宫。宫中仍是念声不断，悲声连绵。

可事情还没完，为了趁势彻底铲除异己，五月，大将军何进与三公联名上奏道："董太后乃蕃后，不宜久居京师，应回归原籍养老！"

少帝刘辩与何太后自然是准奏。

何进率军围骠骑将军董重府，董重拔刀自刎。董太后才失爱子，又失亲侄，一连遭受重创，忧愤成疾，不久病死于永安宫。此事范晔在《后汉书·卷十下·孝仁董皇后纪》中记述道："何进遂举兵围骠骑府，收重，重免官自杀。后忧怖，疾病暴崩，在位二十二年。"《三国演义》所谓的何太后鸩杀董太后之说纯属文学虚构。

六月，雨过天晴，葬灵帝于文陵，到处都是万物复苏的景象。异己势力已被彻底铲除，此时朝政大权已经牢牢掌握在何家兄妹的手上，他们自然也是一脸阳光。

"现朝廷已安，天下大权已尽在大将军的掌握之中，下一步该是安天下的时候了。"袁绍进言道。

"是啊，自从黄巾之乱之后，民变不断，烽火连天。问题是该怎么个安法？"何进问道。

袁绍欲言又止。何进让左右退下，袁绍又起身把门关好，转过身来说道："当今天下民变不断，其根源在哪里？其根源在于宦官擅权，与董太后勾结在一起，卖官鬻爵，天下人早已怨声载道。斩草除根，去薪止沸。为今之计，大将军要想安天下，应除十常侍，以平天下人之愤，这样天下自然可安！"

"我又怎么不知道天下人都在痛恨十常侍？我也早有此意。只是十常侍权重日久，党羽繁多，根系蔓延极深，恐怕会惹出乱子来。"何进放下手中之剑说道。

"大将军所虑也不能说没有道理。过去十常侍弄权主要依附的是谁？"袁绍坐下喝了一口茶问道。

"他们主要依靠的是先帝和董太后啊……是啊！"何进拍了一下头恍然

大悟道，“他们现在已经成了无根之草，无皮之毛……”

“不仅如此，今将军以国舅之尊，统领天下兵马，上下一心，将士无不奋发效命，一切都尽在大将军的掌握之中。此正是大将军趁势一举铲除十常侍，整顿天下，为国除患的天赐良机。只需大将军一声令下，翻手之间便可安天下，成千秋之大功！”袁绍激动道。

“是啊，这正是为国除患安天下之良机！”何进激动道。

东汉末年，人们普遍把社会腐败和社会动荡的根源都归究到了宦官的身上。不仅如此，由于宦官长期弄权，许多官员在权力的角逐中因遭到排挤，陷害，打压，使得反对派长期处在被压制之中。随着十常侍所依附的靠山相继离去，反对派的势力也随之开始迅猛抬头。

何进来到永安宫，没想到遭到何太后的坚决反对：“蹇硕已除，为什么要杀十常侍？哪朝哪代没有宦官？有宦官就有宦官弄权，有什么大不了的！没有你说得那么严重，杀几个宦官天下就能太平？何况十常侍有恩于我们，没有他们跑前跑后，替我们在灵帝跟前说好话，又怎么能有我们兄妹的今天？他们是招我们了，还是惹我们了？我们干吗要把他们斩尽杀绝，干那些没心没肺的事？其他事好说，这件事我坚决不同意！”

何进就这么碰了一鼻子灰，又把袁绍找来商量。袁绍心想来硬的显然是不行，正在左右为难之际，袁绍眼睛一亮：“我有一法，不知大将军是否愿意采纳？”

“快说来一听！”

“大将军何不效古时赵鞅，用兵谏的方式以清君侧呢？”袁绍说道。

何进的脑子也一下被点亮了：“此法看来不错，这样可以吓她一吓，一个女人家哪见过这阵势，到时不愁她何太后不答应。”两人都会声地笑了。“那具体又该招谁入京呢？”何进问道。

袁绍立身，手指地图道：“此时并州牧、前将军董卓正屯兵在河东，执金吾丁原屯兵在河内，东郡太守乔瑁在这儿，府掾王匡在太山，可密招四方猛将入京。”

“这样好是好，可万一要是引狼入室怎么办？”主簿陈琳谏道。何进也面露忧虑之色。

“主簿所虑也不无道理，可大将军想过没有，招四方兵马纷纷入京，一则可以做声势，以迫太后；二则各方兵马可以互相牵制；三则洛阳城中的五万西园军也不是吃素的。要是谁胆敢有不轨之心，将会怎样？大将军可以设想一下，那时只需大将军一声令下，勤王之军就会从四面八方汇集京都，叛军将在内外夹击中被围歼在洛阳城下，要是那样只会是自取灭亡！因此，此举可万保大将军无忧！”袁绍手指地图道。

“哈哈！我有本初，不愁不成大事！”大将军何进笑道。

“不仅如此，还可以借各方兵马震慑十常侍及京城内的亲宦官势力。昔大将军窦武欲诛宦官反为所害，就是因为依靠五营士（当时镇守京城的近卫军）。五营士长期驻扎在京城，宦官势力早已渗透其中。而大将军窦武反用其锋，结果走漏消息，五营士皆倒戈，故自取灭亡。”袁绍说道。

“还是本初想得周到啊！蹇硕虽然已除，可典军校尉曹操也不能不防啊。”何进说道。

“曹操还是靠得住的。我们是从小玩大的朋友，我了解他，他恨宦官，是绝对不会与宦官为伍的。他棒杀蹇硕叔叔的事情难道大将军忘了？”袁绍说道。何进连连点头：“那就好，那就好。此计甚妙，不仅可以让何太后松口，又可以防引狼入室，还可以避窦武之祸，这件事就由你去办。我现在拜你为司隶校尉，负责调度京都地区的兵马！”司肃校尉所直辖的监察区，有河南、河内、河东、弘农、京兆、左冯翊、右扶风七个郡。

“谢大将军！”袁绍抱拳单跪领命道。上述袁绍进言杀十常侍及招外兵吓唬何太后之事，范晔在《后汉书·卷六十九·何进传》记载道：“绍等又为画策，多召四方猛将及诸豪杰，使并引兵向京城，以胁太后。进然之。”在《后汉书·卷七十四上·袁绍传》中记述道：“绍劝何进征董卓等众军，胁太后诛诸宦官，转绍司隶校尉。”此事陈寿在《三国志·魏书六·袁绍传》中，在《续汉书》、《九州春秋》中皆有记载，本著只是如实再现而已。

袁绍又连夜来到曹操家，“京城不久有大事要发生，赶紧安排家人出京。”曹操心领神会。第二天曹嵩便告老还乡，举家出京。曹操有宦官的家族背景，要是此时没有袁绍的担保，处境将会非常危险，这是显而易见之事。

八月，何进、袁绍已命人将密令火速送到正屯军河东的董卓手上。董卓打开密信，上面写道：

中常侍张让、赵忠等借皇权之势，长期弄权，搞得天下乌烟瘴气。昔赵鞅兴晋阳之兵，以清君侧之恶。现密令你带一万兵马鸣钟擂鼓到洛阳来，以讨张让等宦官。大将军何进。

董卓连忙将长史刘艾，胞弟董旻、女婿牛辅等招来商议。上述何进密令董卓入京之事，陈寿在《三国志·魏书六·董卓传》中，范晔在《后汉书·卷七十一·董卓传》中皆有记载。

“你们说说，去还是不去？”董卓喝了一口茶问道。

“依我之见，还是少管他们的闲事，免得被人当枪使。”牛辅先说道。

长史刘艾则坐在一旁一言不发。“长史也谈谈你的看法。”董卓问道。

“现在天下大权整个都掌握在何家兄妹的手上，朝廷一再谦让将军，要是将军一而再，再而三地违朝廷之命，其结果将会怎样？”长史刘艾喝了一口茶问道。

“那还用说，将会彻底与朝廷闹翻。”董旻应道。

“没错，这样将军就会与何家兄妹彻底闹翻。这样将军以后还能有好日子过吗？”刘艾继续问道。

“怕他怎么的，他又能把我们怎么样？”董旻、牛辅七嘴八舌说道。

刘艾走到地图前，指图道：“要是这样将军将会处在四面包围之中，关中有皇甫嵩的官军，河南有西园军，河内、冀州都是大将军何进的兵马，这样我们的处境将会十分危险。”

“是啊，经长史这么一说就明朗了，我们不能与何家兄妹闹翻，这等于自杀！因此，我们应该奉命行事。这样还可以趁此缓和一下相互之间的关系。”董卓说道。

“可要是陷阱怎么办？”董旻问道。

“这也不能不防……这好办，可以边走边看，等别人动了，咱们跟在后面不就行了。”刘艾说道。

于是董卓命长史刘艾上书道：

今天下之所以乌烟瘴气，动荡不安，就是因为有十常侍操弄皇命，胡作非为。他们父子兄弟并据州郡，一封信出门，便获千金，京城诸郡数万良田均属张让、赵忠等。致使怨气冲天，贼乱不断。臣前奉诏讨伐西凉韩遂，将士不肯用命，纷纷要求举兵京城先诛阉党消除民害。臣闻扬汤止沸，不如灭火去薪，溃痈虽痛，胜于养肉，等着掉进河里快淹死了再呼船来救就来不及了！

这一篇讨伐十常侍的檄文可谓是洋洋洒洒。董卓命牛辅守安邑（河东郡治，今山西夏县西北），命张济、樊稠守河东各地，自己和长史刘艾、胞弟董旻、李傕、郭汜等亲率一万军马，按照何进的授意一路大张旗鼓开往京都洛阳。按照《三国演义》和易中天的说法，董卓还没有进京就已经有了狼子野心，既不合史实也不合事理。

何进亟亟走进永安宫，将前将军董卓、东郡太守桥瑁、执金吾丁原上表的奏章送到何太后手中。何太后看后，大怒："十常侍！十常侍！成天都有人让我杀十常侍！这些人也跟着一起瞎起哄！我就是不信这个邪！难道还反了不成？"何太后一把将奏章扔到地上吼道。何进侧立一旁，一言不发。

张让、段珪、赵忠、郭胜等十常侍匍匐在地，一个个泪流满面，磕头如捣蒜，"外臣不能相容，请太后为我等做主。"

坐在皇位上的少帝刘辩不知所措，不停地用袍袖擦汗："赶紧给我扇，快点儿。"

"都起来吧，都起来，别哭哭啼啼的，只要有我在，他们就休想动你们一根毫毛！有本事就一起来造反！"何太后说道。

这时见袁绍急匆匆来报："东郡太守乔瑁已兵至虎牢关，执金吾丁原南渡黄河已兵至孟津（今河南孟津），离洛阳不到六十里，扬言朝廷要是不听谏言，就进攻洛阳，以清君侧，为天下除害。"

何太后一下慌了神，怒道："别说了！别说了！"随后又改口说道，"这该如何是好？"

"请太后镇定！马上派西园军严加防犯，绝不允许他们跨进洛阳半步！"大将军何进令道。袁绍领命而去。

张让、赵忠等十常侍还一个个匍匐在地，磕头如捣蒜。何太后的心刚有所安定，又听到宫外传来一阵惊呼："不好了！不好了！城北面着火了！"范晔在《后汉书·卷六十七·何进传》记述道："又使府掾太山王匡东发其郡强弩，并召东郡太守乔瑁屯成皋，使武猛都尉丁原烧孟津，火照城中，皆以诛宦官为言。太后犹不从。"

张让、赵忠等十常侍连忙搀扶何太后、少帝刘辩登上永安侯台，就像登到山顶一般，一个个气喘吁吁，向北面望去，果然是火焰熏天，遮天蔽日，“执金吾丁原火烧孟津，看来马上就要进兵了！”何进一脸焦急，心里却在想：这下老妹子总该松口了吧？

“孟津离洛阳城不过五六十里路，用不了一个时辰就能兵临城下……”众官纷纷议论道。

“反了！真是反了！”何太后身体一晃差点跌倒，紧随一旁的张让、赵忠连忙扶住，随后又一个个匍匐在侯台上，汗流满面：“还请太后赐小的们一死，以安天下吧！”

何太后见十常侍一个个这副模样，同情心又由衷而起：“不！大汉王朝！百万之兵！难道还被这几个人吓倒了不行？！”满怀希望的何进此时一脸沮丧，心想：看来这出戏要演砸了，对这个向来说一不二、脾气倔犟的妹子不起作用。

正在这时见一校尉匆忙来报：“并州牧、前将军董卓已率大军东渡黄河，兵至渑池（洛阳西120里处），要进兵平乐关！这是他的奏报！”

何进接过奏报，念道：“中常侍张让、赵忠等骗取圣上宠信，卖官鬻爵，祸乱朝纲，天下共愤，应予除之。昔赵鞅兴晋阳之兵，以逐君侧之恶，我现在鸣钟鼓率兵至渑池，还望朝廷已成天下之愿！”

“反了！反了！都反了！”何太后感到天旋地转，“母后！母后！你怎么了？”少帝刘辩连忙去扶晕倒在地的何太后，何进也一脸惊恐。

这时天已渐黑，张让、赵忠等十常侍皆跪倒在何太后的病榻前。何太后一脸病容，被扶持着坐起，喝了一口参汤，有气无力地说道：“你们都先回归故里去吧……不是我无情无义，也不是我狠心，实在是外臣们容不下你们……你们放心回去，我会保证你和你们家人安全的。”

“谢太后圣恩，谢太后圣恩……”张让、赵忠等十常侍一个个不禁失声痛哭，磕头谢恩。

何太后也不禁潸然泪下，下床走到张让、赵忠跟前，用纤纤细手，给张让、赵忠等擦眼泪，抽泣道：“看你们一个个眼睛都哭成了这个样子，你们都放心回去吧，等过了这阵风，我再把你们给接回来。”

“谢太后圣恩，谢太后圣恩……”张让、赵忠等十常侍磕头如捣蒜，泪水浸湿了整个地面。

“不要光谢我，还要谢大将军。”何太后指道。

张让、赵忠等十常侍又连忙跪爬到何进面前，“谢大将军不杀之恩！”此时端坐在一旁的何进则是一脸怒气，可看到这场面又有些心软：“看你们把太后都折腾成什么样了？天下汹汹，都是冲着你们来的。董卓、丁原、乔瑁的兵马马上就要到了，你们还是赶紧回乡里去吧，不然就来不及了。”

“谢大将军，谢大将军……”

何进、袁绍就这么在清除十常侍的问题上取得了重大胜利，可事情还没完。

下回请看：何进人头成令牌　号令尚书掌兵马

第十一回

何进人头成令牌　号令尚书掌兵马

何进、袁绍虽然在清除十常侍的问题上取得了重大胜利，可具体在怎么处置十常侍的问题上又出现了不同意见。

“太后已经传旨，将中常侍、小黄门这些大小宦官全部驱出宫门，遣送回原籍。终于等到这一天了！”何进喝了一口茶，得意洋洋地说道。

“这些宦官做了这么多坏事，真有些太便宜他们了！”袁术说道。

“得饶人处且饶人。这些人也怪可怜的，一个个都哭如泪人，况且还有恩于我们何家，都不容易，我看还是放他们一条生路。”何进说道。

“大将军可不敢大意啊！”袁绍说道。

“怎么？”何进一脸疑云。

“今冤仇已结，事已毕泄，大将军岂不闻‘打蛇不死反被蛇咬’吗？”袁绍说道。

“我大权在握，十常侍又能如何？！况且十常侍已经被逐出宫门，过两天就要放归故里，远离京城，又能如何？难道他们还能呼风唤雨不成？！再者太后不从，我又有何法？本初有些多虑了！”何进笑道。

“十常侍虽已被逐出宫门，可十常侍为患已久，根系极深，宫门都由黄门侍卫把守，不能不防。”袁绍谏道。

“是啊……这不能不防……”何进沉吟片刻命道，“虎贲中郎将！”

“在！”袁术应命道。

“你立即带两百虎卫兵，入嘉德殿，把宫中所有的黄门侍卫（带兵的宦官）尽皆换下，也逐出宫门，一个不留！”何进命令道。

“是！”

“本初，你可要严格把守洛阳的十二道城门，严格盘查宦官的出入，严防闹事！”何进吩咐道。

“是！”司隶校尉袁绍也立身领命。

何进在杀十常侍的问题上也迟疑不决。陈寿在《三国志·魏书六·袁绍传》中记述道：“灵帝崩，太后兄大将军何进与绍谋诛诸阉官，太后不从。乃召董卓，欲以胁太后。常侍、黄门闻之，皆诣进谢，唯所错置。时绍劝进便可于此决之，至于再三，而进不许。令绍使洛阳方略武史，检司诸宦官。又令绍弟虎贲中郎将术选温厚虎贲二百人，当入禁中，代持兵黄门陛守门户。”

十常侍这边，几人都聚在张让家中。“召外兵纷纷入京，这十有八九是何进之谋。”赵忠低声说道。

“不管怎么说现在多亏还有何太后保着，我们还有一条生路。”郭胜说道。

正在这时一个小黄门推门进来，一脸惊慌。

“怎么了，又发生什么事了？”

小黄门结结巴巴地说道：“所有的黄门侍卫，都，都……已经被，被换了下来，尽皆逐出宫门！”

“什么？！看来何进是要把我们一个个都斩尽杀绝啊！”如五雷轰顶一般，十常侍乱作一团，“天哪！这该如何是好？”

“那——那何太后怎么说？”中常侍赵忠问道。

“不——不知道。”小黄门结巴道。

“那——那我们该怎么办？”众宦官问道。

“我们又能怎么办？我们手上现在没有一兵一卒，弱无缚鸡之力，就像圈里的羔羊。”张让说道。

“嗨，早知今日，何必当初！要是当时听蹇硕之言该多好！”中常侍段抱怨道。

“现在说这些又有何用？还是赶快想想办法吧，这不光关系我们这些人的性命，还有一家老小的性命。”中常侍赵忠急道。

十常侍经过密谋很快便想出了一个办法。原来中常侍张让新过门的儿媳妇是何太后之妹，张让来到儿媳妇面前扑腾一声跪倒在地，声泪俱下叩头道：“老臣得罪，就要与新妇俱归乡里，从此远离京都，只是受恩累世，情怀恋恋，想跟太后道别一声，再看一看太后与殿下，然后就是退就沟壑，也死而无憾。”儿媳妇连忙将张让扶起，泪流满面道：“父亲，父亲，你赶紧起来，赶紧起来！我一定去说，我一定去说就是了……”

儿媳妇连忙去找母亲舞阳君求情，“赶快起来，我当是什么事呢？我们母女一起去找你姐姐何太后就是了。也难为他们一片孝心。”舞阳君说道。

舞阳君与张让儿媳妇入永安宫，随后何太后便诏十常侍皆入宫。张让、段珪、赵忠、郭胜等皆怀揣利刃从侧门而入。此事范晔在《后汉书·卷六十九·何进传》明确记述道：“进谋积日，颇泄，中官惧而思变。张让子妇，太后之妹也。让向子妇叩头……子妇言于舞阳君，入白太后，乃诏诸常侍皆复入宫。”

这时何进正在大将军府与手下将士商议对策。“何太后有旨，请大将军何进入宫商议要事！”朝官宣旨道。

袁绍、袁术闻声一个个面露悦色：“看来何太后又要松口了！”

“准备马车！马上入宫！”大将军何进披上斗篷就要走。

“我们随大将军一同前往！”袁绍、袁术、曹操立身请命道。

“用不着了，有虎卫兵随行就可以了！十常侍早已逐出宫门，黄门侍卫也都尽数换下，还有何虑？”何进笑道。

“不管怎么说，现在是非常时刻，大将军还需要多加小心，从大将军府到永安宫毕竟还有一段距离。”袁绍说道。

铁蹄隆隆，大将军何进在五百虎卫兵的护卫下，威风凛凛驶往永安宫，沿街百姓无不仰目相望。

来到永安宫，虎卫兵手持长戟，威威而立，三步一岗五步一哨，立于永安宫外。何进走下四轮马车，下意识地按按佩剑，一步一个台阶大步入宫，一脸天下尽在掌握之中的样子。何进在宫廷侍从的引领下，经过一段长廊，走入大殿，在进内殿之前将佩剑解下交予宫门侍卫，可他又哪里知道他已经进入了鬼门关，被躲在内殿中十常侍乱刀砍死。壮志未酬身先死。

“仇人已除，愤已泄，下一步该怎么办？”中常侍段珪浑身是血喘着粗气问道。

“仇人已除，死而无憾。但我们不能就这么白白送死。下一步应该先掌控京都地区的兵马大权。”中常侍张让擦着滴血的利刃说道。

“是啊，我们应伪诏任命故太尉樊陵为司隶校尉，少府许相（许劭堂兄）为河南尹。”赵忠说道。

“这能行吗？”

“事到如今也只能去试一试了。”

五黄门（宦官）手提布袋驰马向尚书台而来，一黄门大摇大摆将诏书呈上。尚书接过伪诏一脸疑惑，左看右看，心想朝廷不是才下诏遣送宦官回乡，于是说道：“还是请大将军一起来商议此事！”黄门大怒，一黄门将何进首级从袋中取去蹾在桌子上：“大将军何进谋反！已经被杀！首级就在这里！有胆敢违命者斩！”

众尚书大惊：“不——不——不好了！宦官杀了大将军！”尚书台顿时乱作一团，“不好了！宦官杀了大将军！”

折冲校尉袁术、部将王匡等闻大将军何进被宦官谋杀，立即率所部军马来围攻嘉德殿，“杀宦官！杀宦官！宦官杀了大将军！”黄门纷纷持兵据守。此时天色已暮，霞光似血又似火。袁术命虎卫军放火烧南宫九龙门及东西宫。大火熊熊燃起，宫外怒涛震天，永安宫乱作一团：“不好了，宫外的叛军就要杀进来了！”大殿内也立即惊作一团，张让、段珪慌忙劫持少帝刘辩、陈留王刘协从后门而走。

司隶校尉袁绍闻大将军何进被十常侍杀害，连忙率军围樊陵、许相府，先斩樊陵、许相，然后与车骑将军何苗（何进之弟）合兵屯朱雀阙，命军士：“马上关上北城门！休要放过一个宦官！”袁绍遂率数千带甲虎卫兵冲进皇宫，迎着像牛羊一样四处逃散的人群，只要见到不长胡子的男人，无论长幼，皆劈刀就砍，挥戈便刺，赵忠躲闪不及被砍成肉泥。许多人因害怕被当成宦官错杀，急中生智，当众脱下裤子验明正身，被杀宦官近三千人。上述十常侍杀大将军何进及捕杀宦官全过程，范晔在《后汉书·卷六十九·何进传》中有记载，本著只是如实再现而已。

张让、段珪等宦官慌忙劫少帝刘辩、陈留王刘协，牵着毛驴从北宫崇德殿逃走，骑着毛驴摸黑一路失魂落魄地向小平津（黄河渡口，在今河南省孟津县东北）方向逃窜。两个半大的小子就像两个受惊的小白兔，哆哆嗦嗦任由这些宦官摆布。

而此时正屯兵渑池（洛阳西120里处）的董卓见洛阳城大火弥天，“洛阳一定出大事了，赶紧进兵！”董卓率三千铁骑连夜火速向洛阳城急进。

此时张让、段珪等宦官劫持刘辩、刘协，骑着毛驴沿东北方向已经逃到横卧于洛阳北侧的北芒山上（北芒山东西绵亘190余公里，海拔250米左右）。前有黄河，后有追兵，走投无路，一个个只得投河自尽，入黄泉之门。范晔在《后汉书·卷七十八·边让传》中记述道：“让等数十人劫天子走河上。追急，让等悲哭辞曰：‘臣等殄灭，天下乱矣。惟陛下自爱！’皆投河而死。”

刘辩、刘协在回归的路上遇到了来寻找他们的朝廷官员，随后在董卓的三千铁骑护卫下尾随入洛阳城。

关于何进招董卓入京之事，易中天认为这是引狼入室，是愚蠢透顶的举动。为此他一直不停地大骂“何进、袁绍之辈就是该着挨杀的蠢牛笨驴”，“袁绍没有头脑，董卓之乱其实就是他惹的祸”，骂袁绍“这实在是馊主意”。易中天这么说的理由主要有二：

首先，易中天认为招外兵入京完全没有这个必要。他引用《魏书》的说法：“杀几个宦官，这是只有一个狱吏就能办到的事，又‘何必纷纷召外兵乎’？”这简直是痴人说梦。在当时的社会没有皇帝诏命又有谁敢动十常侍一根毫毛？他们也想用除掉蹇硕的方式来除掉十常侍，可问题是何太后不同意，所以才出此下策。王沈在《魏书》中如此说，无非是说曹操多有先见之明，而何进、袁绍都是些蠢货。其实在整个事件中，连曹操的身影都见不到。易中天显然是不加思辨地就听信了这些人的歌功颂德之言。《三国演义》也是一样。

再者，有引狼入室的危险。易中天说道：“连老百姓都知道，‘请神容易送神难’，何况是董卓这样的凶神？”“他（何进）引进的是自己根本就控制不了的一股势力。”

实际情况是各路外兵都尽在何进的掌控之中，不管是谁要是有不轨之心，都只会是被蒸包子。董卓的兵马能一路绿灯尾随少帝刘辩开进洛阳城，是因为他正赶上了何进被杀，少帝被劫，京城群龙无首，京城大乱这个节骨眼。这完全是事出偶然，是任何人都无法事先预见的突发事件。否则董卓这只西北狼就是有吃天的本事也是进不了洛阳城的。

那问题又到底出在哪个环节上了呢？主要是因为防犯不周才出了问题。其实就是在这个问题上何进也做了很周密的防犯，如在皇宫中整个都换上了自己的虎卫兵。问题是他没有预料到何太后又召十常侍入宫及十常侍矫诏，才遭到十常侍暗算。一招不慎导致满盘皆输。实际情况也是如此。

那身经百战的董卓能放过这次把持皇权的绝佳时机吗？

下回请看：董卓三招揽朝政　京城导演鬼把戏

第十二回

董卓三招揽朝政　京城导演鬼把戏

董卓的三千铁骑就这么一路护送少帝刘辩开进了洛阳城。少帝刘辩回到崇德殿。此时何太后已经被整个打垮，忽儿哭大哥，忽儿又哭儿子，哭昏了睡，醒来了继续哭，整个人像丢了魂似的变了个样。当听到儿子归来，一下从床上翻起，母子相依放声痛哭。“儿子你回来了，你真的回来了，娘想你，娘不能没有你……”

董卓屯军于洛阳宣平门外的毕圭苑中，“我看大将军何进被杀，是因何太后包庇袒护十常侍，才有此祸！”董卓说道。

“这个女人本来就阴毒。听说陈留王刘协的生母王美人就是她毒死的，所以陈留王一出生便被寄养在了董太后宫中。”董旻说道。

“快别说了！就是董太后也是这个女人逼死的，媳妇逼死婆婆，古今罕见，这个女人整个是蛇蝎之心，我恨不能……”董卓一拳砸在桌子上。范晔在《后汉书·卷七十二·董卓传》中记述道：“卓以王为贤，且为董太后所养，卓自以与董太后同族，有废立之意。”

“反正大将军何进已经死了，不成咱们就把这个娘们儿给废了！”董旻压低声音说道。

“是啊，现在也该是她遭报应的时候了！”董卓吼道。

“这话可不是随便说的。”刘艾喝了一口茶说道。

“怎么？”董卓怒目圆睁，恨不得一口气把刘艾吞下。

“俗话说‘母以子为贵’，你们既然要废人家的娘，那人家能同意吗？”刘艾说道。

“那有什么不行？不行就把他们母子都给废了！”董卓恶狠狠地说道，大帐内顿时鸦雀无声，静得就是一根针掉在地上也能听见。董卓这时也冷静了许多。坐下，自己倒了一杯茶喝了起来。

“其实，这也是天赐良机，并不是一时意气用事。你们想想，我董卓这三千铁骑怎么会这么顺利就跟在少帝后面进了洛阳城？这可是我连做梦都想不到的事。”董卓喝了一口茶说道。

“是啊，大将军何进被杀，京城大乱，群龙无首，这可是天赐良机啊！可要是废旧君立新君又当立何人呢？”董旻问道。

“我观九岁陈留王就是一个非常好的人选。你们没见少帝刘辩见着我的那个样子，哭哭啼啼，哪像是一国君主？陈留王刘协乃灵帝中子，母亲王美人被毒死，他的奶奶，一手把他拉扯大的董太后也被逼死，自然也就不存在临朝听政的问题。”董卓说道。

“废旧君立新君，这可是一件翻天覆地的大事啊，搞不好会引起天下大乱，会把你我，把所有的人都翻进去。”长史刘艾说道。

“做什么事没有风险？不冒生命危险又怎么取得战争的胜利！”说话间，董卓慢慢把刀从鞘中抽出，然后用左手食指轻轻地抹着刀锋，冷气逼人地说道：“我董卓这一生都如同在这锋利的刀刃上行走，难道还害怕这一次不成？况且我手中有刀，还害怕众人不服吗？”

“听大哥这么说，这的确是个天赐良机。他有他立的道理，咱有咱废的道理，自古道是‘嘴大说了算’，这是千古不变的道理（其实这只是通行于王朝社会的强盗逻辑）。可问题是何进虽死，其胞弟车骑将军何苗还在，要是其弟何苗接管了西园军，凭我们手上这三千人马又怎能是对手？到那时我们就只有拍拍屁股打道回府的分了。”董旻说道。

“是啊，这的确是一个问题。”董卓双眉紧锁。

“而且此事一定要快，因为只需要一纸诏命，何苗就可以继任其兄大将军的职位，这还不是他姐姐何太后一句话的事。因此，一定要抢在他们之前下手！要是能把何苗结果掉，西园军自然也就落在了我们的手上。可凭我们手中的这三千军能行吗？”董旻说道。

正在这时，却听：“何进部将吴匡求见！”

“请进！”董卓说道。

吴匡走进来，一身盔甲，董卓等连忙让座，“吴将军此来有何赐教啊？”

“赐教不敢。董将军可知道大将军何进是何人所杀吗？”吴匡问道。

“这个满京城的人，人人皆知，是张让、段珪等十常侍所为啊！”董卓应道。

“就像是里面装有东西的盒子，董将军是只知其表，不知其里。”吴匡喝了一口茶说道。

“难道里面还有隐情？”董卓问道。

“那是自然。”吴匡应道。

“快说来一听！”董卓等一个个都把耳朵竖了起来。

“董将军难道不见，大将军何进被杀，而其弟车骑将军何苗还在吗？”吴匡说道。

“是啊，难道是其弟车骑将军何苗与十常侍同谋？”长史刘艾问道。

“不仅如此，其母舞阳君也是同谋。大将军欲诛十常侍，车骑将军何苗、舞阳君与十常侍勾结在一起，百般阻挠，才有此乱。要不然为什么独大将军何进被杀，其弟却安然无恙？因此杀大将军者是其弟车骑将军何苗也！”吴匡情绪激动地说道。

“是啊，杀大将军者是其弟车骑将军何苗也！”董卓一拍大腿叫道。是他也是，不是他也是，反正此时的董卓是要铲除何苗，以扫清把持朝政道路上的障碍，正愁没有借口和帮手。董卓于是命其弟董旻与吴匡合兵，进围此时正屯兵在朱雀阙下的何苗。

“今大将军死！而何苗还在！杀大将军者是车骑将军何苗也！愿为大将军报仇者跟我一起冲！”吴匡激励军士道。

董旻与吴匡引两路兵马将朱雀阙团团围住。“你们要干什么？要造反吗？！”何苗拔剑站在城楼上吼道。

“我们要为大将军报仇雪恨！”愤怒的军士齐声吼道。

“吴匡是反贼！”何苗在城楼上吼道。一时间箭如飞雨，双方展开了一场对射。何苗匆忙率所部军士在阙下广场上应战。刀如电闪，厮杀声一片，何苗在混战中被乱军所杀，三千军士被杀，其母舞阳君也死于乱军之手，朱雀阙化为灰烬。何家的两个大男人，就这样前后轰然倒下了。上述董卓与吴匡联手杀何苗之事，《英雄记》明确记述道："进部曲将吴匡，素怨苗不与进同心，又疑其与宦官通谋，乃令军中曰：'杀大将军者，车骑也。'遂引兵与卓弟旻共攻杀苗于朱雀阙下。"

何苗被杀，西园军依无所归，纷纷投靠到董卓帐下。吴匡就这么稀里糊涂地被董卓利用了，他也不想想何苗怎么会去谋害他的兄长？董卓就这么向独揽朝政顺利迈出了第一步。

"何苗已除，西园军已尽归帐下，现在可以行废立大事了吧？"董卓喝了一口茶说道。

"这还不够。西园军的兵马，再加上我们带来的数千兵马，不过五六万兵马，恐怕还震慑不住京城百官。要是他们暗通外兵起来闹事怎么办？"董旻说道。

董卓沉思片刻说道："是啊……不过这事好办。京城百官看起来一个个高高在上，其实不过是一群顶着人头的猪，我只需要用雕虫小技就可以把他们一个个哄得团团转。"

"怎么个哄法？"董旻一脸好奇。董卓侧身与董旻耳语几句，两人随之哈哈大笑。弄得刘艾、李傕、郭汜几个一个个都摸不着头脑。

为了震慑京城文武百官，董卓又导演了一出好戏。他每天趁夜深悄悄把兵马调出城，等天大亮之时又大张旗鼓从西门入城，举行盛大的入城仪式。京城里的文武百官还以为这是源源不断从关中调来的大批兵马。京城里的文武百官一个个就这么被董卓的雕虫小技给忽悠了。骑都尉鲍信私下里跟袁绍说道："董卓拥有强兵，有不良企图，若不趁早下手，突然袭击，恐怕到时就会被其所控制。"而袁绍却直摇头，不敢动。满朝文武也一个个吓得服服帖帖。此事在《九州春秋》记述道："卓初入洛阳，步骑不过三千，自嫌兵少，不为远近所服；率四五日，辄夜遣兵出四城门，明日陈旌鼓而入，宣言云'西兵复入至洛中'。人不觉，谓卓兵不可胜数。"

董卓一看京城里的文武百官已经开始服帖了，九月，便以久不降雨为名上书罢免司空刘弘自代之，不久改任太尉，持尚方宝剑，统领天下兵马。

就是这样老谋深算的董卓还是不放心，接下来他又用高官厚禄加宝马收买了吕布。吕布，字奉先，五原郡九原人（约今山西天镇），善弓马，膂力过人，人称飞将，在执金吾丁原处做主簿，深受器重。吕布此来，不仅送来了丁原首级，还把驻扎在河内（距洛阳北100里）的两三万兵马交并给了董卓。董卓大喜，拜吕布为中郎将，封都亭侯。自此两人义为父子。陈寿在《三国志 · 魏书六 · 董卓传》、《三国志 · 魏书七 · 吕布传》记述道："卓以布见信于原，诱布令杀原。布斩原首诣卓，卓以布为骑都尉，甚爱信之，誓为父子。"

董卓通过这一连串的小动作，轻而易举便把何进的西园军和丁原的兵马都收到了他的手上，京都洛阳地区自然也就整个处在了他的控制之下。粗声大气的董卓能像绣花女一样干出这么精细的活，的确有些出人意料。满朝文武，包括袁绍、袁术、曹操等一班人，也都成了他的笼中鸟，网中鱼，谁个还敢不听他摆弄？现在董卓终于可以放心大胆地行废立大事了。

"要想行废立大事，还要再收买一个人。"长史刘艾伴随董卓一边视察军营一边说道。

"还要收买谁？"董卓有些不耐烦地问道。

"司隶校尉袁绍！"刘艾说道。

"袁绍？"董卓一脸问号。

"没错，是袁绍。"刘艾说道。

"此人手中又没有什么兵权，有什么好害怕的？"董卓说道。

"此人手中此时虽无兵权，可难道太尉不知道袁氏四世三公，门庭故吏遍天下？难道太尉不知道太傅袁隗是他的叔父，虎贲中郎将袁术是他的堂兄弟？难道太尉不知道袁绍在京城文武中有很高的声望？要是袁绍能与太尉共谋，京城文武自然也就会归顺到太尉的门下。此时的京城文武虽然看起来一个个服服帖帖，不过是迫于太尉手中的刀把子罢了。现在太尉该认识到袁绍是条大鱼了吧？"刘艾笑道。

"长史所言极是！那就赶紧把袁绍找来！"董卓说道。

刘艾命人将袁绍从家中接来。董卓亲迎袁绍于苑内，"本初肯赏光可真是老夫三生有幸啊！"董卓迎道。

"太尉客气了。毕圭苑可是个好地方，有东苑和西苑，西苑更大，苑内绿柳成荫，鸟语花香，还有一潭湖水。是文人雅士悠游自在的好地方，太尉可真会选地方啊！"袁绍说道。

"老夫是个粗人，哪有这雅兴，只是觉得住在这里凉快。"两人在碎石铺就的苑中林道上行走着说道，然后在苑中的鱼梁台坐下。吕布卫立一旁。

“来，喝茶，这是老夫从西凉带来的春尖茶，不知本初是否喝得惯？”董卓说道。

袁绍喝了一口，“喝得惯，喝得惯。”袁绍迎合道。

“吃手抓羊羔肉的时候，要是再喝上春尖茶就更美了。今日把本初请来，是有要事相商。”董卓喝了一口茶说道。

“太尉客气了。本初要是能为太尉效劳，乃三生之福。有什么事，尽管吩咐。”袁绍恭恭敬敬地应道。

“有本初这句话，那老夫就直说了。刘辩软弱无能，不足以安邦定国，其母何太后更是缺德少才，我观陈留王刘协年幼聪颖，可为国主，不知本初意下如何啊？”董卓说道。

袁绍大吃一惊，刚端起的茶晃洒了一身。“太尉所言甚是，太尉所言甚是。可这是国家大事，还请容我回去找太傅（其叔袁隗）商议后回话。”袁绍慌乱应承道。

“要是本初办成此事，老夫绝不会亏待你！”董卓拱手道。

董卓把袁绍送至苑门口，袁绍接过吕布递过来的佩刀长揖而去。可董卓又哪里知道，这只是袁绍的脱身之计。在路上，袁绍骑在马上心想：此事要是不按照老贼的意思办，必遭其害。可要是与老贼共谋又是助纣为虐，必将遭到天下人共讨，我袁家四世三公的美名也将毁于一旦。这该如何是好？看来只有一个办法，就是逃走。袁绍回去后不久，就携带家人潜出洛阳城奔冀州而去，来了个泥牛入海。陈寿在《三国志·魏书六·袁绍传》中记载道：“董卓呼绍，议欲废帝，立陈留王。是时绍叔父隗为太傅，绍伪许之，曰：‘此大事，出当与太傅议。’卓曰：‘刘氏种不足复遗。’绍不应，横刀长揖而去。绍即出，遂亡奔冀州。”

而易中天在谈到这一问题时就有些言过其实了。说袁绍与董卓翻过脸来，怒目相对，拔刀相向。这些人也不想想，袁绍真要是这么愣，小命早就完了。袁绍就像满朝文武，内心深处虽然有十万个不同意，可表面上还得应承。史学家裴松之对这个问题也同样提出了置疑，他认为：“要是袁绍与董卓拔刀相向，董卓又怎么会容忍而不加害呢？”

看来袁绍是不屑与董卓这样的人为伍的。董卓闻之大怒：“本想重用他，没想到这么不识抬举！”

侍中周毖、城门校尉伍琼劝道："废立大事，平常人又怎么敢当？袁绍不识大体，因胆小怕事逃走，又怎么敢和太尉对着干呢？狗逼急了要跳墙。袁氏四世三公，门生故吏遍天下，若举起反旗，天下响应。不如宽待之，给他一个郡守坐，袁绍因感恩自然也就不会瞎胡闹了。"周毖，字仲远，武威人，周慎之子。伍琼字德瑜，汝南人。此事陈寿在《三国志·魏书六·袁绍传》中也有明确记载，本著只是如实再现而已。

"为今之计，息事宁人才是压倒一切的硬道理。"刘艾说道。董卓于是拜袁绍为渤海太守（郡治浮阳，在今河北沧县东南旧沧州），封郁乡侯。

此时已经没有人能挡董卓的路了。九月中旬，董卓大会群臣于崇德殿。董卓高坐在上，吕布虎立于身后，尚书高声宣诏道：

天地为大，其次是君臣，这样才有国政。刘辩暗弱，没有人主之威仪，不可为天下之主。陈留王刘协聪颖过人，有仁德之心，可为国主。故效伊尹、霍光故事，废帝刘辩为弘农王，立陈留王刘协为献帝。

何太后逼死董太后，大将军何进被杀，也因其包庇十常侍所致。身为皇太后，其既无仁孝之心，又无国母之威，致使国政荒乱，国家动荡。何太后罪大难赦，应予还政。

太傅袁隗颤颤巍巍用双手解下刘辩的玺授，九岁的刘协被扶登基，刘辩被扶下殿，北面称臣。何太后也被搀扶到阶下。此时的何太后眼泪早已经哭干，面无血色，神情呆滞，脸上没有一丝表情。群臣无不垂泪，袁术、曹操、鲍信皆立于阶下，可无人敢言。就在这时听到何太后从鼻腔里发出冷冷的笑声，笑声由低到高，越来越高，随之疯一样地在殿堂中飞荡："苍天啊！你快告诉我！你快告诉我……至高无上的王权到底是什么？它到底是能让人为所欲为的魔杖，还是能把人变成恶魔的魔鬼？你快告诉我！"那喊声，那笑声，那哭声，刺破殿堂，划破天空，在寰宇中回荡。

何太后母子相拥在一起，"娘，我们该怎么办？"刘辩问道。何太后面无血色，神情呆滞，没有任何回应。"娘，我们以后该怎么办呀？"何太后还是不做声。"娘，儿在问你，你听见没有？我们以后该怎么办呀？"刘辩一边摇动着母亲，一边问话。一行泪水从何太后眼眶中涌出，她一把将刘辩揽在怀中，"娘——"

不久，董卓便命人将何太后毒死于永安宫。上述董卓废刘辩杀何太后之事，范晔在《后汉书·卷十下·灵思何皇后纪》中记述道：“并州牧董卓被征，将兵入洛阳，陵虐朝廷，遂废少帝为弘农王而立协，是为献帝。扶弘农王下殿，北面称臣。太后鲠涕，群臣含悲，莫敢言。董卓又议太后逼迫永安宫，至今忧死。逆妇姑之礼，乃迁于永安宫，因进鸩，弑而崩。”

董卓这个人本来还说得过去，怎么在把持王权的争夺战中一夜之间变成了人间恶魔？在王权的争夺战中，何太后鸩杀王美人，何家兄妹清除异己的行为是残暴的，董卓杀害何太后的行为也同样残暴。这固然与当事人之间的恩恩怨怨及性格特征有关，可究其根本原因是由于王权在不规则更迭中存在着致命缺陷。五千年王朝历史，在王权更迭中一次又一次地酿成惊天血案，一次又一次造成社会大动乱的根本原因就在这里。要是在现代民主社会，通过现代文明的政权更迭此事绝对不可能发生。只有未开化的人才会参与到这些仅仅为了一己或一党之私利的宫廷政变中去。当然那个时候的人是认识不到这些的。

董卓就这么通过强行废立，迎来了他一生中如日中天的时刻。董卓又自命为相国、封猸侯，尊母为池阳君。自此董卓便效萧何故事，赞拜不名，入朝不趋，剑履上殿，奉天子以令诸侯，俨然一个摄政王。

精通权术的董卓，一上任便软硬兼施。“恩”则重用贤能名士，拜司徒黄琬为太尉，司空杨彪为司徒，光禄勋荀爽为司空。为收众心董卓又任命尚书韩馥为冀州牧，侍中刘岱为兖州刺史，孔伷为豫州刺史，任命张邈为陈留太守，张咨为南阳太守。而自己的亲朋故旧都不处显职，只为将校而已。同时董卓又有“威”的一面，董卓知道许多朝官都心怀不服，为了震慑京城百官，有一个名叫扰龙宗的侍御史带剑进见他，他命吕布当堂斩杀，吓得京城百官一个个面如土色。

董卓的手下也一样残忍。董卓命部下进讨开阳城黄巾军，正值男女老少举行庙会，董卓部下见到男子就杀，见到财物就掠，见到女子就抢。他们把砍下的一颗颗男人头颅像灯笼一样系在车辕上，一路高唱秦腔而还。

可此时的董卓又哪里知道，此时一场危机正在酝酿之中。

下回请看：曹操逃出洛阳有三关　杀吕伯奢家人遭大祸

第十三回

曹操逃出洛阳有三关　杀吕伯奢家人遭大祸

董卓强行废立，鸩杀何太后，许多人都对其残暴行径深恶痛绝，越骑校尉伍孚就是其中一个，只是没有刺杀成功。《三国演义》所谓的“孟德献刀”一事，查遍史书全无记载，纯属文学虚构。实际情况是，曹操和袁绍、鲍信一样，对董卓的行径深恶痛绝。在他们一个个都潜逃出京城后，董卓表曹操为骁骑校尉，曹操表面上接受，而实际上却变易身份，伪造假通关文牒，用现在的话来说就是找“假证贩子”办来“假护照”，准备潜逃出洛阳城。之前由于袁绍通风报信，其父曹嵩一家早早出京才躲过了一场浩劫，现在暂时在陈留太守张邈处安身，京城中只有他一人。陈寿在《三国志·魏书一·武帝纪》记述道：“卓到，废帝为弘农王而立献帝，京都大乱。卓表太祖为骁骑校尉，欲与计事。太祖乃变易姓名，间行东归。”

公元189年九月下旬的一天，曹操身穿便装，带两名随从肩背包裹，怀揣假通关文牒，天蒙蒙亮便骑马来到了洛阳北城门。北城门晨雾缭绕，透着几分深秋的寒意。城门护卫才把城门打开，慢慢放下护城桥。

“这几个人这么早就出城，是不是想潜逃出城啊？”一城门护卫说道。

“很有可能，可要好好检查检查！自从董相国当政，不断有朝廷官员逃出京城。司隶校尉袁绍、骑都尉鲍信不就是这么逃走的吗？上面三令五申，要严加盘查，放走一个就要用一家老小的性命担保。”城门护卫揉着惺忪的眼睛说道。

曹操本来怀揣的就是假通关文牒，再听城门护卫这么一说，心早已悬到嗓子眼。

“你们几个是干什么的？”城门护卫喊道。

“要务在身，要出城！”曹操应道，由于心里发虚，声音听起来显然有点打战。

“有出关文牒吗？”

“有！”

“拿来！”

曹操颤巍巍从怀中掏出假通关文牒，哆哆嗦嗦递过去。“你的手怎么在发抖？”城门护卫一脸警觉。

“噢，是吗？秋风瑟瑟，好冷啊！”曹操说着搓搓手。

几名护卫拿着通关文牒左看右看，生怕看走眼了，而对面曹操三人一个个脊背则直冒冷气，“没错，这上面有城门校尉的官印，不会有错！”

城门护卫把通关文牒又交还到曹操手上。摆摆手，便放了过去。曹操几人悬在嗓子眼的心也扑腾扑腾随之落地，一路纵马向小平津（洛阳北面黄河渡口，在今河南省孟津县东北）而来，看来这假通关文牒还挺好使，曹操心想。此时太阳就像鲜红的大火球已经从东边升起，笼罩在河面上的晨雾已经渐渐散去。黄河如万马奔腾般滚滚东流而去，河南岸则是郁郁葱葱东西横卧的北芒山。曹操打开地图指道：“不要以为出了洛阳城，就万事大吉了！向东约走一百五十里，还有一座关，叫虎牢关，这可是洛阳八关之一，只有过了这道关才算真正出了洛阳城！”

“原来前面还有虎牢关，咱们可别钻进虎口出不来。”随从说道。

“休要胡言乱语。我有通关文牒，又有何惧？”曹操斥道。

“驾！”三人打马，顶着晨风沿黄河峡谷向东奔行。

下午时分，曹操一行一路风尘来到虎牢关。虎牢关，南连嵩岳，北濒黄河，就像是葫芦口一样，扼道而立，真可谓是“一夫当关，万夫莫开”，曹操三人的心一下子又都悬了起来。这假通关文牒不知是否还好使？曹操强作镇定，屏住呼吸，来到关前。

“站住！你们是干什么的？”

“我们是朝廷命官，董相国派我等出关办事！这是通关文牒！”此次过关，曹操显然比上次老练多了。

守关军士仔细查验后，一挥手，全部放行！曹操几人悬着的心又扑腾扑腾全部落地，可没走几步，突然又听身后吼道："慢！都给我回来！"

"怎么？"曹操大惊，勒马踩镫便要逃。

"你们就这么走吗？我们已经一天没吃东西了，肚子饿得咕咕叫，你们身上带吃的东西没有？"守关军士问道。

"原来是要吃的。有！"曹操下马，解下随身携带的干粮袋，掏出面饼，这个两个，那个三个地抛了过去，守关军士七手八脚跳接着面饼，"谢谢大人！谢谢大人！我们今天可以不挨饿了……"

曹操把干粮袋中的面饼都分发完以后，看看狼吞虎咽的正在吞食面饼的守关军士，笑笑便和随从骑马而去。

"一道道关口就如同一道道鬼门关，过了虎牢关，这下我们才总算真正出了洛阳城了！"随从兴奋道。

"望河洛之交流，看成皋之旋门！"曹操兴奋地诵了一句班昭在《东征赋》的诗句。"你们看见了没有，洛水从此汇入黄河，此景象不可谓不壮观！虎牢关是京都洛阳东面的第一关，也是最后一道关，此关向东，洛阳就再无险塞可守了！"

"鱼入大海，鸟飞蓝天，我们终于自由了！"三人交马并行，一脸轻松。

"你们知道虎牢关这个关名是怎么来的吗？"曹操问道。

两名随从不知所答。"这是因西周穆王曾在此关虎而得名。自古以来虎牢关便是兵家必争之地。"曹操一边说着一边下马，解开行囊，打开地图指道，"过了虎牢关，前面是中牟县（在今河南中牟东），离这里约还有两百多里路。现在已是下午，家父有一故交，就住在成皋附近，离这儿不远，我们不妨今晚在他家留宿，好好休息一下，明天一大早再行赶路。"

"那就再好不过了！"一行人自然又是一脸欢喜。曹操一行来到一座依山而建的大院落门前，叩门。随着一阵狗叫声，走出一名青年男子，"请问这是吕伯奢家吗？"

"吕伯奢正是家父，快请进！"

曹操几人牵马走进院门，环眼一看，考究的四合大院，一看就是当地的大户人家。一条大狼狗，冲着来人汪汪扑叫。“大哥，有人找！”

一中年男子从堂屋走出：“黑子！家里来客人还叫什么叫？请问你们是？”

“我是太尉曹嵩长子曹孟德，奉命到中牟县办事，途经成皋，故来借宿。”曹操说道。

“噢，你就是曹太尉的长公子典军校尉曹操？！哎呀，贵客，贵客，赶快请到堂屋里坐！”吕伯奢长子连忙招呼几兄弟及家人迎客，拴马，并把曹操一行让进堂屋。有贵客光临，自当厚待。吕伯奢长子及兄弟将曹操一行让进堂屋，请上炕头，端茶倒水。“家父早上就串门去了，我已经让老三去叫了！”吕伯奢长子说道。《世语》记述道：“太祖过伯奢。伯奢出行，五子皆在，备宾主礼。”

“匆匆而来，给你们添麻烦了！”曹操客气道。

“哪里。曹太尉有恩于家父，家父常提起你们。曹太尉，你们从京城来，走了这么远的路，想必是已经饿了吧？先喝杯热茶，吃点馍馍。”吕伯奢长子招呼了一阵，便轻手轻脚关门而去。

曹操三人也终于可以坐下来歇息一阵了。曹操几人喝了一会儿茶，又吃了点馍馍，由于赶了一天的路，不觉倦意袭来，于是便七躺八歪，在炕上迷迷糊糊了起来。也不知过来多长时间，曹操突然间被一阵嘈杂声惊醒，“赶紧把它捆起来！捆好了！再杀！”

“把刀再磨快！”

嘈杂的脚步声，夹杂有刀具声，狗叫声，曹操浑身上下的汗毛一下子竖了起来。“赶快醒一醒！赶快醒一醒！”

“怎么了？”

“不好！院子里怎么突然间来这么多人？这些人不是强盗，就是来抓我们的！”曹操压低声音说道。

“怎么办？！与其束手就擒，不如杀出一条血路！”曹操慌忙从行囊中抽出利刃，两名随从也慌忙抽出利刃，持刀冲出堂屋，不问青红皂白就向院中的男女老少冲杀了过来。吕伯奢长子及兄弟猝不及防，有的甚至还没有发出惊叫声便被乱刀刺杀。随后曹操几人又冲进厢房，将躲在桌下、门后的吕伯奢家人全部刺杀。“你们想报官！你们想杀我！老子先杀了你们再说！”

这时一名随从在后院发现有一口四蹄被捆待宰的猪。浑身溅满鲜血的曹操这才明白过来自己误杀了吕伯奢一家。曹操眼望眼前的场景，凄怆道：“宁我负人，毋人负我！”

关于曹操杀吕伯奢家人之事，孙盛在《杂记》中记述道：“太祖闻其食器声，以为图己，遂夜杀之。既而凄怆曰：‘宁我负人，毋人负我！’遂行。”《世语》的说法与其类同：“太祖自以背卓命，疑其图己，手剑夜杀八人而去。”

王沈在《魏书》中的说法是：“其子与宾客共劫太祖，取马及物，太祖手刃击杀数人。”这一说法显然是在为曹操开脱罪责，真要是这么多人来劫，大家手里拿的都不过是一把刀，曹操能逃脱就算命大了，能毫发无损杀这么多人吗？故不予采信。

曹操血洗了吕伯奢一家后，害怕吕伯奢追杀，便匆忙拿上行囊，连夜骑马，失魂落魄向中牟县赶来。

《三国演义》在谈到此事时，首先是把地点搞错了。中牟县约在成皋东200里处，按照《三国演义》的说法，曹操出了中牟县以后，下一站才到的成皋吕伯奢家，这就意味着曹操出了虎牢关以后又绕了回来，这怎么可能？另外，吕伯奢打酒归来及陈宫随行之说也全无史据。

还有一个问题是易中天提出来的。他的异议是：“宁我负人，毋人负我”中的这个“人”，是指具体的人，是指被他误杀的吕伯奢家人，而不是泛指所有的人。而《三国演义》所谓的“天下人”是泛指所有的人，这样就把曹操的“恶”像几何级数一样给升级了，由小恶变成了大恶。

那么，“宁我负人，毋人负我”中的“人”到底是指所有的人，还是像易中天所谓的“是特指的，就是吕伯奢一家，是‘个别人’”呢？

“宁我负人，毋人负我”是古代君臣之道的重要组成部分。古代君臣之道是帝王意识与忠君思想的结合，按照这套思维逻辑：

帝王是天下的最高权威，最贤明的圣主，是绝对正确的，可以为所欲为。天下人都应该无条件听从他的调遣，为了自己的利益他可以任意采取一切暴力手段，做对不起天下人的事情，而别人要做一点对不起他的事情就绝对不行，他就要斩尽杀绝。作为臣民，应该完全无条件地跪倒在帝王的剑下，效忠君王，听其驱使。

君臣之道是一套完全以帝王为中心，天下人必须完全无条件服从其利益需求的行为规范。其实质就是对帝王家族来说利益最大化，而对天下人却是利益最小化，是以损害天下人的利益为代价的一套行为规范。

帝王为了让天下人接受这套君臣之道，巩固自己的统治地位，永保江山，代代相传。他们一方面大力宣传各种“圣经”，如“君权神授说”，“圣人说”等；一方面又把古代君臣之道奉为人类的最高道德行为准则：把自己尊为圣君明主，把心甘情愿效忠于他们的人奉为世之楷模。从而让世人认为这是天经地义的。

不仅如此，他们又用威逼利诱的方式，一方面把军政大权都牢牢地控制在皇亲国戚的手上，建立一套首先为他们统治利益服务的王法，别说造反了，就是稍有言辞不慎，就会人头落地。一方面又用官职、俸禄及各种赏赐，来吸引一些人为他们做事。在这种情况下几乎任何人都会接受这套逻辑，按照“圣人”的指示，按照帝王的要求去做。在这种情况下，君臣之道也就成了广大民众的唯一生存之路，否则连命都保不住。处在这样一种环境之中的人，用不了多久就会接受这一现实，久而久之又会成为一种习惯思维。不仅如此，这套思维逻辑又与人的本能相呼应。这套君臣之道就这么再自然不过地嫁接并根植到广大民众的头脑中了，成了广大民众的基本思维逻辑，它潜在地支配着广大民众的行为。

满脑子君臣之道的人，自然也就会认为帝王的所作所为是天经地义的，不仅不觉其恶，不仅认识不到称霸是愚蠢透顶的行为，反而还认为他们是大英雄。不仅不认为自己在遭受奴役，反而认为自己是忠良之臣，是世之楷模。

这套君臣之道也就这么根植到了曹操的灵魂深处。

满脑子君臣之道的人，是具有“君”与“臣”双重人格的人。其半个脑子是帝王意识，半个脑子又是奴才思想，其行为常常会在“君”与“臣”两个角色上换位，处在什么位置上便会产生什么思想。当他手中握有权力，处在支配他人的优势地位上时，帝王意识就会主导其行为——完全以自我为中心，唯我独尊，把自己的意志强加于别人，“宁我负人，毋人负我”；当处在被支配的位置上时，奴才思想又会主导其行为，满脑子忠君思想，唯命是从，膝盖骨总爱发软。帝王就这么把广大民众都教化成了满脑子君臣之道的人，君臣之道也是王朝社会最基本的人际关系。整个王朝历史，实际上也就是这些满脑子君臣之道的人，在善与恶，智慧与愚昧较量的过程中所演绎出来的历史。

就是在现今中国社会，许多人的头脑中也还残留有这套思想，这也就是我为什么要深入探讨这一问题的根本原因。这套行为理念与现代民主社会先人后己，以他人为中心，平等互利的行为理念格格不入。

易中天对这一问题的认识显然还很浮浅，还不知道“宁我负人，毋人负我”是古代君臣之道的重要组成部分。也难怪他会误以为曹操所说的“宁我负人，毋人负我”中的“人”是指个别人，是指吕伯奢家人，而不是指天下人，指所有人。

曹操因疑冒冒失失杀了吕伯奢一家后，便连夜骑马向中牟县方向仓皇逃窜而来，就像总有讨命的在后面追一样，任何一丁点声响都会让他们心惊肉跳。“我实在渴得不行了，咱们喝口水吧？”

三人骑马来到黄河边，把马拴在河岸边的大树上。滔滔的黄河在月光下波光粼粼，哗哗东流而去。三人哪还有心思欣赏夜景，连忙伏下身子用手掬，用嘴喝，喝够了，再嚼几口面饼。“穿着血衣怎么进中牟县城？赶紧把血衣都脱下来洗干净！”曹操命令道。

秋夜里的寒风，瑟瑟刺骨，可也顾不了那么多了，三人连忙脱下衣袍在河中搓洗，一个个冻得直打哆嗦。

这时天已经蒙蒙放亮，要是吕伯奢的家人或董卓派兵追来怎么办？几人匆匆穿上湿衣，骑马赶路。湿漉漉的衣袍裹在身上，再经秋风迎面这么一吹，那滋味也就可想而知了。可为了逃命也就顾不了那许多了。经过一夜的劳苦奔波，中午时分，曹操一行来到了中牟县城关。

这时身上的衣袍虽然已经被身体烘干，可由于皱巴巴，脏兮兮，加上一个个蓬头垢面，显然是一副逃难的样子。曹操三人混入到了川流过关的百姓群中。过中牟县城关，不像洛阳城门、虎牢关要有通关文牒，虽然有护卫把守，但来往行人可以随便进出。可让曹操没有想到的是，负责查看来往行人的亭长，一双眼睛老远就已经盯上了曹操三人，心想这几人一看就是外乡人，与众不同，而且形迹可疑。待曹操几人走到城门口，“你们三个都给我站住！”

曹操大吃一惊：“是，是叫我站住吗？”

“没错！让你们三个都站住！”亭长说道。曹操几人牵住马站住。“你们几个从何方而来？”

“我们几个从京都洛阳来。这是我们的通关文牒。”曹操说着递上了假文牒。

亭长接过文牒看了看，又看看曹操几人，一脸疑问：“你们三个是朝廷命官？”

“是的。”

“我看你们三个是杀人逃犯！”亭长厉声道。来往的百姓，听说抓住了三个杀人逃犯，顿时一窝蜂的围了上来。

曹操几人大吃一惊，“你……你，你凭什么说我们是杀人逃犯？”曹操自做镇定道。

亭长也不做回答，手里捏着文牒，一步一步走到曹操三人近前，从头看到脚，从前看到后，看完这个人又看那个人，然后停在曹操面前。曹操几人的心此时都已经悬到了嗓子眼。

“就凭你们三人裤腿上的血迹！”亭长喝道。曹操低头一看，果然裤腿上满是血迹，再一看几人的裤腿上都是斑斑血迹。

“是啊，这三个人一定是杀人逃犯，要不然裤腿上怎么会都是血迹！”围观的群众纷纷议论道。

“而且，你们三人身上还都藏有凶器！”说着把一名随从的包裹夺下，打开一看里面果然藏有尖刀。

“把这三个杀人逃犯赶快都给我抓起来！”亭长命令道。十名城门护卫一拥而上，“凭什么抓我们？那是因为我们遇上了强盗，才杀了人！”此时再说什么都没用了，曹操三人被五花大绑，捆了个结结实实，被押送到县牢之中。路上不停地有围观的百姓投之以石块：“强盗！强盗！杀人越货的强盗！”

曹操三人就这么被押入县牢。曹操身背枷锁，在潮湿、阴冷的地牢中一连关了好几天，这回曹操可是凶多吉少。更让曹操没有想到的是，前来审查他的功曹陈宫又正好认识他。陈宫字公台，东郡人，少时与北海孔融、大学士边让、蔡邕等交厚。

陈宫走进地牢，一怔："怎么是你？"

"你认识我？"曹操一脸狼狈地问道。

陈宫也不作答，继续问道："你怎么成了杀人逃犯？"

"哪有此事？这整个是冤枉。是路上遇到了几个强盗就杀了！"曹操辩道。

"这好办，可问题是……"陈宫连忙让左右衙役退下。"问题你就是典军校尉曹操，朝廷通缉的要犯，通缉令已经到达县城！"陈宫说着从怀中拿出通缉令。

曹操一看通缉令，脑袋嗡的一声大了，"完了！"如五雷轰顶一般，曹操最后的一线逃生希望也随之破灭。曹操像抽了筋似的，瘫软到了地上。过了许久，许久，曹操又回过神来，像哭又像笑地说道："我命休矣，我命休矣……没想到我曹孟德今日会死在此地。死不足惜，只可惜孝未尽，志未酬，篡逆之贼董卓未除，却先死在董卓老贼的刀下……"

"你为什么要从洛阳逃出来？"陈宫问道。

"董卓老贼，擅行废立，又残害太后，天理不容，人神共愤，天下义士纷纷欲讨之，我又怎么与其为伍？我此次逃出洛阳就是要散家资，起义兵，与天下义士共讨董贼，以扶汉室！"曹操立身大义凛然道，仿佛要去英勇就义一般。

陈宫本来就对董卓废之举及暴行极为愤恨，听曹操这么一说，深感曹操之义，于是也不说什么，当下就打开了枷锁。

曹操摸摸手腕，有些不解，"孟德乃大义之人。董卓之暴，天下愤然，我也早有此心。今遇孟德乃我三生之幸！我愿随孟德一起讨贼！"陈宫说着抱拳跪在曹操面前。

这突然的变化让曹操感到不知所措，突然放声大笑道："遭此大祸，没想到又天降贵人于斯人也！"说着曹操连忙将陈宫扶起。随后陈宫与曹操一起骑马而去。

《世语》记述道："中牟疑是亡人，见拘于县。时掾亦已被卓书，唯功曹心知是太祖，以世方乱，不宜拘天下雄俊，因白令释之。"陈寿在《三国志·魏书一·武帝纪》记述类同："出关，过中牟，为亭长所疑，执诣县，邑中或窃识之，为请得解。"虽然《世语》、《三国志》都未明确记述该功曹是何人，可在《鱼氏典略》中明确记述："陈宫，字公台，东郡人也。刚直烈壮，少与海内知名之士皆相连结。及天下乱，始随太祖，后自疑，乃从吕布，为布画策。"可见陈宫是最早追随曹操的人。因此，推断该功曹就是陈宫。《三国演义》所谓曹操杀吕伯奢家人后陈宫分道扬镳的说法纯属杜撰。

下回请看：孙坚设计杀上司　南阳借粮钓太守

第十四回

孙坚设计杀上司 南阳借粮钓太守

陈宫随曹操出中牟县后，便来到陈留郡己吾县（今河南宁陵西南），开始秘密拉杆子，起队伍。

曹操的这一反董之举，不仅得到了好友陈留太守张邈（治陈留县，在今河南开封市东南）的暗中支持，同时也得到了家族力量的大力支持。他老子曹嵩在做大司农时，捞了大量钱财，再加上曹氏与夏侯氏两大家族，都是在曹嵩羽翼下成长起来的，才纷纷成了当地有名的大土豪，曹嵩有厚恩于他们，此时曹家大公子有事，自然是纷纷来助。曹仁、曹洪、夏侯惇、许褚等纷纷来到了曹操的帐下。当然，这些人不会空手握拳而来，不仅要带上家丁，少不了还要带上钱袋子。只是先前到陈留避难的曹嵩不肯相随，便携次子曹德及家人，又迁往泰山郡华县（今山东费县）避难。

“太好了，有各位兄弟来相助，还何愁大事不成？”曹操举樽与曹仁、曹洪、夏侯惇、许褚把酒道。

“都是自家兄弟，血浓于水，还客气这些干什么？”曹仁说道。

“大哥的事，就是咱兄弟们的事。只要大哥一句话，让我们干什么，我们就干什么！”夏侯惇说道。

“没有曹太尉这些年的扶持，也就没有我们今天的富贵。今天大哥有事，我们理当相助！就是上刀山，下火海，也在所不辞！”

“对，就是上刀山，下火海，也在所不辞！”几人齐声道。

“来，干了！”

曹操就这么很快就募得了一支五千人的曹家军。《三国志 · 魏书一 · 武帝纪》记述道："太祖至陈留，散家财，合义兵，将以诛董卓。"

就在曹操在己吾秘密拉杆子，起队伍，暗潮汹涌，但谁也不敢跳出来挑这个头之时，有一个人毅然挺身而出。这个人姓臧名洪，字子源，广陵射阳人（今江苏宝应市），体貌魁梧。广陵太守张超（郡治广陵县，今江苏扬州）聘为功曹，两人从此结为挚友。十一月的一天，两人游高邮湖归来。正值隆冬季节，为去除身上的寒气，两人饮酒谈时局。臧洪感慨道："董卓祸乱朝政，毒杀国母，天下人无不恨之入骨，可至今三个月已经过去了，都在你看我，我看你，却没有一个人敢于站出来！"

"你知道这是为什么吗？出头椽子先烂！"广陵太守张超喝了一口酒应道。

"张太守你过来看这炭火。"功曹臧洪说道，张超手持酒樽走到火盆旁。"你看这盆中的炭火，要是不去挑它，它就会这么一直焐下去，最后慢慢的自行熄灭。可你要是挑一下它呢？"功曹臧洪说着用剑轻轻地挑着盆中木炭，火盆中的炭火很快就熊熊燃烧了起来。

"是啊，功曹所比有理啊！"广陵太守张超恍然道。

"当今天下就如同是这盆炭火，就缺少有人挑这个头。你们兄弟二人，一个是陈留太守，一个广陵太守。要是能趁此时举义兵，能挑这个头，各州牧郡守就像这盆中炭火自然会纷纷响应。那样华夏大地就会燃起一把讨伐董卓的熊熊大火。若将军能兴此大义之举，将名垂千古！"功曹臧洪兴奋道。

"功曹高见！看来孔老夫子的中庸之道该过时了，该出头时就要出头！"张超也兴奋道。"人生难逢一知己，你我虽然不是手足，却胜似手足。来，咱哥俩把这樽酒喝了，明天就一起去陈留找我大哥张邈商量此事！"张超兴奋道。

两人第二天便乘马车，在五百精骑的护卫下，身穿锦棉袍，冒着天寒地冻，经下邳、彭城（今江苏徐州），一路南下来到陈留。张邈也早有其意，只是不敢出来挑这个头。现在有人出来挑这个头了，自然是一拍即合。"我也早有此心，只是仅凭我们兄弟二人，广陵两三万兵马，陈留两三万兵马，与董卓老贼对抗还远远不够。还有劳功曹去游说兖州刺史刘岱、豫州刺史孔伷。”陈留太守张邈说道。

“那是自然。这样吧，咱们分成两路搞秘密串联，我与兖州刺史刘岱、豫州刺史孔伷向来关系不错，我去跟他们联络，你们去串联东郡太守乔瑁及曹操等人。”功曹臧洪说道。上述臧洪首倡义兵之事，陈寿在《三国志·魏书七·臧洪传》中有记载，本著只是如实再现而已。

正如臧洪所料这些人也都如同火盆中的木炭，一挑即燃。不久广陵太守张超、陈留太守张邈、东郡太守乔瑁、兖州刺史刘岱、豫州刺史孔伷五要员便悄悄会集于酸枣（县名，今河南延津西南），设下坛场，歃血为盟，共举反董大旗。曹操并没有出席，看来不是头风病犯了，就是肚子痛。光天化日之下，五要员个个身穿锦棉袍肃然立于坛前，坛下数千兵马列阵以待。“义”字大旗迎着寒风高高飘扬，场面既紧张又豪壮。随着鼓声隆起，臧洪穿着红布衣走到坛前，抓起一只大公鸡，手起刀落，将头剁下，将血滴入碗中。然后举碗来到五要员面前。五要员一一用手歃血涂在自己的嘴唇上。臧洪一招手，鼓声停止。臧洪又来到坛前一刀将另一只大公鸡的头剁下，将血徐徐滴入一个个盛满酒的碗中，然后仰天长声道：“现在开始盟誓！”范晔在《后汉书·卷五十八·臧洪传》记述道：“乃与诸牧守大会酸枣，设坛场，将盟，既而更相辞让，莫敢先登，咸共举洪。洪乃摄衣升坛，操血而盟。”《三国演义》所谓的袁绍亲临酸枣登坛主盟的说法也纯属虚构。

随之话音落下，号角随之对天长鸣。一侍从端着酒碗来到五要员面前，身材魁梧的臧洪端起酒碗一一敬上，然后立于坛中央开始登坛主盟，高声宣誓道：

贼臣董擅行废立，杀害国母，祸国殃民。今兖州刺史刘岱、豫州刺史孔伷、广陵太守张超、陈留太守张邈、东郡太守乔瑁五人，愿起义兵，共赴国难！凡我同盟，齐心协力，以尽臣子之节！有背此盟者，死无葬身之地，断子绝孙！皇天后土，祖宗明灵，一同为证！

随后臧洪领一句，群声跟一句，臧洪一边慷慨陈词，一边声泪俱下，坛场群情激扬，声势振天。

“凡我同盟！齐心协力！以尽臣子之节！”

盟誓毕，五要员端起血酒，一饮而尽。这就是在三国历史上著名的酸枣盟誓。在盟誓大会上，由于袁绍四世三公，宽厚仁德之名扬天下，故大家一致遥推袁绍为盟主。袁绍也未到会，此时还远在千里之外。讨伐董卓的号角就这么在华夏大地浩然吹响了。消息迅速由中原大地传遍大江南北，各州郡闻声四处，纷纷响应，火盆中的炭火就这么在中华大地熊熊燃烧了起来。

广陵太守张超又遣臧洪去河北串联冀州牧韩馥、幽州牧刘虞、渤海太守袁绍等。

经五要员的多方串联，一支由十四路地方长官组成的关东联军（由于各路军马都在函谷关以东故称为关东联军）就这么结成了。这十四路地方长官主要是由刺史、州牧和郡守组成，由于他们此举也就意味着脱离了大汉王朝中央政府，这样十四路长官无形中也就成了十四路诸侯。何谓诸侯？诸侯是脱离皇权控制的各级地方长官，虽然没有授予王权，而实际上对所辖土地和人民已经有了独立的所有权和控制权。他们分别是：

一、渤海太守袁绍。

二、冀州牧韩馥。

三、豫州刺史孔伷。

四、兖州刺史刘岱（刘繇之兄）。

五、河内太守王匡。

六、陈留太守张邈。

七、东郡太守乔瑁

八、山阳太守袁遗（袁绍堂兄）。

九、济北相鲍信。

十、广陵太守张超。

十一、上党太守张扬。

十二、长沙太守孙坚。

十三、南阳太守袁术（袁绍堂弟）。

加上曹操这一路，共十四路诸侯。此事陈寿在《三国志·魏书七·臧洪传》、范晔在《后汉书·卷五十八·臧洪传》皆有明确记载。《三国演义》所谓的十八路诸侯，其实北海太守孔融、徐州刺史陶谦、西凉太守马腾，还有北平太守公孙瓒四路就没有起兵。按照《三国演义》、易中天的说法是曹操在已吾首倡义兵，各路诸侯纷纷响应。这一说法更是瞎掰，曹操其实只是一个随大流者。

公元190年正月，十四路诸侯分别由各自的所在地起兵，从四面八方向京城洛阳进发。

长沙太守孙坚（郡治临湘，今湖南长沙市），自公元187年十月奉命到长沙平定民变以后，便一直在长沙驻守。陈寿在《三国志·吴书一·孙坚传》记述道："（讨韩遂、边章）军还……拜坚议郎。时长沙贼区星自称将军，众万余人，攻围城邑，乃以坚为长沙太守。"郡署内，孙坚头裹红毡巾一脸英武之气，正在训话："董卓老贼，在长安时张太尉当年若要从我之言，朝廷就不会有今日之难！董卓擅行废立，残杀何太后，罪恶滔天，各州郡都已纷纷起兵讨伐，我们能坐观吗？"

"不能！我们也应出兵响应！"阶下孙贲、朱治、程普、韩当、黄盖纷纷议论道。

孙贲，字伯阳，孙坚侄，公元164年生人，时年26岁；黄盖，字公覆，零陵泉陵人（今湖南永州市），故南阳太守黄子廉之后。

长沙太守孙坚剑指地图道："要想进军洛阳，首先要过汉寿（东汉时荆州治，今湖南汉寿市），然后北渡长江，一路北上，经襄阳（今湖北襄樊市），过南阳（郡治宛县，今河南南阳市），攻克梁县的广成关，才能最终到达京都洛阳！"

"千里之行始于足下，首先眼前汉寿这一关怎么过？汉寿是荆州刺史王睿的治所，一向与孙太守不睦，他会放行吗？"司马朱治问道。

长沙太守孙坚冷笑道："王荆州一向轻视于我，人人皆知。可我此番讨伐董卓老贼，他哪有不放行之理？"

荆州刺史王睿也正准备出兵讨伐董卓，闻孙坚要借道北上，自然放行。可让他没想到的是，孙坚因怀恨在心，在借道汉寿时向他发动了突然袭击。数千军士冲到城下，企图冲入城中。王睿还以为是兵变，连忙命令守城军士拉起吊桥，紧闭城门，张弓以待。荆州刺史王睿登上汉寿城楼，身边从事向城外军士喊话道："王荆州问你们为什么要闹兵变？"孙坚摘下红毡巾掖在怀里，藏身于攻城的军士之中，与孙贲耳语几句。孙贲应道：“我们当兵的一天到晚提着脑袋给你们卖命！可所得军饷还不够买一件衣服的！更谈不上养家糊口！乞求王荆州给我们发军饷！”

“现在府库空虚！请军士宽限些时日！保证将所欠军饷全部补上！”从事回答道。

“我们不相信！我们不相信！肯定是王刺史克扣，不愿意给我们发军饷！”孙贲带头在城下嚷嚷道。

“王刺史绝对不是那种人！他是绝对不会克扣军士们的军饷的！你们回去吧？请宽限些时日，保证给你们补上军饷！”城上的人喊话道。

“王刺史骗人！我们不相信！是王荆州克扣军饷！我们要军饷！”城下军士不依不饶，不肯离去。就这么相持约半个时辰。

城下，躲在背处的朱治悄声说道：“看来用这种方式很难骗开城门，不如再想想其他办法。”

长沙太守孙坚也一脸焦躁：“可又有什么办法呢？”

城上，“城下的军士都不相信，都不肯离去，怎么办？”从事请命道。

荆州刺史王睿也大伤脑筋，眼看城下闹事的军士哗然一片，不肯离去，怒道：“他们要是实在不相信，那就让他们自已到府库里来看！看府库里面有没有东西！”

“打开城门，让他们自己进来看！”从事喊话道。

“王睿要打开城门了，走，一起冲进去！”孙坚一声令下、孙贲、程普、韩当、黄盖都混在“闹事”的军士中，随着城门轰然打开，吊桥放下，一起拥入城中。这时王睿才惊奇地发现孙坚也混在杂乱的军士中，惊问道：“军士来要军饷，你，你在这里干什么？！”

“我是奉诏讨贼！”孙坚挥戈道。

荆州刺史王睿大惊：“我有何罪？！”转身便逃，手下军士被这突如其来的变故惊呆了，乱成一团。王睿在守城军士的簇拥下慌忙退入府中，孙坚率孙贲、程普、韩当、黄盖等将州府围得水泄不通，府外杀声振天，眼看府门就要被冲破，走投无路的王睿被逼吞金自尽。孙坚就这么因一点个人小恩怨杀了荆州刺史王睿。前面为一点屁事差点要杀董卓，从孙坚的种种行为表现来看，其做起事来虽有几分机智，同时也是暴戾之人。陈寿在《三国志·吴书一·孙坚传》记述道："灵帝崩，卓擅朝政，横恣京城。诸州郡并兴义兵，欲以讨卓。坚亦举兵。荆州刺史王睿素遇坚无礼，坚过杀之。比至南阳，众数万人。"《吴录》记述道："睿曰：'我何罪？'坚曰：'坐儿无知'。睿穷迫，刮金饮之而死。"

在长沙太守孙坚率二万军马北渡长江，一路北上来到宛城时，南阳太守张咨得知孙坚无辜杀害荆州刺史王睿后，命守城军士："紧闭城门！准备迎敌！不得放孙坚一兵一卒入城！"

孙坚无奈只得在宛城南面淯水（今河南白河，流入汉水）岸边，依山傍水扎下营寨。"军中之粮已经不多，朱治屡次到南阳太守张咨借粮，张咨均拒而不见，这样下去用不了多久军士就会溃散，这该如何是好？"孙贲一脸焦虑。

"过又过不去，军中之粮也已告急，我军危在旦夕。"孙坚大帐之中来回踱步，急得团团转。

"实在不行只有去攻打宛城！"孙贲建议道。

"怎么攻打法？宛城城高池坚，至少也要十天半月才能拿下。可还没到那时军粮就完了。哎哟！"孙坚说话间不小心一头撞在柱子上，两眼一黑，扑腾栽倒在地。

待孙坚醒来，"我怎么躺在这儿？"

"刚才将军不小心撞在了柱子上。"郎中说道。

"严重吗？"

"没有什么大碍，喝点水，稍事休息，再服上我配治的定神散很快就会没事。"郎中说道。

孙坚摸摸头，转转脖子，阵阵疼痛又袭上来，"哎哟，这一撞还真不轻……哎，有了！我正好可以借此机会。"孙坚眼中精光一闪，连忙把孙贲、朱治唤到床前，嘀嘀咕咕说了一阵，孙贲、朱治听罢都面露喜色，"此计甚妙，管保张咨中计。"

"什么？孙太守突患重病！"长沙太守孙坚患病的消息在军中四处流传，举军上下人心惶惶。朱治、孙贲连忙唤来老巫师，到处装神弄鬼，祈

山祷水，“天灵灵，地灵灵，天神、地神、山神都快来，保佑孙将军早康复……”搞得军营四处，乌烟瘴气，仙气飞扬。

孙坚派人向南阳太守张咨传话：“孙坚病重多日难以救治，愿将本部两万兵马交予张太守统领。”

南阳太守张咨有些犹豫，来人又说道：“要是张太守不要，孙坚就只好将本部军马交给袁将军了。”

“是啊，袁术前不久才顺伊河峡谷潜逃出洛阳，正栖身于鲁阳（今河南鲁山），要是我们不要，就会落到袁术手上。况且孙坚患病已有多日，整天祈山祷水。”主簿进言道。

“有白送的，不要白不要！”张咨于是亲率五百骑沿淯水来到孙坚大营。守营军士见张咨到来，连忙大开营门，张咨扬鞭而入，来到孙坚营帐前，周围军士林立，皆手持长戟，雄赳赳，气昂昂。朱治、孙贲上前来迎，谦卑道：“孙将军病重不能亲迎，正在病榻上恭候张太守的到来！”张咨及随从，大摇大摆而入。

让张咨没有想到的是，走入帐内，迎接他的却是孙坚为他摆下的酒宴。肉香扑鼻，酒香浓浓。孙坚面带微笑，正当中而坐。张咨及随从大惊，慌忙转身要逃，可归路已经被截断。程普、韩当、黄盖拔刀在手，虎目相视。

“既来之，则安之吗？摆着满桌的酒宴不吃白不吃！”孙坚哈哈大笑，起身招呼道。南阳太守张咨无奈只得强作镇定，坐于酒席之中。孙坚若无其事的样子，自斟自饮哈哈大笑，就像老朋友久别重逢一般。酒过六巡，菜过五味，张咨心想看来此宴并非鸿门宴。正在张咨紧绷的神经松弛下来之时，朱治走入帐内，向孙坚奏道：“南阳太守张咨，阻断道路，不供军粮，不去讨贼，请按军法从事！”张咨大惊，高声强辩：“我凭什么给你军粮？你孙坚残暴无道，阴险狡诈，滥杀无辜，我凭什么给你军粮？”

“拉出去斩首！”孙坚吼道。

“孙坚我操你八辈子祖宗！我就是到阴曹地府也不会放过你这个恶魔！”

南阳太守张咨就这么被孙坚推出军门斩首。上述孙坚杀张咨之事，《吴历》明确记述道："初坚至南阳，咨既不给军粮，又不肯见坚。坚欲进兵，恐有后患，乃诈得急疾，举军震惶，迎呼巫医，祷祀山川。遣所亲人说咨，言病因，欲以兵付咨。咨闻之，心利其兵，即步骑五六百人诣营省坚。无何，猝然而起，按剑骂咨，遂执斩之。"此事在《三国志·吴书一·孙坚传》中也有记载，大同小异，只是在最后杀张咨的环节上不同，说是置酒斩之，本著采用了这一说法。

南阳太守张咨被杀，南阳无主，南阳随之便落入到了袁术之手。袁术自封孙坚为破虏将军，领豫州刺史，屯兵鲁阳，准备进军讨伐董卓。

下回请看：董卓北上迎王匡　孟津渡河出奇兵

第十五回

董卓北上迎王匡　孟津渡河出奇兵

董卓万万没有想到，他强行废立，鸩杀何太后会引起这么大的公愤，成为众矢之的。其实这不过是王朝体系内部各大派系之间王权之争，都首先是为了一己之私，都想把持朝政独揽天下大权。董卓连忙在毕圭苑招集幕僚商议对策。

“关东十四路诸侯已由各自所在地纷纷起兵，从北、东、南三面向洛阳围了上来，洛阳处境十分危险，你们说说该怎么办？”相国董卓强作镇定手指地图道。

“荆州刺史王睿被孙坚杀害了，该让何人代替？”长史刘艾请示道。

“此事先放一放再说！”相国董卓焦躁道。

“这也是十万火急之事。袁术、孙坚现在已经占据了南阳，要是再让他们把整个荆州抢到手，据有七郡之地，洛阳将永无宁日。”长史刘艾说道。

“是啊，那你看派何人去合适？这样吧，就拜北军中侯刘表为荆州刺史。此人稳重，可靠，有才智。这件事你抓紧安排一下！”董卓自问自答道。

“是！”长史刘艾应命道。

“十四路诸侯纷纷起兵为了啥？无非是要拥立弘农王刘辩为帝，要是，要是我们……”董旻支支吾吾道。

“看来，也只能如此了。”相国董卓咬咬牙说道。

随后刘辩被郎中令李儒毒死，亡年18岁。范晔在《后汉书·卷十下·灵思何皇后纪》中记述道：“明年，山东义兵大起，讨董卓之乱。卓乃置弘农王于阁上，使郎中令李儒进鸩。”《三国演义》把此事安在各路诸侯起兵之前显然是搞错了。起因也不是刘辩写了一首抱怨诗，而是因为十四路诸侯起兵。再者，李儒也非董卓女婿兼谋士，确切的身份是郎中令（相当于警卫队长）。

从董卓毒杀刘辩一事可以更进一步地看到王权斗争有多么残暴。为绝后患，只有斩草除根，把坏事做绝。要是刘辩落到关东联军的手上，就会再立一个帝，与其分庭抗礼，这样对他来说将后患无穷。在王朝社会这种充满血腥的宫廷政变是无休无止的，几千年来一直都是如此。要是用现代文明的方式进行政权更迭自然就可以避免因宫廷政变所酿成的一幕幕人间惨剧，也就可以避免像十四路诸侯讨伐董卓所造成的天下大乱。

这边董卓还在毕圭苑与幕僚们商议对策。殿内，空气十分紧张。董卓手指地图道：“黄巾余党寇掠太原（治晋阳，今山西太原市西南晋源镇），十万之众进犯河东，中郎将牛辅数战不能克，连连告急，我正准备驰军救援，没想到关东又大乱，洛阳三面被围。关东联军少说也有三四十万之众，而且都是训练有素的官军。现在是西边的河东救不了，东边的洛阳又告急，你们说说这该如何是好？”董卓焦躁道。

“河东可是咱们的根据地，一旦失守，就没有退路了，这可不能不防啊。”将军董旻说道。

“可又怎么个防法？我们的兵马本来就捉襟见肘，现在又要两面应敌，自然是顾东就顾不了西，顾了洛阳就顾不上河东！”长史刘艾也起身手指地图道。

“那难道就没有什么办法了吗？”相国董卓来回踱步道。董旻、李傕、郭汜一个个不约而同地把目光投到了长史刘艾身上。

“山不转水转，只要脑筋转就不愁无谋略。”长史刘艾说道。

“难道长史有什么谋略吗？快说来一听！”相国董卓停住脚步如同在黑暗中等待着光明一般。

长史刘艾走到图前，用朱笔在长安和洛阳处各画了一个圆圈，然后在洛阳和长安间画了一个由东向西的箭头。

“长史这是何意？”众人不解。

“难道长史的意思是迁都长安？”董卓一脸疑惑。

"没错！现关东大乱，洛阳三面被围，河东又遭黄巾贼侵扰。相国要是迁都长安，退回关中，这样就退可守，进可攻。我们知道从关东进犯关中有两条道：一条道是丹江峡谷，由南阳沿丹江峡谷，过武关，从西北方向进入关中；还有一条道是黄河峡谷，由洛阳沿黄河由东向西，过函谷关，出潼关进入关中。丹江峡谷，崎岖险峻，一道武关就足以挡千军万马。"刘艾说着用朱笔在武关的位置上画了一道。

相国董卓恍然大悟，"是啊！"董卓说着上前从长史刘艾手中接过朱笔，兴奋异常地指图道："由黄河峡谷进犯关中则要经过三道关，第一道是洛阳八关。"董卓说着用朱笔在洛阳外围画了一道弧线，继续说道："第二道关则是函谷关天险，第三道关是潼关天险。"董卓边说又边画两道，"有这三道天然屏障，关东联军就是有吃天爷的本事也休想跨进关中半步！"

"要是这样我们就安全了！"将军董旻等应道。

"迁都长安不仅退可守，还进可攻。只要我们把潼关、函谷关抓在手上，洛阳永远都是相国的囊中之物，自然在相国的掌控之中，据洛阳还可进取颍川、汝南、南阳，威镇关东各方。这可是一个攻守兼备的妙计啊！"董卓说着用朱笔画了三个指向颍川、汝南、南阳的箭头。

"是啊，这虽是一个攻守兼备的妙计。可问题是此时镇守关中的左将军皇甫嵩能靠得住吗？此人可一向与相国不睦。他要是也和关东诸侯一起闹事怎么办？"将军董旻忧虑道。

"是啊，要是皇甫嵩也趁机作乱，那麻烦就大了，那样我们将会四面楚歌！"李傕、郭汜也忧虑道。

"他敢！"董卓重重把拳头砸在桌子上吼道。

"这一点你们大可不必担心，皇甫嵩的家眷都在京城。这样吧，不如征其为城门校尉，让他交出手中兵权；他要是不就征，就说明其已有反意，那时候就……"刘艾说道。

"就这么办！"董卓说道。

主意已定，董卓便在崇德殿召集群臣，不听司徒杨彪、太尉黄琬谏阻，杀尚书周毖、城门校尉伍琼，说他们串通袁绍、张邈、刘岱、韩馥、孔伷。

"在十四路诸侯中袁氏兄弟就占三席——袁绍、袁术、袁遗，而且袁绍还被推举为盟主，对太傅袁隗该如何处置？"郎中令李儒请命道。

“我待袁家人不薄，而袁家人却联合起来要置我于死地！我倒要看看到底是谁先置谁于死地，马上把袁隗一家都抓起来，一个不留全部杀掉！”董卓眼射凶光，咬牙切齿道。太傅袁隗，三子及一家五十余口全部被董卓杀害。董卓的这一行为既愚蠢透顶又邪恶至极。说他愚蠢透顶是，此举将会与袁氏家族结下血海深仇，他们之间的矛盾将很难解，这会断了后路。不仅如此，董卓的这一残暴行径激起了更多人的疾愤，袁氏厚德于世，门生故吏遍天下，闻袁隗一家被杀，纷纷要为袁隗一家报仇雪恨。说他邪恶至极是，除过按照帝王逻辑这是天经地义的以外，无论在古代还是现代，这一行为都是罪大恶极之举。范晔在《后汉书·卷七十四上·袁绍传》中记述道：“董卓闻绍起山东，乃诛绍叔父隗，及宗族在京师者，尽灭之。”

董卓目光恶狼一般地扫了一眼司徒杨彪和太尉黄琬，两人虚汗淋漓，连忙垂下头。董卓哼一声，说道：“免司徒杨彪、太尉黄琬官职，拜王允为司徒，守尚书令。当务之急是：一面迁都长安，一面在洛阳御敌，要两面一起行动，洛阳也不能放！”迁都长安之事就这么定了下来。关于董卓迁都长安之事，范晔在《后汉书·卷七十二·董卓传》中记述道：“初，灵帝末，黄巾余党郭太等复起西河白波谷，转寇太原，遂破河东，百姓流转三辅，号为‘白波贼’，众十余万。卓遣中郎将牛辅击之，不能却。及闻东方兵起，惧，乃鸩杀弘农王，欲徙都长安。会公卿议，太尉黄琬、司徒杨彪廷争不能得，而伍琼、周瑟又固谏之。卓因大怒……”上述董卓迁都之事，陈寿在《三国志·魏书六·董卓传》中，华峤在《汉书》中，在《续汉书》中皆有记载，本著只是如实再现而已。

董卓是一个脾气暴躁之人，在他蛮横劲上来的时候，是不计任何后果的。这也是他性格之中的致命弱点。可等董卓冷静下来随之又后悔了，他与长史刘艾说道：“周毖乃周慎之子，与我是同乡，怎么会谋害我呢？‘父子兄弟，罪不相及’，我又怎么能加害太傅袁隗一家呢？我真浑哪。”刘艾一言不发。

“表杨彪、黄琬为光禄大夫。”相国董卓说道。可造成的不良后果已经无法挽回。

公元190年二月，献帝刘协在董旻的护卫下，开始西迁，朝廷百官及家属也一同随迁。洛阳百姓一看此景，为避战祸也纷纷赶着牛车、驴车拖家带口尾随其后。洛阳城顿时是一番兵荒马乱的景象，许多宫庙、官府和民宅被焚被毁，陵墓被发掘。在通往长安的黄河峡谷上挤满了逃亡的人流，随处可见董卓骑兵持戟挥鞭驱赶百姓。在河滩险谷道路中随处可见被踩踏、饥劳致死的百姓，河面漂浮的尸体随处可见。陈寿在《三国志·魏书六·董卓传》记述道："初平元年二月，乃徙天子都长安。焚烧洛阳宫室，悉发掘陵墓，取宝物。"范晔在《后汉书·卷七十二·董卓传》中记述道："初，长安遭赤眉之乱，宫室营寺焚灭无余，是时唯有高庙、京兆府舍，遂便时幸焉。后移未央宫。于是尽徙洛阳人数百万口于长安，步骑驱蹙，更相蹈藉，饥饿寇掠，积尸盈路。"

昔日繁华的洛阳此时已是满目苍凉。在毕圭苑中气氛极度紧张，董卓鞭指地图道："关东联军已经从东南北三个方向压了上来，想趁我们迁都长安之时消灭我们！北面河内太守王匡，已兵进孟津北岸，正准备渡河；南面袁术、孙坚，兵屯鲁阳，正在向梁县的广成关逼近；东面总部设在酸枣（今河南延津西南）的关东联军，正在移动兵马向虎牢关逼近。"范晔在《后汉书·卷七十二·董卓传》中记述道："卓自屯留毕圭苑中，悉烧宫庙官府居家。"此事陈寿在《三国志·魏书一·武帝纪》中也有记述："二月，卓闻兵起，乃徙天子都长安。卓留屯洛阳，遂焚宫室。"也就是说，董卓及部将还留守在洛阳城中。《三国演义》所谓董卓也一起离开洛阳的说法，显然是大错特错。易中天在这个问题上也没搞清楚，也以为董卓撇下了洛阳。这是一个非常严重的错误。董卓及其幕僚才没有那么傻，弃洛阳于不顾。

"如此看来一场大战已经不可避免。那我们该怎么办？"众将惶惶道。

"怎么办？既然关东联军三面来攻，我们就三面迎敌！个个击破！当务之急是河内太守王匡，马上就要渡河了！"相国董卓说道。

"校尉李傕、郭汜！"

"在！"

"你们随我一起带三万兵马，北上孟津，以拒王匡！"董卓鞭指地图道。

"是！"校尉李傕、郭汜立身应命道。

"陈郡太守胡轸！"

"在！"

“现拜你为大督护。携骑都尉吕布、华雄，率三万骑步兵沿伊河峡谷南下，出伊阙关、广成关，屯军梁县，迎击袁术、孙坚！”董卓鞭指地图道。

“是！”

“大将徐荣！”

“在！”

“命你率五万精兵镇守东面之虎牢关，迎击东面驻酸枣关东乌合之众！”相国董卓鞭指地图道。

“是！”徐荣立身领命道。

“你这一路，只许坚守不许出战！听明白了吗？”相国董卓说道。

“听明白了！”

“现在洛阳已经成为长安的前沿阵地，它就像楔子一样插在关中的心脏，只有坚守住洛阳我军才能进可攻，退可守，才可确保长安无忧！胜败在此一举，三路兵马都不可掉以轻心！”董卓命令道。

“是！”

相国董卓就这么在毕圭苑连发三路大军，以应对关东联军的三面夹击。

先说董卓北上的这一路。董卓亲率三万军马到达孟津后，便在河南岸宽阔的山口处扎下数座营寨，准备船具，与河北岸的河内太守王匡军隔河相对。

“董卓可是一个身经百战的老狐狸，我们一定要时刻提高警惕！从即日起，全军将士枕戈待命，游艇要不分昼夜地在河中游弋，严防董卓军偷渡黄河！”河内太守王匡命令道。

“是！”

而相国董卓此时正携校尉李傕、郭汜骑马在河南岸一边巡视，一边察看地形。在甲士的护卫下，由孟津口沿黄河南岸一路向东前行，“听说在东面不远处还有一个渡口，叫小平津，咱们一起去看看。”董卓说道。

眼望王匡军二三十艘在河面不断来回游弋的战船，李傕一脸忧虑：“敌军防犯如此严密，我们又如何渡河呢？”

董卓也不做回答。此时前面已经没有路，只得下马盘山在茂密的丛林中穿行，正值春季，林中整个是鸟语花香一片。董卓拖着笨重的身体盘了十几里山路，“你们看，前面就是小平津，是洛阳北面的又一个渡口！你们看，山口要比孟津窄多了，河滩地也要小许多，难怪该渡口远不及孟津重要！”董卓喘着粗气指道。侍卫连忙拿来水，董卓喝了一口继续说道：“我观王匡小儿根本就不懂用兵。我有一计，保管大破王匡之军。”相国董卓挥鞭指道。

“看来相国已有破敌之计？”校尉李傕问道。

董卓展开地图指道：“你们可能已经注意到了，在洛阳北面共有两个渡口，一个是孟津，一个是小平津，两个渡口相距不到二十里。我们正好可以利用这两个渡口，向河北岸的王匡军发动奇袭。”

“我明白了，相国的意思是，兵分两路渡河？”校尉李傕恍然大悟。

“没错！你率五千精兵由小平津暗渡黄河，绕其背后，我与郭汜带一万五千兵马由孟津强渡黄河。一明一暗，两路抢渡，两面夹击，前后包抄，你们说王匡又该如何招架？”董卓笑道。

三天后的深夜，相国董卓坐镇黄河南岸，命校尉郭汜率军由孟津大张旗鼓开始抢渡黄河。上百艘木船、木筏，还有数不清的羊皮筏子，趁着月色，纷纷顺河滩搡入河中，渡河大军如排山倒海一般，开始大举渡河。

“董卓军偷渡黄河了！”

“董卓军偷渡黄河了！”河北岸顿时警钟四起，王匡早有防备，连忙披挂上阵，一面指挥数百艘战船、木筏在河中拦截，一面陈兵河北岸，筑起第二道防线。战鼓隆隆，吼声振天，王匡军的数百艘战船、木筏迎面而上，开始是迎面互射，箭如飞雨，双方不断有军士中箭落水，不久便船对船，筏对筏，羊皮筏子对战船，相互之间在河中央咬在一起，互相用箭射，用刀砍，用戟挑，混战成一团，杀声振天，许多军士落于滔滔黄河之中。两军就这么在宽阔的河面上从一更战到三更，就在两军在河面上打得不可开交之时，忽见河北岸王匡军阵角大乱，火光冲天，四处溃散。原来是李傕已率五千精兵由小平津暗渡黄河，此时已从侧后方冲杀而来。王匡军猝不及防，纷纷溃逃，被李傕军杀得人仰马翻。正在河面上混战的王匡水军见河北岸火光冲天，乱成一团，顿时失去斗志，纷纷调转船筏往回划。郭汜乘势追击。王匡军就这么在董卓的两路夹击下，被打得一败涂地，两万军士几乎被全歼。王匡总算跑得快，才算捡回了一条命。上述董卓北上迎王匡之战，陈寿在《三国志 · 魏书六 · 董卓传》中明确记述道：“河内太守王匡，遣泰山兵屯河阳津，将以图卓。卓遣疑兵若将于平阴渡者，潜遣锐众从小平北渡，绕击其后，大破之津北，死者略尽。”范晔在《后汉书·卷七二十·董卓传》中也这么记述。

那此时汉献帝的车驾到长安后又怎么样了呢？

下回请看：吕布恶搞戏胡轸　巧设埋伏捕孙坚

第十六回

吕布恶搞戏胡轸　巧设埋伏捕孙坚

三月，汉献帝车驾已到长安。长安宫殿多已被焚毁，汉献帝一行只得先居高庙、京兆府，后移至未央宫。

征皇甫嵩为城门校尉的诏命也已经到达扶风，长史梁衍献策道：“汉室微弱，宦官乱政。现宦官虽除，可董卓擅行废立也不是什么好东西。现董卓在洛阳镇守，天子来长安，以将军之众，精兵五万，何不趁此响应关东诸侯，奉天子讨逆贼，号令天下，这样关东联军逼其东，将军逼其西，董卓东西难顾一鼓可灭！”皇甫嵩脑袋摆得像拨浪鼓：“不行，不行，万不可行！”皇甫嵩遂交出手中兵权，到长安就任城门校尉一职。关中之地就这么有惊无险又整个处在了董卓的掌控之中。上述皇甫嵩不听谏言臣服董卓之事，范晔在《后汉书·卷七十一·皇甫嵩传》中有明确记载。

这边驻酸枣（县名，今河南延津西南）的关东联军，眼看河内太守王匡被打得一败涂地，本来高昂的士气，刹那间一落千丈，一个个都畏缩不前。私下里，渤海太守袁绍抱怨道：“我虽被尊为盟主，论国仇家恨没有人比我更痛恨董卓老贼的了，可我又能指挥得动谁？大家就这么互相猜疑，互相推诿，互相抱怨，一天到晚在酸枣置酒高会，纸上谈兵，这么下去难道还等着天杀董卓不成？”

“说句本初不爱听之言，关东联军从创之初就是一群乌合之众。各路牧守虽为大义而来，可心怀私欲，不敢向前用命。作战方略也难以统一，十四路诸侯，三个刺史，剩下的大都是郡守，谁又能指挥得动谁？”谋士逢纪说道。逢纪字元图，曾一同在何进手下做事，结为密友。袁绍出任渤海太守，与许攸一起来投，深得袁绍信赖。“再加上前番王匡被董卓打得一败涂地，就更不敢向前了。”许攸补充道。易中天把关东联军乌合之众的问题都归到袁绍一人头上，骂“首先是盟主袁绍徒有其表”，“袁绍没有头脑”，显然不客观。其实这个问题根本怪不得袁绍。

“如此看来，讨不讨董卓全在每个诸侯的自觉了？”渤海太守袁绍说道。

曹操这边心里也憋着一肚子气，在酒宴上，曹操借着酒兴手指地图道：“大家起义兵共讨董卓，现义兵对洛阳已形成东南北三面夹击之势。刚开始，因董卓挟天子，拥强兵，据险关，大家不敢进，情有可原。可到如今，董卓焚烧宫室，劫持天子西迁长安，此正是天亡董卓之时。关东联军要是趁此时三面出击，一战可定天下。诸君还有什么好担心的？诸君此时要是还是迟疑不进，恐为天下人耻笑！”

“是啊，诸君还有什么好担心的？此正是天亡董卓老贼之时，机不可失，时不再来！”渤海太守袁绍、陈留太守张邈、广陵太守张超纷纷应道。

各诸侯还都在你看我，我看你，迟疑不决，谁也不愿意充当马前卒。

曹操、袁绍、张邈等憋着一口酒气而出。这三人是从小玩大的哥们儿，此时很自然拧成了一股绳。随后曹操、袁绍率所部人马，张邈令部将卫兹率所部军马协助二人进兵，约合两万骑步兵。曹操为前部，袁绍为后军，沿黄河峡谷浩浩荡荡向虎牢关开来。南临滔滔黄河，北依嵩岳高山。

“董卓已大举西迁，虎牢关肯定守备空虚。此时天色已渐黑，我们不如在成皋（在今河南荥阳市西北）安营扎寨，明日再攻打虎牢关？”曹操说道。

“天色也渐黑，也只好如此了！”袁绍应道。

此时大队人马已过吕伯奢家，董卓大将徐荣早已伏兵于北面嵩山茂密的丛林中及山谷间，数千弓箭手正虎视眈眈等待着联军的到来。等曹操的大队人马临近虎牢关，到达洛河至黄河入口处。随着指挥官一声令下，战鼓隆隆，刹那间万箭齐发。走在前面的曹家军呼啦啦纷纷中箭倒地，慌作一团，连忙后撤，“不好！我们中了埋伏，赶紧回撤！赶紧回撤！”曹操连忙调转马头，这时一箭穿入曹操左臂。箭雨还在一波次接一波次地飞射着。曹操咬牙大叫一声，一把将箭拔下，在曹仁、曹洪、夏侯惇的护卫下慌忙后撤。“赶快让开！赶快让开！” 曹仁、曹洪、夏侯惇挥刀驱赶着军士，为曹操开路。袁绍眼看曹操的前军遭伏击，也连忙调马回撤。可这还没完，此时徐荣已率五千铁骑从虎牢关冲出，犹如从栅栏中放出的一群猛虎，向溃逃的联军军士冲杀而来。正在这时没想到曹操的坐骑又中箭，栽倒在地，“天哪！我命休矣！”曹操叫道。

“大哥，我来也！”曹洪飞身下马，连忙将曹操扶上马。“我骑你马，你又如何？”曹操问道。这时见夏侯惇一把将一名骑士从马上拉下，将马交到曹洪手上，几人又一起策马飞逃。

曹操、袁绍所率的联军溃不成军。袁绍与淳于琼在前打马狂奔，曹操等在后打马狂奔，落在后面的骑步兵，一个个被杀得头颅滚滚，许多步兵赶紧往山上爬，还有许多军士只得投河逃生。曹操就这么在曹仁、曹洪、夏侯惇等百余骑的护卫下死里逃生。此时天色已大黑，徐荣追杀了一阵子，眼看关东联军已经被杀得差不多了，能跑的也都兔子一样跑得无影无踪了，于是引军而还。在此战中五六千曹家军基本上被打光了。上述曹操、袁绍被徐荣大败之战，陈寿在《三国志·魏书一·武帝纪》中记述道：“曹遂引兵西，将据成皋。邈遣将卫兹分兵随太祖。到荥阳汴水，遇卓将徐荣，与战不利，士卒死伤甚多。太祖为流失所中，所乘马被创，从弟洪以马与太祖，得夜遁去。荣见太祖所将兵少，力战尽日，谓酸枣未易攻也，亦引兵还。”

易中天在谈到此战时认为是“曹操孤军奋战，只有张邈派了一支小部队帮他”。其实袁绍也参与了这次行动，此事在《九州春秋》中有明确记述。

董卓就这么两败关东联军，士气大振。这下关东联军总该老实了吧？

再说大督护胡轸、骑都尉吕布、华雄这一路。此时孙坚闻董卓迁都长安，怀着满腔疾愤率部攻占了阳人城（约在梁县南三十里处），准备进军广成关。相国董卓命三人火速率五万军马沿伊河峡谷，一路南下。大督护胡轸是个急性之人，看校尉李傕、郭汜、大将徐荣都成就了大功，心里直发痒，豪言道：“我此次出兵，一定要斩一员上将，才算满意！”骑都尉吕布、华雄本来就对其不感冒，听胡轸大放豪言更觉厌恶。待大军马不停蹄沿伊河峡谷穿行了一百五十余里，开到广成关，终于走出深山峡谷时，天色已渐黑。本来按董卓的原定计划要在广成关住宿一夜，第二天再进军阳人城。可吕布为了恶搞胡轸一把，便动起了歪主意。吕布大声与华雄等喧哗道：“你们知道吗？阳人城的贼寇闻我军开到，已经连夜逃回鲁阳去了！”

“我军应该赶快追击才是，否则等敌将逃走了我们杀的什么贼呀？”骑都尉华雄等议论道。

大督护胡轸的耳朵一下竖了起来，立刻下令道：“要马不停蹄，连夜进军，直取阳人城！今晚到阳人城过夜！”

“哎！董相国不是计划今晚在广成关过夜，第二天拂晓攻阳人城吗？”吕布挑逗道。

“你难道不知道，将在外用兵应审时度势吗？”大督胡轸说道。

吕布暗笑一声，吼道：“传大都护命令！继续前进！进取阳人城！”

等兵马到了阳人城下，阳人城吊桥高悬，城门紧闭，守城军士皆城墙之上张弓以待，戒备森严。

“贼军戒备森严，显然一时难以得手，不如歇息一夜明日再攻城！”骑都尉吕布说道。

“看来也只好如此了。”大督护胡轸一脸疲惫道。

本来就人困马乏，再加上饥肠辘辘，将士们一个个都像稀泥一样呼啦一下全趴倒在草地上，“哎呀！累死我了，今晚在阳人城外埋锅造饭，过夜算了。”

大督护胡轸也累得直冒虚汗，倒在草地上就不愿意再起来了。正在埋锅造饭时，为了好好地折腾胡轸一把，吕布又动起了歪主意，突然大声惊呼：“城中贼出来了！”胡轸大惊失色，像触电一样跳起：“城外无垒可守，赶紧撤！赶紧撤！”大都护胡轸慌忙率众军士丢盔卸甲，仓皇而逃，好不狼狈。吕布就这么把胡轸美美地恶搞了一把，一个劲地偷着乐。

城门楼上破虏将军孙坚头裹红毡巾，在月光下一脸英气，见董卓大军如惊弓之鸟仓皇而逃，仰怀大笑道：“你们快来看！你们快来看！董卓的兵马就这熊样！我还没出击，就像山鸡一样都跑了！”上述吕布恶搞大督护胡轸之事，在《英雄记》中有明确记载。

朱治、孙贲、程普、韩当、黄盖等在城门楼上哈哈大笑：“董卓老贼就这熊兵还打什么仗！”

“我明天一大早便和颍川太守李旻合兵进军梁县的广成关。攻下广成关，进而再攻下伊阙关，洛阳就是我们的了！”破虏将军孙坚踌躇满志道。

“那我们呢？”朱治、孙贲问道。

“程普、韩当随我一起去，你二人和黄盖给我把阳人城守住，别让董卓断了咱们的后路！”

“是！”

第二天一大早天蒙蒙亮，破虏将军孙坚便与颍川太守李旻合兵，出阳人城，进军广成关。孙坚的军马行进在山峦重叠的山道中，到处都是茂密的松柏和丛林，一片翠绿，溪水从山涧流淌而过，各色鸟语不停地在山间回荡，吕布正率兵马伏于丛林之中。

“前面不远处就是广成关，站在这儿就已经能看见了！”破虏将军孙坚鞭指道。

“是啊，已经隐约可见了，广成关就夹于高山之间，伊河水从两座高山之间穿流而过！”李旻应道。话声刚落，却听吕布、华雄放声大吼：“孙坚！这就是你的葬身之地！明年的今天就是你的祭日！”吼声在山间回荡，“孙坚！这就是你的葬身之地！明年的今天就是你的祭日！哈哈哈！”孙坚大惊：“不好，我们中了埋伏！快！快！赶紧撤出山谷！”话音未落，便听鼓声大震，吕布隐于山道两侧丛林中的伏兵俱起，飞矢、山石、原木如山崩地裂般狂泄而下。“妈呀！赶紧跑啊！”联军霎时大乱，像泥石流一样，疯一样的回撤。程普肩膀中箭，许多军士不是被乱箭射死，就是被轰隆而下的巨石、原木砸得脑浆四溅。惨叫声此起彼伏充斥着整个山谷。

“撤！撤！赶紧撤！”孙坚声嘶力竭地吼叫着。可又往哪里撤？在回撤的山路上，横七竖八躺着大大小小的原木、巨石、还有密密麻麻的死尸，把归路挡得死死的，孙坚勒马急得团团转。

“杀呀！”这时埋伏在山谷两侧的董卓军挥刀持戟冲下山岭，漫山遍野向山谷冲来。

不仅如此，吕布、华雄也率一千铁骑从山间岔道杀出，“杀呀！活捉孙坚！绝不能让孙坚跑了！”

孙坚此时正被挡在一堆原木前，要是下马就来不及了，可要是不下马又过不去，正急得团团转，不知所措。

“孙将军赶紧勒马后退！”紧随其后的程普、韩当喊道。这时吕布的铁骑已经越逼越近。孙坚勒马回撤，然后策马飞奔，一纵马腾空而起，从原木堆中越过，程普、韩当及紧随其后的百十骑也纷纷越过。但也有许多过不去的，颍川太守李旻的坐骑便不幸被绊倒，连人带马跌入溪流之中。

讨虏将军孙坚头裹红色毡巾，吕布一看孙坚已经突出重围，便连忙骑着赤兔马挺戟率百骑来追：“前面戴红毡巾的就是贼道孙坚！斩其首者赏千金！”

骑都尉吕布、华雄飞马挺戟率数百铁骑呼啸追来，胯下赤兔马如风雷一般。破虏将军孙坚等数十骑在山谷中驰马狂逃，又一连越过数道障碍。吕布两眼盯着红色毡巾，率百十骑也一连越过数道障碍，在后面追赶。“前面戴红毡巾的就是贼首孙坚！绝不能让他跑了！”看来孙坚也只有束手就擒的分了。论马力，论武艺，孙坚又怎么能是吕布的对手？可孙坚比猴子还精，刚拐过一道弯就连忙摘下红毡巾让紧随其后的祖茂戴上，并令祖茂率几十骑向另一个方向逃去，而自己则率程普、韩当拐进了另一条山道。

“前面戴红头巾的就是贼首孙坚！”吕布率百骑争先恐后地追来。这下祖茂成了孙坚的替死鬼。祖茂率几十骑疾马窜入茂密的丛林中，不一会儿吕布也率百骑追进了丛林。“这些人到底躲到哪里去了？”吕布、华雄勒住马，“将军你看！”吕布顺着指向看到红毡巾在葱绿的丛林中隐隐闪现。“我还当你躲到哪去了？贼首孙坚就在那边！”数百铁骑哗啦围了上去，心想看你这回还想往哪跑？围上来一看，原来祖茂把红毡巾裹在一棵树上，而他本人早就隐入山林没影了。这是吕布、华雄与孙坚所玩的一场猫捉老鼠的游戏，结果老鼠把猫给涮了。关于此战陈寿在《三国志·吴书一·孙坚传》中明确记述道：“坚移屯梁东，大为卓军所攻，坚与数十骑溃围而出。坚常著赤帻，乃脱帻令亲近将祖茂著之。卓将争逐茂，故坚从间道得免。茂困迫，下马，以帻冠冢间烧柱，因伏草中。卓将望见，围绕数重，定近觉是柱，乃去。”这里的“卓将”虽未具体指何人，但肯定是胡轸、吕布、华雄等人所为。《三国演义》所谓祖茂被华雄所杀纯属文学虚构。

孙坚、程普、韩当等从山间小路逃回阳人城后不久，大督护胡轸又命骑都尉吕布、华雄来攻城。冲车、云梯十八搬武艺都用上了，从日出攻到日落，损兵折将却不见成效。吕布、华雄垂头丧气，可他们又哪里知道，前番大败，心中正窝着一肚子火的孙坚正在伺机进行报复。当破虏将军孙坚在城楼上看到华雄整军准备来日再攻之时。便瞅准这个空当，突然打开城门像狂飙一样从城门冲杀而出，华雄匆忙应战，不料被冲杀上来的孙坚劈于马下。

孙坚用枪挑着华雄的人头，挥军乘势追杀，大督护胡轸军大败而归。当然这只是一次小规模的胜利。上述孙坚斩雄之事，陈寿在《三国志·吴书一·孙坚传》中记述道："坚复相收兵，合战于阳人，大败卓军，枭其都督华雄等。"《三国演义》所谓"关云长温酒斩华雄"纯属移花接木。此时的刘备正在高唐做县令，"三英战吕布"也纯属文学虚构。

董卓三战两捷，士气高昂。在洛阳城中大摆酒宴，以犒三军。台下，摆着一口大锅，下面是熊熊大火，水在锅中沸腾。随着一阵鼓声，八大刽子手将被活捉的颍川太守李旻剥光，高举而出。全场霎时都屏住了呼吸。李旻挣扎着，喊叫着："董卓老贼！你祸国殃民！不得好死！"八大刽子手高举李旻绕场一围，然后立于大锅前。

郎中令李儒高声宣道："颍川太守李旻伙同贼首袁术造反！罪恶滔天！当烹之！现在执行！"

随着一声令下，颍川太守李旻被投入于大锅之中，随着惨叫声，举座欢声雷动，"太好了！把这些贼首全部都活煮了才好！"

这时只见又押上来数百俘虏兵，用绳缚双脚一个个倒悬于树木之上，军士灌之于油膏，众人都不知何意，这时只见董卓大手一挥，说道："诸位，平时砍头行刑见之已多，今天让众官也开开眼界，这就是点天灯，一则替我死伤的战士报仇，二则壮我军威。开始行刑！"

随着董卓一声令下，一队军士手持火把四面冲到俘虏兵面前。刹那间火从头起，熊熊燃起，惨叫声撕魂裂肝……这哪里是人，整个是人间地狱。董卓手捋粗硬花白短须，仰天大笑。这就是以恶制恶，恶更恶的结果。上述董卓烹杀颍川太守李旻及用膏脂焚烧俘虏之暴行，范晔在《后汉书·卷七十二、董卓传》记述道："与战破坚，生擒颍川太守李旻，烹之。卓所得义兵士卒，皆以布缠裹，倒立于地，热膏灌杀之。"

那此时董卓派刘表往荆州收拾残局的情况又如何呢？

下回请看：刘表霹雳手段主荆州　袁绍另立中央挽危局

第十七回

刘表霹雳手段主荆州　袁绍另立中央挽危局

说到刘表，易中天称其为“漂亮的草包”。那实际情况是这样吗？

刘表字景升，山阳高平人（在今山东邹城市西南），公元141年生人，汉鲁恭王之后，是正儿八经的皇亲贵族。少时就名扬四方，为江南八大才俊之一。儒雅而不失伟岸，曾在大将军何进手下做大将军掾（大将军副手），任北军中侯（羽林军监军）。荆州刺史王睿被杀，被董卓委以荆州刺史重任，以收拾荆州残局。

这一年刘表刚满50岁，荆州大乱，袁术占据南阳，刘表，一个具有儒雅风度的军人，怀揣一纸委任状，带几个随从单枪匹马入宜城（今湖北宜城市北）。

仅凭董卓签发的一纸委任状，他能够收拾荆州这个烂摊子吗？

刘表一入宜城便与荆州之地的两大豪族联手，一个是以蔡瑁为首的蔡氏家族，一个是以蒯越为首的蒯氏家族。蔡瑁，襄阳人，公元154年生，时年36岁。蒯越，字异度，中庐人，公元156年生，时年34岁。范晔在《后汉书·卷七十四下·刘表传》中记述道：“初平元年，长沙太守孙坚杀荆州刺史王睿，诏书以表为荆州刺史。时江南宗贼大盛，又袁术阻兵屯鲁阳，表不能得至，乃单马入宜城请南郡人蒯越、襄阳人蔡瑁与共谋划。”此事陈寿在《三国志·魏书六·刘表传》中、司马彪在《战略》中也皆有记载。

酒宴上，刘表命侍从将桌子收拾干净，展开地图铺在桌子上，指道：“现荆州之地，不管是荆南还是荆北都一片混乱。袁术屯兵南阳，占据南阳之地，虎视眈眈要夺取荆北之地。苏代领长沙太守，贝羽为华容长，再加几十号地方武装，荆州七郡整个处在各自为政的混乱状态之中。贼寇又到处肆虐，我欲奉朝廷之命讨之，又恐众心不服，不知二位有何良策？”

“古人云：‘治平应以仁义为本，治乱应善用权谋’。兵不在多，而在得人心。袁术勇而无谋，苏代、贝羽都是武夫，其他各路贼首也多贪而无谋，也不足为虑。为今之计，应采取霹雳手段。”蒯越说道。

“那又该采取怎样的霹雳手段呢？”蔡瑁问道。

蒯越喝了一口酒手指地图说道：“为今之计应派人到各地，向各路贼首示之以利，将他们引来，然后采取断然措施。接下来收编他们的部卒，再施以仁政，让百姓安心种地，荆州之地一鼓可定。刺史南据江陵，北守襄阳，袁术虽占据了南阳之地，到那时也只能干瞪眼。”

刘表啪地一声手拍地图道：“此计甚妙！只是不知道这些人会不会来？”

“是啊，要是这些人能来就什么事情都办了。”蔡瑁应道。

“不管怎么说只有试了才知道！”刘表将一樽酒喝干后说道。

于是刘表命蒯越分派使者到各地首领处，布告各地首领道：

本人刘景升，汉鲁恭王之后，昔为大将军掾，北军中侯，奉皇帝诏命代王睿领荆州刺史。

现景升新到荆州，为安定荆州局势，若各首领不弃，愿与各首领携手共治荆州，以安荆州之地及百姓。景升现备下酒宴，以待各位共商共治荆州之大事，望各位能献计献策！凡来者，景升保证将所辖之地归之所有，并授予相应的官职，绝不食言！特此。荆州刺史刘景升。

“又摆酒宴，又给地，又封官加爵，只差每人再送一个漂亮的女人，天下哪有这样的好事？不去？只有傻子才不去！”

“机不可失，时不再来！过了这个村，就没这个店了！”

“刘景升乃皇亲贵族，昔为大将军掾，北军中侯，现在朝廷又委其为荆州刺史，可得罪不起啊！”

各地首领于是纷纷骑马向宜城（今湖北宜城市北）而来，一共来了五十五位。可让他们没有想到的是，等他们群聚宜城后，等待他们的不是封官加爵，而是里三层、外三层的被围在了宜城之中，城门紧闭，插翅难飞。让他们没有想到的是，等待他们的是一场早已设计好的宣判大会。

五十五位各地首领，一个个被五花大绑捆得结结实实，被押在空地上。

刘表宣判道：“这些人，均为地方恶霸！祸害百姓，为害四方，一贯作恶多端，按罪当斩！”

“刘景升！你凭什么杀我们？”

“刘景升！你是个无耻之徒！你看似君子，而实际是无信小人！”

“我们就是死！就是到地下也不会放过你……”

五十五颗人头就这样永远出了远门，所属各地方武装也随之归效于刘表麾下。

“现在荆州局势已基本稳定了下来，唯有江夏张虎、陈生没有来，拥兵据襄阳。”蒯越手指地图说道。

“大局已定，张虎、陈生又能何为？还是有劳异度亲自走一趟，先礼后兵。”刘表说道。

蒯越于是带了一名随从单骑入襄阳劝降。张虎、陈生率襄阳之众随蒯越归顺刘表。荆州七郡除过南阳郡顷刻而定。

刘表与蔡瑁、蒯越用霹雳手段兼并了荆州境内大大小小的各地方武装后，松散的各部力量就这么迅速捏成了一个拳头。荆州的这个烂摊子就这么被刘表给收拾了。刘表将荆州郡治也由原来的汉寿（今湖南常德市东北）迁到襄阳。上述刘表与蔡瑁、蒯越合谋诱杀各路首领及收复张虎、陈生之事，司马彪在《战略》中、范晔在《后汉书·卷七十四下·刘表传》中皆有记载，本著只是如实再现而已。

可好事还没完，不久又锣鼓喧天，唢呐声声，刘表披红带彩，骑着枣红色的高头大马迎娶当地豪强蔡氏家族的千金小姐——蔡瑁之妹为二房。刘表骑着高头大马，蔡氏千金坐于豪华的大花轿之内，男女老少挤满了街道，无不欢声笑语，翘首观望。豪华的迎宾阵容，再加上锣鼓喧天，唢呐声声，好不热闹。

大堂之上，刘表和披着红盖头的蔡家小姐端跪于祖宗灵坛前。台下刘表大妻、18岁的长公子刘琦、蔡瑁及当地达官贵人立于下，蒯越正在为这对老夫少妻主持着婚礼。“一拜天地！二拜祖宗！三夫妻对拜！”随着夫妻对拜毕，歌舞升平，酒宴欢天，襄阳城内家家户户张灯结彩。而在洞房内却是另一番景象。刘表轻手轻脚揭开红盖头，在花烛的照耀下，蔡家小姐含羞垂

目，显得格外娇美。刘表一脸喜气，也不说话，坐到身旁，用手指轻轻捋了一下夫人的秀发，蔡家小姐正目一看，坐在他身旁的男人面色儒雅，又不失男人之伟岸，很自然地便侧身依偎在刘表的怀中，头靠在刘表宽大厚实的肩膀上。就像年轻貌美的蔡夫人依偎在刘表的怀抱中一样，刘表与整个蔡氏家族也随之相互依偎在了一起。蔡氏家族需要刘表宽大的肩膀，此时刘表的背后是董卓把持的汉家王朝，而刘表则也需要借助当地的豪强势力得以立足。蔡家千金为刘表宽衣，刘表为蔡家千金解带，两人随后如胶似漆地依偎在一起，刘表就这么与当地豪强势力嫁接在了一起。刘、蔡两家就这么很自然地形成了一个命运共同体。刘表就这么背靠董卓一手把持的朝廷，又通过与当地豪强势力嫁接为一体，迅速在荆州开辟了一块新天地。

此时的刘表真可谓是人生最得意的时候，年轻貌美的千金小姐投入自己的怀中，那美妙的感觉也就可想而知了。

刘表和蔡夫人这对老夫少妻就这么在刀光剑影的中华大地上开辟了一块世外桃源。

董卓三战两捷，刘表又把荆州的烂摊子都收拾好了，使得南阳袁术、孙坚一下子又处在南北夹击之中，关东局势在进一步朝着对董卓有利的方向发展。就这样时间很快就到了公元190年冬，此时还屯军在酸枣的盟主袁绍邀冀州牧韩馥来酸枣商议大事。韩馥，字文节，颍川人。两人身穿裘皮骑马来到昔日关东联军盟誓的地方。随着一股龙卷风卷起重重沙尘，袁绍望着眼前败落的景象长叹一声，手指祭坛道：“一年前的今天，就是在这个祭坛上，大家公推我为盟主，兴天下义兵，共讨董卓。现在已是烟消云散，各自归去。”逢纪、许攸紧随两人之后，一言不发。

这时一只野狗叼着一块骨头跑到祭坛上，一群野狗争先恐后追了上来，在你争我夺中厮咬在一起。“盟主你看，照这样下去，用不多长时间关东各路诸侯就会像这群发疯的野狗一样，你争我斗厮咬在一起，你咬我一口，我扯你一嘴，咬得死去活来，闹得天下大乱，用不了多久就会被董卓逐个吃掉。”韩馥一脸凄然道。

“实际情况是，关东的一些诸侯已经开始狗咬狗了。难道你不知道前两天兖州刺史刘岱向东郡太守乔瑁借粮之事吗？”渤海太守袁绍说道。

“结果怎么样？”冀州牧韩馥问道。

“结果是刘岱杀乔瑁，让王肱领东郡太守。”渤海太守袁绍说道。

阁内，袁绍亲手用火钎把炭火挑旺，移到韩馥跟前，挥挥手摒去左右，逢纪、许攸也相继退下后，袁绍坐到席前劝酒道：“来，韩冀州把这樽酒满饮了，去去寒气！”两人一碰杯一饮而尽。

“来，吃菜，‘普天之下莫非王土，率土之滨莫非王臣’，四百年汉家王朝，就像这桌子上的佳肴，现已分崩离析，四分五裂，处在诸侯割据状态。现在已经快不属于它了。”袁绍吃了一口菜说道。其实天下永远都是天下人的，这只不过是帝王的幻想而已。

“一点不假。随着皇权对天下失去控制，本属于刘家人的天下，就像天上掉馅饼似的，一夜之间落入到各地州牧、郡守的手中了。又有几人不想乘机据为已有呢？难道盟主不想吗？”冀州牧韩馥问道。

“我当然想。”渤海太守袁绍坦然道。

“是的。你想，我也一样。每个人都一样，人皆有私欲，人皆有贪心，都想把落在自己手上的东西揽到怀里。再加上各地州牧、郡守手上又都有军队，包括我们自己，这样各地州牧、郡守摇身一变也就成了各路诸侯，这再自然不过了。天下就这么一声不响地被各地州牧和郡守给私分了，各霸一方。诸侯割据的局面就这么出现了。全国现在共设有十三个州，一百多个郡，这样在全国一下子也就生出了十多个大诸侯，一百多个小诸侯。这也就是关东联军各怀私心，最终走向分化瓦解的根本原因。此时汉家王朝基本上只是徒有虚名罢了，实际上天下已经落在各州牧、刺史和郡守的手上了。董卓不过是最大的一方诸侯罢了。”韩馥说道。袁绍初到渤海上任时，韩馥因对袁绍有戒心，派重兵防范。自韩馥参加关东联军后，两人由生变熟，现在已经变成了可以推心置腹的好朋友。

“韩冀州所见极深。明确地说现在天下已经被大大小小的各路诸侯给私分了，天下每到此时便会出现诸侯混战，天下大乱。要是郡郡为帝，县县自王，在全国就会有成千上万个大大小小的诸侯。五百五十年春秋战国故事即将重演。来，把这个鸡大腿吃了。”袁绍忧心道。

韩馥品了一口酒，撕了一口鸡腿说道：“这就像是我吃鸡腿一样，吃着碗里的，又盯着桌子上的各色美味。”韩馥说道。

袁绍深有所悟手指地图说道：“是啊，这桌子上的一道道美味，就像是地图上的各州郡，让人看着眼馋啊！”

“这样各诸侯中间总会有一些人心怀帝王之志，想把天下都吃到他一人口中。这样在各诸侯之间不可避免就会展开一场吞并与反吞并的混战，民军再趁机肆虐，这样天下就会大乱，成千上万的生灵都会死于战火，董卓也会趁机而入分化瓦解，各个击破。到时候别说报国仇家恨了，就是你我自身都难保。”冀州牧韩馥忧虑道。

“没错。我也一直在为此事焦虑，可又有什么办法能挽救关东危局呢？经过这几个月的思考，我和逢纪、许攸想出了一个办法，这次把你请来也就是为了此事。”袁绍喝了一口酒继续说道。

“盟主有挽救关东危局的办法？快说来一听！”韩馥的情绪一下就调动了起来。阁内的气氛也随之热了起来。

“四个字：另立君主！”袁绍有些兴奋地说道。

“另立君主关系到国家根本，搞不好会让自己身败名裂，死无葬身之地！本初啊，这个风险可是冒得太大了。其他事好说，此事恕我不敢从命！”韩馥脑袋摇得像拨浪鼓。

“是啊，这个风险实在是冒得太大了，搞不好何止是身败名裂，死无葬身之地，还会万箭穿心。可这样值！这么做能收到两方面的好处！”袁绍有些激动地说道。

“哪两方面好处？”韩馥喝了一口酒疑问道。

“要是在关东大家公推一个帝，就会出现东面一个帝，西面一个帝，东西分治的状况。这样关东诸侯群龙无首的局面就会改变，这样一则可以避免关东诸侯混战，天下大乱；二则还可以把关东诸侯凝成一个拳头，与董卓老贼抗衡。这样也才有能力消灭董卓，报国仇家恨，从而避免各诸侯被各个击破。难道韩冀州不想看到这一局面吗？”袁绍问道。

“我又怎么不想看到这种局面？可问题是前番关东各路诸侯公推将军为盟主，可结果怎么样？在讨伐董卓时，关东联军如同一盘散沙，各怀私心，此番公推幽州牧刘虞为帝，关东各路诸侯会响应吗？”冀州牧韩馥喝了一口酒，还是一脸疑惑。

“韩冀州担忧也不是没有道理，这个问题我也思考了很久。前番关东联盟如同散沙，一是因为我的德不够，不足以服众人之心；二是因为我的力还不足，我只是一个郡守，在关东联盟的诸侯中，仅州牧、刺史就有三位：你，豫州刺史孔伷、兖州刺史刘岱，都在我之上，其余不是郡守，就是国相，又怎么愿意听我来调遣呢？所以我这个盟主不过是有名无实的摆设而已。可这次要是韩冀州能响应，此事就已经成了一半。”袁绍说道。

“此话怎讲？”冀州牧韩馥一脸疑惑。

“来，随我来。”两人来到地图前。袁绍手指幽州说道：“幽州牧刘虞（字伯安，当时年龄约50岁开外）乃东海恭王之后，汉室宗亲，德高望重。因平定幽州张纯之乱有功，灵帝拜为太尉，封容丘侯。论出身、德名都远在我之上，又据有幽州之地，也是我袁本初所不能比及的。难道不是这样吗？”

“没错！”韩馥应道。

“要是韩冀州能响应，愿意共举幽州牧刘虞为帝，这时冀州与幽州就会并为一家，归刘虞所有，刘虞就会据有两州之地。有此实力，关东各路诸侯还有谁敢不从？德名的感召，再加上武力之胁，这不就成了一半？”袁绍手指地图讲解道。

“是啊……”韩馥如梦方醒。

两人又回到桌前，袁绍给韩馥斟满酒，韩馥端起酒樽若有所思地说道：“不仅如此啊！”

“怎么？”袁绍问道。

“袁氏四世三公，门庭故吏遍天下，德望也广布天下。此事再由盟主倡导，胜算也就更大了。”韩馥说道。

“看来韩冀州是同意了？”袁绍问道。

“冀州本来就是汉家之土，要是能避战乱，挽国家于危难之中，我率冀州之土归附刘虞又有何不可？我愿意响应盟主的号召，共举刘虞为帝！”韩馥说道。

“韩冀州所言当真？”袁绍问道。

“君子一言，驷马难追！”韩馥说道。

“来！干杯！”

两颗大义之心就这么碰在了一起，一拍即合。他们为了公利，为了挽救关东危局，避免天下大乱，及更有效与董卓抗衡，他们甘冒巨大的风险，上交落到自己手中的地盘，放弃自立为王的想法，甘心做刘虞的臣子，在东汉末年能出现这么两个人物，实属罕见！袁绍与韩馥欲另立幽州牧刘虞为新君之事，在史书多处都有明确记载。陈寿在《三国志·魏书一·武帝纪》中记述道：“袁绍与韩馥谋立幽州牧刘虞为帝，太祖拒之。”又在《三国志·魏书八·公孙瓒传》中记述道：“袁绍、韩馥议，以少帝制于奸臣，天下无所归心。虞，宗室知名，民之望也，遂推虞为帝。”《吴书》记述道：“时议者以灵帝失道，使天下叛乱，少帝幼弱，为贼臣所立，又不识母所出。幽州牧刘虞宿有德望，绍等欲立之以安当时。”范晔在《后汉书·卷七十三·刘虞传》中记述道：“二年，冀州刺史韩馥、渤海太守袁绍及山东诸将议，以朝廷幼冲，逼于董卓，远隔关塞，不知存否，以虞宗室长者，欲立为主。”

其实还有两条路可避免诸侯混战，天下大乱，只不过那时候的人都还看不到。别说中国人看不到，全世界的人都还看不到。虽然在春秋战国时期，在东西两汉时期，在中国出现一批当时在世界上最伟大的哲学家、思想家和政治家，袁绍和韩馥也不例外。那么是两条怎样的路呢？

一条是联盟抗霸之路。就是割据各方的诸侯，为了共同生存和发展，理智地放弃称霸天下的帝王之志，携起手来一起联盟抗霸。日本幕府制和英国大宪章基本上就属于这种情况，公元1000年以后才出现。袁绍和韩馥当然不可能看到。

还有一条路是还天下于民的民主之路。

按帝王逻辑：“普天之下莫非王土，率土之滨莫非王臣。”也就是说此时的天下是属于刘家人的房地产，天下人都是刘家的家奴。

其实，天下本来就是天下人共同生活的家园，就像一个孩子在一个家庭出生后，这个家自然就会有他（她）的一份。因此，天下本来就是属于天下人的，人人生来平等，人人都有一份，天下的业主就是天下人，这是天然法则，帝王只不过用武力把它暂时抢到了手上，作威作福。这同时也是最为明智的选择。要是走天下归公的民主之路，不仅可以完全彻底避免因诸侯割据、私分天下所造成的天下大乱，同时还能在更加公平合理的竞争环境中极尽把每个人潜能开发出来，推动全社会的高速发展，从而为天下人创造一个更加美好的共同发展和富裕的生活环境。

可是由于千百年来不断地掠夺和兼并，天下最终却被极少数王者所掠得，成了某一人或某一家族的房地产，天下人只能像被征服的奴仆和乞丐一样跪倒在王者面前，得到他们恩赐。君王为了世世代代永远霸占天下，让世人永远接受这一现实。他们一方面手捧“圣经”宣传各种有利于他们的学说，如什么“君权神授说”等；一方面把古代君臣之道奉为人类最高的道德行为准则；另一方面又极力加强控制，把军政大权都揽在皇亲国戚的手上。天长日久，世人也就普遍都接受了“天下为君”的帝王逻辑，认为这是天经地义的。这样世人普遍也就没有了“天下是属于天下人”的思想，自然也就想不到要求还天下于民，要去争取民权。也难怪孙中山要那么费劲地宣传“天下为公”的思想。

那时候的袁绍、韩馥连联盟制都看不到，就更看不到这条通向永久和平和高速发展的还天下于民的民主发展之路了。也难怪，在人类历史上，一直到公元1689年，英国国会通过《权利法案》后，才初步找到了通向民主的道路，真正的民主之路一直到19世纪末叶才出现。

其实，就是极少数人能认识到这一点也未必能做到。因为这最终要以放弃极少数王权者的既得利益为代价。天下有几个诸侯愿意把好不容易才掠到或落到自己手上的房地产拱手让人？当涉及这些根本利益的时候，叶卡捷琳娜大帝是怎么把伏尔泰和卢梭的思想扔到垃圾堆的？慈禧太后又是怎么砍掉六君子的头颅的？

由于普天下人都不知道还有其他两条路可走，因此在古代人类历史的长河中，每当驶到这一十字路口时，都会毫不犹豫地要驶入诸侯割据的私分天下之路。而且每一次都自然得不能再自然了。由此也可见，袁绍所提出的另立君主之路当时已是唯一最佳的选择了，袁绍及其幕僚肯定为此事已经绞尽脑汁。

那袁绍是不是要学董卓，名义上以臣子自居，而实际上要奉天子以令诸侯，以把持朝政呢？刘虞此时已50开外，又居有一州之地，且德高望重，是不可能被袁绍像提线木偶一样耍着玩的。也就是说，袁绍此举百分之百没有挟天子令诸侯之心。

这是袁绍吸取了关东联盟鸟兽散的教训后，经深思熟虑所提出的一个挽救关东危局的大计。另立君主在当时无疑是唯一最佳的解决方案。刘表老夫少妻只是安定了荆州一方之土，而袁绍提出的这一计划要是能实现的话则能将整个关东从危难中挽救出来。韩馥就这么成了这一计划的第一个响应者。

而易中天在谈到这个问题时说道："袁绍的心思一看就明白，他是要在洛阳和长安的中央政府之外，另立一个'流亡政府'。这个'流亡政府'既然是他袁绍成立的，那么，政府首脑（在当时就是大将军）自然也非他莫属。将来，这个流亡政府如果取代了中央政府，他袁绍就是'中兴名臣'，可以流芳千古的。袁绍的算盘打得很精。"

易中天显然只是看到了袁绍的私心，却没有看到袁绍同时还有一颗大义之心。说老实话，要是袁绍在当时能办成这件能安邦定国的大事，就是做大将军又有什么不可以？袁绍真要是能办成这件大事就是想不流芳百世都不行。

不仅如此，易中天还把袁绍的这一挽救危局的大计说成是大逆不道，就更是离谱了。

冀州牧韩馥不仅响应了袁绍的号召，还积极为这一安天下大计跑前跑后。那么其他诸侯是不是也会像韩馥那样有一颗大义之心，纷纷响应呢？说老实话，这可不是一件容易的事，对各路诸侯来说，这意味着要主动放弃各自为王的想法，把好不容易才落在他们手上的地盘再统统上交。

公元191年春，袁绍、韩馥联名给刘虞写信道：

现少帝受制于奸贼董卓，又远在关中，关东民众人无所归。刘公乃汉室宗亲，功德响誉天下，我与韩冀州欲共举刘公为天子，以安关东之众！冀州牧韩馥、渤海太守袁绍呈上。

春暖花开，渤海太守袁绍、冀州牧韩馥将书信交到乐浪太守（隶属幽州）张岐之手，"此事关系重大，有劳贤弟火速送到！"袁绍、韩馥抱拳道，逢纪、许攸侧立一旁。"请二位将军放心！我一定会以大义为重！好言相劝！"

张岐及随从马踏青草，奔驰而去。"现在咱们再赶紧回去给南阳袁术写信，此事要是袁氏兄弟能携手，那就大功告成了！"韩馥一脸希望，在温暖阳光的照射下熠熠生辉。

韩馥又亲笔给南阳太守袁术写信道：

昔光武去定王五世，以大司马领河北，耿弇、冯异劝即帝位，天下才得以安定。今刘公乃东海恭王之后，声名远望，华夏之地无人可比，也已历经五世，以大司马领幽州牧，与光武帝一样，此乃天意。我等应顺天应人，共尊刘虞为天子，以安关东十万民。冀州牧韩馥。

对于韩馥给南阳太守袁术写信一事《吴书》记述道："馥以书与袁术，云帝非孝灵子……"那袁术会在这关键之时响应号召吗？

"信发出多日，一封北上幽州刘虞，一封南下南阳袁术，至今不见回信，难道是……"韩馥急得团团转。"韩冀州不要着急，来，坐下先喝口水，我这边再给公路（袁术）写信。"

"是啊，韩冀州来喝口茶。"逢纪连忙把茶端上。于是袁绍又亲自给袁术写信道：

前与冀州牧韩馥为安天下，欲在关东大地上再立新君。灵帝失道，致使天下叛乱，少帝幼小，又是董贼所立，且母早亡。如今之计应东立新君，才可以聚关东诸侯，共抗董卓，及安天下万民。否则将诸侯相争，天下大乱，诸侯也将会被董卓逐一消灭，到那时不仅国仇家恨难报，你我也将难以独存。这可是大是大非之事，你又有什么好担心的？你我皆为汉家臣子，应为天下着想才是！兄袁绍。

袁绍亲自写信，这下袁术总该回信了吧？袁术在南阳接到书信后，冷笑一声置于一旁，心想：你袁本初算什么狗屁东西，不过是到我袁家来讨饭的一个叫花子，现在还指使起我来了？还有，有谁愿意把好不容易才落在自己手上的宝贝再让人？现在小皇帝被劫往长安才好，正好天高皇帝远，又何必没事找事自己请个皇帝骑在自己脖子上呢？我看这二人不是脑子发昏，说胡话，就别有用心。对！袁绍这家伙十有八九是在做大将军的美梦，想得还挺美。袁术于是在回信中写道：

献帝是一个有头脑之人，自然可为人主。人生自古，忠义为大。本人志在灭董，匡扶汉室，没想那么多。袁术。

袁术就这么大而化之地拒绝了袁绍和韩馥的请求，口气和易中天损袁绍的样子差不多。韩馥看完信后犹如被当头泼了一盆凉水，而袁绍则是一把将信扔到地上，愤然道："娘的，把他当自家兄弟看，没想到他却摆起了架子，还教训起我来了！"屋内顿时鸦雀无声。上述袁绍给袁术连发二信及袁术回绝之事，在《吴书》中也有明确记载，本著只是如实再现而已。

过了许久，却听许攸说道："天下也并非只有袁公路一人。"

“是啊，我们还可以再去联络其他人！”谋士逢纪应道。

“本来就是这样，他算什么狗屁东西！”袁绍吞了一口恶气说道。本身两人从小就结有很深的疙瘩，加上完全以自我为中心，一山难容二虎的帝王意识，天然地就具有排他性，容不得他人，再加上这许多矛盾，这一对堂兄弟的裂痕还在进一步的向纵深扩展。于是袁绍又去找他从小玩大的朋友张邈，张邈自然是满口应承。随后，袁绍又去找曹操，曹操眼珠子一转满口应承道：“你说咋办，就咋办？”曹操又没有地盘又不需要让什么，应承起来当然也就容易多了。而易中天在谈到这个问题时，只是跟着《魏书》瞎吆喝，说曹操和袁术一样拒绝了袁绍的请求。《魏书》是这么说的：“太祖答绍曰：‘诸君北面（指刘虞），我自向西（指董卓）’。”易中天也不想想，曹操此时要是跟袁绍闹翻了，他后来还能得到袁绍的大力支持吗？

韩馥也没闲着，也还在做着最后的努力，为了让世人认为这是上天的旨意，他们开始到处散布他和袁绍合编的神话故事，大造舆论，这早已是王权统治者惯用的鬼把戏。

“有四星会于东方，卦相显示在北方将有神人出现。”韩馥煞有介事地说道。

“那神人会是谁呢？”

“有一个老农在耕地的时候耕出来了一块玉印，送到渤海太守袁绍处，袁太守拿来让我看，我一看上面刻有四个字。”韩馥说道。

“刻有哪四个字？”

“上面刻有‘虞为天子’四个字，‘虞’就是幽州牧刘虞。不仅如此，许多人都看见在代郡（隶属幽州，郡治高柳，在今山西阳高县西北）上空出了两个太阳，这说明刘虞当代为天子。华夏大地上将会有两个帝，东边一个，西边一个。”韩馥神神道道地到处散布着。

“这可是天意啊！”人们纷纷应道。

上述韩馥到处散布“虞为天子”神话之事，在《吴书》中有记载。希望之火就这么又在袁绍和韩馥的心中燃起。正在此时，乐浪太守张岐一行风尘仆仆马踏青草急驰而归，袁绍、韩馥、逢纪、许攸等连忙到辕门外相迎，张岐下马，一脸疲惫。“怎么样了？刘幽州怎么说？！”

“刘幽州什么也没说，等了他三天，他只是回了这封信。”张岐从怀中掏出信，交到袁绍手中。

走入阁中，渤海太守袁绍急忙打开信，一看脸色骤变，随手递到冀州牧韩馥手中，只见上面写道：

忠孝之道乃是人臣之本。现天下动荡，我不能尽忠报国，已深感不安。诸君难道要陷我于不忠不义吗？此事请勿再议！幽州牧刘虞。

看完信韩馥倒吸一口气，像泄了气的皮球，一屁股坐在靠椅上，喃喃地说道："这世道真是做坏事容易，做好事难哪。"袁绍坐在一旁一言不发。

逢纪、许攸紧蹙双眉拿起信翻来覆去地看了好几遍，这时只听逢纪说道："刘幽州既然有这么大的顾虑，我们为什么不能再想一个变通的办法呢？"

"难道还有什么变通的法子吗？"绝望中的袁绍、韩馥眼前一亮，仿佛又看到了一线希望。

"既然刘虞害怕背负'乱臣贼子'的罪名，不如推举他为尚书令！"逢纪说道。

"是啊，尚书台自东汉以来一直是国家最高决策施政机构，既然刘虞做皇帝有顾虑，那就退一步用这种方式把各路诸侯统领在一起，从而避免诸侯混战，天下大乱。"许攸补充道。

"这的确是一个不错的变通之法。"袁绍、韩馥二人又看到了一线希望。第二天乐浪太守张岐又持信火速北向幽州而去。

可他们又哪里知道，刘虞接到信后，一边来回踱步，一边摇头，心想：此事万万不可行。我的长子还在董卓手上，正在董卓手下做侍中，要是我这边有什么举动，不仅要背负大逆不道的恶名，同时我儿子的脑袋也就保不住了。

由此可见，刘虞也整个在打着自家的小算盘。袁绍和韩馥最后的努力就这么以失败而告终。袁绍、韩馥联名给刘虞写信并遭到刘虞严厉拒绝之事，后又欲推举其为尚书令以统领关东诸侯之事，《九州春秋》中记述道："绍、馥使乐浪太守张岐诣虞，使即尊号。虞厉声呵岐……"陈寿在《三国志·魏书八·公孙瓒》记述道："（袁绍、韩馥）遣使诣虞，虞终不肯受。绍等复劝虞领尚书事，承制封拜，虞又不听，然犹与绍等连和。"范晔在《后汉书·卷七十三·刘虞传》对此事也有明确记述。

十四路诸侯，除过渤海太守袁绍、冀州牧韩馥、陈留太守张邈、乐浪太守张岐等人怀有大义之心外，剩下来的绝大多数都和曹操、袁术一样，打着把天下乘机据为己有自立为王的如意小算盘，只顾个人小利不顾天下人。像莽汉一样贪婪的私欲，已经整个主导了各路诸侯的行为，使他们为了一点私利不仅给天下人带来巨大的灾难，也使他们相互之间自相毁灭。而这些人一个个却还自以为聪明。看来诸侯混战，天下大乱，千万人遭受大屠杀已经完全不可避免。袁绍、韩馥虽然费尽心机，可仅凭他二人的微弱之力又怎么能抵挡得住这一原始人性所爆发出来的滚滚狂潮呢？

袁绍、韩馥也随之被逼上了私分天下的诸侯争衡之路，被逼上梁山。

关东联军分崩离析及混战之势已经完全不可逆转，关东的局势对董卓来说可以说是一片大好，只要董卓再稍作努力就可以将关东诸侯分化瓦解，各个击破。那董卓下一步又会采取如何行动呢？

下回请看：皇甫嵩妙答董卓　韩馥厕所离奇亡

第十八回

皇甫嵩妙答董卓　韩馥厕所离奇亡

公元191年春，毕圭苑，相国董卓与长史刘艾，在碎石铺就成的苑中林道边走边说道："刘表现已稳坐荆州，这样我军对南阳袁术、孙坚就形成了南北夹击之势。关东联军看来的确是一群乌合之众，现在不仅散了摊，而且已经开始内讧，形势对我们越发有利！"董卓踱着方步志得意满地说道。

"可问题是要想一口气把各路诸侯吃掉也非易事，董相国长期驻守洛阳也非长久之计。"刘艾说道。

"是啊，东面的局势虽然对我们很有利，可一时又解决不了；西边又有后顾之忧，真是让我左右为难啊！"说话间两人在鱼梁台坐下，侍从连忙倒上茶，吕布卫立于一旁。

"东面的事情可以从长计议，可万一家里要是出什么事麻烦就大了，后顾之忧不能不防啊！不如派一员上将镇守洛阳，这样可以两不耽误。"长史刘艾说道。

"看来也只能如此了。"

董卓于是命令：河南尹朱儁镇守洛阳，命亲族中郎将董越屯渑池（洛阳西120里处），协防洛阳；命女婿中郎将牛辅屯安邑（今山西夏县西北）、陕县，镇守河东和函谷关；命中郎将段煨屯华阴，镇守潼关。上述董卓的这一部署范晔在《后汉书·卷七十二·董卓传》中有明确记载。

一切都安排停当后，董卓于公元191年四月，乘青盖金华车，在吕布三千铁骑的严密护卫下，凯旋归长安。上述董卓公元191年四月回长安一事，陈寿在《三国志·魏书一·武帝纪》中记述道："初平二年夏四月（即公元191

年四月），卓还长安。”范晔在《后汉书·卷九·孝献帝纪第九》记述道：“初平二年丁丑，董卓自为太师。夏四月，董卓入长安。”可见自190年二月到191年四月董卓一直都在洛阳镇守，这再次印证《三国演义》所谓190年二月董卓撤出洛阳逃往长安之说与史不符，这期间洛阳还整个控制在董卓手上。再者，孙坚从井下打捞传国玉玺之说也整个子虚乌有。理由有二：首先汉献帝西迁长安完全是有计划的行动，不至于慌乱到连玉玺都遗失了。再者，即便遗失，也有充足的时间把它找回来。事实也是如此，孙坚从井下打捞上来的传国玉玺就是到公元280年孙皓归晋也没有拿出来。著名史学家裴松之对此事也提出疑问：“如其果然，以传子孙，纵非六玺之数，要非常人所畜，孙皓之降，亦不得但送六玺，而宝藏传国也。”《三国演义》中围绕传国玉玺所衍生出来的一系列传说，如孙坚因玉玺与刘表结仇，孙策押上玉玺从袁术处借得三千兵马之事自然也无立足之地。

百官皆在长安城外恭迎董卓大驾归来。司徒王允、司空荀爽、光禄大夫杨彪、光禄大夫黄琬、故太尉张温、城门校尉皇甫嵩等皆一道拜于车下。董卓拉长声调问道：“你现在还服我吗？”皇甫嵩假装不解地问道：“不知董相国是何意？”董卓哈哈大笑：“鸿鹄固有远志，燕雀又怎么能知道呢？”

皇甫嵩恭谨地答道：“过去与相国皆为鸿鹄，没想到相国今日已变成凤凰。”董卓粗声大笑：“你既然已经服我了，今日就免拜了！”说罢董卓摆摆手，乘车入长安城。上述董卓与皇甫嵩的这段对话，在《山阳公载记》中有记载。

董卓归长安后，自命太师。拜胞弟董旻为左将军，封鄠侯，拜侄儿董璜为中军校尉（宫廷侍卫长），宗族内外并居侯位。随后董卓又大兴土木筑郿坞（在郿县，今陕西眉县东，长安西260里处），城高厚十丈，积谷三十年，藏金银财宝无数。在郿坞城门，董卓与刘艾指道：“此乃万岁坞，有此坞，事成，可雄踞天下，即便不成，也足以在这里安度晚年！”此时的董卓可以说是进退有据，心安志得。

董卓还是那样残忍，为了镇服百官，董卓在长安也同样大力推行酷刑厉法。故太尉张温，董卓疑其与袁术暗通，施以笞刑，命廷卫将其当众用鞭、杖、竹板活活打死，惨不忍睹。此等之事还有不少。董卓在把持了皇权后，充分暴露了其残暴的本性。也难怪王权是可以为所欲为的，当它把持在豺狼虎豹的手上后，那天下人就只有像牛羊一样任其宰割了。要是在现代民主社会，当权者即便是豺狼虎豹也会有强大的法律武器制约其的行为，让其不敢胡来。否则，只会让他粉身碎骨。上述董卓归长安后的所为，陈寿在《三国志·魏书六·董卓传》中皆有记载。

易中天把东汉王朝的灭亡归罪于宦官擅权和董卓乱政，这一认识显然是浮浅的。实际情况是由王朝体制的三大先天不足造成的。王朝体制的三大先天不足：

一是政权更迭方式有问题。王朝政体采用的是世袭制，这样不可避免地就会频繁地出现小皇帝即位的问题，这样王权体系内部不可避免地会出现皇亲、国戚、宦官、外姓大臣等各派系之间的王权斗争，为了把持朝政，总是处在明争暗斗之中，这是导致宫廷政变的根源，是王朝体制先天就带有的。

二是公私不分。在古代王朝，家政即国政，家事即国事。公与私自王朝政体诞生就是血脉相通的，就是一体的。这样不可避免地就会出现大量将一己之私利凌驾于公利之上的行为，派系专权，穷奢极欲，买官卖官，贪污腐化，徇私枉法，欺负压榨百姓等。这又是导致官场腐败的根源。也是王朝体制先天就带有的。

三是官民矛盾。汉王朝自公元前202年建立，汉高祖刘邦就吸取秦亡的教训，“反秦之弊，与民休息”，大力推行轻徭薄赋慎刑的措施。秦王政时，赋税十分严重，有田租，还有许多苛捐杂税，汉朝田租减为十五税一，到文景之治时，又降为三十税一。秦王政时施行严刑酷法，一人犯罪株连亲族。而在汉文帝时废除株连，用笞刑取代某些伤残肢体的肉刑。上述政策的实行，充分调动了农民的生产积极性，使广大百姓过上了富贵安定的生活，国家出现了一片和平富足的景象。当时的汉王朝也是世界上最强大的国家。

这一充满仁德的政治虽然可以在一定程度上缓解官民之间的矛盾，可并不能从根本上解决问题。官民矛盾在王朝社会中是不可解的，这样不可避免地常常就会出现官民大战。

在东汉末年，上述三方面的问题整个聚合在了一起，宫廷政变、官场腐败、官民大战，使汉家王朝随之在内忧外患中分崩离析，继而又导致诸侯混战。

实际上汉家王朝自从诞生那一天起，就一直在这三大先天不足的困惑中处于风雨飘摇之中，要是它实行的不是仁政，早就像秦王朝那样灭亡了。可它最终还是因王朝政体本身的三大先天不足而灭亡了。其实，后来的王朝，不管是哪朝那代，也都没有逃脱这一命运。当然那时候的人是认识不到这些的，他们哪里知道，他们遇到的是一个世界性难题，这个难题一直在一千五百年后，公元1689年英国议会通过了闻名世界的《权利法案》后，才初步找到了解决这一世界性难题的突破口。

董卓凯旋归长安，对关东诸侯的压力也随之大幅减低，关东诸侯的内部矛盾也随之开始加剧。可没想到渤海太守袁绍虽然另立君主不成，却为他在诸侯争衡的人生道路上提供了一次难得的机遇。

另立君主的计划流产后，冀州牧韩馥回到冀州。不久麻烦就来了，原来是幽州公孙瓒要率兵来攻。公孙瓒在东汉末年因讨张纯有功，提拔为中郎将。董卓入洛阳，因讨伐青州黄巾军有功，又拜其为奋武将军，封蓟侯。此时公孙瓒率数万步骑兵屯右北平（郡治土垠，今河北丰润东）。公孙瓒此时虽名义上受幽州牧刘虞的节度，可他拥兵自大，独断专行，根本就不把幽州牧刘虞放在眼里。

厅内，热气腾腾，门窗四敞，蓟侯公孙瓒一身酒气，头冒热气鞭指地图道："看见了吗？幽州在这里，北有燕国、代郡、上谷，鲜卑人主要就生活在这里，再往北则是高山与茫茫的大草原，到处都是牛羊和草地。东面是辽西，再往东是辽东，乌丸人主要就生活在那里。我们现在驻军在右北平，右北平就在这儿。这里是中原地带，是华夏大地的心脏地带。小皇帝去年就被董卓劫到了长安，长安就在这儿，董卓现在也回去了。中原现在正群龙无首，凡天下英雄，有几人不想问鼎中原？可我们要想问鼎中原，中间却隔着一堵墙，而且这堵墙还很厚。你们知道这堵墙是什么吗？"

"大哥，这个我们又怎么能不知道呢？它就是冀州牧韩馥，是冀州挡着我们进军中原的路。"堂弟公孙越说道。堂弟公孙范也在一旁打和声。

"没错！是冀州这堵墙挡着我们进军中原的路，使我们寸步难行。那我们该怎么办？"公孙瓒在地图上比画着问道。

"那有什么办法，只有推倒这堵墙！"大将严刚、田楷说道。

公孙瓒打开青铜扁壶猛喝了一大口酒，又鞭指地图说道："没错，只有把冀州这块地像羊羔子肉一样地给吃掉，给我下酒，才能打通这条道。哎呀热死我了，赶紧给我扇！”

冀州就这么成了公孙瓒的必争之地。上述公孙瓒欲攻冀州之事，陈寿在《三国志·魏书六·袁绍传》中记述道：“后馥军安平，为公孙瓒所败。瓒遂引兵入冀州，以讨卓为名，内欲袭馥。馥怀不自安。”

由此可见，公孙瓒是一个具有称霸天下野心的人，他是要把天下都变成他一家的房地产，把天下人都变成他的家奴，建立一个完成以自我为中心的王朝，极尽享受至高无上的尊严和荣华富贵。当然那个时候的人还认识不到这是愚蠢透顶的穷奢极欲，相反还误以为这是什么英雄之志，公孙瓒也不例外。他们哪里知道：这样下去只会在无休无止的诸侯混战中，自相毁灭，最后是一家独霸天下，一将功成万骨枯。否则各诸侯之间就会相安无事，走向共存共容的联盟之路。这样下去，即使自己最后成为幸存者，成为天下霸主，到头来只会把自己给撑死，把天下人给饿死、憋死，把自己和家人变成寄生虫，把天下人变成任人宰割的羔羊，于己于天下人都有害。每个人的肚子就那么大，实际消费能力都极其有限，就是有金山银山到头来还是一日三餐，吃多了还会生出百病。

此时屯兵在酸枣，正准备移军回渤海的袁绍及其幕僚也正在厅内议论此事。“公孙瓒先是进攻安平国，大败韩冀州的安平守军，现在又大兵压境以借道讨伐董卓为名，玩假途灭虢的把戏。要是韩冀州不答应，他马上就会挥军南下，直捣邺城（冀州治，今河北临漳西南）。除非韩冀州能乖乖地让冀州于他，否则两家的战争将不可避免。”袁绍扇着芭蕉扇说道。

“那韩冀州会让冀州于公孙瓒吗？”谋士逢纪问道。

“这，这个不好说，但很有可能。”渤海太守袁绍应道。

“有人愿意把好不容易落在自己手上的地盘拱手让人吗？”逢纪一脸疑惑。

“对绝大多数人来说是这样，可对韩冀州来说却可能是另外一个样。韩冀州是一个豁达开明宽仁大义之人，各路诸侯都想趁机把所辖之地据为己有，而他为了天下大计却宁愿放弃这种想法。这也是韩冀州能与我共谋另立君主大计的根本原因。他本身就不愿意卷入诸侯混战之中。加上，公孙瓒大兵压境，大有一举踏平冀州之势。因此韩冀州很有可能让冀州于公孙瓒。”袁绍说道。

“若如此渤海危矣。渤海本来只有一郡之地，处于两强之间。韩冀州在时，我方尚可依附冀州而生存。要是冀州归公孙瓒所有，那渤海也将无法独存。将军就没有安身之地了。”长史逢纪喝了一口茶说道。

“是啊……那该如何是好？”袁绍使劲扇着扇子一脸焦躁。

“韩冀州与将军是盟友，一起共讨董卓，又共谋另立君主之大计。要是韩冀州真有让冀州于公孙瓒之意，又为何不能让给将军呢？将军应趁早下手，要是让公孙瓒抢了先，将军就完了！”谋士逢纪说道。

“那该怎么下手，总不能伸手去要吧？”渤海太守袁绍急道。

“最好是派人去游说。”参军许攸插言道。

公元191年七月，高斡一行顶着烈日骑马匆匆来到邺城，走进彰德府。高斡，袁绍外甥，陈留人。陈寿在《三国志·魏书六·袁绍传》中记述道：“会卓西入关，绍还军延津，因馥惶遽使陈留高斡等说馥。”

冀州牧韩馥起身相迎：“不知你舅袁本初派你来有何事？”

“正是为眼前之事。现天下大乱，诸侯纷争，公孙瓒前攻安平，现在又以讨伐董卓为名借道冀州，不知将军有何打算？”高斡答道。

“我和手下也正在议论此事，正不知道该如何是好。现在看来借道不行，不借道也不行啊。”韩馥摇着芭蕉扇心烦意乱地说道。

“为何不借道也不行？”高斡故意问道。

“我要是不借道，他肯定要借故进军冀州。幽州有二十万之众，兵强马壮，公孙瓒平张纯、征乌桓、灭黄巾，屡建战功，威镇华夏，天下又有几人能敌？”韩馥一脸愁云道。

“我倒有个办法可替将军解忧。”高斡说道。

“是吗？有什么办法快说来一听！”冀州牧韩馥眼前一亮。

“我舅袁本初与将军既是故交又是盟友，于今之计，不如让冀州于我舅袁本初。这样将军既可避灭顶之灾安身立命，又可得让贤之美名。我舅袁本初得冀州自然会深感将军之厚德，又可以使冀州免遭公孙瓒蛇吞。还请韩冀州三思。”高斡摊牌道。

“其实我也早有此意，让冀州于本初，以资本初成就大业。”韩馥说道。高斡心中暗喜，“只是……”韩馥又犹豫了起来，起身踱步，使劲扇着芭蕉扇。高斡的心随之又悬了起来。

"好吧，我答应让冀州于本初，请本初来治理此州！"韩馥果断地放下手中的芭蕉扇说道。

事情进展出人意料的顺利，一州之地就这么让给了袁绍。韩馥在殿堂中宣布："我已决定让冀州于袁本初！请诸君辅佐袁本初，外御强敌，内修民政！"话音未落，便一片哗然，长史耿武、别驾闵纯、治中李历纷纷劝阻道："冀州虽然地处偏僻，可有兵马十数万，粮草贮备充足。袁绍只居冀州一郡，依我鼻息，犹如婴儿在股掌之上，断其母乳，立可饿死。凭什么要将一州之地交给他呢？"

冀州牧韩馥解释道："袁本初不仅有宽仁之德，又有大义之心，能力又在我之上，我早已有让冀州于本初之意！度贤而让，古人所贵。既然我与本初的另立君主大计不成，天下大乱已不可避免，最好能由像袁本初这样的人来治理此州。能有像袁本初这样的人来治理此州，这可是冀州之福，百姓之幸啊！"

冀州牧韩馥遂不听部下谏阻。可事情并没有完，都督赵浮、程奂屯兵河阳，听说韩馥要让冀州于袁绍，连忙率兵赶回邺城，按剑大步走进彰德府，大有兵谏之意。"袁本初粮草困乏，一郡之地又怎么能是我们的对手？我二人愿以兵拒之，不用十日，即可消灭，让韩冀州高枕，又何必去怕他呢？！"二人谏道。

韩馥摆摆手说道："你们武人不知政事，我已命我子将印授交予袁将军，休再多言！"

此时韩馥已命长子与高干一道迎袁绍入邺城，在黎阳（今河南浚县），韩馥长子拱手将冀州印授交予袁绍。袁绍欣然接受，一脸感激。韩馥从此便退居二线。

上述韩馥让冀州之整个过程，在《三国志·魏书六·袁绍传》、《英雄记》、《九州春秋》中皆有记载。关于此事，易中天的说法与《三国演义》如出一辙："袁绍内外勾结软硬兼施，从韩馥手中夺取了冀州。"这一说法显然有误。实际情况是公孙瓒想假途灭虢，袁绍并没有与其勾结。要是袁绍把公孙瓒给耍了，早就跟袁绍动刀子了。再者，从韩馥与袁绍另立君主的大义之举可见，他和许多诸侯不一样，想趁机把冀州据为己有的欲望并不强烈，为了安天下，他宁愿把冀州上交。公孙瓒来攻取冀州，本身就不愿意卷入诸侯混战的韩馥，在强大的压力面前，加上本身就没有强烈的占有欲，于是便想让冀州于人。那么到底应该让冀州于何人呢？这样他就要在公孙瓒与袁绍之间做一个选择。很显然在他与袁绍一年多来的接触中，他已经被袁绍的品德和才能所感化，而且两人都有一颗大义之心，这也就是韩馥要让冀州于袁绍的根本原因。用古人的说法就是主动让贤。

袁绍就这么一夜之间便由一郡太守变成了一州之牧，拥有了冀州之地。不要小看这个变化，东汉的行政区划共分为州、郡、县三级。当时全国共分为十三个州，一百余郡。冀州下辖有魏郡、钜鹿郡、常山国、中山国、安平国、河间国、清河国、赵国、渤海郡。袁绍由渤海太守变成冀州牧后，其地盘和实力一下子就扩充了九倍。袁绍入彰德府，拜韩馥为奋威将军、沮授为监军（监管众将）、田丰为别驾从事、审配为治中别驾、总幕府。这儿人都是韩馥的旧部。沮授，钜鹿人；田丰，字符皓，钜鹿人；审配，字正南，魏郡人。逢纪则为长史，许攸为参军，总管粮草。

殿堂之上，袁绍说道："今董卓作乱，四海动荡。我世受皇恩，志在安邦定国。齐桓公没有夷吾不能成霸，勾践没有范蠡不能立国。今天我要与诸位同心协力，共安社稷！"

监军沮授出列奏道："将军20岁便登朝为官，名扬天下。董卓乱政，将军忠义奋发，单骑来到河北，董卓胆战，拜为渤海太守。现将军又由一郡之力合冀州广大之众，威立河北。若举兵东进，则黄巾贼可除；若举兵西讨黑山贼，则张燕可灭。将军应收天下英雄，照这样的势头发展下去，用不了多少年，将军就可以成此大愿！"沮授又为袁绍确立了新的战略方向。

沮授的这一席话，字字句句都说得铿锵有力，振奋人心，字字句句也都说在了袁绍的心坎上，袁绍大喜："哎呀，还是沮监军知我心啊！"

不仅如此，袁绍得冀州，原袁氏门生故吏纷纷来投，使得彰德府一时间门庭若市，袁绍更是风光无限。上述袁绍入主冀州后所发生之事，陈寿在《三国志·魏书六·袁绍传》中皆有明确记载。

这下可惹得南阳袁术牙齿直痒痒："这些人他娘的也太没眼光了，怎么都去追随袁家的奴才去了！"

"将军也不比他差到哪儿去。豫州之地已基本上处在将军的控制之下，豫州下辖有颍川郡、汝南郡、梁国、沛国、陈国、鲁国，地盘和实力比他袁本初也不差到哪儿去。”破虏将军孙坚在一旁指图道。

韩馥退居二线后，安居于中常侍赵忠故居。无官一身轻，韩馥的府邸一下子也冷清了下来。可不久发生了一件事，袁绍手下有一个叫朱汉的从事，因与韩馥有私怨，派兵将韩馥府邸围了起来，不问青红皂白便率兵闯进府院。家人阻挡不住，惊作一团，韩馥怒斥道：“都给我住手！你们这是要干什么？难道你们不知道这是谁的府邸吗？你们是不是不想活了？”

军士们就像猛然被点穴了似的，一下子都收住了手脚。

朱汉冷笑一声，走到韩馥跟前，上上下下打量了一番：“你还以为你是谁？你身为冀州牧时，我还惧你三分，可现在已经不是冀州牧了，你把冀州牧让给了别人，成了出家的和尚。”

“你！你胡说些什么？”

“我告诉你吧，你现在只是平民百姓一个！手无寸铁，手上没有一兵一卒……你现在还想要威风？谁还吃你这一套？”

“你！你们要干什么？”韩馥怒道。

“要干什么？就干这个，给我冲，谁敢阻挡砍谁！”随着朱汉一声令下，军士们一冲而上，刹那间惊叫声一片，一家老小慌忙退入府中，“赶快关门！赶快关门！兵变，要杀人了！”可又怎么能挡得住，门板被撞了下来。韩馥连忙上楼，朱汉持刀冲上楼，抓住韩馥长子按倒在地上。韩馥见长子被抓，奋不顾身地又折回来，几名军士把他拦住。“放开我儿子！放开我儿子！你要是胆敢动他一根毫毛，袁冀州是不会放过你们的！”

“你现在算什么东西？！袁冀州还会来管你？！”说话间，朱汉拿起一根大棒，冷眼看着韩馥，一边慢悠悠地挽着袖子。“你要干什么？你要干什么？”

朱汉抡起大棒，“我要干这个！”朱汉说着抡起大棒朝韩馥长子的双腿一顿乱砸，“哎呀！哎呀！父亲！快来救我……”韩馥及家人扑通全部跪倒在地，“求你了，别打了……放过我的儿子，要打就打我吧……是我以前对不住你……”韩馥泪流满面，不停地在地上磕头。朱汉也被眼前的一幕惊呆了，扔掉手中的大棒，冷笑一声扬长而去。袁绍闻讯后大怒，立即派兵将朱汉围了起来，并杀之。韩馥是袁绍的大恩人，要是袁绍像朱汉所想象的那种人，那他袁家四世三公的宽仁大德就被狗吃了。上述朱汉报复韩馥之事，

《英雄记》记述道："绍以河内朱汉为都官从事。汉先时为馥所不礼，内怀怨恨，且欲邀迎绍意，擅发城郭兵围守馥第，拔刀登屋。馥走上楼，收得馥大儿，槌折两脚。绍亦立收汉，杀之。馥犹忧怖，故报绍索去。"

受到惊吓的韩馥感到自己在冀州已经待不下去了，过去的亲朋故旧，不是敬而远之，就是冷眼相对。现在儿子又被打残，而且对袁绍也开始产生疑心。在为韩馥压惊的酒宴上，惊魂未定的韩馥一脸阴云，提出："我想离开冀州，到外面散散心。"

"现在时局很乱，韩将军住邺城会安全一些。没想到会发生这样的事，我也很痛心。都是我照顾不周，我马上加强警戒。"袁绍说道。

"袁将军的好意我领了，只是我在冀州待得久了，也该出去散散心了。"韩馥说道。

袁绍看韩馥坚持，也就不好再多说了。"既然韩将军要出去散散心，最好还是到陈留太守张邈那里，他是我从小玩大的朋友，这样好有个照应。"袁绍说道。

韩馥一行乘马车沿太行山麓一路南下，经延津（津渡名，在今河南延津北），过黄河，经官渡来到陈留（治陈留县，在今河南开封市东南）。张邈虽然恭迎于府门外，可已经失去了往日的热情。每个人都在用怪异的眼光打量着他。在接风酒宴上，张邈祝酒道："韩将军大义大德！让冀州于本初！其让贤之美名，将流芳千古！来，大家一起干杯！"

"是啊，韩将军让贤之美名，将流芳千古！"

"来，韩将军吃菜！"张邈客气了一句便开始与其他人聊了起来。这时韩馥听到身后有几人在窃窃私语："原来他就是韩馥啊……天底下怎么会有这样的傻瓜？为了图一个虚名，给着好端端的冀州牧不做，却要让于别人。就是让也应该让给自己的儿子啊，怎么能……"

"是啊……张太守这么隆重地招待他，也太抬举他了……"

韩馥本来想换个环境换换空气，改善一下心境，可让他没有想到的是，当他来到张邈处后心情变得更加沉重，脑子嗡嗡叫，只是低着头一个劲地喝闷酒，一樽接一樽。

张邈只顾与人说话，也不知过了多长时间，转眼一看韩馥被冷落在一旁喝闷酒，连忙招呼道："唉，怎么没人给韩将军敬酒？"

随着张邈这一声招呼，许多官员纷纷围上来给韩馥敬酒："韩将军祝你身体健康！""祝韩将军寿比南山……"

韩馥左右招架着："不，不……我不要敬酒，我不需要你们敬酒……"

"来，来，就喝一杯……就喝这一杯酒……"许多官员就像完成任务似的在继续劝酒。

"不！你们走吧，我不要你们敬酒！滚！都给我滚开！"韩馥扬手把堆在面前的一樽樽酒全部掀翻。众人皆惊愕。

韩馥也一惊，随后又一屁股坐在椅子上，"不，我不要你们敬酒，我不要你们敬酒……"韩馥泣声道，然后伏在案几呜呜地抽泣了起来。

"哎呀，韩将军，噢，不，韩冀州，你可要想开，你可要想开……"张邈连忙劝道。

没过多久，在一次酒宴上，久久被冷落在一旁的韩馥看袁绍的使臣与张邈窃窃私语，便以为袁绍是要借刀杀人，于是，就发生了一件让世人为之痛心疾首的人间悲剧——韩馥在厕所自杀身亡……一个具有大义大德之心的人就这么死了，而且死得这么可怜，这么窝囊。千百年来这一直是个未解之谜。上述韩馥之死，陈寿在《三国志·魏书六·袁绍传》中记述道："馥怀惧，从绍索去，往依张邈。后绍遣使诣邈，有所计议，与邈耳语。馥在座上，谓见图构，无何起至溷自杀。"

韩馥的让冀州之举，在当时完全是一种超前行为，不被世人所理解，就像没有人响应他和袁绍另立君主大计一样。每个人都是本能的以自我的利益为中心，又怎么能理解以他人为中心的思维方式呢？不仅如此，韩馥让出手中的权力，又遭遇到人走茶凉之苦。许多过去一天到晚围着转的亲朋故旧和部下，一时间都离他远去。就是在现在也是一样，许多领导台上遭人捧，台下没人理。可悲的是，就是生活在现代的易中天教授也不能理解韩馥的行为，将韩馥的这一行为斥之为“没有头脑”。在那时韩馥的行为遭到世人的摒弃也就是自然而然的事了。更让他雪上加霜的是，他及其家人的生命安全现在都成了问题。韩馥就这么由台上风光无限，一夜之间掉进了人生的冰窟窿。这让毫无思想准备的韩馥一下子又怎么能受得了？

韩馥就这么陷入了绝望的深渊，再加上在极度恐惧中又疑神疑鬼，于是就发生了让人痛心的人间悲剧。

更让世人想不到的是，这一事件又产生了深远的影响。

下回请看：曹操送貂婵入长安　袁术扣朋友做人质

第十九回

曹操送貂婵入长安　袁术扣朋友做人质

韩馥在张邈处自杀身亡，随后又产生了一系列影响极其深远的连锁反应。

“韩将军才到陈留没多久就不明不白自杀了，这怎么可能？鬼知道是被逼死的，还是自杀？”袁绍痛苦万状又一脸疑惑。此时张邈就是浑身长满了嘴也没办法说清楚，也难逃干系。袁绍从此便与张邈结下了不解之仇。

曹操在关东联军散摊后，又回到陈留（郡治陈留县，在今河南开封市东南），依附于老朋友张邈的门下，依靠曹氏、夏侯氏的根基，在本家兄弟曹仁、曹洪、夏侯惇、许褚等人的帮助下到处招兵买马。虽然原来的人马在虎牢关一战中已基本打光，不久又募得一支五六千人的曹家军，可曹操心里仍旧不是滋味。一天，曹操、陈宫、曹仁、曹洪、夏侯惇、许褚几人饮酒，台下琴声绵绵，豫曲连连，几名女伎舞袖轻姿正表演歌舞，其中一名女伎面露桃红，清秀玉洁，翩翩舞姿，更显出众。《曹瞒传》记述道：“太祖（曹操）为人佻易无威重，好音乐，倡优在侧，常以日达夕。”倡优即古时戏子。

“这名女伎我怎么未曾见过啊。”曹操呷了一口酒十分陶醉地问道。

“此女名叫貂婵，是新来的。”陈宫夹了一口菜肴说道。

“已经好久没有见到过如此绝色美女了。来，喝酒，喝酒！”曹操把樽眉飞色舞招呼道。

“来，喝，喝！”曹仁、曹洪、许褚纷纷举樽相应。而夏侯惇却不应声，只是一人独自饮酒。

“怎么元让今天一人独自喝起闷酒来了？”曹操瞥了一眼夏侯惇有些不快地问道。夏侯惇看了一眼曹操，嘴里喷着酒气嘟囔道：“整天过着寄人篱下的生活，干什么都要看人家的脸色，深怕喘气声大点儿也惊动人家，这样喝酒还有什么滋味？”

曹操本是借酒消愁，借歌舞散心，没想到却被夏侯惇一语戳到了痛处，脸色一下子便阴沉了下来，曹仁见状连忙解围道：“元让你这也有些太多虑了吧，张太守跟咱大哥可是盟友，又是从小玩大的朋友。”

“可朋友终归是朋友，到底不是本家朋友，我们在朋友的地盘上终归是在别人的地盘上，他是主，我是宾，总要看人家的眼色。前阶段我们招兵买马，张太守就多次表示不快。”夏侯惇粗声大气地说道。

“元让所言是也，我们终究是在别人的地盘上，无论做什么事都要看人之脸色，这又怎么能是长久之计呢？”陈宫放下手中筷子应道。这时见曹操又将一樽酒满饮而下，站在一旁的侍女连忙斟酒，不小心碰了一下曹操，曹操像刀子一样瞥了一眼侍女，起身夺下酒壶怒道：“去，去，给我下去！”侍女愣在那儿不知所措，“还愣在那儿干什么？！还不赶快都给我滚出去！！！”曹操怒吼道。貂婵等正在轻歌慢舞的女伎还以为是在吼她们，一个个都惊呆了，也连忙纷纷退下。曹操看着貂婵慌慌离去的背景，摇晃着身体说道：“袁绍、袁术、张邈、张超，一个个和我从小抽木猴长大的玩伴，现在不是州牧，就是郡守，而我现在却什么都不是，整个是白身一个，只能寄人篱下！你们知道吗？我这是在借酒消愁。”曹操说着又自斟了一樽酒满饮而下，继续说道，“袁绍、袁术一个据有冀州，一个既得南阳，又占据豫州，神气十足，有什么了不起的？！你们知道，他们头顶上的官帽都是怎么来的吗？都是别人送的，有本事自己弄一个来呀？”

“那——那个张邈也没什么了不起，他的太守头衔还不是董卓给的？！”曹操愤愤不平地说道。

“是啊，大哥，他们的地盘有人送，有人给，咱们也得想想办法，总不能一天到晚总这么寄人篱下，看人脸色过日子。”夏侯惇说道。曹操也不回应，又坐下来开始独自饮酒。

“那有什么办法？”曹仁问道。

“去争去抢！这年月，地盘就像是餐桌上的美味佳肴，谁能抢来就是谁的！”夏侯惇撕下一个鸡大腿咬了一口说道。

“这话没错，可说起来容易，就凭咱这几千号人马，又能抢得过谁？”曹洪说道。

“你这是灭自己志气，长他人威风！”夏侯惇吼道。

“行了，别争了！”陈宫制止道，“我倒有个主意，不知道能不能行？”陈宫继续说道。

“什么主意？快说来听听。”几人问道。

“效越王勾践故事！”陈宫呷了一口酒说道。

曹操把刚端到嘴边的酒樽放下，“你说什么？效越王勾践故事？！”曹操一下子来了精神。

陈宫又呷了一口酒说道：“孟德刚才不见那个叫貂婵的女伎吗？孟德刚才不是说她是绝色美女吗？何不把她送给董卓？弄不好一高兴还不给孟德一个郡守什么的干干？”

曹洪、夏侯惇、许褚一听，纷纷摇头：“这怎么能行？董卓乃乱臣贼子，废帝杀后，致使天下大乱，天下共讨之。这不是与贼为伍吗？”

曹操呷了一口酒说道：“这你们就不懂了。这样既可以用女色祸其心，又可以向董卓示好而收其利。”

于是曹操用重金把貂婵赎到手，在家中养了一阵子后，便派曹洪秘密送往长安。《汉书通志》中明确记述道：“曹操未得志，先诱董卓，进貂婵以惑其君。”

此时貂婵已经来到长安，一身锦绣衣，头戴花冠，轻轻舞步，袅袅身姿，如悠悠柳枝在微微晨风中飘扬，董卓正眉开眼笑咬着水灵灵的关中大白桃，像馋猫一样注视着眼前的美人，心魂荡漾，不禁起身张开双臂粗声招呼道：“来，来，来，快过来，我的小可人，快来陪老夫饮酒！”曲声依旧，貂婵站在那里不知道该如何是好。“董太师叫你过去，还不赶快过去？”侍立在一旁的李儒招呼道。

貂婵陪坐在一旁，低头不语，甚是拘谨。“来，来，来，吃大白桃，这可是关中的特产，在关东是吃不到的，来，拿上。”董卓说着拿起一个大白桃递到貂婵手上，看着貂婵小口小口吃桃子的样子，董卓问道：“甜不甜？”貂婵连忙点头，“里面的水多不多？”貂婵又点点头，“可它再甜也没你甜，它水再多也没你水灵，来，我的小可人，快坐到老夫的怀里来。”董卓说着便一把将貂婵拉到怀里，貂婵扭扭捏捏，欲挣不能，“哎呀我的小可人，身上这么香气，还是这么娇嫩，捏一捏都能挤出水来，真心疼死我了，来，让老夫亲亲！”董卓说着将大嘴拱到貂婵的脸上，正在这时，吕布来到门外，董卓用余光扫到了吕布，问道：“我儿奉先有什么急事吗？”说话间臂膀也随之松开，貂婵触电似的从董卓怀中腾起。

吕布报道："渑池董越来报，说河南尹朱儁与袁术、孙坚及关东诸侯暗中交通。"

"什么？有这等事？！"董卓惊起，"你先下去！"满面桃红惊魂未定的貂婵慌乱中又与吕布撞了个满怀，大白桃滚到了地上，连忙拾起夺路而出。而吕布却犹如在梦境中一般，他生平还从来没有与如此绝色美女这么近距离的接触过，望着貂婵离去的背影，而甜美清香的气息却永远留在了他的怀中，让他回味无穷。

"是不是确有其事？"太师董卓问道。吕布这才回过神来，"这样的事情是宁可信其有，不可信其无。"吕布机械地应道。

"是啊……"董卓踱着步子说道，"这样吧，那就拜弘农杨懿为河南尹，让他火速到洛阳替换朱儁，以防万一！"

可事情并没有董卓所想象得那么简单，没过几天女婿中郎将牛辅又急匆匆来报，董卓正听着秦腔，吃着东西，貂婵陪侍，吕布卫立一旁。"太——太师，不——不好了！"

"又怎么了，慌什么？"董卓惊道。

"朱儁自知事露，把孙坚引进了洛阳。杨懿被赶了回来！"牛辅说道。

"什么？河南尹朱儁把洛阳拱手让给了南阳袁术，这到底是怎么搞的？"董卓暴怒，一把将面前的餐桌掀翻。貂婵等战战兢兢，连忙退下。

"太师，不要着急。谁也没想到朱儁会给咱们来这一手。可只要潼关、函谷关还牢牢的把握在咱们的手上，那洛阳永远都是太师的囊中之物。"长史刘艾说道。

刘艾的这几句话就像让董卓吃了一颗定心丸："是啊，只要潼关、函谷关在手，洛阳永远都是老夫我的囊中之物。这样吧，中郎将牛辅！"

"在！"

"我命你率校尉李傕、郭汜、张济出陕县，火速向洛阳进军。到洛阳后，先不要急着攻城。"董卓手指地图道。

"我？"牛辅面露难色。

"怕什么？我让贾校尉做你的参军。要是还拿不下来，老夫就亲自出马，会会这孙坚小儿！"董卓粗声道。

贾诩，字文和，武威姑臧（今甘肃武威人），公元147年生人，面宽唇厚，沉着，说话鼻音很重，有一个叫阎忠的人特别看重他，说他有张良、陈平之才。董卓拜其为讨虏校尉。

“是！”牛辅应命而去。“回来！”

“太师还有何吩咐？”

“我的话还没说完。”董卓说着走到地图前，指图道，“到了洛阳以后，先勿要攻城，先把洛阳通向东、南、北的各道关口给堵住，让他有来无回，要关门打狗！”

“是！我明白了，要关门打狗！”

中郎将牛辅于是统讨虏校尉贾诩、校尉李傕、郭汜、张济等，率八万军马出陕县，沿黄河峡谷，浩浩荡荡向洛阳方向开来。

朱儁、孙坚用兵多年，自然知道洛阳之地不可久留，闻董卓大军来攻，连忙从洛阳撤出。朱儁率军沿黄河峡谷，从虎牢关撤出，退守中牟；而孙坚则率自家军马沿伊河川谷从伊阙关、广成关撤出，退守梁县东（今河南汝阳临汝镇东）。牛辅率军从东门挺进满目苍凉，到处是残垣断壁的洛阳城。范晔在《后汉书·卷七十一·朱儁传》中记述道：“卓后入关，留儁字洛阳，而儁与山东诸将通谋为内应。既而惧为卓所袭，乃弃官奔荆州。卓以弘农杨懿为河南尹，守洛阳。儁闻，复进兵还洛，懿走。儁以河南残破无所资，乃东屯中牟，移书州郡，请师讨卓。”由此也可见，孙坚也只有这个时候才能进入洛阳城，闻董卓大军来攻很快又撤了出去。陈寿在《三国志·吴书一·孙坚传》中记述道：“坚乃前入至雒（洛阳），修诸陵，平塞卓所发掘。讫，引军还，住鲁阳。”

“敌军望风退去，我当如何办法？”中郎将牛辅问道。

“我军应乘胜追击才是。一则给他们一点颜色看看，二则也是以攻为守。”讨虏校尉贾诩应道。

“言之有理。校尉李傕！”

校尉李傕骑马应命：“在！”

“命你统率三万军马火速沿伊河川道进兵，屯广成关，进击向南逃窜的孙坚军！”

“是！”李傕领命而去。

“校尉郭汜！”

“在！”郭汜骑马应命道。

“命你率三万军马出黄河峡谷，屯虎牢关，进击逃往中牟的朱儁军！”

关于董卓又二次派牛辅、贾诩入洛阳一事，范晔在《后汉书·卷七十二·董卓传》中记述道："卓以牛辅子婿，素所亲信，使以兵屯陕。辅分遣其校尉李傕、郭汜、张济将步骑兵数万，击破河南尹朱儁于中牟。因掠陈留、颍川诸县，杀略男女，所过无复遗类。"

孙坚率军出广成关，退守梁县东。被李傕大军所围，孙坚率千骑突围而出，又退守阳人城。正在此时，一直在与袁术、孙坚争豫州的袁绍盟友九江太守周昂又趁机率军来袭取豫州（此时豫州的大部分地区为袁术、孙坚占据）。周昂与袁绍是盟友，袁绍也就这么不明不白地卷入了与堂弟袁术的争斗之中了，袁绍与袁术这一对堂兄弟从此便公然决裂。程普、黄盖、韩当纷纷遣快马告急："九江太守周昂与其弟一起来攻豫州！"孙坚接报后，急得直跺脚："一起举义兵，讨伐国贼。现才被逆贼所破，关东诸侯又从背后来袭，这该让我们如何是好啊？！"《吴录》记述道："是时关东州郡，务相兼并以自强大。袁绍遣会稽周喁为豫州刺史，来袭取州。坚慨然叹曰：'同举义兵，将救社稷。逆贼垂破而各若此，吾当谁与戮力乎！'言发涕下。喁字仁明，周昕之弟也。"

一时间袁术、孙坚的处境十分危险。此时坐镇大本营宛城的袁术急得团团转，用马鞭指图道："我军现在正四面受敌，南有荆州刘表，西面长安和北面洛阳有董卓，东面有九江太守周昂，各方都虎视眈眈，都恨不得把我们一口吃掉。"

长史杨弘也一脸焦急："要是照这样下去我们的处境会十分危险。"

正在袁术、孙坚急得团团转之时。幽州牧刘虞长子刘和却出人意料地出长安，经武关，道经南阳，来到宛城走进袁术官邸。

"来，喝酒，请满饮此杯！"袁术劝酒道。

几人一饮而尽。"已经多年未见了，今天能在此相会真是三生有幸啊！"袁术心事重重，但还是强打精神地说道。

"先生在长安官居何职啊？"袁术夹了一口菜继续问道。

"被拜为侍中。"刘和应道。

"此次出武关，道经南阳，有何贵干啊？"袁术继续问道。

"董卓专横跋扈，圣上不堪其苦，欲东归洛阳，故派我出来联络我父及关东各方英雄，以迎圣驾。"刘和说道。

"噢，原来是这样。"袁术说道，这时却见长史杨弘跟袁术耳语几句，两人一起走进隔壁的房间之中。杨弘密语道："将军的机会来了。"

"此话怎讲？"袁术有些摸不着头脑。

"刘和是刘虞的长子，要是将军把刘和捏在手心，难道还害怕远在幽州的刘虞不乖乖听将军使唤吗？"杨弘说道。

"是啊！"袁术恍然大悟，"这样一则可以破坏刘虞与冀州袁绍的关系，二则还可以……还可以让他派兵马来救咱们，以解燃眉之急！"杨弘说道。

"是啊！"袁术大喜。刘和在袁术的层层严密看护下，只得执笔给其父写信，让其父火速派五千铁骑解袁术之危，然后再西迎天子。袁术得信后，就像抓到了一根救命稻草似的，立即派八百里快马持信火速奔往蓟县。

刘虞接到信后大惊失色："哎呀，不好！我儿落在南阳袁术的手中，成了人质……这该如何是好？"刘虞急得脑门上直冒汗。

"公子危在旦夕。为今之计，只有赶紧派兵马去，慢了搞不好要撕票！"从事鲜于辅说道。

"是啊，来人哪！"

"在！"

"马上派五千铁骑火速去救援南阳袁术！越快越好！"刘虞叫道。

"慢！"公孙瓒扬起大手阻道。

"怎么？"刘虞怒目而视。

"这明显是胁迫，是强迫咱们就范！能这么轻易就范吗？还有让我们的战马和军士白白去送死，我看只是给袁术办好事，我们又能得到什么好处？"公孙瓒直言道。

"那你说怎么办？要是你儿子落在别人手上怎么办？"刘虞吼道。

"要是我儿子，我也照样不发一兵一卒！"公孙瓒扬起下巴直冲着刘虞的脸吼道。

刘虞抖动着苍白的胡须，气得浑身发抖："你！你！你……你整个是胡说八道！"

"要去你就带上你的那帮老弱病残自己去吧！"公孙瓒一脚将案儿踹翻，摔门扬长而去。刘虞气得天旋地转，摇晃着身体，晃着晃着，便瘫倒在了地上。鲜于辅及从事连忙将刘虞扶到椅子上。刘虞慢慢地睁开眼睛，有气无力地说道："我的儿，我的儿……快，快……赶快派兵马去南阳，否则就来不及了！"

刘虞为了儿子置袁绍、韩馥的安天下之大计于不顾，此时自然是置一切于不顾，只是一门心思地解救他的儿子。而那边公孙瓒，气呼呼地走进府邸，“简直就是他娘的个老糊涂！除了会做和事佬以外，就是和稀泥！”公孙瓒一边走着一边说道，长史关靖、胞弟公孙越紧随其后，也不应答。

走进厅内，刚才发了一大通脾气口干舌燥的公孙瓒抱起青铜大水壶就咕噜咕噜就喝了个满怀。关靖自己倒了一杯水，喝了一口，看公孙瓒已经冷静了许多，便问道：“要是换成将军该怎么处理此事？”关靖，字士起，太原人，深得公孙瓒信赖。

“要是换成我就派兵去打，决不妥协！直到他交出人质为止！就像和北方的乌丸、鲜卑一样，只要他来抢我们的东西，我们就打，只有把他们打怕了，他们就不敢再来抢了。难道他抢了我们的老婆孩子我们就跟他妥协，他要啥就给啥，惯出这个毛病以后他下次还会来抢！”公孙瓒一边解下头上的武冠说道。

“将军所言有理，可将军此时却忘了一件事。”关靖喝了一口水慢腾腾地说道。

“什么？我忘记了一件事？忘记了什么事？我怎么不知道？”公孙瓒丈二和尚有些摸不着头脑。关靖也不应答，只是还一个劲地喝水。

“看，把我大哥都急成啥样了，我的关大老爷啊，快别再卖关子了！”公孙越说道。

“将军忘记了我们最大的绊脚石是谁？”长史关靖说道。

“这个我怎么会忘记呢？是冀州牧袁绍啊！我本想去攻取冀州，没想到却让这狗娘养的捡了个大便宜。是他现在挡着我进军中原的路！”公孙瓒毫不犹豫地说道。

“那袁绍与袁术现在是什么关系？”关靖又问道。

“是堂兄弟啊，这谁都知道。”公孙瓒坐下，随手拿起一个大红苹果咬了一大口，随口应道。

“九江太守周昂与袁绍是什么关系？”关靖继续问道。

“是盟友关系。”公孙瓒一拍脑袋，“哎呀，我怎么忘了这茬子事！这不是袁家兄弟在争吗？要是我帮袁术，不就等于在给自己扫清障碍吗？哎呀，我的关长史，你怎么不早说，省得我跟刘虞这老小子怄了这半天气。”

“这样我们就可以趁此机与南阳袁术结为联盟，共制冀州袁绍。”长史

关靖说道。上述袁术扣留刘和及逼刘虞出兵营救全过程，陈寿在《三国志·魏书八·公孙瓒传》中明确记述道："虞子和为侍中，在长安。天子思东归，使和伪逃卓，潜出武关诣虞，令将兵来迎。和道经袁术，为说天子意。术利虞为援，留和不遣，许兵至俱西，令和为书与虞。虞得书，乃遣数千骑指和。瓒知术有异志，不欲遣兵，止虞，虞不可。瓒惧术闻而怨之，亦遣其从弟越将千骑诣术以自结，而阴教术执和，夺其兵。由是虞、瓒有隙。"此事范晔在《后汉书·卷七十三·刘虞传》中也有明确记述。

公孙瓒于是命堂弟公孙越亲率五千铁骑以到洛阳征讨董卓军为名南下豫州，协助袁术进攻周昂。此时的豫州之地已是一片大乱，郭汜出虎牢关，大败退守中牟的朱儁军，挥军侵入颍川（郡治阳翟，今河南禹州）；李傕则大败孙坚军后，挥军侵入汝南（郡治平舆县，今河南平舆北），大肆寇掠。九江太守周昂也正在乘机大捞一把，已率军侵入陈国（治宛丘，今河南淮阳附近）、梁国（治睢阳，今河南商丘南）、沛国（治相县，约在今安徽淮北一带），袁术已经危在旦夕。就在这时，公孙越率五千铁骑赶到，袁术、孙坚大喜："真是天助我也！我们的援军到来了！我们有救了！"袁术扣刘和为人质不仅招来了援军，还引来了公孙瓒这个铁杆盟友，后者是他做梦都没想到的事。

袁术随后一边给公孙瓒写信，向其表示十二分的感谢，同时还在信中写道：

袁绍是袁家奴婢所生，讨伐董卓，其为盟主，致使叔父袁隗一家被杀。我讨董卓，其却使九江太守在我身后给我动刀子，以助董贼。如此不仁不义之人，我又当如何与其共事？

袁术一边又手指地图命令道："公孙越携所部军马协助孙坚进攻沛国！"公孙越与孙坚领命前往。公孙越身穿铠甲，英姿勃勃，与孙坚分兵两路，挥军直冲周昂军，杀得周昂军节节败退，正在此时飞来一箭正中公孙越面门，公孙越大叫一声倒地。

下回请看：袁绍土地换和平遭殃　董卓女婿背后捅刀子

第二十回

袁绍土地换和平遭殃　董卓女婿背后插刀子

公元191年十月，噩耗传来，在冽冽寒风中，蓟侯公孙瓒悲痛万分，把酒问天："苍天啊！我大事未济！却先失手足！这让我这当大哥的该如何是好啊？！"

堂弟公孙范、长史关靖及众将无不痛哭流涕，哀声动天。

"我们要报仇！我们要雪恨！此祸是由冀州袁绍而起，我们要荡平冀州，找袁绍报仇雪恨！"长史关靖振臂吼道。

"是啊，我们要荡平冀州，找袁绍报仇雪恨！"全军将士激愤道。

本来就想趁袁绍立足未稳攻取冀州的公孙瓒，高举"为弟报仇，荡平冀州"的大白旗，扬起战刀，迎着初冬的寒风，率十万步骑兵踏着青青绿草，浩浩荡荡由右北平向渤海（郡治浮阳，在今河北沧县东南旧沧州）杀奔而来。

邺城（冀州治所在地，今河北临漳西南），彰德府，飞马急报："渤海太守告急！公孙瓒率十万大军陈兵于磐河以北（磐河即大清河）！兵锋直指渤海！形势危及，请求火速救援！"

犹如晴天霹雳！"公孙瓒已经大兵压境！这该如何是好？！"冀州牧袁绍才组建的领导班子慌作一团。"我本想与刘幽州和睦相处，没，没想到却生出如此变故！"袁绍有些不知所措。

"这是九江太守周昂与南阳袁术、孙坚争豫州（治谯县，今安徽亳州市），公孙越自己去找死，与我们又有何相干？"总幕府审配（相当于总管）说道。

“是啊，这是他们之间在争地盘，凭什么拿我们来出气？”众文武七嘴八舌议论道。

“话虽这么说，可九江太守周昂是我们的盟友，按照他们的说法是受袁将军指使，此祸由我们而起。”参军许攸急道。

“不管怎么说，将军才入主冀州不到半年，立足未稳。公孙瓒身经百战，十万大军，金戈铁马，我军宜和不宜战！”长史逢纪说道。

“逢长史所言极是，此时与战显然与我们不利，要是能和当然好。可问题是又怎么个和法呢？”监军沮授说道。

“沮监军所言有理。”别驾田丰也表示赞同。

“是啊，此时与公孙瓒开战显然是凶多吉少。还有，周昂与我又是盟友，公孙越是被周昂射死的，我们怎么也难逃干系。我的意思是，公孙瓒不是想要渤海吗？不如就让渤海于他，以割一郡之地息公孙瓒雷霆之怒。以此来化解两家的干戈。”袁绍喝了一口茶强作镇定道。

“凭啥把渤海让给他？这也太便宜他了，此事本来是他们相争，凭什么我们要赔一郡之地给他？”大将麴义、淳于琼、张郃、郭图、颜良、文丑等武将皆愤愤不平道。

“难道我就愿意让一郡之地于人吗？可眼下与战不利，只能与和，可要想和就只能用土地换和平，否则到时候失去的恐怕就不是一郡之地了。除此而外还有何法？你们说呀？要是还有其他什么法子，我立即采纳！”袁绍说道。

于是冀州牧袁绍便命人火速将渤海太守印授送到公孙瓒的大营。公孙瓒大营内外，军旗飘扬，杀气腾腾，公孙瓒一脸怒气：“袁本初派人送来了渤海太守印授，以做补偿，你们说我到底是接受还是不接受？”

“不能接受！我们不能这么便宜了他，除非他把袁绍的人头也提来！”大将严纲等众将纷纷吼道。

冀州牧袁绍派来的使者，手捧印授跪在大帐之中，一声不发。这时只听长史关靖说道：“袁冀州既然已有悔过之意，我们也不能一点儿人情都不讲啊？”

公孙瓒有些迟疑，关靖又俯身公孙瓒低声说道：“可以先收下，然后再说。”

“既然袁本初有悔过之意，那我不能一点情面都不讲！公孙范！”

“在！”堂弟公孙范出列道。

“你把渤海印授收下，你现在就是渤海太守了！”

“是！”公孙范走到使者跟前，接受了印授。

袁绍及其幕僚闻公孙瓒已接受渤海印授，两家又言归于好，悬在老鹰嘴上的心也随之纷纷落在了地上。

第二天，关靖独自一人来到公孙瓒营帐。公孙瓒与公孙范正围着火盆喝酒吃肉。长史关靖走到蓟侯公孙瓒耳旁悄声说道：“现在正是灭袁绍平冀州的最佳时机，望将军勿失良机！”

“我已经按你的意思接受了渤海印授，又怎么能出尔反尔呢？”公孙瓒说道。

“将军难道不闻‘将计就计’吗？”关靖说着，自己也倒了一壶酒。

“那你为什么要让我接受印授？”公孙瓒一脸疑惑。

“两个原因：一是不要白不要。二是迷惑袁绍，让他以为两家已经和解，疏于防备。”关靖说道。

“唉呀，我的关长史，好一个‘将计就计’，你可真是一条狐狸呀！”蓟侯公孙瓒道。

“这可是将军灭袁绍平冀州问鼎中原的天赐良机！将军请随我来！”三人一起来到挂图前，长史关靖手指地图说道：“将军不费吹灰之力就得到了渤海。将军不知注意到没有？渤海郡地处要道，将军不只是得到了一郡之地的滋补，同时也打通了幽州和青州的通道，将军可以乘此时把幽州的兵马经渤海调往青州，平定青州正风起云涌的黄巾军，将青州据为己有。要是青州被将军据有，将军再看看会有哪些变化？”

“要是这样，冀州就会处在青州与幽州的南北夹击之中！”蓟侯公孙瓒手指地图道。

“到那时，袁本初恐怕就该把整个冀州送给将军了！”长史关靖兴奋道。

“哎呀！我的长史啊！可真有你的！”蓟侯公孙瓒大喜。

“不仅如此，将军要是兼并冀州，一身而据三州之地，天下谁还能与敌？那时将军自然也就可以问鼎中原！”关靖说道。

“要是那样，将全赖长史之功，你就是定国安邦之重臣！”公孙瓒喝了一大口酒，兴奋道。

公孙瓒把渤海拿到手上之后，随之挥军南下：“向青州进军！”

十万步骑兵经渤海大举突入青州。手持木棒、扁担、菜刀、刀叉及各种农具的黄巾军又怎么能是对手？一下子便被公孙瓒的上万铁骑冲的七零八落，杀得人仰马翻，纷纷携家带口赶着牛车、驴车像野牛群一样四处奔散，一部分南渡黄河窜入徐州陶谦的地盘，还有相当一部分黄巾军向东窜入兖州刘岱的地盘，青州之地望风披靡，旋即便被公孙瓒占据。关靖的第一步战略规划就这么顺利实现了。庆功宴上，酒气冲天的公孙瓒手持酒樽高呼道：“为我们的胜利干杯！”

众文武群情鼎沸，也齐声一起高呼：“为我们的胜利干杯！”

随后，长史关靖宣布：“奉蓟侯公孙瓒之命，命田楷领青州刺史，严纲领冀州刺史，单经领兖州刺史。”

许多人不解：“冀州在袁绍的手上，兖州在刘岱的手中，又怎么能让严刚和单经领二州呢？”

蓟侯公孙瓒朗声大笑，身着虎皮立身大步走到挂图前，用马鞭指图道：“你们看见了没有？现在我们已经占领了青州，冀州此时正处在幽州和青州的南北夹击之中，我们正好可一举夺取冀州，此乃天赐良机！我和关长史已经商量过了，我们的进攻路线是：先回军渤海，然后向冀州袁绍发动突然袭击，沿清河（今京杭大运河）向西南方向突进，目标是占领邺城。只要我们占领邺城，那冀州就是我们的了！到那时我们将据有幽州、冀州、青州三州之地，天下谁还能与我公孙瓒为敌？”

“蓟侯英明！那时我们就可以问鼎中原了！”众文武激昂道。袁术、孙坚与周昂的豫州之争，就这么演化成了公孙瓒与袁绍之间的一场大决斗。

公孙瓒随后命大将严纲、堂弟公孙范为先锋，率十万步骑兵，如滚滚寒流般由渤海侵入冀州，沿清河快速向西南方向席卷。袁绍军猝不及防，沿途河间国、安平国、钜鹿郡各县不是弃城而逃，就是挂起小白旗，纷纷沦陷。告急战报像雪片一样涌入邺城，彰德府内一片哗然，人心惶惶。城中寒风肆虐。

“冀州已经到了最危险的时刻，你们说说我们现在该如何应对？”袁绍强作镇定道。

“让了渤海，公孙瓒却得寸进尺要来吃冀州。我们已经没有东西可让了，除非将军把整个冀州让给他，再把我们的项上人头都搭上，他才会满意！”沮授厉声道。

“是啊，我们不能再让了，再让只有把我们的项上人头也让出去！我们只有与其决一死战！”田丰激愤道。

“公孙瓒欺人太甚！正因为他觉得我们软弱可欺，才会得寸进尺！我们应该与其决一死战！”众武将纷纷吼道。

“问题是，公孙瓒现在已据有两州之地，实力两倍于我，沿途各郡县已纷纷望风披靡，我们能打得过他吗？”参军许攸及一些文官怯生生议论道。

“就是打不过也要打，大丈夫只有战死的，没有被吓死的！我们只能与其背水一战了！”大将麹义、淳于琼、郭图、张郃、颜良、文丑齐声吼道。

“是啊，大丈夫应战死于沙场之中，马革裹尸，又怎么能跪地求降呢？！”袁绍的血气也被熊熊点燃了。

“就是战死！就是粉身碎骨！也绝不投降！”袁绍振臂吼道。

众将也纷纷吼道。彰德府内吼声如雷，寒风还在像野狼一样的吼叫着。

殿堂中的炭火正在熊熊燃烧，监军沮授剑指地图道：“别看公孙瓒来势汹汹，一路挺进，所向披靡。你们难道没有看到吗？他现在整个是孤军深入，一旦遭遇到顽强的抵抗，很容易就会陷入到四面八方的包围之中，公孙瓒在战略上显然犯了一个致命的错误，他在用攻打青州的方式在打我们。可我们不是黄巾军，他太小瞧我们了！”

“在此危难当头之时，也正是消灭公孙瓒的最佳时机！”别驾田丰补充道。

“监军所言有理，这也正是我们消灭公孙瓒，打击他嚣张气焰之时！”众武将纷纷议论道。

袁绍的信心更足了。于是命魏郡太守栗成守邺城，拜大将麴（音曲）义为先锋，统领各部兵马，约八万，北上界桥，扎大营于界桥南（界桥在今河北威县东约十公里处的古清河上）迎敌。上述公孙越被周昂射杀、公瓒起兵磐河及界桥决战之事，陈寿在《三国志·魏书八·公孙瓒传》中明确记述道：“是时，术遣孙坚屯阳城拒卓，绍使周昂夺其处。术遣越与坚攻昂，不胜，越为流矢所中死。瓒怒曰：‘余弟死，祸起于绍。’遂出军屯磐河，将以报绍。绍惧，以所佩渤海印授瓒从弟范，遣之郡，欲以结援。范遂以渤海兵助瓒，破青，徐黄巾，兵益盛，进军界桥。以严纲为冀州，田楷为青州，单经为兖州，置诸郡县。绍军广宗，令将麴义先登与瓒战。”此事范晔在《后汉书·卷七十三·公孙瓒传》中也有记载。由此可进一步证明韩馥让冀州并非袁绍与公孙瓒勾结而又独占冀州而结怨，准确的说是因公孙越被周昂射杀而起兵。

可让袁绍及其幕僚做梦也没有想到的是，此时坐镇洛阳的牛辅、贾诩正在屁股后面打他们的主意。正可谓是“螳螂捕蝉，黄雀在后”。此事在史书有详细记述，《三国演义》整个忽视了这一要素。

毕圭苑中，“没想到河北的公孙瓒和袁绍又打了起来，关东联军何止是一群乌合之众？我看整个是一群草寇，不需要我们动手，他们就已经像野狗一样咬成了一团。咬死一个少一个，我们正好可以坐山观虎斗。”牛辅喝了一口春尖茶悠闲地说道。

“将军不可坐山观虎斗。”讨虏校尉贾诩说道。

“这是狗咬狗，我们管他那闲事干什么？”牛辅随手拿起一只梨咬了一口说道。

“将军你来看，邺城在这儿。”贾诩说道用朱笔在邺城的位置上画了一个红圈。“现在公孙瓒正率十万大军，如洪水猛兽一般一路南下，向邺城袭来，沿途各郡县纷纷望风披靡。”贾诩说着用朱笔在地图上画了一个大大的由北向南红箭头，接着又指图道：“仅公孙瓒就已经让袁绍够受的了，十有八九难以招架，要是我们趁此机，再从背后捅他一刀子。”贾诩说着又用朱笔由南向北画了一个大大的指向邺城的红箭头，“那结果将会怎么样？”

“冀州袁绍立马就会上西天！”中郎将牛辅兴奋地脱口而出。

“袁绍是董太师的生死冤家，前番董太师派执金吾胡母班、将作大匠吴脩出使河内，派少府阴循出使南阳，想与袁家二兄弟和解，袁绍、袁术不仅拒绝了太师的请求，还命人把使臣都给杀了。要是我们趁此机从背后捅他一刀子，把袁绍给结果掉，一则可以消除后患，二则还可以据其地。这可是千载难逢之机！要是将军能成此大功，不把董太师乐死了才怪！”讨虏校尉贾诩也一脸兴奋。

“这好倒是好，可问题是李傕、郭汜正在汝南、颍川与袁术、孙坚、朱儁交战，显然腾不出手来，而我们手上这点兵马，只够看家，又怎么能再从背后捅刀子呢？”中郎牛辅又面露为难之色。

“这个我已经替将军想好了，此事不需要将军出一兵一卒就管保能办成。”讨虏校尉贾诩说道。

“不需要一兵一卒？贾校尉你酒没喝多吧？”中郎将牛辅笑道。

“我这像是说醉话吗？将军难道忘了刘表是怎么收复荆州的了吗？现在趁冀州大乱之时，我们可以朝廷之命再委任一个冀州牧，以收复众心。这不就等于在袁绍的心口捅了他一刀吗？”

“是啊，贾校尉高见。现在袁绍正忙于应对公孙瓒大军，不仅人心惶惶，还要亲率大军北上迎敌，这样邺城就会空虚，加上袁绍立足未稳，此时朝廷要是再派一个冀州牧去，其结果将会怎么也就可想而知了。”一直坐在一旁不吭声的张济说道。

“不仅如此，我们再派人去联系黑山黄巾军首领于毒，许以重利收买他。让于毒率十万黑山黄巾军由上党（郡治长子，今山西长治市）出兵，由西向东进入魏郡，到邺城不过三四百里路程。里应外合，还何愁不把袁绍的老窝给端掉？”贾诩说着用朱笔又画了一个由上党指向邺城的红箭头。

“此计大妙！”牛辅、张济齐呼道，“袁本初前要面对公孙瓒的大敌，后又要面临咱们的里应外合，袁绍就是有三头六臂也管保送他上西天！”

下回请看：袁绍绝地大反击　三个儿子落敌手

第二十一回

袁绍绝地大反击　三个儿子落敌手

在蓟侯公孙瓒的营帐中，炭火也在熊熊燃烧，公孙瓒身披虎皮，鞭指地图道："我十万大军势如破竹，一路上是铁蹄隆隆，战鼓声声，已经沿清河向西南方向挺进了八百里，现屯兵广宗（今河北广宗），离邺城不到三百里。我十万大军现扎大营在这里，在清河以北。在清河上有一座桥，叫界桥，袁绍的主力现扎营在界桥南，两军相距约三十里。要是我们能在此次决战中战胜袁绍军主力，那邺城也就唾手可得，到那时冀州就是我们的了。胜利就在眼前！你们有没有信心拿下这场战役？"

"有！"众将齐声道。

"听说有人一提到袁绍，就吓得腿肚子抽筋，有这回事没有？"公孙瓒激将道。

众文武轰然大笑。

"蓟侯神武，身经百战，所向披靡。袁绍只是一个小白脸，还从没有听说他打过什么胜仗，我军这一路打得他屁滚尿流，现在跪地求饶兴许还来得及，我们怕他做甚？"公孙范话音刚落，又逗得满堂哄笑。界桥大战的序幕就这么在嬉笑声中拉开了。

大决战就这么到来了。清河之上已经泛起冰花，刺骨的寒风在宽阔的河滩地上呼啸，在界桥南二十里处，公孙瓒这边，布有三万步兵方阵，以威镇华夏的五千白马义从为中坚，两翼又各分布五千铁骑，旌旗铠甲，光照天地，威风凛凛。与之对阵的袁绍一方，则是由大将麴义率领的五千步兵，前面有大盾牌护卫。袁绍的数万步骑皆藏身于后。坐镇中军身穿虎皮的公孙瓒见袁绍军少，心想就这几个鸟兵，又怎么能经受得住数万铁骑的冲击？于是扬鞭一挥："出击！"五千白马义从便挥刀扬鞭冲出。两翼各五千幽州铁骑也随后挥刀扬鞭从两翼齐出。一时间万马奔腾，战鼓声声。大将麹义像野狼一样长吼道："所有军士都听我命令！都给我伏身于大盾牌之下，准备弓箭，不要看前方！"眼看公孙瓒的一万五千铁骑轰隆隆越逼越近，在草地上荡起阵阵青烟。而麹义的五千步兵皆伏身于大盾牌下纹丝不动。麹义久在凉州，非常善于在开阔地带进行步骑兵会战，他手下的这五千步兵都是久经训练的精兵。眨眼间，公孙瓒的数万铁骑已扬鞭挥刀如滚滚洪流般冲到阵前，离前排大盾牌已不足百米。这时只听麹义野狼般长吼道："听我命令！准备！"八十米，五十米，三十米，"抬头！起身放箭！"随着麹义的一声令下，盾牌倒地，伏身于大盾牌后的五千弓箭手同时俱起，霎时万箭齐发，如狂风暴雨般，公孙瓒冲在最前面的白马义从哗啦啦中箭倒地，随着一波次接一波次的万箭齐发，紧随其后的铁骑也一批批栽倒，前面栽倒的又把后面绊倒，战马的嘶叫声，中箭的吼叫声，噼哩啪啦，顿时乱作一团。"不好！"身披虎皮坐镇中军的公孙瓒从来没有遭遇过如此战争，大惊，连忙鸣金收兵。可就在这时，坐镇中军身穿将军铠甲的袁绍却令旗一挥："全线出击！"随之鼓声大震，随着鼓点声，五千袁绍军弓弩手迅速有节奏地闪开两条通道，淳于琼、张郃各率五千冀州铁骑从闪开的两条通道奔涌而上，郭图、颜良、文丑也各率所部步兵跟进，排山倒海一般，袁绍军开始了对公孙瓒军的全线出击。骑兵在前，步兵紧随其后，鼓声震天，如决堤的洪水扑天盖冲向公孙瓒军，大将麹义一马当先，淳于琼、张郃两翼包抄。战局的变化完全出乎公孙瓒军的意料，公孙瓒军阵角大乱，万千骑兵纷纷调转马头，公孙瓒挥舞马鞭根本呵止不住。公孙瓒军就这么开始了全线大溃退。跑在最前面的当然也是骑兵，这下可苦了落在后面的三万步兵。两条腿的人又怎么能跑得过四条腿的马，公孙瓒的数万步兵不是被砍死，就是被马踏死，袁绍军所过之处，如绞肉机一般，公孙瓒军尸横遍野，被砍下的头颅就像落地的西瓜遍地都是，才被公孙瓒任命的冀州刺史严纲因逃跑不及被麹义挟马生擒，掷地后被乱刀砍死。

大将麹义高举严纲首级率五千铁骑追至界桥，此时身穿虎皮的公孙瓒急忙收拾数千骑兵还战于界桥之上，想借界桥阻击汹涌而至的袁绍军推进。可还没等公孙瓒军站稳脚跟，麹义便率五千铁骑冲杀了过来。惊慌失措的公孙瓒军一看这阵势，一个个又慌作一团，公孙瓒军再次被击溃。麹义率五千冀

州铁骑横冲直撞冲入公孙瓒的大营，拔其牙门，毁其营帐，营中的守军在狂杀乱砍中鬼哭狼嚎，四处奔散。公孙瓒军一败涂地。

这时坐镇中军的袁绍也已过界桥，见不可一世的公孙瓒军被打得屁滚尿流，仰天深舒一口长气，下马解鞍，席地而坐，此时护卫军只有三百弓箭手和大戟卫兵。“公孙瓒军看起来来势汹汹，实际上根本不堪一击，原来不过如此。”袁绍的话声刚落，便见公孙瓒率二千余白马义从轰然而至，袁绍、逢纪、沮授、田丰皆大惊失色，可逃已经来不及。刹那间，袁绍及三百护军被公孙瓒的两千白马义从里三层，外三层团团围住。公孙瓒挥鞭指挥道：“给我用弓箭射！”话音未落，箭如雨集。三百护卫军只得拼命还击，一面用大盾牌护卫着袁绍等退入于附近的一堆残垣断壁之中。对射中袁绍护卫军连连中箭倒下。别驾田丰用身体护卫着袁绍，退于一墙垛之下。公孙瓒命白马义从不断放箭，一箭正射于袁绍的头盔之上，“赶紧卧下！赶紧卧下！”田丰叫着拉袁绍卧下。哪想到袁绍将头盔掷于地，奋身吼道：“大丈夫应战死，又怎么能缩入墙间，苟活一时呢？！”这是公孙瓒结果袁绍的天赐良机，只要再稍加一把力，挥军冲杀过来就是了。就在此时大将麴义率五千铁骑轰然而至，公孙瓒不知所困者是袁绍，便拨马离去。袁绍之围随之被解。

战局就这么来了个大逆转。孤军深入的公孙瓒军开始全线溃退，经钜鹿、安平，向涿郡涿县方向仓皇北逃。跑慢了都不成，搞不好就会被袁绍包了饺子。袁绍挥军全线追击，公孙瓒军被杀得尸横遍野。袁绍就这么在这场吞并反吞并的诸侯混战中大获全胜，把侵略者公孙瓒打回了老家。

许多人可能都闹不明白，眼看袁绍大势已去，怎么转眼间又峰回路转了呢？据分析主要有两方面原因：首先是公孙瓒太急进了，要是稳一稳，不要急于一鼓作气拿下冀州，那形势就会对其更加有利。再者，在两军决战时，公孙瓒的攻法有问题，其最擅长骑兵冲阵，可没想到却遇到了麴义这个大克星，故而导致大败。大将麴义可以说在此战中为袁绍立下了汗马功劳。上述界桥之战全过程，在《英雄记》有详细记载，本著只是如实再现而已。

冀州牧袁绍率大军一口气追击了五六十里路，到达薄落津（河北巨鹿县城西处），公孙瓒军残部已渡漳水北逃。此时已近下午。出人意料大获全胜的袁绍意气风发，在薄落亭召集军事会议。寒风中战旗林立，士气凌天。

“多亏众将士奋勇当先，才有此大胜！你们都说说我们下一步该如何行动？”袁绍一脸光彩。

“我们应当乘胜追击！打到涿县！打到蓟县！打到公孙瓒的老家去！”立下赫赫战功的大将麴义豪言道。

“麴将军所言有理，我们应该给公孙瓒还以颜色看看。”场上气氛极为热烈。

正在这时飞马急报：“不好了！大事不好了！”

众文武皆大惊失色：“怎么了？怎么这么慌张？快说呀！到底怎么了？！”

“朝廷派来了一个叫壶寿的冀州牧来到邺城，许多官吏都投到了他的门下，魏郡太守栗成率军在城内与叛军激战……哪想到新来的冀州牧又引来了黑山黄巾贼于毒，十余万黑山黄巾贼围邺城，叛军开城迎敌……”信使道。

“那，那，栗太守怎么样了？！”袁绍急问道。

“栗太守被叛军和黑山黄巾军乱刀砍死，邺城已经全部落于贼手，黑山黄巾军和叛军此时正在城中聚会，到处杀人放火。”信使说道。

“看来，这是董卓和黑山黄巾贼串通一气所为，想趁我们与公孙瓒大战时从背后捅我们一刀子，置我们于死地！这一招可真够阴毒的！”监军沮授说道。

“那我们的家人都怎么样了？！”随行人员一个个都面露惊恐之色。

“城已陷，都落入了贼手！”信使说道。

“天哪！这该如何是好啊？！”许攸哭道，场上气氛由刚才的兴高采烈刹那间又陷入了一片慌乱之中，许多人也都随之抽泣了起来。

冀州牧袁绍面如铁色。火盆中的炭火还在熊熊燃烧，袁绍喝了一口茶，咬咬牙，强作镇定后说道：“大家要冷静！越是在这个时候就越是要冷静！我和大家一样，我的家眷也在城中！”

“我们应趁敌立足未稳，赶紧回军，夺回邺城！从薄落津到邺城不到三百里，我们的骑兵一天一夜就能赶到。”长史逢纪说道。

“没错，我们应该赶快回军，再迟就来不及了！”众文武也齐声说道。袁绍军于是停止追击，顶着狼群般吼叫的刺骨寒风火速南下，没日没夜往回赶。饿了吃口干粮，渴了就喝口冰水。第二天中午先头骑兵便已经到达斥丘（约邺城北30里处）。这时看到前面有许多人马，有的骑着马，有的赶着牛车，零零落落，看似逃难的百姓，又像衣冠不整的黑山黄巾军。

“前面似有伏兵！”袁绍惊道。

“贼军可能已经在城北设了埋伏。”逢纪、沮授等应道。

“即便是贼军已设有埋伏，我万千铁骑难道还怕他不成？”袁绍扬鞭一挥，轰隆铁骑便迎面扑上，大将麴义紧随其后。奔驰到跟前一看，“哎，不对呀！那不是我儿袁谭吗？高高的个子，穿着毛皮夹，一脸英俊之气，他身后跟着的不是老二袁熙和老三袁尚吗？”再仔细一看，跟在三儿后面的不就是妻子刘氏和整个一大家子。

“父亲！父亲！我们可把你盼回来了……”袁谭、袁熙、袁尚齐刷刷一并跪在地上，泪流满面。

“呀！原来是你们哪！”袁绍飞身下马，飞奔到三个儿子面前，抱完这个，抱那个，然后紧紧地把三个儿子揽在怀中，热泪不禁滚滚涌出。袁谭、袁熙、袁尚三人也泣不成声。

袁绍共有三子：长子袁谭，字显思，约公元175年生人，时年18岁；次子袁熙，字显雍，约公元177年生人，时年16岁；三子袁尚，字显甫，约公元179年生人，时年14岁，为刘氏所生。

那边逢纪、许攸、沮授、田丰、审配也都和家人们在抱头痛哭……哭声催人泪下，哭声动人心扉，这是来自人间最真实的感情，哭声中既有欢欣，又有辛酸……

“简直就像是做梦一样，不是城池整个都已经陷入贼手了嘛，你们到底是怎么逃出城的？”袁绍问道。

“是一个叫陶升的小统领，独自率部众逾西城而入，命军士守住内城，不许任何人入内。然后趁夜用马车偷偷把我们以及众官员家属都送出城以后又回去了。”袁谭说道。

“这可是我们的救命恩人哪！”袁绍感慨道，随命屯军斥丘，埋锅造饭。

此时壶寿、于毒正在彰德府举行庆功宴：“袁绍做梦也没想到咱们这么快就钻进他的彰德府了！”于毒举杯道。

“什么叫神不知鬼不觉？这就叫神不知鬼不觉！什么叫兵贵神速？这就叫兵贵神速！”壶寿笑道。

“今天晚上咱们要一醉方休！”

当壶寿、于毒从酒精中惊醒时，袁绍的上万骑兵已兵临城下。“不好了！袁绍的骑兵已经包围了城池！”

壶寿、于毒慌忙从床上爬起，“赶快关城门！赶快关城门！”各城门的吊桥嘎吱嘎吱纷纷收起，巨大而又厚重的城门也轰隆隆纷纷关上。喝得醉醺醺的黄巾军摇三摆四，像醉八仙一样，手持刀枪弓箭慌忙冲上城楼。“不好了！袁绍的兵马从天而降！已经包围了城池！”可他们又哪里想到，北城门的吊桥收了上去，而西城门的吊桥却放了下来，原来又是陶升所为。大将麴义见西城门大开，一马当先，率五千铁骑如群狼恶虎般呼啦啦冲入城中，守城的黄巾军本来就醉醺醺已经乱成一团，见袁绍军铁骑冲入城中更是大乱，“不好了！袁绍骑兵已经冲进城了！”

城楼上的黄巾军一片哗然，纷纷像野兔子一样的四处逃命，随着各城门的吊桥相继吱嘎嘎放下，淳于琼、张郃也随后率所部骑兵如群狼恶虎般冲入城中，黑山黄巾军此时才酒醒，没命的在城中各街道上奔逃，“妈呀！快跑呀！”袁绍的铁骑横冲直撞，像追赶牛羊群一样，杀得黑山黄巾军喊爹叫娘，人头滚滚，死伤成片。壶寿、于毒飞身上马，慌忙率数千军马杀开一条血路夺南门而去。

近十万黑山黄巾军沿着太行山麓一路向南溃逃，漫山遍野。颜良、文丑、郭图率所部骑兵则是追一路杀一路，数万黄巾军被杀。袁绍军随后又围壶寿、于毒于朝歌（今河南淇县），五日后破城，二人皆被杀。邺城就这么又失而复得，陶升被袁绍破格提拔为建义中郎将。袁绍自此威镇河北。

几乎在同一时间，南阳袁术、孙坚也打败了九江太守周昂，收复了陈国、梁国、沛国等失地。兄弟二人就这么不约而同地玩了一把生死大逆转。

公元191年十二月，黑山黄巾军被袁绍从魏郡和邺城全线击溃后，又泥石流一般侵入东郡（郡治濮阳，在今河南濮阳东南），东郡太守王肱被杀。正在这时，一只军马突然杀入濮阳城。这个人就是身材矮小，但目光炯炯的曹操。他亲率曹家军来攻。此时的黄巾军因正在忙于肆掠，被曹家军打得像野兔子一样四处奔逃。袁绍表曹操为奋武将军领东郡太守，有冀州牧袁绍撑腰哪个还敢不从？曹操就这么在袁绍的扶持下做上了东郡太守，有了自己的根据地，可实力与袁绍至少还有十倍之差。陈寿在《三国志·魏书一·武帝纪》中记述道：“十余万众略魏郡、东郡，王肱不能御，太祖引兵入东郡，击白绕于濮阳，破之。袁绍因表太祖为东郡太守，治东武阳。”可见，曹操东郡太守的官帽是袁绍给的。

关于牛辅、贾诩从背后袭邺城之事，《英雄记》明确记述了壶寿与于毒袭取邺城与魏郡的全过程，并明确指出“斩毒及长安所署冀州牧壶寿”。也就是说壶寿这个冀州牧整个是长安委派的，两人又是联手行动，黑山黄巾军自然也是长安所使。而此时在前线镇守洛阳的又是中郎将牛辅、讨虏校尉贾诩，此次行动自然也就是他们二人所为了。

就在此时有一个叫荀彧的人到东郡投靠曹操。荀彧清秀风雅，字文若，颍川颍阴人，公元162年生人，时年30岁，小曹操七岁，董卓之乱时任亢父令，后弃官回乡。父荀绲，官至济南相。叔父荀爽，官至司空。冀州牧韩馥邀其到冀州为官，荀彧与其弟荀谌及同郡辛评、郭图一起来投，待到冀州，韩馥已让冀州于袁绍，冀州人事发生大地震。由于冀州本地就有许多人才，暂时未得重用的荀彧，又忽遭魏郡内外之乱，于是便携家人逃出邺城，来到东郡。哪想到曹操此时已经成为东郡太守。而荀彧又哪里知道，他离开后不久，其弟荀谌、同郡辛评、郭图等都得到了袁绍的重用，邺城旋即又失而复得。陈寿在《三国志·魏书十·荀彧传》中记述道："时太祖为奋武将军，在东郡，初平二年，彧去绍从太祖。太祖大悦曰：我之子房也。"而易中天在谈到此事时就有些瞎掰了，说是因为袁绍"外宽内忌"，"不会用人"，眼睛里没水，才被荀彧炒了鱿鱼。

荀彧来到东郡，曹操连忙来迎，"来，来，来，坐，坐，坐……文若能光临寒舍实在太好了。"曹操一脸欣喜将荀彧迎入堂内。

"曹东郡实在是太客气了。"荀彧有些拘谨地说道。

"文若，怎么会想到屈就寒舍呢？"曹操问道。

"我度袁冀州终不能成大事，故来相投！"荀彧说道。他也只能这么说。

"哎呀，有文若来投，实在是太好了。我得文若，犹如高祖得张良，文若乃我之子房也！"曹操如久旱逢甘雨般喜道。曹操随后拜荀彧为司马，为其主谋。

那么，曹操把貂婵献给董卓后情况又如何呢？

下回请看：吕布貂婵床上欢　刘虞夜袭公孙瓒

第二十二回

吕布貂婵床上欢　刘虞夜袭公孙瓒

曹操把貂婵献给董卓后，被留做身边陪房侍女。由于深得董卓的宠爱，便留在长安太师府中。可让曹操做梦都没有想到的是，貂婵献给董卓不久，便与相貌英俊，风流倜傥的青年将军吕布有了奇情。

原来吕布自公元189年九月杀丁原投奔董卓后，便深受董卓的信爱，两人以父子相称。不久便被提拔为中郎将，封都亭侯。董卓因作恶多端，深恐遭人谋害，在迁都长安后，不管走到哪里常把吕布带在身边做贴身护卫，平时也由李儒与吕布轮留守中阁（生活起居之处），这样吕布与貂婵私下里接触的机会也就多了。吕布本来就是一个好色之人，加上经常为董卓守中阁，貂婵与董卓床笫间的声响自然也会不时传到他的耳朵里，本来已是焦焦之情，再加上又不时地被点燃，更是让他饥渴难耐。每次见貂婵从房中出来，他的整个心都会随着貂婵身上的香气飘向远方。

一天，吕布来到中阁守护董卓，正值董卓午休，又听到房中传出声响，抑制在体内的火焰又被点燃，便取出一壶酒独自呷饮，不多时见服侍完董卓的貂婵从中阁出来，便不由自主尾随在后。当貂婵在闺房中手持月亮般大小的铜镜正准备卸妆时，却见吕布头顶武冠站在闺房门口，涨红着脸，貂婵惊问："请问吕将军有什么事吗？"吕布不答，不请自入，来到貂婵面前，从袖中取出一双玉镯，"这是送给姑娘的，请姑娘笑纳！"吕布喘着粗气有些语无伦次地说道。

貂婵接到手上，一看是一对上乘的玉镯，无限清透的白玉上泛着层层翠绿，眉目间随之闪出一丝惊喜，“是送给我的吗？”貂婵有些不敢相信发生在眼前的事情。

“是的，是特意送给姑娘的！”吕布点点头应道。

“可你为什么要送给我这么珍贵的礼物呢？”貂婵疑惑道。

“这是因为，这是因为，这是因为，我，我，我……我喜欢上了姑娘！”说着吕布将貂婵一把揽在怀中，情不自禁对着貂婵的嘴唇、脸蛋狂亲乱吻。面对吕布的突然来袭，貂婵本能地进行着反抗，她要喊，可嘴被吕布喷着酒气的嘴堵着，她拼命地躲闪，可躲了这边，躲不了那边，在吕布宽阔、雄厚、巨大的怀抱中，她像一只小羊羔，当她在挣扎中力量耗尽，已经精疲力竭之时，吕布把她像羊羔一样放到床上，还是不停地亲吻她。“我喜欢你，我喜欢你，自从我见到你就喜欢上了你，我要纳你为妾……”

“这不行，这不可能，你不要胡思乱想……”貂婵边躲闪着边说着。

“我有大功于太师，我们以父子相待，他不会不答应……”

“这不可能，我早就是他的人了，我的身子早就给他了……”

“我不管，我不管，哪怕就是明天杀头，我也要和你在一起，我要你，我要你……”

此时的貂婵只能任由吕布摆布，看着她平日仰目相望英俊威武的将军对她如此钟情，为她如此不顾一切，她不由自主地开始从内心深处生发出一种感动，当吕布把她剥光亲吻她的双乳，开始在她的体内刀耕火种的时候，她的体内开始卷起一股激情，并在她的体内开始扩散开来的时候，她不由自主地开始迎动，腰像水蛇一样的开始扭动，鼻孔里的吟叫声也开始越来越大。

大泄之后，吕布像一摊泥一样趴在貂婵身上，汗水与香水混杂在一起。

这边吕布在长安释放情欲，而那边蓟侯公孙瓒被袁绍打得屁滚尿流逃回蓟县后（幽州治，在今北京城西南），锐气大伤，往日不可一世的雄风也一下子收敛了许多，在幽州牧刘虞所居住的大城东南筑小城安身。幽州牧刘虞与蓟侯公孙瓒一个是被朝廷任命的地方长官，一个是土生土长的地头蛇，两人积怨极深。

“你知道我与公孙瓒一向不和，我主张北和乌丸、鲜卑，而他却穷兵黩武，一味从中作梗；我与冀州袁绍君子相交，和平共处，而他却一心要吞并冀州，称霸天下。现在怎么样？我请他来议事，他称病不来，根本就没把我这个州牧放在眼里。我一忍再忍，已经不能再忍了。”幽州牧刘虞低声说道。

“是啊，这个人趾高气扬从不把刘幽州放在眼里，他一意孤行，整个以幽州之主自居，有这个地头蛇从中作梗，刘幽州是什么事情都做不成。我们不如趁其战败，彻底拔掉这个钉子！”从事鲜于辅说道。

“这正是时机，公孙瓒的手下此时都驻在各地，城中空虚，正好可以下手。”从事齐周说道。

幽州牧刘虞于是密令鲜于辅调度军马夜袭公孙瓒。

“大势不好！刘幽州率数万军马将小城围得水泄不通！命令守城将士打开城门！该怎么办？”守将飞报。公孙瓒从睡梦中惊醒，一把将怀抱中的女人推开。

这时将军公孙范、长史关靖也闯了进来，“大哥，不好了，刘幽州率兵把城给包围了，这该怎么办？”

“怎么办？我也正要问你们呢？怎么办？！”蓟侯公孙瓒一边套着铠甲一边说道。

“各城门外都有大量军马，已经出不去。城中只有五千军马，守又守不住。其余兵马都在外，等待救援已经来不及。我看只有掘东城墙而逃，那是一个薄弱环节。再迟就来不及了！”公孙范说道。

“别急，先看看再说！”公孙瓒手持马鞭率众将登上城楼，但见城外人马飞扬，声浪滔天。

“刘幽州有令！只杀公孙瓒一人！其余一律不问！只要你们打开城门，就饶你们不死！听见了没有？！”鲜于辅在城下喊话道。

春光明媚，刘虞身穿紫色锦袍，跨骑枣红大马，立于城下。“应加紧攻城，要是公孙瓒的援兵赶到我们可就麻烦了！”从事鲜于辅说道。

“应用火攻，这样城中就会大乱，我们便可趁势破城！”骑都尉鲜于银献策道。

“不可烧城！这样会祸及民房，殃及百姓，老百姓盖一院房子要用一家人一辈子的心血！绝对不能烧城！”刘虞制止道。

“那就赶紧攻城，公孙瓒猛如虎豹，不能给他喘息之机！”从事齐周说道。

“再等等看，看守城军士和公孙瓒做如何回应再说！”刘虞手捻花白长须说道。

身经百战的蓟侯公孙瓒在城上，见幽州牧刘虞兵马虽众，可规划不整，松散稀拉，显然没有经过严格的军事训练，于是便高声说道：“敌军虽众，在我面前不过是一群乌合之众罢了！我已有破敌之法，请诸将勿忧！”随后，公孙瓒把公孙范叫到一旁，面授机宜。公孙范的面部表情由疑惑渐渐变成了微笑，随后信心十足地说道：“请大哥放心！我一定让刘虞稀里哗啦！”长史关靖等还是一脸疑惑。

城外，幽州牧刘虞见城门迟迟不开，正准备下令攻城。长史关靖在城上喊话道：“蓟侯公孙瓒已经决定开城投降，只是还请刘幽州开恩不杀！”

幽州牧刘虞及随从听说公孙瓒已经决定投降，一个个兴高采烈。“只要公孙瓒开城投降，交出兵权，我刘虞保证不杀他！天地作证，绝不食言！”刘虞说道。

“只要公孙瓒开城投降，交出兵权，刘幽州保证不杀他！天地作证，绝不食言！”城外军士齐声高喊。

这时见城门徐徐大开，吊桥放下，在众人翘首等待公孙瓒率众文武走出城门跪地求降之时，突然间城墙上鼓声大作，就像开闸泄洪一般，从敞开的城门中拥出数千白马义从。城楼上的军士杀声震天。公孙范一马当先，铁蹄轰鸣，抡起大砍刀突入刘虞军中。刘虞军措手不及，一个个被惊得目瞪口呆，顿时乱作一团，在数千白马义从的强力冲击下，喊爹叫娘像雪崩一样四处奔散。

幽州牧刘虞也慌忙调转马头卷入了溃逃的人群之中，一路向西奔逃。公孙瓒的数千白马义从狂冲乱砍，杀得刘虞军像牛羊群一样四处奔散，死伤遍地。骑在高头大白马上的公孙瓒挥鞭长吼道：“给我追！绝对不能放过刘虞老贼！”

幽州牧刘虞及其数百随从，一路狂奔近三百里连夜逃入居庸城（今北京延庆县东），企图居城坚守，以待援军。鲜于辅则率一彪人马火速赶往燕国去请求救兵。公孙瓒率数千铁骑冲到居庸城下，三下五除二便被冲车撞开，还未等援兵赶到，刘虞及其妻儿就全部被擒。

“你们还想来要我的命！看谁先要谁的命？！”眼冒火星的公孙瓒命公孙范：“将刘虞及妻儿也一并推出斩首！”公孙范领命刚要离去，长史关靖连忙上前阻拦：“刘虞是朝廷委任的大员，此事还需慎重！”公孙瓒沉思片刻，说道：“那就先把老贼押回蓟县！”自此幽州便整个落在了公孙瓒的掌控之中。

公孙瓒于是将刘虞及妻儿押入囚车，押回蓟县。关于刘虞夜袭公孙瓒后又被活捉的全过程，范晔在《后汉书·卷七十三·刘虞传》中有详细记载。陈寿在《三国志·魏书八·公孙瓒传》中记述道：“虞惧瓒为变，遂举兵袭瓒。虞为瓒所败，出奔居庸。瓒攻拔居庸，生获虞，执虞还蓟。”此事在《魏氏春秋》中也就记载。

而吕布在长安激情释放后，见风平浪静，于是便大着胆子隔三差五往貂婵的闺房里面钻，两人就这么在董卓的眼皮底下开始私通。一天，激情过后，貂婵说道：“你以后最好不要再到我房中来了。”

“为什么？！”吕布惊问。

“已经有人开始议论了，这样下去迟早会出事。”貂婵说道。

“真的有人议论？”吕布一下警觉了起来。

貂婵战战兢兢地点点头。是啊，经常如此又怎么能不被人看到呢？深夜吕布躺在床上翻来覆去，天哪，我怎么会干出这档子浑事？调戏君王的爱姬那可是要杀头的，我这何止是调戏？整个就是私通。我虽然有大功于太师，可要是让老家伙知道了会放过我吗？绝对不可能！这老家伙的脾气何等暴躁？为了一点儿小事将护身短戟向他投来的情景，一遍又一遍地在他的脑海中回放着。俗话说“纸包不住火，若要人不知，除非己莫为”，风言风语用不了多久就会传到老家伙的耳朵里。这该如何是好？吕布越想越后怕，脊背直冒虚汗，于是便去拜访一个人。上述吕布与貂婵私通之事，陈寿在《三国志·魏书七·吕布传》中明确记述道："卓常使布守中阁，布与侍婢私通，恐事发觉，心不自安。"此事范晔在《后汉书·卷七十五·吕布传》中也有记载。

下回请看：吕布谋董卓有奇情　九旬老母跪地哭求

第二十三回

吕布谋董卓有奇情　九旬老母跪地哭求

吕布身着浅绿色锦袍去拜访的人，就是他的老朋友司徒王允。

王允，字子师，太原祁（今山西祁县）人。曾任豫州刺史，尚书令，董卓罢免了司徒杨彪后便拜其为司徒，食户二千。由于王允与吕布是同乡，两人很自然地也就走在了一起，成了好朋友。当然，王允跟吕布套近乎，还有一个原因，是吕布不知道的，就是因为吕布是董卓的贴身卫将，是董卓的亲信爱将。在王允家中，酒过三巡，菜过五味，“平日里，吕将军到我这里喝酒都是有说有笑，怎么今天不言不语，心事重重，只是一个人喝闷酒？”王允问道。

“是吗？没有的事，我哪有什么心事！”吕布装作若无其事的样子说道。

“吕将军休要瞒我，我从将军的眉宇之间就能看出将军怀有很深的心事，将军正在为一件事担忧。”王允说道。

“王司徒难道还会看相？”吕布问道。

“何止会看相，还会看人心！”王允夹了一口菜笑道。

“是啊，照这样下去，我和家人恐怕连性命都将不保，我又怎么能不担心呢？”吕布说着端起酒樽满饮而下。此时吕布那个后悔啊，纸包不住火，此事早晚必发。

“吕将军到底遇到什么事了？”王允问道。

可吕布又哑巴吃黄连有苦说不出，于是便说道：“司徒难道不闻太师曾几次掷戟于我？幸亏我躲得快。”

“是啊，躲过这一次，难道还能躲过下一次？难怪吕将军会为此事担忧。”王允给吕布斟满酒道。

吕布端起酒樽又一饮而尽，然后把酒樽重重地往桌上一蹾：“我恨不能杀掉这个老家伙！”吕布与董卓此时已经是你死我活，势不两立。

“将军真的想除掉董卓？！”王允眼睛一亮。王允其实也早有此心，只是一直在等待时机。

“只是我们义如父子，恐为天下人非议！”吕布咬咬牙说道。

王允本来是试探吕布的，没想到吕布又开始犹豫，于是便劝道：“将军姓吕，太师姓董，本非骨肉，又何为父子？你现在如此担忧自己和家人的生命安全，又何谈什么父子不父子？”王允说着又把酒斟满。

“是啊！”吕布端起酒樽又一饮而尽。

“不仅如此，将军要是能杀董卓，那是为国除贼，为民除害。董卓擅行废立，毒死国母又弑君，还残杀大臣，罪恶滔天。将军要是能杀董卓，将功垂千古，为天下人所敬仰！”王允见吕布不表态，进一步劝道。

“可是凭我一人之力又能如何？”吕布低声说道。

“要是将军有此心，本司徒愿助将军一臂之力！其实，我与尚书仆射士孙瑞早就在谋划此事，只是苦于没有机会。”

“有司徒和尚书仆射相助，还何愁不诛灭此贼！来，一起把这樽酒给干了！”吕布兴奋道。两人举杯，一饮而尽。两个具有不同目的的人就这么走在了一起。

吕布是因对董卓怀有私愤——董卓曾因小事掷手戟于吕布，及与貂婵私通恐事泄而要刺杀董卓的。范晔在《后汉书·卷七十五·吕布传》记载道：“卓以布为骑都尉，誓为父子，甚爱信之。稍迁至中郎将，封都亭侯。卓自知凶恣，每怀猜畏，行止常以布自卫。尝小失卓意，卓拔手戟掷之。布拳捷得免，而改容顾谢，卓意亦解。布由是阴怨于卓。卓又使守中阁，而私与侍婢情通，益不自安。因往见司徒王允，自陈卓几见杀之状。时允与尚书仆射士孙瑞密谋诛卓，因为告布，使为内应。”此事陈寿在《三国志·魏书七·吕布传》也有明确记载，《三国演义》所谓“王司徒巧使连环计”纯属杜撰。

刺杀董卓的绝密计划自从吕布上手后，节奏一下子就加快了起来。王允联络士孙瑞及汉献帝身边的近臣，而吕布则是把手下亲信招来开始密谋。

公元192年四月，汉献帝病后新愈，要大会群臣于未央宫。已经时不我待的吕布立即决定要抓住这次机会。司徒王允一面让士孙瑞悄悄将讨董密诏送予吕布，一面又让骑都尉李肃率秦谊、陈卫、李黑等十余名亲兵伪作宫门卫士，手持长戟，威立于北门，只等董卓的到来。董卓每次入未央宫都要经过此门。

这一天风和日丽，董卓身着朝服，在吕布及众军士的护卫下阔步走进金华皂盖车。从太师府到未央宫，虎卫兵个个手持长戟夹道林立。董卓的车驾在左步右骑前呼后拥的层层护卫下，出府门，向未央宫而来。吕布身穿铠甲，手持红缨长矛，跨骑赤兔马，怀揣讨贼诏命，统率五百虎卫军，一路护送董卓入未央宫。眼前就要到未央宫，有一匹马被莫名其妙绊倒，坐在车中的董卓大吃一惊，以为遭袭，连忙掀开车帘惊问："我儿奉先，刚才到底发生了什么事？"

吕布持矛飞马来到车前，报道："请太师勿惊！有一匹马在行进中不慎被石头绊倒！"

"此乃不祥之兆，不如打道回府！"董卓说道。

吕布心中暗暗叫苦，让老家伙多活一天，我就多危险一天，一旦错过此机，更待何时？于是劝道："本将率兵出征，常见有马绊倒，可并未见有败绩，难道太师还相信小民的迷信之说？"

董卓犹豫了片刻，说道："还是我儿奉先说得有理！"于是一挥手命车驾继续前行。《英雄记》记述道："卓当入会，陈列步骑，自营至宫，朝服导引行其中。马踬不前，卓心怪欲止，布劝使行，乃裹甲而入。"范晔在《后汉书·卷七十二·董卓传》中也有记载。可见护卫董卓入宫的是吕布，而《三国演义》却说成了李肃，显然有违史实。

董卓车驾已临近北门，百官早早在殿前恭迎。此时董卓的金华皂盖车已驶进北门，随着李肃一声令下："开始行动！"

伪作宫门卫士的秦谊、陈卫、李黑随李肃一围而上，其余伪作宫门卫士的亲兵则用长戟死死地拦住北门，使后面的人不得入内。

李肃率秦谊、陈卫、李黑等冲到车驾前，董卓还以为是来迎他，推开车门刚要下车，却见李肃猛然挺戟向董卓胸前刺来，董卓毫无防备，只听当啷一声，被刺中，原来董卓内穿有护身铁甲，不入，董卓大惊："我儿奉先何在？快来救我！"秦谊、陈卫、李黑等用长戟或叉车，或叉马，丁零哐啷，在殿前恭候董卓的朝廷百官惊声四起，乱作一团，李肃又一连数戟刺向董卓，可当啷当啷都被挡了回来，李肃一急又转刺手臂，董卓大叫一声堕下车来："我儿奉先何在？！快来救我啊！"

这时只见吕布手持红缨长矛，像豹子一样蹿到董卓面前，高声宣诏道："奉诏杀贼！灭董卓三族！有敢助贼者，皆斩！"

董卓闻声大骂："庸狗！你这条庸狗！老子待你不薄！你竟敢如此！"吕布应声一戟刺穿董卓的喉咙，"庸……狗……"董卓气绝倒地，吕布又飞身向前，用红缨长矛朝董卓喉咙连扎数枪，董卓当即毙命。董卓就这么被王允、吕布两个最亲信的人给刺杀了。

此时北门已经乱成一团，主簿田景奋不顾身扑向董卓尸体，"董太师啊！你怎么会遭此横祸啊！"吕布大怒，一枪刺穿田景心窝，田景大叫一声扑倒在董卓的尸体上。随后又有朝官不顾一切扑向董卓尸体，吕布抡起红缨长矛，向二人刺杀，两人应声倒地，"谁还再敢靠前？！"吕布虎目道，百官无人再敢靠前。陈寿在《三国志·魏书六·董卓传》记述道："是时，天子有疾新愈，大会未央殿。布使同郡骑都尉李肃等，将亲兵十余人，伪著卫士服守掖门。布怀诏书。卓至，肃等格卓。卓惊呼：'布何在？'布曰：'有诏'，遂杀卓。主簿田景前趋卓尸，布又杀之，凡所杀三人，余莫敢动。"范晔在《后汉书·卷七十二·董卓传》记述道："肃以戟刺之，卓裹甲不入，伤臂堕车，顾大呼曰：'吕布何在？'布曰：'有诏讨贼臣。'卓大骂，布应声持矛刺卓，趣兵斩之。"

董旻、董璜及董卓一家老小皆在郿坞（在郿县，今陕西眉县东，长安西二百余里处）。斩草要除根，王允立即命皇甫嵩率三千铁骑向郿坞扑来。高大的坞门前，"圣旨到！请左将军董旻听旨！"皇甫嵩命人在城下宣旨道。董旻还不知道长安城里发生的事，连忙与侄儿中军校尉董璜放下吊桥，出坞门领旨。朝廷命官高声宣旨道：

罪臣董卓，擅行废立，杀帝灭后，滥杀忠臣，致使天下大乱，按罪当诛灭三族！

董旻、董璜大惊："这，这，这到底是怎么回事啊？"话音未落，数百骑士便一围而上，将二人乱戟刺杀。皇甫嵩随后率军冲入城堡之中，守城军士猝不及防，像牛羊群一样四处奔散，皇甫嵩率军冲入城中，不问男女老少，见人就杀，逢人便砍。董卓90岁老母，眼看着自己的孙儿一个个被砍死，血喷如柱，甩下拐杖，扑倒在坞门前，疯一样一边磕头一边哭喊道："别杀了！别杀我的孙儿！求你们了！他们都还是孩子……求你们了！别杀我的孙儿！要杀就杀我吧！"可没有人听她的，她的孙儿们还是被一个个残酷杀害，连怀抱孩子的妇女和襁褓中的婴儿都不放过，按照帝王之法，斩草要除根，这都是应当之事。董卓白发苍苍的老母，满头满脸是血，还在那里一边不停地磕头一边疯一样地哭喊着："求你们了！别杀我的孙儿！他们还都是孩子！要杀就杀我吧！"那叫声，那哭声，刺破苍穹，穿过云霄。董卓三族就这么被斩尽杀绝。范晔在《后汉书·卷七十二·董卓传》记述道："使皇甫嵩攻卓弟旻于郿坞，杀其母妻男女，尽灭其族。"《英雄记》记述道："旻、璜等及宗族老弱悉在郿，皆还，为其群下所斫射。卓母年九十，走到坞门，即斩首。"

这边董卓则被暴尸于长安广场。守尸官吏在董卓的肚脐上插上一根草绳，像蜡烛一样的点燃，用于夜晚照亮，通宵达旦，数日不灭。军士齐呼万岁，百姓歌舞于道。袁氏门生故吏，将被董卓无故杀害的袁隗一家尸骨堆积在董卓的尸体旁，用大火焚烧，以告慰袁氏家族的在天之灵。袁隗一家在洛阳被害，董卓恐尸骨被盗，藏于关中。

董卓从公元189年九月执掌朝政，到公元192年四月被刺杀身亡，前后两年半。

董卓这个人论胆略，三国中的各色人物与其相比都不过是小巫见大巫。董卓这个人本来也还是可以的，有宽宏大度的一面，可自从他开始争夺皇权及把持皇权以后，就变得极其残暴。这里面固然有其性情残暴的一面，但其根本原因在于王权是可以为所欲为的，从而使其的恶性开始极度的大膨胀，任意滥杀大臣，滥杀无辜，滥杀俘虏。结果怎么样？结果是恶有恶报。他在用极其残暴的手段对待政敌的时候，他的政敌也会用同样的方式进行报复。

这就是中国王朝历史的恶性大循环，无休无止，只有在现代民主社会才能从根本上解决这一问题。

有人说，董卓被杀在于他轻信人，他压根儿就不应该把王允、吕布这些人安排在他身边。其实这只是皮毛之见，其根本原因是董卓在把持朝政期间作恶多端。他在作恶多端之时也就在大把大把地播撒仇恨的种子，结果使他防不胜防。董卓要把持朝政总不能不用人吧？古代皇帝为什么要三宫六院七十二妃？这不仅是为了享乐，为了显示其至高无上的社会地位，同时也是为了使他的“龙种”快速而又大面积地繁殖，皇帝就这么成了“种马”。其目的之一不外乎就是尽快使满朝文武都变成他最信得过的皇亲国戚，把军政大权都牢牢地掌握在儿女们的手上，这样才稳妥。可董卓把持朝政才几年，大面积快速繁殖显然已经来不及了。这样免不了就要用许多外姓人。这就是问题的根源。可就是能来得及又怎么样？哪一个王朝最终都没有逃过灭亡的命运？皇子皇孙多了也有他的问题。

董卓被杀后，司徒王允录尚书事，总理朝政，拜吕布为奋武将军，封温侯，假节。王允与吕布一文一武便开始共掌朝政，拜皇甫嵩为征西将军。

殿堂之上，王允坐于上位，吕布侧坐一旁。“幽州牧刘虞及家人现在被公孙瓒关在蓟县的大牢里，危在旦夕。刘幽州乃汉室长老，又一向忠于朝廷，我们可不能不管啊！”司徒王允说道。

“应赶紧派人出使幽州，好言相劝，迟了就来不及了！”光禄大夫黄琬说道。

“是啊。段训就烦你走一趟了。你火速赶往幽州去劝和，拜公孙瓒为前将军，封易侯，使刘虞督关东六州。一定要好言相劝，刘幽州及家人的安危就系于你一身了！”司徒王允说道。

“是！”段训领命道。

“再者，现在关东局势又该如何处置呢？”尚书仆射士孙瑞问道。

“关东举义兵者皆为我徒，现董贼已除，冤仇已解，自然应该与关东诸将去和解了。这件事就麻烦张种走一趟。”司徒王允手捻花白须说道。

“是！”张种领命道。

“董贼已灭，其在长安的余党已除，可中郎将牛辅在关东还屯有一二十万重兵该如何处置？”吕布问道。

“牛辅乃董卓女婿，和董越一样都是董卓的亲族死党，都是董卓余孽，罪不容赦，应当派兵去剿除才是！”司徒王允说道。

“要是办好这三件事，国家迅即可安！”司徒王允说道。

“是！”三人齐声领命道。

下回请看：巫师趁机搞暗算　吕布三枪战郭汜

第二十四回

巫师趁机搞暗算　吕布三枪战郭汜

洛阳毕圭苑中，“不好了！董太师被吕布刺杀！三族遭灭！”一队兵马跌跌撞撞来报。如五雷轰顶一般，大堂内顿时惊做一团。

“大家静一静！大家静一静！现在不是哭的时候，大难临头应该冷静才是！”贾诩站在桌子上吼道。大堂内还是嘈杂声一片。

“吕布马上就要率军入潼关（位于今陕西潼关县北，晋豫陕三省交界处），向洛阳杀过来了！难道还在哭喊着等死不成？！”讨虏校尉贾诩吼道。

“是啊，吕布马上就要率军杀过来了！”许多人这才回过神来。

贾诩跳下桌子，来到图前指图道：“我们现在洛阳，东面要应对关东诸侯，西面的王允、吕布马上又要率大军来攻，处在两面夹击之中，处境十分危险！”

“那，那我们该怎么办？我们总不能在这等着被夷灭三族吧？！”中郎将牛辅惊慌失措道。

“那是自然。当务之急我们应坚守洛阳八关！赶紧让李傕、郭汜撤回洛阳，退守东、南、北三面的虎牢关、大谷关、轘辕关、伊阙关、广成关、孟津、小平津等，将军和我赶紧率三万军沿黄河峡谷西进，屯兵陕县，坚守函谷关（位于今河南灵宝市坡头北），一定要把吕布的军马挡在函谷关外。张济留守洛阳，等李傕、郭汜的兵马撤回以后再调一部分兵马来增援我们。当务之急，只有先守住洛阳八关，才能确保不被消灭。然后再想其他办法。”贾诩说道。

这时骑都尉李肃奉奋武将军吕布之命，怀揣诛灭牛辅的诏书，率三千铁骑，马蹄隆隆，经华县，入潼关，南峙巍巍秦岭，北临滔滔黄河，沿黄河峡谷，火速向函谷关奔来。“你们快看！前面就是函谷关！”骑都尉李肃扬鞭遥指道。

“‘双峰高耸大河旁，自古函谷一战场。’函谷关是东去洛阳，西达长安的咽喉，它就像堵在葫芦口的一个塞子，‘一夫当关，万夫莫开’。要是函谷关也控制在我们手上，那洛阳就如同是囊中之物！函谷关就在眼前，赶快前进！”李肃催促道。

说话间三千铁骑轰隆来到函谷关前，“圣旨到！请中郎将牛辅听旨！”李肃命人在关下大声喊道。关上寂静无声，只能听到飞燕在深山峡谷中的叫声。

“圣旨到！请中郎将牛辅听旨！”话音刚落，却听鼓声大震，数千军士哗啦立于关上，也不搭话，张弓便射，刷、刷、刷，箭如倾盆大雨，城下骑兵纷纷中箭落马，李肃连忙拨马回撤，“娘的，反了，敢违抗圣命！有种下来比试，别躲在关上放冷箭！”骑都尉李肃拨马后撤骂道。这时只见关门大开，如开闸泄洪般数千铁骑奔涌而出，“杀啊！杀了这些假传圣旨的反贼！”

李肃骑兵慌忙纷纷调转马头，沿黄河峡谷开始向西逃窜，牛辅的两千骑兵在后面疯狂追杀，李肃骑兵被杀得人仰马翻，许多人连人带马坠入滔滔黄河。

李肃本想诏书一宣，牛辅的手下就会像鸟兽一样溃散，牛辅就会束手就擒。没想到牛辅听讨虏校尉贾诩之谋，火速回军陕县，派重兵把守函谷关。李肃被打得屁滚尿流而归，除过紧随逃归的百十骑几乎是全军覆没。吕布闻讯大怒：“让你持诏讨贼！你却大败而归！损我军马！败我军威！你也太没用了！”

李肃本来就心有怨言，在刺杀董卓行动中立有大功，怎么也应该升为中郎将，却仍还是骑都尉。现在吕布又来责怪他，于是便抗辩道：“我只是奉将军之命行事，我又怎么会想到牛辅会抢先在函谷关埋有伏兵？”

“娘的！打了败仗，还敢强辩！给我拉出去斩了！”吕布盛怒，没头没脑地又杀了李肃。陈寿在《三国志·魏书六·董卓传》中记述道："卓死，吕布使李肃至陕，欲以诏命诛辅。辅等逆与肃战，肃败走弘农，布诛肃。"

董卓女婿中郎将牛辅打败了李肃，潼关也随之落在了牛辅手上，虽然解除了眼前的危机，松了一大口气，可还是轻松不下来。"要是关东诸侯趁机来攻洛阳，吕布再次来进攻怎么办？这样我们就会两面受敌。"

"将军可以放宽心，关东诸侯现在正忙着狗咬狗，哪还有工夫来扯咱们。关中这边，我们现在有潼关、函谷关在手，'一夫当关，万夫莫开'，也不是他想进来就能进来的。"讨虏校尉贾诩喝了一口茶慢悠悠地说道。

"是啊，贾校尉所言有理。可现在军心不稳？"中郎将牛辅说道。

"这倒是一个大问题。董太师就是被他身边的亲信之人所害，将军可要当心！"讨虏校尉贾诩说道。于是牛辅不管白天黑夜都兵符在身，手持刀斧，派重甲护卫，大有草木皆兵之感。凡有来客相见，一律先由巫师相面，看是不是有反气，再经占卜看凶吉后才见。董卓亲族中郎将董越，到陕县投奔牛辅。本来都同属于董卓亲系，可以互相支持。可牛辅不见，先命人把他安排在馆驿，然后请来巫师用蓍草占卜凶吉。董越吃饱喝足，倒在床上便睡，终于可以睡个安心觉了。可他哪里知道，他的命运此时正掌握在巫师的手上。"此次要占卜的是何人？"巫师问道。

"是中郎将董越。"牛辅答道。

"就是那个先前镇守渑池的董将军？"巫师问道。

"没错！"牛辅答道。巫师暗喜，心想：此人过去曾多次羞辱过我，还用鞭子抽过我，今天可落到我的手上了。巫师经过一番布道，符咒，最后卦签显示是："火胜金，外谋内。"

"此卦是何意？"牛辅问道。

"就是说有人要谋害你。"巫师说道。

牛辅又仔细看了一遍卦，还在睡梦中的董越于是便成了牛辅的刀下之鬼。此事王沈在《魏书》中有明确记述。

夜深人静，牛辅驱赶了一阵讨厌的蚊子后，便身穿铠甲，钻入蚊帐之中。双手紧握刀斧的牛辅也不知什么时候迷迷糊糊睡着了，却突然被营垒外传来的嘈杂声惊醒。牛辅翻身下床，听外面乱哄哄一片，"不好！一定是手下军士反叛，来抓我来了！胡赤儿！胡赤儿！”

正在营垒外守卫的侍卫长胡赤儿应命而入，“外面到底是发生了什么事？！”

“我也不知道，只是听见人马声，嘈杂声，是不是军士叛乱？”

“很有可能。带上几个人，赶紧走！再迟就来不及了！来，把这个箱子提上！”牛辅说着，让胡赤儿把一个装满金银财宝的箱子提上，然后自己又在身上掖了几十块金饼，及大量珠宝。营垒外，人马嘈杂声更大了，牛辅、胡赤儿几人手持刀斧，摸黑爬上城楼，“城北面有马，有船，我们翻过城墙后，乘船北渡黄河，往安邑走。”牛辅说道。

来到北城楼，胡赤儿连忙用绳子系于牛辅腰间，“你可要抓稳，我先下，你们后面跟上！”牛辅说道。

胡赤儿眼珠子一转：“将军请你放心好了。”

牛辅将刀斧插入腰间，像狗熊一样翻上墙垛，“你可要抓牢，我就下了！”

“将军放心好了！”

牛辅开始徐徐从城上悬空吊下，刚垂下不到两米，便听见一声惨叫，牛辅从六丈高的空中重重摔下，原来是胡赤儿故意松开绳索。牛辅被摔了个半死。胡赤儿几人噌噌顺绳溜了下来，“你们这些狗娘养，我操你八辈子祖宗！”话音未落，胡赤儿一刀便砍下了牛辅的首级。胡赤儿几人，私分了金银财宝后，一个个便趁夜骑马而去。其实，哪有什么人来抓牛辅呀，只是手下的一些军士叛逃出营。陈寿在《三国志·魏书六·董卓传》中记述道：“其后辅营兵有夜叛出者，营中惊，辅以为皆叛，乃取金宝，独与素所厚胡赤儿等五六人相随，逾城北渡河，赤儿等利其金宝，斩首送长安。”

此时已撤回洛阳的校尉李傕、郭汜闻顶头上司中郎将牛辅又被杀，惊慌失措，慌忙留下一部分兵马守洛阳，便率所部军马退守陕县。三人一面命手下将军中数百号并州军士收而杀之，拥兵自守，一面又派使者至长安乞求朝廷赦免。

此时总揽朝政的王允先是拒绝赦免，“赦免他们？凭什么赦免他们？这些人都是董卓余孽，干尽坏事，罪不容赦，应当与董卓同罪！再者，一年不能两赦！”王允疾恶如仇道。

吕布心急火燎指图道：“牛辅虽死，可其镇守洛阳的一二十万重兵还在，现在就握在李傕、郭汜、张济这几个校尉的手上。潼关、函谷关也控制在他们的手上，就像一只猛虎卧在长安的东面。西面又有西凉韩遂、马腾，这不能不慎重啊！”

“吕将军言之有理，李傕、郭汜、张济手中都握有兵权，应赦免他们才是。”征西将军皇甫嵩也劝道。

就这么经过多次劝导，王允才认识到应该赦免他们，可转念又一想：“部下是按照主子的命令来行事的，他们本身并没有罪，若特赦反而说明他们有罪，从而引起疑患，这反而不美。”王允扇着扇子来回踱步道。说来说去还是不特赦他们。

吕布急道：“现在不是论有罪无罪之时，而是他们手中都握有兵权！兵急如火，现在已经到了火烧眉毛之时！”

“那该如何是好？”王允也有些急道。

“我看不如将董卓的私财赐予公卿及董卓手下将校，以收众人之心。”吕布说道。

“这怎么可以？此乃国之资财，又怎能私赠？况且不杀这些人就已经够宽大他们，凭什么还要赠资财于他们？”王允厉声拒绝道。

“这也不行，那也不行，那该如何是好？！”吕布一屁股坐在椅子上。

“我看最好是把这些部队解散掉。这些西凉兵马是董卓的嫡系部队，跟随董卓转战东西南北十余年。”尚书仆射士孙瑞说道。

“不可，不可，万万不可！要是解散部队，必然会人人自危！若如此不如让征西将军皇甫嵩去接管这支部队，统领这些人。然后再与关东义军联合，徐图之。董卓已死，其女婿牛辅也被杀，正值群龙无首之际！”吕布说道。

王允的脑袋还是摇得像拨浪鼓：“不然，不然。关东举义兵者，皆为我徒。这样必生疑心……”

司徒王允此时显然还处在道德思维和实用主义思维的矛盾之中，讨论了多日也没有说出一个所以然来。此事范晔在《后汉书 · 卷六十六 · 王允传》、

《后汉书·卷七十二·董卓传》中皆有记载，本著只是如实再现而已。

此时屯兵陕县的李傕、郭汜、张济几人也在等待着长安的消息。“长安的赦免令到现在都没来，还听说王允、吕布要解散部队。”讨虏校尉贾诩说道。此时贾诩在李傕营中。

李傕、郭汜、张济几个人慌作一团，“这该如何是好？”

“我看不如各自隐姓埋名逃归故里过隐居的生活算了，这样兴许还能活命，总比在这儿等死好。”

讨虏校尉贾诩喝了一口茶扇了几下扇子平静地说道：“诸将若离开部队独自逃生，只需一亭长就能擒去请功。为今之计，大家不如合兵一处搏一下。一起率众出潼关，围攻长安城，为董太师报仇雪恨。若事成，可以奉天子令天下；若事不成，各自再卷上金银财宝逃归乡里也不迟。”

“是啊，大家不如齐心协力搏一下。可问题是我们手中兵马会听我们指挥吗？”李傕、郭汜、张济几人问道。

“这好办。这支部队本来就是董太师一手带出来的嫡系部队，与董太师有很深的感情，现在董太师及家人被灭，许多人都愤愤不平，想报仇雪恨，只缺一个带头的。再者，我们可以……”贾诩欲言又止，喝了一口茶。

“我们可以怎么样？”李傕、郭汜、张济齐声问道。

“就说王允、吕布要杀尽所有的凉州人。”

“对呀！这样就会人人自危，这样大家就会抱在一团！还是贾校尉高见！”经贾诩这么一点拨，几人恍然大悟。

“不仅如此。”讨虏校尉贾诩说道。

“还要怎么？”

“还要有一个头，然后大家抱成一团，就像我这只手一样，握成一个拳头！要是像关东诸侯那样狗咬狗，就会被王允、吕布各个击破，要是那样大家就得一起死！”贾诩说道。

“贾校尉所言极是。在我们这些人中李校尉年纪最长，跟随董太师也最久，就推李校尉为盟主。”郭汜、张济说道。

“既然兄弟们都这么抬举我，我也就不谦让了。我们哥儿几个一定抱成一团，否则大家就得一起死！来，拿酒来！”李傕说道。

李傕拎起酒坛，咕嘟咕嘟，将面前的酒碗逐个倒满，然后率先端起一碗酒，庄严跪地。郭汜、张济也各端起一碗酒，庄严跪于地。几人盟誓道："事到如今，我们哥儿几个也只能拼死一搏了！皇天在上，厚土在下，祖宗神灵为证，我们哥三个愿同心协力，共诛王允、吕布，以替董太师报仇雪恨，绝无二心！否则天打五雷轰不得好死！愿上天保佑我们哥儿几个逢凶化吉！"

面对被召集起来的军士，"王允、吕布要把我们凉州人整个都斩尽杀绝！我们能答应吗？！"校尉李傕、郭汜激励道。

"不答应！"军士齐声吼道。

"那我们应该怎么办？"

"我们应该跟他们拼了！"军士们齐声吼道。

"是的！我们应该跟他们拼了！杀奔长安，杀了王允和吕布，替董太师报仇！董太师忠于朝廷却被这两人给杀了，死得实在是太冤了！"

"跟他们拼了！杀奔长安，杀了王允和吕布，替董太师报仇！"军士群情激愤。王允要是听吕布之言在牛辅刚死时，就明令赦免他们，或将董卓的资财赏赐给众公卿及他们，再派皇甫嵩去接管牛辅的部队，或许还能抓住机会，现在说什么都已经来不及了。

公元192年五月，李傕、郭汜、张济率七八万西北联军趁夜西行，出函谷关，凌晨出潼关，浩浩荡荡杀奔长安而来。上述李傕、郭汜、张济听贾诩之言起兵进讨长安之事，陈寿在《三国志·魏书六·董卓传》中记述道："比傕等还，辅已败，众无所依，欲各散归。既无赦书，而闻长安中欲尽诛凉州人，忧恐不知所为。用贾诩策，遂将其众而西，所在收兵，比至长安众十余万。"范晔在《后汉书·卷七十二·董卓传》中也有记载。

司徒王允闻李傕、郭汜、张济拥兵造反，大惊，连忙把胡文才、杨整修这些凉州的大人物找来，"朝廷已决定赦免他们，由车骑将军皇甫嵩接替牛辅，让他们继续统领所部军马。他们这么胡闹没有任何道理。你们是同乡，拜托你们好言相劝，申明我意。事成之后必当重谢！"王允说道。

"请王司徒放心，我们一定会好言相劝！"胡文才、杨整修应命前往。王允做梦也没想到这就如同是肉包子打狗，两人刚一出长安城便说道："王

允一向对凉州人怀有敌意，现在西北联军已出潼关，我们应让他们赶紧来攻才是。看王允、吕布这两个并州人还能执掌几天朝政？”《九州春秋》记述道：“及李傕之叛，允乃呼文才、整修使东解释之，不假借以温颜，谓曰：‘关东鼠子欲何为邪？卿往呼之。’于是二人往，实召兵而还。”

西北联军铁蹄轰轰，声势荡荡，还在继续向长安快速推进，此时已到华县。王允大惊：“大将徐荣、胡轸！”

“在！”

“现命你二人，各率两万兵马火速到新丰（在今临潼县东北十五里）拒敌！赶快去，一定要挡住他们，不能让他们靠近长安城！”司徒王允命令道。

“是！”二人领命而去。大将徐荣、胡轸也是董卓的旧部，是不是也会来个肉包子打狗呢？

大将徐荣、胡轸一到新丰便列阵于渭河以南骊山脚下，拦击企图从山道中通过的西北联军。可让大将徐荣没有想到的是，战鼓擂起，两军刚一接战，胡轸便率众临阵倒戈，胡轸高声吼道：“我们是董太师的旧部！董太师待我们恩重如山，我们要替董太师报仇雪恨！”徐荣军一下子处在前后夹击之中，顿时乱成一团，徐荣在混战中阵亡。随后李傕、郭汜、张济又与董卓旧将樊稠等会合。等兵临长安城下已合十余万之众，声势浩大，将长安城里三层外三层像铁筒一样地围了起来，长安城危在旦夕。

郭汜围城北。吕布大开城门，一身铠甲挺戟而出，率百余骑飞驰至郭汜军前，喊话道：“有种双方都退兵！咱俩来个单挑决胜负，怎么样？”张辽、侯成、魏续随声大声附和道：“有种的，就来和我们吕将军单挑！以决胜负！”

郭汜是典型的西北汉子，也生得虎背熊腰，哪肯示弱：“娘的！老子还怕你了不成？！”说着便提刀冲出队列。此时腰肌酸软的吕布能是郭汜的对手吗？

吕布也挺戟而来，两人刀戟相接，随着剧烈的金属碰撞声，一个冲阵下来，谁也没占上便宜。

“有种的再来！”吕布军高喊道。两人扼住马头，随即都回马又开始了第二次冲阵。第二次冲阵下来，双方刀戟相接战了十数个回合，又都毫发无损各自归阵。世人都晓吕布武艺高强，果然名不虚传，郭汜心想，看来必须使出看家本领才能解决问题。

随即又开始了第三次冲阵。郭汜飞旋大刀纵马如风向吕布冲来，郭汜军中喊声大振，吕布被飞旋而至的刀光搅得头晕目眩，连忙向左面一侧马，就像斗牛士一样撇开了郭汜的冲击。场下随即发出虚惊之声。郭汜一看吕布怯了，调转马头又飞旋大刀向吕布冲来，吕布此时已经有了破郭汜的飞旋刀之法，眼看郭汜已冲到眼前，吕布又向右面一拨马躲开了郭汜的冲击。随着一片虚惊之声，吕布是再也不会给郭汜调转马头再次冲击的机会了，飞马旋风一般地尾追了上来，哗声随之四起，还没等郭汜反应过来，吕布一戟刺中郭汜肩部，郭汜大叫一声翻身落马。吕布回马挺戟来刺，在这万分危急之时，幸亏郭汜部将眼疾手快及时来救，吕布的戟才没有刺入郭汜的脑袋。双方随之鸣金收兵。吕布军随之一振，守城将士更加勇猛。上述吕布与郭汜单挑之事，《英雄记》记述道；“郭汜在城北。布开城门，将兵就汜，言‘且却兵，但身决胜负’。汜、布乃独共对战，布以矛刺中汜，汜后骑遂前救汜，汜、布遂各两罢。”

李傕、郭汜、张济、樊稠东南西北包产到户各攻一边，云梯、冲车、掘道什么办法都使了，攻城十日都不见效，死伤惨重。公元192年六月一日，长安城下，像蒸笼一样热气腾腾，“这该如何是好？”校尉李傕解开铠甲，一头大汗问道。

“这可是个大问题。长安城高池坚，城中粮草又充足，显然一时难以攻下。此时要是驻军中牟的朱儁，南阳袁术、孙坚趁势来攻洛阳，要是西凉韩遂、马腾也趁机举事，那可就麻烦了！”一向沉着的贾诩也有些沉不住气了。

就在这时，“李将军你看！”李傕顺着贾诩的手指一看，西城门吊桥徐徐放下，城门大开，再仔细一看，城上军士手摇白旗，原来是蜀兵在长安城中造反，打开城门。原来这些蜀兵也是董卓旧部，李傕大喜：“真他娘的天助我也！跟我一起杀进城去！”李傕军如群狼野狗一般冲进长安城。

“不好了！叛军入城了！”长安城霎时大乱，李傕军逢人便杀，遇人就砍，守城军士在慌乱中成群成群的被射杀，被砍死。南面和北面的城门也随之大开，郭汜、张济、樊稠等也随后率所部军马冲进长安城。城门校尉崔烈、越骑校尉王欣等率军奋力抵抗，皆战死。

吕布也率众在城中展开激战，且战且走。正在这时前面有一群骑兵挡住吕布去路，为首一将横刀立马，虎视眈眈。吕布拉弓一箭正中该将面门，随之持戟纵马率军冲了上去，三下五除二便清除了路障。眼看大势已去的吕布，一面命部将庞舒："赶快护送家眷出宣平门！"一面率数百骑火速向宣平门（长安城东面城门）而来。此时司徒王允及宫廷卫兵也已护送14岁的汉献帝到宣平门城楼，以避兵荒。百官一个个如惊弓之鸟，围在献帝四周。

这时吕布率数百骑呼啦啦来到宣平门楼下，望城门楼大声喊话道："城已陷！赶快走！不然就来不及了！"

"是啊，我们是不是也赶紧出城，走丹江峡谷往武关方向走，不然就来不及了。"百官纷纷议论道。

"大家都走了！幼主怎么办？！"司徒王允呵斥道。

"叛军已经追过来了！再不走就来不及了！"奋武将军吕布在城楼下催促道。

"我们还是赶紧出城吧？"汉献帝几乎哭声道。

"叛军马上就要赶到，已经来不及了！"王允说着来到城楼前，向吕布喊话道："除奸贼，安国家，是我的心愿！若不能成功，我愿以死殉国！朝廷幼主信赖于我，在这危难之时，我不能苟且偷生而去？！还是将军自己走吧，望将军协力关东诸公，以国家大计为念！"王允抱拳道。

奋武将军吕布只得抱拳而别，"他们不走，咱们走！赶快出城！"吕布率数百骑哗啦冲出城门，向东南方向，即武关方向而去。这说明吕布已经从君臣之道的思维逻辑中走了出来，而王允的大脑还整个被套在里面。不多时，李傕、郭汜便率上万军马杀气冲天滚滚而来。上述李傕、郭汜等围攻长安城之事范晔在《后汉书·卷七十二·董卓传》中记述道："王允闻之，乃遣卓故将胡轸、徐荣击之于新丰，荣战死，轸以众降。随道收兵，比至长安，已十余万，与卓故部曲樊稠、李蒙等合，围长安。城峻不可攻，守之八日，吕布军有蜀兵内应，引傕众得入。城溃，放兵虏掠，死者万余人。杀卫尉种拂等。吕布战败出奔。王允奉天子保宣平城门楼上。”陈寿在《三国志·魏书六·董卓传》中记述道：“十日城陷，与布战城中，布败走。”

司徒王允及妻子儿女宗族十余人数日后被李傕、郭汜等杀害，而吕布此时已率数百骑经丹江峡谷，出武关（位于今陕西丹凤县东20公里商山谷涧），向南阳而去。王允、吕布自四月二十三日杀董卓到六月一日败走，共揽朝政前后不到四十天。汉献帝刚从董卓的手上挣脱出来不久，转眼间又落在了李傕、郭汜之手。

从洛阳政变，到十四路诸侯讨伐董卓，又到长安政变，这场政变在长安城内至少造成三万人被杀。宫廷政变、官民大战、诸侯混战是王朝社会的三大顽疾。

吕布顺利出武关，逃往南阳。陈寿在《三国志·魏书七·吕布传》中记述道：“卓死后六旬，布亦败。将数百骑出武关，欲诣袁术。”范晔在《后汉书·卷七十五·吕布传》中记述相同。

那火速出使蓟县去营救刘虞的段训情况又如何呢？

下回请看：刘备落泊投公孙　吕布妻妾大放松

第二十五回

刘备落泊投公孙　吕布妻妾大放松

公孙瓒接受了前将军和易侯的封号，可他并不想把刘虞给放了，他害怕打蛇不死反被蛇咬。公孙瓒命刀斧手将刘虞捆在十字木架上，曝市于烈日之下，土冒青烟，刽子手立于两帝，幽州数万民众伏地为刘虞请命。

“刘虞乃乱臣贼子！勾结袁绍、韩馥，企图自立为帝，大逆不道，应当处死！”长史关靖宣布道。

“放了刘幽州吧！他可是一个好人！自从他来到幽州！我们的生活比以前安定多了！”

“放了刘幽州吧！他爱民如子！从不欺压百姓！”

请愿声此起彼伏。公孙瓒手持马鞭高声吼道：“现正值盛暑，久旱无雨！刘老贼不是要做天子吗？！既然是天子，在受此难之时，老天爷应降雨来救他才是！否则他就不是什么天子，是欺天叛道，罪该万死！如三日内降雨，说明天为之所应，我将赦之！否则，我将替天行道！”

常山相孙瑾、从事张逸、张瓒等闻刘虞被绑缚刑场，即将被处死，也来请命。

可正值酷暑，一天、两天、三天，“老天爷啊！快降雨吧！救救刘幽州啊！”民众望眼欲穿，可是天公不作美，三天过去了，仅滴雨未降。刘虞披头散发，已经奄奄一息。行刑时孙瑾、张逸、张瓒大骂公孙瓒残暴无道，公孙瓒大怒，将几人也一并处死。自此公孙瓒便独掌幽、青二州，成为三国群雄中的老二，仅次于李傕、郭汜哥儿几个。上述公孙瓒杀刘虞之事，范晔在《后汉书·卷七十三·刘虞传》中记述道：“会天子遣使者段训增虞封邑，督六州事。拜瓒前将军，封易侯，假节督幽、并、青、冀。瓒乃诬虞前与袁绍等欲称帝号，胁训斩虞于蓟市。”《典略》记述道：“瓒曝虞于市而祝曰：‘若应为天子者，天当降雨救之。’时盛暑，竟日不雨，遂杀虞。”《英雄记》记述道：“虞之见杀，故常山相孙瑾、掾张逸、张瓒等忠义愤发，相与就虞，骂瓒极口，然后同死。”

再说刘备。公元191年底，因青州再次爆发大规模的民变，高唐被黄巾军攻占，刘备的高唐令也就干不成了。可让刘备没有想到的是，青州转眼间又变成了他同窗学友公孙瓒的领地。在外漂泊了一阵子的刘备于是又携简雍、关羽、张飞及残部到蓟县（幽州治，今北京城西南）来投靠公孙瓒。此时的公孙瓒是手握两州，一脸阳光。

帅府内，“哎呀，我的小老弟，没想到你也来投奔我来了！前不久才有一个叫赵云，赵子龙的壮士带着几百号人来投奔我，转眼间玄德也来了，真是太好了！来，来，来，赶快里面请！”前将军公孙瓒一脸兴奋地说道。

“来，坐，坐，这边坐！哎呀，都有点认不出来了，已经十几年不见了，可仔细看还是老样子，还是那对招风耳，唉，不对，是富贵耳！面容还是那么宽厚，眼睛里总还是闪着灵光，不过显然比以前成熟多了，到底是经风雨见世面了！”前将军公孙瓒朗朗地笑道。

刘备笑而不答。

“来，关长史，我来给你们介绍一下。”长史关靖起身，“他是我的长史叫关靖，这位是我的同窗学友，刘备，刘玄德，年轻时曾一起在大学士卢植的门下读书。”公孙瓒说道。

“噢，我记起来了，就是将军曾用戒尺打过屁股的那个刘玄德？”长史关靖笑道。

“是啊，就是这个刘备。现在屁股还痛不痛了？我来替你揉揉。”

逗得在场的人一个个都开怀大笑。

“好了！今晚给玄德赔不是，给玄德接风洗尘！”前将军公孙瓒笑道。

在酒宴上，台下正表演着平戏，台上公孙瓒酒兴正酣，“来，玄德弟，喝，多喝几樽！今朝有酒今朝醉，明天没酒喝凉水！”公孙瓒劝酒道。刘备一饮而尽。

“来，把地图拿过来！”公孙瓒喊道，接过地图，“来，玄德弟，你来看，我和关长史商量了一下，你现在就是我的别部司马了，因为你对青州熟悉，所以还是派你到青州去，协助青州刺史田楷。你到青州后可要南联徐州陶谦，陶谦是我们的战略盟友，一旦失去了这个盟友，青州就会三面受敌。接下来的任务是一要对付西北面的冀州袁绍，二要对付西南面的东郡曹操。你可要留意，这两个家伙都是我们的敌人，都不好对付！”公孙瓒手指地图道。

“请大哥放心，我一定竭尽全力！”刘备起身领命道。

“此去，你的任务繁重，你还要带上三千骑兵去。来，让赵子龙进来！”公孙瓒说道。

“让赵子龙进来！”长史关靖重复道。说话间，阶下站着一名壮汉，相貌堂堂，身高八尺，一脸英气：“赵云在此！”

“来，过来！这就是我跟你说过的不久前才投奔于我的赵云，赵子龙，他现在就是你的骑兵主管了，这位是刘备，来，你们认识一下。”公孙瓒笑道。

“幸会！”两人抱拳道。赵云，字子龙，常山真定人（今河北正定），约公元167年生人，时年26岁。

“你二人可真是有缘千里来相会啊！”公孙瓒说道。

“好了，大家来喝酒。再来上一段快板书，叫《有缘千里会》！”长史关靖招呼道。

上述刘备投奔公孙瓒之事，陈寿在《三国志·蜀书二·先主传二》中记述道：“（刘备鞭挞督邮后）至下邳遇贼，力战有功，除为下密丞。复去官。后为高唐尉，迁为令。为贼所破，往奔公孙瓒，瓒表为别部司马，使与青州刺史田楷以拒冀州牧袁绍。”

上述刘备与赵云相会之事，陈寿在《三国志·蜀书六·赵云传》中记述道："赵云字子龙，常山真定人也。本属公孙瓒，瓒遣先主为田楷拒袁绍，云遂随从，为先主主骑。"《云别传》记述道："时先主亦依托瓒，每接纳云，云得深自结托。"

随着快板声声，再说吕布，率数百骑出武关与庞舒护送的家眷会合后，便一起来南阳投靠袁术。吕布本想他替袁氏报了血海深仇，一定会得到厚待。没想到袁术恶其反复，对他爱答不理的，吕布只得悻悻离去，一路北上来邺城（今河北临漳西南）投冀州牧袁绍。陈寿在《三国志·魏书七·吕布传》中记述道："布自以杀卓为术报仇，欲以德之。术恶其反覆，拒而不受。北诣袁绍。"

袁绍感吕布之恩，盛宴款待了吕布一行。吕布一行就这么在邺城找到安身之地，自然欢欣鼓舞，其乐融融。

公元192年秋夜，一家人围在一起吃饭，10岁的女儿边吃边笑。吕布喝得满脸通红，又随手给坐在面前的严氏和貂婵斟上酒："自出长安以来，咱们一家人一直都在马屁股上晃荡，好长时间没有这么围在一起，乐呵呵吃顿饭了，让你们受苦了。"吕布说着，一边给女儿及妻妾夹上肉食。

"在这兵荒马乱的时候，天下也不知道有多少人家像树叶一样的随风而飘，我们姐妹两个，再加上一个女儿，有你这个大男人支撑着已经不错了。"貂婵说着，一边给吕布和严氏夹着菜。

貂婵走到古筝旁，随着轻指点点，一段悠扬绵软的琴声便飘浮在初秋晴朗的夜空中，夹杂着蟋蟀的啾唧声，一家人有说有笑，甚是陶醉。

夜深，吕布将貂婵搂在怀中，火一样的激情，柴一样的燃烧，已经好久没有这样了。

公元192年秋，正在吕布妻妾大放松之时，汉献帝拜李傕为车骑将军，封池阳侯，领司隶校尉，假节，开府（开设办公厅），统领朝政。拜郭汜为后将军，封美阳侯；拜樊稠为右将军，封万年侯；拜张济为镇东将军，封平阳侯，镇守洛阳八关。李傕位在郭汜、樊稠、张济之上，从而形成以李傕为首，以郭汜、樊稠、张济为辅共掌朝政的局面。此事陈寿在《三国志·魏书六·董卓传》中，范晔在《后汉书·卷七十二·董卓传》中皆有记载。

随后李傕、郭汜一起来拜见贾诩，“我们兄弟能有今天多亏有文和指点迷津！我们哥儿几个商量了一下现拜你为左冯翊太守！”车骑将军李傕说道。

贾诩谢绝道：“此乃救命之计，又何功之有？实不敢当其任！”

“文和是不是嫌官轻啊？那就拜你为尚书仆射怎么样？”车骑将军李傕说道。

“尚书仆射，乃众官之师长，被天下人所仰望，我的名分显然还不够，难以服人，就更不敢当了！”讨虏校尉贾诩又谢绝道。

“哎呀，贾文和呀贾文和，普天之下我还从来没见过像你这样的人，给官不做！既然这样也就不好强人所难了，那就拜你为尚书就是了。”车骑将军李傕说道。此事陈寿在《三国志·魏书十·贾诩传》中有记载。

司徒王允被杀，奋武将军吕布逃亡，朝政大权转眼间又把持在李傕哥儿几个的手上了，那关东诸侯又会做何反应呢？

此时徐州刺史陶谦在董卓独揽朝政时，因连年到长安进贡，迁安东将军、徐州牧。是时陶谦以朱儁为名臣，屡立战功，可以当大任，联合北海相孔融、沛相袁忠、泰山太守应劭、汝南太守徐璆等，共推朱儁为太师。他们联名给朱儁写信道：

国家才遭董卓之乱，现在又遭李傕、郭汜之祸，幼主遭劫持，忠良遭残害，远在长安，死活不知，天下为官者和有识之士，无不忧心如焚，以为非明哲雄略之人不能平此祸乱！自讨伐董卓以来，已历三年，各州郡都只是你观我望，各怀私心，相互争斗，互相猜疑。照这样下去，不仅难以讨贼，以消国难？还会天下大乱，自取灭亡。为消国难，我等共同商议，一致认为：“将军才智过人，文武双全，乃当今英杰，为天下人所仰望。”故愿率所辖州郡之精兵，归将军调遣，所调粮草至少够用半年，我们愿意像四肢心肺一样的支持将军，共推将军为元帅。愿将军能携此师直指长安，恭迎大驾，以安天下。

徐州牧陶谦等人的做法与两年前袁绍、韩馥欲共推幽州牧刘虞为尚书令以统率关东各诸侯的做法如出一辙。由此可见，陶谦等人也同样有一颗大义之心，为了天下大义宁愿放弃个人私欲。在东汉末年能出现这么一批以天下大义为重的人，的确是让人想不到。此事范晔在《后汉书·卷七十一·朱儁传》中有记载，本著只是如实再现而已。

那此次徐州牧陶谦能做成此事吗？

下回请看：陶谦联盟计划又流产　袁术活活气死马太傅

第二十六回

陶谦联盟计划又流产　袁术活活气死马太傅

朱儁手下看了信以后，纷纷表示赞同，欲响应徐州牧陶谦之议，唯朱儁却坐在一旁托腮不语。

就在此时，才把持朝政的车骑将军李傕、后将军郭汜、右将军樊稠在长安也没闲着，“自二位将军撤回长安后，朱儁又进驻中牟，其背后有徐州牧陶谦等人的支持；颍川、汝南又重新落入袁术、孙坚之手，随时可能会再次进犯洛阳，现在虽已派镇东将军张济镇守洛阳，对这些人也不能不防！”车骑将军李傕手指地图说道。

“我也一直在思考这个问题。”尚书贾诩品了一口茶应道。

“不知贾尚书有何妙策？”车骑将军李傕问道。

“我在想董太师已去，与关东诸侯冤仇也已解，我们对待关东诸侯的策略是不是也该有所调整了？”尚书贾诩喝了一口茶慢悠悠地说道。

“是啊，还是贾尚书高瞻远瞩啊……那具体该如何调整呢？”车骑将军李傕若有所思道。

“两个字，改‘讨伐’为‘安抚’！”尚书贾诩又喝了一口茶说道。

“好一个‘安抚’？你可别忘了朱儁、袁绍、袁术都是我们的敌人，与我们有着血海深仇，我们怎么能安抚这些人呢？这可有违董太师在天之灵。”后将军郭汜不解道。

“是啊，这些人可都是我们的敌人！”右将军樊稠也打和声道。

“你们两个都是行武之人，不懂这些，别瞎扯，还是等贾尚书把话说完。那具体又该怎么个‘安抚’呢？”车骑将军李傕也喝了一口茶问道。

“对前河南尹朱儁应该既往不咎，召其入朝，委以重任；对袁氏二兄弟，我们可以遣使通好，拜官授爵，劝各方和好；不仅如此，对西凉的韩遂、马腾我们也应该予以安抚，拜官授爵。当然对我们的盟友也要进行安抚，如荆州刘表等。”尚书贾诩说道。

“高！贾文和可真是高人啊，这样既可化解关东诸侯对洛阳的威胁，又可解除西边韩遂、马腾对关中的威胁，这样我们就可以彻底扭转局势，安心喝酒了！”车骑将军李傕兴奋道。

车骑将军李傕于是表赵岐为太仆（掌管天子车仗），表马日磾（音低）为太傅，表前将军赵谦为司徒，表车骑将军皇甫嵩为太尉。

公元192年秋，车骑将军李傕派三路特使大搞和平外交：第一路命太仆赵岐持节出使中牟与河北；第二路命太傅马日磾持节出使南阳与荆州等地；第三路命司徒赵谦持节出使凉州。

正在朱儁托腮迟疑之时，太仆赵岐身穿紫色锦袍头顶进贤冠持节已由长安来到洛阳，此时已乘四轮马车出虎牢关，来到中牟县。朱儁一听朝廷诏命到，连忙正了正头顶的武冠跪地接旨。

圣上有旨：念前河南尹朱儁有大功于朝廷，虽前与董卓有隙，可现已成过去。为安天下，拜朱儁为太仆，入朝辅佐朝政。钦此。

“谢圣恩！”朱儁连忙跪拜接旨，然后请太仆赵岐入室喝茶聊天。手下见状，纷纷窃窃私语道：“董卓乃虎豹，其手下也都是些豺狼，宣将军入朝，恐怕是不怀好意。”这时朱儁走进来说道：“关东诸侯各自为政，狗咬狗不可开交，虽有徐州牧陶谦等深明大义之人，可仅凭一州几郡之力又能如何？况且董卓已死，冤仇已解，再斗下去已经没有必要。再者，天子亲招，不去乃大不义也！”

“这恐怕是李傕之谋，将军可要当心自入虎口！”手下不安道。

“这你们就多虑了。皇甫嵩奉司徒王允之命灭董卓全族，车骑将军李傕都能相容，现拜为太尉，掌兵马大事，又怎么能容不下我等？凡做大事者哪个肚子里撑不下几条船？”朱儁于是决定应征入长安，陶谦等人的计划随之流产。赵岐这一路第一回合便轻而易举就取得了圆满的成功。上述朱儁归长安之事，范晔在《后汉书·卷七十一·朱儁传》有明确记载，本著只是如实再现而已。

随后太仆赵岐又持节出使邺城，袁绍、逢纪、沮授、田丰、荀谌等出迎百里之外，跪迎圣旨。赵岐宣旨道：

袁本初四世三公，乃国之重臣，国家危难不忘报效。现董卓已亡，往事已成过去，还望将军能与易侯公孙瓒化干戈为玉帛，修各方睦邻友好。念将军以国家大义为重，现拜你为右将军，领冀州牧。钦此。

"谢圣上隆恩！"袁绍领旨道。随后，袁绍又将赵岐一行迎入邺城，盛情款待，以答谢朝廷。赵岐来到邺城后又传书于幽州公孙瓒，为两家劝和。公孙瓒自然是满口答应，回信道：

赵太仆出使河北，宣扬圣恩，劝两家和睦，实在是感激万分。昔贾复、寇恂相争，互相伤害，遇光武之宽，一起拜见光武，同舆共出，为世人所称颂。今赵太仆亲到河北，诏示和睦，这可是我莫大的荣幸和福分啊，我自当从命！易侯公孙瓒。

太仆赵岐看完信后自然是满心欢喜："看来是不虚此行啊！冀州牧袁绍不仅接受了汉献帝，两家的冤仇随之化解，又与易侯公孙瓒握手言欢。"关于赵岐出使河北之事，《英雄记》记述道："初平四年，天子使太傅马日磾、太仆赵岐和解关东。岐别诣河北，绍出迎于百里上，拜奉帝命。岐住绍营，移书告瓒。瓒遣使具与绍书曰……"此事范晔在《后汉书·卷六十四·赵岐传》、《后汉书·卷七十三·公孙瓒》皆有记载。

太傅马日磾一行此时也已由长安，沿丹江峡谷出武关，先南下来到襄阳（刘表将荆州治所迁至襄阳，今湖北襄樊市，现又改称襄阳市）拜过刘表后，又折回头来到宛城（今河南南阳）。袁术听圣旨到，有些不知所措，因为已经好久没有下过跪了，膝盖骨硬得打起弯来有些难。身穿紫色锦袍、头顶进贤冠、一脸长白须的马日磾手持诏书，眼看孙坚等人纷纷跪地等旨，唯袁术还呆立在那里，也有些不知所措。马日磾清了一下嗓子，见袁术还呆立在那里，便只好将就着宣诏道：

袁将军四世三公，乃国之重臣，国家危难不忘报效。现董卓已亡，往事已成过去，还望能重修故好，共辅朝政。现拜你为左将军，封阳翟侯。钦此。

袁术一听封他为左将军、阳翟侯心中暗喜，这时只见主簿阎象拉了拉袁术的衣袍，袁术这才如梦方醒一般，"噢，噢……"顺势跪下来接旨，并答道：

“谢圣上隆恩！”心想有白送的不要白不要。马日磾这才算是松了一口气。

袁术接旨后，便将马日磾一行请入府内，“马太傅此行从何而来呀？”袁术喝了一口茶问道。“从刘景升处来。”马太傅也喝了一口茶随口应道。袁术一听心里就不是滋味，因为他与刘表是宿敌。他占了刘表的地盘，刘表一直要把他赶出去。再者，刘表与袁绍此时已成为盟友。董卓在时，虽然袁术与刘表、袁绍是敌对关系，可由于董卓与袁绍有血海深仇，而刘表又背靠的是董卓，自然不敢与袁绍走得太近。董卓死后，朝廷与袁绍的关系已经改善，刘表与袁绍之间的障碍也就不存在了，这样他们自然也就成了盟友。

“给刘景升官拜何职呀？”袁术酸溜溜地问道。

“圣命拜刘景升为镇南将军、荆州牧，封成武侯。”太傅马日磾手捻长须直白道。

“拜刘景升为荆州牧？”袁术心中更不是滋味了，心想：本来就是朝不保夕的小朝廷，还他娘的厚此薄彼。尊你，你还是圣上；不尊你，你又算什么狗屁东西！可袁术还是强耐着心中的妒火，眼珠子一转面带微笑地说道：“马太傅手中之节很是好看，能让我一看吗？”

马日磾不知袁术已经动起歪主意，随手把节递到了袁术手上。节，用竹子做成，长八尺，装饰有用牦牛尾制成的穗子，是皇帝使节的专用物。袁术拿在手上左看右看，虚声假气地说道：“这到底是个稀罕之物啊？来，孙文台也看看。”孙坚看完后，袁术又说道：“不要你一个看了就完了，也让其他人看看，这可是个稀罕之物，许多人都没见过。”

在场的长史杨弘、主簿阎象、大将张勋、乔蕤等一个个左看右看，弄得马日磾很是难堪，神态极不自然。在场的人看完后，袁术又指示：“不要你们看了就完了，拿到帐外让军中的将士也挨个看看，好让他们也开开眼界。”

“尊旨！”张勋怪声怪气地应道，随后持节摆出使臣的样子走出殿堂。逗得袁术手下一个个笑得前仰后合。此时再看太傅马日磾脸色是一阵红来，一阵白，忍无可忍阻道：“节乃圣上派使臣传旨之物，怎么能随便拿去让人看呢？”

“哎哟！马太傅怎么不早说，我怎么忘了这茬子事！不过我到有个办法把节给找回来。”袁术故弄玄虚道。

“有什么办法？说！”马日磾怒道。

“马太傅要是把我军中的这千余人都一一拜官授爵的话，那这节自然也就回来了。”袁术喝了一口茶慢悠悠地说道。

“是啊，马太傅将我军中之人一一拜官授爵，这节不也就回来了！”袁术手下跟着起哄道。

马日磾气得浑身发抖，白须震震，手指颤颤道：“你，你，你这简直是！将军出于四世三公之家，头顶上的官爵都是圣上所赐，怎，怎么能说出这样的话来？！”

袁术手端茶碗，还是一脸嬉笑。“你，你……”马日磾被气昏了过去。

马日磾失节遭到羞辱，又被袁术扣留在南阳，使命不得完成，一年后便忧愤成疾呕血而亡。要是说袁术扣刘和还有一些理性的成分，那羞辱扣留马日磾整个就是斗气，就像与其堂兄袁绍斗气一样，整个就是耍小孩子脾气。这除过会损害与李傕集团的关系以外，就是能让他出一口胸中的恶气。由此可见，袁术虽然有些小聪明外，基本上是任性所为之人。袁术气死马日磾之事，陈寿在《三国志·魏书六·袁术传》中记述道：“李傕入长安，欲结术为援，以术左将军，封阳翟侯，假节，遣太傅马日磾历循行拜授。术夺日磾节，拘留不遣。”《献帝春秋》记述道：“术从日磾借节观之，因夺不还，备军中行余人，使促辟之。……从术求去，而术留之不遣；既失节屈辱，忧恚而死。”

此时正值深秋，韩遂把马腾找来商议道：“前番我等就正准备投靠董卓，现在车骑将军李傕派司徒赵谦拜我为镇西将军，使镇守金城（今甘肃兰州），拜你为征西将军，使屯兵天水（治冀县，今甘肃甘谷东南），你看我等该做如何回应才好？”

“现在朝廷整个由咱西凉人当家做主，李傕，北地人（治富平，今宁夏吴忠市西南），郭汜，张掖人（今甘肃张掖），张济，武威人（今甘肃武威），咱哥俩也是西凉人，正好可以抱成一团共治天下，此时不归依朝廷还待何时？”马腾说道。于是两人把酒一碰，咕嘟嘟一饮而尽，便一道遣使来长安谢恩进贡。陈寿在《三国志·魏书六·董卓传》中记述道：“是岁，韩遂、马腾等降，率众诣长安。以遂为镇西将军，遣还凉州，腾征西将军，屯郿。”

看着韩遂、马腾派人送来的五百匹山丹军马，数千头牛羊，还有当地名贵的中草药当归、虫草及各色珍宝等，车骑将军李傕、后将军郭汜、右将军樊稠哥儿几个一个个嘴咧得老大，乐不可支，“咱哥儿几个把持朝政几个月，前番荆州刘表才遣使纳贡，现在韩遂、马腾也来了，整个是风调雨顺。”后将军郭汜说道。

“只是袁术这个家伙太不地道了，我们遣使与其修好，他却扣使不还，真他娘的不是个东西。”樊稠说道。

“小不忍则乱大谋。派往关东的两路特使，太仆赵岐这一路取得了圆满成功，朱儁和袁绍对洛阳的威胁被彻底解除。太傅马日磾这一路虽然在袁术处搁浅，可总的来说，还是缓和了两家的矛盾。关东诸侯对洛阳的威胁已经解除。司徒赵谦持节出使凉州也取得了圆满成功，韩遂、马腾双双归降，这可是我们做梦都没有想到的好事啊！关东、陇右现在是形势一片大好。这可都要感谢贾文和的安抚之策啊！”车骑将军李傕说道。

“是啊，大哥，现在咱们终于可以高枕无忧，好好喝安心酒了！走，咱哥儿几个喝酒去，好好地庆贺庆贺！”郭汜应道。

长安城中则是秋风扫落叶，一派晚秋的景象。而李傕府中却完全是另一番景象，李傕在府中大摆酒宴，台上秦腔声声，秦剧连连，台下则是“六六六，八大仙……”猜拳声一片。到处是欢声笑语，酒气熏天。“现在咱们可以高枕无忧，喝安心酒了！”郭汜、樊稠笑道。贾诩则是在一旁，一边独自饮酒，一边诵道：

新丰美酒香万里，
长安漂泊多少年？
今年秋风满城饮，
明年纵马到河边。

“哎呀，没想到贾尚书还诵了一口好诗！”有人赞道。

“行了，咱们都是些粗人，哪懂这些，只管喝酒就是了……”李傕、郭汜、樊稠大口大口地吃着牛羊肉说道。

一时间华夏大地是一片和风细雨，可就在这时关东又风云突起。

下回请看：陈宫游说迎曹操　孙坚突袭取荆州

第二十七回

陈宫游说迎曹操　孙坚突袭取荆州

由于长期战乱使得赤地千里，民不聊生。关中贾诩的和平外交政策才出现一些和风细雨，关东黄巾军又开始风起云涌。

公元192年初冬，黑山黄巾军首领张燕出娘子关（位于平定县城东北45公里山西、河北两省交界处，是出入山西的咽喉），率五万黄巾军进犯常山国（治元氏，今河北元氏县）。袁绍命总幕府审配（相当于总管）看守邺城，命才到冀州不久的奋武将军吕布为先锋，亲率大军沿太行山麓北上平剿。吕布欣然应命，率部将张辽、成廉、魏续、侯成前往。张辽字文远，本姓聂，公元169年生人，时年23岁，为避祸改姓张，和宋宪、魏续、侯成几人一直追随吕布。

与此同时，青州黄巾军如暴风雪般侵入兖州，杀任城相郑遂（治任城，今山东微山鲁桥），连克数城，随后又北上侵入东平国（治无盐，在今山东东平县东二十里）。兖州刺史刘岱率军征讨，不想在混战中阵亡。陈寿在《三国志·魏书一·武帝纪》中记述道："青州黄巾众百万入兖州，杀任城相郑遂，转入东平。……岱不从，遂与战，果被杀。"

此时曹操已将东郡治所迁到东武阳（今山东莘县南），"刘兖州阵亡，兖州群龙无首，黄巾军狂风暴雨般到处肆虐，局势十分危及。"曹仁急急下马拍打着铠甲上的雪花走进郡署说道。

"国不可一日无君，州不可一日无主，当务之急应首先解决群龙无首的问题，这样才能安州治乱，可王命断绝。"司马荀彧用钎子挑了一下炭火说道。

"非常之时，当行非常之事！我们应自推一人，领州牧，以解当务之急才是！"主簿陈宫说道。

曹操心里咯噔一跳，笔随心动，正在习字的毛笔不觉在纸上顿了一大块墨。心想这可是千载难逢之机，可还是含而不露地问道：“公台所言极是，可又该推何人为兖州牧呢？”

陈宫喝了一口热茶说道：“此人近在眼前，远在天边，难道孟德不认得此人吗？”

“呵呵，公台所言的此人到底是谁呢？”曹操故做糊涂，陈宫则是笑而不答。

“此人就是大哥，非大哥莫属！”曹仁、夏侯惇、曹洪齐声说道。

“是吗？我曹某无德无才，又怎么能担此重任呢？”曹操故作姿态道。

“这可是千载难逢之机啊！曹太守要是能领兖州，不仅可以安州保民，还可成就一块更大的基业。可问题是光由我们在这儿说没用，最好能有一人去游说才是，该派何人去游说呢？”司马荀彧说道。

“我去到州署游说，我和他们一向很熟！”主簿陈宫自告奋勇道。

“要是公台能去就再好不过了，公台在州郡为官多年，肯定与他们熟悉。”荀彧说道。

“那就拜托公台亲自走一趟了。”曹操说道。

陈宫身穿青布棉袍、头顶进贤冠，带数骑顶着漫天风雪来到昌邑（兖州治，今山东金乡西北），亟亟走入州署。大堂内的炭火烧得正旺。

“国不可一日无君，州不可一日无主，当务之急应首先解决群龙无首的问题，这样才能安州平乱！”

“这个道理谁都明白，问题是何人可安此州呢？”别驾、治中及众州吏也正在七嘴八舌地议论此事，见陈宫进来连忙问道：“公台快来说说，何人可安此州啊？”

“能安此州者，近在眼前，又远在天边！”陈宫烤着炭火故弄玄虚道。

“公台都什么时候了，还在说笑！”州吏万潜说道。

“我不是在说笑，我说的是实际情况。曹孟德一向深明大义，棒杀蹇硕之叔，举义兵讨伐董卓，平剿黄巾又屡立战功，现在黄巾军正在肆虐本州，能安此州者非孟德莫属！曹孟德近在东郡，而你们又都看不到，难道不是近在眼前又远在天边吗？”陈宫高声笑道。

“是啊，公台所言有理。曹孟德一向深明大义，讨黄巾又屡立战功。”别驾、治中及众州吏纷纷赞同道。

济北相鲍信（济北国治卢县，今山东长清南）则在一旁沉默不语，若有所思。“难道不是这样吗？”陈宫踱步到鲍信跟前问道。

鲍信喝了一口水，说道：“公台所言与我不谋而合！”

“那——那还等什么？走，大家一起到东郡去迎曹孟德去！”主簿陈宫哈哈大笑道。

曹操就这么在陈宫的游说下，由一郡太守一夜之间变成了一州之牧。兖州下辖有陈留郡、东郡、东平国、任城国、泰山郡、济北国、山阳郡、济阴郡等，曹操地盘一下子扩大了八倍。曹操就这么与袁绍、袁术处在了同一个平台上。看来曹操在诸侯混战的路上运气不比袁绍、袁术差。关于陈宫游说迎曹操之事，《世语》明确记述道：“岱既死，陈宫谓太祖曰：‘州今无主，而王命断绝，宫请说州中，明府寻往救之，资之以收天下，此霸王之业也。’宫说别驾……鲍信等亦谓之然。”

曹操在郡署内手捧兖州印授，还没来得及谦让，便听飞马急报：“黄巾贼正从东平过河，向寿张袭来！”

众文武大惊：“这该如何是好？”

曹操把印授交到曹洪手中，手指地图道：“寿张在东武阳南八十里处，两个时辰就能赶到，黄巾贼已经打到我的眼皮底下了，这还了得！”

“我们应趁黄巾贼立足未稳出击！”曹仁说道。

“对，我们应趁黄巾贼立足未稳出击！”鲍信、夏侯惇、许褚等齐声说道。

“好！我也是这个意思。谁愿意打头阵？”曹操问道。

“我！”济北相鲍信请命道。

曹操于是身披红色战袍，调集东郡兵马，以济北相鲍信为先锋，冒着漫天大雪，铁蹄隆隆，一路南下向寿张（在今山东阳谷县南，山东、河南交界处，是河北与山东的主要通道之一）杀奔而来。鲍信率三千铁骑先行赶到寿张，黄巾军正在河堤下列阵以待。大雪纷飞，曹操身披红色战袍，面对头裹黄巾、衣衫褴褛的黄巾军，挥剑遥指道：“在我眼里这些黄巾贼不过是一群蝗虫，我自领军以来，每遇黄巾贼必胜！今天正是诸位杀贼立功，为刘兖州报仇之时！”可还没等曹操下令出击，背靠黄河的黄巾军便已开始全线出击，顿时喊声骤起：“杀官军啊！”黄巾军铺天盖地冲杀而来，走在前面前番才遭受重创的鲍信军，开始出现慌乱，纷纷拨马调头回撤。鲍信挥刀拼命呵止：“不能撤！不能撤！给我顶住！”可根本不起作用。弄得跟在后面曹操的军马，也你踩我，我踩你，慌作一团。黄巾军一见这阵势，更来劲了："不能放跑官军！赶紧杀官军！抢战马啊！"鲍信军与曹操军前拥后塞挤成一团，动弹不得。黄巾军铺天盖地杀到，鲍信的战马脚被冰滑倒，被蜂拥而至的黄巾军乱刀砍死，鲍信军基本上被杀了个精光。曹操的军马在后，总算是逃了回来。鲍信战死，因找不到尸骨，曹操便命人刻木像，率众军士在军前哭祭。陈寿在《三国志·魏书一·武帝传》中记述道："信乃与州吏万潜等至东郡迎太祖领兖州牧。遂进兵击黄巾于寿张东。信力战斗死，仅而破之。购求信丧不得，众乃刻木如信形状，祭而哭焉。"

黄巾军占领了寿张又冒着漫天大雪开始大举北向东阳武挺进，企图占领东郡与黑山黄巾军连成一片。

此时曹操正率步骑兵千余人冒着漫天大雪查看地形，没想到稀里糊涂钻进了黄巾军营区。"前面发现官军，杀呀！"刹那间黄巾军手持棍棒、农具、刀枪四面八方齐哄而上，曹操及其步骑兵被团团围在其中。曹仁、夏侯惇命弓箭手拼命放箭："赶紧放箭！赶紧放箭！不能让他们靠近！"可根本就阻止不了铺天盖地迎面拥来的黄巾军。

"杀啊！杀了那个披红色战袍的瘦猴！"曹操眼疾病手快，三下五除二扯下红色战袍，扔在地上。"快，赶快随我一起杀出去！不然就来不及了！"曹操吼道。曹仁、夏侯惇、许褚率百十骑踹马镫挥刀抡枪直冲敌阵，顿时卷起一股龙卷风，吼声大振，吓得黄巾呼啦啦慌忙闪开，躲得慢一点的就像被砍瓜切菜一样纷纷倒下，"不能放跑那个瘦猴！赶紧拦住他！"可又怎么能拦得住？曹操率百十骑就这么硬生生地从重围中劈开一条血路，夺路而逃。可甩在身后的七八百步兵就惨了，在数千黄巾军的围攻下，一个个不是被剁成了肉泥，就是被撕成了碎片。曹操逃回东武阳坚守不出。王沈在《魏书》中记述道："太祖将步骑千余人，行视战地，卒抵贼营，战不利，死者数百人，引还。贼寻前进。"

就在曹操与青州黄巾军在东平对阵之时，南阳袁术、孙坚也没有闲着。在宛城袁术府中，破虏将军孙坚头裹红毡巾指图道："我们现在据有南阳、豫州两地，西面是长安、北面是洛阳、兖州，长安、洛阳现控制在李傕手上，与我们正在搞缓和，对我们的威胁不大。兖州刺史刘岱前不久在与青州黄巾军交战中阵亡，现由东郡太守曹操代理兖州牧。曹操与袁绍是一伙的，也是我们的死敌，这样在我们的北面少了董卓却又冒出一个曹操。东面的扬州陈温是泥菩萨过河，不足为虑。南面的荆州刘表，也是我们的死敌，这样在我们的北面和南面都各有一个死敌，我们处在南北夹击之中，照这样下去局势将对我军极不利。”

“文台所虑极是。在我们的北面少了一个董卓，却又冒出来了一个赘阉遗丑，而且这个赘阉遗丑一向与我不睦。这可是一个大问题，我们不如趁曹操此时正在东平与青州黄巾军交战之时，从背后捅他一家伙，把他给结果掉！”袁术手指地图比画道。

“袁公路的意思是，趁此时进军兖州，与青州黄巾军一起夹击曹操？”孙坚问道。

“没错！”袁术喝一口茶应道。

“这个主意好倒是好，不过我还有一个更好的主意。”孙坚说道。

“公台有何妙计，快说来一听！”袁术有些急不可耐道。

“攻曹操因有袁绍做后盾，一时肯定难以得手。我们应该趁曹操与黄巾军在东平打得不可开交之时，去突袭襄阳。要是我们突袭成功，把刘表杀死在襄阳城中，那时我们不仅可以彻底消除南面的威胁，还进可攻，进击中原，退可守，凭长江天险拒来犯之敌！”孙坚兴奋道。

“还是文台考虑得周到啊，就这么办！”袁术也兴奋道。

公元192年十二月，孙坚秘密调集三万精兵，出宛城，顶着刺骨的寒风，沿平坦宽阔的淯水河道南下，昼伏夜出悄悄向新野（今河南新野）摸来。三更半夜，等刘表的新野守军纷纷从梦中惊醒，孙坚的三万兵马已铺天盖地兵临城下，稀里哗啦还没怎么抵抗，孙坚军已经从四面八方攀城而入，杀入城中。守城军士抱头鼠窜，跑得快一点的，开城逃走，跑得慢一点的，只好纷纷跪地投降，“哎呀！别杀我们，别杀我们！我们只是普通老百姓，谁给饭吃，就给谁卖命！”

天蒙蒙亮，孙坚头裹红毡巾，铠甲外面套着豹皮，将地图铺在草地上用剑指道：“我们现在虽然已经奇袭了新野城，可这还远远不够，在南一百余里处，还有一座城，叫樊城（今湖北襄阳市，位于汉江北岸，与襄樊市隔江相望），这座城既是隘口又是渡口，我们只有再拿下樊城，把城中的上百艘战船抢到手，才能渡过汉江，进围襄阳，否则一切都是扯淡！”

“将军所言极是，我们不能给荆州刘表以丝毫喘息之机，应马不停蹄火速南下顺势再把樊城拿到手！”朱治、孙贲、程普、韩当、黄盖应道。

“马上埋锅造饭，吃饱饭后，立即进军樊城！”孙坚命令道。“是！”众将领命道。

襄阳城中，此时荆州牧刘表身着青色棉锦袍，正在杨柳池边习武晨练，一转身见蔡瑁、蒯越急匆匆从亭间小路赶来，“为何如此慌张？”刘表收起手中之剑问道。

“不好了！出事了！樊城守将黄祖连夜派人渡江来报，说袁术、孙坚偷袭了新野！请示怎么办？”蔡瑁来到近前说道。

“怎么办？这样的事情还要问吗？新野是南阳进入荆州的北面第一关，要是落在了袁术、孙坚的手上，我们还能睡安稳觉吗？马上命黄祖把新野给我夺回来！”刘表说着将手中之剑刷地插在地上。

“是！”蔡瑁、蒯越领命而去。这时见年轻貌美的蔡夫人身穿绣红棉锦袍腆着大肚子，领着刘琮也来到苑中，“哟，快叫父亲！”

“父亲！”蔡夫人扶着奶声奶气还不到2岁的刘琮向刘表走来。

需要插一句的是，在易中天看来：“刘表有两个儿子，长子刘琦，次子刘琮。刘琦和刘琮都是刘表的前妻所生（刘表前妻约在公元203年去世），但刘表后妻蔡夫人已将娘家侄女许配给刘琮，就希望刘琮做接班人。”这一说法有两个问题。首先刘表不止有两个儿子，在史书中可查的就有三个儿子，还有一个小儿子叫刘修，此事在《三国志·陈思王植传》中有明确记载。再者，刘琮最有可能是蔡夫人所生。为什么这么说呢？刘琦年长刘琮近20岁，要是照易中天的说法，在刘表娶了蔡夫人的第二年，近二十年未生育的老妻突然又生养了一个儿子，随后又生下了刘修，这也有点玄乎了。还有，刘琮要不是蔡夫人亲生又怎么可能得到蔡家人的鼎力支持？这显然说不通。

镇守樊城的黄祖接到命令后，立即率大队人马出樊城，火速逆淯水河道北上，向新野扑来。

下回请看：袁术偷鸡不成失南阳　吕布金蝉脱壳走河内

第二十八回

袁术偷鸡不成失南阳　吕布金蝉脱壳走河内

镇守樊城的黄祖接到命令后，立即率大队人马出樊城，向新野扑来。可刚走了二三十里路，在平坦宽阔的川道上，便迎面碰上了孙坚的大队人马。写有“孙”字的战旗在寒风中飘展。

“孙坚来得好快呀，我们应该怎么办？”部将苏飞问道。正在黄祖犹豫不决之时，迎面的孙坚已抢先发出了出击命令，“狭路相逢勇者胜！这正是破敌之良机，随我一起出击！”孙坚挥剑道。朱治、孙贲、程普、韩当、黄盖一马当先，各率所部军马开始冲锋。骑兵在前，步兵在后，泥石流般滚滚向黄祖军冲杀而来。黄祖看孙坚军迎面冲杀而来，连忙命令：“弓箭手赶快放箭！”一时间箭如飞蟥，冲在前面的骑兵不断有人中箭落马，可根本无法阻挡泥石流般滚滚而来的孙坚军，随着孙坚骑兵越逼越近，黄祖军开始出现慌乱，纷纷溃逃，孙坚挥军冲入，砍得黄祖军稀里哗啦，沿淯水河道一路南逃。孙坚军则是趁势追击，黄祖率军慌忙退入樊城，命守城军士收起吊桥，紧闭城门，坚守不出。上述袁术命孙坚袭击荆州刘表之事，陈寿在《三国志·吴书一·孙坚传》中明确记述道：“初平三年，术使坚征荆州，击刘表。表遣黄祖逆于樊、邓之间。坚击破之。”《三国演义》所谓的“孙坚跨江击刘表”之说，整个搞错了。此时孙坚因杀荆州刺史王睿、南阳太守张咨，其回长沙之路已经整个被荆州刺史刘表断绝。准确的说孙坚只是袁术帐下的一员战将，又怎么跨江袭江夏黄祖？

此时吕布正在河北常山与黑山黄巾军交战。寒风呼啸，吕布一身铠甲手舞画戟，率部将张辽、成廉、魏续等冲敌破阵，杀得张燕黑山黄巾军像鸟群一样四处奔散。

“世人道‘人中吕布，马中赤兔’，将军真不虚此名啊！”冀州牧袁绍赞道。

“杀几个黄巾贼这又算得了什么？要是袁冀州再能给我拨上一两万军马，我保证杀进娘子关，让黑山黄巾贼尸横遍野！”奋武将军吕布骑在赤兔马上神采飞扬道。

袁绍刚要搭话，却见长史逢纪轻轻拉了一下他的铠甲，袁绍面露难色，吞吞吐吐道：“噢，噢，将军还是先请入帐歇息，调拨兵马之事还是以后再议。”

吕布是何等敏感之人，环视袁绍周围的大将麴义、淳于琼、张郃、郭图等人皆面露不悦之色，再看袁绍手下的幕僚也一个个神色怪异，便翻身下马，面堆微笑，拱手道：“好吧！那我就先归营了！”

吕布率张辽、成廉、魏续等先行归营。望着吕布离去的背影，大将麴义斥道：“看他那盛气凌人的样子，才打了几个小仗，就摆出一副大英雄的样子。”

“这种人要是再给一两万兵马，弄不好又要搞出什么乱子来。”

“是啊，吕布先杀丁原又杀董卓，连杀二主，整个是一个反复无常的小人。”

袁绍深叹一口气，摇摇头而去。吕布过去的所作所为换成任何人都会有所顾忌，袁绍也一样。这是其一。再者，他害怕镇不住吕布，喧宾夺主。

而兖州曹操这边，两战皆败，士气低落，畏战情绪严重，只得退回到东阳武城中，坚守城池。青州黄巾军将东阳武里三层外三层像铁筒一样围了起来。可东阳武城高池坚，高、厚足足有七丈，加之黄巾军又缺少攻城战具，致使城池久攻不下，死伤惨重。久攻不下，加上正值隆冬，天寒地冻，哈口气就能结成冰，再加上黄巾军军粮补济又出现严重问题，“他娘的，这仗还怎么打？还没被官军杀死就被冻死、饿死了！”在城外冻得直跺脚的黄巾军叫道。

“是啊，官军在城里烤火，我们在这儿挨冻，官军在城里吃得饱饱的，而我们却在这啃树皮、吃草根，不如退回到东平去，来年再战。”

“放你娘个屁！只要再加一把劲就可以把东阳武拿下了，怎么能撤呢？”一个小头目吼道。

“放你娘个屁！这城已经攻了多长时间了？除过死伤了成千上万的弟兄以外，又得到了什么？你愿意留在这儿继续攻城，你就留下好了，没人拦你，我们走！”

寒风呼啸，衣衫单薄褴褛的黄巾军一个个缩成一团，怀抱着刀枪开始一窝蜂的向寿张后撤，纷纷拥上黄河浮桥逃往东平。

此时曹操身披红色战袍，与曹仁、夏侯惇、许褚等四处巡视军营，鼓舞士气。“军士们！我们是训练有素的官军，有粮、有地、有刀枪。黄巾军是什么东西？只不过是一群到处流窜的草寇，饥则寇掠，饱则弃余，他们现在已经开始撤退了！我军现在正可趁势追击，消灭贼寇！凡听从号令杀敌立功者奖；违令临阵脱逃者斩！”曹操厉声道。

兖州牧曹操于是抓住时机开城出击。黄巾军已经整个失去战心，在曹军的追击下全线溃逃，死伤成片。

随后曹操又命令陈留太守张邈、泰山太守应劭（郡治奉高，今山东泰安东北25公里处）及山阳郡（郡守昌邑）、济阴郡（郡治定陶）等，再加上他的这一路共五路出兵，从四面八方围剿盘踞在东平国内的青州黄巾军。青州黄巾军四面楚歌，可口气照样强硬，派人给曹操传书道：

你昔在济南，大肆毁坏神坛，离经叛道，今天还是痴迷不悟。汉家王朝气数已尽，该是我们黄巾军当家做主人的时候了。天道如此，这不是你一家之力所能阻挡得了的。赶快罢兵吧！违天道者必亡！

曹操看完将书信掷地破口大骂道：“简直是一派胡言！就是当家做主也轮不到你们这群黄巾贼！给我推出去斩了！”

几名军士应命而出，架住来使就往帐外拖，“两军交战不斩来使！”

曹操一摆手：“慢！留下这个活口，让他也给我捎个话。”来使又被撂在地上，“告诉你们的头领，降则生，战则亡，只要你们肯降，我保证不杀你们，给你们留条生路！”曹操撅着小山羊胡说道。黄巾使者刚出帐，曹操便命令道：“马上通知各郡太守出兵，四面夹击！”

“是！”

五路军马，四面出击，昼夜会战，青州黄巾军兵寡粮乏，顾东顾不了西，顾南顾不了北，抵挡了一阵子后，便蜂一样的溃不成军，纷纷跪地求饶。曹操骑着高头大马，与曹仁、曹洪、许褚巡视东平战地，眼望密密麻麻的黄巾军俘虏，曹操鞭指道："黄巾军俘虏共有多少啊？"

"约有三十余万之众！"司马荀彧答道。

"择其精锐者，统编为一支部队，就起名为'青州军'吧！"曹操说道。王沈在《魏书》中记述道："太祖（曹操）旧兵少，新兵不习练，举军皆惧。太祖被甲婴胄，亲巡将士，明劝赏罚，众乃复奋，承间讨击，贼稍折退。贼乃移书太祖……太祖见檄书，呵骂之，数开示降路；遂设奇伏，昼夜会战，战辄擒获，贼乃退去。"

易中天在谈到此事时说道："黄巾军有战士三十万，加上随军人员共一百万，曹操只有上千人，而且老兵少，新兵多。"易中天也不想想，就是一个县令手上少说也要两三千人马，哪个郡守手上没有两三万兵马？曹操身为兖州牧，掌管五郡三国之兵马，怎么还不及一个县令？这实在是也有些太离谱了。

兖州这边曹操大获全胜，荆州那边孙坚情况又如何呢？

此时已经开春，青青的水，绿绿的山，到处都洋溢着春意。孙坚攻占樊城，率大军渡汉江，进围襄阳，刘表退入城中，坚守不出。

孙坚头裹红毡巾，身穿铠甲，在城下剑指襄阳城道："离成功现在只有一步之距了！要是我们能攻入襄阳城，杀死刘表，荆州就是我们的了！"

站在城楼上的刘表、蔡瑁、蒯越、黄祖等看城外集结的兵马越来越多，心急如焚，守城军士正满头大汗地向城楼上运送原木、滚石等守城用具，大战在即一个个神情都高度紧张。

"现在城中虽有两万守城军士，城中粮草也充足。可孙坚用兵诡诈，常常让人防不胜防，被动死守会很危险！"蔡瑁说道。

"没错。为今之计，既要加强城中守备，严防孙坚袭城，同时还要赶紧命南郡（治江陵）、长沙郡（治临湘，今湖南长沙市）出兵救援，等援军赶到，城里城外两面夹击情况就不一样了。"蒯越说道。

"那就有劳黄将军走一趟了。"刘表吩咐道。

"是！"黄祖领命道。

公元193年正月七日深夜，孙坚正在帐中苦思冥想破城之策，忽闻营中喊声大振，"有贼军出城劫营来了！"孙坚翻身下床，提剑上马，率百十骑赶来。原来是黄祖率百十骑出城被围城军士发现，一哄而上，箭如飞蝗。黄

祖不仅不退，反而狂声大吼，率百十骑直冲而来，许多骑兵中箭落马可还是有二三十骑突围而出。孙坚一看这还了得：要是让他搬救兵来，我军就危险了。搏马便追，百十骑哗啦啦一跟而上。黄祖率二三十骑突出重围，为逃避追击，一拐弯便窜入西面的岘山（约是今荆山）之中。孙坚哪肯放过，趁月光率百十骑穷追不舍，进入山涧。眼看黄祖一拐弯不见了，孙坚快马来到岔路口，正不知该向哪个方向追时，突然从山坡的竹林中射出许多箭，孙坚中箭，大叫一声，翻身落马，紧随其左右的骑士也纷纷中箭落马，栽倒在地。“不好了！孙将军中箭了！”随从连忙下马隐蔽，张弓向竹林回射，待黄祖一行逃走后，一窝蜂而上连忙将孙坚救起，一看一箭正中孙坚命门，已经气绝身亡。“将军！将军！你可不能死啊……”孙坚亡年37岁，遗有四子：长子孙策，二子孙权，三子孙翊，四子孙匡。上述孙坚围襄阳阵亡之事，陈寿在《三国志·吴书一·孙坚传》记述道：“坚击破之，追渡汉水，遂围襄阳，单马行岘山，为祖军士所射杀。”《典略》记述道：“坚悉其众攻表，表闭门，夜遣将黄祖潜出发兵。祖败走，窜岘山中，坚乘胜夜追祖，祖部兵从竹木间暗射坚，杀之。”

荆州牧刘表站在城楼上，“哎，孙坚军才大兵压境，今天一大早又纷纷撤围，这到底是怎么回事？”正在刘表疑惑不解时，一将匆匆跑上城楼报道：“昨晚孙坚在岘山被黄祖给射杀了！孙坚军下半夜就开始撤军，现在大部分都已经撤回到了汉江北岸。”

“难怪是来也匆匆，去也匆匆，这可真是天助我也！”刘表兴奋道。

“孙坚战死，军心惶惶，我们正好可以趁机全线反击，举荆州之兵，收复所有失地，把袁术从南阳赶出去！”蒯越说道。

在王朝社会，统帅就是军队的灵魂，一旦失去统帅就跟电脑的CPU坏了一样，立刻就会瘫痪。孙坚意外阵亡，导致战局急转而下。刘表抓住时机开始全线反击，先收樊城，后收新野，举荆州之兵又大举挺进南阳。朱治、孙贲、程普、韩当、黄盖率所部军马一路失魂落魄逃回南阳。此时宛城已是人心惶惶，袁术连忙召集手下文武商议对策。为稳定军心，主簿阎象首先宣布道：

奉袁将军之命，现拜孙贲为豫州刺史，统领孙文台原部人马！

孙贲单跪谢命。

“刘表举荆州十万之众来夺取南阳，现在兵马已过新野，正沿淯水大举向宛城挺进，你们说说，该如何才好？”袁术剑指地图道，一脸惊慌之色。

“南阳是我们的大本营，我们应该死守宛城！”部将纪灵说道。

“万万不可！”长史杨弘说着急匆匆走到图前，用毛笔指图道，“南阳是块盆地，四面有高山峻岭环绕，我们就如同处在一个巨大的木盆之中。”杨弘说着用毛笔在南阳盆地四围画了一个圈。“进出南阳盆地主要有三条谷道：第一条是出南阳，沿丹江峡谷，出武关，进入关中盆地；第二条是由南阳，出堵阳（今河南方城），沿东北方向，经叶县（今河南叶县西南），进入颍川；第三条是由襄阳、樊城、新野，沿白河川道，由南向北入洛阳。”杨弘说着用毛笔一一将三条谷画了出来。“现在荆州刘表已占据新野，十万大军正在向宛城挺进，关中、洛阳现在把持在李傕手上，第一、第二条道都行不通。要是刘表把南阳的北大门堵阳（今河南方城县）堵上，根本用不着围宛城，那我们成了什么？”杨弘用毛笔示意道。

“那我们不整个就成了瓮中之鳖？这还了得……”众文武慌乱道。

“不仅如此！现在兖州曹操已经打败了青州黄巾军，也趁机要吃掉我们，正在向颍川郡进兵。我们现在正处在荆州刘表与兖州曹操的南北夹击之中，要是曹操再把颍川给占了……”杨弘一脸焦虑道。

“那我们唯一的退路也就没有了！那我们就死定了……”众文武惊慌道。

袁术霍地站起，一把将案几推开，吼道：“还等什么？赶紧出堵阳向颍川方向撤退，去营救颍川！不然就来不及了！”

大堂之内顿时哗然一片：“快！快！赶紧率所部军马向颍川方向撤退！”

袁术就这么稀里哗啦逃出了宛城，将南阳之地又拱手让给了刘表。说老实话要是袁术逃得慢一点真的就成了瓮中之鳖，这和朱儁、孙坚不敢坚守洛阳一个道理。袁术率大队人马匆忙入堵阳，经叶县，沿东北方向仓皇逃往颍川。此时曹军已挥军侵入颍川，占据阳翟（颍川郡治，今河南禹州）、许县（今河南许昌），袁术只得退守匡亭（许昌东120里处，在今河南扶沟西南匡亭乡），不久被曹操击溃，退走襄邑（今河南睢县）、宁陵，率余部向南逃往九江（郡名，治寿春，今安徽寿县）。曹操从袁术手中把颍川、梁国、陈国掠到手以后才收手，还军定陶（济阴郡治，今山东定陶）。此时的袁术先失南阳，又失豫州大部分土地，已是丧家之犬。而曹操不仅据有兖州五郡三国，又从袁术手中抢得了颍川、梁国、沛国等地，实力已经超出了冀州袁绍。由此可见，曹操这个人和公孙瓒、袁术一样，也怀有称霸天下的帝王之志，刚坐到兖州牧的位置上就表现出了极强的侵略性。当然那个时候的曹操和许多人一样，不仅还认识不到这是愚蠢透顶的穷奢极欲，还误以为这是什么英雄之志。上述袁术失南阳又在颍川、梁国等地遭到曹操迎头痛击之事，陈寿在《三国志·魏书一·武帝纪》详细记述道："四年春（公元193年），军鄄城。荆州牧刘表断术粮道，术引军入陈留，屯丘封。……与战，大破之。……走宁陵，又追之，走九江。夏，太祖还军定陶。"在《三国志·魏书六·袁术传》中记述道："术引军入陈留。太祖与绍合击，大破术军。"

此时张燕退回娘子关，袁绍则率大军凯旋回邺城（今河北临漳西南）。庆功宴上，吕布向袁绍请辞道："我这一行人，这一段时间多亏袁冀州容留，实在感激不尽！我打算明天离开冀州。"吕布说道。

袁绍嘴上客气道："噢，是吗？吕将军有大功于我，怎么能说走就走呢？还请在邺城多住一些时日。"

"只是驱赶了几个黄巾草寇，不成什么大功。主要是家人不习北方水土，实在抱歉得很，还请袁冀州放行！"吕布请求道。

"既然吕将军执意明日要去，不知下一站将去何方？"袁绍假装关心地问道。

"初步打算是到河内张杨处住些时日。"吕布应道。

袁绍的杯中之酒一颤，心想张杨一向与我不睦，吕布要是到他那里去，等于是如虎添翼。这该如何是好？可不放行又不行。

"来，来，来，吕将军明天就要走了，多陪吕将军喝几杯！"袁绍招呼道。众将士纷纷起身不是与吕布碰杯，就是向吕布敬酒，吕布百般推辞，可还是醉醺醺。

在隔壁房中，长史逢纪给袁绍窃窃献计道："不如一不做，二不休！"

逢纪迅速召集武士，授以密计："你们都清楚了吗？"

"我们都清楚了！"武士们齐声应命道。

"一定要做到滴水不漏。"

“是！”

席散，吕布起身向袁绍告辞。袁绍命站在阶下的三十名武士：“你们一定要好好护送吕将军回营！一定要保护好吕将军！”

“是！请袁冀州放心！”武士们齐声应命道。

“哦，不，不了，我自已带的卫士就，就够了，多，多谢袁冀州的美意……”吕布摇晃着身体，舌头有些僵硬地说道。

“哪里，将军是我的贵客，有大功于我，我不仅要好生款待，还要好生保护将军！”袁绍说道。

吕布盛情难却，只得答应。当晚三十名武士将喝得醉醺醺的吕布护送回营，吕布拴好马，让他们在帐外守候。帐外春夜绵绵，蝉声不断，刚下过一场小雨很是清爽。卫士们守在帐外，不一会儿听到吕布在帐内弹奏古筝，悠扬深远的旋律在夜空中飘摇，没想到在战场上英姿飒爽的吕布还能弹奏出美妙的音律，听得卫士们一个个如痴如醉，迷迷糊糊。夜深，他们看吕布账中灯火已熄，已经熟睡，便手持刀斧一并冲入帐内，在黑灯瞎火中对着吕布的床就是一阵乱剁乱砍，吕布连声息都没出一声，就被剁成了肉泥。卫士们于是收起刀斧回去复命。

第二天他们才知道，吕布当夜就携貂婵、妻子女儿和部将逃出了邺城。弹筝人是他的侍从，在卫士们听得如痴如醉之时，吕布已经从后帐潜出。吕布就这么演了一出金蝉脱壳。陈寿在《三国志·魏书七·吕布传》记述道：“布北诣袁绍，绍与布合击张燕于常山。燕精兵万余，骑数千。布有良马曰赤兔。常与亲近成廉、魏续等陷锋突陈，遂破燕军。而求益兵众，将士钞掠，绍患忌之。布觉其意，从绍求去。绍恐还为已害，遣壮士夜掩杀布，不获。事露，布走河内，与张杨合。绍令众追之，皆畏布，莫敢逼近者。”此事在《英雄记》中也有记述：“绍外言当遣，内欲杀布。明日当发，绍遣甲士三十人，辞以送布……”

随后吕布一行来投奔河内太守张杨（治怀县，今河南武陟西南）。张杨也像袁绍一样收留了吕布，可没过多久，大麻烦又来了。车骑将军李傕遣使密令张杨杀吕布。

“这怎么可以？我与吕将军是同乡，是好友，他来投我，我又怎么能……”张杨说道。

“此时洛阳由张济镇守，整个在李傕的控制之中，对河北岸的我们随时都是一个威胁，况且圣命也难违。”部将杨丑道。

张杨犹豫不决，这边吕布则闻讯大惊：“这该如何是好？”

“不如赶紧溜，再搞他一把金蝉脱壳！”张辽说道。吕布托腮来回踱了几步：“这次溜是溜不了了，只有正面直对！”

正在张杨犹豫不决之时，吕布径直来到张杨府中。“李傕让你杀我的事我已经知道了。咱们是同乡。你若杀我，你将少一个人的支持，又背不义之名，于你不利。可要是不杀我，又有许多为难之处。”

“那该如何是好？我也正在为此事犯愁？”张杨焦虑道。

“不如阳奉阴违，这样可以一举两得。”吕布说道。

“阳奉阴违！”张杨沉思片刻说道，“妙，这个办法好！”张杨于是外许李傕，而内实保吕布。李傕一时也没什么办法，听朱儁、贾诩之计，任命吕布为颍川太守。此时朱 已被拜为太尉。吕布就这么凭借他的机智和勇敢连过了两道险关，还与张杨成了至交。上述李傕遣使密令张杨杀吕布之事，在《英雄记》中也有记载，本著只是如实再现而已。

下回请看：曹操杀边让显原形　刘玄德平原遇刺客

第二十九回

曹操杀边让显原形　刘玄德平原遇刺客

公元193年春，此时的曹操不仅据有兖州五郡三国，又从袁术手中把大部分豫州之地（颍川、梁国、沛国等）掠入到了自己手中，实力明显已经超出了冀州袁绍，仅次于公孙瓒。我们知道曹操这个人手中不能有权，只要一有权搞不好就会干出一些惊天动地的大事来，那此次会不会是这样呢？

在昌邑（兖州治，在今山东金乡西北），曹操府内，兖州牧曹操满面春风，正在挥毫泼墨，曹仁、夏侯惇、许褚则在一旁吃着水果，喝茶说笑。这时曹洪走进来，说道："边让已退休还乡，现在就住在浚仪（今河南开封）。"边让是东汉末年的大学士，陈留浚仪（今河南开封）人，博学多才，文采盖世，著有《章华赋》等名篇。与蔡邕、卢植、孔融、王朗、陶谦等名士是好友。因备受何进器重，被破格提拔为九江太守，约在公元191年前后辞官回陈留老家。边让因看不起曹操的宦官身世和一些不良品行，曾说过一些不中听的话。上述边让辞官归乡之事范晔在《后汉书·卷八十下·边让传》中记述道："边让字文礼，陈留浚仪人也。大将军何进闻让之名，欲辟命之。恐不至，诡以军事征召。府掾孙融、王朗并修刺候焉。议郎蔡邕深敬之，以为让宜处高任。让后以高才擢进，屡迁，出为九江太守，不以为能也。初平中，王室大乱，让去官还家。恃才气，不屈曹操，多轻侮之言。"

"你说什么？边让？就是那个九江太守边让？"曹操放下手中的笔，脸一下子严肃了起来。

"就是那个曾经侮辱过咱们大哥，曾任九江太守的边让？"曹仁问道。

"没错。"曹洪应道。

曹操胸中的怒涛涌起，脸色一下子变得极为难看。“好啊，你边让也会有今天，现在终于落在我曹孟德的手上了！我倒要让你看看，是你边让的嘴巴厉害，还是我曹操手中的刀把子厉害！”曹操目射凶光，咬牙切齿道。

“算了，大哥，跟一个酸文人计较什么？”曹仁劝道。

“你懂个屁！有人骂你是赘阉遗丑，有人骂你德行不好，你又做何感想？”曹操一把将茶杯和托盘中的水果擢到地上。吓得曹仁、夏侯惇、许褚几人面面相觑，一缩脖子都不敢吭声了。

“那怎么处置他呢？”曹洪问道。

“怎么处置？”曹操咬牙切齿道，“把边让给我抓起来，杀掉！”

“这样好吗？”曹洪问道。

“有什么不好？过去他身为九江太守，我还惧他三分，加上头顶上始终坐着一个皇帝，有王法管着，心里就是有再大的怨气也只能忍着……这口气，我已经忍了好多年了。可我现在是兖州牧，大部分豫州之地也捏在我手中，已是响当当的一方诸侯，是无冕之王，坐在头顶上的皇帝早就到长安去了，谁还能管得了我？在兖州这个地方，我就是王法。而他现在只是一个退居在家的无官无权之人，收拾他就像是捏鸡娃子。”曹操攥紧拳头咬牙道。

“那我就去办这件事。”曹洪领命而去。

“回来！这样太便宜他了。”曹操说道。

“怎么？”曹洪问道。

“把边让的家人也统统地抓起来，一个不留，统统！”曹操做了一个用刀砍的手势。

曹洪点点头，离去。曹操就这么不仅杀了边让本人，还残忍地杀害了边让一家。曹操为这么屁大点儿的事，杀了大学士边让及其一家，气总该消得差不多了吧？哪里，此时曹操心中的恶气只消了一半。

州署内，“沛相袁忠、沛人桓邵，这两人也不能放过！”曹操说道。

“可袁忠、桓邵听到边让及家人被杀的消息后，已经连夜逃走，不知去向。”曹洪说道。

“跑，想往哪跑？跑了和尚难道还能跑得了庙？”曹操阴笑道。

“是啊，人跑了，他的家还在。”曹洪立即派人把袁忠、桓邵的家人给抓了来。果真还是曹操厉害，袁忠、桓邵只得自首，跪地求饶，头磕得只差没把地砸个坑："求曹兖州饶命……求曹兖州饶过我一家老小的性命……他们都是无辜的，要杀就杀我吧……"

曹操也不答话，只是坐在上面扭曲着脸阴笑，然后摆摆手命武士将二人拖出斩首。关于曹操杀大学士边让、沛相袁忠、沛人桓邵之事，《曹瞒传》明确记述道："初，袁忠为沛相，尝欲以法治太祖，沛国桓邵亦轻之，及在兖州，陈留边让言议颇侵太祖，太祖杀让，族其家，忠、邵俱避难交州，太祖遣使就太守士燮尽族之。桓邵得出首，拜谢于庭中，太祖谓曰：'跪可解死邪！'遂杀之。"

就为了几句侮辱性的语言，就为这么大点儿屁事，曹操就干出这么一桩惊天动地的事情来，这件事说给谁听都难以置信。可当你知道了曹操是一个具有极度变异宦官人格的人，有着极强的报复欲望，又经过这么长时间的压抑；可当你知道曹操是一个具有狡诈性格的人，习惯于用兵法，用敌对的方式去达到目的；可当你知道曹操是一个满脑子古代君臣之道的人，此时手握大权，处于"帝王"位置上，"宁我负人，毋人负我"，完全以自我为中心，天下人理应完全无条件臣服于他，为了一己之私对损害他利益的人，对挡他路的人可以任意采取一切暴力手段。曹操这么一个具有奇异性格的人，现在又响当当地成了一方诸侯，手中拥有了可以肆意妄为的王权，也就不难理解曹操的这一"壮举"了，一切又都在情理之中。让人恐怖的是，这还仅仅是个开始，一个具有奇异性格的人，手中又握有可以肆意妄为的王权，其一生将能干出多少令人毛骨悚然的事情也就可想而知了。更让人恐怖的是，这个人披着羊皮，具有儒雅的外表。俗话说"伴君如伴虎"，谁要是伴上曹操这个"君"，那滋味就更可想而知了。

可要是在现代民主社会，像曹操这样的人，就是他的脾气再坏，也绝对不可能做出这些令人毛骨悚然的事情来的。这是因为在他的头顶上总有法来约束其行为，不仅有国法，还有国际法。即使他能称王称霸把自己凌驾于国法之上，还有国际法管着他。

既然无法可治，那曹操的恶行是不是就可以完全不受制约了呢？那倒也不是，虽然道德和法律已经制约不了他的行为，可还有"善有善报，恶有恶报”的自然法则。董卓的暴行遭到了残酷的报复，那曹操的暴行是不是也会遭到残酷的报复呢?

曹操的这一暴行除过按照古代君臣之道是天经地义的以外，不管在古代还是现代，都会被世人深恶痛绝。连为曹操唱赞歌的易中天在谈到这件事时也不得不说：“曹操干的这件事，影响极坏，当时就引发了一场叛乱，事后也一直被人们议论。有了这次教训，加上官也大了，野心也大了，慢慢学得‘宰相肚里撑船’，报复起来，也就不那么直截了当了。”实际情况是不是这样还请继续往下看。

再说刘备携简雍、关羽、张飞、赵云到青州后，数有战功，不久便被公孙瓒提拔为平原相。刘备33岁就这么做上了地级干部。刘备在做平原相期间，外御冀州袁绍、兖州曹操，内搞农田基本建设，一时间平原国安民乐，气象一新。可就在这时，有一个叫刘平的豪强，因耻于在刘备之下便想把刘备除掉。他找来刺客说道：“你只要能杀了刘备，这些金饼就是你的。”

刺客眼睛一亮：“说话算数?”

“决不食言！”刘平说道。

第二天，刺客身藏利刃到行署来找刘备。见穿着随便的刘备正在院中手把手地教百姓编草席，然后与百姓席地而坐一起说笑，问寒问暖：“你们家的粮食够不够吃?”

“今年收成不错，够吃了。”

“还是要省着点，不要浪费。”

刺客掏出画像，心想：面前的这个人分明就是刘备，长着一双大招风耳，面容宽厚。可又不像，天底下的官哪个不是高高在上，哪有这样的官?与百姓席地而坐有说有笑，怎么也不像啊?听说刘备还是皇族，就更不像了……

正在这时，简雍从行署里出来，刺客连忙凑上去问道：“那个席地而坐正在与人说笑的人是平原相刘备吗?”

“没错。玄德兄，有人找！”

刘备起身来迎，将刺客迎入署内。“请坐。”刘备说道。刺客把怀中的家伙搂搂紧，也不应声，便坐在了席上。

“请问有什么事吗？”刘备倒了一壶水端上。

刺客还是不应道，把手暗暗地伸进怀中。

“你可能有什么难言之隐不便于开口说吧？来，先喝口水再说。”刘备说着也席地而坐。

刺客还是不应答，也不喝水。刘备起身，拿起一个水果，递到刺客面前：“来，先吃个水果，这个水果很甜。”这时只见刺客将手猛然伸入怀中迅即掏出利刃，刘备大惊，却见刺客双膝跪地泪流满面拱手将利刃献上：“我是来杀你的刺客！你处置我吧！”

“你！你说什么？！”刘备惊道。

“有人派我来刺杀你！”刺客哭泣道。

“那你为什么不？”

“我不忍心，我又怎么能忍心刺杀像你这样的人呢？要是这样我还是人吗？你可要多提防啊！”

正在这时，关羽、张飞提刀冲了进来，一把将刺客拎起，举刀便砍。“住手！”刘备喝道。

关羽手中的刀僵在半空中。

“放他走！”刘备冷冷地说道。

“他是刺客！凭什么放他走？！”关羽、张飞齐声吼道。

“我让你们放他走！你们难道没有听见吗？！”刘备喝道。

关羽、张飞极不情愿地收刀，闪开一条缝。刺客泪流满面，又跪倒在刘备面前，深深地连磕三头，然后转身而去。刘备、关羽、张飞，以及所有的人都望着远去的刺客一脸茫然。上述刘备平原遇刺客之事，陈寿在《三国志·蜀书二·先主传》中记述道：“先主数有战功，试守平原令，后领平原相。郡民刘平素轻先主，耻为之下，使客刺之。客不忍刺，语之而去。其得人心如此。”王沈在《魏书》中记述道：“刘平结客刺备，备不知而待客甚厚，客以状语之而去。是时人世饥馑，屯聚钞暴。备外御寇难，内丰财德，士之下者，必与同席而坐，同簋而食，无所简择。众多归焉。”

由于刘备从小就生活在一个没落的皇族家庭之中，从小就生活在贫民圈中，与贫民早已打成了一片，而且早已养成了平民化的生活习惯。这样许多人在与其交往时就会感到刘备没有一点官架子或皇族的架子，谦虚随和、平易近人，早已成为一种自然，从而赢得人们的好感。这是刘备的一大品格特点。为此连专门为曹操树碑立传的王沈在《魏书》中也说刘备深得人心。不仅如此，刘备还有一大品格特点，就是刘备的仁德品格。

刘备的仁德品格当然不是天生的，这与刘家文化有着剪不断的源源关系。刘备的父亲刘弘虽然在刘备幼时就去世了，可刘备还有一个名叫刘元起的叔父，在刘弘去世后，对刘备一直很关照。他还资助刘备与自己的儿子刘德然一起到卢植门下读书。由此可见，从其父刘弘到叔父刘元起，刘家文化对刘备早期人格的形成从来就没有间断过。

孩子通常是父母的翻版，在怎样的家庭教育环境中常常就会教育出怎样的孩子。尤其在学校教育还非常落后的古代社会，家庭教育对孩子的人格形成起到决定性的作用。那么汉朝的当家人刘家又是一套怎样的文化教育思想呢?

汉王朝自从创立以来基本上实行的是仁政，自汉武帝刘彻“罢黜百家，独尊儒术”，更进一步确立了以孔子儒家学说为核心的执政理念。孔子儒家学说的核心理念：一方面劝帝王施善于天下人，即施行“仁德政治”；另一方面又劝世人做一个好臣民，接受古代君臣之道，这就是“三纲五常”。“仁”与“义”就是他这套儒家学说的核心内容。孔子是一个伟大的思想家，他提出的儒家思想就如同“四大发明”一样，在他那个时代是无与伦比的，当然比起现代民主思想，他的思想又远远落后了。

经过两三百年的代代相传，孔子的儒家思想已深入刘家人的灵魂深处了，已经成为刘家人普遍的为人处世的品行。刘备身上的仁德品行就是这么形成的，当然也还有古代君臣之道。

由于在刘备身上有这两大品格，刘备无论走到哪里都深得人心，都很自然地得到人们的拥戴，用陈寿的话说就是：“刘备弘毅宽厚，知人待士，盖高祖之风，英雄之器焉。”这是刺客被感化的根本原因。

可易中天在谈到这一问题时就令人吃惊了。他如此说道：“我们知道，在东汉末年的政治博弈中，刘备的资本或者说本钱是不太多的。但他所到之处，都备受尊敬和欢迎，其原因正如程昱所说，他刘备‘有雄才而甚得众心’。人望、人缘、人心，是刘备的本钱和资本，也是他的根本和基本。一旦丢失，就一无所有。何况，得人心者得天下，失人心者失天下。刘备有得天下之意，就必须先得天下之心，这就是‘济大事者必以人为本’的含义。因此，尽管追兵在后危险在前，他也不能丢了这个‘本’。正如吕思勉先生所说：‘要做事业，手下一定要有人’，和道德不道德、仁慈不仁慈没有关系。”

那么易中天的这一说法又有什么问题呢？说老实话，他的前半部分的以人为本和要想有成就一定要得人心的说法是完全正确的，可当我正要为他喝彩的时候，他在结尾处却说了一句：“正如吕思勉先生所说：‘要做事业，手下一定要有人’，和道德不道德、仁慈不仁慈没有关系。”这就问题大了，人你可以抢来，也可以骗来，也可以用一颗善心感化而来，那么哪种方式更好呢？待人可以用善的方式也可以用恶的方式，那么应该以哪种行为方式为基本呢？怎么能没关系呢？由此可见，易中天对这些问题的认识还停留在为达目的可以不惜采取一切手段的水平上。也难怪他会对曹操那么推崇，这样他也就感受不到刘备的人格魅力。

下回请看：袁术淮南绝处逢生　刘繇许劭江东驱虎

第三十回

袁术淮南绝处逢生　刘繇许劭江东驱虎

再说袁术，公元193年春，在荆州牧刘表与兖州牧曹操的南北夹击下，就像痛打落水狗一样被赶往九江。

可就在这时袁术的机会来了。扬州刺史陈温不久前病死，各郡群龙无首，由李傕把持的朝廷新任命的扬州刺史刘繇还在路上，就在这个节骨眼上，袁术便率他的流浪军渡过淮河侵入九江郡，几乎没有遭受什么抵抗，袁术便占据了寿春（时扬州治，今安徽寿县）。袁术就这么失了南阳和大部分豫州之后，随后又在淮南（今安徽省）掠得了一块疆土，真可谓是因祸得福，柳暗花明又一村。袁术自此以寿春为大本营，以张勋、乔蕤为大将军。陈寿在《三国志 · 魏书六 · 袁术传》中记述道："术以余从奔九江，杀扬州刺史陈温，领其州。以张勋、乔蕤为大将军。"关于陈温之说，据史学家裴松之考证，陈温是自己病死的。我采取了裴松之的说法。

扬州刺史刘繇见袁术占据了寿春，只得怀揣一纸皇帝诏命到广陵（郡治广陵县，今江苏扬州）去找他的老朋友许劭。这个许劭正是当年在汝南给曹操看过相的那个人。此时携家人正在广陵避乱。

"九江已经被袁术占据，显然已经去不成了，下一步该如何是好，还请子将指点。"刘繇说道。刘繇，字正礼，东莱郡人（治掖县，今山东莱州），公元156年生人，汉室宗亲，故太尉刘宠之侄，原兖州刺史刘岱胞弟。

许劭将地图铺于桌子上指道："袁术占据了寿春，九江、庐江，即整个淮南之地（今安徽省）已整个处在袁术的控制之中。现在你最好是到江东去，袁公路四处侵略，贪得无厌，可他的手一下子还伸不到江东来。江东有吴郡、会稽郡、丹杨郡、豫章郡等，你可以到那里去，然后据江而守，北据袁术。”

“还是子将高见！我此时来找你，还想请子将出山，为我主谋，以共图大业！”刘繇说道。

可让刘繇、许劭没有想到的是，袁术下手比他还快。上述许劭说刘繇入江东之事，范晔在《后汉书·卷六十八·许劭传》中记述道：“劭南到广陵，徐州刺史陶谦礼之甚厚，遂复投扬州刺史刘繇于曲阿。”

长史杨弘用毛笔指图道：“将军现在虽占有汝南、陈国、九江等地，庐江太守陆康也已归顺，局面比在南阳时有很大的改观，可还是不容乐观。将军请看。”袁术也走到图前，“将军请看，我们现在的北面是死敌曹操，直接与其接壤，西面是老仇家荆州刘表，东面是徐州陶谦，江东四郡至今还未归顺将军。将军还整个处在四面包围之中。”

“是啊，局面还是不容乐观啊。”袁术一脸焦虑。

“我们和荆州刘表中间隔着伏牛山和淮阳丘陵，互相都难以侵入，两家自然是相安无事；东面的徐州陶谦一向以和为贵，自然无事；江东四郡又有长江之隔，目前对我们的威胁主要是来自于北面的曹操。当务之急，我们应一面北拒曹操，一面设法向江东和徐州扩张。”杨弘说着刷、刷、刷在地图上画了三个大箭头，一个是北拒曹操，另两个分别指向南面的江东四郡与东面的徐州陶谦。

“北拒曹操是必然之事，取江东四郡可以马上就办，这件事可以让吴景和孙贲去办，他们本身就是吴郡人，可以让他们携两万军马南下江东。可问题是，徐州陶谦与公孙瓒是盟友，我们也不宜四面树敌。”袁术说道。

“没错。徐州陶谦将军可以先放一放，缓图之，以待时机。”长史杨弘说道。

于是袁术一面表吴景为丹杨太守，孙贲为丹杨都尉，携韩当、黄盖率两万军马南下江东。吴景乃孙坚小舅子，吴郡钱唐人（今浙江杭州市西）。陈寿在《三国志·吴书六·孙贲传》中记述道：“坚薨，贲摄帅余众，扶送灵柩。后袁术徙寿春，贲又依之。术表贲领豫州刺史，转丹杨都尉，行征虏将军，讨平山越。”

袁术一面又给沛相陈珪写信道：

昔秦失政，导致群雄争而取之，智勇者得之。今天下大乱，诸侯并争，也正是英雄用武之时。我与足下是老朋友，要是能携手并力，共成大事，该多好，怎能被曹操左右？ 袁公路。

按照袁术的逻辑，天下谁能抢到就是谁的，这整个是帝王逻辑。

陈珪，故太尉陈球弟子，陈登之父，与袁术是少时的朋友，曹操杀沛相袁忠后，李傕把持的朝廷拜陈珪为沛相（治相县，今安徽濉溪县西北）。此时的陈珪就如同是曹操与袁术两人之间的墙头草，他会响应袁术的号召吗？陈珪回信道：

昔秦暴政，祸害天下，民不聊生，才导致天下大乱。今天下大乱，并非是暴政所致。曹操神武，可担负匡扶汉室，平定战乱，安天下之重任。我们应该同心协力匡扶汉室。图谋不轨，只会自取灭亡。我们是老朋友，才直言相告。忠言逆耳利于行，望足下能迷途知返。

可见袁术满脑子都是帝王逻辑。陈珪义正词严拒绝了袁术的要求，他显然更看好曹操。此事陈寿在《三国志·魏书六·袁术传》中有明确记载。

那吴景、孙贲南下江东的情况又如何呢？

两人携韩当、黄盖率两万军马，抢在刘繇之前赶到江东，赶走了丹杨太守周昕，将丹杨郡据为已有，并将郡治由宛陵（今安徽宣州）迁往曲阿（今江苏丹杨市）。孙策及家人此时居住在江都（今江苏江都），随即便迁往曲阿。陈寿在《三国志·吴书五·孙破虏吴夫人传》中记述道：“袁术上景领丹杨太守，讨故太守周昕，遂据其郡。孙策与孙河、吕范依景。”

孙策，字伯符，孙坚长子，公元175年生人。公元193年夏，18岁的孙策把家人安置好以后，便与好友吕范等人一起顶着烈日，北上寿春（今安徽寿县），投奔袁术。吕范，字子衡，汝南细阳人，少为县吏，仪表堂堂。

孙策见到袁术后，跪倒在地，行三拜九叩大礼，声泪俱下道：“先父昔从长沙讨伐董卓，与伯伯相会于南阳，结为生死至交。今先父不幸遇难，以后袁伯伯就是我再生父亲，我愿以父事伯父，还请袁伯伯能收留晚辈！”

袁术连忙放下手中的扇子，起身将孙策扶起，无限感慨道：“今生今世，我能有你这样的孩子，死而无憾！”

坐定后，袁术说道：“你即怀义来投，我就拜你为怀义校尉！”

“谢伯父！”孙策又跪拜道。陈寿在《三国志·吴书一·孙策传》中记述道："兴平元年（公元194年），策从袁术。术甚奇之，以坚部曲还策。……表怀义校尉。"

可让袁术做梦也没有想到的是，此时的他就像是一只老母鸡，18岁的孙策就是他肚子里的蛋。孙策来到他身边后，孙策的舅舅吴景，堂兄孙贲及其父孙坚旧部朱治、程普、韩当、黄盖等自然也就会聚拢到孙策身边。这样在袁术集团内部就会形成一个以孙策为蛋黄的小集团，鸡蛋就这么形成了。然后这只鸡蛋就借着袁术这只老母鸡，通过吸取袁术这只老母鸡身上的营养，快速发展壮大，等时机成熟时便脱离母体。

就在此时，扬州刺史刘繇和长史许劭来到丹杨，并将扬州治设在曲阿。刘繇来到江东后，很快就受到江东豪帅樊能、于麋、张英、薛礼、笮融、陈瑀、严白虎，以及吴郡太守许贡、会稽太守王朗的拥戴，大家共推刘繇为盟主，随后刘繇又开始在江东招兵买马，一时间在江东声势大振，吴景和孙贲也随之一下子被孤立了起来，陷入了刘繇军的包围之中。秋高气爽，刘字大旗四处飘扬，华盖下，身穿绿色锦袍一脸贵族之气的刘繇此时正和文武官员在观礼台上看军士演练，练兵场上军士丛列，操声四起，好一派威武景象。

"吴景是孙坚的小舅子，和淮南袁术是一伙的，久必为患，咱们可得当心着点。"坐在一旁的长史许劭说道。

"是啊。这可不能不防。"扬州刺史刘繇说道。

"要是袁术来攻，吴景要是里应外合那我们可就麻烦了！"部将樊能说道。

"那我们该怎么办？"刘繇问道。

"那还用说，让这只老虎走好了。"许劭说道。

"老虎要是不愿走呢？"刘繇问道。

"那就只好请老虎走了。"许劭捻须道。

正在这时大将张英飞马急报："昨夜吴景、孙贲携军马和家眷离开曲阿，此时已近小丹杨（今江苏丹杨县），该如何处置？"

刘繇一听与许劭对了一下眼光，不约而同哈哈大笑："看来孙坚的这个小舅子还挺有自知之明啊！"

"就让他们这么走了，有点太便宜他们了，不如去追击！"樊能、于麋说道。

"行了，得饶人处且饶人，还是由他去吧。就是现在去追也来不及了，且必有重兵断后。”刘繇说道。

吴景、孙贲携军马和家眷（也包括其妹吴夫人一家）逃出丹杨后，退守历阳（今安徽和县）。吴景、孙贲就这么在丹杨没待几个月便被迫离开，袁术在入江东的问题上刚领先一招，转眼间就又失去了。

丹杨得而复失后，袁术任命吴景为督军中郎将，相当于前线总指挥，与孙贲一起驻历阳（今安徽和县）。陈寿在《三国志·吴书六·孙贲传》中记述道：“贲为扬州刺史刘繇所迫逐，因将士众还住历阳。顷之，术复使贲与吴景共击樊能、张英等，未能拔。”在《三国志·吴书五·孙破虏吴夫人传》中记述道：“会为刘繇所迫，景复北依术，术以督军中郎将，与孙贲共讨樊能、于麋于横江。”

在曲阿州署内，刘繇手指地图道：“当前对江东最大的威胁来自于袁术，此人有吞天吐地之野心，在南阳时就到处侵略，到淮南也是一样。吴景虽然自已滚蛋了，可此时屯兵历阳，虎视眈眈随时都可能突破长江防线，再次侵入江东。”

“是啊，我们应该加强防范才是。”樊能、于麋、张英、薛礼、笮融等问道。

“具体该如何防犯还是让许长史给大家介绍一下。”刘繇说道。

许劭喝了一口茶，放下茶杯，走到图前用毛笔指道：“正如刘扬州所言，淮南袁术现在是江东最大的敌人，也是我们重点要防范的对象。要想知道怎么防范敌人，首先就要搞清楚敌人会从什么地方侵入。淮南袁术要想入侵江东无非有两条路可走：一条路是由广陵渡江，从京口（今江苏镇江市）登岸侵入江东，可这要经过徐州陶谦的地界，显然行不通。还有一条路是经横江津（今安徽和县东南）、当利口（今安徽和县东），东渡长江，从牛渚营（今采石矶，位于安徽马鞍山区西南翠螺山麓）登岸，侵入丹杨，然后由西向东进入曲阿。这也是淮南袁术侵入江东之地唯一通道。”许劭说道。

“那我们该如何设防呢？”众将问道。

“要想知道该如何设防，就要搞清楚共有几道防线。从江西岸到江东岸共有三道防线：第一道是江西岸的横江津与当利口。这两个隘口互为犄角，与吴景、孙贲的历阳大营相对峙，可以阻止敌人从西岸渡口登船渡江；第二道是长江防线。是用战船从江面阻击敌船登岸，即便是敌人过了第一道防线，也让他过不了第二道防线。第三道是江东岸的牛渚山口。这是通向江东的山隘，咽喉。要是把住这道口，即使敌军已经突破了第一、二道防线，敌船已经登陆，过不了这道山口也是闲的！”许劭说着，一边用毛笔在三道防线各画了一道。

“是啊，要是把好这三道防线，又何愁我江东之地不固若金汤呢？”众将纷纷议论道。

“接下来的问题是该如何把守好这三道防线？若无不同意见我就下令了。”扬州刺史刘繇走到图前谦和地问道。

“刘刺史就下命令吧！”

“那好吧。大将樊能、于麋！”

“在！”

“命你二人，各率一万五千兵马，坚守横江津与当利口，互为犄角，与屯军历阳的吴景、孙贲相对峙。不得放过袁术的一兵一卒！”刘繇手指地图道。

“是！”樊能、于麋领命道。

“大将张英！”

“在！”

“命你率三万兵马在牛渚矶山口扎三座大营。一是负责江面巡视，封锁江面，严防袁术军战船从长江登岸；二是坚守牛渚山口，即便是袁术战船登岸，也让他休想穿过此山口；三是为横江津、当利口提供后备支持，供应粮草、战具。听明白了吗？”刘繇指图命令道。

“听明白了！”

自公元194年春始，淮南袁术便开始两面迎敌：一面派大将张勋、乔蕤北拒曹操，以防曹操入侵；一面又命吴景、孙贲在历阳与刘繇军对峙。陈寿在《三国志·吴书一·孙策传》中明确记述道：“先是，刘繇为扬州刺史，州旧治寿春，术已据之，繇乃渡江治曲阿。时吴景尚在丹杨，策从兄贲又为丹杨都尉，繇至，皆迫逐之。景、贲退舍历阳。繇遣樊能、于麋东屯横江津，张英屯当利口，以拒术。术自用故吏琅邪惠衢为扬州刺史，更以景为督军中郎将，与贲共将兵击英等，连年不克。”

下回请看：诸葛亮全家出逃　家乡阳都遭屠城

第三十一回

诸葛亮全家出逃　家乡阳都遭屠城

而兖州牧曹操此时终于可以完成他的下一个心愿了。

“我父一家此时正在泰山郡华县（今山东费县）避难，与徐州东海郡（治郯城，今山东郯城）相邻。徐州牧陶谦与公孙瓒是盟友，而我与袁绍是盟友，双方是敌对关系，不仅如此我方多次进犯徐州，显然非长久之计。”曹操指图道。

“我看应尽快把家父接到鄄城来，直接置于将军的保护之下。”时已晋升为长史的荀彧说道。

“我也是此意。”

公元194年春，曹操密命泰山太守应劭护送父亲一家来鄄城。可消息却让陶谦知道了。

春雨绵绵，郯城（时徐州治所，今山东郯城）陶谦官邸内，“曹操这个人实在是坏透了，与袁绍为伍屡犯徐州，杀我军民。前不久又残杀大学士边让、沛相袁忠、沛人桓邵及家人，刚做上兖州牧，就开始肆无忌惮干起了坏事……我真恨不能杀此贼！替边让、袁忠他们报仇雪恨！”陶谦义愤填膺道。陶谦与孔融、蔡邕、边让、袁忠等都是高风亮节的儒家君子，又是好友，对曹操的暴行自然是恨之入骨。

“听说曹操已密令泰山太守应劭将其父曹嵩一家从华县送往鄄城。”主簿曹宏说道。

“有这回事？”徐州牧陶谦问道。

“是应劭手下透露出来的。”曹宏应道。

“要是让曹嵩一家离开华县，就再也没有下手机会了。”陶谦来回踱步道。

“时间不等人，应劭的兵马可能已经派出，奉高（泰山郡治，今山东泰安东北25公里故县村）在华县（今山东费县）北面约三百余里处，骑兵一日一夜就能到达。”曹宏指图道。

“此事可关系重大啊！要是曹操知道是我们干的来报复怎么办？”陶谦还在犹豫。

“陶公既然一定要办此事，可以密遣一将去办此事，到时候就说是劫财害命。在这兵荒马乱年月，到处都是黄巾军，又有谁能想到是陶公所为？退一万步说，就是有人知道是陶公部下所为，也可以说是部将擅自所为，谋财害命。”主簿曹宏说道。

徐州牧陶谦连连点头，一咬牙将拳头擂在桌子上：“你看派谁去合适？”

“密令阴平（今山东枣庄）守将张闿去最合适。阴平在华县南150里处，派张闿去还能赶得上，而且抄山路也不宜被人发现。”主簿曹宏说道。

“好吧，这件事就由你去办。一定要办得天衣无缝。”陶谦说道。

泰山太守应劭这边护送曹嵩一家的兵马已经冒着绵绵春雨出奉高（泰山郡治，今山东泰安东北25公里处），正在由北向南沿蒙山斜谷经蒙阴往华县而来。而张闿也已出阴平，正在崎岖的山路中，由南向北往华县赶。时间就是生命，张闿此去不仅是为了报仇雪恨，同时也是为了金银财宝。曹嵩曾任大司农，又官至太尉，不知道捞了多少钱财，现在自己也可以大捞一把了。张闿一边打马一边催促部下快速前行：“快！快！快！赶快跟上！”

雨过天晴，此时在华县避难的曹嵩一家已经把行囊全部打点好，辎重有百余箱，摆满了整个宅院，曹嵩和次子曹德在不停地指指点点，马上就要到鄄城去了，一家几十口人都抑制不住的有一种兴奋。

这时村里突然拥入数千骑兵，曹嵩派到村头迎接的家丁连忙往家里迎，一边跑回去通报：“老爷！老爷！接咱们的兵马已经进村了！来了数千骑兵，威武极了！”

“好啊，好啊，怎么这么快就来了？阿德啊，听见了没有？还不赶快去迎一下？”曹嵩喊道。

曹德乐呵呵地应了一声，便到门口去迎接。可让他做梦都没有想到的是，迎进门的却是寒光闪闪的刀枪。数百兵士夺门而入，不问青红皂白，见人就杀，遇人就砍，尖叫声、惨叫声、鸡鸣狗叫声，轰然间乱做一团。曹德脸上的笑容还没来得及收回去便被乱刀砍倒。家中百十口人就像受惊的羊群，在拼命地逃窜，可又能往哪里跑？宅院已经被围得水泄不通。曹妾吓得哆哆嗦嗦想翻后墙逃走，可因肥胖过不去，被乱刀砍死。曹嵩虽已年迈，可还算利索，战战兢兢躲进厕所，可还是没逃过被乱刀砍死的厄运。曹嵩一家四十余口全部被杀。曹嵩就是到死也没弄明白这些人为什么要杀他一家。堆在厅堂、院落中已经收拾停当的近百箱辎重也随后被洗劫一空。

待应劭率兵马赶到时，他看到的只是惨案发生后的场景。因害怕曹操迁罪，便弃官远遁。

上述陶谦暗杀曹嵩一家的全过程，《世语》中明确记述道：“嵩在泰山华县。太祖令泰山太守应劭送家兖州，劭兵未至，陶谦密遣数千骑掩捕。……阖门皆死。劭惧，弃官赴袁绍。”

陈寿在《三国志·魏书一·武帝纪》中，范晔在《后汉书·卷七十八·曹腾传》也明确记载曹嵩一家为徐州刺史陶谦所杀。

陶谦也有杀人的动机。陶谦与公孙瓒是盟友，自然与袁绍、曹操就是敌人。陈寿在《三国志·魏书一·武帝纪》中记述道：“四年秋（公元193年），太祖征陶谦，下十余城，谦守城不敢出。”陶谦与曹操结怨已经颇深。再者，曹操又残暴杀害了大学士边让、沛相袁忠及家人，这都是他的挚友，更是让陶谦深恶痛绝。加上陶谦本来就有一股子冒失劲，公元186年陶谦在酒宴上当众羞辱张温就是例证。

《三国演义》所谓陶谦部将张闿因谋财杀害曹嵩一家的说法整个于史无据。曹、陶两家本来就是敌对关系，曹操多次侵略徐州，陶谦又怎么可能派人来护送呢？

噩耗传来，曹操哭倒在地。此时曹操已是不惑之年，可他哪里知道这是恶有恶报，是因为他的残暴行径才给他的家人带来了灭顶之灾。曹操从20岁入仕就祸患不断，现在终于把一家人的性命都给搭上了。满门被杀，具有变异宦官性格的曹操将会进行怎样的报复也就可想而知了。

曹操、曹仁、曹洪、夏侯惇、许褚及曹操诸子皆身披孝袍跪倒在曹嵩的灵像前，唢呐声声，哭声撕天，哀声此起彼伏，众将士，众文武无不垂泪。

“父亲大人！曹德兄弟！你们死得惨啊！你们死得冤啊！我本想把你们接到鄄城，哪知道遭此大祸……这都是陶谦老贼所为，这都是陶谦老贼所为啊……儿不报此仇，不灭此贼誓不为人……”曹操痛哭道。哀声此起彼伏。

“报仇雪恨！不灭陶谦誓不为人！”曹操、曹仁、曹洪、许褚齐声吼道。

众将士及全军壮士也随之齐声吼道：“报仇雪恨，不灭陶谦誓不为人！”怒吼声震天动地，响彻云霄。

“孟德，你可要节哀啊。”陈留太守张邈将曹操扶起，也泪流满面。

“我此去若不还，你们可以去依靠张伯伯。”曹操对曹丕、曹彰、曹植等诸子及诸夫人泣道。曹丕、曹彰、曹植皆为卞夫人所生，曹丕，字子桓，长子，公元187年生人；曹彰，字子文，次子；曹植，字子建，三子。此时曹操的正室是丁夫人，未生养，卞夫人是妾。

“父亲……”曹丕、曹彰、曹植皆跪于地哭道。

曹操身披孝袍挥泪而别，翻身上马。“进攻徐州！报仇雪恨！占领郯城！”挥剑吼道。

“进攻徐州！报仇雪恨！占领郯城！”众将士也振臂挥戈吼道，怒吼声振天动地。

公元194年七月，大暑，曹操与堂弟曹仁、曹洪、夏侯渊、许褚等率十万大军，出东平，沿泰山之道，浩浩荡荡向徐州所属的琅邪国（治开阳县，今山东临沂北，沂蒙山区大部）杀奔而来，此时在奉高的泰山太守应劭闻讯，仓皇率百十骑携家人逃往河北。徐州牧陶谦在郯城州府中，闻曹操率军沿泰山之道向琅邪国杀来，惊而不乱，命别驾从事糜竺（相当于副手）：“你赶快北上临菑（青州治，今山东淄博市），到青州刺史田楷处求救，请他赶紧派兵来，越快越好！”糜竺领命飞马北上而去。糜竺，字子仲，东海朐人（今江苏连云港），家产千万，是当地的大富豪，陶谦拜其为别驾从事。

“余下琅邪国、东海郡各城守将，一律紧闭城门，坚守本城！等援军一到，曹军粮草食尽，自然退去。”陶谦命令道。

“是！”众将领命道。

此时曹操大军已由泰山之道转入蒙山斜谷经蒙阴（属泰山郡）穿插进入琅邪国，琅邪百姓被汹涌而至的曹军惊呆了，“不好了！曹军杀来了！快跑啊！”

阳都城（今山东沂南）顿时乱成了一锅粥，许多百姓从城门中蜂拥而出，20岁的诸葛瑾赶着牛车，牛车上坐着一家老小，13岁的诸葛亮、10岁的诸葛钧紧随其后，也夹杂在逃难的人群中，叔父诸葛玄骑在马上，怀抱婴儿，不断来回招呼道：“赶紧走！曹军已经杀过来了！”

“要一个盯紧一个！别走散了！”

在顺着沂河南下逃难的人流中，“叔叔，我们这是往哪里逃？”诸葛瑾问道。

“先到郯城，要是还不行，就到九江寿春去投靠袁术，我与他有旧交。”诸葛玄答道。

诸葛亮，字孔明，琅邪阳都县人（今山东沂南），公元181年生，汉司隶校尉诸葛丰之后。父诸葛珪，东汉末年官至泰山郡丞。生有三男一女。长子诸葛瑾，年长诸葛亮7岁，次子诸葛亮，三子诸葛均，小诸葛亮3岁。幼年父母双亡，三兄弟及姐姐皆由叔父诸葛玄照养。

诸葛亮一家才逃离阳都城（今山东沂南）不久，曹操的万千铁蹄便兵临城下。阳都城此时早已乱成一团，守军也人心惶惶，相持还没三日便被怒涛冲天的曹军冲开城门，及从四面八方攀城而入。

守城的军士四处奔散，像豺狼虎豹一样拥入城中的曹军不管是什么人，见人就杀，逢人便砍。

“曹军入城了！曹军杀人了！快跑啊！”

慌乱的百姓，男女老少妇女儿童，蜂一样的四处奔涌，被尾追其后的曹军军士像砍瓜切菜一样成片成片的砍倒，戳倒，叫声、哭声、喊声，撕天裂地……成群成群的人倒在血泊之中……有一个母亲胸部被连捅数枪，血不停地往外涌，奄奄一息，当她听到身边婴儿哭喊妈妈时，挣扎着将孩子揽入怀中，扯开衣服给孩子哺乳，胸口涌出的血水和乳汁一起被婴儿吸入嘴中。

那边稍大一点的孩子在拼命摇动着倒在血泊中的母亲："娘啊！你怎么了？你怎么了？你醒醒啊！你醒醒啊！"

大屠杀还在继续。

曹军随后又冲入民房中，一家老人和妇女怀抱孩子刚要逃出门，正撞上冲进来的曹兵。还没转过身便和怀抱中的婴儿一起被乱刀乱枪砍倒戳倒在地。

几个少女哆哆嗦嗦地躲在床下，被撞入的曹兵拖出来撕开衣服，一个小女孩因反抗，便被连捅数枪。

曹操手持滴着鲜血的利剑，满面满脸满眼全是血，站在铺街盖面的尸堆中，声嘶力竭地哭叫道："父亲！弟弟！我要替你们报仇雪恨！不杀到郯城（徐州治，今山东郯城）！不灭徐州！不灭陶谦三代九族誓不罢休！"

一切都发生在青天白日之下。

随后曹操连屠临沂、襄贲各城，所过之处皆遭残戮，十数万徐州无辜百姓惨死在曹操的屠刀下，血流成河。像曹操这样的人手中的权力越大，其对社会的危害也就越大，所干出的坏事也就越惊天动地。陈寿在《三国志·魏书一·武帝纪》中记述道："兴平元年（公元194年）夏，太祖（曹操）使荀彧、程昱守鄄城，复征陶谦，拔五城，遂略地至东海。……遂攻拔襄贲，所过多所残戮。"范晔在《后汉书·卷七十三·陶谦传》记述道："过拔取虑、睢陵、夏丘，皆屠之。凡杀男女数十万人，鸡犬无余，泗水为之不流。"诸葛亮家乡琅邪阳都（今山东沂南）也在曹操的行军线路中，自然也在屠城之列。这就是易中天所谓的曹操"宰相肚里能撑船"？

晋人孙盛在《杂记》中写道："夫伐罪吊民，古之令轨；罪谦之由，而残其属部，过矣。"这话意思是：征伐有罪的统治者，同时要抚恤他的百姓，这是古代就有优良传统。曹操因为向陶谦问罪，而残酷杀戮无辜百姓，实在是太过分了。这是古代人对曹操这一暴行的评价。要是在现代民主社会中，曹操的这一暴行更是罪大恶极。当然要是按照古代君臣之道，曹操此举天经地义。

在襄贲城楼上，曹操手指地图道："我军由泰山之道，经蒙阴斜插突入琅邪国，现已连克阳都、临沂、襄贲数城，所向披靡。陶谦军连战连败，已经被吓破了胆，现在已经逃回郯城。郯城在这儿，离我们现在还不到五十里。要是再趁势把郯城拿下，那徐州就是我们的了！"

"夺取郯城！报仇雪恨！活捉陶谦！"曹仁振臂挥剑道。

"夺取郯城！报仇雪恨！活捉陶谦！"众将士也齐声激愤道。

"胜利就在眼前！前进！"曹操上马挥剑道。随之曹操大军又怒气冲天向郯城扑来。

此时平原相刘备、北海相孔融已随青州刺史田楷火速南下来到徐州。"老夫大难当头，有田刺史、刘相国、孔相国来救，老夫实在是感激涕零！"徐州牧陶谦在城门迎道。

"哪里，我们本来就是盟友，唇亡则齿寒，义不容辞！"青州刺史田楷说道。

田楷、刘备、孔融及陶谦一起走上高高的城楼，眼望从郯城下蜂拥而过逃难的人群，诸葛玄及诸葛亮一家也夹杂在逃难的人群中，陶谦不禁老泪纵横，可他又很快咬咬牙止住眼泪，"刘平原此来共带来多少兵马？"陶谦问道。

"四千！"刘备应道。

陶谦手指地图道："曹操现已连屠阳都、临沂、襄贲数城，正向郯城杀来，还是有劳刘平原屯郯东协助曹豹将军守城，这样两城就可以成犄角之势！"

"就照陶州牧的意思去办吧。"田楷说道。

"是！"刘备领命，携关羽、张飞而去。之前赵云因回家为兄办丧事已离开刘备，并没有随刘备来徐州。陈寿在《三国志·蜀书二·先主传》中记述道："曹公征徐州，徐州牧陶谦遣使告急于田楷，楷与先主俱救之。时先主有兵千余人及幽州乌丸杂胡骑，又略得饥民数千人。"

"曹操连战连胜，已屠四城，郯城又怎么能守得住啊，我看……"主簿曹宏战战兢兢说道。

"你看什么？"陶谦问道。

曹宏哆哆嗦嗦展开地图指道："郯城在这儿，西面的下邳、彭城肯定去不成，这离曹操的兖州太近了。我看不如南撤，退守广陵，要是广陵还守不住，还可以到江东依附刘繇……"

"你胡说些什么？！我就是死也要把这把老骨头丢在郯城！要走你们走！"陶谦怒道。

正在徐州牧陶谦、青州刺史田楷准备与曹操展开一场大决战时，曹操的后院却燃起了大火。

下回请看：吕布调虎离山取濮阳　曹操临危决计投袁绍

第三十二回

吕布调虎离山取濮阳　曹操临危决计投袁绍

在陈留（今河南开封市东南）张邈官邸，“曹孟德啊，曹孟德……你是什么孟德啊，整个是披着人皮的人间恶魔……你刚杀了大学士边让、沛相袁忠及家人，现在又在大肆屠杀无辜的徐州百姓……苍天啊，我又有何面目面见天下人！我真是瞎了眼啊，我的书整个念到狗肚子里了……我怎么会迎来了这么一个人做兖州牧……”喝了许多酒的陈宫痛心疾首摇动着桌子，哭吼道。

“公台快别哭了，发生这样的事，别说你没想到他是这样一个人，我们兄弟与他从小长大，情同手足，也没看清他的嘴脸。”张邈劝道。

“公台，公台，你冷静一点，小心让曹操的人听见。”张超也劝道。

“听见就让他听见去好了，我反正是已经是生不如死……让他杀了我好解脱……”陈宫捶胸道。

“你死了痛快了，可你的老母呢？你的妻子儿女呢？难道也让他一个个斩尽杀绝吗？”

陈宫在张邈、张超的劝告下，慢慢冷静了下来，“是啊……那该怎么办？”陈宫抬起红肿的双眼问道。

“你说该怎么办？难道就这么借酒浇愁，今哭到夜，夜哭到明吗？这种人已经坏透了，古今罕见。难道我们能为这样的人固守忠义之道，助纣为虐，为害天下吗？难道就听任其胡作非为滥杀无辜吗？要是这样我们将比恶魔还恶魔！公台学富五车，难道还不知道该怎么办吗？”张邈说道。

“张，张太守给我拿钵水来。”陈宫说道。

张超连忙给陈宫拿来一大钵水，陈宫接过来，咕嘟咕嘟一饮而尽。随后是一阵呕吐，张邈、张超在后面捶背。吐尽后，张超又舀来一钵水，陈宫喝了一口说道：“刚才二位所言极是，我们应该想办法结束这场噩梦。俗话说‘解铃还须系铃人’，此时曹操正在大肆屠杀徐州百姓，大兵已出，兖州空虚，我们正好可以趁机端了他的老窝。”

“此时吕将军正在河内太守张杨处，我们何不迎吕将军入主兖州？吕布乃人杰，诛杀董卓深明大义，又善于用兵，这可是天赐良机啊！”张邈说道。

陈宫是游说迎曹操入兖州的人，张邈、张超与曹操本来是从小玩大的铁哥们儿，因为他们不堪与曹操这样的人为伍，于是便毅然决然地与曹操决裂，决定反戈一击。

当然，张邈反曹操还有一个原因是韩馥之死，使他与袁绍结下了不解之冤。而袁绍与曹操此时又是一个战壕里的战友，这让他们兄弟深感不安。

公元194年秋九月，陈宫与张邈、张超等迎吕布入东郡，以吕布为兖州牧。兖州各郡县纷纷响应，只有折冲校尉夏侯惇据守的濮阳城，长史荀彧、寿张令程昱据守的鄄城，以及范、东阿（今山东阳谷县）二县还处在曹操的控制之中。由此可见，曹操的残暴行径多么不得人心。

“兖州的大量辎重都屯在濮阳城中，此城由曹操堂弟夏侯惇据守，城中又屯有重兵，强攻显然不是办法。”此时摇身一变成为吕布参谋的长史陈宫手指地图道。

“是啊。”吕布眼珠一转，“曹操的家眷是不是都在鄄城？”吕布问道。

“没错。”陈留太守张邈应道。

“好了，我已经知道怎么破濮阳城了。鄄城在这儿，濮阳在这儿，我攻鄄城，夏侯惇必然率军来救，到时候我们就可以。”吕布诡诈地笑道。

吕布、陈宫率军直扑鄄城，云梯、冲车，攻城甚急，荀彧、程昱火速派人向夏侯惇呼救，一面命守城将军拼命抵抗。“吕布大军正全力进攻鄄城，万分危急，荀长史请求救援！”流星马飞报。

夏侯惇看过文牒，火速率三万军马出濮阳城跨黄河营救。可让夏侯惇万万没有想到的是，他前脚才出濮阳城不久，吕布的部将高顺后脚便袭取了濮阳城，城中辎重一下子全都落入了吕布之手。

“什么？濮阳城被吕布袭取了？娘的，中了吕布的调虎离山计，赶紧回撤！”夏侯惇连忙率军回救，可在半路上遭到高顺的伏击。夏侯惇在高顺、吕布的前后夹击下，被打得七零八落。陈寿在《三国志·魏书七·张邈传》中记述道：“兴平元年（公元194年），太祖（曹操）复征谦，邈弟超，与太祖将陈宫、从事中郎许汜、王楷共谋叛太祖。太祖初使宫将兵留屯东郡，遂以其众东迎布为兖州牧，据濮阳。郡县皆应，唯鄄城、东阿、范为太祖。”正在夏侯惇走投无路之时，曹操率十万大军火速由泰山之道回救。吕布、陈宫为避免遭到两面夹击，只得暂时退回濮阳城（今河南濮阳东南）。

曹操见吕布退回濮阳，得意洋洋道：“吕布正处优势，不能居东平，断亢父、泰山之道，阻我归路，我知其无能为也！”此时曹操与吕布都已是40岁的中年人。

“折冲校尉夏侯惇！”

“在！”

“胜败乃兵家常事，就不要再沮丧了。现命你统率一万青州军去攻濮阳城，要趁吕布立足未稳把濮阳城给我夺回来！”曹操命令道。

“是！我一定不辜负大哥的厚望！”

夏侯惇率青州兵气势汹汹来到濮阳城下，心想：我要让你吕布怎么吃进去的再怎么给老子乖乖地吐出来！在他刚拉开架势准备攻城时，突见城门四面大开，吊桥放下，陈宫在城楼上亲擂战鼓，张辽、侯成、魏续各率一路铁骑四路齐出：“杀啊！”

夏侯惇统率的青州兵猝不及防，阵角全乱，骑马的纷纷调转马头，没骑马的抱头鼠窜。夏侯惇哇哇暴叫，挥刀呵止。吕布在城楼上见状，搭弓一箭正中左眼，夏侯惇大叫一声，一把将箭连眼珠一并拔出，血流如注，“我的眼睛！我的眼睛！”这时一将喊道：“将军赶紧吞下！吃眼补眼！”夏侯惇闻声一口生吞而下，然后甩下箭，拨马回逃。吕布在城楼上哈哈大笑。青州军被吕布打得落花流水，丢盔卸甲，死伤遍野。陈寿在《三国志·魏书一·武帝纪》中记述道：“太祖进军攻之。布出兵战，先以骑犯青州兵。青州兵奔，太祖陈乱。”在《三国志·魏书九·夏侯惇》记述道：“太祖自徐州还，惇从征吕布，为流矢所中，伤左目。”《三国演义》把夏侯惇眼部中箭一事移植到了公元198年，有违史实。

濮阳城中吕布、陈宫、张邈哈哈大笑，举杯共庆："吕将军神射，打得夏侯惇屁滚尿流！"

"这算什么，只要大家伙齐心协力，不久就可以彻底打败曹操！"吕布一脸神气道。

夏侯惇头绷布带，正躺在床上呻吟。曹操此时是又气又恼，正不知该如何是好之时。此时濮阳大户田氏派人送来密信，以做内应。曹操信以为真结果中了吕布圈套，侥幸逃生。

徐州，郯城（今山东郯城）徐州牧陶谦官府内，"曹操因后院起火才罢兵，徐州之危已解，可青州也不能不防啊，搞不好冀州袁绍会趁机来攻。"青州刺史田楷喝了一口茶说道。

"看来田刺史要回去了？"陶谦说道。

"是的。"田楷话音未落，却见陶谦身体一软昏倒在地。"陶州牧怎么了？"田楷、糜竺、刘备、孔融连忙将陶谦扶起。

"陶州牧年事已高，近来又忧愤成疾，不思茶饭，所以才昏倒……前两天已经昏倒过一次了。"别驾从事糜竺说道。

"是啊，看陶州牧已经瘦成啥样了。"

糜竺给陶谦喂了些水，陶谦又慢慢醒了过来："噢，你们都在……给你们添麻烦了……田青州你还是回青州吧，青州也不能不防啊。"

"陶州牧，你再别说了，看你都瘦成啥样了？"青州刺史田楷强抑泪水说道。"放心吧，我们是一家人，徐州有事，青州也难以自保。我是不会丢下你不管的。这样吧，我把平原相刘备、北海相孔融都给你留下，协助你守卫徐州。"田楷说道。

陶谦挣扎着要坐起，"那就多谢田刺史了，有刘相国和孔相国相助我就放心多了……"陶谦声气微弱地说道。

"陶州牧可要多保重身体啊，你二人可要听从陶徐州调遣，好好守卫徐州！"田楷嘱咐道。

"是！"刘备、孔融领命道。

陶谦拖着病体送走田楷后，又和刘备、孔融、糜竺、陈登等乘马车出郯城，逆沂河向北一路巡视。秋风扫落叶，看着满目疮痍被烧毁的城池，看着到处都横七竖八地躺着的尸体，到处都弥散着血腥气。"娘！娘！你在哪儿？你到底在哪儿啊？”一个孩子在尸堆中泪流满面地寻找着自己的母亲。陶谦一把将孩子搂入怀中，“老爷爷，我要我娘！”

秋风阵阵，陶谦不禁老泪纵横：“孩子啊，都怪我啊！我对不起你啊，我对不起徐州百姓啊！我有罪啊！是我把徐州百姓害成了这样！”陶谦又昏倒在地。

陶谦躺在病榻中，“陶徐州，你老可要多保重身体，我们不能靠眼泪挽救徐州。”刘备说道。

“玄德所言有理，眼泪洗刷不了仇恨！”陶谦拔高声音说道。

“曹操此次撤军是因为后院起火，吕布袭取了他的兖州。听说兖州各郡县纷纷响应，只有鄄城及范、阿二县还在曹操手中。”刘备说道。

“真是恶有恶报！吕将军要是能把这个恶魔给铲除就好了……”陶谦虚弱的面容上立即泛起了血色。

“我们下一步该怎么办呢？”糜竺问道。

“玄德你看呢？”陶谦喝了一口茶问道。

“这个问题我已仔细想过，我们不能总是被动挨打，像曹操这样的恶魔总是要来吃人的，应设法消灭他才是！否则等他缓过气以后还会来吃人！”刘备说着起身手指地图道，“田刺史现在已回青州，屯兵济北（王国名，治卢县，今山东长清南）；我意是屯兵小沛（今江苏沛县）；袁术在淮南，与曹操也是死敌；此时我们要是能联络田刺史兵出济北，我们兵出小沛，袁将军兵出寿春，三路兵马东、南、北三面出击，配合吕将军，曹操就是有吃天爷的本事，恐怕也在劫难逃！我们应乘机消灭曹贼，以绝后患，为徐州百姓报仇雪恨！”

“玄德高见！这的确是消灭曹操，以绝后患的天赐良机！”陶谦兴奋道，“这样吧玄德，我表你为豫州刺史（豫州治谯县，今安徽亳州市），我给你补充四千丹杨亲兵，你马上率一万兵马屯兵小沛。随后我再给你补充一万兵马。我这面马上给袁公路和田青州写信，请他们也一起配合吕布行动。”陶谦说道。

“谢陶徐州！”刘备起身谢道。

“还谢什么，还不是为了消灭曹贼，以安徐州百姓吗！玄德为了徐州，不顾生死，亲赴前线，让老夫真不知道该怎么感谢才好啊……”徐州牧陶谦说道。由此可见，陶谦不仅不软还非常硬，他不仅敢于下毒手杀害曹嵩一家，在此时又要主动出击。陈寿在《三国志·蜀书二·先主传二》中记述道："谦以丹杨兵四千益先主（刘备），先主遂去楷归谦。谦表先主为豫州刺史，屯小沛。"他听从刘备之言屯军小沛及抽调亲兵协助就是最好的说明。《三国演义》中把陶谦描绘成了一个软弱无能之人，显然与陶谦的个性不符。

刘备于是火速携简雍、关羽、张飞向小沛调集兵马，准备夹击濒临绝境的曹操。

淮南袁术闻吕布袭取兖州也乘机出兵，命大将张勋、乔蕤将梁国、陈国从曹操手中夺回，又把沛相陈珪赶到徐州，表舒仲应为沛相（治相县，今安徽濉溪县西北，沛国地域约北接今河南、江苏，南临淮河）。

鄄城，此时曹操的情绪已经低落到了极点，"我们的兖州之地已大部被吕布袭取，又连战连败，现只占有鄄城、东阿和范县；又东、南、北三面受敌，已濒临绝境，不如携家眷去投奔冀州袁绍。袁本初是我从小到大的朋友，多年来又是盟友，我们不如去依附袁绍。"曹操喝了一口酒说道。

荀彧、曹仁、曹洪、许褚皆默然不语。

"看来也只好如此了！"曹操深叹一口气又自言自语道。

正在曹操命家人收拾行囊，准备北投袁绍时，程昱从外面归来。寿张令程昱入见曹操："听说将军要遣家往邺城，将北面称臣于袁绍？"

"没错，确有此事。"曹操无精打采地应道。

"我可能有些迂腐，不识大体。昔田横，不过是齐国一壮士，高祖得天下，耻于臣服高祖，将军之志难道还不如田横？将军神武过人，难道甘心臣服于袁绍？"程昱问道。

一心想称王称霸的曹操，又怎么会甘心跪在他人的脚下呢？"这难道还需要你来说？大丈夫有哪个甘心屈身于人下？这是没办法！是时势所逼！你懂吗？"曹操不耐烦道。

"将军此时虽身处逆境，可仍有三城，士卒数万……还请将军三思！"程昱固执道。

"行了，这个我知道！"曹操拂袖而起。正在吕布、陈宫、张邈准备一鼓作气，围鄄城，彻底歼灭曹操时，蝗虫肆虐，百姓饥荒。关于曹操欲投袁绍之事，陈寿在《三国志·魏书十四·程昱传》中记述道："太祖与吕布战于濮阳，数不利。蝗虫起，乃各引去。于是袁绍使人说太祖连和，欲使太祖遣家居邺。太祖新失兖州，军食尽，将许之。时昱使适还，引见，因言曰……"

随着一阵秋风，探马飞报："袁绍亲率十万大军进驻黎阳（今河南浚县）！"

吕布大惊，用剑指图道："黎阳在濮阳西一百里处，这显然是冲着我们来的！"

"这还用说。袁绍与曹操是铁杆盟友，又与你二人积怨很深，袁绍此来肯定是来帮曹操的！"长史陈宫说道。韩馥是袁绍的大恩人，韩馥在张邈处自杀身亡，张邈自然难逃干系，从此两个从小玩大的伙伴便结下了不解之仇。

"那该如何是好？"吕布、张邈一脸惊慌。

"这就难办了，要是我们此时进攻曹操，袁绍就会袭我之后，要是我们坚守不出，等曹操缓过劲来，我们就会处在袁绍与曹操的两面夹击之中。目前情况下，我看只有联络徐州陶谦、淮南袁术、青州田楷，协击袁、曹，以待时机。"陈宫说道。

在曹操被吕布打得屁滚尿流，死去活来，周围人纷纷挽起袖子要置其于死地之时，其身后却突然站出一个大汉，吓得所有人只得暂且罢兵。就像一个大砝码压在天平的另一端，局势一瞬间便发生了逆转，倒向了曹操一边。此事在《献帝春秋》、《魏氏春秋》、《英雄记》、《世语》中皆有明确记载。而《三国演义》的描述是混乱的，让世人误以为曹操是用超人的智慧打败了吕布。

不仅如此，此时63岁的陶谦也忧愤成疾，一病不起。

下回请看：袁术为曹解围困　貂婵把酒问刘备

第三十三回

袁术为曹解围困　貂婵把酒问刘备

曹操实在是命大，濮阳城差点变成曹操的葬身地；在他濒临灭绝之时，铁哥们儿袁绍又伸出了援助之手，救其于危难之中；就在节骨眼上陶谦又一病不起，这使曹操有了长长的喘息之机。

公元194年十二月，病危中的徐州牧陶谦把曹宏、麋竺、陈登等叫到病榻前安排后事。陈登，字元龙，沛相陈珪之子，25岁举孝廉，出任东阳长，陶谦拜其为典农校尉。

“我欲将徐州让予刘备不知你三人意下如何？”陶谦奄奄一息道。

“这可是大事，陶州牧可要想清楚啊！”别驾从事麋竺说道。

“这个问题我已经想了很久了，早有此意。”陶谦说道。

“陶州牧即使要让徐州有那么多人可让，为什么唯独要让给萍水相逢的刘备呢？陶州牧有二子，长子陶商，次子陶应，为什么不让给他们呢？”典农校尉陈登说道。

“二子皆不才，都未入仕，又怎么能让他们领徐州牧之职呢？在这天下大乱生死危亡之秋，他们独善其身且难，又怎么能安徐州百姓呢？汉家之土，应举贤能而任之……”陶谦摆手道。

“二子不才还有其他人啊？”主簿曹宏插言道。

“还有何人可让？说来听听。”陶谦问道。

“徐州北有冀州袁绍，东有淮南袁术，皆四世三公，为什么不能让给他们呢？”曹宏说道。

“袁绍乃曹操盟友，一向与我为敌，怎么能让徐州于贼人呢？”陶谦怒道，随之一阵长咳，侍从连忙将陶谦扶起，吓得曹宏战战兢兢，“袁术心怀叵测，徐州有难，不闻不问，袖手旁观……”陶谦喝了一口水后继续说道。

“那可以让给幽州公孙瓒呀？公孙瓒可是我军盟友，此次徐州有难，所有人都在袖手旁观，唯有青州刺史田楷率部营救。不仅如此，要是让徐州于公孙瓒，还可使徐州处在了公孙瓒的保护之下。”别驾从事麋竺说道。

“我也是这么考虑的。徐州遭受重创，难以独存，只有依附于强者才能生存，徐州百姓才能得到安定。可让徐州于刘备不就等于是让给公孙瓒吗？难道你们忘了刘备是谁的部下了？刘备不就是田青州派来保卫徐州的吗？况且刘备与公孙瓒交厚，少时是同窗好友，深得公孙瓒的信任。这也是我要让徐州于刘备的首要原因。不仅如此……”陶谦又喝了一口水说道，“在徐州有难之时，刘备一来便一马当先奔赴前线，与人人闻风丧胆的曹操对阵，不顾生死……曹操退兵后，又奔赴徐州的最前线，驻军小沛（今江苏沛县），抵御曹军，与徐州共患难……你们都知道我与刘备只是萍水相逢啊，可他却如此待我……”陶谦不禁老泪纵横。

“还是陶徐州深谋远虑啊！”麋竺、曹宏赞叹道。

“我观刘备其人，既胆略超人，又有一颗仁德大义之心，乃天下英才，这也就是徐州有那么多人可让，而我唯独要让给与我萍水相逢的刘备的根本原因……非刘备不能安此州啊！”陶谦说到这儿脸上泛起了红光。

这也就是陶谦让徐州于刘备的千古之谜。陶谦让徐州完全是深思熟虑的明智选择，也同时表明陶谦就像韩馥一样也有一颗爱民如子安天下的大义之心，对徐州也没有强烈的占有欲，他公元192年秋联名推举朱儁为大司马的行动就证明了这一点。在三国中能出现这么多优秀的人物，这完全出乎我的意料。易中天在谈到这个问题时却说：“碰巧陶谦病故，托刘备代理徐州。”《三国演义》的“三让徐州”之说也同样是瞎掰。就拿公元194夏第一次让徐州来说，此时田楷还在徐州，要让也应该让给田楷，而不是刘备。《三国演义》还把陶谦说成是一个懦弱昏聩之人，为了避祸急不可待地就要让徐州于刘备。陶谦就是在生命的最后时刻还在想着进攻和消灭曹操。公元194年底陶谦病逝，终年63岁。

此时刘备一身铠甲，正在操练兵马。远远看见麋竺、孔融、陈登身披孝袍率众州吏而来，大惊，连忙相迎。得知陶谦病逝的消息后不禁失声痛哭：“陶徐州啊，你怎么去得这么仓促啊……”

待将麋竺、孔融、陈登等人迎入帐内坐定后，麋竺手捧印授说道：“今天下大乱，刘豫州要想立功立事，就在今日。徐州乃富庶之地，户口百万，请刘豫州入主徐州！”

刘备一点思想准备都没有，连忙推辞道：“袁公路近在寿春（今安徽寿县），他可是四世三公，海内所归，你们可以让徐州给他呀？”

张飞急忙把简雍拉到一旁，低声说道：“人家是要让徐州给咱大哥，又不是咱伸手要，更不是咱拿刀子去抢，不要白不要，你赶紧过去劝劝大哥！”

“是啊，可这又让我说什么好呢？”简雍也有些着急。

这时却听陈登劝道：“袁公路四处侵略，早有吞并徐州之心，非治乱之主。若刘豫州能入主徐州，仅步骑就有十万，上可匡扶汉室，下可安民守境，正是成大功之时。若刘豫州不能承其此任，我等以后也就不能听命于你了！”

刘备还是有些犹豫。这时又听到北海孔融也在一旁劝道：“袁术虽四世三公，可早已是冢中枯骨。徐州有难，又袖手旁观。今日之事，乃陶徐州让贤，既可安徐州百姓，又可成将军之功名，天与不取，到时候后悔就来不及了！”

麋竺又劝道：“此乃陶徐州遗志，非你不能安此州，还望刘豫州不要辜负陶徐州厚望啊！”

“那我就恭敬不如从命了！”刘备于是跪领徐州印授。

“哎，太好了！”张飞兴奋得差点没跳起来。关羽、简雍也有点抑制不住心中的喜悦。

刘备这才领了徐州牧，与众官一同回郯城（今山东郯城），亲自为陶谦主丧。刘备随后把徐州治由郯城迁至下邳（今江苏睢宁西北）。此时刘备时年35岁。麋竺、孔融、陈登劝刘备领徐州牧的过程，陈寿在《三国志·蜀书二·先主传》中有详细记载。

公元195年正月，曹操在东阿（山东阳谷县）闻陶谦病死，35岁的刘备领徐州牧，红眼病大发："刘备是何许人也？我费九牛二虎之力没有得到徐州，他不用一兵一卒便得到了徐州！"

"我们应趁刘备立足未稳夺取徐州！"独眼龙夏侯惇咬牙切齿道。此时曹操要是脑子发热去进攻徐州那就等于是自杀，吕布正好可以袭其后。

曹操立身正准备发兵之时，长史荀彧劝道："昔高祖保关中，光武据河内，皆先深根固本然后制天下，进足以胜敌，退足以固守，虽身处逆境而终成大业。兖州乃将军立足之本，将军应先平兖州之难，收复失地，然后再图取徐州不迟。将军此时去进攻徐州，虽陶谦新亡，刘备立足未稳，可因前番杀戮过重，徐州百姓必然奋力死守，将难以得手。要是徐州不克，吕布又乘机袭后，将军将无归所。这样只会因小失大，去本求末，以安易危，还请将军三思！"

曹操又一屁股坐下，挠挠头，说道："多亏文若提醒。"此事陈寿在《三国志·魏书十·荀彧传》中有记载，本著只是如实再现而已。

曹操本来就是一个冒失鬼，做起事来常常就像被点燃的二踢脚（一种炮仗），脑子一发热就冲了出去。棒杀蹇硕之叔，济南乱搞改革，误杀吕伯奢一家，虎牢关被董卓大将徐荣大败，濮阳城被吕布打得屁滚尿流，都是他冒失行为的具体表现。眼下要不是荀彧劝阻又差点自己去找死。

曹操这边的红眼病才治好，淮南袁术的红眼病却又犯了："我活这么大，还从来没听说过天下有刘备这么一个人！"

"陶谦真是人老昏聩，徐州有那么多人好让，我主名响天下不让，却让给一个无名小卒，真不知道是怎么想的！"大将纪灵粗声道。

"既然他不让给咱，咱们可以去抢。当今天下，争而食之，谁有本事抢到手就是谁的。徐州凭啥归他刘备？"袁术喝了一口茶说道。袁术满脑子都是帝王逻辑。

"将军万万不可。徐州可是我们的盟友，我们共同的敌人是曹操，这样只会亲者痛，仇者快！还请将军三思！"主簿阎象阻道。

“阎主簿所言有理，还请将军三思！”长史杨弘也劝道。

“陶谦在时，我还多少留此情面给他，刘备算老几？梁国、沛国已经抢到手，冀州袁绍已经出手，再进一步很难。刘备才领徐州，我们可以趁其立足未稳，夺取徐州。”袁术说道。

“盱眙隶属于徐州下邳国，位于张八岭北麓与洪泽湖之间，是淮南进入徐州的咽喉要道。刘备才领徐州肯定想不到我们会从这里进攻徐州。袭取盱眙后，再进占淮阴，向南可以夺取广陵郡，向北则可以进占下邳国、东海郡、彭城国。”袁术指图道。

袁术不听劝阻，一意孤行，命大将纪灵统兵五万进攻盱眙。此时才料理完陶谦丧事，送走北海孔融，正准备夹击曹操的刘备，做梦也没想到淮南袁术会袭击徐州。盱眙轻而易举便被袁术袭取，刘备只得挥军南下至淮阴拦击袁术军。才初步形成的反曹联盟随之瓦解。上述袁术红眼袭刘备之事，陈寿在《三国志·蜀书二·先主传》记述道：“（陶谦死）先主（刘备）遂领徐州。袁术来攻先主，先主拒之于盱眙、淮阴。”

袁绍、袁术兄弟二人，就这么每人都给曹操办了一件大好事。袁绍因没有看清曹操的嘴脸，傻乎乎地固守同盟之义。曹操杀大学士边让、沛相袁忠及家人，大规模屠杀徐州百姓之后，其残暴的嘴脸就已暴露无遗，再与这样的人为伍，只会是助纣为虐，危害天下，同时也危害自己。再者，曹操是一个有着称霸天下野心之人，他的终极目标是要把各路诸侯一个个都吃掉，与如此具有帝王之志的人相处，或者是敌对或者是臣服，盟友只是暂时的，迟早要翻脸。对于这种有着称霸天下野心的人，大家只能联盟抗霸，去遏制或消灭它，各自才能共同求得生存和发展。与这样的人固守同盟之义，到头来只会是东郭救狼。对于像曹操这样的人，袁绍此时最佳的选择应该是趁火打劫，消灭之才是。

而袁术呢？却正相反。袁术因犯红眼病不顾联盟，整个是因小失大。结果使自己整个被孤立，处于四面受敌之中。曹操就这么起死回生。这两人都是曹操的大恩人，可曹操并不领他们的情。

这下吕布的处境就更加艰难了，既要面对袁绍与曹操两路大军的两面夹击，其唯一可依靠初步形成的反曹联盟也化为乌有。天平整个倒向曹操一方。公元195年春，整个缓过气来的曹操开始全面反击。吕布在袁绍与曹操的两面夹击下节节败退，公元195年八月，曹操围雍丘城（今河南杞县），张超及一家百余口都被围于城中，危在旦夕。吕布携陈宫、张邈及家眷来下邳投奔刘备。曹操就这么被袁绍、袁术兄弟二人给救活了，转败为胜，兖州失而复得。

刘备闻吕布来投，连忙从淮阴前线归来，携张飞来到吕布住处。吕布立于门口相迎。“看来你就是名震天下的吕布，吕将军？”刘备问道。

“在下正是吕布。我也早闻刘州牧之名，今日得见，真乃三生有幸！”吕布一身铠甲，抱拳道。

吕布将刘备迎入室内，坐在床上。貂婵端上热茶，“将军美妾，果真名不虚传。”刘备喝了一口茶说道。

貂婵羞红着脸说道：“能有安身之地，全托刘州牧之福。”

“刘州牧如此年轻便能掌管偌大的徐州，真是年轻有为啊！”吕布赞道。

“哪里，这只是陶州牧所托，非我之能！”刘备说道。

“刘州牧谦虚了，从刘州牧将徐州治所由郯城迁至下邳一事就能看出，将军是一个精明强干之人。”吕布笑道。

“何以见得？”刘备笑问。

吕布展开地图指道：“刘州牧将徐州治迁于下邳，攻可以更直接威胁兖州曹操的大本营昌邑和淮南袁术的大本营寿春，守可以更有效地遏制兖州曹操与淮南袁术的进攻。淮南袁术要想进攻徐州，无非有两条路，一条路是从盱眙而来，驻军下邳则能以最快的速度调兵增援淮南，阻击入侵；袁术要是北渡淮河，从下邳一带进攻徐州，下邳就是他首先要攻克的堡垒。曹操进攻徐州，也无非有两条路，一条路是从泰山之道而来，先进攻琅邪国，然后再进攻东海郡。这条进攻路线较长，驻军下邳，足可应对；还有一条路从小沛而来，这条路较捷，将军驻军下邳能直接对小沛提供后备支援。可见，刘州牧迁治于下邳是攻守兼备的之良策。由此也可见，刘州牧虑事之精。”

“知我者将军也，来，把这杯酒满饮了！”刘备举酒道。

两人一饮而尽，貂婵连忙将酒斟满。“将军以后叫我玄德弟就是了。这半年多来我一直在淮阴、盱眙一带忙于应付淮南袁术的入侵，正需要一个能独当一面的人，对付兖州曹操。将军此来真是天助我也，要是将军不嫌弃，就请屯军小沛！”刘备说道。

“我也正是此意！”吕布说道。

“那就太好了，来，把这樽酒也满饮了！”刘备说道。

貂婵又连忙把酒斟满。这时陈宫、张邈推门而入，刘备连忙起身相迎，张邈二话没话，便扑通一下跪倒在刘备面前。

“张太守，这——这怎么敢当！快，快请起！”徐州牧刘备连忙将张邈扶起。

“张太守胞弟张超及一家百余口都被曹操围在了雍丘城（今河南杞县），危在旦夕。”吕布、陈宫说道。

“还请刘州牧救我一家老小性命！”张邈祈求道。

“这该如何是好？”刘备指图道，“雍丘城在徐州西六百里处，孤军深入必将陷于重围之中，况且我军此时正在盱眙、淮阴一带与袁术军对峙。”刘备为难道，“这样吧，现在看来只有一个办法。”刘备又继续说道。

“什么办法？请刘州牧明示！”张邈问道。

“到寿春请求袁术罢兵。要是袁术肯罢兵，我这边才能腾出手来去解雍丘之围。要是袁术肯出兵救援，我们两家一起出兵，效果将会更佳，这样雍丘之围才有望可解。”刘备说道。

“是啊，看来也只能如此了。”长史陈宫说道。

“谢刘州牧！”

张邈于是与随从火速赶往寿春。上述吕布投奔刘备之事，陈寿在《三国志·魏书七·吕布传》中记述道：“二年间，太祖乃尽复收诸城，击破布于钜野。布东奔刘备。”《英雄记》进一步记述道：“布见备，甚敬之。请备于帐中坐妇床，令妇向拜，酌酒饮食，名备为弟。”

下回请看：周瑜居巢筹粮遇鲁肃　孙策巧计渡江袭牛渚

第三十四回

周瑜居巢筹粮遇鲁肃　孙策巧计渡江袭牛渚

可是祸不单行，张邈在前往寿春的路上被部下所杀。张超一家在孤立无援的情况下被围三个月，粮绝城破。那曹操此次还会屠城吗？易中天的回答是："没错，曹操是干过屠城的事。公元194年曹操征徐州，'所过多所残戮'。这事影响极其恶劣，荀彧就批评了曹操，曹操后来也接受了教训。"实际情况是，曹操入城后第一件事就是屠城，张超及一家老小百余口也全部被杀。陈寿在《三国志·魏书七·张邈传》记述道："布东奔刘备。邈从布，留超将家属屯雍丘。太祖（曹操）围数月，屠之，斩超及其家。邈诣袁术请救未至，自为其兵所杀。"当然这些滥杀无辜的行为，按照曹操的帝王逻辑都是天经地义的，对于反叛他的人理应斩尽杀绝。可曹操又哪里知道，他每做一件恶事，他也就会给他的曹家后人掘一个坟坑，最后正是他自己亲手为他的后人们掘了一个万人坑。这也正说明曹操整个是一个蠢人，还远远没有认识到只有善才是最基本的待人方式，唯贤唯德能服于人。

与此同时，淮南袁术正心烦意乱扇着芭蕉扇手指地图道："我军两面战场现在都处在胶着状态，吴景、孙贲在历阳（今安徽和县）连年不克；陶谦病死，本想趁刘备立足未稳袭取徐州，没想到在盱眙、淮阴一带也陷入胶着状态。难道就没什么办法打破僵局吗？"

长史扬弘用毛笔指图道："徐州刘备这边现在又有吕布相助，就更难办了，看来现在也只能在历阳这边想办法了。能不能再加上一把力？"

"大将张勋、乔蕤忙于对付北面的曹操，大将纪灵正在盱眙、淮阴一带与刘备交战，眼下又该派谁去好呢？”袁术问道。

孙策在袁术帐下一直郁郁不得志，此时正与吕范、程普几人喝闷酒，“前番袁将军从庐江太守陆康处借米三万斛（十斗为一斛）遭拒绝，命我率部攻打庐江太守陆康，许以事成后委以庐江太守。结果等我把庐江攻打下来，却让刘勋做了庐江太守。照这样下去什么时候才有出头之日啊？”孙策醉醺醺道。孙策时年21岁。

正在这时，都军校尉朱治走了进来，说道：“伯符成大业的机会来了！”

“此言何出？”孙策问道。

“此时你舅和堂兄在历阳就有三四万兵马，要是伯符再能从袁将军处请得五六千军马，合起来就有四五万兵马，要是能从历阳突破刘繇的长江防线，据长江天险而守，大业不就成了？”朱治一语道破。

“是啊！”孙策、吕范、程普恍然大悟。

“那眼下该如何借兵呢？”孙策问道，朱治耳语一番，孙策连连点头称是：“太好了，太好了，这可真是千载难逢之机啊！”

孙策来到袁术处请缨道：“我军与刘繇军在横江津（今安徽和县东南）、当利口（今安徽和县东）相持近两年。要是袁伯父不弃，小将愿亲率一支军马协助破阵，以打破僵局，为伯父开拓江东基业！”

袁术看着眼前的孙策半晌不语，心想：这小子虽作战勇猛，颇有其父身上的虎威，可没有多少作战经验，能行吗？袁术此时压根儿就没想到孙策会借鸡下蛋，他担心的是孙策没有那个金刚钻。

袁术啪的一声用扇子打死了一只大蚊子，犹豫道：“你舅吴景，你堂兄孙贲带兵多年都没有什么办法，难道你去了就能有什么办法？”

“这……”孙策无言以对。

正在尴尬之时，却听长史杨弘喝了一口茶说道：“将军难道忘了庐江是怎么攻克的吗？孙策虽然只有21岁，还很年轻，可颇有其父之风。要是派孙策到横江津、当利口冲他一冲，兴许能打开局面。”

“虎父无犬子。好吧！现在拜你为折冲校尉，前去助阵！祝你马到成功！”袁术说道。

孙策大喜，连忙叩头谢道：“谢伯父，我将奋勇当先，不辱使命！”

孙策生怕袁术又反悔，连忙带上所部军马及从袁术调拨的三千军马，约合四千军马匆忙出寿春，一路南下，来到居巢（安徽省巢湖市居巢区）。陈寿在《三国志·吴书一·孙策传》中记述道：“策乃说术，乞助景等平定江东。术表策为折冲校尉，行殄寇将军，兵财千余，骑数十匹，宾客愿从者数百人。比至历阳五六千人。”此事在《江表传》中记述道：“策说术云：‘家有旧恩在东，原助舅讨横江；横江拔，因投本土招募，可得三万兵，以佐明使君匡济汉室。’术知其恨，而以刘繇据曲阿，王朗在会稽，谓策未必能定，故许之。”《三国演义》所谓孙策押上传国玉玺借得三千兵马之说，全无史据。首先孙坚打捞传国玉玺就是子虚乌有之事，道理在前面已说。

周瑜闻孙策率军来到居巢，连忙前来拜见。周瑜，字公瑾，庐江舒县人（今安徽庐江），公元174年生人，祖父周景官至太尉，父周异官至洛阳令。孙坚公元190年长沙起义兵讨伐董卓迁家于庐江舒县，自此与孙策结识，升堂拜母结为兄弟，那一年他们都才16岁，孙策年长周瑜一月，周瑜以兄事之。时年21岁的周瑜被袁术拜为居巢长，可以说是年轻有为。

“孙兄军马威武，一路翻山越岭，小弟来迎迟了，多有得罪，还请孙兄多多见谅！”周瑜仪表堂堂，带着几个官吏迎于署门。

孙策下马，“行了，你那张嘴啊，什么时候才能改掉酸溜溜的毛病。”随之两人挽手说笑间走进署内。朱治、吕范、程普紧随其后。

“此次奉袁将军之命，协助我舅及堂兄进攻横江津、当利口，还要请老弟多给予军马、战船、粮草的支持！”孙策喝了一口茶说道。

“有袁将军之命，再加上兄弟之谊，小弟自然是大力相助！在我辖区内现有一千军马和百艘战船，全部交由孙兄调度就是了！”周瑜说道。

“多谢公瑾大力相助！”孙策抱拳谢道。

“只是粮食……还嫌不足。这样吧，我再想想办法，等我把粮食也办齐了，孙兄再谢不迟。”周瑜说道。

周瑜带领数百人，头顶烈日，挨家挨户四处征集粮米。民以食为天，有谁愿意把自家的粮米送人？征粮的队伍就这么东家挖两碗，西家要几斗，艰难地四处征集粮食。征粮的大队人马就这么汗流浃背地来到了鲁肃庄前。鲁肃，字子敬，临淮东城人（今江苏泗洪县），公元172年生人，早年丧父，家有田产。

“这可是大户人家，有良田近百亩，少说也要征上百斗粮米。”

周瑜亲自登门拜访，家仆迎入院内。“请问你们鲁老爷在家吗？”

“噢，在！”

“在下正是鲁肃，鲁子敬！”说话间，只见从堂屋内走出一年轻男子，身材魁伟，面带文武之气，手中摇着扇子。

“噢，幸会！我是居巢长周瑜，是来征粮的，还请给予支持！”周瑜说道。

“噢，我已经知道了。你们想要征多少粮？”鲁肃问道。

“普通人家征一两斗就够了，君乃富户人家怎么也得征百斗粮米！”随从应道。

周瑜心想：越是富户越吝啬，别说百斗粮米，能征上五十斗就不错了。

这时只见鲁肃一笑说道：“要是这样征粮，征到何时才能够？这样吧，我家现有两仓粮米，每仓各三千石（一石十斗，汉代一石约合现在的40斤），你拿走一仓就是了。”鲁肃用扇指其中一仓说道。

“你说什么？”在场所有人的都以为自己听错了。“你们把其中的一仓粮米拿走就是了。”鲁肃平静说道。周瑜大奇之，从此两人便结为好友。陈寿在《三国志·吴书九·鲁肃传》中记述道：“周瑜为居巢长，将数百人故过候肃。并求资粮。肃家两囷米，各三千斛，肃乃指一囷与周瑜，瑜益知其奇也，遂相亲结，定侨、札之分。袁术闻其名，就署东城长。”袁术公元193年春占据淮南之地，至今不到两年半，此时21岁的周瑜正在袁术处为居巢长。按《三国演义》的说法，周瑜的叔叔是丹杨太守，周瑜从他叔叔处借得兵马助孙策渡江，显然有问题。此时丹杨在刘繇的手上，长江防线整个都控制在刘繇的手上，周瑜又怎么能借得兵马？显然讲不通。

孙策携吕范、蒋钦、周泰、陈武等骑马和周瑜一道来到巢湖边，查看停泊在湖边上的百艘战船，有数丈高的大楼层，有船体狭长、机动性强，便于冲突的艨冲，还有斗舰及运兵大船等。蒋钦，字公奕，寿春人；周泰，字幼平，九江人，陈武，字子烈，庐江人。这些人都是在寿春跟随孙策的。

“此次出征，贤弟既调军马、战船，又四处征集军粮，真不知道让我该如何感谢才好！”孙策感激道。

“孙兄客气了，能尽微薄之力以助孙兄征江东，是我三生有幸。不知孙兄此次征江东用何策破刘繇的长江防线？”周瑜问道。

“我也正在为此事犯愁，现在看来也只能强攻横江津、当利口，等突破这道防线后，再强渡长江，最后登岸攻牛渚营。”折冲校尉孙策说道。

“这样会非常艰苦。三道防线都要强攻，哪一道防线攻不下来都会前功尽弃。”两人在湖边踱步，说道。

“是啊，这也是我舅和堂兄连年不克的主要原因。可为今之计，除过强攻又能有什么办法呢？”孙策说着用石头在湖面上打了一个水漂，然后坐在岸边的石头上。

“伯符何不借用这些战船，从巢湖下水，顺濡须水（源出巢湖），进入长江，直接突袭江对岸的牛渚营（今采石矶，位于安徽马鞍山区西南翠螺山麓）？”周瑜说道。

孙策则是心有灵犀一点通，“是啊……快把地图拿来！”孙策展开吕范递来的地图，指道：“要是战船从巢湖下水，神不知鬼不觉顺濡须水，沿东南进入长江，然后再顺江而下，直接突袭江对岸的牛渚营。一则可以绕过刘繇在历阳所设的第一道防线；二则刘繇的第二道江面封锁线，见第一道防线还好好的，再加上长年无战事，必然疏于防护，这样我方很容易就可以突破第二道防线，直扑刘繇江对岸的牛渚营。哎呀！这可是突破刘繇长江防线的最佳突破口。此次征江东，有公瑾相助，真是天助我也！”孙策兴奋道。

折冲校尉孙策于是又从历阳舅舅督军中郎将吴景、堂兄孙贲处秘密调集了两百艘战船，共计三百余艘战船，分为六个船队，以朱治副之，命吕范、程普、蒋钦、周泰、陈武各率一支船队趁天夜悄悄下船，顺流而下，在山谷间穿行。孙策一身铠甲，立于三层楼船之上，一脸英气，颇有其父之风。

一更时分，船队由东南方向驶入宽阔的江面，开始浩浩荡荡顺江而下。此时江面荡起微风，在月光下滔滔东流，波光鳞鳞。“愿父亲在天之灵保佑我此次奇袭成功！”孙策默默祈祷着。四更时分，船队顺风顺水开始靠近牛渚矶江面，孙策和朱治立于三层楼船之上，“前面就是牛渚矶！”朱治迎风遥指道。此时天已微亮，只见一座奇峰秀岭犹如一只巨大的碧螺拔江突起，绝壁临空，直入天端，约有一百三十多米高。山间林木茂密，郁郁葱葱。“此山乃千古一秀，相传有金牛在此而出，所以称此山为牛渚矶！牛渚营就扎在山脚下，扼道而守，自古为兵家必争之地。”朱治说道。

“真是天助我也！到现在一直是顺风顺水，没有受到一点儿阻拦。马上升起一只大红灯笼，命各船准备登陆作战！”孙策下令道。

吕范、程普、蒋钦、周泰、陈武见主战船上升起一只大红灯笼，纷纷命令各船：“所有战船赶紧靠岸！准备登陆！”

三百余艘战船黑压压开始靠岸，停靠在茂密的芦苇丛中，六千军士纷纷牵马跳船登上江岸，这时江岸上哨兵才发现孙策军来袭，慌忙大叫：“不好了！袁术军渡江来偷袭大营来了！”犹如把盐扔进油锅里一般，扎在牛渚矶山口处的三座大营立刻炸开了锅，惊慌失措乱成一团。

牛渚营守将张英翻身而起，提刀冲出营帐，“不要慌！不要慌！赶紧拿起刀枪抵抗！”

此时营寨外已杀声震天，战鼓轰鸣，孙策的六千军马手持盾牌已潮水般涌向山口处的牛渚营。“赶紧放箭！赶紧放箭！”张英手舞大刀指挥抵抗，不想被暴雨般袭来的乱箭射中，成群成群的军士也随之中箭倒地。刘繇军乱成一团，抱头鼠窜。吕范、程普、蒋钦、周泰、陈武各率所部军马追杀，一直冲杀到天明，刘繇军像兔子一样四处狂奔。刘繇的长江三道防线就这么出人意料的被孙策轻而易举就突破了，囤积在牛渚营中的战具及粮米全部落入了孙策之手。

这下可苦了在横江津、当利口据守的樊能、于麋，后路被截，一下子处在了两面夹击之中。“赶紧撤！赶紧过江去夺牛渚营！否则我们就全都完了！”樊能、于麋吼道。樊能、于麋连忙率所部军马摇橹渡江抢夺牛渚营。

吴景、孙贲乘机攀城攻入横江津、当利口，来不及逃走的军士纷纷缴械投降。这边樊能、于麋率近两百艘战船纷纷摇橹渡江登岸，企图夺回江东岸的牛渚营。战船刚靠近芦苇丛，才登上江岸，便遭到暴风雨般的箭雨，才登上江岸的军士纷纷中箭倒地，随之便是排山倒海般的冲杀。刘繇军不是夺船而逃，就是坠入江中淹死，许多无路可逃的军士只得跪在江岸苦哀求："大爷！饶命啊……我们都是臭当兵的，都是被人驱使！"《江表传》记述道："策因渡江攻薛礼，礼突走，而樊能、于麋等复合众袭夺牛渚屯。策闻之，还攻破能等，获男女万余人。"

孙策就这么又大获全胜，此战降卒近万。再加上吴景、孙贲的三四万军马，此时孙策手中已有五六万兵马。折冲校尉孙策在此次渡江战中起到了主导作用，再加上孙策是孙坚长子，按照古代即位传统，21岁的孙策很自然地也就成了孙家军的最高统帅。

此时吴景、孙贲也已过江，营帐中，孙策意气风发，剑指地图道："我军已经整个突破了刘繇的长江防线，占据了牛渚营。我军现在应乘胜前进，大举东进，攻秣陵（今江苏南京市北）、湖孰(今江苏江宁县南湖熟镇)、江乘(今江苏句容县北)、曲阿（今江苏丹阳）！只有把曲阿拿下以后，我们才能算是占领了整个丹杨郡（原治所在宛陵，今安徽宣州，吴景迁至曲阿，今江苏丹杨市）。"

"然后，我们以丹杨郡为基地，进一步向南扩张，攻占吴郡（治吴县，今江苏苏州市）和会稽郡，然后率大军西进攻占西面的豫章郡（治南昌，今江西南昌市）。到那时将军进可以向荆州、徐州，退可以依长江天险，还何愁不成霸业？"朱治说道。

"是啊！到那时还何愁不成霸业？！"吕范、程普、韩当、黄盖一个个兴奋道。毫无疑问，孙策和曹操、袁术、公孙瓒一样，也是一个具有称霸天下野心之人。在中国的土地上就是因为总有这么一些人，才导致诸侯混战，天下大乱，及走向极权王朝。统一基本上有初、中、高三种方式：初级的是王权统一，所有的王朝都是如此；中级的是联盟共和，高级的是民主共容。王权统一是最初级的，是以损害天下人的利益为代价而成全极少数人利益，而最终又把这极少数人害死的统一。当然，那时候的人是不可能认识到这些的。陈寿在《三国志·吴书六·孙贲传》中记述道："策东渡，助贲、景破张英、樊能等，遂进击刘繇。"《江表传》记述道："策渡江攻繇牛渚营，尽得邸阁粮谷、战具，是岁兴平二年也（公元195年）。"

孙策随后率吕范、程普、蒋钦、周泰、陈武大举进攻秣陵城（今江苏南京市北）。此时秣陵城守将是笮融，闻孙策率大军攻城，连忙命手下紧闭城门，坚守不出。孙字大旗在秋风中飘扬，孙策兵临城下，亲自指挥攻城。战鼓擂起，云梯、冲车齐哄而上，刹那间城上箭如飞雨，孙策退闪不及被乱箭射中，大叫一声翻身落马。诸将慌作一团，"不好了，孙将军中箭了！"孙策军连忙鸣金收兵。

下回请看：孙策支开舅舅揽兵权　夜袭高迁桥大战王朗

第三十五回

孙策支开舅舅揽兵权　夜袭高迁桥大战王朗

孙策中箭落马，诸将慌作一团。在城楼上指挥作战的笮融见孙策军乱作一团，大喜："孙策被射死了！于兹！"

"在！"

"马上率三千骑出城追击孙策军！"笮融命令道。

刹那间吊桥放下，城门大开，三千轻骑跨过护城河向孙策军冲杀而来。孙策军本来就已慌作一团，一见这阵势纷纷抱头鼠窜，于兹挥刀纵马杀得孙策军喊爹叫娘。此时孙策正躺在马车中向牛渚营撤退，原来是臀部中箭，不能骑马。"程普，哎哟！我的屁股。"

"在！"

"你率蒋钦、周泰、陈武三人负责断后，在山口处设伏兵，阻击追兵！"孙策命令道。

"是！"四人领命而去。

这边于兹正杀得起劲，刚进入山口不想又钻进了孙策军的伏击，万箭齐发，两面出击，又被打得大败而归。孙策养好伤后，又率军攻秣陵城，笮融在城楼上见孙策还活得好好的，遂深沟高垒，坚守不出。心想：你孙策有本事就来攻城，你能攻多久老子就能守多久！

"秣陵城地险城坚，肯定一时难以攻占，这该如何是好？"孙策问道。

朱治展开地图指道："我看不如舍去，长驱直入直捣曲阿（今江苏丹杨）！曲阿一旦攻克，沿途秣陵（今江苏南京市北）、湖孰(今江苏江宁县南湖熟镇)、江乘(今江苏句容县北)各城也就失去了根本，到那时不需将军劳神费力，沿途各城自然就会不攻自破。”

“妙计！这样还可以出其不意！”吕范应道。

孙策大喜，命各军：“绕过秣陵、湖孰、江乘各城，全速前进，直捣曲阿！”关于此战《江表传》明确记述道：“策复下攻融，为流矢所中，伤股，不能乘马，因自舆还牛渚营……策遣步骑数百挑战，设伏于后，贼出击之，锋刃未接而伪走，贼追入伏中，乃大破之，斩首千余级。策因往到融营下，令左右大呼。融闻策尚在，更深沟高垒，缮治守备。策以融屯地势险固，乃舍去，攻破繇别将海陵，转攻湖孰、江乘，皆下之。”

此时曲阿城已乱成一团，府内文官武将一个个也都神色慌张。刘繇、许劭正在紧急商议对策。飞马急报道：“不好了！孙策大军向曲阿杀来！离城不到二十里！”

“不会吧？昨天还在秣陵，怎么今天就到曲阿了，莫非是他插翅飞过来的？”刘繇一脸惊疑。

“这完全有可能，也许沿途各城都已经降了。”太史慈说道。太史慈，字子义，东莱郡人（治掖县，今山东莱州），时年25岁，与刘繇是同乡，故渡江来投，没想到正遇孙策渡江来袭。

“既然如此，还是有劳子义前去探个虚实！”刘繇说道。

“好吧！”太史慈飞身上马，领数骑穿过街市，直冲城外而去，满街到处都是慌乱的人群，“袁术军要来攻城了，该如何是好啊？”这时随着几声雷鸣，天下又下起了大雨。刚出城不到十里，便与一彪人马相随，来者正是孙策，一身铠甲，英姿飒爽，随从有吕范、程普、韩当、黄盖等，共十余骑。太史慈一看孙策的一身装束，再看在雨中飘摇的孙字大旗，便知道来者是孙策。也不搭话，一踹马镫，便持戟纵马而来。孙策本来也是一个好斗之人，当然不会相让，也纵马持枪相迎。刹那间两人便绞斗在了一起，在雨地中，你劈我架，我攻你挡，你刺我躲，丁零当啷战成一片，让人眼花缭乱，两边的人都成了看客。太史慈一戟刺来，孙策用枪一挡，就势刺向太史慈的坐骑，太史慈又一戟拨开。太史慈又拨马持戟向孙策刺来，戟从腋下穿过，孙策就势将戟夹住，太史慈哪肯相让，就势抓住孙策的头盔，想把孙策扳下马，正在两人难分难解之时，两家的兵马都相继赶到，这时两人才散开，各归其阵。孙策抢得太史慈手戟，太史慈抢得孙策头盔。各自都在耀武扬威，

“太史慈！你的手戟已被我夺！还不快快来降！”

“擒贼擒王！贼首在此，有哪个还敢不从？！”太史慈哈哈笑道。孙策逞一时之勇，差点让太史慈得手。此时已雨过天晴。上述太史慈与孙策此次遭遇，陈寿在《三国志·吴书四·太史慈传》中明确记述道：“扬州刺史刘繇与慈同郡，慈自辽东还，未与相见，暂渡江到曲阿见繇未去，会孙策至。但使慈侦视轻重。时独与一骑卒遇策。策从骑十三，皆韩当、宋谦、黄盖辈也。慈便前斗，正与策对。策刺慈马，得慈手戟，慈亦得策兜鍪。会两家兵骑并各来赴，于是解散。”《三国演义》所谓孙策与太史慈大战上百回合接着又来降的说法纯属艺术夸张，与史不符。

曲阿城中，“救援的兵马还没赶到，孙策军就已兵临城下，孙策军势如破竹，曲阿难守，这该如何是好？！”扬州刺史刘繇犹如热锅上的蚂蚁，已经整个失去了往日的沉稳。

“现在只有赶快出城，奔会稽太守王朗处，不然就来不及了！”众官纷纷议论道。

而长史许劭仍旧是一副气定神闲的样子，喝了一口茶说道：“会稽富实，孙策和袁术一样贪心不足，且会稽又南临东海，穷逼将无退路，因此不可往。不如逃往丹徒（今江苏镇江东南），然后由京口（今江苏镇江市）乘战船逆江而上逃往豫章（郡治南昌，今江西南昌市）。”许劭起身指图道，随后又说道：“豫章先前被袁术所派的诸葛玄（诸葛亮叔）所占据，几个月前已被赶走。豫章郡治在南昌，中有鄱阳湖，北临长江，三面环山，是一块盆地。虽北面和东面有袁术、孙策等豺狼虎豹，可西邻荆州刘表，既可守，又留有退路。”

“还是子将所虑周详，就这么办！马上行动！”刘繇说道。刘繇于是携家眷及部属连夜逃往丹徒（今江苏镇江东南），乘战船逆江逃往豫章。太史慈则逃往芜湖（属丹杨郡，今安徽芜湖市），占山为王，刘繇拜其为丹杨太守。上述刘繇败走豫章之事，陈寿在《三国志·吴书四·太史慈传》中记述道：“慈当与繇俱奔豫章，亡入山中，称丹杨太守。”范晔在《后汉书·卷六十八·许劭传》中记述道：“及孙策平吴，邵与繇南奔豫章而卒，时年四十六。”

这边刘繇前脚走，孙策后脚便浩浩荡荡开进曲阿城。孙策入城听吴景、孙贲、朱治建议，马上就宣布了三大纪律：不许杀百姓，不许掠财，不许……

百姓围观在城中四处张贴的公告，民众纷纷以牛酒迎军。不仅如此，孙策入城后马上又颁布大赦令，张榜告之各县：

刘繇、笮融部下只要来降，一概既往不咎。愿意从军者，继续留用，不愿从军者，也不勉强。

这一招果然灵验，不到十天，散落在秣陵、湖孰、江乘及各城的刘繇残部便纷纷来降。约两万余人，马千余匹。加上孙策原有的兵马，孙策军此时已有七八万之众，威震江东。此事在《江表传》中有明确记述。

在庆功宴上，折冲校尉孙策一身酒气剑指地图道："刘繇军已被赶走，我们终于打回老家了！丹杨又是我们的了！"

"太好了！"众文武齐声欢呼道。

"可这才仅仅是开始！此时的江东犹如一盘散沙，各自为政！这是丹杨郡，我们的南面有吴郡太守许贡（治吴县，今江苏苏州市），再往南过了浙江又是会稽太守王朗（会稽治山阴，今浙江绍兴），吴郡与会稽郡之间的乌程、陵传、余杭、钱唐、嘉兴等地又长期被严白虎、陈瑀等地方豪强盘踞着，我们正好可以各个击破！"孙策剑指地图道。

"没错！问题是又该怎么个各个击破法呢？"韩当一边吃着手中的大鲤鱼，一边醉醺醺问道。

"我军应两路出击！一路扫平吴郡（治吴县，今江苏苏州市），一路南征会稽郡！"孙策剑指地图道。

"这有些太急了，不如先扫平盘踞在乌程、陵传、余杭、钱唐、嘉兴的严白虎、陈瑀等地方豪帅，然后再进攻吴郡、会稽郡。鱼要一口一口地吃，一口气要想吃得太多，只怕会被鱼刺卡住嗓子眼。"吴景说道。

"是啊，这样会更稳妥一些。"孙贲应道。

孙策笑道："舅舅、堂兄如此谨慎，又何时能突破刘繇的长江防线呢？"

"这……"孙策一句话把督军中郎将吴景、将军孙贲给噎住了。

"严白虎之流不过是一群草寇，只要我们拿下吴郡、会稽郡，严白虎等贼寇就像秣陵、湖孰、江乘各城，自然不攻自破！"孙策说道。

“孙将军所言有理！”众文武纷纷应道，吴景、孙贲整个被晾在了一边。

“现在我命令，兵分两路南下：一路由朱都军统率，率韩当、黄盖，带两万兵马进攻吴郡许贡的老巢——吴县（今江苏苏州市）！”孙策剑指地图道。

“是！”朱治、韩当、黄盖齐声领命道。

“还有一路由我率吕范、程普等南下，南渡浙江，直捣会稽王朗的老巢——东治（今浙江绍兴）！等把吴郡和会稽郡拿下后，再回过头来收拾严白虎这些贼寇。然后再进军豫章，到那时江东之地就是我们的了！”孙策剑指地图道。

“舅舅和堂兄嘛，最好北上寿春，向袁将军汇报一下这里的情况。”孙策说道。

吴景和陈贲两人脸涨得通红：“好吧。”孙策就这么把碍事的舅舅和堂兄给支开了。陈寿在《三国志 · 吴书五 · 孙破虏吴夫人传》中明确记述道：“景从讨刘繇，繇奔豫章，策遣景、贲到寿春报术。术方与刘备争徐州，以景为广陵太守。”

随后朱治与韩当、黄盖率三万兵马由钱塘进攻吴郡太守许贡，孙策与吕范、程普则率三万兵马一路南下，由钱塘登船，逆江而上。陈寿在《三国志 · 吴书一 · 孙策传》中又记述道：“刘繇弃军遁逃，诸郡守皆捐城离奔走。吴人严白虎等众各万余人，处处屯聚。吴景等欲先击破虎等，乃至会稽。策曰：‘虎等群盗，非有大志，此成擒耳。’遂引兵渡浙江。”

会稽太守王朗，字景兴，东海郯人，曾在陶谦手下做治中，公元194年被李傕把持的朝廷任命为会稽太守。王朗此时早已进驻固陵城（也称越王城，位于今浙江萧山县西，陵河东岸萧山之上），闻孙策率军南侵，一面与手下在城楼上巡查防务，一面商议对策。功曹虞翻劝道：“孙策才定丹杨，兵势正盛，不如先避其锋芒。”虞翻字仲翔，会稽于姚人，时在王朗手下做功曹。

王朗站在固陵城楼上，居高临下，俯瞰着烟雨濛濛的固陵河说道：“我为汉臣，岂有不战而退之理？”随后王朗又指道：“况且我有固陵城，此城为越国大夫范蠡所筑，古名越王城，东西和南北有固陵河环绕，就像是一道巨大的天然护城河。孙策要想侵入会稽，其战船就要由浙江插入固陵河，这样才能渡河登岸，侵入我会稽郡。而其上百艘战船要想渡河登岸，必须首先要经过西面的三汊河口。我军驻守固陵城，既可在三汊河口上拦击敌船进入固陵河，又可扼守由此通往东治（会稽郡治）的咽喉要道。昔越王勾践败退时以此为屏固守，曾以五千人马大败吴王夫差的十万大军，后勾践又在此出师伐吴，继而称霸中原。今孙策所带兵马不过三四万，我用两万兵马拒之，又有何难？”陈寿在《三国志·魏书十三·王朗传》中记述道：“朗会稽太守。孙策渡江略地。朗功曹虞翻以为力不能拒，不如避之。朗自以为汉吏，宜保城邑，遂举兵与策战。”

“是啊，孙策小儿，不过是侥幸突破了刘繇的长江防线，我军现在只要在三汊河口横上几条战船，日夜都在那儿横着，岸上再有数千弓箭手日夜伺候着，我看他孙策的战船还怎么驶入固陵河？既然进不了固陵河，又怎么登岸侵入会稽郡？”部将周昕笑道。这个周昕就是被吴景、孙贲公元193年秋赶走的原丹杨太守周昕。

“是啊，我看固陵城十有八九就是他孙策小儿的葬身之地！”刚才还一脸惊慌之色的众文武，此时又一个个神采飞扬。

正说话间，“王太守你看！前面有数十艘艨冲、斗舰正向三汊河口划来！”守城将士飞报道。

“慌什么？有什么大不了的，派战船堵住河口，迎击就是了，难道他还能插上翅膀飞过来不成？”随着王朗的一声怒吼，固陵城上战鼓擂起，只见数十艘艨冲、斗舰从南北河道鱼贯驶入汊口，就像是一个巨大的木塞子将汊口堵了严严实实。身穿铠甲站在三层楼船上的孙策见在前面的河口上塞满了敌军战船，冲冠一怒，“还怕他怎的？正好可趁此打垮王朗的水军！”遂拔剑挥道，“给我摇橹冲上去！把敌船都给我撞翻！”

霎时间，在山灵水秀烟雨濛濛的河道上箭如雨飞，对阵双方数百水兵中箭落水，可还是各不相让。孙策亲擂战鼓，不多时双方水军便头碰头在河道上交织在一起，不久便由互相对射转为登船厮杀，杀声、吼声、刀枪的碰撞声，在碧绿的山川间回荡。正在两军杀得难解难分之时，在固陵城上居高临下的王朗一挥手，下令道：“五千弓箭手出战！”

随着会稽太守王朗一声令下，战鼓骤起，五千弓箭手呼啦啦冲出固陵城，林立于河东岸，不断向孙策战船射箭。孙策军的攻势一下子便被压制了下来，不断有水军中箭落水，一连数箭从孙策头边擦过，射在战鼓上。孙策连忙扔掉鼓槌，在吕范的掩护下藏身于船舷之下。“赶快摇橹回船！赶快摇橹回船！”

孙策的水军就这么被击溃了。眼望狼狈遁去的孙策战船，站在固陵城上的军士奋身高呼：“孙策小儿瞎逞能！夹着尾巴逃跑了！”

王朗则是捻须微笑，一副尽在掌握之中的样子。周昕欣喜道：“我看六百年前的越王勾践故事又要重演了！”

此次水战，孙策损失水军三千，战船近百艘，王朗也同样损失惨重。“不要高兴得太早，孙策是不会善罢甘休的，他还会再来偷袭！还要加强戒备。你们注意到没有，在三汊河口横七竖八塞满了战船。这正是我所需要的。这些船都不要动，都给我停在原处。孙策的战船要想驶入固陵河，首先要清除河道上的这些障碍，马上扎营于河岸边，日夜派弓箭手轮番守备。我倒要看看孙策怎么清除这些障碍。”王朗说道。

“王太守虽儒雅之士，没想到用兵也犹如泼墨挥毫。”周昕赞道。

这边孙策第一次偷袭遭受重创后，又数度偷袭，白天偷袭不成改成晚上，上半夜偷袭不成又改成下半夜，皆以失败而告终。帐外秋雨绵绵，“此时盘踞在乌程、陵传、余杭、钱唐、嘉兴的严白虎、陈瑀等豪帅也纷纷在浙江北岸举事。我军归路已断，进又不得进。”吕范手指地图道。

本想一口气吞下会稽王朗的孙策急得在帐中团团转，一拳砸在桌子上：“嗨！真是悔不听舅舅之言，现在竟落得了进退两难的境地，这样下去我军会全军覆没，这该如何是好？”

“从三汊河口进攻会稽这条路显然已经行不通，不知道是不是还有其他路可走？”吕范说道。

“我们应该从当地找一个向导……哎！将军不是吴郡富春人（今浙江富阳市）吗？”程普说道。

“对呀！这事好办。我有一个叫孙静的叔叔，一直就住在富春，对这一带地形肯定比我清楚，不如把他请来！”孙策说道。孙策连忙命吕范到富春把孙静接来。孙策迎入营帐，孙静听完孙策对战况的介绍后，喝了一口水说道：“自此要想攻入会稽，除过三汊河口这条水路以外，还有一条旱路。”

孙策目中精光一闪：“你说什么？还有一条旱路？”

“没错，还有一条旱路！这条路是这几年新修的，古时候没有。”孙静说道，“叔叔你快说这条路在哪儿？”孙策急道。

孙静又喝了一口水，展开地图指道：“三汉河口在这儿，在固陵（今浙江萧山县西）南五六十里处修有一座桥，叫高迁桥（位于今萧山县城厢镇北干街道井亭徐自然村），此桥横跨固陵河，穿过此桥可直捣东治。再者，通过高迁桥还可以抄固陵城之后，固陵城将不攻自破。”

“妙啊！真是太妙了！此乃天助我也！立即通知全军，今晚就行动！”孙策一脸兴奋。

“不，万万不可轻举妄动！此事还需谨慎，这么重要的关口王朗不可能没有防备，我们应该……”孙静俯于孙策耳旁说道。

孙策一边听着，一边不住地点头，闻后大喜：“好，叔叔高见，就这么办！”

孙策命蒋钦、周泰、陈武等：“军中军士多有腹泻，你们赶紧准备数百口大水缸，置于营地之中澄水！”

“是！”蒋钦、周泰、陈武领命道。

王朗立于固陵城楼之上，居高临下，眼看孙策营中摆满了大水缸，不解道：“孙策在营中摆这么多水缸是何意？”

“据报，孙策士卒因连日饮用雨水，多有腹泻，士气低落，摆这么多缸是为了澄水。”功曹翻虞说道。

“孙策军久战不克，军士又多有腹泻，士气低落，这正是天亡孙策军之时，我们不如调集军马突袭孙策大营。”周昕献计道。

王朗沉思片刻，应道：“这的确是破敌之良机，赶快调集各路军马准备突袭！”

“是！”周昕应道。

夜晚，孙策营中又突然起火，王朗、虞翻、周昕连忙来到城楼，眼望孙策营中熊熊燃起的大火，一脸疑惑，“难道孙策已经撤军了？”

“赶快派人探听虚实，要快！”王朗命令道。话音刚落，却见探马飞报：“孙策军已整个弃船，弃营……”

“怎么样？”王朗急问道。

“沿查渎道（固陵河西岸通往高迁桥的一条川道）向南而来！”

“不好，孙策率大军偷袭高迁桥来了！这该如何是好？”王朗大惊，随即命令周昕，“你赶紧率从高迁屯抽调的兵马火速去营救高迁屯！一定要阻止孙策过桥！实在不行就把高迁桥给烧了！我随后马上再调一万兵马去营救！”

“是！”

“赶快去！不然就来不及了！”

此时孙策军在孙静的带领下正沿查渎道火速向高迁桥赶来，不到两个时辰便临近高迁桥。夜空格外晴朗，星星点点，眼望悬在固陵河东西两岸的木索桥，孙策遥指道：“高迁桥！这可是我们的生命桥！我们只有抢占了这座桥，才能过河，拿下会稽！否则我们将被困死在这里！”

“我们已经没有退路，也只有拼死一搏了！胜败全在此一举！”吕范、程普、蒋钦、周泰、陈武齐声应。

“兵分两路！一路要不惜一切代价抢占高迁桥！一路围歼屯守在高迁桥附近的王朗军！前进！”孙策拔剑指道。

随着孙策一声命下，孙策军兵分两路，一路军马火速冲向高迁桥，一路军马火速围攻屯守在桥西岸的王朗军营。“妈呀！孙策大军来袭营了！赶紧跑啊！”数千王朗军猝不及防，纷纷抱头鼠窜。吕范、程普、蒋钦大杀了一阵，便鸣金收兵。这边孙策、孙静、吕范、程普不费吹灰之力便轻松夺取了高迁桥。孙策深舒一口气，可还没回过气来，却见周昕率数千轻骑沿河东岸杀奔而来：“不能让孙策抢占了高迁桥！一定要把桥夺回来！”

一场血战就这么在高迁桥东岸山口的扇地上爆发了。顿时刀光剑影，金属碰撞声、喊杀声、鬼哭狼嚎声混成一片，周昕军因寡不敌众很快便被击溃，周昕在混战中被杀。孙策就像他老子孙坚一样，虽然有几分机智，可也冒失得很，其成功也总有命运女神伴随在他的身边。王朗闻高迁桥被孙策抢夺，周昕战败被杀，慌忙弃固陵城逃往东治，孙策军长驱直入向东治而来，王朗又弃东治一路南下，逃往东部侯官（治冶县，今福建福州市），后听虞翻之言率残部投降，会稽郡随即落入孙策手中。与此同时，朱治这一路也大破吴郡太守许贡，将吴郡置于孙策的控制之下。陈寿在《三国志·吴书十一·朱治传》中记述道：“治从钱唐欲进到吴，吴郡太守许贡拒之于由拳，治与战，大破之。”此时盘踞在乌程、陵传、余杭、钱唐、嘉兴的严白虎、陈瑀等地方豪帅也只有望风披靡的分了。

上述孙策会稽大战王郎之战，陈寿在《三国志·吴书六·孙静传》中明确记述道：“策破刘繇，定诸县，进攻会稽，遣人请静，静将家属于策会于钱唐。是时太守王朗拒策于固陵，策数度水战，不能克。静说策曰：‘朗负阻城守，难可卒拔。查渎南去此数十里，而道之要径也，宜从彼据其内，所谓攻其无备、出其不意者也。’策曰：‘善。’乃诈令军中曰：‘顷连雨水浊，兵饮之多腹痛，令促具罂缶数百口澄水。’至昏暮，罗以然火诳朗，便分军夜投查渎道，袭高迁桥。朗大惊，遣故丹杨太守周昕等帅兵前战。策破昕等，斩之，遂定会稽。”

那么孙策借袁术声势和兵马所占领的江东之地还会上交给袁术吗？那是绝对不可能的。

孙策自领会稽太守，以吴景为丹杨太守，以朱治为吴郡太守。孙静因不爱做官，又回富春。江东四郡，此时除了豫章郡还在刘繇的手上，都整个控制在孙家人的手上。袁术就这么被孙策一伙给涮了，这可以说是中国历史上最著名的借鸡下蛋故事。孙氏家族就这么在江东迅速地崛起了。

《三国演义》关于孙策立江东的记述不仅一塌糊涂，而且从头到尾都是虚构之说，什么押上传国玉玺借得三千兵马，什么周瑜从其叔借兵马助孙策……均既不合事理，也于史无据。不仅如此，他还把时间搞错了，孙策立江东应在献帝东归洛阳之前，他写在了之后。

公元195年十二月二十日，袁术表孙策为殄寇将军。此时他们之间的关系，只剩下表面上的一张皮。

就在同一时间段，长安李傕、郭汜也发生了一系列重大变故。

下回请看：三狼叼羊献帝巧脱身　杨彪黄河岸边把路指

第三十六回

三狼叼羊献帝巧脱身　杨彪黄河岸边把路指

就在曹操兖州失而复得，孙策借鸡下蛋立江东这同一时间段里，长安李傕集团虽然表面上一团和气，实际上内部矛盾越积越深。

公元194年底，征西将军马腾、镇西将军韩遂因个人私怨与车骑将军李傕翻脸，率所部兵马进讨长安，结果大败而归。没想到这就像是点燃了导火索一样。

在长安李傕府中，“樊将军在陈仓放走了韩遂！”李利说道。李利乃李傕侄儿，在樊稠军中为将。

“你说话可要有根据，樊将军可是咱们的人！”车骑将军李傕斥道。

“这是我亲眼所见，难道还有假？樊将军在追击韩遂军到陈仓时，两人并马在阵前谈了许久，虽不知道说些啥，可有说有笑，很是默契，然后还抱拳而别。许多人都看到了，不信你问问他们。”李利辩解道。

“李将军所言句句属实，我们也亲眼看到了。”李利手下同声道。

“有这样的事？他们二人是同乡，都是金城人（今甘肃兰州），难道他们是一伙的？”李傕一脸疑云。

公元195年二月，春暖花开，李傕在府上摆下酒宴，宴间杀樊稠，收其兵马，自此哥儿几个一起吃吃喝喝议论天下大事的幸福时光也变成了如烟往事，相互之间的猜忌也随之更深。陈寿在《三国志 · 魏书六 · 董卓传》中记述道：“诸将争权， 遂杀稠，并其众。”此事的全过程在《九州春秋》中有明确记述。

三月的一天，李傕派人请郭汜到府上喝酒议事。郭汜妻子则是坚决反对："不去，难道你忘了樊将军是怎么被杀的了吗？"

"要是鸿门宴，那在上次就应该把我和樊将军一起结果掉，又何必再摆一次鸿门宴呢？"郭汜于是不听妻子劝阻，如约到李傕府上饮酒议事。

喝酒归来，郭汜突然感到腹中一阵剧痛。"刚才还好好的，这是怎么回事？肯定是李傕在酒菜中放了毒！"郭妻断定道。

"哎呀，疼死我了，快救我呀！"郭汜疼得在床上直打滚，脸色蜡黄，满头虚汗。

"这该如何是好？这该如何是好啊……这会儿让我到哪里去找解药……"郭妻急得直跺脚，"有了，来人哪！快拿碗来！"

侍从战战兢兢，连忙把碗拿来。郭妻来到厕所，揭开马桶盖，捂着鼻子从里面挖了一碗，来到郭汜身边，将郭汜扶起，"来，赶快把这东西喝了就好了。"郭妻说道。

"到底是什么东西啊，怎么这么臭啊……"郭汜紧蹙眉头问道。

"别问了，喝下去就好了。"郭妻催促道。

郭汜睁开眼睛，一看："啊！你让我喝粪汁？就是去到阎王殿去做小鬼，我也不喝这东西！"郭汜一把将妻子搡开。

郭妻一个踉跄，差点摔倒。"现在让我到哪里去找解药？老三家的小子中了毒以后就是用这东西解的毒！"郭妻哭丧着脸说道。

"滚！你给我滚！我就是死也不喝粪汁！哎哟，哎哟，疼死我了……"郭汜叫道。

郭妻无奈刚要转身退下，"别走，快给我回来……"郭妻一脸欣喜，端着粪汁来到郭汜面前，"还是活命要紧……"郭汜紧闭双眼，痛苦地把嘴张得老大，郭妻捏住郭汜的鼻子，猛然将粪汁灌下，"呕！呕……恶心死我了……"郭汜狂呕不止，将胃中酒菜喷了一地，吐得昏天黑地，只差把胆汁都吐了出来。"来，再喝一口……""不，不……再喝一口我就吐死了……"

郭汜吐干净以后，勃然大怒："狗娘养的，竟逼得老子喝粪汁，老子与你势不两立！"两虎相争的序幕就这么被郭汜妻子的一双妙手给拉开了。关于郭汜喝粪汁之事，《典略》记述道："他日傕复请汜，大醉。汜疑傕药之，绞粪汁饮之乃解。于是遂生嫌隙，而治兵相攻。"《三国演义》所谓郭汜中了太尉杨彪的反间计之说纯属文学虚构。

李傕府中，“什么？你说郭汜要劫天子于他的军营之中？”车骑将军李惊问。

“没错，是他身边的人跑出来报的信。”侄儿将军李暹说道。

“我有讨王允、吕布之功，辅政四年，关中太平，天下共知。狗娘养的郭汜，盗马贼一个，我待之以诚，敬之如宾，他却与我分争！看谁能斗得过谁？！”李傕骂道。

李傕命侄儿李暹领五千兵马，趁夜将未央宫团团围住，以车驾三乘迎献帝。太尉杨彪急得直跺脚：“自古以来哪有帝王被安置在人臣家中的？你们应该知道这些道理，怎么能这样呢？”李暹手按大刀斥道：“这是李车骑之意！难道你想阻拦吗？！”杨彪无奈只得把路让开。于是汉献帝一乘，伏皇后、董贵人一乘，伏完、董承一乘，杨彪及其余各官皆步行，一同被劫往李傕大营。伏完，伏皇后父，琅邪东武人，时为执金吾（负责长安外围警备）。董承，董贵妃父，灵帝母董太后之侄，时为卫将军。汉献帝前脚被劫走，李傕军后脚便冲进宫，将未央宫洗劫一空。此事在《献帝起居注》中有详细记载。

郭汜闻李傕将汉献帝劫到了自己的营中，急得团团转：“他娘的，怎么让这王八蛋抢了先，这该如何是好？”正在此时，汉献帝派太尉杨彪、大司农朱儁、卫尉士孙瑞等十余名高官乘马车到郭汜府中劝和。郭汜眉开眼笑：“有了，这不送上门的来了？你劫天子，我劫公卿，咱也不吃亏！来人哪？”结果太尉杨彪、大司农朱儁等人又沦为郭汜的阶下囚。朱儁因气愤，当日发病而死。皇甫嵩在此之前也已病死。范晔在《后汉书·卷七十一·朱儁传》中记述道：“会李傕杀樊稠，而郭汜又自疑，与傕相攻，长安中乱。献帝诏儁与太尉杨彪等十余人譬郭汜，令与李傕和。汜不肯，遂留质儁等。儁素刚，即日发病卒。”此事华峤在《汉书》中也有明确记载。

郭汜率五千军马夜袭李傕大营，企图把汉献帝抢到手。“郭汜来袭营了！”李傕大营连忙紧闭营门。“给我射！”随着郭汜一声命下，万箭齐发，箭如飞蝗，李傕军士纷纷中箭倒地，一连数箭射入汉献帝的营帐，吓得此时已18岁的汉献帝与伏皇后、董贵妃哆哆嗦嗦相拥在一起。李傕翻身而起，提剑刚出营帐，一箭飞来射穿左耳，李傕大叫一声，退入帐中。“不要慌，弓箭手赶快还击！”李暹、李利吼叫着，指挥军士拼命抵抗。

“一定要把汉献帝抢回来！”

“放火烧营寨！”郭汜命令道，火把轰然四起，大有将李傕大营化为灰烬之势，李利、李暹率兵士依营垒拼命放箭抵抗，不让郭汜军靠近营寨，正在万分危急之时，从侧翼杀出一彪人马，原来是李傕部将白波帅杨奉。郭汜一看大批救兵赶到，只得鸣金收兵，趁夜幕逃走。

自此车骑将军李傕与后将军郭汜便开始在长安城中混战，五日一小战，十日一大战，搞得长安城战火纷飞，尸横遍地，数万人被杀，城中百姓只得四处逃难。陈寿在《三国志·魏书六·董卓传》中记述道：“质天子于营，烧宫殿城门，略官寺，尽收乘舆服御物置其家。公卿诣汜请和，汜皆执之。相攻连月，死者万数。”

公元195年六月，大暑，李傕的亲信部将杨奉、宋果叛离，李傕集团分崩离析。就在这时镇东将军张济奉汉献帝刘协之命自洛阳携兵来长安，联合郭汜、杨奉、董承等，劝李傕放开汉献帝。此时的李傕孤立已极，虽极不情愿可也只得放行。

在镇东将军张济大营中，“我的意思是移驾弘农（弘农郡治，今河南灵宝市北）。”张济说道。他显然是想将汉献帝置于自己的保护之下。

汉献帝一行早就盼望东归洛阳了，以脱离李傕、郭汜的掌控，于是董承、杨彪等将计就计道：“我们没意见，圣上也是这个意思。”

郭汜马上表示反对：“这怎么能行？我看最好是移驾至高陵（位于西安市北部）！”郭汜的意思显然是要将汉献帝置于自己的控制之下。

众公卿与郭汜相持不下，尚书郭浦宣诏道：

圣上有旨：朕遭蒙难，才迁都长安，宗庙皆在洛阳，无日不思！天下未定，今有机会东移，虽只是移驾弘农，可已近宗庙，望无疑！钦此。

郭汜的脑袋摇得还是像拨浪鼓，还是不同意。张济、杨奉、董承等怒道：“圣意已定！只有服从！”

郭汜虽极不情愿，可由于势孤只好忍气吞声。

九月，蝗虫大起，李傕屯兵池阳，汉献帝车驾至新丰（镇名，在今临潼县东北十五里），终于踏上了东归之路。十月，郭汜欲劫汉献帝车驾至郿县，董承、杨奉与战，大破郭汜军，郭汜率部投奔李傕。

李傕营中，郭汜匍匐在地，身边的炭火熊熊燃烧，“现在事情已经闹到这种地步，我的手下已经四分五裂，小皇帝也已落到了别人手上，我恨不得一刀把你宰了！”李傕怒不可遏，拔刀来砍郭汜。侄儿李利、李暹连忙挡住。

“你要杀就杀吧……既然我已经送上门来了，要杀要剐就全由你了……都是我犯浑，是我对不起你……只是小皇帝现在已经落在了别人手上，要是东归洛阳，只需一纸诏命，你和我三族就要人头落地……”郭汜哭道。

“哭有屁用？问题是现在该怎么办？！”李傕吼道。

“还能有什么办法，现在只有把汉献帝抢回来。”郭汜说道。

“他说得没错，为今之计，我们现在只有抱成一团把小皇帝再抢回来，别无他法！”李利说道。

“要是能把这件事办成，我一生一世愿为大哥做牛做马，来赎罪……”郭汜哭拜道。

为了共同的利益，李傕、郭汜二人旋即又化干戈为玉帛。李傕是一个理性之人，在其把握朝政期间，他听取贾诩之言，不计前嫌，与袁绍、袁术、朱儁等化干戈为玉帛，继续重用皇甫嵩、朱儁、士孙瑞等，这种气魄都是一般人所没有的。

冬十二月，汉献帝的车驾已沿华山脚下顺利驶入潼关，贾诩此时已经脱离车骑将军李傕钻进了段煨的营中，屯军华阴的宁辑将军段煨听贾诩之言保持中立。车骑遂通过潼关，奔向弘农。汉献帝的车驾此时正在黄河南岸的山间颠簸，寒风凛冽，车驾中汉献帝手指地图道：“车驾由新丰出发，一路向东，现在已过华阴、潼关天险，前面是弘农和函谷关，过了函谷关，陕县，再往前走就是洛阳了。”

“我们就要到洛阳了，太好了。”身裹貂皮的伏皇后也一脸兴奋。

此时身穿皮衣的李傕、郭汜率万千铁骑顶着刺骨的寒风，像狼群一样已从屁股后面黄沙荡荡追了上来。张济因与董承、杨奉等不平，加上已经知道了他们的真正意图，此时也加入到李傕、郭汜的行列中。为了共同的利益，李傕、郭汜、张济三只西北狼不计前嫌很快又抱成了一团。

侍中刘艾骑在马上说道：“李傕、郭汜、张济的骑兵正在尾追，情况紧急，为今之计，只有一面断后截击追兵，一面急诏河东兵马护驾！”这个刘艾就是曾给董卓做参谋长的那个人。

“现在也只能如此了！”太尉杨彪应道。

“那就让杨将军在曹阳（今河南灵宝市西）断后，再派人往河东！”汉献帝掀开车帘说道。汉献帝的车驾继续前进，杨奉则留在曹阳截击追兵。可杨奉又怎么能是李傕、郭汜、张济的对手？刚一交手便被打得屁滚尿流，死伤遍地。射声校尉沮隽力战被李傕挑于马下，李傕用枪指道：“你还想活命吗？！”

沮隽破口大骂：“你是乱臣贼子！挟天子，害公卿，罪该万死！”话音未落便被李傕一枪刺穿喉咙。

此时汉献帝车驾已逃至弘农，河东豪帅韩暹、胡才、李乐率数千骑赶来救驾。汉献帝连忙命韩暹、胡才协助杨奉据守函谷关，拦击追兵。一面在董承、李乐的护送下顶着寒风向陕县（今河南陕县附近）方向逃窜。陈寿在《三国志·魏书六·董卓传》中记述道：“ 将杨奉与傕军吏宋果等谋杀傕，事泄，遂将兵叛傕。 众叛，稍衰弱。张济自陕和解之，天子乃得出，至新丰、霸陵间。郭汜得欲胁天子还都郿。天子奔奉营，奉击汜破之。汜走南山，奉及将军董承以天子还洛阳。傕、汜悔遣天子，复相与和，追及天子于弘农之曹阳。奉急招河东故白波帅韩暹、胡才、李乐等合，与傕、汜大战。奉兵败，傕等纵兵杀公卿百官。”

汉献帝的车驾到达陕县，北临黄河，身边的虎卫兵不足百人，人心惶惶。太尉杨彪将地图铺在地上指图道：“我们应该舍下辎重、马车北渡黄河，向大阳（今山西运城）、安邑方向进发！”

执金吾伏完、卫尉董承纷纷反驳道：“我们此次东归不就是要回洛阳吗？由此向东不就是洛阳吗？要是过黄河就会走弓背，这不是舍近求远自找麻烦吗？”

太尉杨彪坚持道：“我就是弘农人，对这一带的地形很熟悉，从此向东到洛阳，至少要有三十个险滩，每过一次险滩都是一次危险！”

侍中刘艾应道：“太尉所言极是。我年轻时在陕县做过县令，前面确实有许多险滩，况且又在河谷间行进，要是追兵赶来将无路可逃。因此只有北渡黄河，只有黄河才能挡得住李傕、郭汜的万千铁骑，别无选择。追兵已近在咫尺，刻不容缓！”

“照杨太尉和刘侍中之意办！”汉献帝说道。

李乐连忙准备渡船。此时，据守函谷关的杨奉、韩暹、胡才已被如狼似虎的李傕、郭汜、张济军攻破，杨奉、韩暹、胡才脱军而逃。李傕、郭汜、张济的万千铁骑沿着山涧河谷滚滚如狼群一般冲杀而来，许多残兵败将都惨死于铁蹄和马刀之下。

“赶紧投降吧！李将军保证不杀俘虏！”李傕、郭汜、张济军的喊话声在山谷中飞荡，此起彼伏。此时在汉献帝身边的卫兵还不足百人，饥寒交迫，皆大惊失色。此时急得团团转的杨彪、董承、刘艾等，见河岸边驶来一艘大木船，连忙护送汉献帝、伏皇后、董贵人向岸边急急而来。

李傕、郭汜、张济的追兵越逼越近，此时汉献帝一行也来到黄河岸边，低头一看，“哇！岸高十余丈，根本下不去，这该如何是好？！”众官惊叫道，“妈呀！后面的追兵马上就要到了，这该如何是好？！”汉献帝、伏皇后急得直跺脚。

卫尉董承灵机一动：“用套马的缰绳系在天子的腰上慢慢地放下去不就行了？”

“可又怎么能用套马的绳子来套天子呢？这也太有失体统了……”一些文官议论道。

正在左右为难之时，一位官员手捧绢帛而来。汉献帝、伏皇后、董贵妃腰系丝帛被逐个吊下。伏完、董承、杨彪、刘艾等也相继吊下，此时身后的追兵已喊声大起。许多人因没有绳索系身，只得匍匐岸边从上往下溜，生死有命，富贵在天。许多人都被摔死、摔残。

18岁的汉献帝携伏皇后、董贵妃连忙向停靠在河边的大木船奔去。伏完、董承、杨彪等要员也像羊羔子一样跑得飞快。一些侥幸没有被摔死的人也纷纷冲向木船。

执金吾伏完、卫尉董承、太尉杨彪、侍中刘艾等十几名朝廷重臣连忙拥献帝、皇后、贵妃等上船，冲到船边的数百名军士也纷纷争着上船，“求求你们！把我们也带上！把我们也带上！”

大木船忽悠忽悠，眼看就要翻，“放手！赶紧放手！这是天子的船！其他人不能乘！”董承、李乐等拼命吼叫道。

“不……”许多人还是死死地抓住船，要往船上攀。董承、李乐挥刀便砍，扒在船边的手臂、手指被纷纷砍下，随着撕心裂肺的号叫声，木船脱离控制开始缓缓划向河心。

此时李傕、郭汜、张济的万千铁骑已狼群般冲到黄河岸边，见木船已在半渡之中，大呼："天子走了！天子走了！我们来迟了！"

李傕、郭汜、张济的万千铁骑就这么被挡在了黄河南岸，"赶紧放箭射！射！射！"

刹那间箭如飞蟥，董承、伏完、杨彪连忙扯起被子，以被为帐，遮挡箭雨，汉献帝、伏皇后、董贵妃哆哆嗦嗦皆匍匐在船中。还滞留在黄河岸边的卫尉士孙瑞、光禄勋邓渊、少府田芬等朝廷官员、军士、妇女就没有那么幸运了，一个个都被射成了刺猬。

木船越划越远，汉献帝一行这才松了一口气，"谢天谢地，终于逃出狼窝了。"董承、杨彪、刘艾等用手掬起砍落在船中的手指抛入河中。真是悲惨呀！在王朝社会，宫廷政变、官民大战、诸侯混战这三大人间悲剧五千年来一直在不断重演。上述杨彪在黄河岸边指路，用绢帛系汉献帝下崖，及乘木船过河等往事，在《献帝纪》中都有明确记述。

汉献帝一行北渡黄河后，从此一路顺风，先步行至大阳，后又乘牛车到安邑。河内太守张杨命董昭率数千人送来粮米、鲜肉。公元196年七月，汉献帝一行在董承、杨奉、韩暹等的护送下，出箕关，下轵道，东归洛阳，入驻张杨事先修缮一新的杨安殿。汉献帝拜张杨为大司马，杨奉为车骑将军，韩暹为大将军，领司隶校尉。

河内太守张杨把汉献帝一行安置好以后，与诸文武告辞道："天子当与天下人共之，我还是去镇守边关为宜！"张杨回归河内，杨奉则屯兵梁县，把守洛阳南大门。此事陈寿在《三国志·魏书八·张杨传》中有明确记载。

在以帝王为中心的古代王朝社会，天子是国之根本，天子的一言一行就会牵动国之根本。在李傕、郭汜、杨奉、韩暹这些西北的汉子像叼羊一样在争来夺去之时，关东的袁绍、曹操、刘表、袁术又在干什么呢?

下回请看：曹操送粮迎献帝　天时地利都占全

第三十七回

曹操送粮迎献帝　天时地利都占全

公元196年七月，汉献帝一行不迎自归，回到了东都洛阳，由李傕哥儿几个把持的朝政也随之彻底垮台。迎献帝的机会就这么摆在了关东各路诸侯的面前，那各路诸侯又会做何反应呢？

昌邑（兖州治，在今山东金乡西北），兖州牧曹操官邸内，长史荀彧喝了一口茶说道："将军现在不仅收复了兖州失地，颍川、汝南、陈国也重归将军所有。不仅如此，在迎献帝的问题上，将军又占有天时地利。"

曹操放下手中的竹简，说道："文若有何高见快说来一听？"

荀彧走到图前，用毛笔指图道："在迎献帝的问题上，幽州公孙瓒、淮南袁术、徐州刘备、江东孙策、益州刘璋、汉中张鲁首先排除在外。" 荀彧说着用毛笔分别在各自上面各打了一个叉子。

"这是为什么？"众文武不解。

荀彧继续用毛笔指图道："别的不说，首先一条就是他们的路都被别人挡着。冀州袁绍挡着幽州公孙瓒的路；我们则挡着徐州刘备、淮南袁术的路；江东孙策、益州刘璋、汉中张鲁这些人则更是鞭长莫及。能与我们有一争的只有两人：一是荆州刘表，一是冀州袁绍。论实力我方实力已明显强出他们。论路程，襄阳（荆州治，今湖北襄樊市）、邺城（冀州治，今河北临漳西南）到洛阳的路程，与昌邑到洛阳的距离差不多，大约都是七八百里。"

"的确如此。"曹操双眉紧锁。

"不仅如此，论关系，荆州刘表乃是汉室宗亲，汉鲁恭王之后，血浓于水，都是刘家人又怎么能轮上我们呢？”程昱说道。

“正相反，接下来首先要排除在外的荆州刘表！李傕、郭汜此时屯兵弘农（今河南灵宝市北）、陕县，马腾、韩遂袭取长安，张济回救战败，被迫出武关走南阳。现在正与刘表打得不可开交。不仅如此，现在汝南、颍川都已在将军的手上，刘表要想迎献帝中间还隔着我们，有这两道屏障他刘表又怎么能迎献帝？”荀彧说着用毛笔在荆州上面又打了一个叉子。

可曹操还是一脸忧虑：“那冀州袁绍要是也来迎献帝该怎么办？”

荀彧用毛笔指图道：“这也是让人最担心的。可仔细想想大可不必担心。”

“此话怎讲？”曹操扇了一下手中的芭蕉扇问道。

“将军请看，邺城（冀州治，今河北临漳南）到洛阳的路程与昌邑到洛阳的路程虽然都差不多，可袁绍要想到洛阳只有两条路可走：一条路是经河内南渡黄河到洛阳，这条路要过河内太守张杨的地界，这条路显然行不通，因为张杨与其长期不和；另一条路要经官渡（在今河南中牟东北），由虎牢关入洛阳，这条路要经过我们的地界，那我们会答应吗？况且冀州就像是关中的肉夹饼，北有幽州，南有青州，整个处在公孙瓒的南北夹击之中。袁本初又怎么能腾出手脚？因此在迎献帝的问题上，将军天时地利都已占全了。荆州刘表、冀州袁绍就是想迎也只有眼馋的分了。”荀彧用毛笔指图道。

“这可真是天助我也啊！”曹操大喜。

“现在的问题是，我们有必要去迎献帝吗？”荀彧回到座位上喝了一口茶问道。

“大哥应该自立为王才是。把小皇帝迎到我们的地盘上，不光要给他供吃供喝，还自己给自己找紧箍咒戴，这不是自找麻烦吗？！”夏侯惇说道。

“是啊，汉家王朝早已名存实亡，只剩下了一个空壳，管他那些闲事干什么？！”将军曹仁说道。

曹仁的话音刚落，便听治中从事毛玠说道：“今天下分崩，国主动荡，民不聊生。凡成大事者都以义为本，既然天时地利都在将军，将军实力也在袁绍、刘表之上，为何不迎献帝？这样将军可以奉天子以令诸侯，号令天下，迅速地扩充实力，这样将军霸业可成！”毛玠的此番陈述，陈寿在《三国志·魏书十二·毛玠传》中有记载。

毛玠，字孝先，陈留平丘人，此时在曹操手下为治中从事。毛玠的这番话表面上是主张匡扶汉室，尽臣子之心，以安天下，其实质是借汉献帝这块政治大招牌来壮大自己的政治和军事力量，借壳上市，从而达到争霸天下的目的。

毛玠的这一席话正对曹操的心思，曹操大喜："孝先所言正合我意！今天你就到我身边做功曹！文若也谈谈看法！"

长史荀彧用扇子扇了扇，又喝了一口茶说道："昔晋文公迎奉被王子带驱逐的周襄王返回王城使得诸侯归顺，汉高祖东征为被楚霸王杀害的楚怀王披麻戴孝而天下归心。汉室蒙难，将军首倡义兵（实际上曹操只是一个随大流者）。天子被劫长安，将军虽因山东战乱，未能去迎大驾，可还是不忘与朝廷通使（实际上是给董卓献貂婵），可见将军始终都心系汉室，匡扶汉室安天下是将军的夙愿。今圣上已东归洛阳，作为臣子应有忠义之心。要是将军此时能奉天子以从民望，则是大顺；秉天下至公以服群雄，则是大略；要是能倡忠义以明天下，则是大德。将军应早定大计，否则将夜长梦多！"荀彧的此番陈述，陈寿在《三国志·魏书十·荀彧》有记载。

荀彧这番话主要强调的是"大义"——是奉天子以安天下。他吹捧曹操什么"首倡义兵"，什么"不忘与朝廷通使"，都不过是在给曹操戴高帽子。是希望曹操能匡扶汉室以安天下，而不是借壳上市称王称霸，滥杀无辜。此时的荀彧显然对曹操还抱有幻想。而易中天在谈到此问题却是如此说道："这事从一开始曹操就高袁绍一头。高在哪里？高在品格，高在品位。要知道沮授的建议是不可以和毛玠的建议等量齐观的。……一个光明磊落，一个鬼鬼祟祟，岂可同日而语？"

"是啊，此事应马上就办！虽然我们占有天时地利，可也不能懈怠。要是荆州牧刘表把张济消灭，要是冀州牧袁绍与河内太守张杨联合起来怎么办？"曹操说道。

此时在邺城彰德府内，袁绍与众幕僚也在讨论此事，监军沮授进言道："将军世代辅佐汉室，忠义报国。今汉室蒙难，宗庙毁坏，我观各路诸侯皆外托义兵，实际上是纷纷想争霸天下，你吃我，我咬你，没有一个想着匡扶汉室，为天下民众。我们现在虽然还受到公孙瓒的羁绊，可已经有了冀州之地，应该去迎大驾，安宫于邺城，然后奉天子以令诸侯，扩充实力以讨伐不臣，天下谁还能敌？将军夙愿自然可以实现。”

沮授所说的这番话中主要包含有两方面内容：首先大体上还是主张匡扶汉室，尽臣子之心，以安天下。这与他五年前的主张没有什么两样。可在这一番话中还隐含有第二层意思，就是借壳上市，通过迎献帝来壮大自己的政治和军事力量，从而达到争霸天下自立为王的目的。这是沮授的主张与五年前有所不同的地方。这同时也说明，就是在沮授的头脑中，到底是诚心诚意地匡扶汉室以安天下，还是自立为王也是矛盾的。

“沮监军所言极是！可问题是我们迎献帝的路不通。走孟津（洛阳北面之要津，位于今河南孟津扣马五里处）要经河内太守张杨之地，走官渡要过曹操兖州之地。”别驾从事田丰说道。

“不仅如此。汉家王朝已经土崩瓦解五六年了，再想兴之，难于上青天。要是把天子迎到自己地盘上，隔三差五的还要请示汇报，听之则权轻，违之则抗命，这不是没事找事，自己给自己找紧箍咒戴吗？！”大将淳于琼说道。沮授、田丰、淳于琼等的上述陈述，在《献帝传》、《三国志·魏书六·袁绍传》中有记载。

袁绍的想法与沮授、田丰的想法差不多。他在诸侯混战的路上也已经摸爬滚打了五六年，在头脑中肯定有自立为王的思想，可匡扶汉室，尽君臣之道，以安天下的念头也同样根深蒂固。袁绍是既想匡扶汉室以安天下，又想自立为王。这使他矛盾重重，加上利与弊一时又看不清楚，路数又不通，自然也就更犹豫了。

“看来此事还需再议。”袁绍犹豫不决道。

在刘表的路被张济、曹操死死地挡着，在袁绍路数不通、迟疑之际，扬武中郎将曹洪此时已带三千兵马，顶着烈日，携粮车来到梁县广成关前（今河南汝阳临汝镇）。陈寿在《三国志·魏书一·武帝纪》中记述道：“太祖将迎天子，诸将或疑，荀彧、程昱劝之，乃遣曹洪将兵西迎……拒险，洪不能迎。”

“我们是曹兖州的兵马，知道圣上已经回京，缺衣少粮，特让我们送粮食来了！大批的粮车就在后面！”曹洪汗流浃背在关下喊话道。

“曹州牧给我们送粮来了！看关外停着那么多粮草！”有气无力的守关军士一个个欢呼雀跃。

杨奉走上关楼，眼望关外数百辆粮车，说道：“不行啊！未经批准任何人都不得入关！”

“我们送的是粮食，非毒药！有什么好害怕的？！”曹洪说道。

“别说送粮！就是送金银财宝也不行！”车骑将军杨奉应道。

“为什么不让进来？我们已经都快饿死了。”守城将士窃窃抱怨道。

“你们懂个屁！鬼知道这些人入关后会干出什么好事来？这些人杀人不眨眼，你们难道忘了曹操前年屠杀徐州百姓的事情？！”杨奉呵斥道。

“这样吧！你们先在关外等着，我去通报一下再说！”杨奉在广成关上喊话道。

曹洪无奈，只得在广成关外安营扎寨。杨奉骑马沿伊河川道，经伊阙关（位于洛阳南今河南伊川与龙门之间）火速回洛阳城。

在大将军韩暹的行辕中，“曹操派其堂弟曹洪来送粮，上千辆粮车现在就停在广成关外，现在军中正缺粮，你们说说到底放不放他进来？”杨奉问道。

“这事还真有些难办。幽州公孙瓒、淮南袁术、徐州刘备、江东孙策、益州刘璋，都远水解不了近渴，只有在荆州刘表、冀州袁绍、兖州曹操三人中间做出选择。荆州刘表肯定是首选，可此时路又被张济挡着；冀州袁绍的路也被挡着，只有曹操的路是通的。”董承说道。

“曹操是靠不住的！难道你们忘了大学士边让、沛相袁忠一家是怎么被曹操杀害的？！难道你们忘了十数万徐州百姓是怎么被曹操杀害的？！”太尉杨彪连珠炮似的发问道。

“是啊，曹操是一个心狠手毒之人……放这种人入关，搞不好又是引狼入室。”杨奉说道。

董承、杨彪是想过河拆桥摆脱杨奉、韩暹等人的控制，在这个大方向上两人是一致的。可在具体人选上他们又有所不同。董承心中的理想人选当然是荆州刘表，刘表是汉室宗亲，靠得住。刘表也愿意来迎，可路又被张济挡着。而杨彪是袁术的妹夫，自然更想让袁术来勤王。再加上杨彪从骨子里对曹操深恶痛绝，因此他是不愿意看到曹操迎献帝的。可袁术又远在淮南，中间隔着曹操。

杨奉、韩暹就不这么想了。他出生入死、千辛万苦护驾东归是来干什么的？难道仅仅是为了一腔热血？当然不是。他们护驾有功，现在一个是大将军，一个是车骑将军，当然不愿意大权旁落。可他们又感到有些力不从心，尤其是大旱之际正需要粮食。可又担心引狼入室，大权旁落。

“这样吧，杨将军。你让曹洪把兵马退回去，把粮车都留在广成关外，然后我们把它运进城。”韩暹说道。

“那他要是不留呢？”杨奉问道。

“他要是不留就让他带回去，不就上千车粮食吗？也就可见其用心是什么了。不管怎么说绝对不能放一兵一卒进来！”韩暹说道。

董昭坐在一旁一边摇着芭蕉扇，一边品着茶，心想：要是让袁绍来迎献帝，那我就死定了。也不能让刘表来迎献帝，刘表与袁绍是盟友，要是让他来迎献帝对自己也不利。最好是让曹操来迎献帝。可眼前四人都反对曹操入关，这该如何是好？只能等待时机。

董昭，字公仁，济阴定陶人（今山东定陶），他原本在袁绍手下做参军，其弟董访在张邈手下做事，因与袁绍结怨逃到了河内太守张杨处。在汉献帝车驾至安邑时，随张杨来到了汉献帝身边护驾，被拜为议郎，从此便留在汉献帝身边。此事陈寿在《三国志·魏书十四·董昭传》有明确记载，本著只是如实再现而已。

这时心急火燎的曹操留堂弟杨武中郎将曹仁守兖州，自己亲率大队人马也来到梁县广成关外。曹洪连忙来迎。

下回请看：董昭为曹解难题　曹操受惊逃酒宴

第三十八回

董昭为曹解难题　曹操受惊逃酒宴

心急火燎的曹操留曹仁守兖州，又亲率大队人马来到梁县广成关外（今河南汝阳临汝镇）。曹洪连忙到营门口迎接，“杨奉、韩暹把我们挡在关外，还要让我们兵马退去，把粮车留下，这该如何是好？”

曹操一听就火上来了，“娘的，我们好心来迎，他却给我们脸子看，不如破关而人，他那几个鸟人又怎么能挡得住我这精锐之师！”曹操下马道。

“是啊，大哥，我们应该冲进去！既然不让咱迎，咱就冲进去抢！”建武将军夏侯惇怒道。

程昱连忙阻拦道：“不可，不可，万万不可！这样的事情就像娶媳妇，光男方愿意还不行，还要女方点头，一定要两相情愿，这样才能你迎我来，情投意合。否则在一起也没意思。在迎献帝的问题上，我们虽然赢得了先机，可光我们一厢情愿还不行，还要看汉献帝那边愿不愿意。要是汉献帝不愿意，总不能抬着轿子去‘抢亲’吧？那只会闹得大家都不好看，只会引得天下人的共讨。到头来只会引火烧身。还请将军三思！”

“仲德所言有理……可迎又不让迎，抢又不能抢，这该如何是好？”曹操说着，走进营帐。

“只能等待，不可强求。”程昱说道。

“那又等到何时？要是袁本初、刘景升也来迎献帝怎么办？”曹操接过扇子，喝了一口茶使劲扇着问道。

“那粮食怎么办？”曹洪问道。

“都留给他们，又没有多少粮食，别把事情做绝了！”程昱插言道。

“按仲德的意思去办就是了。”曹操说道。

“是！”曹洪应命而去。

正在曹操在广成关外急得团团转，又不知所措之时，没想到却天降贵人于他。这个人就是董昭。

议郎董昭与卫尉董承饮酒，套近乎道："董将军，咱们都是一家人就不说外话了。我曾在袁绍手下做参军，说老实话，袁绍这个人什么都好，就是对献帝有很深的成见。191年春，他和韩馥想立刘虞为帝，没立成，一直耿耿于怀。刘景升要是能来迎当然最好，可他的路整个被挡着，过又过不来。"

"真是让人左右为难，想让迎的来不了，不想让迎的却在关外候着，赶都赶不走。"董承喝了一口酒说道。

"曹操屠杀徐州百姓一事虽然做得过分，可那只是杀几个小民，他对王室还始终是忠心耿耿的，这不现在又亲自送粮来了。要是曹操走了，刘表、袁绍又没办法迎，那就只好让杨奉、韩暹二人把持朝政了。"董昭激将道。

"嗨！要是这样还不如！"董承连忙看看左右压低声说道，"要是这样还不如让曹操来迎献帝，我早已经受够了这二人的气……可这事杨奉、韩暹要是不点头，其他人的头点再多也是闲的。"董承喝了一口酒说道。董承经董昭这么一拉扯，心中的一票已经投在曹操一边。董承又是汉献帝的丈人，汉献帝倾向于谁也就可想而知了。董承这一关就这么过了，要是杨奉、韩暹这一关也能过去，杨彪就是再反对也只能望天兴叹了。

曹操那边，在广成关外还在急得团团转，他做梦也没想到董昭此时正在为他做地下工作，现在正准备过杨奉、韩暹的关。这不董昭很快就想出了办法，他以曹操的名义给杨奉写了一封信，然后找到杨奉："这是曹兖州托我转交给将军的信！"

"这是曹操写给我的亲笔信？！"杨奉接信问道。

"是的，这是曹兖州给将军写的亲笔信。"董昭应道。

杨奉坐定，打开信，仔细端详了起来，只见信中写道：

孟德我久闻将军大名，故愿与将军肝胆相照。今将军举天下大义，历经艰险，亲自护送大驾东归洛阳，成盖世奇功，为天下人所敬仰！方今群雄争衡，四海不宁。汉室乃天下之本，应有众多的志士仁人共同协力辅佐才是，非一人所能独当。心腹四肢，相互依存，缺了哪一个都不行。若将军不弃，由将军主持朝政，我为外援。今我有粮，将军有兵，互通有无，正好相济。我保证今生今世与你生死与共，绝不食言。曹孟德亲笔。

董昭在信中用曹操的口气先对杨奉护驾东归的盖世奇功大加盛赞，并给予充分的肯定。这当然是杨奉所爱听的。

然后他单刀直入，直指杨奉的矛盾心理：“方今群雄争衡，四海不宁。汉室乃天下之本，应有众多的志士仁人共同协力辅佐才是，非一人所能独当。”

这正是杨奉正左右为难之处，那么该怎么办呢？董昭接着又写道：“心腹四肢，互为依存，缺了哪一个都不行。”

董昭随之加入了最关键的一味药：“若将军不弃，由将军主持朝政，我为外援。今我有粮，将军有兵，互通有无，正好相济。我保证今生今世与你生死与共，绝不食言。”

杨奉不就是既害怕大权旁落，又需要粮草军马外援吗？由他来把持朝政，然后由曹操来做后勤部长，不是正好可以解他的心头之患吗？杨奉的心病就这样被董昭给解了。由此可见，董昭整个看透了杨奉的心思，他所开出的药方中的每一味药，也都是对着他的心思来的。

杨奉大喜，连忙找韩暹商议：“曹操现据有兖州和部分豫州之地，实力在荆州刘表、冀州袁绍之上，手中有兵又有粮，要是有曹操为外援，我们在朝中自然也就坐稳了。”

韩暹也一脸欢喜，于是两人一起表请曹操为镇东将军，费亭侯，汉献帝自然准奏。曹操迎献帝的最后一道关卡就这样被董昭用特制的钥匙咔嚓一声给打开了。

广成关随之打开，曹操军马随即浩浩荡荡入广成关，经伊河川道开进洛阳城。杨奉又哪里知道，只要他把关门一打开，让曹操的兵马名正言顺地进来，一切就由不得他了。更让杨奉想不到的是，那封写给他的信，并非出自曹操之手，而是出自董昭之手。杨奉就这样被董昭像小孩子一样给哄了。陈寿在《三国志・魏书十四・董昭传》中明确记述道：“建安元年（即公元196年），太祖定黄巾于许，遣使诣河东。会天子还洛阳，韩暹、杨奉、董承及杨彪各违戾不和。昭以奉兵马最强而少党援，作太祖书与奉曰……奉得书喜悦，语诸将军曰：‘兖州诸军近在许耳，有兵有粮，国家所当依仰也。’遂共表太祖为镇军将军，袭父爵费亭侯；昭迁符节令。”

曹操率大军进驻洛阳城，亲率众文武到杨安殿跪拜汉献帝。此时已是18岁青年的汉献帝端坐于殿上，太尉杨彪此时虽然心里一万个不愿意，可也无可奈何。君臣相见，曹操刚开始不免还有几分敬畏。

朝官宣诏道：

卫将军董承，护驾有功，拜辅国将军。

曹将军在国家动荡之际，能始终如一地勤劳王室。现授曹将军节钺（总统内外诸军），录尚书事（总理朝政），领司隶校尉。钦此。

董承、曹操齐身跪地领命，高呼："谢万岁！"

众文武也齐声高呼："我皇万岁！万万岁！"

洛阳城一下子就这么控制在了曹操的手中，大将军韩暹被踢到了一边，脸色骤变，执掌朝政的美梦瞬间便化作泡影。就在这时又听曹操奏道：

"大将军韩暹、大司马张杨，干乱朝政，应当治罪！"曹操奏道。由此可见曹操这个人下手之毒，刚一把持朝政就要把挡他手脚的人一个个都置于死地。此时曹操已经41岁。

汉献帝清了一下嗓子，说道："大将军韩暹、大司马张杨护驾有功！一律不咎！"看来汉献帝还算是一个心慈之人。此事陈寿在《后汉书·卷九·孝献帝纪第九》有明确记载。

在宴会上，曹操见太尉杨彪脸色不悦，吓坏了。宴席还没有结束就装肚子疼，要上厕所，骑马一溜烟逃回军营。随后，曹操便责令杨彪病退，官职被一撸到底，杨彪就这么被曹操一脚踢出了朝廷。这还算是客气的，凭曹操的脾气肯定是想把杨彪给除掉，只是此时还不敢那么张狂。

韩暹这边，"妈的，我们被曹操这贼给骗了！他不是来做外援的，而是来要我们的命的！"韩暹愤恨道。

"那我们现在该怎么办？"副将问道。

"三十六计走为上计，再迟一点连命都会保不住。真是早知今日，何必当初。"

"这些狗日的，我们办了好事，不仅丝毫不领情，还要要我们的命。"

韩暹回营后，慌忙率百十骑出南门，往梁县（今河南汝阳临汝镇）投奔杨奉。陈寿在《三国志·魏书一·武帝纪》中记述道："秋七月，杨奉、韩暹以天子还洛阳，奉别屯梁。太祖遂至洛阳，卫京都，暹遁走。"

在曹操行辕中，董昭手指地图道："将军兴义兵，诛暴乱，迎天子辅国政，此乃五伯之功。可洛阳西边的陕县和弘农，现在由李傕、郭汜驻守；黄河北岸则是河内太守张杨；南面的梁县现在杨奉、韩暹手上，未必服从，都是潜在的隐患，将军应提早防备才是。”

“公仁所言是也，我也正在思谋此事。要是这些人联合起来，要是冀州袁绍也加入进来，那我们就麻烦了。”曹操喝了一口茶说道。

“应趁早寻找脱身之计才是。”曹仁说道。

“没错，问题是该怎么个脱身法呢？”曹操问道。

“最好是移驾许县（今河南许昌市），就是这个地方。这样四面八方就都是将军的兵马了，不仅将军安全了，此时献帝，就是谁想来抢也抢不去！”董昭指图道。

“公仁高见！听说杨奉兵马精良，要是他来阻拦怎么办？还有，汉献帝一行此时才在洛阳安定下来，让他们由昔日的京都移驾至县城，要是不愿意去怎么办？”曹操手指地图问道。

“汉献帝这边好办，事到如今只能如此，当然最好让他自觉自愿。理由是现成的，就说洛阳残破，粮食供应不足，不宜久留。杨奉、韩暹那边也好办，杨奉有勇无谋，将军可以先向其示好，以安其心，然后……”董昭如此这般的说了一通。上述董昭之谋，陈寿在《三国志·魏书十四·董昭传》中有记载，本著只是如实再现而已。

曹操听罢，连声赞道：“妙啊！什么是金蝉脱壳，这就是金蝉脱壳。我得公仁此乃天助我也！”

公元196年八月，屯军在梁县的杨奉接过曹操使臣递过来的书信，只见上面写道：

将军深明大义，不畏艰险，千辛万苦护送献帝东归洛阳，有护驾之大功。将军英名将永贯史册，我也将终身铭记。现京都无粮，又残破不堪，鲁阳（今河南鲁山）近许县，转运粮食较易，献帝车驾故欲暂遮鲁阳，这样可保无忧，还望将军放行。曹孟德亲笔。

杨奉看完信后一脸狐疑，一摆手让来使退下，又把信交到韩暹手上。韩暹看完信后，一把将信拍在桌子上，怒道：“此信有诈！我看他是想劫驾到许县，想哄我们给他让路！”

“他想得美！已经骗了我们一次，还想再骗！”杨奉吼道。

“既然如此，我们就给他来个将计就计，等曹操的兵马一到，我们就给他来个……”韩暹说道。

“此计甚妙，马上调动兵马！”杨奉说道。

可他们又哪里知道，此时汉献帝的车驾已入大谷关（是洛阳东南面的第一道关口，位于偃师偏西南寇店乡水泉村南，距洛阳市约90里），沿颍河，经轘辕关（是洛阳东南面的第二道关口，位于偃师与登封交界处），驶向许县。

“不好了，汉献帝的车驾已出轘辕关，驶向许县。”探马飞报道。“绝不能让曹操把献帝劫往许县！”杨奉、韩暹连忙率三千轻骑向轘辕关追击，曹操在山谷中设伏，大败杨奉、韩暹的追兵。陈寿在《三国志·魏书一·武帝纪》中记述道：“洛阳残破，董昭等劝太祖都许。九月，车驾出轘辕而东。……天子之东也，奉自梁欲要之，不及。”

汉献帝、董承、伏完就这么在曹操的威逼利诱下，傻乎乎的才出狼窝又入虎穴，从此便成了曹操鸟笼中的一只大鹦鹉。自此曹操改许县为许都。

许多人可能会问：像董昭这么有头脑的人，既然能看透董承、杨奉、曹操等人的心思，又怎么能看不清楚曹操的嘴脸呢？况且曹操滥杀无辜，四处侵略的行径早已是有目共睹。其实这也不难理解，这主要是由于古代君臣之道已经普遍根植到了广大民众的灵魂深处，按照古代君臣之道，曹操所做的许多令世人毛骨悚然的事情都是天经地义的，古代帝王有几个不是这样？这样人们也就会不仅不觉其恶，反而会认为这是理所应当。再者，那时的人普遍还认识不到称霸是既危害社会又危害自己的愚蠢行为，反而认为称霸是英雄之所为，越称霸越英雄。所以像曹操这样的人，在王朝社会，人们常常不仅不觉其恶，反而还会认为他是大英雄。不要说古人如此，现今中国也有许多人这么认为，百家讲坛名嘴王力群、易中天，哪个不是这么认为？这也是董承、荀彧等人追随曹操的最主要原因。当然董承投靠曹操与袁绍不和也是一个主要原因。

《三国演义》关于曹操迎献帝的描述从头到尾都是虚构之说，什么杨彪奏请曹操勤王，什么汉献帝为避李傕、郭汜袭击逃出洛阳城正好与曹操大军相遇，李傕、郭汜被曹军大败都纯属杜撰，于史无据。

那曹操把汉献帝一行收入鸟笼中以后，接下来又会做些什么呢？

下回请看：曹操暴富成老大　袁绍做梦娶媳妇

第三十九回

曹操暴富成老大　袁绍做梦娶媳妇

公元196的八月，曹操把汉献帝一行诱入许都（即许县，曹操改名为许都，今河南许昌），收入鸟笼后，从此便抢得了政治上的制高点。

九月，汉献帝下诏拜曹操为大将军，封武平侯。武平侯是县侯，它要比原来的那个费亭侯高两个等级。陈寿在《三国志·魏书一·武帝纪》中记述道："九月，车驾出轘辕而东，以太祖为大将军，封武平侯。"在古代王朝，亭侯之上是乡侯，乡侯之上是县侯，再往上是公和王。曹操以荀彧为尚书令，总理朝政。

曹操与公孙瓒、袁术、孙策一样，是一个具有称霸天下雄心的人，是一个极具侵略性的人。十月，曹操一手持皇帝诏命，一手持剑，便东征西讨开始四处侵略。

政治优势就这么很快又转换成了实实在在的军事优势。当曹操把皇帝诏书到处一宣，河南和关中之地便纷纷跪倒在他的脚下，高呼："万岁！万万岁！"处于他的掌控之中。曹操就这么像当年的董卓一样，一夜暴富，摇身一变成了三国群雄中的大哥大。

曹操就这么用借壳上市的鬼把戏，在快速实现其称霸天下的野心。天下人看起来是跪在汉献帝的脚下，而实际上是跪在他曹操的脚下。

"局势一片大好！屯军梁县的杨奉、韩暹，我大军未到便弃城投奔袁术。张济在与刘表交战中阵亡，由侄儿张绣领其众。驻守陕县、弘农的李傕、郭汜势孤不能支，逃往关中后不久被杀。马腾、韩遂又自己退回凉州，司隶之地除过河内已尽归大将军所有。大将军现在已据有两个半州，实力已两三倍于冀州袁绍和荆州刘表，已名副其实地成了群雄中之首。排行第二、第三的分别是幽州公孙瓒与荆州刘表、冀州袁绍。”河南尹夏侯惇手指图道。程昱、曹仁、曹洪也都官升一级，分别被拜为尚书、广阳太守、谏议大夫，一个个满面春风。

“现在看来迎献帝是迎对了！”曹操喝了一口茶神气十足地说道。像大猩猩一样的典韦手持巨斧立于身后，威风凛凛。

“钟繇！”

“在！”

“现拜你为司隶校尉，驻节长安。不仅要把关中、河南给我管好，还要把西凉马腾、韩遂和河东给我节制好。西边的事情现在就交给你了。”曹操底气十足地说道。

“谢大将军！”钟繇领命道。钟繇，字元常，颍川长社人(今河南长葛东北)，献帝东归洛阳拜为尚书仆射，因荀彧举荐得到曹操格外器重。陈寿在《三国志·魏书十三·钟繇传》记述道：“时关中诸将马腾、韩遂等，各拥强兵相与争。太祖方有事山东，以关右为忧。乃表繇以侍中守司隶校尉，持节督关中诸军，委之以后事。”

邺城，彰德府内。“自曹操迎献帝于许县后，曹操不仅众望所归，其地盘军马也在迅速膨胀，所据地盘已两三倍于我。”监军沮授沮丧道。

“这个机会现在让曹操给赶上了，这该如何是好？”昔日的小兄弟，摇身一变成了三国群雄中的大哥大，可想此时袁绍心情有多复杂。

“办法还是有的。”长史逢纪说道。

袁绍眉头一展：“元图快说来一听！”

逢纪轻轻品了一口茶，说道：“将军与曹操从公元190年到公元196年，一个身处河北，一个立身中原，不是一直在以兄弟相称，肩并肩、背靠背的作战吗？”

“没错。”袁绍点点头。

“听将军说，当年是你向曹操通消息才让曹嵩一家早早离开洛阳，从而避开了十常侍之祸？”

“没错。”袁绍又点点头。

“公元192年，是将军推举曹操做东郡太守，才使得曹操有了自己的根据地。吕布袭兖州，因为有将军出手相救才使曹操绝处逢生，兖州之地才失而复得。这才有了他今年的迎献帝。将军有大恩于曹操！”

“是啊，将军有大恩于曹操！”众文武皆附和道，袁绍也面露喜色。

逢纪又喝了一口茶说道：“既然将军有大恩于曹操，又有安天下之大义，要是我们提出来让献帝移驾至鄄城（今山东鄄城），以共辅汉室，他曹孟德总不会拒绝吧？”

“孟德也有安天下之心，又有如此之交，必不负我！”袁绍一脸兴奋。

“这样我们还可以和曹将军共辅汉室以安天下，我们本来就是多年的盟友，正好可以携手共奉汉室以安天下！”监军沮授说道。

别驾从事田丰、总幕府审配及众文武也纷纷表示赞同。

袁绍于是大笔一挥把握十足地亲自给曹操写了一封信。此时尾巴已经高高翘起的曹操接到信后，打开一看，上面写道：

许县低湿，地方又小，洛阳已经残破不堪，不如迁献帝于鄄城，这样离咱们两个都近，可以一起奉天子以安天下。要是这样天下谁还能与你我为敌？

可让袁绍做梦也没想到的是。曹操看完信后，眉角向上一挑，冷笑一声，把信顺手递到了尚书令荀彧手上：“来，你也来看看。”还没等荀彧开口说话，就听曹操说道，“我看袁本初是做梦娶媳妇！”

“是啊，我们费了九牛二虎之力才把小皇帝搞到手，袁本初现在眼红了，也想来插一手，想得还挺美！”曹仁说道。

听出话音的荀彧说道：“话可不能这么说。袁本初是我军盟友，又屡次有恩于曹公，拒绝恐怕会伤了和气。”

“那他又能怎么样？嗯？”曹操仰面哈哈大笑。

“是啊，怕他怎的？！他也该称称自己现在是半斤还是八两了？”曹仁说道。

“当然，我们也不能把事情做得太绝，太不讲情面。再者，现在还不是跟他翻脸的时候！”曹操说道。曹操是一个具有称霸天下雄心的人，他非常清楚，在称霸的路上除过他自己和家人以外，所有的人都是他的敌人。而袁绍只有半个脑子想称霸，所以谁敌谁友还看不太清。陈寿在《三国志·魏书六·袁绍传》记述道：“会太祖迎天子都许，收河南地，关中皆附。绍悔，欲令太祖徙天子都鄄城以自密近，太祖拒之。”

曹操于是派使臣到邺城（今河北临漳西南）宣诏。

正在邺城焦急等待回信的袁绍及一班幕僚，得知朝廷使臣已到，连忙出彰德府纷纷跪地接旨，使臣清清嗓子高声宣旨道：

皇帝诏阅：本帝六月东归洛阳，八月移驾许都，将军地广人多，却不见前来护驾。现许都城高池坚，粮草丰足，不宜迁都。感将军往日之恩，现拜将军为太尉，封邺侯。钦此。

跪在地上的袁绍越听越不是滋味，脸色由白变红，又由红变青，霍地站起身，怒气十足地哼了一声，诏也不接，转身拂袖而去。众幕僚一个个都惊呆了，不知所措，使者十分尴尬，也不知所措。

曹操就这么毫不客气地拒绝了袁绍的提案。当然曹操并不是什么都不给，皇帝现在就捏在他手上，刻个什么大印，下个什么诏书，送个什么头衔，不过是上下嘴皮子碰一下的事。在这个问题上曹操还是很大方的。

使臣回许都复命，说袁绍拒不接诏。曹操听完后，禁不住地冷笑了起来，笑声由低到高，由冷到热，在大殿内飞扬。

“文若啊！你说此事该怎么办啊？！”曹操问道。

“现在还不是跟他翻脸的时候。”尚书令荀彧说道。

“那又怎么样？总不能移驾鄄城，把献帝交到他手上吧？”曹操说道。

殿内刹那间又鸦雀无声。

“最好还是能安抚一下他。”程昱说道。

“是啊，这样吧，我把我头上的这顶大将军帽给他，不知道他能不能看上。也只能这样了。”

曹操于是将大将军衔让给袁绍，自领司空，行车骑将军。陈寿在《三国志·魏书六·袁绍传》中记述道：“天子以绍为太尉，转为大将军，封邺侯，绍让侯不授。”那曹操的这一小儿把戏能把袁绍给糊弄住吗？

邺城，彰德府内，“曹操是个什么狗屁东西？一个十足的赘阉遗丑！几次都差点死，要不是老子去救他，早去见阎王了！今天他得势了，把献帝迎到了他的地盘上，尾巴立即就翘上了天，就开始挟天子来令我！也不撒泡尿照照自己是啥德行！”袁绍近乎有些歇斯底里地吼叫着。《献帝春秋》记述道：“绍耻班在太祖下，怒曰：‘曹操当死数矣，我辄救存之，今乃背恩，挟天子以令我乎！’”

“看来曹操把献帝已经当成了他的私有财产，要一人独占，一人独享，其他人都不让上手，从而达到挟天子以令诸侯称霸天下的目的。这样的人又怎么会跟其他人共奉一个皇帝以安天下呢？共奉皇帝，携手安天下已经不可能了！”监军沮授说道。

“那我们该怎么办？”幕僚们一个个都急了。

“不仅如此，冀州的处境现在非常危险。冀州现在整个处在两强的包围之中。曹操和公孙瓒的实力都两倍于我。曹操显然有称霸之心，要是我们不愿臣服的话，迟早要来吃掉我们。公孙瓒虽然现在比以前老实多了，可那只是面和心不和。我们现在同时要面对两个强敌，又怎能不危险？”监军沮授继续说道。

“既然如此，就要赶紧打许县的主意，咱们也可以去迎天子。”别驾从事田丰说道。范晔在《后汉书·卷七十四上·袁绍传》中对此事有明确记述。

“对！不如去抢！皇帝是大家的，又不是曹阿瞒一个人的，凭啥他一人独占？他要是不交出来咱们就去抢！”武将淳于琼叫道。

“曹操这个赘阉遗丑，把我们利用完了，立刻就翻脸不认人了！一个忘恩负义的小人！不如我们去抢！”颜良、文丑等武将也纷纷吼道。

“没那么简单。曹操的兵马也不是一群光会吃草的羊群，其实力现在已经两三倍于我，这也是他如此嚣张的原因。还有，就是去抢我们也腾不出手脚来，冀州北有幽州，南有青州，整个处在公孙瓒的包围之中。”长史逢纪说道。

“左也不是，右也不是，那怎么办？总不能坐着等死吧？”参军郭图说道。

“办法倒还是有，但眼下只能先忍气吞声。对待曹操，我们应联合一切可以联合的力量来共同抗曹，然后伺机出击。实力如此，也只能这样。”监军沮授说道。

“沮监军所言极是，我们现在也只能如此。”长史逢纪、别驾从事田丰附和道。

袁绍虽然怒火万丈，可眼前也只能忍着，以等待时机。这也就是袁绍在曹操再次派使臣到邺城授大将军衔时没被轰出去的根本原因。袁绍当然知道这是有名无实的空头衔。而易中天在谈到这个问题就见外了："袁绍这个人，虽然出身高贵，其实是小心眼。这也是他最后失败的原因之一。反倒是曹操大度，知道此时不可和袁绍翻脸，便上表辞去大将军一职，让给袁绍。袁绍这下以为得了面子和甜头，才不闹了。"

"河南、关中之地已经归顺，心高气傲的袁绍现在也不敢吱声了，下一步我们又该出兵何方呢？"曹仁问道。

"当然是徐州刘备了，这个也不知道从哪儿冒出来的家伙，竟然不费吹灰之力就得到了我用千军万马也没有得到的地方，现在该是收拾他的时候了。"曹操慢悠悠喝了一口茶说道。

"现在大动干戈似乎还不是时候。"尚书令荀彧说道。

"怎么还不是时候？"曹操不解。

尚书令荀彧用毛笔指图道："因为在我们的南面有宛城张绣。其最靠近我们，实力最弱，又没有什么依靠，应先把宛城拿下，然后再打徐州刘备的主意才是。对于徐州刘备最好是先采取安抚之策，然后利用他与淮南袁术的矛盾。"

"是啊，还是文若想得周到啊。"曹操说道。

下回请看：刘备听命曹操惹大祸　吕布貂婵厕所大逃亡

第四十回

刘备听命曹操惹大祸　吕布貂婵厕所大逃亡

公元196年十一月，曹操听尚书令荀彧之计，命使臣持节来到下邳（今江苏睢宁西北）。州署内，刘备面对使臣有些不知所措，这时听使臣说道："这是圣上给将军封官拜爵的诏命。"刘备于是跪地迎诏，心想：这是老子给皇帝下跪，又不是给你曹操下跪。况且是封官加爵不要白不要。简雍、糜竺、陈登、关羽、张飞等也纷纷相继跪下。使臣宣诏道：

皇帝诏曰：刘备代陶谦镇守徐州，抗拒袁术有功，封刘备为镇东将军、宜城亭侯。

还没等他起来接旨，只见来使顿顿口，继续宣诏道：

淮南袁术无道，不思报效朝廷，还屡犯徐州，命刘备率徐州之众，讨伐袁术。一保徐州，二为国家除害。钦此。

刘备接诏回府，刚一进门，张飞便率先开炮道："这是曹操在挟天子令诸侯，封个狗屁空头衔，就想把人当枪使，真他娘的想得还挺美！"

"你懂什么？这虽是计，可我们正好可以将计就计！袁术侵我地盘，与我为敌，他曹操就是不下这个诏，我们也要设法把他赶出徐州。再者，圣命难违，现在还不是跟曹操公开翻脸的时候，不然徐州会两面受敌。"刘备坐下喝了一口茶说道。

"刘州牧所虑极是。"典农校尉陈登、别驾从事糜竺附和道。

于是刘备命张飞镇守下邳城，与关羽率军南下淮阴（今江苏淮阴），试图将袁术赶跑。陈寿在《三国志·蜀书二·先主传》中记述道："曹公表先主为镇东将军，封宜城亭侯，是岁建安元年也。"

刘备留张飞守下邳城，与关羽率军马南下与袁术战于盱眙、淮阴。一日，下邳相曹豹邀中郎将许耽在家中饮酒。酒席间，“你没见刘备前不久接旨的样子，伏在地上简直就像是曹操的一条犬。”下邳相曹豹说道。

“许多人都在议论此事。刘州牧也真是，曹操恶贯满盈杀了十多万徐州百姓，怎么能向他俯首称臣呢？”中郎将许耽喝了一口酒应道。

“嗨，没想到陶谦仅把徐州让给了这么一个人，面似仁厚，大耳垂垂，实际上和曹操是一个德行，整个是人面兽心。我们怎么能与这样的人为伍呢？你再看看他手下张飞，整天酒气熏天，喝三吼四，鞭挞士卒，全然不把我这个下邳相放在眼里，再过两天我也要挨他的马鞭了。怎么走了陶州牧迎来了这么一个瘟神？！”曹豹愤愤不平道。

“我倒有个主意。”中郎将许耽夹了一口菜说道。

“许将军有什么主意快说出来一听！”曹豹问道。

许耽放下手中的筷子低声说道：“我看不如趁刘备与袁术交战，下邳城空虚之际，迎吕布入主徐州。”

“没错。”两人一拍即合，一边秘密遣人到小沛（今江苏沛县）迎吕布，一边准备在城中举事。吕布接到密信后，连忙找来长史陈宫商议。

“杀丁原，又杀董卓，已经让我失信于天下。才投刘备，现在又要背信弃义，这让天下人怎么看我吕布？况且，刘备对咱不薄！”吕布用火钎挑了一下炭火说道。

“这么做的确不地道，将会被天下人所不齿。可当今天下，诸侯混战，狗咬狗，哪个不是不择手段？讲信义的又有几个？况且，凭将军之勇略，寄人篱下也非长久之计，这可是一个千载难逢的机会，稍纵即逝。”陈宫踱步道。

吕布放下火钎，起身倒了一樽酒，沉默不语，急得陈宫和来使坐在一旁，不停地打量吕布。

“到底取还是不取，将军总得有一句回话啊？！”陈宫催促道。

吕布端起酒樽一饮而尽，把酒樽往桌上啪地一蹾：“那就对不起刘贤弟了！”

吕布和陈宫点本部军马水陆并进向下邳城开来，而刘备此时还在淮阴一线忙着与袁术交战。

这边曹豹、许耽已在城中举事，正率部在下邳城中与张飞激战。张飞打退曹豹、许耽的围攻，曹豹在混战中被杀。吕布军马此时已经到达下邳城西四十里处，许耽使者在路上迎道："两军正在下邳城中混战，下邳相曹豹被杀，中郎将许耽正率数千丹杨兵在西白门城内坚守。将军可直接向城西门去，到时许将军便会打开城门，迎将军入城！"

吕布挥军连夜急进，天刚蒙蒙亮便来到城下。白门楼上许耽丹杨兵见吕布率大军来救，无不欢呼雀跃："吕将军率大军来救我们了！"许耽遂命："放下吊桥！大开城门！迎吕将军入城！"

吕布挥军入城，在内外夹击下，张飞军大溃，只得率军突围出城，往淮阴投奔刘备。下邳城连同刘备及部将家眷全部落到了吕布的手上。一夜之间，徐州易主。上述曹豹、许耽迎吕布之事，《英雄记》中有明确记载，本著只是如实再现而已。《三国演义》所谓的曹豹嫁女于吕布，张飞醉酒杖责曹豹迎吕布袭取下邳城之说纯属杜撰。

刘备从公元194年底接手到公元196年底失守，前后整整两年。此时的刘备不仅下邳城被袭，就像是一只被吕布捏在手中的鸡蛋，处境十分危险。

天降大雪，刘备连忙与关羽、张飞回军夺取下邳城，"下邳城是我们的大本营，一定要夺回来！"可还没到下邳，许多将士闻家属陷入城中，便纷纷率部投奔吕布去了。眼望在漫天雪地中已经散得差不多的军马，刘备一脸凄凉："这城显然已经是攻不成了。"

"那该怎么办？"关羽凄怆道。

"我们不如杀入城中与吕布这个忘恩负义的小人拼个死活！"张飞哭道。

"那样只会是自己找死！"刘备答道。

"家眷都已陷入城中，怎能见死不救？"张飞号啕大哭。

"这都是你干的好事！才让大哥，才让所有人落到了这步田地！"关羽吼道。

"事已至此，再说这些又有何用？我有恩于吕布，我想吕布绝对不会像曹操那样干出伤天害理的事情来。眼下我们只能率余部去到广陵（郡治广陵县，今江苏扬州）安身，然后再做进一步打算。别无他法。"刘备凄怆道。

刘备又率残部冒着漫天大雪来到射阳城（今江苏宝应东北）下，"刘将军实在对不起！我们已经投靠了吕将军！不能放你入城！”士卒饥寒交迫，又无立足之地，许多军士只得吃雪、掘草根为食，此时的刘备狼狈至极，眼望掘草食雪的军士不禁潸然泪下，“我刘备何其之悲啊，没想到今天竟落得了一个身无立锥之地的下场，你们都各自逃生去吧。”

“大哥，大哥……你别这样，我们就是死也不分离。”关羽、张飞双双跪在雪地中，紧握刘备的手哭道。随行的残部也都纷纷跪在雪地中，哭声一片。

刘备擦擦眼泪，又替关羽、张飞擦干眼泪，“我们现在已经无路可走，只有派人向吕布请降这一条路可走了。”刘备此时能冷静地放下架子，灵活机变地屈身向吕布请降，这正是刘备的过人之处。

下邳城，吕布将军府中，炭火正在熊熊燃烧，陈宫建议：“不如一不做！二不休！”

吕布喝了一口茶说道：“要是这样也有些太不仗义了。在我们危难之时，是刘备收留了我们。再者，刘备是一个信义之人，既然他来请降，又何必要将他拒之门外呢？这样正好可以联合起来对付曹操和袁术。”

吕布将刘备迎入城中，请入府中。“请老弟不要多心，张飞在城中与守将曹豹争斗，还杀了曹豹，搞得城中大乱，我只得入城平乱，否则不知道会闹成什么样子。现在贤弟回来了，那就还是由你来主持徐州军政！”吕布客气道。

“小弟不才，本来就难当此任，既然吕将军已经接管那是再好不过了。要是将军不弃，我愿屯小沛，以拒曹贼。”刘备谦让道。

“哪里，哪里，这是哪里的话。我又怎么能反客为主呢？这样会让天下人骂我吕布不义。还是由贤弟来主持徐州军政为好！”吕布说道。

刘备一再谦让，最后吕布勉为其难地接受了：“既然贤弟一定要像陶使君那样让徐州于我，那我也就只好领了！”

吕布归还刘备及身边人员的家眷，让刘备屯居小沛。刘备的冷静和机变——能根据具体情况及时调整策略，很快就得到了回报。要是此时刘备怨天尤人，怨张飞守城不利，怨吕布不仁不义，不能及时采取有效对策，那刘备此时也就死定了。《英雄记》记述道：“布取下邳，张飞败走。备闻之，引兵还，比至下邳，兵溃。收散卒东取广陵，又败。备军在广陵，饥饿困极，吏士大小自相啖食，穷饿侵逼，欲还小沛，遂使吏请降布。布令备还州，并势击术。具刺史车马童仆，发遣备妻子部曲家属。"陈寿在《三国志·蜀书二·先主传》的记述，及王沈在《魏书》中的记述与《英雄记》类同。《三国演义》中所谓的吕布遣使说刘备回屯小沛之说于史无据。

吕布刚从兖州逃出来就在徐州安了家，现在不仅在徐州安了家，又摇身一变把徐州变成了自己的家，这让一家人自然是高兴得不得了。吕布把貂婵叫到一旁，俯耳低声嘱咐道 "今天晚上，你可得好好犒劳犒劳我呀？"貂婵的脸一下红到了耳根。深夜，在府内精致的阁楼里，炭火在火盆中卷起层层火苗，两人如烟似火，正在如痴如醉激情燃烧之时，突然听到府外喊声大作，吕布惊起，赤身冲到窗口，只见府外火光冲天，不知哪来的反兵，正在从外往里攻，府门被撞得轰隆直响。

"叛军要杀进来了！叛军要杀进来了！"严夫人和女儿惊慌失措也跑了过来。

府内的守军在竭力顽抗，刀声、箭声、喊声，府内的阁楼也开始燃起大火。

"叛军就要杀进来了！该怎么办啊？"有老婆、孩子，冲显然是冲不出去，怎么办？总不能等死吧？此时吕布灵机一动，怀抱女儿，拉着妻妾披上衣服赤着脚就急匆匆往厕所跑。

"到厕所干什么？"貂婵不解地问道。

"到了就知道了。"

厕所中，几人面面相觑。吕布指示她们："赶紧从厕所沟里爬出！"

"父亲，不！里面都是屎尿，我不钻！"女儿躲躲闪闪。

"快点，要不然就来不及了！"吕布催促道。

"不，父亲，就是死，我也不钻！"女儿叫道。

这时叛军已经冲开府门，"不能让吕布跑掉！抓住吕布者赏千金！"为首一将喊道。

吕布一个巴掌打上去："混账！命要紧，还是脸面要紧？！"

严夫人也顾不了许多了，拉着女儿就往厕所沟里钻，貂婵、吕布也随之从厕所沟里爬出。一个个身上都粘满了污物，吕布及其家人也随之脱险。按照古代观念，士可杀，不可辱，又怎么能钻厕所沟呢？这比韩信的胯下之辱还要辱。吕布为活命竟什么都不顾了。此事要是换在死要面子的袁绍身上，恐怕就是打死也不会从厕所沟里往外爬。可要是按现代行为理念，这正说明吕布是一个不一般的人，有很强的机变能力。他的思维体系已经突破了旧有的思维方式。

吕布携家眷逃往都督高顺营中，高顺惊问道："你没看见是谁造反？"

"只是听到为首者是河内口音。"吕布说道。

"我知道了，反者是郝萌！"高顺随后便平定了郝萌的叛乱。原来郝萌受袁术唆使，想趁吕布立足未稳之时，把徐州搞到手。袁术这一手也够狠。上述吕布貂婵厕所大逃亡之事，《英雄记》中也有详细记载，本著只是如实再现而已。

一计不成，袁术又思得一计。

下回请看：陈珪父子曹奸细　吕布变成马屁精

第四十一回

陈珪父子曹奸细　吕布变成马屁精

公元197年正月，春暖花开，万物复苏，袁术遣使到下邳（今江苏睢宁西北）结好吕布，送米二十万斛（一斛为十斗，约40斤），袁术随后又命大将纪灵领兵三万北上小沛（今江苏沛县），进攻刘备。吕布以辕门射戟巧解刘备之危。

公元197年二月，曹操以曹仁、夏侯惇为先锋，率大军南侵宛城张绣。张绣乃张济之侄，公元154年出生，拜建忠将军。处在刘表与曹操南北夹击中的张绣，只得高高地挂起白旗。可没想到曹操勾搭上了张济寡妻（张绣婶婶），把军帐当成了洞房，夜夜翻云覆雨、凤倒鸾颠，结果惹怒了张绣，不仅赔上了长子曹昂、侄儿曹安民、侍卫长典韦，自己也差点变成刀下鬼。宛城（今河南南阳）得而复失。

公元197年四月，淮南袁术不顾主簿阎象的劝阻，在大将张勋、乔蕤、纪灵等文武的簇拥下，置公卿，设后宫，建宗庙，建国号为仲氏，在寿春登基，自立为帝，从而迎来他一生最风光的时刻，文武百官匍匐在地，齐呼万岁。范晔在《后汉书·卷九·孝献帝纪第九》中记述道："建安二年（公元197年）春，袁术自称天子。"

袁术随后吩咐两路出使：一路往江东，一路往徐州，告知自己已经在淮南称帝，以后咱们就是君臣关系了。

孙策在借鸡下蛋立江东后实际上就已经脱离袁术集团，就只剩下一张皮了。现在袁术让他俯首称臣，他当然不愿意了。孙策借此与袁术断交，名正言顺地走向独立。陈寿在《三国志 · 吴书一 · 孙策传》中记述道："时袁术僭号，策以书责而绝之。曹公表策为讨逆将军，封为吴侯。"

另一路，韩胤到下邳吕布府上，呈上袁术的亲笔信。吕布抖开书信，只见上面写道：

此次派使臣韩胤来，一是迎小女成亲。二是来告知将军，我已在淮南称帝。袁公路。

"怎么？你主袁术已在淮南称帝了？"徐州刺史吕布惊问。

"是的，我主顺天应民，已在淮南称帝！"韩胤应道。

"这……哎呀！怎么不早说！这该如何是好？"吕布起身踱步道。

长史陈宫连忙拿起书信一看，也慌了神，一时不知如何是好。"我主在寿春已经一切准备就绪，就等小女一到，便与太子完婚。"使臣韩胤说道。

吕布也不应答，只是来回踱步，陈宫一看此景连忙说道："这样吧，你先到馆驿歇息，等吕将军定下时日后马上通知你。"

"那就只好如此了。"韩胤只得起身告辞。

走到哪儿侵略到哪儿，具有称霸天下雄心的曹操，此时已经成了三国群雄中的大哥大，相对较弱小的冀州袁绍、荆州刘表、淮南袁术、江东孙策，徐州吕布，唯有联盟抗霸才能避免被曹操这只巨鳄给一个个吃掉，才能求得生存和发展。这是各路诸侯唯一光明的生路，别无他法。老谋深算的贾诩显然是看到了这条生命线，公元197 年夏他刚从段煨营来到张绣营中，便促成了张绣与刘表及袁绍的联盟，才使得宛城张绣在夹缝中赢得了生存之机。和曹操一样也具有称霸天下野心的袁术虽蠢，可还没蠢到连这条生命线都看不到，所以他看图取徐州不成便马上换上笑脸，主动结好吕布，又送粮又要与吕布结成儿女亲家。那吕布是不是也能看到这条生命线呢？

"这个我当然知道，所以才答应与其结为儿女亲家，以进一步巩固两家的联盟关系，以共同抗曹。可现在他又称帝，这不是找着曹操率大军来讨伐吗？要是我与其结成儿女亲家，不也就成了曹操的敌人，成了众矢之的？"吕布说道。

"怎么，你想退亲？"长史陈宫问道。

“是的，我想退亲！曹操挟天子令诸侯，其力三倍于我，仅凭徐州之地又怎么是他的对手？！省得招惹曹操来讨伐我们！”徐州刺史吕布说道。

“人无信不立，你这样出尔反尔，只会失信于天下人！你别忘了，我们与曹操是势不两立的死敌，你要是断了与袁公路的关系，以后曹操来攻怎么办？！”陈宫针锋相对道。

“这！哎呀，这该如何是好？左也不是右也不是。”吕布苦恼道。

“我们只能向左，与曹操为敌，不能向右，向右就是找死！”陈宫说道。

吕布虽然也在一定程度上认识到联盟抗霸的至关重要性，可由于其对曹操还抱有幻想，所以思想常常左右摇摆。这是因为吕布还没有清楚地认识到曹操是借壳上市，他最终成就的则是他曹家的霸业，是要把他们一个个都吃掉，降服。由于吕布还没有清楚地看到这一点，所以对曹操还抱有幻想。不要说一千八百年前的吕布没有认识到这一点，就是生活在现代的易中天也没有看到，他还以为曹操迎献帝是为了匡扶汉室。

而陈宫就不一样了，他虽然也不一定能清楚地认识到曹操是借壳上市，可他已经清楚地看清了曹操的嘴脸，一旦落到曹操手上必死无疑，而且对曹操这样的人厌恶至极。所以陈宫对曹操不会抱有任何幻想。因此，陈宫是坚定的反曹者，是左派人物，而吕布则还有些犹豫，常常左右摇摆。这是两人的不同之处。因此，在与袁术结亲的问题上，陈宫是坚定的支持者，而吕布则还有些犹豫，听到袁术已在淮南称帝就更犹豫了。

“现在是四海纷争，哪个不想自立为王？难道你不想自立为王吗？曹操挟天子令诸侯还不是借汉家王朝的大招牌自立为王。人皆如此，有什么好大惊小怪的？！”长史陈宫说道。

吕布这才勉强答应送女成亲。在馆驿焦急等待消息的韩胤这才长长地松了一口气。严夫人、貂婵与爱女依依洒泪而别，爱女就这么踏上了成亲之路。

此时在吕布处做主簿的陈珪本来就心仪曹操，加上痛恨袁术夺其地，厌恶吕布反复无常，此时已成为曹操的卧底。陈珪看在眼里，急在心上。陈珪用毛笔指图道："这是吕布的徐州，要是吕布与袁术结成儿女亲家，两家就会结成牢固的联盟，这样吕布与袁术就会对许都曹公形成两面夹击之势。再加上冀州袁绍与荆州刘表这一对联盟，许都曹公就会处在四面夹击之中，中原战局将会对曹公极为不利。"陈珪说着用毛笔在图上画了四个指向许都的大箭头。

"听说袁术已经在淮南自立为帝，正可以此为借口离间这二人。"校尉陈登压低声音说道。

"是啊。"

陈珪便急步来到吕布府内。"我看将军将要大祸临头了！"陈珪尖嘴白须一进门便说道。

"陈公何出此言？！"吕布惊问道。

"曹公奉天子，辅国政，安天下万民，征四海之乱，将军应协同曹操共辅国政，以安天下才是。今袁术妄自尊大，自立为帝，冒天下之大不韪，逆天叛道，必将遭到天下人共讨，将军要是与其结亲，也必将受到连累。这就是我说将军即将大祸临头的原因。"

吕布本来就很犹豫，再听陈珪这么一说，立刻就后悔了："我险被陈宫所误！这该如何是好？来人哪！"

张辽应声："在！"

"陈珪是内奸！他嘴上是为将军着想，而实际上是在为曹操办事！将军可要当心！"在这关乎生死的重大原则问题上，长史陈宫寸步不让。

"陈宫是袁术同党！前几个月郝萌叛乱就是其所为！难道将军忘了？"陈珪针锋相对。

"你血口喷人！"

"你卖主求荣！"

两人厮打在了一起，陈宫一脚踹在陈珪的老二上，陈珪跪倒在地上，抄起茶杯向陈宫砸去。

吕布大手往桌上一拍："别打了！你们越吵，我就越乱！我求你们了！别再吵了！"吕布一屁股坐在椅子上。

“将军，小女已经在路上，要是再迟就来不及了！”站在阶下的鲁相张辽请命道。张辽深受吕布器重，现被拜为鲁相，时年28岁。

“是啊，这该如何是好？这该如何是好……赶快率百骑把小女给我追回！越快越好，不得有误！”吕布下令道。

“是！”张辽领命而去。

“将军不可啊！”张辽已飞马而去。陈宫绝望地拂袖而去，“陈珪！你这个老不死该千刀万剐的东西！把我们的脑袋都卖给曹操了！”

吕布命张辽追回爱女后，又听信陈珪之言，为讨好曹操将使臣韩胤绑送许都（今河南许昌），枭首示众。袁术处心积虑递到吕布手上的救命绳索就这么被陈珪咔嚓一声给剪断了。

上述袁术与吕布联姻，陈珪为曹操奸细之事，陈寿在《三国志·魏书七·吕布传》中详细记述道：“术欲结布为援，乃为子索女，布许之。术遣使韩胤以僭号议告布，并求迎妇。沛相陈珪恐术、布成婚，则徐、扬合从，将为国难，于是往说布……布亦怨术初不己受也，女已在徐，追还绝婚，械送韩胤，枭首许市。”陈珪所谓之“国难”实际上是曹操之难，可见其父子此时已是曹操奸细。其实早在四年前袁术说其时，其已心仪曹操。《三国演义》所谓陈珪此举是为了救刘备整个是瞎扯，于史无据。

陈登父子为什么要暗通曹操出卖吕布呢？难道他们还没有看清曹操的本来面目？说白了，陈登父子与董昭一路货色，还是脑子里的君臣之道在作怪，他们不仅不觉得曹操是恶霸，相反还认为他是大英雄。在王朝社会这样的人遍地都是。

袁术称帝是他一生中所干的一连串蠢事中最大的一件。关于此事，易中天的看法是：“枪打出头鸟”，“出头的椽子先烂”，这一说法显然是只知其一。该出头不出头会被憋死，不该出头硬出头会成为众矢之的。袁术的问题是不该出头的时候硬出头，结果给自己惹了大麻烦。本来称王称霸就容易引起公愤，有谁愿意跪在别人的面前，把自家的房地产都供手让人？在他的力量和威望不达时，硬撑着要做皇帝，只会引起公愤，成为众矢之的，从而使其陷入了四面楚歌之中。孙策借鸡下蛋立江东，曹操诱献帝入许都，本身已经使其处境十分危险，这又使他雪上加霜。他只是看到了自立为帝的利，却没有看到硬出头的弊。整个是因小失大。

形势在进一步地朝着有利于曹操的方向发展，曹操遣使持节往徐州，圣旨道：

念吕布有杀董卓之盖世奇功，拜吕布为平东将军，封平陶侯。钦此。

吕布扑地跪拜："谢圣上隆恩！"陈宫则是不屑一顾地立于一旁，恨不能用眼角将吕布刺死。

吕布将来使迎入府中，"这是曹公给将军的亲笔信。"吕布接过信，只见上面写道：

现国家无好金，我拿自家的好金为将军刻印，现国家没有像样的紫绶，我取自家的紫绶为你做绶带，以慰将军之心。袁术自称天子，将军与其决裂，此乃将军明智之举。朝廷信任将军，愿我们以后能肝胆相照。司空曹孟德亲笔。

此信十有八九又是出自于董昭之手。几个漂亮的空头衔，加上几句哄小孩子的屁话，这就是吕布斩断自己的生命线从曹操那里所得到的全部回报。不过对吕布却是如获至宝，"曹公体贴入微，实在是客气了，真不知道让我吕某该如何感激才好！"

"曹公现在是辅国重臣，其实力三倍于将军，与曹公为敌只会是自取灭亡。不要小看曹公这薄薄几句话，这说明曹公与将军的矛盾就像坚冰一样已经化解了，将军从此以后就可以怀抱娇妻，高枕无忧了。"陈珪看完信后，捻须道。

"这是我盼望已久的事情，多亏陈公指点迷津。还有劳贵子陈登到许都答谢。"吕布喜出望外道。

坐在一旁的长史陈宫哼了一声，像刀子一样剜了一眼陈珪父子，拂袖而去，"别高兴得太早了！我看大祸已不远矣……"

吕布遣陈登入许都答谢天子道：

臣本当迎大驾，知曹操忠孝，迎天子入许都。臣前与曹公交兵，今有曹公保卫陛下，臣为外将，要是以兵相随，恐有嫌疑。只能待罪徐州，以辅天子。

看来，吕布还是很会拍马屁的。不仅如此，他又专门给曹操手书一封，信中写道：

我本获罪之人，本该斩首，曹公亲自写信慰劳，实在让我感激。如有用我之处，我必将效命。吕奉先敬上。

上述曹操用花言巧语诓吕布，及吕布又傻乎乎地去拍马屁的书信来往过程，在《英雄》中有详细记载，本著只是如实再现而已。可吕布又哪里知道，此时曹操与陈登正一边饮酒一边想着怎么消灭他。

"吕布乃虎狼之人，难以久养。到时候还需要你们父子做内应。"曹操喝了一口酒说道。

"那是自然。"陈登应道。

"来，元龙你过来。"曹操招呼陈登来到挂图前，用毛笔指图道："我已命朝廷拜你为广陵太守（郡治广陵县，今江苏扬州），将你父陈珪俸禄猛增为二千石，到时候我率大军由西向东直捣小沛，元龙率广陵军由南向北……你明白我的意思吗？"司空曹操说着用毛笔画了两个箭头。

"我明白。请曹公放心，我父子自当竭尽全力！问题是广陵隶属吕布，曹公命我为广陵太守吕布会答应吗？"陈登说道。

"这是天子之命！况且吕布现在讨好于我。你就放心去上任吧。"曹操说道。

临别曹操手握陈登之手说道："徐州之事，还请元龙多费心！"

陈寿在《三国志·魏书七·吕布传》中记述道："即增珪秩中二千石，拜登广陵太守。临别，太祖执登手曰：'东方之事，便以相付。'令登阴合部众以为内应。"

那吕布会按照曹操的指示办事吗？此时的吕布为拍曹操的马屁，又傻乎乎地在这一重大问题上让了步。吕布又哪里知道，他为曹操拍马屁越起劲，他死得就越快。

淮南寿春那边，袁术勃然大怒："送你20万斛（一斛为十斗，约40斤）粮米，你辕门射戟戏耍于我，本身说好的两家结亲，现在说翻脸就翻脸，不仅断婚，还斩朕使臣，实在是欺人太甚！"公元197年六月，袁术亲统十万大军，以大将张勋、乔蕤、杨奉、韩暹为四路先锋，水陆并进，浩浩荡荡直捣下邳，结果被吕布大败而归。袁术的劫难这才开始。

下回请看：袁绍联合塞北战公孙　吕布为何不杀陈登弟

第四十二回

袁绍联合塞北战公孙　吕布为何不杀陈登弟

公元198年开春，曹操决定再次亲征宛城张绣。此时张绣与刘表、袁绍已结为联盟。曹军兵势凶猛，连战连胜，张绣军节节败退，先拔宛城（今河南南阳），四月，围张绣于穰城之中（即穰县，今河南邓州市）。就在这时袁绍听别驾从事田丰之言出兵袭许都（今河南许昌）。曹操只得撤军，穰城之围随解。袁绍也随即撤军。《献帝春秋》记述道："袁绍叛卒诣公（曹操）云：'田丰使绍早袭许，若挟天子以令诸侯，四海可指麾而定。'公乃解绣围。"

邺城，彰德府中。"前番麴义居功自傲叛投公孙瓒，被拜为元帅，差点酿成大祸，幸亏被我军诛灭。今番我军刚一动，公孙瓒的兵马就来偷袭，这就像两个人打架一样，要是自己的脖子和腿总是被另一个人抱着，这个架还能打吗？照这样下去大将军处境将会十分危险！"别驾从事田丰说道。

"此话怎讲？"袁绍问道。

别驾从事田丰起身用毛笔指图道："曹操现在据有司、兖及大部豫州之地，而将军只占有冀州之地，其实力两三倍于大将军。"田丰一边说着一边用朱笔把曹操和袁绍的地盘勾勒了出来。"冀州本来就处在公孙瓒幽、青二州的南北夹击之中，等曹操平定中原，在南面又会受到曹操的夹击，冀州将处在曹操与公孙瓒的三面夹击之中！"田丰说着用朱笔在图上画了三个指向冀州的箭头。

"要是这样冀州将危矣！这该如何是好？"众文武纷纷议论道。

"为今之计我们只有先解决公孙瓒，统河北之众。只有这样才能腾出手来对付曹操，才能与曹操有一搏！”田丰说着用朱笔将幽州、青州勾勒到袁绍的地盘上。

“田别驾所言极是，为今之计大将军只有先解决公孙瓒，统河北之众，才能与曹操有一搏，否则冀州处境将会十分危险！而且消灭公孙瓒平定河北的时机已经到来。”监军沮授说道。

“沮监军有何高见快说来一听！”袁绍急问道。

监军沮授起身指图道：“公孙瓒杀了幽州牧刘虞后，原刘虞手下的部将鲜于辅等纷纷叛离，与燕国阎柔联合，乌丸王蹋顿又是公孙瓒的老冤家，大将军可以与他们联合对公孙瓒实行南北夹击！鲜于辅、阎柔出兵燕国、上谷，蹋顿出兵辽西、右北平，将军则分兵两路，一路直指青州，另一路则直捣公孙瓒老巢易京（今河北雄县西北，此时公孙瓒已将州署由蓟县移至易京），此时的公孙瓒就是有吃天爷的本事，恐怕也难逃被灭亡的厄运！”

“是啊，这可是消灭公孙瓒平定河北的最佳时机。”众文武纷纷议论道。

“好！”袁绍拍案而起。袁绍就这么被逼走上了称霸之路，否则他就会被曹操和公孙瓒给吃掉。

此时退回许都的司空曹操也正在府中与众幕僚商议对策。

“此时的中原格局整个就是一盘僵局，宛城张绣是诸侯中最弱的一方，可由于与荆州刘表、冀州袁绍结成了联盟，致使这个缺口至今都打不开，不知诸位有什么办法打破中原僵局？”曹操一脸愁云道。

“现在看来，也只有设法从徐州吕布处寻找突破口了，吕布破，袁术则唇亡齿寒，然后再回过头来收拾袁绍。”军师荀攸说道。荀攸，字公达，荀彧之侄，公元156年生人，说是侄子但实际年龄大荀彧六岁。在荀彧的引荐下被拜为尚书、军师，从此后这叔侄二人便成了曹操身边的重臣，荀彧主内，曹操征伐多留其看守大本营；荀攸主外，曹操在外征伐多把荀攸带在身边，为其出谋划策。

“看来也只能如此了。”曹操喝了一口茶说道。

“将军现在虽有陈珪父子为内应，可还有一人不容忽视。”军师荀攸喝了一口茶说道。

“他是何人，公达快说来一听！”曹操问道。

军师荀攸起身手指地图道："这个人就是驻军小沛（今江苏沛县）与兖州相邻的刘备！吕布反客为主，夺了他的徐州，刘备必怀恨在心，曹公正好可以设法离间之。有陈珪父子和刘备双双做内应，再加上曹公实力三倍于吕布，又何愁徐州不破？"

"那又该用何法收买刘备呢？"曹操说道。

"这事好办。许以豫州牧不就是了？"军师荀攸说道。

"是啊！可问题是，我们一旦进攻徐州，要是宛城张绣、荆州刘表、冀州袁绍趁机袭我之后该怎么办？"曹操喝了一口茶问道。

"曹操所言极是，所以我们眼前应一面加紧与刘备暗中来往，一面等待时机。"军师荀攸说道。

自此曹操与刘备便开始暗中来往，不断有军马和粮草从兖州运往小沛，以为内应做准备。陈寿在《三国志·蜀书二·先主传》中明确记述道："曹公厚遇之，以为豫州牧。将至沛收散卒，给其军粮，益与兵使东击布。"

公元198年八月，下邳吕布将军府内，几个被活捉的士卒跪在地上。

"说，你们是干什么的？说实话就饶你们不死！"中郎将高顺令道。

"我，我们是夏侯惇将军手下的军士，是给刘备送粮的。"士卒战战兢兢说道。

"你说什么？你们是独眼龙夏侯惇手下军士？"徐州刺史吕布一脸疑云。

"是！"

"你们给刘备送粮干什么？"吕布问道。

"是，是给刘备补充军马和粮草……以，以为里应外合作准备。"士卒答道。

"他娘的，我让他驻军小沛，给他一条生路，他却和曹操暗中勾结要置我于死地！"吕布恨得牙齿咬得咯噔噔直响。

"最近一段时间经常有军马和粮草运往小沛，我们抓了几个舌头，才发现此阴谋！"高顺说道。

吕布一脸严肃不停地来回踱步，也不吭声。

"不仅如此，陈珪父子也有问题。陈登现在是广陵太守，拥有一郡之兵马，要是也与曹操合谋，徐州处境将十分危险。"长史陈宫手指地图道。

“公台你说现在该怎么办？！”吕布急道。

“刘备之患迫在眉睫，为今之计只能先解决刘备，然后再回马收拾陈登，这样才能万保无忧！”长史陈宫指图道。

“现在也只能如此了，但愿陈登父子没有害我之心！都督高顺、鲁相张辽！”

“在！”

“你二人各率三千铁骑昼伏夜出潜出彭城（今江苏徐州），要以迅雷不及掩耳之势袭取小沛。到达小沛后然后兵分两路：张辽负责攻城，高顺截击援军，我率大军随后赶到。”吕布指图命令道。

“是！”

此时高顺、张辽各率三千铁骑，迎着阵阵秋风向小沛袭来。

“不好了！吕布大将高顺、张辽率大军向小沛袭来，离城不到二十里！”探马飞报。

刘备大惊：“看来暗通曹操的事情吕布已经知道了，这该如何是好？！”关羽、张飞、简雍、孙乾也一个个慌作一团。

“现在只有一面向曹操告急，一面紧闭城门坚守，以待曹军。孙乾你赶紧出城向曹操告急。关羽、张飞随我守城。”刘备说道。

从事孙乾刚出城不久，高顺、张辽的万千铁骑便兵临城下，小沛守军乱作一团，人心惶惶。

城外旌旗招展，张辽命军士在城下不断地高声喊话：

“军士们！父老乡亲们！刘备暗通曹操，要屠杀徐州百姓，被吕将军发觉，现在命我等征讨！吕将军的五万大军随后就要赶到！开城者赏金饼十个，杀刘备者赏金饼五十！”

气得城楼上的张飞破口大骂：“放你娘的屁！我大哥爱民如子，怎么会屠杀徐州百姓？！快给我放箭射！射死这些狗日的！”

随着张飞的吼叫声，城上只是稀拉拉地射了一些箭。张飞见此景更是大怒，抡起鞭子到处乱抽，“让你们放箭？你们为什么不放？！”打得守城军士嗷嗷号叫。

城下张辽的军士则是哈哈大笑，纷纷起哄道：“张将军好力气！打死一个少一个！”关羽一脸焦虑，刘备则是不停地摇头：嗨！真是哑巴吃黄连，现在让我说什么好啊……

这时曹操已派夏侯惇率五千铁骑火速赶往小沛救援，可还没到小沛便遭到高顺军的伏击，在两面夹击下被打得落花流水。

小沛守军本来就军心不稳，又闻援军被打得一败涂地，趁夜开城迎敌。张辽率军一哄而入，刘备携关羽、张飞百十骑趁夜突围出城，小沛及其刘备家眷悉数落入吕布之手。《英雄记》记述道："布由是遣中郎将高顺、鲁相张辽等攻备。九月，遂破沛城，备单骑走，获其妻息。"陈寿在《三国志·魏书七·吕布传》中记述道："建安三年，布复叛为术，遣高顺攻刘备于沛，破之。太祖遣夏侯惇救备，为顺所败。"

河南尹夏侯惇狼狈逃回许都，自缚请罪："臣有辱军威，罪不容赦，请大哥治罪！"

曹操连忙走到近前，为夏侯惇松绑，宽解道："胜败乃兵家常事，贤弟就不要过于自责了！快快请起，快快请起！"

"谢大哥！"夏侯惇立于一旁。

"你们快说说徐州之事该如何处置？"曹操喝了一口茶说道。

"眼下袁绍与公孙瓒正在河北大战，难舍难分，曹公正好可以趁机率大军亲征徐州吕布！"尚书令荀彧说道。

"要是宛城张绣、荆州刘表乘机来袭我之后怎么办？"曹操问道。

"张绣自身难保，命一员上将镇守足以。刘表乃自守之贼，只知自扫门前雪，也不足为虑。现在正是曹公消灭吕布，平定徐州，打破中原僵局的最佳时机！"军师荀攸也出列道。

"文若、公达之言正合我意！消灭吕布平定徐州的时机已经到来！"曹操兴奋道。

十月，曹操亲率二十万大军东征，与刘备会合后，冒着初冬的小雪浩浩荡荡向小沛扑来。《英雄记》记述道："十月，曹公自征布，备于梁国界中与曹公相遇，遂随公俱东征。"

吕布亲率五万大军至小沛，准备迎击曹军。正在这时飞马来报："广陵太守陈登率广陵军向下邳城杀来！"《三国演义》所谓陈登骗萧关献徐州城之说纯属杜撰。再者，《三国演义》把萧关的位置也搞错了，萧关在今宁夏固原东南。

“陈珪父子果然是曹操的奸细！我军首尾难顾，这该如何是好？！”徐州刺史吕布大惊，中郎将高顺、鲁相张辽也慌作一团。

“早知今日，何必当初！讨好曹操，没想到却给自己惹来了杀身之祸！”陈宫抱怨道。

“现在抱怨又有什么用？赶紧想办法才是！”吕布羞愧道。

陈宫面如铁板，指图道：“为今之计，只有一面坚守彭城以拒曹贼！一面回军下邳，应对陈登之叛军，两面迎敌！”

吕布无奈只得弃小沛，率高顺、张辽火速向下邳回撤。曹军进驻小沛后，曹操又率夏侯惇、曹仁、于禁、乐进、徐晃，浩浩荡荡杀奔彭城而来，围城多日后攻下彭城。曹军进城后所干的第一件事又是屠城，屠城，又是数万百姓被杀。陈寿在《三国志·魏书一·武帝纪》记述道：“冬十月，屠彭城，获其相侯谐。”

此时的吕布西北面要应对曹操的大举进攻，东南面又要应对陈登步步紧逼，全线溃退，骁将成廉被生擒，只能龟缩在下邳城中。陈登兵临下邳城，吕布急得围着火盆团团转。

“陈登的三弟现在就落在我们的手上，将军何不给陈登写封信。”陈宫说道。

吕布愁眉一展：“是啊，此计完全可以一试。”吕布给广陵太守陈登写信道：

你最好退兵，否则我就杀你的三弟！决不食言！吕布。

陈登看后，将信掷于火盆之上，随着信在火盆中化为灰烬，陈登不仅不退兵，反而攻城更加凶猛。

吕布恶道：“奸贼陈登与其贼父陈珪共谋于我，今又竟敢如此蔑视我，将其弟推出去斩了，悬首城楼！”

“是！”刀斧手领命将陈登三弟架出，陈登三弟大叫：“我有何罪？凭什么杀我？”

“回来！”吕布叫道。

刀斧手又把陈登三弟架回，扔在地上。

“把他给我放了！”吕布吼道。

刀斧手一愣：“怎么？把他给放了？”

“是的！不仅要放了他，还要送他出城。”吕布说着，走到近前亲自为陈登三弟松绑。陈登三弟摸摸手腕，一脸惊异。

“不能放他走！陈家父子没一个好东西，都是曹操的奸细！他们认贼为父，死心塌地地为曹操效忠，是不会领你的人情的！”长史陈宫吼道。

“可是杀了他又能如何？除了能出一口恶气以外又能如何？！”吕布吼道。随后吕布命人将陈登三弟送出城。此时的吕布能超越个人情感理智地做出如此决定，显然比以前成熟多了。

正如陈宫所料，陈登为极尽献媚曹操，不仅丝毫不领情，反而主动充当曹军的前部，攻打下邳城。此时的吕布也只能龟缩在下邳城中顽抗。此事在《先贤行状》中明确记述道：“太祖到下邳，登率郡兵为先驱。时登诸弟在下邳城中，布乃质执登三弟，欲求和同。登执意不挠，进围日急。布刺奸张弘，惧于后累，夜将登三弟出就登。”

曹操命人将劝降信射入城中。信中写道：

我二十万大军就在将军的城下，只需我一声令下就可破城而入，念将军杀董卓立有盖世奇功，所以不忍攻城。将军是明智之人，自然明白我来信之意，我保证将军名爵照旧，一家平安无事，绝不食言。望将军早做明断，勿失良机。曹操亲笔。

眼看大势已去的吕布看完信后说道：“公台你看是降，还是不降？”言语中已有降意。

陈宫接过信看都不看嚓嚓嚓把信撕成碎片，扔入火盆之中，吼叫道：“将军就是因为对曹贼抱有幻想，才会听信陈珪父子之言！被出卖！才会有此难！难道将军现在还执迷不悟吗？！”

“可这样下去又能坚持多久呢？！”吕布怒道。

“难道你投降曹操就会放过你吗？！”陈宫叫道。

“我看是曹操不会放过你！是你跟曹操结下了不解之仇！”吕布也瞪着眼睛吼道。

“没错，我跟曹操是结下了不解之仇！难道将军就没有跟曹操结下不解之仇吗？！将军难道忘了袭取兖州之事？！”陈宫针锋相对。

吕布哑口无言。

陈宫不依不饶，又一步步逼问道：“难道将军忘了曹操几句冒犯之语而杀大学士边让一家之事？！难道将军忘了其为父报仇屠杀十数万徐州百姓之事？！难道将军忘了张邈一家被杀之事？！”

“我没有忘！我没有忘！我又怎么能忘？！可这都是过去的事了！”吕布像困兽一样地吼叫道。

“那眼前又是谁屠的彭城？难道是我陈宫吗？不是！是曹操！是曹操这个大魔头！他不管把自己装扮成什么样子，都遮盖不住他那张邪恶的嘴脸！”陈宫愤怒道。

吕布无言以对，空气突然死一样的凝重。陈寿在《三国志·魏书七·吕布传》记述道：“太祖自征布，至其城下，遗布书，以陈祸福。布欲降，陈宫等自以负罪深，沮其汁。”

半晌，陈宫又开口道：“其实，现在也不是没有生机，将军虽然被陈珪父子出卖，曹操虽然大兵压境，可只要我们一面坚守，一面派人到袁术处请求援军，还是有希望的。”

“是啊，只要我们一面坚守城池，一边到淮南袁术处请求援军还是有希望的。”高顺、张辽应声道。

吕布也看到了一线希望：“是啊，只要淮南袁术肯出兵援助，我方要是再主动出击，下邳之围自然可解。可问题是，两年前，我绝婚杀使……”

“袁术肯定会怨恨将军，可唇亡则齿寒，他要是不出兵来救，那下一个死的就是他。因此他只能出兵。”陈宫说道。

“公台之言有理。”于是吕布命人连夜出城到淮南袁术处求救。而曹操此时还在城下等着吕布开城投降，没想到等到的却是陈宫在城上的一阵乱箭。

司空曹操大怒：“陈宫！我誓必杀你！”

陈宫巡视城防，一遍又一遍激励着守城将士：“死守！死守！一定要死守！城池一旦被攻破就会全城被屠，不光是你们被杀，你们的家人，父母、妻子、儿女，也都会被杀！”

下回请看：吕布偏爱部将妻　张辽下邳核裂变

第四十三回

吕布偏爱部将妻　张辽下邳核裂变

曹操命曹仁、夏侯惇、于禁、乐进、徐晃大举攻城，曹军排山倒海般扑向下邳城，城上矢如雨下。曹军冒着箭雨逼近城墙，冲车撞城门，云梯攀城墙，铺天盖地。守城将士回答他们的则是弓箭、滚石、原木、刀枪、热油和熊熊大火。

吕布、陈宫、高顺、张辽、宋宪、侯成、魏续指挥守城将士拼命抵抗。云梯被掀翻，冲车被砸得稀巴烂，曹军的攻城被一次又一次粉碎，曹军被打得脑浆迸裂，血肉横飞。寒风呼啸，在城下横七竖八堆满了尸体。

这时派往淮南袁术处请求救援的人回来复命道："袁术嘴上虽已答应出兵营救，可显然不太情愿！"

吕布为表诚意让女儿身穿盔甲，又用棉布将女儿缚于赤兔马上，可通往淮南的路早已被千军万马封死，只得拨马回城。吕布哪里知道，此时袁术已出兵救援，只是道路早已被曹操屯重兵截断，根本就过不去。像曹操一样也具有称霸天下野心的袁术，虽然爱要小儿脾气做了许多蠢事，可还没有蠢到连联盟抗霸这条生命线都看不到。陈寿在《三国志 · 魏书七 · 吕布传》记述道："布遣人求救于术，自将千余骑出战，败走。术亦不能救。""不能救"不等于不去救，而是道路已经被堵死没办法救。吕布无奈只得终日守城以待援军。看来曹操破城已经指日可待，可就在此时却出现了转机。

公元199年开春，曹操十几万大军日耗军粮巨大，军士吃不饱，怨声载道，曹操忧虑道："从去年冬天到今年开春，我军已围城近三月，损失惨重，士气低落，粮草供应不济，又有后顾之忧，我看不如撤军。"

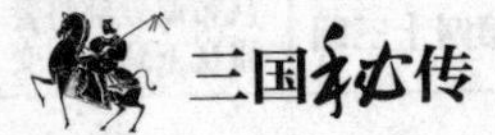

军师荀攸劝道："吕布已是穷途末路，此正是天亡吕布之时，曹公又何故要撤军呢？"

司空祭酒郭嘉（相当于谋士）附和道："一日纵敌，万世为患！"

"这些道理我懂，比你们清楚！可诱降、云梯、冲车、掘道，什么攻城的办法都用了，都以失败而告终。"曹操有些不耐烦地说道。

"可以决河灌城！"郭嘉献计道。郭嘉，字奉孝，颍川阳翟人（今河南禹州），公元169年生人，原在袁绍手下做谋士，因不被重用，后在荀彧的举荐下来到曹操帐下，被曹操拜为司空祭酒。

曹操眼睛大亮，于是下令决河灌城。下邳城一夜之间又被泡在了大水之中。陈寿在《三国志·魏书十·荀攸传》记述道："是岁，太祖自宛征吕布，至下邳，布败退固守，攻之不拔，连战，士卒疲，太祖欲还。攸与郭嘉说曰……乃引沂、泗灌城。"此事陈寿在《三国志·魏书十四·郭嘉传》也有记载。可见曹操做事一贯没有耐性，整个是急猴子脾气。

吕布变成了瓮中之鳖。城楼上主簿陈宫还在一遍又一遍宣传他的死守理论："一定要死守！死守！再死守！只有死守才有生机！投降就是送死！难道你们没有看到曹操像魔鬼一样的屠城吗？！"

"将军，援军什么时候才能到来？"

"快了，援军就要到了！"

可援军又在哪里呢？袁术的兵马被挡着过不来，张绣自身都难保，刘表则是袖手旁观，河内太守张杨欲进攻许都解吕布之围，却被手下杨丑所杀，投靠曹操，杨丑又被眭固所杀，转投袁绍。那袁绍呢？袁绍难道也是只会说大话的袖手旁观者？

此时的公孙瓒和吕布一样，在幽州鲜于辅、燕国阎柔、乌桓王蹋顿北方联盟和袁绍的南北夹击下，首尾难顾，节节败退，最后也只能像吕布那样龟缩于易京（幽州治，今河北雄县西北）城中，进行最后的顽抗。袁绍与曹操这两大军团，就这么都在极力地要消灭各自的对手，以打开局面。而且在这场竞赛中，他们谁都无法分身去拆对方的台，而且都已经到了最后的关头。上述袁绍南北夹击围公孙瓒于易京城之事，陈寿在《三国志·魏书八·公孙瓒传》中有明确记载，本著只是如实再现而已。

公元199年二月，下邳城张辽宅中。张辽、宋宪、魏续、侯成几人背着吕布在一起偷偷喝酒。

“来，喝，喝，喝酒……趁现在脑袋还长在自己的脖子上，多喝点。”鲁相张辽压低声音劝酒道。

“张鲁相所言有理。来，趁脑袋还长在自己的脖子上，喝！”几人一碰碗，一饮而尽。

“是啊，我这颗脑袋也不知道还能在脖子上长多长时间。”部将侯成拍拍自己的脑袋说道。

“长不了多长时间了，到现在连个援军的影子都没有，城墙就要被泡塌了，那时候不只是我们被杀，我们的家人也会成为刀下鬼。”鲁相张辽说道。

“是啊，城墙已经快泡塌了，离破城之日已经不远了。我死了，无所谓，头砍掉不过碗大的一块疤，可怜我的两个儿子，大宝7岁，小宝5岁……”部将魏续说道。

“别说这些伤心事了，谁家没有父母，谁家没有老婆孩子……来，喝，今天一醉方休……”部将侯成说道。

“难道就没有办法了？就只有喝酒等死？”部将宋宪醉醺醺地说道。

“山不转水转，水不转人转，大活人哪还有被尿憋死的。办法肯定有……”张辽说道。

“有什么办法？”

“开城投降。”张辽压低声音说道。

“说的容易，那吕将军和陈宫为什么不降？”侯成说道。

“那是因为他们与曹操结下了不解之仇，他们就是降，曹操也不会放过他们。所以他们死硬到底，决不投降！可我们就不一样了。我们又没有和曹操结下什么不解之怨，干吗要跟着他二人一起去送死，而且还要搭上自己一家老小的性命。”鲁相张辽说道。

“可是，咱们哥儿几个，鞍前马后跟随吕将军十几年，吕将军对咱哥儿几个一直不错，又怎么能忍心背叛呢？这也有些太不仗义了。”宋宪说道。

魏续接口道：“不是咱不仗义，是他吕布不仗义。今天哥儿几个把话都说到这份上，我也就不怕见丑了。我那口子你们都知道，有几分姿色，可是，可是……嗨！这话又怎么能让我说出口啊！”

"怎么说不出口！难道是跟你媳妇偷鸡摸狗？！"

魏续痛苦地点点头："我遇见好几次。"

"那你就忍了？"

"我不忍又能咋的？"魏续流泪道。

"那贱人呢？"

"她知道我不敢把她怎样，现在越来越明目张胆了……"

"兄弟妻不可欺，这还是人吗？！"张辽激愤道。上述吕布与部将妻私通之事，《英雄记》中有明确记载。

"嘘，小点儿声，小心让人听见。前几天我给他送酒送肉，没想到却遭到他的斥责，责我有意违抗禁酒令，聚众饮酒，要谋反造事。差点被扣上谋反的罪名。"侯成说道。

"他根本不把咱兄弟当回事，咱们又怎么能给这样的人卖命？"

于是几人在张辽的串通下，决定开城降曹。

这时候人的思想是很容易发生变化的，哪怕是过去关系再铁的，现在也会发生变化，这完全是人强烈的求生欲望所使然。这个时候，过去与吕布的一些恩恩怨怨，甚至只是一些小摩擦就会在心灵的天平中起到关键性的作用。什么吕布勾引自己的老婆了，曾经因某事受到过吕布的处罚了……其实这都不过是在为自己行为的合理性进行自我辩解。一场静悄悄的革命就这么开始了。

随之下邳城便发生了一场大规模的叛乱，深夜陈宫的宅院突然被围，侯成率军突入，把陈宫及家人绑了个结结实实。张辽、宋宪、魏续率军攻打高顺大营，吕布在高顺的保护下，且战且退，退守白门楼。

"要想活命就跪地降曹操！要想活命就跪地降曹操！"下邳城中一片混乱，到处都是降曹的声浪。

鲁相张辽就这么在下邳城门上高高地挂起了小白旗，三面城门大开。曹军退水后拥入下邳城，张辽率宋宪、魏续、侯成及全城军民黑压压跪倒在曹操的铁蹄下。堡垒就这么从内部彻底攻破了。

站在白门楼上的吕布眼看大势已去，再抵抗下去已经没有任何意义，便和高顺一步一步走下白门楼，然后跪地请降。

上述张辽策动诸将缚陈宫开城出降之事，陈寿在《三国志·魏书十七·张辽传》中明确记述道："太祖破吕布于下邳，辽将其众降，拜中郎将，赐关内侯。"在《三国志·魏书七·吕布传》中记述道："太祖堑围三月，上下离心，其将侯成、宋宪、魏续缚陈宫，将其众降。布与其麾下登白门楼。兵围急，乃下降。遂生缚布。"《三国演义》所谓宋宪、魏续、侯成几人盗马、盗戟，在白门楼绑吕布之说，及关羽跪地为张辽求情之说，纯属编造。

刘备的两位妻子，甘、糜二夫人失而复得。要是换在曹操手上早就魂归西天了，由此可见吕布在待人的问题上的确比以前成熟多了。陈寿在《三国志·蜀书二·先主传》中记述道："先主复得妻子。"

此时曹操撅着小山羊胡像大法官一样高坐在白门楼上，刘备威坐在一旁。首先被押上来的自然是身材高大、相貌堂堂的吕布，场上的气氛一下子紧张了起来。

吕布一见曹操便主动搭话道："捆得太紧了，能不能松一点儿？"

曹操板着脸："缚虎不能不紧！"随后又说道，"将军一向与我为敌，今日怎么会落此下场啊？"

"我一向厚待部将，没想到临急诸将会背叛于我。"吕布应道。

"是吗？你背着妻妾，偏爱诸将妻子，又何以为厚啊？"曹操嘲弄道。

吕布默然不语，随后吕布又套近乎道："曹公怎么这么瘦啊？"

曹操生硬地答道："我之所以瘦，是恨不能早早就消灭你！"

吕布又不失时机地自我推销道："曹公所虑不过吕布，我今天已经服你了，若曹公不弃，我愿意为曹公做前驱，征讨四方，天下还何愁不平？"

吕布的自我推销果然收到了效果，曹操开始有些犹豫。正在吕布看到一线希望之时，主簿王必吼道："你伙同陈宫、张邈夺取兖州的时候怎么不服软？你在我军兵临城下的时候怎么不服软？那时候还不是挺硬气吗？现在围城围了三个月，城破了，无处藏身了才服软，已经来不及了！"

吕布急了，连忙向坐在一旁的刘备下话："玄德，你今为座上客，我为阶下囚，难道就不能替我说一句好话以相宽吗？"

曹操眼望刘备，刘备说道："曹公不见丁原和董卓之事？"

王必的一席话勾起了曹操的旧恨，刘备的一句话又让曹操感到此人不可用，曹操于是摇摇手，吕布被推出，吕布大声吼道："刘备大耳贼，才是最无信者！”

对于吕布之死，许多人都认为吕布是个软骨头，不像个男子汉，没有骨气。其实，这正是吕布的明智之处。要是能活命，服个软又有什么不可以？骨头为什么一定要硬呢？该硬则硬，该软就得软，这才是明智之举。吕布与曹操的最后对话在陈寿《三国志·魏书七·吕布传》、《英雄记》、《献帝春秋》中都有明确记述。

接下来陈宫被押解了上来。曹操高高在上，强装着微笑用戏谑的口气问道：“公台，别来无恙啊？”

陈宫瞪了一眼曹操，紧闭双眼，一脸不屈。

“公台一向以为智谋超群自居，今天又怎么会落到这个地步啊？”曹操嘲弄道。

陈宫高昂着头回答道：“只恨吕布听信奸细陈珪父子之言！”

曹操狞笑道：“那今日之事又该如何处置呢？”

“事已至此，要杀就杀，要砍就砍，悉听尊便！”陈宫不屈道。

“你死了，那你老母和妻儿怎么办呀？”曹操继续用戏谑的口气挑逗道。

“我闻施仁政者，不绝人之后，老母和妻儿是死是活，在你不在我！”陈宫说完后便昂首赴死。高顺也随后遭斩首。上述陈宫与曹操的最后对白，《鱼氏典略》中有详细记载，本著只是如实再现而已。

按易中天的说法，此时的曹操就像是一个活菩萨，本来不想杀陈宫，可陈宫不领情，“说完，头也不回，昂首就刑。曹操流着眼泪，为他送行。陈宫死后，曹操赡养了他的老母，还帮着把他女儿嫁了，对他们家比当初是朋友时还要好”。说老实话，就是菩萨在世，也会为曹操的大慈大悲所感动。

当年是陈宫和张邈合谋从背后给曹操捅刀子，为此事曹操残忍地杀了张邈一家，一个具有如此性格的人，难道唯独对陈宫情有独钟？再者，从公元193年到公元199年，陈宫一直都是曹操的死对头，曹操一个连别人的几句恶言恶语都受不了的人能有这样的宽容之心吗？由此可见，易中天的这个气球实在是吹得有点太大了。

说老实话，陈宫被缚后，他服软的结果除了遭到羞辱以外，只会死得更难看。陈宫的做法也是明智的。

陈登在此时平定徐州的战役中作为内应，立有大功，被曹操加拜为伏波将军，继续领广陵郡太守。

张辽因有重大立功表现，曹操拜其为中郎将，赐爵关内侯。张辽就这么摇身一变成了曹操手下的战将。此时30岁。

现在也该是给吕布下一个定论的时候了。吕布这个人无疑是一个英雄。我这么说的理由是：首先吕布的思维体系已经从古代君臣之道的思维逻辑中走了出来，能坚持个人利益，这在当时是极为罕见的，当然他也因此被他的同时代人斥为重利忘义的小人。吕布睿智机变，极善用兵，一次次打得孙坚、夏侯惇、曹操屁滚尿流。由于他睿智机变又一次次化险为夷，刺杀董卓，逃出长安，金蝉脱壳，厕所逃生。

当然这个英雄，就像维纳斯神像一样是有严重缺陷的。他没有看清曹操的嘴脸，还对曹操抱有可笑的幻想。他一次又一次地因小失大，见利忘义杀丁原，与貂婵私通，让陈登做广陵太守等，都是因小失大。这是吕布一生中所犯的最大的错误，他也因此而自取灭亡。

此时的袁绍十数万大军已经将公孙瓒像铁筒一样围在易京城中，公孙瓒的处境就像吕布一样十分危险。

下回请看：袁绍易京城地道战　公孙瓒血泪望天吼

第四十四回

袁绍易京城地道战　公孙瓒血泪望天吼

春光明媚，公孙瓒与长史关靖、长子公孙续立于易京城楼之上。眼望远处密密麻麻袁军营寨和云集操练的袁军军士，“多年以前，我以为天下事我指麾可定，现在看来非我之所能！为今之计不如休兵罢战，把精力主要用在农耕牧业上，这样既可富民又可安国。”公孙瓒意味深长地说道。也同样具有称霸天下穷奢极欲的公孙瓒到此时思想才开始有所转变。公孙瓒此言陈寿在《三国志 · 魏书八 · 公孙瓒传》中有明确记述。

“问题是袁本初已经死心塌地要置我们于死地，不久就要攻城了！”长子公孙续忧虑道。

“他袁本初就是来攻城又能怎么样？易京城有外城又有内城，外城高六七丈，内城高十余丈，坚如磐石。城内积谷数百万，兵精粮足，难道还害怕他攻城不成？”公孙瓒挥舞着马鞭吼道。

“将军所言极是。易京城高池坚，兵精粮足，可总不能在这死守啊，还应请求援军才是。”长史关靖说道。

“是啊。”公孙瓒于是一面遣长子公孙续趁夜潜出城到黑山张燕处求救，一边加强备战，以防袁军攻城。张燕，常山真定人（今河北正定），黑山黄巾军领袖，常年盘踞在并州（今山西）中北部山区，手上有兵马七八万，东汉末年被朝廷封为平难中郎将，是公孙瓒的铁杆盟友。

下邳城，吕布的尸体吊在白门楼上随风飘荡。庆功宴上，歌舞升平，曹仁、夏侯惇、于禁、乐进、徐晃等一个个喝得晕三倒四，刘备、关羽、张飞坐于一旁。曹操摇晃着有几分醉意的身体，走到台前说道："吕布就吊在白门楼上，徐州已平，可还有两件事情要办，刻不容缓！噢，我今天高兴，杜康酒喝得有点多了，还是让公达给大家讲讲下一步该怎么办。"曹操说完坐在一旁，侍者连忙送上茶水。

军师荀攸身穿青色锦袍，头戴进贤冠，清了一下嗓子走到台前指图道："吕布灭亡，徐州平定，我方的实力不仅又增加了一大块，中原的僵局也随之被彻底打破。曹公的意思是，下一步我军两大战略目标：一是消灭淮南袁术。吕布已亡，淮南袁术独木难支，四面楚歌，我们正好可以趁势消灭之！"

"是的。这件事就交由夏侯将军去办。将军夏侯惇！"曹操喝了一口茶压了压酒气说道。

"在！"夏侯惇连忙放下手中的鸡大腿起身应命。

"由你统率裨将军徐晃、中郎将张辽、琅邪相臧霸对淮南袁术进行围剿！力求在全面进击袁绍之前先消灭袁术。"曹操下令道。

"是！"

"公达接着往下讲。"曹操又摆摆手说道。

军师荀攸指图道："我军的第二大战略目标是消灭冀州袁绍。袁本初虽与我们过去是盟友，可如今已变成了势不两立的敌人。此时袁绍正围公孙瓒于易京城中，要想进击冀州袁绍，必须首先拿下河内眭固，河内在这儿，然后才能北上黎阳（今河南浚县），袭击邺城（今河北临漳西南），解公孙瓒之围。"

曹操又插话道："这个台我们一定要拆！要是我们能拆这个台，袁本初和袁公路一样也会处在四面楚歌之中。因此，除过夏侯惇等人留下来外，其余的人全部随我回许都，明天就回许都！这件事也刻不容缓！"

"是！"众文武皆起身领命道。

易京（今河北雄县西北），袁绍大营中，监军沮授头顶法冠剑指地图道："曹操已经抢在我们前面平定了徐州，不久就会撤军回许都，到时候肯定要来袭我军之后，我们应该赶紧把龟缩在易京城中的公孙瓒给解决掉，否则就来不及了！"

"是啊，曹操已经抢在了我们的前面，我们应该赶紧把公孙瓒给解决掉，否则就来不及了！"田丰及众文武纷纷议论道。

袁绍一拍案几，发令道："马上攻城！"

随着袁绍一声命下，战鼓声声，前排军士手持盾牌，像铁甲车一样层层向易京城逼近，大将淳于琼、张郃、郭图、颜良、文丑等分别统率所部军马躲在大盾牌后面。城墙上一波接一波射下的箭雨几乎都挡在外面。随着袁绍军越逼越近，大盾牌突然打开，万箭齐发，守城军士，纷纷中箭倒下。随后攻城军士在成千上万弓箭手的掩护下，推着数十辆冲车，肩扛云梯如洪水决堤般狂涌而出。公孙瓒的守城军士整个被压制在了城垛下。一些胆大的刚探出头，不是被射中了命门，就是被射中了眼睛。眼看上百云梯已经架在城墙上，冲车正在拼命撞击城门。成千上万攻城军士手提大刀攀上云梯，正在一步步向城楼逼近，破城已近在咫尺。这边公孙瓒拿出酒壶，将青铜扁壶中之酒一饮而尽，抛到城外。命令道："都给我屏住气！听我的口令！在我数到'3'时，然后一起出击！记住了没有？！"

"将军，我们记住了！"

公孙瓒随即虎哮一般地长吼道："1——2——"，当他看到许多攻城袁军已经纷纷攀到城墙之上，正要呼啦冲上来时，他发出了出击的口令"3——杀呀！杀呀！"守城的军士就像百米起跑一样，一奋而起，霎时间，杀声振天，喊声动地，刚攀上城的袁军就像割韭菜一样，纷纷被砍到城下。中刀的，中枪的，脑袋被砍成两半的，胳膊被砍掉的，上面的摔下又砸在下面的。云梯全部被掀翻，上千攻城军士纷纷从高空坠地，"妈呀！"正在轰隆隆冲撞城门的冲车和军士，被如同山崩一般落下的巨石砸成了肉饼……这一切都发生在一瞬间。

待袁绍数千弓箭手回过神来向城上守军射击时，公孙瓒的军士又都缩了回去。袁绍第一次攻城遭到惨败，数千军士不是被砍死，摔死，就是被砸死。袁绍的士气因此遭到重挫，一连数日无计可施。

四月初，曹操的前头部队日夜兼程已赶回许都（今河南许昌），城外，曹操将地图铺于草地之上，鞭指道："将军曹仁、史涣！"

"在！"

"由你二人各率三千虎豹骑马不停蹄，先行北上，由官渡（在今河南中牟东北）过黄河，抢占犬城，以截断河内与冀州袁绍的通道！我率大军随后过黄河，围射犬（眭固将河内郡治所迁于此，约今河南修武），河内之地是由太行山麓和黄河交汇所成的一块三角平原，这样我们就可以关起门来打狗了。你们明白我的意思吗？"曹操问道。

"明白！"曹仁、史涣分率三千虎豹骑，踏着青青绿草轰隆隆向北火速飞奔而去。

河内射犬（约今河南修武），将军眭固闻吕布已亡，曹操率大军已日夜兼程赶回许都，急忙召集长史薛洪、太守缪尚商议对策。

"曹贼势大，仅凭河内一郡之力显然难以抵抗。为今之计只有一个办法。"长史薛洪说道。

"长史有何高见？快说来一听！"眭固急道。

长史薛洪指图道："为今之计，我们只有一面坚守城池，一面赶紧北上到袁绍处请求援军。这是唯一的救命之计，别无他法！"

"此时大将军正在易京与公孙瓒大战，能抽出兵马吗？"太守缪尚急道。

"曹贼也就是瞅着这个空子来的。多了抽不出来，一两万兵马应该没问题。"长史薛洪说道。

"现在看来，也只能如此了。这样吧，就有劳你二人坚守射犬，以待援军，我则率三千骑北上守犬城，以北迎大将军救兵！"眭固说道。

眭固于是连夜趁月光率三千骑出射犬，拂晓当赶到犬城时，与曹仁、史涣遭遇，在曹仁、史涣两路虎豹骑的夹击下，大溃，眭固在混战中被杀。此时曹操也已率大军陆续由官渡过河，围射犬。此时被曹操任命为河南尹的董昭单骑入射犬，长史薛洪、太守缪尚无奈只得开城跪降。曹操趾高气扬地拿起河内太守印授，交到魏种的手上，河内就这么旋即又落到了曹操的手上。上述曹操北上袭取河内的全过程，陈寿在《三国志·魏书一·武帝纪》中明确记述道："张杨将杨丑杀杨，眭固又杀丑，以其众属袁绍，屯射犬。夏四月，进军临河，使史涣、曹仁渡河击之。固使杨故长史薛洪、河内太守缪尚留守，自将兵北迎绍求救，与涣、仁相遇犬城。交战，大破之，斩固。公遂济河，围射犬。洪、尚率众降，封为列侯，还军，以魏种为河内太守，属河北事。"

此时黑山张燕已遣大将杜长率三万黄巾军随公孙续出娘子关（位于平定县城东北45公里，山西、河北两省交界处，是出入山西的咽喉），扎数座大营与西南山，与袁绍军遥相对峙。袁绍军此时已整个处于两面夹击之中，处境非常危险。

袁绍大营中的空气令人窒息，别驾从事田丰手指地图道："数万张燕军现在就驻扎在西南山之中，眭固战死，河内已落入曹操之手。曹操大军马上就会北上黎阳（今河南浚县），进军邺城，以解公孙瓒的易京之围。到那时我们不仅会失去消灭公孙瓒的天赐良机，还会一下子处在张燕、公孙瓒与曹操的三面夹击之中，处境将会非常危险。"

"是啊，要是局面还打不开，我们的处境将会非常危险！"淳于琼、张郃、郭图、颜良、文丑惊慌道。

一向稳如泰山的袁绍已经坐立不安。

正在此时，长史逢纪献计道："我们不如掘地道！既然我军没办法从高大的城墙上攀上去，就挖地道，就掘地而入，跟公孙瓒打地道战！"

"是啊，不如掘地道！"袁绍惊喜道，可转念一想又不对："这是春秋战国就用过的古法，难道身经百战的公孙瓒就想不到用在城内掘地沟的方式来破解吗？嗨！事到如此也只有去一试了……元图！这件事就由你去安排，但愿上天保佑我袁绍能消灭公孙瓒！"袁绍说道。

此时公孙瓒与长史关靖正高坐于内城楼上。公孙瓒嘴对扁壶大口地喝着高粱酒，说道："我想了好几天，袁绍军虽屡次攻城失败，可并未遭受重挫，城外照样还有六七万兵马。咱总不能坐在这儿等死吧？我看还不如我亲自率军突围出去，到西南山与黑山张燕军会合。然后前后夹击，保管送袁绍回老家。"

长史关靖摇摇头说道："守城将士现在都人心惶惶，之所以能坚守到现在一是因为都顾着一家老小，再者是因为有你这个主心骨。局势对将军越来越有利，将军要是再能坚守一些时日，袁绍军会自然退去，到那时将军又可卷土重来。若将军出城，因失去了你这个主心骨，军心马上就会垮掉，还请将军三思！"公孙瓒打消了突围出城的想法。

随着一壶高粱酒下肚，公孙瓒突然一拍脑袋想出了一个两全其美的办法，"对呀！我既然不便出城，可以派人送信啊。快拿笔墨丝绢来，我说你写！"

公孙瓒口述，长史关靖执笔，写道：

袁绍攻城，似若神鬼，鼓角鸣于地中，云梯舞于楼上。可又能把我怎么样？你应当与张燕同心协力，速派五千轻骑来救，隐于北山，起烽火为号，我当从城中杀出。两面夹击何愁不破袁绍，到时我们就可以重整旗鼓。要是我亡了，天下虽广，可又哪有你的立足之地？父子天性，不言而喻。父公孙瓒。

关靖按照公孙瓒口述把信写好后，又念了一遍，便派人将信送往其子公孙续处。

信使潜出城后没两天，北山便燃起烽火。高高地站在内城楼上的公孙瓒看到北山浓烟腾起，大喜："看来张燕的救兵就要到了！"他拿出扁壶一饮而尽，随手一摔，一边命关靖守城，一边命放下吊桥，大开城门。袁绍军毫无戒备，公孙瓒率五千铁骑从城内突出，"哈哈！该是让你袁绍也喝一壶的时候了！"公孙瓒的五千铁骑如滚滚洪流般冲向袁绍大营，马蹄声声，鞭声阵阵。可让他做梦都没有想到的是，迎接他的不是他的儿子公孙续，而是袁绍的万千伏兵。袁绍的万千弓箭手，在前排盾甲军的掩护下，万箭齐发，一波又一波地轮番放箭，公孙瓒的数千骑兵纷纷中箭栽倒。公孙瓒连忙调转马头，此时大将淳于琼、张郃、郭图一马当先率所部军马从三个方向冲击而来，跑得慢的纷纷被砍下马，幸亏关靖及时营救才让公孙瓒捡回一条命。原来是公孙瓒写给其子公孙续的书信被袁绍截获了。公孙瓒大败后，紧闭城门，坚守不出。

可公孙瓒又哪里想到，此时数条地道已经穿过高大坚固的城墙，挖到了易京城内。在夜深人静之时，袁绍的攻城军士不是从天而降，却是从地而出，从东南西北中数个地道口纷纷冒了出来，然后快速奔赴各个城楼。当守城的军士被惊醒时，他们要面对的不是从云梯上攀上来的军士，而是从后面袭来的袁军，纷纷倒在了袁军的刀下。当公孙瓒从梦中被惊醒时，城门已经四面大开，袁军蜂拥而入，守城军士纷纷逃窜，不是纷纷倒在箭下，就是倒在刀光之下，城中火光冲天，一片混乱。公孙瓒在数千军士的护卫下逃入内城，“不要慌！紧闭城门！紧闭城门！”

可此时不管说什么都已经来不及了。袁绍的地道此时也已挖入内城，成千上万的袁绍军又是从地而出，熊熊大火席卷了整个内城，此时的公孙瓒是上天无路，入地无门，无路可逃。公孙瓒拿出扁壶，将壶中之酒一饮而尽，随之哈哈大笑，那笑声刺天逼月，然后他提着长剑，血红着眼，摇晃着身子，一步步走向自己的妻子儿女，“既然不能一起同生！就一起共死吧！”随着一声声撕心裂肺的惨叫，公孙瓒杀妻灭子后，随后流着血泪，望天长吼：“苍天啊！这到底是怎么回事啊？！我怎么会走到这步田地！”随后吞剑自杀。这就是公孙瓒要称霸天下的最后下场。要是他能够早早放弃称霸天下的穷奢极欲，与袁绍联盟抗曹，结果将完全是另一个样。

长史关靖，眼望着被大火吞没的公孙瓒一家，泪流满面，望天长语道：“我要是不阻将军出城，未必会有此祸。我闻君子陷人于危，必同其难，我又怎能独生？”于是策马挺剑冲入袁军，结果被袁军射成了刺猬，扑倒在地。上述公孙瓒在易京城被袁绍灭亡的全过程，陈寿在《三国志 · 魏书八·公孙瓒传》中有详细记载，在《典略》、《英雄记》、《汉晋春秋》中也有记述，本著只是如实再现而已。

随后，袁绍又趁势对屯兵于西南山，随公孙续而来的黑山黄巾军全线出击，张燕退入并州北部山区。曹操偷袭邳城的计划也只好作罢。

袁绍消灭了公孙瓒，用王权的方式一统河北，据有幽、冀、青、并四州大部之地，军事实力成倍增长，现在终于可以放开手脚与曹操大干一场了。

袁绍命诸子各守一州：长子袁谭督青州，次子袁熙督幽州，外甥高干督并州。此时许都曹操也正在加紧与众幕僚商议下一步的对策。

下回请看：曹操先发制人击袁绍　贾诩扎大礼包送曹操

第四十五回

曹操先发制人击袁绍　贾诩扎大礼包送曹操

袁绍才把各州之事安排停当，正整顿兵马准备南下之时，许都曹操也正在府中和众幕僚商议下一步的对策。

尚书令荀彧用毛笔指图道：“现今袁绍已消灭公孙瓒，统一河北，不久就会率军南下进攻许都，营救淮南袁术，与曹公决战，应及早应对才是！”

军师荀攸也起身指图道：“用兵之妙，在于抢占先机，先手为强，后手遭殃。前番趁袁绍与公孙瓒在易京大战，腾不出手来，才得以平徐州、定河内。现在应趁袁绍才据河北立足未稳之时，一面兵分两路出击河北：一路指邺城，一路指青州；一面再进一步围剿淮南袁术，以绝后患。沛国（治相县，今安徽濉溪县西北。沛国地域约北接今河南、江苏，南临淮河）已经被占领，再加把劲就可以攻下寿春。”

“军师所言有理。当前应两面出击，继续对河北袁绍与淮南袁术施行先发制人打击才是！”郭嘉附和道。

“现在的问题是，袁绍统一了河北，据有幽、冀、青、并四州之地，今非昔比，凭我们的实力能是他的对手吗？”曹操忧虑道。

“论实力应从政治和军事两方面来看。论政治，我们是奉天子令不臣，他只是一方臣子，显然不可同日而语。论军事实力，袁绍虽然名义上统一河北，据有四州之地，其实未必。”荀彧喝了一口茶说道。

“此话怎讲？文若快说来一听。”曹操一脸疑云。

尚书令荀彧微微一笑说道：“先说幽州，幽州实际上现在是一分为二。

北面六郡由鲜于辅、燕国阎柔、乌丸、鲜卑占据，袁绍实际上只占有南面六郡。再说并州，黑山张燕虽然被击败，可并未被消灭，只不过是退回到了并州中、北部，半个并州还在他手上。青州，现在就有一部分在我们手上。由此可见，袁绍只是名义上据有四州之地，实际上只有冀州整个占有，其他三州只是各占一半。也就是说袁绍现在实际据有两个半州。而曹公目前已据有司、兖、豫、徐四州之地，以四州之力对两个半州之力，谁强谁弱一目了然。曹公的政治和军事实力都明显强于袁绍，再加上曹公治军有方，善于用兵，又有何忧？”

“哎呀，还是文若的这笔账算得好啊。”曹操脸上的疑云顿释，像瓜子一样的下巴随即又尖尖地扬了起来。

公元199年八月，秋雨绵绵，曹操快马加鞭从两个方向发动了对袁绍的第二轮先发制人打击：他一面亲率大军北过黄河进驻黎阳（今河南浚县），兵锋直指邺城（冀州治，今河北临漳西南）；一面又抽调琅邪相臧霸等率军侵入青州，掠得齐、北海、东安等地。同时命令夏侯惇加紧剿灭淮南袁术。陈寿在《三国志·魏书一·武帝纪》中记述道：“建安四年（公元199年）秋八月，公（曹操）进军黎阳，使臧霸等人入青州破齐、北海、东安，留于禁屯河上。”

需要说明一下的是：据查《中国水利史纲要》，黄河下游河道仅大的变迁就有26次，东汉末年，黄河下游基本上是双河道：一条河道的走向跟现在差不多，还有一条河道是出三门峡，过犬城（约今河南新乡）以北，从黎阳与白马中间穿过，经濮阳西南，范县西北，沿东北方向注入渤海。

面对曹操咄咄逼人的气势，从公元196年八月至公元199年八月，三年来一直忍气吞声的袁绍还会继续忍受吗？

邺城彰德府中，“才从我手中夺走河内，现在又挥军北上，一刀是要砍掉我的胳膊——青州，另一刀直逼我的心脏——邺城。我亲手救活的狼，现在吃我来了！你们说说该如何应对？！”大将军袁绍喝了一口茶强忍着怒火说道。

“我军连年征战，军士疲惫，百姓哀苦，存粮不足，这国之大忧患。为今之计宜遣使至许都向天子报捷，安民理政，发展农业，待养足气力再进屯黎阳，与曹决战，步步向南推进。”监军沮授说道。

“说起来容易，曹操已经率大军快打到家门口了，哪还有这个工夫？”

“这个赘阉遗丑简直是欺人太甚，刚夺河内，又犯青州，大兵压境，是可忍，孰不可忍，我们应该跟他拼！跟他决一死战！”

“是啊，我们应该跟曹操拼，跟他决一死战！”大将淳于琼、张郃、颜良、文丑纷纷吼道，群情激愤。

“不要喊！大家冷静！”袁绍说道。

这时总幕府审配（相当于总管）出列道：“兵法云，十围五攻，今将军统河北之众，兵强、马壮、粮足，曹操远道而来又有何惧？况且，曹操行为冒失，屡屡遭败，要不是大将军相救早就完蛋了。将军用兵神武，公孙瓒且不能敌，又何惧曹操？我看只需将军一声号令，破曹易如反掌！”

“总幕府所言是也！大将军应进军黎阳迎击曹操才是！”参军郭图迎合道。

别驾从事田丰也出列道：“监军所言是也！大将军虽统河北之地，实力猛增，实际上也只是据有两个半州，相比于曹操，其挟天子令天下，在军力上也明显强于我方！”

“难道我们就只有等着挨打吗？”将军淳于琼吼道。

“那倒不是。我军也应进驻黎阳，扎营以与曹军对峙。因敌强我弱，我方应坚壁固守，安民养兵，以守为攻，以逸待劳。然后，伺机派精兵出击，使其不能安宁，从而寻找破敌之机。”田丰说道。

“田别驾所言极是。若如此，曹贼虽强，必败于大将军之手。只是在大敌当前之时，千万不可轻举妄动！”监军沮授补充道。

袁绍频频点头道：“要是如此，那战机又从何而来呢？”

长史逢纪起身用毛笔指图道：“两军对垒，不仅要看交战双方，同时还要看第三方。我方实力虽弱于曹操，排在第二，排在第三位的则是荆州刘表等，曹操实力虽强，要是我们在与曹操对阵的过程中，再能争取到荆州刘表，对曹操进行南北夹击，那曹操就会像公孙瓒一样凶多吉少。荆州刘表是大将军多年的盟友，问题应该不大。”逄纪说着在图上画了两个夹击曹操的箭头。

袁绍兴奋异常：“元图言之有理，言之有理啊！要是再能争取到荆州刘表，破敌之机自然也就来了，到那时就来他个南北夹击！”袁绍凶狠地做了前后夹击的手势。

场子上气氛一下子热烈了起来。

“讨伐曹贼，我们要出师有名，要将其罪恶昭之于天下，从而名正言顺，同时还要号召各路诸侯共讨曹贼！我们要以正义之师，讨伐篡贼逆道之师！”沮授说道。

“言之有理。主簿陈琳！”袁绍叫道。

“在！”陈琳道。

“马上起草檄文。”

于是袁绍一挥手，公元199年九月，秋高气爽，袁绍以沮授为监军，以逄纪、田丰为参军，调集各路兵马二十万，骑兵万余匹，陆续进逼黎阳，自卫反击战的序幕就这么拉开了。

袁绍在黎阳与曹军对峙期间，一面派人前往荆州，一面又派人将檄文发往各州郡。上述面对曹操的先发制人打击袁绍出大军应战，进逼黎阳的讨论过程，范晔在《后汉书·卷七十四上·袁绍传》中有明确记载，在《献帝传》、《魏氏春秋》中也有明确记载，本著只是如实再现而已。

落叶纷飞，往荆州的使者一路南下，来到了宛城（今河南南阳），面见张绣。使者呈上袁绍书信。张绣看完后说道：“袁本初乃我军盟友，一直在北面关照着我们。去年春天曹操围我于穰城（即穰县，今河南邓州市），多亏袁本初偷袭许都。现袁本初有事我理应……”

还没等张绣把话说完，坐在一旁的贾诩冷声冷语地插话道：“多谢袁本初，兄弟都不能相容，又怎么能容天下人呢？”

来使一脸尴尬，张绣也一脸尴尬，不知所措。袁绍的使者刚一出门，张绣就抱怨道：“你说那话到底是什么意思？大将军乃我军盟友，德名远望，你这不是成心要断我的生路吗？”

贾诩给张绣倒了一杯茶，递到手上："我这么做不是给将军断生路，而是在给将军谋生路。"

"来使都被你撅走了，还谋个什么生路？"张绣说道。

贾诩喝了一口茶慢悠悠地说道："我军地处南阳，论实力不足一郡之力，只能暂时依附刘表在夹缝中生存，实际上就是替刘表看荆州的北大门。北有曹操、南有刘表。凭我们的实力跟任何一方相比，都是小菜瓜比大西瓜，从长远看是没办法独立生存的，更谈不上做大。目前只是通过与刘表结盟苟且偷生，可这毕竟不是长久之计。现在曹操已据四州之力，我们就像捏在他手上的一只鸡蛋，只要曹操腾出手来，随时都有咔嚓的危险。"贾诩说着顺手拿起一只鸡蛋，轻轻一捏，蛋碎黄流。

"不要以为这只是一只鸡蛋，这是将军及一家老小的性命。不要以为这流出来的是蛋黄，这是血……你懂吗？"贾诩有些激动地说道。

"那我们难道就没有生路了吗？"张绣问道。

"办法当然有。"贾诩喝了一口茶微微镇定了一下说道。

"请贾公赐教。"张绣起身给贾诩斟满茶，毕恭毕敬地问道。

"办法就一个字。"贾诩竖起食指说道。

"那是一个什么字呢？就是一个'降'字。这是唯一的出路，也是没办法的办法。否则不仅城池不保，连自己及一家老小的性命也要全搭上。"贾诩说道。

"好一个'降'字，如拨云见日！"张绣兴奋道，"可北有袁绍，南有刘表，哪个不能降，为什么偏要去降曹呢？"张绣又疑惑道。

"将军这个问题问得好。可将军想过没有，刘表虽是一个贤明之人，可只据有一州之地，实力远不及曹操，早晚必被曹操所灭。这样的人泥菩萨过河自身都难保，将军又怎么能去投靠他呢？"贾诩说道。

"那我们可以去投靠袁绍啊？"张绣喝了一口茶问道。

"袁绍名义上据有河北四州，实际上只据有两个半州之地，实力也远不及曹操。不仅如此，宛城与袁绍河北之地根本就不搭界，中间隔着曹操，一旦曹操来袭则是远水解不了近渴。由此可见投袁绍还不如投刘表，投刘表又不如投曹操，这也就是我要把袁绍的使者毫不客气地给撅出门的原因。”贾诩继续说道。

“贾公所言极是。可难道你忘了我与曹操有杀子之仇？”张绣拍案而起。

贾诩深知这是一个绕不过去的棘手问题，早有思想准备，喝了一口茶不紧不慢地说道：“我又怎么会忘呢？只是将军忘了但凡有吞天吐地之志者，是不会计较个人私怨的。都将会以仁德布于四海，怎么会像妇人一样心怀个人私怨呢？再者，现在曹操正与袁绍在黎阳对峙，我方虽弱小，可在两强相争之时，将会起到举足轻重的作用。要是将军趁此时去投靠曹操，将如雪中送炭，必将会得到曹操的厚待。将军请把心放到肚子里好了。”

对贾诩已是言听计从深信不疑的张绣连连点头称是。可他又哪里知道贾诩是把他扎成大礼包卖给了曹操。

上述贾诩把张绣扎成大礼包送给曹操的全过程，陈寿在《三国志·魏书十·贾诩传》中有详细记载，只是他还没有看透贾诩的险恶用心。为什么这么说呢？

张绣与曹操有杀子之仇，此时已54岁的贾诩不可能不知道为人父母失子之痛是个什么滋味，何况曹操是一个报复欲望极强的人。凭贾诩的谋略，对人性的认识及对曹操的了解，他应该能估计到曹操是不可能原谅张绣的，最起码要冒巨大的风险。要是他自己与曹操有杀子之仇，他会用他和一家人的性命去冒这样大的风险吗？除非他是天下第一号大蠢驴。据考证贾诩与张绣叛乱之事没有任何关系，陈寿在《三国志·魏书八·张绣传》明确记述道：“太祖纳济妻，绣恨之。太祖闻其不悦，密有杀绣之计。计漏，绣掩袭太祖。太祖军败，二子没。”没有提贾诩一个字。又据陈寿在《三国志·魏书十·贾诩传》中明确记述：“是时（汉献帝东归洛阳）将军段煨屯华阴，与诩同郡，诩遂去 托煨。”公元195年十二月，汉献帝一行过潼关时贾诩才到段煨营不久，曹操长子曹昂、侄儿曹安民被张绣所杀是在公元197年正月，中间相隔一年，难道恰好就在这一年贾诩来到张绣营了吗？可能性不大。三则，凭贾诩的智谋会因一时之愤——曹操跟张绣婶婶睡觉而袭击曹操吗？那是不可能的。只有像张绣那样头脑简单的人才会干出因小失大的事来。四则，贾诩真要是为张绣策杀了曹操长子和侄儿，曹操能原谅他吗？不要说曹操的魔鬼脾气了，任何人都不可能原谅，更不可能留在身边做谋士。因此，贾诩这段时间100%不在张绣营中。这也就是我说贾诩把张绣扎成大礼包送给曹操的根本原因。他满嘴都是在为张绣着想，而实际上是把张绣扎成了大礼包，在这个大礼包里不仅装有宛城之地和张绣的两万兵马，同时还装有张绣及其一家百余口老小的头颅。而唯一能从交易中得到好处的就是他自己。要是从张绣的利益角度出发，既然投曹难以得到宽恕，要冒巨大的风险，还不如投刘表或袁绍。由此可见，在涉及生死存亡这一根本利益的时候，每个人首先考虑的都是自己。易中天在谈到此事时认为："具体策划这次反叛行动（宛城倒戈）的是张绣的谋士贾诩。"《三国演义》也持相同观点。

再说袁绍的使者，被贾诩撅出门后，只得踏着落叶又一路南下到襄阳（荆州治）去拜见荆州刘表。

袁绍使者见到刘表后说道："大将军统河北之地，现已率十五万大军屯兵黎阳，欲与曹操决一死战。刘荆州与大将军是多年的盟友，故特来请求联盟抗曹。这是大将军的亲笔信，请刘荆州过目。"

刘表看完信后满口答应道："我与本初是多年的盟友，去年本初助我与张绣解穰城（今河南邓州市）之围，现在河北有事理应相助，义不容辞。曹操怀称霸天下之野心，四处侵略，乃世之公敌！请你回去告诉盟主，我刘景升已答应联盟抗曹，决不食言！"随后，刘表又挥毫修书一封，交给来使。

刘表就这么爽快地答应了袁绍的请求。来使大喜，第二天便火速返黎阳，向袁绍通报这一天大的好消息。袁绍看完刘表的回信后大喜："宛城张绣虽然言语暧昧，可有刘荆州为外援，对曹阿瞒进行南北夹击，何愁不破曹贼？以雪我恨！"

可袁绍又怎能想到，就在这时，宛城张绣已率众降曹。曹操和他的幕僚们一个个兴奋异常，曹操摆出海纳百川的架势，扬着小山羊胡，既充满感激之情又像是在做秀似的拉着张绣和贾诩的手，大设酒宴，待之以上宾之礼。封张绣为扬武将军，还与张绣结成了儿女亲家。留贾诩参司空军事（高参），封都亭侯。张绣一颗高悬空中的心也随之落地：果然不出贾诩之所料啊，看来我一家老小的性命有保了。陈寿在《三国志·魏书八·张绣传》中记述道："冬十一月，绣从贾诩计，复以众降。绣至，太祖执其手，与欢晏，为子均取绣女，拜杨武将军。"

不久，幽州鲜于辅、燕国阎柔也率众降曹，曹操更是喜出望外，拜鲜于辅为建忠将军，督幽州六郡，拜阎柔为乌丸校尉，袁绍昔日的盟友摇身一变又纷纷跪在了曹操的脚下。他们和贾诩一样也是哪边势大往哪边跑。幽州鲜于辅等投曹之事，陈寿在《三国志·魏书八·公孙瓒传》中有记载。曹操就这么在这场外交战中又领了先，形势急转直下。

下回请看：刘备阴谋害董承　孙策周瑜揽二乔

第四十六回

刘备阴谋害董承　孙策周瑜揽二乔

城张绣举手投降，幽州鲜于辅、燕国阎柔也相继举手投降，形势对曹操是一片大好。袁绍只得暂时放弃伺机出击的计划。而曹操又有荆州刘表和淮南袁术的后顾之忧，袁、曹两大军团就这么在黎阳开始了长期对峙，谁都不敢轻举妄动。

刘备，自公元199年四月随曹操一起来到许都（今河南许昌）后，被拜为左将军，从此也就成了曹操的笼中鸟。为韬晦之计，刘备在馆驿的后园小心翼翼地种起了大头菜。可就是这样他还是稀里糊涂地陷入了一场政治旋涡之中。原来刘备与汉献帝刘协同宗，自然也就与国舅董承走得近一些。此时汉献帝及董承因不满曹操的专横跋扈，正在暗中串通。而刘备本来也恶其为人，加上曹操说话不算数，嘴上封他为豫州刺史，而到头来只是种大头菜。许都城中到处都是曹操的密探，在文官武将喝酒聚会或私下议事时，常常会有密探趴在门窗上偷听，许多人昨天还好好的，今天就莫名其妙地死了。此事有这么些人知道迟早必泄，从此刘备是坐卧不安。可又怎么个脱法呢？许都城戒备森严，进出都要有通关文牒，朝廷官员进出，都要由曹洪亲自审批，谈何容易。关于许都城的白色恐怖，胡冲在《吴历》中记述道："曹公数遣亲近密觇诸将有宾客酒食者，辄因事害之。备时闭门，将人种芜菁，曹公使人窥门。"

而此时曹操独自一人在书阁中，放下手中的竹简，走到挂图前，心想：淮南袁术众叛亲离，已经奄奄一息，正龟缩在寿春（今安徽寿县）依淮河据守，我军何不趁此时一举歼灭淮南袁术，以绝后患呢？曹操倒了一壶水，喝了一口，靠在床上，又陷入了沉思之中：夏侯惇一人显然是难当此任。此时他便想到了刘备。刘备曾为徐州牧，是袁术的死敌，对淮南淮北一带非常熟悉，对曹操一向唯命是从，让他打袁术他就打袁术，让他打吕布他就打吕布。刘备的脱身之机就这么送上门来了。

刘备兴冲冲走出曹操府，骑马而去。《献帝起居注》记述道："承（董承）等与备谋未发，而备出。"可刘备哪里知道，他刚出府门不久，就来了三位挡路的人，程昱、郭嘉和董昭亟亟入府。

火盆中的炭火正旺，程昱、郭嘉谏道："刘备乃汉室宗亲，曾与曹公为敌，应该有所防犯才是！今曹公，不仅放之以外，又赋予其兵马之权，恐有异心。望曹公三思！"

"天下姓刘的人多了，和汉室沾亲带故的人也多了，难道一个都不能用？再者，刘备一向忠信厚道，这样的人又怎么会想到有反志呢？世人都说我曹操多疑，我看你们比我还多疑。"曹操有些不高兴地说道。

善察心机的董昭谏道："刘备能而志大，其心叵测，我看是一个笑面虎，曹公应该有所防犯才是！"

曹操对董昭一向言听计从，那此次会听从他的话吗？哪里，曹操怒道："我已许之，休再多言！"

曹操这个人就是这样，因其谋略浅短，当他听他手下的幕僚时，就能把事情办好，要是一意孤行十有八九会把事情办砸。程昱、郭嘉、董昭三谋士力劝曹操收回成命之事，陈寿在《三国志·魏书一·武帝纪》及在各自的传记中都有明确记述。

公元199年十二月底，身穿豹皮的刘备就这么顶着刺骨的阵阵寒风顺利出行了，朱灵副之。朱灵原为袁绍部将，吕布袭兖州，袁绍派朱灵率三营兵马助曹，打败吕布后不久投靠曹操。

路上，关羽问道："大哥，此去为何如此匆忙？"

"我乃笼中鸟，网中鱼，此一行，如鱼入大海，鸟上青霄，从此不再受笼网之羁绊了。"刘备答道。

《三国演义》所谓的曹操后悔派人要追回刘备的说法显然不符合事理，那不是刘备"将在外军命有所不受"一句话就能打发的。那此时淮南袁术又在做什么呢？

此时在淮南的袁术，内外交困，已众叛亲离，在大雪纷飞的寒冬腊月，许多军士因缺衣少食，被冻死饿死，淮南之地一片空旷。没有食物果腹，没有柴火取暖，军士们就以枯骨为柴，以人肉为食，空气中到处都弥漫着烧焦的人骨和人肉味。

易中天在谈到此事时又有些离谱了，他说此时已经濒临灭亡的袁术投奔堂兄袁绍“决定‘归帝号于绍’”，而且还说袁绍“心里是高兴的”。易中天也不想想这么个让人家破人亡的帝号，就像是一件破烂衫就是送给叫花子都不要，还说袁绍“心里是高兴的”，真不知道该说什么才好。

袁术只得率残部冒着漫天大雪像叫花子一样到亲信部将雷薄、陈兰处求食，没想到是吊桥高悬，城门紧闭，“开门哪！朕是袁公路！开门哪！”站在城楼上的军士一个个冻得直搓手，跺脚，却没有一个应答。走投无路的袁术最后只得流落到一个叫江亭的小县城（今安徽长丰一带），靠吃糠饮雪水度日。

“天要亡朕！地要灭朕！人要绝朕！朕出身名门，英雄奋武一生，没想到今天会落到这步田地……朕还有何面目面对列祖列宗啊！”忧愤穷困已极的袁术大叫数声后，吐血暴亡。袁术就这么走到了他的人生尽头，终年45岁，正值盛年。上述袁术内外交困、饥寒交迫，最后吐血暴亡之事，陈寿在《三国志·魏书六·袁术传》和《吴书》中都有详细记载，本著只是如实再现而已。

袁术基本上是一个任性所为之人，袁术一生做了许多蠢事，称王称霸四处侵略，与袁绍闹对立，拘留马日磾，被孙策借鸡下蛋，不顾联盟进攻徐州刘备救活曹操，自立为帝等。可袁术还没有愚蠢到连联盟抗霸的生命线都看不到，这是袁术的难能可贵之处。

袁术是一个失败者，所以在专为曹操歌功颂德的《魏书》中有大量污辱其的言论。其实，袁术的人品是上乘的，至今我还没有发现他滥杀过一个无辜，他从父辈和祖辈那里继承了宽仁待人的高贵品行，当然不会像曹操那样睚眦必报。凭他们兄弟的人品，最起码推行的也是仁政。绝不会像曹操那样，打着汉家王朝的招牌，实际兜售的是他曹家的黑心棉。

袁术暴死，寿春城中乱成一团。袁术堂弟袁胤、女婿黄猗恐曹操率大军来攻，抬着袁术的棺柩，携袁术妻子儿女及残部弃寿春南下皖城（即皖县，今安徽潜山），投靠庐江太守刘勋。刘勋整个收留了他们。

公元199年十一月下旬，刘备、朱灵率五万军马顶着刺骨的寒风一路东进，来到沛国相县（沛国治所，今安徽濉溪县西北），闻袁术已亡，残部已弃寿春逃往皖城，便收住了脚步。陈寿在《三国志·蜀书二·先主传》中记述道："袁术欲经徐州北就袁绍，曹公遣先主督朱灵、路招要击术。未至，术病死。"

"袁术已亡，我军应该追击，彻底消灭穷寇才是。"朱灵说道。

"不，君不闻穷寇勿追吗？"此时刘备早已打定了主意，他此来不是讨伐袁术的。

"大哥深通韬略，所言有理！"关羽、张飞附和道。

"那我们千里迢迢跑到这儿来干什么？既然这样，那我们就回军许都向曹公交差好了。"副将朱灵不解道。

刘备摇摇头说道："将军所言差矣，无功而返，那不让人笑话？翼德把地图拿来！"

张飞把地图交到刘备手上，刘备展开指道："我军现在已经到达相县，就在这儿。由于淮南袁术已亡，南进已无必要。这里是下邳（今江苏睢宁西北）。不如这样，我率大军继续东进，到下邳与车刺史商议下一步之对策。将军原路返回，回许都请示曹公，我在下邳待命。你看如何？"

朱灵思量片刻说道："这样也好，那我就带五百人回许都请示曹公。"刘备就这么把朱灵打发走了。

十二月，刘备率五万军马来到下邳城外。徐州刺史车胄率州吏前来犒军，刘备抱拳相迎请入营帐，车胄一行刚坐定，这时只见关羽立于帐中，大声宣诏道："奉衣带诏讨贼！徐州刺史车胄伙同贼党，欲谋圣驾，其罪昭然，按罪当诛！"

车胄大张着嘴被惊呆了："这，这，这……这到底是怎么回事……"

"拖出去斩了！"刘备吼道。

刀斧手应命而出，"我无罪！我无罪！我没有伙同贼党谋害天子，我没有……"

刘备喊道："你没罪？你没罪那天子为什么要让我率大军千里迢迢来征讨你！拉下去，斩首示众！"车胄被刀斧手拖了下去。对刘备来说，事已至此也只能如此。由此也可见，刘备不仅有独特的人格魅力，有务实的头脑，而且还很善于决断，并非《三国演义》所描述的那样。

随行官吏一个个都吓得面如土色，哆哆嗦嗦扑通跪倒在地："我等与车刺史没有任何干系，请将军开恩！"

那还用说。"天子有诏！只拿车胄！余皆不问！"刘备说道。

刘备就这么被徐州官吏迎入下邳城中，随后官吏们又将徐州刺史的印授交给了刘备。关羽、张飞关上门，高兴道："还是大哥英明，就这么一招，便把州中官吏都镇住了，下邳城又归咱哥儿几个了！"

关羽："何止下邳，你没看见徐州印授又到大哥手上了吗？"

张飞："是啊，咱哥儿几个又可以好好喝酒吃肉了！"

刘备呵斥道："就知道吃、吃、吃，喝、喝、喝……现在军心民心都不稳，曹操要是知道我们造反，用不了多久就会派人来攻！这一切都要提早设防，照你们两个的样子，到时候就只好去打醉拳了！"

"那——那该怎么办？"张飞一挠头说道。

"将军所言有理，该如何是好，要赶紧做安排！"麋竺、孙乾、简雍立在一旁说道。

"这个我在路上就都已经想好了。翼德把地图拿出来，挂在墙上。"刘备说道。

"是！"张飞连忙把地图挂在墙上。

刘备鞭指地图道："麋竺马上安抚城内军民，孙乾马上带人北上往青州联络河北袁绍出兵，只要袁绍同意，我们就可以和袁绍一起对曹操施行南北夹击。这样徐州就可保。"刘备指图道。

"那袁绍会同意吗？"孙乾问道。

"他与曹操早已反目成仇，两军正在黎阳对峙，一直苦无外援，这正是他求之不得之事！"刘备答道。

"云长负责下邳城的守备。翼德随我驻军小沛（今江苏沛县），一则准备迎击曹军，二则可与下邳城形成犄角之势！"

陈寿在《三国志 · 蜀书二 · 先主传》中记述道："先主据下邳。灵等还，先主乃杀徐州刺史车胄，留关羽守下邳，而身还小沛。东海昌霸反，郡县多叛曹公为先主，众数万人，遣孙乾与袁绍连和。"《三国演义》所谓的关羽杀车胄纯属编造。

那江东孙策此时又在干什么？曹操表孙策为讨逆将军，封吴侯。刘繇、许劭两年前在豫章先后病逝，举华歆为豫章太守。华歆投降孙策，孙策分豫章为豫章郡、庐陵郡，自此孙策据有江东五郡。周瑜为孙策借鸡下蛋立江东立过汗马功劳，孙策感其大功，迎周瑜为建威中郎将，中护军。得了豫章又想江夏，此时孙策正与周瑜、堂兄孙贲、孙辅率三万军马由陆路向江夏而来。大军行至石亭（今安徽怀宁、桐城之间），前方探马飞报："庐江太守刘勋率大军到海昏（属豫章郡，包括今江西永修、武宁、靖安、安义和奉新5县）劫粮，皖城守备空虚！"

周瑜剑眉一立，"你说什么？刘勋率大军袭海昏不在皖城？"

"没错！"探马应道。

"这可是天赐良机，我们正好可以顺手……"

"牵羊！"孙策接话道。

两人骑在马上击掌大笑。时年两人都25岁，一身牛皮盔甲，英姿飒爽。周瑜下马展开地图铺于草地，用鞭指图道："石亭在这儿，约西南一百里处就是皖城，依山傍水，快马加鞭，半天光景应能赶到。"孙策、周瑜于是率军以迅雷不及掩耳之势扑向皖城。皖城守备本来空虚，加上人心惶惶，见孙策大军忽至，哗然大乱，纷纷弃城逃往西山，"不好了，孙策率大军来攻城了，赶紧跑啊……"孙策、周瑜兵不血刃便扬鞭策马冲入皖城。皖城就这么戏剧般的落入到了孙策之手，袁术妻子儿女及残部又转而落入孙策手中。刘勋闻皖城沦入孙策之手，只得去投靠江夏黄祖。《江表传》记述道："时策西讨黄祖，行及石亭，闻勋轻身诣海昏，便分遣从兄贲、辅率八千人于彭泽待勋，自与周瑜率两万人步袭皖城，即克之，得术百工及鼓吹部曲三万余人，并术、勋妻子。"

孙策骑于战马之上，眼望成群结队归降的刘勋军士，一脸得意，周瑜立马一旁。一阵寒风袭过，周瑜随口说道："兄难道不闻在此城中有二乔吗？"

"是不是大乔与小乔？"孙策问道。

"没错！"

"这可是一对姐妹花，江南美女，国色天香，谁人不知，谁人不晓。难道……"孙策问道。

"她们就居住在此城之中。"周瑜说道。

"哎呀，太好了！我自出征以来，战无不克，攻无不取，可江山易得却美女难求，若要如此咱们兄弟二人正好可以平分秋色，我纳大乔，你纳小乔！”孙策一脸兴奋道。两人于是策马飞奔率百余骑来到乔家大院，大乔、小乔像一对小白猫一样，战战兢兢缩于闺房一隅，乔公站在一旁不知所措，“二，二位将军请，请坐。”乔公颤道。孙策一脸微笑，像馋猫一样，“这就是大乔与小乔？”

“这正是我家二女。”乔公应道。孙策一摆手随从全部退下，然后一步步走到近前，用食指缓缓钩起大乔、小乔的下巴，顿时眼前大亮，二女丹凤眼，面似荷花，水灵含秀，虽怯怯生生，但仍不失绝色佳人。“果然名不虚传！”孙策说罢，转身朗声大笑而去。

孙策与周瑜嬉笑道：“看大乔、小乔，那脸蛋水灵得挤一挤都能出水，乔公二女虽美丽非凡，可有咱俩给他当女婿，也该知足了。”《江表传》记述道：“策从容戏瑜曰：‘乔公二女虽流离，得吾二人作婿，亦足为欢。’”陈寿在《三国志·吴书九·周瑜传》中记述道：“时得乔公两女，皆国色也。策自纳大乔，瑜纳小乔。”

公元200年正月，开春，许都曹操府中，“刘备在下邳城反了！”曹操大怒，一把将案席上的笔砚竹简及茶具搂在地上，怒道：“我以诚信待刘备，而他却阴谋于我，我不杀此人誓不为人！真是悔不听仲德（程昱）、奉孝（郭嘉）、公仁（董昭）之言！曹仁！”

“在！”曹仁应道。

“马上整备十五万军马随我一起亲征刘备，越快越好！我要荡平徐州，让大耳贼刘备死无葬身之地！”曹操命令道。

曹仁站在那里欲言又止，一动不动。

“还站在这儿干什么，还不赶快行动？！”曹操吼道。

众幕僚站在阶下，皆默不做声。

这时只听董昭说道：“曹公息怒，刘备反叛，必有同党。现北有袁绍，内有奸党，为今之计，应先除奸党，后平叛乱。攘外必先安内，以防里应外合。因此，曹公万不可率大军出城，遣一偏将平叛即可。”

“是啊，刘备反叛必有同党。否则怎么一出许都城就造起反来了？肯定在城内已经谋划好了。”程昱说道。

“言之有理，那同谋又会是何人呢？”曹操冷静了许多。

“很有可能是车骑将军董承等人！”曹洪说道。曹洪，字子廉，曹操堂弟，负责曹操的近卫军，被曹操拜为都护将军。许都城的警备自然由他负责。

“你这么说，有何凭据？”曹操问道。

“刘备在许都期间很少与人有来往，但与车骑将军董承有多次交往。”曹洪说道。

“我明白了，他想在许都上演长安城里的故事！”曹操咬牙切齿地说道，殿内鸦雀无声，突然间只听吼叫道：“还等什么？还不赶快去抓人！”

“是！”曹洪领命转身而去。

“等一等！还有，把凡与董承有密切交往的人都给我抓起来，一个不留！给我用刀撬开他们的牙齿，就是错杀一百也不能放过一个！”曹操咬牙切齿道。

曹操又一面命王忠火速往徐州去平定刘备叛乱。

事情就这么败露了，车骑将军董承、偏将军王子服、越骑校尉种辑、昭信将军吴子兰被杀，三族被灭，身怀六甲的董贵妃当然也不可能幸免。其状惨不忍睹。“宁我负人，毋人负我。”按照古代君臣之道这一帝王逻辑，曹操所做的这一切当然都是天经地义的。

《三国演义》的“衣带诏”之说显然不成立。董承是汉献帝的岳父，随时都有见面的机会，有什么事面授机宜就可以了。况且用“衣带诏”的方式传送信息，既容易被发现又容易留下把柄，天下有那么蠢的人吗？再者，此事在史书中也没有任何记载。因此最有可能是汉献帝面授机宜。家奴告密之说更是无从谈起。

接下来的问题是怎么泄的密？按《三国演义》的说法是董承家奴告密，这一说法也显然有问题。陈寿在《三国志·魏书一·武帝纪》中记述道：“备之未东也，阴与董承等谋反，至下邳，遂杀徐州刺史车胄，举兵屯沛。五年春正月，董承等谋泄，皆伏诛。”从陈寿叙事的顺序来看，显然是刘备杀车胄造反在前，董承东窗事发在后，显然是刘备造反引发的。就像公元194年底，马腾、韩遂在外举兵，马宇、刘范、刘诞、种劭东窗事发。采用的也是这一说法。再者，马腾和太医吉平也没有参与此事。

说到这儿，许多人可能要问：公元196年七月国舅董承过河拆桥投入曹操温暖的怀抱之中，前后还不到三年半，怎么会闹成这样？

要说清楚这个问题，还要首先从曹操的“奉天子以令不臣”说起。其实，曹操所谓的“奉天子”说白了不就是胡萝卜加大棒的政策，一边让汉献帝在金光闪闪的大鸟笼中，披着皇帝的外衣，享受上豪华的生活，好吃好喝的供上；一边又用刀子逼着他乖乖地像鹦鹉一样按照他的意图发号施令，忽悠天下人。

可能让许多人不明白的是，曹操是怎么一步步由“奉天子”露骨地变成“挟天子”的呢？

易中天在谈到这个问题时说道：“曹操迁都许县以后，便悄悄地开始由‘奉天子’变成了‘挟天子’。这个转变是有意的还是无意的，是早有预谋还是顺其自然，现在已经弄不清了。反正曹操是越来越专横，越来越跋扈，越来越霸道，越来越把皇帝不当皇帝，皇帝自已也越来越觉得是从‘被尊奉’变成了‘被软禁’，终于在公元200年春发生了所谓的‘衣带诏’事件。”

那么这个问题是不是真的就像易中天所说的那样就没办法弄清楚了呢？当然不是。

其实，曹操迎献帝，绝不是什么匡扶汉室，尽臣子之心以安天下，而是借壳上市，成就他称霸天下的梦想，把天下整个都变成他曹家的房地产，把天下人都变成他曹操的家奴。

此时的汉献帝已成长为一个青年，自主意识随着睾丸激素的分泌在迅速膨胀，再加上长期受帝王意识的熏陶，这个时候他又怎么能甘心做曹操手中的鹦鹉、傀儡，或者提线木偶呢？可曹操把献帝迎来是要把他当鹦鹉来养，当傀儡来供的，哪想到这个不识趣的小皇帝是要骑在他的脖子上给他当老爷的，要让他俯首听命。这样不可避免地就会产生权力之争，就会产生矛盾。这样汉献帝就会不甘心做任曹操摆布的木偶。这样曹操在言行上就会有许多冒犯，甚至破口大骂。这一对矛盾显然是没办法调和的，随着时间的推延矛盾也就会向纵深发展，积怨也就会越来越深，冲突也就会越来越激烈。再加上曹操的奇异性格，他哪能长期忍受这股气？这也就是曹操刚开始对汉献帝还有几分恭敬，后面越来越专横跋扈的原因。

面对越来越专横跋扈的曹操，站在一旁的董承自然也就会越来越看不惯曹操的所作所为。这样曹操与汉献帝之间的矛盾很自然也就会转化成曹操与董承及保皇党之间的矛盾，而且相互之间的积怨和矛盾也会随之越来越激烈。董承一忍再忍，最后就这样到了忍无可忍的地步。他现在才知道，自已在千辛万苦脱离狼窝后，却又被掉进了曹操的虎口，而且要比在董卓、李傕手下凶险百倍。从身边的贴身护卫到门庭护卫，再到城门护卫，整个都是曹操的人，他们就像是压在箱底层层包裹在里面的夜明珠，一天到晚都过着暗无天日的生活。这就是忍无可忍的汉献帝和董承要搞掉曹操的根本原因。

汉献帝本想把曹操搞翻，变成一只鹰，由自己亲自主政。现在看来鹰是永远也做不成了，只能老老实实地做一只大鹦鹉。

曹操自公元190年走上“自立为王”的路以后，就一直东吞西并，四处侵略，梦想着称霸天下。迎献帝匡扶汉室，最终所暴露出来的嘴脸是借壳上市，以成就他要称霸天下的野心。他把汉献帝变成他自己的私有财产，以及他以后的称王称霸行为都铁一样的证明了这一点。

就是按照古代君臣之道这一帝王逻辑，他的这一行为也不过是篡逆，这也是从东晋十六国以来古代史学家的公论。也就是说，不管是按照其行为本质，还是按照古代君臣之道，曹操的行为都称不上是为了民族大义的英雄行为。而易中天却把曹操从公元190年到公元200年这十年间的行为说成是为了挽救“国家危难、民族危亡”，为了“民族大义”的英雄行为。简直是滑天下之大稽！其实具有大义之心的人不是曹操，而是易中天最看不上眼的袁绍、韩馥、陶谦、刘备、张杨等人，他们都怀有一颗仁德之心，为了大义，宁可放弃一己之私利。而曹操则是为了一己之私欲，为了称霸天下，四处侵略，是华夏大地上最大的麻烦制造者。结果是造成天下大乱，一将功成万骨枯。当然最终也会损害他自己。

最后让我不妨用易中天的自弹自唱来做本集的结束语：“现在看来，至少在公元190年至公元200年这十年间，只有曹操堪称‘乱世之英雄’。因为几乎只有曹操，才决心在这个国家危难、民族危亡的时候，以区区一己之躯，担负起天下的兴亡。”

此时，派去平定刘备之乱的王忠被刘备打得屁滚尿流而归，郭嘉说道：“现奸党已除，许都城内已迅速平定，曹公应趁刘备新乱，立足未稳之时，率大军亲讨刘备才是。否则一旦成势将难以剿灭。”那曹操会采纳郭嘉的建议吗？

下回请看：曹操错把袁绍看　刘玄德望风而逃

第四十七回

曹操错把袁绍看 刘玄德望风而逃

此时的曹操因杀了董承及同党，大开杀戒，心情已经恢复了平静。

此时升迁为东中郎将、领济阴太守的程昱用毛笔指图道："现在虽内忧已解，可河北袁绍不可不防，其必然会趁刘备之乱，遥相呼应，有所动作。荆州刘表，其心也不可测，曹公不可不防。要是曹公率大军东征，要是河北袁绍与荆州刘表，一北一南，趁虚夹击怎么办？"程昱说着用毛笔在图上画了两个指向许都的大箭头。

诸将也应声道："当今与曹公争天下者，乃袁绍。曹公屯大军与袁绍在黎阳已对峙半年，若明公弃许都东征刘备，要是袁绍率大军突然南进怎么办？"

曹操哈哈大笑，喝了一口茶胸有成竹地说道："仲德（程昱）多虑了。袁绍虽有大志，可遇事常常是迟疑不决，必不为动。刘表更是坐守之贼，灭吕布，平袁术，除过会袖手旁观以外，就会抱着女人养娃娃，更不足为虑。刘备，则人杰，若今不趁其新乱，立足未稳，率大军一鼓荡平，将后患无穷!"

将军曹仁附和道："曹公所言有理。前几日忙于平定城内奸党，不能率大军平叛，贼势有些抬头。可刘备毕竟是新叛，手下将士未必甘心相从，其势也还没有形成，曹公统大兵出击一鼓可破。"

"贤弟所见与我不谋而合！可也不能掉以轻心。仲德（程昱）所言也不是没有道理，袁绍这边还是要防的。我去东征刘备，你们要在黎阳防备袁绍趁虚来攻，袁绍手下的那些幕僚可不是吃干饭的。”

曹操说着起身手指地图道：“马上派人分别通知东郡太守刘延，益寿亭侯于禁，河内太守魏种，在我东征刘备期间，对黎阳（今河南浚县）、白马（今河南滑县东20公里），延津（津渡名，在今河南延津北）要加强警备，严防袁绍趁虚偷袭！程昱屯兵鄄城，要做好濮阳城的策应！就是袁绍趁虚来攻，也要让他寸步难行！”曹操的这一安排不可谓不周密。

“我与将军曹仁率十万大军，东征刘备，即日起程！”曹操指图道。上述曹操与诸将的这段对话，陈寿在《三国志·魏书一·武帝纪》中有记载，本著只是如实再现而已。

曹操以曹仁、徐晃为先锋亲率大军浩浩荡荡杀奔徐州而来。

袁绍与曹操在黎阳从公元199年九月，一直相持到公元200年二月，这一相持就是半年之久，双方谁也不敢轻举妄动。此时袁谭已亲自护送孙乾来到邺城彰德府面见其父，当袁绍听到刘备在徐州举兵反曹的消息后，异常兴奋：“此天赐良机！乃天助我破曹贼！”

郭图、审配及众将一个个异常兴奋道：“这的确是天赐良机！”

接着参军郭图手指挂图道：“曹操在邺城（今河北临漳西南）与许都（今河南许昌）之间一共构筑了四道防线，从北向南，前三道分别是黎阳、白马、延津，最后一道防线则是官渡（在今河南中牟东北）。我军要是突破官渡，许都就会成为囊中之物。曹操虽强，可南有荆州刘表，东面又多了一个徐州刘备，两把牛刀插在曹操的背后，破曹贼大有希望！此天赐良机，大将军应趁曹贼首尾难顾之时，及早发兵攻曹，以配合刘备在徐州的军事行动才是！”

正在这时有探报飞报：“曹操将车骑将军董承及董贵妃一家全部斩首，现已率军东征刘备！”

袁绍大愤，放声吼道：“曹操赘阉遗丑！残暴无道！杀大学士边让，儒士共愤！泄私愤屠杀徐州百姓，民怨沸腾！前番刚逼死我弟，让我弟家破人亡！现在又将国丈一家斩尽杀绝！其残暴无道，古今未见！我与其不共戴天！”

“曹操之恶，古今罕见！还请大将军把握时机，发兵攻曹！”总幕府审配（相当于总管）请命道。

“请大将军发兵攻曹！”众将齐声吼道。

“我有如此强兵，力虽不及曹，再加上有刘表、刘备在后夹击，还何愁不破曹贼？”袁绍用鞭指图道。

就在这时监军沮授出列道：“盖救乱除暴，都应义字当先，出兵有名。兵义无敌，骄兵必败。曹操迎天子于许都，今举兵南征，于义相违。再者，曹操治军有方，谋士多计，善于用兵。今弃万安之术，兴无名之兵，还请大将军三思！”

“监军此言差矣！武王伐纣，何为不义？况且是讨伐曹操，此人罪恶滔天，有何不义？！”参军郭图驳道。

“没错！曹操，赘阉遗丑！罪恶滔天！讨之有何不义？！”众将纷纷吼道。

“且大将军精通武略，将士激愤，人人都思驰骋疆场，杀敌立功，正是早定大计之时，犹豫不决只会错失良机。夫天与不取，反受其咎，此当年越之所以成霸，吴之所以亡也。监军之计在于持久，但不知因时机而变。”参军郭图出列道。

袁绍遂不听沮授之谏言，并将监军分为三都督，使沮授、郭图、淳于琼各督一军。上述袁绍断然南征曹操之事，范晔在《后汉书·卷七十四上·袁绍传》中有明确记载，本著只是如实再现而已。

公元200年二月，万物翠绿，春光明媚，袁绍当机立断，命参军郭图、大将淳于琼、大将颜良向曹操的黎阳营寨发起进攻。袁、曹两家的大决战就这么打响了。上述袁绍断然出兵之事，陈寿在《三国志·武帝纪》明确记述道：“二月，绍遣郭图、淳于琼、颜良攻东郡太守刘延于白马，绍引兵至黎阳，将渡河。”《三国演义》所谓袁绍以小儿有病为由拒绝田丰的请求错失良机之说无立足之地，若如此袁绍大军又是怎么一步步打到官渡的呢？

此时刘备正屯军于小沛城中（今江苏沛县），“当年董卓之乱，天下响应，十四路诸侯纷纷举兵讨伐，此次大哥举兵反曹，怎么才有东海昌霸（东海郡，属徐州，治郯城，今山东郯城）等少数郡县响应。”简雍一脸疑惑。

“是啊，我也在疑惑。看来曹操挟天子令诸侯，中原大地已牢牢控制在他曹家人的手上了，很难掀起大的风浪。”刘备叹息道。

“要是这样那小沛、下邳将注定是一座孤城，处在四面包围之中，而且内部军心民心极为不稳，就像是坐在一叶小舟上，随时都有被巨浪掀翻的危险。”主簿简雍说道。

就在此时探马急报：“曹操亲自率大军来征，现在已离城不到四十里！”

刘备大惊。心想：此时袁绍正大举挥军南下，与曹军在黎阳大战，曹操又怎么会舍北方大敌而东征徐州呢？刘备连忙和张飞、简雍等率数十骑来看，一看果然是大军远来，气势磅礴。“赶紧走，迟了就来不及了！”刘备拨马道，刘备连忙归城携家眷，率三千骑弃城向青州狂奔而去。世人因此都笑话刘备，“大耳贼，善哭善跑耳”。而在我看来，刘备跑得对，跑得好，在这种情况下不跑，还等着找死啊！这说明刘备多察善变，灵活机动，该跑就跑。说老实话，刘备要不是跑得快，曹操早把他当唐僧肉煮着吃了。其实，这也正是刘备的过人之处。刘备善于望风而逃之事，《魏书》记述道：“是时，公方有急于官渡，乃分留诸将屯官渡，自勒精兵征备。备初为公与大敌连，不得东，而候骑卒至，言曹公自来。备大惊，然犹未信。自将数十骑出望公军，见麾旌，便弃众而走。”

刘备屯军小沛，起初我还有些没看明白，现在看来，他在做出这个决定时就已经埋下了这一伏笔。因为小沛不仅是抗曹的最前线，同时也离青州最近，不过五六百里路。以一日一夜三百里的速度，不过两日就能到达。在当时骑兵也是最机械化的快速反应部队。这下可苦了镇守下邳城的关羽。

曹操大军所过之处，皆望风披靡。就像一阵龙卷风一样，徐州迅即又纷纷归于曹操的麾下，关羽像瓮中之鳖被围于下邳城中。曹操满面春风，立于下邳城下，命人劝降。

“闻曹公亲至，刘备叛军已经整个哗变。此城虽坚，一鼓即可拿下，何故要去劝降呢？”将军曹仁说道。

“贤弟难道忘了，吕布穷逼已极，尚与陈宫坚守三月，即便如此还有赖张辽反叛。袁绍已经在黎阳向我军发起进攻，我哪有工夫在此与关羽久持？”曹操说道。

军师荀攸应道：“曹公所虑是也！”

于是曹操写信道：

你主刘备已闻风而逃，生死不明。小沛之众已尽皆归降，大军所到之处皆望风披靡。将军已经看到了，下邳城现在只是一座孤城，城中军民闻我奉天子圣谕平叛，必然哗变。你既无援军，城中随时又可能哗变。我十万大军就在城下，此城一鼓可破，望将军明察。我念与将军昔日在进攻下邳时有旧，故特书此信，以劝将军识时务。要是将军肯开城迎军，我保证就像厚待张辽将军一样厚待你。绝不食言。曹操，特此。

那一贯忠义非凡的关羽会降吗?

此城已经非常难守，肯定坚守不了多久，而且坚持下去已经没有任何意义。这该如何是好？关羽经过一番思想斗争后，最后还是决定开城投降，求生的本能就这么战胜了忠义不屈之心。

于是关羽大开城门，双手举刀，垂下高昂的头颅，跪地不战而降。完全是一副英雄气短的形象：我不愿降，可是我现在只能降!

曹操将关羽扶起：“能得云长，此乃我一生之幸事啊！”陈寿在《三国志·蜀书六·关羽传》中记述道：“建安五年，曹公东征，先主奔袁绍。曹公擒羽以归，拜为偏将军，礼之甚厚。”《三国演义》所谓的“屯土山关公约三事”之事纯属杜撰。

就在这时，郭图、淳于琼、颜良三面出击，以滚滚洪流之势攻克了东郡太守刘延的黎阳大营。刘延弃营而逃，退守白马（今河南滑县东二十公里）二道防线。近千名袁军军士肩扛背顶，号子声声，将浮桥搭在悬河上。袁绍一挥刀，二十万大军开始大举过河，袁绍要趁曹操大军东征刘备之时，强攻白马，直捣延津（今河南延津北）。

“白马告急！”

“延津告急！”流星马纷纷急报。

“由于兵力大量被调往东线，北线空虚，二道防线随时都有被攻克的危险，这该如何是好？”将军曹仁急道。

“如何是好？如何是好？只有赶紧回军救援，否则就来不及了！”曹操吼道。曹操于是拜董昭为徐州刺史，留守徐州，连忙携曹仁、徐晃、张辽、关羽火速回军。

河北前线，监军沮授用剑指图道：“此时我军所面对的不只是白马这一座城池，而是要面对在东西横面四座城池。从西至东分别是朝歌（今河南淇县）、白马、濮阳（今河南濮阳东南）、鄄城（今河南鄄城），横跨约三百里。这四座城池就像四座大连环营寨一样，可以相互接应和救援。因此，我军虽盛，可攻白马有难度。”

“是啊，由此也可见，河内对我军南征的战略地位有多么重要。要是此时河内在我军手上，将会起到策应的作用，轻而易举就可以把白马、濮阳、延津拿到手，直捣官渡。可那时我军正忙于易京城战，让曹操抢了先。”袁绍惋惜道。

“为今之计，我军应兵分三路，西路攻朝歌，中路攻白马，东路攻濮阳，鄄城因相隔较远，驻军也不多，先不理他（此时程昱在鄄城中所统兵马不足一千）。”监军沮授说着在图上画了三个箭头。

袁绍深以为然，于是命令道：“现兵分东、中、西三路，由大将郭图率西路军攻朝歌，由大将颜良率中路军攻白马，由大将淳于琼率东路军攻濮阳城，三路并进，即日出发！”

“是！”

攻城十分激烈，云梯、冲车、掘道，什么攻城的办法都一鼓并用，河内太守魏种、东郡太守刘延拼命抵抗，“曹公的援军就要到了！一定要坚持住！”一边又十万火急地向许都告急，曹操则是率大军日夜兼程由东向西往回赶。

“军士们！河北告急！我们的家乡马上就要被豺狼虎豹占据了，赶快回去！”曹操野狼般地吼叫着。

又正值春天雨季，电闪雷鸣，曹军冒着倾盆大雨，一路泥泞地拼命往回赶。

此时刘备一行已经顺利逃到青州，袁绍父子对刘备是倾心敬重。“只有像玄德这样的英雄，才敢在曹贼的腹地兴起反曹的大旗！”袁绍盛赞道。

“哪里，哪里，小弟不才，势孤力单，未能久持！”刘备难堪道。

公元200年三月下旬，朝歌、濮阳城相继被袁绍军攻破，只剩下白马一座孤城也岌岌可危。要是白马再被攻克，那曹操的第二道防线也就整个被攻破了。东郡太守刘延在城中指挥守城将士拼命地顽抗：“要坚持！坚持！再坚持一下曹公大军就到了！”

春天的小雨还在淅沥沥地下着，就在这万分危急之时，曹操率先头部队已经赶到官渡（在今河南中牟东北）。

大帐中，“袁本初好厉害啊，趁我东征平叛，守军空虚之际，整出这么大动静来！看来其手下的谋士也不简单啊！”曹操叹道。

“急报！白马再次告急！请求援军！”流星马飞报。

“急报，急报，这几天我的耳朵已经快被这两个字塞满了，你们快说说眼前的白马之围又该怎么个解法？”曹操擦了一把脸问道。

军师荀攸在案几上铺开地图指道：“前番我军主要是兵少不敌。袁绍闻曹公援军已到，必然惊慌，我军则士气大振。曹公不如趁此时，引军至延津，做北面渡河攻黎阳截袁军归路之势。这时袁绍会怎么办？”

“换成我会率大军来正面迎击，一则防备断我归路，二则可趁立足未稳击疲惫之师。”曹操用手做撞击之状。

“这时要是分出一支骑兵，快速突袭白马，攻其不备，将会怎么样？”军师荀攸问道。

“是啊，这样白马之围自然可解，公达之计甚妙！”曹操茅塞顿开。

公元200年四月，曹操于是率五万兵马北上至延津，然后悄悄兵分东西两路，东路由他亲自统领，以徐晃、张辽、关羽为三路先锋，奇袭白马。西路由曹仁统率，以做北渡黄河攻击黎阳之势。曹操与袁绍在白马二道防线上就这么展开了一场大会战。

上述曹操分兵救白马之事，陈寿在《三国志·魏书一·武帝传》中有明确记载。《三国演义》所谓的曹操待关羽礼之甚厚，“三日一小宴，五日一大宴，又送美女十人，赤兔马”纯属编造，此时的曹操哪还有这闲工夫给关羽送这些奢侈品。

下回请看：袁绍将计断曹后　关云长临阵脱逃

第四十八回

袁绍将计断曹后　关云长临阵脱逃

袁绍这边也没有闲着，大帐中，别驾从事田丰用毛笔指图道："曹操大军的意图非常明显，就是要北面渡河攻黎阳以断我军归路。大将军应趁其远道而来，兵疲力乏，立足未稳之时，主动出击才是！此乃破敌之良机！"

"也许这是曹操的佯攻之计，要是曹操偷袭白马怎么办？"参军郭图疑惑道。

"是真，我们就真刀真枪地跟他干！是假，那我们就将计就计，反断其之归路！"袁绍指图道。

"大将军之谋甚高！"坐在一旁的刘备喝了一口茶附和道，张飞、赵云立于身后。此时刘备不仅已经成为袁绍帐下的一员，而且在邺城偶然遇到了赵云。赵云时年33岁，自平原分手后，已有六七个年头了。《云别传》记述道："云以兄丧，辞瓒暂归，先主（刘备）知其不反，捉手而别。先主就袁绍，云见于邺。"

袁绍一拍案几道："那就这么定了！我命令，大将淳于琼、文丑、刘备！"

"在！"

"你三人为三路先锋，各率两万兵马，三路并进，向曹操的大军全面出击！强占延津（津渡名，在今河南延津北）！"袁绍鞭指地图道。

"是！"淳于琼、文丑、刘备起身领命道。

这边曹操和荀攸一看得计，袁绍已把攻击重点放到了曹仁的西路军上，便连忙率六千虎豹骑北上，以裨将军徐晃、中郎将张辽、偏将军关羽为三路先锋，长途奔袭白马（今河南滑县东二十公里）。

眼前就要破白马城的大将颜良猝不及防，一下子处在前后夹击之中，只得调转马头，与如滚滚洪流而至的曹军应战，以寻求突围之机。

曹操一看此景，分为两路，左为偏将军关羽，右为中郎将张辽，自与裨将军徐晃主中军，各率两千虎豹骑准备两面夹击。徐晃，字公明，河东杨人，曾在杨奉手下为将。刘延及守城将士，在白马城中看到曹操亲自率大军来营救，如久旱逢甘雨般狂呼道："是曹公？！是曹公来了！"

"曹公来救我们来了！曹公亲率大军来救我们来了！我们有救了！"白马城上的守城将士一片欢呼的海洋。

这下可苦了大将颜良。城里城外，城外又是左右两路，颜良军一片混乱，关云长立功心切，远远地就看见颜良的麾盖，随着几声虎哮般的长吼，如离弦之箭，持刀纵马飞奔而来，哗乱的军士像群鸟一样整个散开，关羽如劈波斩浪般率数十骑风驰而入，躲闪不及的军士，不是被踏入马下，就是被飞刀乱枪砍死刺死，大将颜良措手不及，被关羽飞刀砍于马下，关羽飞身下马拾起颜良首级，旋风般而归，威风凛凛。"某斩得大将颜良首级献上曹公！"这就是关云长威镇华夏的万军之中取上将首级。

曹操大喜："好啊！世人都言关云长有万夫不当之勇，今日亲眼目睹，果然名不虚传！来，把颜良首级插于旗杆之上，以示军威！"

颜良首级被插于高高的旗杆之上，"杀啊！"颜良军被杀得死伤遍野，蜂一样四处逃窜。

白马之围随之被解，曹操表关羽为汉寿亭侯。自此曹操对关羽则是信爱有加，关羽更是威风八面。陈寿在《三国志 · 蜀书六 · 关羽传》中记述道："绍遣大将颜良攻东郡太守刘延于白马，曹公使张辽及羽为先锋击之。羽望见良麾盖，策马刺良于万众之中，斩其首而归，绍诸将莫敢当者，遂解白马围。曹公即表封羽为汉寿亭侯。"

在曹操、刘延及众将士正在欢呼胜利，在白马城中大摆庆功宴之时，袁绍已挥军分东、中、西三路向曹仁的西路军迎面扑来。

此时的曹仁刚扎下营寨，正埋锅造饭，便遭到了突如其来的袁绍大军。

"出击！"袁绍一声令下。

白馬城

大将淳于琼、文丑、刘备三路并击，曹仁军阵脚全乱，将士一个个心惊胆裂，调头狂奔。三路军马如雷云闪电，杀得曹仁军尸横遍野，头颅满地。袁绍的数万大军气如洪流，滚滚向延津奔杀而来。

曹操在庆功宴上闻曹仁军大败，袁绍挥军一路南下直扑延津而来，大惊："延津若失，不仅第三道防线被攻破，我军的归路也会被截断，赶紧回撤！"曹操摔下手中的猪肘起身便走。

"曹公，那我们该怎么办？"东郡太守刘延请示道。

"废话！难道还住在这座孤城里等死不成？"曹操吼道。

"快，快，快，赶紧上马！往回撤！"徐晃、张辽、关羽纷纷吼道，一片混乱。

曹操在许褚的护卫下带头冲了出去，军师荀攸及徐晃、张辽、关羽紧随其后。刚斩了颜良，解了白马之围，打了一个漂亮的大胜仗的曹操，就这么又狼狈不堪地丢下刚到手的城池，率六千虎豹骑弃城而逃。解了白马之围，没想到却被袁绍将计就计断了自己的归路。上述袁绍将计就计直抄曹操之后大战，陈寿在《三国志·魏书一·武帝纪》中明确记述道："绍闻兵渡，即分兵西应之。公（曹操）乃引军兼行趣白马，未至十余里，良大惊，来逆战。使张辽、关羽前登，击破，斩良。遂解白马围……绍于是渡河追公军，至延津南。公勒兵驻营南阪下。"

而易中天说到这儿更离谱了，他如此说道："曹操解救了白马以后，料定袁绍绝不会善罢甘休，一定会反扑，也一定会拿白马的老百姓出气——屠城。于是带着白马人民沿着黄河往西走。"易中天在为曹操吹嘘的时候也不想想，此时的曹操连逃命都来不及哪还有迁民动土的闲工夫？说袁绍屠城更是瞎扯，写到这儿我至今还没有发现袁绍屠过一座城，而曹操屠城却早已成了家常便饭。

这边袁军在忙着杀呀，砍呀，缴获战利品，那边曹操在快马加鞭地一路回撤：要是被袁军抢在前了，把归路截了，那就完了。赶快跑！曹操总算是跑得快，在他们一路狂奔跑到延津南时，才算松了一口气，他们终于抢在袁军的前面。"一路狂奔了一日一夜，现在终于缓口气了。"军士们纷纷下马解鞍，四仰八叉躺在松软的草地上，吃东西，喝水，尽情地享受春日里湿润而又温暖的阳光，“累死我了，屁股都磨出泡了。”军士们有说有笑，荀攸、徐晃、张辽、关羽则尾随曹操登上绿绿的土山，放目远望，“雨后之阳光真是暖和呀！”曹操随口说道。

“曹公，你看，前面有敌情！”荀攸遥指道。

曹操举目远望：“是啊，看不太清楚，约有五六百骑，肯定是袁绍的追兵。”

“曹公，后面还跟着步兵，我们还是赶紧走吧？”徐晃、张辽有些紧张道。

曹操沉思片刻，摇了摇手中的马鞭说道：“不！赶紧解马放鞍。”

裨将军徐晃、中郎将张辽惊道：“难道我们在这儿等死吗？”

军师荀攸解释道：“此乃诱敌之计，我们正好可以打他一个伏击，杀一下袁军的锐气。”

“将虎豹分为三路，徐晃、张辽、关羽各领一路隐入山丘之中，赶快行动，休让敌军察觉！”曹操命令道。

哗啦啦，三路虎豹骑隐入山丘之中，宽阔的山道中乱七八糟随处散落着战马、辎重和粮车。这时大将文丑和刘备的前军已经到达，一看在山道中散落有许多马匹、辎重，便纷纷去抢夺，文丑、刘备、张飞、赵云大声呵斥：“不许抢马！此地地形复杂，可能有伏兵！”抡起马鞭劈头盖脸就抽。

“不许抢马！”

这边曹操看袁军越集越多，扬鞭一挥：“出击！”

文丑和刘备一看从山岔中杀出了三路骑兵，大惊，本来就乱哄哄纷纷抢战马的前军，更乱了。

“赶快撤！”文丑、刘备吼叫道，“撤！撤！赶快回撤！”赵云、张飞也慌忙喊道。

袁军纷纷调马回撤，可又往哪里撤？归路已被徐晃从屁股后面截断，关羽和张辽各率两千虎豹骑突入敌阵。“啊，那不是大哥吗？”关羽在冲锋中看到了一个熟悉的身影，再仔细一看果然是刘备。

“大哥！大哥！大哥！我是云长啊！”关羽喊道。

刘备在混乱中听见有人在喊他，猛然回头一看是关羽，正向他奔来。

“啊？是二弟！是云长！是云长！你怎么会在这儿？！”热泪不觉涌出。

“大哥！”

“云长！”

两人就这么在乱军之中又偶然相遇了。

张飞挥刀，赵云抡枪，正在奋力拼杀，将拦截他们的曹军虎豹骑纷纷砍、挑下马。

这时只看几个曹军虎豹骑挥刀斜刺向刘备袭来，“大哥，小心！”还没等刘备反应过来，关羽飞刀将几名虎豹骑砍倒，随着刀光闪闪，头颅就像被高高抛起的大红绣球。

“赶紧冲出去！”关羽吼道，手中大刀如流云飞雨，砍得曹军虎豹骑纷纷落马，在前开道。刘备则紧跟其后，手舞飞刀，“翼德！子龙！赶快随云长一起冲出去！”刘备吼道。

“军士们！赶快一起往外冲！”张飞、赵云吼道。

关羽、张飞、赵云在前开道，刘备及众军士押后，杀得曹军虎豹骑人仰马翻。曹军一看关羽亲自当先锋，又怎敢抵挡，吓得纷纷闪开。关羽、张飞、赵云和刘备就这么率众军士突出了重围，而大将文丑却陷入敌阵之中，被乱军所杀。又是一番壮烈的景象。

“关羽临阵叛逃！跟刘备跑了！赶紧追！”回过神来的中郎将张辽叫道。

“不能放走他们！赶紧追！”徐晃也吼道。

张辽和徐晃又各率虎豹骑如雷云闪电般地追了上来，此时已经杀红眼的关羽大怒：“想来杀我大哥！我看你们不想活了？！”

“二弟！回来！不要硬拼！”刘备阻道。“怕他做甚！”张飞也回马助阵。

关羽调转马头，横刀立马，眼露寒光，以做断后。立马一旁的是豹头环眼的张飞。“有种的就过来！”关羽吼道。

张飞也吼道：“有种的就过来！”

吓得张辽、徐晃连忙勒住马头，皆不敢向前。“你们这些孬种！战又不战！退又不退！到底是何意？！”张飞挥舞着手中的长矛吼道。那声音犹如大黑熊在吼叫。

吓得徐晃、张辽连连倒退。“云长，曹公待你不薄，你为什么要临阵叛逃？”张辽问道。

“我也知道曹公待我不薄，有不杀之恩！然我前番斩颜良，已做回报。再者，我受刘将军厚恩，誓以生死相随，永不相背！今天我在阵上遇到旧主，所以一定要离去！”关羽冷冷说道。

“那我等该如何向曹公回复？”张辽继续说道。

“望将军回去告之曹公一声，就说我关某只能跟他说再见了！”关羽抱拳道。

袁绍闻文丑、刘备的前军遭到曹军伏击，连忙派五千铁骑火速来救。曹操看远处尘头大起，战马轰隆，便连忙鸣金收兵。

中郎将张辽骑马来到曹操近前：“关云长临阵跟刘备跑了！是否要追？”曹操一脸无奈，说道：“彼各为其主，也不失为天下义士，随他去吧。”

而关羽、刘备这边，几人并马而行，边走，边说。

“没想到在阵上碰到了大哥，还遇到了翼德和子龙！”关羽兴奋道。

“真是天意啊！这说明我们兄弟不该分离！”刘备感慨道。

“子龙是什么时候来的？”关羽问道。

“我兄病亡，本想办完丧事后就回来，可由于家母年迈，兄弟又都年幼，无人照顾……没想到这一别就是六七年，更没想到的是竟在邺城又遇到了大哥。”赵云说道。

“二哥，我还以为你投靠曹操再也不回来了。”张飞说道。

“我本想杀身成仁，可又一思想死也就死了，只是再也见不到大哥和三弟了，就再也不能跟着大哥鞍前马后了，所以寻思不如先降曹，然后再打听大哥和三弟的下落。”关羽说道。

“自讨黄巾，你我兄弟三人就生死相随，不知不觉现在已经十六个年头了，我们的命运就像拧在一起的棕绳已经分不开了。”刘备说道，赵云提着酒坛在往碗里倒酒。

“你们别忘了，还有我！”简雍加入道。

“是啊，还有简雍，还有子龙，麋芳、孙乾……我们将生死相随永不分离，来一起把这碗酒干了！”刘备说道。

“来，大家一起把酒端起来。”

“我们将生死相随永不分离！”

几人一碰碗，一饮而尽。

“我们兄弟又相遇了，好久没有这么高兴了，今天晚上我们要一醉方休……”

上述曹操在延津南伏击袁绍追兵及关羽临阵逃脱归刘备一事，陈寿在《三国志·魏书一·武帝纪》明确记述道：“时绍骑不满六百，遂纵兵击，大破之，斩丑。良、丑皆绍名将也，再战，悉擒，绍军大震。公还军官渡。绍进保阳武。关羽亡归刘备。”可见，关羽就是在此战中脱曹奔刘的。在《三国志·蜀书六·关羽传》中明确记述道：“及羽杀颜良……而奔先主于袁军。左右欲追之，曹公曰：‘彼各为其主，勿追也。’”《三国演义》所谓的关云长千里走单骑，过五关斩六将，以及古城相会等纯属虚构，既全无史据，又完全不合情理。

曹操虽然在延津南打了一个漂亮的伏击战，可面对袁绍强大的攻势，曹操只能收拾兵马退守第三道防线——阳武（今河南原阳东南）。可阳武不久又被攻破，公元200年八月，曹操就这么从黎阳与袁绍对峙，一退再退，最后只得退守官渡。

袁绍进占阳武后，神采飞扬，鞭指地图道：“我军一路南下，从二月到八月，连克黎阳、白马、延津、阳武，已经把曹操从第一道防线打到了第四道防线。现在还剩官渡这最后一道防线了！”

“要是官渡这最后一道防线再能攻克，许都就会成为囊中之物！”大将淳于琼、郭图等兴奋道。

“请大家安静一下，我结合地图给大家介绍一下官渡的地形情况。官渡位于黄河南岸20里处（在今河南中牟县东北），其西是绵延险峻的秦岭山脉坡角，就像是一座巨大的天然城墙，其东南方向有一条约长七百里长的河，叫涡河，流入淮河。而官渡这一隘口，就夹在秦岭山脉坡角与涡河之间，我军要想攻占许都，最捷之径就是打开官渡这个隘口。一旦突破官渡，许都自然就会成为囊中之物。”袁绍用手做了一个把许都抓在手心的手势。

“大将军既然如此，那就下令南渡黄河，进军官渡吧！只有这样才能彻底打垮曹贼，以泄心头之愤！”郭图、淳于琼纷纷请战道。

袁绍也一脸兴奋，起身刚要发令，却见监军沮授谏道：“我军现在虽然是一路高奏凯歌，可胜负变化无常，大将军不可不察。为今之计，大将军最好是把大本营扎在延津，然后分兵官渡。若官渡攻克再行过河不迟。这样进可攻，退可守。”

“此乃攻守兼备之计，还望大将军采纳。”别驾从事田丰附和道。

将军张郃也劝道：“沮监军和田别驾之言有理。我军虽连战连，可最好还是屯大营于延津，然后派轻骑袭官渡为上。”

“我军连战连捷，高奏凯歌，曹军连战连败，胆气丧尽，我军正好可以趁势进军官渡，以做最后决战，何故要自缚手脚放缓脚步呢？”兴致正高的袁绍就像被迎头泼了盆凉水似的，一脸疑惑。

“大将军难道忘了，在实力对比上是敌强我弱。大将军虽统河北，实际上只据有两个半州之地，而曹贼不仅具有司、兖、豫、徐四州之地，又新破淮南袁术，再加上鲜于辅、阎柔、张绣的归顺之地和部分青州之地，此时的曹操至少据有五州之地，实力至少两倍于大将军。因此我军应奉行以守为攻，伺机而动战略才是！”监军沮授说道。

袁绍哑口无言，一屁股坐在靠椅上，心烦意乱地喝起了茶。

“既然是敌强我弱，那我军为什么会连战连克，连克敌人三道防线呢？”将军淳于琼不服气地问道。

“那是因为刘备反曹，曹操东征徐州，抽调了大量的兵马，导致北方兵力空虚，才给了我军以可乘之机，而我军又恰到好处地把握了这次出兵之机，才取得了这样的胜利！”别驾从事田丰补充道。

“是的，那时曹军在北方战线上是兵力不足，给了我军以可乘之机。可曹军抽调出来的数万兵马四月份就都赶回来了，其兵力已经不逊于我军，可为什么还是连连吃败仗呢？从四月份到现在，攻延津，克阳武，打得曹军节节败退，屁滚尿流，这是为什么吗？”袁绍问道。

“这……”没想到这一问一下子把沮授和田丰给问住了。

“是啊，快来给我们说说这到底是为什么？”郭图、淳于琼有些起哄似的叫道。

“由此可见，两军交战，不只是看兵力的多寡，还要看士气，看将帅之才。虽然从兵力总数上，是敌众我寡，敌强我弱，两倍于我，可我军连战连攻，士气大振，一可当十！而曹军虽众，可连战败，士气低迷，虽众又有屁用？再者，曹操智术短浅，轻行冒进，屡战屡败！”袁绍连珠炮似的说道。

“大将军所言有理！我军应乘胜追击，再接再厉，大举过河才是！”郭图、淳于琼及众将齐声应道。

在袁绍攻克阳武准备挥军南渡黄河进军官渡时，一路高奏凯歌的袁军内部就这么出现了严重分歧。袁绍一方主张趁势继续进攻，力求一举攻克官渡防线；而沮授、田丰、张郃一方，却主张转攻为守，伺机而动。

就在这时有一个人站出来力谏，这个人是谁呢？

下回请看：袁绍一比二战官渡　刘表开出空头支票

第四十九回

袁绍一比二战官渡　刘表开出空头支票

这个人不是别人，正是别驾从事田丰。田丰显然有些被激怒了："不可！大将军，绝对不可以！曹军现在已经退守官渡，退守到了最后一道防线，必然会竭力顽抗。我军远道来攻，利在急战，要是久攻不下，将会折损我军士气，这将对我军极为不利！还有，曹操虽智谋短浅，轻行冒进，可他身边的谋士却不能小视！还望大将军三思！"

"我看折损我军士气的是你！"淳于琼、郭图等纷纷挖苦道。

"还未出兵！就损我士气！出如此不吉之言，休再多言！"袁绍怒道。

而田丰的倔脾气却被冲了上来。"俗话说骄兵必败！大军要是轻举过河，万一曹军河内、东郡、官渡三路兵马夹击，搞不好会有去无回！大将军可要三思啊！"田丰苦谏道。

"还未出兵，便屡出不吉之语，折我士气！快，快，快……给我推出去，推出去！"袁绍大怒。

"这张臭嘴还在胡说！赶紧把他赶出去！"众将士怒吼道。

几个刀斧手冲上来，架起田丰就往帐外拖。

"大将军！你就听我一句话，不能过河，过河将凶多吉少！应听监军之言，屯大军延津！"田丰挣扎着吼叫着。

"这张嘴还在胡说！来人！"袁绍怒不可遏。

"在！"两名刀斧手应道。

"给我斩了！让他永远闭上那张臭嘴！快！"

“是！”刀斧手应道。

“慢！大将军息怒，田别驾虽出言不当，触怒了大将军和众将，可田别驾一向忠心耿耿，别无他意！”监军沮授劝道。

袁绍生吞了一口怒气，摇摇手说道：“先押起来，先押起来……等我打败了曹贼再回来跟他计较。”田丰就这么被袁绍给“双规”了。

别驾从事田丰被押出，帐内一时间鸦雀无声，面面相觑，无人敢言，监军沮授呆立一旁默默不语。

“元图一直一言不发，说说你的想法。”袁绍喝了一口茶，静了静心气说道。

逢纪出列道：“曹军连战连败，士气丧尽，现在已经退守到了官渡这最后一道防线，我军应趁势过黄河，争取一鼓作气攻克官渡！”

“是啊，大军应趁势南下，一鼓作气攻克官渡！”众将齐声应道。

“我决意过黄河，想一鼓作气攻克官渡，不仅是因为我军士气正盛，胜利就在眼前，还有一个主要原因……”袁绍说着，起身手持毛笔指图道，“就是荆州刘表！刘荆州八年来一直都是我军盟友！他早已经承诺出兵，对曹贼进行南北夹击。这样曹贼将一鼓可破！曹贼虽人多势众，公孙瓒地盘当年也不是两倍于我们吗，可结果怎样呢？！”袁绍说着用毛笔在地图上画了两个大箭头，以示南北夹击。

“结果是小鱼吃大鱼！”将士们笑道。场上气氛又一下热烈了起来。

“是啊，仅凭我军之力就已经打得曹阿瞒喊爹叫娘，节节败退。要是再有刘荆州从背后捅他这么一下，那曹阿瞒就只有跪地求饶了……哈哈哈……”

“大将军圣明！我军必胜！”众将士群情振奋，齐声高呼。而沮授却在一旁叹息道：“天地朗朗，悠悠黄河，壮士此去将不复返！”

上述袁绍大军南渡黄河挺进官渡前两派之间的激烈争论，及田丰被收押之事，在《三国志·魏书六·袁绍传》、《献帝传》、《汉晋春秋》中皆有记载，本著只是如实再现而已。

临出发前，监军沮授与亲朋相会，散家财说道：“你们现在看我风光无限，等败亡的时候连自己的一条命都难保啊，可悲啊！”

其弟沮宗说道：“曹操屡战屡败，兄有什么好怕的？”

沮授说道：“以曹操的实力，挟天子以令诸侯，又地广人众，我军虽破公孙瓒，而实际上是力乏精疲，且将骄主昏，又怎么与其为敌？祸将不远矣。”沮授此举在《献帝传》中有明确记载。

而这边近千军士肩扛背顶将用原木绑成的木排搭在悬河上，随着袁绍一声令下，十五万步骑兵，又雄赳赳，气昂昂地跨过了黄河。官渡大战的序幕就这么轰隆隆地打开了。就像易京大战一样，这也是袁绍打垮曹操，问鼎中原，以安天下的最佳时机。

说到这儿，许多人可能会提出这样一个疑问：世人都知道官渡大战曹操与袁绍的兵力对比是一比十，是曹操以少胜多的典型战例，怎么现在变成了二比一？曹操政治和军事实力都两倍于袁绍。

其实那只是《三国演义》的说法。《三国演义》中袁绍起兵七十万，曹操起兵七万，双方兵力对比十比一，易中天也听信了这一说法，“袁绍精兵悍将十万人，而曹操兵力却不过万人。”他如此说道。只是同比例缩小了七倍，可见曹操绝对是以至弱挡至强。

其实只要稍作分析，便不难得出结论。古代处在冷兵器时代，大家的武器装备水平都差不多，衡量兵力的强弱，从硬件上主要看三大件：一看人力，二看粮草，三看马力。

那又怎么能看出谁家的兵多，粮足？这就要看他所占有的地盘，谁的人口多，谁的农业经济发达。人口多兵源自然也就多，谁的农业经济发达，粮食就较充足。那又怎么能看出谁家的人口多，农业经济发达呢？就要看地盘大小，人口密度，所在地区。曹操所据五州，基本上都处在中原地区，是古代人口最密集经济最发达地区。当然，袁绍的两个半州，除了半个并州是山区外，其他两个州的人口密度与农业发展水平与中原应该处在同一水平。而曹操的地盘却是袁绍的两倍以上，这也是我说曹操的兵力是袁绍的两倍以上的原因。也就是说，在官渡大战中，曹操不仅政治实力要强于袁绍，军事实力也至少两倍于袁绍。中国历史就是这么被搅成了一锅粥，变成了天文学。

其实，这也不是我的什么新发现，早在1600年前南朝宋著名史学家裴松之就对这一问题提出疑问。

袁绍与刘备过黄河并马而行。

“玄德弟，你知道我为什么要派你去联络荆州刘表和汝南刘辟吗？”袁绍问道。

刘备摇摇头：“不知。请大将军明示。”

“就是一个字。”袁绍说道。

“是哪个‘字’，请大将军说来听听？”刘备问道。

“就是因为一个‘刘’字，因为刘备、刘表、刘辟，三个人都姓刘。你们本是一家人嘛！”袁绍笑道。

刘备也笑了：“是啊，这样会更亲近一些，更便于联络。大将军看来考虑得很周密啊！”

“做事就要像女人绣花一样。要是我军与曹贼在官渡对峙时，刘荆州能从背后捅他一刀，那曹阿瞒就完蛋了。此事关系重大，不仅关系到双方的命运，还关系到未来华夏大地谁主沉浮，还拜托贤弟多费心！”袁绍说道。

“玄德，你看此行会有几成把握啊？”袁绍问道。

“我认为问题不会太大。一则，大将军与刘荆州是多年的盟友，二则他又有承诺在先，总不会自食其言吧？三则，就是撇开双方的盟友关系不说，这对刘荆州也是一件生死攸关的大事。”

“此话怎讲？”袁绍问道。

“曹操自劫献帝入许都后成为群雄之首，对中原各路诸侯都构成了巨大的威胁。徐州吕布，淮南袁术已经相继被灭，下一个就该轮到他了。曹操越强大，荆州就越危险。大家只有联盟抗霸才能消灭和遏制曹操，才能赢得生存和发展的空间。对荆州也是一样。因此，在即将到来的官渡大战中，刘表应坚定地站在将军一方才是明智之举！”刘备说道。

“玄德此论甚高，但愿刘荆州也能有你这样的见识。”袁绍说道。

公元200年八月，中秋，袁军在黄河以南依山据险，扼道，扎下了十余座连环大营，东西连绵约二三十里，与曹营直面相对，气势汹汹。曹操也早已依城，用连环营寨的方式，就像一个巨大的塞子堵在坛口一样，横在官渡，让袁军寸步难进。

“我军现在正可以趁袁军立足未稳之时，打他个措手不及，歼敌于黄河以南！”曹操闪动着小眼睛说道。

“袁军远道而来，士气正盛，利在急战。我军应坚壁死守，以耗其锐气，然后伺机而动才是。”军师荀攸说道。

曹操不听，命于禁、乐进、徐晃、张辽各率所部人马趁夜全线出击，欲歼袁军于黄河以南。哪知袁军早有准备，万箭齐发，数路并击，曹军大败而归，退入城中，依山据关而守。袁绍挥军兵临城下。

袁绍用屯土山之法攻城，为郭嘉的抛石车所破。接下来展开地道战，又被郭嘉的城内掘壕之法所破。看来是道高一尺，魔高一丈，袁绍的两次攻城就这么相继失败了。

此时刘备携张飞、孙乾、简雍已来到襄阳（荆州治，今湖北襄樊市，现又改称襄阳市），见到刘表，逞上袁绍的书信。袁绍在信中写道：

我二十万大军连战连克，现已屯兵官渡，欲与曹操决一死战！曹军连战连败，士气丧尽望刘荆州得信后率军北伐，直捣曹操老巢——许都，曹贼必望风丧胆，一击即溃！此成千秋功业之机，望勿失良机！特盼。袁本初。

现在该是刘表兑现诺言的时候了。刘表看完信后，却一言不发，手中摇着扇子，不停地来回踱步，自言自语道：“唉呀！事情怎么都遇得这么巧啊！这该如何是好？”

刘备指图道：“现在大将军的十五万大军正屯兵官渡，连营二三十里，决战已经开始，刘荆州只需三五万兵马，由新野出兵，挥军北上，入堵阳（今河南方城县），出叶县（今河南叶县西南），直捣许都（今河南许昌），那曹贼必然是首尾难顾，官渡则一鼓可破！此乃灭曹千载难逢之机，刘荆州不可失啊！”

这时只听蒯越说道：“刘使君可能还有所不知，江东孙策不仅占有豫章郡，又袭取了皖城（庐江郡治，今安徽潜山），对荆南四郡和江夏郡构成了严重威胁。屡次率大军侵我江夏，让我们防不胜防。不是刘荆州不愿意帮这个忙，而是一时实在有些腾不出手啊。”

刘备一听头就大了，连忙说道：“官渡之战不仅是关系到大将军生死存亡的一件大事，同时也是关系荆州安危的一件大事。曹操恶贯满盈，东吞西并，四处侵略，有吞并天下之野心，其势越大，荆州就越危险，刘荆州要是能趁此千载难逢之机助大将军一臂之力，消灭曹贼，那荆州就可以高枕无忧了！江夏之事不过关乎一郡得失，官渡之战则关乎两家的生死存亡，谁轻谁重一目了然，还请刘荆州三思。”

刘表坐下，喝了一口茶含糊其辞道：“我与本初是多年盟友，这个忙我是一定要帮的。等江东这边平稳下来，我就马上出兵北上，决不食言！”

“可两军现正在官渡对峙，战局瞬息万变，时间不等人，只需要三五万兵马一击即可破曹贼，这可是袁、刘两家灭曹的千载难逢之机！机不可失啊！”刘备急道。

刘表又起身来回踱步，手中的扇子不住在手指间打转，一言不发。刘备左看看，右看看，一脸焦虑，随着“嗨……”的一声长叹，起身离去，张飞、简雍、孙乾紧随而出。

把刘备打发走以后，蒯越问刘表：“刘荆州之意是？”

刘表捻须微笑道：“我的意思是既不帮袁绍，也不助曹操，坐山观虎斗。”

从事中郎韩嵩连忙进言道：“现在袁绍与曹操正在官渡相持，胜负之机就掌握在将军的手上。将军要想有所作为，可从其强，助曹操以灭袁绍，也可助袁绍，南北夹击曹操，曹操将一鼓可破！将军拥有十万之众，应该有所作为，怎么能坐在这喝茶观望呢？”

别驾刘先附和道：“韩中郎所言有理。刘荆州不可坐山观虎斗。你现在既不帮袁绍，也不助曹操，两边都会怨你。袁绍怨你言而无信，许之而不至，曹操怨你袖手旁观。将军万万不可中立！”

韩嵩又说道：“既然刘荆州不愿意助袁绍，还不如去从曹操。曹公势大，乃中华之雄，奉天子以令诸侯又地广人众，张绣、鲜于辅、韩遂、马腾皆降之，与其如此还不如趁早举州归曹，曹公必厚待将军。”

“降”这个字说开了容易，这就意味着要把荆州偌大的房地产供手让给曹操，让给他这个从骨子里就厌恶的人。刘表一听就火了：“整个是一派胡言，我怎么能去降曹呢？我这么做内不违朝廷，外不背盟主，两边都不得罪，还可以避免引火烧身，有什么不好？”

上述刘表开出空头支票之事，陈寿在《三国志·魏书六·刘表》明确记述道：“太祖与袁绍方相持于官渡，绍遣人求助，表许之而不至，亦不佐太祖，欲保江汉间，观天下变。”

刘表“表许之而不至”就这么错过了可一鼓击破曹操，为荆州求得生存发展的绝佳时机。刘表的脑袋整个被套在明哲保身的处世哲学之中了。

奉行明哲保身处世哲学的人，对自己怀抱中的东西还是看护得很紧的。张济到南阳求食，被他射死。袁术侵占了他南阳地盘，被他打跑。曹操攻张绣，有鲸吞荆州之意，他联合张绣让曹操屡战屡败。刘表的内政搞得也是不错的，他广布仁德，内修农务，开办学社，使得荆州成了一块世外桃源。

而奉行明哲保身处世哲学的人，同时又像是一条咬自己尾巴的狗，胸无大志，只求自保，一次又一次错过了联盟抗霸，求得生存和发展的天赐良机。在曹操劫献帝于许都时，在曹操与吕布，与袁术交战中，他都是关键一子，可他却每次都置身于事外，没有发挥一点作用。

在曹操与吕布，在曹操与袁术，在曹操与袁绍展开生死大决战之时，这实际上也是一件件关系到荆州生死攸关的大事，而他却像瞎子一样整个看不到，还以为是事不关己，则高高挂起。

这是一个非常值得深思的问题，就是现今中国也不知有多少人还在奉行这一哲学，而且已经成为一种思维习惯。

此时的刘表不仅又一次愚蠢地错过了联盟抗霸求得生存发展的绝佳时机，同时也把袁绍置于险境之中。因为袁绍进兵官渡有相当一部分是寄希望于他从背后捅曹操一刀。要是没有他的承诺，袁绍十有八九不会兵进官渡。可袁绍又哪里知道，刘表开出的只是一张兑现不了的空头支票。

刘备看刘表迟迟不肯出兵，只得去联络汝南（今河南平舆北）刘辟。可刘辟手下不过是几千人的民军，显然起不了多大作用。

好在此时在官渡前线的袁绍对此事还全然不知，否则他的信心将会遭受重创。不仅如此，此时袁绍又想出了一个绝妙的破城之法。

下回请看：袁绍刺客入曹营　曹孟德棒杀爱姬

第五十回

袁绍刺客入曹营　曹孟德棒杀爱姬

刘表因明哲保身，给袁绍开出了一张空头支票，这使得在官渡正在与曹操对峙的袁绍处境十分危险，而此时的袁绍却还全然不知。就在这时袁绍又想出了一个破城之法。

长史逄纪找到袁绍说道："大将军还记得丁原是怎么被杀的吗？"

"此事世人皆知，不知元图是何意？"袁绍问道。

"在我手下有一人，跟曹操身边的一个卫士，不仅是同乡好友，而且还是生死之交。"逄纪说道。

袁绍眼睛亮光一闪："你说什么？你再说一遍！"

逄纪又说了一遍。袁绍大喜："此乃天助我也！要是此事能成，官渡自然可破，曹贼将被消灭！这件事你就放手去办，需要什么就拿什么。"

秋风习习，司隶校尉钟繇从长安给官渡大营中的曹操送来两千余匹山丹军马。看到扑地而来的山丹军马，曹操一扫愁眉，他在给钟繇的回信写道：

你送来的西凉马我已经都收到了，正应急需。关右平安，我现在没有西顾之忧了，都是你的功劳啊！昔萧何镇守关中，使关中成了军马和粮草的供应基地，你现在也是一样。多谢了。曹孟德。

就在此时，袁绍所派的刺客已经混入曹操大营之中，找到一个叫徐他的人，这个人是曹操身边的贴身卫士。

"呦！狗子，你怎么来了？"正在帐外值勤的徐他叫道。

"难道还不能来看看你吗？"狗子说道。

"你肯定有事，否则不可能这节骨眼上来找我。"徐他说道。

“那你猜猜看，到底是什么事？”狗子诱道。

“我又不是算命的，怎么能猜出来？快说吧，再别打哑谜了。”徐他催促道。

狗子扒在徐他的耳旁轻声说道：“你娘在家里给你说一门媳妇，长得可水灵了，让我来告诉你一声！”

“瞎扯！”徐他笑道。

“这样吧，在这儿说话不方便，明天我在城南面等你，到时候我会把详情告诉你。”狗子说完后就走了。

第二天，在城南一所土坯房中，“我们是生死之交，只要你一句话，我就是上刀山下火海也在所不辞。把这些东西都给我拿回去！”徐他说道。

“这是袁将军的厚意，事成之后你和你的弟兄就到袁将军这边来，袁将军不仅会重用你，还要重谢。你要是不收下我回去没办法交代！”狗子说道。

“既然这样那就多谢袁将军了！”徐他说道。

徐他又串通了几个平时要好的卫士，“曹操身边常有许褚伴随，此人身体魁伟，力大过人，很难找到下手之机！”一人压低声音说道。典韦战死后，由许褚担任侍卫长。

“这好办，他总不能不吃不睡日日夜夜守护在曹操的身边，曹操和女人睡觉的时候，难道还需要他在旁边守着？我们只要瞅准空当就可以了。”徐他说道。

“是啊，我们应趁许将军休息的时候下手。”

没过几天，几人见许褚骑马离开曹操营帐，曹操在帐中午休，便怀藏尖刀进入曹操营帐。曹操的命运，官渡大战的命运，此时都掌握在徐他等几名护卫的手上。此时回到房中休息的许褚突然感到心神不定，眼皮眨个不停，是不是有什么事要发生？许褚寻思着：唉，这几天徐他几人的神色不对，经常在一起嘀嘀咕咕的，有些奇怪……许褚于是又连忙骑马返回曹操的营帐。

“成败在此一举！”此时徐他等几名卫士，从怀中掏出利刃，推开帐门，一哄冲入曹操营帐，一抬眼被眼前的一幕惊呆了。却见许褚立剑威坐于帐中，虎目怒睁，身后立着十数名卫士，皆手持利剑。“这，这……”徐他几人惊慌失措，许褚也不说话，只是挑起眉毛冷笑，让人毛骨悚然。徐他几人扔下利刃，夺路便逃。许褚一挥手，十数名卫士一哄而上，稀里哗啦将

徐他几人全部刺杀。袁绍的暗杀计划也随之破产。关于此事陈寿在《三国志·魏书十八·许褚传》中详细记述道："褚从讨袁绍于官渡。时常从士徐他等谋为逆，太祖以褚常侍左右，惮之不敢发。伺褚休下日，他等怀刀入。褚至下舍心动，即还侍。他等不知，入帐见褚，大惊愕。他色变，褚觉之，即击杀他等。太祖益亲信之，出入同行，不离左右。"

曹操虽然侥幸逃过了刺客的暗杀，可由于节节败退，士气丧尽，再加上在官渡与袁绍相持不下，此时的曹操心情极为烦躁。有一宠姬，曹操常带在身边。连日失眠的曹操感到有几分倦意，于是喝了一口水以后，要卧床休息。睡前对宠姬说道："我睡觉的时候别吵我。"躺在一旁的宠姬知道其心情烦躁，常大呼小叫，便小心翼翼地躺在一旁连喘气都要尽量把声音压低，可还是耐不住地翻了一下身，床板出了一点声响。没想到她就这么闯下了天祸，刚迷迷入睡的曹操被吵醒，咆哮大怒："我让你不要吵醒我！你却要吵醒我……"

"不，不，我没有……"宠姬惊恐万状。

"你没有，你没有吵醒我！你明明吵醒了我！"曹操怒吼着。

"没有，我真的没有……"

"还敢抵赖！"曹操操起木棒，劈头盖脸就打，宠姬呼喊着，号叫着："我没有，我没有……"

"我叫你抵赖！我叫你抵赖！"

曹操拼命地用棒子抡打着，曹操心中的恶气泄完了，安静了下来，宠姬也已被曹操用棒子活活打死，倒在了血泊之中。宠姬哪里知道，这是曹操在强大压力面前又犯"头风病"了。宠姬成了"医治"曹操"头风病"的一剂"良药"。上述曹操杀宠姬之事，《曹瞒传》记述道："又有幸姬常从昼寝，枕之卧，告之曰：'须臾觉我'。姬见太祖卧安，未即寤，及自觉，棒杀之。"

把宠姬血肉模糊的尸体抬走后，曹操在烛灯下执笔给坐镇许都的尚书令荀彧写信道：

我军连战不捷，一退再退，士气低落，官渡对峙又相持不下，恐像白马、延津一样凶多吉少，又有荆州刘表在后，不如且退，退回许都再说。曹孟德。

本来性情就急躁，此时的曹操已经脆弱到了极点，又有了打退堂鼓的念头。在兖州与吕布对峙时，在围吕布于下邳城时，曹操都萌生过此念头，看来这也是曹操的老毛病了。此时作为全军最高统帅的曹操要是扛不住，退下来，那官渡防线也就会垮下来，不攻自破。袁绍胜利就在眼前。

尚书令荀彧接到信后，一看这还了得，连忙挥毫给曹操写信道：

曹公扼官渡要道使敌不能进，现在正是决胜天下的关键时期，先退者先亡，谁能坚持到最后胜利就最终属于谁。曹公奉天子以令诸侯，据五州之地，地广人众，实力远强于袁绍，又有何惧？再加上，袁军虽连战连胜，士气高昂，但是远兵来伐，利在急战，粮草补给线又长，时间一长必然会暴露出漏洞，使我军有机可乘。此正是出奇制胜决胜天下之时，望曹公勿失良机！尚书令荀彧。

此时的曹操就像是一个心理需要抚慰的孩子，贾诩劝慰曹操道："曹公才智胜于袁绍，勇气胜于袁绍，用人胜于袁绍，决机也胜于袁绍，哪还有不胜袁绍之理！"此事陈寿在《三国志》各相关人物的传记中都有明确记载。

曹操的信心就这么又恢复了，于是便放弃了打退堂鼓的念头。不该坚持的时候要是硬坚持会造成严重损失，该坚持的时候不坚持也同样会造成严重损失。袁绍的机会就这么来了又去了。

可就在这时，广陵太守陈登派人火速来报，称："江东孙策闻袁曹两家官渡对峙，将率军渡江北袭许都！"

曹操及众幕僚大惊，手指地图道："我军与袁军在官渡对峙了近两个月，南面的荆州刘表已足以令人心忧，要是江东孙策也趁势来攻那可就麻烦大了。"

此时江东正值大旱，就像是一个大火炉。江东吴县（今江苏苏州市），讨逆将军孙策正在城门楼上召集军事会议，"曹操煞费苦心嫁曹德女于四弟孙匡，又让四子曹彰娶孙贲女，其目的是干什么？难道是想跟我们永结万世之好吗？不是！他是想效春秋战国故事，远交近攻，等把他周围的徐州吕布、淮南袁术、河北袁绍一个个都吃掉以后，最后再来收拾江东。"孙策指图道。

"孙将军所言极是。广陵太守陈登就像塞子一样塞在我们的嘴上，让我们喘不过气来，我军数次与其交战皆无功而返，我们应趁曹操与袁绍正在官渡对峙之时，从背后捅他一刀子，趁此机出兵攻广陵才是！这可是千载难逢之机！要是能趁此时拔掉广陵这块塞子，将军就可以兵进徐州，挺进中原，那时将军就会有更大的用武之地。”中护军周瑜剑指地图道。

孙策率五万江东军马至丹徒（今江苏镇江东南），陈兵江南准备渡江攻广陵，调集粮草。可没想到意外就在这期间发生了，一日孙策率数骑到山林中打猎，被暗藏丛林中的原吴郡太守许贡的门客射中面门，不多日便暴毙身亡，亡年26岁。孙策虽像其父孙坚一样有几分机智，可其称王称霸、狂躁的秉性，注定其肯定不会有什么好下场。

孙策暴毙，袭许的计划也随之流产。曹操的运气实在是太好了，公元199年曹操围吕布于下邳，河内太守张杨出兵袭许，被杨丑所杀，导致解围失败。公元200年官渡大战，孙策出兵攻广陵，又被许贡门客刺杀，致使曹操又躲过了致命一击。那接下来曹操的运气是不是还会同样好呢？

公元200年十月，初冬，曹操得报袁绍大将韩猛正押着数千粮车向袁绍的官渡大营而来，派徐晃率三千虎豹骑趁夜过河拦击。韩猛猝不及防，上千粮车全部被付之一炬。

接下来又有参军许攸来降，献上乌巢劫粮密计。大将淳于琼押运至乌巢（今河南封丘西北）的一万余车军粮化为灰烬，本来就有主攻与主守两派，导致军心不稳，加上粮草不济，又一连两度遭劫，致使军心危如累卵。在这关键点上，袁绍派去劫曹操官渡大营断其归路的将军张郃、高览又一走不归——降曹，导致军心崩溃。

袁绍闻张郃、高览率两万兵马降曹，知道这仗已经没办法打了，当机立断下令撤军，命监军沮授率三万兵马断后。袁绍、袁谭及众幕僚率万骑先行过河，退守延津，屯扎在官渡的十数万袁军主力也开始相继撤退。曹操挥军全线出击，袁军争先恐后全线溃逃，被铺天盖地而来的曹军杀得头颅满地，尸横遍野。数万袁军因仓促不能过河只得跪地求饶，沮授也成了俘虏，后在逃跑时被杀。数万被俘军士被曹操坑杀。袁绍先退守延津（在今河南延津北），后又到白马（今河南滑县东20公里），最后又退回到他的出发点黎阳（今河南浚县）。

袁绍匆忙撤退后，不仅遗留下来许多辎重和还有一些图书。据《三国演义》所述，曹操在清点战利品时在图书中发生一扎书信，都是军中文武私通袁绍的密函。当时有人劝曹操“可逐一点对姓名，收而杀之”。曹操的做法让易中天大加赞叹："曹操二话不说，下令一把火把它们烧个干净。那些暗中勾结袁绍的人，原本担心要追究的，现在都把提到嗓子眼的，心又放回肚子里去了，对曹操更是又佩服又感激。曹操那时解释是这样的：袁绍强盛的时候，连我都自身难保，何况大家伙呢！这话说得够体贴人心的。不要说那些心怀鬼胎的人疑窦冰释，便是没什么瓜葛的人，也会为曹操的宽宏大量和设身处地所感动。如果都要一一追究，只怕有半数以上的人都说不清。在这里，曹操显然又表现出了他政治家的天才。"可易中天也不开动脑筋想一想，曹军节节败退虽士气低落，可实力两倍于袁绍，又怎么会这么多人"里通外国"？还有，要是有这么多高官"里通外国"，军心要是散成那样，这个仗还能打吗？第三，这种通敌行为不要说在古代，就是在现代战争中也是犯大忌之事，也是要受到严惩的。况且曹操是一个具有变异性格的人，曹操的这个"气度"也实在是有点太大了。看来易中天的这个气球又吹得太大了。

易中天在谈到袁绍战败的原因时说"袁绍是因为愚蠢、固执和狂妄，终于自己把自己送上了绝路"，还嘲笑袁绍是"漂亮的草包"。可易中天又哪里知道袁绍的决策从头至尾基本上都是英明的。从公元199年九月至公元200年二月，黎阳对峙时，袁绍采取的是防守反击的策略，与田丰、沮授的作战思想是一致的。刘备反曹，曹操大后方有变，袁绍果断出兵，然后是连战连胜，把曹操从第一道防线一直打到了官渡第四道防线。

严重分歧是在夺取延津和阳武后产生的。袁绍及众武将主张再接再厉，继续进攻，而沮授、田丰、张郃主张转攻为守。其实，这两个作战方案各有利弊。继续进攻虽风险较大，可这有可能一鼓作气打败曹操，这也是消灭曹操的绝佳时机。转攻为守，虽然较稳妥，可较为保守，会打蛇不死反被蛇咬。就像易京大战一样，要是不能趁势消灭公孙瓒，松开一口气，将后患无穷。因此，在当时这两个方案谁优谁劣，很难说清楚。相反，沮授、田丰、张郃却过分自以为是地坚持自己的主张，严重惑乱军心。刚开始问题还没有凸显出来，可越到后面，尤其是在两军相持不下时，在袁军遭受挫折时，许多人就会误认为他们说得是对的，就会对主帅失去信心。张郃叛逃，其首要原因也在这里。世人都普遍认为是曹操乌巢劫粮动摇了军心，其实最先从根本上动摇军心的正是沮授、田丰、张郃这些人，在主帅已经决定过河后，他们应该放弃个人的主张，与主帅拧成一股绳才是，而他们却还在愚蠢地固执己见，以为自己是绝对正确的。其实，他们的主张虽然较稳妥，可又会错过千载难逢的灭曹之机。

要是说袁绍在继续进攻的策略上有什么失误的话，就是他不该听信刘表之言，被刘表开出的空头支票所误，这样袁绍很有可能采取较为保守的转攻为守策略。

就是这样，袁绍在最后的时候也有可能在官渡大破曹操，他指挥若定，以弱击强。而曹操兵多却不得势，中途还两次差点打退堂鼓，其个人能力和素质显然都在曹操之上。可袁绍的运气实在是太差了，孙策被许贡门客意外刺杀，许攸又因贪污而叛投曹操泄露重大军事机密。

下回请看：孙权登台推新政　刘备苦寻脱身计

第五十一回

孙权登台推新政　刘备苦寻脱身计

孙策死，按照封建王朝“父死子继，兄终弟及”的世袭制度，孙策无子，由年仅18岁的孙权即位。孙权，字仲谋，公元182年生人，在孙坚四子中排行老二。孙权生的方颐大口，目有精光。

据陈寿在《三国志·吴书二·孙权传》记述，孙权身穿缟服，泣不成声，在其母吴夫人、长史张昭、中护军周瑜的搀扶下，坐于大堂之上，即孙策之位。众文武立于阶下。

吴夫人说道：“按照礼制长兄如父，孙权要为兄守丧三年，可要是这样江东家业就会被荒废，这该如何是好？”

“是啊，要是按照礼制三年之丧，金革之事不避。”一些文官纷纷议论道。

这时只听长史张昭说道：“现在不是哭的时候，昔鲁公伯禽家有父丧，正遇徐戎作乱，伯禽脱下丧服而行征讨之事，这并非不孝，而是时事所迫。当今天下群雄争霸，豺狼满道，顾礼制等于开门揖盗，非明智之举！”

“张长史所言极是，现将军虽据有会稽、吴郡、丹杨、豫章、庐陵等江东五郡，可深险之地还未尽服，又值群雄争霸，豺狼满道，应时而动才是。”

孙权于是擦干眼泪，在张昭、周瑜的扶持下，脱掉缟服，骑上战马四处巡视军营，以振军威。

官渡大战侥幸死里逃生的曹操，虽威镇华夏，可尾巴显然比以前收敛多了。“孙策想趁我之危，现由其弟孙权即位，年仅18岁，又是一个乳臭未干的毛小子，江东与河北袁绍、荆州刘表相比又最弱，不如伐之！”司空曹操喝了一口茶说道。

“不可！”张纮谏道。公元199年孙策遣张纮入许都进表，被曹操留在许都，曹操拜其为侍御史。

“他当然要替他主子说话了。”众文武窃窃私语道。

“我这么说，不只是为了我主孙权，也是为了曹公。趁人之丧这有违古义，若是不克将结为仇家，不如厚待之！”张纮说道。

“张纮之言虽为其主，但也有道理。我方才与袁绍在官渡战罢，袁绍败归，官渡之危虽解，可袁绍之力还在，仍居有两州半之力，虎视眈眈！要是曹公去讨伐江东，其必袭我后，这样我方将两面受敌。因此不如厚待之。”尚书令荀彧说道。

“文若之言有理。袁绍才不会像刘表那么蠢，坐视不管。他正扇着扇子等着这样的机会，来夹击我呢……这样吧，那就表孙权为讨虏将军，领会稽太守。”曹操对袁绍仍心有余悸。上述曹操欲乘机出兵江东之事，陈寿在《三国志·吴书八·张纮传》中明确记述道：“曹公闻策薨，欲因丧伐吴。纮谏，以为乘人之丧，既非古义，若其不克，成仇弃好，不如因而厚之。曹公从其言，即表权为讨虏将军，领会稽太守。”

江东孙权在张昭的辅佐下，一边广修德政，安民理政，一边又广纳贤才。鲁肃在周瑜的举荐下，诸葛瑾在鲁肃的推荐下，严畯、步骘在张昭的推荐下，从四面八方纷纷来到孙权身边，被聘为从事中郎。严畯，字曼才，彭城人（今江苏徐州），步骘，字子山，淮阴人（今江苏淮阴市），与诸葛瑾一同孤身避难江东。三人皆公元173年前后生人。

一天会后，“子敬请留一下！”孙权说道。随后两人一起乘马车来到孙权府中，盘坐对饮。饮酒间，孙权一脸稚气地说道：“现汉家王朝已经快完了，群雄争霸，我继承父兄之业，很想成就齐桓公、晋文公那样霸业，不知子敬有何良策？”看来孙权和其兄孙策一样也是一个怀有称霸天下野心之人，也不是一个省油的灯。

鲁肃抿了一口酒，直言道：“昔汉高祖刘邦不能尊奉义帝为霸，是因为有楚霸王项羽挡着他的道，现在你没办法奉天子以令诸侯，是因为有曹操挡你的路。曹操挟天子令诸侯，据有五州之地，而将军充其量也只据有五郡之地，袁绍在官渡都被他打败了，天下谁还能敌？以我所见，汉家王朝已经不可光复，北方曹操一时也不可为敌。眼前将军只能凭长江天险，鼎足江东，以观天下之衅，然后伺机而动！将军的实力如此，也只能如此。”

按鲁肃的说法，对曹操应采取防守反击伺机而动的策略。与曹操到底是为敌、为友，还是为臣？鲁肃只是说不能为敌，具体没有说。

孙权劝酒道：“来，把这一樽给喝干了！”两人一饮而尽。

“那么又该如何对付荆州刘表呢？”孙权问道。

鲁肃喝了一口酒，说了两个字：“西扩！”

“‘西扩’？”孙权一脸茫然。鲁肃又抿了一口酒起身指图道：“北方曹操不可与其争锋，荆州刘表就不一样了。荆州刘表与将军有杀父之仇，论实力与将军差不多，与江东不仅水路相通，又东西接壤，这才是将军要谋取的地方。将军请过来看。将军可能还不知道西面还有一大片肥沃的天地。那里的主人叫刘璋，听说和刘表一样也软弱无能。那时将军就可以凭长江天险与曹操南北对峙，与曹操争天下，最终成就汉高祖那样的宏伟霸业！”

“是吗？”孙权也起身走到近前。

“将军你看，将军要是能西伐黄祖占据江夏之地（郡治西陵，今湖北新州西），顺势再西取江陵和公安，就可以把荆州之地以长江为界一分为二，荆南四郡就会成为将军的囊中之物。那时将军的实力将会大幅增强，还可以沿长江之道，水陆并进西进巴蜀。将军有所不知，巴蜀之地，人称天府之国，有人口数百万。到那时将军就可以凭长江天险与曹操南北对峙。”

鲁肃侃侃而谈，孙权也一脸兴奋：“好一个‘西扩’！子敬一席话让我茅塞顿开，子敬在对待曹操的问题上与张公（张昭）差不多，可却多了‘西扩’二字。这个想法实在是太诱人了。”这当然是正合孙权之意了。

“‘西扩’应首先从消灭江夏黄祖开始，这样才可以不断向西扩张，否则一切都无从谈起。”鲁肃说道。

“我看子敬的这个战略规划基本上可用四个字来概括，前两个字是‘北守'，后两个字是'西扩'，总的来说就是'北守西扩'。"孙权说道。

两人边饮边谈，边说边笑，兴奋异常。

第二天，孙权一脸兴奋来见母亲，张昭也在，孙权兴致勃勃地谈到了鲁肃的"北守西扩"战略。"昨天我和鲁肃谈了很久，他提出了'北守西扩'四个字。"孙权说道。

"怎么个'北守西扩'法，快说来听听！"张昭显然也很感兴趣。

"'北守'，就是对北方曹操应采取防守反击伺机而动的战略，'西扩'就是要从消灭江夏黄祖开始，不断西扩，最后依长江天险与曹操南北对峙。"

其实，鲁肃的"北守西扩"战略并无多少新鲜之处，孙策在世时采取的就是这一策略。孙策在世时，表面上与曹操相和，在袁绍与曹操两大军团官渡对峙时却要伺机北伐。孙策在世时也一直在搞"西扩"，他掠取皖城，两次西伐黄祖。只不过鲁肃使这一战略规划更完整了一些。

张昭先是一脸堆笑，可是越听脸色越难看，最后不禁破口大骂："'北守'，难道还想与曹操为敌吗？这和拿着鸡蛋碰石头又有什么两样？还有，仅凭江东现有的实力，就想'西扩'？还想凭长江之险与曹操南北对峙？简直是痴人说梦，口出狂言！真是年少粗疏，说话没深浅！这样的人不可大用！将军可要当心啊！"

就像三伏天被迎头泼了一盆冷水，孙权一脸尴尬，孩子似的说道："那，那，那该怎办？"

"还是我前几天所说的，河北袁绍据有四州之地都不是曹操的对手，将军只据有五郡之地又能如何？依将军现有的实力，为今之计，也只能北和曹操。"张昭说道。

"那又该怎么个'和'法呢？"孙权问道。

"与曹操共辅汉室。"张昭心气平和了许多，喝了一口茶说道。

"朝廷整个由他曹家人一手把持着，向汉室称臣，不就是向曹操俯首称臣吗？"孙权说道。

"这只不过是形式而已。这么做还可以避免与曹操为敌，这又有什么不好？一举两得。”张昭说道。

“你张叔叔说得有理。你才开始当家，年纪轻，还没有经验。那个什么鲁肃，我看也是一个才出山的愣头青，还是听你张叔的没错。别像你兄那样，一天到晚就知道杀杀砍砍，今天伐黄祖，明天又要去打曹操，也不想想能不能打得过。”吴夫人说道。

孙权只得唯命是从：“母亲，我知道了。”

张昭就这么把孙策和鲁肃的“北守”一下子变成了“北降”。那么到底是“真降”还是“假降”，是“真称臣”，还是“假称臣”，只有到时候再说了。而且把“西扩”整个踢到了一边。孙权就这么在继承了父兄之业后不久，在对外政策上来了个一百八十度的大转弯，又回到了过去的老路上。

孙权见到鲁肃后，一脸无奈地说道：“现在看来，也只能尽力一方，以辅汉室了，其他的事情以后再说吧。”上述鲁肃建议孙权“北守西扩”遭到长史张昭斥责全过程，陈寿在《三国志·吴书九·鲁肃传》中有详细记载，本著只是如实再现而已。

那么孙权在继承父兄之业之后，在张昭场外指导下的第一次出手水平是高还是低呢？

在古代王朝，面对像曹操这种具有称霸天下野心的人，各诸侯唯有通过联盟抗霸才能求得生存和发展，这是唯一光明的生路，是一条生命线。这是贾诩、袁绍、袁术、刘备许多人都早已明白的道理，吕布、袁术的灭亡，已经用血淋淋的事实诠释了这一道理。人们都说刘表蠢，明哲保身，坐以待毙，其实孙权、张昭在这个问题上更蠢，自取灭亡不说，还要在一定程度上受其节制，自找麻烦，同时还傻乎乎自觉主动地放弃了先发制人打击曹操的当然权力。此时的孙权要是不想将江东偌大的房地产供手让给曹操，唯有与荆州刘表，河北袁绍联盟抗曹，才能求得生存和发展。北和曹操，就像吕布拍曹操的马屁一样等于是自己找死。曹操不来打他，不是因为他多会装孙子，而是因为在曹操的背后有河北袁绍，有荆州刘表，才迟迟不敢动手。当然这一策略也并非全无道理，不搞“西扩”，与荆州刘表相安无事就是较为理智的做法，当然离联盟抗霸还有一大段距离要走。可见孙权、张昭还不及袁术、刘表。

许都曹公府，“既然我们不能去收拾江东小儿，那能不能去收拾荆州刘表呢？”曹操问道。

“现在去收拾荆州刘表时机也还不到，道理和不能收拾江东孙权一样。”荀彧说道。

“南面的江东小儿和荆州刘表我们都不能惹，原因只有一个，就是因为北有袁绍。看来我们只有把河北袁绍给解决了才能回过头来收拾他们。”曹操自言自语道。

“是啊，为今之计也只能如此。可我们要是进攻袁绍的话，要是南面的刘表和孙权来攻怎么办？”曹仁问道。

“这个倒无须多虑。荆州刘表乃坐守之贼，我攻吕布他坐视不管，官渡之战他又不帮袁绍。江东小儿称臣于我，虽然十有八九是装孙子，可都吓成这样了又怎么能来犯我？可这些人中唯袁绍实力最强，又最善用兵。前番与其黎阳对峙，结果被他抓住时机，把我军从第一道防线一直打到了官渡第四道防线。”曹操继续说道。

“看来也只有等待时机了。”军师荀攸附和道。

河北袁绍，因官渡新败，此时也只能采取防守反击伺机而动的战略。这也就使得在官渡大战后有一段时期较为平静。袁绍趁这一段时间，收拾散卒，平定内乱，安民理政，重整旗鼓。

让他没有想到的是，此时的刘备已有离开袁绍之意。原来，刘备反曹虽给袁绍创造了进攻曹操的时机，可曹操大兵一到不是溜就是降了，只是短期内牵制了曹操。刘备劝说刘表也无功而返。此时袁绍的心情肯定是复杂的，苦涩的。在别人的家里，主人的脸色又不好，换成谁都难以待下去。而在易中天看来：“刘备的开溜，很可能是已经预感到袁绍的失败。刘备在政治上是很敏感的。他就像海轮上的那些耗子一样，知道这条船会不会沉。看来，刘备已经意识到，袁绍这里已危机四伏，最好一走了之。”这一说法显然有问题。他要投奔的刘表更是一条破船，论能力和实力都远在袁绍之下。刘备在袁绍处待不下去才是真。

公元201年十月，此时早已回到冀州的刘备向袁绍请缨道："现江东孙权已向曹操俯首称臣，要想破曹只有联合荆州刘表，才能共制曹操。"

袁绍一听就把脸给拉下了，说道："别再提刘景升了，他承诺出兵相助，结果怎么样？结果错失了破曹的天赐良机，这是导致我军官渡失利的首要原因。"

"玄德所言也有一些道理。幽州鲜于辅、燕国阎柔、江东孙权、西凉韩遂、马腾现在都已经降曹了，我们唯一的外援就只剩下这个刘表了，在官渡决战时他虽言而无信，可他最起码现在还没有降曹吧？要是我们再和刘表闹翻，那整个就孤立了。再者，龚都又在汝南起事了，也正好可以遣玄德去联合。"长史逢纪说道。

"是啊……玄德此去一定要晓明结盟的利害，要是我袁本初完蛋了，他刘景升接下来也要完蛋，这对两家都是生死攸关的大事。那就麻烦玄德再走一趟了。"袁绍说道。

"请大将军放心，我一定会尽力去说服刘景升。"刘备应道。

刘备一行于是来到汝南龚都处，深入敌后，搞起了统战工作。陈寿在《三国志·蜀书二·先主传》中记述道："先主（刘备）还绍军，阴欲离绍，乃说南连荆州牧刘表。绍遣先主将本兵复至汝南，与贼龚都等合，众数千人。"

"曹操遣蔡阳进攻汝南才被杀，曹操又亲率大军南征，这该怎么办？"主簿简雍问道。

"怎么办？"刘备指图道，"鸡蛋大点的力量又怎么跟石头碰？我们现在只有走舞阴（县名，今河南沁阳市西北），去投靠荆州刘表，别无他法。糜竺、孙乾！"

"在！"二人应道。

"你二人先行到襄阳和刘荆州联络一下，看他是否愿意收留我们。"刘备说道。

"是！"

公元201年十一月，刘备率数千军马冒着刺骨的寒风一路西行翻山越岭来投荆州刘表，刘表携蔡瑁、蒯越等亲自到郊外相迎，待之以上宾之礼，然后让刘备屯兵新野（县名，今河南新野），北拒曹操。刘表太需要像刘备这样的人来为他看守荆州北大门了。刘备就这么从袁绍处又来到了刘表处。易中天在谈到这一问题时把时间给搞错了，他误以为刘备是在官渡大战期间离开的，实际上刘备是官渡大战一年后离开袁绍的。陈寿在《三国志·蜀书二·先主传》中明确记述道："曹公既破绍，自南击先主。先主遣麋竺、孙乾与刘表相闻，表处郊迎，以上宾礼待之，益其兵，使屯新野。"

半年后，长期一筹莫展的曹操又突然迎来了他称霸路上的一大机遇。

下回请看：孙权被逼要遣子　周瑜临危定大计

第五十二回

孙权被逼要遣子　周瑜临危定大计

自官渡大战以来，尤其是在刘备投奔刘表后，袁绍情绪更是坏透了，经常借酒浇愁。酒喝少了不解愁，酒喝多了便又开始在府中又哭又骂。

公元202年五月初夏的一天，邺城，彰德府，袁绍又喝得酩酊大醉："我袁绍四世三公，德名四方，自接任冀州牧以来，是屡战屡胜……界桥之战，龙河之战，易京城战，我袁本初都是以少胜多，以弱击强……两倍于我的公孙瓒被我消灭了……曹阿瞒，曹阿瞒实力虽两倍于我，据五州之地，可又怎么样？还不是被我从黎阳第一道防线，打到了官渡第四道防线……只需要再加一把力，就可以把，就可以把他消灭……可是就是最后这一把力，就是最后这一把力……"

袁绍又转而哭道："可就是最后这一把力，田丰、沮授惑乱军心，大军未出便败我士气……就是这最后一把力，刘景升多年的盟友，承诺出兵，却一兵不发……就是这最后一把力，张郃、高览跟随我多年的爱将，却弃我远去，率两万精兵降曹……天哪！难道是你要亡我袁本初吗？你要亡我，你就说啊……你让我败在'赘阉遗丑'脚下，你让我败在了一个轻佻短虑、作恶多端者的脚下，我又有何面目去面对列祖列宗啊……"

"天要亡我何止于此啊！在最危难的时候，玄德也离我远去……我袁本初到底怎么了呀？我袁本初是有眼无珠啊！曹阿瞒生性残暴，我却要去救活他，使其死灰复燃，结果我救活的狼却要来吃我……我袁本初是有眼无珠啊！张郃、刘景升、刘备……一个个都信誓旦旦，结果都把我给骗了……我枉活此生啊，我愚蠢至极……”袁绍哭着喊着，一边拿头往柱上碰，碰得柱子嗵嗵响。

吓得躲在一旁的刘夫人和袁尚连忙出来扶住袁绍，袁尚哭道：“父亲，父亲……你再别喝了……你到底怎么了……我们还没有垮，我们还据有河北之地，我们还有实力……”

“不！”袁绍一把将两人甩开，大声吼叫道，“现在所有的人都降了曹阿瞒！幽州鲜于辅，江东孙权，凉州马腾、韩遂……我们孤立无援，我们孤立无援！唯有荆州刘表没有降曹，可又怎么样？只会说空话……”说话间，袁绍突然咳声大作，开始大口大口呕血，呕血不止，随后便昏倒在地。

“父亲！”

“本初！天哪！你到底怎么了？！”

“赶快叫侍医！”

所有的人都慌做一团。袁绍处于深度昏迷之中，奄奄一息，不省人事。侍医把过脉后，让刘夫人准备后事。刘夫人止住哭声，急忙把总幕府审配、长史逢纪请来商议后事。

“国不可一日无君，家不可一日无主，现在当务之急是即位问题。”总幕府审配说道。

“问题是大将军至今还没有确立嗣子，而他又处在昏迷之中，不能指示，这该如何是好？”逢纪说道。

“那就只有按照大将军的意思办了。”审配意味深长地说道。

刘夫人脱口而出：“本初在诸子中，最爱幼子袁尚，每每夸之，赞我子貌美，赞我子聪明伶俐，早已有立幼子之意。”

“夫人所言属实。大将军平日最爱幼子袁尚，早有立嗣之意。只是由于大将军正值壮年，四十七八岁，身强体壮，总觉得不急。加之，从198年以来连年战事，顾不上，才没有正式立嗣。”总幕府审配的关键一票投在了袁尚一边。

其实，审配投票给袁尚还有更深一层的意思。袁绍有三子：长子袁谭、次子袁熙、三子袁尚。袁尚为刘氏所生。袁绍生前，最看重长子袁谭，派袁谭督青州，直接进入抗曹的最前线，他镇守冀州，父子二人对曹操形成两面夹击之势。官渡大战，袁谭一直伴随在袁绍左右。三子袁尚年纪最小，此时约二十四五岁，故留在邺城家中，并没有像袁谭、袁熙那样各自独当一面。在袁绍外出征伐时，与审配一起看守大本营。问题恰巧就出在这里，由于长子和次子都长期驻守在外，只有幼子袁尚留在身边，这样审配自然也就跟袁尚母子的关系更为亲近。这是审配投票给袁尚的潜台词。

逢纪见审配一票已经投给袁尚，欲言又止，也随口附和道："审正南所言有理，也只好如此了。"于是全票通过。由审配起草文告，言明这是袁绍临终遗嘱，两人一同签字为证。

公元202年五月，袁绍满怀着对曹操、对背信弃义者以及对他自已的怨恨和绝望，忧愤成疾，暴病身亡。举城号角长鸣，哀声四起，一个三国强人就这么轰然倒下了，中年早逝，终年48岁。陈寿在《三国志·魏书六·袁绍传》记述道："冀州城邑多叛，绍复击定之。自军败后发病，建安七年（公元202年），忧死。"在《三国志·魏书一·武帝传》记述道："绍自破后，发病呕血，夏五月死。"

关于袁绍因暴病而亡未立嗣之事，《典略》记述道："谭长而惠，尚少而美。绍妻刘氏爱尚，数称其才，绍亦奇其貌，欲以为后，未显而死。"

上述总幕府审配、长史逢纪与袁绍妻刘氏合谋立三子袁尚为大将军之事，陈寿在《三国志·魏书六·袁绍传》中明确记述道："审配、逢纪与辛评、郭图争权，配、纪与尚比，评、图与谭比。众以谭长，欲立之。配等恐谭立而评等为已害，缘绍素意，乃奉尚代绍位。"

审配、逢纪扶幼子袁尚于灵前即位，刘夫人高坐于侧。审配宣命道：

奉大将军遗令：我命浅薄，中年早亡，诸子之中，我唯最爱三子袁尚，其聪慧睿智，仁德宽厚，现立三子袁尚为嗣子，以继我位，望群臣共辅之，不负我望。现国难当地，曹贼肆虐，诸子应以国事为重，各守疆界，以防曹贼来侵，勿来奔丧。长子袁谭德慧过人，屡有战功，拜车骑将军。

群臣皆跪倒在地，高呼："请大将军安心！我等将肝脑涂地！共辅幼主！"

消息传到青州，袁谭闻袁绍暴病身亡，大惊，慌忙准备车马要到邺城奔丧。

谋士辛评说道："大将军生前对将军格外器重，委以重任，怎么会废长立幼呢？恐怕其中有问题，将军此去恐凶多吉少。"

参军郭图也说道："我也觉得其中有问题……这既然是大将军临终之意，为什么不把诸子都招到榻前明告呢？"

"这很有可能是审配、逢纪为了专权，与袁尚母子搞的阴谋。"辛评说道。

"要是这样我非杀了他们！"袁谭拍案道，可转念又一想，"不对呀！空口无凭。还有先父新丧，曹贼必然来攻，应顾全大局。要是此时兄弟相争，内部分裂，那不正好可以让曹操各个击破。"袁谭说道。

"但不管怎么说防人之心不可无。遗令中让将军'各守疆界，以防曹贼来侵，勿来奔丧'吗？"辛评说道。袁谭点头默然。

史学家们都把官渡大战说成是一件大事，其实，袁绍忧愤成疾，暴病身亡才是一件影响深远的大事。

袁绍显然没有把自己的心态调整好，没有过得了自己的心理关。一股股恶气和怨气长时间地憋在胸口，出不去，让他痛心疾首，这是导致他大口大口的呕血，暴病身亡的主要原因。这也是一个值得世人为之深思的问题，不知道有多少英雄都倒在了这一关口前。其实，袁绍只要把自己的心态调整好，以一颗平常心面对失败和挫折，采取防守反击伺机而动的战略，他照样还是三国群雄中的老二，他照样还有机会击败曹操。官渡之败虽然损失了数万兵马，可并没有伤及根本。袁绍永远都是悬在曹操头上的一把利剑，只要有他在，曹操就永远兴不起大的风浪。

袁绍毫无疑问是三国中的大英雄。他人品上乘，有一颗安天下的大义之心。世人被《三国演义》误导，都说他外宽内忌，而他杀害的最有争议的人——田丰，现在看来也是证据不足。此事在《先贤行状》中的记述是："绍于是有害丰之意。"谁都知道有杀人之心，不一定去杀人啊？也就是说田丰病死、自杀、他杀、袁绍杀四种可能都有。而在《三国演义》中却变成了袁绍杀。而曹操却不知道杀害了多少无辜。袁绍之能也远在曹操之上，他深谋远虑，处惊不乱，一次次击败强敌，屡奏凯歌。他一生中所犯的最大的一个错误就是东郭救狼，没有把曹操的嘴脸看清楚，盲目守信，结果使曹操死灰复燃，又时来运转劫献帝于许都，从此一发不可收拾。

可现在他倒下了，悬在曹操头上的利剑也随之消失了。不仅如此，由于袁绍仓促离去，没有安排好接班人的事情，又留下了一个大烂摊子，使兄弟相猜，群臣相疑，从而在兄弟与群臣之间留下了一条巨大的裂痕。曹操的运气实在是太好了！

易中天在谈到这个问题时却如此说道："我们知道，袁绍和刘表都是因为种种原因立幼不立长，才弄得内部分裂，自取灭亡的。"其实，刘表的问题也不是"立幼不立长"，这在后面将谈到。

六月，袁绍暴病身亡的消息传到许都后，司空曹操及众文武一个个如释重负，兴高采烈："袁本初被阎王请去做客了，留下几个小鬼把门，以后我们可以高枕无忧了。"

曹操一脸兴奋："是啊！袁本初死了，这可是一件大快人心的事啊！今天我设酒宴，请诸位一醉方休！"

"谢曹公！"众文武齐声道。

酒宴之上，歌舞声中，一下子又牛气十足的曹操说道："现袁绍已亡，我多年的心腹大患就这么消失了，想想真是不可思议，有心之如空之感。"曹操说着不觉哈哈地笑了起来，众文武也跟着哈哈大笑了起来。

"此乃天意，是天助曹公成就大业啊！"众文武唧唧喳喳地说道。

"那接下来又该如何呢？"司空曹操问道。

"袁绍新丧，内部不稳，自顾不暇，应趁此机去逼江东小儿就犯，让他遣子为质！”刘晔献策道。刘晔，字子扬，淮南人，有谋略，原为庐江太守刘勋主谋，孙策袭皖城后，投奔曹操。

“是啊，这小子十有八九是假称臣，应该趁此机逼其送子为质才是！若敢不从，就收拾他！”将军曹仁说道。

七月，曹操遣使到吴县（东吴治，今江苏苏州），下书责令孙权遣子为质。逼着孙权摊牌。这下可把孙权、吴夫人及其手下幕僚给难住了。

“袁绍刚暴病身亡，就来逼迫孙家遣子为质，这到底该如何是好啊？”吴夫人惊恐不安地说道。

这是要让吴夫人的亲孙子到许都去做人质，这可是她的心头肉啊，万一要是有什么闪失谁能承担得起这个责任？张昭、张纮、顾雍、虞翻、诸葛瑾、严畯、步骘皆面面相觑，不知该如何回答才好。顾雍，字元叹，吴郡吴人，时孙权领会稽太守，顾雍为会稽丞（相当于副郡守）。

“张公，这些人就属你见多识广，你说这事到底该咋办？”吴夫人点名道。

“袁绍暴病身亡，幼子即位，内部不稳，使得曹操气势更盛。要是不同意遣子为质，曹操可能会出兵讨伐江东，江东危矣……可要是遣子为质，那江东以后就要事事受其节制……这的确是一个难题，让人左右为难。”张昭支支吾吾说道。

“我就这么一个宝贝孙子，我们孙家现在就只有这么一点儿血脉，还要交到曹操这个杀人不眨眼的恶魔手上……这又让我怎么能放心，怎么能舍得啊……你们可得替我想想办法……”吴夫人情绪激动地说道。

“母亲，你别着急，你先回去，再想想办法。”孙权也不想送子为质，可也六神无主，不知该如何是好。

吴夫人看议不出个什么结果来，便先回府，临上车一脸忧虑地对孙权说道：“这可是生死攸关的大事啊，何不把公瑾叫来一问？他可是你兄的生前挚友。”

“母亲，你不说，我差点给忘了。我马上派人去请。”孙权应道。《江表传》记述道："曹公新破袁绍，兵威日盛，建安七年，下书责权质任子。权召群臣会议，张昭、秦松等犹豫不能决，权意不欲遣质，乃独将瑜诣母前定议。"

孙权和周瑜一起乘马车在甲士的护卫下来到吴夫人的府上。周瑜刚一入座，吴夫人便急不可待地说道："请你来，因为你是伯符挚友，是想让你拿个主意，这到底该咋办啊？"

"伯母你别着急，关于曹操逼迫孙家遣子为质的事，我在路上已经听仲谋说了。我的意思是不遣子！"周瑜说道。

吴夫人一听，就像看到了光亮似的，眼睛一亮："公瑾的意思是？"

"一旦遣子为质，处处都要受到曹操摆布，他让你往东，你不敢往西，他让你上山，你不敢入水。可将军及其一家人又能得到什么呢？无非是一个侯印，出行的马车和侍从更排场一些。这显然是得不偿失。况且曹操到底是乱国之贼，还是立国之臣，还不清楚。因此我的意见是不遣子！"周瑜说道。

"我就这么一个孙子，我们孙家就这么一点儿血脉，那可是我的心头肉啊！我又怎么肯交到杀人不眨眼的曹操手上……可问题是，要是不答应他的要求，他要率大军来打怎么办？曹操那么大的势力，连袁绍都不是对手，那到时候可是要毁宗灭族啊……"吴夫人忧心如焚地说道。

"伯母，这个问题我也考虑过了。江东虽小，可也不是他曹操想打就打，想欺负就欺负的。江东现据有五郡之地，兵精粮足，将士用命，铸山为铜，煮海为盐，土地肥沃，人心安定，士气高昂，所向无敌，岂是他曹操想打就打，想杀就杀的吗？况且我江东还有长江之险，到时候只怕会让他有来无回！"周瑜有些情绪激动地说道。

"我要听的就是你这句话！真不愧是伯符拜堂之弟，说起话来，也虎虎有生气，颇有将军之风！我就按你的意见办。到时候曹操要是率大军来犯，那就有赖将军率军抵抗了！"吴夫人一下子像注射了兴奋剂似的，精神百倍。

“请伯母放心，我将万死不辞！”周瑜抱拳跪倒在地说道。

“来，来，来，快站起来。公瑾与伯符同年，小一个月，我一向视你为子，见你便如见伯符。”吴夫人说到这儿，不禁眼角流出了泪花。

“来，孩子，你以后就视公瑾为兄！”吴夫人把孙权拉到跟前说道。

曹操逼迫孙权遣子为质一事，就这么因周瑜冲冠一怒，给吴夫人和孙权吃了一颗定心丸，被拒绝。此事在《江表传》中有明确详细记载，本著只是如实再现而已。

下回请看：刘备奇袭许都战博望　华佗针灸曹操险丧命

第五十三回

刘备奇袭许都战博望　华佗针灸曹操险丧命

周瑜冲冠一怒，给孙权母子吃了一颗定心丸，于是便拒绝了曹操遣子为质的要求。曹仁闻讯大怒："江东小儿竟敢耍我们，既然如此那就别怪咱不客气了！"

"是的，江东小儿把咱们也当小儿了，曹公就下令发兵吧！"众武将也吼道。

"且慢！"尚书令荀彧阻道。

"文若，前番你阻我伐江东，是因为袁绍虎踞河北，现袁绍已暴病身亡，留下几个小儿，泥菩萨过河自身都难保，还有何忧啊？"曹操一脸疑惑。

"问题就在这里。"荀彧说道。

"此话怎讲，文若快说来听听？"曹操更糊涂了。

"河北袁绍是曹公的死敌，要是我们现在去攻江东孙权，就会又树立一个新敌，这样我们一新一旧就要同时面对两个敌人。要是去攻河北袁尚的话，只是面对一个旧敌。袁绍新丧，由二十五六岁的幼子袁尚即位，内部也不稳，正好可以去攻。因此，此时应该进攻河北袁尚才是。江东孙权装孙子那就让他去装孙子好了，我们正好可以将计就计。等吃掉河北后，再来统一南方，收拾这些人不迟。"荀彧解释道。

"文若果然有独到见解！正如文若所言，让江东小儿去装孙子去好了，先不要惹他，省得自找麻烦，这样我们正好可以大胆地往前走，去吞并河北。"曹操说道。

公元202年九月，秋高气爽，曹操亲率二十万大军北上黎阳（今河南浚县），在黄河南岸扎下十数座大营。两军隔河相对。大敌当前，袁谭为顾全大局，率三万兵马前往，在黄河北岸扎下数座大营，以拒曹操。袁谭、袁尚兄弟二人就这么开始了联盟抗曹，可是各怀一心，相互猜忌，袁尚听审配计，不愿给袁谭补充兵马，袁谭怒杀袁尚派来的监军逢纪。就在两人就要撕破脸皮危在旦夕时，袁尚使者来到新野，刘备命关羽镇守新野，连忙和来使一起奔襄阳。

刘表、蔡瑁、蒯越迎道："玄德匆匆而来，一定有要事！"

"是的。这是袁将军派来的使者，这是他的亲笔求援信！"刘备说着把信递到刘表手上。

荆州牧刘表看完后，又把信递到蔡瑁手中。

"曹操率二十万大军屯兵黎阳，想趁袁氏兄弟年轻、立足未稳一鼓荡平河北，现在大军已经过河。"刘备说道。

"荆州两面受敌，北有曹操，东有孙权，两个人都有称霸天下的勃勃野心，河北袁氏是我多年的盟友，河北亡则荆州孤，荆州将难以独存！这不仅对河北袁氏是生死攸关的大事，对荆州也是一样。"刘表说道。

刘备、蔡瑁、蒯越一个个都投以惊异的目光，他们做梦也没想到刘表的思想会来个一百八十度的大转弯，会从明哲保身的思维怪圈中走出来。刘备的政治思想工作怎么会取得如此显著的成效？其实也不难理解，由于刘备现在已经加入了刘表的阵营，说起话来自然也就是从刘表的利益角度出发，这样自然也就更容易让刘表所接受。再者，刘备加入刘表阵营后，自然与刘表促膝谈心的机会也就多了，这样刘表的政治思想工作自然也就更容易做通。

"问题是我们要是出兵袭许，江东孙权袭江夏黄祖怎么办？"刘表问道。

"曹操之患已迫在眉睫，要是现在不出兵，等他打败了袁氏兄弟，平定河北就来不及了。江东孙权也是才继兄位，未必敢来犯界。当然，也不能掉以轻心，让黄祖高度戒备就是了。"刘备说道。

"玄德所言极是，我们再也不能犯官渡大战那样的错误了。那时我要是出兵袭许……我对不起袁本初啊，是我害了本初，错过了一次绝好的灭曹之机……"刘表说着，眼眶里涌出了泪水。

"是啊，我们再也不能犯官渡大战那样的错误了……"刘备深有感触地说道。

公元202年十二月，寒冬腊月，刘表命刘备率五万军马从新野出兵，兵分两路北伐，一路沿淯水（今河南白河，流入汉水）直捣宛城（今河南南阳），一路则直取堵阳城（今河南方城）以截曹军北归之路。曹军猝不及防，被刘备打得节节败退，就像当年的袁术一样，不久便弃宛城，入堵阳城，向许都方向逃遁。此时负责洛阳东南二十一城军政要务的河南尹夏侯惇，一边匆忙迎敌，一边向曹操告急。此时曹操正在黎阳与袁谭、袁尚二兄弟野战，处在胶着状态之中。

流星马飞报："刘备率大军北上袭许，现在已夺取宛城，堵阳城，正沿山涧之路向叶县（今河南叶县西南）挺进，河南尹夏侯惇将军请求救援！"

"耶！你刚才说什么？刘备北上袭许？刘表这个坐守之贼，脑子怎么会突然开窍？你们是不是弄错了？"曹操一脸惊疑。

"是啊，刘表一个坐守之贼怎么会袭许呢？这怎么可能！"众幕僚也纷纷议论道。

"说奇怪也不奇怪，因为他身边现在有个刘备，这个人可是雄才大略，肯定要想方设法说服刘表袭许。看来我们以后不能再小看荆州刘表了。"军师荀攸说道。

"这该如何是好……哎呀！我的头怎么又疼开了……"刹那间，曹操脸色苍白，用手指使劲捏着自己的头颅，痛苦万状。

"怎么了，曹公的头风病是不是又犯了。"众文武慌做一团。

"赶快叫侍医华佗！叫华佗来！"荀攸叫道。

华佗，字元化，沛国谯县人，与曹操是同乡。华佗精通中草药和针灸，他发明了一种麻醉剂，叫麻沸散，服用后可实行全身麻醉，然后进行剖腹手术。他多次为患者做剖腹产手术，救人于性命。他在医学史上，被认为是世界上最早利用全身麻醉方法进行外科手术的医生。《三国志·魏书二十九·华佗传》记述华佗："又精方药，其疗疾，合汤不过数种，心解分剂，不复称量，煮熟便饮，语其节度，舍去辄愈。若当灸，不过一两处，每处不过七八壮，病亦应除。若当针，亦不过两处，下针言'当引某许，若至，语人'。病者言'已到'，应便拔针，病亦行差。若病结积在内，针药所不能及，当须刳割者，便饮其麻沸散，须臾便如醉死无所知，因破取。病若在肠中，便断肠湔洗，缝腹膏摩，四五日差，不痛，人亦不自寤，一月之间，即平复矣。”

华佗游医于徐州、扬州一带，由于他医术高超曾为许多达官贵人治病，在民间被称为神医。华佗以医为生，以医为业，沛相陈珪、太尉黄琬曾招其为官，皆辞而不就。曹操闻华佗之名，便把他召来，留做侍医，伴随左右。上述关于华佗之事，在《三国志·魏书二十九·华佗传》有详细记载。

华佗进来后，仔细为曹操把过脉，看过眼仁，曹操一脸痛苦：“我这头风病是否可治？”

华佗说道：“曹公的头风病乃陈年固疾，因患风而起，病根在脑子里，短时间内难以去除，只能长年医治，方可延年益寿。”

随后华佗开出草药数服，然后取出青铜针灸（现代考古发现在当时就有许多青铜针灸，后来才用银针）。曹操一看青铜针灸惊道：“你，你这是何物？”

华佗：“是青铜针灸。”

曹操：“何用？”

华佗：“刺穴位，可去头痛。”

曹操一把将青铜针灸夺下，吼叫道：“胡说八道，你，你，你……我看你是以医病为名，想用此青铜针刺穿我的头颅，好来谋害我！是不是？！”

“不，不，曹公，不是，这东西是治病的。”华佗语无伦次，不知该如何回答是好。

“还敢狡辩！来人，给我拉出去斩了！”曹操站在床上暴怒道。

“曹公这可真是治病的呀！此青铜针灸虽能刺穿身体，乃治病之利器，绝不会伤及性命。”华佗辩解道。

“曹公，此物确如华佗所言，是去病用的。”军师荀攸说道。

“真是这样？！”曹操一脸疑惑。

这时华佗也冷静了下来，“你们看……”他说完，气定神闲当众用青铜针灸在头颅多个穴位上，连扎数针。曹操和众文武一个个睁大眼睛好奇地看着，纷纷议论着：“看来这针还真能治病啊……”

华佗给曹操做完针灸后，曹操坐起，晃晃头，转转脖子，“哎，这玩意还真神，针到病除，头不疼了，心也不慌了。哈哈，华佗真不愧是华夏神医。快，快……快拿金饼来！”曹操兴高采烈地说道。此事范晔在《后汉书·卷八十二下·华佗传》记述道："曹操闻而召佗，常在左右，操积苦头风眩，佗针，随手而差。"

随后曹操又喝了一碗汤药，说道："现在继续刚才的议题。公达你先说说看。"

"以我之见，曹公应南北迎敌，两面作战。刘备的北伐军并不是想要袭取许都，他也没那个能耐，只是想逼曹公回军，解河北之危罢了。南面，曹公只要命夏侯惇、于禁集结兵马拦击，再派一员大将去助阵就是了。难道三员大将还斗不过一个刘备？北面，曹公应乘胜前进，围黎阳城，争取把袁家两兄弟变成瓮中之鳖。"荀攸说道。

"那我们有这个能力吗？"曹操问道。

"应该说是有。袁尚与刘表两家加起来也不过是三个半州之力，而曹公现在具有五州之地，又怎么能是曹公的对手呢？"荀攸说道。

"不仅如此，还可以游说江东孙权去袭刘表之后。"郭嘉补充道。

"江东小儿会听我们使唤吗？"曹操问道。

"应该说问题不大，因为孙权与刘表有杀父之仇。"郭嘉说道。

"二位军师言之有理，看来现在只好南北迎敌，两面作战了。那又该派谁去救援呢？"曹操问道。

"张辽、徐晃、张郃、乐进显然抽调不出来，看来只好派李典去救援了。"荀攸说道。

李典，字曼成，山阳钜野人，公元192年随叔父投奔曹操，因屡立战功被曹操拜为裨将军，屯兵安民。此次与袁谭、袁尚相持黎阳，让他和程昱负责粮草运输。

"看来也只能如此了。李典！"曹操说道。

"在！"

"你速带两万兵马南下去协助河南尹夏侯惇，阻止刘备北上！"曹操命令道。

"是！"李典领命道。

"张辽、徐晃、张郃、乐进！"

"在！"

"你四人各率本部军马从即日起加紧进攻袁谭、袁尚二兄弟！"

"是！"

公元203元正月，开春，刘备率关羽、张飞近逼叶县，河南尹夏侯惇、偏将军于禁紧闭城门据城而守，裨将军李典此时已率两万军马前来增援，在城外扎大营。

"夏侯惇、于禁节节败退，我军势如破竹，现在已深入敌境六百余里，兵至叶县。叶县在这儿，许都在叶县北面约二百里处，要是曹操还不撤军，我们就进攻他的许都！"刘备在城外鞭指地图道。

"大哥说得对，要是曹操还不退兵，下一步咱们就进攻许都，把皇帝抢到荆州去。"张飞说道。

黎阳前线，此时袁谭、袁尚被曹操击溃，趁夜各自率军逃回邺城（今河北临漳西南）。正在曹操准备挥军邺城时，流星马飞报："夏侯惇退守叶县，刘备大军已兵临城下，形势危急，请求救兵！"

"刘备的北伐军离许都已不足二百里，曹公不能再坐视了……"程昱等纷纷议论道。

曹操犹豫不决。

这时军师郭嘉说道："袁绍生前格外器重长子袁谭，现废长立幼，兄弟之间肯定有许多矛盾。审配、郭图各为其主，必然会钩心斗角。急之则相助，缓之则相争。曹公不如撤军，南向荆州刘表。这样既可解许都之危，还可以待其变。待其生变后再出兵击之，不是更好吗？"

"奉孝言之有理。攻黎阳仅如此之难，攻邺城更是难上加难。刘备之危已迫在眉睫，不能不应。且荆州刘表实力只是袁家兄弟的一半，其背后又有孙权为敌，显然要比河北容易对付。不如趁此南征刘表。"军师荀攸补充道。

"二军师言之有理！"曹操于是决定回军南征刘表，留贾信屯兵黎阳，河北之危遂解。

再说江东孙权。此时吴夫人忧虑成疾，已于公元202年十月病逝。孙权应曹操之命，亲率五万大军，命吕范、程普、韩当、周泰、吕蒙为先锋，西伐黄祖。荆州刘表转眼间又一下子处在北面曹操和江东孙权的两面受敌之中，处境十分危险。

屯兵叶县，正在与夏侯惇、于禁、李典对峙的刘备闻曹操已回军救援，河北之危已解，又闻孙权率大军偷袭江夏，决定立即撤军。

“关羽、张飞、赵云听令！”刘备命令道。

“在！”

“今夜撤军，关、张二人撤军后要把营帐全部烧掉！”刘备命令道。

“大哥，这些营帐我们以后还可以用，为什么要烧掉？”张飞问道。

“大哥这是烧屯伪遁。”关羽说道。

“什么‘烧屯伪遁’？尽是一些文绉绉的词。”张飞唠叨道。

刘备大军连夜从叶县撤出，营寨变成了熊熊大火，火光在夜空中映天照月。

“曹公大军将至，刘备闻风鼠窜，连夜烧屯逃走了，我们应该趁势追击！”夏侯惇说道。

“不可！刘备虽惧曹公大军，可刘备很会用兵，南道山路崎岖，沟壑纵横，丛林密布，易设伏兵，将军最好不要追。”李典剑指地图道。

“刘备凡遇曹公，每每鼠窜，明明是胆怯而逃，有什么好担心的？李将军既然害怕那就自守大营好了！”夏侯惇不听李典之言，与于禁各率五千轻骑追击。

夏侯惇虽嘴上硬，可心里面还是害怕刘备伏兵，与于禁在山涧小路上蹑手蹑脚追了近一百里路。一路上到处都是清泉绿水，鸟语花香。

“前面就要到博望坡了，照这样下去能追上吗？”夏侯惇抱怨道。

“沿途并无伏兵，看来是李将军多虑了……”于禁说道。

“听我命令，全军加快脚步，快速追击！”夏侯惇下令道。

随着独眼龙夏侯惇一声令下，曹军万马奔腾立即加快了追击的脚步，刚到博望坡（在今河南方城县南），远远看见一员大将，带一千余骑横刀立马挡住岘口，威风凛凛。夏侯惇定睛一看：“呀！不好，是关云长！”

再往左边的山岔中一看，又一路兵马从丛林中显身，当先一骑是豹头环眼的张飞。再往右边山岔中一看，赵云率一路军马从丛林中显身。

“不好，有伏兵，赶紧撤！”于禁惊叫道。可往哪里撤？

刹那间，战鼓齐鸣，万箭齐发，曹军骑步兵纷纷中箭倒地，刘备亲擂战鼓，关羽、张飞、赵云各率一路军马如滚滚洪流般冲杀而来，曹军乱做一团，纷纷调转马头往回撤。

“赶快撤！”夏侯惇、于禁吼道。

在关羽、张飞、赵云的三路夹击下，数千曹军骑兵被杀被俘，夏侯惇、于禁且战且退，被团团围在中间，十分危险。就在这时李典率三千骑杀来。原来，李典恐夏侯惇、于禁中埋伏，一直尾随在后。刘备见曹军救兵至，于是便见好就收，鸣金收兵。夏侯惇、于禁才得以解脱，副将夏侯兰却被张飞生擒。夏侯兰与赵云是同乡，后经赵云说情刘备留做军正（执法官）。刘备在解除了河北之危之后，回过头来在博望坡又打了一个漂亮的伏击战。上述刘备袭许都及博望坡之战，陈寿在《三国志·魏书十八·李典传》中记述道："刘表使刘备北侵，至叶，太祖遣典从夏侯惇拒之。备一旦烧屯去，惇率诸军追击之，典曰：'贼无故退，疑必有伏。南道狭窄，草木深，不可追也。'惇不听，与于禁追之，典留守。惇等果入贼伏里，战不利，典往救，备望见救至，乃散退。"《三国演义》所谓的"博望坡军师初用兵"一事，跟诸葛亮没有任何关系，那时诸葛亮只有22岁，还在隆中农耕雨读。

几乎在同一时间，江东孙权偷袭江夏的五万军马，也被早有准备的江夏太守黄祖军打得大败而归。

曹操的"统一河北"和孙权的"西扩"大计被刘表相继破灭后，那袁谭与袁尚二兄弟是不是会像郭嘉所预料的那样"缓之则相争"呢？

下回请看：刘表血泪把和劝　崔琰正言问曹操

三国秘传
下卷
江波 江骏祥 著
中国青年出版社

目录

第五十四回

刘表血泪把和劝　崔琰正言问曹操

公元203年八月，中秋，曹操亲率十五万大军南征刘表，屯军西平（今河南西平），企图一举荡平荆州。这也可以说是刘表和刘备引火烧身，那袁尚、袁谭两兄弟会出兵相救吗？这兄弟二人正如军师郭嘉所预料，曹操撤军后两人的矛盾马上就凸显了出来，袁谭听郭图、辛评之言，欲趁在城外驻军之机袭取邺城，袁尚得知后立马采取突然袭击，袁谭被打得节节败退，逃回青州，退守平原（今山东平原）。而袁尚一不做、二不休，想乘机一鼓荡平平原，统一青州，袁谭被逼走投无路，听郭图计伪降曹操。

秋风瑟瑟，落叶飘飘。正在新野加紧调集军马应战曹操的刘表和刘备，听说袁家兄弟打了起来，大惊失色。

“只有袁刘两家协力才能联盟抗霸。曹操刚兵锋转南，袁谭、袁尚二兄弟就打了起来，闹起了内讧，这仗还怎么打？这袁家两兄弟怎么这么浑哪！”刘表有些不知所措。

“这样不仅他们两兄弟会像李傕、郭汜那样全完蛋，我们也要跟着一起完蛋！”刘备也急了。

“这该如何是好？”刘表急道。

“办法只有一个。”刘备说道。

“什么办法？”

“劝和。跟他们两兄弟晓明利害，让他们两兄弟赶紧化干戈为玉帛。”刘备说道。

刘表与刘备两人亲自执笔，一边斟酌，一边起草，一边叹息，一边流泪，既为挽救袁谭、袁尚二兄弟，也为挽救他们自己，字字句句皆出自心肺。刘表在给袁谭的信中写道：

天降大祸，尊公暴病，天下振动，四海为之流泪。袁家四世三公，德高望重，天下仁者均欲投奔盟主以尽全力，尊公虽亡，可心愿犹存。现你兄弟相争，手足相离，国分为二，这可是自取灭亡之道啊！

兄弟手足父子相残，虽自古即有之。可自古到今，凡想成大业光宗耀祖者，没有弃亲即疏，断其本根，而能成大事者。这样的事情古往今来有许多。尊公在世最恨曹贼，将军又怎么能忘先公之仇，弃骨肉之亲，背同盟之约，而自相残杀？这可是万世之戒，同盟之耻啊！

你弟现已即位，虽然有傲慢无礼之处，可已成既定事实，你要是能听我一句劝：就请你屈身守全，以河北之业为重，甘居第二。

听我一句劝吧：血浓于水，不要再争了，这只会使亲者痛，仇者快，自取灭亡！

听我一句劝吧：你们兄弟应摒弃前仇，化干戈为玉帛，和好如初，共御曹贼，这才是生存之道啊！刘景升亲笔。

刘表、刘备在给袁谭的信中是动之以情，晓之以理，以期袁谭能以河北大业、先父遗志和生死存亡为重，甘居第二，与其弟和睦相处，共抗曹操。

刘表、刘备在给袁尚的信中写道：

我知道你们兄弟相争，起因是辛评、郭图从中挑唆。兄弟相残，连僵尸都为之流血和哭泣，虽生同死。你兄弟二人才继承先公大业，进有国家倾覆之危，退有先公遗恨未报，你们应当以国家大义为重，万不可以因一时喜怒之忿而因小失大。金木水火以刚柔相济，由相克而相和，才能为天下人之所用。你兄袁谭性急，一时犯浑。你宽宏大度，应以大包小，以优容劣，先除曹贼以报先公之仇，等事定之后再议曲直也不迟。要是你们兄弟再相争下去，迷而不返，不仅会自取灭亡，愧对先公和列宗，还会被天下人所不齿。你我虽然是同盟，又怎么再协力抗曹呢？如果你们兄弟能和睦相处，我们还是盟友，一起共抗曹操。要是你们还继续争斗，咱们的同盟关系也就到此结束！刘景升亲笔。

刘表、刘备在给袁尚的信中是既动之以情，晓之以理，还软硬兼施，以同盟关系相胁。可见刘表和刘备用心之良苦，可以说把话已经说尽了。他们在竭力劝和，以挽救袁家兄弟，当然也是挽救他们自己。

信写好后，刘表便派孙乾、简雍火速赶往平原，战马行经之处，卷起层层秋叶。刘表、刘备的劝和信，范晔在《后汉书·卷七十四下·袁绍传》中有全文记载，在《魏氏春秋》也有，本著只是如实再现而已。

可结果是袁尚、审配满脑子打的都是先用王权统一对方然后再抗曹的如意算盘，孤注一掷，全然不听劝告。曹操则将计就计，北上黎阳。袁氏实力本来就只是曹操的一半，加上兄弟相争，一分为二，内讧，实力更弱。致使人心离叛，先是袁尚手下大将吕旷、吕翔率军降曹，接下来是邺城守将苏由降曹，再接下来是邺城守将冯礼降曹，最后又是审配侄儿审荣亲自打开城门迎曹操入城，审配被砍头。袁谭、郭图及妻儿在南皮统统人头落地。袁尚、袁熙北投辽西乌丸王蹋顿。

公元205年四月，黑山张燕率众十万降曹，被封为列侯。不久并州高干被杀，曹操就这么像风卷残云一样，旋即把河北之地吞到了肚子里，实现了吞并河北的大梦。

曹操破了袁尚、袁谭后，自领冀州牧。“我看了你呈报上来的冀州户籍，冀州果然名不虚传，我这一下即可得三十万之众！”曹操喝了一口茶，扬起有些花白的小山羊胡笑道。

崔琰正言问道：“今天下分崩，战乱不断，袁氏兄弟相争，导致庶民百姓暴骨原野。曹公来到冀州既不问百姓之疾苦，也没有任何救民之举，只是关心能招多少兵，能有多少人为自己卖命，以图霸业。这难道就是民众所期望的曹公吗？”崔琰字季珪，清河东武城人，清正廉明，相貌堂堂，一身正气。袁绍为冀州牧时，劝袁绍教练军士，施仁德于民，救民众于难，袁绍深爱其人品与才干，拜其为骑都尉。曹操拜其为别驾从事。

众皆低头失色，不敢正眼看曹操，弄得具有几分儒雅外表的曹操很是难堪。曹操挑起眉毛冷笑了两声，然后又哈哈大笑，大度地接纳了崔琰，“崔琰所言有理啊……你们只会唯唯诺诺，就不敢直言相谏！”上述崔琰正言问曹操一事，陈寿在《三国志·魏书十二·崔琰传》中有明确记载。

可崔琰又哪里知道曹操这种具有称霸天下野心的人，其四处侵略的首要目的不是安天下，而是要把天下都变成自家的房地产，让天下人都跪倒在他的权杖之下。要是为了民众，他才不会干这些事呢！为了天下人只不过是一句常常挂在口头上的空话、套话，哪一个封建统治者在打天下的时候不都打着为国为民为天下的旗号，为了天下人能当家做主过上幸福美好安康的生活？也难怪，不这么宣传又有多少人会跟着这些人干呢？

在盛大的庆功宴上，曹操论功行封，尚书令荀彧宣读道："奉曹公令，军师荀攸，自从辅佐我以来，每征必往，定中原，统河北，皆其之谋，封陵树亭侯。军师郭嘉自随军以来，也多有奇谋，封洧阳亭侯。程昱确保粮草供应有功，封安国亭侯。封董昭为千秋亭侯。拜张辽为荡寇将军，封都亭侯……"

喝了许多酒的许攸就坐在曹操的身边，与曹操嬉笑说道："阿瞒哪！你要是没有我，又怎么能进得此城呢？"

两个从小和尿泥长大的老朋友在一起，说起话来自然也比较随便，没大没小，直呼小名，开开玩笑本来是很正常的事，可对高高在上以王者自居的曹操却是一件犯忌之事，让曹操恨得牙根直痒痒。更可怕的是，他勾起了曹操儿时备受伙伴们欺辱的情景，尤其是许攸儿时的嬉皮笑脸，曹操禁不住恶从胆边升……可在大庭广众之下，曹操还是很有涵养地笑道："是啊，是啊，你说得没错，多亏子远（许攸）帮忙……"

让许攸没有想到的是，这却给他招来了杀身之祸。宴后，曹操把许褚叫到近前，阴着脸嘀咕了几句，许褚领命而去，率十数骑追上许攸的马车，"请问许将军有何贵干啊？"许攸掀起车帘问道。

"奉曹公之命，让你永远闭上你那张臭乌鸦嘴！"许褚说道。

许攸还没明白是怎么回事，便被许褚一戟刺穿喉咙，接着又一连数戟，戟戟致命，许攸当场毙命。这就是曹操对许攸的终身感激之情。曹操闻许攸死，拂袖痛哭："子远哪，你死得好惨啊……你不该这么死啊……"许褚自缚请罪，跪在阶下，曹操怒不可遏："我和子远是从小到大的朋友，常在一起说笑，你为什么要杀他！"

"子远已去，还请曹公节哀。"军师荀攸劝道。

曹操抹抹眼泪，吩咐道："按三公之礼厚葬子远，多送粮米于其家人。"上述曹操杀许攸之事，陈寿在《三国志·魏书十二·崔琰传》中记述道："太祖性忌，有所不堪者，鲁国孔融、南阳许攸……皆以恃旧不虔见诛。"许攸被杀的全过程，在《魏略》也有记载，本著只是如实再现而已。《三国演义》所谓许褚怒杀许攸之说，实际情况应该是曹操指使。易中天在谈到这一问题时称是许攸“自己找死”，是因许攸的“放肆”所造成的，更是离谱。这说明易中天对曹操这个人还非常不了解。

许多人可能不解：袁氏兄弟怎么这么快就被曹操打垮呢?

其实只要稍作分析便不难得出结论。面对具有称霸天下野心的曹操，袁谭、袁尚兄弟只有联盟抗霸，才能求得生存和发展，这也是唯一的光明的生路。袁氏兄弟虽然年轻，可还没有愚蠢到连这条生命线都看不到。这也是曹操公元202年八月屯兵黎阳，兄弟两人能顾全大局联合抗曹的根本原因。既然他们兄弟二人已经认识到了联盟抗霸的至关重要性，为什么还要相互争斗呢？首要原因是，在两人的头脑中都怀有帝王之志，都梦想先用王权统一对方以后再来抗曹。袁谭在图谋袭取邺城时是这么想的，袁尚两次进攻平原也是这么想的，从而导致矛盾不断升级，使兄弟二人整个失去了理性。从而导致袁氏集团分崩离析，让曹操钻了空子，各个击破。这也是导致袁氏集团快速败亡的根本原因。要是他们能深刻认识并明智放弃用王权统一对方的愚蠢念头，从古代君臣之道的思维逻辑中走出来，精诚团结，联盟抗霸，悲剧就不会发生，曹操就是再强大也不能这么快拥有冀州。要想联盟抗霸，自己必然首先能从王权思想中走出来，理智地放弃称霸天下及企图用王权统一对方的愚蠢念头。但那时候的人，满脑子都是古代君臣之道，又怎么能从这套思想体系中走出来呢?

再说荆州刘表和刘备。

下回请看：刘备习得乌龟法　闲来好编牦牛尾

第五十五回

刘备习得乌龟法　闲来好编牦牛尾

此时的荆州刘表、刘备，只能眼睁睁地看着袁家兄弟自取灭亡，被曹操各个击破，河北易姓，为自己的前途命运忧心如焚。谁都知道，曹操在吞并河北以后，下一个目标就是荆州了。这一时期，荆州因北南两面与曹操、孙权都无战事，也是相对较为平静的两年。

一天，刘备、许汜二人在襄阳（今湖北襄樊市，现又改称襄阳市）刘表处饮酒。兴头上，许汜说道："陈元龙（即陈登，此时陈登已病死，终年39岁）志高才大，傲慢得很！"

刘备醉醺醺的有些不高兴："听许汜之言，对元龙很有看法。那，那你说陈元龙狂傲，可有实例？"

许汜："我既然这么说他，自然是有实有据。为避乱我经过下邳，去拜见元龙。元龙架子大得很，根本就不把我这个小民放在眼里，爱理不理，自上大床而卧，你们猜把我打发到哪儿了？"

"打发到哪儿了？"刘表僵硬着舌头问道。

"把我打发到地铺上了！哎呀，那一夜可把我给折腾坏了，陈元龙鼾声如雷，再加上蚊子咬……"许汜说道。

刘表哈哈大笑，笑得醉前倒后，连刚吃进嘴里的菜又都喷了出来。

而刘备却挖苦道："君有国士之名，今天下大乱，国主流离失所，元龙满以为你忧国忘家，有什么安天下之计，没想到你是来求田问舍。话不投机半句多，所以也就爱答理不爱答理的。你又何必计较是睡高床还是卧地铺呢？"

“是啊，你又何必计较是睡高床还是卧地铺呢？”刘表又是一阵醉笑。

刘备摇晃着身体走进厕所，看到自己的臀部已生赘肉，酒肚子也起来了，心想：我已四十有五，功业未成，寄人篱下，至今还过着有今天没明天的生活……不禁潸然泪下：“我刘备何其悲呀，怎么活到这步田地。”刘备、许汜、刘表三人的对话，陈寿在《三国志·魏书七·陈登传》中有详细记载，本著只是如实再现而已。

回到酒席间，刘表见刘备面有异样，问道：“玄德弟怎么眼角有泪？”

刘备应道：“我常年身不离鞍，现在长时间不骑马，身体都开始发福了。日月就像骏马一样的快速奔驰，而我已经快老了，功业不建，故而生悲。”

“是啊，曹操在纵横河北，而我等却只能在这里借酒浇愁，真是悲哀啊……玄德弟只是近老，而我已人在暮年，还一天到晚生活在忧虑之中，国事家事都让人担心啊……”刘表叹息道。

“不说这些了，来喝，喝。”刘备连忙打岔道。《九州春秋》记述道：“备往荆州数年，尝于表坐起至厕，见髀里肉生，慨然流涕。还坐，表怪问备，备曰：‘吾常身不离鞍，髀肉皆消。今不复骑，髀里肉生。日月若驰，老将至矣，而功业不建，是以悲耳。’”

这边在蔡夫人的闺房中，蔡夫人与蔡瑁两兄妹正在窃窃私语，“刘荆州昨天又和刘备在一起喝酒议事，你可要提防着点。”蔡夫人说道。

“小妹大可不必担心，让刘备镇守新野，是为了北拒曹操，抵御外来之敌，说到底还不是为了保护荆州。”蔡瑁眼望着正在亭台楼阁玩耍的刘琮和刘修两兄弟说道。

“没错，可夫年事已高，身体又常患病，万一哪天在刘备等人的怂恿下脑子发热，改立长子刘琦为嗣子怎么办？这可是涉及咱们蔡家根本的一件大事。”蔡夫人压低声音说道。

蔡瑁手中的茶杯一颤，警觉道：“你听见他们说什么了吗？”他将声音压得很低。

“听倒没听见什么，只是担心。”蔡夫人说道。

“担心什么？刘琮是蔡、刘两家共同的根，是两家共同利益之所系，自刘琮一出生就已成定局，非刘琮莫属。况且，刘琮聪明伶俐，刘荆州也深爱之。否则两家的关系就不可能如此。”蔡瑁说道。

“话虽这么说，可防人之心不可无啊……刘荆州年迈多病，尤其刘备这个人，既有雄才大略，手中又握有兵权，而且在立嗣问题上与他也有利害关系。要是能立刘琦为嗣，将来就会由他刘备来主政，荆州就会落入刘备之手，我们蔡、蒯两家就要靠边站。你难道能保证他刘备不打歪主意吗？”蔡夫人说道。

“是啊……”蔡瑁默默地点头道。

刘备就这么不可避免地卷入了蔡家人的立嗣之争中，刘备是何等精明之人，又有许都城中董承之事的前车之鉴，自然是高度敏感。

公元206年春节，刘表在襄阳大会各方首领。刘备留关羽守新野，赵云照看家眷，携张飞乘船过汉江来到襄阳赴会。宴会中，刘表祝完酒词，便托病回府休息。刘备在席间饮酒，发觉蔡瑁、蒯越神色诡秘，汗毛一下子便竖了起来：莫非这些人有害我之意？

刘备灵机一动，假装如厕，趁人不备悄悄溜到外面，到马厩牵出的卢白马奔西门而去。来到城门，刘备亮出通关文牒后，便被放行，刘备这才松了一口气。可回头一看大吃一惊，一队军士风驰电掣般地远远赶来，这肯定是蔡瑁派来的追兵。于是刘备赶紧纵马前奔，没跑多远便被一条小溪挡住去路，此溪为檀溪。眼前后面的追兵越逼越近，刘备慌忙策马过檀溪，可没想到连人带马扑通一声全坠入了溪中，眼看水已经没过马头，越陷越深，刘备惊出了一身冷汗：“天哪，我命休矣！的卢，的卢！赶快加力！”就在这千钧一发之际，的卢马有如神助，一跃而起，从数丈深的溪水中腾空而出，稀里哗啦飞身上岸，刘备于是脱险。此时后面有人追来。

“大哥，我们一直在后面赶你，喊你，你也听不见！”

刘备定睛一看，原来是张飞和十数名随从。“嗨，怎么是你们几个？”刘备哈哈大笑。

“大哥怎么走得这么急，是不是家里出了什么事？”张飞问道。

“噢，噢，是啊，是啊……过了溪再说吧。这个地方深，刚才差点把我陷进去，从这边，从这边绕……”刘备抖了抖浸湿的衣袍应道。刘备逃酒宴

一事，《世语》中有详细记述，只是说蔡瑁要谋害于他。著名东晋史学家孙盛对此置疑道："此不然之言。备时羁旅，客主势殊，若有此变，岂敢晏然终表之世而无衅故乎？此皆世俗妄说，非事实也。"在这问题上我采用了孙盛的说法。用易中天嘲弄刘备的话来说，刘备在荆州这几年又习得了"乌龟法"。何谓"乌龟法"？就是该出头时就出头，该缩头时就缩头。其实，这也正是刘备的精明之处，能伸能屈，能根据自己所处的环境及时调整自己的身姿，而不是在他人屋檐下还要硬充大。这样宾主之间才能和睦相处。这才使得刘备与刘表、蔡瑁相处六七年都平安无事。

事实也证明刘备与蔡瑁一直都相安无事，此后刘备还多次到过襄阳。由此看来，马跃檀溪十有八九是刘备虚惊一场。

刘备与张飞乘船回到新野后不久，有一个年轻人因到刘表处求职无门，便到新野来见刘备。"大哥，有一个年轻人一定要见你。"张飞说道。

"那就请他进来吧。"刘备随口应道。

"请问你就是刘将军？"徐庶问道。

"我就是刘备。请问你是？"刘备应道。

"请原谅我来冒昧打扰你。我是徐庶徐元直，颍川人，时年35岁，出身寒微，好击剑游侠，早年避难到此地。久闻将军大名，故来相投。"徐庶毛遂自荐道。

"来，请坐。"刘备一看是一个年轻人，又没有什么功名，也就没太在意，随手拿起牦牛尾编了起来。

徐庶眼睛停在了刘备手中的牦牛尾上，惊奇地问道："曹操已平定河北，即将挥军南下，将军难道还有心思编这东西？"

刘备说道："哪里，我只是借此忘忧而已。"刘备感到眼前这个毛遂自荐的年轻人不一般。

"将军，要是曹操挥军南下，仅凭着你的这几万人马能挡得住曹操的数万铁骑吗？"徐庶单刀直入地问道。

"我也正在为此事发愁，不知道该如何是好。"刘备坦言道。

"将军难道没有注意到吗？荆州的人口并不少，因荆州许多年都没有战火，有大量的流民。而这些流民大都没有登记造册。要是将这些流民登记造册，可以大大地扩大兵源。将军何不向刘荆州提出这个建议呢？”徐庶说道。

刘备眼睛一亮，随手把牦牛尾扔到一边说道：“这的确是个好主意！我马上向刘荆州建议！”

刘备正苦于缺少张良型人才，自然对徐庶是格外器重。从此徐庶成了刘备的军师，徐庶因感刘备独特的人格，不久又向刘备推荐了一个人，这个人是他的好友，也就是在中国家喻户晓，妇孺皆知的诸葛亮。

易中天称诸葛亮是“少年天才”、“政治天才”，郭嘉是“天生奇才”。这当然是无稽之谈，任何一个人不可能天成其才，诸葛亮和郭嘉也一样。

公元194年夏，曹操屠杀徐州百姓，诸葛玄携诸葛亮一家逃离家乡琅邪阳都县（今山东沂水南），一路南下到寿春（今安徽寿县）投靠淮南袁术。公元195年春，袁术拜诸葛玄为豫章太守，不久被刘繇赶走。诸葛玄又携诸葛亮一家来荆州投靠刘表。诸葛亮一家从此便在南阳郡邓县一个叫隆中的地方安置了下来（约在今襄阳城北20里处）。少年诸葛亮从此便过起了农耕雨读的田园生活。刘表不久派诸葛玄驻西城（今陕西安康西北），诸葛玄孤身前往，公元197年因民变被杀。

由此可见，诸葛亮从小就生长在一个官宦世家之中，虽然称不上是名门望族，可也是有一定社会地位的。远的不说，就说近的，他的父亲官至泰山郡丞，他的叔父官至太守。只不过命运不济，父母早亡，16岁时又失去了唯一可以依靠的叔父，其所处的官宦世家就这么一下子彻底没落了。

由此也可见，诸葛亮从小就深受儒家思想的熏陶，从而形成了一套以“仁义道德”为核心的行为理念，这也就是世人所说的儒家君子人品。为什么要这么说呢?

归根结底，这是由于公元前108年汉武帝刘彻开始“独尊儒术”，从而在华夏大地首次确立了以“仁义道德”为核心的执政理念而造成的。这一核心理念经过两三百年代代相传，已经普遍深入了汉王朝各级官员灵魂深处，成了各级官员普遍的为人处世之道。诸葛亮从小就生活在官宦世家之中，就像许多官宦子弟一样，自然也深受儒家文化熏陶。东汉末年有这么一大批具有儒家君子人品的各级地方官员，不只是袁绍、袁术、刘表、崔琰、诸葛亮那几个人，而是一大批，这使得儒家思想在汉家王朝大放光芒。像曹操那样的极度变异者只是极其个别的例子。

徐庶向刘备推荐道："诸葛孔明，当地人称其为卧龙，我们是多年的朋友，经常在一起谈论时事，将军不想一见吗？"

刘备非常高兴："当然想了，请你带他来。"

徐庶："此人除非将军亲自去请，否则是不会自己来的。将军只有屈尊了。"

刘备笑道："是吗？看来此人不一般。"

"此人是没落官宦子弟，26岁，长期隐居隆中，好抱膝长啸及《梁父吟》（一种像葬歌的乐府诗），自比有管仲（古代名相）、乐毅（古代名将）之才。"徐庶推荐道。

"此人多大年龄？"刘备问道。

"26岁。"徐庶应道。

"比你小10岁？"从刘备的眼神中明显流露出不屑的目光。是啊，一个26岁的年轻人，又没有多少社会经历，还如此自命不凡？刘备有所疑虑也是正常的。

"好吧，有时间我一定会去拜访。"刘备应承道。关于徐庶投刘备及荐孔明之事，陈寿在《三国志·蜀书五·诸葛亮传》中明确记述道："时先主（刘备）屯新野。徐庶见先主，先主器之，谓先主曰：'诸葛孔明者，卧龙也，将军岂愿见之乎？'先主曰：'君与俱来。'庶曰：'此人可就见，不可屈致也。将军宜枉驾顾之。'"

没过多久，刘备携张飞去拜访一个叫司马徽的隐士，想让他推荐几个德才兼备的年轻人。司马徽，字德操。

"司马公乃南阳名士，现荆州危在旦夕，急需有用之才，还望司马公能举荐一二。"刘备说道。

司马徽摇着芭蕉扇说道："书呆子是成不了大事的。俗话说识时务者为俊杰，将军应该去找能识时务的人才。此间有卧龙、凤雏。"

"你说卧龙、凤雏？"刘备问道。

“卧龙乃诸葛孔明，凤雏乃庞士元，此二人定能辅将军成大事。”司马徽说道。刘备拜访司马德操之事在《襄阳记》中有明确记载。

又是“诸葛孔明”，这已经是刘备第二次听到这个名字。这到底是一个怎样的年轻人？像徐庶、司马徽这么优秀的人都推荐他，此人肯定非同一般。可他既然这么优秀，怎么现在还闲居在家呢？

先来说说诸葛亮为什么不被刘表见用。易中天在回答这一问题时非常干脆，他说这是因为“刘表太差”。也就是说诸葛亮想找一个能实现自己远大抱负的好老板，而刘表胸无称霸天下之志，诸葛亮嫌他窝囊，嫌他熊，看不上他，所以不愿意跟他干。其实，导致诸葛亮不被刘表见用的原因有许多，但主要原因有两点。有哪两点呢？

首先一点是，刘表派其叔父诸葛玄驻守西城（今陕西安康西北），因民变被杀，刘表认为是诸葛玄理政无方，这也是其兄诸葛瑾不被任用，公元200年诸葛瑾只得舍近求远，远离还需要照顾的弟妹去投奔江东孙权的一个主要原因。

其二是，江东孙权与荆州刘表是宿敌，其兄诸葛瑾效命江东，肯定会被刘表、蔡瑁所忌讳。

许多人此时可能会说，诸葛亮在刘表处不被见用，他还可以去投奔曹操啊，此时的曹操挟天子以令诸侯，已经成了三国中的巨无霸，干吗非要吊死在刘表一棵树上？

易中天在回答这个问题时有些离谱，他说这是因为“曹操太强”。“曹操那边，人才济济，曹操自己也是强人，诸葛亮当真去了，也未必能如意。”这说明易中天对诸葛亮这个人还很不了解。诸葛亮不是董昭、贾诩、陈登父子那类人，似乎求职的唯一标准就是高官厚禄，哪里有利可图就往哪里钻，也不管对方是什么货色。其实诸葛亮不去投奔曹操的主要原因是诸葛亮与曹操有血海深仇，诸葛亮的家乡琅邪郡阳都县（今山东沂南县）曾遭到曹操的血洗，在那次大屠杀中诸葛亮不知有多少亲人和同乡惨死在了曹操的屠刀下，诸葛亮一家也因此流离失所。诸葛亮对曹操从小就有着刻骨仇恨。

再者，诸葛亮具有儒家君子人品，有一颗仁义之心，对曹操的许多令世人毛骨悚然的暴行，对曹操挟天子令诸侯的行为，自然也是深恶痛绝。因此，像诸葛亮这种人，就像陈宫、张邈、陶谦、袁绍、刘表、刘备……以及天下所有具有仁德之心的人一样，是绝对不可能与曹操这种人为伍的。这才是诸葛亮绝对不可能去投奔曹操的根本原因，他哪怕就是一辈子做田间农夫也不会投曹。这一点就连裴松之也看出来了，他认为诸葛亮不去投奔曹操，首先是政治立场问题。

那诸葛亮为什么不去投奔孙权呢？

按易中天的说法是“孙权的空间太少”。这话是什么意思？易中天的进一步解释是：“对于诸葛亮来说，仅仅‘见用’恐怕还不行，还必须‘重用’甚至‘专用’。”而“江东，是一个历经孙坚、孙策、孙权三代人苦心经营发展起来的一个利益集团。孙权那边人才太多，而且关系密切。张昭是创业老臣……周瑜，也是孙策创业时的老臣……不难想象，任凭诸葛亮能力再强本事再大水平再高，到了东吴，权位也只能在张、周二人之下，甚至不如鲁肃。这显然是诸葛亮所不愿意的。”

这显然又是在瞎扯。诸葛亮不管到哪里去就业，都要从基层一步一步做起，都有许多老臣挡着，都不可能一步登天。

其实，江东的确是当时诸葛亮很好的一个去处。为什么要这么说呢？虽然江东孙权的反曹政治倾向不清，可有他哥诸葛瑾在前面铺路，又有长江之险，可以避乱，在长期不被刘表见用的情况下，投江东对当时的诸葛亮来说，显然是一个较为理想的去处。那诸葛亮为什么不到江东去投奔孙权呢？

首先是机会还不到，他大哥诸葛瑾还没有找到合适的引荐机会。再者，江东孙权与荆州刘表是宿敌，诸葛亮投奔孙权就等于是投敌，并不是想去随便就能去的，搞不好还要招来杀身之祸。这才使得诸葛亮至今还没能离开荆州，去江东投奔孙权。

这才是诸葛亮26岁还是待业青年的种种原因。

正在诸葛亮等待、犹豫、徘徊之时，有一个人突然走进了他的生活。这个人就是刘备。

一个没落的官宦子弟，26岁，长期隐居隆中过着农耕雨读的生活，自比有管仲、乐毅之才，又不去为官，又有这么多优秀的人推荐他，这到底是一个怎样的年轻人呢？对人才的渴求，加上强烈的好奇心，使得刘备骑着他的那匹的卢白马，由简雍、张飞和数十名随从陪伴，踏上了到隆中（是邓县管辖的一个村，位于襄阳城以西30里处）寻访诸葛亮的路。

秋高时节，刘备一行沿山路由东向西来到隆中，成垛的稻谷随处可见，到处是秋收的景象。经沿途打问，刘备一行来到山坡前的一座茅草屋前。用篱笆围成的院落，里面有几座简陋的茅草屋，院中拴着一头老黄牛，一群小鸡正围一只老母鸡打转，女主人正忙着打稻谷，一身汗气。

“请问这是诸葛孔明家吗？”刘备轻轻推开栅栏问道。

“没错，这是诸葛孔明家！”女主人连忙起身来迎，脸上堆满了笑容。这就是黄承彦的女儿，诸葛亮的妻子，黄头发，黑皮肤，一看就是一个朴实厚道贤惠而又能干的农家主妇。

“你们是？”女主人问道。

“噢，这是镇守新野抵抗曹军的刘备，刘将军，汉室宗亲，久闻诸葛孔明大名，特来相拜！”简雍介绍道。

“噢，是刘将军？你好！哎呀，这该如何是好？孔明正好不在家，他和他弟弟诸葛均已经出门两三天了，说是出去办事。”女主人有些不知所措。

“你是？”刘备问道。

“我是孔明的内人黄氏，经常有好友来拜望他，噢，你们快请到茅舍里坐。这么热的天，又从这么远跑来，赶快到茅舍里歇息一下，喝口水。”孔明夫人让道。

“啊，不了，不了，既然诸葛孔明不在，就不打扰了……请问诸葛孔明何时能回来？”刘备一边推辞一边问道。

“这就说不准了，也可能是十天，也可能是半月。”孔明夫人应道。

“那我就改日再来吧。”刘备说道。

孔明夫人把刘备一行送到村头小桥边。许多老人和孩子都在围观：“今天孔明家有贵客来了，看来孔明就要做大官了……”

“你们知道吗？这就是镇守新野的刘将军，是荆州牧刘表手下的抗曹名将。就是这个人第一个举起了反曹大旗。博望坡大败曹军的就是他。”村民们纷纷议论道。

让诸葛亮做梦都没有想到的是，他盼来的不是他哥哥诸葛瑾从江东捎来的消息，却是刘备登门拜访的消息。诸葛亮听说刘备来访，自然是非常高兴。能得到像刘备这样有身份的人的赏识，这是他的荣耀。在这之前他一直都生活在置疑声中，刘备来访如同久旱逢甘雨。可欣喜之余，诸葛亮心情又是复杂的，到底是继续等待江东的消息，还是响应刘备的号召呢？此时的诸葛亮显然还没有想好，还有些犹豫。这也就是诸葛亮在得知刘备来访后，并没有作出积极回应，到新野去找刘备，和刘备一起去干革命的主要原因。

刘备到隆中登门拜访诸葛亮的消息，很快就像一阵风一样传遍了十里八乡。诸葛亮的岳父黄承彦闻讯后连忙赶来。

“哎呀，爹！到底是哪股风把你老给吹来了？”诸葛亮和妻子连忙出来相迎。

“哪股风？还不是刘将军登门拜访的风！看来我婿要有出息了！”黄承彦兴高采烈地说道。

“刘将军说过他什么时间再来了吗？”黄承彦坐定后问道。

诸葛亮坐在一旁笑而不答。孔明夫人接口道：“刘将军只是问孔明啥时间回来，只是说他还会再来，并没有说他什么时间来。”

“你是怎么回答的？”黄承彦喝了一口茶继续问道。

“我说可能十天，也可能半月。”孔明夫人一边给父亲倒水，一边答道。

“现在已经半个月过去了，搞不好这几天刘将军就要来了。孔明这一段时间可不敢再出去了，别让刘将军又空跑一趟。刘将军，人称刘皇叔，是刘荆州手下的反曹名将，闻名天下，此次来访，十有八九是荆州牧刘表让他来的，可别再错过机会了……”黄承彦语重心长地说道。

诸葛亮依然还是笑而不答。此时的诸葛亮虽然还有些犹豫，可已经开始有些期盼刘备来访了。人的心理变化常常就是这样微妙。

黄承彦走后，诸葛亮哪儿都没敢去，一直在家恭候刘备来访。可一天天过去了，眼看已经快一个月了，却连刘备的影子都没有等到。

“也许那是刘将军一时心血来潮。”诸葛亮自言自语道，正在这时却听见院外传来马蹄声。

“一定是刘将军来了，孔明赶紧到外面去迎！”孔明夫人叫道。

诸葛亮连忙揭起帘子出迎。

“喂，诸葛孔明在家吗？我是刘备刘玄德！”

下回请看：孔明夫人迎刘备　本不情愿诚感化

第五十六回

孔明夫人迎刘备　本不情愿诚感化

诸葛亮连忙揭起帘子出迎。

“喂，诸葛孔明在家吗？我是刘备刘玄德！”

“怎么是你们两位？！”

“我打死你这个刘将军！我打死你这个刘将军！”孔明夫人抄起扫把就撵着来客打。

几人哈哈大笑。原来来者是诸葛亮的好友，一个叫石稻石广元，一个叫孟建孟公威，和徐庶一样，都是诸葛亮的好友，几人经常在一起谈论时事及游学。三人于是又结伴出游。

可让诸葛亮没有想到的是，第二天刘备便和简雍、张飞来登门拜访。迎接他们的还是孔明夫人，不过此次身边又多了一个青年。

“刘将军，实在不凑巧，孔明和他的两个朋友昨天一起去郊游了。”孔明夫人很是尴尬。

“这位是？”刘备问道。

“噢，这位是孔明的胞弟诸葛均。”孔明夫人答道。

“噢，是这样。”刘备仰天长叹，一脸失望，站在一旁的张飞则是一脸的怒气。

“还请几位将军到茅屋中一坐。”孔明夫人说道。

“不了……既然诸葛孔明不在，那我们就不进去了。他大概啥时间能回来？”刘备问道。

“估计要三五天。”孔明夫人答道。

“那我们就改日再来吧。”刘备告辞道。

刘备二顾茅庐就这么阴差阳错给错过了。在返程的路上，张飞一脸不高兴，打马道：“一个二十五六岁的毛小子，又能有多大能耐，害得大哥跑了一趟又一趟。”

刘备说：“这你就不懂了，这就叫好事多磨。像你这样的急性子，等不到锅里的肉煮熟就要吃，只会坏肚子。”

事情有时就是这样的巧合，刘备这边越是见不到，反而就越想见到，其求才欲和好奇心也会越发的强烈。而诸葛亮这边呢？在他归来后，听说刘备又第二次登门拜访，既内疚，又欣慰和感动。内疚的是，让远道而来的刘备两次白跑。欣慰的是，刘备言而有信，对自己格外器重。感动的是，贵为皇族，闻名天下的抗曹名将刘备，能在百忙之中，屈尊一次又一次地到茅庐登门拜访，这对他来说既是莫大荣耀，又让他由衷地感动，这可是古今都罕见的事情……诸葛亮独自一人靠在席上左思右想。

诸葛亮眼望明月，心潮澎湃，“士为知己者死……”此时诸葛亮心中的天平已经由江东孙权整个倾向了刘备一边。

此次刘备回去不久，便又冒着初冬的雪花，第三次来隆中拜访诸葛亮。从秋天到冬天，刘备已前后三次来到隆中。

刘备和简雍、张飞及数十名随从，牵着马，踏着皑皑白雪，沿着山路从村头一步步走到诸葛亮所居住的茅庐前。“但愿这次诸葛孔明能在家。”张飞说道。随着脚步越来越近，从茅庐中飘出阵阵乐府诗歌，声音高亢明亮，悲壮而又荡气回肠。刘备驻脚倾听：

步出齐东门，遥望荡荫里。里中有三坟，累累正相似。问是谁家墓，田疆古冶子。力能排南山，又能绝地纪。一朝被谗言，二桃杀三士。谁能为此谋？国相齐晏子。

（大意是：走出齐国的东大门，向远处的丛林远远望去。里面有三座坟墓，都垒着高高的土，没什么两样。要是问这是谁家的坟墓，原来是田开疆、古冶子等勇士的。他们力大无比能推倒南山，还能摧毁埋在地里面的东西。有一天受到谗言挑唆，为了两个桃子三个勇士却都自杀了。谁能设计此谋？此人是齐国国相晏子。）

“这就是著名的《梁父吟》，字里行间极其高妙，能唱诵此乐诗者必是诸葛孔明！”刘备抑制着内心的兴奋说道。

他们推开栅栏，“啊，是刘将军来了！”孔明夫人连忙出迎。

“诸葛孔明在家吗？”刘备兴奋地问道。

“在！在……他一直都在茅屋里读书诵词等待将军，等待将军的到来。自从将军上次来过以后，就再也没有出过茅屋，生怕将军又白跑一趟。”孔明夫人说话间，刘备看到一个青年，身穿青布衣，头戴纶巾，眉宇间流露着俊逸之气，掀开门帘从茅屋中走出。

“这位是？”刘备惊问道。

“他就是我二哥诸葛孔明！”诸葛均说道。

“孔明，快来，这位就是刘将军！”孔明夫人兴奋地叫道。

“终于见到你了！”

“我也是一样！”

两人紧握双手，久久，久久不语……也不知怎么地，两人的泪水都从眼角中流了出来，雨露般滚落在了地上。

“一个个还站在这儿干什么，还不赶紧进茅庐……”孔明夫人招呼道。

刘备、简雍、张飞随诸葛亮及夫人一起走进茅屋。孔明夫人连忙给客人倒上热茶，随后又把炭火挑旺，屋中迅即升起了一股热气。

刘备赞叹道：“多么贤惠的妻子啊！”

“是啊，家里地里，里里外外全靠她了！”诸葛亮应道。

刘备喝了一口茶，诚恳地说道：“现汉室倾危，奸贼曹操篡权，天下动乱。我不度德量力，欲匡大义于天下，可智术短浅，屡经磨难，至今还没有任何建树。现在我已经46岁了，可壮志依然，故前来讨教于你，请予赐教！”

刘备这一段话有两层意思。一层是刘备非常清楚地表明了匡扶汉室反对曹操的政治立场；还有一层是自己在与曹操的斗争中长期都处在逆境之中，历经磨难。

诸葛亮对曹操是深恶痛绝，骨子里就是一个坚定不移的反曹者。公元200年以来刘备的整个言行都表明他也是一个坚定的反曹者，两人可以说是不谋而合，同仇敌忾，有着共同的政治立场和抱负，这样两个人心灵的距离就更近了，可以说是志同道合。而江东孙权在对待曹操的立场是暧昧的，是装

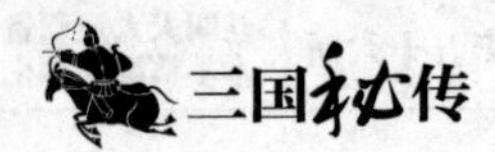

孙子，并不像刘表和刘备那样旗帜鲜明地反曹。不仅如此，诸葛亮与刘备还有同感，诸葛亮生活在没落的官宦世家之中，刘备则出身于没落皇族，两人都长期处在逆境之中，历经磨难，怀才不遇，不被世人所理解，同时也有一颗永不屈服的心。这样两人心与心之间的距离就更近了。再加上诸葛亮深感刘备知遇之恩。一个多年怀才不遇的人，突然有闻名于世的刘备亲自登门访问，而且一次又一次，这又怎么能不让他心怀感激之情呢？到此时诸葛亮的整个心都归属刘备了，江东孙权也就在这一过程中被一步步排除在外。

诸葛亮说道："自董卓以来，群雄并起，天下大乱，据有州郡之地者不可胜数。曹操比起袁绍，名微而众寡，而最终曹操却能胜袁绍，由弱变强，成为豪强，不只是天时，也有人谋在里面。"

刘备点头道："不错。"

诸葛亮转身从书册中拿出一幅地图，铺在桌子上。

"先生还有地图？"刘备惊异地问道。

"这是家父留下来的。"诸葛亮说道。

"噢，原来是这样。先生请讲。"刘备说道。

诸葛亮用手在地图上比画着说道："将军请看，现今曹操拥有百万之众，据于北方，挟天子以令诸侯，显然是不可与其争锋。孙权据有江东，继父兄之业，已历三世，又据长江之险，民心已顺，手下又有许多能臣武将相辅，此地看来也只能结为外援而不可图取。荆州北据汉水、沔水，南至南海，东面与东吴相连，西通巴、蜀之地，此乃将军的用武之地。"

刘备是一个具有雄才大略之人，当然知道曹操之力不可争锋，当然也知道当前孙刘联盟抗曹的至关重要性（当然此时的"刘"，是指刘表，不是刘备），而让刘备没有想到的是，这个许多人到现在都还没有搞清楚的问题，眼前的这个年轻人却看得一清二楚，这又怎么能不让刘备惊叹呢？其实这也不奇怪，诸葛亮因长期处在旁观者的角度上，很自然地就会纵览全局。刘备一脸兴奋，给诸葛亮倒上水："你的话让我有茅塞顿开之感，请继续说下去。"

诸葛亮喝了一口茶，手指地图道："益州险塞，沃野千里，天府之国，汉高祖因此而成帝业。刘璋暗弱，张鲁在北面汉中，民富国强却不图进取，能人志士皆思投明主。将军乃帝室之胄，仁德信义四海远扬，广招天下贤能

之士，若跨有荆、益两州，据江山之险而守，西和诸戎，南抚夷越，外结好孙权，内修政理。等天下有变之时，命一上将率荆州之军北向宛城、许都，将军再亲率益州之众北上关中，百姓自然会用竹篮盛着食物，用壶装着美酒来欢迎您的到来！要真是这样，则匡扶汉室的大业可成！”诸葛亮兴致高昂地说道。

“妙！实在是妙！我今生还从未听到过如此高论！”刘备兴奋异常，握住诸葛亮的手。

诸葛亮跪倒在地，虔诚地跪拜道：“我今生今世愿追随将军，就是肝脑涂地也在所不辞！”

刘备兴奋道：“我得孔明，如鱼得水，此天助我！”

两颗心，两颗本来还很陌生的心，就这样走在了一起，就这样在相互交流中互相感动，互相交融，又互相吸引，最后相随相伴走在了一起。正如裴松之所言，刘备与诸葛亮就这样结成了“希世一时”之缘。此时刘备46岁，诸葛亮26岁，相差20岁。刘备三顾茅庐之事，陈寿在《三国志·蜀书五·诸葛亮传》中记述道：“由是先主遂诣亮，凡三往，乃见。”两人纵论天下之事，陈寿也有明确记载。

而易中天在谈到这一过程中却完全是另外一种理解。他如此说道：“他们都是心气极高的人，决不肯随随便便就‘以身相许’。所以，他们都必须摆足了架子，做足了文章，吊足了胃口，以保证对方的诚意经得住考验。”继而他又说道：“所以，《三国演义》里面这个‘三顾茅庐’的故事，完全可以看做三国版的营销学教材。在这个故事里，刘备好比投资方，他要买断诸葛亮，又不知道货色如何。这倒也是商家的正常心理，但于刘备为尤，因为《三国演义》里面刘备这家公司的资本，是他打着‘皇叔’的招牌忽悠来的；而他这个‘皇叔’身份，虽非假冒伪劣，却也含金量不高，有点‘注水猪肉’的意思。因此刘备就会想，我这个‘皇叔’是注水猪肉，诸葛亮那个‘管仲’、‘乐毅’就货真价实？我刘备可以忽悠天下，诸葛亮就不会忽悠我？这就要探个虚实。所以，他听了徐庶的推荐后，并没有像老祖宗刘邦那样冲动。刘邦听了萧何的推荐，立即就拜韩信为大将军，刘备却得先看看再说（当然手中的官帽也不多）。所以他的三顾茅庐，表面上看是礼贤下士，实际上是实地考察。刘备这点小心眼，以诸葛亮之聪明，哪里会看不清？便给他来了个欲擒故纵曲径通幽。这就是我对'《三国演义》版'之'三顾茅庐'的理解。"

不知道，广大读者看了易中天的这段说辞后会作何感想？我对他的评价只有一句话，就是"以小人之心度君子之腹"。说得更明白一点：他是在用他奸商理论度诸葛亮的儒家君子人品，整个是瞎猜乱断。还需要补充一句的是：他把刘备的"皇叔"身份说成是"注水猪肉"，还说在"忽悠天下"，更是满嘴跑火车。要是这样，当时的公孙瓒、曹操、汉献帝、董承、吕布、袁绍、刘表、刘璋等许多社会名人，以及他身边所有的人岂不都被刘备给忽悠了？要是这样，刘备不就成了超级巨骗了？这可能吗？我真的不知道该怎么说才好。

诸葛亮在著名的"隆中对策"中，共提出了三大策略：一是对付曹操的防守反击伺机出击战略。二是对待江东孙权的联孙抗曹战略。三是伺机袭取益州的西扩战略。

还有一个严重问题是，易中天认为"隆中对策"是给刘备做的。其实这一战略规划是给整个刘表集团做的，给刘表和刘备两人做的。为什么这么说呢？刘备是刘表的战将，是代表刘表的。再者，诸葛亮脑子没有发热到一见刘备的面，双方还不甚了解，就让他闹独立，打自己的小算盘。还有，要是这一规划是给刘备做的，只能是空想。因为此时刘备还寄身于刘表的篱下，并没有自己的一寸土地，又该如何跨有荆、益两州，这不是做梦吗？要是这样，刘备还能看得上这个满脑子科幻故事的年轻人吗？

易中天还把鲁肃的战略规划称为"'东吴版'的《隆中对》"，还说："鲁肃的这个规划，和诸葛亮替刘备所做的规划，真可谓英雄所见略同，有异曲同工之妙。"这一说法显然有问题。

在诸葛亮的"隆中对策"中有一项核心内容就是"联孙抗曹"，就是通过联盟抗霸以求得生存和发展，26岁的诸葛亮未出茅庐就看到了这条生命线，而鲁肃就没有那么好的眼光了。因此这两个战略规划是有本质性区别的，水平也要差一大截。

那天，刘备与诸葛亮在茅庐中谈了很多，也谈得很久，真是相见恨晚。刘备在茅庐中住了一夜。

第二天一大早，张飞在厨房中找到孔明夫人："这几个金饼请你收下。

诸葛孔明走了以后，这个家暂时就全靠你支撑了。”

“不，怎么能收金饼呢？我们有地、有粮，不需要这些东西。”孔明夫人连忙推却。

“这是我大哥的意思，你要是不收，那就是瞧不起我大哥，我大哥可就要生气了！”张飞说道。

“怎么说也不能拿这么多的金饼啊？我顶多只能拿这一个。”孔明夫人说道。

“不多，不多，我大哥说有诸葛孔明相辅，就是用千个金饼也值！”张飞畅笑而去。

村头，小桥边。孔明夫人、诸葛均以及许多乡亲，纷纷相送。随从为诸葛亮牵着马，诸葛亮向妻子嘱咐道：“我走了以后家里就全靠你了，弟弟还请你多照顾。”

孔明夫人鼻子一酸，禁不住泪水只往外涌，连忙捂住嘴频频点头。诸葛亮接过缰绳，翻身上马，说道：“放心吧，安顿好以后，我会马上派人接你和弟弟的。好自为之！”

“回去吧！都回去吧！”刘备招招手。

“再见，刘将军！”

诸葛亮骑着马，踏着皑皑白雪，随刘备远去，最后消失在茫茫的雪地中……

那诸葛亮从公元207年一出茅庐，是不是就像《三国演义》所说的那样，刘备立刻就像老干部退居二线，从此便把统率权交到了诸葛亮手上呢？

这是绝对不可能的，除非刘备是智障。此时的诸葛亮是一个只有26岁的青年，在这之前，一直都过着农耕雨读的生活，没有任何实战经验，对敌对各方的具体情况还不甚了解，又怎么能让其统率全军呢？人不可能天成其才，只有在社会的实践中才能逐步成熟起来。

其实，诸葛亮刚一出山，所扮演的角色相当于现在的文秘，为刘备书写文状，组织后勤供应，充当信使等，连个具体的头衔都还没有。

就在这段时间，曹操这边也发生了一件让世人想不到的事情。

下回请看：华佗探亲不愿归　刘备苦口劝刘表

第五十七回

华佗探亲不愿归　刘备苦口劝刘表

此时的曹操据有司、兖、豫、徐、幽、冀、并、青八州，再加上部分扬州、荆州、凉州之地，约据有九州之地。当时全国共有十三州，曹操已十并七八，剩下的加起来也抵不上曹操的一半。此时的曹操，毫无疑问已经成为三国群雄之中的巨无霸，其春风得意而又不可一世的样子也就可想而知了。而长期以来一直以侍医身份（相当于专职保健医生）伴随在曹操左右的华佗，却完全是另外一番心境，心烦意乱，躺在床上翻来覆去：

我过去在徐州、扬州一带游医，已经过惯了闲云野鹤般的生活，现在一天到晚就像驴拉磨盘一样围着曹操转，这又让我又怎么能受得了？我一生以医为生，以医为业，不愿意为官的根本原因就在这里，想不到还是逃不出这个圈。不仅如此，我过去一天到晚被达官贵人们奉为座上宾，现在一天到晚看着曹操的脸色，过低眉下眼的生活，真是让人难受；更可怕的是“伴君如伴虎”，伴曹操这个杀人如麻的“君”那就更可怕了，气喘得不对，走路的声音不对，任何一点不对，随时都可能会要了我的命……

华佗翻来覆去，又从床上坐起，倒了一杯水，咕噜咕噜喝下，心想：这样下去怎么能行？应赶紧想个办法脱身才是……对呀！曹操才平定河北，最近一番时间正秋高气爽，正好可以请假回家探亲。

华佗找到曹操，向其请假：“我已经离家多年，很想念家人，想回去看看……”

曹操满面红光，非常爽快地就答应了：“老先生这几年一直伴随在我左右，让你多费心了。也该回家看看了，看看老婆，看看孩子，可别忘了多给他们带些钱粮。”曹操通情达理道。

“谢谢曹公。我不在的时候，还请曹公定时喝汤药，可别忘了。”华佗一脸兴奋道。

可让曹操没有想到的是，华佗这一去虽然不是泥牛入海，可是实在是一去再也不愿意回来了。过了半月，曹操问道：“哎，华佗的假期已过，怎么还不见回来？”

“可能是家里有什么事？派人去催一催就是了。”荀彧应道。

曹操几次派人催他回去，华佗均以妻子有病推三拖四。

华佗是一个具有现代行为理念的人，身怀绝技，以一技之长为生存之本，服务于社会，同时又得到社会的回报，从而过上优厚、有尊严而又自由自在的生活。他又怎么愿意像奴隶一样跪在他人面前，成天过受人约束、低眉下眼的生活呢？

可曹操就不这么想了。按照头脑中的帝王逻辑，他手握王权，天下人就都应该完全无条件地跪倒在他的面前，做他的奴仆，为他效忠，为他服务，受他的约束，过低眉下眼的生活。他手握王权，天下最好的厨师、最优秀的医生、最优秀的工匠、最美的女人就都要来伺候他，而且都还要专用。这些人想来得来，不想来就抓来。

要是在现代文明社会，像华佗这样身怀高超技艺的人，完全可以享受比美国总统还要优裕的生活。而在王朝社会，就是你身怀绝技，也照样要跪在帝王面前靠赏赐像叫花子一样生活。一个人是不可能凭借高超的技艺去享受做人的尊严和富贵生活的，可见古代王朝与现代民主社会的差距有多大。也难怪几千年的古代王朝人类的科学技术只是像蜗牛一样只前进了一点点，而在现代民主社会人类的科学技术却是日新月异，突飞猛进。民主社会一年所取得的进步，超过五千年王朝社会的总和。可见古代王朝就像一块巨石一样在严重地阻碍着整个人类社会的进步。这是一个很值得现代知识分子深思的大问题。

华佗与曹操两人在观念上就这么产生了严重的冲突。曹操大怒：“这是什么鸟人？一推再推，显然是找借口不想回来了……有点医术就不知天高地厚了！我看他是敬酒不吃吃罚酒！去，给我把他抓来！”

“要是他妻子真的有病怎么办？”荀彧问道。

“我看他十有八九是持能厌事，不把我曹某人放在眼里！这样吧，可以先派人去查看，要是他妻子真有病，就赐米四十斛（一斛为十斗，约合40斤），然后再宽限一些时日让他回来。要是他撒谎，敢骗我，嘿，那就别怪我不客气了……”曹操阴笑道。

当地官署派人一查，知华佗妻子无病，便依令将华佗打入囚车押回许都。华佗的妻子、儿子皆跪地求饶，被曹兵踹翻在地，哭声、号叫声显然救不了华佗。大牢中，华佗被打得皮开肉绽，只得招认自己是谎称妻子有病，欺君犯上。

“文若，你看我就知道他在骗我……真是胆大包天……”曹操阴笑道。

荀彧劝道：“华佗医术高超，能救人于命，曹公的头风病还要靠他来医治，最好宽容之……”

“这就不必担心了，天下又怎么能容得下此等鼠辈？”曹操怒道。此时的曹操整个被他的魔鬼脾气所主导，只想着宣泄心中的恶气，哪还能理性地顾及这些。

华佗在狱中被折磨得死去活来，临刑前，他将一名狱卒叫到近前，艰难地从怀中掏出一卷医书交给狱卒，说道：“此书能治病救人，请你收下，传于人世。”

这可是无价之宝，里面凝聚着华佗一生的行医经验和宝贵心血！可出人意料的是，狱卒因害怕曹操追究不敢接受。华佗也不勉强，索火焚烧之。他边撕，边烧，边哭，边笑……

“苍天哪！这到底是一个怎样的世道啊？我一生行医，以医为生，以医见业，以医救人，怎么会落得如此下场！”华佗哭道。

按照古代君臣之道这一帝王逻辑，曹操杀华佗当然是天经地义之事，他欺君罔上，罪该万死。可是曹操在杀了华佗，待心中的恶气泄干净后，马上开始后悔了。

曹操对荀彧说道：“华佗虽然能治好我的病。可这个小人却故意把我的病养起来，想抬高自己的身价。我就是不杀了这个小人，他也不会为我根除此病。”

华佗的医书因此绝传。这是人类医学史上的重大损失。关于华佗思家探亲不愿归被曹操杀害之事，陈寿在《三国志·魏书二十九·华佗传》中有详细记载，本著只是如实再现而已。《三国演义》所谓华佗要为曹操做开颅手术被杀之说纯属瞎编。

再者，《三国演义》把时间也给搞错了。按《三国演义》的说法曹操杀华佗是公元220年，而实际上应该是公元208年之前。因为曹操爱子曹冲就死在这一年，曹操因不能救爱子的性命，后悔杀华佗。陈寿在《三国志·魏书二十五·华佗传》中记述道："及后爱子仓舒病困，太祖叹曰：'吾悔杀华佗，令此儿将死也。'"

公元207年五月，曹操以荀攸、郭嘉为军师，以张辽、徐晃、张郃、张绣为先锋，率十万大军至无终，准备由碣石（今山海关，当时还没有设关）经滨海道（也就是今天的"辽西走廊"，延山海关至锦州），进攻辽西乌丸王蹋顿的老巢——柳城（今辽宁朝阳市西南），以彻底根除袁尚、尚熙的北方之患，然后兴兵南征荆州刘表。

镇守新野的刘备闻讯，连忙到襄阳向刘表请命。"曹操率大军北征乌丸，现大军远出，我军应该再次袭许，以解乌丸之危！"刘备用马鞭指图道。

还没等病榻中的刘表开口，蔡瑁也手指地图道："曹操已据九州之地，仅凭荆州一州之力显然力不从心。况且曹操率大军北征乌丸，必然会设重兵防犯。"

坐在一旁的蒯越附和道："曹操的实力已今非昔比，完全有能力两面或三面作战，我们最好还是谨慎行事。"

"乌丸已是荆州唯一的生命线了。曹操平定河北，还不敢南征的原因就在于有袁尚、蹋顿袭其后。要是曹操再把辽西乌丸给灭了，马上就会调转兵马南下荆州，到那时荆州就危险了。"刘备手指地图道。

随着曹操势力的进一步扩张，此时在荆州集团内部显然已经出现了主战与主降两派。刘备则是坚定的主战派代表人物，他非常清楚自己只有和陈宫一样死战到底，这也是他唯一的生路，投降只会是自寻死路。因此哪怕就是只有一线之机，他也还想做最后一搏。由此可见，刘备还是一个喜欢走险棋的人，当然这也是被逼无奈。

而蔡瑁和蒯越就不这么想了。他们是主降派的代表人物，二人本身在官渡大战时就已有降曹之意，随着曹操平定河北实力进一步扩张，此时已经成为坚定的主降派。他们想通过投降——将荆州的房地产拱手让给曹操，来换取自己及家人的生路。毫无疑问，对他们来说这也是无奈和明智的选择，因为继续抵抗下去显然已经没有多少希望，完全没必要用毁宗灭族的代价来冒这样的风险。因此二人不想再结怨曹操，已经在考虑为降曹留后路了。刘表一贯都是坚定的反曹者，那么他此时又会倾向于哪一方呢？

“玄德啊，你说得有理。”刘表忧心忡忡地说道，蔡夫人连忙将其扶起，喂了一口水。

“几个孩子的性命，以及一家老小的性命就全系在你一个人的身上了，你可要替我们做主啊！”蔡夫人抽泣道。

“玄德啊，你说得有理。可我们和乌丸加起来，还不抵曹操的四分之一，实力相差实在是太悬殊了。现在已经和三年前大不一样了。”刘表与蔡、蒯两家必然有着许多共同的利益，这不是因为明哲保身，而是因为实力相差太悬殊，胜算实在太小了，他不能冒这样的风险。刘表就这么极不情愿地站在了主降派一边。

“那我们总不能像案板上的肉，等着他曹操来剁吧？”刘备万分忧虑地说道。

刘表又大咳不止。刘备无奈，只得退下，北上袭许之事于是作罢。关于刘备说刘表袭许之事，陈寿在《三国志·蜀书二·先主传》明确记述道：“十二年（公元207年），曹公北征乌丸，先主说表袭许，表不能用。”

南面已经无忧，曹操的北伐军自然也就可以大胆地往前走了。由于夏雨不断进辽西的滨海道不通，又改出卢龙塞（今河北喜峰口到冷口一带），率一万轻骑兵途经五百里绝地，轻兵远袭直捣乌丸老巢柳城，白狼山（今辽宁建昌县城东的大黑山附近）一战大破乌丸铁骑，斩乌丸王蹋顿。袁尚与袁熙率千骑又投奔辽东公孙康，公孙康为避免重蹈蹋顿覆辙，将兄弟二人斩首。曹操刚回到无终（今天津蓟县），公孙康就派人送来了装有袁尚、袁熙等人头颅的礼品盒，曹操心中的一块石头终于落了地。

要是他们兄弟能理智地放弃王权思想，精诚团结，联盟搞霸，这一切就都不会发生。只可惜他们就是到死也不会明白：这都是根植在他们头脑中的古代君臣之道这一封建思维体系惹的祸。这也是袁绍东郭救狼所付出的沉重代价，他的子孙以及他的整个家族都被曹操毁灭，谁让他没有看清曹操的嘴脸，与这样的人固守同盟之义。

需要说明一下的是，张绣在北征乌丸的路上被曹操父子逼迫自杀。据《魏略》记述，张绣有事见曹丕，曹丕吼道："你杀了我兄，还有啥面目来见我！"张绣回去便自杀了。这还没完，数年后，张绣子张泉又被扣上了谋反的罪名，被杀，连坐死者数十人。曹操就这么在人类历史的舞台上，又上演了一出君子报仇十年不晚的恶剧。

想当年，张绣率宛城之众降曹，曹操拉着张绣的手奉为上宾，还结为秦晋之好。张绣感曹操宽宏大量，在官渡大战中披挂上阵，被曹操封为破羌将军，增邑二千户。谁想等曹操做完秀以后，其本来面目便暴露无遗。贾诩不知会为此事作何感想？

可曹操刚高兴过后不久，便又陷入了悲痛之中。军师郭嘉从柳城回来后，因一路颠簸病情加重，不久便一命呜呼，终年38岁。郭嘉在荀彧的举荐下，来到曹操身边，被拜为司空军祭酒，十一年来每征必从，屡献奇谋，是曹操智囊团中仅次于荀彧、荀攸叔侄二人的高级谋士，他的死可以说是曹操集团的一大损失。

蹋顿和袁尚、袁熙兄弟都已经离开了这个世界，北方的忧患已经被消除。此时的曹操终于可以放下心来去完成他的下一个心愿——南征，以实现他梦寐以求的统一大业。自此曹操的兵锋便由北转南。

为了能一举荡平荆州，消灭宿敌刘表和刘备，曹操回到邺城后，便马不停蹄地开始备战，抓紧操练兵马。荆州和江东上空霎时战云密布。那荆州刘表与江东孙权又会作何反应呢？

下回请看：刘表命悬一线盼联盟　曹操心忌杀害周不疑

第五十八回

刘表命悬一线盼联盟 曹操心忌杀害周不疑

刘备到襄阳汇报前方战况，“曹操已平定乌丸，袁尚、袁熙被辽东太守公孙康所杀。现曹操已回邺城，正在宛城一带大规模调集兵马。”刘备指图道。

病榻中的刘表追悔道：“不听你言，故失此大机……”话音未落，忽感背疼难忍，蔡夫人连忙将刘表扶坐起来。此时的刘表显然还在痛苦的挣扎中，明知大势已去，只能降曹，可又不甘心，不甘心将荆州偌大的房地产拱手让给他十八年为敌、深恶痛绝的人，而且即使如此也不一定能得到谅解，可又无可奈何。

“我真后悔啊！官渡大战之时，我只需要助盟主袁本初一臂之力，只需要一臂之力，就可以打垮曹操，就不会落到今天任人宰割的地步……而我却言而无信，袖手旁观，不仅害了盟主，也害了自己，我真后悔啊……我怎么会这么蠢啊……”刘表老泪纵横，随后又开始声嘶力竭地咳起来。

刘备一看刘表这个样子，连忙安慰道：“今天下分裂，干戈日起，机会不断，只要能吸取教训，今天失去的机会明天还会来。”《汉晋春秋》记述道：“曹公自柳城还，表谓备曰：‘不用君言，故为失此大会。’备曰：‘今天下分裂，日寻干戈，事会之来，岂有终极乎？若能应之于后者，则此未足为恨也。’”

“可眼前这一关又该怎么过呢？难道只有降曹这一条路可走吗？”刘表忧心忡忡地问道。

蔡瑁、蒯越欲言又止，坐在一旁一言不发。

“天无绝人之路，只要想办法，办法总会有。”刘备说道。

“难道还有什么起死回生的办法？”刘表不停地摇头。

“为今之计，只有孙刘联盟，联合江东孙权一起抗曹，这已经是唯一的生路了。”刘备起身手指地图道。

“孙权早已向曹操俯首称臣，与我又有杀父之仇，这又怎么可能？”刘表还是不住地摇头。

“是啊，这可能吗？”蒯越说道。

“那只是假称臣，曹操让他遣子就不答应了。再者，江东与我们处境相同，唇亡齿寒，荆州亡了，江东也要跟着完蛋，不可能独存。现在两家只有联盟抗霸，共同抗曹，才会有一线生机，这已经是两家唯一的一根救命稻草了，否则大家就都一起死！我想江东孙权再蠢也应该能认识到这一点，何况他手下还有张昭、张纮、周瑜、鲁肃。”刘备手指地图继续说道。

“那是不可能的。去年他们又来偷袭江夏，被老将黄祖给打了回去。江东小儿要是像你所说的那样，早就与我们一道联盟抗曹了，也不会等到今天。”刘表颤巍巍站起身来手指地图道。

“不管怎么说，在这生死存亡之际，总该去试一试吧？”刘备坚持道。

江东孙权自公元200年登台推新政以来，一面在曹操面前装孙子，一面做着他的“西扩”大梦——先西伐黄祖，后吞并荆南和巴蜀，然后再与曹操南北对峙。这与袁谭、袁尚的先用王权统一对方后抗曹的想法如出一辙，只不过梦想所要吞并的对象不同罢了。从而使他不仅一次又一次错过了联盟抗曹的机会，而且还在帮助曹操拖刘表的后腿。结果是曹操统一河北，实力进一步扩张，此时已据有九州。江东孙权可以说是已经蠢到了家。刚开始孙权还有所收敛，因为有他母亲管着，公元203年他母亲病逝后，其数次偷袭江夏均以失败告终，公元207年那一次不仅损兵，还折了将，校尉凌操战死。孙权在此之前干了那么多蠢事，可此时他要是能醒悟过来，能以大局为重，放弃个人恩怨和愚蠢的想法，与荆州牧刘表联盟抗曹的话，照样还有一线生机。这样两家就可以形成犄角之势，强有力地共制曹操，从而求得生存和发展。那么此时已26岁的孙权是不是会像刘备和刘表所期望的那样有所醒悟呢？

实际情况是此时的孙权因公元207年西伐黄祖“壮志未酬”大为恼火，满脑子只有报仇雪恨和“西扩”大梦的孙权整个是睁眼瞎，根本就看不到曹操兵锋已由北转南，步步紧逼。正在此时江夏太守黄祖（郡治西陵，今湖北新州西）手下战将甘宁因迟迟不得重用跨江来投，孙权用其计，命周瑜为大都督，率五万水军夜袭江夏。这次孙权终于取得了成功，黄祖人头落地，又掠得六县，还屠城杀了许多无辜百姓。可他又哪里知道，他这一刀下去同时也彻底砍断了联结孙刘两家的生命线，整个是因小失大。不过对习惯于感情用事的孙权、周瑜来说，则是一大壮举。这就是江东孙权八年抗战以来的全部收获。此事陈寿在《三国志 · 吴书二 · 孙权传》中详细记载，本著只是如实再现而已。而在易中天看来：“孙刘联盟的真正缔造者，不是刘备，不是孔明，不是鲁肃，不是周瑜，而是孙权。”简直是滑天下之大稽！孙刘联盟的首倡者只能是刘备与诸葛亮，《隆中对》中记述得很清楚。

刘表心中才燃起的一线希望也随之破灭，绝望中长咳不止，背疮发作，病情急剧恶化。孙权的这一任性之举却给另一个人带来了转机，这个人就是刘表的大公子刘琦。刘琦听诸葛亮之计亲到病榻前请命，请求驻守江夏。刘表也深知此子为蔡家所忌，也正在为此事苦恼，遂让刘琦出任江夏太守。刘琦乘大船，顺汉江一路南下，到夏口上任（夏口又名汉口，汉水、沔水入长江处，今湖北武汉市汉口），此时江夏郡江北岸诸县已经被孙权占据。此事陈寿在《三国志 · 蜀书五 · 诸葛亮传》中有记载。

正在此时，曹操最心爱的儿子曹冲得了重病。曹冲，字仓舒，环夫人所生，自幼聪明过人，深得曹操喜爱。著名的“曹冲称象”故事许多人可能都知道，孙权给曹操送来十几头巨象，看着从南国而来的庞然大物，引得满城文武和家属纷纷围观，指指点点。

“如此庞然大物，自然是力大无比，要是谁被踩在它的脚下，准保踩成肉泥……”

“再凶狠的豺狼虎豹在大象跟前都会是小巫见大巫，大自然中竟有如此庞然大物，平生还是头一次见到！”荀彧惊叹道。

曹操也是一脸兴高采烈，“你们都说此巨象为庞然大物，那它到底有多重啊？”曹操喝了一口茶问道。

赶象人被问住了，尴尬道：“我也不知道大象有多重。因为谁都不知道该怎么称这大象。”

“是啊，大象这么大又怎么个称法啊？天底下哪有这么大的秤……”众人纷纷议论道。

“这好办，把大象杀了，剁成块，分开称不就行了？”有人叫道。

“此法不好，一个敬献来的活物怎么能随便杀掉呢？”曹操摇头道。

“曹公手下有那么多的能人智士，才高八斗者比比皆是，为什么不问问他们呢？”有人说道。

荀彧、荀攸、董昭、程昱、刘晔……曹操一个个征询下来，都面露难色，脑袋摇得都像拨浪鼓。曹仁、曹洪、夏侯惇、许褚、于禁、徐晃、张辽、张郃等武将更不知如何是好。

“在这里聚集了全国最优秀的人才，难道解决不了这个问题？”曹操一脸尴尬。

这时却听曹冲说道：“我有办法可称巨象！”

“你有办法？”曹操疑惑道，曹操脑袋摇得像拨浪鼓，随后哈哈大笑。

“是！”曹冲撅起小嘴说道。

“小小年纪可别口出狂言，这么多才高八斗的人都束手无策，你能有什么办法？去，去，去……这是大人们说话的地方，小孩子别乱插嘴！”曹操笑道。

“我说我有办法，就有办法！”曹冲撅着小嘴说道，一脸不高兴。

“呀，还动真格的了！”曹操笑道。

“曹公，小曹冲一向聪明过人，搞不好会有什么奇思妙想……”众文武说道。

“那就说说看……”曹操喝了一口茶笑道。

“那就准备一条木船，跟我一起来！”曹冲说道。

“好，好，好……可是准备木船干什么？木船又不是秤盘……”曹操不解笑道。

“那你就别问了，到时候自然就知道了。”曹冲说道。

曹操和众文武随曹冲一起来到河边，曹冲命船夫将大象牵到木船上。“就按公子的意思办！”曹操笑道。

大象被牵到木船之上，随着大象上船，船也随之下沉了一大截。“好了，再把大象牵到岸上！”曹冲在岸上指道。曹操和众文武一个个都平心静气地观察着，一脸茫然。

“在水痕上用刀深深地画上一道杠！”曹冲指道。这时一些人已经看出了一些名堂，在岸上指指点点。

“画好了没有？”曹冲问道。

“公子，已经画好了。接下来干啥？”船夫问道。

“接下来往船上装石块，一直装到画痕和水面刚好持平，听见没有？”曹冲说道。

“哎呀，妈啊！没想到我儿，小小年纪却有超人之智。”曹操一把将曹冲抱在怀中，大喜，“快跟大家说说，怎么称象？”

“然后把石头卸下来，用秤一块块称，加起来不就行了？”曹冲一脸稚气地说道。

“哎呀，小主人可真是聪明过人哪！”

曹冲称象之事，陈寿在《三国志·魏书二十·邓哀王冲传》中有明确记载，本著只是如实再现而已。自此曹操对此子格外宠爱。

可出人意料的是，公元208年春，也就是孙权偷袭黄祖之时，年仅13岁的曹冲突患重病。曹操悲痛万分，亲自跪地，率一家老小为爱子祈天请命：“上天啊！我平生最爱此子，此子聪慧多智，灵性过人，快来保佑我子渡过此难。”

可是无济于事。眼看爱子奄奄一息，曹操老泪纵横，哭道：“我悔不该杀华佗，我悔不该杀华佗……这样就不会眼睁睁地看着爱子死去了……”陈寿在《三国志·魏书二十·邓哀王冲传》中记述道：“冲年十三，建安十三年疾病，太祖亲为请命。及亡，哀甚。”

曹操因变异性格滥杀过许多人，从来没有后悔过，唯有杀华佗是一件让他终身悔恨的事。这是因为在他每次头风病发作的时候，都需要华佗来给他诊治，这是因为华佗可以救他爱子的性命，他才后悔。

曹冲死后，曹操悲痛万分。有一个叫周不疑的少年，字元直，零陵人（郡治泉陵，今湖南永州市），也同样聪明过人，17岁，是曹冲非常要好的玩伴。曹操欲以女为妻，周不疑不敢当。曹冲病死，曹操心忌，欲杀周不疑。此时21岁的长子曹丕跪地向曹操求情："父亲，你不要杀不疑，你不要杀不疑好不好……我求你……"

曹丕泪流满面，可曹操却说道："此人非你所能驾驭也！"于是曹操便派刺客把周不疑给杀了。此事在《零陵先贤传》中有详细记载，本著只是如实再现而已。

曹操就是这样一个人，对自己的家人总是柔柔寸肠心，可这一柔柔寸肠心是建立在对世人残暴无情的基础上的，这就是曹操的红与黑。当然按照古代君臣之道这都是天经地义之事，"君让臣死，臣不得不死"。

可曹操并不会因爱子之死而放慢南征刘表的步伐。为了巩固后方，曹操又让钟繇诱使马腾父子入朝为官。马腾任卫尉，马休拜车都尉，马铁拜骑都尉，家属也都移居邺城。只有马超没有入朝，被拜为偏将军，继续统领马腾的军队，驻守关中。

公元208年六月，曹操也完成了他的"体制改革"，拆尚书台，罢三公，自任丞相，设御史大夫。自秦王政以来，丞相的职责是协助皇帝处理全国的政务，而丞相一职在曹操手上则是集最高军政大权于一身，他与皇帝的关系也整个倒了个个，他不是为皇帝服务的，而皇帝是为他曹操服务的，是替他树招牌，颁诏书的。不仅如此，曹操还兼任冀州牧。这就相当于一国元首同时又是兼一省省长兼军区司令员，可见曹操对权力把得有多紧。此时的曹操大有气吞山河之势，在接受文武百官的恭贺后，手指巨幅地图公然放话道："河北已定，本丞相上任后，将不辜负天下人的重望，第一件要办的事情就是南征刘表，一统天下！"

文武百官纷纷响应："丞相英明！百战百胜！"

可就在一片欢呼声中却出来了一个唱反调的。他就是孔融。孔融，字文举，孔子二十代孙，东汉末年著名学者，与大学士边让、蔡邕，徐州牧陶谦交厚，曾任北海相，在曹操手下任将作大匠（相当于建设部部长）。有这样一则故事很能说明孔融的为人。公元175年，山阳有一个叫张俭的地方官，因受到宦官侯览的迫害，因与孔褒（孔融之兄）有旧，藏于其家。此时孔融年仅16岁。后来事情败露，张俭逃走，孔褒与孔融两兄弟因窝藏逃犯被收于狱中。孔融说道："窝藏者是我，罪在我。"孔褒却说："他是来求我的，事由我而起，与弟无关，罪应由我担。"这就是著名的"兄弟争死"的故事。像孔融这种具有儒家君子人品的人，对曹操这个披着羊皮的狼自然从骨子里就厌恶至极。

孔融忍不住在私下里哼道："东征西伐，南征北战，刀光剑影，血流成河，才定河北，又行南征，这整个是以至不仁伐至仁！"此话传到了曹操的耳朵里，曹操脸色骤变，由晴变阴，由阴变暗。往事历历在目。

太尉杨彪曾反对曹操迎献帝，曹操怀恨在心。把献帝劫到许都后便强令杨彪"病退"，官职一撸到底。这还没完，袁术称帝，曹操诬陷杨彪与袁术同谋，命曹洪将杨彪及家人打入死牢。满朝文武皆愤愤不平可又无人敢言，就在此时孔融挺身而出。

孔融不穿朝服，往见曹操。"文举此来又为何事啊？"曹操很有雅士风度地问道。

孔融开门见山："杨公累世清明，德名远望，《周书》'父子兄弟，罪不相及'，袁术称帝与他又何干？"

曹操一下被问住了，知道自已理上说不过去，便连忙搪塞道："这是国家之意，我也只能如此。"

孔融反驳道："假如武成王要杀召公，周公能说不知道吗？今天下能人贤士因仰望曹公聪明仁智，方来共辅汉朝。今曹公要是滥杀无辜，只会让天下人失望，谁还会再来投奔于你？孔融我明天就卷起衣服而去，不再上朝！"

此时的曹操正在用人之际，虽然心中极为不快，可还是把杨彪给放了。

这就是孔融虎口救杨彪的著名故事。

有一次，曹操因酿酒每年要损耗大量的粮食，欲颁布禁酒令。孔融嬉笑道："天有酒旗之星，地有酒泉之郡，人有饮酒之嗜，古代帝王尧舜不饮千杯，无以成圣。夏朝末代君主桀纣因色亡国，你今天为什么不下令禁止婚姻呢？"

嬉笑声中，绵里有针，曹操被问得牙口无言，虽然心中多少不是滋味，可表面上还是含而笑之，雅而容之。"孔文举所言也不无道理啊……"荒唐的禁酒之令于是作罢。可孔融刚一出门，曹操就翻了脸，"嘿，什么狗屁东西，不过是腐儒酸秀，给我马上抓起来，把他那张臭嘴给封上！"曹操吼道。

"孔文举可是当世名人，声名远望。"尚书令荀彧连忙劝道。

"那——那——那就给我罢官，我再也不想见到此人了！"曹操尖叫道。

孔融的官职被罢。这对孔融已经是不幸之中的万幸了，官可以不做，最起码脑袋没有交给搬家公司。后来他又被委任为太中大夫。

孔融就这么一再触怒曹操，使曹操忍无可忍，一把将案几上的笔墨竹简扫倒在地上，"给我把御史大夫郗虑叫来，我要跟他老账新账一起算！"曹操吼道。

郗虑带着一群人闯入孔融家中，将孔融五花大绑抓了起来，"你们这群恶狗！放开我！"孔融挣扎道。时二子正在下棋，大的10岁，小的8岁，与母亲惊做一团，哭喊不止："不许抓我爸爸！放开他！"郗虑把两个孩子踹翻，吼道："一个不留！全部都给我抓起来！"

孔融被打入死牢，酷刑之后，暴尸街头。时年56岁。心痛自己的孩子已经到心尖上的曹操，是不是会放过孔融的两个幼子呢？那是不可能的。曹操对家人的至爱是建立在对天下人残暴的基础上的。不仅孔融的二子被杀，孔融家人也一并惨死在了曹操的屠刀之下。

曹操这个披着羊皮的狼就这么把儒家君子一个个都斩尽杀绝了。

不过曹操此时杀起人来要比以前老练多了。为了维护自己的尊严，恐遭天下人议论，曹操免不了还要给孔融罗列一大堆罪名。曹操在文告中写道：

太中大夫孔融已经认罪伏法，世人大都只知其名，不晓其实，只见其言辞浮华，不闻其狂谬乱俗之言行。平原祢衡的狂谬之论都是受孔融之所传，说什么“父与子论其本义，不过犹如器皿，寄存其中”，“要是父亲不尽养子之道，闹饥荒的时候，儿女可以不管”。孔融的这些逆天叛道，败伦乱理的言论，虽尸于市，还是恨晚。孔融的上述言论均有人证物证。特此以告天下。

稍加辨析就知道这都是些屁话。退一万步说，孔融就是说了这些话，又怎么了？这不过都是些学理之争。就是整个说错了，也罪不至死，更不至杀人全家。况且此言论并非全无道理。当然按照古代君臣之道这都是天经地义的，欲加之罪何患无辞。上述孔融之事，及曹操残暴杀害孔融及其妻儿过程，在范晔《后汉书·卷七十·孔融传》、《续汉书》、张潘《汉纪》《魏氏春秋》中皆有记载，本著只是如实再现而已。

曹操杀了孔融之后，公元208年七月，便开始在西平、南阳一带大规模调集兵马。

重病缠身，整个处在绝望之中的刘表，随着曹操南征的脚步越逼越近，忧心如焚：战犹如以卵击石，只有降，可降又不甘心，就能得到曹操的宽恕吗……还未等曹操发兵，公元208年八月，刘表便忧心如焚一命呜呼。范晔在《后汉书·卷七十四下·刘表传》记述道：“建安十三年，曹操自将征表，未至。八月，表疽发背卒。在荆州几二十年，家无余积。”

刘表和袁绍一样，毫无疑问也是三国中的大英雄。他仁德执政，宽容待人，在天下大乱时，非常难得地开创了一块世外桃源，让荆州百姓过上了相对安定的生活。他一生中所犯的最大错误就是明哲保身。因明哲保身使他只会看护自已怀里的那点东西，胸无大志，一而再，再而三地错过了联盟抗霸，消灭曹操的机会。尤其是曹操围下邳、灭淮南、官渡大战之时。后来在刘备的帮助下，刘表虽难能可贵地醒悟了过来，也付诸行动，可因前面一再错失良机，再加上袁家二子相争，背后又总有孙权动刀子，才最终走向灭亡。

《三国演义》所谓的刘表托孤刘备及假写遗嘱让刘琮即位之说，与史不符。刘琮是刘、蔡两家的利益共同点，从刘琮一出生就已成定局。著名史学家裴松之也这么认为，他说："刘表夫妻一向就偏爱刘琮，废长立幼，是老早就定下之事，怎么会在临终前举荆州交给刘备呢？"

易中天在谈到刘表立嗣问题时教条地认为："我们知道，袁绍和刘表都是因为立幼不立长，才弄得内部分裂，自取灭亡的。""争夺荆州的赤壁之战还没开始，刘表自己家里就快打起来了。如此不能安排后事，岂非'草包'。"其实刘表才不是"草包"，道理我在前面就已经说了。导致荆州政局动荡的根本原因不是废长立幼，是刘表明哲保身所遗留下来的后患，是曹操要称霸天下，要把天下都变成他曹家的房地产而导致的。

刘表病死是一件大事，那曹操和江东集团又会相应地做出怎样的反应呢？

下回请看：孙权后悔报父仇　刘备长坂遇救星

第五十九回

孙权后悔报父仇　刘备长坂遇救星

参军鲁肃与中护军周瑜冒着大雨乘马车来到孙权府，亟亟走进府中。参军鲁肃开门见山地说道："刘表病死，就像当年袁绍暴病身亡，这可是一件大事，搞不好天下会发生骤变!"

"外面的雨下得这么大，你二人亟亟而来，好像是要发生什么大事？"孙权问道。

"刘表新亡，首先是荆州内部是否稳定的问题。刘表病故，由次子刘琮即位，废长立幼，蔡瑁、蒯越、张允拥戴次子刘琮，刘备则拥戴长子刘琦，这有些像当年河北的袁尚与袁谭两兄弟，搞不好要发生内乱。这是其一。再者，曹操陈大军于南阳，显然有吞并荆州之意，刘表新亡，很有可能会趁人之危南征荆州，这样荆州将会大乱。"鲁肃继续说道。

"天要下雨，谁又能管得了？他们打他们的，我们正好也可以趁机捞一把——继续西扩，曹操得荆北，我得荆南，平分荆州又有何忧？"孙权说道。

"将军难道不闻唇亡齿寒吗？我们与荆州山水相连，是邻居。邻居家着了大火，将军住在隔壁能幸免吗？"参军鲁肃站起身来手指地图问道。

"我看未必会烧到我们。我们与曹操八年来一直是井水不犯河水，他总不能如此言而无信？"孙权说道。孙权到此时还对曹操抱有幻想。

"曹操自劫献帝于许都后，先灭吕布，后灭袁术，刚统一河北，现又要吞并荆州，其称霸天下的野心已明。曹操一旦吞并荆州，肯定又要吞并江东。现在江东已经到了生死关头，将军应早做准备才是！”鲁肃继续指图道。

“子敬（鲁肃）所言极是，将军不能再对曹操抱有幻想了！曹操就像秦始皇灭六国搞的是远交近攻，这几年是因为忙于平定徐州、淮南、河北，害怕江东从背后给他动刀子，才来讨好我们。要是他平了荆州，江东也将不能幸免。”中护军周瑜说道。

外面的雨还在哗哗地下着。听周瑜这么一说，刚才还有几分轻松的孙权，随着劈雷一声响，弦一下子绷紧了：“曹操此次南征，真要是像几位所说的那样，有吞并江东之意，该如何是好？”

“荆州与江东是唇亡齿寒的关系，荆州若亡，江东将难以独存。曹操现据九州，天下已十并七八，两家只有并力抗曹，联盟抗曹才会有一线生机！”参军鲁肃手指地图道。

“这个道理连小儿都知道，两个人打一个总比一个人单打独斗好。可是与荆州联合抗曹，这可能吗？”孙权起身踱步道。

“这完全有可能。对于将军来说，刘表已死，黄祖已杀，又占有江夏六县，多年来的杀父之仇已报，两家多年的冤仇已解。”鲁肃说道。

“是的，我这边好说，可荆州那边呢？几个月前我们才杀了江夏太守黄祖，掠其地，屠其城，人家能不恨咱们吗？”孙权说道。此时的孙权父仇已报，心气已经转了过来。

一直坐在一旁沉默不语的长史张昭一把推开窗户，“雨呀，雨呀……下个不停，什么事情才能停啊！早知今日，何必当初……我当时劝将军不要袭江夏，可将军听信甘宁之言却硬要一意孤行。现在说什么都已经来不及了，正如鲁子敬所言：‘荆州若亡，江东将难以独存’，江东危在旦夕。”张昭抱怨道。

“哎呀！我怎么当时就想不到这一层呢？”孙权这才后悔了，真可谓是“人无远虑，必有近忧”。

“其实，机会还是有的。”鲁肃说道。

“你说什么？还有机会？”孙权停住脚步眼睛一亮，转忧为喜。

“是的！”鲁肃说道。

“子敬，快说来听听！”孙权亲自给鲁肃斟茶，急切地问道。

“天地时运变化无常，今天机会走了，明天机会又来，就看能不能看到和把握机会了。现在荆州幼主刘琮才即位，又大敌当前，正值内忧外患生死存亡之时。就像一个正处于危难之中的人一样，也正是需要有人来帮助的时候。再加上，刘备乃天下英雄，是曹操的死对头，我若以吊丧为名，慰劳荆州诸将，以修两家之好，与其结盟，对方自然会求之不得，乐于从命。现在正是孙刘两家联盟抗曹的最佳时机。若如此，荆州可保，江东自安。”鲁肃喝了一口茶说道。

“是啊，子敬果然高见！”孙权、周瑜愁眉顿展。可坐在一旁与周瑜、鲁肃一向不睦的张昭还是一脸疑云，不住地摇头。

“这样一则可以修两家之好，二则还可以实地观荆州之变，若不能成，将军可以早做他图。所以请将军准我火速到荆州为刘表吊丧，事不宜迟，此机要是让曹操抢得，江东危矣！”鲁肃继续说道。

“好，就照子敬的意思办！等大雨停了以后子敬就赶紧带人到荆州去吊丧，我速拥兵到柴桑（县名，今江西九江市西南），以做后备！”孙权说道。

鲁肃一行冒着大雨，乘船逆江而上，开始往荆州赶，大木船在江面被呼啸的狂风吹得东倒西歪。上述鲁肃劝孙权联刘抗曹之事，陈寿在《三国志·吴书九·鲁肃传》中有所记载。

而荆州这边，披麻戴孝才即位的16岁的刘琮，就面临着一项重大抉择。他虽极不情愿，哭哭啼啼，可在母亲蔡夫人、舅舅蔡瑁、蒯越、傅巽、张允等人的理智劝解下，也只能降曹。否则连刘家及蔡、蒯两大家族的性命都保不住。

秋雨还在缠绵，蔡瑁、蒯越便连夜遣韩嵩、傅巽过汉江，北上赶往许都。韩嵩与傅巽一人手捧荆州印绶，一人手捧荆州户籍，跪倒在大殿中央。

“刘景升病亡，次子刘琮即位，与蔡瑁、蒯越等共携荆州之众，纳土归汉，以听命曹丞相调遣。望曹丞相不弃！”韩嵩高声说道。

丞相曹操一脸兴奋，站起来走到近前，看看印绶，又看看户籍，拍拍手笑道：“好，好，好啊！我本打算上门去讨，没想到你们却送上门来了，来得好啊，来得及时，省得我再去讨了。刘景升素来与我为敌。好了，不说这些了，人死万事休。放心吧，既然你们肯纳土归降，我曹某自然是不会亏待你们的！”

蔡瑁、蒯越等人就这么把荆州的房产地契及军马粮草拱手让给了曹操，以求安身保命。事已至此也只能如此了。

“那反贼刘备是不是肯降呢？站起来说！”曹操突然转身问道。

“我们是瞒着刘将军，不，是瞒着反贼刘备来的。”傅巽战战兢兢地答道。

“反贼刘备与丞相有不解之仇，必不肯降！”将军曹仁说道。

“是的，大耳贼刘备素来与丞相为敌，必不肯降！多年来要不是他百般阻挠，蔡将军与蒯将军早就来降了。”韩嵩与傅巽说道。

“这倒是一个问题……”曹操捻须道。

“今华夏已十并七八，刘备已是秋后的蚂蚱。丞相若率大军浩浩荡荡进樊城，刘备必望风鼠窜，此时应快速追击，刘备有望一举擒获。再者，荆州的粮草、战船及大量辎重都屯在江陵，这样可以免于落入刘备之手。”尚书令荀彧手指巨幅地图说道。

“战船到手，我们还可以一举渡江，看孙权小儿到时候还怎么伪降？！”将军曹仁敲着地图笑道。

众文武也哈哈大笑。曹操手捻花白山羊须沉思片刻，说道：“看来还是文若所见深远啊！将军曹仁、张辽、徐晃、张郃、于禁听令！”

“请丞相指示！”众武将皆抱拳立身领命。

“立即点所部军马快速追击，先夺新野，后扑樊城，要以一日一夜三百里火速追击刘备，勿要放过大耳贼刘备！一定要抢在刘备的前面，绝对不能让刘备占据江陵！”曹操手指巨幅地图说道。

曹操于是开始大举南征。此时屯兵樊城刘备闻曹操大军出宛城，又闻刘琮已经降曹，连忙分兵两路南撤：一路由关羽率数百战船顺汉水火速南下夏口，到江夏太守刘琦处搬兵，然后率战船逆江而上，进攻江陵；一路由刘备亲率两千轻骑渡汉水过襄阳，沿汉江西岸一路南下，以水陆并进抢占江陵城。

汉江南岸，襄阳城外，在逃难的人流中哭声、喊声此起彼伏。闻刘备兵马到，就像突然看到了大救星似的，纷纷跪倒哀呼："刘将军救命啊——"哀声响彻云霄。

可刘备此时是泥菩萨过河，也只能空有一颗菩萨心。他泪流满面，为不能救百姓而痛心疾首。"我们要赶紧离开此地，曹操的追兵已经到达樊城，就在江北岸，我们要赶紧抢占江陵！"刘备挥泪道。

刘备率两千轻骑离开襄阳，继续南撤，一路上随处可见四处惊慌逃窜的荆州百姓。

按易中天的说法："刘备路过襄阳时，当地许多士人、百姓，包括刘琮的部下都跟着他南辙，随行人员多达十几万，辎重数千辆。这样一支队伍，呼朋引类，扶老携幼，一天只能走十几里。当时有人劝刘备不要再管这些人了，赶快率轻军保江陵。然而刘备不肯。对此刘备的解释是：'夫济大事必以人为本。今人归我，我何忍弃去！'"易中天的说法与《三国演义》如出一辙。易中天也不想想，从襄阳到江陵约有八百里路程，刘备要是这么守护着百姓，赶着牛车，凭着大脚丫子走，一天走十几里，早就落到曹操手上被开膛活剐了。显然既不合事理，也不合事实。刘备虽然仁厚，但并非是妇人之心。他不可能不知道，要是他这么做不仅救不了百姓，还会连累自己。

"唉，怎么不见军师徐庶？"诸葛亮说道。

"听说去找老母去了，还在樊城！"简雍说道。

"也可能去投曹了！" 孙乾、麋竺说道。

徐庶自此便一去不归。许多人有些不解，徐庶和诸葛亮是好友，为什么一个看刘备大势已去便投了曹，而另一个却还死心塌地跟着刘备呢？

其实这个问题很容易解释。这是因为徐庶与诸葛亮是两种不同类型的人。徐庶出身寒微，是在社会磨砺中逐步成熟起来的。他既没有诸葛亮那样的痛苦经历，也没有从小受过儒家文化的熏陶，再加上他的行为体系还停留在一切以达到目的为原则的初级水平上，远还没有进化到那种程度。这样的人，对曹操的许多恶行自然也就没那么深恶痛绝，甚至还会从内心深处发出赞同之声。这样的人自然是哪儿利大就往哪儿钻，才不管要跟的人是何许人也，怎么会跟着眼看大势已去的刘备瞎转悠呢？由此也可见，易中天的求职标准只适合于徐庶这类人，这就是原因。《三国演义》所谓的徐庶是因老母被曹操所擒才被迫投曹，还编了一段“徐庶进曹营，一言不发”的感人的故事。其实，徐庶是自己投的曹，不仅发了言，还在曹营做了官，官至御史中丞。

孙权此时已拥兵至柴桑，鲁肃一行已由江陵转道北上至长坂。迎面突然洪水般拥来许多逃兵和难民，一打听才知刘琮已率荆州之众降曹，曹操的数千虎豹骑正在追击刘备军。鲁肃大惊，正不知所措时，却见数百骑士轰隆而来，当先一将气宇非凡，双耳坠隆，猛将赵云怀裹阿斗并马而行，甘夫人随后骑于马上。

鲁肃与南来的刘备在长坂坡树林中不期而遇。

“听说曹操的数千虎豹骑正在追击将军？”参军鲁肃问道。

“先生勿要慌，益德已断长坂桥，正率五百弓箭手在桥南阻击曹兵，一时追不上来。”

鲁肃问刘备：“刘将军现在准备往哪里去？”

刘备回答：“我与苍梧太守吴巨有旧，实在不行就只有投奔他了。”

鲁肃：“吴巨又没有多少实力，地处偏僻，自己尚且难保，你又怎么能安身呢？你难道不想与江东联盟抗曹吗？这才是最好的安家立业之计！”

刘备眼睛一亮：“要是这样就再好不过了！刘景升生前我就曾多次劝他与江东联盟抗曹。不知道你主孙权是不是也有此意？”刘备不是孙权，深知联盟抗曹的至关重要性。只要这根救命的绳索在刘备眼前晃悠一下，他就会动作非常敏捷地一下子把它抓住。

“我正是奉我主孙权之意来与荆州修好的！”鲁肃答道。

“那就最好了！”刘备兴奋道。

“要是这样那就请刘将军派一使者与我一起出使江东，会见我主孙权，以申联盟抗曹之意！”鲁肃说道。

“子敬，你可认得此人否？”刘备鞭指身边的诸葛亮问道。

“看似面善，一时却想不起来，还望刘将军明告。”鲁肃应道。

“他叫诸葛亮，是诸葛瑾的胞弟。”刘备笑道。

“你说什么？他是诸葛瑾的胞弟？！难怪感到面善。子瑜（诸葛瑾）可是我的好朋友，能在这里与诸葛瑾的胞弟相识，真是三生有幸啊！”鲁肃兴奋道。

“就让诸葛亮随你一起出使江东如何？”刘备说道。

“那就太好了。”鲁肃应道。

“曹操正命军士加紧抢修长坂桥，还请各位赶紧都上马，火速向江陵方向南撤！”刘备吼道。刘备又率大队人马，与鲁肃火速向江陵方向南撤。

“前面就是江陵城，不知道二弟云长到了没有？”刘备说道。

此时前方探马疾驰来报：“在前方江面上发现有大批战船，有许多水军正在登陆！”

“一定是云长来了！”刘备说道。

刘备、诸葛亮及随行人员纵马驰向江边，“看！是云长，是云长，云长！”刘备放声长吼。

“大哥！”关羽也看到了刘备，连忙来迎，刘琦紧随其后。

关羽抱拳单跪：“大哥！我是不是来迟了？”

刘备连忙将关羽扶起：“不迟，不迟，正合适！刘太守也一起来了？”

“闻关将军呼救，便率兵马而来！”江夏太守刘琦礼道。

“多谢刘太守相救！”刘备谢道。

就像看到了日出一样，一个个都喜出望外，欢欣鼓舞。站在一旁的鲁肃热泪盈眶。

“大哥，我们是不是现在就攻江陵城？”关羽问道。

“不，没时间了。在长坂，曹操的骑兵就已经追上了我们，差点出危险。所有人员都赶紧上船向夏口转移。退守江夏，依长江天险而拒曹！”刘备说道。

刘备遂乘战船随关羽、刘琦先到夏口，后又驻军鄂县之樊口（今湖北鄂州市西北），以待江东援军。诸葛亮则随鲁肃一起出使江东。

上述刘备与鲁肃当阳长坂相遇之事，陈寿在《三国志·吴书九·鲁肃传》中记述道："肃径迎之，到当阳长坂，与备会，定腾权旨，及陈江东强固劝备与权并力。备甚欢悦。时诸葛亮与备相随，肃谓亮曰'我子瑜友也'，即共定交。备遂到夏口，遣亮使权，肃亦反命。"此事在《江表传》有详细记载，本著只是如实再现而已。易中天在谈到这个问题时是说道："对于兵败如山倒、已经狼狈不堪的刘备来说，鲁肃真是天上掉下来的活神仙。"其实彼此彼此，对鲁肃来说刘备也同样是天上掉下来的活神仙。

下回请看：周瑜海口辩群臣　鲁肃厕所激孙权

第六十回

周瑜海口辩群臣 鲁肃厕所激孙权

江陵城中（南郡治所，今湖北江陵），曹操大摆庆功宴，歌舞升平，酒气熏天。曹操拜曹仁为镇南将军，驻守江陵。又拜刘琮为青州刺史（这当然是有名无实的空头衔了），封列侯。蔡瑁、蒯越、韩嵩、傅巽、张允等十五人也都一一被拜官封侯。《三国演义》所谓的曹操杀刘琮母子与史实不符。曹操虽恶，可确实没有干此事。刘琮后来又任谏议大夫，此事在《魏武春秋》中有明确记载。

“让刘备再次从指缝间溜走，这不能不说是一大遗憾。可占据了江陵，这也不能不说是一大收获啊！”曹操志得意满地说道。

“是啊，占据江陵城，荆州的千艘战船也就归丞相所有了，再加上从蔡瑁手中收缴的近十万水军，这样丞相就可以随时过长江了！”众文武笑道。

此时曹操已经不可一世，不仅是傲视群雄，整个是视群雄如草本植物。曹操用手捋了捋花白的小山羊胡，端起紫砂壶，喝了一口茶说道：“我兵马未出便吓死了刘景升，吓爬了刘琮及荆州百官。进攻江东这本来是下一步的事，没想到战局的发展如此之快啊！下面不仅要收拾刘备，我还要看看江东小儿再怎么假称臣？”

“丞相，这叫不战而屈人之兵，善之善者也！”镇南将军曹仁等众武将笑道。

将军张辽喝得醉醺醺，跪在地上学着刘琮的样子说道：“要是孙权小儿，不像刘琮那样跪在丞相的面前，咱们就用鞭子使劲地抽他的屁股！”逗得众文武又是哄堂大笑。

“只是用鞭子抽他，这有点太便宜他了。要是他还装孙子，咱们就一鼓荡平江东，不仅要灭刘备，还要把孙家的鸡蛋就这样一个个都给捏碎。”曹仁比画着，笑道。

“对！要是孙权小儿还装孙子，咱们就把他孙家的鸡蛋都给捏碎……”众文武又是一阵大笑，有的甚至连眼泪都笑了出来。

这时太中大夫贾诩喝了一口茶。“文和有什么话要说？快说来听听！”曹操说道。

贾诩语调温和绵软地说道：“丞相刚平河北，今又收荆州，威镇华夏。丞相若要能借荆州沃土安政抚民，使百姓安居乐业，使军吏效命朝廷，无须征伐，用不了多久，江东孙权自然就会纳土归降。”贾诩的意思是先稳住脚步，安土乐业，然后再图取江东。

“照贾文和的说法，孙权小儿早就该来归降了。可孙权小儿一让遣子就耍赖，怎么到现在也没来归降啊？这种人你不打，他能跪地求饶吗？你不跟他来硬的，他能降吗？”镇南将军曹仁说道。

“是啊，这种人你不打，他能跪地求饶吗？”众武将也纷纷附和道。

搞得贾诩脸红一阵白一阵，样子十分尴尬。可就在这时程昱帮腔道：“丞相天下无敌，荆州现已归降，更是威震华夏。江东孙权只据有六郡之地，又怎么能是丞相的对手？问题是刘备还活着，荆州有一部分归附了他，孙权要是和刘备结盟，一起来对付我们怎么办？这样结果就有些难料了。”

“公达！怎么闷在那里一直不说话呀？”曹操说道。

“现天下已十并七八，拥有九州之地。江东孙权不过六郡之地，两家就是加在一起也不过一州之力。以一当九，不过是以卵击石罢了！江东孙权唯一可以依仗的就是长江天险，而我们现在已有战船七八百艘，水军十万，长江已与其共之。即使两家并力又有何惧？”军师荀攸慢条斯理地说道。

“是啊，就是江东小儿与大耳贼刘备结成了孙刘联盟又有何惧？”将军徐晃附和道，又引得一阵哄堂大笑。

“丞相用兵如神，百战百胜，我看只需陈兵江北，管保吓得孙权小儿尿裤裆。”众文武又是一阵哄堂大笑。

于是除贾诩、程昱等个别人持保留意见外，全会一致通过，向江东孙权下战书，看江东孙权此时还敢不敢再装孙子。上述贾诩谏言，陈寿在《三国志·魏书十·贾诩传》有记载，本著只是如实再现而已。

诸葛亮随鲁肃一起来到柴桑后，在鲁肃的引见下，诸葛亮很快就见到了小他一岁的孙权。

“荆州一夜之间易主，曹操率大军陈兵江北，与江东隔江相望，形势变化如此之快，太出人意料了……”张昭、张纮、顾雍、虞翻、严畯、步骘等人纷纷议论道。

孙权坐在那里有点像热锅上的蚂蚁。“我听鲁子敬说，刘将军的意思是要与我们联盟抗曹？”孙权问道。

“刘将军正是此意！”诸葛亮有些拘谨地应道。

“可是，荆州已经易主，荆北二郡，以及荆州的兵马战船大多已归曹操所有，你主刘备和刘琦只据有江夏半郡（江北部分在孙权手上），手中兵马不过两三万，战船三四百艘，就是两家合力又怎能抵得过曹操的百万雄师？”孙权双眉紧锁道。半年前孙权的脑子要是能转过弯来，他抓住的则是刘表这根大缆绳。现在刘表病死，刘琮降曹，只剩下刘备这根小稻草了，孙权此时显然又嫌刘备只是一根救命稻草，害怕不顶事。

诸葛亮马上听出了孙权的话音，起身指图道：“现在荆州大乱，将军据江东，刘将军收拾残部据荆南，一并与曹操抗衡。今曹操天下已十并七八，威镇四海。英雄无用武之地，刘将军才逃至于此。将军应量力而行才是！若江东加刘将军之力能与曹操抗衡，不如早早地就与曹操断绝关系；若不然，不如早早解甲交枪，纳土归降，向曹操俯首称臣！将军表面向曹操称臣，心里面又犹豫不决。要是到此时还不能决断，祸将不远！”

诸葛亮这叫正话反说，有意无意地一下子就戳到了孙权的痛处，孙权有些被激怒了：“照你所言，我现在就应该去降曹！那刘将军为什么不去降曹？”

“田横不过是齐国的一个壮士罢了，尚且能守义不屈，况且刘将军乃帝室之胄，英才盖世，天下敬仰，即使事情不成，此乃天意！又怎么能向曹操这样的人俯首称臣呢？”诸葛亮慷慨激昂道。

本来就习惯于感情用事的孙权，经这么一激就更激动了，勃然而起：“刘将军不愿降曹！那我就愿意吗？！我不能把江东之地，十万之众，拱手送给曹操，任其宰割！我意已决！除过刘将军，我看天下再没人敢挡曹贼了，可是刘将军最近才遭战败，又怎么能抵挡住呢？”

坐在一旁的参军鲁肃见孙权情绪激动，借喝茶暗暗地给诸葛亮使眼神。诸葛亮连忙换了个口气说道：“刘将军虽败于长坂，仅关羽的水军就有上万人，江夏太守刘琦的手上也还有两万精兵。曹军虽众，可远来疲惫，已是强弩之末。此都是兵法之忌。况且，曹军多北方之士，不习水战。又荆州之民只是被迫服从，并非心服。若将军能命一员上将，统兵数万，与刘将军联盟抗曹，必然破曹。曹军破，必北还，这样荆州与江东鼎足之势便形成。成败之机，就在于此，望将军勿失！”

孙权此时心血也平静了许多，两人又谈了一阵，诸葛亮告辞回馆驿，心里整个是十五个桶子打水，七上八下。上述诸葛亮与孙权的对话，陈寿在《三国志·蜀书五·诸葛亮传》中有详细记载，本著只是如实再现而已。

别看刚才孙权在情绪激愤时信誓旦旦要与刘备联盟抗曹，等冷静下来，又开始犹豫不决：到底是战，还是降？降，又舍不得把江东偌大的家业拱手让给曹操，不甘心。可要是战，孙刘两家合起来就那么大点力量，能战胜强大的曹操吗？一旦战败，一家老小就要人头落地……还有，曹操真的会来打江东吗？别是自己没事找事，引火烧身……此时的孙权整个是心如乱麻，六神无主。说句心里话，让一个只有26岁的青年做出如此重大的决定，也实在是有些难为他了。

而易中天在谈到这一问题时更是离谱，他说：“战败的结果和投降没什么两样，然而光荣得多。”

可曹操却步步紧逼，开始在江北屯兵，操练水军，耀武扬威，不给孙权犹豫的时间。孙权就像是热锅上的蚂蚁，连忙招集各文武商议对策。而诸葛亮此时正心急如焚地在馆驿等待着孙权的回话。

“我们和曹操多年来一直井水不犯河水，曹操难道真的会来打我们吗？”此时的孙权对曹大叔还抱有幻想。

“曹操陈兵江北，操练水师，其吞并江东之意已明，将军不能再对曹操抱有幻想了，现在是战还是降的问题！”鲁肃说道。

“是啊，将军不能再抱有幻想了……”张昭、张纮、顾雍、虞翻、严畯、步骘纷纷议论道。

就在这时诸葛瑾急匆匆走进来，把一封信交到孙权手上，孙权接过信一看，上面写道：

近奉诏讨伐，挥军南下，刘琮已纳土归降。今治水军八十万众，欲与将军会猎于江东。曹亲笔。

孙权看完后，把信交到张昭手上，张昭看完后又把信交到顾雍手上。

“这是曹操在向我们下战书。什么‘会猎于江东’？就是要过江与我们决战！曹操在江北屯兵八十万，其意就是要逼我们就犯！曹操侵吞江东之意已明，是战是降全在此一举了……”张昭说道。

直到此时孙权才彻底打消了对曹操的最后一丝幻想。

易中天在谈到这个问题时如此说道：“曹操发动的这场战争，原本就不是冲着孙权来的。也就是说，这场战争，也包括后来的赤壁之战，原本是曹刘之战，孙权是被拖下水的。”由此可见，易中天在这一问题的认识上还停留在孙权的水平上。曹操打吕布与他无关，曹操打袁术也与他无关，曹操后来打袁绍，灭袁谭、袁尚也与他无关，最后曹操打刘表也与他无关，就是曹操渡江打刘备也与他无关。其实，曹操的东征西伐每一次吞并都关系到江东的生死存亡，只不过易中天和孙权一样还没有认识到罢了。

“要是荆州尚存，我们要是与荆州联盟抗曹，尚有一线生机。现在荆州已亡，只留有刘备和刘琦的两三万军马，就是两家加起来也不过一州之力，曹操据有九州之地，以一当九，犹如以卵击石……我看，我看，我看不如归顺……”长史张昭吞吞吐吐地说道。

“是啊，曹操乃虎豹，又托名汉相，以天子之名征讨四方，今若与之为敌，不仅力不从心，还有以逆反之名，这样只会对江东更加不利。”顾雍附和道。

“我们能与曹操相抗衡主要凭的是长江天险。可现在我们连这点优势也没有了。今曹操得荆州，据江陵，刘表的十万水军及战船千艘，现在都已归曹操所有，长江天险已与我共有。再加上曹操有数十万步兵，水陆并进，我又如何抵抗？实力相差如此悬殊，又无险可依，这个仗显然已经没办法打。不如学荆州刘琮，这样虽失江东之土，却可安家保命。”张纮也手指地图恳切地说道。

“不仅如此，曹贼虽然恶贯满盈，可是用兵已老，天下十并七八，每战必克。手下战将无数，高参层出，连吕布、袁术、袁绍、刘表、刘备都不是他的对手，我们又怎么能与之为敌呢？”虞翻说道。

文官纷纷劝降，不仅是因为双方的政治、军事实力，以及领导人的个人能力相差过于悬殊，还有一句潜台词没有说出来。就是他们不管到哪儿都一样为官，一个月都拿那么几个吊命钱，又不涉及他们家的房产地契，当然说“降”这个字就容易了。而对于孙权就不是这样了。

孙权越听心里越不是滋味，字字句句都刺在了他的心上，让他脊背一个劲地冒虚汗。孙权不停地在喝水，心想：可张昭等文官说的又都是实情。这该怎么办呀？难道父兄用鲜血和生命征战夺来的江东家业就这么败在了我的手上？要是年初不去西伐黄祖该多好啊……否则两家现在就可以结成一个强大的联盟，互相支持。现在只留下了刘备这么一根救命稻草了。孙权虚汗淋漓，六神无主，一片茫然。大厅之中乱作一团。

就在此时只见中护军周瑜立身霹雳道：“绝对不能降曹！”

周瑜一语四惊，一片哗然。

“曹操托名汉相，实际上是大大的汉贼！将军神武雄才，继父兄之业，霸据江东，土地肥沃，兵精粮足，应像一个英雄一样横行天下为国家除孽才是。况且这是曹操自己提着脑袋来送死，我们应该乘机去消灭他才是，又怎么能降曹呢？”在此言中既包含着周瑜对曹操切齿痛恨，又包含着他不甘屈服的豪气。

“好大的口气！可光有冲天豪气又有什么用？仗不是用嘴巴打出来的，

是用真刀真枪拼出来的……”张昭、张纮、顾雍、虞翻、严畯、步骘纷纷议论道。

中护军周瑜顿了顿气，怒目环视了一眼四周又接着说道：“诸位可能觉得我周公瑾口出狂言，在胡说八道。其实不然！”

孙权就像突然看到了一线生机一般，睁大了眼睛。会场上顿时也鸦雀无声。

周瑜起身走到地图前，“我等可以一起来分析一下当前的局势。假定现在北方已经安定，曹操没有什么后顾之忧，可与我持久对峙，来争夺疆土，那他能与我军在船战中决胜负吗？况且，现在北方还未安定，加上马超、韩遂还在关西，这都是曹操的后患。这是其一。”周瑜手指地图说道。

“公瑾说下去！”孙权说道。

周瑜继续说道：“还有，曹操舍弃鞍马，使用舟船，来与江东决胜负。鞍马陆战本来是曹操的长处，船战是我军的长处，其用之短来攻我方之长，哪有不败之理！这是其二。再者，现在正值隆冬季节，马无草食。这必然会进一步削弱曹军的战斗力！这是其三。不仅如此，曹操驱北方兵士远涉千里来到长江湖泊之间，水土不服，久必生病，又不习水战。这是其四。上述四大隐患都是用兵之大忌，而曹操却视而不见，贸然行事。将军擒曹，正在此时。我请求将军调三万精兵予我，进驻夏口，我保证让曹贼有来无回！”

周瑜的分析，既有宏观分析，又有微观之察，并不只是以兵之多少来量胜负；既有兵家之锐气，又有文者之将谋，而且针针见血都指在曹操的痛处。

孙权已经好久没有听到这样振奋人心的话了，奄奄一息的信心就像炉膛里的炭火被周瑜这么一吹，一下子被鼓舞了起来，男儿的血性也一下子被点燃了，他一下子跳起来声嘶力竭地吼道：“老贼早就想废掉汉朝！自立为帝！只不过是顾忌袁绍、袁术、吕布、刘表及我等！今数雄已灭，唯我独存，现在又要来灭我了！我孙权不是好欺负的！我要与老贼势不两立！周将军所言正合我意，此正是灭曹之机！此天赐将军于我！”

随后就如同是暴风雨过后，寂静无声。主降派的声音整个被压在了下面。上述周瑜舌战群儒的陈词，陈寿在《三国志·吴书九·周瑜传》中也有详细记载，本著只是如实再现而已。

不一会，张昭、张纮、顾雍、虞翻、诸葛瑾、严畯、步骘又开始在下面窃窃私语，交头接耳，就像是会场上突然飞进来了一群蜜蜂一样。

孙权紧张的情绪也缓解了许多，刚才因喝了许多水此时感到内急，于是便起身上厕所。鲁肃心明眼快，也连忙尾随其后一起跟了进去。“子敬也来上厕所？”孙权问道。

“哪里！”

“子敬难道是有话跟我说？”孙权问道。

“是的。我刚才听众人所言，都是在误导将军，都不足以谋大事。今鲁肃可以降曹，而你却不行。你知道这是为什么吗？”鲁肃一针见血地说道。

孙权蹲在马桶上摇摇头说道：“我不知道。”

鲁肃站在一旁继续说道：“我要是降曹了，还照样可以在曹操那里做官，先在地方上做小官，乘着牛车在官场上混，然后一步步从小做大。而你要是降曹，你孙家在江东的家业也就完了，你从父兄手上继承下来的家业就会毁在你的手上。你可要想明白啊，莫用文官所言，应早定大计！”

孙权恍然大悟：“难怪这些人拼命地劝我降曹，原来是大难临头要各自飞！这些人原来都在打自己的小算盘，根本就没把我孙家的家业当回事！还是你和公瑾在替我着想……”鲁肃的这一番话，字字句句都说在了孙权的心坎上，不仅更进一步激发了孙权的自保欲望，同时又让孙权对张昭等人的劝降产生了逆反心理。

鲁肃显然既看透了孙权的心思，也看透了张昭等人的心思，一语道破天机。上述鲁肃厕所激孙权的一段对话，陈寿在《三国志·吴书九·鲁肃传》中有记载。《三国演义》中所谓的“诸葛亮舌战群儒”、“智激周瑜”之说纯属文学虚构。

孙权与鲁肃一前一后走进会场，看到会场上的文官武将一些人在争论，一些人还在交头接耳，会场上一团糟。不由得恶从胆边升，刷地一声拔剑在手，眼冒火星，众文武一个个都被吓呆了，不知所措，刚才喧闹的会场刷地一下又鸦雀无声。此时只见孙权挥剑咔嚓一声，砍断案几一角："娘的！你们都给我听着！从今天起有再敢言降曹者！形同此案！"《江表传》记述道："权拔刀斫前奏案曰：'诸将吏敢复有言当迎操者，与此案同！'"

既然决心抗曹，就要联刘，就要联合一切可以联合的力量。孙刘联盟，也就随着孙权充满激愤的咔嚓一声响，遂成定局。孙权最终还是抓住了命运女神给他送来的最后一根救命稻草。

这里面既有鲁肃正面和侧面恰到好处的循循善诱和激励，又有周瑜与张昭等主降派的正面交锋，再加上孙权的年轻和血性，才成定局。这里面虽有几分理性的成分，但更多的是血性和冲动。

易中天在谈到此事时说道："要知道，政治家进行决策是不能感情用事的，孙权也不例外。不错，孙权当时是还年轻，却也少年老成，哪里会像《西游记》里的孙猴子一样，你一激，他就跳起来？"可易中天哪里知道，结果却被他不幸言中。孙权真的就像是《西游记》里的孙猴子那样，在周瑜舌战群儒后，被鲁肃巧妙的一激跳起来了。

凭孙权的头脑是不可能通过理智分析做出决断的，否则这件事就不会一拖再拖一直拖到曹操大兵压境，拖到曹操下战书，拖到不能再拖的时候。这就像是一把火，则开始火离自己很远，自己是隔岸观火，还有几分优哉。可随着熊熊大火越烧越近，躲又躲不开，投入火海又会化为灰烬，情急之下，只有去扑火、救火。

当诸葛亮从鲁肃嘴里得知孙刘联盟大计已定，长舒一口气，一屁股坐在床上，如释重负。鲁肃则是一脸兴奋。可他们又哪里想到，激情演绎过后的孙权此时又感到有些不踏实，又开始犹豫了起来。

当天晚上，孙权又独自约见周瑜。

"凭孙刘两家的一州之力真的能抗过九倍于我的曹操吗？"孙权问道。

"曹贼号称八十万大军，一下子就把江东众幕僚都吓趴下了。其实，哪有那么多，我料其只有十五六万，刘表降军也不过七八万。昨天我在会议上谈到了曹军的四大隐患，其实不只这些。"周瑜解释道。

"还有什么呢？"孙权毕恭毕敬地问道。

“这七八万降军，尚心存狐疑。再者，曹军远途作战，必然心生疲惫，要是久战不克必生归心。再加上我在会上所谈的四大隐患，因此曹贼虽士卒多，但不足虑，只需要五万精兵就可以了。请将军勿忧。”周瑜说道。

孙权听了周瑜这一席话后，一颗心才晃晃悠悠整个落在了地上。他抚摸着周瑜的脊背，深有感触地说道：“公瑾啊，我现在才明白母亲在世时为什么让我以兄事你，你永远都是我的好大哥！在这关键的时刻，只有你和鲁肃是完全占在我这边的，张昭他们都各顾妻子，心怀私虑，真是让我失望。真是危难之处见人心啊！现在五万兵马一时还难以凑足，你可先带三万兵马去，粮草战船我已准备好，由你和程普为左右都督，鲁肃为赞军校尉，先统领三万兵马前往夏口，我为后援，给你补充军马和粮草，你看如何？”孙权独自约见周瑜之事，在《江表传》中有记载，本著只是如实再现而已。

下回请看：周瑜傲慢待刘备　百船江战惊曹操

第六十一回

周瑜傲慢待刘备　百船江战惊曹操

刘备这边，按照和鲁肃事先商定好的计划，兵屯江南鄂县之樊口（今湖北鄂州市西北）。已经进入十月份了，刘备令关羽、张飞加紧战备和练兵，一边等待着孙权的回信。一连十多天过去了，眼看曹操兵锋日近，而江东孙权那边连个人影都看不到，害得刘备盼星星盼月亮，每天都要顶着刺骨的江风到江边观望。整个是望眼欲穿。

这天，飘起了雪花，江面上寒风习习，忽闻江边有军士惊呼："江东战船到了，江东战船到了！"刘备听声，惊喜万分，扔下手中的牦牛尾，连忙和关羽、张飞、孙乾、简雍冒着雪花纵马来到江边。果然是江东的战船到了，在飘飘雪花下，一艘一艘楼船、艨冲、斗舰成群结队，驶入口岸，威威而至。"周"字战旗迎风招展，水兵林立，气势雄伟壮观。

刘备几人欣喜万分，连忙命令："简雍、孙乾你二人，赶紧去迎军慰劳，恭候周瑜都督下船到营帐中小息！"简雍、孙乾领命而去。周瑜对前来迎接的简雍、孙乾说道："本都督有军务在身，不能擅离职守，要是你方主帅刘备能屈尊前来最好了！"

"大哥，这周瑜的架子也有点太大了！还是让他自己下船来说话。"张飞说道。

"不要因小失大，要是我不去，非同盟之意！"刘备说道。

于是刘备和张飞乘游艇一起冒雪登上挂有"周"字旗的五层楼船。"下雪天还要烦刘将军亲自登船，实在是抱歉！"周瑜、程普在船头迎道。

"哪里，哪里，这是应该的。"刘备答道。

左都督周瑜依船舷迎着瑟瑟寒风指道："这些江东战船，共有五百艘！"

“江东水军真是威武啊！有此雄武之师何愁不敌曹贼？”刘备说道。

楼船中，刘备双手烘着炭火问道：“今孙刘两家能联盟抗曹，这可是一件大事啊！不知道周都督此来带了多少兵马？”

周瑜回答：“三万！”

“很少啊！”刘备脱口而出。

周瑜放声一笑：“不少，足够了！刘将军到时候看我怎么破曹军就是了！”傲气中又夹杂着豪气。这让感到低人一等的刘备心中既不是滋味又没底，这些兵马能抵过曹军吗？

雪还在江面上飘着，“子敬没有同船来吗？”刘备问道。

“鲁肃和诸葛亮要过两三天后才能到。”周瑜说着把地图铺在案几上，“请刘将军来的目的是要确定一下两军的部署方案。你来看，曹贼的大营扎在江北岸，对，就扎在这里。这个地方叫乌林（今湖北洪湖市东北邬林矶），据初步探察，约有四座营寨。”周瑜手指地图说道。

“是啊，那我军该怎么部署呢？”刘备说道。

“请刘将军来的目的，就是想听听你的意见。”周瑜说道。

“你们是水军，长年在江上作战，肯定比我有经验，还是先谈谈你的看法吧。”刘备说道。火盆中的炭火烧得正旺。

“我和程都督的意见是，我们两军在樊口会师后，一起逆江而上，曹操现屯兵于江北岸乌林一带，就是这里！江东水军屯兵在江南岸，就扎在这里，这一带叫赤壁山，正与曹操乌林大寨隔江相对，曹操乌林大寨在西北，我军在东南，相距约50里。这样一则可以牵制曹军主力，防止其从赤壁山一线渡江，二则在时机成熟时可以对曹军主力军进行正面出击。”左都督周瑜手指地图说道。

“那我军又该屯兵何处呢？”刘备问道。

周瑜手指地图继续说道：“刘将军最好率军继续逆江上行，屯兵在江南岸的这一带，这一带隶属华容县（今湖南砖桥附近），在江陵下游120里处，距我军的赤壁山大营约350里。这样一则可以防止曹军渡江侵入荆南四郡，二则在进攻时可以截击江陵的援军，这样两军就可以对曹操的乌林大寨进行分割包围。”

“两位都督考虑得很是周到啊，那就这么定了！”刘备说道。

这就是刘备与周瑜在战船上的第一次相会，孙刘联盟总算是有了结果，

帥

而且已经整个付诸实施。江南岸的孙刘联军，约六七万；江北岸是曹操大军，约二十万，赤壁大战的序幕就这样整个拉开了。上述刘备在樊口及亲自上战船与周瑜相会之事，在《江表会》中有全程记载，本著只是如实再现而已。

现在我们已经都知道，曹操在官渡大战以少胜多，以一胜十的神话整个是瞎编乱造，实际上曹操与袁绍双方的兵力对比至少是二比一，是曹操明显强于袁绍。可此次赤壁大战，孙刘联军以一倍兵力对三倍曹军，却是不争的事实。

曹操本来是打算不战而屈人之兵的，于是曹操便开始在江北岸大张旗鼓操练水兵，不断地从北方调集军马，而且还派战船在江边游弋。这阵势有点像现在的美军，为震慑伊朗，在海湾地区调集航母及搞军事演习一样。江北的曹操喊打声震天响，其目的就是要吓得孙权小儿尿裤裆，那样尿不湿就能派上用场了。

可曹操此时又哪里想到，他不仅没把孙权吓趴下，反而吓出了一个孙刘联盟。此时孙刘联盟不仅已经结成，而且还在樊口胜利会师。胜利会师后又重新进行了战略部署。不久孙刘水军浩浩荡荡逆江而上，按原定计划过夏口，来到了赤壁山江面（今湖北赤壁市）。

完全出人意料的是，此时曹操的水军正从江陵顺流而下，曹操站在五层楼船的甲板上，迎着刺骨的江风，眼望宽阔的江面，万丈豪情不由熊熊燃起。

“拿杜康美酒来！”曹操呼道。

侍者连忙拿来。曹操连饮数樽，不觉诗性大发，把酒临风赋诗道：

方破荆州，又下江陵；
舳舻千里，顺江东流；
旌旗蔽空，酾酒临江；
横槊赋诗，吞云在即。

众文武连称好诗。喝彩声刚落，迎面却见星星点点有许多木船行来。越来越近，越来越多。曹操和众文武一个个都呆住了：“耶，不对呀？不好，丞相！是江东战船，我们遇到江东战船了！”

“该怎么办？”众文武惊慌失措。

这完全是一个突发事件。早已习惯骑在马背上东吞西并的曹操，平生还是第一次经历水战，一下子也慌了神：“快——快——快，赶快回船！”

“传丞相令，赶快回船！赶快回船！听见了没有？”曹仁和许褚齐声喊道。

忽然间，战船也晃动了，人也站不稳了，曹操差点被晃到江水中，幸亏反应快，抱住了扶栏。

"丞相没事吧？"几个将士赶紧过来救护曹操。其实，此时周瑜、鲁肃、程普、刘备等也在惊疑之中，正不知该如何是好之时，一看曹军纷纷摇橹回船，哈哈大笑："曹贼胆怯了，给我迎面直冲！"随着战鼓声声，孙刘联军的近百艘战船如离弦之箭，纷纷摇橹直扑而来。

而曹操的近百艘战船此时才摇摇晃晃回过船身，慌忙开始逃窜。曹操在船舱中大声地吼叫道："赶快摇橹！赶快摇橹……"曹操在船舱中摇来晃去。此时数十艘江东战船已经越逼越近。周瑜一摆手，厉声道："传我将令！准备！放箭！"随着周瑜一声令下，如狂风大作一般，箭如雨飞，曹操水兵纷纷中箭倒下。曹操手疾眼快，在众将士的护卫下顺势来了个就地卧倒。十几名将士用血肉之躯掩护着曹丞相，被重压在下面的曹操，一边趴在船甲板上，一边揣着甲板大声指挥水军："还击！还击！赶快还击！"别说，这一招虽然狼狈，可还真的挺管用，曹操五层楼船上的水军就这么一下子稳住了阵脚，开始还击，孙刘水军，也不断有人中箭倒下，才没有敢逼得太近。可其他战船就没有这么幸运了，一些被追上的曹军战船，先是遭到一轮轮飞镖袭击，被挂靠上以后又遭登船砍杀……结果在这场遭遇战中，孙刘联军不仅抢占了数十艘战船，还杀死了曹操许多水军。这虽然只是一场小规模的遭遇战，可对鼓舞孙刘联军的士气却起到了兴奋剂的作用。孙刘联军欢声雷动。

从此周瑜率江东军团把大营扎在江南面赤壁山一带，与曹操的乌林大寨隔江相对，周瑜的赤壁山大营处在东南处，相距约五十里。上述曹操水军与孙刘水军遭遇战，陈寿在《三国志·吴书九·周瑜传》记述道："权遣瑜及程普等与备并力逆曹公，遇于赤壁。时曹公军众已有疾病，初一交战，公军败退，引次江北。瑜等在江南。"

赤壁大战的古战场是在蒲圻赤壁，蒲圻市也就是现在的赤壁市。《三国演义》所描述的赤壁古战场在黄冈赤壁（亦即东坡赤壁）显然有问题。因为此时的黄冈整个处在孙权的控制之中，公元208年三月，孙权偷袭江夏杀黄祖后就占据了黄冈。

刘备大营则按既定计划扎在了华容县。按《三国演义》的说法是屯兵在夏口，而且是屯兵在江北，那不就等着曹操来宰吗？显然不合事理。从此，孙刘联军与曹操隔江相望，江南江北，在赤壁对垒的架势就这样摆好了。江北岸的曹操采取压迫式打法，大兵压境，摆出的是主动进攻的架势，而江南岸的孙刘联盟就像是被压迫的奴隶一样，采取的是防守反击式。

眼前已经进入十一月份，周瑜这边自从在赤壁山附近扎下大营后，除每天习练水陆两军以防曹操渡江登陆外，也在像曹操一样苦苦思索着破敌之机。

在周瑜的大营中，“种种迹象表明，曹操翻过年来春夏发动渡江战役的可能性最大！”大都督周瑜一脸严峻地说道。

“是啊，曹操陈兵江北是来威慑我们的，威慑没有起到作用，现在又不是渡江的时机，曹操和他的谋士不可能看不到这一点。因此曹操撤军的可能性非常之大！”参军鲁肃应道。

“要是这样将对我军极为不利！”周瑜说道。

“周都督所言极是！要是曹操等到明年春夏来进攻，那时他的战船将会造得更多，水军也就会操练得更熟练，再顺着一江春水来收拾我们。”老将程普说道。

“这该如何是好？”众将慌道。

而在曹操的大帐中，却完全是另一番景象，火盆中的炭火烧得正旺。

“看来孙权小儿的骨头还挺硬，尿并没有吓到裤裆里！”镇南将军曹仁烘着火说道。

“眼看天气一天天冷了下来，寒冷的江风就只差没把人的鼻子给冻掉。再者，由于水土不服，一些北方来的军士出现痢疾，现在发起渡江战役不仅战船不够，水军也不够熟练，第一次遭遇战也证明了这一点，而且现在正值隆冬季节，时机也不对。种种迹象都表明来年开春后才是渡江的最佳时机，不如先撤兵。”太中大夫贾诩说道。

“大夫所言有理！”程昱附和道。

“文和所言也不能说没有道理，可是……这样吧，这件事让我再想一想，明天再议。”曹操已有退兵之意，可还有些犹豫。曹操此时要是撤兵，对孙刘联军将会极为不利。

那么，是不是可以先撤兵，开春后再来呢？显然也有问题，才大张旗鼓地来，这会儿又灰溜溜地走，只会是长他人志气灭自己威风。再者，就是把大营扎在乌林又能怎样？难道他们还敢来偷袭我的大营不成？看他们那个熊样，一个是江东小儿，一个是善跑名将，老夫现在不来收拾他们，就已经够他们好受的了。曹操喝着杜康酒，用剑挑着炭火盘算着。可总这么耗着也不是办法呀？对了，办法有了，就像诗性大发一样，曹操兴奋不已。

第二天，曹操跟众谋士说道："我现在已经有了破孙刘联军之法！"

众谋士一听丞相有了破敌之法，一个个也兴奋不已："丞相快说来一听！"

曹操用手捋捋花白的山羊胡，说道："容老夫先卖个关子，待我派人密下扬州把事情办成以后再说。"

既然丞相不愿明说，大家也就不好多问。那就等着瞧吧。

周瑜这边，火盆中的炭火正在熊熊燃烧。"现在是我军进攻曹军的最佳时机。要是等曹操把战船都准备充足了，把水军都练好了，明年春夏渡江，战局对我军将会极为不利！"周瑜一脸严峻地说道。

"是啊，此机万不可失！等曹操把水军都撤回到江陵城，据城而守，来年再攻，将会对我军极为不利！"鲁肃应道。

"问题是该怎么个攻法？"右都督程普说道。

"怎么个攻法？我军以弱击强，只能出奇制胜！"周瑜咬牙说道。

"问题是又该怎么出奇制胜呢？"鲁肃说道。

周瑜、程普及众将皆一筹莫展。恰在此时来了一个稀客，这个人是周瑜的同乡好友，江南才子蒋干。一个帅小伙，和周瑜一样也是仪表堂堂之人。蒋干，字子翼，家住扬州九江（郡名，治寿春，今安徽寿县），与周瑜是一起从小和尿泥长大的朋友。曹操听说蒋干从小与周瑜相善，于是便派人用威胁利诱的方式，让蒋干去劝说周瑜降曹，这就是曹操所说的破孙刘联军的妙招。

蒋干身穿棉布衣，头裹厚丝巾，俨然一副江南才子的模样，乘一叶小舟飘飘然来到赤壁山的周瑜大营。周瑜一见面就看穿了蒋干的来意，并一语道破天机："贤弟实在是辛苦啊，不远万里来为曹操做说客？"

蒋干知道周瑜一向恶曹，必无降意，只是迫于无奈才来做说客，很是尴尬，于是连忙搪塞道："我与你是乡亲，听说你在江东成了大都督，故来相拜，何故说我是来做说客，难道是不欢迎我来？"

"哪里，哪里，既然贤弟是来游玩拜友的，那就请进。"周瑜连忙把蒋干请入帐内。

于是周瑜美酒佳肴招待，一边围着火盆烤火，一边与蒋干只是谈诗说曲，不论其他。

“我虽然不是夔、旷那样的音乐家，可对音律弦乐还是略知一二，今天能与贤弟在他乡一同闻弦赏乐也不失为是一件人间乐事啊。尤其是大敌当前，临阵之中就更别有一番情趣了。”周瑜说道。

“将军过谦了，谁人不知‘曲有误，周郎顾’啊？”蒋干说道。两人随即都哈哈大笑。周瑜随后开始弹琴，蒋干吹箫，在冰冷的天空中扬起美妙的古乐，回荡在长江大山之间。

左都督周瑜随后把蒋干安排在馆驿，“我还有要事商议，不能久陪。等我把事情办完了，再来陪贤弟游玩。”周瑜说道。

“公瑾有事那就请去忙吧，在你百忙之中来打扰实在不好意思。”蒋干说道。

蒋干就这样在馆驿一连住了三天，虽然住宿条件赶不上现在的五星级饭店，可还是好吃好喝的供上。周瑜只是闲来坐坐，领其到兵营中到处走走，参观兵营、仓库、军器、战船，还向蒋干展示自已的侍者、服饰和珍玩。

临别周瑜说了一句：“大丈夫处世，遇到知己之主，应外守君臣之义，内结骨肉之恩，生死于共，祸福相依。就是苏秦、张仪（战国时的著名说客）起死回生，我也会抚其背而驳倒他的说辞，贤弟又怎么能改变动摇我的心志呢？”

蒋干只是笑，笑，还是笑，终无所言，只好离去，向曹操复命。

曹操派蒋干劝降之事就这么像大姑娘怀娃娃一样流了产，这差使让蒋干这样的人去干也真是难为他了。上述曹操遣蒋干过江说周瑜之事，《江表传》明确记述道：“初曹公闻瑜年少有美才，谓可游说动也，乃密下扬州，遣九江蒋干往见瑜。乃布衣葛巾，自托私行诣瑜……干但笑，终无所言。”本著只是如实再现了整个过程。《三国演义》所谓的“蒋干盗书中计”之事纯属文学虚构。

这是一段相对较为平静的时期，可大江南北敌对双方的主帅却都没有闲着，曹操那边在绞尽脑汁地想着不战而屈人之兵，既然吓不倒孙权，就派人去劝降周瑜，一招不行就再来一招。而周瑜这边此时也正在绞尽脑汁地想着以少胜多的出奇制胜之法。

下回请看：曹操被困乌林道　许褚护军劈开路

第六十二回

曹操被困乌林道　许褚护军劈开路

寒风习习，芦苇荡荡，在左都督周瑜的赤壁山大帐中，火盆中炭火烧得正旺。

“出奇制胜全在一个‘奇’字。这样才会收到出其不意，攻其不备的效果。”周瑜一脸严峻地说道。

“是啊，就全在这个‘奇’字了，可这个出奇的制胜之法又在哪里呢？”赞军校尉鲁肃双眉紧锁道。

“实在不行就只有趁夜去偷袭，别无他法！要是再拖下去，一旦曹操撤军，退守江陵城，来年再攻，对我军将会极为不利！”程普在地图做了尖刀突击的手势说道。

“可哪有那么容易？我派人去摸了一下底，曹操沿江每隔十里就设置一座烽火台，沿江烽火台有五六座，近千艘战船在江面上行驶，目标如此之大，哪能看不到？”周瑜手指地图道。

“那就派小分队先袭取沿江的各烽火台？”赞军校尉鲁肃说道。

“袭取一座烽火台还可以，袭取两座烽火台也可能，可一下子把沿江的烽火台都拔掉这可能吗？”周瑜忧虑道。

“这也不行，那也不行，总不能坐失良机，坐以待毙吧？”中郎将甘宁焦躁道。帐外的寒风还在狼群般地吼叫着。

正在大家不知所措之时，中郎将黄盖手指铺在桌子上的地图说道：“现在是敌众我寡，这样下去我军将难以支持。我最近发现曹操的六七百艘战船经常首尾相接，停靠在乌林一带，要是能一把火把它烧掉就好了！”黄盖，字公覆，零陵泉陵人（今湖南永州市），故南阳太守黄子廉之后，先从孙坚，后又随孙策及孙权。陈寿在《三国志·吴书九·周瑜传》中记述道：“瑜部将黄盖曰：‘今寇众我寡，难与持久。然观操军船首尾相接，可烧而走也。’”

“火攻？！这个主意不错！”大都督周瑜如梦方醒道，“这可是一个最佳的攻击点。要是能一把火把曹操停泊在水寨中的数百艘战船给烧了，那曹操就只有飞过长江与我们‘会猎江东’了！”周瑜继续说道。

“可问题是，曹操沿江有那么多烽火台，又怎么能过去？”赞军校尉鲁肃喝了一口水说道。

“是啊。”周瑜高昂的情绪又低落了下来。帐内又陷入一片沉寂。

“这个问题我也想了很久，因心情苦闷昨夜酒醉，酒醒后如天门大开一般，脑海中突然飘来一条妙计，管保曹操沿江设置的烽火台都像睁眼瞎一样，一路放行。”黄盖犹如梦话一般地说道。

“公覆啊，你不会是在说醉话吧？”右都督程普疑惑道。

“这是关系到江东存亡的大事，我又怎么敢戏言呢？”黄盖说道。

“那就快说来听听！”左都督周瑜催促道。几个人听了黄盖的计谋后，异口同声说了一个字：“妙！”

随后他们便把诸葛亮秘密请来，精心制订了一个联合渡江奇袭作战方案，“由江东军正面主攻，贵军则负责包抄，见到从赤壁山升起的狼烟后就出击！”左都督周瑜指图道。

诸葛亮乘小船连夜悄悄逆江行往刘备的华容大营。

《三国演义》所谓的庞统献连环计将曹操的六七百战船都锁上的说法显然有问题。据陈寿在《三国志·蜀书七·庞统传》记载，此时庞统还在南郡做功曹，还在曹操手下做事。战船应该是曹操自己锁上的。

那曹操好端端的把战船锁起来干什么？按《三国演义》的说法是为了解决北方军士不习水战，在船上站立不稳晕船的问题。

我们可以想象一下，将六七百艘战船首尾相连给锁起来，排列在宽阔的江面上，那场景该是多么雄伟壮观，就像是横在长江上的一艘木制大航母。这大概是中国人所建造的第一艘航母了，而且一千八百年前就造了出来。

可仔细一想又觉不对。首先将这么多木船首尾相接连在一起，能航行吗？这就像是把两个人的腿绑在一起走路一样，既不方便，也难以行走。要是把几十个人的腿都绑在一起就更没办法行走了。把一条条大木船首尾相接是一个道理。因此，用如此之法建造“航母”是肯定行不通的。而且用这种方法也根本解决不了站立不稳的问题。因此，《三国演义》的说法是站不住脚的。解决这一问题的唯一办法是多习练水军。可笑的是易中天也听信了《三国演义》的这一天方夜谭。

许多人可能会问，既然曹操自己把战船锁起来不是为了江战，也不是为了解决站立不稳的问题，那是为了什么？

其实只要到江边看一眼就什么都明白了。战船在没有出航前都依靠在岸边，为了固定就把一艘艘战船给挂靠在了一起。这就是曹操在赤壁大战时所建造的“航母”！

此时，周瑜已经开始无声无息地实施他精心设计的联合渡江奇袭作战方案了，那曹操能识破黄盖的妙计吗？

公元208年十二月，一封从周瑜赤壁山大营中发出的密信被悄悄送到了乌林大寨曹操的大帐之中，信使战战兢兢地站在一旁。

曹操打开信，只见上面写道：

孙氏一向对我黄盖不薄。可是我观天下大势，用江东六郡之地，敌丞相九州之众，明显众寡不敌，这是人皆共知之事。江东将士也不是傻子，岂能不知？只有周瑜、鲁肃痴迷不悟，不识时务，我们又怎么能跟着他二人白白送死呢？早日归命大汉，才是识时务之举。周瑜所统率的部分，很容易被击破。要是丞相不弃，两军交锋之时，我黄盖愿做先锋，因事而变，为将军效命！老将黄公覆敬上。

曹操本想不战而屈人之兵，可既没有把孙权吓倒，派去劝降的蒋干也碰了钉子。正在曹操犹豫不决准备退兵之时，却得到了黄盖要率众投降的消息，这对曹操来说是一个期盼已久的特大喜讯。曹操翻来覆去一连把信看了三遍。心想：果然不出我之所料，只是来的鱼儿还嫌小，要是像周瑜、程普那样的大鱼来投就好了……可有总比没有好啊……

可曹操是一个防人之心极深的人，又有些不敢相信这是真的。于是曹操站起身来一步一步走到信使面前，一声不吭前后左右端详着信使，吓得信使根本不敢正视看他。一看就知道是做贼心虚。

这时只听曹操说道：“我是恐怕有诈啊！黄盖要是真能来降，受到的赏赐将超出所有的人。你回去告诉黄将军，本丞相说到做到，绝不食言！”可见，曹操对此事是半信半疑。

这封降书，一看就是出自善察人之心机的鲁肃之手，再经周瑜修改而成。

“丞相可要当心，我看信使慌慌张张，搞不好是诈降！”军师荀攸说道。

“这个道理我还是明白的。这样的事是宁可信其有，不可信其无。既然有人愿意投降，那你也只能说，好吧，那你就来吧，我双手欢迎，而且大大有赏。可你要说话算数，拿出实际行动来，可别光说不练！是真降还是假降，只有用行动说话。况且我大军压境，以九州之力对一州之力，胜负所向一目了然，江东内部出现军心不稳也是情理之中之事。”曹操笑道。

这面黄盖自然是说话算数，不几日便又遣使送来密信，信中写道：

我欲趁操练水军之际率八十艘战船来降，到时战船上插有牙形战旗，还请丞相做好准备。黄公覆。

曹操反复看了两遍后说道：“看来确有其事！通知沿岸各烽火台注意，一有动静立即通报！不得有误！”众文武听到这个消息后，皆一脸兴奋。“黄盖来降，那几十艘战船和上千兵马算不了什么，可其意义就如同官渡大战时张郃、高览来降，将会动摇江东军心，这才是关键。”

此时黄盖在百八十艘艨冲、斗舰中装满了干柴枯草，而且灌满了油膏，然后再用红色棚布遮盖住，插上牙旗。现在是万事俱备只差东风了。《三国演义》中的“七星坛诸葛祭风”纯属封建迷信活动。此时诸葛亮已经回到刘备华容大营，正在传达周瑜、鲁肃的联合渡江奇袭计划。其实，曹操乌林水寨是在赤壁山的上游，周瑜要借的不是东南风，而是西南风，入冬季节在江面常有西南风。周瑜趁西南风扬起之时一声令下，命黄盖率百八十艘艨冲、斗舰扬帆，从赤壁山鱼贯而出，逆江而上，顺着刺骨的江风径直驶向曹操的乌林水寨。

在左都督周瑜的赤壁山大帐中，空气十分紧张。周瑜面色严峻立于案前：“吕蒙、吕范、董袭、韩当、周泰、甘宁、凌统听令！”吕蒙，字子明，汝南富陂人，公元180年生人，时为平北都尉。董袭字元代，会稽人，身材魁梧，勇力过人，随孙策屡立战功。凌统，字公绩，吴郡人，父凌操，公元207年西伐黄祖时被甘宁射杀，袭父位。

“我与右都督程普亲率主力战船五百艘进攻曹操的乌林大寨，诸将皆各率所部战船协同作战，分攻曹操二、三、四号大营，不得有误！”左都督周瑜令道。

“是！”众将应道。

“马上行动！”右都督程普令道。

正在盼星星盼月亮的曹操和众将士听到江东战船来降的消息后，一个个欣喜若狂，纷纷奔出营寨观看：“看来江东黄盖真的来降了！”

“看江东的战船已经过来了，上面插着牙旗！”曹操昂然手指江面道。

此时只见数十艘江东战船越驶越近，船上水兵齐声高喊：“投降！投降！投降！”

船上降兵喊声震天，江北岸曹军更是欢声雷动，“太好了！江东水军终于来降了！”“这样咱们可以少在江边挨冻了！”

“丞相威武！江东来降！丞相威武！江东来降！”

就在此时周瑜已经下达了全线出击的命令，狼烟从赤壁山像蘑菇云一样腾起。

周瑜和程普亲率五百余艘主力战船约在两里之外，紧跟黄盖战船之后，正准备正面突袭曹操乌林大营。吕蒙、吕范、董袭、韩当、周泰、甘宁、凌统诸将也各率战船紧跟其后，在江面一下子横了有近千艘战船，正扬帆摇橹向曹操乌林大营驶来。

华容大营（今湖南华容县北），诸葛亮眼望赤壁山峰火台狼烟腾起，兴奋道：“看！狼烟！狼烟！左都督周瑜已率江东水军全线出击了！”

刘备、关羽、张飞、赵云也一个个一脸兴奋。刘备扔下手中的牦牛尾命令道：“杀敌的时候到了！马上出发，渡江拦截曹军！”早已登船待发的两万江夏水军随即出发，三百余艘战船鱼群般划出港湾。曹操的乌林大营就这么整个处在了东西两面的分割包围之中。

此时江面上突然狂风大作，“赶快摇橹，冲向乌林水寨！”黄盖立于船头挥剑吼道。罩着红头盖的数十艘艨冲、斗舰纷纷摇橹，如离弦之箭冲上乌林水寨，在水寨中正挂靠着曹军六七百艘战船。

江北岸，“哎，这到底是怎么回事？”曹操及众将士立即觉得不对，一片哗然。“不好！这是诈降，是来偷袭乌林水寨的！快！快！赶快拦住他们！

赶快拦住他们！”曹操在江岸上手忙脚乱地号叫道。

“快！快！赶快拦住他们！赶快拦住他们！”江岸上的众文武也纷纷号叫道。

这时只见数十艘艨冲、斗舰又分散开来，从左中右三个方向向乌林水寨划了过来，乌林水寨中一些战船这时才匆忙迎敌，水军也是哗然一片。“放箭！放箭！赶快放箭！不能让江东战船靠近水寨！”这时江北岸的曹军军士也开始密集放箭，箭如疾雨。

“赶快摇橹，冲上去！冲上去！”中郎将黄盖还在挥剑吼叫着，被流矢射中，坠入冰冷的江水中，江东水军也纷纷中箭落水。

可一切为时已晚。这时只见数十艘江东战船轰然起火，在西南风的呼啸下，火光冲天，直冲水寨，顿时惊叫声一片，熊熊大火扑天卷来，在水寨中迅速蔓延，“火！火！哎呀妈呀！”船上的水兵乱成一团，喊爹叫娘，纷纷跳入冰冷的江水中，还有许多水兵被吞入火海。

由于许多战船都用绳索套在一起，挂靠在一起，大火又快速向江岸边蔓延，曹操水军纷纷投江逃生，水寨整个变成了一片火海。

“天哪！我的战船！我的战船！都完了！都完了！”曹操仰望苍天捶胸顿足喊叫道。

江北岸曹操的十数万水军，无疑是这次赤壁大战的最直接的见证者，可当他们被眼前从天而降的熊熊大火惊得目瞪口呆，惊叫声一片，在慌乱中不知所措之时，由周瑜、程普亲率的战船也紧跟其后荡荡而来，近千艘战船，密密麻麻，犹如泰山压顶一般，迅速逼近曹操乌林大营。曹操在岸上的十数万水军一看这阵势，整个吓破了胆，四处奔命，有马的连忙去牵马，没马的撒腿就跑。许多水军本来就是刘表的部下，谁还管那么多，“跑啊！赶紧跑啊！跑慢了就没命了！”指挥官挥舞着大刀，一边制止道：“镇静！镇静！给我镇静！拿起武器迎敌！”一边斩杀丢了魂的狂奔的军士，可是根本就喝止不住。没办法，他最后也只能跟着一起溃逃。

“江东军马已经上岸了！赶紧走！赶紧走！”许褚和众将纷纷喊叫道。曹操在众将士的护卫下，翻身上马，然后在许褚的护卫下仓皇逃窜。乌林水寨的熊熊大火此时已经蔓延到岸边的营寨，火光冲天，水寨中的六七百艘战船全部被焚毁，在江面上七零八落随处漂移。

此时江东三万水军已经大举登岸，鲁肃亲擂战鼓，鼓点由轻到重，由缓到急，开始大举进攻。周瑜在战马上挥剑道："杀曹贼啊！"战马轰隆，杀声震天，向正在江北岸沿江溃逃的曹操水军冲杀而来。

"赶快跑！赶快跑！跑慢了就没命了！"

前方道路右边是洪湖左边是长江，数百米宽的江岸上挤满溃逃的军士，水泄不通。曹操的护卫军被堵在后面，难以通行，许褚指挥护卫军在前面开道，一边高喊让路，一边手中挥舞着刀、戈、矛等兵器开道，许多躲让不及的军士脑袋、胳膊哗啦啦的就像铡草和切西瓜一样纷纷落下，号叫声、惊叫声，响彻云霄。曹操及其幕僚就这么从活生生的人群中劈开一条血路，踩踏着倒下军士的身体冲了过去。不仅是被自己人砍死的，被淹死、被踩死的军士不计其数。江东兵马就像是在狩猎场上追赶牛羊群的狩猎者，曹操水军成片成片倒在江东军的箭雨下。曹操的十数万水军就是这样在欢呼胜利的时候被突然而至的孙刘联军打得落花流水。

上述黄盖的两封诈降信及一步步取得曹操信任，到火烧乌林水寨战船，登陆全线进攻的全过程，《江表传》中有全程记载，陈寿在《三国志·吴书九·周瑜传》中也有记载，本著只是如实再现而已。《三国演义》所谓的"黄盖诈降"确有其事，可周瑜打黄盖就是虚构了。

此时曹操及护卫军已经沿江岸跑在了最前面，来到了岔路口。众文武一个个犹豫不决，不知道该走哪条路。荀攸展开地图指道："走大路，沿着这条路继续向前可到江陵，可前面必有刘备军拦截，那样会很危险！不如走华容道，直接北归，这样我们走的是一条捷径，刘备包抄我们走的则是弯路，很难赶上！"

曹操骑在马上，急忙接过地图看了看说道："军师所言是也！走华容道！"

曹操于是率军转北冲入华容道。可见曹操在战败时脑子还是很清楚的，并没有像许多人一遇危险头脑就出现"死机"，否则将是九死一生。

从曹操赤壁大败后走华容道的线路也能清楚地看到，赤壁大战发生于蒲圻。要是发生在黄冈赤壁，败走华容道不仅要绕一个大弯多走近一倍路程，还会非常危险，曹操和他手下的幕僚没那么蠢。

此时刘备的两万江夏水军已登陆江北岸，江岸边寒风凛凛，刘备展开地

图指道："现在兵分两路，我和益德、子龙就在原地驻守，一面截击向江陵溃逃的曹兵，一面拦截江陵曹仁的援军。曹贼老谋深算很可能走华容道，向西北方向逃窜。云长可率三千轻骑去拦击，要是能抢在曹操之前堵住川口，那曹操将插翅难飞，华容道将成为曹操的葬身之地！"刘备手指地图说道。

"请大哥放心，我将全力以赴！"中郎将关羽领命后，飞身上马，率三千轻骑冒着刺骨的寒风向北呼啸而去。此时的曹操虽然没有走大路，可还是命悬一线。

周瑜、程普率吕蒙、吕范、韩当、周泰、甘宁、凌统诸将，拼命地追击溃散的曹军军士，曹军被杀得尸横遍野，像牛羊群一样的拼命逃窜，有数万兵马沿大路向江陵方向溃散而来，被刘备、张飞、赵云候了个正着，免不了又是大杀一阵，曹军被杀得死伤遍地，血流成河。许多军士纷纷跪地求降，"刘将军饶命！刘将军饶命啊！"陈寿在《三国志·蜀书二·先主传》中记述道："先主遣诸葛亮自结于孙权，权遣周瑜、程普等水军数万，与先主并力，与曹公战于赤壁，大破之，焚其舟船。先主与吴军水陆并进，追到南郡，曹公引归。"

那么此时命悬一线，走华容道的曹操的命运又如何呢？

华容道是一条山间通道，山间丛林密布，道路崎岖，狭窄，再加上冰雪雨水，道路泥泞不堪，这不眼前就把曹操及护卫军给挡住了。又正值大风，此时的曹操是后有周瑜的追兵，前面又担心刘备亲率大军截其归路。不仅曹操急，紧随其左右的幕僚和将士也一样急，逃命之心人皆如此。曹操立即命令："护卫军赶紧下马用草土去铺路！"狼狈不堪的曹操挥鞭命令道。数千护卫军军士哪敢不从，赶紧下马用刀挖，用手刨，挖土割草铺路。曹操及众文武一个个骑在马上焦虑地等待。"这该如何是好，要是刘备命一员上将把归路给截了怎么办？"军师荀攸说道。

"是啊，我军处境现在还很危险啊！"太中大夫贾诩说道。

"快点！快点！赶快抓紧时间铺路！"曹操骑在马上催促道。许褚手持大刀亲自监督，有两名军士手脚慢了一点，被许褚挥刀砍翻，"手脚都给我放利索点！还有敢怠慢者，下场如此！"

"路怎么还没铺好？快点！快点！"还没等路铺好，曹操的兵马就急不可待地冲了过来，许多铺路的军士惊慌中还没来得及躲开便被踩在马蹄下，陷人淤泥中，成了铺路石。刚冲上来的骑兵有许多也连人带马陷入淤泥中，又成了后面冲上来骑兵的铺路石，混乱、惨叫中，曹操和他的亲兵就这么踏着人头、马、人体和泥土铺成的路冲了过去。此情此景就是连易中天也多少有点看不过去了，曹操怎么连一点“人道主义”都不讲？此时的曹操哪还管得了这些。已经狼狈逃窜了一天一夜的曹操此时岂止是灰头土脸，整个就像是从泥汤里爬出来的猴一样。终于虎口脱险，此时一轮红日从天边升起，温暖的阳光扑洒在沾满泥泞的脸上，一个个喜出望外，“啊，太好了，终于逃出了险境。”一些人骑在马上开始窃窃私语，有说有笑。

正在这时却听曹操在马背上放声大哭：“哀哉奉孝！痛哉奉孝！惜哉奉孝！”

紧随其旁的众文武一个个都感到莫名其妙：“虎口脱险，丞相应该高兴才是，何故要哭呢？”

“要是郭奉孝在，绝对不会使我落到如此境地！”曹操眼露凶光抱怨道。众幕僚这才明白曹操之用意，一个个皆低头不语，无人敢言。其实，贾诩、程昱多次劝他都听不进去。

《山阳公载记》详细记述道：“曹公船舰为备所烧，引军从华容道步归，遇泥泞，道不通，天又大风，悉使羸兵（瘦弱士兵）负草填之，骑乃得过。羸兵为人马蹈藉，陷泥中，死者甚众。军既得出，公大喜。”《三国演义》所谓的“关云长义释曹操”纯属文学虚构，史书全无记载。刘备没有截住曹操的归路，主要是因为曹操所走的华容道是一条捷径。曹操乌林遇赵云，葫芦口遇张飞之事也纯属虚构。

孙刘联军赤壁大败曹操，可以说在中国历史上创造了一个以少胜多的战争神话。不仅如此，它还有效地阻止了曹操吞并天下、称霸华夏的步伐，开创了三国鼎立新时代。

虽然没有人对赤壁大战孙刘联军以少胜多的事实有任何异议，可孙刘联军是怎么以少胜多创造这一战争神话的，却一直众说纷纭。主要有两种说法：一是“孙刘联盟说”。许多人都持这一观点，说是因为孙刘两家结成联盟，才有了赤壁大战的胜利。二是“骄傲轻敌说”。史学家张作耀先生在他的《曹操评传》中写道：“根本原因就在于思想上的骄傲轻敌”，从而对孙刘联盟认识不足，才导致赤壁大败。许多史学家也都持这一观点。

那易中天又持何观点呢?

善用“哥俩好”万能胶的易中天，就像解释诸葛亮初出茅庐的问题上一样，在这里照样还是把上述两种主要说法给黏接在了一起。他如此说道：“综上所述，我们可以说，曹操之败，在于轻敌；孙刘之胜，在于联盟。这是最重要的原因。至于曹操没有看出黄盖是诈降，没有想到冬天也会刮东南风，都是小问题了。”那这一说法又有什么问题呢?

首先，此次曹操打刘备，要是孙权还像以前装孙子，拍曹操的马屁，那曹操灭了刘备以后，用不了多久他也就会完蛋，曹操称霸天下的统一大梦很快就会实现。由此可见，孙刘联盟是联合抗曹的一大前提条件。也就是说没有孙刘联盟，接下来联合抗曹及赤壁大战就无从谈起。易中天显然并没有清楚看到这是一个前提条件。那是不是有了孙刘联盟后，孙刘联军就一定能在赤壁大战中取胜呢?我看不一定。那么在孙刘联盟形成后，导致孙刘联军能够以少胜多的首要原因又是什么呢?

关于这个问题，只要对敌对双方的政治、军事实力进行一下比较分析，就不难得出结论。

先从政治实力上来说。谁都知道曹操是挟天子以令诸侯，以中央自居，而江东孙权只不过是一方诸侯，其政治实力显然没办法相比。其实不然。曹操在刚开始挟天子令诸侯的时候，这个鸟笼子的确收到了很好的效果，使得曹操的军事实力迅速膨胀。尤其是在公元196到公元200年这五年。可从官渡大战后其功效便开始连年递减。为什么这么说呢?公元200年刘备公然高举奉诏讨贼的大旗，曹操残杀董承昭然天下，各诸侯也都在利用此一重大事件大做文章，在各自的阵营中加强政治思想教育工作，说曹操是挟天子令诸侯的篡逆之贼。曹操手中汉献帝的政治影响力便开始锐减，再加上各诸侯国独立意识的不断加强，到公元208年，曹操手中的鸟笼子在各路诸侯中间已经基本上起不了多少作用了，充其量也只能是挟天子以令自己的人。此时曹操手中提溜的鸟笼子实际上已经成了套在他头上的紧箍咒。易中天显然没有看到这一点，他像许多历史学家一样还错误地认为，此时曹操在此政治上还占有绝对优势。

而且此时不管是曹操家族，还是江东孙权都政体稳定。也就是说此时双方的政治优势差异并不大。

接下来，再来看看军事实力。

在军事实力上，双方是九比一，曹操占绝对优势，再加上才平定河北，刚挥兵南下荆州又望风披靡，更是不可一世。那问题到底出在哪里了?

问题出在统率的军事指挥才能和士气上了。先来说说统帅的军事指挥才能。说到这项指标许多人可能会认为曹操是一个精通兵法之人，又身经百战，在军事指挥上也不差。曹操此时已经54岁，而周瑜此时只有34岁，鲁肃36岁。

其实问题恰恰就出在这里。曹操也是这么认为的，几乎所有的人也都这么认为的，所以才以行家自居。可又有谁会想到其实曹操一直以来都只是一个陆军元帅，他从30岁讨伐黄巾军开始，一直都是骑在马背上东讨西伐，南征北战，他平生还从来没有指挥过水军，就是他这个陆军元帅顶多也只是二流的。让一个从来就没有水战经验的陆军元帅去做海军大将，一个连一天水战经验都没有的外行，又怎么能是从小在江边长大，且有十多年水战经验的周瑜、鲁肃、程普、甘宁等人的对手呢?

实际情况也是这样，曹操从一开始就对即将面临的渡江战役思想准备不够。他还是像指挥陆军一样来了个大兵压境。气候因素，北方军士不习水战，水土不服，战船不足等一系列敏感问题他都没有看到，便急匆匆挥军南下，使己方处于极为不利的境地之中。

曹操怎么会一连干出这么多蠢事?究其原因就是曹操根本就没有水战经验，他当然也就不知道在水战中还有这么多名堂。他当然也就认识不到，要是听贾诩之言，先稳住脚步，安土乐业，然后再徐图进取，这样既可以避免把自己置于不利境地之中，又可以进一步迷惑江东孙权，还可能使孙刘互相残杀（同辽东公孙康之事），从而稳扎稳打。一举四得。而曹操这个全然以内行自居的大外行却愣是没看到。结果使自己刚一出手便连连失手。这不能不说是他在战略方向上的一次重大失误。很显然此时曹操还是在用指挥步骑兵的方法在指挥水军作战。一个人本来没有某一能力可却自以为有这一能力，这样很自然就会出现骄狂自大，继而又导致轻敌。其实，此时的曹操在水战中充其量只能是一个实习生。而实际情况是，这个实习生却成了此次渡江战役中的主帅，说老实话不打败仗才是怪事。

当进入二阶段后，亦即在曹操屯兵江北，从十月到十二月与孙刘联军隔江对峙的过程中，曹操在指挥上又出现了一连串重大失误。

首先曹操在大营的安置就低孙刘联军一筹。曹操把大营扎在了乌林，而孙刘联军却分两处扎营，刘备的华容大营不仅可以截断江陵通向乌林大营的补济线，还能与周瑜的赤壁大营形成合击之势，显然对曹操不利。

再者，由于曹操水战经验不足，自然也就看不到己方正处在危境之中，孙刘联军趁冬季实行突袭是他们最佳的时间段，而且孙刘联军已经被逼铤而走险，要是在冬季结束之前不能对曹操大营实行毁灭性打击，战局一旦拖到来年开春以后，将对孙刘联军极为不利。曹操因没有水战经验当然也看不到这些，当然也就想不到要预防。如此时撤回江陵城备战，待开春或入夏以后再发动渡江战役。要是这样孙刘联军估计十有八九也就快完蛋了。可曹操因为缺乏水战经验，只会是一错再错。

更可怕的是，这个外行又以内行自居，别人也都把他当内行来看。这样就会导致骄狂和自大，从而产生轻敌思想。误把周瑜当小儿，而不可一世，而实际上此时周瑜已经成长为一个经验丰富的水战大将，而他自己在水战上还整个是一个实习生。

由于又骄傲轻敌，从而在心里面觉得黄盖来降是理所应当的，从而出现麻痹。从而对孙刘联军联合渡江奇袭基本上就没有防犯。说白了就是，老子是巨无霸，老子不来打你，就够你意思了，你还敢来打我？结果孙刘联军不仅主动出击，而且一下子就两路强力出击，从而在自以为强大无比的曹军欢呼胜利的时候被孙刘联军打了个措手不及。

由此可见，曹操缺乏水战经验，而外行又以内行自居才是导致孙刘联军能以少胜多的首要原因。骄傲轻敌，也是外行以内行自居而导致的。由此也可见，易中天不仅没有清楚地认识到孙刘联盟是联合抗曹的前提条件，也没有认识到曹操缺乏水战经验是导致孙刘联军能够以少胜多的首要原因。他用“哥俩好”把“孙刘联盟说”和“骄傲轻敌说”黏接在一起的做法显然也难以成立。

这就是赤壁大战孙刘联盟以少胜多的根本原因。

下回请看：鲁肃柴桑戏孙权　周瑜临危鼓士气

第六十三回

鲁肃柴桑戏孙权　周瑜临危鼓士气

赤壁大战是一场具有转折意义的重大战役，它挡住了曹操称霸天下的脚步，为三国鼎立打下了基础。三国其实质不过是更大的军阀混战，是各方在争霸天下穷奢极欲（王权思想）的误导下，所展开的新一轮军阀混战，只会继续给自己及全社会造成巨大的灾难。当然那个时候的人是认识不到这些的，还以为这是什么宏伟壮举。

曹操从华容道狼狈逃回许都后，赞军校尉鲁肃先行回到柴桑（九江郡治，江西九江市星子县）向孙权报捷。孙权亲率众文武到江边恭迎鲁肃归来。赞军校尉鲁肃出舱微笑着站在船甲板上高声宣告道：“报告诸位一个天大的喜讯！我军在赤壁大败曹军，大获全胜！曹操二十万大军被我军打得落花流水，死伤遍野！”

“哇！太好了！我军胜利了！”欢迎的人群顿时欢声雷动，鼓乐奏起。

“我们胜利了！我们胜利了！”

鲁肃满面荣光，抱拳微笑着款款走下战船，张昭、张纮、顾雍、虞翻、诸葛瑾、严畯、步骘等一帮文官皆恭身道贺：“祝子敬凯旋而归！祝子敬凯旋而归……”

孙权抑制不住激动的情绪，冲上前，一把握住鲁肃的双手，激动万分地说道：“多谢子敬，多谢子敬与公瑾救我江东，我将终生难忘！”

“多谢子敬、公瑾救我江东！多谢子敬、公瑾救我江东！”众文武皆纷纷欢呼道。

“我军能打败不可一世的曹操，全赖孙将军神武！”鲁肃谦虚道。

大殿之中，孙权高坐在上，鲁肃一行人入殿跪拜。

孙权连忙请起，说道：“子敬，我亲自执鞍下马到江边来迎，是否足以显你之尊贵？”

鲁肃立身近前，摆摆手说了两个字：“不能！”

举座皆惊，心想：这鲁子敬也有些太那个了，刚立大功尾巴就像旗杆一样翘了起来。孙权的笑脸也一下收住了许多。

鲁肃就坐，徐徐举鞭说道："我的意思是，等将军消灭曹贼，威德广布四海，总括九州之地，雄踞华夏，成帝王霸业，那时用豪华的马车来迎，才能显示我之尊贵！"

孙权听后，抚掌大笑："好一个鲁子敬，真是妙语如珠！"张昭、张纮、顾雍、虞翻、诸葛瑾、严畯、步骘等也轰然大笑。上述鲁肃戏孙权之言行，陈寿在《三国志·吴书九·鲁肃传》中有记载，本著只是如实再现而已。

此时周瑜与刘备两军也已胜利会师，周瑜与刘备手握手，一脸兴奋，一同走进大帐。"我昔日曾言三万兵破曹贼二十万大军足矣，现在如何？"周瑜说道。

"都督用兵如神，让曹贼防不胜防，实在是令人钦佩……"刘备赞道。

"刘将军也功不可没啊。"周瑜客气道。

入帐后，周瑜、刘备并坐上位，程普、甘宁、吕蒙与关羽、张飞、赵云分坐于两旁。

"曹操已经从华容道逃走，下一步该是抢占江陵（南郡治所，今湖北江陵），收复南郡的时候了！"周瑜起身指图道。

"没错。江陵城由曹操堂弟曹仁驻守，城坚粮足。要是两军携手攻城，我率关羽、张飞断其后路，都督围其城，曹仁用不了多久就会弃城而逃！"刘备也起身指图道。

周瑜回到座位上，慢悠悠喝了一口茶说道："这就不必了。攻取一个小小的江陵城，江东三万军马已经足矣，就不劳刘将军费力了。"

刘备一愣，关羽、张飞、赵云脸上也顿生疑惑，刚才还热火朝天的气氛一下子变得紧张了起来。

"是啊，听说刘将军几天都没有合眼，也该好好休息一下了。"程普连忙打圆场道。

"这……"刘备就像被噎住了似的，表情很是复杂。由于周瑜心怀吞并荆州之志，孙刘两家的矛盾从曹操赤壁败北后就开始了。

在回营寨的路上，关羽一脸不快："江陵是南郡治所，里面屯有大量的辎重和粮食，又地处要冲，周瑜把大哥支开，分明是要独占江陵，然后侵占整个南郡！"

刘备脸色铁青，一声不吭。

"他娘的，这些人也真是，狗改不了吃屎！仗还没打完，就打起歪主意了！"中郎将张飞嘟囔道。

“那我们又能有什么办法？现在翻脸显然不是时候，再者江东人多势众。”主簿简雍说道。

这时听刘备说道：“我们应该趁此时去收复荆南四郡，也只能如此，南郡之事以后再说。”

这边周瑜、程普、甘宁、吕蒙则是哈哈大笑，“看刘备和他手下的关羽、张飞，一个个差点没把嘴气歪……”

可接下来周瑜在进攻江陵城时并不顺利，从公元208年底至公元209年底，相攻一年有余，死伤惨重，却没有丝毫进展。而刘备则表刘琦为荆州刺史，派关羽、张飞、赵云南征荆南四郡。武陵太守金旋（治临沅，今湖南常德市）、长沙太守韩玄（治临湘，今湖南长沙市）、零陵太守刘度（治泉陵，今湖南永州市）、桂阳太守赵范（治郴县，今湖南郴州市），见曹操赤壁败北，纷纷归于刘备门下。荆南四郡旋即落入刘备囊中。《三国演义》所谓的黄忠战关羽与魏延杀韩玄之事，整个是子虚乌有之事。诸葛亮所谓的魏延脑后有反骨说更是胡说八道。刘备将州治设于公安（今湖北公安西北五公里处）。不久刘琦病死，刘备自领荆州牧。刘备分别拜关羽为襄阳太守、荡寇将军，张飞为宜都太守、征虏将军，赵云为牙门将，拜诸葛亮为军师中郎将，负责各郡税收及调集军中粮草。简雍、麋竺、孙乾均为从事中郎。陈寿在《三国志·蜀书二·先主传》中记述道：“先主表琦为荆州刺史，又南征四郡。武陵太守金旋、长沙太守韩玄、桂阳太守赵范、零陵太守刘度皆降。琦病死，群下推先主为荆州牧，治公安。”对每个人的任命在各自的传记，都有明确记载。

雪花飘飘，左都督周瑜骑在枣红色战马上，一身盔甲，挥舞着利剑长吼道：“刘备不费一兵一卒便得荆南四郡！而我军损兵折将，损失惨重，至今却还没啃下江陵这块骨头。给我全力攻城，一定要攻下江陵城！”随着周瑜一声怒吼，数万江东军马手持盾牌，肩扛云梯、手推冲车，如排山倒海一般拥上江陵城。周瑜亲临江陵城下，指挥攻城。曹仁、牛金在城楼上指挥守城将士奋力抵抗，箭雨、滚石、热油铺天盖地而下，一时间杀声震天，吼声动地。“攻城！全力攻城，一定要拿下江陵城！”周瑜吼道，话音未落，一箭飞来，射中周瑜右胁，周瑜大叫一声翻身落马。“不好了！左都督中箭了！”程普、吕蒙、凌统、周泰连忙翻身下马将周瑜救起，江东军马乱成一团，只得草草收兵。

曹仁、陈矫、牛金在城楼上巡视。“周瑜一连十数日未攻城，看来创伤不轻！”长史陈矫说道。

“贼军攻城连年不克，士气低落，现在主帅又中箭遭受重创，我们何不趁此偷袭周瑜大营，将贼军一举击溃！”曹仁说道。

城外周瑜营帐中，“来，扶我起来。”周瑜支撑着要起床。

“都督箭伤还未痊愈，还需要再调养些时日。”程普说着将周瑜从病榻上扶起。

“不！没有时间了。曹仁身经百战，见我中箭受伤，十有八九会来袭我大营。把我的盔甲拿来，我要巡视军营。”周瑜忍住伤痛，吃力地从病榻上站起。

吕蒙、凌统连忙帮周瑜套上盔甲。凌统不小心碰了一下周瑜的箭伤处，周瑜疼得倒吸了一口冷气，吓得凌统一惊，周瑜摇摇手微笑着示意：没事。

程普、吕蒙、凌统、周泰将周瑜扶上战马，在冬日温暖的阳光下，周瑜虽有几分病容，可还是像以往一样英姿飒爽，程普、吕蒙、凌统、周泰也身骑战马随周瑜一起巡视军营。就像是一剂兴奋剂，周瑜所到之处就像是炸开锅一般，慷慨激昂，纷纷齐声高呼道：“江东军威武！百折不挠！”

深夜，曹仁、牛金率五千虎豹骑冒着刺骨的寒风摸到周瑜大营前。周瑜大营在呼啸的寒风中一片寂静，“周瑜此时可能还睡得正香呢？”牛金低声笑道。曹仁拔剑在手，刚要发令，却见周瑜大营鼓声大作，万箭齐发，曹军骑兵纷纷中箭落马。“不好！我们中了埋伏，赶紧撤！”曹仁喊道，连忙拨马回撤，可没退几步，便见程普、吕蒙、凌统、周泰各率一路军马从四面八方杀来，“杀曹仁啊！斩其首者赏金饼百个！”

曹军虎豹骑在混战中纷纷被挑下战马，曹仁、牛金则率数百虎豹骑连劈带砍杀开一条血路，慌忙逃回江陵城中。周瑜坐于战车之上，乘胜前进，数万江东军马在茫茫的冬夜再次扑向江陵城。《三国演义》所谓的周瑜诈死、诸葛亮智取江陵、荆州、襄阳三城及一气周瑜之事整个是瞎编乱造，在史书上没有任何记载，要是那样孙刘两家此时就打了起来。不仅如此，《三国演义》还把江陵说成南郡，连江陵与南郡的关系都没搞清楚。

曹仁、牛金逃回江陵城后，连夜便率军弃城北逃襄阳。江陵城随即被周瑜占领。孙权拜周瑜为偏将军，领南郡太守。周瑜攻击江陵城的全过程，陈寿在《三国志·吴书九·周瑜传》、《三国志·魏书九·曹仁传》中皆有记载，本著只是如实再现而已。

自此，荆州便被一分为三：刘备占据荆南武陵、长沙、零陵、桂阳四郡，孙权占据江夏、南郡，曹操占据南阳郡。

下回请看：刘备披发迎孙权　鲁肃大智借南郡

第六十四回

刘备披发迎孙权　鲁肃大智借南郡

赤壁大战后，鲁肃与周瑜这两大功臣，自然也就成了了孙权跟前的两大主心骨。鲁肃为孙权确立了“联盟抗曹”的大政方针，并为孙权在生死关头抓住了“孙刘联盟”这根救命稻草。而周瑜不仅在赤壁打败了不习水战的曹操，还为他掠得了垂涎已久的南郡之地。两人虽然都主张联盟抗曹，可又有所不同。鲁肃现在的主张是放弃吞并荆州这一不切实的想法，与刘备精诚团结，然后联盟抗霸。而周瑜就不这么想了，就像袁谭、袁尚兄弟，总想着先吞并对方然后再来抗曹。所以曹操赤壁刚一败北，两家就在南郡的问题上产生了矛盾。孙权此时很自然也处在了矛盾之中：既想吞并荆州，又想搞孙刘联盟，半个脑袋被周瑜、程普、吕蒙、甘宁这些武将主导着，半个脑袋被鲁肃主导着，而他本人就这么稀里糊涂地在周瑜与鲁肃之间跳起了摇摆舞。张昭、张纮、顾雍等投降派则是一时抬不起头。

公元210年春，鲁肃来到公安面见荆州牧刘备，刘备自然是盛宴款待，“多亏有子敬，才促成了孙刘两家的联盟，才得以在赤壁大败曹操。”刘备说道。

“是啊，赤壁大败曹操，子敬应居首功。”从事中郎麋竺、简雍、孙乾纷纷议论道。

“来！大家把这杯酒满饮了！”荆州牧刘备举杯道。

喝完酒，鲁肃吃了一口菜，说道：“此次奉主公之命来拜访刘荆州，还有一事，不知刘荆州是否有兴趣？”

“你我之间有什么事，就尽管直说。”刘备眼露笑花说道。

“我主有一胞妹，姓孙名尚香，芳龄十九，吴母在世时深得老夫人宠爱。听说甘夫人病逝，我主有意嫁小妹与将军，以进一步巩固两家的联盟关系，不知刘荆州是否也有此意？”赞军校尉鲁肃说道。

“这……”刘备显然有些尴尬，“我子阿斗还年幼，需要有人照料，可我年近半百，又怎么能纳孙将军胞妹为妻呢？这恐怕不合适。”刘备说道。

“这是好事。刘景升当年纳蔡夫人为妻不也是年近半百了吗？再者，这还可以进一步巩固两家的同盟关系，这可是别人找都找不来的美事，刘荆州又何故要推脱呢？”从事中郎麋竺说道。

“是啊，这可是别人找都找不来的美事。”简雍、孙乾等也纷纷附和道。

既得江山又得娇妹，刘备自然是满心欢喜，乐不可支，于是满口应允：“既然孙将军有此美意，那我也就只好恭敬不如从命了。”关于孙权嫁小妹之事，陈寿在《三国志·蜀书二·先主传》中记述道：“权稍畏之，进妹固好。”

可让刘备没有想到的是，随着三艘江东大船徐徐靠岸，刘备率众文武到江边迎来的却是一位头顶凤冠，身挂佩剑，不爱红装爱武装的假小子。此时孙尚香正身披红色斗篷，立于五层楼船之上，发丝斗篷随风飘展，船舷上卫立着数百名娘子军，个个持刀木立。

刘备倒吸一口冷气，这时只见鲁肃走下大船，刘备连忙上前去迎，“请问站在楼船上头顶凤冠的女子是何人？”刘备连忙问道。

“那正是我主胞妹，姓孙名尚香！”赞军校尉鲁肃不紧不慢地说道。

“我还从来没见过这么多女兵？”

“我主之妹，性情刚毅，平日好习武，颇有男儿之风，平日无论走到哪里都有女兵相随，刘荆州可要留神啊？”鲁肃笑道。

刘备一脸尴尬，连声：“好，好，赶快迎宾！”

成箱的嫁妆，从大船上搬下，满堂欢彩，拜过天地，刘备有些抑制不住激动的心情来到洞房。哎呀，没想到这小女子还好舞拳弄棒……没想到刚一走到门口，一排娘子军便横眉立刀挡住了门口。“哎，你们这是干什么？”刘备吐着酒气问道。

女护卫脖子一扬，也不吭声。

“你们，你们知道我是谁？”

“我们不管你是谁！反正是没有小姐的命令，任何人都不得入内！”女护卫说道。

征房将军张飞大怒，刷地拔刀在手：“你们敢挡我大哥的好事，我看分明是不想活了！”刘备摆摆手，张飞哼了一声又把刀收了回去。正在刘备不知所措之时，听到屋内传出声音：“就让他们进来吧！”刘备这才悻悻然走了进去。这时只见孙尚香正坐于堂上，一脸厉色，两旁林立着数十名娘子军，个个横眉冷对，大有一声令下便推出斩首之势。刘备看看左右，倒吸一口冷气，刚才还在体内激荡的兴致已经荡然全无，站在地上有些不知所措。

孙尚香用冷眼看了一眼刘备，心想：好一个大耳贼刘备，一双招风耳还真不小。让我一个十八九岁的黄花闺女，江南豪门之女，嫁给这么一个年近半百的糟老头子。老牛还想吃嫩草……嘿！“站在那干什么，怎么还不坐啊？”孙尚香不冷不热地说道。

刘备一脸尴尬道：“没，没座位，我坐什么？”

“给刘荆州赐座！”孙尚香吩咐道。

“噢，噢，不了，不了……小姐一路风尘，辛苦了，该早些休息才是，我就不打扰了……需要什么尽管吩咐就是了……”刘备支吾道。

“那就送客！”孙尚香好像巴不得似的。

刘备垂头丧气走了出来，张飞此时还没有走，“唉，大哥，怎么这么快就出来了？”

“唉！这哪里是什么洞房……整个是沙场点兵……”对于孙尚香的骄横，陈寿在《三国志·蜀书七·法正传》中明确记述道：“孙权以妹妻先主，妹才捷刚猛，有诸兄之风，侍婢百余人，皆亲执刀侍立，先主每入，衷心常凛凛。”

《三国演义》大书特书的刘备过江招亲，吴国太佛寺看新郎，诸葛亮

“二气周瑜”等都是文学虚构，于史无据。

刘备见孙权如此殷勤，转眼间又变成了孙权的妹夫，于是便想乘机讨要南郡，同时也为互通友好。公元210年夏，刘备携从事中郎简雍、麋竺、孙乾等出访京口（时东吴治所，今江苏镇江市）。孙权设盛宴款待刘备一行，殿中江南秀舞，座上欢声笑语。张昭、张纮、鲁肃、顾雍、虞翻、诸葛瑾、严畯、步骘陪酒共饮。席间，刘备借着酒兴与孙权说道：“江陵乃荆州门户，若在我之手，我可以举荆南四郡，进军襄阳，然后一路北上直捣许都（今河南许昌）。将军可由濡须水（源出巢湖，东南注入长江）和京口出击合肥和广陵，两面夹击，我这面直捣曹贼心脏，将军可痛击曹贼头部，这样你我两家才能更好地对付曹贼，共图发展。这可是关系到咱们两家前途命运的一件大事，还请将军三思。”

孙权张大嘴不知如何回答才好。众文武则是冷眼旁观。这时坐在一旁的赞军校尉鲁肃说道：“刘州牧所言有理，这样更有利于两家联盟抗曹。”

“可是……”孙权面露难色。

刘备与麋竺、简雍、孙乾相望了一下，笑道：“要是将军还有顾虑，我们可以暂借南郡。”刘备所谓的“借”不过是一种变通之法。

“此事还需再议，还需再议。”孙权连声推脱，鲁肃刚要插话，却听长史张昭说道：“来，来，来，大家一起饮酒，今天只叙情谊，不谈其他。”

孙权连忙接上话茬说道：“是啊，今天我与刘荆州难得一聚，来，诸位一起把这杯酒满饮了。”

众文武一起举杯：“祝两家联盟抗曹取得成功！”

偏将军周瑜趁刘备在京口访问期间，派人火速给孙权送来密信。孙权打开密信，只见上面写道：

刘备有枭雄之姿，又有关羽、张飞等虎将，不可能久居人下。我以为将军应趁此间将刘备软禁于东吴，为其筑造宫殿，供之以江南美女玩好，让其沉醉于酒色之间，不思归去，从而将其与手下的关羽、张飞、赵云诸将各置一方。我则乘机率江东兵马进攻荆南四郡，将军大事可成！将军万万不可割土地给刘备，这样就等于是割自己身上的肉喂狼吃，成他人之志，灭自我之威！

这偏将军周瑜也真是，刘备又不是吕布，好和女人玩汤汤水水的游戏。由此可见，周瑜的态度与鲁肃正好相反。周瑜不仅不肯“借”南郡给刘备，此时又开始打荆南四郡主意。周瑜和袁谭、袁尚的想法如出一辙，随着曹操压力的减轻，马上就打起了先吃掉对方然后再抗曹的愚蠢念头，急之则相助，缓之则相攻，这已经成为一种思维定式。可见这种称王称霸的愚蠢念头在中国人的潜意识中埋藏得有多深。

孙权看完信后，转手把信递到鲁肃手上，鲁肃看完信后，不住地摇头道：“公瑾此计虽妙，可会非常危险。刘备乃人之俊杰，世之枭雄。要是一时取不下荆南四郡，两家打起来，曹操再趁机来攻怎么办？将军难道忘了袁谭、袁尚二兄弟是怎么被曹操消灭的？”

“子敬所言有理。”孙权的思想就这么在周瑜和鲁肃之间跳着摇摆。上述周瑜打歪主意给孙权写信之事，陈寿在《三国志 · 吴书九 · 周瑜传》中记述道：“备诣京见权，瑜上疏……权以曹公在北方，当广揽英雄，又恐备难卒制，故不纳。”

临别，孙权置盛宴话别，刘备趁张昭、张纮、鲁肃、顾雍、虞翻、诸葛瑾、严畯、步骘等不在身边，故意长叹一声。“刘州牧何故叹息，难道是我照顾不周？”孙权问道。

“哪里。我观周公瑾文韬武略，皆在万人之上，且气量博大，胸有大志。如此之人，又怎么能久为人臣呢？”刘备显然对周瑜其人也心忌，是想挑拨孙权与周瑜的君臣关系，以从中渔利。

“是吗？”孙权应道。此事在《江表传》有明确记载，本著只是如实再现而已。

刘备一行乘五层楼船而还，孙权携众文武乘飞云大船相送十数里而别。

周瑜这边则是一计不成又思得一妙计。公元210年秋，周瑜由江陵回京口，与奋威将军孙瑜一同进见孙权。孙瑜乃孙静次子，孙权堂兄，被拜为奋威将军，领丹阳太守。周瑜指图道：“曹贼才遭受重创，其所担心的是我们进攻他的心腹之地，故才不敢与将军交兵。我和奋威将军商议了一下，我们正好可以乘此时进军益州刘璋，得蜀后再并汉中张鲁。到时留奋威将军镇守，与马超结援。这样将军就可据两州之地，与曹操争天下！”

“是啊！可问题是刘备现据江南岸，要是刘备从中作梗怎么办？”孙权问道。

“这个我与奋威将军也考虑过了。我们可以邀刘备一起伐蜀，许以事成后平分蜀地。”周瑜说道。

“公瑾高见！”孙权兴奋道。在这个计划中，周瑜极富创造性的将“联盟”与“西扩”这一对矛盾点巧妙地调和在了一起。此事陈寿在《三国志·吴书九·周瑜传》中也有记载。

孙权在给荆州牧刘备的信中写道：

米贼张鲁久居汉中，为曹操爪牙，一直想图取益州。刘璋无能，不能自守。要是曹操得蜀地，那荆州就危险了。因此，我们两家最好先攻刘璋，后取张鲁，这样就可以把大江之南连为一体，与曹操南北对峙，到那时纵有十个曹操也只能干瞪眼！

刘备看完信冷笑一声，把信交到主簿殷观的手上。殷观看完后说道：“此信看起来是在为刘州牧着想，是为了两家的联盟抗曹大业。可要是按照他们意思去办，进不仅克不了蜀，退荆南四郡又会被东吴所袭，那我们就全完了！”

“曹操刚赤壁败北，周瑜就开始打南郡的歪主意，现在孙权小儿又来打荆南四郡的主意，显然是不想让我们活了！”关羽怒道。

“他娘的，这些狗日的！还想把我们当3岁小儿来哄！”张飞一拳擂在桌子上。

“现在不是跟他翻脸的时候。我们可以表面上赞同，然后再从客观上找原因，现在还不是兴师动众的时候，周瑜总不能长着翅膀从我们头顶上飞过去吧？”主簿殷观说道。

刘备于是在回信中写道：

刘璋与我是同宗兄弟，恕不能从命。再者，刘璋虽弱，可益州民富国强，又据山地之险，足以自守，不是谁想取就能取的。张鲁又不是傻子又怎么会尽忠曹贼呢？现举十万之众，行万里之路，西攻巴蜀，就是孙武在世也不能为。今曹贼三分天下有其二，同盟之间又怎么能相互攻伐呢？

孙权看完信，将信置于地，怒道："其分明是要阻我西取巴蜀之路！我到要看看他到底有没有这个胆子！"孙权是那种感情用事之人，鲁肃此时想劝阻已经来不及。

"奋武将军孙瑜！"

"在！"

"你立即率三万水军进驻夏口，刘备军要是胆敢阻拦就消灭他！"孙权怒道。

"是！"孙瑜领命道。

"偏将军周瑜！"

"你火速回江陵，以配合奋威将军的行动！"

"是！"

孙刘两家大战的序幕就这么一下子被周瑜挑了起来。鲁肃急在心里，可又不好说什么。

刘备当然不会在重大原则问题上让步，立即命令道："云长、益德！"

"在！"

"你二人立即各率三万水军，分别屯兵公安（今湖北公安西北五公里）与秭归（今湖北秭归），严把关口，准备迎敌！"

"是！"关羽、张飞领命而去。

刘备又给孙权写信道：

你想取蜀，我当披发入山，绝不失信于天下！刘玄德。

看来这场战争已经不可避免。可就在这时却发生了一件意想不到的事，周瑜在回江陵的路上，病死于巴陵（县名，今湖南岳阳市），时年36岁。周瑜病死，由其一手策划的邀刘伐蜀计划也随之进入棺中。孙权率众幕僚亲自到芜湖迎接灵柩，小乔及二子身穿素服紧随灵柩。唢呐声声，哀声恸天。孙权扶棺痛哭："公瑾啊！我的好大哥！你怎么会忽然离开我，让我以后去依靠谁？"小乔更是泣不成声，随行之人无不垂泪。

上述孙权欲与刘备共取蜀，刘备听殷观进言予以回绝，孙权大怒命周瑜、孙瑜进兵，刘备欲披发入山，及周瑜病死巴陵之事，在《三国志·吴书九·周瑜传》、《三国志·蜀书二·先主传》、《献帝春秋》皆有记载，本著只是如实再现而已。《三国演义》所谓的“诸葛亮三气周瑜”纯属杜撰。

周瑜病死后，便开始了由鲁肃一人主导孙权头脑的时代。“关于刘备借荆州的问题，将军不知做何考虑？”奋武校尉鲁肃问道。“这是江东将士用鲜血和生命换来的地方，又怎能轻易让人呢？”孙权说道。“可将军想过没有，占据南郡之地又有何用呢？”鲁肃说着起身来到地图面前，指道，“我们占有南郡之地虽可西进巴蜀。可将军想过没有，这可能吗？巴蜀远在千里之外，刘备又不愿合作。不仅如此，曹操会眼睁睁地看着我们去袭取巴蜀吗？”

“是啊，要想以南郡为跳板进攻巴蜀这根本行不通。”张昭、张纮、顾雍、虞翻、诸葛瑾、严畯、步骘等人纷纷议论道。

“不仅如此，我们居有南郡之地，整个是在给刘备当看门狗！”鲁肃一针见血道。

“此话怎讲？”孙权一头雾水。

“你们看，南郡处在江北岸，正夹在刘备的荆南四郡与曹操的襄阳之间，就像中间的一道隔离墙正好把曹刘两家隔开。我们这不是在给刘备看守北大门吗？”鲁肃指图道。

“是啊！”孙权恍然大悟。

“没错。这不仅在为刘备看守北大门，还出人、出钱、出力不讨好！”参军虞翻插言道。

“要是将军借南郡于刘备，也就可以少管这些出力不讨好的闲事了。让刘备自己派人去看守自己的北大门。”鲁肃继续说道。

“没错……”众幕僚又纷纷附和道。

“还有，要是借南郡予刘备这还有利于两家的精诚团结。要是将军长期占据南郡，与刘备的矛盾自然也就会越来越深，时间长了必然会影响到两家的联盟关系，甚至会产生冲突，前一段时间就已经剑拔弩张。”鲁肃说道。

“是啊，前一段时间两家差点打起来。”

“你们知道要是两家打起来的结果是什么吗？就是河北袁谭、袁尚的下场，被曹操趁机各个击破，最后人头统统落地。”奋武校尉鲁肃情绪激动道。

“子敬所言极是！我们应该让荆州，不，应该借荆州于刘备。这样才可以少做看门狗，还可以减少两家矛盾！”孙权也情绪激动道。

“不仅如此，这还有利于两家更好的抗击曹操。江陵本身也是一个出兵口。这个出兵口要是放在刘备手上，他可以调动荆南四郡之兵进击襄阳，威胁曹操的心脏——许都。而将军要是集全力于从濡须和京口这两个方向进击合肥和徐州，从而威胁曹操的胸部和头部，这样两家通过精诚团结自然也就能更有效地抗击曹操。而江陵这个出兵口要是放在将军的手上，因江东兵力有限，不可能东西两面强力出击。舍一郡之地能换取这么多的好处，这就是我鲁子敬主张借荆州于刘备的原因。可能会有人骂我是卖国贼，可我还是坚持我的道理。”鲁肃继续手指地图道。

“看来还是子敬高见啊！”孙权兴奋道。

鲁肃上任不久就这么促成了借南郡予刘备之事，让江陵予刘备，移屯陆口（今湖北赤壁市西北陆溪口）。孙权拜鲁肃偏将军，领汉昌太守。上述鲁肃大智让南郡之事，陈寿在《三国志·吴书九·鲁肃传》中有所记载。事实也如此，刘备后来占据了南郡，并非武力夺取。

许多人可能会认为，这是鲁肃在犯傻。其实，这正是鲁肃的高明之处，是孙权、周瑜、程普、甘宁、吕蒙等人远远不能相及的。鲁肃不仅深刻地认识到了联盟抗霸的至关重要性，同时还能理智地放弃吞并荆州、巴蜀的不切实想法。在那个时代很少有人能有这样的政治头脑。

鲁肃的这一举动，有些像1971年以色列人向埃及归还西奈半岛之事，从而变被动为主动，使两家化干戈为玉帛。当国防部长沙龙在内阁提出这一议案时，几乎所有的议员都异口同声地反对，都以为沙龙疯了。可最后的事实证明沙龙的选择是正确的。而一千七百六十年前的鲁肃就有这样的政治智慧，真是让人感到不可思议。

《三国演义》所谓的借荆州之说整个是瞎扯，准确的应该说是借南郡。荆南四郡是刘备自己占据的，与孙权没有任何关系。

下回请看：司马懿诈病骗曹操　登铜雀台曹植赋诗

第六十五回

司马懿诈病骗曹操　登铜雀台曹植赋诗

曹操自赤壁败北后，锐气遭受重挫，很长时间都处在人生的思考之中：沉思、读书、舞剑、在山林中狩猎，在空旷无际的田野、荒地、山川中独自漫步……

对酒当歌，人生几何！譬如朝露，去日苦多。慨当以慷，忧思难忘。何以解忧？唯有杜康。青青子衿，悠悠我心，但为君故，沉吟至今。呦呦鹿鸣，食野之苹。我有嘉宾，鼓瑟吹笙。明明如月，何时可掇？忧从中来，不可断绝。越陌度阡，枉用相存，契阔谈宴，心念旧恩。月明星稀，乌鹊南飞，绕树三匝，何枝可依？山不厌高，海不厌深，周公吐哺，天下归心。

（大意：我一边喝酒一边轻轻地歌唱，人生的路啊怎么这么变化无常？人生犹如早上的露水，眼看我已经老了，满头白发。可我的胸中依然激潮澎湃，忧思因此也连绵不断。何以解忧啊？唯有杜康美酒，只有它才能让我忘记一切。穿着青布衣的学子们，我的心常常在思念你们，我孤独的心需要你们哪！就是因为你们的缘故，我沉思徘徊至今。鹿儿在呦呦地叫着，是因为找到了艾蒿在呼唤着同伴。要是此时能有好朋友能到来该多好啊，我一定会鼓瑟吹笙相迎！天上的月亮啊，我思念的朋友何时才能来啊？我的孤独之情发自内心，总是没办法剪断。快来吧，我的朋友，我在等待着你的到来，让我们一起来谈心，重述旧情。明亮的月亮，稀疏的星空，乌鸦和喜鹊飞向南方，绕树三圈，看有何枝可依？山不嫌其高，水不嫌其深，只有像周公那样礼贤下士，天下人才会纷纷而来。）

此诗词表明了曹操在赤壁败北后对人生的哀叹、孤独及对朋友和人才的渴望。也难怪本来就高处不胜寒，再加上他的魔鬼脾气，把他身边的朋友一个个都斩尽杀绝，他又怎么能不感到孤独呢？随后他把对朋友的渴望都转化成了对人才的渴望上了。而且还要学周公那样礼贤下士。那曹操能像周公那样礼贤下士吗？这当然还要听其言观其行。

《三国演义》把此诗用在赤壁之前曹操“横槊赋诗”显然不合时宜。那时的曹操正不可一世，哪能是这种心态？

公元210年春，许都丞相府内，曹操激情满怀，挥毫泼墨，在《求贤令》中写道：

自古要想成大业的开国君主，都有赖于能人贤者的辅佐！既然要想得贤人，足不出户又怎么能遇到呢？这都是由于身居高位的人不重视人才的缘故。今天下还没有定，正是急需人才之时。孔子道：“孟公绰当赵、魏诸卿的家臣是绰绰有余的，但不能用他作滕、薛这类小国的大臣。”这说明人的德才各有长短，不能求全责备。若只有廉洁之人才能用，就连管仲也不能用，齐桓公又怎么能称霸天下？现今天下是否有怀才不遇，像姜太公那样在渭水边钓鱼的人呢？又是否有像陈平那样与嫂通奸、收受贿赂，还没有遇上魏无知推荐的人呢？你们要帮我发现和提拔人才，唯才是举，使我能把他们都派上用场。

字里行间处处都流露出了曹操的求贤若渴之心，曹操还在《求贤令》中开天辟地地提出了“唯才是举”的用人原则。上述《求贤令》，陈寿在《三国志·魏书一·武帝纪》中全文记载，本著只是如实再现而已。

曹操写完后，一脸春光，放下笔墨，端起茶杯喝了一口茶，“已经好久没有见到丞相这么高兴了！”恭恭敬敬站在一旁的军师董昭恭维道，时董昭被转拜为司空军祭酒，亦即军师。曹操也不回应，双手拿起《求贤令》又看了起来，边看边不住地点头，又随手交到站在一旁的尚书令荀彧的手上。荀彧小心翼翼地看着，不住地点头称赞：“好，好，好啊……现在正是不拘一格用人之际，丞相的‘唯才是举’提得好啊，提得及时……”

“丞相有开天辟地之才，自然也就有开天辟地之见。”军师董昭、太中大夫贾诩、东中郎将程昱也在一旁赞道。

“东曹掾毛玠、崔琰！”时毛玠、崔琰并为东曹掾。

“在！”

“马上把《求贤令》发往各州郡县，以广纳贤才！”曹操令道。

“是！”两人齐声领命道。

“还有，我听说昔尚书右丞司马防次子司马懿深谋远略，具有过人之才，你们可别漏了此人。”曹操吩咐道。司马懿，字仲达，河内温县人，司马防次子，公元178年生人，时年32岁。

“我与其兄司马朗很熟，其弟司马懿明智善断，的确有过人之才。可是我前番去请他，他以患风痹为由说不能为官。”崔琰说道。

“风痹是一种什么病？”曹操问道。

“风痹是一种由风寒所引起的肢体疼痛及麻木，患有此病之人平时要躺在床上，行走不便。”

“那么他是不是患有此病呢？”曹操问道。

“我们派人到他家里探望，发现他的确卧床不能动，连喝口水都困难。”毛玠说道。

“我看他分明是借故推脱，不愿意出仕为官！马上再派人到他家去，他要是还推推脱脱就把他给我抓来，他既然不愿意在我曹某人手下为官，就让他尝尝蹲班房的滋味！”曹操怒道。

“是！”崔琰、毛玠二人领命而去。

崔琰、毛玠二人骑马来到司马懿家，一进门见司马懿正躺在床上哎哟、哎哟地呻吟，妻子连忙端来汤药，“你们又来了，坐，坐……哎哟，哎哟……疼死我了……”

崔琰、毛玠二人也不坐，互相对视了一下，崔琰清了清嗓子正色道：“奉丞相之命，要是司马仲达再借故推脱，就收而监之！”

犹如晴天霹雳一般，司马懿一惊，本能地从床上坐起，其妻手中的药碗也随之哐的一声落地。崔琰与毛玠相视一笑，连忙上前关切地问道：“司马仲达你没事吧？”

司马懿摇摇头：“没事，没事……”

“那四肢还疼不疼了？”

“还敢疼吗？再疼脑袋就要搬家了。”司马懿一下子从床上蹦到地上，脸像苦瓜一样地说道。司马懿这才出来为曹操做事，不久便被拜为主簿。上述司马懿诈病骗曹操之事，在《晋书·帝纪第一宣帝》中详细记述道：“汉建安六年，郡举上计掾。魏武帝（曹操）为司空，闻而辟之。帝（司马懿）知汉运方微，不欲屈节曹氏，辞以风痹，不能起居。魏武使人夜往密刺之，帝坚卧不动。及魏武为丞相，又辟为文学掾，敕行者曰：“若复盘桓，便收之。”帝惧而就职。”

曹操“唯才是举”是对“德才兼备”传统用人原则的一次大爆破。“德才兼备”在用人上尽可能既有德又有才，在德才不能兼备时应以德为主，应先德后才。而曹操所提出的“唯才是举”是在急需人才之时，只要能干，只要懂“治国用兵之术”，哪怕是“不仁不孝”，哪怕是恶名在外，有什么被世人所不齿的行为，本大人照用。曹操显然是在以他自己做人的标准来要求人才，把才干放在首位，把人的品德放在第二位，甚至弃之不顾。

而易中天却对曹操“唯才是举”的用人原则大加赞赏，认为在鱼和熊掌不能兼得时这是一种更加务实的用人方式，是对传统用人原则的一次巨大变革。可易中天也不想想，一个人要是连起码的仁德之心都没有（“仁”就是善，是儒家道德的核心内容），他有再多的才能又有什么用？只能使他做更多的坏事。要是再赋予这样的人以权力，权力越大，干的坏事也就会越大越多。就像一个具有老鼠品行而又很能干的人，你越是大用，他偷的油就会越多。就像一个具有豺狼品行的人，他就是有吃天爷的本事你能用吗？这样的人就像曹操本人一样，越是大用，其干的坏事就越多。

而袁绍在用人上是讲求“德才兼备”的，他更加注重人的品德。名声不好的尽量不用，官员一定要廉洁奉公，否则一概不用。当然，他也同样注重人的才华。袁绍“德才兼备”的用人原则，显然要比曹操“唯才是举”的用人原则成熟得多。而易中天却对袁绍一向嗤之以鼻：“袁绍用人只有一个原则，就是自己个人的好恶。好恶的标准也很简单，就是谁拍马屁就喜欢谁，谁提意见就讨厌谁。”简直是胡说八道。

公元210年冬，铜雀台建成，曹操携诸子及众文武一同登台观光游览。

曹操登台望远，慷慨道：“我20岁举孝廉，当时年少，也不是什么知名人士，想做一郡太守就可以了，这就是我当时的志向。黄巾肆起，董卓乱政，天下大乱，现纵横天下二十余年，破吕布，灭二袁，降刘表，身为宰相，人臣之贵已极。我今天说这番话，并不是什么自大，而且要欲人言尽。要是国家没有我，天下不知道有几人称帝，几人称王？”

“丞相功高，无人能及。”荀彧、荀攸、贾诩、董昭、钟繇、夏侯惇、曹洪、曹仁等附和道。

“我知道有些人在背后议论我。说我手握大权，恐有不逊之志。告诉你们吧，这都是妄自猜度！齐桓公、晋文公兵势广大，照样奉事周室。天下人早晚必知我心。可我是不会放弃兵权的。为什么？我恐离兵为人所害。为了子孙计，也为国家计，是以不得慕虚名而处实祸，这完全是不得已！”

“丞相深谋远虑……”

“好了，今日登铜雀台，不是谈论国事，是为了观光助兴。拿笔墨纸砚来，每人面前都摆上，让诸子临台赋诗，每人都写一篇《铜雀台赋》。”

侍从连忙拿上笔墨纸砚，在诸子面前摆上。此时曹丕23岁，曹彰20岁，曹植18岁。曹丕面露难色，但不言语，曹植则是一脸欣然，曹彰却嘟囔道：“又让人作诗写文，真是的……”

曹操品了一口杜康酒，训道：“你不读书，只好骑马击剑，此乃匹夫之勇，又怎么能成大器呢？”

“卫青、霍去病，领十万之众，驰骋沙漠，也照样建功立业。为啥非要做博士？”曹彰嘟囔道。

曹操笑道：“那你的志向是什么？”

“做将军！”曹彰回答。

“做将军如何？”

“被甲持戟，冲锋陷阵，临危不惧，赏必行，罚必信！”

曹操大笑，“好，好，好，此黄须儿不喜舞文，就不为难他了，就让他舞剑去吧！”曹彰一脸欢喜，站在一旁。众文武也一脸欢笑。上述曹操与曹彰对话，陈寿在《三国志·魏书十九·任城威王彰传》中有全文记载，本著只是如实再现而已。

这时只见曹丕双眉紧锁，抓耳挠腮，而曹植已将诗文写好亲自呈到曹操手上，“哎，我儿这么快就把《铜雀台赋》写好了？来，给大家念一念，可别是粗制滥造！”说着又把诗递到曹植手上。

曹植一脸俊秀之气，清清嗓子诵道：

从明后而嬉游兮，登层台以娱情。

见太府之广开兮，观圣德之所营。

建高门之嵯峨兮，浮双阙乎太清。

立中天之华观兮，连飞阁乎西城。

临漳水之长流兮，望园果之滋荣。

仰春风之和穆兮，听百鸟之悲鸣。

天云垣其既立兮，家愿得而获逞。

扬仁化于宇内兮，尽肃恭于上京。

“好，好，好啊，子建可真是好诗文啊！”众文武不禁齐口赞扬。

曹操更是大喜：“想不到啊，我儿能挥笔成章，文采飞扬！”

曹植一脸光辉，而曹丕则是一脸尴尬。上述曹植铜雀台赋诗之事，陈寿在《三国志·魏书十九·陈思王植传》中记述道：“时邺铜雀台新成，太祖悉将诸子登台，使各为赋。植援书立成，可观，太祖甚异之。”诗作全文阴澹在《魏记》中有记载，本著只是全文抄录而已。

曹操府中，火盆中的炭火烧得正旺，驻军襄阳的镇南将军曹仁差人来报：“江东孙权已将江陵城让给了刘备！”

曹操正在埋头挥毫泼墨，闻报，手中之笔不觉悄然落下。信使见此景大惊，连忙跪地求饶：“丞相我没说假话，我说的句句属实！”

曹操摇摇手：“这不关你的事，下去吧。”信使战战兢兢连忙退下。

“看来江东也有高人啊。”曹操自言自语道，太中大夫贾诩拾起毛笔交到曹操手上。曹操转身用毛笔指图道：“孙权既然把江陵交到了刘备手上，孙刘两家在南郡的矛盾也就解了。不仅如此，还对我关东之地摆开了两面夹击之势。刘备统荆南四郡，不，现在再加上南郡已是五郡，可一路北上直捣许都。孙权则可两路出兵，一路出濡须取合肥，一路出京口取徐州。江东孙权不可小视，荆州刘备也一时难以剿灭，江南的局面显然一时难以打开。”曹操用毛笔在地图上画了三个大大的箭头，忧郁道。

“丞相何不试试从其他地方寻找突破口呢？”贾诩喝了一口茶，不紧不慢地说道。

“是啊，该是从他处寻找突破口的时候了。”曹操说着继续用毛笔指图道，“既然南征受阻，江南局面一时难以打开，可以先暂时放一放，为什么非要死盯着江南呢？我们还可以向关西发展，在西面还有一块广阔的土地。关西有关中马超，西凉韩遂，南有汉中张鲁，益州刘璋。可要想向关西发展首先要过关中，只有过了关中才能向南和向西发展。关中之地长期处在马超等大小诸侯的掌控之中，他们虽表面称臣，虽一定程度上受到朝廷的节制，可实际上就像江东孙权，荆州刘备一样，是各据一方，各自为政。现在也该是收拾他们的时候了……”

太中大夫贾诩走向前从曹操手中接过毛笔也指图道：“丞相所言极是。要是能拿下关中，自然也就打通了通向巴蜀之地和西凉的通道，汉中张鲁、益州刘璋将唾手可得，西凉也会成为囊中之物。再者，还可以彻底解除来自关中的后顾之忧，从而进一步孤立孙刘联盟。昔秦王政、汉高祖刘邦就是由关中侵入关东的，要是孙刘联盟与关中马韩遥相呼应，结成更大的联盟，将会对关东形成由南向北和由西向东的两面夹击之势。不仅如此……”贾诩说道，并一连咳嗽了几声。

“文和怎么了？”众文武连忙问道。

“无大碍，只是偶感风寒。” 贾诩喝了一口水，继续用毛笔指图道，“要是丞相拿下关中，再兼并汉中张鲁和益州刘璋，不仅天下可以十并八九，实力得到进一步增强，还可水陆并进两面夹击荆州刘备。到那时还何愁不灭刘备，还何愁不破江南？”

“哎呀，还是文和高见。”曹操赞叹道。

“可问题是关中马超、西凉韩遂等虽各自为政，各据一方，可他们都早已归顺朝廷，而且马腾一家也已入朝为官多年，韩遂也已遣子为质，讨之恐出师无名。”程昱说道。

“是啊……”曹操喝了一口茶说道。

火盆中的炭火还在熊熊燃烧，“这个好办。可让司隶校尉钟繇明告马超，丞相要借道讨伐汉中张鲁。若从之，可假途灭虢，占领关中、陇右；若要不从，可以反叛之罪名正言顺地讨灭之。”贾诩喝了一口茶说道。

公元211年正月，开春，曹操拜长子曹丕为五官中郎将，丞相副，置官署，时年24岁。封曹彰为鄢陵侯，曹植为临菑侯。王朝社会就是这样，只要王权在手，天下房地产可以任意分封，可在那个时代却是天经地义之事。

公元211年三月，曹操命钟繇与夏侯渊合兵大张旗鼓准备征汉中张鲁，欲过境关中。

关中马超营寨，酒宴上，马超喝了一口酒说道：“曹操此举显然有假途灭虢之意！”

马超，字孟起，马腾长子，扶风茂陵人（今陕西兴平县），公元176年生人，时年35岁，鼻直口方，一脸英武之气。马腾携马休、马铁家属入朝为官后，留马超在关中，继续统领马腾的军队，拜为偏将军。此事在《典略》详细记述道：“建安十三年（公元208年），征为卫尉，腾自见年老，遂入宿卫。初，曹公为丞相，辟腾长子超，不就。超后为司隶校尉督军从事，讨郭援为飞矢所中，破斩援首。及腾之人，诏拜为偏将军，使领腾营。又拜超弟休奉车都尉，休弟铁骑都尉，徙其家属皆诣邺，惟超独留。”

军阀杨秋抱着猪肘子，啃着说道：“我看未必。从公元196年归顺朝廷后，十五年来，马将军一直与曹丞相和睦相处，井水不犯河水。官渡大战将军与韩将军一道给曹操送了两千山丹军马，以助其破袁绍。公元203年曹操出征河北袁尚，将军父子率两万精兵出河东以做侧应，大破高干，临阵斩杀大将郭援。将军中箭，带伤作战，感动三军。公元208年父亲一家又入朝为官。曹丞相又何故要来征讨呢？”

镇西将军韩遂喝了一口酒说道：“难道你们不见江东孙权吗？多少年来也一直称臣于曹操，可结果怎么样？曹操刚收复荆州便陈大军于江北，要会猎于江东。此次借道关中，显然有假途灭虢之心。不能不防啊。这种人又怎么能信呢？只要地盘还在我们手上，他曹操就永远都不会甘心！”此时的韩遂已是白头，可仍精神头十足。

军阀梁兴说道：“没错，曹操四处侵略显然有称霸天下之野心。不管他怎么保证没有吞并之意，其实都只不过是缓兵和拉拢之计罢了，最终暴露出来的嘴脸就是要把天下诸侯一个个都吃掉，把诸侯的地盘都并到他一人手上，只有到那时他才满意。现在把我们利用完了，该卸磨杀驴了。江东孙权就是最好的例证。”

“恨哪，我真是恨自己没有早早的就看清曹操的恶霸嘴脸。”偏将军马超自责道。

“我也一样，我也不是遣子入朝了吗？来，喝！”镇西将军韩遂也追悔道。说着两人碰了一下碗，咕嘟咕嘟将一大碗酒喝下。陈寿在《三国志·魏书十三·钟繇传》中记述道：“繇至长安，移书腾、遂等，为陈祸福，腾、遂各遣子入侍。”

马超、韩遂等人到此时才看清曹操的嘴脸，可以说已经可悲到了极点。孙权已经够蠢的了，可最起码没有遣子为质，而马腾、韩遂不仅送家人为质，还充当马前卒，整个是自己找死。既然如此把手中的地盘和兵马交给曹操不就完事了，还闹什么闹?

“可问题是曹操据九州拥有百万之众，仅凭我们手中的一二十万兵马又怎么能是曹操的对手呢?”军阀杨秋说道。

“那江东孙权与荆州刘备又有如何?他们两家加起来也不过一州之地，还不抵我们。他们有长江之险，我们有潼关之固，一夫当关万夫莫开。关键在于联盟，孙权与刘备结成联盟才得以打败强敌曹操，我们大家要是也抱成一团，拧成一股绳，也形成一个联盟，也照样可以打败曹操!”马超说道，整个脸已经被酒精烧得通红。

“马将军所言极是，孙刘联盟凭长江天险能打败曹操，我们关中联盟凭潼关天险（位于今陕西潼关县北，晋豫陕三省交界处），也同样可以打败曹操!我们绝对不能把我们手中的地盘拱手让给曹操!”军阀梁兴吼道。

“对，我们应抱成一团一起来捍卫自己的地盘!”军阀侯选、程银、李堪、张横、成宜等人也齐声吼道。

“我们这些人好说，可问题是马将军一家和韩将军之子都在邺城，曹操可是杀人不眨眼!”军阀杨秋说道。

马超也不应答，端起一碗酒咕噜咕噜喝下，放下碗说道：“说老实话，这个问题我和韩将军已经考虑了很久了。谁没有父母手足亲情，谁没有儿女之情，可我们能为了这放弃我们赖以生存的土地吗?不仅如此，只要曹操打败不了我们，他就不敢把我们的亲人怎么样?他要是胆敢在我的亲人头上动刀，我就让他的祖宗八辈都不得好死!”

“既然如此，那我们就共推马将军为关中盟主，主持关中事务，共同抗曹!” 军阀杨秋说道。

“不，我还资历嫌浅。韩将军乃我父辈，德高望重，年近花甲，有二十四五年的带兵经验，手中又有十数万西凉重兵，堪为盟主。我们应共举韩将军为盟主才是!”马超说完，端起一碗酒，恭恭敬敬跪在镇西将军韩遂的面前。

杨秋、梁兴、侯选、程银、李堪、张横、成宜等见状，也纷纷举碗恭恭敬敬跪在韩遂面前，共誓道："我们愿共举韩将军为盟主，率所部军马听从韩将军调遣，联盟抗曹，共卫家园，共挽关中危难！皇天厚土，祖宗神灵在上，若有背誓言，天打五雷轰，毁宗灭族，不得好死！"

韩遂、马超于是便拒绝了曹操过境要求，统率十路关中联军，浩浩荡荡开赴华阴（今陕西华阴），屯兵渭南，进驻潼关（位于今陕西潼关县北，晋豫陕三省交界处），欲与曹操决一死战。潼关之战的序幕就这么拉开了。陈寿在《三国志·魏书一·武帝纪》记述道："张鲁据汉中，三月，遣钟繇讨之。公（曹操）使渊（夏侯渊）等出河东与繇会。是时关中诸将疑繇欲自袭，马超遂与韩遂、杨秋、李堪、成宜等叛。遣曹仁讨之。超等屯潼关。"由此也可见，《三国演义》所谓马超为父报仇起兵之说整个是瞎扯，此时马腾及家人还活得好好的，报的哪门子仇啊？

下回请看：曹操偷渡蒲阪津　河中漂流遇马超

第六十六回

曹操偷渡蒲阪津　河中漂流遇马超

曹操闻马超、韩遂拒绝了他的过境要求，正中下怀，便以“反叛”罪名将马腾、马休、马铁的全家及韩遂之子全部押入大牢。

公元211年七月，初秋，曹操拜曹仁为安西将军，以贾诩、钟繇为军师，率军西征。临行，曹操嘱咐曹仁道：“关西兵精，善用长矛，你率先头部队到达后，应坚壁勿战！”曹仁应命而去。八月，秋高气爽，曹操率十万大军沿黄河峡谷，出函谷关（位于今河南灵宝市坡头北），由东向西进逼潼关（位于今陕西潼关县北，晋豫陕三省交界处），与关中联军夹关相峙。

深山峡谷，黄河岸边，曹操行营中。太中大夫贾诩指图道：“潼关位于关中盆地的东部，洛河、渭水、黄河交汇处之黄河南岸，自古便是关中盆地的东大门。向南奔涌而下的滔滔黄河遭遇东西走向秦岭山脉的拦截后改道东流，在中条山与秦岭两座山脉间穿行。黄河南岸山峰叠连，谷深崖绝，中间有一条东西走向羊肠小道，往来仅容一车一马，这也是由洛阳进入关中的唯一通道，世称‘咽喉锁道’。潼关就当道设在这条咽喉锁道上（东汉时设在今港口镇禁沟口附近），北临滔滔黄河，南依秦岭，日出则启，日落则闭。”

“那我们把这道关门拿下不就行了？”将军张郃脱口问道。

“没那么简单。在这中间又有禁沟、原望沟、满洛川等横断东西，南北走向的深沟大岔可藏重兵，从而又形成了一道道天然防线。不仅如此，在关西面关中联军还将设有数座连环大寨，潼关防线就是由关门、一道道深沟大

岔及连环大寨组成的防御体系。你们可以设想，兵马只能从一条羊肠小道中而来，又怎么能过得去？世称：‘关门扼九州，飞鸟不能逾。万古用一夫，百万化为鱼。’这也是潼关自古以来都是兵家必争之地的根本原因，这也就是关中马超、韩遂敢与丞相对抗的根本原因。昔秦从晋国夺取潼关后，便开启了剿灭六国之路。”太中大夫贾诩继续指图道。奔腾的黄河水声不绝于耳。

“‘秦有潼关，蜀有剑门关，皆国之门户。’看来真是名不虚传啊！”曹操喝了一口茶叹道。

“看来潼关防御体系是固若金汤，易守难攻啊？”夏侯渊为征西护军一脸难色。夏侯渊，字妙才，夏侯淳堂弟。曹操起兵拜别部司马、骑都尉，与袁绍战官渡，行督军校尉，时为征西护军。

“如此坚固的防御体系，强攻显然不是办法。”娄圭说道。娄圭，字子伯，和许攸、袁绍、张邈、张超一样，与曹操是从小玩大的伙伴，智勇双全，此时在曹操手下为将，为曹操立过许多战功。现在他已是友伴中唯一的幸存者。

曹操手捻花白山羊须，胸有成竹道：

自古潼关鸟难过，千年绝唱人人叹。

要问此关有多坚，半靠河山半靠人。

“听丞相之意，似腹中已有破关之妙计？”娄圭问道。

“潼关虽坚，可还是靠人来守。攻城破关也要靠人，难在苦无良策，只要腹有良谋还有不破关之理？”曹操说着又慢悠悠地喝了一口茶。

“丞相有何破潼关妙计快说来一听。”曹仁、夏侯渊问道。

“看你们一个个性急之色？”曹操说道，“不要急，到时候你们自然就会知道。”话音刚落，将军徐晃、朱灵一脸风尘走进帐内，拜道：“参见丞相！”

“起来吧！叫你来是想问问河东蒲阪津（今山西永济县西蒲州镇）的情况，近来有什么变化没有？”曹操问道。

徐晃走到地图前：“蒲阪津在哪儿？噢，在这。在黄河西岸各渡口处关中叛军本来屯有四座营寨，自从丞相盛兵屯潼关以来，现在只在风陵津处（位于山西芮城西黄河东转拐角处）还留有一座营寨，据了解是梁兴的营寨。”

“太好了，马超、韩遂中我计也！”曹操从座位上跳起，一脸兴奋指图道，“你们知道吗？由东向西进入关中盆地不只有潼关这一条咽喉锁道，从河东进入关中还有好几个渡口，如风陵津（位于山西芮城西黄河东转拐角处）、蒲阪津（今山西永济县西蒲州镇）、龙门津（位于山西河津西北）等，历来从并州（今山西）出入关中都要经过这些通道。要是把潼关称为是关中的东大门，那风陵津、蒲阪津、龙门津等便是进入关中的一道道侧门。现在我率大军屯于潼关，把分守在各要津的关中叛军大都已经吸引了过来，而我军正好可由蒲阪津偷渡黄河，然后一路南下，再渡过渭口（洛河与渭水交汇处，位于陕西华阴北）不就绕到了潼关背后了吗？”

“丞相妙计！丞相妙计啊！”曹仁、夏侯渊、张郃、娄圭兴奋道。

“将军徐晃、朱灵！”

“在！”

“你二人的船筏准备好了没有？”曹操问道。

“回丞相，都准备好了！共准备了木船三十条，排筏五十个，还有上百个羊皮筏子！”将军徐晃应道。

“很好！”曹操一边踱步道，“你二人马上赶回河东，今夜就率五千军马偷渡蒲阪津，接应大部队过河！我随后率大军赶到！”

星月当空，秋风习习，徐晃、朱灵率五千兵马肩扛、手抬船筏悄悄摸到蒲阪津渡口，将船筏推入湍急的河流之中。将军朱灵在东岸负责运送军士，徐晃则率七八百军士先行攀上船筏划向对岸，不多时便顺风划到河对岸。大地在夜空中沉睡，“看来关中叛军还在睡大觉！”徐晃也一脸兴奋，吩咐道，“船工赶紧划回去继续运送军士，剩下的人赶快挖壕筑垒，动作要快！”

才登岸的军士，马上用铁锹、镐头开始在河滩上掘壕挖沟，围土垒，一番大干快上的景象。

船筏还在不断地将河东岸的曹军一批接一批运送到西岸，登岸的军士又纷纷投入挖壕筑垒之中。“才上岸的军士到这边来挖！要挖得宽一些，土垒再筑高一点，这样才能挡得住叛军的战马和弓箭……”徐晃挥舞着马鞭来回指挥着。一条约两丈宽一丈深三十多米长的壕沟及两米多高的土垒，在河滩上迅速拔地而起。

此时已近下半夜，突然有哨兵来报：“不好了，前面发现大批叛军骑兵袭来！”

“沟垒还没筑成，这该如何是好……”正在挖壕筑垒的曹军顿时乱成一团。

徐晃刷地一声拔剑在手，吼道：“都给我站住！不能退，退必死！你们的两条腿能跑得过四条腿的马吗？唯有利用已经筑成的沟垒死战，接应河东岸的援军过河才是唯一的生路！”

“听我命令！利用已经筑成的沟垒马上迎敌！弓箭手马上到沟垒后面迎击敌军！其余军士，跟我一起堵缺口！”徐晃长声吼道。

随着徐晃一声令下，曹军军士纷纷扔下手中的铁锨、镐头，拿起刀枪迎敌。五百弓箭手匆忙列阵于土垒前，张弓以待。这时军阀梁兴已率四千骑步兵沿着河岸气势汹汹杀奔而来，“一定要趁曹军立足未稳之时，将其铲除！”梁兴挥舞着马刀吼道。

“杀呀！”梁兴率一千骑兵疾风暴雨般先行冲杀而出。

“听我命令！准备！放箭！”随着徐晃一声令下，箭如飞蝗，在月光下密集穿梭，冲在前面的骑兵纷纷中箭栽倒，战马的嘶叫声，军士的号叫声顿时乱作一团。“不能停！继续冲锋！”梁兴骑兵前赴后继，挥舞着马刀，继续冲锋，“杀啊！杀曹军啊！”

眼看骑兵越逼越近，土垒后面的弓箭手纷纷后撤，关中骑兵趁势追击，不知前面横着一条大壕沟，措手不及，呼啦啦连人带马纷纷栽入壕沟之中，犹如天塌地陷一般，惊叫声一团，曹军弓箭手又折回土垒上，对栽入壕沟中的关中骑兵又是一顿暴射。

梁兴见骑兵冲锋失败，又挥剑命步兵冲锋，“前面有壕沟和土垒，从西侧进攻！”战鼓声擂起，此时天已蒙蒙亮，三千关中步兵，手持长矛，列成方阵从西侧，还没有筑成沟垒的一面冲杀而来。

这时曹操已率两万军马来到河东岸蒲阪津渡口，见徐晃军与关中联军正在河西岸交战，命朱灵："赶快运送军士到河西岸，增援徐晃军！快！"朱灵领命，率七八百曹军攀上船筏，迅速划向河对岸。

两军此时已在河西岸绞杀成一团，刀光剑影，血肉横飞，眼看徐晃军就快要支撑不住了，朱灵率刚登岸的曹军加入了搏杀之中，"丞相的援军到了！"曹军士气复振，越战越勇。河东岸的曹军还在不停地向西岸上运送，张郃紧接着也率军渡河，梁兴率数百骑向潼关方向南逃而去。

此时天色已经大亮，看着河西岸狼狈溃逃的梁兴军，曹操哈哈大笑，众军士也无不欢欣鼓舞："关中叛军就这熊样，还打什么打，都降了算了……"随后曹操在许褚及虎卫兵的护卫下走下大木船，登上河西岸。河滩地上死尸遍地，已整个被血水染红。曹操一脸轻松地坐在一块大河卵石之上，吩咐道："不要停，船筏都赶紧划回去，继续运送军士过河！"

"丞相有令，船筏都赶紧划回去继续运送军士！"中护军许褚在河边放声吼道。船工们又纷纷将船筏调头。刚登上岸的军士乱糟糟。上述曹操偷渡薄坂津全过程，陈寿在《三国志·魏书十七·徐晃传》有详细记载，本著只是如实再现而已。

正在这时忽见南面滩头尘土飞扬，隆隆的马蹄声轰然而至，当先一杆大旗，上面大大的写着"马"字，马超、梁兴正率五千铁骑滚滚而来，大将庞德冲锋在前。庞德，字令明，中郎将，原在马腾手下为将，马腾入邺城做卫尉，留在马超手下。

"咦？这是怎么回事？"曹操一下汗毛竖了起来。

"不好！丞相！是马超的骑兵袭杀而来！"中护军许褚惊道。

曹操面露惊慌之色，马上又镇定道："不，不要慌！稳，稳住阵脚，敌，敌快迎敌！"

"保护丞相！赶快迎敌！"张郃挥剑吼道。许褚及数百虎卫兵则保护着曹操连忙后撤。

此时马超骑兵已滚滚洪流般而至，马超一挥手："放箭！"随之，箭如暴雨，穿飞而来。曹军纷纷中箭倒地，其余的龟缩在盾牌后面蜂一样纷纷后撤。“不能撤，一定要顶住！顶住！”张郃挥剑吼道。庞德率骑兵已经突入乱哄哄的曹军之中。“贼军甚众，恐难抵挡，不如乘船渡河，以避敌锋！”许褚及虎卫兵一边用盾牌遮挡着箭雨，一边拉着曹操就往河边跑。“船工！船工！赶快把船划过来！快！快……”许褚急得在岸边直跺脚。一个船工连忙摇橹把船划回岸边。马超此时已挥军杀了过来，“杀啊！杀曹军！绝不能让曹军过河！”曹操这边，船工刚把船划到岸边，许褚便急忙扶曹操上船，船一晃荡，曹操一个踉跄差点掉进河里。虎卫兵眼看马超冲杀而来，才登岸的曹兵被杀得人仰马翻，也纷纷争船逃命：“丞相，把我也带上！”“让我也上去！”

“浑蛋！放手！赶快放手！”许褚狮子一样地吼叫着。可急着逃命的人哪管这些，船晃晃悠悠，晃晃悠悠，眼看就要倾覆，曹操在船上吓得面如土色，许褚挥剑便是一阵乱砍，随着一声声撕心裂肺的惨叫，虎卫兵纷纷栽入河水中，船工趁机将船划向河心，水急浪高，曹操站立不稳，连忙卧倒在木船中。

庞德挥刀将数名曹兵砍倒，杀得曹军人仰马翻，张郃则在河岸边奋力抵抗，一骑兵挥舞马刀向他冲杀而来，张郃挥剑向马腿刺去，战马扑倒在地。这时徐晃、朱灵也率军冲杀而来，眼看就要被击溃的曹军又重振了起来，河岸边丁零当啷战成一片，杀声、吼声、叫声已经淹没了滔滔的河水声。此时曹操所乘的小木船已经划到河心，曹操坐起身面露喜色：“看来是虎口脱险了！”话音刚落，却听正在河岸边指挥作战的马超吼道：“船中所乘者是曹操！不能放走曹操，赶紧放箭！快！”随着马超一声吼叫，箭如飞雨般地射向木船。一箭正射中曹操的头盔，曹操吓得扑腾卧倒在船板上，许褚连忙左手举马鞍掩护曹操，右手持盾牌自我保护，飞矢纷纷被挡在外面，船工没有穿盔甲，被射成刺猬，大叫一声，栽入河中。木船就像失去控制的大木盆在湍急的河水中随波漂流，曹操惊得面如土色：“船！船！赶紧把船橹抓住！”

“不行啊！敌箭射得太密集了！”一个浪头猛掀过来，瞬间将两人打成了落汤鸡。

庞德率军且战且退，马超、梁兴率上千骑兵在河西岸，顺着滔滔南下的河流，一边追逐着木船，一边放箭。“不能放走曹操！不能放走曹操！”此时曹操整个卧倒在木船中，借助船舷蔽箭，一边自己用马鞍遮挡箭雨。而许褚则是右手持盾牌遮挡箭雨，左手摇橹，将船一点一点划向河东岸。马超、梁兴还在河西岸边追逐边指挥军士放箭。

这时夏侯渊也已率增援部队过河，马超军在夏侯渊、张郃、徐晃、朱灵四路军马的四面冲击下，只得回撤。此时曹操在河中漂流了五六里已经顺利到达河东岸。曹操眼望河对岸全线溃退的马超军，不觉苦笑了起来。“丞相为何发笑？”许褚问道。“我笑我，今日险些被小儿所困。”曹操说道。上述曹操河中漂流遇马超之事，陈寿在《三国志·魏书十八·许褚传》中明确记述道：“褚从讨韩遂、马超于潼关。太祖将北渡，临济河，先渡兵，独与褚及虎士百余人留南岸断后。超将步骑万余人，来奔太祖军，矢下如雨。褚白太祖，贼来多，今兵渡已尽，宜去，乃扶太祖上船。贼战急，军争济，船重欲没。褚斩樊船者，左手举马鞍蔽太祖。船工为流矢所中死，褚右手并溯船，仅乃得渡。”《三国演义》所谓“曹操割须弃袍”，纯属文学虚构。

蒲阪津偷渡成功后不久，曹操便率十万大军南下，陈兵渭水北岸，沿岸扎大营十数座，旌旗飘扬。而偏将军马超、镇西将军韩遂则屯兵渭水南岸，华山脚下，与曹军虎虎相对。在黄河水由南向东转弯处，曹操眼望从崇山峻岭间穿切而过的滔滔黄河水，指道：“‘秦有潼关，蜀有剑门关’。只可惜，我十万大军现在已经绕到了潼关的后面！潼关虽险，龙蟠虎踞，现在看来也不过是聋子的耳朵摆设而已！”

“是啊，潼关现在已经变成了聋子的耳朵。要是我军再渡过渭水，潼关将不攻自破，到那时就可以到长安城中摆庆功宴了。可问题是，马超、韩遂也正屯大军于渭水南岸，与我军隔河相对，我十万大军又怎么才能渡过渭水呢？”夏侯渊问道。

曹操笑而不答，一副胸有成竹的样子，“你们知道我为什么要扎十数座大营于渭水北岸吗？”

“是为了结成连环营寨，相互接应，以防马超偷袭！”征西护军夏侯渊应道。

“你这是只知其一，不知其二。文和把地图拿来！”曹操从贾诩手中接过地图指道，“渭水东西贯穿整个关中平原，长约七八百里，地势平缓，处处皆可为渡口。不同于黄河，只有极少数隘口才可为渡口。我在渭水北岸扎十数座大营的目的是为了疑兵，让马超、韩遂防不胜防。然后我军可以趁夜偷渡。”

可事情并没有曹操所设想得那么容易，将军徐晃、朱灵数次偷渡均大败而归，死伤惨重。眼看已到九月，立冬（那年有一个闰八月，所以当时已是寒冬季节），寒流袭来，天气急速转冷，大帐中的火盆熊熊燃烧。曹操一脸怒气，围着火盆急得团团转。

“末将无能，屡次渡河失败，还请丞相处罚！”徐晃、朱灵双双跪在帐中请罪。

“此事怪不得徐晃、朱灵两位将军，他们已经尽力了。渭水虽处处可渡，可马超、韩遂已处在高度戒备状态之中，再加上渭水河岸又多沙，难以挖沟筑垒，所以说才造成屡次偷渡失败。这也是我们事先没有估计到的。”太中大夫贾诩说道。

“你说得轻松！”曹操拂袖道，贾诩垂头不语，像一个老实巴交的农夫。“孙刘已经动了起来，孙权率大军出濡须，进犯合肥，刘备、关羽则北上正进攻襄阳，他们才不会像马腾、韩遂那么蠢，官渡大战，平定河北、赤壁大战不仅不袖手旁观，还出力帮忙。不仅如此，现在已经立冬，我军远道来伐，这将会对我军极为不利！我十万大军屯渭水北岸却寸步难行，总不能现在打道回府，前功尽弃吧？”曹操焦躁道。大帐内鸦雀无声，钟繇、贾诩、夏侯渊、张郃、娄圭皆默然站在一旁，徐晃、朱灵还跪在地中央。

“真想不到，一条小小的渭水，河边就是因为多了点沙子就挡住了我的十万大军。你们怎么一个个都哑了？难道就想不出什么办法了吗？”曹操叫道。

“天气在急速转冷，我看实在不行就撤军，再别像赤壁那样。”曹操又一屁股坐在椅子上，心烦意乱地喝了一口茶说道。

这时见将军娄圭说道：“丞相不要心急，现寒流来袭，天气骤变，这正是丞相破马超、韩遂关中贼军的天赐良机！”

刚才还一脸怒气的曹操，眼角和眉毛一下挑了起来：“子伯有妙计？”

“妙计不敢，只要多准备些水车就可以了。”娄圭说着。

“要水车干什么？”曹操疑惑道。娄圭来到曹操面前如此如此耳语了一番，曹操眉目由疑转笑，随后拍着娄圭的肩膀笑道：“子伯之计，我不及也！”《三国演义》把娄圭说成是南山隐士，与史不符。

是夜，满天飞雪，娄圭冒着刺骨的寒风，亲率五千军士乘船筏渡渭水，身穿棉衣的军士一个个冻得像冰猴一样。曹操则率军在后做接应。

娄圭率一千军士刚一登岸，便将军士分成两批，一批锹挖锄刨，开始堆沙筑垒；另一批则在河边将水车灌满水，推到沙堆前，就这么一边堆沙，一边在上面浇水。船筏还在不断地将渭水北岸的军士一批接一批地运送到南岸，徐晃、朱灵也已前后登岸。上岸的军士，又马上分成两批，一批堆沙筑垒，一批用水车运送河水，等天色放明，一座约两米高，百米见方的用沙子和水浇筑成的冰城就这么一夜之间在渭水南岸落成了。此时雪已停，曹操在河对岸大喜：“妙啊！实在是妙！真是天成此城！”

“不能停，继续用船筏运送军士过河！”许褚、夏侯渊在河边指挥着。

此时只见马超、韩遂率数千骑兵荡荡而来，庞德还是冲锋在前，见河滩上平地拔起了一座冰城，纷纷勒住马头，惊愕不已：“这到底是怎么回事？”话音刚落，便听鼓声大振，数千弓箭手林立在冰城之上，刹那间，箭如狂飙席卷而来，冲在前面骑兵纷纷中箭落马，庞德连忙回马，“曹军已筑冰城，这该如何是好？”庞德回马道。马超、韩遂一脸无奈，“只有先回去，率大军来攻。”韩遂说道。马超、韩遂于是拔马回撤。娄圭、徐晃、朱灵站在冰城上哈哈大笑。上述娄圭渭河南岸建冰城之事，《曹瞒传》记述道：“时公（曹操）军每渡渭，辄为超骑所冲突，营不得立，地又多沙，不可筑垒。娄子伯说公曰：‘今天寒，可起沙为城，以水淹之，可一夜为城。比明，城立，由是公军尽得渡渭。’”

随后曹军又连夜在渭水之上架起了浮桥，河北岸的军马、粮草就这么源源不断地运送了过来。

关中联军的大营中此时已处在一片慌乱中，火盆中的炭火正冒着青烟。军阀杨秋手指地图道："我军处在渭水南岸（今陕西华阴）。北有渭水，南有华山山脉，东面是潼关，就像是一个大口袋，曹军大军现在已大举渡河，就等于是堵住了袋口，我军正处在曹军东西两面的夹击之中。"

韩遂、马超被逼无奈，只得以割冯翊（渭水以北，治高陵，位于陕西西安以北）之地求和，曹操伪许之实则用贾诩计离间之，使得关中联军军心离散，各率所部军马如蜂巢涌动一般分别开始向长安方向突围，被曹军打得落花流水。

《三国演义》所谓的马超砍断韩遂手臂之事于史无据，实际上只是相疑并未相攻。

曹操闻关中联军开始全线突围，急令夏侯渊、娄圭、张郃、徐晃、朱灵等各率所部军马全线出击，曹仁也率军马进占潼关，关中联军在曹军的截击、夹击、追击下被杀得人仰马翻，死伤成片，关中军阀成宜、李堪战死，杨秋跪地投降。马超、韩遂各率五千铁骑突出曹军重围，庞德持刀跃马断后，沿泾河川道出萧关（在今宁夏固原东南）逃往凉州。关中诸侯就这么如鸟兽而散，关中也随之落入曹操之手。因刘备北上袭襄阳，孙权进犯合肥，曹操吞并关中后，拜夏侯渊为护军将军，督徐晃、朱灵留守长安，十二月便急回许都。

需要说明一下的是：《三国演义》所谓的马超为父报仇抗曹整个是文学虚构。实际情况是关中诸侯不愿将所据之地让给曹操而联盟抗曹，马腾一家是在一年后被曹操杀害的，这是曹操亲自导演的又一桩人间血案。他故意逼反了马超，又以反叛罪名杀害了马腾一家两百余口。当然按照古代君臣之道这一帝王逻辑，曹操所做的一切都是天经地义的。

还有许多人可能不解：孙刘联盟在赤壁大战中取得了辉煌的胜利，关中联盟怎么会一败涂地呢？马腾、韩遂因没有看清曹操嘴脸，为讨好曹操不仅充当马前卒，还自送家人为质，可以说整个是自己找死。可就是这样马超、韩遂还是照样有打败曹操的机会。那问题到底出在哪里了呢？其实只要稍作分析便不难得出结论。前面已经说过，孙刘联盟只是赤壁大战取得胜利的一个先决条件，问题出在作战指挥上。曹操采用迂回包抄的策略，偷渡蒲阪津、巧渡渭水，以及最后的离间之计等都明显技高一筹，这是取得胜利的关键。而在赤壁大战中，曹操则是屡屡失误。

下回请看：张松卖主有奇情　法正被逼走荆州

第六十七回

张松卖主有奇情　法正被逼走荆州

在此期间，成都（益州治所，今四川成都市），刘璋府内。刘璋，字季玉乃，刘焉三子，汉鲁恭王之后，江夏竟陵人，公元166年生人。时年45岁。刘焉，字君郎，公元188年，朝廷拜其为益州刺史，天下分崩也成为一方诸侯，公元194年因痛失二子病死（刘焉长子刘范、次子刘诞因参与马腾政变被李傕杀害），由三子刘璋继任益州牧。

“昔刘琮降曹我奉主公之命去结好曹操，曹操态度甚为傲慢，今曹操吞并关中，必有取汉中张鲁之意。汉中乃蜀之北面屏障，到那时益州危矣！”别驾从事张松指图道。张松，身材矮小，一脸精明之气。

“我也正在为此事担忧，多日夜不能寐，正不知该如何是好。”益州牧刘璋喝了一口茶忧虑道。

“我有一计可解主公之忧。”别驾从事张松说道。

“张别驾有解忧之计？快说来一听！”益州牧刘璋暗淡的目光中一下子射出了光芒。

“我这一计说出口肯定会有许多人反对，也难怪，既然是良药肯定苦口。”张松也坐下喝了一口茶说道。

“张别驾就别再卖关子了，看把主公急成啥样了，快说来让诸位一听！”主簿刘巴催促道。刘巴，字子初，零陵人（治泉陵，今湖南永州市），少知名，其父刘祥，公元190年为江夏太守。

“可与荆州牧刘备联盟抗曹！”别驾从事张松说道。

“此话怎讲？”刘璋不解道。

“刘备乃当世英雄，抗曹名将，赤壁大战，孙刘联盟大败曹操八十万大军，名震华夏。刘备与主公乃同宗，要是主公也能与刘备结成联盟，还何愁不能抗曹？”张松说道。

“张别驾，我看你这是在开玩笑！”主簿黄权说着走到地图前，指图笑道，“刘备的荆南四郡地处于东，益州地处于西，虽东西以长江相连，可相距千里，又怎么个联盟抗曹法？”黄权，字公衡，巴西阆中人（今四川阆中市）。

“是啊，张别驾快说说具体又怎么个联盟抗曹法？”从事王累戏道。

张松放下手中的茶杯，不紧不慢地从嘴里蹦出了几个字：“请刘备入蜀！”

“你张别驾没喝醉吧？请刘备入蜀干什么？”主簿刘巴问道。

“我张松生平从不饮酒！”张松说着又不紧不慢地来到地图前，指图道，“请刘备入蜀，一则可北拒汉中张鲁。张鲁乃主公世仇，多年来一直是主公心腹之患，凭刘备之英武必然可消除此患。这是其一。二则，把张鲁赶走后，让刘备居汉中，这样刘备成为益州的北面屏障。孙权凭长江之险因与刘备联盟得以自保，而主公则有崇山之阻，到那时益州东面和北面都有刘备护卫，主公还有何忧啊？”

“妙啊！”刘璋拍手道。

“不仅如此，现益州诸将，如庞羲、李异等皆恃功自傲，今请刘备入蜀，还可震慑诸将，以安其内。乃一石三鸟之功。否则，张鲁、曹操攻于外，民攻于内，益州危在旦夕！”张松振振有词道。

“这可真是解忧之妙计啊！来，张别驾喝口茶！”刘璋说着，将茶端到张松手上。张松接过茶碗喝了一口，有些洋洋自得地看着刘巴、黄权、王累。

“主公不可听张松胡言！荆州牧刘备骁名远扬，要是把他请来，要是以部下待之，其必然不满意，要是以宾客之礼相待，则一山不容二虎，一国不容二君。若客有泰山之安，则主有累卵之危！因此，主公最好不要请刘备入川！”主簿黄权谏道。

“刘备乃世之枭雄，天下闻名，入必为害！”主簿刘巴阻道。

“是啊，主公万万不可听张松胡言！张鲁之患犹如癣疥，刘备之患则为心腹，主公应设法自己收取汉中北拒曹操才是！”从事王累也谏道。

刘璋又开始有些犹豫。张松则是哈哈大笑。“张别驾何故发笑？”刘璋问道。“我笑刘巴、黄权、王累三位是只知其一，不知其二！”张松笑道。

“此话怎讲？”刘璋问道。

张松手指地图道：“前面我已经说过，在刘备赶走张鲁后让刘备居汉中，主公居益州，刘备居汉中，分而治之，既唇齿相依又井水不犯河水。通过分而治之，一山不就可以容下二虎了吗？”

“这……”主簿刘巴、黄权张口结舌。

“可汉中本属益州之地。”刘璋说道。

“没错。张鲁乃米贼，行五斗米教，妖惹百姓，负先君（刘焉）之恩，霸占汉中之地，历时已二十余载，结为冤仇，互相杀伐。主公有让张鲁占据汉中的，何不让与刘备？这样既可结两家之好，联盟抗曹，又有上述三利。这样就等于自己什么都没有损失，只要花些钱粮，就可以把事情办了。这样刘备的荆州军不就成了主公的雇佣军？”张松笑道。

“是啊，有让张鲁霸占汉中为患的，还不如让汉中与刘备。”刘璋自言自语道。

“主公不可听信张松胡言。主公难道不闻‘借的猫不抓老鼠’吗？况且刘备乃反复无常之人，出卖吕布，背叛曹操，又投刘表，请刘备入蜀必为心腹之患，主公可要三思啊！”从事王累力谏道。

“吕布反客为主，曹操挟天子令诸侯，这样的人能不反他吗？我看只有你王累才会为曹操这样的恶魔做爪牙！刘备投奔刘表，自公元201年至208年，七年来一直为刘表镇守荆州北大门新野、樊城，宾主一直相安无事，共抗曹操！刘备与主公有同宗之谊，又怎么会做出这样的事情呢？”张松反唇相讥道。

从事王累也一下子被噎在了那儿，“你，你，你……我看你是三年前拜见曹操没给封官怀恨在心才这么说的，我看你是收取了刘备的好处！”王累情绪失控道。

“休得胡言！刘备与我是同宗，与刘表相处多年一直相安无事，是一个可信之人！”刘璋起身拂袖道。

“主公，不可听张松之言，黄主簿所言有理啊，请刘备入川只会是引狼入室啊！”王累跪地苦谏道。

“还再胡言，马上给我乱棒打出去！”刘璋吼道。

“主公，不可听张松之言，刘巴和黄权所言有理啊，请刘备入蜀只会是引狼入室啊！”王累就这么被乱棒打出。主簿刘巴、黄权二人紧闭双口一言不发。上述张松巧语说刘璋，及遭到主簿刘巴、黄权、从事王累竭力反对之事，在《三国志·蜀书一·刘璋传》、《三国志·蜀书十三·黄权传》、《零陵先贤传》中皆有记载，本著只是如实再现而已。《三国演义》所谓的张松过境荆州向刘备献图卖主之事纯属编造。

刘璋冷笑一声，坐下喝了一口茶说道：“腐儒酸秀实在是难以理喻。那你看派谁去请刘备入蜀才合适呢？”

“一定要派一能言善察人心机之人。”张松喝了一口茶说道。

“是啊，曹操已经吞并关中，要是刘备不来帮这个忙，那益州的麻烦可就大了。”刘璋忧虑道。

“是啊，该派谁去呢？”张松喝了一口茶陷入了沉思之中，突然脑子一亮，“对！有了！”张松一拍脑袋说道。

“你快说说，派何人去？”刘璋喜道。

“可派法孝直去！”张松说道。法正，字孝直，公元175年生，时年37岁，陕西扶风郿县人，与孟达是同乡，两人于公元200年前后一起入蜀，先被拜为新都令，时为军议校尉。

“我怎么没听说过此人？”刘璋问道。

“此人及孟达乃我之友！此人现为军议校尉，能言善谋，必能当此重任！”张松保举道。

“好！马上把法正找来。”益州牧刘璋说道。

张松把法正找来，“来，坐下说！”刘璋让座道，法正入座。主簿刘巴、黄权坐在一旁。“张别驾可能已经都跟你说了，你此去要是能说动刘备，办成此事，我必当重赏！”刘璋说道。

“我才疏学浅，恐难当此任。主公最好还是请其他人出使荆州。”法正吞吞吐吐推辞道。

刘璋一听此言，刚才还堆满笑容的脸一下子便阴沉了下来，把茶碗一放，半晌不语。堂内空气一下子凝固住了似的。

法正心想：平定汉中，凭益州之力足矣，何需请人来帮忙？这十有八九会引狼入室。这种蠢事谁爱干谁干，我法孝直反正不去，到时候出了问题我可承担不起这个责任。

张松则站在一旁很是尴尬，也不知道说什么才好。这时只见刘璋霍地站起身，气冲冲地来回踱步，发飙道："我现在还是益州之主吗？连人都使不动了？！我让你去你就得去，你不去也得去！"

法正就这么被逼上了出使荆州之路。上述张松荐法正，法正不愿出使荆州之事，陈寿在《三国志·蜀书七·法正传》中明确记述道："松劝璋绝曹公而自结先主（刘备）。璋曰：'谁可使者？'松乃举正。正辞让，不得已而往。"

此时的刘备已趁曹操西征马超、韩遂时攻占襄阳城，命襄阳太守关羽驻襄阳。命宜都太守张飞驻夷陵（今湖北宜昌市东南），而刘备自己则回江陵。

江陵城中，"'卧龙、凤雏，得二人相辅大事可成矣！'这是六年前一位叫司马徽的南阳隐士跟我说过的话，现在都应验了！"刘备一手抓着诸葛亮的手，一手抓着庞统的手，一脸欣喜地走进堂内，简雍、麋竺、孙乾、赵云等紧随其后。

庞统，字士元，襄阳人，公元178年生人，年长诸葛亮3岁，时年34岁。司马徽称诸葛亮为卧龙，庞统为凤雏。庞统先在刘表手下做南郡功曹，刘琮降曹后转为曹操手下。周瑜占据南郡后，又转为孙权做事，此时又在刘备手下。庞统就这么在南郡的瞬息万变中成了名副其实的"四朝元老"。在鲁肃和诸葛亮的举荐下，被破格提拔为军师中郎将，与诸葛亮平起平坐，可见刘备对庞统之器重。此事陈寿在《三国志·蜀书七·庞统传》中有明确记载。

"来，喝酒，把这樽酒满饮了！"刘备举樽道。

诸葛亮喝了一口酒，被呛得满脸通红，引得刘备等人开怀大笑。"诸葛孔明不胜酒力，以后就不要勉为其难了！"刘备笑道，"来，士元咱俩把这杯酒满饮了！"说着刘备与庞统一碰樽又满饮一樽。"来，别光喝酒，大家一起动筷子！"刘备吃了一口菜又说道，"昔士元在周公瑾手下做功曹时，我到江东拜访孙权，听说周公瑾曾写密信给孙权，让他扣留我，是否确有其事啊？"

"这……"军师庞统放下筷子，面露难色。

"在君为君，但说无妨！"刘备笑道。

"确有其事！"庞统答道。

"周公瑾一直就不怀好意，幸亏死得早，否则两家早就打起来了！"从事中郎简雍说道。

刘备呷了一口酒说道："现在想想都有些后怕啊，当时有所求才不得不到江东拜见孙权，没想到差点落于周瑜之手！天下智谋之事所见略同。当时孔明就劝我不要去，正为此事担心。而我以为孙权所防是北方曹操，当依赖我为援，所以才决意不疑。现在看来这真是一招险棋啊，非万全之计！"上述刘备与庞统宴间对话在《江表传》中有记载，本著只是如实再现而已。

正在这时糜芳来报："益州牧刘璋派使者来了！"

"在哪儿？"

"现在船就停靠在江边！"

"还等什么？赶紧请他进城！"刘备说道。

"是！"糜芳领命而去。

"噢，不，回来。我们大家一起到江边去迎！"刘备说道。

刘备于是连忙率众文武一起到江边，"不知稀客驾到，有失远迎！"刘备连忙上前迎道。

"哪里，哪里，突然到访，还请见谅！"法正客气道。

随后，刘备与法正同乘一辆马车，在众文武和五百甲士的护卫下一同乘马车驶进江陵城。马车在城中心停下，法正、刘备、简雍一同走下马车，赵云卫立于身后，眼望繁华的街市，热闹的景象，法正叹道："江陵不愧为江南重镇，自楚文王在此定都以来，不知有多少帝王在此定都。久闻大名，今日方得始见！"

"只可惜连绵不断的战争已经把江陵城毁得差不多了，让百姓屡遭涂炭，这两年才稍有起色。"刘备感慨道。

"还是刘荆州治理有方啊！"法正赞道。

"哪里呀！整天忙于应战，才北伐襄阳归来，疏于理政，实在是有愧于百姓。"刘备叹道。

在盛大的酒宴上，刘备一脸酒光，举樽道："其实我早就该遣使到成都拜访你主刘璋，互通友好，却让你先来了。这样吧，我先自罚酒三樽，以表歉意！"刘备说着将三樽酒满饮而下。

坐在上宾之座的法正笑脸看着刘备，心想：刘备果然是仁德雄才之人，刘璋暗弱无能，本是同宗兄弟相差何其之远。举益州之力，二十多年竟拿汉中张鲁没办法，还要求人帮忙，逼我引狼入室，这样的人又怎么能守住益州之土呢，益州迟早要落入曹操之手。对呀，我何不趁此投靠刘备，另择明主，来他个将计就计。

这时听刘备说道："昔鲁子敬长坂坡相会，给我们带来了'孙刘联盟'的好消息，使得孙刘两家赤壁大败曹贼。此法孝直远来，又带来了与益州联盟的好消息，我与刘琮本同宗兄弟，这可以说是'刘刘联盟'。"刘备说着走到地图前指道，"这样在长江以南就形成了孙、刘、刘三家的联盟，以长江和山地为天险，与北面的曹操抗衡，现在可以说是形势一片大好。"

"法孝直远途而来辛苦了，来，大家一起举杯满饮了此杯！"麋竺举杯道。

"来，为'刘刘联盟'干杯！"大家举杯，一饮而尽。

"现曹操又吞并了关中，取汉中之意已明，你主刘璋有何打算啊？"刘备一边将法正面前的酒樽斟满问道。

"我主刘璋此次让我出使荆州也正是为此事。"法正说着从袖中取出一封信交到刘备手上，刘备看完信，面露难色，随手又把信交到庞统手上，"这，这事我看有些难办，荆州与益州相距遥远，让我们如何入蜀协助讨伐汉中张鲁？"

"我主在信中写得非常明白，事成之后将以汉中之地相赠。"法正说道。

"这好是好，可荆州有北方曹操之患，又怎么能抽出这么多兵马呢？来，来，喝酒，边喝边谈。"刘备劝酒道。那边庞统把信看完后，将信又递到诸葛亮手上，也不言语。

法正与刘备碰了一下樽，喝了一口酒意味深长地说道："刘荆州难道要坐失此次入蜀之良机吗？这可是千载难逢之机啊！"

"法孝直之意是？"刘备不解道。

法正也不言语，只是独自端起酒樽，庞统连忙将酒斟满。法正喝了一口酒，环顾了一下四周，又用筷子挟了一口肉。

"法孝直有什么话，但说无妨，这里都是我的心腹之人！"刘备说道。

"刘璋暗弱无能，虽宽厚仁德，但智力不足，一个汉中张鲁，二十余载，竟无可奈何。州中诸将多有异心，照此下去巴蜀之地迟早要落入曹操之手，到那时荆州不仅要北面抗曹，还要西面拒曹，处境危矣。将军仁德神武，何不趁此入蜀地，以收众心，法孝直愿为内应。巴蜀乃天府之国，粮食丰足，又有蜀道之险，将军以此成大业易如反掌。这可是千载难逢之机，望将军勿失！”法正说着跪倒在刘备面前。

刘备连忙将法正扶起，“法孝直，快快请起，快快请起！这，这该让我如何是好？”刘备不知所措道，也难怪眼前所发生的一切实在是太突然了。

简雍、麋竺、麋芳、孙乾、赵云等一个个兴奋异常：“有法孝直相助，得巴蜀之地易如反掌。这可是天助将军啊！”

“这，这好是好，可，可又怎么能使得？刘璋乃我之同盟，又与我有同宗之谊。”刘备喝了一口酒说道。刘备一下子陷入了矛盾之中。

这时却听军师庞统劝道：“荆州之地，东有孙权，北有曹操，夹缝之中，难以得志。今益州国富民强，户口百万，兵马粮草充足，将军正可趁此而成大事！”

“庞军师所言极是，将军正好可以趁此而跨荆、益两州之地，东联孙权与曹操争天下。”诸葛亮也劝道。

“今与我水火不能相容者，曹操也，操以急，我以宽；操以暴，我以仁；操以谲，我以忠；每与操相反，方能成事。今以此而失信于天下，我又怎么能做这样的事情呢？”刘备显然还处在矛盾中。也难怪，刘备是他那个时代最杰出的人物之一，可他还没有杰出到能从古代君臣之道这一帝王逻辑中走出来，当然也有一颗东并西吞的帝王之心，现在机会就摆在眼前，不眼馋才怪了。可同时这又会破坏同盟之义，失信天下，这可是联盟抗霸的一条生命线。刘备很自然地便处在了这样的心理矛盾之中，这再自然不过了。从刘备的心理矛盾也可见，对于满脑子古代君臣之道的人，相互之间是不可能百分之百的做到精诚团结的，刘备尚且如此，其他人就更用不着说了。

“权变之时，非一道所能定也。兼弱攻昧，天经地义。逆取顺守，报之以义，事成之后，安天下万民，又怎么能算是背信弃义呢？将军要是今日不取，将来必为曹操所取，那时荆州将危矣！”军师庞统劝道。

“庞军师所言极是，大哥要是今日不取，将来必为曹操所取，那时荆州将危矣。”麋竺、麋芳、简雍、孙乾、诸葛亮、赵云等也一并劝道。

上述庞统劝刘备乘机袭取益州之言，在《九州春秋》中有详细记载，本著只是如实再现而已。

成都，刘璋闻刘备答应入蜀大喜，命法正、孟达率五百骑迎刘备入蜀。公元212年夏，刘备留关羽、张飞、麋芳、诸葛亮、赵云等守荆州，率简雍、麋竺、庞统、黄忠、魏延及三万步骑兵，以法正、孟达为前导，出猇亭，沿长

江三峡，浩浩荡荡一路西进。黄忠，字汉升，南阳人，在长沙太守韩玄手下为将，随韩玄归属刘备。魏延，字文长，义阳人，原为民军头领，刘备平荆南四郡，归顺。刘备率军经鱼腹（今重庆奉节县东），一路跋涉，入江州（今重庆市），巴郡太守严颜眼望沿涪水（今涪江）逆流而上向涪城（今四川绵阳市东）进发的刘备军，叹息道："刘益州此举真可谓是独坐穷山，放虎自卫啊！"

刘璋兴致勃勃盛装率众文武准备出成都北上涪城迎接刘备，主簿刘巴阻道："若使刘备讨张鲁，是放虎于山林！主公不可去迎！"

"休要胡言，刘备与我是同宗兄弟！"刘璋斥道。主簿黄权一脸无奈，不停地摇头。刘璋率一万兵马迎刘备荆州军于涪城东门外，还给刘备荆州军调拨二十万斛军粮，马千匹，车千乘，绵帛万匹。席间，趁刘备入侧室休息，庞统随后而入，压低声音进言道："将军何不趁此时下手，一举便可拿下，如此将军不用一兵一卒，顷刻便定益州。"

已有几分醉意的刘备闻言大惊，连忙起身将门掩好，低声道："此乃大事，不可妄动！"

此时法正也走进室内，"此正是将军一鼓定益州之机，将军应当机立断才是！"

刘备犹豫不决，扇着扇子在室内来回踱步，庞统、法正焦急地等待着刘备发话，刘备坐下来咕嘟咕嘟喝了一壶水，说道："初入他国，恩信未立，我看此事万不可行。不如先取汉中后图益州。"其实，庞统、法正的建议按帝王权术不失为是一个好方案。只是因为刘备此时还处在吞并与同盟的矛盾之中，再者，像刘备这样有一颗仁德之心的人，要做出这样的决定也的确有难度。法正、庞统献计杀刘璋之事，陈寿在《三国志·蜀书七·庞统传》有明确记载。

刘璋与刘备欢饮十数日，南回成都，刘备则率军北上，经剑门关（位于今四川剑阁县北60里）及上百里剑阁道至葭萌关（今四川广元西南），进伐汉中张鲁。

下集请看：曹操心病董昭巧手解　孙权楼船借箭巧生还

第六十八回

曹操心病董昭巧手解　孙权楼船借箭巧生还

邺城（今河北临漳西南），曹操自西征马超、韩遂归来，气势复燃，效萧何故事，赞拜不名，入朝不趋，剑履上殿。此时32岁的汉献帝早已变成鸟笼中的大鹦鹉，不过还是照样头顶冕冠，身披皇袍，实际上跟唱戏的一样。

“噢，丞相来了！”汉献帝见曹操大摇大摆地走上殿来，像触电一样下意识地连忙从宝座上站起。曹操看看汉献帝，也不吭声，只是摆摆手示意让他坐下，汉献帝战战兢兢不敢坐。满朝文武皆不敢正视，只是抬眼偷窥。尚书令荀彧则是一脸尴尬。“让你坐下，怎么还不坐？嗯？”曹操口气有些生硬地说道。“噢，是，是。”汉献帝这才坐下。曹操也随即并坐于一旁，看看汉献帝，又看看众文武，又霍地起身，哼了一声，心烦意乱拂袖而去。众文武皆面面相觑，皆不敢言语。董昭若有所思地望着曹操离去的背影。

公元212年九月，秋风习习，突然雷雨大作，彰德府内，“去，去，都给我下去！”曹操不耐烦道，吓得侍从把茶摆好后连忙低头出去。

窗外雷雨交加，曹操打开杜康酒坛，自斟自饮，连饮数樽，然后靠在躺椅中陷入深思之中：天下十有七八虽都控制在我曹某的手上，我也贵为一国丞相，万户侯，兼冀州牧，长子为副丞相，诸子也皆封为封侯，可天下名誉上却还是他刘家的天下，我历来讲求“不得慕虚名而处实祸”，可这样下去又怎么确保我手中的江山名正言顺的世代相传呢?

曹操起身喝了一口酒继续深思道：除非把这江山改姓为曹，把穿在傀儡皇帝身上的皇袍扒下来穿在自己身上，取而代之，建立曹家的社稷和宗庙（社稷就是社神和稷神，亦即土神和谷神；宗庙是祭祀列祖列宗的地方。按照帝王逻辑，建立了社稷和宗庙就意味着该家族拥有对所辖土地和人民千秋万代的所有权和支配权），这样才能使我手中的江山世代相传。现在看来这个“虚名”不慕不行，非慕不可……还有必要这么挂着羊头卖狗肉吗？天下每一寸土地，每一个子民都已非汉所有，汉家王朝早已名存实亡，只是徒有虚名而已，我又怎么不可以取而代之？这叫实至名归！

这时雨过天晴，明亮的阳光射入窗中，曹操一脸兴奋，起身端起酒樽猛喝了一口。可问题是：我一直都在以匡扶汉室为名，一次又一次信誓旦旦地声称自己没有篡汉之心。就是前两年才下了一封告全国人民书——《让县自明本志令》，再次重申自己没有称帝之野心，现在突然间来个大变脸，那不等于当着天下人的面自己扇自己的耳光，这样我不就成了篡国之贼，还不得遗臭万年？这不行！再者，一些人肯定一下子接受不了，乘机兴风作浪。搞不好会闹出大乱子。《让县自明本志令》在《魏武故事》中有全文记载。

曹操双眉紧锁，又站起身在屋子里来回踱步：我现已五十有八，近花甲之年，这个问题已经到也非解决不可的时候了。正在这时，中护军许褚来报：“司空军祭酒董昭求见！”

“不见，不见！回来，你刚才说谁？”曹操问道。

“司空军祭酒董昭！”许褚说道。

“是他？马上让他进来！”曹操说道。

董昭刚一进门，曹操马上换上了一副笑脸，亲自给董昭斟酒道：“哎呀，公仁来了，快进来坐，今天可要陪我好好喝几樽！”董昭饮完一樽酒说道：“最近一段时间见丞相一直心事重重。”

“是啊，还望公仁教我。”曹操随手摘了一颗葡萄应道。

“自古以来，人臣匡世，未有今日之功。有今日之功者，还从没有一个会久居人臣之位。今丞相功德盖世，亘古至今，无人能比，丞相何不效周文王故事？”董昭说道。

“周文王虽然三分天下有其二，可生前是只称王不称帝。他死后，让他的儿子周武王称帝。”曹操也喝了一口酒说道，“对呀！”曹操恍然大悟，又陷入沉思之中：这样不就可以建立社稷、宗庙，建国了，世代相传的问题不就解了！妙啊，实在是妙，还是周文王这老小子有办法！不仅如此，这还可以避免取而代之所带来的问题……“这样吧，我看最好先进公后称王，这样可以循序渐进，更容易让人接受。”曹操说道。

“丞相高见！”军师董昭赞道。

“公仁此来，让我茅塞顿开。来，把这樽酒喝干了！”曹操兴奋道。

“谢丞相！”董昭恭恭敬敬端起酒樽一饮而尽。

“这件事就由你牵头去办！”曹操吩咐道。

“此乃大事，我牵头可以，可最好由一德高位重者来担纲。”董昭说道。

曹操沉思片刻说道：“没错，最好让文若（荀彧）来担纲此事。文若德高望重，又历任尚书令要职，你可以先找他谈一谈。”上述董昭劝曹操晋爵魏公之事，陈寿在《三国志·魏书十四·董昭传》中明确记述道：“后太祖遂受魏公、魏王之号，皆昭所创。”

董昭在曹操的授意下便开始在私下里活动推举曹操晋爵魏公之事。董昭走下马车，走进尚书令荀彧府内，心想：荀彧是曹氏江山的第一大功臣，又与曹操结为儿女亲家，应该不成问题。

书房内，尚书令荀彧放下手中的毛笔，董昭喝了一口茶说道：“天下分崩，汉家社稷、宗庙焚毁，曹丞相东讨西伐，南征北战，血雨腥风三十年，才平夷群贼，为民除害，使得汉室复存，刘氏宗庙复立。曹丞相功高盖世，无与伦比，又怎能与我等并侯一列，这岂不失天下人所望？”

“公仁之意是？”荀彧问道。

“我等应共举曹丞相晋爵魏公，受九锡（指车马、卫队、衣帽、乐器等共九种，是古代帝王赐予大臣的最高礼遇，以示特别恩宠），以表丞相盖世奇功！”董昭说道。

荀彧手中茶杯随之一颤，此时又听董昭说道：“而且最好由荀书令来担当此事！”

“由我来担纲此事？”荀彧惊道。

“没错。荀书令鞍前马后跟随丞相二十余年，吕布袭兖州，多亏荀彧力守，才保住鄄城、东阿、范三城，得以卷土重来；荀书令还为丞相屡建奇谋，出奇制胜；丞相在外征伐皆由荀书令主内，总理各方事务，从未有失；不仅如此，荀书令为丞相推举的高级人才也不在少数，荀攸、郭嘉，皆旷世之才，均为丞相屡立奇功。丞相常称‘天下之定，文若的功劳最大’，千真万确。荀书令无疑是丞相之第一大功臣，犹如刘邦之张良与萧何也！再者，论荀书令之德望与爵位，也无人能及，因此由荀书令来担当此事是再合适不过了。”董昭说道。

这分明是要篡汉，还要让我担纲此事，这不是要让我来充当历史的罪人，万世背负篡汉之骂名吗？“快别说了！”荀彧脱口而出，神情激动道，手中的茶杯也随之重重地蹾在桌子上。

董昭一惊：“你！你这是？！”

荀彧也感到自己言语有失，马上又坐下，喝了一口茶转儿用温和的口气说道：“我的意思是，由我来担纲此事恐怕不妥，我德薄位轻又怎么能担当此重任呢？”

“荀书令谦虚了，没有人比你更合适的了。”董昭说道。

“不仅如此，丞相兴兵是为了匡扶汉室，以安天下，应言而有信，守退让之实。君子应以格守忠臣之本，不应劝丞相如此。”荀彧继续推脱道。

“噢，噢……你原来是这么想的，那，那我就告辞了。”董昭一脸尴尬地起身告辞道。这个善察人心机的人，没想到这次却出现了判断失误。荀彧望着董昭蹬上马车的背影一脸茫然。

荀彧从小深受儒家文化的熏陶，是一个具有君子人品的人，对曹操的许多令世人毛骨悚然的行径肯定会有看法。可他一直固守忠君之道，还在为曹操集团效忠。再者，荀彧的政治理想是希望曹操能匡扶汉室以安天下，而不是借壳上市，最后取而代之。曹操要违背自己的诺言，这与他一贯的政治立场是相违背的。现在又要让他来充当“历史的罪人”，就更不愿意了。

彰德府内，当曹操从董昭嘴中得知此事后，脸一下了拉得就像扁担一样长，久久不语，面色圆润的董昭吓得站在一旁一声不吭。这时只听见曹操从鼻子中发出冷冷的笑声，笑着笑着变成哈哈大笑，笑声阴冷刺骨，在殿内回荡。曹操心想：老子让你来抬轿是看得起你，没想到你却跟我撂挑子……

陈寿在《三国志·魏书十·荀彧传》中记述道：“建安十七年，董昭等谓太祖（曹操）晋爵国公，九锡备物，以彰殊勋，密以谘彧。彧以为太祖本兴义兵以匡朝宁国，秉忠贞之诚，守退让之实；君子受人以德，不宜如此。太祖由是心不能平。”

公元212年十月，初冬，曹操一面命曹仁、乐进进攻襄阳，一面率张辽、李典进攻合肥（今安徽合肥）。荀彧被免去尚书令之职，命其以侍中之职持节到合肥前线劳军。荀彧一行冒着瑟瑟寒风乘马车孤零零来到寿春，心事重重一进门，刚才还很热闹的气氛突然间便冰冻一样冷却了下来，荀彧想与曹操打招呼，曹操却故意把脸扭到了一边，“荀书令，噢，不，荀侍中来了！”将军张辽、李典起身问候道。

“噢，是，是……”荀彧尴尬道。

侍中荀彧入座，侍者端上食物，张辽、李典见状连忙退下。荀彧如坐针毡想乘此机会跟曹操解释一下，可嘴刚一张开，却见曹操起身作揖而别，许褚在身后虎视眈眈，根本就不给荀彧说话的机会。《献帝春秋》记述道：“至董昭建立魏公之议，彧意不同，欲言之于太祖。及赍玺书犒军，饮飨礼毕，彧留请间。太祖知彧欲言封事，揖而遣之，彧遂不得言。”

晚上，荀彧孤身一人在屋内来回踱步，烛光点点，沉重的脚步声在黑夜中徘徊，他此时多么渴望能跟曹操解释一下或认个错，这时侍者敲门而入，双手捧着一个精美食盒：“这是曹丞相给你送的点心！”

“这是曹丞相让你送来的？”荀彧一眼惊喜。

“没错！”侍者应道。

荀彧颤抖着双手接过食盒，心想：丞相原谅我了！丞相大人大量已经原谅我了……禁不住热泪盈眶，滚落在食盒之上。侍者退下。荀彧颤抖着双手连忙打开精美的食盒，心想这肯定是丞相爱吃的一口酥，他以前经常给我送这种点心。“耶，怎么回事？里面怎么是空的？！”荀彧被眼前的一幕整个惊呆了。可他还是有些不相信，又连忙拿起烛灯在食盒里左看右看，随后又双手抱起食盒翻过来，一边左看右看一边晃动着，“天哪！不会吧！里面怎么会是空的？”随之一屁股瘫坐在地上，虚汗淋漓，嘴上还在不停地喃喃自语。这时曹操从天而降，来到他的面前，冷笑道：“你还想吃东西？我看你以后就不要再吃东西了，哈哈哈哈……”

荀彧虚汗淋漓，吼道：“不！丞相，我已经知道错了，你听我解释，我那只是一时冲动说错了话，我已经知道我错了。”

“不！我不听你解释！”曹操转身离去，室内死一样的寂静，炭火在火盆中煨着。这时侍者又屏声静气地推门进来：“这是丞相给你送来的美酒！”侍者放下托盘后，便又转身离去。

荀彧艰难地站起，走到托盘前，只见里面有一张纸条，荀彧颤巍巍拿起纸条，只见上面写道："饮了此酒，可以一了百了！"荀彧紧紧把纸条篡在手心，久久，久久不语，心想："一了百了！一了百了！天哪！我荀彧的命运怎么会走到这步田地？难道就真的没办法挽回了吗？"

大学士边让、沛相袁忠、沛人桓邵及其家人的情形；曹操屠杀十数万徐州百姓的情景；曹操杀张邈百口的情景；曹操灭董承三族的情景；曹操杀华佗的情景；曹操杀许攸的情景；曹操逼死张绣的情景；曹操杀孔融及妻儿的情景；曹操灭马腾三族的情景历历在目……

此时的荀彧已经冷静了下来，他一边在食盒中焚毁写给曹操的书信，一边叹息道："死吧，死吧……已别无选择……否则不仅死得难看，死得更惨，还会祸及家人。这就是'君让臣死，臣不得不死'啊……"

"我这一生怎么会为这么一个人效忠？徒有儒者之表，残暴至极，古今罕见，现在又要篡汉……我荀彧这一生到底做了些什么？"荀彧突然跪倒在地，泣道，"我这一生是愧对天下人！愧对列祖列宗！愧对父老乡亲啊……我对不起你们哪！我怎么会为这么一个人效忠，祸害天下，不知道害死了多少人。我真是死有余辜啊！"荀彧悲愤交加，怀着无限的悲痛和悔恨，饮药自尽，终年50岁。

说老实话，他应该早在二十年前，在曹操杀边让及其家人之时，在曹操屠杀无辜徐州百姓时，就应该像陈宫、张邈、刘备那样彻底看清曹操的嘴脸。可他因愚忠，为曹操这么一个人效忠，最后是既给全社会造成极大的危害同时又将自己变成了任人宰割的羔羊。要是没有荀彧等一大批满脑子古代君臣之道愚忠思想的人，像曹操这样的人就是有吃天爷的本事也什么事都干不成，也干不了多少坏事。这是他心中永远的痛，现在也该是他为此付出沉重代价的时候了。

曹操就这么把他的头号大功臣，把他最亲密的战友荀彧给逼死了。就像韩信之死一样，怪谁？毫无疑问应首先怪他们自己。他们都帮助他们的主子成就了可以为所欲为的王权，结果却把自己，把天下人都变成了案板上的肉，任人宰割。别说那个时代的人还普遍认识不到这些，就是现在也还有许许多多人认识不到这些。还把曹操当成大英雄。易中天如此，王立群如此，《曹操秘史》作者如此，还有许许多多人都如此。

关于曹操逼死头号大功臣荀彧之事，《魏氏春秋》记述道："太祖馈彧食，发之乃空器也，于是饮药而卒。”《彧别传》记述道：“彧自为尚书令，常以书陈事，临薨，皆焚毁之，故奇策密谋不得尽闻也。”

曹操逼死头号大功臣荀彧后，便命将军张辽、李典大举进军合肥。孙权派人火速到荆州请求刘备援助，并率军抵抗，被张辽、李典的两路军马击溃，连忙从巢湖下水登船退守濡须坞。

大帐中，炭火烧得正旺，曹操手指地图道：“孙权小儿此时已乘船退守濡须坞。濡须坞在公元211年由孙权修建，是为了掩护江东水军撤退，坐落于濡须水两岸，夹水筑垒，易守难攻。不知各位有何破坞之法？”

“丞相何不趁孙权大败之时，命水军夜袭濡须坞？”张辽献策道。

“怎么个夜袭法？”曹操问道。

张辽上前手指地图道：“可以让水军先从水路突破濡须坞，然后从两岸登陆，从背后袭濡须坞，步兵同时从正面攻城，前后夹击还何愁不破濡须坞？濡须坞一破，江东军自然也就在江西岸难以立足。”

“文远此计甚妙！”

深夜，寒风刺骨，张辽率五千水军趁着月光分乘两百艘战船从巢湖北岸登船，开始夜袭濡须坞。航行不到十里，迎面密密麻麻被五六百艘江东战船拦住去路。“不好！看来江东孙权已有所准备，赶快回船！”张辽大惊失色。

“想往哪里跑！分左中右三路火速包抄上去，一定要全歼曹军水军！”站在楼船上的吕蒙下令道，顿时战鼓骤起，五六百艘战船立即在平静而又宽阔的湖面上分为左中右三路，吕蒙、蒋钦、凌统各率一路包抄而上，“杀呀！”

“回船！赶紧回船……”曹操水军乱作一团，不多时许多战船便陷于江东战船的包围之中，艨冲、斗舰齐冲而上，箭如雨飞，曹操水军纷纷中箭落水，余者纷纷跪在船甲板上求饶，降者三千余人。仅张辽率几十艘战船突围而出。

此时天色已经放亮，孙权在濡须坞闻江东水军大获全胜，大喜：“原来曹操水军还是这么不堪一击！走，咱们也去看看热闹！”此时孙权30岁。

“主公不可轻动，万一遇到曹军怎么办？”长史严畯劝阻道。此时长史张纮已经病逝。

“是啊，主公不可轻动！”诸葛瑾也劝道。

“曹操水军已经被打败，哪儿来的什么曹军？”孙权不听劝阻，乘五层楼船，携周泰、董袭及三百水军出濡须坞，刚到濡须口（巢湖濡须水入口处），便见河东岸密密麻麻一下子涌现了数千曹军，原来是曹操、李典已到濡须口正准备从陆路进攻濡须坞。曹操见水面上忽然驶来一艘五层楼船，“孙权搞不好就在此楼船里，弓箭手赶快乱箭矢射！”随着曹操一声令下，箭雨齐飞而来。“不好！岸上有曹军！”周泰说着连忙一边用身体掩护一边拉着孙权往船舱里钻，臂膀和背上连中数箭，箭箭都穿破重甲。船上的水军纷纷中箭落水。躲在船舱中的孙权听到外面的箭雨就像冰雹一样射在木船上。“放箭！继续放箭！”曹操命令道。

楼船停在水面上，由于一面负箭太多船已经开始倾斜。“丞相，你看船已经倾斜，已经快倾覆了！”许褚喊道。

“太好了！把所有的弓箭手都调上来给我射！”曹操命令道。

“快！快！赶快回船！赶快回船！”孙权在船舱中前仰后合，拼命地喊叫着。

“赶紧回船！赶紧回船！”董袭在船甲板上，用盾牌遮挡着箭雨拼命地吼道。

这时楼船终于艰难地调转了过来，“不能让孙权跑了，继续放箭！”许褚在岸上挥剑吼道，此时东岸整个都是曹军弓箭手，刷，刷，刷，又是万箭齐发，先前没有受箭的一面一下子也射满了箭，箭均船平，楼船顺着水流开始缓缓驶回。“不能让孙权跑了，赶快放箭！”眼望着渐渐远去的楼船，曹操叹道：“能在如此危难之时，还能保持冷静。生子当如孙仲谋，刘表之子不过猪狗而已！”自此两军开始在濡须坞对峙。上述孙权楼船借箭巧生还之事，《魏略》记述道：“权乘大船来观军，公（曹操）使弓弩乱发，箭著其船，船偏重将覆，权因回船，复以一面受箭，箭均船平，乃还。”《三国演义》所谓“诸葛亮草船借箭”之事即由此事改编而来。

下回请看：庞统戏刘备被逐　刘备被阻江北岸

第六十九回

庞统戏刘备被逐　刘备被阻江北岸

再说驻守葭萌关（今四川广元市西南）的刘备。此时已是公元213年，开春。行营中，法正用毛笔指图道："葭萌关在这儿，主公的三万军马就屯在这里。阳安关（位于今陕西宁强西北阳平关镇），位于秦岭与大巴山脉之间，西临嘉陵江，南倚鸡公山，是汉中西面和南面的门户，是蜀地循南栈道进入汉中的咽喉要道。阳安关是一座关城，既是关隘又是城池，在城池中屯有重兵。前面又有十余里栈道。可谓是一夫当关，万夫莫开。这也就是主公半年来寸步难行，刘璋二十多年来拿汉中张鲁没一点儿办法的根本原因！"法正指图道。

"这是我事先所没有料想到的……"刘备一脸愁云道。

"不仅如此，我军的处境十分危险。由于半年多来无所作为，刘璋那边的态度显然已经冷淡了下来，粮草供应的也不像以前那么及时了。万一闹出什么不愉快，刘璋要是跟我们翻脸，只需扼守剑门关等关隘，断我粮道，我军将会进退两难，立马就会像襁褓中的婴儿被掐死。因此，无论如何应尽快离开此地。而且现在正是离开的机会，曹操正率军大举进攻襄阳（今湖北襄樊市）与合肥，我们何不趁此回军？"一直沉默不语的庞统插言道。

"难道就这么两手空空回去？"刘备显然不甘心。刘备于是听军师庞统之计，以假意回荆州之名，借道剑门关（位于四川剑阁县北60里，在大剑山绝壁峡谷处依崖砌石为关门。前东北至西南蜿蜒有30里剑阁道，为秦蜀交通咽喉）、涪城（位于今四川绵阳市东）发动突然袭击，杀了出城相迎守将杨怀、高沛。刘备虽然具有一颗大仁大德之心，可在帝王意识的主导下，为了争夺王权也同样会变得心狠手辣。

黄忠、魏延挥军入城，荆州军蜂拥而入，涪城守军乱成一团，还没闹清楚是怎么回事便纷纷被缴械，涪城旋即便落入于刘备之手。随后刘备又命魏延从背后抄袭了剑门关。

成都，益州府，百官闻刘备夺了涪城，皆大惊失色。从事郑度上前指图道："成都北面的五道关门有三道，即葭萌关、剑门关、涪水关，现都已落入刘备之手，主公应一面派人夺回涪城，一面派人把守绵竹关（位于今四川德阳黄许镇，德阳北20公里处）和雁桥（通向雒城的浮桥），如此才会万无一失！"

"没错。主公应一面派人夺回涪城，一面派人把守绵竹关和雁桥！"主簿刘巴、黄权也纷纷应道。

"是啊……"刘璋这才回过神来，"刘——刘瓒，冷苞，张——张任！"

"在！"

"你三人马上各统率两万兵马，去——去夺涪城（今四川绵阳市东），要——要不惜一切代价把涪城给我夺回来！"刘璋命令道。张任、刘瓒、冷苞领命而去。这时刘璋的眼睛扫了一眼张松，张松吓得一哆嗦，连忙低下头。"这——这——这都是你干的好事！"刘璋愤怒地吼道。

"我——我——我……我怎么会想到，刘——刘备会翻脸……"张松哆哆嗦嗦道。

"你——还——还——还敢狡辩……你勾结刘备！卖主求荣！祸害国家！罪不容赦！来人哪！"刘璋吼道。

"不——不……主公，我没有，我真的没有，我是一片忠心……"张松本能地辩解道。

"你没有？是谁让我请刘备入川的？又是谁向我推荐的法正？我看你们早已串通一气，里应外合！"刘璋声嘶力竭吼道。

这时刀斧手已经冲进来将张松瘦小的身体架起，"给我推出去斩了！"刘璋吼道。

"不！主公！我真的没有……"此时的张松就是浑身都长满了嘴也没办法说清楚。

那张松真的是内奸吗？关于这个问题易中天的说法与《三国演义》如出一辙，他们都认为是张松与法正早就串通好了要出卖刘璋。据分析，张松通敌叛国之事应是一桩冤假错案。理由有二：一则，张松真要是与法正串通一气，难道他就不知道刘备一旦翻脸，他将难逃干系，他的死期也就到了。要是这样张松还敢在刘璋身边待吗？张松显然还没蠢到这个份上。这完全不合事理。二则，按照易中天说法："张松闻讯（听说刘备要撤回荆州）则大吃一惊，立马写信给法正说，咱们的事眼看就要弄成了，怎么可以功亏一篑呢？结果被自己的哥哥广汉太守张肃告发，刘璋便把张松收监斩首。"此事也全然不合事理。易中天也不想想，要是刘璋事先就知道了刘备要背信弃义，并已经做好准备，那刘备的两三万荆州兵还能过剑门关和涪水关吗？要是刘璋事前就知道了此事，刘备立刻就会像襁褓中的婴儿被活活掐死。因此，合理的解释应该是张松根本就没有参与此事，压根儿就没想到法正会出卖刘璋，刘备会背信弃义，所以说才会这么心安理得。法正不仅出卖了刘璋，也出卖了张松。

法正上前用毛笔指图道："成都北面共有五道关门，第一道是葭萌关，第二道是剑门关，第三道是涪水关，第四道是绵竹关，最后一道是雁桥。只有过这五关才能到达成都。现在第一、二、三道关门都已经在手，接下来就只剩下绵竹关和雁桥了。"庞统、法正、简雍、麋竺、黄忠、魏延个个一脸兴奋。

这边大将张任、刘璝、冷苞率三万兵马过雁桥，出绵竹关，向涪城扑来。刚到城下，还没来得及安营扎寨，便见黄忠、魏延各率一路军马从两翼扑杀而来，刘备则亲率中军从城中杀出，法正、庞统则在城门楼上亲擂战鼓，战鼓隆隆，杀声震天。蜀军立足未稳，慌作一团，本能地纷纷后撤。"不要慌！不能撤！赶紧迎敌！"张任、刘璝、冷苞喊道，可无济于事，不多时也纷纷调转马头，加入于奔逃的行列。蜀军在黄忠、刘备、魏延的三面冲击下，被杀得人仰马翻，尸横遍野。

张任、刘璝、冷苞大败而归，刘璋惊恐万状，连忙喊道："护——护军李严！"

"在！"

"你——你马上派两万兵马驻绵竹，把守绵竹关！"刘璋命令道。

“是！”李严领命道。李严，南阳人，曾在刘表手下为秭归令，曹操入荆州，入蜀投奔刘璋，刘璋先拜为成都令，后又被拜为护军。

“我儿护军刘循！”

“在！”

“你马上率两万兵马守雒城，严把雁桥！这可是成都的最后一道门户，就全靠你了！”刘璋吼道。

“请父亲放心！”护军刘循领命道。刘循乃刘璋长子，与李严一同领命而去。

让刘璋做梦也没想到的是，护军李严一到绵竹，便率两万军马开关投降。刘备喜出望外，拜李严为裨将军，刘备军声势更盛。陈寿在《三国志·蜀书二·先主传》记述道：“备据涪城。璋遣刘璝、泠苞、张任、邓贤等拒先主于涪，皆破败，退保绵竹。璋复遣李严督绵竹诸军，严率众降先主。”

刘备兴奋异常，在城中大摆酒宴。台下川剧连连，台上黄忠、魏延等一个个正胡吃海喝，“哥俩好啊，六六六了、八大仙……我赢了，该你喝……”黄忠笑道。“五魁手啊，十碗大堂啊……我赢了，该你喝了……”

简雍、麋竺、孙乾、法正、庞统在一旁独自饮酒。此时刘备已喝得晕三倒四，“去年初来涪城之时，我们也是在这里与刘璋饮酒，那时他是主我是宾，没想到转瞬间，此城已归我所有，剑阁雄关也已拿下……今天可真是一个好日子！大家一定要好好高兴高兴……来，喝，把这樽酒满饮了，今日一醉文休……”刘备大着舌头说道。

刘备、法正、庞统一碰杯将酒饮下，“是啊，今日是一个值得高兴的好日子。”简雍、麋竺、孙乾、法正应承道。

而在庞统脑海中却浮现出去年他和法正劝刘备趁席间袭杀刘璋，而刘备却一脸为难的样子，不觉有些好笑，冷不丁脱口而出：“伐人之国夺人之地而为乐，这难道是仁者之师？”刘备一下子被噎住了，笑容立刻从脸上消失，“你——你——你胡说什么？武王伐纣，前歌后舞，难道也——也不是仁者之师？你休在这儿给我满口胡言，败我之兴，马上给我滚出去！”刘备摇晃着身体怒道。随着刘备的一声怒吼，在场的人一个个都惊呆了，刚才还热气腾腾的气氛一下子凝固住了。庞统尴尬地起身离席而去。刘备见场面一下子冷了下来，也感到有些尴尬，端起一壶茶咕嘟咕嘟饮下，萌生悔意，与从事中郎简雍说道：“去——去把庞军师请回来。”不多时，军师庞统又回到原来的座位上，也不吱声。麋竺拉拉庞统的衣袖，意思是还不赶紧给刘备道个歉，而庞统却若无其事地用筷子一边挟菜，一边自斟自饮，急得简雍、麋竺、孙乾、法正等直翻眼，这要换成曹操早就推出斩了。可庞统却还是依然故我不理不睬。这时只见刘备开口道：“刚才你我之间争论，错在谁呀？”庞统把口中的菜咽下泰然应道：“刚才所论，君臣皆有错。”刘备开怀大笑，大家深出一口气，于是又饮宴如初。场上的气氛一下子又热闹了起来，“六六六啊，八大仙……”庞统戏刘备被逐之事，陈寿在《三国志·蜀书七·庞统传》中有记载，本著只是如实再现而已。

就在此时，张任率五千蜀军，马缚口，口衔枚，趁着夜雾，渡过雁桥，在白马沟中穿行，悄悄向绵竹袭来，企图重新夺回绵竹关。正行间，忽闻一声梆子响，顿时两侧丛林杀声俱起，火箭飞舞，矢石交加，“妈呀！重了荆州军的埋伏了！赶紧撤！撤！”蜀军慌作一团，纷纷中箭中石倒地，鬼哭狼嚎声响彻山谷，张任用盾牌遮挡着箭雨急忙后撤。

“全线出击，趁势抢占雁桥！”刘备挥剑吼道。黄忠、魏延各率所部军马从两侧山岔中杀走，蜀军疯狂逃窜，白马沟横七竖八满是蜀军尸体。

雁江（雒城北面的一条江）南岸渡口处，刘循、冷苞、刘璝在匆忙指挥着军士过浮桥，“赶快过桥！快！刘备军已经追过来了！”

“快！快！”

浮桥由于承载过重，呼扇呼扇非常危险，江水从浮桥下奔流而过。军马如流水一般穿桥而过。“准备烧桥！”护军刘循命令道。

“将军这怎么可以？张任还没有回来！”将军刘璝说道。

“是啊，应等张将军回来再烧桥！”将军冷苞附和道。

“赶快烧桥！再迟就来不及了！快！”随着护军刘循一声令下，数十名蜀军连忙冲上桥浇上油脂。这时见江北岸又拥来许多蜀军。“点火！”随着轰的一声，一道火舌穿桥而过，雁桥顷刻间燃起熊熊大火，“不能烧桥啊！让我们过江！”雁江北岸蜀军军士哭天喊地，许多军士冲上雁桥，卷入于大火之中，随着大火的肆虐，雁桥开始一节节垮落，许多军士和桥梁一起坠入滔滔的江水中。

这时张任率残部逃到雁江北岸，面对眼前被焚毁的雁桥和哭天恸地的军士，不禁仰天长叹。

黄忠、魏延将老将张任押入营帐之中，刘备连忙上前为张任松绑："我素闻将军忠勇，没想到今日如此相见。" 张任一扭身子将刘备甩开，瞪了法正一眼，硬生生地说道："要杀就杀！要砍就砍！少来这一套！"刘备弄得没趣，又坐回座位上。

"我素闻老将军忠勇，老将军今日要是肯降，我保证像刘益州一样重用将军，绝不食言！"刘备说道。

"请赐老臣一死，老臣一生绝不事二主！"张任脖子梗梗地说道。刘备深叹一声，摆摆手命将张任推出斩首。此事在《益部耆旧杂记》记述道："刘璋遣张任、刘瑨率精兵拒捍先主于涪，为先主所破，退与璋子循守雒城。任勒兵出于雁桥，战复败，擒任。先主闻任之忠勇，令军降之，任厉声白：'老臣终不复事二主矣。'乃杀之。先主叹惜焉。"《三国演义》所谓的"孔明定计捉张任"一事，纯属编造，此时诸葛亮还没有入川。就是入川，也轮不上他去指挥作战。关于雁桥被刘循烧毁之事这是肯定的，否则刘备此事就可以过江了。

雁江北岸，眼望被焚毁的雁桥和滔滔奔流的江水，刘备一脸愁云："雒城（位于今广汉市雒城镇）举目可望，要想拿下成都，必须过雁江，攻占雒城。可如今既无战船，造又来不及，七八万兵马就这么被挡在雁江北岸，这该如何是好？"

"雁桥虽然被焚毁了，难道其他地方就再没有浮桥了吗？"简雍问道。

"就是有，刘璋为了阻止主公过江也会同样焚毁。"法正也一脸愁云。

"那难道就没有其他什么办法过江了吗？"麋竺问道。

"山不转水转，水不转人转。一群大活人难道还能被一泡尿憋死？"庞统笑道。

"庞军师有何高见？"刘备半信半疑道。

"我们这里虽然没有战船，可从荆州调啊。"军师中郎将庞统扔掉手中的树枝说道。

刘备一拍脑袋，"对呀！我怎么忘了这茬子事？可以留云长守荆州，让益德率军马和战船水陆并进，逆江而上。来，把地图拿过来！"刘备从简雍手上接过地图铺于江岸上指道，“我军被挡在雁江北岸，要是让益德率六万军马水陆并进，逆江而上，两面夹击。攻占了江州以后，战船继续逆江而上，沿江可到达雒城，到时还何愁过不了雁江，攻占不了成都？”刘备指图道。

营帐中，“庞军师和主公所言甚妙，可江州城就处于两江相夹的山岭上，长江与嘉陵江如同两道巨大的天然护城河，江州就处在交汇处，自古就是益州的东大门，易守难攻。”法正用毛笔指图道。

“是啊，这也是一个大问题。”简雍、麋竺说道。

“那还不简单！”庞统说着走到地图前，指道，“既然涪城已经在我们手上，还何愁东面的江州不到手？我军既然被挡在雁江北岸，过不了江，一下子拿不下成都，何不趁此时一面收拾广汉郡（郡治雒县，今四川广汉市雒城镇）下辖各县，一面从陆路攻取巴郡（郡治江州，今重庆市北），到时江州不就是主公的了吗？”

“庞军师真是妙计啊！”几人击掌欢笑道。陈寿在《三国志·蜀书二·先主传》记述道：“先主军益强，分遣诸将平下属县，诸葛亮、张飞、赵云等将兵溯流定白帝、江州、江阳，惟关羽留镇荆州。”

下回请看：吕蒙献计孙权接小妹　荀攸祈求曹操进魏公

第七十回

吕蒙献计孙权接小妹　荀攸祈求曹操进魏公

此时曹操在濡须坞(位于安徽巢湖以南。濡须水，源出巢湖，东南注入长江)与孙权对峙了已经一两个月，因战船大部被毁，一时又无破城之法，只得留张辽、李典、乐进守合肥，于公元213年四月班师回邺城（今河北临漳西南），去办他的另一件大事。而孙权则乘船回建业（今江苏南京市以南），其于公元211年迁治于此。

“娘的，刘备这个老滑头，竟敢欺诈于我！”孙权怒火万丈，“前两三年，我要取益州，他百般阻挠，说什么，他与益州刘璋是同宗，亲如骨肉！还说什么，现在是联盟抗曹之时，同盟不宜相争，这样只会亲者痛，仇者快！可现在结果怎么样？他率军入蜀，置联盟抗曹大义于不顾，自己却打起了益州刘璋的主意！”孙权用手指戳着地图吼道。

“刘备本狡诈之徒，向来反复无常，周公瑾在世时一直就想吃掉他，这样的人又怎么可信呢？”长史张昭说道。顾雍、严畯、诸葛瑾也随声附和着。

“我把南郡借给这样的人简直是瞎了眼！”孙权吼叫着，把充满怨气的目光投向鲁肃。汉昌太守、偏将军鲁肃脸色像被水泡胀的红枣一样涨得通红，欲言又止。

“我们应该把南郡要回来！那是我们用上万人的鲜血和生命换来了！凭什么借给他刘备？！”程普、韩当、甘宁、凌统众武将吼道。

借南郡给刘备，这就像今天几乎所有以色列人都反对沙龙将西奈半岛归还给埃及一样，许多武将也都反对鲁肃借南郡给刘备，他们又怎么愿意把通过浴血奋战得到的土地拱手让人呢？只不过由于鲁肃当时是孙权跟前的大红人，而且孙权也发话了，大家也只得忍气吞声。其实孙权也不愿意借南郡给刘备，只不过是为了顾及孙刘联盟的大局，才既送小妹又借南郡。可这一脆弱的心理平衡随着两家积怨越来越深和孙权的冲冠一怒，已经岌岌可危。孙权这个人此时虽已30岁出头，可本质上还是一个感情用事之人，常常是激情一发便定大局。

“我看这十有八九是肉包子打狗一去不回！”孙权问道。

“他要是不还我们就把它给夺回来！”众武将怒吼道。

“这样两家就会打起来。”一直沉默不语的鲁肃说道。

“打就打，难道还怕他不成？”将军韩当、甘宁、凌统说道。

“现在刘备虽已入蜀，可关羽、张飞、赵云、诸葛亮还都在荆州，重兵也都在荆州。不仅如此，要是孙刘两家打起来，曹操趁机来攻怎么办？”鲁肃问道。

“这……”众文武乱糟糟，议论纷纷，孙权也不知所措，像泄了气的皮球一样，怨叹一声，心烦意乱一屁股坐在椅子上。

正在此时，吕蒙近前道：“我有一计可解主公之忧？”

孙权眼前一亮：“吕子明有何妙计，快说来一听！”

吕蒙面露难色，孙权心领神会：“众文武都先退下，此事再议！”待众人都退出后，孙权亲自给吕蒙倒上一杯水，吕蒙说道：“主公何不接小妹回江东省亲？”

孙权不解：“这与要回南郡又有何干？”

吕蒙一脸诡秘地说道：“可以让小妹顺便把7岁的阿斗也带回来，这样一则可以名正言顺地接小妹回来，万一将来两家交兵，可以免受其害。二则，阿斗在我们手上，还何愁刘备不交出南郡？这样不就可以避免两家交兵了吗？”

孙权恍然大悟，连称：“妙，妙，其计甚妙。”

如此阴招鲁肃之人是绝对不可能所为的，这与他联刘抗曹的战略方针也大相径庭。施此阴招者只有周瑜、吕蒙之人才会所为，这也与他们与袁谭、袁尚的先王权统一然后再抗曹的战略思想一致，现周瑜已亡，那也就只剩下吕蒙能施此阴招了。

此时曹仁又重新夺回襄阳，关羽只得退守临沮（今湖北远安县西北）。而这位孙尚香，自嫁到公安，娇骄二气十足，手下士卒在公安横行不法，搞得刘备很是头痛，专门派赵云监管。此时孙权已派左司马虞翻率五六艘大船来公安接孙尚香，“孙夫人要回江东探亲，这本来就是情理之中的事，这谁都管不了，也不能管。关键是他要带阿斗一起回江东，这怎么能行？”赵云说道。于是孙尚香方硬要带走阿斗，赵云方硬不让，便发生赵云截江救阿斗之事。从此刘备与孙尚香天各一方，当然没有办什么离婚手续。孙权和吕蒙玩的阴招就这么给破了。陈寿在《三国志·蜀书六·赵云传》中记述道：“先主入益州，云领留营司马。此时先主孙夫人以权妹骄豪，多将吴吏兵，纵横不法。先主以云严重，必能整齐，特任掌内事。权闻备西征，大遣舟船迎妹，而夫人内欲将后主还吴，云与张飞勒兵截江，乃得后主还。”

五月，彰德殿，御史大夫郗虑持节策命曹操为魏公，宣诏道：

朕自幼遭受磨难，宗庙焚毁，天下分崩，群贼纷争。多亏遇到曹丞相，才得以平黄巾、逐杨奉、灭吕布、除二袁、杀蹋顿、降刘琮、驱马韩，剿灭群贼，保我皇家，才有今天。

曹丞相有定天下之大功，功德盖世，自有史以来，无有其右者，就是周公在世也会自愧不如。曹丞相功高于伊尹、周公，而所得的封赏却还不如齐桓公、晋文公，这让朕又怎么能安心呢？今以冀州之河东、河内、魏郡、赵国、中山、常山、钜鹿、安平、甘陵、平原十郡，封曹丞相为魏公。加九锡。以丞相领冀州牧如故。魏国置丞相及百官，如汉初诸侯王之制。钦此。

曹操谦让道：“唯有像周公那样开天辟地的人才配封公立王，受九锡，我曹孟德，功薄德浅，又怎么敢当呢？”

军师荀攸、前将军钟繇、伏波将军夏侯惇、太中大夫贾诩、军师祭酒董昭、中护军曹洪、骁骑将军曹仁等三十余人，连忙一同出列道：“丞相功高盖世，又怎么不敢当？”

这时又听军师荀攸领衔主演道：

自古以来，授重臣以土，奖功赏德，为国藩卫，早已成惯例。

回顾往昔，天下分崩，群凶并起，天下大乱，民不聊生。多亏丞相挥戈奋起，二十余载，才得以灭群凶，平黄巾贼乱，安天下，正皇室，自有史书记载已来，还从未有人建立过如此功勋，就是伊尹、周公也不能相比，又怎么不能当？

列侯诸将追随丞相多年，皆以能攀龙附凤为荣，今丞相固辞，下使我等心怀不安，上又有违圣上之意，还望丞相能晋爵魏公，以成全天下人厚望！

“这，这又该让我如何是好？”曹操起身来回踱步，一脸为难的样子。“上意难违，下意也不能不考虑……这样吧，封给我的地，我就先收下，晋爵魏公的事情嘛，就先放一放。你们看怎么样？”曹操继续辞让道。

“这怎么能行呢？”军师荀攸几乎已经快哭出声来似的说道，“丞相辞多当少，让九受一，这等于使大汉朝有赏不行，荀攸等请求不许，丞相你这样会阻天下人之望啊，请丞相不要再推辞了！”荀攸说吧，伏跪在地，磕头道，“请丞相勿再推辞，晋爵魏公！”

众官也随之伏跪在地，纷纷磕头道，“请丞相勿再推辞，晋爵魏公。”其情甚为感人。

曹操还是一副为难的样子，说道：“身为丞相，人臣已极，早就不敢再奢望什么高位了。可圣上厚恩，众人情切，身为人臣，实在是圣命难违啊。既然如此也就只好如此了。”

曹操于是头顶冕冠，加九锡，晋爵魏公，建社稷宗庙，解决了子孙万代的问题。百官跪拜其下。

荀攸极尽殷勤的目的非常清楚，就是要设法挽回荀彧所造成的不良影响，为了挽救荀氏家族。可结果怎么样？第二年荀攸在征孙权的路上也莫名其妙地死掉了，终年58岁。怎么死的，史书上没有记载。不仅如此，荀彧长子荀恽、次子荀俣、三子荀诜等，也都一个个死得不明不白，皆早亡。可以说曹氏的半壁江山都是由荀彧叔侄二人策划起来的，可他们最终从曹操手中所得到的回报仅是如此。这些莫名其妙死亡之事，陈寿在《三国志·魏书十·荀彧传》、《三国志·魏书十·荀攸传》中皆有记载。这就是曹操对荀彧的最终回报。可这一切又能怪谁呢？

下回请看：庞统背后巧取江州　刘备三路奇袭成都

第七十一回

庞统背后巧取江州　刘备三路奇袭成都

公元213年八月，征虏将军张飞、军师中郎将诸葛亮、将军赵云率六万荆州军，战船两百艘水陆并进攻占鱼腹（今重庆奉节县东）后，又大举进军江州（巴郡治，今重庆市北）。此时已值深秋，江面雨雾蒙蒙，“报告，在前面的三江口上发现有五六十艘战船横在江面上，每艘战船上都载有数百蜀军弓箭手，正张弓以待！”

“娘的，是什么鸟东西，还想用这些鸟玩意来吓唬我？命艨冲、斗舰摇橹前进，给我把这些鸟船都撞翻！”征虏将军张飞吼道。

“张将军不可冒进！”军师诸葛亮阻道。

“怎么就不能冒进？我有两百艘战船难道还怕它不成？摇橹前进！快！”张飞挥剑道。数十艘荆州战船来到三江口，见数十艘蜀军战船果然横在江口上，各艘战船上都林立着蜀军弓箭手，巴郡太守老将严颜正身穿皮甲立于江州城上，大有宝刀不老之威。眼看荆州战船纷纷而来，逼近三江口，越逼越近，守城将士一个个神色紧张，这时只见严颜举起右手，“准备！擂鼓！”随着严颜一声命下，江州城上战鼓齐鸣，吼声震天，“杀呀！”林立在战船上的蜀军弓箭手一齐放箭，顿时是万箭穿飞，铺天盖地而来，荆州水军纷纷中箭落水，一箭射在张飞的头盔上，站在楼船上的张飞、诸葛亮、孙乾连忙缩回到船舱之中，“娘的，没想到严颜老儿还挺厉害！赶紧后撤！”

林立在战船上的蜀军弓箭手还在一波次接一波次的放箭，荆州战船根本无法靠近，只能后撤。

张飞命战船退回到港汊之中，“这该如何是好？”张飞指图道，“这是江州城，正好处于两江夹角处，我军的战船暂时停靠在这条港汊里，由于浮桥被拆，唯有用船渡江登岸，可三江口像塞子一样被堵得严严实实的，又怎么过得去？”

“不仅如此，还要防止巴郡太守严颜来偷袭水寨，将军可还记得黄盖火攻曹操乌林水寨之事？”诸葛亮说道。

张飞的两道剑眉一下子竖了起来：“军师所言有理！传令下去，加强戒备，严防严颜老儿来偷袭水寨！”

“是！”

张飞就这么在三江口与严颜一连相持二十余日，心急如焚，“大哥正等着我等救援，而我军战船却被堵在三江口上寸步难行。我看实在不行就只有强攻，把战船都贴上去！”张飞急道。

“问题是根本就靠不上去，每次进攻都被打了回来。”孙乾说道。

此时屯大军于江东岸的赵云也只能望江兴叹，“沿江的浮桥已经全部被严颜焚毁，该如何才能渡江攻江州啊！”

正在这时忽见江对岸江州城乱成一团，大批军马冲杀而来，守城蜀军慌忙退回城中，在城楼上乱放箭。眼看城外的兵马越集越多，江州城（今重庆市北）大乱，喊声震天。军师庞统、裨将军李严正在江州城下指挥围城。

“我看见庞军师了，那是大哥派来的荆州军，从背后抄袭江州来了！”张飞兴奋道。

这时只见堵在三江口林立在战船的蜀军弓箭手也已经乱成一团，“不好了！荆州军已经包围了江州城！”

“赶紧靠岸！赶紧靠岸！”

对面张飞挥剑道：“全线出击！赶紧摇橹冲上去！”两百艘荆州战船如离弦之箭，三路并进划向三江口。聚集在三江口的五六十艘蜀军战船此时已经散开，纷纷摇橹靠岸，才登岸的蜀军又遭到岸上荆州军的攻击，江岸边战成一片，而张飞、诸葛亮又率战船从背后扑杀而来，才登岸的蜀军军士在前后夹击下，纷纷投身于滔滔的江水中，一些还没来得及登岸的蜀军赶紧摇橹逃跑，又遭到荆州战船的围追堵截，许多蜀军军士只得跪在船上求饶。

张飞、诸葛亮、赵云随即率军大举登陆。江州城下，张飞一双大手紧握着庞统的手：“正在我等一筹莫展之时，没想到庞军师从天而降！”

“哎哟，张将军手上轻点……疼死我了！”庞统咧嘴道。“噢，噢……把军师捏疼了，啊，哈哈哈……”引得张飞、诸葛亮、赵云、李严哈哈大笑。

随后围城十数日，用冲车撞开城门。面对被生擒的严颜，张飞怒瞪环眼斥道：“我大军兵临城下，竟敢顽抗，为何不降？给我拉出去斩首！”

严颜脖子硬得像树干：“要砍头便砍头，又何必发怒呢？”说罢便扭头要出帐，刚走几步，张飞环眼一转，连忙摆手，“唉，唉，老将军慢，慢！”说着便上前为严颜松绑，“我久闻老将军威名，今日言语冒犯，还请老将军见谅！”严颜摸摸手腕，一脸惊异，有些不知所措。“来，老将军快请这里坐。”严颜随后便降。陈寿在《三国志·蜀书六·张飞传》中记述道：“先主入益州，还攻刘璋，飞与诸葛亮等溯流而上，分定郡县。至江州，破璋将巴郡太守严颜，生获颜。”

《三国演义》所描述的张飞生擒严颜一事，首先地理就没搞清楚，要想攻江州首先要过长江，《三国演义》却只字未提。再者，据分析最有可能是刘备涪城出兵陆路从背后抄袭江州城，接应张飞军，从而打乱了严颜的阵脚，庞统入蜀后屡建奇计，加上法正、刘备这点儿脑子还是有的。

庆功宴上，军师庞统吃着水果，用毛笔指图道：“我军形势一片大好，西面，从葭萌关到雒城大部分广汉郡和部分巴郡已被我军占据。张将军也功劳不小，才占据巴东郡，又攻占了江州。江州自古就是蜀地的东大门，占领了江州也就打开了进入蜀地的东大门。”

“问题是，夺取江州后进攻成都的道路四通八达，我军下一步应从何处进兵呢？”军师诸葛亮问道。

“诸葛军师这个问题问得好，主公的意思是兵分三路：第一路由讨虏将军张飞统率，逆嘉陵江北上，水陆并进，经垫江（今重庆合川市），攻占巴郡余部及巴西郡（郡治阆中，今四川阆中市）；第二路由军师诸葛孔明统率，由陆路进军德阳（今四川遂宁市），平剿沿途的残余力量，我与裨将军李严就是沿此路过来的；第三路由将军赵云、我和裨将军李严统率，溯江而上，进攻江阳（今四川泸州市）。然后，将军赵云引军逆岷江北进，从背后包抄成都，我和裨将军李严引军逆沱江北进，进攻资中（今四川资阳县），然后进攻雒城，接应主公的大军渡江。这样三路大军就会从四个方向对成都进行分割包围！最后，三路军马皆会师成都！”军师庞统指图道。

"如此一来，我们就可以会师于成都，在成都大摆酒宴，犒赏三军了！"张飞兴奋道。上述三路进军路线，史学家天行健（本名朱春荣）在《正品三国》中有详细记述，本著只是如实再现而已。

公元213年冬，张飞、诸葛亮已分别攻占阆中、德阳，赵云、庞统、李严攻占江阳后又兵分两路，赵云逆岷江北进，庞统、李严逆沱江北进。

公元214年春，庞统、李严又攻占资中。庞统指图道："今夜雾气很重，我与将军可率两百艘战船逆江而上，从雁江南岸抢滩登陆，夜袭雒城。"

"要是刘循派战船在江中拦截怎么办？"裨将军李严问道。

"李将军放心好了。益州的大型战船基本上都在江州，大都已经被我军缴获，一些小木船又怎能挡得住我军的战船呢？再者，我军趁夜雾而来，他们也未必能想得到。"庞统说道。

"要是登岸后遭到拦截怎么办？"

"将军你看，雒城北面川道宽约有六七十里，处处皆可登陆，蜀军又如何防犯？再者……"庞统指图道。

深夜，月暗星稀，江面上大雾弥漫，庞统、李严率两百艘战船从迷雾中划来，迅速从雁江（雒城北面的一条江）南岸大举登岸。

李严站在三层楼船上，指挥道："所有战船马上随我一起到江北岸运送主公大军过江！快！"两百艘战船转眼间又被淹没在了大雾中。

庞统则一脸严峻指挥道："登岸的军士马上分成三个纵队，随我一起去夜袭雒城！出发！"

此时雒城已是惊声一片，刘循、刘璝、冷苞慌忙率军出城来战，"赶快阻止荆州兵登岸！把登岸的军士都杀掉！"可哪里想到，刚出城没几里路便遭遇庞统所率的三路兵马的迎击，在黑夜中，蜀军纷纷中箭倒地，刘循坐骑中箭栽倒。"夜袭雒城！前进！"庞统挥剑吼道。荆州兵如群狼般冲杀而来，"杀啊！"刘璝、冷苞连忙将刘循扶上战马，"赶快撤回城中！快！快！"刘循翻身上马，与刘璝、冷苞慌忙逃回城中，"赶快紧闭城门！赶快紧闭城门！快！"城门轰隆隆关上，慌乱的蜀军军士纷纷冲上城楼。此时天色已经蒙蒙亮，庞统率军冲到城下，"赶快用冲车撞城门！快！"庞统骑在马上挥剑道，数架冲车轰隆隆开始冲撞城门，刘循、刘璝、冷苞已冲上城楼，"赶快放箭！快！"刹那间箭如暴雨从城楼上倾泻而下，庞统被乱箭射中，大叫一声栽入马下。“庞军师！庞军师！不好了！庞军师中箭了！”军士一哄而上。

这时刘备、法正、黄忠、魏延、诸葛亮、张飞、马超已相继乘战船过江。公元211年冬，关中联军被曹操打败后，退往凉州。公元213年秋，马超攻占冀城（今甘肃甘谷东南），杀凉州刺史韦康，不久又被打败，到汉中投靠张鲁。公元214年春，又转投刘备。韩遂则败走金城，后被当地军阀所杀，亡年70余岁。而张飞、诸葛亮也已相继平定巴西郡和德阳，与刘备会合。此事陈寿在《三国志·蜀书六·马超传》中有明确记载。《三国演义》所谓马超与张飞在葭萌关挑灯夜战与诸葛亮计收马超之事纯属杜撰。

刘备闻军师庞统在夜袭雒城时被乱箭射杀，不禁痛哭流涕：“庞军师屡建奇谋，身先士卒。我失庞军师，如挖心剖肺，断我之臂膀，这该让我如何是好……上天啊！你为何夺我之爱，断我之臂啊？！”

全军举哀，共吊庞统。一代智士英年早逝，终年36岁，这对刘备来说无疑是巨大损失。关于庞统之事，陈寿在《三国志·蜀书七·庞统传》中明确记述道：“进围雒城，统率众攻城，为流矢所中，卒，时年三十六岁。先主痛惜，言则流涕。”《三国演义》所谓庞统死于落凤坡（在今四川德阳市罗江镇西南白马关下）之说，整个于史无据。再者，庞统也不是被张任射杀的，张任早在一年前就被刘备杀了。

刘备随即率各路军马将雒城与成都像铁桶一样围得水泄不通，此时赵云也率军从岷江东岸登陆，刘备、张飞、诸葛亮、李严来迎，“三哥、军师都先到了，我来迟了！”赵云说道，“不迟，不迟，现在三路兵马都已在成都会师！”刘备笑道。

“大哥什么时候在成都城中摆庆功宴啊？”张飞笑道。

“就知道喝酒，不远了！”刘备笑道。

“唉，怎么不见庞军师？”赵云问道。

“庞——庞军师，他……”刘备又不禁泪流满面。

成都城外，马超一身盔甲，威风凛凛，率军在城下喊话道：“我是马超！命你主赶紧打开城门，否则就别怪我不客气了！”马岱横刀立马立于一旁。马岱是马超堂弟。

成都城中，人心惶惶，刘璋府中，也已乱成一团，“什么？马超也来了？”益州牧刘璋一脸惊慌。

“从事中郎简雍求见！”侍从道。

“让——让他进来！”刘璋说道。

简雍拜见完刘璋后说道：“我主念与将军有同宗之谊，不愿与将军交兵于城中，故请我做说客。这是法孝直给将军写的亲笔信。”简雍说罢将信递到刘璋手上。刘璋哆哆嗦嗦接过信，只见信中写道：

我虽已获不忠之骂名，然事变已成，巴东、巴郡、广汉、巴西、犍为大部已定，已非将军所有。现大势已定，雒城、成都已成为两座孤城，张飞、诸葛亮、赵云、李严、马超各路大军围于城下，众寡之势显然，二城一鼓可破，还望将军识大势，明抉择。左将军刘备，自举事以来，不忘旧情，还望将军识时务，以保尊门。

刘璋看后，一屁股瘫坐在椅子上，把信交到郑度手上，郑度看后说道：“现在城中精兵尚有三万，粮食可用一年，官民皆欲死战！”刘巴、黄权一脸无奈。

刘璋摆摆手有气无力地说道：“父子在州二十余年，无恩德于百姓。攻战三年，民不聊生，都是因为我的缘故，又怎么能让我心安？今大势已去，再继续下去只会玉石俱焚。”

成都城门大开，刘璋与简雍同车而出，城外荆州军皆肃然以待，刘备率张飞、诸葛亮、赵云连忙前迎。刘璋下车，亲捧印授，刘巴、黄权及众文武紧随其后，一步步来到刘备面前，膝盖一软刚要下跪，刘备连忙扶起，“今将益州交予玄德兄，还望玄德兄不计前嫌，好生善待益州吏民！”

群臣莫不垂泪，守城将士也莫不垂泪。刘备虽然是一个仁德宽厚之人，可由于他的思维还整个套在古代君臣之道中，在帝王意识的主导下免不了也有一颗虎狼之心，只要有机会也同样想的是先吞并别人，然后再联盟抗霸。由此也可见，任何一个人只要有帝王意识，都不可能与人精诚团结，就免不了有一颗虎狼之心。

刘备入主成都后，迁刘璋于公安，尽归刘璋私人财物。置酒肉大宴三军，并打开府库犒赏众将士，赐法正、关羽、张飞、诸葛亮黄金各五百斤，白银千斤，钱五千万，锦千匹。其他各将士也依次有重赏。刘备自领益州牧，拜法正为蜀郡太守、扬武将军，内为谋主；诸葛亮仍为军师将军、署左将军府事；命关羽董督荆州，张飞领巴西太守，李严领犍为太守，拜马超为平西将军，督临沮。拜简雍为昭德将军、糜竺为安汉将军、拜孙乾为秉德将军，赵云、黄忠、魏延等被分别拜为翊军将军、讨虏将军、牙门将军。刘备既往不咎，原刘璋部下一并得到重用，拜刘巴为左将军西曹掾、拜黄权为偏将军、拜许靖为左将军长史……

上述刘备遣简雍说刘璋，法正写劝降信，刘璋不听郑度之言开城出降的全过程，陈寿在《三国志·蜀书一·刘璋传》、《三国志·蜀书二·先主传》、《三国志·蜀书七·法正传》、《三国志·蜀书八·简雍传》皆有记载，本著只是如实再现而已。

刘璋的小朝廷怎么会这么快就土崩瓦解呢？易中天在谈到这个问题时直截了当地说道："刘璋引狼入室，刘备乘虚而入，是益州易主的主要原因。"在我看来这只是皮毛之见。为什么这么说呢？主要原因有二：

首先，刘璋所继承的是一个松散的王权体系。刘璋的父亲刘焉，公元188年入主益州，有些像刘表单骑入荆州，怀揣一纸皇帝委任状，就带着亲朋故旧来走马上任了。可与刘表有所不同的是，刘表在与蔡瑁、蒯越两大地方豪强结盟并平定内乱后，又通过与蔡氏联姻，巧妙地将自身这一外来势力与本土势力嫁接在了一起，从而形成了一个家族式的利益共同体，非常有效地化解了外来与本土势力之间的隔阂和矛盾。而刘焉则是以亲朋故旧及外来势力为骨干，把从关中、荆州一带大量拥入的移民编成了一支嫡系部队，以为自己保驾护航。张松、法正、孟达、李严等都是这么被提拔起来的。这一外来势力，也就成了凌驾于本土势力之上的特权阶级。外来势力与本土势力之间的隔阂和矛盾就这么产生了，而且矛盾越来越尖锐。刘焉生前就进行过两次大规模的镇压。刘璋即位后不久，也进行过一次大规模的镇压。这也是刘璋长期以来最大的内忧。

刘璋从父亲刘焉手中所继承的王权体系与曹操、孙权也有所不同。曹操所建立的王权体系，军政大权基本上都把持在曹家人的手中，外姓人只是作为补充而存在。这是典型的家族式的王权体系，它形成了一个家庭利益共同体。孙权所继承的王权体制也属于这种类型。古代王朝大都属于这种类型。而在刘璋所继承的政权体系中，亲族所占的成分很小。

对于这样一个松散而又矛盾重重的王权体系，就像是用土坯垒成的房屋，面对像汉中张鲁这样小的冲击还能抵挡一阵，可一旦面对像曹操或刘备这样强大的冲击，立刻就会岌岌可危。刘璋引狼入室，使得成都处于强大的内外夹击之中，其本来松散而又矛盾重重的政权体系马上就会处于土崩瓦解之中。首先是他最信得过的外来势力开始出现解体，法正、孟达、李严这些掌握最高机密和兵权的人在危难关头，为寻找出路，不战而降。本土敌对势力也趁机开始纷纷倒戈。刘璋的小王朝于是便处在风雨飘摇之中。

再者，刘璋无能也是一个主要原因。刘璋据益州之地，其军事实力至少五倍于汉中张鲁，可父子两代人二十多年来竟一点儿办法都没有。本来靠自己就能解决的问题，却非要花钱雇人去解决。

因为他无能，使法正、孟达、李严等人对他失去信心，另投明主。而刘备的雄才大略显然是刘璋所不能相比的。

因为无能使他引狼入室，借来的猫不仅不抓老鼠，反而要来吃他。

也正因为他无能，使他宽仁有余，防人不够。法正出使江陵便出卖了他，刘备借口回荆州，刘璋要是有所防犯，那刘备只会是自取灭亡。

由此可见，政权体系松散而又充满矛盾，无能，是导致刘璋快速败亡的两个主要原因。

可此时刘备又哪里想到，有一只黄雀一直都站在他的身后。这个人是他赖以生存的盟友，又是他最可怕的敌人，他看起来笑眯眯，而实际上心怀一颗虎狼之心。

下回请看：关羽太极拒刘备　曹操送女做三陪

第七十二回

关羽太极拒刘备　曹操送女做三陪

成都，刘备府中：“主公高见，拜马超为平西将军，使督临沮（今湖北远安县西北），一则可北据襄樊之曹仁，镇守荆州北大门，二则还可使关将军镇守荆南四郡，以防东吴孙权之叵测。”军师将军诸葛亮摇着鹅毛扇说道。

“军师将军所言极是，这也正是我和法孝直所思。”刘备笑道。

可让刘备没有想到的是，正手捧《春秋》的荆州大都督关羽，接到信后大为不快，“命我督荆州，又让马超督临沮，这不明摆着是让我把荆北的防备都交到马超手上吗？真不知道大哥到底是何意。”关羽说着，把信交到主簿廖化的手上。廖化，字元俭，襄阳人。

“这个马超到底是个什么人？”关平问道。关平，关羽亲子。此事陈寿在《三国志 · 蜀书六 · 关羽传》中有明确记载。《三国演义》所谓关平是关羽义子，与史不符。

“这个人就是被曹操在关中打败逃往凉州，后又被夏侯渊打败，先投奔汉中张鲁，后投奔主公的败军之将。”荆州大都督关羽说道。

“那该如何办法？”督军赵累问道。

关羽沉思片刻，说道：“我熟读《春秋》，办这样的事自有办法。”

关羽在信中写道：

马超人才可比谁？

刘备看完后，一脸为难之色，把信交到诸葛亮手上，诸葛亮看后说道：“关将军显然有拒马超之意。”

"是啊，要是这样反而于事不美。"刘备忧虑道。法正在一旁一言不发。

于是诸葛亮回信道：

马超文武双全，雄烈过人，人中俊杰，是鲸布、彭越（刘邦手下著名的将领），可与益德相比，又怎么能与绝伦超群的美须公相比美呢？

刘备就这么在关羽的太极推手之下收回了成命。关羽看罢信捻须大悦："这是诸葛军师的亲笔信，来，你们都看看！"

陈寿在《三国志·蜀书六·关羽传》记述道："先主西定荆州，拜羽董督荆州事。羽闻马超来降，旧非故人，羽书与诸葛亮，问超人才可谁比类。亮知羽护前，乃答之曰……羽省书大悦，以示宾客。"

再说曹操，公元213年七月，为了更有效地控制汉献帝，他又想出了一个绝招。把自己三女儿安插到汉献帝刘协身边做"三陪小姐"——贵人。本来刘协在皇宫之中还有一块自由空间，现在吃、穿、住，就是在床上的一言一行，也整个处在曹操的严密监控之下。这不能不说是曹操的又一大"天才之作"。陈寿在《三国志·魏书一·武帝纪》中记述道："秋七月，始建魏社稷宗庙。天子聘公（曹操）三女为贵人。"

刘协与伏皇后是二十多年的患难之交，恩爱夫妻，在他们中间突然夹杂了这么一个名为贵妃，而实际上趾高气扬，肩负有特殊使命，又操控着每个人生杀大权的女人，可想而知是要多别扭就有多别扭。这样两人说起话难免就要像防贼一样的处处格外小心，背过她窃窃私语；这样所有的人见着这位曹贵人都是既格外恭敬又格外恐惧，什么话说完后都尽量避开；这样每当汉献帝与伏皇后说笑时，见曹贵人进来就会马上把话收住，生出许多尴尬……在这样的环境中曹操女儿自己也会感到非常别扭，格格不入。

再者，曹操女儿不自觉地又卷入两个女人争风吃醋的斗争中。汉献帝因与伏皇后有二十多年患难之情，加上感到在伏皇后跟前没有任何压力，自然常常与伏皇后在一起，曹操女儿却被冷落在一旁。心高气傲，本来就在皇宫中感到极为别扭的曹操女儿，现在屡屡遭到冷落，独守空房，得不到宠幸，此心中的滋味也就可想而知了。

公元214年十一月的一天，曹操女儿一脚将房门踹开，指着正在床上亲热的汉献帝与伏皇后歇斯底里吼道："你们两个一到晚上就钻到被窝里窃窃私语，你们到底在说些什么？”

汉献帝与伏皇后被惊呆了，不知所措。“我已经受够了！你，伏皇后一直在背后说我的坏话！”曹操女儿吼道。

“不，我没有。”伏皇后一边往身上套衣服，一边本能地辩解道。

“你没有？你还敢抵赖！那你为什么总是在背后嘀嘀咕咕？”曹操女儿冲到床前，冲着伏皇后就是几记耳光，一把将伏皇后从床上拽下来。“你敢打我？”伏皇后被激怒，一边招架一边还击，两人连抓带挠厮打在一起。“我就要打你这个浪货！”

“我浪，怎么了？有男人疼我……你想浪，还没男人疼你……”

火盆被打翻，汉献帝穿着睡袍，哆哆嗦嗦不知所措。

这时侍女都围了上来，哆哆嗦嗦将两人分开，“曹贵人，伏皇后，你——你们别再打了。”

曹操女儿捋了捋被抓乱的头发，吼道：“你还以为你是谁？不过是一个狗屁皇后？还敢动手打我？我要让你全家人不得好死！”

“你还以为你是谁？”伏皇后也在火头上，在嘴上也是分毫不让。

汉献帝连忙用手捂伏皇后的嘴：“你——你就少说两句好不好？”

“不！我已经受够了！”伏皇后躲闪开了也指骂道，“你还以为你是谁？你不过是一个杀人恶魔的女儿！董贵妃一家三百余口被你父斩尽杀绝，你难道还想杀我全家吗？善有善报，恶有恶报，你曹家人也迟早要遭灭门之灾！”

“天哪！你说这话可是要惹祸的啊！”汉献帝绝望道。

曹操女儿拂袖而去，“曹贵妃！曹贵妃，你回来，你不能走啊！”汉献帝被绊倒在地，伸手呼唤道。

曹操女儿回到家中，又哭又闹，“那个狗屁皇宫，我再也不回去了！”

卞夫人劝道：“这么大的姑娘了，已经都是贵妃了，还像小孩子一样又哭又闹，也不怕人看见了笑话。”

室内火盆中的炭火烧得正旺。

“他们合起来欺负我，一天到晚都给我脸色看，经常在背后里说咱家人的坏话，我已经受够了！”

这时曹操被孙权袭取了皖城（即皖县，今安徽潜山），率大军亲征又损兵折将无功而返，正憋着一肚子气。才进家门又闻女儿哭诉声，脸色骤变："他们说什么？"

曹操女儿见父亲进来，一下子跪倒在曹操面前，哭道："父亲，你可要替女儿做主！我是再也不回皇宫了，他们合起来欺负我。"

"哭什么？他们到底怎么欺负你了？"曹操有些不耐烦地说道。

"尤其是那个伏皇后，整天借势压人，还骂你是……"

"她骂我什么？"

"她——她——她骂你是——是恶魔！还说董贵妃一家是你害死的……"曹操女儿哭道。

"什么？！"曹操脸色煞白，一把将面前的桌子掀翻，卞夫人被惊得目瞪口呆。

"老子正要废你，没想到你却自己找上门来了！"曹操咬牙切齿道。

御史大夫郗虑、华歆率五百虎卫兵像恶狗一样破门冲入宫中，四处搜捕，"报告！我听见壁柜里有声响！"

华歆一脸白须，一副长老面孔，俯耳在壁柜上听了一会，"没错！里面是有人。赶紧出来！"刘协坐在一旁只是哆嗦，"快出来！听见没有？！"郗虑也吼道。

"不……"

郗虑一摆手，一群卫兵上前三下五除二将门劈开，将伏皇后从壁柜中拉出。伏皇后披头赤足，拉着刘协的手泣道："圣上，求你救我！"

"我的命也不知在何时……"汉献帝也泣道。

虎卫兵拉着伏皇后就往外拖，伏皇后也不知哪来的一股劲，挣脱而出，扑通一声跪倒在刘协面前，嘭嘭磕头："我走了！求你了！一定要看好两个儿子！"

这时二皇子冲了出来，被虎卫兵拦住，"不许你们抓我妈妈！放开我妈妈！"二皇子拼命哭喊着。

刘协泪流满面，泣不成声道："郗公，难道人世间就没有道理吗？"

虎卫兵将伏皇后拖出，"妈妈！放开我妈妈！"二皇子还在拼命地呼喊着，伏皇后拼命地挣扎一边与汉献帝话别："我走了，求你了，一定看好两个儿子……"

“天哪！你们都走了，让朕一个人又该怎么活啊？！”刘协也哭喊道。

伏皇后被关入地室憋死，两个皇子也不能幸免，皆被毒死，其父伏完及三族三百余人也一并被曹操残忍杀害。这是曹操在人类历史上所制造的又一大惨绝人寰的血案。当然曹操的这一行径按古代君臣之道——“宁我负人，毋人负我”，完全是天经地义的。

公元215年正月，曹操女儿就被正式册封为皇后。她哪里知道，她头顶上的皇后桂冠和她父亲头顶上的魏公冠一样，都沾满了血迹。范晔在《后汉书·卷九·孝献纪第九》记述道：“建安二十年春正月甲子，立贵人曹氏为皇后。”

关于曹操残暴杀害伏皇后及伏完三族之事，《曹瞒传》详细记述道：“公（曹操）遣华歆勒兵入宫收后，后闭户匿壁中。歆坏户发壁，牵后出。帝时与御史大夫郗虑坐，后被发徒跣过，执帝手曰：‘不能复相活邪？’帝曰：‘我亦不自知命在何时也。’帝谓虑曰：‘郗公，天下宁有是邪！’遂将后杀之，完及宗族死者数百人。”

范晔在《后汉书·卷十下·献帝伏皇后纪》中记述道：“遂将后下地室，以幽崩。所生二皇子，皆鸩杀之。后在位二十年，兄弟及宗族死者百余人。”

《三国演义》所谓的汉献帝刘协、伏皇后与伏完合谋欲害曹操之说，与董承“衣带诏”如出一辙，既无史据也完全不合事理。

关于此事，陈寿在《三国志·魏书一·武帝纪》记述道：“十一月，汉皇后伏氏坐昔与父故屯骑校尉完书，云帝以董承被诛怨恨公，辞甚丑恶，发闻，后废黜死，兄弟皆伏法。”

易中天反驳道：“但凡做大事的人，总会有人说好，有人说坏，根本就不可能人人都说好。所以，做大事的人，都是把毁誉置之度外的。何况曹操又岂是在乎别人说三道四的人。如若因为别人写了一封辱骂他的信，就要杀人，那真不知道要杀多少才够。因此，此案一定另有政治上的阴谋，只不过真相已不传于世了。”

由此可见，易中天对曹操这个人根本就不了解。像曹操这种具有奇异性格的人，完全有可能为了一句不中听的话疯狂报复杀人。易中天也不想想，大学士边让、许攸又都是怎么死的？

当然易中天也没完全说错："此案一定另有政治上的阴谋。"那是什么阴谋呢？就是伏皇后挡了他女儿的皇后之路。伏皇后、两个儿子及一家数百口就这么被曹操给清除了。

最后还需要再说明一下的是：伏皇后写给其父伏完的信，曹操又是怎么看到的？

据《献帝春秋》记述：伏皇后写给其父伏完的这封信，伏完又把信拿给荀彧看，荀彧先是装在肚子里，公元212年，荀彧才在曹操面前谈到此事。这是渠道一。曹操因此怨恨荀彧，据说这也是曹操逼荀彧喝药的一个原因。还有一个渠道是，伏完又把这封信拿给自己的小舅子看，是小舅子又把这事说给曹操的。

这两个说法显然也有问题。伏完怎么能把关系到一家人生杀的大事跟曹操的第一大宠臣荀彧去讲呢？这不是找死吗？除非伏完脑子发生了短路。还有，董承的"衣带诏"一案发生在公元200年正月，伏皇后一家老小被杀是在公元214年十一月，相隔了近15年，一封信又怎么能隐瞒得了这么长时间？

因此，上述两种说法都难以成立。易中天也看到了这一点，他说："不但荀彧这故事是假，就连董承'衣带诏'案和伏皇后书信案，都很可疑。"

据分析，最有可能是曹操女儿做"三陪小姐"期间，听到了什么，然后又传到了曹操的耳朵里。人最难管住的就是自己的这张嘴，尤其是在情绪激动的时候。

下回请看：孙权一郡换三郡　刘备开出空支票

第七十三回

孙权一郡换三郡　刘备开出空支票

再说江东孙权在濡须坞(位于安徽巢湖以南）逼退曹操后回到建业（今江苏南京市以南），又开始着手解决南郡问题。孙权指图道："刘备乃狡诈之徒，前番阻我进取巴蜀之路，今自取益州之地，已跨有益、荆两州之地。我方南郡之地，现在还被占着！"

"我们应当把南郡要回来，那是我们用鲜血和生命换来的，凭什么让他刘备占着？"将军甘宁说道。

"我也不想让他占着，可问题是前番吕子明之计被识破，今番又该如何讨要南郡呢？"孙权问道。

将军吕蒙沉思片刻说道："主公何不先派一人去讨要，先礼后兵？"

"怎么个'兵'法？"孙权问道。

"现张飞、赵云、诸葛亮都已入蜀，只留关羽守荆州。关羽虽智勇双全，可城中守备空虚，兵马不过五六万，要是刘备敢耍赖，他不仁，那就别怪咱不义！"吕蒙说道。

"要是那样两家将会彻底闹翻，曹操趁虚来攻怎么办？"鲁肃问道。

"那难道南郡就一直让他刘备白白地占着？这还不都是你惹的事？要不然怎么会有今天这些麻烦？"孙权抱怨道。

鲁肃脸涨得通红。此时鲁肃这颗当红明星已被吕蒙取代，孙刘两家的关系也因此来了个一百八十度的大转向。究其主要原因有三：首先是在帝王意识的主导下，每个人只要一有机会都想的是先吞并对方，然后再抗曹。现在孙权的机会来了，脑子里自然也就动起了歪主意。再者，两家的积怨也越来

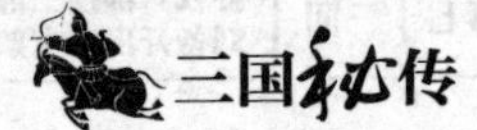

越深，尤其在讨要南郡问题上。孙权本来就是一个任性之人。三者，曹操这两年对孙权的压力不大，其对联盟的需求自然也就没有赤壁大战时那么强烈。

而此时在成都的益州牧刘备，“汉中是益州的前沿阵地，只有赶走张鲁，才能打通通向关中的道路；只有赶走张鲁，也才能更好地保全益州之地。要是让曹操抢先占了汉中，益州的处境将会非常危险！因此，下一步应趁势夺取汉中才是！”蜀郡太守扬武将军法正指图道。

正在这时昭德将军简雍来报：“东吴使臣诸葛瑾求见！”

“那就请他进来吧。”益州牧刘备说道。

诸葛瑾拜见后递上孙权书信，只见上面写道：

南郡之地是江东将士用鲜血和生命换来的，昔因将军急用故借予将军，现将军又得益州，还望将军归还南郡之地。孙仲谋。

刘备看完后，一脸为难之色，把书信又递到法正手上，心想我此时正要进军汉中，荆州守备空虚，显然不能来硬的。这该如何是好?

法正看完信后面露难色，又把信交到偏将军黄权手上，说道：“这怎么可以，要是归还南郡，荆南四郡与益州将不连……”刘备拜黄权为偏将军。古人如此评道：“黄权忠谏于主，又闭城拒守。刘备不仅不计较，还拜其为将军，真是善知善者也！”

诸葛瑾喝了一口茶说道：“我主之意是，要是刘将军实在感到为难……”

“怎么样？”刘备警觉道。

“刘将军可用长沙（郡治临湘，今湖南长沙市）、零陵（郡治泉陵，今湖南永州市）、桂阳（郡治郴县，今湖南郴州市）三郡来换取南郡！”诸葛瑾不紧不慢说道。

“这……”刘备一下子被噎住了，偏将军黄权怒道：“用三郡换一郡?亏你主也能想得出来，这分明是讹诈！”刘备摆摆手止住了黄权。

诸葛瑾看了一眼有些恼怒的刘备和众人，喝了一口茶也不言语。刘备不停地来回踱步，突然停住脚步，说道：“还南郡可以，长沙、零陵、桂阳三郡也可以给你们！”

法正、黄权、简雍、麋竺等大惊：“主公，你可不能……”刘备摆了一下手。诸葛瑾则是又惊又喜："刘将军此言当真？"

"君无戏言。不过要等到我把凉州拿下后！"益州牧刘备信誓旦旦地说道。

"那要等到什么时候？"诸葛瑾一下子又凉了大半截。

"来，你看！"刘备招呼诸葛瑾来到地图前，"我方正在谋取凉州，以马超为前锋，从葭萌关，沿祁山出兵，袭取冀城。马超前不久才投奔于我，对这一带很熟。"刘备机变道。

"是啊，主公正在筹划谋取凉州。"简雍、麋竺连忙附和道。

刘备就这么把诸葛瑾给打发了回去。

《三国演义》所谓的讨要荆州之说整个是无稽之谈。准确的说应该讨要南郡，然后想用南郡换荆南三郡。荆南四郡是刘备自己占据的，与孙权不管从哪个地方说都没有任何关系。

孙权从诸葛瑾手中接过刘备书信，看完后递到吕蒙手上。吕蒙看后，说道："这显然是骗人的鬼话，是刘备的缓兵之计。"

"没错，刘备乃狡诈之徒，其言不可信……"严畯、顾雍也纷纷说道。

"刘备想用这些鬼话来诳我，还当我是3岁大的毛孩？！"孙权怒道。

公元215年二月，吕蒙率凌统、潘璋统三万吴军，趁夜出巴陵，逆湘江北上，突袭临湘（长沙郡治，今湖南长沙市）。长沙太守廖立猝不及防，慌忙携家属弃城而逃，长沙郡旋即便落入东吴孙权之手。吕蒙挥军继续逆湘江北上，桂阳郡也望风披靡。唯零陵太守郝普据城死守，顽强抵抗，使得吕蒙无可奈何。上述孙权欲用一郡换三郡之事，陈寿在《三国志·吴书九·鲁肃传》中明确记述道："备既定益州，权求长沙、零、桂，备不承旨，权遣吕蒙率众进取。"此事陈寿在《三国志·吴书二·孙权传》也有记载，本著只是如实再现而已。

刘备在成都闻孙权偷袭荆南三郡，马上搁置了进攻汉中张鲁的计划，留扬武将军法正、军师将军诸葛亮等镇守成都，与偏将军黄权、讨虏将军黄忠、牙门将军魏延率五万蜀军火速至公安。江岸边，关羽单跪于地："大哥，这都是因为我之疏忽所致！我镇守江陵，主要是忙于应对北方曹操，没想到孙权小儿会从屁股后面来这么一手！请大哥处罚！"南郡太守麋芳、将军士仁紧随其后。

本来还一脸怒气的刘备，禁不住鼻子一酸说道："二弟，快，快请起！这件事不都怪你，我也有责任！"

大堂内，气氛极为紧张，刘备剑指地图道："五万蜀军现屯兵在公安，益阳（今湖南益阳市西）在这儿，北临洞庭湖，南面是雪峰山脉，是进入长沙、桂阳、零陵三郡的枢纽，是兵家必争之地。云长率三万精兵火速进驻益阳，准备跨过湘江进攻临湘。我率大军做后援，只要拿下临湘也就切断了江东军的归路，桂阳、零陵二郡将不攻自破。"

关羽领命率长子关平、主簿瘳化、督军赵累而去。

此时孙权拥兵已至陆口，闻刘备率大军至公安，急忙一面命鲁肃率两万吴军驻益阳，以拒关羽，一面又飞马命吕蒙回军益阳。泉陵城下（零陵郡治，今湖南永州市），吕蒙行营内。吕蒙打开孙权书信，只见上面写道：

刘备已率大军回公安，关羽屯益阳，马上放弃零陵郡火速回军益阳，协防关羽！不得有误！孙仲谋亲笔。

吕蒙看后心里一咯噔，可表面还是一副若无其事的样子，将书信收起，对凌统等诸将说道："主公大军已至益阳，不久就将前来增援。而此时刘备还在汉中，关羽还在南郡，显然是远水解不了近渴。泉陵城虽坚还何愁不破？明日一早便全面攻城。凌统！"

"在！"

"你明日一早率五千军马负责正面攻城！"

"是！"

"鲜于丹、徐忠、孙规！"

"在！"

"你等明天也各率五千兵马分别负责从东、南、西三面攻城！"

"是！"

"你们都赶紧下去准备，明天一大早公鸡一报晓就开始攻城！主公一到我给你们请首功！"

"谢将军！"众将皆退下。

这时吕蒙跟坐在一旁的一个叫邓玄之的人说道："情况你都看到了，郝太守以旦夕之命，待不可望之救，只会是自取灭亡。难道非要城破身亡，百岁老母也戴白受诛？你们是情同手足的好朋友，该是好好劝劝郝太守的时候了……” 邓玄之南阳人，郝普之友，吕蒙有意把他带在身边。

“多谢吕将军好意，我一定好好劝说。” 邓玄之感激道。

邓玄之入泉陵城，真情相劝，句句动情，声泪俱下，郝普率众出城跪降。吕蒙就这么骗取了泉陵城。当吕蒙将孙权写给他的信给郝普看后，郝普方知刘备已至公安，关羽在益阳，羞愧难言。上述吕蒙巧妙骗取泉陵城之事，陈寿在《三国志·吴书九·吕蒙传》中全程记载，本著只是如实再现而已。

许多人都搞不明白威风凛凛的关羽怎么会这么不堪一击？据分析，从个人责任上，主要是由于关羽想一人独掌荆州，容不下马超所造成的。要是让马超镇守荆北，关羽守荆南就不会给吕蒙留下可乘之机。客观上，主要是由于关羽荆州的六七万兵马及技术骨干，如张飞、赵云、诸葛亮等都已调往益州，荆州防卫空虚所造成的。从而造成顾了汉中顾不了荆州，顾了荆北又顾不了荆南。

吕蒙骗取零陵后随即挥军北上，与鲁肃一同在益阳与关羽军对峙。一场大战的帷幕就这么拉开了。曹操在此时也没有闲着。

下回请看：曹操耳语杀娄圭 曹植私闯司马门

第七十四回

曹操耳语杀娄圭　曹植私闯司马门

此时的曹操已经61岁，可称霸天下的雄心还照样依旧，挥毫泼墨道：

神龟虽寿，犹有竟时。

螣蛇乘雾，终为土灰。

老骥伏枥，志在千里。

烈士暮年，壮心不已。

盈缩之期，不但在天。

公元215年三月，曹操趁孙权偷袭荆南三郡，孙刘两家翻脸之际，率夏侯渊、徐晃、张郃、朱灵，统兵十万西征汉中张鲁，九月便鬼使神差地拿下了汉中。张鲁与长史阎圃慌忙将府库封存好，率众南逃巴中。

正在益阳与孙权对阵的刘备，闻曹操攻占汉中，慌忙以土地换和平，以湘江为界，割江夏、长沙、桂阳三郡于孙权，保留南郡、武陵、零陵三郡。曹操就这么成了孙刘两家的民事调解员。随后刘备继续留关羽总督荆州三郡，驻守临沮（今湖北远安县西北）；糜芳仍为南郡太守，驻江陵；将军士仁，则驻守公安。然后与偏将军黄权、讨虏将军黄忠、牙门将军魏延率兵马火速回军江州（今重庆市）。孙权则留鲁肃驻巴陵（今湖南岳阳市），听吕蒙之言，趁曹操还在汉中之际率五百战船顺江偷袭合肥，结果偷鸡不成，被守将张辽打得屁滚尿流，险些丧命。上述孙权命将军吕蒙袭取荆南三郡及刘备被迫割让之事，陈寿在《三国志 · 吴书二 · 孙权传》中明确记述道："会备至公安，使关羽将三万兵至益阳，权乃召蒙等使还助肃。蒙使人诱普，普降，尽得三郡将守，因引军还，与孙皎、潘璋并鲁肃兵并进，拒羽于益阳。

未战，会曹公入汉中，备惧失益州，使使求和，遂分荆州长沙、江夏、桂阳以东属权，南郡、零陵、武陵以西属备。备归，而曹公已还。权反处陆口，遂征合肥。”《三国演义》所谓诸葛亮献计刘备拱手让三郡于孙权之说，整个是瞎扯。

公元215年冬，此时逃往巴中的张鲁已经率残部降曹，被封列侯。曹操闻孙刘两家已经和好且刘备也已率军回防，便不听主簿刘晔、主簿司马懿进取蜀地之言，拜夏侯渊为征西将军，督张郃、徐晃守汉中。十二月率军自南郑（汉中郡治，今陕西汉中市东）还长安。

公元216年二月，曹操一脸春光回邺城，许褚率虎卫军手持长戟，前呼后拥。百官跪于道旁：“恭贺魏公凯旋归来！”

“都起来吧！此次平汉中张鲁不过是屈屈小胜，不足挂齿！”曹操自谦又自傲道。

曹丕、曹植也在行列中，“拜见父亲，祝父亲凯旋归来！”

曹操一看是两个儿子，微笑道：“你们两个也都起来吧！”

“谢父亲！”

曹操一脸欢欣，“来，子桓（曹丕）、子建（曹植）到我的马车上来，我们一起入城！”

天上春光明媚，地上车马如龙，曹操父子同乘马车入城，仪仗旌旗，场面甚是光华威武。此时娄圭与友人习授同乘马车也来迎曹操。习授见曹操拱手羡慕道：“父子如此，真是人生乐事啊！”

曹操停下马车应道：“哪里，哪里，二位这向可好啊？”

“好，好，多谢魏公！”习授点头哈腰道。

曹操摆摆手让马车继续前行，这时听到娄圭对习授说道：“人生在世，把自己的事情做好就行了，少谈论别人！”娄圭显然看不惯习授的做派。可他哪里想到这些话已经钻进了曹操的耳朵。曹操脑海中又浮现出了儿时娄圭戏谑他的样子，“你爷爷就是宦官！你是赘阉遗丑！大人们都是这么说的……”曹操虽面带微笑，可眼角已经变得狰狞，将许褚叫到面前耳语几句。

许褚持戟带数名虎卫兵向娄圭走来，娄圭还没明白是怎么回事便被许褚一戟刺穿心脏，然后又一连数戟将娄圭刺下马车。曹操就这么因言语冒犯把娄圭又给杀了，跟杀许攸的方式如出一辙，他所有的伙伴至此全部都被他斩尽杀绝了。上述曹操杀娄圭之事，陈寿在《三国志·魏书十二·崔琰传》中一针见血指出：“太祖（曹操）性忌，有所不堪者，鲁国孔融、南阳许攸、娄圭，皆以恃旧不虔见诛。”在《魏略》、《吴书》中也皆有记载，本著只是如实再现而已。

五月，御史大夫、宗正刘艾持节至彰德府宣诏道：

曹公功盖寰宇，华夏第一，现晋爵为魏王。以丞相领冀州牧如故。钦此。

曹操免不了又是三辞，最后在董昭、钟繇、贾诩、华歆、夏侯惇、曹洪等人的一再跪求下，才勉强受冕。陈寿在《三国志·魏书一·武帝纪》中记述道：“建安二十一年春二月，公还邺。夏五月，天子进公爵为魏王。”

曹操将司马防（司马懿之父）招到邺城。曹操当年的洛阳北部都尉一职就是由当时官居尚书右丞的司马防举荐的。欢饮中，“时光真是飞快啊，眨眼间四十年过去了，我已看过古稀，满头华发。”司马防用手捋捋满头白发说道。

“司马公，你看孤今日做洛阳北部都尉还称职吗？”曹操嬉道，话中有话。

司马防不紧不慢答道：“昔举大王为洛阳北部都尉时，应该还算是合适的。”

曹操哈哈大笑，一副志得意满的样子。心想：只是孤年已过花甲，该是考虑立太子的时候了。上述曹操与司马防之对话，在《曹瞒传》中有记载。

官府中，崔琰问道：“钜鹿杨训是我所举荐的官吏，听说此人在曹公晋爵魏王后，写了一篇歌颂的奏章，许多人都笑话他是阿谀之徒，还说我荐才失当。有这回事吗？”崔琰此时为中尉。

毛玠停下手中之笔，“我这里正好有他的奏章，你可以看一下。”毛玠说着把奏章递了过去。毛玠时任尚书仆射。崔琰仔细看后，感叹文章写得不错，于是在奏章空白处写道：时乎时乎！会当有变，任自为之！

没想到此奏章又落到了曹操手上。曹操看后心想：这显然是话中有话，“会当有变”，有什么变？难道还想变到孤的头上吗？！这句话意思不好。

崔琰眉目疏朗，清明正气的样子浮现在了曹操的眼前，“曹公来到冀州，既不问百姓之疾苦，也没有任何救民之举，只是关心能召多少兵，这难道就是民众所期望的曹公吗？”曹操不觉恶从胆边升起，一把将奏章扔到地上，“这分明是腹诽心谤，让御史大夫郗虑立即把崔琰收入狱中！”司马懿站在一旁唯唯诺诺。

崔琰被收入狱中，剃去头发，这对崔琰是莫大的污辱，心里自然不服气。

三日后，曹操问司马懿：“孤让你到狱中看崔琰，你看了没有？”

“回魏王，我已经到狱中看过了。”司马懿答道。

“他说什么？”

“他说谢魏王差人来看望他。”司马懿答道。

“态度怎么样？”曹操问道。

“说起话来虬须直视，心似不平。”马懿说道。

曹操不禁恶从胆边升起：娘的，腹诽心谤，不杀你已经够意思了，还敢吹胡子瞪眼……“你给我马上到狱中去，限他三日内回话！”曹操厉声道，司马懿应命而去。

狱中，司马懿：“魏王限你三日回话！”

“回什么话？”崔琰问道。

“回什么话，你自己应该清楚才是。”司马懿答道。

崔琰一脸茫然。三日后，曹操问司马懿：“崔琰怎么样了？”

司马懿答道：“和刚入狱时一样。”

曹操一把将桌上精致的紫砂壶和砚台胡撸在地上：“难道非要逼着本王用刀锯吗？”

面对司马懿，崔琰长叹道：“我没想到魏王原来是此意啊！”崔琰饮恨自杀。

曹操就为了这么屁大的一点儿事，杀了崔琰。崔琰就是真的有腹诽之意又如何？人们通常心里顶多有些不快则罢了，可对于具有变异人格，手中同时又拥有可以为所欲为的王权的曹操来说，能做出怎样的事情也就可想而知了。当然按照古代君臣之道这都是天经地义的。君王为了达到自己的目的，可以任意采用一切暴力手段。上述曹操残忍杀害崔琰之事，在《三国志·魏书十二·崔琰传》、《魏略》中皆有记载，本著只是如实再现而已。陈寿在《三国志·魏书十二·崔琰传》一针见血指出：“太祖（曹操）性忌，有所不堪者，鲁国孔融、南阳许攸、娄圭，皆恃旧不虔见诛。而琰最为世所痛惜，至今冤之。”《三国演义》所谓崔琰因阻挠曹操进魏王被逼死的说法于史无据。

曹植府中，曹植闻崔琰被父亲逼死大为震惊，将一樽酒喝下后，说道："父王此举分明是向着我来的！"

"不会的，临菑侯多虑了，魏王一向钟爱于你，在众官面前多有赞赏，怎么会是冲着你来的？"好友丁仪劝道。

"怎么不是？崔琰是我妻子的叔叔，父王为什么要逼死他？最近父王对我的态度也大不如从前，态度暧昧，说起话来总是话中有话，还让我少跟杨德祖（杨修）来往。"曹植又喝了一口酒说道。

"真的有这事？"丁廙问道。丁仪与丁廙乃兄弟二人，都在曹操帐下为官，与曹植交厚。

"难道我说话还有假。"曹植醉醺醺说道。

王府中。"临菑侯昨夜——昨夜……"杨修结结巴巴。

"昨夜怎么了？"曹操一脸狐疑。

"临菑侯昨夜饮酒大醉，醉卧不起。"

曹丕恭恭敬敬站在一旁。曹操大怒："叫二子问答，子桓在此已等候多时，而子建却醉卧不起！要是与敌交战早已贻误战机！你马上再给我去叫，让他速来！就是爬也要给我爬来！"杨修战战兢兢连忙又去叫。而曹丕却在一旁劝道："子建才智过人，只是年纪尚轻，一时任性，饮酒误事，还请父王息怒。"

"哼，如此之子又怎能任事！"

不久又发生一件事，曹植一脸酒气，驰马扬鞭奔驰于道中，来到曹操专用的司马门前。"赶快打开城门！我要出城！"曹植吼道。

"临菑侯难道你不知道吗？司马门乃魏王进出邺城的专用城门，除过魏王任何人都不得从此门进出。"城门卫将解释道。

"我奉魏王之命出城，你敢挡驾？难道你忘了西城门卫将被斩之事了吗？！"曹植拔剑吼道。

"是，是，我知道，我知道，请临菑侯息怒，小人有眼不识泰山。"

"快！快！赶快打开司马门！让临菑侯出城！"城门卫将叫道。城门护卫手忙脚乱连忙打开司马门，曹植将剑收入鞘中，纵马扬鞭驾马车飞奔出城。

而这边曹操，闻曹植私开司马门出城，大怒："立即把城门卫将给我处

死！”

御史大夫郗虑领命而去。

“此子才智过人，文采超群，却任性放旷，多次滥酒误事，今又私开司马门而出，让孤不得不异目视此儿啊！”曹操一屁股坐在椅子上沉痛道。大殿中，“自子建私开司马门以来，我都不相信诸位了。恐我前脚刚从司马门出去，诸位便从司马门私出，我又能相信谁呢？”曹操自言自语道。贾诩、董昭、刘晔、杨修等立于阶下皆不敢言语。曹植私闯司马门之事，在《三国志·魏书十九·陈思王植传》、《魏武故事》中皆有记载，本著只是如实再现而已。

加上曹植时政问答等多为主簿杨修所教（杨修乃杨彪之子），自此曹植失宠。公元217年十月，冬，立长子曹丕为魏太子。曹植就这么在立嗣之争中彻底败下了阵。

下回请看：曹休巧算战张飞　张郃广石困刘备

第七十五回

曹休巧算战张飞　张郃广石困刘备

曹操在邺城期间，留丞相长史王必（相当于副丞相）镇守许都。可让曹操没有想到的是，此时许都（今河南许昌）正酝酿着一场革命。

公元218年正月，许都守将金祎、少府耿纪、司直韦晃、从事本子邈及太医令吉本谋反，杀丞相长史王必，曹操命夏侯惇平叛，杀五人及灭三族。曹操还不解恨，又将许都百官押解至邺城，以造反之名屠杀。此时曹操已经六十有四，看来也只有阎王爷能收拾他了。

此时张飞、马超各率两万蜀军，将大肆侵入宕渠（今四川渠县东北）的张郃军归路截断，魏军遭到围歼，张郃被打得落花流水，率残部从瓦口关突围而出，仓皇逃回南郑（汉中郡治，今陕西汉中市东）。张飞大败张郃之事，陈寿在《三国志·蜀书六·张飞传》中有详细记载。

成都，益州府中，众文武皆满面春风，一脸欢欣，“贼将张郃像野兔子一样逃回了南郑，只可惜益德没有能抓住这只兔子。”益州牧刘备笑道。刘封位于一旁。刘封是刘备在荆州时收养的义子，公元190年生人，时年28岁。有武艺，气力过人。刘备拜其为副军中郎将。

蜀郡太守扬武将军法正用毛笔指图道：“汉中北面是巍峨雄立的秦岭山脉，南面是米仓山和大巴山脉。主公要是能拿下汉中，广集汉中粮谷，上则可以由西向东直捣南阳，与荆州关羽会合，北伐许都，以匡扶汉室；中则可以北上西进吞并关中和凉州之土，以广拓疆土；下则可依秦岭山脉这道天然屏障保家卫国，以为持久之计。今曹操北归，留夏侯渊、张郃这两个蠢材守汉中，主公正好可以举益州之众进讨。这可是天赐良机！”

“我也早有此意。”刘备喝了一口茶说道。

“汉中乃战略要地，这谁都知道，问题是该如何攻取汉中？刘璋父子近三十年拿不下汉中，难道我们就能拿下？”张飞问道。

“这个问题问得好！”刘备说着来到图前指道，“我与法孝直、黄权、诸葛军师经多日商议，决定下一步的进攻目标就是汉中。具体作战部署是：平西将军马超！”

“在！”

“由你督吴兰、雷同、任夔统兵三万，由剑门关（位于四川剑阁县北30公里）出马鸣阁道（白龙江东岸栈道，南起四川昭化镇，西北至沙洲镇，是秦、陇、汉中入蜀要道之一），入武都（郡治下辨，今甘肃成县西北），目标一是切断汉中外围来自陇右和关中的支援，对汉中形成分割包围之势；二是掩护益德渡嘉陵江从北山抄取阳平关。”刘备指图道。

“马将军对这一带熟悉，所以由你亲自统率这一路兵马。”扬武将军法正插言道。

“是！”马超、吴兰、雷同、任夔起身抱拳领命道。

“巴西太守张飞！”

“在！”

“由你率高详，统两万兵马，由剑门关出马鸣阁道，先协助马将军入武都，对汉中进行分割包围，然后渡嘉陵江，从北山突进，包抄阳平关（位于今陕西勉县西南武侯镇，北依秦岭，南临汉水，是汉中西北面门户，西控川蜀，北通秦陇）。三年前曹操就是这么袭取阳平关，夺取汉中的！”刘备指图道。

“是！”张飞领命道。

“将军陈式！”

“在！”陈式起身领命道。

“由你率一万兵马屯兵于马鸣阁道北部的山谷中，负责把守马鸣阁道。马鸣阁道是陇右、关中、汉中入蜀的咽喉要道，南起葭萌关，西北至沙洲，一旦被魏军占据，我军的归路将被断绝，后果不堪设想。”刘备指图道。

“是！”陈式起身领命道。吴兰、雷同、任夔、高详、陈式原来都是刘璋手下的将领，现在都得到了刘备的重用。

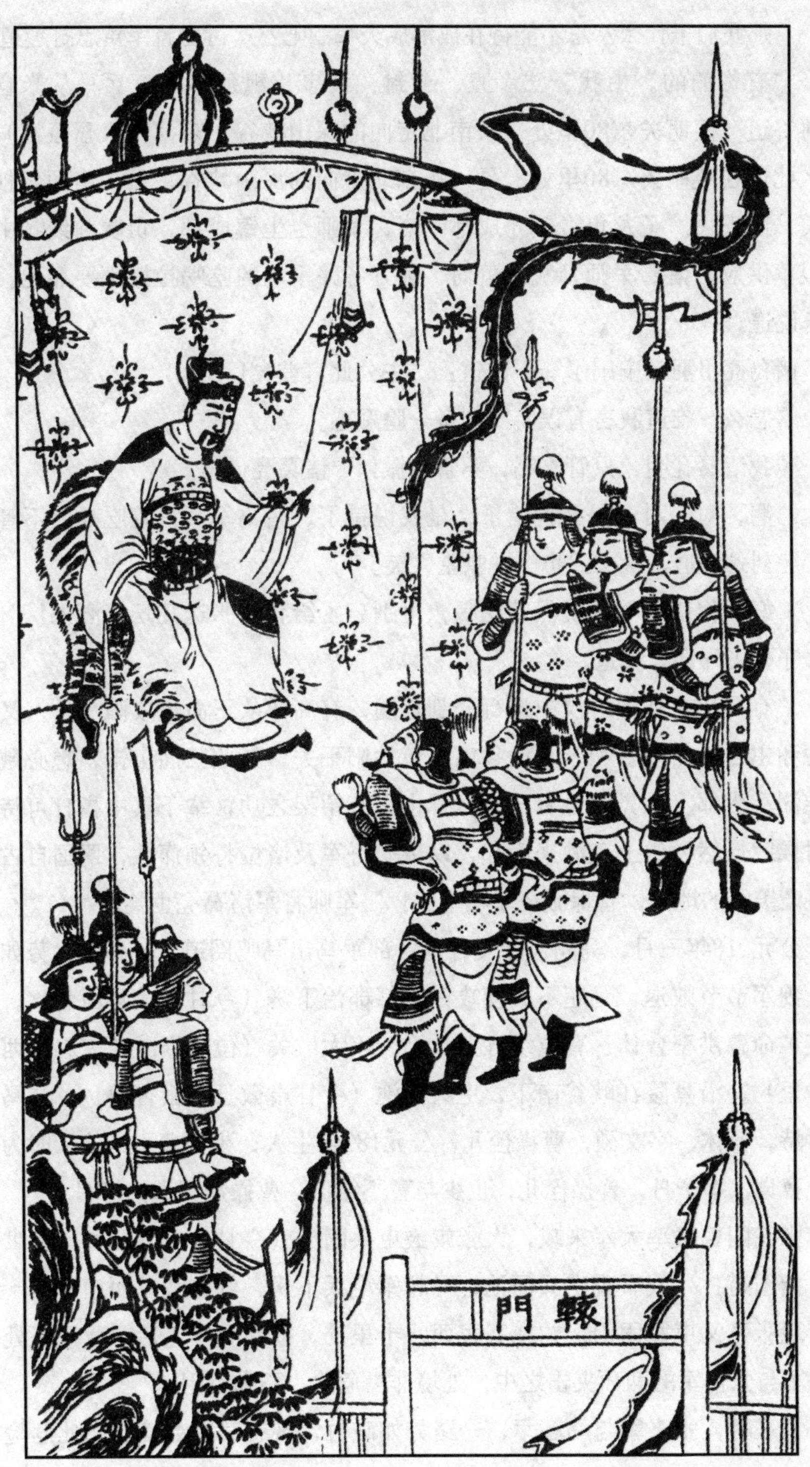
轅門

“那我们干什么？总不能待在成都成天喝酒吧？”讨虏将军黄忠打趣道。

“有你们的。由我、法孝直、刘封、黄忠、魏延率六万兵马从米仓山东河谷道（葭萌关东80里处一条南北走向的深山峡谷，东河南入嘉陵江）北进，此道在葭萌关东80里处，是一条东北走向的深山峡谷，可从南面包抄阳平关、阳安关。子龙负责镇守成都，诸葛军师也坐镇成都，负责前线各中军马粮草供应，诸葛军师乃我之萧何，前方各路军马的吃喝拉撒都要靠他。”刘备说道。

诸葛亮用羽毛扇扇了一下说道：“主公此言差矣！”

“怎么？难道我言有误？”刘备一脸疑惑。

“我诸葛孔明，只管吃喝，不管拉撒！”诸葛亮说道。

“啊，对，对，是我说错了，是我说错了，诸葛军师只管吃喝，不管拉撒。”刘备笑道，众文武也一并哄堂大笑。

“好，你诸葛军师既然管吃喝，可别忘了给我老张送几坛好酒来！”巴西太守张飞开怀大笑道。

“有马超在外围对汉中进行分割包围，有高详从正面进攻阳平关，又有益德和主公从白马谷和米仓山谷南北包抄阳平关，如此三面出击，想必贼将夏侯渊、张郃、徐晃就是有三头六臂也只有招架之功，拿下汉中指日可待。到时候我自然要送上美酒来南郑，以供张将军及诸位将领痛饮，蜀国自古就是盛产美酒的地方，管保张将军喝个够！”军师将军诸葛亮也笑道。

公元218年三月，马超、张飞各率所部军马出马鸣阁道，一路北上势如破竹，魏军节节败退，马超不久便攻占武都郡治下辨（今甘肃成县西北）。曹操连忙命曹洪率曹休、曹真统五万兵马，入大散关（位于今陕西宝鸡市西南五十里），沿嘉陵江峡谷南下，屯兵河池（今甘肃徽县西银杏镇），与马超军对峙。曹休，字文烈，曹操侄儿，公元183年生人，少与曹丕结伴，时为参军。曹真，字子丹，曹操侄儿，也少与曹丕结伴，曹操拜其为偏将军。

张飞闻曹洪率大军来攻，大张旗鼓屯兵固山（今甘肃成县北）。曹洪大惊，指图道：“我军现屯兵河池，马超军屯兵下辨，约在我军西南面八十里处，现张飞又屯军固山，约在我军西八十里处，欲断我军之后，我军正处在马超军与张飞军的两面夹击之中，处境非常危险，不如且退。”

“是啊，张飞军与马超军，一路势如破竹，现在我军处境又如此危险，不如且退。”众将也纷纷附和道。

这时却听曹休说道：“张飞真要是想断道，当伏兵潜行，而其大张声势，说明其现在兵马还未集，还不能断我之后，故才虚张声势。将军应趁张飞军未集，趁夜突击马超下辨守军，马超军被击溃，张飞军不能独立，也只能逃走，如此一来将军就可全线追击。”

“曹参军所言极是，这正是进击蜀军的最佳时机！”曹真附和道。

“真是后生可畏，曹参军年纪轻轻见识却非同一般！”曹洪不禁赞道。

深夜，曹洪守大营，曹休与曹真各率一路大军，悄悄向下辨袭来，“不好了！魏军来袭城了！”下辨城守军大乱，“不要慌！赶紧迎敌！赶紧迎敌！”马超挥剑道。

这时城门已经被撞开，魏军狂潮般从城门，城墙拥入城中，吴兰、雷同、任夔慌忙率军迎战，刀枪相碰，箭雨乱飞，蜀军乱成一团，纷纷被砍倒，到处乱窜。“将军，城已破，赶紧撤！我来断后！”雷同、任夔吼道。马超、吴兰慌忙率蜀军从南城门撤出，雷同、任夔且战且退，在混战中被魏军所杀，曹休、曹真各率一路军马在后追杀，杀得蜀军尸横遍野，像野兔子一样四处奔逃。屯兵固山的张飞闻下辨城遭袭，马超军大败，也慌忙率军后撤，与马超退守西淮坝（嘉陵江东岸，今甘肃成县东南80里处），吴兰逃往阴平（今甘肃文县西北）被杀。曹洪、曹休、曹真几人哈哈大笑：“马超、张飞来势汹汹，没想到竟这么不堪一击！”

上述曹洪、曹休、曹真大败张飞、马超之战，陈寿在《三国志·魏书一·武帝纪》、《三国志·魏书九·曹休传》、《三国志·魏书九·曹真传》皆有记载，本著只是如实再现而已。

此时刘备、法正率主力部队出葭萌关，沿东河谷道在大山深谷中艰难穿行。“走起路来要注意看着点脚下，可别踩空了掉到河里！”

“一个接一个前后都跟上！”黄忠、魏延持戟披甲，骑在战马上分别指挥着前军，清澈的东河水在脚下哗哗流淌着，到处都是绿树丛林，给人以阴森恐怖之感。

毛坝河行营中，“没想到马超、张飞军这么快就被曹洪打败，真是天有不测风云啊！”刘备叹道。

“马超虽然被击退，可张飞对阳平关的威胁依在，夏侯渊肯定要分兵防犯。我军现在已到达毛坝河，正北八十里处就是广石（约今陕西胡家坝）。夏侯渊主力肯定已经被吸引过去，他又怎么会想到主力部队在这儿？这正是声东击西一鼓作气拿下广石之机！只要拿下广石，阳安关将不攻自破，由蜀地进入汉中的咽喉要道就会被打开！”扬武将军法正指图道。

“没错，我们今夜就应去攻广石！”讨虏将军黄忠、牙门将军魏延说道。

公元218年夏，深夜，清风习习，蝉声绵绵，黄忠、魏延分别统领前、后军，口衔枚，马缚口，在山谷中穿行，悄悄向广石摸来。正行间，忽听一声号响，战鼓声起，荡寇将军张郃哈哈大笑：“娘的，刘备还想来偷袭广石，从南面包抄阳平关！想得到美！给我放箭！放箭！”箭如暴雨从两侧山林中倾泻而下，蜀军哗啦啦纷纷中箭倒地，“撤！撤！赶紧撤！”黄忠急忙用盾牌抵挡箭雨，后撤。张郃随后率军冲杀而出，蜀军拥川塞谷，抱头鼠窜。幸亏被魏延所率的后军抵住，才没有造成过大的损失。原来张郃自宕渠战败逃回南郑后，夏侯渊便命其率重兵镇守广石，严防刘备从南面沿东河谷道来包抄阳平关。

“广石已有重兵防守。”黄忠一脸狼狈说道。

益州牧刘备双眉紧锁，在帐中来回踱步道：“我们已无路可走，现在只有强攻！”

刘备军于是在广石以南，依山据险扎连环大营十余座，命刘封、黄权、黄忠、魏延各率所部军马从四面八方围攻广石。张郃则也是道道层层设营，顽强抵抗蜀军漫山遍野似的进攻，将蜀军一次又一次的进攻全部打回，蜀军伤亡惨重。刘备焦头烂额，急得团团转。“我军兵马损失惨重，应急书诸葛军师，让他赶紧从成都发兵！”扬武将军法正说道。

“没错。”刘备应道。

法正写好书信，交予信使，信使飞马而去。上述刘备被困广石之事，陈寿在《三国志·魏书十七·张郃传》明确记述道：“郃进军宕渠，为备将张飞所拒，还南郑。郃屯广石，备以精卒万余，分为十部，夜急攻郃。郃率亲兵搏战，备不能克。”

下回请看：孔明杨洪成都总动员　关羽出兵襄阳做侧应

第七十六回

孔明杨洪成都总动员　关羽出兵襄阳做侧应

成都，左将军府中，军师将军诸葛亮看完书信，一脸惊慌，又把信交到功曹杨洪手上。杨洪，字季休，犍为武阳人（今四川彭山东），曾为刘璋从事。“现马超、张飞与主公两路大军都遭受重挫，损失惨重，现又要从成都调拨五万军马，这该如何是好？”诸葛亮急道。

杨洪看罢信，拍案起身道：“汉中乃益州咽喉，存亡之要机，若无汉中也将无蜀，此家国生死存亡之机。如今之事，应进行全民总动，举益州之力，共援汉中前线！还有何疑？”

诸葛亮于是与杨洪四处调集人马粮草，一批接一批的军马和粮草连绵不断地出成都，开往汉中前线，男子当战，女子当运。镇守成都的翊军将军赵云亲率后援部队，源源不断经栈道开往前线。此时在许都（今河南许昌）的曹操也没闲着，九月，亲率十万大军至长安。孔明、杨洪成都总动员之事，陈寿在《三国志·蜀书十一·杨洪传》中有明确记载，本著只是如实再现而已。

冬十月，就在魏王曹操准备出斜谷（山谷名，约西起陕西凤县，东北止眉县）增援夏侯渊时，宛城（南阳郡治，今河南南阳）守将侯音、卫开因不满曹操的专横和残暴率吏民共反，将南阳太守东里衮五花大绑抓了起来，派人急书关羽，请求联合。陈寿在《三国志·魏书一·武帝纪》中记述道：“冬十月，宛守将侯音等反，执南阳太守，劫略吏民，保宛。初，曹仁讨关羽，屯樊城，是月使仁围宛。”《曹瞒传》记述道：“是时南阳间苦繇役，音于是执太守东里衮，与吏民共反，与关羽连和。”

长安城中，曹操急得团团转，指图道：“许都之乱才平，代郡、上谷、乌丸又开始反叛，代郡、上谷才平，宛城侯音、卫开又开始反叛，与关羽联合。要是宛城一旦失守将直接威胁到许都，黄河以南将不得安宁。这样吧，南征刘备一事先暂缓。马上派立义将军庞德协助曹仁围剿宛城，要赶快平定宛城之乱！”曹操焦虑道。

“庞德本是马超手下战将，随马超一起投奔张鲁，后马超到成都投奔刘备，其留在汉中，魏王平定汉中其迫于无奈才投奔到魏王帐下。其主马超，其兄庞柔现在都在益州，还望魏王三思。”主簿杨修说道。

“这些孤当然知道，还用得着你来说吗？现在各大战将都已分派到各处，你说说还能派谁去？再者，孤观庞德其人必诚心待我，绝无二心！”曹操说道。

正在广石（约今陕西胡家坝）与张郃打得不可开交的刘备、法正，眼望源源不断从成都运送来的兵马粮草，紧握赵云双手兴奋道：“侯音、卫开在宛城倒戈，曹贼必迟疑不敢南进，而子龙的后援大军却赶到，这可真是天助我也！”炭火在火盆中也烧得正旺。

“主公应趁热打铁！”扬武将军法正说道。

“怎么个趁热打铁法？”刘备问道。

法正起身指图道：“主公应命关将率军大举进军襄阳、樊城，接应侯音、卫开，这样一则可使关将军趁机夺取襄樊和南阳，二则还可为进军汉中做侧应，使得曹操不敢轻进！”

“孝直所言极是！可问题是，张郃很会用兵，防犯周密，我军又该如何突破广石这道防线呢？”刘备指图道。

“声东击西！”扬武将军法正喝了一口茶继续说道。

刘备眼睛一亮：“怎么个声东击西法？”

法正指图道：“主公可率刘封、赵云、魏延诸将军从正面猛攻广石，以吸引魏军主力，而我和黄将军率两千精兵，通过大范围的绕行，走白岩河，从广石东南八十里处河道绕行，然后一路北上绕到广石后面。如此一来广石便处在南北夹击之中，还何愁不破？”

“妙啊！”刘备兴奋地站起身来，来回踱了几下步，又坐下自斟了一樽酒，一口喝下，说道，“此计虽妙，可问题是，你与黄将军孤军深入，一旦遭到围攻，处境将会非常危险。”刘备说道。

“不入虎穴，焉得虎子。现在也只有走这招险棋了。不过主公也不必过于担心，据了解，在沔阳（今陕西勉县）南十里处，汉水南岸，有一座山脉叫定军山，由十二座山峰东西绵延而成，人称‘十二连山一颗珠’，绵延约二十余里，位于汉中盆地西侧。我军可以在此山中藏兵，如此一来则进可攻退可守。”扬武将军法正说道。

公元214年正月，春暖花开，天刚蒙蒙亮，刘封、赵云、魏延率军从山谷、山岘、山岭，又开始四面八方大举围攻广石，鼓声雷动，杀声震天，铺天盖地，两军冲杀在一起。

此时夏侯渊已将部分主力部队从北山、走马岭（位于今陕西勉县北小砭河至方家坝一带）悄悄撤往定军山一带。定军山大营中，征西将军夏侯渊剑指地图道：“我率大军屯兵于定军山，一则可为广石做后备，与广石成犄角之势；二则可防蜀军从背后包抄阳平关与阳安关！”

“将军所思甚周，如此一来蜀军就是进入汉中之地，也难破阳平关与阳安关，而且只会成为一支孤军。”赵颙说道。赵颙被曹操拜为益州刺史。

正在这时飞马来报：“报告！刘备主力近日又补充了大量军马，此时正在大举进攻广石，张将军兵马损失甚多，已经有些抵抗不住了，请求增援！”

“这我知道。马上分一半兵马增援张将军！不得有误！”征西将军夏侯渊命令道。

“是！”

这边法正与黄忠率两千精兵，沿白岩河北上来到山口，这时前方控马来报：“夏侯渊已在定军山中扎下大营！”

“什么？夏侯渊已在定军山扎下大营？看来这个白地将军并非白地，已经早有防备！”讨虏将军黄忠惊道。

“那，那他把大营扎在了何处？”扬武将军法正紧张道。

“他把大营扎在了可屯万兵的仰天洼！”探马说道。

“你刚才说什么‘仰天洼’？难道在定军山脉中还有洼地？”法正疑惑道。

“是这样，在定军山脉有一座山，山南有一块像锅底一样的大洼地，周长约三里，故而将此山称作‘仰天洼’，在这块洼地上可屯万兵。”向导指图道。

“看来这个白地将军不白地，还很会选地方屯兵啊！”黄忠说道。

“哎，对呀！将军何不屯兵于其旁的卧牛山呢？卧牛山与仰天洼相邻，其山高于仰天洼，将军要屯兵于此山，将居高临下，夏侯渊的兵马活动将一览无余，正好可以设法袭击他。”向导说道。

“对呀！”法正也恍然大悟，“那我们今夜就行动，悄悄潜入与仰天洼相邻的卧牛山。”

深夜，法正、黄忠率两千精兵，神不知鬼不觉悄悄潜入卧牛山，在山上安营扎寨。

清晨，夏侯渊仰天洼大营中，“将军！将军！不好了！”一军士一边惊呼，一边踉踉跄跄跑到帐前。“慌什么？到底怎么了？！”夏侯渊训道。

“将军！将军！你看！”军士指道。

夏侯渊顺着指向看去，只见卧牛山上插有许多蜀军战旗，迎风飘展，而且还听到蜀军在山上唱川曲，不时还传来阵阵欢笑声。征西将军夏侯渊顿时大惊失色：“哎，这到底是怎么回事？”

这时又一军士跑来报告，“不好了！将，将军！蜀军昨晚偷偷占了旁边的卧牛山！”

“娘的！蜀军不仅占了我们旁边的山峰，还居高临下！这不是用刀捅我的心窝吗？！来人哪！马上随我一起把卧牛山抢回来！”夏侯渊吼道。

夏侯渊率数千军马冲到卧牛山下，“赶快给我冲上山，把山上的蜀军都给我赶下来！快！快去！”夏侯渊挥剑吼道。魏军蜂一样冲向卧牛山，刚到山下便听战鼓声起，山上便矢石齐下，冲在前面的魏军纷纷中箭或被砸倒在地，余下魏军折过头来往回跑。法正一脸欣慰，黄忠则是哈哈大笑。夏侯渊气得站在山下哇哇暴叫：“娘的！有本事下来跟老子较量！躲在山里算啥？！”

“将军，这不是办法，应该想想办法才是！”赵颙说道。

夏侯渊一拍脑袋：“是啊，我怎么被气昏了头！蜀军是孤军深入，应设法围困它才是。”

刘备那边，魏延还在率军从四面八方围攻广石，张郃正率军拼命抵抗。法正、黄忠这边，“我们所携带的粮草只够十天，我们应当主动出击，以寻找战机才是！否则只会坐以待毙！”法正说道。

“没错，关键是该如何寻找战机？”黄忠说道。

法正如此这般地跟黄忠说了一番，黄忠听后连连称赞：“此计甚妙，就这么办！”

第二天一大早，又有军士来报：“将军，不好了，蜀军烧了我军的鹿角（把树木、竹子之类削尖朝向敌方，后半截埋入地下的障碍物）！”

“他娘的，赵刺史！”

“在！”

“马上带上四百骑兵，赶快随我一起去修补鹿角！”夏侯渊吼道。

夏侯渊带四百骑火速向鹿角赶来，看着眼前被烧毁的几百米鹿角，“赶快下马把鹿角修补好！快！”骑士们纷纷下马。可他又哪里知道，此时夏侯渊的一举一动尽在斜对面卧牛山上法正、黄忠的眼帘中。此时只见魏军军士纷纷砍伐树木，修补鹿角，夏侯渊骑着马在来回巡视。

“现在可以出击了吧？”讨虏将军黄忠问道。

“骑在马上来回巡视的就是夏侯渊，等他下马后再出击。”法正说道。

这时只见夏侯渊来回转了几圈，便下马提着马鞭来到一块大石头上，屁股刚落在石头上，便听卧牛山上金鼓震天，吼声动谷，老将黄忠率一千铁骑从走马谷如滚滚洪流般轰隆而出。“妈呀！蜀军杀来了！赶紧跑！”夏侯渊及从骑兵大惊，哆哆嗦嗦慌忙去牵马，“杀呀！杀夏侯渊呀！”黄忠一马当先此时已率铁骑冲到眼前，如同砍瓜切菜一般，稀里哗啦，魏军骑兵纷纷被砍倒在地，夏侯渊刚翻身上马，便被黄忠拦腰一刀劈下战马，随之众军士又是一顿乱砍，曹操委任的益州刺史赵颙骑马没跑出多远，便被蜀军铁骑追上一顿乱刀砍死。夏侯渊是在修补鹿角时被黄忠砍杀。法正、黄忠斩夏侯渊之战，陈寿在《三国志·蜀书七·法正传》、《三国志·蜀书六·黄忠传》、《三国志·蜀书二·先主传》、《三国志·魏书九·夏侯渊传》皆有记载，本著只是如实再现而已。《三国演义》对此战的描述不仅地理、进程错乱，黄忠斩杀夏侯渊也不是因为抢占了制高点，使夏侯渊不得不战。陈寿在《三国志·魏书九·夏侯渊传》中明确指出是夏侯渊在抢修南围鹿角时被杀。

“不好了！不好了！征西将军夏侯渊被杀了！”侥幸逃生的数十名魏军骑兵一路逃命一路惊叫，魏军顿时如惊弓之鸟。

刘备军闻夏侯渊被斩士气大振，刘封、赵云、魏延率蜀军从四面八方进攻广石，张郃军在刘备与法正的前后夹击下如决堤的洪水，逃往阳平关。阳安关魏军也望风溃逃。魏军被杀的尸横遍野，阳平关、阳安关旋即落入刘备之手。刘备与法正在定军山前胜利会师，“奇入定军山，斩夏侯渊，你二人都立下了大功！”刘备拍拍法正，又拍拍黄忠，兴奋道。

“不要停！继续追击！”刘封、赵云、魏延全线追击，张郃率残部像兔子一样由阳平关，逃往白马山区。

与此同时，立义将军庞德与征南将军曹仁已率军从四面八方攻入宛城，守城官民四处逃散，魏军豺狼恶虎般开始大规模屠城，侯音、卫开在激战中纷纷战死。宛城遂平。陈寿在《三国志·魏书一·武帝纪》中记述道：“建安二十四年春正月，仁屠宛，斩音。”

而关羽为接应侯音、卫开，早已由临沮出兵，一边围襄阳，一边由樊城上游谷城东渡汉水，进攻樊城，以围魏救赵。可他哪里想到竟被曹仁抢了先。

“关羽率荆州兵来攻樊城了，赶紧往回撤！”刚平宛城的曹仁又连忙与庞德撤回樊城。

此时退缩于白马山区的魏军已如惊弓之鸟，大帐中乱成一团，“主帅阵亡，群龙无首，蜀军已经大举入汉中，马上就要对我军开始围剿，这该如何是好？”这时却听司马郭淮说道：“张将军乃国之名将，刘备所惧，今日事急，非将军不能安军心！”郭淮，字伯济，太原人，时在夏侯渊手下做司马。

“是啊，非荡寇将军不能安军心！”于是众推张郃为统帅。张郃临危受命，走到帐前，指图道：“我军现正屯军汉中西北白马山区，西有嘉陵江，南有阳平关、东有咸河（南北走向注入汉水）、白马河，处境十分危险！”

“那该如何是好？”将军徐晃问道。

“为今之计，我军应一面坚守，一面等待援军！”张郃说道。上述众推张郃之事，陈寿在《三国志·魏书十七·张郃传》中有记载，本著只是如实再现而已。

易中天在谈到这个问题时说道：“曹操可以得陇不复望蜀，刘备却是不得陇则不能保蜀。一个志在必得，一个能守则守，战争的胜败几乎一开始就定了下来。”其实一场战争的胜负非常复杂，并非易中天所谓“几乎一开始就定了下来”。刘备在争夺汉中的过程中刚开始打得非常艰苦，两路兵马都遭受重挫，处境非常艰难，要是刘备没有出奇兵进占定军山，要是曹操的手脚没有因宛城守将侯音倒戈及关羽出兵被拖住，胜利就会倒向曹操一边。

下回请看：徐晃马鸣阁道显神威　刘备阳平关上迎曹操

第七十七回

徐晃马鸣阁道显神威　刘备阳平关上迎曹操

长安曹操，闻宛城之乱已平，曹仁、庞德已撤回樊城抵御关羽，长舒一口气：“这个先机终于还是让孤抢到手了，关羽必无能为也。”说着从主簿杨修手上接过茶碗，舒舒服服地喝了一口。这时见中领军曹真慌忙来报：“魏王，不好了！”

“怎么了？”

“夏，征西将军夏侯渊在定军山被刘备军袭杀！”中领军曹真说道。曹真下辩破张飞、马超后，被转为中领军。

“啊！你——你——你说什么？！”曹操一惊，茶碗咣当落地，身体一晃差点摔倒，“那——那所属军马，怎么样了？”曹操急问道。

“残部现由张郃统领，都退到了汉中西北白马山区，正处在蜀军的三面包围之中！”曹真说道。

“现宛城已平，曹仁、庞德退守樊城，魏王正好可以趁此时救援汉中，解燃眉之急，趁刘备立足未稳之时把汉中再夺回来！”主簿刘晔进言道。

“孤也是此意。传孤命令，拜曹真为征蜀护军，统率前部军马，出斜谷，火速南征刘备，救援张郃！”

“是！”曹真起身领命道。

“夏侯渊随孤转战南北数十年，没想到却死于刘备之手，孤要亲自为征西将军夏侯渊报仇雪恨！”曹操咬牙切齿道。

公元219年三月，曹操亲率十万大军出斜谷（约西起陕西凤县，东北止眉县），以徐晃为前锋，向阳平关滚滚而来。

陈兵于嘉陵江西岸的陈式挥军迎击，被徐晃所率的五千虎豹骑一鼓击溃，牛羊群般四处溃逃，陈式及残部群蜂般向马鸣阁道（白龙江东岸栈道，南起四川昭化镇，西北至沙洲镇，是秦、陇、汉中入蜀要道之一）溃逃。徐晃一马当先，奋力冲杀，“把蜀军斩尽杀绝，一个不留！”在嘉陵江西岸横七竖八满是蜀军尸体，徐晃所率的虎豹骑还在拼命追杀，跑在前面的蜀军蜂一样拥向马鸣阁道。“不能挤！不能挤！排成一排了过！”陈式挥剑吼道。可只顾逃命的蜀军军士哪还管这些，一拥而上，冲上栈道，挤断护栏，陈式连人带马被挤下栈道，坠入白龙江。许多蜀军军士也纷纷被从栈道上挤下，绝望的喊声、叫声，撕心裂肺，响彻川谷。徐晃还在后面拼命地砍杀，蜀军军士被纷纷砍倒。这时两米宽数十里长的栈道上，已经挤满了蜀军军士，还不断的有蜀军军士纷纷被从栈道挤下悬崖。正在这时，忽闻“叭”的一声巨响，栈道中间、两侧，多处断裂，大面积垮塌，“妈呀！”蜀军军士成群结队坠入深崖，落入滔滔不绝的白龙江。

曹操大喜，“此阁道乃汉中之咽喉，刘备要想断绝汉中内外，必走此道。将军此举，既破了刘备之奸计，又可救张郃军于水火，乃大功一件！”曹操说着亲自斟满一樽送到徐晃面前。

“谢魏王！”徐晃双手捧酒一饮而下。关于此战，陈寿在《三国志·魏书十七·徐晃传》中记述道：“备（刘备）遣陈式等十余营绝马鸣阁道，晃别征破之，贼自投山谷，多死者。太祖（曹操）闻，甚喜，假晃节，令曰：‘此阁道，汉中之险要咽喉也。刘备欲断绝外内，以取汉中。将军一举，克夺贼计，善之善者也。’太祖遂自至阳平，引出汉中诸军。”

“荡寇将军张郃能临危挂帅，稳定军心，其功也不小！”曹操说着亲自斟满一樽送到张郃面前。

“谢魏王！”张郃泪流满面，接过酒一饮而尽。

曹操又指图道：“现嘉陵江东岸已整个处在我军的控制之下，不仅解除了我军的后顾之忧，还整个打通了与关中和陇右的通道。现在白马山区还整个控制在我军的手上，只要我军能夺回阳平关，就可以重新夺回汉中！”

“夺回阳平关！收复汉中！”夏侯惇、曹真、徐晃、张郃、郭淮等纷纷振臂吼道。

刘备营帐中，诸将一脸惊慌之色，纷纷议论道：“没想到陈式的十营兵马被曹贼一鼓荡平，嘉陵江西岸现已整个被魏军占据，汉中看来也难保啊！”

“慌什么？头砍掉了不过是碗大点儿的一块疤，有什么好怕的？”张飞吼道。众将不约而同地把目光都投到了刘备身上。

刘备气定神闲地喝了一口茶，说道：“汉中已为我所有，曹操虽来，但已回天无力！”陈寿在《三国志·蜀书二·先主传》记述道：“先主遥策之曰：‘曹公虽来，无能为也，我必有汉川矣。’”

众将皆一脸疑惑。“你们看！”刘备说着起身指图道，“曹操现屯兵白马山区，他要想重新夺取汉中无非有两条路可走：一条是重新夺回阳平关；一条路是渡咸河，夺取东面的天荡山，然后包抄阳平关。”

“没错！”赵云、马超、黄忠、魏延纷纷附和道。

“可这又谈何容易！阳平关，极天下至险，现在已在我军手中，又怎能是他曹操想夺就能夺回去的？牙门将军魏延！”

“在！”

“由你率两万精兵坚守阳平关！不得放过一个魏兵！”刘备命令道。

“是！”魏延起身领命道。

“咸河也不是他曹操想渡就能渡的。只要我军严密把守咸河东岸各要津，伺其半渡而击之，曹操就是有吃天爷的本事也休想渡河，抢占天荡山。这个重任就交由子龙和黄老将军负责！”

“是！”赵去、黄忠起身领命道。

“益德和马超屯军定军山，负责各路军马的后援！”刘备说道。

“是！”张飞、马超起身领命道。

“不仅如此。曹操率十数万大军远来，日耗粮食巨大，又怎能持久？我军还可沿咸河北上，设法绕到魏军的背后，断其粮道。这也就是我说的‘曹操虽来，但已回天无力’的原因。”刘备说道。法正、黄权坐在一旁频频点头，显然是已经商量好的。

两军就这么在咸河两岸隔河相望，居险而守，谁也不敢冒进。而阳平关却是另一番情景。张郃率魏兵沿白马河扑来，魏延率数千蜀军弓箭手据关而守，矢如雨下。刘备与刘封、法正、赵云正视察防务，见魏兵来攻亲自登岸指挥。“父亲，你不能上去，危险！”刘封阻道，可刘备置若罔闻：“众军士不要害怕！我跟你们一起守关！”在对射中，守城军士不断中箭倒地，“主公赶紧下去！这里危险！有我抵挡！”魏延喊道。刘备躲在箭垛下，搭上箭，猛然探头将一名魏兵射倒，丝毫没有退意。箭如飞蟥，穿梭而来，急得众文武直跺脚，“主公你赶紧下去！上面危险！”刘备还是置若罔闻，“还是孝直去劝劝主公吧，主公听你的！”赵云急道。法正径直走上城关，来到刘备身边，刘备见法正来了，连忙喊道：“孝直赶快避箭！”法正回答道：“主公且不惜千金之躯，亲当箭石，我又有何惧？”“孝直，我与你一起去！”刘备说着把箭交给身边军士，拍拍手与法正一起走下城楼。“我一时性起，让诸位受惊了，实在抱歉！”刘备笑道。这时，城楼上，魏延喊道：“主公，魏军已经被打退了！”

“好啊，好啊，众将士辛苦了！”刘备笑道。上述刘备阳平关上迎曹操之事，著名史学家裴松之在注释《三国志·蜀书七·法正传》中有详解，本著只是如实引用而已。

徐晃虽然大胜陈式陈兵于嘉陵江西岸的十营蜀军，彻底打通了关中和陇右的通道，解除了来自马鸣阁道的威胁。可在进攻汉中的过程中却整个被困在了阳平关西北面的白马山区，寸步难行。不仅如此，还有被从咸河抄后及劫粮的危险。五月，刘备又命黄忠、赵云带三千轻骑到北山劫粮，虽然没有劫得一粒粮食，却惊出了曹操一身冷汗。

不久魏将王平又率众来降。王平，字子均，巴西宕渠人（今四川渠县东北），在曹操手下做校尉，刘备拜其为裨将军。加上关羽围樊城，襄樊一带的战事也越来越紧迫，最后曹操因“鸡肋”之事迁怒并以“惑乱军心”之罪杀了主簿杨修后，于五六月间班师回长安，留张郃守陈仓。

《三国演义》所谓的“诸葛亮智取汉中”纯属文学虚构，在整个汉中会战期间诸葛亮一直镇守成都。魏延射掉曹操门牙之事也纯属虚构，曹彰、庞德等也都没参与汉中会战。

下回请看：孙权山林之中捕猛虎　刘备派上替补援关羽

第七十八回

孙权山林之中捕猛虎 刘备派上替补援关羽

此时的孙权无所事事，成天与亲随靠射猎打发时光。“刘备与曹操正打得不可开交，我是既不助刘备，也不帮曹操，难得一身轻闲。”孙权一身轻装在山林中骑马行进道。“对，主公，这叫坐山观虎斗！”随从张世说道。

“你懂得什么叫‘坐山观虎斗’？”孙权笑道。

“‘坐山观虎斗’就是只管自己打老虎，不管别人的事。”随从张世应道。逗得孙权及随从哈哈大笑。

正在此时忽听一声吼叫，“你们听这是什么声音？”孙权及数十名随从连忙屏住声息勒住马头，这时又听到数声咆哮，如滚石般在山林中回荡。“不好，是虎哮声！”话音未落，便见一头猛虎咆哮着从山坡上轰隆而下，孙权与众随从大惊失色，慌忙后退，猛虎纵身直扑而上，孙权坐骑在后退中腾空惊起，随着猛虎的扑咬，坐骑被掀翻，孙权被抛在山坡上。这时猛虎又咆哮着向孙权而来，“不……不……不要过来，不要过来……”孙权语无伦次，慌忙蠕动着身体往大树后面蹿。“主公！赶紧用戟刺！”随从惊叫道。这时猛虎咆哮着又扑了上来，“天哪！”随着一片惊叫声，孙权像松鼠一样躲到树后，猛虎扑空。猛虎又回过头来，虎视眈眈，又一步步向孙权逼来。孙权这时已经回过神来，慌忙从腰间拔出短戟，奋力向猛虎投去，猛虎一抬前爪将戟打飞。孙权又奋力投出一戟，又被猛虎用前爪打开，继续向孙权逼近。孙权见两戟皆废，连忙躲到树后。这时见张世等十数名随从持戟一步步向猛虎围了过来，猛虎一脸惊恐欲退不能，众随从一哄而上将猛虎刺杀。孙权这才深舒一口气，瘫坐在树下。上述孙权打虎之事，陈寿在《三国志·吴书二·孙权传》中记述道："建安二十三年（公元217年）十月，权将如吴，亲乘马射虎于陵亭。马为虎所伤，权投以双戟，虎却废，常从张世击以戈，获之。"

建业（今江苏南京市以南），孙权在府中摆起虎肉宴，大会众文武。"还是子明有口福啊，我刚摆下虎肉宴，子明便从陆口回来了。吃虎肉啃虎骨可是十全大补，子明身体弱今天可要多吃一些。"孙权说着给吕蒙夹了两大块虎肉。

"谢主公！"吕蒙应道。自鲁肃于两年前病逝后，吕蒙便代鲁肃镇守陆口（今湖北赤壁市西北陆溪口），与关羽接壤。孙权拜其为左护军、虎威将军、汉昌太守。

"我险些被虎所伤，多亏众随从相救。来，今天把大家一起叫来，就是让大家一起美美地吃上一顿虎肉，以滋身躯。"孙权笑道。

"多谢主公关爱，哎呀，这虎肉可真好吃！"众文武纷纷嚷嚷。

"子明此来，是来养病，还是……"孙权吃着虎肉问道。

"我此来是邀主公打虎！"吕蒙说道。

"怎么刚打了一只虎，现在又要打虎啊？"孙权喝了一口酒笑道。

"我此来，是想邀主公打一只更大的老虎……"吕蒙说道。

席散，内殿中。"子明在席间所言的那只更大的老虎在哪里呢？"孙权问道。

吕蒙也不回答，喝了一口茶，放下茶碗，走到图前，指图道："这只更大的老虎就是关羽！"

"关羽？！"孙权一脸疑惑。

"对，就是关羽！现关羽正率军在围襄樊与曹仁会战，江陵、公安守备必然空虚，主公何不趁此袭取江陵、公安，夺取南郡，南郡得，荆南的武陵郡（治临沅，今湖南常德市）、零陵郡（治泉陵，今湖南永州市）自然将难以独存。"吕蒙指图道。

"是啊！这的确是一只更大的老虎！"孙权像猴子一样从椅子上蹦了起来，兴冲冲地来回踱步道。孙权时年37岁。"可——可问题是，我们以一郡换三郡已经占了大便宜，而且这样还会破坏孙刘联盟之大局。要是孙刘两家闹翻了，曹操来个各个击破怎么办？"孙权转而又忧虑道。

“为今之世，要想生存只有自身强大，靠别人永远是暂时的。可又怎么强大自己？主公屡次三番进攻合肥，皆无功而返。即便拿下合肥也难有进展。现在只有打荆州的主意，这可是千载难逢之机。再者，要是主公再袭取荆州三郡，命征虏将军孙皎守南郡，潘璋住鱼腹（巴东郡治，今重庆奉节县东），蒋钦率百艘战船循江上下，我则为主公镇守襄阳，如此一来，又何忧于曹操，何赖于关羽？”吕蒙说道。

“是啊。”孙权恍然大悟。

“不仅如此，四年前，主公袭取其荆南三郡，关羽、刘备必怀恨在心，且此二人都是狡诈之徒，一旦气力养成，必来争夺。这样还可先下手为强，永绝后患！”吕蒙说道。

“子明之言让我茅塞顿开……那具体又该如何行动呢？”孙权欣喜道。自鲁肃死后，孙权的思想已经整个被吕蒙先王权统一然后再联盟抗霸的思想所主导，连孙权自己也不知道怎么又回到了袁谭、袁尚的老路上。

这到底是为什么？其根本原因是君臣之道这套王权思想在主导人们的思维。对于那些满脑子君臣之道的人，只要有一丁点机会就会想方设法把别人手上的东西掠到自己手上来，而且还认为这是天经地义的。袁谭、袁尚是这样，曹操是这样，孙权是这样，每个人都是这样。这样的人是永远没办法精诚团结的，这也是导致联盟抗霸一次又一次失败，百代演绎秦政治的根本原因。要是在现代民主社会中，天下已经归于天下人，这些为了把天下据为己有的行为也就不会有，就是极个别人想有，绝大多数人也不会支持。再者，要是在现代民主社会中，这些为了一己之私肆意掠夺的行为，也是被全社会所不容的罪大恶极之举。这样自然也就可以彻底避免无休无止，一将功成万骨枯的三大战役——宫廷政变，官民大战，军阀混战。可在古代王朝社会三大战役会永无止境地继续下去。

上述吕蒙密献打虎计的过程，陈寿在《三国志·吴书九·吕蒙传》有详细记载，本著只是如实再现而已。

吕蒙喝了一口茶，说道：“攻占江陵、公安，必须速战速决，稍有拖延，关羽的兵马就会回救，刘备的援军也会从江州赶到。”

“是啊，到那时就会像前四年前袭合肥那样。不仅如此，这还会偷鸡不成反蚀一把米，会破坏两家的同盟关系。”孙权自言自语道。

“所以此次行动必须做到万无一失。现关羽围襄樊与曹仁大战，虽抽调大量军马北上，可留守南郡的兵马还有许多，约有三四万，这说明关羽对我们还是很有戒备。要是能再抽调上去一部分兵马就更好了。”吕蒙说道。

“那该如何办法？”孙权问道。

“办法只是一个就是设法消除关羽的戒备心理。关羽所虑者无非是我吕蒙，恐我袭其后。”吕蒙说道。

南郑（汉中郡治，今陕西汉中市东），汉宁府中，刘备正在与众武将群宴。府内到处是欢声笑语，酒气熏天。“六六六，八大仙……”此起彼伏，众武将一个个喝得晕三倒四，“汉中已经属于我们了，我们终于可以高枕无忧了……”

“大家静一静，大家都静一静！”法正一脸忧患走到图前，指图道，“众将在汉中豪饮，却忘了关将军却还在襄樊与曹仁军厮杀！”

“我们出生入死终于夺取了汉中，赶走了曹操，喝几天安心酒，睡几天安心觉，又怎么了？”张飞抱怨道。

“是啊！”黄忠、马超、魏延纷纷附和道。

“是啊，孝直，众将都辛苦了，一直随我南征北战，也该好好喝几天安心酒，睡几天安心觉了……当然，云长那边战事正紧，也不能不管。来，喝——喝酒，把这樽酒都满饮了……”刘备说道。

扬武将军法正继续指图道：“现在形势与主公非常有利，要是主公和诸将再接再厉，再加一把劲就可以进一步扩大战果。你们看要是主公再趁势出兵上庸（今湖北竹山）、房陵（今湖北房县），与此时在襄樊与曹仁作战的关将军会合，再助关将军拿下襄樊，那汉水以南及整个巴蜀之地都会归主公所有。到那时主公既可从汉中出兵，直取关中和陇右，又可从襄樊出兵，夺取宛城，挺进中原，曹贼将会永无安宁之日。曹操已经回军，不久就会回到许都，必派兵增援曹仁，此举一则可趁势进一步扩大战果，二则可为关将军做后援！”

“是啊，这几天光顾喝酒了，怎么忘了这么大的事。我们应该再接再厉……”刘备坐起，喝了一口茶，又自言自语道，“那该派谁去呢？”

刘备环顾四周，眼看一个个喝得醉醺醺，懒洋洋的诸将，说道：“眼看我们这些人一个个都老了，汉中会战耗时两年多，诸将，包括我自己都已精疲力竭，也该好好休息休息了……这样吧。”刘备说着摇晃着身体走到图前，指图道，“我看还是一面让宜都太守孟达统兵两万从秭归，北攻房陵；一面让刘封统兵三万，出汉中，进攻上庸，然后两军会合，以刘封与孟达为正副统帅增援关羽。”

“是啊，也该是让我们这些老家伙好好休息一下的时候了。”张飞、黄忠等一个个懒洋洋道。

刘备就这么派出了刘封与孟达这一对替补阵容，而以刘备和法正为首及张飞、赵云等一帮老将为班底的主力阵容，却都留在了汉中。陈寿在《三国志·蜀书二·先主传》记述道：“备遣刘封、孟达等攻申耽于上庸。”

“东吴孙权那边也不能不防！”翊军将军赵云说道。

“是啊，孙权小儿一向不怀好意，四年前才夺我三郡。”张飞气呼呼道。

“益德多虑了，据我分析这种可能性不大。”刘备说道。

“此话怎讲？”张飞问道。

“那时两家是因为借南郡之事，才大动干戈。现在孙权已得荆南三郡，以一换三，该满意了。矛盾已解。再者，孙刘两家只有联盟抗曹，各自才能求得生存和发展，孙权再浑这点道理总该明白吧？怎么会因小失大，因两三郡之地而破坏孙刘联盟之大局呢？这样孙刘两家将会被曹贼各个击破。”刘备说道。

“是啊，可也难说。鲁肃病死后由吕蒙接替鲁肃驻陆口。就是这个人四年前为孙权出谋划策袭取了荆南三郡，主公可不能不防！”赵云说道。

“是啊，不能不防啊……还要让关羽加强荆州的戒备。但也不能一朝被蛇咬十年怕井绳，这几年两家不是一直相安无事吗？再者，他孙权要是想偷袭南郡早就该下手了，云长出兵襄樊已近半年，又何必要等到现在？”刘备说道。

此时荆州大都督关羽正率五万军马一边围襄阳，一边围樊城。偃城（在今湖北襄阳市北30里处）关羽大营中，关羽一脸兴奋：“汉中会战主公大获全胜！”

“哇！太好了！”众军士纷纷欢呼雀跃。

“主公命我军再接再厉，攻拔樊城和襄阳！只要拿下樊城，襄阳就会成为一座孤城，自然不保！再者，刘封出汉中，孟达出秭归，增援部队不久就会到达！”关羽指图道。史书中虽然没有刘备让关羽继续攻城的命令，可他派刘封、孟达去增援的行动已经充分证明了这一点。

“可问题是远水解不了近渴！刘封、孟达的兵马才出，就是到达襄樊少说也要一两个月。而我军既要守备南郡，以防吕蒙来袭，又要围襄阳，还要攻樊城，兵力明显不够，这也是我军这几个月来一直与庞德、曹仁军对峙，而没有进展的根本原因。”主簿廖化说道。

“是啊，我也是一直为此事所困。”关羽一脸困惑道。

就在这时从事王甫来报：“吕蒙回建业治病，孙权拜陆逊为偏将军代吕蒙守陆口，这是他派信使送来的书信。”

“你刚才说什么？陆逊代吕蒙守陆口？”关羽放下手中的《春秋》问道。

“是，没错！”王甫应道。

“陆逊是何人？”督军赵累问道。

“陆逊，字伯言，吴郡吴人（今江苏苏州市），孙策的女婿，公元182年生人，年三十八，与孙权同龄，在孙权帐下为右部督，从没有打过仗。”王甫介绍道。

关羽抖开书信，只见上面写道：

将军围襄樊，战曹仁，威镇中原。敌国败绩，利在同盟，我们都为此而欢呼，这都是将军的功劳。陆逊不才，受命代吕蒙镇守陆口，久闻将军盛名，故写信拜候，还望将军多加教诲。

关羽看完信，喝了一口茶，捻须笑道：“吕蒙这个病秧子终于回建业养病去了，孙权派这么一个无名下将来镇守陆口，我还有何忧？这可真是天助我也啊……关平、王甫！”

“在！”

“你二人火速到江陵找麋太守，让他火速调两万兵马北上樊城，我要一举攻克樊城！”大都督关羽命令道。

“是！”二人领命道。

关平、王甫骑马火速来到江陵城，南郡太过麋芳看完信，急道：“这，这怎么能行？现在留守兵马不足四万，把两万兵马调出，要是孙权来袭怎么办？”

“那——那你说怎么办？”关平问道。

“顶多只能调一万兵马。”糜芳说道。

“不行，至少两万，否则关将军怪罪下来谁都担当不起！”从事王甫说道。

“不，顶多一万五，不能再多了……”

关平、王甫才调来一万五千兵马，关羽大怒，一巴掌拍在桌子上：“娘的，敢违我将令，等我破了襄樊回去以后再收拾他们！”

上述吕蒙诈病骗关羽之事，陈寿在《三国志·吴书九·吕蒙传》中记载，本著只是如实再现而已。

关羽走到图前，剑指地图道：“庞德的两万魏军现驻扎在樊城北十余里的淯水川道，及两侧山谷中，要想拿下樊城，须首先攻破樊城外围的庞德军。”

庞德营帐中，关羽信使递上书信：

曹贼新失汉中，大败而归。我十万大军近在咫尺，今念庞将军其兄庞柔、故主马超现都在益州，故送来此信。还望将军识时务，弃暗投明。

众将议论纷纷，立义将军庞德掷信于地，粗声道：“我受魏王厚信，愿以死相报！我与关羽势不两立，不是他死，就是我死，请众将勿疑！来人！”

“在！”

“把信使给我拖下去斩了！”庞德吼道。

“两军交战不斩来使！”使者惊慌道。

“我要以此来表示我与关羽要决一死战！”庞德喝道。

关羽怒火万丈，率军铺天盖地攻打庞德各营寨，庞德率军凭借壕垒和鹿角，依险拼命抵抗，打退了关羽军一波又一波的进攻。庞德身骑白马，率军从营寨中杀出，关羽被庞德一箭射中左臂，大叫一声翻身落马。“父亲！”长子关平和督军赵累扑向关羽。庞德射中关羽一事，陈寿在《三国志·魏书十八·庞德传》有记载。《三国演义》的庞德抬棺决战之说纯属杜撰。

按易中天的说法关羽进攻襄阳是在公元219年七月，显然把时间搞错了。实际情况是在公元218年底，关羽为接应侯音、卫开倒戈，就已经出兵了。

为侧应刘备，拖住曹操后腿，关羽立了大功。难怪易中天会满脸疑惑地说：“刘备进军汉中，是在公元218年。斩夏侯渊于定军山，是在公元219年正月。曹操进临汉中，是在这年三月，五月即撤兵退回长安。如果关羽此战是为了牵制曹操，为什么早不动手？等到七月，刘备早就据有汉中，都已经自称汉中王了，再来进攻襄樊，岂非多此一举？”

下回请看：刘备称王忙休闲　曹操派曹植南征

第七十九回

刘备称王忙休闲　曹操派曹植南征

公元219年七月，秋，曹操回许昌，“关羽又从南郡调来大量兵马攻樊城，刘备又派人攻打上庸（今湖北竹山）、房陵（今湖北房县），樊城的形势吃紧。左将军于禁！”

“在！”

“你马上率七营军马，南下樊城，增援征南将军曹仁！不得有误！”曹操命令道。

“是！”于禁领命道。

帐外阴雨连绵，关羽手捧《春秋》专心读书，郎中则小心翼翼揭开包扎，“将军，箭疮已基本痊愈！”郎中兴奋道。

“是啊，前些日子每逢阴雨，左臂都会有锥骨之痛，近来阴雨连绵却未感丝毫疼痛。”关羽笑道。

“将军握紧拳头再伸展一下手臂，看还疼不疼？”郎中说道。

关羽放下竹简，握紧拳头，来回伸展了几下左臂，“哎，完好如初，一点都不疼。先生真神医也！主簿廖化！”

“在！”

“赶紧拿金饼送予神医，以表谢意！”

“是！”廖化应声而去。

“我终于又可以上阵杀敌了！”关羽一脸兴奋，说着手提大刀，大步来到帐外。“将军可要当心，还需要再调养些时日。”郎中连忙劝阻，关羽似若未闻，在雨地中抡起大刀便呼呼耍了起来，刀光闪闪犹如霹雳闪电。廖化这时拿来金饼送予郎中。《三国演义》所谓的华佗为关羽刮骨疗毒之说显然是瞎扯，华佗此时已被曹操杀害十多年。

正在这时，督军赵累慌忙来报，“曹操命于禁率七营军马正冒雨向樊城赶来，现已出宛城。”

关羽连忙收起大刀，回到营帐中，接过关平递来的手巾，匆忙擦了一把雨水说道：“我军兵力本来就捉襟见肘，到现在还不见刘封、孟达的一兵一卒……这样吧，现正值雨季，我军应移屯高地，以避洪水，同时也可避开魏军的南北夹击。还有，赶紧打探刘封、孟达的兵马现在何处，实在不行就撤军。别在这硬撑着。”关羽的营寨连忙移至头围、四冢等高地。

此时的南郑则是秋高气爽，刘备在法正、诸葛亮、张飞、马超、赵云、黄权、黄忠、魏延众文武的簇拥下，在沔阳（今陕西勉县）登坛称王，自号汉中王。立13岁的刘禅为太子，立吴懿妹吴夫人为王后（刘璋兄刘瑁寡妻）。以法正为尚书令、护军将军，拜关羽为前将军，张飞为右将军，马超为左将军，黄忠为后将军，刘封为副军将军，魏延为镇远将军，领汉中都督。其他各文武也一并得到提拔。

刘备大会群臣，当众问魏延：“今委你以重任，你以为该如何？”

魏延清清嗓子说道：“若曹操来，还是请大王来拒之。若只是偏将领十万之众而来，我将为大王吞之。”

刘备赞道：“文长（魏延）气吞山河，勇武过人又不失其智，真将才也！”汉中王刘备随即率众文武浩浩荡荡南回成都。陈寿在《三国志·蜀书二·先主传》中记述道：“备于是还治成都。拔魏延为都督，镇汉中。”

而此时在襄樊战场上，雨还在不停地下着，关羽荆州军已移军于高地。“现在有两个好消息，同时也有一个坏消息！”主簿廖化说道。

“有什么好消息快说来听听！”大都督关羽问道。

“好消息是，主公在汉中称王，拜将军为前将军。刘封、孟达已攻占上庸、房陵，襄樊与汉中的通道已经打通，汉中的兵马可以源源不断地输送到襄樊。”廖化指图道。

“哇！太好了！”众文武欢呼道，关羽也一脸兴奋。关羽军就这么又整个被吊住了。

“那坏消息呢？”从事王甫问道。

“坏消息是，我军目前正处在曹仁、庞德、于禁的三面夹击之中，处境十分危险！”廖化指图说道。

“那就赶紧让刘封、孟达派兵增援！”王甫、关平、赵累急道。

房陵，窗外的雨还在不停地下着，副军将军刘封喝得酩酊大醉，还在要酒："喝，喝，我还要喝，拿酒来……"

"刘将军你已经喝得够多了，不能再喝了。"孟达劝道。

"让我喝，让我喝，我要喝……"刘封哭道，"凭啥立阿斗为太子？我过继来的时候他还没出生，我随父十五六年，率军入蜀，攻汉中，取上庸，出生入死，可到头却是靠边站……"

"刘将军你可要想开点。养子又怎么能与亲子相比呢？一个亲如骨肉，一个是收养来的干儿子。"孟达劝道。

"这不公啊，我又怎么能服气呢……"刘封哭道。

孟达走出房门，心想：我还劝人呢，我还不如他！我和法孝直一同迎刘备入川，一个是中兴之臣，一个却被发配到边关。刚率军攻克房陵、上庸，又让把兵权交到刘封手上，听命于这个愣小子。整个是出力不讨好。

这时从事王甫身披蓑衣已骑马冒雨来到房陵，递上关羽的亲笔书信。孟达看完信后，喝了一口茶，半晌才说道："此刻刘将军正喝得酩酊大醉……这样吧，你先回去，我马上让刘将军发兵救援。"

"好吧！就这样！"王甫告辞道。

可一连数日不见刘封、孟达从房陵派出一兵一卒。关羽、关平、廖化、赵累一个个等得心急火燎，眼望屯兵川口的于禁七营兵马，大都督关羽指道："刘封、孟达的援军现在还不到，难道还要等到天兵来杀贼吗？"八月的天气，风雨交加，一天夜晚，电闪雷鸣，汉水暴涨，山洪如万马奔腾涌向屯于川口的于禁大营，还在睡梦中的万千军士纷纷变成了水中之鱼，军马、粮草、营帐也瞬间被卷入了巨浪之中，随波逐流者不计其数。结果是于禁被围于水中，跪地向关羽军求降，庞德则宁死不屈，被众军士乱刀砍死。只留有曹仁、满宠被困在樊城中负隅顽抗。老天爷就这么给关羽帮了一个大忙，当然这也与于禁、庞德不熟悉当地的水文地理直接有关。《三国演义》所谓的关羽决堤放水之说难以成立，于史无据。

时曹操在许都，"什么？于禁七军和庞德军全部被洪水所淹？"如晴天霹雳，曹操顿感天旋地转，手中之笔惊落于地，昏厥了过去。

病榻上，曹操喝下一碗汤药，喃喃说道："于禁随孤南征北战三十余年，没想到生死关头，反倒不如庞德！"曹丕、曹植、曹彰、贾诩、董昭、刘晔、司马懿、曹洪等皆站在一旁唯唯诺诺。

"关羽擒于禁、斩庞德，威镇华夏，梁县（今河南汝阳临汝镇）、郏下（今河南南阳南面）、陆浑（今河南嵩县）群盗也纷纷响应，孤——孤看不如迁都，以避其锐……”曹操说着强撑身体要坐起，要下床，许褚和两名侍从连忙上前搀扶曹操坐在靠椅上。

主簿司马懿顿顿嘴说道：“于禁、庞德被水所没，乃天公所为，非战功之失，不足于扭转整个战局。为今之计应一面火速派兵救援征南将军曹仁，一面派人去说孙权，以袭其后，许以割江南之地以封孙权，樊城之围自解！”

“问题是，孙刘本来是盟友，一直在协同作战，又怎么会为孤所用呢？”曹操哆嗦着嘴唇问道。

“魏王难道不见，两年半来无论是汉中会战，还是眼前的襄樊之战，东吴孙权一直都在坐山观虎斗。”司马懿说道。

“是啊……”曹操应道。

“这说明刘备、孙权是外亲内疏，表面是盟友而实际上是矛盾重重。四年前孙权偷袭荆南三郡，今刘备、关羽在汉中和襄樊得志，孙权必不愿见。”主簿司马懿说道。

曹操连连点头：“临——临菑侯曹植！”

曹植还以为是听错了，有些不知所措。“叫你哪！”曹彰悄悄拉了一下曹植的衣袖。

“在……在！”曹植连忙应道。

“现拜你为征虏将军，统率十二营军马火速南下，救援征南将军曹仁，明日一大早就出发。救急如救火，不得有误！”曹操说道。

“是……是！”曹植惊喜道。

“司马仲达！”

“派人出使东吴孙权之事，就由你来具体安排。”

“是！”司马懿应道。

陈寿在《三国志·蜀书六·关羽传》记述道：“建安二十四年（公元219年），先主为汉中王，拜羽为前将军，假节钺。是岁，羽率众攻曹仁于樊。曹公遣于禁助仁。秋，大霖雨，汉水泛溢，禁所督七军皆没。禁降羽，羽又斩将军庞德。曹公议徙许都以避其锐，司马宣王（司马懿）、蒋济以为关羽得志，孙权必不愿也。可遣人劝权蹑其后，许割江南以封权，则樊围自解。曹公从之。”

当晚，曹丕亲置酒宴，为曹植壮行。一直郁郁寡欢的曹植又重新得到父亲的信任，自然是一脸欣喜，喝了许多酒。

“我已经好久没见三弟这么高兴了，来，我再敬三弟三樽，以为三弟壮行！”曹丕劝酒道。

“谢太子殿下！”曹植说着又连饮三樽。

“三弟在前线带兵打仗，如履薄冰，可要当心喝酒误事。不过今天可以多喝几樽，到前线可就不能再喝酒了。来，把这樽给干了！”曹丕劝酒道。

“哎呀，我——我今天，已——已经喝得够多了，不——不能再喝了……”曹植推道。

“哪里，谁人不知三弟好酒量，还在乎多喝这么几樽吗？”曹丕说道。

“那——那好吧……”曹植又将一樽酒满饮而下。

“今父王在国家危难之时，委三弟以重任，可见父王对三弟之器重！来，祝三弟凯旋归来！把这樽酒给干了！”曹丕劝酒道。

“谢太子！”曹植打着酒嗝，又将一樽酒满饮而下。

第二天一大早，十二营军马整装待发，只待曹植挂帅出征。曹操与众文武，左等右等不见曹植身影，“赶快派人去催！”许褚吩咐手下道。不多时，飞马来报：“报告，临——临菑侯正卧醉堂上！”

“什么？！他——他还在睡觉？！”曹操突然脸色煞白，抱头哇哇大叫。“魏王的头风病又犯了，赶快叫侍医！”众文武纷纷嚷嚷道。经侍医一番诊治，曹操这才平静下来。病榻上，曹操喝完汤药，气如抽丝般说道：“此子才性虽高，可整日滥醉如泥，仅如此不能任事，真是让我痛心啊……”

“请魏王息怒，保重贵体！大魏江山离不开大王啊！”贾诩、董昭、刘晔、司马懿纷纷跪劝道。

《魏氏春秋》记述道：“植将行，太子丕饮焉，逼而醉之。王召植，植不能受王命，故王怒也。”

“将——将军，徐——徐晃！”曹操有气无力呼唤道。

“在！”徐晃连忙来到病榻前。

曹操紧紧握着徐晃的手说道：“不，不能再等了……曹仁那边需要救援，由你统率十二营军马赶快南下樊城……”

“是！”徐晃率十二营军马火速南下。

陈寿在《三国志·魏书十九·陈思王植传》中记述道：“建安二十四年，曹仁为关羽所围。太祖以植为南中郎将，行征虏将军，欲遣救仁，呼有所敕戒。植醉不能受命，于是悔而罢之。”

下回请看：孙权假道灭虢计　曹操孙权一拍合

第八十回

孙权假道灭虢计　曹操孙权一拍合

襄樊大都督关羽营帐中，从事王甫来报："东吴使者在帐外求见！"

"让他进来！"关羽说道。

使者走入帐中，呈上书信。关羽看罢书信，冷笑道："你主孙权要率三万兵马到襄樊前线，助我讨伐曹仁？"

"没错！"来使应道。大帐内众文武立刻七嘴八舌议论纷纷。

"回去告诉你主孙权，我已俘获于禁三万兵马，不需要了！多谢了！"关羽冷声冷气说道。来使就这么被噎了回去，只得悻悻而去。

"我自去年出兵襄樊，屡屡邀孙权协同作战，出兵合肥，而他一直坐山观虎斗。也不知道孙权中了什么邪，今天却要出兵襄樊，这显然是黄鼠狼给鸡拜年！"关羽喝了一口茶说道。

"没错，孙权从来就不是什么好东西，鬼知道他葫芦里卖的什么药。况且刘封、孟达的援军马上就要到了。到时候我们就可以一鼓拿下樊城。"从事王甫说道。上述孙权假道灭虢之计，在《典略》有明确记载，本著只是如实再现而已。

孙权闻关羽拒绝了出兵相助的请求，说道："看来假道灭虢已经行不通，只有渡江袭城这一条路了。"

"袭取荆州容易。可问题是袭取之后，刘备率大军来攻怎么办？"吕蒙忧虑道。

"这又有何惧？率大军拒之就是了，难道还怕他刘备不成？"孙权笑道。

“问题是，要是曹操也率大军趁机来攻怎么办？”吕蒙继续问道。

“是啊……真要是这样，那可就难办了。到那时，我们一个东吴又怎么能同时面对魏、蜀两个强敌呢？这该如何是好？”孙权如梦方醒，面露恐慌之色。

“我也一直在为此事忧虑。”吕蒙来回踱步道。

正在此时，来人通报：“曹操遣使送来一封密信。”

“说曹操，曹操到。”孙权心烦意乱接过信，看完后又递到吕蒙手上。吕蒙看完后，一拍脑袋，笑道：“这可真是天助我也！”

孙权不解道：“子明此话是何意？”

“我们正愁袭取荆州后，魏、蜀两家来攻，现曹操邀我袭关羽之后，我方不是正好可以投其所好，然后成我之美吗？这样还可以结好曹操，避免日后来攻。”吕蒙说道。

“对呀！”孙权兴奋道。

孙权于是命吕蒙写好密信派人火速送往许都。

你有情，我有意，曹孙两家就这么为各自的利益走在了一起，一拍即合，昔日的敌人转眼间又变成了盟友。

九月，满目都是秋黄落叶之景。偃城（位于今湖北襄樊市北），荆州大都督关羽正在与手下文武巡视战地。主簿廖化打开地图，指道：“徐晃的十二营约五万兵马已经赶到，现正屯兵阳陵陂（今河南新野南），我军现处在城内曹仁与城外徐晃的南北夹击之中。”

“徐晃的十二营军马千里迢迢都已经赶到了，房陵（今湖北房县）近在身边，相距不到两百里，刘封、孟达的兵马怎么到现在还没到？这到底是怎么回事？！”关羽焦躁道。

“这，我也不知道？是不是前一段时间一直在下雨……”从事王甫说道。

“不能再等了，赶快去催！让刘封、孟达赶快发兵！现在洪水已退，正好可以攻城，要是援军现在赶到还来得及！”大都督关羽急道。

“是！”王甫领命，纵马疾驰而去。

“目前情况，只有一面分兵去应对徐晃援军，一面围樊城，等待刘封、孟达援军，等援军一到，拿下樊城，我军立刻就会由被动转为主动！”关羽也指图道。

房陵，刘封、孟达两人正在饮酒吃喝，“关将军水淹七军，擒于禁，斩庞德，威镇华夏，现在更是盛气凌人了……”孟达说道。刘封也不吱声，只是一个劲的喝酒。

“自古忠臣立功而遭祸，孝子抱仁而遇难，商鞅、白起、韩信、孝已、伯奇，哪个不是如此，况且将军并非至亲。以我之见，这些出力不讨好的事情最好还是少干点。就是把襄樊拿下，功劳是关羽的，与你我又有何干？”孟达喝了一口酒说道。

“话虽这么说，可父王，噢，不，汉中王，让我们攻占上庸、房陵的首要目的就是打通汉中与襄樊之间的通道，为关羽提供增援。现在我们却只顾在这儿喝酒，迟迟不发兵，要是怪罪下来怎么办？”刘封说道。

“这好办，我们可以拖。上庸、房陵初平未定，我们可以等安宁下来以后再出兵。”孟达拿起鸡大腿咬了一口说道。

上述刘封、孟德一再拖延增援关羽之事，陈寿在《三国志·蜀书十·刘封传》中明确记述道：“蜀平后，先主以达为宜都太守。建安二十四年，命达从秭归北攻房陵，房陵太守蒯祺为达兵所害。达将进攻上庸，先主阴恐达难独任，乃遣封自汉中乘沔水下统达军，与达会上庸。自关羽围樊城、襄阳，连呼封、达，令发兵自助。封、达皆辞以山郡初附，未可动摇，不承羽命。”

说到这儿，许多人都认为像孟达、刘封这样的人该杀。其实问题不在他们身上，有几人愿意干出力不讨好的事情？说到底这是动力机制出了问题。在王朝社会，像孟达、刘封这些外人干得再多，不如那些什么都不干的皇亲国戚，干的不如不干的，搞不好还会自己找死。这样的事，有脑子的有几人愿意去干？这也就是在王朝社会官场中的人都拼命搞裙带拉关系不干事的根本原因。这也是几千年王朝社会一直停止不前的根本原因。在现代民主社会中，在市场竞争中所干与所得成正比关系，所以许多人才拼命地干，不仅要干得多，还要干得好，这样才能更多地得到社会的回报，各行各业都是如此，这样全社会自然也就会蓬勃发展。这也就是刘封、孟达迟迟不肯出兵的又一原因。这也是曹操每次大战都要亲征或派至亲去督战的根本原因，他曹家的事，他要是不去亲征，外人又有几人愿意去卖力呢？刘备此次派上替补阵容，不去亲征立刻就出了问题。

此时曹操又命殷署、朱盖率十二营军马南下火速增援徐晃，孙权的密信也已呈到许都曹操的手上。曹操病容满面，颤巍巍打开信，只见上面写道：

孙权愿配合大王行动，袭关羽之后，为国家效力。我已遣兵西上，以袭取江陵、公安二重镇。关羽若失此二城，必然溃退，樊城之围到时将不攻自解。乞求保密，让关羽有备。

再者，汉数已尽，唯有空名，天下的每一寸土地和每一个子民已非汉有。大王十分天下有其八，德布四海，应早登大位，顺天应人才是。臣孙权愿率东吴之土归顺大魏。

曹操看后，扬起山羊须尖笑数声，说道：“来，来，你们也来看看此信，孙权竖子还挺会拍马屁，只可惜要的还是以前的老把戏……”许褚连忙从曹操颤巍巍的手中接过信交给众人。

“大王应顺天应人早登大位才是！”群臣齐声道。

“你们难道没有看出来吗？这可是孙权竖子要置我于炉火之上啊！若天命在孤——孤——孤就做周文王好了！”曹操哆嗦着嘴唇说道。《魏略》记述道：“孙权上书称臣，称说天命。王以权书示外曰：‘是儿欲踞吾着炉火上邪！’”

司马懿出列道：“从信中所写来看，孙权不久就会出兵袭江陵、公安，前后夹击之势已成。关羽快要完蛋了，大王应命徐晃进攻关羽营寨才是！”

“是啊。”曹操应道。

“还有，魏王应命人将此信射入关羽军中，让关羽也知道此事！”司空军祭酒董昭说道。

“我们应该为孙权保密才是。人无信不立。既然双方已达到协议，共治关羽，就应该言而有信！”众官纷纷议论道。

“任何事情都应具体情况具体对待。要是关羽知道孙权袭其后，必然要回救，这样樊城和襄阳之围马上就可解除，从而使两贼相斗，魏王则可坐收渔利。这是其利一。二者，要是被围将士知道此事，知道有救，会更加坚定守城信心，使关羽不能得逞。而关羽军军心将乱。反之，要是秘而不露，只对孙权有利，而对我方却大为不利。”董昭不紧不慢地说道。

“公仁之言正合孤意。”曹操颤巍巍说道。

将军徐晃于是率大军进围偃城，挖壕筑垒，欲抄关羽之后。参军赵俨命数十名弓箭手将复制的孙权密信射入关羽大营。

督军赵累慌忙持信来到关羽大营。营帐中众文武个个屏声静气，关羽看完信，将信紧紧地攥在手心，也不吭声，只是来回踱步。手下文武个个面面相觑。廖化焦虑道："此信在军中已经开始风传，虽不足信，但也不能不防。再者，刘封、孟达以上庸、房陵初平未定，迟迟不肯出兵，至今未见一兵一卒。而曹操先派徐晃率十二营军马增援，现又命殷署、朱盖率十二营军马来增援。这个仗显然已经没办法打了。"

"我军处境十分危险，魏军的增援部队接二连三不断赶到，要是孙权再袭我之后，那麻烦可就大了！"主簿廖化、从事王甫、督军赵累议论道。

"慌什么？！为将者应处惊不乱！我想他孙权还不至于蠢到这个份上。他孙权就是真这么干又有何惧？！"关羽吼道。

"要是如此那我们该怎么办？"关平置疑道。廖化、王甫、赵累也都一脸疑云。

"你们是不是认为我关云长在说大话？！告诉你们，这是关系到全军生死存亡的大事，我早有所思。即使他孙权来偷袭江陵、公安，只要麋芳、士仁能坚守三五天，我军就能赶到。到时吴军就会处在两面夹击之中。不久，汉中王又会率大军从江州水陆并进救援。"关羽指图道。

"那问题是麋太守能守三五天吗？当年长沙太守廖立，还有贵阳太守，不就不战而降了吗？"廖化疑道。

"麋芳是麋竺胞弟。麋竺原在陶谦手下做别驾从事，奉陶谦之命迎汉中王做徐州牧。吕布袭下邳，在汉中王最困难的时候，麋竺不仅嫁妹于刘备，还出巨资以助刘备，兄弟二人就这么一直追随汉中王，转战南北二十余年。麋竺现为安汉将军，与军师将军诸葛亮平起平坐，麋芳则为南郡太守。你们说麋太守会像长沙太守廖立那样不战而降吗？"关羽说道。

"是啊，还是关将军深谋远虑，到那时只会让孙权狗日的吃不了兜着走。"廖化、王甫、赵累疑云顿释。

"这也是我关云长为什么敢从江陵、公安抽调兵马增援襄樊前线，敢走这招险棋的根本原因。江陵、公安守军虽少，但坚守十天半个月没有任何问题。这不只是因为形势所迫，吕蒙病退！"关羽说道。

“这可真是艺高人胆大！”

陈寿在《三国志·吴书二·孙权传》中记述道：“曹公且欲使羽与权相持以斗之，驿传权书，使曹仁以弩射示羽。羽犹豫不能去。”

而此时孙权以吕蒙、陆逊为前部都督，各统战船三百，水军五万，从柴桑登船，使白衣摇橹，精兵皆打扮成商人藏于船舱之中，日夜兼程，向江陵、公安而来，他们先接二连三拔掉了沿江的烽火台。接下来先是吕蒙、虞翻诈称有内应，骗取士仁镇守的公安城，又以士仁做说客劝降南郡太守麋芳，南郡一夜之间易手。骗城过程《吴书》中有详细记载。当然城中守备空虚，信心不足，恐关羽责罚也是原因。易中天所谓“这两个人，对关羽既心怀不满又心存畏惧。因此，吕蒙大军一到，他们就先后投降”的说法，显然是片面之词。

下回请看：关羽长坂大溃散　刘备兄弟罪不及

第八十一回

关羽长坂大溃散　刘备兄弟罪不及

襄樊，围头大营，数骑飞马而至，跌跌撞撞入帐来报："十万火急！孙权偷袭江陵城，糜太守请求火速救援！"

关羽及手下文武大惊失色，连忙率军弃营回撤。"督军赵累！"

"在！"

"你率五千军马负责断后，以防贼将徐晃趁机来攻！马上通知率全军后撤，渡汉水，到谷城，往临沮（今湖北远安县西北）方向南撤，火速救援江陵！"关羽指图道。

大都督关羽率军连夜弃屯而去，将军徐晃率军追击，征南将军曹仁也开城出击，在两面夹击下关羽军全线溃退。关羽与关平率百十战艘船渡过汉水，逃往襄阳，督军赵累率后军拼命抵抗，徐晃孤军突入如同驱赶牛羊群一般左突右砍，关羽军死伤漫山遍野，因来不及乘船渡河，自投汉水被淹死无数。

寒风呼啸，汉水北岸，眼望着满河滩的关羽军尸体，徐晃一脸豪气，说道："今关羽还救江陵、公安，惶惶如丧家之犬，大举挥进，必可擒获！"

"没错。应赶紧收拾战船，准备南渡汉水追击关羽，以雪水淹七军之耻！"曹仁说道。

"万万不可！"参军赵俨阻道。

"我军正可乘胜前进，赵参军这是何意？"曹仁怒道。

"将军息怒。今关羽还救江陵、公安，若留之则可为孙权之害，我方可坐收渔利。这是其一。再者，要是我方继续挥军南下，兵临南郡，必为孙权所疑，搞不好会生后患。这是其二。有这一利与一弊，魏王自然是不希望将军追击！”参军赵俨说道。

“赵参军所言有理。”满宠附和道。

正在诸将犹豫不决之时，数骑飞马赶到：“报告将军！魏王有令！命全军不得追击关羽军！”

征南将军曹仁看看徐晃，又看看赵俨，笑道：“果然如赵参军所料，命全军停止追击！” 参军赵俨劝曹仁勒兵及曹操之命也正好到达之过程，陈寿在《三国志·魏书二十三·赵俨传》中有详细记载，本著只是如实再现而已。

这时虎威将军吕蒙、陆逊已入江陵城，孙权也随后入城。

“江陵城啊！我们终于又回来了！”大殿之上到处都是欢声笑语。“大家静一静！大家静一静！现在还不是喝酒庆功的时候！”吕蒙说道。

“我们现在一面要安抚和收剿荆州各地，一面要应对随时可能会率大军东征的刘备，一面还要应对随时会溃逃下来的关羽军。我和主公商量了一下，下一步的作战任务是，都督陆逊、韩老将军！”吕蒙指图道。

“在！”

“你二人火速率朱然、潘璋统兵五万，去抢占夷陵（今湖北宜昌市东南）。然后你二人兵分两路：韩老将军率两万兵马火速水陆并进抢占秭归（今湖北秭归），守峡口（今西陵峡入长江接口处），拦截随时可能会从江州（巴郡治，今重庆市北）水陆并进东征的刘备军。都督陆逊则率朱然、潘璋统三万兵马，一面拦截从北面溃退下来的关羽军，一面协助韩老将军拦截东征的刘备军！”吕蒙指图道。

“是！”陆逊、韩当齐声领命道。

“我与主公则镇守江陵城安民抚军调度各路兵马。”吕蒙说道。孙权喝了一口茶，坐于首位，不住地点头。

江陵城东吴军士拉着粮车挨家挨户向关羽手下将士的家属送粮，将士家属个个破涕为笑，“多谢吴主孙权！多谢吴主孙权！多谢吴主大仁大德啊！”

此时关羽已率大队人马沿汉水西岸荆山东麓一路南撤，已过宜城（今湖北宜城市南），正向长坂（今湖北当阳市东北70里）滚滚而来，“前面就是长坂桥，当年赵子龙就是在这儿不远处救了阿斗母子！”关羽拍马前行道。

“将军快看！”督军赵累挥鞭指道。顺鞭远望，见前面长坂桥挤满了人群，有男有女，有老有少，妇女儿童，“哪来这么多人？”关羽疑惑道。

探马飞身来报：“报告！都是随征将士的家属！”

“爹！”

“孩他爹！”

“孩子！赶紧回来吧！江陵城已经失陷了！”

声声呼唤顿时此起彼伏，喊声、哭声、叫声催人泪下，荡人心魂，关羽军一片哗然。

“怎么江陵城已经失守了？”

“那不是我媳妇吗？”

“唉！那不是我们家小宝吗？”

“那不是我爹，我娘吗……”

军士呼啦啦纷纷骑马奔向前，“江陵城已经被东吴孙权占了，听说公安也降了……”

“吴狗欺负你们没有？”

“吴狗，噢，不，吴军不仅不抢东西，还挨家挨户送粮米，对咱们可好了，真的……”亲人久别喜相逢，一把泪来一欢笑，有的抱着自己的孩子又亲又抱，有的吃着媳妇递到手上的面饼，有的跪在老父老母跟前聆听着谆谆教导。“赶紧跟我们一起回家吧！”

关羽军于是如鸟兽般溃散，“都给我回来！不许走！”督军赵累、长子关平挥剑吼道，可无济于事，“赶紧跑啊！”溃散的军士及其家属慌忙奔逃，赵累、关平纵马追向前连砍数名军士，不仅没法制止溃散的军士，反而加速了军士溃散。如五雷轰顶一般，关羽大叫一般声坠马落地，“父亲！”关平连忙回马扑到关羽面前，将关羽扶起，关羽一脸无奈，摆摆手，绝望道：“不要再追了，让他们去吧……”此时关羽身边只留有数百骑，廖化也已经不知去处。“糜芳不战而降，江陵城已被孙权占领，我们已经无家可归，这该如何是好？”督军赵累问道。关羽勉强站起身，说道：“赶紧往夷陵去！”

关平、赵累扶关羽上马，“赶紧往夷陵去！”关平、赵累打马吼道，三人于是率百骑沿西南山谷往夷陵奔去。

江陵城中，大殿中，炭火熊熊燃烧，吕蒙喝了一碗汤药，起身指图道："关羽军在长坂坡溃散，正率残部往夷陵而去，已进入我军的口袋之中了。"

孙权兴奋得手舞足蹈："太好了！关羽这只大老虎终于钻到我们的口袋之中了！虞参军赶紧算上一卦，看能不能擒住这只大老虎！"

"主公还信这东西？"虞翻问道。

"卦相卜天意，未行知祸福。虞参军难道还不知道这个？"孙权问道。严畯、诸葛瑾面面相觑。

"在下略有所知，略有所知。"虞翻说着，开始摇签占卜，口中振振有词，烟雾缭绕，摇出一签，侍者连忙拾起交到孙权手上，只见签上写道：兑上得下，五爻之变。"这是何意？"孙权问道。虞翻看后心想：这还不是任由人来诠释嘛。于是笑道："此签之意是不出二日，必当断头！"

"哇！太好了，关羽老贼，我终于可以好好出口恶气了！"孙权一擂桌子兴奋道。吕蒙用诧异的目光看了一眼孙权，心想：其兄孙策痛恨此道，还为此不顾民众祈求，杀了江南名道于吉，而其却笃信此道，同为兄弟，差别为何如此之遥？孙权让虞翻占卜一事，陈寿在《三国志·吴书十二·虞翻传》中有记载，本著只是如实再现而已。

此时寒风凌厉，雪花飘飘，关羽已率残部来到麦城（城名，今湖北当阳市东南），这时前方探马飞报："报告！前方通往夷陵的山间险道——柴道已经被吴狗给占了，根本过不去！"

"什么？"关羽在战马上晃了一下，"大哥啊！你现在到底在哪里？！二弟需要你来救援啊！"关羽从内心深处高声呼唤道，可又镇定住。陈寿在《三国志·吴书九·吕蒙传》中记述道："蒙入据城，尽得羽及将士家属，皆抚慰。会权寻至，羽自知孤穷，乃走麦城，西至漳乡，众皆委羽而降。"

"看来夷陵、秭归也已被孙权竖子占据，这个顶着人头的猪，看来我和我兄刘备都把这个小儿高估了！"关羽仰天望雪说道。

"那我们该怎么办？！"关平问道。关羽眼望在漫天雪地中饥寒交迫的残兵败将，不禁老泪纵横，说道："先入麦城，做短暂休整以后再做打算。"关羽于是率残兵败将进入麦城。埋锅造饭，烧火取暖，关羽命令城中守军加强戒备。雪还在下着，破衙内，督军赵累进报：“东吴使者在城外求见！”

“来得好快啊！”关羽正嚼着干粮，喝了一口热水起身道。

“这显然是来劝降的。大丈夫宁死不屈，不见！”关平厉声道。赵累转身刚要走，却听关羽说道：“慢！”

“父亲这是何意？头砍掉也不过是碗大的一块疤！”关平叫道。

“你说得没错！可不到最后绝不言死！”关羽吼道，督军赵累站在一旁不知所措，“让东吴使者进来！难道你没有听见吗？”关羽吼道。

寒风呼啸，雪花飞舞，打开城门，督军赵累将东吴使者迎进来，关羽一脸惨败之相，躺在一张破床上，关平持刀立于身旁，一身凛然之气。“坐吧！”关羽轻叹一声说道。来使抖抖身上的雪花，战战兢兢坐在一个破木凳上。火盆中的炭火已经烧败，关云长久久不语，室内的空气如凝住了一般，来使嘴唇颤动了一下也不敢吭声。这时听关云长长叹一声说道：“事已至此，也只好如此了……”关羽说着两行泪不禁从眼角溢出。关平怒目圆睁。“将军真识时务者。”

“容关某明日一大早开城出降。”大都督关羽躺在破床上说道。来使满心欢喜骑马出城，而城中关云长却翻身下床，将关平、赵累叫到近前，展开地图指道：“我们的残部在麦城，东面和南面现在都已被孙权占据，西面入蜀的路也已被堵死，北面襄樊是曹操，仅凭这几百号残兵败将显然守不住麦城，明早要是不降，吴狗必然率军攻城。”

“那我们该怎么办？”关平、赵累问道。

“我们现在只有一条路可走！”关羽说道。

“这条路难道就是投降吗？”关平厉言道。

“你难道不知‘兵不厌诈’吗？”关羽厉声道。

“将军之意是？”督军赵累一脸疑惑。

“我的意思是，我们现在只有一条可走，就是连夜逆沮水河道，沿西北方向，经临沮，向房陵潜逃。到了房陵，然后就可以从汉中调动兵马东山再起。”关羽说道。

“是啊！”关平、赵累两人恍然大悟，“今夜好大雪，再加上今日将军哀兵哭降，吴狗必不设备，正好可以……”

可关羽最终还是没能逃脱吕蒙为他布下的地网，当夜在临沮被潘璋手下司马马忠生擒。陈寿在《三国志·吴书二·孙权传》中记述道："关羽还当阳，西保麦城。权使诱。羽伪降，立幡旗为象人于城上，因遁走，兵皆解散，尚十余骑。十二月，璋司马马忠获羽及其子平、都督赵累于章乡，遂定荆州。"《三国演义》所谓关羽拒降之说整个与史不符。来使也不是诸葛瑾。

孙权兴奋得一下子从座位上蹦了起来，大堂内顿时像炸开了锅一样："太好了！终于抓住这头大老虎了！"

"果然如虞参军卦中所测。虞参军虽不及伏羲，但可与东方朔相比！"孙权兴奋道。

"大家都静一静，静一静！现荆州已定，南郡、武陵、零陵已尽入主公之囊，关羽父子也已被擒，现在该是考虑该如何处置关羽父子的时候了！"虞翻说道。吕蒙则是坐在一旁心事重重，一言不发。

"关云长虽久与我不睦，可胆智超人，华夏英雄，连曹操都惧他三分。"孙权说道。

"关羽诈降，险些让他逃走，这样的人全无可信，应该杀掉！"周泰说道。

"没错，关羽和刘备一样整个是一对老滑头，完全不可信，留之必为后患。曹操当然不除之，后留大患，主公万万不可重蹈覆辙！"虞翻说道。

"看来也只好如此了。"孙权说道。吕蒙一脸阴郁，欲言又止。上述讨论是否杀关羽的过程在《蜀记》中有记载，《三国演义》所谓的孙权当面劝降之说于史无据。

关羽、关平、赵累被潘璋、马忠、朱然押赴雪地，眼望茫茫雪山，关羽仰天长笑："死有何惧？今日我死！明日你死！人人终究都要死！大丈夫战死于沙场，马革裹尸，死得其所！只恨我壮志未酬，被竖子所害！大哥，永别了！你可要替我们父子，替将士们报仇啊……"关羽父子于公元219年十二月，在临沮被孙权杀害，终年59岁。陈寿在《三国志·蜀书六·关羽传》中记述道："权遣将逆击羽，斩羽及子平于临沮。"

关羽无疑也是三国中的大英雄。其降曹又叛曹，白马斩颜良，长期以来一直都是刘备集团的二号人物，屡立战功，以及其在最后时刻的诈降，都证明关羽是一个智胆超人、机智多变之人。而且关羽的人品也是上乘的，礼下敬上，从不滥杀无辜。而在《三国演义》的笔下，关羽却变成了心高气傲，只有一根弦，满脑子愚忠思想的人，这显然是对关羽的歪曲。像孙权这样的人就是给关羽擦屁股都不够格。

成都，刘备府中，“二哥啊！二哥！你怎么就这么走了？”张飞豪声痛哭，哭声响彻云霄，震荡环宇。麋竺自缚请罪，“我有罪！我有罪！罪该万死！请汉中王致罪！”麋竺缚于大殿中央，在不住地磕头，头磕在地上咚咚直响。张飞怒目圆睁，拔剑在手，虎叫着冲向跪在大殿中央的麋竺，刘备踉踉跄跄拦腰一把将张飞抱住，“三弟，不许你胡来！不许你胡来！”刘备叫道。

张飞拼命挣脱着：“大哥！你放开我！你放开我！让我杀了他！他兄弟要是不降，二哥就不会死！荆州就不会失！我不仅要杀了他，而且还要杀他，还要杀他全家，灭其家族！”

只听“啪”的一声响，刘备抡起手一个大巴掌扇在了张飞的脸上，张飞愣在那儿，“你这样不是变成曹操了吗？！仅仅为了一己之私利可任意滥杀无辜！你难道不知道‘兄弟罪不相及’吗？”刘备吼道。

“大哥！大哥！二哥父子死得好惨啊！二哥啊！二哥！”张飞如雷鸣般哭道。

刘备又踉踉跄跄走下台阶，欲要将跪在地中央的麋竺扶起，两个花白头却忍不住相拥相抱，哭成了一团，泪如雨注，“我有罪！我有罪啊……你就让张将军杀了我吧，只有这样我的心才会好受些……”

简雍、诸葛亮、赵云、黄忠及众文武无不放声痛哭（此时孙乾已经病逝），哭天恸地，泪雨飘飘，山岳为之动容，四海为之哭泣。陈寿在《三国志·蜀书八·麋竺传》中记述道：“芳为南郡太守，与关羽共事，而私好携二，叛迎孙权，羽因覆败。竺面缚请罪，先主慰谕以兄弟罪不相及，崇待如初。竺惭恚发病，岁余卒。子威，官至虎贲中郎将。”

这就是刘备的宽仁大德，也是一直以来最值得世人尊敬的地方。要是换成曹操，那完全就是另外一个结局了。马腾、张绣之事就是最好的例证，还有许多，举不胜举。刘备不仅对麋竺如此，对麋竺的后人也是一样。麋竺病死后，其子麋威被拜官至虎贲中郎将。麋威子麋照，官至虎骑监。在现代文明社会这是一件再平常不过的事了，而在古代王朝社会却是一件难能可贵之事。

刘备会恩待他身边的每一个有恩于他的人，念念不忘。而曹操常常是恩来则喜，翻脸就不认人。许攸、荀彧、崔琰、娄圭……许多人都是如此下场。

刘备夺取汉中后，本来可以一鼓作气夺取襄樊，挺进中原。可到头来，他不仅失去了进军中原与曹操叫板的天赐良机，还失去荆州三郡及爱将关羽。那到底是什么原因造成的？这就像官渡大战、赤壁大战、奇袭成都一样，一直众说纷纭。

其实要想把问题搞清楚并不难，按照主要当事人刘备、关羽、刘封与孟达来说，基本上可分为三个方面，由于刘封与孟达的原因在前面已经分析过了，在此只对刘备、关羽两方面进行分析。

先说刘备。造成刘备从公元219年五月至十一月，近半年未给关羽补充一兵一卒的原因非常复杂，据我分析主要有：

一、首先是刘备称霸天下的穷奢极欲没有曹操那样强烈，较容易满足，所以在经过千辛万苦夺取汉中后，很容易被本能的想好好歇息一下的欲望所主导。结果派上了刘封、孟达这对替补阵容，开始忙称王，忙休闲，留下了无穷后患。

二、对关羽产生猜忌。公元214年夏，刘备入主益州拜马超为平西将军，使督临沮，被关羽像太极拳一样给推了回去，使得刘备被迫收回成命。刘备心里肯定不是滋味。

三、以已之心度孙权之腹。刘备以已之心，度孙权之腹，误以为孙权不会那么蠢，因小失大，再次干出偷袭荆州之事来，导致对孙权疏于防犯。其实，只要此时向江陵、公安补充五六万兵马，就可以一则增援襄樊前线，二则防止孙权偷袭。自曹操撤出汉中，从益州五六万兵马应该不成任何问题。

四、总体作战部署也有问题。刘备只是从上庸、房陵一条道增援关羽，整个忽视了从江州沿江路向关羽提供增援，如上所述这样可一举两得。

这是导致长达半年时间刘备未给关羽补充一兵一卒的四个主要原因。而在这一阶段，曹操向襄樊前线共三次大规模的增兵，一次于禁率七军增援，二次是徐晃率十二营增援，三次是殷署、朱盖率十二营增援。可即便如此，兵力也不足，只要麋芳、士仁能在江陵、公安坚守三五天，关羽就可还军来救，刘备也可率军出江州水陆并进来救，到那时吕蒙的偷袭计划就像偷袭合肥一样，自然就会流产，可是就像当年的长沙太守廖立、桂阳太守一样，这两人都是不战而降。这就暴露出刘备在人才管理上也存在着致命的问题。廖立不战而降，刘备不仅没有责罚他，还拜其为巴郡太守，要是刘备也像曹操那样将他们的家属都人质一样扣在手上，一旦投降就诛其三族，你说这些人还敢轻易投降吗？估计十有八九宁可“英勇就义”也不会投降。要是这样不仅上次长沙、桂阳不会失去，此次南郡、武陵、零陵也不会失去。而刘备是一个宽仁大德之人，是不会为一己之私干如此伤天害理之事的，否则他也就会变成和曹操一样的人了。可在王朝社会不这么做又没办法牢牢地把人控制住。刘备就处在了这样的矛盾之中。所以导致这些人巨大的压力面前很容易投降。要是在现代民主社会，刘备的这一难题自然也就解了，那时国家是民众共同的家园，而不是某人的房地产，这样人们自然就会为了共同的家园而战，完全不需要把守将的家属扣做人质。

从关羽方面来看。关羽为接应侯音、卫开，宛城倒戈，进军襄樊，侧应刘备发动的汉中会战立下了汗马功劳。就是再接再厉要夺取襄樊，也是奉刘备之命。要是关羽在这场战争中出了什么问题的话，首先就是被刘封、孟达这支援军所惑，这就像官渡大战刘表给袁绍开出的空头支票，许之而不至，使得关羽想撤军，可眼看刘封、孟达的援军马上就要到了，结果把关羽一直吊在襄樊。既有刘备之命，又有刘封、孟达的援军吊着，就这么使关羽一次又一次错过了撤军的最佳时机。关羽是一个机智多变之人，否则是绝对不会眼睁睁看着曹操不断增兵，而不撤军。

就是被吕蒙病退所惑，首先也是因援军迟迟不能到达被迫所为，要是援军能赶到，关羽是不会冒这个风险的。当然吕蒙病退有些放松也是一个原因。可就是这样也不足以失荆州，根本问题是麋芳、士仁不战而降。而荆州三郡虽归关羽总督，实际上各郡守都是由刘备一手安排，人事安排与管理不当的问题也是刘备一手造成的。因此，从总体而言，刘备毫无疑问应对襄樊战败与失荆州负首要及九成以上的责任，关羽父子可以说是整个这场战争无辜的牺牲品。由此也可见历史对关羽的评价整个是不公正的。

而易中天把关羽说成是“狂妄自大，刚愎自用，好大喜功，爱戴高帽子”的人，还把关羽说成是一个“惯坏了的孩子，一是任性，二是天真。因为任性，所以发动了襄樊战争；因为天真，所以被吕蒙和陆逊忽悠”，整个是满嘴跑火车。

下回请看：吕蒙小聪明丧命　曹操临终杀儿媳

第八十二回

吕蒙小聪明丧命　曹操临终杀儿媳

此时孙权正在公安大摆庆功宴。鼓乐声声，编钟丁当，孙权一脸欢喜，陆逊、潘璋、朱然、周泰等众文武纷纷举杯欢庆。

诸葛瑾站到台前："大家静一静！大家静一静！"

喧闹的气氛一下静了下来。"主公有令：今收复荆州吕子明应居首功！现拜吕子明为南郡太守，封孱陵侯，赐钱一亿，黄金五百斤！"诸葛瑾宣令道。

吕蒙恍然起身，辞道："这怎么敢当！这让我如何敢当啊？"

"敢当，敢当，怎么不敢当？子明病退蒙关羽，白衣渡江骗城门，临沮擒关羽，从头至尾功不可没！"孙权笑道。

"是啊，收复荆州子明居首功当之无愧！"众文武也纷纷议论道。

"不行，不行，实在是万万不敢当。"吕蒙还在推辞。

"子明就不要再谦让了，收复荆州惟吕将军功最大，无人可比！"孙权劝道，严畯、虞翻、诸葛瑾、陆逊、潘璋、朱然、周泰也纷纷相劝。

吕蒙看推辞不过，为难地说道："既然如此，我收下官爵，但钱和黄金就不要了。"

"这怎么能行？这不是让世人说我孙权小气吗？如此看来，吕子明不仅有超人之智慧，还有过人之美德，此生能得子明相佐，真是三生有幸啊……今天是一个大喜的日子，既得荆州，又除掉了关羽这一心腹大患，这全赖吕子明与众将之功！来，子明，大家一起举杯！"孙权起身劝酒道。陈寿在《三国志·吴书九·吕蒙传》记述道："权以蒙为南郡太守，封孱陵侯，赐钱一亿，黄金五百斤。蒙固辞金钱，权不许。”

殿堂内乐曲飘飘，酒香四溢，欢声雷动，而吕蒙却独坐一旁一脸阴郁，正在苦思冥想之中：偷袭了荆州三郡不说，又杀了关羽父子，吴蜀两家已经结下了血海深仇。刘备一代枭雄，又怎么能咽下这口恶气？想必不久就会率大军来攻。刘备这边好对付，可万一要是曹操也乘机来攻怎么办？到那时东吴将遭受灭顶之灾……嗨，我吕子明绞尽脑汁，怎么会干出这样一桩蠢事……我真是好糊涂啊……

吕蒙将满满一樽酒饮下。心想：行了，别瞎操心了，现在主公不是已经向曹操俯首称臣，曹操又怎么会来攻呢？是啊……不，不对！曹操智谋超群，手下贾诩、刘晔、司马懿哪一个不是一等一的高参，这套十几年前就一直在耍的装孙子的小儿把戏，又怎么能糊弄得过曹操这班人呢？是啊，这该如何是好啊……东吴有倾巢之危，我吕蒙怎么会干出这等因小失大的蠢事……

吕蒙越想心里越没底，越想心里越害怕，忧心忡忡，独自一人坐在那里自斟自饮。而殿堂中的文臣武将却在喝酒吃肉，欢声笑语。

“子明，来，把这樽干了！”孙权走到近前。

“噢，谢主公！”吕蒙连忙起身。两人一碰杯，将酒喝干。

“子明今成大功，应该高兴才是，何故独饮闷酒，是不是身体不舒服啊？”孙权关怀地问道。

“是啊，我突感身体不适。”吕蒙应道。

“子明本来身体就不好，常生病，今又为荆州之事操劳费心。来，送子明回营！”孙权喊道。

“怎么，子明要回营？”众文武都围了上来。

“是的。子明身体不适，就让子明早些回营休息。来，让仪仗队和护卫护送子明回营，我们在这儿继续喝酒，今日一醉方休，让子明在路上也排场排场，热闹热闹！”孙权笑道。

吕蒙忧心忡忡坐在戎车上，虎卫军在最前面开道，锣鼓喧天，仪仗丛丛，军马侍卫，从闹市而过，甚是光耀。只是吕蒙一脸阴云，双眉紧锁，从心中叹道："世间不知有远虑，欢乐声中有悲哀……"《江表传》记述道："权于公安大会，吕蒙以疾辞，权笑曰：'擒羽之功，子明谋也，今大功已捷，庆赏未行，岂邑邑邪？'乃增给步骑鼓吹，敕选虎威将军官属，并南郡、庐江二郡威仪。拜毕还营，兵马导从，前后鼓吹，光耀于路。"

公元220年正月，开春，孙权命人将关羽首级送往洛阳。病榻中，许褚将满头华发的曹操扶起，曹操哆嗦着嘴唇说道："人生无常，昨日关云长水淹七军，威镇中原，今日却成了刀下之鬼……"

"孙权此举显然有嫁祸魏王之意。"司马懿站在榻前怯生生地说道。

"那该如何是好？"曹操问道。

"魏王以诸侯之礼厚葬之就可以了。"贾诩说道。

曹操于是以诸侯之礼将关羽厚葬。在侍从的搀扶下，强拖病体，率众文武为关羽送葬。《吴历》记述道："权送羽首于曹公，以诸侯礼葬其尸骸。"

易中天在谈到这个问题时说道："孙权把关羽的首级送到了曹操那里。很显然，孙权是要制造一个假象，让大家认为是曹操要他杀关羽的。"其实易中天是只知其一，不知其二。孙权传首于曹操还有另一层意思是复命讨好曹操：魏王交办的任务小的已经完成了，你还满意吧？

吕蒙在公安闻曹操以诸侯之礼厚葬关羽，知道自己的小儿把戏早已被曹操看破，一口闷气涌上心头，随之呕血不止，"吕将军你怎么了？！"

孙权连忙率手下文武急忙来探视，孙权见吕蒙面无血色，茶饭不饮，时而呕血，六神无主，方寸大乱："我不能没有吕子明，我不能没有吕子明……快，快，赶快四处寻访郎中，有能治愈吕子明之病者赏千金。"

可无药可治，病榻上，吕蒙已经奄奄一息，心中不断闪现着一个念头：鲁子敬啊，你要是还活着该多好啊，我就不会干出这样的蠢事来。

孙权又请来各路神明巫士，为治愈吕蒙之病，无明昼夜祈山祷水，望天呼神。公安内外咒语喧天，香烟缭绕，纸灰飞扬。深夜，满天星辰，孙权率众文武跪于道场中央，放声祈道："上天啊！上天啊！快来为吕子明增寿，保我东吴之土，我东吴，我孙权不能没有他啊……上天啊！我代表东吴父老乡亲求你了……”

可祈祷声虽哀，祈祷声虽诚，还是救不了吕蒙的命，不久吕蒙便忧病交加死在公安。终年42岁。孙权痛哭流涕，吕蒙家人呈上吕蒙临终遗愿，只见上面写道：

我命薄，不能再为主公尽忠效劳了。现将主公所赐所有金财宝物尽数归还，以恕吕蒙半道而去之过。

孙权看罢，更是悲恸。孙权当然永远也无法读懂吕蒙的心。上述病危，孙权求医问神之事，陈寿在《三国志·吴书九·吕蒙传》中皆有记载，本著只是如实再现而已。《三国演义》所谓的关羽附体索命之说纯属迷信邪说。

在此次襄樊战役和偷袭荆州的战役中，孙权看起来是最大的赢家，吕蒙机关算尽才把剩下的荆州三郡也搞到了手。而实际情况是，吕蒙是只有小聪明没有大聪明，结果是绞尽脑汁却因小失大，聪明反被聪明误，干了一桩具有传奇色彩的大蠢事。为什么这么说呢？吕蒙此次偷袭虽然得到了荆州三郡，可却有三大失算。

首先，孙刘两家从此结下了血海深仇，彻底破坏了两家联盟抗霸的关系，很容易被强大的曹魏各个击破。

再者，东吴有同时面对曹、刘两面夹击的危险，使东吴随时都有倾覆之危，从而为自己埋下了巨大的隐患。吕蒙从此也就把命运的主动权交到了曹操的手上。这一危险不是通过俯首称臣和百般讨好就能消除的。

三者，江陵这个出兵口要是放在刘备的手上，能充分发挥其战略要地的作用。刘备可以把益州的兵马源源不断地顺江调往江陵，从而威胁到中原地带。这样孙刘两家就会占据主动，处于攻势，而不只是被动防御。这一战略要地放在孙权手上，因其兵力有限，不可能从江陵和濡须口两面同时强力出击对曹操构成威胁，江陵这一出兵口自然也就难以发挥作用，吴、蜀两家从此便长期处于被动防御之中。这对两家的生存发展自然都是极为不利的。

吕蒙偷袭荆州三郡，却有这三大失算，而这三大失算都关系到生存之根本。这也就是我说吕蒙偷袭荆州虽机关算尽，却整个是因小失大，聪明反被聪明误的根本原因。而在《三国演义》的笔下，在历史学家的文字堆里，这

一愚蠢之举——白衣渡江，却变成了千古传奇。当然，像孙权那样的人是永远也认识不到这些的。

春暖花开，鸟语声声，久卧床榻的曹操犹如严冬回暖一般，挣扎着要从病榻上坐起。许褚连忙小心翼翼地将曹操从床上扶起，“魏王今天气色真好，就像外面的天空。”许褚说道。

“好久没见阳光了，扶孤到新建的楼台上，孤要看看天空，看看大地……”曹操说道。许褚与数名侍从将曹操小心翼翼地扶上宽大的轿子，然后前后各两人肩扛，将曹操抬上新建的楼台，曹丕、贾诩、刘晔、司马懿、曹洪、夏侯惇等跟随其后。曹操一脸阳光坐在轿椅上，眼望苍穹大地，琼台楼阁，不禁心潮澎湃：

茫茫人生风云变幻，

大千世界唯我独尊。

金戈铁骑闯荡天下，

芸芸众生尽在脚下。

这时只见一女子身着锦绣，光鲜亮丽，在光天化日下翩翩而行，如同一道光芒刺入曹操眼帘，“这是谁家女子？”曹操颤巍巍指道。

“回父王。此女乃临菑侯曹植之妻，已故崔琰之侄女。”曹丕慌忙应道。

“难道她不知道，在孤患病期间所有人都要穿着朴素，不得着华丽之服吗……”曹操颤抖着山羊胡躁道。

“这……”曹丕及众文武皆不敢言。

“马——马上，以违制令赐死……”曹操尖哑着声音吼道。关于曹操临终杀儿媳之事，《世语》明确记述道：“植（曹植）妻衣绣，太祖登台观之，以违制命，还家赐死。”

曹操就这么把他的儿媳妇给杀害了。易中天在谈到此事时说曹操此举是为了进一步打压曹植势力，因为曹植之妻是崔琰侄女，好让曹丕顺利接班。易中天也不想想，崔琰早在公元216年就被逼死，还有什么势力可仰仗？曹丕的太子之位也早已确立，坚如磐石。著名史学家吕思勉先生也持这一观点：

一个做大事成大业的人又怎么会为这么屁大一点儿的事去杀人呢？其实只要对曹操的魔鬼脾气有所了解，就不难理解曹操此举。边让、许攸、孔融、华佗、荀彧、崔琰、娄圭、杨修，哪个不是为屁大点儿的事被他杀害的。当然曹操杀儿媳妇，还有更深层的原因，就是对曹植不满，借故在儿媳妇身上撒气。

曹操在杀了儿媳妇后，病情急剧恶化，头风病大作，高烧不退，处于昏迷之中。被无辜杀害的蹇硕之叔，吕伯奢家人，大学士边让，沛相袁忠，沛人桓邵及家人，十数万徐州百姓，张邈一家百十口，董贵妃及其一家三百余口，许攸，华佗，孔融及二子，马腾、马休、马铁及一家百余口，荀彧，伏皇后、伏完及一家三百余口，娄圭，崔琰，许都百官，杨修以及曹操儿媳等，惨遭杀害的场景不断在脑海中浮现，"曹阿瞒，你这个人间恶魔！你凭什么杀我？"

"曹阿瞒，你这个赘阉遗丑！你凭什么杀我的儿女！你凭什么杀我的家人！"

"曹阿瞒，你还我命来！"

"还我命来！还我命来！"

被曹操无辜杀害的人汇成巨大的讨伐声浪向曹操滚滚扑来，曹操吓得战战兢兢，连滚带爬，拼命逃窜。可他又哪里跑得了，双脚整个被粘在了地上，拼命挣扎却寸步难行。眼看讨命的人浪，巨浪般纷纷张开大口向他扑来，"不！不！你们要干什么？你们要干什么……"曹操拼命挥舞着手中的利剑，疯一样劈砍着，"孤一生军中执法是也！孤一生军中执法是也……"

曹操昏迷中痛苦地挣扎着，嘴里不停地喊叫，从昏迷中醒来，"魏王，魏王，魏王醒来了……"许褚连忙将曹操从病榻上扶起，"孤一生军中执法是也，孤一生军中执法是也……"曹操喃喃道。

"大王英明！大王英明！"贾诩、刘晔、司马懿、曹洪、夏侯惇等齐声应道。

曹丕、曹彰、曹植，卞王后及众嫔妃皆跪于榻前，哀声抽泣。曹操深吸一口气，挣挣身子，许褚连忙将曹操头垫垫高。"你们——你们……都别哭了……”曹操抽丝般说道。

“大王，大王，大王万安，保重圣体……”众嫔妃抽泣道。

曹操无限眷恋地看看众嫔妃，说道：“孤死之后，你们还住铜雀台，要勤劳持家，多做编织，多做女工……”

“大王，我们都记住了……”众嫔妃抽泣道。

“你们可要善待她们，多给供养，让她们吃穿丰足……”曹操嘱咐众官道。

“是！我们都记住了。”贾诩、刘晔、司马懿、曹洪、夏侯惇等齐声应道。

“孤死之后，葬于邺城西面之高陵，与西门豹祠相近。你们可要常登铜雀台，望孤高陵墓地啊……”

曹操言罢气绝，诸子，众嫔妃，众文武哀声四起，荡荡回肠。许褚号哭不止，撕心裂肺，呕血昏地。

曹操于公元220年二月病死，葬于高陵，终年66岁。

对曹操的这段临终遗言，易中天充满激情地说道：“以他的身份地位，居然敢于把‘凡夫俗子’的一面暴露出来，并不遮遮掩掩，装腔作势，正是曹操的过人之处和英雄本色。……因此我以为，曹操这份《遗令》，实在比那些充满政治口号、写满官腔套话的‘遗嘱’要真实得多，也可爱得多。”可易中天又哪里知道这完全是人之常情，曹操本来就是一个人，易中天完全没必要大惊小怪。再者，曹操对自己的家人虽然充满了柔柔寸肠心，可那是建立在对世人残暴无情的基础上的。

《三国演义》所谓的“七十二疑冢”之说，既查无史据，也完全不合事理。为什么这么说呢？曹操在公元218年曾下过一道《终令》：“把西门豹祠西边的高地规划为寿陵，依照原来的高度做墓基，不封不树（不封土，不栽树）。”曹操既然明令“不封不树”，死后怎么又封了七十二座土丘，这显然说不通。此令陈寿在《三国志·魏书一·武帝纪》有全文记载。

再者，《三国演义》所谓曹操因伐树流了红色汁液而吓病之说，虽在《曹瞒传》中有记述，可与曹操性格特征完全不符。曹操是一个不迷信的人，又怎么会被吓出病来呢？切合实际的说说应该是，曹操年事已高，劳累过度，再加上公元218—220年动乱不断，受惊过度，身体于是便垮了。

现在该是给曹操盖棺定论的时候了。曹操是一个具有魔鬼性格的帝王权术大师。一个具有奇异性格（极度变异宦官人格＋狡诈性格＋帝王意识）的人，手中又握有可以为所欲为王权的人，其一生中能做出多少令世人毛骨悚然的坏事也就可想而知了。可曹操这个人，按古代君臣之道毫无疑问是一个大英雄。为什么这么说呢？

首先，曹操一生为了实现自已称霸天下的帝王之志，东吞西并，消灭异己，在诸侯混战中击败了一个又一个对手，在三国成就了一份最大的霸业。按古代君臣之道，君王为了达到自己的目的，可以任意采取一切暴力手段。曹操此举不仅理所应当，而且还是一位顶天立地的大英雄。

再者，曹操一生所干的许多令世人毛骨悚然的事情，如：

因疑心，曹操残酷杀害吕伯奢一家。

为几句不同意见的话和一些屁大点儿的事，曹操棒杀蹇硕之叔，残酷杀害大学士边让、沛相袁忠、沛人桓邵及家人，杀害许攸、孔融及二子、娄圭、崔琰、杨修、儿媳等。

为父报仇，曹操大规模屠杀十数万无辜徐州百姓。后来还多次屠城。

张邈因看清曹操嘴脸及为了自保而倒戈，一家百余口遭曹操无辜杀害。

董承谋反，曹操残酷杀害董贵妃及其一家三百余口。

曹操设计逼反马超，又无辜杀害马腾、马休、马铁及一家百余口。

因政见不同，他逼死大功臣荀彧，荀彧子孙也一个个死得不明不白。

为了扶女儿做皇后，他无辜杀害伏皇后、伏完及其一家三百余口。

张绣在官渡大战最危险的时刻来投，等曹操把人用完了，又与曹丕逼死张绣。张绣子孙也一个个死得不明不白。

金祎、耿纪政变，曹操在邳城任意杀害许都百官。

曹操所做的这些令世人毛骨悚然的残暴行径，按照古代君臣之道则都是天经地义，理所应当的。难怪曹操临终自己给自己的定论是：“我一生军中执法是也！”因为按照古代君臣之道，作为“君”的帝王一方，为了达到自己的目的可以任意采取一切暴力手段，当有人做对不起他的事的时候，君王可以任意采取一切报复手段。“宁我负人，毋人负我。”

这样曹操在满脑子古代君臣之道者的心目中自然也就成了名副其实的大英雄。也难怪在中国历史上，就是在现今中国也有许多人把曹操追捧为大英雄，如史学家王立群、名嘴易中天。

可同时，曹操在中国历史上又是一个臭名昭著的“大奸雄”。这到底是怎么回事?

这其实也不难理解，因为按照古代君臣之道，曹操“挟天子以令诸侯”、“借壳上市”，最后暴露出来的嘴脸成就的是他曹家霸业，是十恶不赦的“篡逆”行为。曹操的这一行为自然被历代君王深恶痛绝。

而易中天在谈到这个问题时就肤浅了。他说：“到18世纪中叶，乾隆一锤定音，曹操被定为‘篡逆’，就再也没翻过身来。”再者，他把古代人都骂曹操是“奸雄”解释为：一是曹魏时代短，所以曹操“自然也逃不了被后一朝人说坏话的公例”。二是“坏话说多了，就成了成见。成见一代一代传下去，就积重难返”。其实把曹操定为“篡逆”并不是因为某一个皇帝的原因，而是因为其“挟天子以令诸侯”、“借壳上市”的行为有违古代君臣之道。

这就是曹操在一千七百多年王朝历史中，既是令世人无比尊敬的“大英雄”，又是被世人唾骂的“大奸雄”的根本原因。曹操就这么成了“英雄+奸雄”式的混合型人才。

那要是按照现代文明行为理念，曹操又是一个怎样的人呢?

要是按照现代文明行为理念，所谓“篡逆”其本质不过是各派系之间的权力斗争，都是一丘之貉。古代君王扣在曹操头上的“篡逆”高帽自然也就不复存在。那曹操是不是就此变成了“大英雄”了呢?

其实许多人就是这么认为的，包括文豪鲁迅都这么认为。他在《魏晋风度及文章与药及酒之关系》一文中写道：“曹操是一个很有本事的人，至少是一个英雄。我虽然不是曹操一党，但无论如何，总是非常佩服他。”

那么，曹操在现代文明社会中是不是真的就成了大英雄了呢？其实不然。

在现代民主社会中，只有为了公众利益，合法地运用武力对待敌人、惩治犯罪、打击邪恶，才能称得上是正义之举。

如中国近代民主革命的伟大先行者孙中山为了推翻封建帝制，组织革命团体，为了民族、民权、民生（即三民主义），在国内多次组织武装起义。他虽然运用的是武力手段，可他的行为是正义的。因为他的首要目的是为了中华民族之大义，是为了砸碎套在中华民族身上的王权枷锁，而不只是为了一己或一派之私。又如在现代民主社会，执法机关运用武力惩治犯罪的各种行为，是代表公众维护法律（在民主社会法律的实质是“全民公约”）及社会安定，因此也是正义之举。

在现代民主社会为了一己之私利，置他人或公众利益于不顾的一切暴力行为都是罪恶行径。

因此，要是按照现代文明行为理念，曹操心怀帝王之志，为了一己之私，滥用武力，东并西吞，四处掠夺，消灭异己，可以说是祸国殃民，干了一辈子损人利己的坏事。其行为毫无疑问是罪大恶极的邪恶之举。

而易中天在谈到这个问题时，只是完全从古代视角出发，他把曹操称霸天下的行为说成是深明大义之举。他喷呐声声如此说道：“它清楚表明了曹操的政治立场：主张统一，反对分裂，因为分裂就意味着战争，也意味着人民的痛苦。……因此曹操坚决主张国家的统一，并为此奋斗终生。”可他又哪里知道曹操称霸天下的首要目的是为了一己之私，是为了满足自己称霸天下的穷奢极欲，把天下变成他一家的房地产，把天下人都变成他的臣民。他的所作所为，不仅给社会带来不了安宁，到头来只会造成天下大乱，一将功成万骨枯。到头来只会让天下都跪倒在他曹操的利剑之下。要是为了天下人，曹操才不会干那些事呢！当然那时候的人是认识不到这些的，可生活在现今社会的学者还只是这么看就有些让人感到不可思议了。

再者，要是按照现代行为理念，曹操上述为了一己之私，“宁我负人，毋人负我”，任意采取一切暴力手段滥杀无辜的所有行为，都是罪大恶极之举。曹操罪恶滔天。

因此，要是按现代文明行为理念，曹操虽然被摘掉了古代帝王扣在他头上的“篡逆”高帽，可他所暴露出来的嘴脸却是整个人类历史上罕见的人间恶魔。董卓为了把持朝政，只是残酷杀害了何太后母子及家人，为了泄愤又杀害了袁隗一家老小。曹操之恶百倍于董卓。鲁迅这么看曹操，是因为从日本归国而来的鲁迅的思想体系还停留在“二战”时期，还没有建立起一套具有现代文明的行为理念。这可以理解。

说老实话，要想看清楚曹操这张脸不是一件容易的事。如何看曹操，在一定程度上反映了当代人头脑的进化程度。

下回请看：刘备遣使吊曹操　曹丕杀叔老娘泪

第八十三回

刘备遣使吊曹操　曹丕杀叔老娘泪

公元220年二月，曹丕顺利继王位，时年33岁，改年延康。

成都汉中王府，法正面色苍白卧于床榻之上。“孙权竖子，实在是欺人太甚……前番袭我三郡，我且心容之。今番得寸进尺又袭我三郡，还杀关羽，是可忍，孰不可忍。不仅如此，荆州自刘景升以来就属于我刘家，乃我立业之本，又是我进军中原的门户……”汉中王刘备咬牙切齿道。

“孙权夺荆州，杀二哥，此仇不共戴天！大哥应率大军东征，我为先锋，夺失地，杀孙权，为二哥报仇！”右将军张飞吼道。

“此次失荆州，关羽父子被杀，刘封、孟达迟迟不增援有不可推之过。”军师将军诸葛亮说道。

“没错，这二人也不可轻饶！问题是该如何处置他们？”刘备说道。

“可以把二人召回成都。”诸葛亮手摇鹅毛扇说道。

“要是召而不回，就命汉中太守魏延率军征讨！”张飞说道。

“万万不可，万万不可啊……”尚书令法正在病榻上吃力地摇手道，“上庸、房陵靠近襄樊，要是逼急了，孟达要是降魏怎么办？”法正说道。

“法孝真所言极是，大王可要三思啊……”黄权也劝道。此时黄权为治中从事。

“是啊……”刘备起身来回踱步道。

“还有，现吕蒙虽死，正是东征之机。可如今孙权向曹魏称藩，襄樊与荆州之事就是两家合谋。大王今若率军东征孙权，要是曹丕率大军来袭汉中怎么办？一个蜀国又怎么能同时对付魏、吴两个强敌呢？”尚书刘巴说道。

刘巴、黄权曾并为刘璋主簿，刘备入川皆百般阻挠，要是换成曹操早就魂归西天了。刘备入主益州，不仅不计前嫌，还大为器重，可见刘备之大度也是世之罕见。

“不仅如此。要是蜀、吴两家开战，只会对魏有利，到头来只会被魏各个击破。”黄权说道。

“难道我们就忍气吞声吗？！”张飞吼道。

“我看，我看不如借曹操病逝之际遣使吊唁，借此以修魏蜀两家之好……”法正喝了一口水说道。

“什么？！法孝直啊！法孝直……你到底安的什么心啊？难道你不知道曹操罪大恶极，与大王是生死冤家吗？让大王派使臣去吊唁曹操，那不让天下人笑掉大牙才怪！”张飞爆竹般责道。

“是啊，此事还需要三思。”诸葛亮说道。

刘备不停地来回踱步，突然停住脚步，说道：“这是个好主意，就这么办！”于是刘备遣韩冉出使邳城，携千匹蜀锦，为曹操吊丧，以求蜀、魏两家能从此化干戈为玉帛。可见刘备是一个能够根据利益的需要，在相当程度上放弃个人情感，根据具体情况理性地采取有效对策的人。曹操与刘备之间的仇恨可以说是要多深就有多深，可刘备却能够根据利益的需要主动跨越这道鸿沟，不计前嫌，实在是让人钦佩。

邺城，太府，“刘备遣使为先王吊丧，并送来千匹蜀锦，以求通好！”黄门侍郎高声通报道。身披孝袍的众文武闻声，顿时像炸了锅一般，议论纷纷。曹丕脸色骤变，“不见！不见……刘备乃父王天敌，也是我之仇敌！其今以吊丧为名遣使求好，显然是黄鼠狼给鸡拜年！给我轰出去……”曹丕拂袖而起，震怒道。贾诩欲言又止。

“是啊，刘备自立汉中王，要是接纳其使臣就意味着承认了其的王国地位……”众文武纷纷议论道。

黄门侍郎连忙退下，“回来！”曹丕吼道，“让刘备的使者就这么回去，太便宜他了，把刘备使臣给我杀了！”曹丕吼道。

御史大夫王朗进言道：“刘备虽怀不臣之心，可诛人来使，恐阻天下进拜者之心，还请大王三思！”

“是啊……可如此恶徒，不杀之不足以平我胸中之愤！这样吧，让车骑将军曹仁在刘备使臣回汉中的路上把他给杀了不就行了……”曹丕怒道。

韩冉在回汉中的路上途经南阳时被曹仁所杀，刘备就这么在这场外交战中败下了阵，刘备只得彻底打消联魏胁吴的想法。上述刘备遣使吊曹操之事，王沈在《魏书》中记述道：“备闻曹公薨，遣掾韩冉奉书吊，并致赙赠之礼。文帝恶其因丧求好，敕荆州刺史斩冉，绝使命。”由此可见，曹丕和孙权一样，也是一个感情用事之人。

房陵，孟达府，副军将军刘封一身酒气冲入殿堂，“你还有心思在这儿听乐喝酒！我让你听！我让你唱！”刘封吼叫着，疯一样地从乐师手中夺下古筝等乐器劈在地上，将古琴掀翻，“刘将军你这是怎么了……”孟达慌忙上前劝阻，刘封膀大腰圆一把将孟达搡开，孟达一个狗吃屎重重地摔在地上。殿堂内一片哗然，舞女纷纷退下，“我都是因为听了你的话，荆州才会被袭，关将军父子才会被杀！事到如今，我又有何面目去面见父王！我让你吃！我让你喝！”刘封边吼着，又把一张张宴席稀里哗啦掀翻在地，“刘将军，别砸了，别砸了……我也没想到事情会落到这种地步……”孟达呼道。

深夜，孟达独自一人在月光下踱步，思忖道：荆州痛失，关羽父子被杀，汉中王必怪罪于我，今刘封也不能相容，久必为祸……事到如今，也只有一条路可走了……

公元220年九月，孟达率房陵之众降魏。曹丕大喜，命征南将军夏侯尚、右将军徐晃助孟达攻上庸。夏侯尚乃夏侯渊之侄，曾在曹彰手下为参军。

就在此时，为刘备奇袭成都，巧夺汉中，屡建奇谋立下汗马功劳的法正在成都病逝，终年45岁。法正之谋不亚于周瑜，这无疑对刘备又是一记重创。举城哀恸，刘备流涕不止：“才失关羽，又失法正，孟达又反，这可是天要亡孤啊！”此时老将黄忠也已病逝。

公元220年十月，冬，汉献帝禅位，南面称臣，曹丕在百官簇拥下，于许都南七十里繁阳亭登坛即位，废汉献帝为山阳公，自号魏文帝，追曹操为武皇帝。以贾诩为太尉，华歆为司徒，王朗为司空，董昭为大鸿胪，钟繇为廷尉，许褚为武卫将军，总督禁卫军。王朗投降孙策后，被曹操征召入朝。公卿、列侯、诸将、匈奴单于、四海朝见达数万人，齐呼万岁，行三拜九叩大礼。随后曹丕又率众祭拜天地、五岳。曹操、曹丕两代人就这么走完了从周文王到周武王的路。

“今孙权遣使纳贡，孟达又率房陵之众来降，我泱泱大魏四海升平，五湖蒸蒸。现大赦天下，改元黄初！”曹丕浩然道。

上庸，刘封从申耽手中接过信，“这是孟达给你的信！”刘封打开信，只见信中写道：

自古忠臣立功而遭祸，孝子抱仁而遇难。刘备立阿斗为太子，可见是血浓于水。将军与汉中王并非骨肉之亲，关羽之事遭怨恨，又年长于阿斗，手中握有兵权，必然会引起刘备及其手下猜疑，祸根已经埋下。你现在得以苟安，是因为你带兵在外。等我方进兵，你要是被打败回成都，那时你的处境将会非常危险。你要是现在能来降，不仅可以使自己居安避祸，还可以得到魏文帝的封赏，何乐而不为？生死存亡在此一举，望将军三思。

刘封看后，掷信于地，怒道：“孟达反贼，无忠无义，前番听其之言，受其蛊惑，今番又来劝降，简直是一派胡言！”

申耽、申仪面面相觑，“孟达在信中所言也不无道理，况且现在魏国正盛，又命徐晃、夏侯尚率军来攻，将军可要三思啊！”申仪说道。申耽、申仪兄弟二人，一个是上庸太守，一个是西城太守，原在张鲁手下为官，后转投曹操，刘备夺取汉中后又投靠刘备。申耽、申仪遣一家老小入成都，刘备继续留任二人。

刘封大怒：“我就是死也不降曹！况且汉中王宽仁大德，一向待我不薄！”

孟达、夏侯尚、徐晃三路出兵，上庸太守申耽、西城太守申仪开城出降，刘封率百十骑趁夜逃回成都。

大殿中，曹丕闻申耽、申仪开城出降，大喜：“现把房陵、上庸、西城三郡合为一郡，命为新城，拜孟达为建武将军，领新城太守，以感化蜀人之心！拜申仪为魏兴太守，封员乡侯，驻洵口（今陕西旬阳，洵河与汉水交汇处），拜申耽为怀集将军，使居南阳。”

“孟达被迫来降，好斗心术，这样的人又怎么能相信？新城与吴、蜀相连，若生变，后果将不堪设想。”刘晔劝道。

“刘侍中多疑了，孟达才器过人，深得朕意，又怎么会背叛呢？”曹丕说道。陈寿在《三国志·蜀书十·刘封传》中记述道：“羽（关羽）覆败，先主（刘备）恨之。又封与达忿争不和，封寻夺达鼓吹。达既惧罪，又忿恚

封，遂表辞先主，率所领降魏。魏文帝善达之姿才容观，以为散骑常侍、建武将军，封平阳亭侯。合房陵、上庸、西城三郡为新城郡，以达为新城太守。”上述刘晔进言曹丕之对话，陈寿在《三国志·魏书十四·刘晔传》中有记载，本著只是如实再现而已。

成都，汉中王府，刘封自缚跪地请罪，泪流满面。刘备怒火万丈，冲上前朝刘封面门就是一脚，“大王息怒，大王息怒。”诸葛亮、简雍连忙上前劝阻。“你还有脸回来！你还有脸回来！你给我滚！”刘备咆哮道。刘封满脸是血，咚咚地在地上磕头。

“你为什么迟迟不救关羽？”

“是因为孟达蛊惑……”刘封哭道。

“那你是干什么的？”刘备责问道。

“我……”

“孟达为何要反叛？”

“我——我也不知道……”

“不知道！你身为主帅是干什么的？”刘备喝道。

“我……”

“关羽被杀，刚失荆州三郡，又失房陵、上庸、西城三郡，皆你之过错！来人！给孤拖出去斩了！”刘备喝道。刀斧手应声而出，架起满脸是血的刘封便往外拖。

“求父王念我年轻，自幼跟随左右，就宽恕我这一次……”满脸是血的刘封哭求道，哭声，叫骂声在殿堂中回荡。

“大王，就念刘封年轻，从小跟随大王，事大王如父，就饶他这一次吧……”简雍求道。

刚才还怒火万丈的刘备，心一下子又软了下来，叹了一口气，摆手道：“先把他给押起来，听候发落。”刘封被押入大牢。

诸葛亮摆摆手，众人皆退下，诸葛亮手摇鹅毛扇说道：“大王打算怎么处置刘封？”

“孤又能把他怎么样？刘封是孤的义子，十二三岁就一直跟随于孤，还立过不少战功，况且他还是个孩子，责任并不都在他……”刘备喝了一口茶说道。

“问题就因为刘封是你的义子。”诸葛亮欲言又止。

“此话怎讲？”

“刘封性情刚猛，年已二十七八，太子刘禅年幼，年尚十四，恐大王百年之后难以制御……”诸葛亮吞吞吐吐说道。

“是啊……”刘备若有所悟，陷于沉思之中。

牢狱中，廷尉宣诏道：“奉汉中王之命，赐副军将军刘封自尽！”随即摆上酒肉。刘封跪倒在地，放声号道：“父王！你待我不公啊！父王，你待我不公啊……我跟随你十四五年，事之如父，出生入死，忠心无二，怎么会落到今天这种地步啊……我悔不听孟达之言，我悔不听孟达之言啊……”

刘备在府中则是饮酒流泪。为了确保手中的王权能在刘家血脉中代代相传，不致落入旁人之手，刘备便痛下毒手杀了他的干儿子。一个具有宽仁大德的人，为了王权都是如此，可见王权的自私和残暴。可刘封要是他的亲儿子，犯多大的错误都能原谅。上述刘备杀继子刘封之事，陈寿在《三国志·蜀书十·刘封传》中记述道：“封既至，先主责封之侵陵达，又不救羽。诸葛亮虑封刚猛，易世之后终难制御，劝先主因此除之。于是赐封死。”

这时诸葛亮进来，见刘备正在流泪，正在不知所措之时，刘备问道：“军师此来有什么事吗？”

“孟达、申耽、申仪忘恩负义，投叛仇敌，其妻子家人都在成都，应斩之以戒降者！”诸葛亮说道。

“一人犯法株连全家，乃秦之恶法！孤若如此与曹操又有何异？”刘备答道。诸葛亮唯唯诺诺而走。

向曹丕求好不成，孟达又反，痛失房陵、上庸、西城三郡，法正也病逝，又杀继子刘封，使得刘备只得暂时放弃东征孙权的想法。

公元221年正月，开春，魏文帝曹丕迁都洛阳，改许都为许昌，在建始殿大会群臣。“现吴、蜀已反目成仇，朕欲行征伐以一统天下，贾太尉请问是当先伐吴，还是当先伐蜀？”曹丕问道。

贾诩出列道：“攻取要用兵，安民须用德。吴、蜀虽蕞尔小国，依阻山水，刘备有雄才，诸葛亮善治国，孙权识时务，陆逊懂兵法，据险守要，泛舟江湖，一时皆难以攻取。为今之计，陛下应施以仁德，以待吴、蜀之变，然后再出兵将不难攻取！”

“问题是，吴、蜀已反目成仇，正是攻取之时，还要等待何变呢？”曹丕问道。

“应等待两家交兵，然后圣上可乘机攻取！”贾诩应道。

“问题是什么时候两家才会交兵呢？”文帝曹丕问道。

卫尉程昱进言道：“蜀，乃蕞尔小国，名将唯有关羽。现关羽亡，荆州失，新城又失，内忧外困，自顾不暇，哪还有闲心去伐吴，报仇雪恨？”

“没错，此时的刘备内忧外困，自顾不暇，哪还有闲心去讨伐孙权……”众文武纷纷附和道。

侍中刘晔出列道：“蜀虽弱小，而刘备肯定不甘示弱。再者，刘备与关羽义为君臣，情同手足，又失荆州之要地。你们可能不知道，刘备在荆州摸爬滚打十多年，荆州就是他的命根子，刘备又怎么会甘心呢？也就是说刘备伐吴是迟早的事！”

“刘侍中所言也不是没有道理。那就只好等待吴、蜀之变了。众爱卿还有什么事吗？”曹丕问道。

这时一个叫戴陵的校尉出列进谏道：“圣上才登大位，百业待理。圣上应多临朝政，少行游猎。”

“你——你说什么？你还管起朕来了！朕看你是吃了豹子胆了！”曹丕拍案而起，咆哮大怒道。

“圣——圣上，我——我不是这个意思……”戴陵慌忙辩解道。

“还敢狡辩！来人哪！给朕以犯上罪处死！”曹丕吼道。

众武士应命而上，将戴陵架起拖下：“圣上！我真的不是那个意思……”

这时曹洪出列进言道：“圣上息怒，戴校尉真的不是那个意思。”曹丕即帝位，拜曹洪为骠骑将军。

“怎么？你还来包庇他？！”曹丕怒道。曹洪一句话又勾起了他的旧恨，曹丕在做太子时，曾乘车到曹洪府，“太子亲临有什么事吗？”

“自然是无事不登三宝殿。我想从叔叔处借一百匹丝绢，有急用！”曹丕说道。

曹洪心想这肯定又是有借无还，“要这么多啊？让我一下子从哪弄这么多丝绢来……”曹洪闪烁其词道。

“叔叔家财万贯，难道百匹丝绢都拿不出来？”曹丕一下子把脸给拉了下来。

“真的一下子拿不出来……这样吧，给你五十匹行吧？”曹洪说道。

“五十匹？算了，算了，既然叔叔为难，那我就不要了……”曹丕说着，起身拂袖而去。

“哎……”

“你也同样犯法有罪！”曹丕回过神来喝道。

“我，我有什么罪？”曹洪问道。

“朕在做太子时，曾从你处借丝绢百匹，你吝啬贪财，借故推诿，有没有此事？”曹丕问道。

“这——这难道也叫犯法？”曹洪应道。

“朕说你犯法，你就犯法！”曹丕吼道。这就是王法，王者完全可以任意任性所为。

“这……”曹洪不知所措。

“骠骑将军曹洪啬财犯法，按罪当斩！来人，给朕把骠骑将军曹洪拿下！”曹丕盛怒道。众武士不知所措。

“听见没有？朕让你们把他拿下！”曹丕吼道。

贾诩、程昱、钟繇、华歆、王朗、董昭、刘晔、司马懿等纷纷跪地为曹洪求情：“曹将军乃国之重臣，功勋卓著，深受武帝器重，还望圣上宽恕！”

“别再说了！朕意已决！”曹丕拂袖而去。曹洪随后被打入死牢。

卞太后闻曹洪被打入死牢，急忙乘车驾来到北宫，气冲冲走入内殿，郭皇后匆忙来迎，卞太后指道：“曹洪要是今日死，我明日就让帝把你给废掉！”这时曹丕也连忙来迎，“儿恭迎母后！”

“你心中还有我这个母后吗？”卞太后斥道。

“这……”

“你凭什么要杀你叔叔曹洪？”卞太后责问道。

“他啬财犯法。”曹丕应道。

“就为这么一点儿事情你就要杀他，你也不怕遭到天下人的非议！他可是你叔叔，他追随你父皇出生入死三十余年，立下战功无数。没有你曹洪叔叔就没有我们的今天，你难道不知道吗？你马上给我把曹洪放了，否则你以后也就别喊我娘……”卞太后说着呜呜地哭了起来。

曹丕无奈，只得把曹洪放了，可官职被罢。可见曹丕和他老子一样，也是一个报复心极强的人。只是在他的头顶上还坐着一个老娘，让他的行为有所收敛。曹丕要杀曹洪，老娘卞太后苦苦求情之事在《魏略》中有详细记载，本著只是如实再现而已。

此时曹植已回到封地临菑，形单影只，整日借酒浇愁。“妻才被父亲杀害……兄长即位，又杀了我的好友丁仪、丁廙及家人，下一个就该轮到我了……”曹植自语自饮道，“所有的人都避开了我，现在只留下我一人，我一人……”曹植哭道，下人皆一脸惶恐，躲得远远的。“人——人——人都到哪儿去了……”曹植手持酒壶，跌跌撞撞走出侯府，侍从慌忙上来搀扶，曹植一把搡开，“我，不需要你们扶，我——我能走……”曹植又喝了一口酒，开始在园中游步。“人——人都到哪儿去了………”曹植喃喃自语，摇摇晃晃走到厨房门口，见一个老者正聚精会神往炉膛中添豆秆，豆秆噼哩啪啦在炉膛中熊熊燃烧，豆子在锅中咕嘟咕嘟翻腾，热气腾腾。老者不停地添着豆秆，满脸映得通红，满头大汗。曹植呆望着，押了一口酒，不禁触景生情，赋诗道：

煮豆持作羹，
漉菽以为汁。
萁在釜下燃，
豆在釜中泣。
本是同根生，
相煎何太急？

（这就是著名的《七步诗》，大意是：煮豆子做豆沙，挤出来的汁用来喝。豆秆在锅下燃烧，豆在锅中哭泣。本是同根生，相煎何太急？）

曹植泪流满面，泣不成声。老者慌忙跪地请安：“临菑侯来了，小的向临菑侯请安！”

“来，起——起来……今天你——你陪我好好喝两樽……”曹植用衣袖擦了一把泪，将老者扶起。

“噢，不，小——小的不敢……”老者推辞道。

“我让你喝，你——你就喝……”曹植说着斟满一樽酒，递到老者面前。老者颤巍巍接过一饮而下，“谢——谢临菑侯！”

“来，来，再喝一樽！”曹植又斟满一樽酒递到老者面前。

这时听到门外有侍者报道：“朝廷使臣到！”

“朝廷使臣？来干什么……”曹植从老者手中接过酒樽又自斟一樽，喝了一口说道。曹植提着酒壶，晃晃荡荡来到侯府，见朝廷使臣正站在堂内。曹植来到近前，一脸酒气问道：“你——你就是朝廷使臣？曹丕派——派你来做甚……”

“奉命宣诏！”使臣微带怒意，顿了一下手中的节说道，意思是还不敢快下跪接旨。（节，用竹子做成，长八尺，装饰有用旄牛尾制成的穗子，是皇帝使节的专用物）

曹植不仅不领其意，反指节道：“这——这东西可是皇帝使节的专用物，来，让我看看，这节到底是什么做成的……”曹植说着伸手便去抓。使臣连忙闪开，说道：“临菑侯休得无礼！”曹植扑了个空，一个踉跄差点跌倒，侍从连忙上前搀扶。曹植一把搡开，喝了一口酒指道：“我——我今天非要看看这个节不可！”说着又猛然扑了上去，使臣慌忙闪开，曹植扑空，一个狗吃屎扑倒在地，酒壶丁零当啷摔得老远。曹植恼羞成怒，“你——你还敢闪我！来，来人哪！”曹植吼道。侍卫慌忙进来，“把这狗屁使节，给——给我绑了！关到牛棚里去！”曹植声嘶力竭道。“你们谁敢？我是朝廷使臣！”使臣喝道。无人敢近前。曹植盛怒，从地上爬起，刷的一声拔出剑，双眼被酒精烧得通红，步步紧逼，使臣吓道连连后退，“临菑侯，临菑侯，你——你可不能……”朝廷使臣就这么被曹植关进了牛棚，曹植仰天哈哈醉笑。

洛阳，北宫，曹丕闻讯大怒，一把将面前的食物器具掀在地上，吼道：“简直是无法无天，马上把临菑侯押入京城，大刑处置！”

曹植被押入囚车，向洛阳而来。卞太后慌忙入北宫，哭道：“先前你要杀你叔曹洪，现在你又要杀你弟曹植，你到底怎么了？他可是你的同胞兄弟啊……”

“朕知道他是我胞弟。可他一向恃才放狂，今又酒醉无礼，还把朝廷使臣关进了牛棚，罪不容赦！”曹丕怒道。

“你要是杀了你弟，我也就不活了！”卞太后哭着便要往廊柱上碰。曹丕连忙将卞太后拦住，跪倒：“母亲！母亲！你可不能这样，朕不杀他不就行了！”“我的儿啊！”母子俩抱头痛哭。曹植就这么逃过了生死劫，被贬为安乡侯。陈寿在《三国志 · 魏书十九 · 陈思王植传》中记述道：“文帝即王位，诛丁仪、丁廙（此兄弟二人为曹植好友）并其男口。植与诸侯并就国。黄初二年，监国谒者灌均希指，奏‘植醉酒悖慢，劫胁使者’。有司请治罪，帝以太后故，贬爵安乡侯。其年改封鄄城侯。”《三国演义》所谓的曹丕逼曹植七步成诗之说，既于史无据，也不合情理，纯属文学虚构。不仅如此，他把时间也搞错了，此事本发生在公元221年，而他却写在了220年。

下回请看：刘备伐吴有奇谋　曹丕狮口索珍奇

第八十四回

刘备伐吴有奇谋　曹丕狮口索珍奇

成都，汉中王府，军师将军诸葛亮、太傅许靖、昭德将军简雍、右将军张飞、翊军将军赵云等表奏道：

曹丕篡汉，残害忠良，大逆不道，人神共愤。今天下无主，人心惶惶，皆仰望圣明之主早继大统。大王乃汉室宗亲，天下归心，宜早继大统，以承汉室，号召天下。时有黄龙在武阳赤水，九日才去。龙者，乃君之象也。天命不可以不答，祖业不可以不继，四海不可以无主……

公元221年四月，初夏，刘备在文武百官的簇拥下在成都登基。刘备面色严峻，头顶冕冠，龙袍加身。百官行三拜九叩大礼，齐声高呼："我皇万岁！万万岁！"

刘备改元章武，封吴王后为皇后，刘禅为皇太子。以诸葛亮为丞相，刘巴为尚书令，许靖为司徒，张飞为车骑将军，领司隶校尉。此事陈寿在《三国志·蜀书二·先主传》中有明确记载。

建业（今江苏南京市以南），孙权闻刘备在成都称帝，叫来巫师占星问天。巫师披头散发通过一通设坛作法，占道："现东南紫气正盛，有大星当空，龙云飞腾，将有帝者从东南诞生！"孙权闻之大喜，遂也有称帝之意。此时孙权已人到中年。吕范谏道："主公要是此时也称帝，就意味着与魏彻底决裂。"此时吕范为平南将军，屯柴桑（今江西九江市）。

"这又如何？"孙权不解道。

"刘备已与主公结下血海深仇，如此东吴将会两面受敌，处境将会十分危险！"顾雍说道。

“是啊……那该如何是好？”孙权恍然道。

“主公宜先卑而后踞之。先卑则可以得宠于曹丕，避免此时与魏闹翻。后踞则是待时机成熟以后再登大位不迟。”张昭说道。

“是啊……”孙权于是打消了念头。由此可见，孙权只是一个半迷信之人，否则他是听不进去谏言的。上述孙权问巫师占星之事，在《典略》中有记载，本著只是如实再现而已。

六月，成都如火炉一般，大殿中热气腾腾，尚书令刘巴宣诏道，圣上有旨：

孙权竖子，背联盟之义，袭我荆州，杀我关羽，与朕有不共戴天之仇！朕现决意东征，不灭此贼，朕誓不为人！

“我早就盼着这一天了！大哥东征，我愿为先锋，为二哥报仇！”车骑将军张飞喜道。

众文武闻言大惊，面面相觑，诸葛亮欲言又止。将军赵云出列道：“圣上息怒！现国贼是曹操，不是孙权，且先灭魏，吴自然臣服。现曹操虽已毙命，可其子曹丕又篡汉。圣上应顺天应人，进讨关中，关东义士必纷纷策马携粮来迎王师，到时还何愁不破曹魏？今圣上先与吴战，一旦交锋，只会使曹魏坐收渔利！”

祭酒秦宓出列道：“当今天下一分为三，魏、蜀、吴而已。三国之中，魏最强，据九州之地，幅员辽阔，人口众多。次为吴，处长江以南，据吴越之地。蜀最弱，据巴蜀偏僻之地。凭蜀之力，对付一个东吴尚难，现魏、吴两家联手，一个蜀国又怎么能同时对付两个强敌呢？还请圣上三思！”

“是啊，还请圣上息怒，以大局为重！”群臣齐声道。

“什么？你们竟敢阻我大哥东征大计！这是何道理？”张飞怒道。刘备摆摆手止住张飞，说道：“你们是只知其一，不知其二！这是关系到蜀国生死存亡的大事，朕与尚书令刘巴、治中从事黄权早已反复研究过。你们难道就没有想过，要是朕率军东征伐吴，曹丕会做何反应？他无非有三项选择：一是攻蜀，二是伐吴，三是袖手旁观。”刘备说着来到图前，指道：“我们可以一起来做个分析。要是曹丕伐蜀怎么办？”

“那不明摆着，只有撤军！就像公元215年孙权第一次偷袭荆州，曹操乘机来攻汉中那样。”简雍说道。

“没错！要是朕率军东征，曹丕要是攻蜀，就等于是给吴、蜀两家劝架。这种出力不讨好，只会给孙权做嫁衣的事情曹丕能愿意干吗？只有愚者才会行此愚事！曹丕虽然无能，可他手下还有一群幕僚！因此在朕东征孙权时，曹丕十有八九不会来袭朕之后，这一点众文武大可不必担忧！”刘备说道。

“没错……”众文武这才恍然大悟。

“去一剩二：一是乘机伐吴，二是袖手旁观。魏、吴两家本来就各怀一心，因暂时的利益走在了一起，面和心不和。曹丕要是趁我东征之时伐吴，这样孙权竖子就会处在魏、蜀两国的夹击之中，这样东吴会有灭顶之灾。对曹丕来说，这是他先灭吴，后灭蜀一统天下的天赐良机。对朕来说，此时孙权要想求得自保，唯有与朕求和，这将是朕讨还荆州的最佳时机！”刘备继续说道。

“是啊，这样荆州有可能失而复得，可也可能吴亡蜀孤，大家一起死。这就如同在刀刃上行走，会非常危险！”祭酒秦宓说道。

“朕的一生就是从刀刃上走过来的，下邳城举旗反曹，袭许昌战博望，联盟抗曹赤壁大战，奇袭成都，汉中会战……哪一次不是在刀刃上行走，难道还害怕这一遭吗？”刘备喝了一口水说道。

“艺高人胆大！可要是曹丕袖手旁观怎么办？”将军赵云问道。

“现吕蒙已死，孙权手下的老将程普、黄盖、甘宁、凌统也都先后病死，由无名下将陆逊镇定荆州，又有何惧？”刘备说道。

“圣上可不能小看这个陆逊，此人乃孙策女婿，年四十，袭荆州时由其代吕蒙驻守陆口，听说此人甚会用兵！”秦宓谏道。

“简直是一派胡言！那你说说他打过什么胜仗？不过是仰仗裙带关系而已！朕用兵已老，难道还不如此无名下将？”刘备怒道。

“是啊，我大哥武略盖世，难道还抵不过一个陆逊！”张飞吼道。

“圣上，你这可是拿蜀国的安危做赌注啊！你可要三思啊！”秦宓苦苦劝道。

“还在胡言，给朕轰出击，押入大牢！”刘备恼怒道。

数名廷卫应声而出将秦宓拖了下去。诸葛亮自始至终一言不发，面部表情很是复杂。刘巴、黄权也一声不吭。陈寿在《三国志 · 蜀书八 · 秦宓传》中记述道：“益州辟宓为从事祭酒。先主即称尊号，将东征吴，宓陈天时必无其利，坐下狱幽闭，然后贷出。”《三国演义》所谓诸葛亮谏阻刘备伐吴之说，于史无据。

“朕意已决，众文武休再多言！车骑将军张飞！”

“在！”张飞应声道。

“你马上回阆中（巴西郡治，今四川阆中市），整备两万兵马与我在江州（巴郡治，今重庆市北）会合，东征孙权！”刘备吩咐道。

“是！”张飞兴奋道。

“还有……”刘备说着走到张飞近前，用手轻柔地整了整张飞身上的锦袍说道，“听说你近来经常酒后怒鞭身边将士，这可是取祸之道啊。”

“大哥，我记住了！”张飞应道。

关于刘备东征，许多人都认为是刘备头脑发昏所做出的一个错误决策。理由是：一、这有违孙刘联盟的大局。二、不自量力。论实力吴要强于蜀。因此刘备东征是强为不可为之事，是感情用事。其实刘备东征是经过深思熟虑的，刘备是孙刘联盟的最早实践者，又怎么能不知道其的重要性呢？刘备东征是看到了众人所看不到的两大机会：一是曹丕要是出兵伐吴，刘备就很有可能收回荆州。二是吕蒙之死。这正是刘备的过人之处。

易中天说刘备东征是因为“吃柿子拣软的捏”，更是离谱。

可完全出乎刘备意料的是，张飞回到阆中，因催办军粮鞭挞部将张达、范疆，二人怀恨趁张飞喝醉取了首级，连夜乘船顺嘉陵江而下，逃往东吴。

成都，刘备闻张飞被杀，长声叹道：“益德也死了……”众文武面面相觑，无人敢言。

“张车骑被杀，是不是要暂缓东征。”丞相诸葛亮吞吞吐吐问道。

“怎能因失战将而废东征之大计呢？”刘备摆摆说道，“诸葛丞相！”

“在！”诸葛亮应道。

“由你代益德领司隶校尉，与太子一起镇守成都！”刘备说道。

“是！”

“子龙！”

“在！”

“由你统率五万军马镇守江州，以做后援！”

“是！”

先鋒

七月，秋高气爽，刘备以尚书令刘巴、治中从事黄权、侍中马良为主谋，统将军冯习、张南、吴班等，亲率十万蜀军大举东征。马良，字季常，襄阳人，眉中有白毛，人称白眉马良。此事陈寿在《三国志·蜀书二·先主传》中有明确记载。《三国演义》所谓以张苞、关兴为先锋整个是瞎掰，据史书记载，张苞早亡，关兴此时还是一个少年郎。

一直高枕无忧的孙权闻刘备率大军东征，翻身而起。八月，进驻武昌（今湖北鄂州市），告诫诸将道："居安思危。况且刘备已率大军东征，诸将一定要剑不离身，枕戈待旦！"

"现刘备率大军东征，要是曹丕也乘机来攻怎么办？"虞翻问道。虞翻一句话就如同在油锅中扔了一把盐，立即炸开了锅。

"是啊，曹丕之意也不可测，要是曹丕也乘机来攻，东吴将处在魏、蜀的两面夹击之中，处境将会非常危险……"孙权是典型的那种没有远虑只有近忧之人，就像赤壁大战一直等到曹操开始南征才感到要大祸临头。而在易中天笔下，孙权却变成了一个深谋远虑之人，实在是滑稽可笑。

"为今之计只有一面向曹丕称藩，一面举重兵迎敌！"偏将军陆逊进言道。

"主公万万不可！称藩就是称臣。"顾雍、严畯、虞翻、诸葛瑾等纷纷议论道。

孙权六神无主，急得像热锅上的蚂蚁，"那，那你们说该怎么办才好？"

"称藩虽是称臣，可又不同于称臣，它能保证属地完整。此乃权宜之计！"长史张昭说道。

孙权眼睛一亮，"看来这和多年前的假称臣没什么两样？那就再好不过了！"孙权说道。

于是孙权一面派赵咨出使魏国，向曹丕称藩，并将于禁遣送回魏国（吕蒙袭取荆州后，于禁便落于孙权之手）；一面拜偏将军陆逊为大都督，督朱然、潘璋、宋谦、韩当、孙桓等各路军马，迎击刘备大军。上述孙权向曹丕称藩之事，陈寿在《三国志·吴书二·孙权传》中记述道："自魏文帝践阼，权使命称藩。"孙权与群臣讨论过程，在《魏略》、《江表传》中皆有记载，本著只是如实再现而已。

八月，秋风习习。洛阳，建始殿。文帝曹丕高高在上："现刘备已率大军东征，孙权遣使称藩，你们说说朕到底是该助吴攻蜀，还是袖手旁观？"

侍中刘晔出列道："东吴孙权凭长江之险，无臣服之心已久。孙权本无信之人，袭荆州，杀关羽，背盟信，今因形势所迫来称臣，全无可信！孙权此举，是恐圣上乘机出兵伐吴，故来称臣。其目的一则是退圣上之兵，二则是想借魏国之力。这就是孙权打的如意算盘。圣上应乘机伐吴，袭而取之才是上上之策！"

"此话怎讲？"

"吴、蜀本来就是蕞尔小国，因孙权贪图小利，才招来此祸。现在相互攻伐，正是天灭吴、蜀之时。圣上要是趁吴、蜀交兵之际，三路出击，一路出襄阳进攻江陵，一路出合肥进攻濡须坞，一路出历阳（今安徽和县）进攻横江津，全线伐吴，东吴在魏、蜀的两面夹击下，不出月旬便会灭亡，吴亡则蜀孤。圣上一统大业可成。这可是天亡吴、蜀的天赐良机！"

"东吴遣使称藩，朕现在却要率兵伐之，此举恐阻失天下人之望，以后谁还敢来降？此计万不可行！朕何不趁此时受吴降，而袭蜀之后呢？这样不是可以一举两得吗？"曹丕说道。

"蜀远吴近，刘备闻魏出兵来伐，必然还军，这样只会为两家劝架，只会为孙权办好事，而圣上却一无所获。要是伐吴，今刘备已怒，肯定不会救吴，闻我伐吴，必与我一起来争割吴地，如此吴必亡，吴亡则蜀孤。"侍中刘晔继续劝道。

曹丕品了一口茶，犹豫片刻说道："既然如此，朕是既不伐吴，也不攻蜀，坐观两家成败！两虎相争必有一伤，这样朕可坐收渔翁之利！"

"一日纵敌，万世之患！还望圣上明察！"刘晔苦劝道。

"朕意已决，休再多言！传旨下去，拜孙权为吴王！"曹丕怒道。

"圣上，万万不可！圣上信孙权伪降，现又尊其为王，不仅失一统天下之大机，还为虎添翼！"侍中刘晔继续进言道。众文武皆为刘晔捏了一把汗。

"简直是一派胡言！"曹丕拂袖而出。小儿之计哄小儿，曹丕就这么错过了一统天下的天赐良机，孙权也因此逃过了一劫。贾诩、钟繇、华歆、王朗、董昭、司马懿皆面面相觑，但无人敢言，连叔叔曹洪和兄弟曹植都要杀的人，谁还敢再多说什么？何况这是曹家的事，又何苦呢？上述刘晔劝曹丕乘机进攻东吴之全过程，陈寿在《三国志·魏书十四·刘晔传》、《傅子》中皆有详细记载，本著只是如实再现而已。

十一月，冬，雪花飘飘，魏文帝曹丕遣使到武昌策命孙权为吴王，立长子孙登为王太子。

“魏文帝遣使求雀头香、大贝、明珠、象牙、犀角、孔雀、翡翠、斗鸭、长鸣鸡等珍玩之物，不知众文武以为如何？”孙权问道。

“这简直是狮子大张口！分明是勒索！是趁我之危！”众文武纷纷议论道。

“进贡有常规，魏所求珍玩之物属无礼要求，应予拒绝！”虞翻进言道。

“是啊，孤也不愿意。可又有什么办法呢？”孙权说道。

“不可拒绝，万万不可拒绝。”诸葛瑾劝道。

“此话怎讲？”

“有人要击你爱子的头，而石可代之，爱子的头重而石头轻，以轻代重，又有什么不可以？今刘备东征，屯重兵于鱼腹，欲夺我荆州，犹如要夺大王爱子。曹丕所求者不过是一些珍玩，何轻何重一目了然。”诸葛瑾说道。此时诸葛瑾为南郡太守。

“是啊，多亏子瑜提醒……”孙权恍然大悟，急忙说道：“传令下去！魏文帝所求珍宝马上如数供给，一样都不能少！违令者斩！”

“是！”

“另外，还要麻烦子瑜到鱼腹劝刘备罢兵。”吴王孙权说道。

上述曹丕狮口索珍奇之事，在《江表传》中有详细记载，本著只是如实再现而已。

下回请看：刘备廖化奇相遇　偷渡清江遭伏击

第八十五回

刘备廖化奇相遇　偷渡清江遭伏击

此时刘备已率大军水陆并进进驻鱼腹（今重庆奉节县东）。诸葛瑾奉孙权之命前来求和，被刘备轰了出去。

大帐内，黄权道："吴军悍战，我水军顺流，进易退难，臣请为先锋进击敌营，圣上宜为后军。"

刘备喝了一口水，静了静心气，然后指图道："我大军现在鱼腹，鱼腹在这里。荆州分为荆南与荆北，荆南武陵、零陵、长沙、桂阳四郡现都在孙权手上，荆北现被魏、吴两家分割，我军要是进入荆北将会面临两线作战，这对我军将会非常不利。因此，我军此次进军主攻方向是荆南四郡！"

"看来也只能如此了。"冯习、张南、吴班议论道。

"可要想夺回荆南四郡，就要过三关。第一关是巫山（今重庆巫山），第二关是秭归（今湖北秭归），第三关是猇亭（今湖北宜都市北），打通这三关，荆南四郡自然就会成为囊中之物！"刘备指图道。

"那又该如何打通这三关呢？"侍中马良问道。

"这三关整个分布在七百里长的长江三峡走廊上，我军应按长江两岸分为南北两军。治中黄权？"

"在！"

"现拜你为镇北将军，督江北军。你的目标一是严防江北魏军断我之后，现西城、上庸、房陵三郡都已落在曹丕之手，二是进攻夷陵（今湖北宜昌市东南），严防东吴水军从夷陵断我之后！"刘备指图道。

"是！"黄权应命道。

“江南诸军由朕亲自统率。”

公元222年正月，开春，刘备以冯习为护军将军，以吴班、张南为前锋，趁夜向巫山吴军大举进攻。“杀吴狗啊！给关将军报仇！”攻势如潮，张南率战船沿江从背后登岸包抄，大都督陆逊慌忙率部将李异、刘阿弃屯而逃。蜀军水陆并进，吴军蜂拥一般在山间走廊上慌忙溃逃，死伤遍地。

二月，吴班、张南又一江春水向东流，乘势夺取秭归（今湖北秭归）。刘备、刘巴乘战船在冯习的护卫下入秭归。上述蜀军两路出击大举推进的过程，陈寿在《三国志·蜀书十三·黄权传》、《三国志·蜀书二·先主传》中皆有记载，本著只是如实再现而已。

刚下船登岸便见一个中年男子携老母冲到面前，二话不说便跪地磕头，“圣上，圣上，可遇到你了。”刘备连忙扶起，“啊！廖主簿，你怎么在这儿?！”刘备惊道，“我朝思暮想都在思盼归蜀，今闻圣上率大军东征，便连夜逃出吴营携老母来投，还望圣上不弃！”廖化泣道。

刘备大喜：“好，好，好啊。”说着又连忙将廖化老母扶起，“老人家，让你劳累了。”

大帐中，刘备欣喜道：“秭归遇廖化，此乃人生之幸事！我现在拜你为宜都太守！”

“谢圣上！”廖化拜道。

“今巫山、秭归、猇亭三关已克两关，还剩下猇亭这最后一关了！”

上述刘备、廖化秭归奇相遇之事，陈寿在《三国志·蜀书十五·廖化传》记述道：“廖为前将军关羽主簿，羽败，属吴。思归先主，乃诈死，时人谓为信然，因携持老母昼夜西行。会先主东征，遇于秭归。先主大悦，以化为宜都太守。”

这时有军士来报：“报告！镇北将军黄权已攻占夷陵，正与吴狗在夷陵道上对峙！”

“哇！太好了！”帐内欢腾如雷。刘备也一脸兴奋，展开地图指道：“我军势如破竹，吴狗节节败退，现在还剩下猇亭这最后一关了！”

“我军应一鼓作气再拿下猇亭！”吴班、张南兴奋道。

“你们可别小看这个猇亭，要是把从巫山至猇亭七百余里山间走廊比做瓶颈的话，那猇亭就是瓶口。长江自秭归便改道为北南走向，猇亭位于江西岸，东临长江，西接佷山（今钟离山，位于今湖北长阳土家族自治县境内），宽不过几十米，北面又有东西走向的清江为天然护城河，要想拿下猇亭可不是一件容易之事。”尚书令刘巴指图道。

“没错，我一路过来，见吴军在猇亭当道扎有数座大营，在清江与江口交汇处，不断有江东战船来回游弋，水路和陆路都已被堵得严严实实。”宜都太守廖化说道。

“这该如何是好？”侍中马良问道。

“要想攻克猇亭最好是水陆并进，一面由山路渡过清江进攻猇亭，一面由战船顺江绕到背后包抄，猇亭自然可破。可问题是这样不可避免就要与东吴水军展开一场江战。”刘备指图道。

“吴军战船数倍于我，又精于江战，这显然非我之长。”廖化忧虑道。

“没错，曹操赤壁之战就败在这里——以己之短攻彼之长。因此我军此次进攻猇亭只能走陆路，以我之长攻彼之短，这才是取胜之道！”刘备说道。

“圣上明见！可问题是，从陆路进攻猇亭又有清江挡着这该如何是好？”侍中马良问道。

“要想渡过清江并不难。你们来看这条东西走向的清江，源处利川，东西长八九百里，其上游处处皆可为渡，吴军又怎么能挡得住！再者，他又怎么会想到我军会舍水路而走山路呢？我军只要渡过清江就可以经佷山从背后包抄猇亭。”刘巴指图道。

“是啊，如此一来还何愁猇亭不破！”廖化、冯习、吴班、张南一个个兴奋道。

“侍中马良！”

“在！”

“你马上带人深入南部山区联络当地的部族首领，许以官爵和封赏。要是当地部族首领能归顺于朕，就会从南面对猇亭形成包围之势。”刘备指图道。

“是！”马良领命道。

“吴班、张南！”

“在！”

“你二人率前部军马在前面开路，即日向猇亭进发！我与护军冯习率大军跟进！”

“是！”

春意盎然，刘备自秭归到猇亭缘山截岭连营二十余屯，进驻夷道城（今湖北宜都市西北），与猇亭隔清江对峙。南部山区各部族在马良的策动感召下纷纷来归，土族首领沙摩柯亲率五千土族军随马良助战，刘备将沙摩柯迎入城中，赐予印授、锦帛与牛酒。“我军一路势如破竹，南部山区各部族首领又纷纷来归，还何愁猇亭不克，荆南四郡不得？”刘备举樽兴奋道。

吴班率五千蜀军又在猇亭对岸（清江北岸）当道扎营立寨。战马嘶鸣，战旗飞扬，吴班骑马扬鞭，不停地吆喝道：“快！快！赶快把营寨扎好！小心吴狗来袭营！”

大都督陆逊及众将立于清江南岸的山岭上，蜀军的一举一动尽收眼底。“我军应今夜乘战船出击！”将军朱然指道。

“没错，这正是破敌之良机！”将军韩当、潘璋、孙桓纷纷应道。孙桓乃孙权之侄，时年二十五，孙权拜其为安东中郎将。

“不可！万万不可！”大都督陆逊阻道。

“击敌于立足未稳之时，这正是破敌之机！大都督何故要阻拦呢？”小将孙桓疑惑道。

“刘备率军东下，所向披靡，锐气正盛，且据高守险，一时必难以攻克。要是出师不利，我军的士气将会再次遭受重创，这不是小事。为今之计应鼓舞士气，深沟高垒，以观其变。刘备的十数万大军现在就藏在清江山谷之中，势必不得展，久必为困。”陆逊用鞭遥指道。

众将回营，皆一脸轻蔑之色，“拜书生做大将，又如何能成事？这分明是胆怯！”老将韩当气呼呼抱怨道。

“是啊，大都督既然畏刘备如虎，他守他大营，我等出击就是了。”孙桓、朱然、潘璋也愤愤然。

大都督陆逊跟在后面进来，听得真真切切，脸色由红变白，走到帐前，按剑道：“我有主上所赐节钺在此！哪个敢不听令？！”众将面面相觑，有些不知所措。

“刘备天下知名，连曹操都惧他三分，今犯我界，一路猛进，乃吴之强敌。诸将皆吴王之爱将，战功卓著，应相互团结一致，谨慎待敌才是！我虽儒生，今受王命，自当以国家为重。如有再敢违令者立斩不赦！”陆逊喝道。

刘备一连数日不见陆逊有反应，便移伏兵从山谷中出。清江南岸山岭上，陆逊用鞭指道：“刘备枭雄，果然有诈。这就是我不让诸将出击的原因！”

上述刘备与陆逊在猇亭夹清江对峙第一个回合的交手，陈寿在《三国志·蜀书二·先主传》与《三国志·吴书十三·陆逊传》，及《吴书》中皆有详细记载，本著只是如实再现而已。

刘备大营中。“此计不成，看来只有走第二方案了！”尚书令刘巴铺开地图，刘备指道：“这第二方案就是从清江上游——长阳（今湖北长阳）乘船筏北渡，然后翻越佷山从背后包抄猇亭！”

“这佷山的山路是不是好走呢？”侍中马良问道。

土族首领沙摩柯拧开葫芦喝了一口酒，指图道：“佷山共有五座山峰组成，每座山峰之间都有一条山道，每条山道都能到达武陵，只要能渡过清江就肯定能绕到猇亭背后。”

“那就赶紧准备船筏！”护军冯习、将军张南兴奋道。

皓月当空，江水如镜，波光粼粼，张南、沙摩柯分率所部兵马从长阳乘船筏开始偷渡清江。杨柳青青，春风习习，船筏顺利靠岸，沙摩柯所部数千军马纷纷登岸，“哈哈，太好了，吴军整个没有防备！”沙摩柯话音未落，便听数声号角，从茂密的丛林中顿时箭如暴雨倾泻而下，哗啦啦，土族军纷纷中箭倒地，“不好！吴军已有埋伏！赶紧撤！”沙摩柯挥刀吼道，土族军慌忙跳入水中，攀上船筏，这时听到战鼓声起，“杀蜀军啊！”数千吴军从山林中如山洪瀑发般而下，冲向岸边。将军张南这一路也遭到同样的命运，大败而归。

“看来陆逊已有防备。”刘备一脸忧虑，刘巴则是沉默不语。

蜀、吴两军从此便开始在清江北南两岸及长江西岸开始对峙，从三月到六月，谁都不敢轻易渡河。《三国演义》在演绎这场战争时整个忽视了清江这条起到至关重要作用的河。要是没有清江的阻拦，刘备轻而易举就能攻克猇亭。

六月，天气如火炉一般，“哎呀，真是热死了！”蜀军酷暑难当，纷纷冲出营寨，像鸭子一样跳入清澈见底的清江之中，扑腾，泼水，打闹，人仰马翻，乱成一团，“哎呀，真凉快啊！要是永远能泡在清江水里该多好啊！”

“这清江可真够清，喝起来甜……”

“哎哟，我看到一条大鱼在河底，快把它抓住！”

这时刘备乘黄龙华盖车在冯习的护卫下而来，“啊，皇上来了！你们看，那是皇上的车驾！”蜀军稀里哗啦纷纷上岸，跪倒在刘备的车驾前，“皇上万岁！给皇上请安！”

“都起来吧！”刘备抬抬手说道。廖化、马良骑马立于两旁。

“谢皇上！”

“你们一天吃几顿饭？”刘备问道。

“三顿！”

“能吃饱肚子吗？”刘备问道。

“能！只是想家！”

“是啊，我们都想家，想老婆，想孩子，想我娘，已经离家快半年了。”

刘备挥挥手让马车继续前行。是啊，这仗能打赢吗？水路有东吴的数百艘战船堵着，陆路又被清江挡着，寸步难行，而且士气低落，这该如何是好，这该如何是好啊？刘备焦躁不安地扇着扇子来回踱步思忖着。

这时，尚书令刘巴支吾进言道：“我看，我看实在不行就……就，就撤军。”

“撤军？！亏你也能想得出来！汉中会战前后历时一年，若如此能收复吗？”

“这……”刘巴无言以对。马良、廖化站在一旁欲言又止。

“再者，南部山区皆已归顺，现在只剩下猇亭这最后一关，胜利就在眼前，要是撤军就会前功尽弃！还有，我就不相信曹丕和孙权一样会是一头顶着人头的猪，只会袖手旁观……”刘备焦躁不安地扇着扇子说道。

“我军处境十分危险。我军的四十屯营寨缘山截岭分布在秭归到猇亭的长江西岸和清江北岸，要是吴军战船来袭长江西岸的营寨，就会截断我军的归路！”宜都太守廖化指图道。

“他想得美！朕正等着他呢？！”刘备说道。

下回请看：刘备张网捕大鱼　马良舍身救刘备

第八十六回

刘备张网捕大鱼　马良舍身救刘备

此时吴军营帐中也是热气腾腾，大都督陆逊给孙权写奏章道：

猇亭乃战略要地，国之西门，一旦失守荆南危矣。刘备远道来伐，利在速战，久战不克，现士气已疲。我本担心刘备水陆并进，今其舍船而就步，处处结营扎寨，肯定难有作为。请大王高枕，臣虽不才，以顺讨逆，现破敌在近！

老将韩当公然质疑道："破敌在近？嘴上说起来容易！攻刘备应在立足未稳之时，今刘备已深入我境五六百里，相持七八个月，连营四十余屯，各险要皆已固守，且南部山区各部族皆已归顺，贸然进兵只会自投罗网！"

"没错，贸然进攻只会凶多吉少。"朱然、潘璋等也纷纷附和道。

"刘备虽智高谋远，可他是一国之君，自然国事烦多。刚开始思虑精专，此时就未必了！再者，蜀军久攻不下，军士懈怠，此正是破敌之机，诸将又有何疑？"陆逊说道。

诸将满脸狐疑，七嘴八舌。正在这时，安东中郎孙桓抱拳道："大都督所言极是，现在正是破敌之机！小将愿率军前往！"

"好！人言孙将军智勇过人，果然名不虚传！"陆逊说着走到图前，指图道："你们看！猇亭在这儿，刘备的四十余座营寨一部分屯在长江西岸猇亭与秭归之间，一部分屯在清江北岸的峡谷中。要是我军能乘战船逆江而上，从背后包抄刘备在长江西岸的大营，蜀军的归路就会被截断，蜀军必然大乱。这就是我说破蜀军就在近日的原因！"陆逊胸有成竹道。

"问题是该如何袭击刘备在长江西岸的大营？"孙桓问道。

"在猇亭西北三十里处有一座城，叫夷道城（今湖北宜都市西北），与吴班、张南大营成犄角之势。”陆逊指图道。

“孙桓、鲜于丹二位将军！”

“在！”

“你二人今夜各统一万水军，率百艘战船，孙将军夜袭夷道城，以断蜀军之后！鲜于将军夜袭吴班大营，然后两面夹击。我率大军跟上。”

“是！”孙桓、鲜于丹二将领命而去。

夜晚，天降小雨，孙桓身着盔甲，头顶斗笠，一脸英姿。“天降小雨，是不是要天晴后再行船？”鲜于丹问道。“趁下雨偷渡，蜀人必不设防，此乃天助我也！况且将令已出，怎敢违背？”孙桓说道。

“出发！”安东中郎将孙桓下令道。

孙桓、鲜于丹各率百十战船纷纷扬帆摇橹鱼贯般而出。

江面上雨雾蒙蒙，滔滔江水夹杂着哗哗雨声，孙桓率百艘战船扬帆逆行，悄然无声从黑夜中划来，黑压压停靠在江西岸。雨还在不停地下着，“赶快下船！赶快下船！”上万水军头戴斗笠，手持刀枪，纷纷下船牵马登岸，向夷道城扑来。

夷道城蜀军刚调去围歼鲜于丹，守备空虚，孙桓乘机杀入城中，一阵乱杀乱砍便夺取了城池。

而鲜于丹所率的一万水军才登岸便遭到吴班、张南的两面夹击，战鼓齐鸣，箭如飞雨，吴兵纷纷中箭倒地，“杀吴狗啊！”吴班、张南各率所部军马冒雨冲杀而来，杀得吴兵人仰马翻，纷纷抱头鼠窜，鲜于丹刚逃到船上便被射成了刺猬，许多吴兵坠江而亡。

刘备营帐中，“什么，吴军夺了夷道城？”刘备翻身下床，“护军将军冯习！”

“在！”

“赶快率军去夺，一定要把夷道城给我夺回来！”刘备命令道。

天刚亮，孙桓又被蜀军反包围在城中。此时雨已停，像火球一样红彤彤的太阳从东面升起，冯习指挥护卫军如疾风暴雨般开始四面攻城，孙桓率将士拼命抵抗。

吴军营帐中，军士飞报：“孙将军已经夺取了夷道城！”

“太好了！”陆逊大喜。“可现在又处在蜀军的反包围之中，攻城正急，孙将军请求火速救援！”军士说道。

“那鲜于丹所率的水军呢？”

“遭——遭到蜀军的两面夹击，全军覆没！”

“什么？！”如天塌地陷一般，陆逊的头一下子大了。“看来刘备老贼已有所准备。这该如何是好？这该如何是好啊？！”陆逊方寸大乱。

“都督不听我等之言，结果损兵折将。”老将韩当抱怨道，大帐内乱成一团。

“孙将军乃王族，被围正急，正等着救兵，应赶紧发兵去救，否则吴王怪罪下来后果将不堪设想！”将军朱然、潘璋叫道。

“刘备在江西岸所设的二十屯连环营寨如同鱼网，我登岸军士就如同入网之鱼，刘备早已布好口袋在等我们，贸然去救只会自投罗网！”老将韩当说道。

“老将军所言极是，可不去救又不行，这该如何是好？！”大都督陆逊急得在帐内团团转。

上述陆逊从水陆登岸偷袭刘备营寨落入刘备鱼网之事，陈寿在《三国志·吴书十三·陆逊传》有明确记载，本著只是如实再现而已。

夷道城下，刘备一脸兴奋，扬鞭指道：“我做梦也没想到我布下的罗网会网住孙桓这条鱼！”

“别小看孙桓这条鱼，这可是条大鱼！孙桓乃孙权侄儿，要是能抓住这条大鱼，就如同定军山斩夏侯渊，吴军士气将会遭受重挫，我军则可趁势水陆并进，两面包抄猇亭！”尚书令刘巴也兴奋道。

“这可是天赐良机，赶快加紧攻城！拿下孙桓水陆并击！”刘备挥鞭吼道。

烈日炎炎，蜀军挥汗如雨，冲车、云梯铺天盖地拥向城池，冯习亲自指挥攻城，时年25岁的孙桓率军拼命抵抗，“坚持！坚持！大都督的援军就要到了！”

大都督陆逊彻底难眠，急得像热锅上的蚂蚁，形势十分危急，孙桓乃王族，一旦夷道城被攻破，孙家人会能放过吗？后果将不堪设想。现在是不营救不行，营救又会自投罗网，刘备明摆着已经布好了口袋等着我往里钻，这到底该如何是好啊？

战是死，不战也是死，与其如此不如与刘备拼个鱼死网破！陆逊抱起水罐咕嘟咕嘟喝了满怀，突然间脑子一亮，对呀，连环营寨，鱼少则成网，鱼多不就把网给撑破了！陆逊欣喜若狂，急步走入大帐，大声疾呼道："我已有破刘备之法！我已有破刘备之法！"

众将面面相觑，皆一脸疑惑。

"众将士听令！今夜三更，全军五万将士倾巢出动，各持茅草一把，分乘五百战船登陆江西岸，对刘备屯扎在江西岸二十余座营寨进行全线出击！如此一来，刘备所布设罗网就会被彻底撕碎！"大都督陆逊兴奋道。

"是啊……"众将议论纷纷。

"将军朱然！"

"在！"

"你率五千兵马由江西岸登陆攻吴班大营！"

"是！"朱然领命道。

"老将韩当！"

"你率五千兵马由江西岸登陆攻张南大营！"

"是！"

"李异、刘阿！"

"在！"

"你二人攻土族首领沙摩柯大营！"

"是！"

"将军潘璋！"

"在！"

"随我率一万兵马由江西岸登陆，去夷道城营救孙桓将军！"

"是！"

"记住每人都要持一把茅草，要一起俱攻，冲到营寨跟前就放火，以壮声势！成败在此一举，你们听明白了吗？！"陆逊命令道。

"听明白了！"众将又齐声领命道。

夜半三更，凉风习习，五百东吴战船趁着月色浩浩荡荡停靠江西岸。数万军士身背茅草，手持刀枪，纷纷牵马下船，过芦苇丛，开始大举登岸。

"不好了！吴狗来偷袭大营了！吴狗来偷袭大营了！"警叫声，立即在江岸边，峡谷中奏响。“起来！起来！都赶快起来！各就各位！吴狗又来袭营了！”吴班、张南、沙摩柯、冯习分别从各自的营帐中惊醒，匆忙指挥军士迎敌。枕戈待命的蜀军纷纷手持弓箭和各色兵器匆忙上阵。“吴军从何处而来？！”刘备从床上惊起。

“不知道，搞不清楚，好像四面八方都是。”刘巴、马良、廖化匆忙来报。

这时，陆逊、潘璋、朱然、韩当、李异、刘阿已分率所部兵马黑压压向长江西岸缘山截岭的二十余座蜀军营寨扑来。冲出营寨准备迎敌的蜀兵见吴军铺天盖地进来，吓得又纷纷撤回营寨。

“杀呀！”朱然、韩当、潘璋、李异、刘阿分率所部兵马向吴班、张南、沙摩柯、冯习大营冲杀而来。霎时间声浪滔天，滚滚而来。

“娘的，吴狗又来送死了！给我放箭！放箭！”吴班吼道，一时间箭如瀑雨，冲在前面的吴兵纷纷中箭倒地。

“不要怕，手持盾牌继续前进！”朱然吼道。吴兵如冲击波一般，一波倒下一波又上，前赴后继，如潮水般迅速逼近吴班大营，冲在前面的军士在吴军弓箭手的掩护下迅速将茅草点燃，纷纷抛向吴班大营，栅栏、营帐迅速燃起冲天大火。

“着火了！赶紧跑啊！”蜀军纷纷弃营而逃，身后朱然率军冲杀而来。“不要慌！继续放箭！放箭！再坚持一会援军就会到来！”吴班挥剑吼道，可无济于事。

张南、沙摩柯此时已与韩当、李异、刘阿军陷于肉搏战之中，丁零当啷战成一片，营帐被点燃，火光熊熊，蜀军风集云涌一般纷纷溃退，张南率军拼命抵抗，沙摩柯中箭倒地。

陆逊、潘璋率上万吴兵冲向冯习大营，“保护圣上！不能放过一条吴狗！”冯习挥剑吼道。在对射中，双方军士成片成片倒下。夷道城中，孙桓见城外火光冲天，杀声振谷，“大都督陆逊来营救我们来了！敢快打开城门！夹击城外刘备军！”哗啦啦城门大开，孙桓又率吴兵从城中杀出，“杀刘备啊！杀刘备啊！不能让刘备跑了！”

“情况紧急！我军现处在两面夹击之中，还请圣上赶紧后撤！我来断后！”冯习喊道。

“左右营寨都已起火，长江西边各营寨已被吴军分割包围，归路已断，这该如何是好？！”马良惊慌失措道。

“慌什么？！为将者应处惊不乱！”刘备呵斥道，随后展开地图指道，“为今之计，只有向清江山谷撤退，然后从长阳向秭归撤退！”

廖化、马良紧忙扶刘备、刘巴上马，在三千护卫军的护卫下向清江山谷后撤，“让开！赶紧让开！”冲在前面的护卫军挥刀开道，廖化、马良紧随刘备、刘巴左右。冯习率三千蜀军断后。

“杀刘备啊！不能让刘备跑了！”陆逊、潘璋、孙桓挥剑吼道，吴军三面追杀而来。

“保护皇上！放箭！赶快放箭！”护军冯习喊道，冲在前面的吴兵纷纷中箭倒地。黑夜茫茫，熊熊燃烧的一座座蜀军营寨又引燃山林大火，风助火威，将整个长江峡谷映得通红。蜀军满山遍野，喊爹叫娘，四处溃散，吴兵如群狼猛虎一般在后面拼命追杀，蜀兵一片片被砍倒，血肉横飞，吴班将数名吴兵砍倒，冷不防被吴兵从身后一枪刺中心窝，大叫一声抡刀砍飞吴兵头颅，倒地身亡。张南连人带马陷入敌阵之中，狂声大吼，“老子跟你们这群吴狗拼了！”飞刀乱砍，吓得韩当翻身坠马，张南随后在混战被中也乱军所杀。蜀将杜路、刘宁被吴军分割包围，只得率众纷纷跪倒求饶，“我们投降！我们投降！别杀我们！”像疯狗一样的吴兵哪还管这些，冲上前就是乱杀乱砍。

刘备通过连环营寨所精心布设的罗网就这么被撕碎了，撕成了碎片。

此时天已蒙蒙亮，刘备、刘巴在数千护卫军的保护下沿清江北岸逃至长阳。眼见尸横遍野，尸骸在清江水中漂流，塞江而下，刘备悲怆道：“天哪！我被陆逊所败，难道这是天意吗？！”

这时大都督陆逊、将军潘璋、安东中郎将孙桓正打马在后面追击，“蜀军已土崩瓦解，潘将军从后面追击，孙将军绕到前面截击，如此前后夹击刘备可擒也！”陆逊令道。“要是刘备也能像关羽一样被擒，不只是得到荆州，蜀国也会为我所有！”安东中郎将孙桓兴奋道。

“吴狗又追上来了！皇上赶紧沿山路往秭归走！”护军将军冯习叫道。

“杀刘备啊！不能放走刘备！”潘璋挥刀吼道，万千吴兵如狼似虎般从清江峡谷中追了上来。

“不要慌！护卫军各就各位随我断后！”冯习吼道。冯习横刀立马挡住峡口，“将军，箭已经放完！该怎么办？”将士们说道。“没有箭，还有刀！我们就用刀，用枪，跟吴狗拼！只要我们还活着，只要我们还有一口气就跟吴狗拼到底！”冯习勒马壮言道。

“给我冲！”潘璋挥刀吼道。

“保护皇上！跟吴狗拼了！”冯习率三千护卫军纵马狂奔而下，两军在清江北岸峡口处交会在一起，杀声、吼声、刀剑飞舞，丁当劈闪，战成一片，在山谷中激荡，吴兵被纷纷砍倒，陆逊又挥剑命所属兵马冲杀而上。此时，马良、廖化随刘备率千骑慌忙冲入逃往秭归的山间大道，行进不到数里，便见孙桓带万千吴兵横马立刀挡住了刘备的逃生之路，杀气腾腾，众皆大惊，刘备呼道：“朕命休矣！”

“北面还有一条山岔，皇上赶紧走山岔！我来断后！”侍中马良叫道。刘备、刘巴慌忙拨马冲上山岔，廖化紧随其后。

“不能让刘备跑了！杀刘备啊！”孙桓纵马飞刀率数千骑兵冲杀而来，马良率护卫军堵住道口，与孙桓骑兵战成一片，像绞肉机一样混战在一起，头颅滚滚，血肉横飞。那边冯习满身满脸是血，正在与吴兵肉搏战，潘璋挥刀砍来，将冯习手臂砍掉，冯习像狼一样吼叫着提刀向潘璋冲来，“吴狗！吴狗！我要杀了你！”数名吴兵冲上前将冯习乱刀砍死，潘璋上前抡刀将冯习首级砍下，提在手上，一脸英雄之气。

刘备、刘巴在数百护卫军的护卫下冲上山岔，这时马良在混战中也已被乱军所杀。

“吴狗马上就要追上来了！这该如何是好？！”宜都太守廖化急道。此时天色已经大亮，山下吴军杀声震天，“杀刘备啊！不能让刘备跑了！”刘备望望左右，丛林茂密，慌忙道：“快，快，所有军士都赶紧把衣服脱下来！”

“脱衣服干什么？！”众军士面面相觑，不解。“快点！让你们脱就赶紧脱！好用衣服点火烧山，以断追兵！”刘备吼道，众军士这才七手八脚慌忙脱剥下衣甲，将衣甲点燃，“把旗和鼓也一起烧了！黄龙华盖也烧掉，快！”刘备、刘巴喊道，山火熊熊燃起，噼哩啪啦燃成一片，孙桓率军刚冲上山岔便被山火所阻，“刘备烧山了！快！快！赶紧撤！”刘备、刘巴、廖化及数百护卫军打马向秭归奔逃而去。

陈寿在《三国志·吴书十三·陆逊传》记述道："逊曰：'吾已晓破之之术。'乃敕各持一把茅，以火攻拔之。一尔势成，通率诸军同时俱攻，斩张南、冯习及沙摩柯等首，破其四十余营。备将杜路、刘宁等穷逼请降。备升马鞍山，陈兵自绕。逊督促诸军四面蹙之，土崩瓦解，死者万数。备因夜遁，驿人自担烧铠断后，仅得入白帝城。其舟船器械，水步军资，一时略尽，尸骸漂流，塞江而下。备大惭恚，曰：'吾乃为逊所折辱，岂非天邪！'"

这是三国历史中最悲壮也是最为惨烈的一场战争。在这场战争中估计有三五万蜀军阵亡，不仅如此，在一场战争中同时有这么多高级将领阵亡，这也是罕见的。

说到这场战争许多人可能会问：身经百战又智慧超群的刘备怎么会被名不见经传的陆逊打败呢？从客观原因上说，是小儿之机哄小儿。孙权用装孙子这套二十年就在要的小儿把戏没有哄过曹操，却把他儿子给哄了。结果不出兵伐吴，坐失良机。孙权实在是运气太好了。

从主观上来说，易中天认为是刘备将营寨扎在了山林之中，连营数百里造成的。易中天的这一说法可以说与曹丕英雄所见略同。易中天也不想想，刘备不把营扎在山中难道还扎在江中不成？猇亭至秭归这一瓶颈地带根本无关可守，刘备依山据险像扎梅花桩那样扎成连环营寨，不仅可以依山据险扼道而守，各营寨还可以相互协防。再者，火攻其实只是起到助攻的作用，起决定性作用的是陆逊从江岸全线登陆的突袭部队。陆逊在情急之下抓住战机，用全线登陆出击的方式破了刘备的连环营寨，才是制胜的根本原因。本来对刘备有利的战局就这么突然间发生了大逆转。

猇亭之战在《三国演义》中整个都是一塌糊涂。首先里面含有大量虚构的成分，如以张苞、关兴为先锋，黄忠出征，关公显圣杀潘璋，孙权囚范疆、张达，孔明巧布八阵图等都是虚构。再者，各故事片段的衔接也是前后倒错，一团乱麻。

下回请看：改地名刘备示决心　被耍弄曹丕伐东吴

第八十七回

改地名刘备示决心 被要弄曹丕伐东吴

八月中秋，刘备率残兵败将逃回秭归，收合离散军士，随后又退守鱼腹（今重庆奉节县东），依长江和巫峡而守。成都，丞相府中，16岁的刘禅在一旁抽泣，昭德将军简雍、中郎将董和、治中从事杨洪等乱成一团，有的在叹息，有的在哭泣，有的在议论，“陛下不听秦宓之劝才会有此败啊！”

丞相诸葛亮长叹道：“若法孝直在，必定能阻陛下东征，即便不能阻陛下东行，也不会遭此惨败。”

老将赵云则奉命火速率五万蜀军水陆并进顺江而下登临永安。“子龙来了！子龙来了！”刘备、刘巴、廖化等到江边来迎，赵云一下船便跪倒在白发苍苍的刘备面前，泣道：“陛下，陛下，你怎么一夜之间老了？”刘备将赵云扶起，老泪纵横道：“五万将士，五万将士，毁于一旦……我对不起成都父老……”

“天地悠悠，反复无常，还请陛下节哀顺变。”尚书令刘巴也泣道。

“胜败乃兵家常事，还请陛下节哀顺变。”赵云起身道，众将士无不潸然泪下。

“报告！李异、刘阿率数万吴狗在南山扎下大营！”军士报道。

刘备举目远望，见江对岸山上吴军旌旗招展，吴军军士一个个斗志昂扬。众将士皆面露恐慌之色，“东吴战船众多，水军强盛，要是渡江来袭搞不好我们真的就会变成‘鱼腹’……”

尚书令刘巴有气无力劝道：“这里的确很危险。陛下不如乘船回江州（巴郡治，今重庆市北），那里安全。”

刘备面露怒色，“朕退到江州，吴狗水陆并进再追上来，那朕就只好往成都退……吴狗来围成都，那朕又往哪退？那朕就只好往娘胎里退！”刘备怒道，“朕哪都不去！这里是进攻吴狗的最前线，也是蜀国的东大门，朕要在这里坚守到底，就是死也要死在这里！传令下去，将此地地名‘鱼腹’改为‘永安’，我要在这里永远安定下来，以示我心！”

刘备苍白的脸上目光炯炯，眼望众将士一个个皆面露疑惑之色，慨然道：“我们虽然遭受了惨败！可我们并没有被打垮！也不可能被打垮！子龙说得对，‘胜败乃兵家常事’！我们应一面加强戒备，日夜巡逻，小心吴狗渡江袭营！一面重整旗鼓，随时准备反击，消灭吴狗，为死伤的蜀军将士报仇雪恨！”

“对！我们应重整旗鼓，随时准备反击，消灭吴狗！”众将士群情激奋，振臂呼道。

上述刘备改地名之事，陈寿在《三国志·蜀书二·先主传》中记述道：“陆逊大破先主军于猇亭，将军冯习、张南等皆没。先主自猇亭还秭归，收合离散兵，遂弃船舫，由步道还鱼腹，改鱼腹县曰永安。吴遣将军李异、刘阿等踵蹑先主军，屯驻南山。”

永安宫，“镇北将军黄权率众降魏，罪该万死！请收黄权妻子儿女，以正王法！”御史禀道。

刘备摆摆说道：“猇亭惨败，镇北将军黄权归路被吴狗截断，无路可走才被逼降魏，这是朕负黄权，非黄权负朕！一概不咎！”

“是！”

“不仅一概不咎，还要待之如初，绝不能亏待他们！孟达、申耽、申仪的家人也要如此，谁都不许动他们的家人！”刘备吩咐道。刘备拜黄权子黄崇为尚书。

陈寿在《三国志·蜀书十三·黄权传》记述道：“先主以权为镇北将军，督江北军以防魏师。先主自在江南。及吴将军陆逊乘流断围，南军败绩，先主引退。而道隔绝，权不得还，故率将所领降于魏。有司执法，白收权妻子。先主曰：‘孤负黄权，权不负孤也。’待之如初。”

著名史学家裴松之为之动容道：“汉武帝用虚假谎言而灭李陵一家，而刘备却能自担责任而为黄权开脱，宽待黄权家人，两人怎么相差这么远啊？”黄权降魏后，刘备不仅能自责，宽待黄权，而且还在一定程度上反映出此时的刘备已有平等互利的思想。为什么这么说呢？按照古代君臣之道，臣子应完全无条件地放弃自身的利益以服从君王的利益需要，而刘备不但能够考虑到对方的利益需要，并没有把自身的利益强加在对方头上，还能在一定程度上理解对方的行为，可见刘备的思想已经在一定程度上超出了古代君臣之道。像刘备这样的人，其宽仁大德、其超人智慧，其许多超出古代君臣之道的更加成熟的行为理念以及过人的胆略，在五千年的中国古代王朝历史中实属罕见。在他身上明显继承和发扬了儒家的仁德思想，可又突破了儒家忠义思想的束缚。

洛阳，建始殿，镇北将军黄权跪倒在大殿中央，文帝曹丕满心欢喜道：“识时务者为俊杰。黄将军弃暗投明，舍逆效顺，不愧为天下俊杰！朕拜你为镇南将军，封你为育阳侯，领侍中之职！”

“谢圣上隆恩！”黄权跪拜道。

“刘备无道。听说你的家人都已被刘备斩尽杀绝，你可要节哀，朕将为你报仇雪恨！”曹丕说道。

“这只是传言！我与刘备推心置腹，我了解他的为人，他是不会干出这样的事情的。”黄权应道。

“但愿如此！起来吧！刘备不懂用兵，在山林中扎营，连营七百里哪有不败之理？果然不出我之所料啊！”曹丕扬扬自得道。

“陛下英明！”群臣齐贺道。

这时侍中刘晔出列道：“孙权本是被迫称臣，今夷陵大败刘备，必有不臣之心！”

“你又如何知晓？前番所索珍宝，孙权皆如数贡献，我待孙权以诚，孙权又怎么会待我以诈呢？”曹丕说道。

“陛下难道不见孙权是如何给刘备背后捅刀子的吗？一次偷袭荆州不成，还要第二次偷袭，如此之人又怎么能相信呢？”太尉贾诩说道。

“那我又如何才能知道孙权本意呢？”曹丕疑惑道。

“这不难，只要命其遣太子孙登入朝为质就可以试其是否真心臣服！”司空王朗说道。

“二十年前，先帝就曾让孙权遣子为质，只有如此才能试其真假。”太尉贾诩、司徒华歆、侍中刘晔、司马懿等纷纷附和道。

曹丕起身，左右踱步沉思片刻，说道："看来也只好如此了。侍中辛毗、尚书桓阶！"

"在！"

"你二人出使东吴，去办这件事，我倒要看看他孙权葫芦里到底卖的是什么药？"曹丕说道。

"是！"二人领命道。

公安，在盛大的庆功宴上，歌舞升平，众将酒气熏天，安东中郎将孙桓给陆逊敬酒道："前实怨大都督不来救，今日才知大都督深谋远虑，调度有方！来把这樽酒满饮了，以表谦意！"

"来！我们大家一起给大都督敬杯酒，赔个不是！"老将韩当举杯道，朱然、潘璋、徐盛、宋谦一起举杯。

吴王孙权满面酒光，给陆逊斟酒道："诸将屡违节度，你为何不跟孤说？"

大都督陆逊答道："臣受恩深重，任过其才。诸将皆国家之栋梁，不是大王的心腹，就是功臣。臣虽不才，可'忍辱负重'之义多少还是知道一些。"孙权大笑："吕蒙之后，我东吴又出来了陆逊，这不仅是我孙权之幸，也是我东吴之幸！现加拜陆逊为辅国将军，领荆州牧，封江陵侯！来，大家一起举杯！"

孙权又醉醺醺道："周公瑾雄烈，胆略过人，赤壁破曹操，开拓荆州，君继其后。周公瑾昔邀鲁子敬来东吴，与孤饮酒谈帝王之业，使孤茅塞顿开，此一快也！后曹操南征刘表，扬言八十万大军水陆并进，欲吞并东吴，众文武皆言应拱手让土降曹，唯鲁子敬言不可，劝孤急呼周公瑾，二人力主联刘抗曹，此二快也！鲁子敬智谋远略，远在张苏之上，后虽劝孤借南郡于刘备，是其一短，可不足以损其两长也！周公不求全于一人，故孤忘其短而贵其长。吕子明少时只是一个有勇无谋之人，成年后学问大长，奇谋怪略层出不穷，不亚于周公瑾。图取关羽胜于鲁子敬。鲁子敬曾给孤写信称：'关羽不足为虑！'这其实是在说大话，孤也不怪他。来，喝，今天我高兴，大家一起喝……"

众文武又一起举杯而尽。"刘备如丧家之犬，惶惶而逃，大王要是乘胜追击，刘备可擒，蜀国必灭，大王则可据长江之南，与曹丕南北对峙。”老将韩当醉道。

“是啊，还请吴王命我等率军追击！”潘璋、徐盛、宋谦纷纷请兵道。

孙权看看陆逊，正在这时，长史严畯匆忙进来，与孙权耳语道：“魏文帝曹丕遣侍中辛毗、尚书桓阶来……”

孙权闻言，脸色骤变，“让孤遣太子为质？！二十年前曹操就逼我遣子为质，现在曹丕又来逼我遣子为质！”

“大王，绝不能遣太子为质！那样东吴就只有听命魏国了！”将军潘璋说道。

“我也不愿意遣爱子为质，可——可魏强吴弱，要是魏国来攻怎么办?！”孙权急道。

“兵来将挡，水来土掩，我们才在猇亭打败刘备，难道还怕他曹丕不成？况且东吴有长江之险，可阻千军万马！”潘璋满嘴酒气叫道，韩当、朱然等也纷纷附和道：“没错，枭雄刘备都被我们打垮了，难道还怕他曹丕不成？”

“是啊。”孙权咕噜咕噜将一樽酒喝干，扔到一旁，拔剑道，“曹丕想让孤遣太子为质，那就让他先问问孤手中的剑答应不答应?！”

此时，曹丕与皇子曹睿，在武卫将军许褚与三百禁卫军的护卫下，稀里哗啦蹚过一条清澈见底的小溪，纵马驰入一片原始丛林之中。“陛下你看！”许褚指道，曹丕顺指一看，只见一对鹿母子正站在青青的草丛中，小鹿正在吸食母鹿的乳汁，母鹿则用舌轻轻地舔着小鹿。曹丕一摆手，许褚长嘘一声，示意所有人都不许出声。曹丕屏气凝神弯弓搭箭，鹿母子全然不知，这时只见箭离弓飞出，随着嗖的一声，正中母鹿喉结，母鹿应声倒地，在草地上抽搐，受惊的小鹿嘤嘤地叫着，一边在用嘴撕扯着躺在草地上的母鹿，意思是：娘，你怎么了？你赶紧起来。

曹丕命曹睿：“还愣着干吗，赶紧放箭！”没想到曹睿却说道：“父皇已杀其母，儿臣实在不忍再杀其子！”说着泪流满面。曹丕看看曹睿，再看看小鹿，一脸惊奇，掷箭于地。曹睿，字元仲，公元205年生人，时封为平原王。其母被杀，由郭皇后扶养。此事在《魏末传》中有记载，本著只是如实再现而已。

洛阳，建始殿，“孙权拒绝遣太子为质！”侍中辛毗、尚书桓阶报道。

曹丕大怒：“朕待之以诚，此贼却把朕当小儿！” 曹丕一把将案上的文房四宝掀到地上，“马上三路发兵，给朕踏平东吴，以泄朕心头之愤！”

“陛下息怒！孙权才打败刘备，两面夹击之势已破，机已失。现吴上下齐心，气势正盛，又据长江之险，此时进军将难有作为！”侍中刘晔劝阻道。

“朕君临天下，能让孙权像小孩子一样哄吗？”曹丕吼道。太尉钟繇、司徒华歆、司空王朗、大鸿胪董昭、侍中司马懿皆不敢言。

九月，秋风扫落叶，三路大军齐头并进：一路以曹真为上军大将军，统将军张郃，与征南大将军夏侯尚会合，起兵十万出襄阳进军江陵；一路以曹仁为大司马，统其子曹泰与将军常雕起兵十万，出合肥进军濡须坞；一路以曹休为征东大将军，统张辽、臧霸，起兵十万出历阳进军横江津、当利口。孙权连忙命将军朱然、朱桓、吕范统军分别镇守江陵、濡须坞、横江津。一时间江北岸战火骤起，攻城如潮，战火纷飞，江陵城下，濡须坞上，横江岸边，百万雄师浴血奋战，怒涛滚滚。

上述孙权拒绝遣子为质之事，陈寿在《三国志·吴书二·孙权传》中记述道：“初，权外托事魏，而诚心不款。魏欲遣侍中辛毗、尚书桓阶往与盟誓，并征任子，权辞让不受。秋九月，魏乃命曹休、张辽、臧霸出洞口，曹仁出濡须，曹真、夏侯尚、张徐晃围南郡。”

武昌，王府内，孙权就像热锅上的蚂蚁，来回踱步道：“魏军势大，我军恐难抵抗，刘备又驻军永安（即白帝城，今重庆奉节县东），赵云率军增援，显然有东进之意……”

“大王应赶紧遣使向曹丕下话，认错，以息文帝雷霆之怒！”陆逊说道。

“那——那就赶紧派人去！”孙权急道。

洛阳，建始殿，孙权使者跪在大殿中央，曹丕一脸怒色，接过书信，只见上面写道：

若罪大难除，不能原谅，臣愿奉上土地和人民，乞求寄命交州（治广信，今广西梧州市），以度余生。

曹丕面色由怒转暖，深有感触道：“此言至诚，感人肺腑！”

“陛下，可别忘了前车之鉴！”侍中刘晔提醒道。

曹丕闻言马上警觉了起来，“是啊，闻其言还要观其行。这样吧！回你主话，太子孙登到朝之日，便是我罢兵之时！此言之诚，有如大海！”

武昌，吴王孙权闻报，急道：“曹丕已经不吃这一套了，还是要逼孤遣太子为质，这该如何是好？”此事陈寿在《三国志·吴书二·孙权传》中有记载，本著只是如实再现而已。

“赶紧让李异、刘阿撤回巫山，派人与刘备讲和！”陆逊说道。

“两家结怨如此之深，能行吗？”

“当前形势的确非常危急，可大王也不必过于担忧。刘备才遭重创，创伤怎能一日复合？刘备即便有东征之意也是有心无力！曹丕三路大军虽攻势甚猛，可已错过最佳战机，大王又有长江之险又能如何？”陆逊说道。

十月，冬，永安，刘备卧于病榻上，火盆中的炭火烧得正旺。侍医给刘备摸过脉，看过舌苔，说道：“陛下近来是阴火太盛，阳火不足，致使阴阳失调，才生痢疾。”

“我已按医嘱饮药数日，可痢疾并未见好转，不思茶饭，体软无力，不知是何故？”刘备有气无力问道。

“这主要是由于陛下年事已高，长期劳累过度，导致体质衰弱所致。陛下要多卧床休息，每日按时服用汤药，不过一月，身体自然会康复！”太医说道。

刘备喝下一碗汤药。这时廖化进来报道：“东吴孙权遣使讲和，该如何回复？”

“曹丕起三路大军南征孙权，这本是朕再次东征的最佳时机，可我军才在猇亭遭受重创，重整尚需时日。尚书令刘巴又才病逝，朕身体近来也感到不适……”刘备一脸病容说道。马超、太傅许靖也在同年去世。

“陛下可要多保重龙体。”将军赵云说道。

“这样吧……就说我同意两家和好如初，让太中大夫宗玮去复命。”刘备靠在床上说道。

“陛下难道真的是要跟吴狗孙权和好吗？”宜都太守廖化问道。

“跟如此小人全无信用可言，这只不过是缓兵之计罢了。再者，现在正值冬季，也不适宜用兵，应乘机加紧整备军马。”刘备说道。这就是刘备总能适时而变。陈寿在《三国志·蜀书二·先主传》中记述道：“孙权闻先主住白帝，甚惧，遣使请和。先主许之，遣太中大夫宗玮报命。”

“我明白了。”廖化应道。

“还有，火速派人把犍为太守、辅汉将军李严调到永安，此人南阳人，曾为秭归县令，对荆州很了解，善于用兵，赶快让他来代尚书令……”刘备吩咐道。陈寿在《三国志·蜀书十·李严传》记述道：“章武二年，先主征严诣永安宫，拜尚书令。”易中天还以为这是刘备招他来安排后事的，这就有些见外了。其实这是刘备要出击孙权。

“是！”廖化应声而去。

十一月，雪花飘飘，征东大将军曹休与将军张辽、臧霸三面出击，抢占横江津、当利口，“杀吴狗啊！”吕范、徐盛、孙韶仓皇溃逃，纷纷登船，“赶紧渡江，撤回牛渚营！”江面突起暴风，巨浪滔天，兵荒马乱再加狂风暴雨，数十艘战船在碰撞中狂荡倾覆，数千吴兵葬身于大江之中，吕范、徐盛逃回牛渚营拒守。

与此同时，大司马曹仁与将军曹泰率军大举进攻濡须坞，攻势如潮。

“前进！打过长江，消灭吴狗！”曹丕御驾亲征，在侍中刘晔、司马懿的陪同下入宛城，亲临荆州督战。

下回请看：曹真百里洲架浮桥　虞翻戏孙权险丧命

第八十八回

曹真百里洲架浮桥　虞翻戏孙权险丧命

十二月，江陵城下，尸横遍地，曹真在江陵城外设连环大营十余座，江陵城楼上，朱然巡视中指道："赶紧准备石块、弓箭，以防敌军攻城！"

江水滔滔，寒风刺骨，上军大将军曹真与征南大将军夏侯尚、将军张郃及军师辛毗来到江岸边。"征东大将军曹休在横长津大捷，而我们这一路却寸步难行！"曹真焦虑道。

"江陵城城高池坚，昔曹仁守此城，周瑜用一年时间才攻取。"军师辛毗说道。

"要想攻取此城，唯有一法！"征南大将军夏侯尚说道。

"什么办法？"曹真的情绪一下子被调动了起来。夏侯尚扬鞭指道："你们看到没有？在江中央有一块陆地。这块陆地有数里，人称百里洲！"

"那又怎么样？"上军大将军曹真问道。

"我军应兵分两路，大将军率军攻江陵城，而我与张郃将军则率军渡江，抢占江中央的陆地百里洲。这样可切断江陵城的水上通道，使江陵成为一座孤城，到时还何愁江陵城不破？"

"谈何容易。渡江不可避免就要与吴军展开水战，东吴擅长水战，我又怎能是对手？再者，吴狗早有准备，在百里洲屯有大量兵马，筑坞据守，又如何抢占？"曹真疑惑道。

"是啊，东吴擅长水战，所以才得以赤壁大败先帝，才得以据江而守。"军师辛毗附和道。

"大将军长年在雍、凉作战，当然看不到长江里的战机了。"征南大将军夏侯尚笑道。

“此话怎讲？”曹真问道。

“江陵水段地处长江中下游，面宽水浅，冬季又正值枯水季节，水则更浅，这也是江中央陆地能显露出来的原因。水浅，东吴大型战船楼船、艨冲、斗舰自然也就派不上用场，而我军的小型战船却正好能派上用场。因此，这正是攻占百里洲的天赐良机。”夏侯尚说道。

“对呀！”曹真、张郃、辛毗恍然大悟。

“不仅如此，水浅还可以架设浮桥。把江北岸的兵马源源不断地输送到百里洲上，同时还可以伺机在百里洲与江南岸之间架设浮桥，要是能成，我军还可以跨过长江……”夏侯尚兴奋道。

“妙啊！还是夏侯将军高见啊！”曹真、张郃连连赞叹道。

江北岸，寒风呼啸，三十余艘木船上装满茅草，整备待发。“再浇上油脂！每个船都浇，多浇点……”夏侯尚命令道。“看来，夏侯将军也要学黄盖了……”张郃笑道，“只许他烧我，难道还不许我烧他……”

“油船在前，登陆船在后！出发！”随着夏侯尚一声令下，在夜雾的掩护下，三十余艘油船先行，两三百艘木船紧随其后，摇橹划向百里洲。“将军！前面发现有大批东吴战船拦截！”裨将报道。循声一看，有数百艘木船黑压压墙一样横在百里洲的前面，将军孙盛挥剑吼道：“不能让一条魏军战船登陆！”

“来得正好！传我命令，让油船全速靠上去！”征南大将军夏侯尚命令道。随着夏侯尚一声令下，三十余艘油船如离弦之箭顺流划向东吴战船，寒风呼啸，船工拼命摇橹，“准备放箭！”孙盛喊道，话音未落，便见油船轰然起火，直冲而来，“火！火！火……”东吴水军猝不及防，个个目瞪口呆，还没等调转船身，火船已经纷纷冲靠了上来，“妈呀！”东吴水军纷纷弃船投江，火借风势迅速蔓延，瞬间便席卷了许多东吴战船，哭爹叫娘一片，孙盛逃脱不及被卷入了熊熊大火之中。夏侯尚、张郃哈哈大笑，“吴狗都喂鱼去了，现在开始两面登陆！”夏侯尚、张郃挥军两面登陆，此时百里洲吴军已失魂落魄，在两面夹击下溃不成军，不是投江投生，便是跪地求饶。张郃将魏军战旗插在百里洲上。不久又在江北岸与百里洲之间架起了一座浮桥，江北岸魏军源源不断被输送到百里洲上。陈寿在《三国志·魏书九·夏侯尚传》中记述道："黄初三年，车驾幸宛，使尚率诸军与曹真共围江陵。权将诸葛瑾与尚军对江，瑾渡入江中渚，而分水军于江中。尚夜多持油船，将步骑万余人，于上游潜渡，攻瑾军，夹江烧其舟船，水陆并攻，破之。"

吴王孙权惊恐万状，就像热锅上的蚂蚁，"横江津失守，百里洲又失守，江陵城已经成为一座孤城……这——这该如何是好？"

"应赶紧派人把百里洲夺回来，否则江陵不保，江陵失守，南郡将不为大王所有！"陆逊说道。严畯，字曼才，彭城人，与诸葛瑾、步骘为友，曾为从事中郎，代鲁肃守陆口，时为卫尉。

"左将军南郡太守诸——诸葛瑾，将军潘璋！"

"在！"

"你——你二人赶快率两百战船把百——百里洲给孤夺回来！怎么失去就怎么给孤夺回来！"孙权吼道。

江南岸，南郡太守诸葛瑾灰头土脸扬鞭遥指道："百里洲已被魏军占据，浮桥也已经架通，吴王命我等赶紧把百里洲夺回来，又怎么个夺法啊？"

"乘战船去夺显然行不通！现魏军兵势正盛，再加上江水又浅，楼船、艨冲、斗舰都用不上！为今之计，诸葛太守最好扎营于江南岸，以防魏军架浮桥于南岸，渡江，那样麻烦可就大了。我则率军于上游五十里处扎营，一则防备魏军偷渡，二则设法把魏军架设的浮桥给烧断。"将军潘璋粗声大话道。

"将军有办法烧断浮桥？"诸葛瑾问道。

江北岸，"吴狗屯大军于江南岸，架浮桥过江已经不可能。江陵城已内外断绝成为一座孤城，现在应集中全力攻占江陵城！"征南大将军夏侯尚说道。

"没错！"大将军曹真应道。曹真挥军攻城，掘地道，起土山，立楼橹，攻势如潮，箭如飞雨，江陵城守军被压制在城垛下，一军士刚一探头便被射中面门，几个军士弯腰从城垛下穿过，被飞来之箭射中屁股。立于土山、楼橹之上居高临下的魏军军士哈哈大笑。吴兵皆面如土色，墙角处几个人窃窃私语道。

“城外铺天盖地到处都是魏军，而城中守军死伤大半，不过五六千，现内外断绝已被围困多日，连个救兵的影子都看不到，这个城还怎么个守法啊……”

“不仅如此，城中粮食也快完了……”

“照这样下去，用不了几天城就会破，我们都得完蛋。与其等死，不如一起找一条活路……”江陵令姚泰压低声音道。

“活路在哪儿……”

魏军营帐中，曹真焦躁不安，“我五六万兵竟仅攻不下一个江陵城，且损失惨重，这又让我怎么向圣上交代？”

正在这时，军师辛毗匆匆入帐，“这是吴军从城里射出来的密信！”辛毗说着将一封信递到曹真手上，曹真打开信只见上面写道：

我是北城门守将江陵令姚泰，愿今夜开城门，以迎将军入城！点火为号！

曹真激动万分，兴奋道：“这可真是天助我也，天助我也啊！”

三更，曹真率重兵伏于北城门外，点起一堆篝火，只等城门一开便杀入城中。姚泰见魏军如约而至，命手下：“赶紧打开城门，以迎魏军入城！快！”话音刚落，便见朱然率数百卫士而来，“是谁让打开城门？是谁？”朱然喝道。“是老子让开的城门，怎么着？”姚泰及手下慌忙拔刀相迎，丁零当啷战成一处。

军师辛毗见城楼上杀成一片，叹道：“看来事情已经败露。”不多时便从城上扑通扑通扔下姚泰等数颗人头。曹真只得率军而回。上述曹真围江陵城姚泰叛降之事，陈寿在《三国志·吴书十一·朱然传》中有记载，本著只是如实再现而已。

此时已到公元223年正月，春暖花开，潘璋在百里洲上游五十里江南岸扎上百大筏，上面捆绑着一丈余高的干草，潘璋与诸葛瑾巡视指道：“他烧了我，我也要烧他。不过我这次不是烧船，而是要烧他的浮桥。现在已值春季，春水方生，我烧断浮桥，也就截断了驻扎在百里洲魏军的归路。”

“到时候我再率三百楼船、艨冲、斗舰来围，那驻扎在百里洲上的上万魏军就成了瓮中之鳖。”诸葛瑾说道，“没错！”两人击掌笑道。

宛城，文帝曹丕兴致勃勃指图道：“现夏侯尚、张郃已率万兵占据百里洲，架浮桥，南北往来，曹真重兵围江陵城，江陵城内外断绝，破城指日可待！”

“孙权小儿此时就是有通天本领恐怕也难救江陵。”司徒华歆、司空王朗等纷纷附和道。这时大鸿胪董昭奏道：“臣有一言，关乎大军存亡，不敢不奏！”

“爱卿乃国家重臣，有何进言请讲！”曹丕笑道。

董昭撇撇嘴说道：“先帝智勇过人，用兵尚胆怯，不敢如此轻进。用兵者皆好进恶退，人皆如此。而智者用兵时则是该进则进，该退则退，不可硬来。今夏侯尚、张郃屯兵百里洲，唯有一座浮桥相连，你们难道没有看到吗？这是非常危险之事！”

“有何危险快仔细道来。”曹丕有些坐立不安道，众文武也议论纷纷。

“一旦浮桥被断，屯扎在百里洲上的我军精锐将会全军覆没！臣日思夜想，废寝忘食，而众文武却熟视无睹，这又让我怎么不担心啊！且春水方升，一旦暴涨，又该如何防御？事情紧急，望殿下察之！”董昭哀叹道。

曹丕闻言大惊，众文武也狂然大惊，“是啊，我军处境非常危险……”

“快！赶快让他们都撤回来……”十数匹快马持诏狂奔而去。此时潘璋的盛满干草的大筏已经开始纷纷下水。

而驻扎在百里洲上的魏军正沿浮桥匆忙往江北岸撤退，“圣上有旨！全部撤回到江北岸！一个跟一个！动作快一点儿！”征南大将军夏侯尚、将军张郃挥舞着马鞭呵叫着。等潘璋的数十大筏和诸葛瑾的战船赶到浮桥时，驻扎在百里洲的上万魏军已经全部撤回到江北岸，“嗨！眼睁睁地让魏军从眼皮底下溜走了！”将军潘璋粗声长叹道。

曹真、夏侯尚、张郃匆忙率军北撤，江陵之围遂解。上述董昭谏言，潘璋烧浮桥之事，在陈寿《三国志·魏书十四·董昭传》、王沈《魏书》、《吴录》中并有记载，本著只是如实再现而已。

武昌，孙权闻曹真、夏侯尚、张郃退军大喜，与众文武置酒高会。“这两年东吴战火不断，有神仙言是坟中先人不安所致，前一段孤请神仙把祖坟收拾了一下，选了一场风水更好的地方，并重新立碑，果见成效。这不，刘备遣使讲和来了，曹丕也撤兵了。看来神仙的话不能不听啊……”孙权品了一口酒志得意满地说道。张昭笑而不答。这时坐在一旁已有几分醉意的虞翻插言道："大王勿听妖言。世间哪有什么神仙？神仙不过是死人而已。人死万事休，又能有何作为？曹丕退军乃众将士和江河之力……"

"你竟敢胡言乱语，玷污神灵？"孙权掷杯怒道。随着孙权一声怒吼，刚才还热热闹闹的场面顿时鸦雀无声，众文武都把目光集中到了孙权身上，虞翻则是低头不语。这时诸葛瑾起身道："虞翻才性如孔融，乃心直口快之人，还请大王息怒……"

"还请大王息怒！"众文武也一并劝道。孙权这才转怒为喜："来，喝，曹丕退军，今日乃大喜之日，孤与众将士要一醉方休……"大家又一起举杯欢宴，殿内的气氛一下子又热闹了起来。歌舞升平。孙权像醉八仙一样，手持酒壶亲自为众将行酒。来到朱然面前："江陵城守六月而未被攻破，皆将军之功！"

"要是换成大耳贼刘备的手下将早就降了……"众将哄笑道。

"没错，来，把这樽酒满饮了！"孙权笑道。"谢大王！"朱然端起酒，一饮而尽。

孙权又摇摇晃晃来到潘璋面前，"潘将军的功劳也不小！扎大筏，吓跑夏侯尚。"潘璋接过酒，咕嘟喝下，擦擦嘴说道："谢大王！大王敬的酒真好喝！"

"那就再喝三樽！"孙权又连斟三樽，潘璋也不推辞，咕嘟咕嘟皆喝下。孙权又来到虞翻面前，见虞翻醉伏在案几上，"虞参军，大王给你敬酒来了！"侍卫喊话道，孙权见虞翻呼噜呼噜只是打鼾，没有回声，"看来虞参军今天真的是喝多了……"孙权刚离去，却见虞翻扑腾一声盘腿坐起，恶作剧似的扑哧一笑。孙权闻声，回头一看虞翻坐在那里做鬼脸，勃然大怒，刷啦一声拔出佩剑，刺向虞翻，侍卫顿时惊做一团，大司农刘基飞身一把拦腰抱住孙权："大王，你可不能杀虞翻！"

"此贼竟胆敢一再戏弄本王！本王今天一定要杀了他！"孙权怒吼道。

"大王酒后杀仁者智士，虞翻虽有罪，可天下人又有几人知晓？大王以容贤爱众，天下仁者智士才纷至来投，今大王若杀虞翻恐阻天下人望！"刘基继续劝道。

孙权松了一口气，说道："曹孟德能杀孔融，孤杀虞翻又有什么不可以？"

刘基起身道："曹操轻害士人，天下人无不恶之。大王以仁德为本，海纳百川，又怎么能仿效曹操这样的恶魔呢？"

"是啊……"孙权将剑收起，"多亏你谏阻……传令下去，从今以后，凡酒后言杀，皆不得杀！"孙权深有感触道。孙权此人，虽智术不高，又半迷信，可待人还是很宽厚的，所以在他的身边才能聚集一些人才。上述虞翻戏孙权险丧命之全过程，陈寿在《三国志·吴书十二·虞翻传》中详细记载，本著只是如实再现而已。

刘备败退永安后，刚开始只是拉肚子，本想喝几服中草药就好了，然后卷土重来。可几个月下来，病情不仅未见好转反而转为他病，从此一病不起，讨伐东吴之事也随之搁置。孙权就这么再次逃过了魏、蜀的两面夹击。可见，孙权的运气实在是太好了。

公元223年二月，留皇太子刘禅守成都，丞相诸葛亮、昭德将军简雍携吴皇后及鲁王刘永、梁王刘理率楼船火速至永安。四月，永安宫，刘备病危，廖化宣诏道：

朕百年之后，托孤于丞相诸葛亮，尚书令李严副之。加拜李严为中都护，统内外军事，留镇永安。钦此。

丞相诸葛亮、尚书令李严跪地领命。"都起来吧！"刘备声音微弱道，"你们可要替朕好好辅佐太子，安国家，雪耻辱，夺荆州……"

"请殿下放心，臣等一定不辱使命。"诸葛亮、李严答道。

"丞相留下，你们都先退下吧……"刘备声如抽丝说道，李严、简雍、赵云、廖化等皆退下。

"来……"刘备招呼诸葛亮坐在病榻旁，轻轻地握住诸葛亮的手说道，"君才十倍于曹丕，必能安国，终定大事。若嗣子可辅，则辅之；如其不才，君可自取！"刘备这么说显然是违心的。刘备为了让长子刘禅顺利即位，竟把养子刘封都给杀了，又怎么会让诸葛亮取而代之呢？这其实是变着法逼诸葛亮宣誓就职，同时也能表现出自己的至诚和大度，他同时也在用至诚和宽怀在感化诸葛亮。易中天当然也在一定程度上看到了这一点，他如此说道："中国历史上只有'改朝换代'的帝王思想，并无'轮番为治'的民主观念。刘备如果有，岂不成了华盛顿？"的确如此，刘备虽然是五千年中国历史乃至整个人类历史中的一个罕见之人，可刘备再伟大，一千七百年前的刘备也不可能走出古代君臣之道这套封建思维体系，也不可能超越他所处的王朝时代。再者，刘备是一个城府极深之人，做出这样的事完全是情理之中之事。史书上说孙策也如此托孤难免就有些滑稽可笑了，显然是史学家附会之词。

诸葛亮闻言大惊，“这——这——这怎么可以……臣——臣怎敢有如此非分之想……”说着慌忙伏跪在地，泪流满面，频频叩头道：“臣将尽股肱之力，效忠贞之节，继之以死！”

刘备面露微笑，说道：“起来吧……让二皇子进来……”

吴皇后扶刘永、刘理进来，刘永、刘理伏跪在刘备病榻前，放声大哭：“父皇，父皇……”刘备眼角隐隐渗出泪水，摆摆手，微弱道：“来，来，都起来……”刘永、刘理又起身扑倒在刘备怀中，刘备轻抚二子的头颅，说道：“我死之后，你们要事丞相为父……快去拜跪丞相……”

吴皇后抽噎着，刘永、刘理又一并跪倒在诸葛亮面前，磕头道：“相父，相父，你以后就是我们兄弟的父亲……”诸葛亮泪流满面，泣不成声，颤抖着双手将刘永、刘理扶起，像自己的一双儿女一样拥到胸前，不禁抱头痛哭，然后又一并跪倒在刘备床榻前。诸葛亮哭声道：“臣将竭尽全力，以报殿下大恩大德，尽臣子之忠道，苍天在上，绝不食言，请殿下放心……”在场的人禁不住泣声四起……

“你们可要替朕辅佐好皇子，报仇雪恨，以雪朕耻……”刘备言罢气绝，死不瞑目。“殿下啊，你可不能离开我们啊……”哭声四起，感地恸天，山河为之动容，江海为之流泪。公元223年四月二十四日，刘备病逝于永安，享年66岁。

刘备遗诏刘禅道：

朕刚开始只是痢疾，后转为他病，一病不起。人活五十不言死，朕年已六十有余，也没有什么遗憾的了，只是挂念你们兄弟几个。听丞相说你智量过人，好学上进，又有大进步，要真是如此，我还有何忧！勉之，勉之！我的孩子：勿以恶小而为之，勿以善小而不为。唯贤唯德，能服于人。你父德薄，勿效之。

上述刘备遗命、托孤诸葛亮之语、给刘禅的遗诏，陈寿在《三国志·蜀书二·先主传》、《三国志·蜀书王·诸葛亮传》中皆有详细记载，本著只是如实抄录及再现而已。

再来说说刘备为什么要托孤于诸葛亮。刘备是何等精明之人，在这个问题上自然是慎之又慎。首先这个人应该是最可信之人。诸葛亮从公元206年跟随刘备，十七年来一直忠心耿耿，刘备在外征战，从来都是让诸葛亮看守大本营，可见刘备对其之信任。再者，刘备托孤光可信不行，还要有威信，能镇得住。诸葛亮是刘备集团的元老，又身为丞相，法正病逝后，便成了二号人物。由此可见，在刘备集团中，论可信度，论威信，简雍、赵云、魏延、李严都无法与诸葛亮相提并论，诸葛亮显然是刘备托孤的最佳人选。

可托孤仅仅可信、有威信还不够，还要有能力。诸葛亮只是一个萧何型人才，是刘备的大管家。这一点刘备比谁都清楚，这也是从不见诸葛亮为刘备主谋的原因。那为什么刘备还要让诸葛亮担当托孤之重任呢？说白了，这是王朝体制的极端自私所致。能力再强，信不过照样还是靠边站。这也是王朝社会为什么会任人唯亲，血统、亲情、裙带关系放在首位的根本原因。当然诸葛亮是不是蠢材还要拭目以待。

现在该是给刘备下个定论的时候了。著名史学家陈寿对刘备的终评是："先主之弘毅宽厚，知人待士，具有汉高祖刘邦之风，英雄之器。但机权干略，不及曹操，故使所成霸业也较小。"

一千八百年前的陈寿能对刘备做出较为客观的评价实在令人敬佩。其实，刘备不仅人品远在曹操之上，其机权干略也在曹操之上。

为什么这么说呢？刘备能深刻地认识到"唯贤唯德，能服于人"，而且形成了一套以善为本的基本行为体系，就说明刘备的行为体系已经进化到了一个更高的阶段，其能力远在曹操之上。

其机变能力也不差，该走则走，能伸能屈，当机会到来时又能不失时机的把握。他的指挥用兵之才也不在曹操之下，火烧博望坡，巧取荆南四郡，奇袭成都，汉中会战，都是他的经典之作。

世人都以为曹操才智过人，是因为他成就了三国中最大的一份霸业。可世人又哪里知道，曹操争霸途中的每一次重大转折都非其之所能，而是来自于上天的恩赐。他的东郡太守是袁绍扶持起来的；他的兖州牧是陈宫游说得来的；迎献帝一夜暴富，是他天时地利人和都占全了；平定河北之地是因为袁绍不幸早亡，二子争衡造成的。这才使曹操成就了三国最大的霸业。而袁绍和刘备的运气显然就没他那么好了。

刘备无疑是一个充满仁德之心和智慧的帝王权术大师，在古代王朝社会他是最贤明的君主。

五月，诸葛亮、简雍、赵云、吴皇后及刘永、刘理扶棺回成都，刘禅携百官披麻戴孝出成都相迎，万民哭号，唢号长鸣，哀声如潮。

17岁的皇太子刘禅在成都即位，尊吴皇后为太后，大赦天下，改元建兴。拜诸葛亮为丞相，封武乡侯，领益州牧。随着刘备的谢幕，诸葛亮也就这么由幕后走到了台前，成了蜀国的灵魂人物，时年43岁。

下回请看：诸葛亮让荆州有私秘　孙权得了便宜还卖乖

第八十九回

诸葛亮让荆州有私秘　孙权得了便宜还卖乖

从公元207年至公元223年，十六年来诸葛亮一直担当的都是萧何式的角色，是刘备的大管家。现在刘备托孤于他，把整个蜀国的军政大权都交到了他的手上。此时的诸葛亮不仅是政府首脑，要安民理政；又是三军总司令，要谋划战争，统军作战；还是外交部长，要处理三国之间的关系。这是一个集萧何、张良和韩信于一身，三位一体的角色。陈寿在《三国志·蜀书五·诸葛亮传》中记述道："建兴元年，封亮武乡侯，开府治事。顷之，又领益州牧。政事无巨细，咸决于亮。"那诸葛亮能担当此重任吗？

成都，丞相府，尚书令李严、征南将军赵云、长史王连、参军马谡、参军廖化、功曹秦宓、东曹掾蒋琬等，正七嘴八舌，议论纷纷。马谡，字幼长，马良弟，随刘备入蜀，被拜为成都令。蒋琮，字公琰，零陵人（治泉陵，今湖南永州市），随刘备入蜀，为尚书郎，时诸葛亮拜为东曹掾。

诸葛亮一脸严峻走进府内，"你们都看看，都看看吧，这是魏司徒华歆给我写的信，这是魏司空王朗给我写的信，这是魏尚书令陈群给我写的信，这是魏太史令许芝给我写的信！"诸葛亮晃动着手中的信情绪激动地说道，"这些面似儒雅的老者都在信中说了同样一句话！"

"说了什么？"

"就是劝我们识大体，举国称藩，俯首称臣！诸君说说，蜀国能俯首称臣吗？”诸葛亮强抑着愤怒问道，脑海中闪现着家乡阳都父老乡亲被曹操屠灭的情景，及曹操各种令世人毛骨悚然的行径。还没等人回答，诸葛亮便自问自答道：“不能！曹操父子恶贯满盈，篡汉灭汉，大逆不道，神人共愤！先主乃大汉正统，又怎么能向篡汉逆贼称臣呢？况且我又如何能将先主之基业拱手让给曹丕呢？”诸葛亮义愤填膺道。

“丞相之言是也！曹丕乃篡汉之贼，是国贼王莽，我大汉正统又怎么能向国贼称藩呢？”赵云首先应道。参军马谡、参军廖化、功曹秦宓、东曹掾蒋琬也纷纷附和道。

“问题是曹魏虎踞中国，踞十州百郡，力量十倍于我，公然为敌恐于蜀不利。”长史王连说道。

“有何不利？！”诸葛亮怒道，“昔项羽，残暴无道，虽据华夏，呈称霸天下之势。可结果怎么样？还不是被汉高祖刘邦给灭了！此乃永世之戒！曹氏奸邪无道，不过是步其后尘罢了！昔世祖光武，起兵不过数千，击溃王莽强兵四十余万于昆明之郊。夫据道讨贼，不在众寡。就是曹操又怎么样？”诸葛亮厉声道。

长史王连被问得张口结舌不知所答。

“曹操以奸诈之术，举数十万之众救张郃于阳平，结果怎么样？还不是被先主打跑了，丧失汉中之地。逃回去以后不久便病死。”诸葛亮振振有词道。诸葛亮把每一战胜负成败都归结到了正义与非正义，显然是片面已极。

“丞相之言乃至理名言。”参军马谡、功曹秦宓叹道。

“可——可——可是曹魏的实力的确远强于蜀国，这也不容忽视啊！”王连结结巴巴说道。

“不仅如此！”尚书令李严说着走到图前，指道：“先主新亡，南蛮纷纷叛离；东吴孙权更是心怀叵测，要是眼下再与曹魏为敌，蜀国将南北东三面受敌，处境将会非常危险！”

“是啊，这也不能不考虑。”参军马谡、功曹秦宓、东曹掾蒋琬又纷纷附和道。两套思维逻辑把这些人整个搅得晕头转向，无所适从。

“要想摆脱这一困境唯有吴蜀联盟抗魏！”尚书令李严说道。

“对呀……我怎么忘了孙刘联盟？这样一则可化解东吴孙权之威；二则吴、蜀两家联合共同抗曹，又可遏制北面曹魏之危；这样才可腾出手来解除南蛮的后顾之忧。如此一来，东北南三面之危皆可解除，蜀国自然得以安宁。”诸葛亮如梦方醒道。

“可问题是，东吴与我有血海深仇，我们又怎么与他联盟呢？这有背先主遗志！”参军廖化说道。

“可又能怎样？先主不听赵云、秦宓之谏，结果怎么样？曹丕三路大军奈何不了东吴，蜀国又能怎样？只怕是吴主孙权还不愿与蜀联合。”参军马谡说道。

“但也不是没可能。孙权背信弃义夺我荆州之地，我现在不计前嫌，主动与其求好，孙权还有何话可说？再者，东吴处境也同样需要联盟抗曹。吴、蜀两家还有兄弟之谊。”功曹秦宓说道。

“此话怎讲？”诸葛亮疑惑道。

“丞相之兄诸葛瑾在东吴为官，现为南郡太守，左将军，而丞相在蜀国辅国政。”长史秦宓说道。

“是啊……可还是不能掉以轻心。此事关系到蜀国安危，一定要派一能言善辩者出使东吴，曹丕这边先不理他，等蜀吴结盟后再行了断。”诸葛亮说道。

诸葛亮本来就不赞成刘备东征，二则与东吴又有兄弟之情，加上荆州又不是他诸葛家的房地产，自然也就不会像刘备那么心痛了。这是诸葛亮主动放弃荆州主权，遣使向孙权求好的种种原因。

上述华歆、王朗劝降，诸葛亮与长史王连辩论之词，诸葛亮决定出使东吴之事，在《帝集》、《三国志·蜀书五·诸葛亮传》、《三国志·蜀书十一·王连传》中皆有记载，本著只是如实再现而已。《三国演义》所谓的“诸葛亮安居平五路”整个是子虚乌有之事。

那具体该派何人去呢？诸葛亮摇着鹅毛扇独自在丞相府踱步，正在这时尚书邓芝求见。邓芝，字伯苗，义阳新野人，刘备拜其广汉太守，后又提拔为尚书。

诸葛亮连忙迎入，沏茶倒水，“邓尚书此来一定有言相教？”诸葛亮品了一口茶说道。“相教不敢，不过是为国家之事烦忧。”邓芝品了一口茶，继续说道：“今主上年幼，才登大位，各方皆虎视眈眈，丞相何不遣使与东吴重修故好呢？”诸葛亮眼睛一亮，笑道：“踏破铁鞋无觅处，得来全不费工夫。此事我思之已久，只是还没有遇到合适之人，今日才总算遇到！”邓芝一脸茫然，问道：“丞相所指何人？”“这个人近在眼前，远在天边，他不是别人就是你！”诸葛亮笑道。“我？我笨嘴笨舌，恐难担当其重任。”邓芝推辞道。“邓尚书谦虚了。能办此事者，无须舌巧，心灵则自然舌巧。邓尚书能提出此案，必然深悟其理，故而此行非邓尚书莫属。还望先生勿辞！先生要是能办成此事，当是大功一件！”诸葛亮说道。

公元223年十一月，邓芝携蜀马两百匹、蜀锦千匹及大量宝物，乘楼船顺江东下出使东吴，以求蜀吴两家能化干戈为玉帛。孙权真可以说是命大福大造化大，因曹丕犯傻和刘备生病前后两次错过魏蜀两面夹击的灭顶之灾，现在诸葛亮不仅放弃荆州主权，又主动遣使求好来了。

武昌，孙权府中，炭火烧得正旺，“诸葛丞相遣尚书邓芝来拜见大王来了！”尚书令顾雍说道。

“嘿！前番孤遣使为刘备吊丧，碰了一鼻子灰，今番他遣使来求好，不见！”吴王孙权怒道。

“这——这样恐有不妥，人家是来跟咱们和好的，还带来了两百匹蜀马、蜀锦千匹及宝物。”长史张昭劝道。

“曹丕虽强，现在也只能望江兴叹。仅凭我东吴之力，西守巫山，东守京口、牛渚营，凭长江之险已可独拒曹丕，何赖蜀国这蕞尔小国？刘备乃我手下败将，现命丧黄泉，小儿当国。现深怕孤出兵伐他，故遣使求和。不见，就是不见。”孙权说道。

“吴王正在与众臣议事，不便接见，还请回去吧！”护卫说道。邓芝及随行人员只得回到船上。《三国演义》所谓孙权置大鼎迎邓芝之说整个是瞎扯。

第二天，邓芝又到王府求见，门卫答道：“吴王今日酒醉，不见客！”邓芝又悻悻而回。邓芝就这么一连数日到王府求见，孙权皆推脱不见。寒风呼啸，雪花飘飘，冻得邓芝及随行人员在船舱中直搓手跺脚，“他孙权有什么了不起的……他在王府里烤火，而我们却在船上挨冻，马都饿瘦了，不如回去。”

“你们懂什么？小不忍则乱大谋。就这么回去，不仅有负丞相厚望，也会让蜀人笑掉大牙。”邓芝说道。

大都督陆逊来到孙权府中，“诸葛亮遣使求和，这可是吴王求之不得的好事，吴王为何拒而不见？难道是因为前番遣使吊丧之事？”陆逊问道。

“不只是这些。诸葛亮遣使求和是害怕孤趁此伐蜀，孤又何不趁此伐蜀呢？这可是千载难逢之机！”孙权说道。

“吴王万万不可！吴王想过没有，要是大王出兵伐蜀，蜀国要是抵挡不住，跑到魏国那边怎么办？”陆逊问道。

“这我倒没想过。”孙权说道。

“这样蜀就会亡，蜀亡则吴孤，吴也将难以独存。”陆逊说道。

“哎呀，我怎么没有想到这一层。”孙权顿悟道。这时卫尉严畯进来，说道：“邓芝上表求见，这是他的表奏。”孙权接到手上，只见上面写道：

臣今来不只是为蜀国而来，也是为了吴国。

孙权看后，连忙说道："赶快有请！快！"

邓芝走入大殿，孙权连忙走下台阶相迎，"哎呀，让先生久等了，实在抱歉，实在抱歉！"邓芝一脸受宠若惊的样子。孙权将邓芝迎入上座，然后与邓芝并座，语无伦次道："孤也想与蜀重修旧好，只是担心你主幼弱，国小势弱，为魏所灭，难以自保，故才犹豫。"

邓芝一听连忙向孙权解释道："吴、蜀两国四州之地，大王命世之才，诸葛亮也一世之杰。蜀有崇险之固，吴有三江之阻，合此二长，共为唇齿，进可并兼天下，退可鼎足而立，这是再自然不过的事了。现大王已与曹丕闹翻，要是魏吴战端再起，蜀顺流东进，江南之地非大王之所有也……"

"是啊，是啊，先生言之有理，言之有理啊。"孙权连连点头称是。

邓芝闻言，喜出望外。邓芝拉着孙权的手指道，这是诸葛丞相送给大王的蜀地宝马两百匹，这是诸葛丞相送给大王的蜀锦一千匹，这是诸葛丞相送给大王的各色珍宝……

孙权在顾雍、张昭、严畯、陆逊、诸葛瑾等陪伴下，一脸兴奋，"摆酒！摆酒！摆酒！孤要设大宴款待邓尚书一行，以赔不是！"

邓芝就这么顺利完成了使命，载誉归来。诸葛亮率百官相迎，加拜邓芝为中监军，扬武将军。

上述诸葛亮遣邓芝出使东吴，孙权罢谱不愿见，及最后重修旧好之过程，在《三国志·蜀书十五·邓芝传》、《三国志·吴书二·孙权传》、《吴历》、《吴录》中皆有记载，本著只是如实再现而已。

随后诸葛亮挥笔疾书，大义凛然道：

司徒华歆、司空王朗、尚书令陈群、太史令许芝等老者，承伪旨而进书，犹如奸臣称王莽之功，整个胡言乱语。夫据道讨贼，不在众寡。蜀国虽小，然据正道伐有罪，还何愁不灭曹？

诸葛亮遂挥毫严词拒绝了曹丕的称藩要求。《三国演义》所谓的骂死王朗之说于史无据。

公元224年夏，孙权遣中郎将张温携东吴特产到蜀国还礼，以答诸葛亮厚意。自此吴蜀开始通使来往。

此时魏国的曹仁、贾诩、张辽等重量级人物都已病逝。公元224年十月，文帝曹丕御驾亲征，乘龙舟，顺颍河入淮河，起兵二十五万，以大司马曹休、中军大将军曹真、征南大将军夏侯尚为三路先锋，屯大军于广陵泗口（今江苏扬州），大有百万雄师渡大江之势。孙权慌忙率吕范、朱桓、孙韶、来迎，陈兵京口，一时间上千艘战船陈兵于大江南北，战云密布，一触即发。孙权临江相望，见曹丕大军陈江，连忙命手下："赵——赵参军！"

"在！"

"你赶快给孤算上一卦，看魏军会不会渡江！"孙权令道。

赵达应命，经过一番做法，摇签，振振有词，当啷摇出一签。"快看看签上怎么说？"孙权紧张道。赵达拾起签，只见签上写有"金、土、水"三字。赵达一笑，指道："土主岸，水主江，金主兵，水阻金过江入土。"

"这是何意？"孙权急忙问道。

"大王圣威！"赵达连忙跪下。

"怎么？"

"恭贺大王，卦相显示，江不可渡，魏军必退！"赵达说道。

"啊！太好了！孤无忧矣！"孙权异常兴奋道。

孙权令赵达占卜一事，在《晋纪》记述道："魏文帝之在广陵，吴人大骇，乃临江为疑城。权令赵达算之……"

寒风凌厉，长江南北两岸旌旗弥漫数十里，战船如林。曹丕与众文武临江观兵，问道："何时才能渡江？"

"现正值隆冬，两岸都是大寒冰，战船不能入江，即便入江也难以登岸！”大司马曹休答道。

“现在吴蜀又重新修好，又有长江为阻，不如来年再做打算。”侍中刘晔说道。

魏文帝曹丕望滚滚长江，波涛汹涌，不禁长叹道：“此天阻魏吴于大江南北！且吴已有人助，未可图也！”于是便乘龙舟回军，还许昌。

孙刘联盟的大前提是无可厚非的，问题是荆州是关系到蜀国未来发展的重大战略问题，诸葛亮不应该过早地就轻易做出让步，应该再等等看。

为什么这么说呢？首先来看看诸葛亮此举获得了什么？人们会说，他使吴蜀两家重新结盟，并解除了东吴对蜀的威胁。其实只要吴蜀两家都不愿意臣服于魏，吴蜀两家联盟抗曹的局面就已经形成。在协调配合上，两家一直都在搞单干，加上地域跨大，难以协调配合。再者，此时魏吴两家已经翻脸，孙权哪还有工夫袭蜀？这整个是杞人忧天。诸葛亮正好可以趁此南征。因此，诸葛亮此举只是傻乎乎地给孙权办了大好事，解除了因吕蒙偷袭荆州而给东吴所带来的严重危机。整个是一笔亏本的买卖。

而蜀国却为此付出了沉重的代价。不仅主动放弃了荆州主权，还放弃了讨还荆州的机会。在孙权被打得招不住的时候，蜀国可出兵东征，逼孙权归还荆州。

下回请看：孔明南征巧过江　孟获昆明演围城

第九十回

孔明南征巧过江　孟获昆明演围城

公元225年春，成都，丞相府，“现蜀吴已和，吴蜀联盟抗曹大局已成，养民修政气力已足，终于可以南征了！待平定南蛮后，下一步就是北伐！”诸葛亮说道。

“丞相早就该兴大兵南征了！这两年越嶲郡（音越西，郡治邛都，今四川西昌市东南）蛮王高定、大姓雍闿（汉族豪强），建宁郡（郡治滇池，今云南晋宁）蛮王孟获（少数民族首领），牂牁（音藏科，郡治且兰县，今贵州凯里市西北）太守朱褒纷纷叛离，南中地区（今云南、贵州）早已是一片混乱，要是再不出兵，这把火就要烧到成都了！”功曹秦宓说道。

“平南蛮势在必行。只是此不毛之地，疫病之乡，丞相不宜以一国之望，冒险而行！”长史王连进谏道。

“我身为丞相，我不前往，将士又怎肯用命？！”诸葛亮手摇鹅毛扇说道。

“南蛮小贼，丞相派一上将前往即可！”王连继续阻谏道。

“上将在哪里？是你吗？”诸葛亮戏谑道。众文武轰然大笑。长史王连面红耳赤。陈寿在《三国志·蜀书十一·王连传》中记述道：“时南方诸郡不宾，诸葛亮将自征之，连谏以为‘此不毛之地，疫疠之乡，不宜以一国之望，冒险而行’。亮虑诸将才不及己，意欲必往，而连言辄恳至，故停留者久之。会连卒。”

诸葛亮手摇鹅毛扇，手指地图道：“此次南征应分东中西三路：东路由门下督马忠统兵二万，目标是平定牂牁太守朱褒的叛乱！”

“是！”马忠起身领命道。马忠，字德信，巴西阆中人（今四川阆中市），得到刘备器重，拜为都督。

“中路由都督李恢统兵两万，目标是平定建宁郡蛮王孟获和大姓雍闿的叛乱！”

“是！”李恢领命道。李恢，字德昂，建宁人，刘备拜其为别驾从事，后又拜为都督。

“西路三万兵马由我与征南将军赵云亲自统率，目标是平定越嶲郡蛮王高安叛乱。最后三路大军对建宁郡形成分割包围之势，会师滇池（建宁郡治，今云南晋宁）！你们都听明白没有？”诸葛亮问道。

“听明白了！”众将齐声道。

成都南门外，三军列阵，金戈铁马，旌旗飘扬，精光耀日。诸葛亮率尚书令陈震、大鸿胪杜琼、大司农孟光，征南将军赵云等文武百官立于阶下。刘禅头顶皇冠，身穿龙袍，在费祎、董允、郭攸之、黄皓等黄门侍郎的陪服下，亲临将台，诸葛亮率百官跪拜于地，齐声高呼：“万岁！我皇万岁！万万岁！”随之金鼓齐鸣，刘禅连忙起身，连连说道：“快快请起！快快请起！”

陈震，字孝起，南阳人，随刘备入蜀，被拜为蜀郡北部都督，后为汶山太守。杜琼，字伯瑜，成都人，刘备拜其为议曹从事。孟光，字孝裕，河南洛阳人，刘备拜为议郎。费祎、董允、郭攸之，刘禅为太子时聘为伴读，时为黄门侍郎。黄皓乃宦官。

诸葛亮起身恭然奏道：“南蛮不习王化，叛变已久，臣亮为安定南方，将亲率三军南征，请殿下阅军！”

费祎高声宣诏道：“陛下有旨，相父劳苦功高，日夜操劳，朕万分感激！此次远途南征，赐金斧一把，青盖马车一辆，虎卫兵六十，以壮军威！”

“谢陛下！”诸葛亮跪拜道。

诸葛亮手持金斧，乘青盖马车，在虎卫兵的护卫下，以赵云为中护军，以马谡、廖化、蒋琬、费诗为参军，分乘戎车，率三路军马浩浩荡荡出成都，顺岷江峡谷向宜宾进发。在南征路上，诸葛亮与马谡共乘，“此次南征我们谋划了一两年，现在终于付诸实施了！”诸葛亮说道。“南中恃其山险路远，不服王化久矣，今日破之，明日复反。今丞相率大军南征，不久便会纷纷归顺，可大军一去，不久又会纷纷叛离。”马谡说道。“是啊，平之不难，可要服之却不易。不知参军有何良策？”诸葛亮摇着鹅毛扇问道。“今日之计，应以攻心为上，攻城为下，心战为上，兵战为下，愿公以服心为本！”马谡说道。诸葛亮会心地笑道：“参军之计与我不谋而合……”

四月，诸葛亮率三军沿岷江到达宜宾。江北岸，参军马谡将地图铺于地指道：“宜宾是岷江与泸水（今金沙江）交汇入长江口处，也是我军要过第一道天然屏障。”

“没错，只有自此过江才能分别到达邛都（越嶲郡治，今四川西昌市东南），滇池，且兰（牂牁郡治，今贵州凯里市西北），否则我们也就只有望江兴叹了！”都督李恢也指图道。

“这也就是我三路大军要一起过江的原因。廖化、李恢、马忠！”诸葛亮胸有成竹道。

“你三人各准备船筏两百只，准备渡江！”诸葛亮令道。

“是！”三人齐声领命道。

诸葛亮自己则率西路军在宜宾渡口处扎大营五座。蛮王高定、孟获和大姓雍闿各率一万藤甲兵埋伏在江南岸茂密的山林中，数千弓箭手正持箭待命。诸葛亮则手摇鹅毛扇正在操演八卦阵，声势震天，变化莫测。老将赵云、参军马良、蒋琬立于两旁，威风凛凛。这时廖化、李恢、马忠纷纷来报，“报告丞相，船筏已如数准备完毕！”

“很好！传我命令，马上抢渡浮桥！”诸葛亮一挥鹅毛扇令道。

“传丞相命令马上抢渡浮桥！”参军马良、蒋琬吼道。

正在演练八卦阵的蜀兵突然变成一字长蛇阵，手持盾牌吼道冲上浮桥，“冲啊！杀南蛮啊！”眼看蜀兵如火龙一般就要冲到江对岸，这时随着数声号角，对面山林中万箭齐发，冲在浮桥上的蜀军军士纷纷中箭落入江中，被湍急的江水吞没。蛮王高定、孟获和雍闿，兴高采烈地围着篝火喝酒吃烤肉庆贺，一边也参与到草裙舞的行列之中。“来，来，来，你们几十人今夜就把浮桥烧掉，我倒要看看蜀军怎么过江？”喝得醉醺醺的蛮王孟获吩咐道。浮桥在夜晚化作灰烬。蛮王高定、孟获和大姓雍闿一个个哈哈大笑。

而蜀军营帐中，诸葛亮正在指图道：“明晚我和赵将军从正面抢渡，李恢、马忠则分率所部兵马从下游另外两个渡口处暗渡。”夜半，诸葛亮、赵云、马谡率数千蜀军悄悄来到渡口处，月明星稀，山谷中除过滔滔不绝的江水声，一片寂静。蜀军军士一个个屏声静气将船筏纷纷推入江中，攀上船筏，脚下的江水像滚石一样翻滚不定，站在船筏上的蜀兵一个个胆战心惊。此时李恢、马忠也分别率蜀兵从下游另外两个渡口开始偷渡。诸葛亮西路军这边，眼看前面的船筏已经开始靠岸，“看来蛮兵还都在山洞里睡大觉……”蜀兵一个个喜上眉梢之时，便听一声号角，随之喊声大作，箭如雨下，船筏上的蜀兵一个个不是被射成了刺猬，就是被射入江中，诸葛亮、赵云、马谡大惊。江南岸的蛮王高定、孟获和大姓雍闿则是哈哈大笑：“诸葛亮还以为咱蛮人只会喝酒吃肉，抱着娘们睡觉呢！”

天明，诸葛亮开始在江北岸陈兵布阵，船筏一字形排开，摆出强渡的架势。河南岸的蛮军也是严阵以待。蜀兵则一个个就像缩头乌龟，不敢上船筏。气得蜀将破口大骂，一边用脚踹，挥舞着鞭子，像驱赶牛羊一样赶着军士上船筏。只见那些蜀兵哭着，叫着，就是不愿上。弄得诸葛亮非常难堪，逗得江对岸的蛮兵一个个哈哈大笑，尖叫声，呜呼声四起：“诸葛亮是熊包！诸葛亮是熊包！喊爹叫娘真丢人……”随之，又是一阵喝倒彩似的鼓乐声。

正在蛮兵欢呼高叫之时，忽见蛮军后队开始哗乱，“大王！不好了！蜀军从侧后方杀过来了……”几个蛮军头目飞奔来报，高定、孟获、雍闿皆大惊失色，“娘的，中了诸葛亮的调虎离山计，赶紧撤！”高定、孟获、雍闿翻身上马，率众南撤。这时李恢、马忠各率所部兵马已从背后冲杀而来，杀得蛮兵抱头鼠窜，诸葛亮则乘机挥军大举渡江，站在船筏上的蜀军弓弩手一排排齐射，南岸的蛮军纷纷中箭倒地。

诸葛亮、赵云、马谡顺利登岸，命李恢、马忠：“要马不停蹄趁势追击！尽量活捉大头目！”李恢、马忠领命后，继续追击。这时蛮王高定和雍闿率上万残兵败将沿泸水在高山峡谷中向邛都方向溃逃，而蛮王孟获正沿山谷率蛮兵向滇池方向溃逃，李恢率数百骑在后面拼命追赶，“丞相有令，一定要活捉蛮王孟获！”孟获拼命地打马飞奔，“娘了蛋的，还想活捉老子……”刚跑到拐弯处，马屁股上便连中数箭，枣红马腾空嘶叫一声，将孟获掀翻在地，连人带马栽入山谷，“不好！大王落马了！赶快救大王！”数十名亲随连忙下马营救。

蜀军大营，蛮王孟获及其亲随头目被五花大绑押入大营，孟获被摔得鼻青脸肿，走起路来一瘸一拐的。旌旗飘扬，四面蜀军林立，个个威武雄壮。

“别拖拖拉拉，走快一点！”李恢扬鞭吼道。孟获则是一脸不屈的样子。走进营帐，诸葛亮见状，满脸堆笑，连忙起身相迎，“让大王受苦了，让大王受苦了……”说着来到近前，要给孟获松绑。没想到孟获脖子像木头桩子一梗，甩开，粗声道：“少来这一套！”诸葛亮一惊，李恢、马忠勃然大怒，刷的一声拔刀在手，赵云怒道：“败军之将何敢如此！”

“要杀便杀！要砍便砍！今日既然落入你手，那就悉听尊便好了！”孟获回敬道。

诸葛亮摆了一下鹅毛扇，众将皆止口不语。诸葛亮还是满脸堆笑，来回踱了几步停在孟获面前说道：“你观我军如何？”

孟获撇了诸葛亮一眼，粗声道：“不过是虚张声势罢了，前番抢渡浮桥，昨夜偷渡泸水，皆被我军打得屁滚尿流，喊爹叫娘，又有何威武可言！”众将闻言皆怒，纷纷抽刀，孟获不屑一顾用眼角撇了一下，随即扬起下巴哈哈大笑。诸葛亮扬起鹅毛扇止住众将，笑道：“看来大王对此番之败极不服气……”

“不过是中了丞相的雕虫小技罢了，要是来日再战谁是谁的手下败将就难说了！”孟获说道。“好吧，既然大王心怀不服，那我就放你回去，来日再战……”诸葛亮说着，便伸手给孟获松绑，“丞相你休要戏耍本王！”孟获迟疑道。“绝无戏言，绝无戏言，本丞相既能说得出口，就能做得出手……”诸葛亮说着给孟获松开绑，并看了一眼了立在一旁的马谡，马谡会意地点点头。孟获摸摸手腕，还是半信半疑，“难道这是真的？”“难道还能有假？”诸葛亮笑道。赵云、李恢、马忠起初还以为诸葛亮只是戏言，没想到动了真格的，连忙相劝：“丞相，不能放他走！”诸葛亮摆摆鹅毛扇说道：“我既然已经答应了让他走，那就让他走！给蛮王孟获备马……”

望着孟获及其亲随远去的背影，众将皆一脸疑惑，心想：这不是放虎归山吗？诸葛亮说道：“孟获在南中地区为夷、汉所服，很有威望。以力服之不过是服其一人，要是能让他心服口服，将能服一方之土。”

诸葛亮走到地图前，指道：“我军首战告捷，下一步兵分三路：我和征南将军赵云率西路军追击向邛都方向溃逃的蛮王高定和大姓雍闿。都督李恢则率所部兵马追击蛮王孟获，直捣其老巢滇池。门下督马忠则率所部兵马直捣牂牁郡治且兰。然后三军在滇池会师，我倒要看看孟获到时还能跑到哪里去。”

三路蜀军一路金鼓齐鸣，高歌猛进，蛮军则是闻风丧胆，纷纷遁入山林，打起游击。

诸葛亮率西路军逆泸水而上，沿深山峡谷一直打到越嶲郡署邛都城下，高定与雍闿据城坚守。五月，诸葛亮西路军顶着烈日将整个邛都城围得水泄不通，在城外架起了上百台抛石车，准备攻城。高定、雍闿在城楼上指手画脚，“城外面蜀军到底架的是些什么东西？”高定指道，“我哪见过这东西！”雍闿答道，守城军士也一个个指手画脚，胆战心惊。“诸葛丞相亲自率大军来征，城外蜀军密密麻麻如丛林一般，少说也有三五万。”雍闿忧虑道。这时参军马谡命军士将数封劝降信射入城中。

雍闿从守将手中接过信，只见信中写道：

凡能主动开城归顺者，一律免罪，地位同前。否则，将自寻死路！

雍闿看罢又把信交到高定手上，“诸葛丞相开出的条件还是很优厚的，我看不行就降了，免得玉石俱焚。”雍闿说道。

“汉人的话又怎么能信呢？不过是诱降罢了！”蛮王高定说道。“我也是汉人，难道我也不可信吗？”雍闿反唇道。“你是汉人，你就是不可信！你现在就已经要降汉了……”高定用手指剁道。雍闿与高定人马在城内开始大规模的火并，雍闿在冲突中被杀。正在两军在城内杀得不可开交时，诸葛亮鹅毛扇一指，开始强力攻城，由抛石车发来的石头如冰雹般砸得守城蛮兵抱头鼠窜，鬼哭狼嚎，冲车撞开城门，蜀军如群狼猛虎般冲入城中，蛮王高定在混战中被乱军所杀。

诸葛亮与赵云入城后，拜马谡为越嶲太守，开仓济民，百姓无不喜笑颜开。随后又率军沿深山峡谷一路南进，历经艰险：有的军士因食用有毒植物身亡，有的军士因饮用毒泉而身亡，一些军士因不习瘴气而生病。六月，诸葛亮穿越原始大森林，顺河来到攀枝花，眼看波涛汹涌的泸水，诸葛亮指道：“跨过泸水就是建宁郡就进入了蛮王孟获的地盘。”

“也不知道都督李恢的中路军现在打得怎么样了？”征南将军赵云说道。

此时都督李恢一路势如破竹，蛮王孟获节节败退，已经打到昆明城，这时探马满头大汗飞奔来报：“前方昆明城城门大开，百姓正在四处逃亡，无兵守备！”

“太好了，都督何不趁此一举攻下昆明城，然后再城中落脚，以待丞相大军？”副将说道。

“没错！传我命令，全军全速前进，到昆明城歇脚！”李恢命令道。李恢率军拥入昆明城，守军早就跑得没影了，百姓也尽皆溃散，官衙、民宅皆人去屋空，“一路跋涉，脚底磨得都是血疱，现在终于可以在城里面好好休息一下了！”蜀兵一个个兴奋道。

“不要光想着睡觉，还要赶紧守城，以防孟获率军来攻！”李恢在不停地吆喝着。

待到埋锅造饭时，他们才发现，“不仅整座城人是空的，粮也是空的。我军粮草不济，城又无粮这该如何是好？”副将焦虑道。

“一进城我就感到很奇怪，这是不是孟获有意给我们留下一座空城，好让我们往里面钻，然后他好……”李恢嚼着干粮疑惑道。

正在这时守将急匆匆来报：“都督不好了，城外突然从四面八方拥来数万蛮军，已经将整个昆明城围得水泄不通！”李恢及副将匆忙来到城楼，放眼一望，见城外扎有十数座大营，密密麻麻到处都是持刀披甲的蛮军军士。李恢一下子头就大了，脑门上的冷汗一个劲地往下淌：“不好，我们中了蛮王孟获的空城计！”

“孟获给了我们一座空城，却把我们围在了里面，显然是想把我军困死，饿死在昆明城中。”副将急道。

“城中无粮，我军的粮食不足三日，这该如何是好啊？”都督李恢来回踱步道。守城蜀军皆一脸慌张之色。

“丞相大军不知道在何方。城中无粮，守又守不住，我看实在不行就趁夜突围……”副将紧跟在李恢身后说道。

“说起来容易，你看看，城外蛮军数倍于我，各要道皆已扼守，又怎么个突围法？这不是找死吗……”李恢说道。

“那——那该怎么办？总不能坐在这等死吧？”副将说道。

“当然不能坐在这等死，为今之计只有一个字！”李恢停住脚步说道。

“哪个字？”

“就是‘降’这个字……”李恢目光狡黠地说道。

此时，蛮王孟获就在昆明城下，眼望被围困在昆明城中的李恢军笑道："蜀军中我计也！城中无粮，我看城中蜀军只有食土守城了……"

"大王终于可以报被俘之辱了！"众蛮将纷纷附和道。

"我敢肯定，不出三日昆明城就会不攻自破！李恢就会跪倒在我蛮王孟获的脚下。到那个时候我就可以用脚指着他的脑袋说话了……"孟获哈哈笑道。

这时一蛮将来报："蜀军从城上吊下一蜀将，说有急事要见大王！"

"是吗？来得好快啊，那就让他到大帐来见我！"孟获说道。

营帐中，蛮兵威武林立，个个目露凶光，杀气腾腾，副将慌慌张张而入，来到蛮王孟获面前，孟获喝了一口酒，摸了一下短须问道："你看我蛮军威武否？"

"威武，威武。"副将点头哈腰道。

"比起你家丞相诸葛亮的兵马又如何？"孟获继续问道。

"那都不过是一些虾兵蟹将，又怎么能和大王的威武之师相提并论呢？"副将说道。惹得蛮王孟获和众蛮将哈哈大笑，几个正在吃肉啃骨头的蛮将把口中食物都笑喷了出来。

"李恢让你来有什么事吗？"孟获喝了一口酒问道。

"李都督有一封书信让我送予大王。"说着将信交到孟获手上。孟获打开信，只见信中写道：

我本与大王是同乡，今回故里，粮食已尽，又被围城中，欲退不能，故欲与大王同舟共济，共抗蜀军。还望大王不弃！前番多有得罪，还请见谅！李恢。

孟获欣喜若狂："哈哈！看来李恢还挺知趣……"

孟获于是摆兵布阵迎李恢开城出降。昆明城外，由数百头大象组成的象阵岿然屹立，上万蛮军手持各种兵器严阵以待，鼓号齐鸣，坐镇中军的蛮王孟获好不威武。

这时只见城门大开，李恢率百余骑从北门缓缓而走，蛮王孟获和手下蛮将伸着脖子探望着，"哪个是李恢？走在最前面的就是李恢……"这时见李恢冷笑着忽然挥戈吼道："正前方头顶羽冠者就是蛮王孟获！擒孟获者赏黄金饼百个！冲啊！"随着李恢野狼般一声长吼，城上战鼓齐鸣，"杀呀！杀

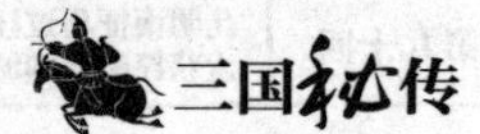

孟获啊！”蜀军铁骑如洪流从南门滚滚而出。

孟获及众蛮将大惊失色，纷纷调转马头，“不好！撤！赶紧撤！”蜀军骑兵在前，步兵在后，开始了全线突袭。“妈呀！赶紧跑啊……”蛮军被杀得人仰马翻，雪崩般四处溃散，跑得慢一点的纷纷跪地求饶，李恢率军纵马持戟全线追击，孟获则率数百骑在高山峡谷中没命逃窜，“大王我们往哪里逃？”一蛮将问道。“越嶲郡已被诸葛丞相占据，我们现在只有往牂牁去投奔太守朱褒！”孟获吼道，孟获率残部向东而去，建宁郡随即也被平。不久，诸葛亮便率大军入昆明城，李恢率众将出城相迎，“此次放走了蛮王孟获乃我之过？”李恢说道。

诸葛亮笑道：“都督此番平南蛮，功勋卓著，功劳最多，何过之有？”

上述孟获昆明演围城之事，陈寿在《三国志·蜀书十三·李恢传》中记述道：“丞相亮南征，先由越嶲，而恢案道向建宁。诸县大相纠合，围恢于昆明。时恢众少敌倍，又未得亮声息，给谓南人曰：‘官军粮尽，欲规退还，吾中间久斥乡里，乃今得旋，不能复北，欲还与汝等同计谋，故以诚相告。’南人信之，故围守怠缓。于是恢出击，大破之，南至槃江，东接牂牁，与亮声势相连。”

此时孟获已率残部向东逃至北盘江，正要找船渡江，前方探马来报，“报告大王，不好了，牂牁郡已经去不了了！”

“怎么回事？”孟获惊道。

“牂牁郡已被蜀将马忠占据，太守朱褒已经开城出降！”探马说道。

“天哪！这该如何是好，东南西北到处都是蜀军，我们已经走投无路，难道真是天要亡我吗？”孟获跪地绝望道，诸蛮将也纷纷跪地祈道：“天哪！快睁开眼睛，救救我们吧……”而孟获沉默不语，却独自一人牵马迎着霞光往回走。“大王！你要往哪里去？”诸蛮将问道。孟获默不作声还是继续往回走，诸蛮将连忙跟了上来：“大王！你要往哪里去？”

“天无绝人之路，你们跟着我走就知道了。”孟获说道。

滇池城，庆功宴上，昆曲声声，到处都是欢声笑语，诸葛亮摆下牛酒大犒三军，参军蒋琬宣道：“奉丞相令：此次南征，都督李恢军功居多，封汉兴亭侯，加安汉将军，领建宁太守。门下督马忠也功劳不少，拜牂牁太守。马谡拜越嶲太守。赵云封永昌亭侯，迁镇东将军……”正在这时，廖化亟亟来报："报——报告丞相！"

"怎么了？到底发生事了？是不是南蛮又反了……"诸葛亮惊问道，"是——是蛮王孟获来降？"

"你说什么？"

"蛮王孟获来降，现在就在城外！"廖化说道。

"太好了！"诸葛亮惊喜道，连忙手摇鹅毛扇出城来迎，孟获与诸蛮将正站在城门外，一个个一脸狼狈相，见诸葛亮来迎，连忙跪地下拜，"孟获有眼不识泰山，还请见谅！"孟获拜道。诸葛亮连忙将孟获扶起，"大王，快请起，快请起，有大王来归，此次南征才得以圆满！"诸葛亮兴奋道。

"蛮王此来还走不走了？"诸葛亮问道。

"不走了，不走了，丞相仁爱大度，天威浩荡，南人再也不复反了……"孟获说道。

诸葛亮手拉着孟获的手，一起走进滇池城，九月深秋，又一起乘马车北归成都。孟获后来在成都为官，官到御史中丞，掌握监察大权。孟获的堂弟孟琰，官至辅汉将军。

上述诸葛亮擒放孟获之事，《汉晋春秋》中有记载，只是其所谓"七纵七擒"之事实在是过于艺术夸张，全然不合事理。《三国演义》也采用了这一说法。清朝乾隆年间编写的《通鉴辑览》对此说批驳道："七纵七擒无识已甚。盖蛮夷固当使之心服，然缚渠屡遣，直同儿戏。一再为甚，又可七乎！"当代著名史学家天行健在《正品三国》中也认为此说全然不合事理。

上述诸葛亮三路出兵南征之事，陈寿在《三国志·蜀书五·诸葛亮传》、《三国志·蜀书十三·李恢传》、《三国志·蜀书十三·马忠传》中皆有记载。

下回请看：孔明密使入上庸　孟达造反有秘情

第九十一回

孔明密使入上庸　孟达造反有秘情

诸葛亮大军在回成都的路上，行至汉阳县（约今云南彝良），有一叫李鸿的降人来见，参军蒋琬、费诗陪坐在一旁。“听说你认识新城太守孟达？”诸葛亮喝了一口茶问道。

“只是见过几面。”李鸿应道。

“你们有没有谈起过什么？”诸葛亮问道。

“闻孟达之言，其对先主和丞相仍旧深怀感恩之情。”李鸿说道。

诸葛亮眼睛一亮，丞相问道：“此话怎讲？”蒋琬起身给李鸿斟满水，李鸿喝了一口说道：“有一次我从上庸（今湖北竹山）经过，原李严部下王充降魏后也在孟达处，说丞相，说丞相……”

“说我什么？”诸葛亮警觉道。“他说丞相切齿痛恨，欲诛孟达妻子儿女，只是先主不听。”李鸿说道。

“那孟达怎么说？”诸葛亮起身，摇着鹅毛扇自做镇定道。“孟达他说：‘诸葛亮是一个很有见识的人，是不会干这种事的。这不过是谣传而已。’”李鸿答道。

“是吗？”诸葛亮起身，轻摇鹅毛扇若有所思。李鸿出去后，诸葛亮说道：“回到成都后，我要给孟达写信！”

“孟达乃小人，先事刘璋不忠，后事先主又背叛，此反复无常之人，丞相又何必给他写信呢？”费诗说道。

诸葛亮笑而不答。诸葛亮路遇李鸿之事，陈寿在《三国志·蜀书十一·费诗传》中有记载，本著只是如实再现而已。

诸葛亮乘青盖马车凯旋归来，尚书令陈震、大鸿胪杜琼、大司农孟光等率文武百官出成都数十里夹道恭迎，“恭贺丞相平定南蛮，凯旋归来！”众文武纷纷贺道。

诸葛亮一脸阳光，从马车上下来，摇摇扇子孟获下马而来，“丞相有何吩咐？”孟获抱拳道。“来，我给大家介绍一下，这位黑脸大汉就是大名鼎鼎的蛮王孟获！”

“噢，他就是蛮王孟获啊！”众官纷纷围而观之，指指点点，“先主大仁大德，在世时待你们不薄，你们为什么要反呢？”

孟获一脸尴尬，连连抱拳道：“现感丞相大恩大威，南人再也不复反矣！”

“哎呀，此次丞相南征，南中皆平，真是功高盖世啊！”尚书令陈震、大鸿胪杜琼、大司农孟光等纷纷议论道。

“哪里，哪里，这主要是依赖于圣上德威，众将卖力，臣不过是尽了一职之力罢了！”诸葛亮谦虚道。随后诸葛亮拉着费祎走上青盖马车，与费祎同载在仪仗军的护卫下，进入成都。

“别小看费祎只是一个黄门侍郎，丞相如此看重，一定是一个了不起的人。”众官议论道。

公元226年五月，曹丕病逝于洛阳嘉福殿，在位七年，终年40岁。由太子曹睿即位，改元太和。遗诏命曹真、陈群、曹休、司马懿共辅朝政。曹睿公元204年生人，时年22岁。

那么，以儒家的修身、齐家、治国、平天下为人生理想的诸葛亮下一步又会带领蜀国向哪个方向发展呢?

成都，丞相府，“南蛮已平，后顾之忧已解。曹丕新亡，幼主曹睿即位，这正是出兵北伐曹魏之机。”李严说道。诸葛亮此时拜李严为前将军。

“李将军所言正合我意。这样吧，我率大军进驻汉中，伺机北伐，李将军则镇守江州（巴郡治，今重庆市北），留护军陈到驻永安（巴东郡治，即白帝城，今重庆奉节县东），以防东吴，如此一来前可攻，北伐曹魏，退可守，以防魏、吴来攻。”诸葛亮指图道。

“是啊，要是孟达也能来降就更好了。”李严说道。

公元227年四月，诸葛亮把成都之事都安排停当后，五月，留长史张裔与参军蒋琬在成都丞相府主事，自己与镇东将军赵云、参军马谡、参军杨仪、长史向朗，中监军邓芝、左将军吴懿、裨将军王平等，亲率十五万蜀军出成都，入汉中，屯兵沔阳（今陕西勉县）。

张裔，字君嗣，成都人，曾在刘璋手下为鱼腹长，刘备入主成都，拜之为巴郡太守，诸葛亮以其为参军，时拜其为留府长史。向朗，字臣达，襄阳人，刘备定江南，使督秭归、夷道、巫山、夷陵。蜀平，拜为巴西太守。王连病逝，代为丞相长史。杨仪，字威公，襄阳人，刘备为汉中王时，拔其为尚书，诸葛亮以其为参军。

六月，在上庸的新城太守孟达从信使手中接过信，一脸狐疑打开，只见上面写道：

我与孔明一起受先帝重托，忧思责重，渴得良伴，若将军不弃，愿共辅汉室，以展宏图。前将军李严。

孟达看完信，一言不发，陷入于犹豫徘徊之中。不久，诸葛亮又遣从事郭模至上庸给孟达传信，孟达屏去左右，只留外甥邓贤、副将李辅在身边。孟达打开信，只见信中写道：

往年南征，岁末乃还，在汉阳（约今云南彝良）遇到李鸿，才得知足下消息，深为感慨。足下心怀匡汉之志，又岂能空托富贵虚名？呜呼孟达，我知道是刘封侵害了足下，才伤了先主的待士之义。又听李鸿说足下知我本心，不听王充之言。为表我心，追平生之好，依依东望，故写此信。诸葛亮。

孟达读毕，不禁悄然泪下，感叹道："先主宽仁大德，诸葛亮明事达理，不仅厚待我的家人，还拜我子孟兴为议督军，让孟达今生今世感念不忘。"

"此事关系重大，将军可要思量好啊。"副将李辅不安道。

"是啊，是啊……这样吧，郭先生先到馆驿住下，容我仔细想想再说。"孟达说道。

"好吧！"郭模只得起身告辞。

望着郭模离去的背影，副将李辅紧忙进言道："文帝在位七年，一直待将军不薄，况且魏强蜀弱，其力十倍于蜀，将军可要三思。"

"没错。我看不如把信使抓起来，绑送洛阳，以明将军之心！以免到时候说不清楚，生出后患！"外甥邓贤劝道。

"说起来容易，那我在成都的妻儿怎么办？我一而再背信，诸葛亮会放过他们吗？再者，一朝天子一朝臣，文帝厚待于我，并不代表明帝也会厚待我，骠骑大将军、荆州都督司马懿在圣上面前多有微词，我又何必把事情做绝呢？干什么事，还是给自己留条后路好。”孟达说道。

“那该如何是好？”邓贤问道。

孟达踱步说道：“为今之计，只有悬而置之。”孟达说道。

“要是事情败露后果不堪设想。”副将李辅说道。

“所以说要保密，此事只限你我三人知道！”孟达吩咐道。李严、诸葛亮劝降孟达之事，陈寿在《三国志·蜀书十一·费诗传》中记述道：“亮欲诱达以为外援，竟与书曰……达得亮书，数相交通，辞欲叛魏。”此事陈寿在《三国志·蜀书十·李严传》有也有记载，本著只是如实再现而已。

十一月，冬，寒风凌厉，沔阳，魏延正在定军山与天荡山之间的开阔地带上操演兵马，一招一式，一枪一法，铿锵有力，在山间回荡。殿堂中，炭火烧得正旺，“北伐中原大计一拖再拖，我们已经在汉中等了半年，孟达还在犹豫不决，总不能这么一直等下去。”诸葛亮手摇鹅毛扇焦躁道。

“是啊，总得想个办法……狗逼急了才会跳墙，我看不如设法逼他一逼！”参军马谡咬牙道。

“怎么个逼法？！”诸葛亮眼一亮，停住脚步问道。

“孟达与申仪素来不和，我看不如让郭模到申仪处诈降，把事情给捅出去，到那时孟达反不反也就由不得他了！”马谡说道。

“此计未免也有些太阴毒了！我们怎么能干出这样的事情呢？！”中监军邓芝反驳道。

这时魏延走进来，接口道：“些计虽阴毒，可用在孟达这样的人身上再合适不过了！孟达乃反复无常之小人，又一直与我为患，此时他想脚踏两只船，这样的人要是不逼他，他永远也不会跳到咱们的船上来！”此时诸葛亮以魏延为前部都督，领丞相司马、凉州刺史。

“没错，此计虽阴毒，可用在孟达这种人身上再合适不过了。”赵云、吴懿、向朗、杨仪等也纷纷附和道。

诸葛亮用手把玩着扇子，来回踱步，忽然停住脚步：“郭从事！”

“在！”郭模应道。

“你再到孟达处走一趟，先诈他一诈，实在不行再……”诸葛亮吩咐道。

从事郭模又来到上庸新城太守孟达处，“丞相此番派我来是有要事相告。”

“有何要事？”孟达警觉道。

“现在外面正风传将军通蜀，有二心，将军可要当心。”郭模压低声音说道。

“这——这该如何是好？”孟达惊慌道。

“事已泄，谋已露，将军只有赶紧举事，事不宜迟，否则将会有旦夕祸福！”郭模说道。

孟达显然从郭模的语调中闻出了味，来回踱步，说道：“不急，不急……从宛城到洛阳约八百里，从洛阳到上庸约一千二百里，司马懿闻我举事，首先要表奏天子，需要一月，则我城已固，又有何忧？况且我地处深险，司马懿必不自来，其他的人我就更无忧了。”

“将军你可不能再犹豫了，这样会很危险！夜长梦多！”郭模急道。

新城太守孟达笑道：“请丞相勿忧，我自有主张！”

郭模独自一人骑马悻悻而归，心想看来也只有出此下策了。郭模骑马来到洵口（今陕西旬阳，洵河与汉水交汇处），魏兴太守申仪处。

“你说孟达通蜀？”申仪问道。

“没错。”郭模应道。

“可我有些搞不明白的事，你为什么要来告密？”申仪狐疑道。

“孟达先背刘璋，后背先主，乃无忠无信之小人，蜀人皆切齿痛恨，而诸葛丞相却还要与这样的人共事，我实在是气不过才……我要走了，还得回汉中，以免引起怀疑。”郭模说道。

上述诸葛亮设计逼反孟达之事，在《晋书·帝纪第一宣帝》中明确记述道：“蜀相诸葛亮恶其反复，又虑其为患。达与魏兴太守申仪有隙，亮欲促其事，乃遣郭模诈降，过仪，因漏泄其谋。”

申仪将郭模送到户外，回到署内，立即修书一封，封好口，命信使：“要马不停蹄，日夜兼程将其信送到宛城骠骑将军司马懿手上！不得有误！”数骑飞马而去。司马懿接信后，又火速北上洛阳，进见明帝曹睿。曹睿看过后，半信半疑道：“先帝对孟达一向不薄，委以重任，孟达又何故要通蜀呢？”

“素闻申仪与孟达不和，也可能是两人闹不和设计陷害。”司徒王朗说道。

“这种可能性也非全无。”太尉华歆、太傅钟繇、司空陈群、大司马曹休、大将军曹真纷纷议论道。

“臣有一法，一试便知！”司马懿出列说道。

“骠骑大将军快说来一听！”曹睿问道。

“派一人到上庸劝孟达入朝。若孟达入朝，则说明其心怀坦荡，此事为谣传；若其推脱不来，则说明心怀鬼胎，确有其事！”司马懿说道。

“没错！此事就由你来办，若孟达不来，你就奉诏平叛！”曹睿命道。

宛城，参军梁几回命道：“孟达闪烁其词，推脱不入朝！”

“看来是确有其事，若不趁早下手，新城三郡将不复为魏所有！”司马懿说道。

“这该如何是好？”军师杜袭问道。

“处惊治乱要以迅雷不及掩耳，为今之计，应先把孟达稳住，然后火速进兵！”司马懿说道。

“孟达已通蜀，上庸又处在武当山与大巴山脉之中，孤军深入会非常危险！”督军薛悌指图道。

“是啊，宜先观望而后动！”军师杜袭也劝道。

“不妥。孟达无信义，此时正在迟疑不决之际，应趁其未定而速决之，这正是出兵之机！”司马懿捻须道。

“大将军又如何知道孟达此时还在迟疑不决之中？”军师杜袭问道。

“此事易察。孟达若举事就应该与蜀合兵，事情未发，就说明他还在迟疑之中。”司马懿说道。

“没错。”军师杜袭与督军薛悌同声应道。

“军师杜袭，你马上修书一封，先稳住孟达。我率五千虎豹骑日夜兼程，火速跟进，你率三万步兵随后。”司马懿指图道。随后，司马懿率五千虎豹骑轰隆出宛城。

上庸，新城太守孟达坐立不安，一会儿靠在床上，一会儿又在地上踱步，“将军不能再迟疑了。”副将李辅惴惴不安道。“是啊，参军梁几又来劝将军入朝，显然事情已经败露。”外甥邓贤也劝道。正在这时，侍卫通报：“骠骑大将军司马懿信使到！”孟达大惊失色，哆哆嗦嗦接过信，只见信中写道：

将军昔弃刘备，依身国家，国家委将军以驻边重任，以堵汉中的东大门，可谓是心贯白日。蜀人愚钝，莫不切齿痛恨将军。诸葛亮早就想消灭你，可又想不出什么好办法。所以才想出了这么一个办法，以陷害将军。郭模所言，非小事也，诸葛亮又怎能轻易宣露？这不是明摆着的事？

他娘的，原来是郭模告的密，他为什么要干这事？还好，司马懿似乎并不疑我。孟达踱步思忖着，摆摆手让信使退下。"事情已经败露，将军不能再犹豫了！"李辅急道。邓贤也急得在一旁直跺脚，可孟达还在徘徊。这时司马懿的前锋部队已出房陵，正向上庸滚滚而来，军士慌忙来报："不好了，司马懿率大军讨伐来了！"

"什么？！"孟达大惊，"看来现在只有反了！"

"赶快到汉中向诸葛亮求救！就说我已举事，司马懿已兵临城下，请求增援！"孟达吩咐道。

信使飞马向汉中奔去。

孟达、邓贤、李辅匆忙在河边扎营，河西岸乱糟糟，兵荒马乱，"司马懿无故率军来攻，一定要严守各渡口，待其半渡而击之！"孟达、邓贤、李辅各率所部军马指挥布防。

这时司马懿已率前部数万兵马（又整编了房陵兵马）到达河东岸。"孟达！天子待你不薄！命你镇守新城，你何故要暗通蜀贼，卖国求荣？！"司马懿在河东岸扬鞭吼道。

"奉诏讨伐反贼孟达，其余一概不问！凡助贼者灭三代九族！"副将高声宣诏道。

孟达军顿时一片哗然，不知所措，"不要听他胡说！不要听他胡说！反贼是司马懿！"孟达喝道。

司马懿连夜乘船筏大举渡河，孟达军不战而溃，孟达匆忙退入城中。司马懿兵临城下，铺开地图指道："诸葛亮闻孟达反必来相救，应一面围城，一面截击诸葛亮的汉中救兵。督军薛悌，你赶紧率一万军马协助魏兴太守申仪守洵口（今陕西旬阳，洵河与汉水交汇处），赶紧把安桥给烧断，绝不能让蜀军过河！"司马懿指图道。

"是！"

"余下诸将随我全力攻城，一定要尽快攻克上庸城！"司马懿命令道。

"是！"

寒风阵阵，司马懿亲自指挥军士将上庸城像铁桶一样团团围住，"赶紧准备攻城器械，明日攻城！”司马懿命令道。

第二天一大早，司马懿亲自坐镇，指挥全军四面攻城，铺天盖地，声浪滔天，孟达、邓贤、李辅率军在各城门拼命抵抗，箭如雨飞，攻城军士纷纷中箭倒地，攀上城头的军士被纷纷砍下城。

“孟达已反，赶紧出兵营救！”诸葛亮命道。前部都督魏延率三万蜀军火速出汉中，至安桥（架在洵口上的浮桥），见安桥已经被烧毁，汉水东岸各渡口均驻扎有大量魏军，根本不得渡。诸葛亮、赵云、马谡随后骑马赶到汉水西岸，见河对岸魏军已严密布防，长叹道：“看来司马懿虑在我先！”

上庸城，孟达军本来就人心惶惶，又连围六日不见救兵，更是绝望已极。“奉诏讨伐反贼孟达，其余一概不问！凡助贼者灭三代九族！”参军梁几还在不停地高声宣诏。

“赶紧投降吧！安桥已烧！诸葛亮的救兵被死死地挡在了洵口，根本就过不来！再坚守下去只会与反贼孟达同罪！赶紧投降吧！不然就来不及了！”原孟达手下的军士纷纷在城下喊话道。

这时只见吊桥放下，城门大开，邓贤、李辅率数千军士冲出城门，司马懿大惊：“不好，准备迎敌！”话音未落，却见邓贤、李辅及众军士纷纷双手举剑扑通扑通跪倒在地，乞求道：“我们愿降！我们愿降！只要不杀我们让我们干什么都行！”

上庸城已经大乱，孟达在城楼上见状，慌忙而逃，“投降！投降！我们都愿意降！求大将军饶我们不死！”城上城下也纷纷跪倒在地，降声一片。魏军黄蜂般拥入上庸城，孟达慌不择路，被逼入一角，孟达抡刀向魏军扑过去，数十把长戟同时刺入孟达的胸膛，孟达大叫一声喷血而死，一将飞身一刀将孟达的首级砍下。司马懿手提孟达首级哈哈大笑，遂传首于洛阳，焚之于洛阳广场。

上述诸葛亮设计逼反孟达，孟达犹豫不决，司马懿乘迟疑出奇兵袭斩孟达，及诸葛亮救援不利的整个过程，在《晋书·帝纪第一宣帝》中有全程记载，陈寿在《三国志·蜀书十一·费诗传》有部分记载，本著只是如实再现而已。《三国演义》所谓孟达主动来降，及把策反失败责任全部推到孟达身上的说法，于史无据。

下回请看：孔明用兵管家道　不听众荐用马谡

第九十二回

孔明用兵管家道　不听众荐用马谡

公元228年春，汉中，沔阳（今陕西勉县）。

“策反孟达已经失败，由西城、上庸、房陵进军中原的路已经堵死，现在看来也只能走汉高祖刘邦的路了。先夺取关中，建都长安，打开东进的大门，再挺进中原！”丞相诸葛亮手摇鹅毛扇指图道。

“昔汉高祖刘邦‘明修栈道，暗渡陈仓’，巧夺关中，建立基本。不知此番丞相又打算从何处用兵呢？”前部都督魏延问道。

“我也正在思量此事，不是也正在与众文武商议此事吗？”诸葛亮谦逊道。

魏延走到地图前指道：“在关中盆地与汉中盆地之间虽然横着一道巨大的秦岭山脉，这座巨大的山脉既是汉中盆地的一条巨大的天然屏障，同时也是汉中进入关中的天然屏障。据我多年镇守汉中所了解，从汉中进入关中盆地有四路可行。”

“魏将军快给大家介绍一下，有哪四条路可走？”镇东将军赵云说道。

“第一条是出子午谷（北起陕西长安县西南秦岭山中，南至石泉，全长660里），直捣长安。第二条是入箕谷（山谷名，南起陕西勉县褒城，沿褒河北行，北止陕西陈仓），直取陈仓（今陕西宝鸡市东），挺入关中。第三条是入斜谷（山谷名，约西起陕西凤县，东北止眉县），取陈仓或眉县，挺入关中。第四条是出祁山（山名，在今甘肃礼县东北，在山上筑城，名为祁山堡），取陇右诸郡，然后再取关中。韩信当年是在斜谷明修栈道，通过箕谷暗渡陈仓。”前部都督魏延继续指图道。

“那丞相此次用兵是不是也可以效法韩信故事呢？”长史向朗问道。

“这显然行不通。韩信故事古已有之，曹魏必然会有所防备，再者，斜谷与箕谷的北半部此时都控制在魏军的手上。”诸葛亮手摇鹅毛扇说道。

“丞相所言是也！”长史向朗、参军马谡、参军杨仪、中监军邓芝、左将军吴懿等纷纷附和道。

正在大家议论纷纷之时，却听前部都督魏延说道：“我有妙计可一举夺取关中！”

“都督有何妙计，快说来一听！”诸葛亮紧忙问道。

“安西将军夏侯楙乃夏侯惇中子，曹操女婿，接替夏侯渊镇守关中。我闻此人特好女色，妻妾成群，怯而无谋，让这样的草包镇守关中，正是丞相取关中之天赐良机。丞相应两路出奇兵北伐关中！”魏延指图道。

“如何两路出奇兵？”参军马谡问道。

“第一路由我率精兵五万，从褒中出，循秦岭而东，沿子午谷向北，不过十日便可到达长安。夏侯楙闻我大军突至，必仓皇而逃。长安中唯有御史、京兆太守等，长安中的库粮和民众之谷至少可足十日。丞相则率五万大军入箕谷，直取陈仓，我再分一支兵马从背后包抄，陈仓城虽有兵备，可又怎么能挡得住前后夹击？如此一来，关中则一举可定！”魏延傲然指图道。

“是啊！魏将军果然妙计啊！”赵云、吴懿、王平等纷纷惊叹道，殿堂中的气氛一下子被点燃。

“然后，再率一军驻华阴，守潼关，阻黄河，这样就可以居关中，进中原，汉高祖刘邦之大计自然可成！”魏延兴奋道。

“是啊，这可真是妙计啊！”

而诸葛亮却手摇鹅毛扇，来回踱步摇头道：“此计虽妙，但过于弄险！你们想过没有，万一夏侯楙要是在子午谷有备怎么办？虽兵出长安，万一归路被截怎么办？那我数万精兵岂不成了瓮中之鳖？”

“夏侯楙怯而无谋，且自以为蜀弱魏强不敢贸然轻进，必疏于防备！况且我数万精兵，即便他断后，也照样就地做活，这就如同法孝直、黄忠当年孤军入定军山！”魏延粗声辩解道。

“这只是匹夫之勇！”诸葛亮怒道。魏延面红耳赤一屁股坐在椅子上，众文武面面相觑。诸葛亮拿起毛笔，在砚台上捻上墨，指图道：“我意是由老将军赵云和中监军邓芝率两万军马大张旗鼓入斜谷，取郿县。而我则亲率大军入武都（郡名，治下辨，今甘肃成县西北），沿西汉水山谷，出祁山，出其不意，进击陇右南安（治原道县，今甘肃陇西东北渭水北岸）、天水（治冀县，今甘肃甘谷东南）、安定（治临泾，今甘肃镇源东南）三郡。武都乃山区，夏侯楙必疏于防备，且此路可以循序渐进，进退有据，然后再从陇右进击关中。”诸葛亮说着在地图上画出两条进攻路线。

“看来，这才是万全之策啊！”参军马谡、参军杨仪、中监军邓芝、长史向朗等纷纷附和道。

“你们又带过几天兵，打过几天仗？我看丞相是把用兵当成了运粮，为确保万无一失。可这样会贻误战机！进攻陇右，关中必受震动，这样关中就会有足够的时间加强戒备及从关东调运兵马，这样会错失夺取关中之机！”魏延强抑怒火力谏道。

“那也总比你拿着将士的生命去冒险好！”诸葛亮反驳道。

“带兵打仗哪有不冒险的？！该冒的险是一定要冒的！”魏延暴着脖筋辩道。

“我意已决！休再胡言！”诸葛亮甩下毛笔盛怒道。诸葛亮不用魏延出子午之计，在《魏略》中有详细记载，本著只是如实再现而已。

公元228年二月，镇东将军赵云、中监军邓芝率两万兵马大张旗鼓由阳平关北上入斜谷，正在被窝中的夏侯楙推开怀中的女人，惊慌失措道：“什——什么？蜀军入斜谷攻郿城来了？赶——赶快调集兵马迎敌！陈仓、郿城是关中的北门户，如有闪失拿你们的脑袋试问！”

此时诸葛亮已率十万大军，趁夜沿嘉陵江峡谷北上，潜入祁山，天蒙蒙亮，诸葛亮率十万大军从祁山堡（位于今甘肃礼县东46里祁山乡）滚滚洪流般涌出，犹如从天而降。长史向朗展开地图，诸葛亮一脸严峻指图道：

“前部都督魏延、左将军吴懿！”

“在！”

“由你二人各率两万兵马进讨南安郡、安定二郡！不得有误！”诸葛亮指图道。

“是！”魏延、吴懿二人领命道。

“其余诸将随我一同进讨天水郡！”

“是！”

“出发！”

三路蜀军浩浩荡荡奔赴南安、天水、安定三郡，如入无人之地，魏延、吴懿、诸葛亮的兵马所到之处，稀稀拉拉的守军纷纷抱头鼠窜，城门大开，“蜀军来了，赶紧跑啊……”

此时，天水太守马遵、中郎姜维、功曹梁绪、主簿尹赏等数人正陪同雍州刺史郭淮在洛门巡视，忽见男女老少赶着牛羊群和驴车，拖家带口，惶惶而来，还有许多散兵游勇，“城里到底发生什么事了！”姜维追问道。姜维，字伯约，天水冀人，公元201年生人，时年27岁，少孤，与母居，时为天水郡中郎（相当于参军）。

“蜀军来了！已经进城了！”

“蜀军从何而来？”中郎姜维问道。

“不知道，我们也不知道，有好多，赶紧逃命吧……”

“看来大势不好！马太守你赶紧和你的人回冀城，我则回上邽（今甘肃天水）！”郭淮说着，连忙调转马头命随从，“赶快一起随我一起往上邽赶！快！”十数名随从慌然而去。马遵翻身上马没走几步，又调转马头撇下姜维、梁绪、尹赏等人独自去追赶郭淮，“郭刺史！等等我！我跟你一起走！”

“马太守！你应该回冀城！”中郎姜维大声呼喊道。

“此时冀城十有八九已经落入贼手，不回去了！”马遵打马喊道。“那我们怎么办？”主簿尹赏问道。“怎么办？老娘还在城中，能不回去吗？”姜维说道。于是三人拨马向冀城赶。

等姜维一行人赶回冀城，冀城已落入诸葛亮之手，民众见姜维等归来，呼啦围了上来，“哎呀，姜中郎你可回来了！”

“蜀军有没有抢东西？杀人？！”姜维几人急忙问道。

“没有，没有……诸葛亮乃蜀国丞相，入城后不仅与民秋毫无犯，还开仓济民，是个好人！”

“姜中郎，我看你还不如去拜见诸葛丞相！”说着将姜维拉来见诸葛亮，“这就是天水郡中朗姜维，善用兵会打仗！”大家伙七嘴八舌说道，诸葛亮连忙来迎，姜维只得跪拜，“快快请起，快快请起，有姜伯约来投，胜得十万兵！”诸葛亮笑道。上述姜维与太守马遵等巡视至洛门遇变主动投奔诸葛亮过程，在陈寿《三国志 · 蜀书十四 · 姜维传》与《魏略》中并有记载，本著只是如实再现而已。《三国演义》所谓诸葛亮智取三城及用反间计收取姜维之说，纯属杜撰。

洛阳，建始殿。“刘备亡，本来想蜀中无人，且多年无事，没想到诸葛亮会出奇兵攻陇右和关中。”太尉华歆、太傅钟繇、司徒王朗、司空陈群惶惶道。

“诸葛亮本是依山而守，今出山自来，不过是自寻死路罢了，又有何惧？”大将军曹真说道。

“你——你对这一带熟悉，那——那你说该怎么办？”明帝曹睿慌乱道。曹真来到图前指道：“我亲率一支兵马，由郿县入斜谷，阻击赵云。然后再命左将军张郃由宛城出兵，沿丹江峡谷进兵关中，然后沿千河谷道截击诸葛亮前锋部队，如此关中之危可解。”

“就——就照大将军的意思办！”曹睿命令道。

冀城，诸葛亮指图道：“我大军出祁山，天水、陇西、南安三郡望风披靡，关中震动，洛阳惶惶，魏军主力很快就会出长安，沿千河谷道（东南走向，流经千阳，由宝鸡入渭河），经千阳、街亭向陇右而来，与我争夺陇右三郡！”

“是啊！应赶紧做好准备！”众文武纷纷议论道。

“我军下一步应火速抢占街亭！别小看这个街亭，它位于秦安县东北80里处龙山脚下，有一道横贯南北的天然大断层，高三四丈，如同一道天然城墙，在高台上还有城，叫列柳城，我军正好可以利用这道天然屏障截击魏军！打败魏军后，可趁势沿千河谷道进军关中，与率军出斜谷的赵老将军会合，到那时还何愁关中不为我所有？”诸葛亮继续指图道。

“丞相应赶紧命一员上将为先锋，去街亭迎击魏军才是。”长史向朗、参军杨仪、左将军吴懿纷纷说道。

“这个我已经想好了！就命参军马谡为先锋！”诸葛亮手摇鹅毛扇说道。

“这——这怎么可以？大敌当前最好派能征惯战者去担此重任，我看最好命前部都督魏延为先锋！”吴懿坦言道。

“魏将军身经百战，随先主屡建奇功，没有比他再合适的人选了。”长史向朗、将军王平、张休、李盛、黄袭也纷纷举荐道。魏延坐在一旁一言不发，一脸得意之色。

诸葛亮用眼角瞥了一眼魏延，摆了摆鹅毛扇，不快道：“诸将此言差矣！参军马谡随我平南蛮，屡建奇谋，难道还不能担当此重任吗？再者，我与马参军对此战早有计宜。参军马谡？”

“在！”

“现命你为前锋，督将军王平、张休、李盛、黄袭，统精兵三万，火速赶往街亭，拦截魏军！打败魏军，火速沿千河谷道进军关中！”诸葛亮命令道。

“是！”参军马谡领命道。上述诸葛亮独断专行不听众谏力举马谡为先锋之事，陈寿在《三国志·蜀书九·马谡传》中明确记述道：“建兴六年（公元228年），亮出军向祁山，时有宿将魏延、吴懿等，论者皆言宜为先锋，而亮违众拔谡，统大众在前，与魏将张郃战于街亭。”

此时张郃正率一万铁骑，如洪水猛兽一般出长安，经美阳，沿千河谷道，向街亭滚滚而来，“一定要抢在蜀军之前赶到街亭！”张郃扬鞭吼道。

参军马谡与裨将军王平、部将张休、李盛、黄袭也率骑步兵向街亭急行而来，“快！一定要抢在魏军之前抢占街亭！”马谡挥鞭喊道。

一边是马蹄，一边是泥腿，就这么展开了一场竞争。由于蜀军先下的手，距离又近，虽然机动化程度远不及魏军，可还是抢先到达街亭。

这时探马飞报："报告!前方发现有一道大断层！"马谡、王平等连忙纵马来到断层下，"哎呀，果然如丞相所言，这就是丞相所说的天然城墙！"王平扬鞭指道。

原来这是一道高约七八丈的天然大断层，川道南北宽约一里，这道断层几乎横贯整个川道。在高台上有一座城，名叫列柳城。马谡一脸欣喜："有此断层做天然屏障，数千弓箭手立于高台之上，魏军纵有雄兵百万又能奈我若何？"

话音刚落却听部将张休喊道："参军快来看！北端有一个大豁口！"

下回请看：街亭有个大豁口　刘禅后宫打屁股

第九十三回

街亭有个大豁口　刘禅后宫打屁股

参军马谡、裨将军王平连忙骑马而来，原来有一条河沟缘山麓穿过，由于长年水土流失、塌方，扯开了一道约三十米宽的大缺口。我经过谷歌地球仔细查看了街亭地形及CCTV介绍街亭之战的电视片，的确有这么一个大缺口。

马谡脑袋嗡的一声大了，“要——要是魏军从豁口突入该怎么办？”马谡惊道。

“是啊，要是魏军从豁口处突入怎么办？”

“这就如同是一座城池，城墙再高、再坚固，城墙上站再多的弓箭手，可城门却大开着，又有何用？！”张休、李盛、黄袭一个个惊慌失措道。

“我看不如赶紧命军士挖山取土，把这个大豁口给堵上！”裨将军王平建议道。

“说起来容易！现在既无取土工具，魏军马上就要赶到，又怎么能来得及！”马谡反驳道，“我看大军不如退入南山依山据险扼道而守，这样进可攻，退可守！”

“这有违丞相之令！丞相明令要当道扎营，正面截击敌军！”王平说道。

“将在外应随机应变，丞相在百里之外，又怎么能知道这道天然城墙有一个大豁口呢？！”马谡高声叫道。

王平被噎住了，“可要是魏军断我军水路怎么办？”王平说道。

“我军的水路岂是魏军想断就能断得了的吗？我军居高临下，势如破竹。敌人要是胆敢断我水路，我军正好背水一战，奋勇杀敌！正好可大破敌军！”马谡应道。

“这样吧！张休、李盛！”

“在！”

“你二人率三千弓箭手依列柳城在高台上据守，拦击来敌！其余兵马随我赶快退入南山！”

“这，这能行吗？”张休、李盛哭丧着脸说道。

“这是命令！”马谡吼道。马谡、王平率蜀军蜂一样拥入南山之中。

此时张郃的一万铁骑正马蹄隆隆，沿千河谷道向街亭滚滚而来，荡起的尘沙遮天蔽日，留守在高台上的三千蜀军弓箭手，人心惶惶。“弓——弓箭手，准备！”张休、李盛喊道，站在高台上的蜀军弓箭手一看这阵势心里面直打战，随着万千铁骑隆隆逼近，站在高台上的蜀军开始出现慌乱，“主帅都跑到山里躲着去了，干吗把我们留在这儿等死？”前面的往后缩，后面要往山里跑。

此时骑在战马上的张郃远远见前方高台上，密密麻麻地站满了蜀军弓箭手，连忙勒住马头，一挥手：“在前方街亭高台上有蜀军弓箭手，没想到让诸葛亮抢了先，要小心！”整个川道一下子又凝静了下来，只见魏军万千铁骑在缓缓逼近，“不如先安营扎寨，再伺机进攻！”副将说道，正在张郃迟疑不决之时，却见前面高台上的蜀军稀里哗啦开始往后撤，有的军士竟从断层上七仰八歪的掉了下来。张郃见此景，长吼道：“敌军已经闻风丧胆，正好趁此全线出击！前进！”

高台上的蜀军看到魏军万马奔腾，滚滚而来，吓得像丢了魂似的，调转头，拼命往南山跑！“妈啊！赶紧跑！不然就没命了！”

马谡所带的三万蜀军就这么还没有与魏军交战就开始了全线溃退，张郃就率着他的一万铁骑开始了全线出击。

张郃带着数千铁骑从断层豁口处像洪水般涌入，看到蜀军蜂一样逃入于南山之中。正在张郃吃不准下一步该如何行动时，“蜀军自入山中，远离水源，这是自取死路！将军正好可围而困之！”副将说道。“没错！马上命令军士，在山口处及道中央，扎下连环营寨，以彻底切断蜀军取水之道！我倒要看看他们喝什么？”张郃命令道。

五座大营迅即搭成，后面的兵马还在源源不断地赶到。对面南山中，参军马谡立于一山岭上，“魏军要断我水路，置我于死地！传令下去，各营见我手摇红旗，鼓声大作，就一起杀奔山下！一定要杀他个片甲不留！”马谡命令道。可一次次冲锋皆被魏军密集的弓箭射了回来。马谡所率的三万蜀军精锐就这么被死死地围困在了南山之中，一连数天。“水，水，水，哪里有水啊！”军士们口干舌燥嚼巴着干粮，四处找水，一处土坑集了一些雨水，军士们蜂拥而至，“水，水，坑里有水……”有的趴在地上喝，有的用手捧着喝，还有的用竹筒舀，你推我搡，前拉后挤，乱成一团。一个干渴难挨的军士好不容易舀了一筒泥水，刚要喝却被另一个军士抢走，两人在争抢中水被打翻，军士大怒，挥刀便砍。而山下的魏军却围着小河边，喝着清澈的河水。“不能再等了，今天晚上我们就去劫魏军大营！”马谡焦躁道，正在这时见张休、李盛、黄袭慌忙来报：“不好了！军士纷纷向后山溃逃！”

“什——什么？！”马谡大惊，“要吃没吃，要喝没喝，总不能困在山上等死，赶紧跑啊！”蜀军军士如牛羊群一般，漫山遍野纷纷向后山溃逃。“不能撤！不能撤！我是主帅！你们要听我的！”马谡挥剑声嘶力竭地喊叫着，可没有人理他，没有人听他，马谡连斩数人，可无济于事。山下，张郃见蜀军自溃，大喜，连忙挥军：“各路兵马给我兵分五路全线出击！”

“杀啊！”魏军铺天盖地挥刀冲入南山，张休、李盛、黄袭见状，慌乱道：“参军！我们也赶紧一起撤吧！”说着三人加入了溃逃的人群之中。参军马谡望天悲叹道：“天哪！三万大军就这么溃于我之手，我这样回去又当如何向丞相交代啊！”

蜀军在漫山遍野没命地溃逃，魏军在后面疯狂地追杀，杀得数万蜀军军士一个个抱头鼠窜。

王平率数千军马狼狈逃回冀城。诸葛亮闻马谡街亭溃败只得弃冀城，沿原路返回。南安、天水、安定陇右三郡得而复失。诸葛亮偷鸡不成反蚀一大把米，损失数万军马。不仅如此，还错过了一次绝好的攻占关中之机。与此同时，老将赵云和中监军邓芝出斜谷这一路，也大败而归。

上述街亭之战马谡被张郃大败之事，陈寿在《三国志 · 魏书十七 · 张郃传》、《三国志 · 蜀书十三 · 王平传》、《三国志 · 蜀书九 · 马谡传》中皆有记载，本著只是如实再现而已。

而此时成都皇宫却是歌舞升平，喜气洋洋，吃得胖乎乎的刘禅，一边吃喝一边指道："这个漂亮妹子，朕——朕怎么从来没有见过啊？"此时刘禅22岁。

一脸机灵气的宦官黄皓连忙俯首道："这是前不久才送进后宫的妃子！"

"噢，原来是这样！来，过来，让我看看！"刘禅招呼道。

女子一脸羞怯，忸忸怩怩，不敢进前。"来，过来，快过来，让朕看看……"刘禅招呼道，女子还是忸忸怩怩，"还不快过来，让天子看看！"黄皓催道，刘禅一把将女子拉到怀中，"哎呀，好粉的脸蛋，圆圆的像个苹果，真是甜死人了。"刘禅说着便连啃带咬，羞得女子左躲右闪，逗得满堂女子偷眼咯咯直笑。"笑什么？笑什么？你们说说，你们哪个没被我抱过？没被我亲过？"刘禅叫道，"过来，都过来陪朕喝酒，快点！小心我晚上打烂你们的屁股！"刘禅招呼道。"快点，快点，天子让你们都过去，小心打屁股！"宦官黄皓招呼道，一个个如花似玉的女子忸忸怩怩围坐在刘禅周围。

"天子，我——我不会喝酒。"两名女子娇道，"朕让你们喝，你们就得喝，否则就脱裤子，让朕当众打屁股。"刘禅说着就要去拿戒尺。"不，不，天子别打我们的屁股，羞死人了。"两名女子连忙将酒灌下，呛得面红耳赤。刘禅开怀大笑，揪揪这个头发，摸摸那个脸蛋，如同一只大花蝴蝶在花丛中飞舞，"在我的身边既要有甜甜苹果，又要有婀娜杨柳，还要有端庄牡丹，要是天下美女能尽入我的后宫该多好啊！"刘禅无限陶醉道。

这时一个宦官跟黄皓耳语几句，黄皓连忙上前又跟刘禅耳语了几句，只见刘禅眉眼大开，说道："既然又发现了漂亮女子，为何还不赶快纳入宫来，让朕一睹芳容？"

只见侍中董允进言道："天子的后妃已经够多了，不能再纳了。"

"什么？只要朕喜欢，朕想纳多少就纳多少！"刘禅叫道。

"自古以来，天子后妃之数不过十二，现在天子的后妃已经够了，不宜再纳后妃。"董允说道。董允时为黄门侍郎，诸葛亮命其掌宫省之事。"你！你！你还管起朕来了？"刘禅怒道。"是丞相命在下掌握宫中之事。"董允说道。"又是丞相！又是丞相！"刘禅气冲冲拂袖而去。陈寿在《三国志·蜀书九·董允传》中记述道："后主（刘禅）常欲采择以充后宫，允（董允）以为古者天子后妃之数不过十二，今嫔嫱已具，不宜增益，终执不听。后主益严惮之。”

这时诸葛亮乘马车狼狈回汉中，面色铁青而扭曲，长史向朗、参军杨仪、降将姜维尾随其后，还有数千天水迁民。汉中官吏纷纷道贺：“此次丞相出兵北伐，围天水，拔冀城，得姜维，又迁民数千，真是劳苦功高……”

诸葛亮斥道：“普天之下，莫非汉民，国家威力不足，使天下百姓困于狼口，今又遭受战败，又有何贺？都给我退下！”众官连忙灰溜溜而去。此事郭冲在《四事》中有记载。

大殿之中，参军马谡自缚于诸葛亮面前，泪流满面，“丞相，是我辜负了您的重托，我对不起你啊！”马谡头磕在地上咚咚直响。诸葛亮面色苍白，气得浑身都在发抖，背对着他，不愿正眼相看。

“丞相，是我辜负了丞相重托，我对不起你啊！”马谡泪流满面还在咚咚磕头。

这时诸葛亮突然回转身来，颤抖着声音怒吼道：“你！你说这些现在又有什么用？你手下的三万士卒都到哪里去了？”

“在溃逃中都离散了……”马谡哭道。

“你知道吗？就是因为你弃道舍水到山上扎营，临阵指挥错乱，才遭此惨败！陇右三郡才得而复失！数万将士才溃散！眼看就要大功告成，就因为你而遭此惨败！你能承担得起这个责任吗？”诸葛亮用拳头擂动着案几，狂声吼道。

马谡泪流满面，还在不住地磕头。

“你！为什么不听王将军谏言，违我将令，不当道扎营，舍水上山扎营？”诸葛亮颤抖着双手继续吼道。

“那是因为断层上有一个大豁口，实在没办法我才在山上扎的营……”马谡本能地辩解道。

“事到如今，你还敢狡辩？”

“真是这样啊，丞相，在断层上真的有个大豁口，没办法当道扎营，我才上的山，我真的没有狡辩啊！”

“不仅如此，你还临阵脱逃！”

“不，丞相，我没有临阵脱逃，是军士弃我而逃！”马谡继续辩道。

诸葛亮怒火万丈，吼道："犯如此弥天大罪，还敢抵赖，罪不容诛，给我拖下去，押入大牢！"

数名廷卫架起马谡便往外拖，"丞相！断层上真的有个大豁口啊！我没有临阵脱逃……丞相！真的有个大缺口！我没有临阵脱逃啊！"马谡声嘶力竭道。

这时见长史向朗跪地求情道："求丞相念马谡初次领兵，便当其重任，没有经验，给予宽大！"

"你还配替马谡求情？我问你，马谡逃回汉中，你——你为何知情不报？"诸葛亮吼道。

"我——我……"向朗无言以对。

"你与马谡一向私交甚密，所以知情不报！将长史向朗免官，永世不得复用！"诸葛亮吼道。此事陈寿在《三国志·蜀书十一·向朗传》中有记载。

镇东将军赵云、中监军邓芝、参军杨仪、都督魏延、左将军吴懿等站在一旁，面面相觑，皆不敢言，生怕引火烧身。

"将军张休、李盛也临阵脱逃，该当何罪？！"诸葛亮问道。

"按——按军法当斩！"中监军邓芝慌忙应道。

"将张休、李盛也押入大牢，一并治罪！黄袭可免一死，但夺其兵权，贬为庶民！"诸葛亮说道。

经过一阵狂风暴雨般的发泄，此时诸葛亮的情绪平静了许多，喝了一口茶说道："老将军赵云虽兵败箕谷，但能亲自断后保军而还，兵将辎重无损，降为镇军将军。"

"谢丞相！"赵云拜道。

"将军王平能言善谏，且临危不乱，保军而还，加拜参军，统五营兵马，进讨寇将军，封亭侯。"诸葛亮继续说道。

成都，丞相府。"马谡兵败街亭已被押入大牢，即将问斩。先主一生用兵从未杀过谋臣战将，这样只会让人心寒，该有人去劝劝丞相才是。"长史张裔咳嗽道。

参军蒋琬急得团团转，说道："长史身体不适，还是我到汉中走一趟！"

"那就再好不过了。"

参军蒋琬率十数骑打马出成都北向汉中疾驰而来。马谡在狱中，长跪不起，不言不食。老者端来酒肉，放到面前："参军明天就要上路了，还是吃一口吧，这样肚子里面会好受一些。"马谡也不言语。"参军你就吃一口吧，我看着你不吃不喝，我心里面好难受……"老者说着不禁潸然泪下，这时见马谡木讷的脸上滚下一串豆大的泪珠。"参军你就吃一口吧，这样你肚子里好受些，我心里也会舒服些……"老者说着将酒碗端到马谡面前："生死有命，富贵在天，参军想想开就把这碗酒喝了吧……"马谡接过酒，也不说话，强抑泪水，将碗中酒咕嘟咕嘟喝下，老者又给马谡倒上一碗酒，马谡咕嘟咕嘟喝下，拿起笔墨一字一句写道：

丞相视我如子，我视丞相为父，愿丞相能念舜杀鲧却起用他的儿子禹之事，使平生之谊不亏于此，若如此我虽死也无恨于黄泉！

豆大的泪水，一滴一滴落在白色的丝绢上。上述马谡临终遗书，在《襄阳记》有全文记载，本著只是全文抄录而已。从马谡的遗言可见，马谡并不认为错都在他，他是不愿意去死的，只是无奈才写信希望诸葛亮能宽待他的儿女。而易中天在谈到这一问题时，就又开始满嘴跑火车了。他如此说道："马谡也深明大义，主动请求诸葛亮将自己正法以谢国人。……这是何等悲壮的行为，又是何等让人心痛的事情。"

这时蒋琬一行已来到汉中，"听说丞相明日要斩马谡以谢三军将士？"蒋琬急问道。诸葛亮也不言语，手摇鹅毛扇慢腾腾地踱步。"昔楚国大将得臣与晋国战败而归，回国后被逼自杀，晋文公听到这个消息，拍手叫好。今天下未定，正值用人之际，诛杀将谋之才，岂不令人痛心？"参军蒋琬进言道。

诸葛亮也不应答，还是不停地来回踱步。"丞相，这样只会亲者痛，仇者快啊！"蒋琬跪地泣道。诸葛亮连忙将蒋琬扶起，也泣道："孙武之所以能制胜于天下，在于法度严明。今四海分裂，战火不断，若有法不依，随意废法，又何以讨贼？"要是仅仅靠严明执法就能制胜天下，那要他的孙子兵法干什么？靠几个铁面无私的执法官就什么都办了。可见诸葛亮对孙武的认识有多片面。蒋琬劝诸葛亮之言，在《襄阳记》中有记载，本著只是如实再现而已。

马谡被押赴刑场，"苍天哪！我命为何会如此之薄啊！"马谡仰天长叹道，将军张休、李盛也一并处斩，十万之众为之垂泪。马谡终年39岁。

马谡、张休、李盛已杀，心中的冲天怨气已泄，此时的诸葛亮很自然地陷入了自我反省之中，烛灯下，诸葛亮蓄墨点笔，字字沉重地写道：

臣才浅智薄，率三军北伐，因不能训章明法，造成将士临战畏惧，违反命令，才有街亭之败，箕谷之失。究其原因在于臣用人不当，处事不周。按《春秋》之义，应首先追究统帅的责任，故请自贬三级，明示天下，以督臣日后改正错误。

刘禅接奏后，恍然不知所措："丞相打了败仗，又要自贬三级，那让朕怎么办，让朕怎么办？！"侍中董允、郭攸之、宦官黄皓面面相觑。"你们都给我下去！都给我下去！"刘禅叫道，众妃子如受惊的小羊羔慌忙退下，"朕不能没有相父，朕不能没有相父的辅佐啊！"刘禅哭道。

大殿之上，尚书令陈震、大鸿胪杜琼、大司农孟光、御史中丞孟获，及众文武皆立于阶下，面面相觑，也不知所措。"你们快给朕想个办法，这该如何是好？！"刘禅急道。这时见尚书令陈震出列道："可命诸葛亮继续行丞相事！"

"对呀，这个主意好！"刘禅恍然大悟，"传旨下去，将诸葛丞相削职为右将军，继续行丞相事，统领如前！"刘禅说道。

现在该是对此事做个总结的时候了。

关于诸葛亮此次北伐大败，史学界一直是众说纷纭。但据分析，诸葛亮不仅在战略上犯了严重错误，在战术也犯了严重错误，才导致此番大败。战略上，魏延的两路出奇兵方案的胜面远大于诸葛亮的两路出奇兵方案，胜面大风险自然也就少。魏延子午谷出奇兵，一拳击关中头部——长安，诸葛亮再率一路大军出箕谷，直取陈仓，一拳击关中心脏，这一对组合重拳下去，即便夏侯楙有所防备也将难以招架，如此一来可一举击溃魏军在关中的防御体系。然后蜀军又可凭潼关、武关天险，拒东来之兵。这样十有八九就可拿下关中。诸葛亮兵出祁山，侵入陇右，一记重拳只是打到了关中的屁股上，关中的有生力量并未摧毁。再者，又给魏留下较长的应变时间，迅速集结有生力量，两路出击以应对诸葛亮的两路兵马。三则又无潼关、武关这样的天险可守。由此可见，诸葛亮首先在战略上就犯了严重错误，使他此战难以取胜。

无论做任何事都有风险存在，该冒的险是一定要冒的。关键是该如何提高成功率，及防止和减少风险。要是做什么事，都像诸葛亮那样过分谨慎，总是不切实际地去寻求万全之策，不仅常常会裹足不前，贻误战机，反而还会造成更大的损失。胜面与风险常常成反比关系，胜面越大，风险反而越小。魏延的两路出奇兵方案不仅胜面大，风险也远远小于诸葛亮的两路出奇兵方案。而诸葛亮是不可能认识到这些的，所以才会把魏延及其他的作战方案打入了冷宫，可见诸葛亮与刘备差距之远，是一个基本上没有机变能力的人，只会死搬教条。

在战术上，诸葛亮首先在用人上犯了严重错误。马谡只是一个参军，还从来没有带过兵打过仗，又怎么能让这样的人担当先锋的重任呢？许多人都提出了异议，力举魏延，而诸葛亮却一意孤行。结果临阵指挥错乱，又镇不住手下，导致大败。其实，张郃从宛城沿丹江峡谷而来，长途奔波一千五百余里，兵疲马乏，正好可以以逸待劳，一举而击溃之。而马谡去因胆怯，据守，退入山中，反被切断水源。要是换到魏延手上可能就是另一个结果。再者，诸葛亮派老将赵云出斜谷也不合适。赵云就像曹操阵营中的曹洪，一直都是刘备的看家护将，从未见赵云率兵突击，让赵云做先锋显然也不合适。而诸葛亮却因魏延冒犯了他，与他意见不合，因感情用事却让最适合做先锋的人坐了冷板凳。由此也可见，诸葛亮用人之差。

再者，诸葛亮从没有到过街亭，对街亭的了解只是道听途说，根本就没想到会有一个大豁口。

要是仅仅在高台上当道扎营显然守不住，可要是仅仅依山据险而守也不行，虽易守难攻，却又不利于拦截敌军及取水。

在此地形状况下，只能像刘备在猇亭与陆逊对峙那样，用连环扎营的办法才能解决这一难题。应在高台上，在缺口处，当道处，及依山据险等多处扎大营，这样才能有效阻击魏军的西进，别无他法。曹操与袁绍在官渡对峙时也是这么扎的营。可见，不管是马谡现场采取的依山据险扎营法，还是诸葛亮事先制定的依断层当道扎营法，都存在致命缺陷，都没能从根本上解决这一难题。

由于诸葛亮在战略和战术上都犯了一连串错误，才导致诸葛亮此次北伐大败而归。毫无疑问，身为主帅的诸葛亮应对此次北伐失败负首要责任，马谡不自量力硬要揽这个“瓷器活”，只负次要责任。

再说诸葛亮杀马谡问题。易中天在谈到这一问题时拍手叫好道：“这正是诸葛亮执法公正的表现！”许多人也持相同观点。难怪这些儒家学者的思维方式跟诸葛亮大同小异，所以才会“英雄所见略同”。而在我看来，诸葛亮杀马谡不仅是大错而且是特错。为什么这么说呢？

首先马谡、张休、李盛三人虽有罪，但罪不当诛。因为此次战败负首要责任的应是诸葛亮，而不是马谡等人，要砍头也应该先砍他诸葛亮的头。当然诸葛亮是认识不到这些的，他只是片面而又肤浅地把此次战败的原因归结为马谡等人“临战畏惧，违反命令”，而他自己的责任则是“用人不当”、“训章明法”不够。至于在选拔人才时为什么会看走眼，就不得而知了。这是一个很值得深思的问题。

从刘备、诸葛亮对魏延与马谡的任用上，可以明显地看到两人在用人上存在着巨大的差异。刘备在临终前就提醒诸葛亮说：“马谡言过其实，不可大用，君宜察之。”而诸葛亮嘴上应诺，实际上却不以为然。他拜马谡为参军，经常在一起谈兵论政，从白天到黑夜。可见两人心气有多相投。这不，在这最关键的时刻又委以重任。

刘备破格提拔魏延为镇远将军，领汉中太守时，举座皆惊。刘备就这么把汉中的重任交到名不见经传的魏延手上。可见刘备独具慧眼，看到魏延是智勇超群的难得将才，才不拘一格拔人才。就是诸葛亮这个大管家，也是刘备这么选拔出来的。而魏延在诸葛亮的手上，不仅马上被架空——免去汉中太守，降为丞相司马，不仅言不听计不从，还成了板凳队员。魏延就这么在诸葛亮时代交上了霉运。这让魏延又怎么能不怨？可面对大权独揽的诸葛亮，魏延又只能唯唯诺诺，俯首听命，可心中又难以平服。这样的人又怎么配做统帅呢？抱怨和不服气之声，自然也会常常从牙缝中流露出来。这就更引得诸葛亮不满了，两人的关系也随之越来越紧张。

从对马谡与魏延的任用，明显可见诸葛亮与刘备在用人上有着天地之别。据分析这主要是由于刘备与诸葛亮两人在思维方式上有着巨大差异。刘备就像一家大型民营企业的大老板，既是董事长又兼CEO，具有实用主义的灵活头脑。而诸葛亮只是他的大管家——后勤总管，在近十五年的工作中已经形成了一套管家型的思维方式。作为董事长兼总经理的刘备，为了企业的蓬勃发展，就要像他祖上刘邦那样，千方百计到处搜罗像张良、韩信、萧何式的高级人才。再加上刘备又有实用主义的头脑，自然也就能根据实际需要和实用标准，量才适用，从而选择出一大批各行各业的高级人才。庞统、法正、魏延，包括他诸葛亮，蜀国的哪个高级人才不是刘备一手提拔起来的？这也就是在刘备手下，能凝聚那么多高级人才的根本原因，当然这与刘备独有的人格魅力也有着密切关系。在刘备的手下，张良式的人才有庞统、法正、马良等；韩信式的人才有关、张、赵、马、黄、魏等，像李严这么一大批后备人才又在快速提拔；萧何式人才有诸葛亮、麋竺、刘巴、蒋琬等。由于刘备有实用主义的头脑，在用多样化的标准要求各类人才，他自然也就会有宽阔的胸怀，既能容纳关羽、张飞这样的猛将，也能重用诸葛亮这样的文官。

而刘备在托孤给诸葛亮后，CEO位置也就让给了诸葛亮，诸葛亮也就一夜之间从刘备的大管家，从一个萧何式的人物变成了CEO，全权负责蜀国的军政要务。董事长则是他的宝贝疙瘩刘禅。让刘备没有想到的是，此时的诸葛亮虽然身为CEO，可由于诸葛亮在长达十五年的工作中已经形成了一套管家式的思维方式，使得诸葛亮不知不觉中在用大管家的思维方式运兵作战。从而出现了许多问题。他在用萧何（管家型人才）的这一把尺子要求武将（韩信式人才），要求张良（幕僚型人才），结果刘备一手提拔起来的高级武将，如魏延等不是靠边站，就是被免职。同时，他也没办法源源不断提拔新人，从而导致蜀国的军事人才严重匮乏。当然客观上蜀国地处偏僻，国小人才少，也是一个主要原因。

当然诸葛亮是认识不到这些的，且片面而又肤浅地认为自己在用人上的主要问题是“训章明法”不够。这使诸葛亮对此次战败和自身问题的认识一偏再偏，偏颇已极。于是诸葛亮痛定思痛，决定吸取这次血的教训，严明执法——拿马谡、张休、李盛三人开刀问斩。

诸葛亮因偏见在一时激愤之下做出的错误决策，最后也只是从管家角度出发，片面强调了严明法纪的重要性，却以严重损害整体利益为代价。他不仅滥杀人才，因打了败仗就杀头，以后谁还敢带兵打仗？其给蜀国所造成的不良影响是非常深远的。

晋代史学家习凿齿如此说道：“蜀国本身就地处偏远，人才就少，以严明法律杀俊杰，任用庸才，乃是败亡之道。这又怎么能成大业呢？”参军蒋琬也持相同观点。蒋琬和习凿齿是从大局出发，而诸葛亮只是一孔之见。可笑的是，就是到现在还有许多人为诸葛亮的这一愚蠢之举拍手叫好。

我还没有听说曹操、刘备处死战败之将。其实，诸葛亮要是能换一下位，从刘备的角度出发，考虑到各方的利益，综合考虑人才、军心及法度问题，既给予适当处分，又让他们能军前效命，戴罪立功，岂不是一举三得吗？只可惜，诸葛亮只会从萧何的角度，从一个大管家的角度看问题，其结果只会是强调局部利益，而忽视和损害总体与各部利益之间的相互关系。这就是管家带大兵的结果。请问易中天，难道不是这样吗？

负次要责任的马谡、张休、李盛三人，因临阵惊慌失措被砍掉了脑袋，而负首要责任的诸葛亮虽官贬三级，却依然大权在握，这和“割发权代首”没有什么本质区别。

而易中天高声赞叹道：“这就实在让人肃然起敬！”也难怪古代王朝，能做到这一点已经是难能可贵之事了。随后他又进一步解释道：“有人说，诸葛亮的‘自贬三等’和曹操的‘割发代首’一样，都是做秀。这其实是不懂历史，也不懂政治。《春秋》大义，既有‘战败责帅’的规定，又有‘罚不加尊’的说法。”

难道易中天就懂历史和政治了吗？不要说按现代民主之法——“王子犯法与庶民同罪”，就是在古代王朝，也有“将在外军命有所不受”，“胜败乃兵家常事”之说。

下回请看：姜维洒泪绝母情　孔明理智贺孙权

第九十四回

姜维洒泪绝母情　孔明理智贺孙权

公元228年九月，吴大都督陆逊用鄱阳太守周鲂（治鄱阳，今江西鄱阳东）诈降之计，在石亭（今安徽怀宁附近）大破魏大司马曹休，斩敌万余，曹休恼羞而亡。

公元228年十二月，诸葛亮闻东吴大败魏军，效汉高祖刘邦暗渡陈仓故事，以司马魏延、平北将军马岱为先锋奇袭陈仓（今陕西宝鸡市东）。欲与魏大司马曹真在渭河北岸展开一场大决战，没想到十万蜀军围城二十余日劝降、强攻、屯土山、掘道各种攻法用尽，损兵折将却寸步难行，魏大批援军到来，最后无功而返。

公元229年，春暖花开，山上山下一片葱绿，姜维正协助诸葛亮在定军山前操练兵马，喊声震天。营帐中，“姜护军，有人求见！”从事说道，“让他进来！”姜维喝了一口水说道，来人走进帐内，姜维一惊：“怎么是你？你到这儿来干什么？”来人嘘了一声，鬼鬼祟祟走到近前，俯耳说道：“是你家老母让我来的。”

“我娘现在还好吗？”姜维问道。

“好，好，一切都好，你投蜀以来不仅没有株连家人，官府每月还照常供给粮食，就是你的官位郡署里还保留着呢？大家都知道你是不得已才降蜀的。”来人低声说道。

“那就好，那就好。”姜维情绪激动道，“那我娘有信带来没有？”姜维问道。来人轻手轻脚地把门掩好，回过身来说道：“都在这里面呢？你自己打开看吧！”说着将一个包裹放到姜维面前。姜维小心翼翼地把包裹打开，只见里面有一包中草药，姜维翻来覆去找了半天并没见有什么书信，“唉，书信在哪儿？怎么不见有书信？”姜维问道，来人努努嘴笑道：“你仔细看看这都是些什么东西？”

“这些都是当地有名的中草药‘当归’呀！对呀……”姜维恍然大悟，来人舒心一笑也不言语，姜维则如电击一般，起身来回踱步。在军营中，在山野间，在汉水河畔，面对茫茫天际，姜维从内心深处呼喊道：“娘啊！你还好吗？儿想你啊……”来人紧随身后。夜晚，姜维在烛灯下，泪流满面，一字一句在丝绢上写道：

良田百顷，不在一亩，但有远志，不在当归。

姜维写罢，掷笔，扑倒在床上呜呜失声痛哭，来人不知所措。

诸葛亮看后，深为赞叹，在写给长史蒋琬的信中写道：

姜伯约凉州智士，忠勤汉室，胆义过人，通晓军事，马良不能相比……

朝廷使节至汉中沔阳（今陕西勉县）宣旨道：圣上有旨，拜姜维为义将军。钦此。

“谢主隆恩！”姜维跪拜道。

上述姜维洒泪绝母情及得到诸葛亮拜为义将军之事，在孙盛《杂记》与陈寿《三国志·蜀书十四·姜维传》中并有记载，本著只是如实再现而已。

汉中汉宁府。“两次伐魏，我军均以失败而告终，不知诸位有何对策？”诸葛亮说着目光停留在魏延身上，魏延有些不自在地清了一下嗓子上前指图道：“此时显然不是进军关中的时机，丞相不如，不如……”魏延欲言又止。

“不如什么？”诸葛亮手摇鹅毛扇问道。

“丞相不如兵锋转向西面，进军武都（郡治下辨，今甘肃成县西北）、阴平（郡治阴平，今甘肃文县西北）二郡。此二郡虽属凉州，可对魏来说地处边远，鞭长莫及，防卫必然空虚，而与蜀来说却是近邻，易攻易守，得来却易如反掌。”魏延指图道。

“武都、阴平乃偏僻之郡，人口稀疏，得来又有何益？”长史杨仪反驳道。

“你懂什么？除过会舞文弄墨打嘴巴仗以外，又懂什么？！”魏延怒道。

诸葛亮用羽扇止住杨仪，起身指图道：“魏将军所言与我不谋而合啊！不仅如此，拿下武都、阴平二郡还可成为进军陇右天水、南安、安定之基。”

“的确如此，问题是具体该如何行动呢？”马岱问道。

“这个我与义将军姜维已反复商量过了，我军应兵分两路：一路由将军陈式率两万兵马出白水关（位于四川青川北，白水江与白龙江交汇处，是陇右与蜀地之交通咽喉），直取阴平，然后向北扫荡。我则与魏延、马岱、王平、姜维率六万兵马逆嘉陵江峡谷北上，直捣下辨、河池、建威（甘肃西和县北），一则攻占武都郡，二则截击来自陇右和关中的援军！”诸葛亮手指图道。

“如此一来，武都、阴平不就成了囊中之物？”众文武纷纷赞道。

公元229年二月，将军陈式率两万蜀军趁夜出白水关，直取阴平。“快！一个个都跟上！”陈式命令道。拂晓，兵临城下，阴平守军猝不及防，乱成一团，纷纷弃城而逃，陈式挥军入城，兵不血刃便轻取阴平城。陈式随后又挥军沿深山大谷一路北上，横扫武都郡。而诸葛亮这一路此时也已率五万大军逆嘉陵江北上，魏延、马岱、王平各率两万兵马以迅雷不及掩耳之势分别直取下辨、河池、建威三城，魏军望风披靡，不是弃城而逃，便是跪地求饶。凉州刺史郭淮连忙率大军救援，兵马入祁山不久，前方探马来报：“前方建威城，已被蜀军占据，诸葛亮率大军扼道据险而守！”郭淮无奈之下，只得拨马而还。武都、阴平二郡遂落入诸葛亮之手。陈寿在《三国志·蜀书十·魏延传》中记述道：“建兴八年（公元229年），亮使延西入羌中，魏后将军费瑶、雍州刺史郭淮与延战，自大破郭淮等，迁为前军师征西大将军，假节，进封南郑侯。”

诸葛亮及众将备受鼓舞，齐呼万岁。诸葛亮平日很少饮酒，当日却喝得如醉仙一般，与众文武频频碰酒欢杯，“魏——魏军并非不可战胜！只要时机把握得当，战法得当，照——照样可打败魏军。”诸葛亮醉醺醺说道。

“丞相英明！”众文武齐声欢呼道。

诸葛亮乘青盖马车，在姜维的护送下凯旋归成都。成都已是一片欢乐的海洋，锣鼓喧天。刘禅喜气洋洋，在皇宫大会群臣。诸葛亮率尚书令陈震、大鸿胪杜琼、大司农孟光、前将军李严、御史中丞孟获、长史蒋琬、参军费祎等立于阶下。侍中董允高声宣诏道：

街亭之役罪在马谡，君引咎自贬，实在难能可贵！前攻陈仓，斩贼将王双，今番又平武都、阴平二郡，贼首曹真、郭淮遁走，威镇凶暴，功勋昭昭！今恢复丞相之职，望君勿辞！钦此！

“谢陛下隆恩！”诸葛亮跪拜道。

公元229年四月，孙权在武昌登基称帝，改元黄龙。立孙登为皇太子，分别拜顾雍为丞相；陆逊为上大将军，右都护；诸葛瑾为大将军，左都护；张昭为辅吴将军。公卿百官皆拜地跪贺，恭称：“我皇万岁！万万岁！”孙权满面荣光，大会百官，兴奋道：“要是没有周公瑾、鲁子敬当年力主联刘抗曹，又怎么会有朕的今天呢？”

站在阶下的张昭出列褒赞道：“我皇圣德，功高齐天，智通天宇，胸如大海……”哪知孙权脸色骤变，挖苦道：“要是如张公之言，恐怕朕今天该沿街乞讨了！”一头华发的张昭连忙跪地，连连磕头，虚汗淋淋，“臣有罪，臣愚鲁，臣无知，臣罪该万死。”《江表传》记述道：“权既即尊位，请会百官，归功周瑜。昭举笏欲褒赞功德，未及言，权曰：‘如张公之计，今已乞食矣。’昭大惭，伏地流汗。”

孙权拂袖而去。

六月，消息传到成都，丞相府内。“孙权自立为帝，名体不符，乃篡逆之举！丞相应绝其盟好，以显正义！”大鸿胪杜琼说道。

“孙权一贯无信之人，夺我荆州，今又篡逆，实在是太过分了。”大司农孟光、长史杨仪等纷纷议论道。

诸葛亮手摇鹅毛扇说道：“孙权有篡逆之心已久，我与其结盟，是为了犄角之援。今若绝盟，两家必刀兵相见，不利于两家联盟抗曹，只会使魏坐收渔利，这又怎么能是上算呢？昔孝文帝与匈奴结好，先帝与吴结盟，都是为了权宜之计，大局着想，不是为了泄匹夫之忿。为今之计，应忍心中之愤，以两家盟好为重，这样我才可以安心北伐，无东顾之忧。这样才不会因小失大。”

“没错！”前将军李严赞同道。

诸葛亮于是遣陈震出使武昌，贺孙权登基。诸葛亮此行显然是明智之举。由此也可见，在诸葛亮看来，只有他自己所尊奉的蜀汉才是正统的。上述孙权称帝，诸葛亮遣使道贺之事，在《汉晋春秋》中有详细记载，本著只是如实再现而已。

下回请看：孙权出兵台湾岛　万千水军入大海

第九十五回

孙权出兵台湾岛　万千水军入大海

公元230年正月，春暖花开，孙权此时迁都回建业（今江苏南京市以南）。建业宫。“诸葛亮袭得武都、阴平二郡，看来是大有进展啊，而朕自得荆州后至今是颗粒未收，难道你们就不能替朕想想办法？”孙权酸溜溜地看了一眼上大将军陆逊说道。时孙权48岁。

陆逊轻咳一声，拾阶上台指图道：“北面魏国，征东将军满宠近来在合肥城西三十里又筑新城一座，与合肥成犄角之势，这样合肥城就更难攻取了。襄樊和广陵一带，近来魏也都加强了守备，屯有重兵，显然北面一时难以图取，屡次争斗皆无功而返。西面的蜀国，乃我之友国，诸葛亮又善治国用兵，论实力也不可图之。”

“上大将军言之有理啊！”丞相顾雍、大将军诸葛瑾、辅吴将军张昭、卫尉严畯纷纷赞同道。

“上大将军只看到了北面和西面，却没有看到自己的身后。”将军卫温起身说道。

“我身后怎么了？”陆逊回过头来看了看，一脸茫然。

卫温上前指图道：“我指的身后不是上大将军的身后，而是东吴的身后！是东吴的东南方，在茫茫无际的大海中有一块巨大的海岛，它的名字叫夷洲（今台湾），陛下为什么不到那里去发展呢？”

卫温一语激起千重浪，孙权的瞳孔一下子放大了。

“在茫茫的大海中不仅有夷洲，还有亶洲（约是以爪哇岛为中心的印度尼西亚）。相传秦始皇听说在岛上蓬莱神山上有长生不老药，派道士徐福率童男童女三千，工匠百人，携带五谷子种，乘船泛海东渡到蓬莱神山寻找长生不老仙药。”卫温说道。

白发苍苍的张昭接口道：“是啊，据说这三千童男童女在岛上都定居了下来，在岛上繁衍子孙，都没有回来。要是这样在岛上现在繁衍了多少人口，想必不少……”张昭时年75岁。

“夷洲本属会稽郡。在夷洲岛上，世代相传现在至少也要有数万人家。不仅如此，会稽东县（治冶县，今福建福州市）一些商贾与夷洲数百年来一直都有贸易往来，用我们这里的丝绢去换那里的名贵药材。一些商船因在大海上遇到风浪漂流到了亶洲。”将军卫温继续指图道。

孙权的兴致已经整个提了起来，充满憧憬地说道：“既然商家的木船能到达夷洲，我江东有千艘各型战船，水军三四十万，无人可比，为什么不能去？他诸葛亮可以袭取武都、阴平，朕为什么不能派战船去收复夷洲？”

“圣上英明！我们应凭借东吴强大的水军优势去收复夷洲，向东南海岛发展……”将军卫温说道。朱然、全琮、朱桓也纷纷附和道。

孙权一脸兴奋，看看陆逊问道：“上大将军以为如何？”

“我也正在思考这个问题。陛下雄心壮志，思图夷洲。可我反复思量此举是只见其险，未见其利。远涉大海，风波难测，深入不毛，水土难服，得其民不足以成事，多其兵不足以强军。如此一来，得不偿失，欲利反害。故还请陛下不要出兵。以臣愚见，连年混战，劳民伤财，陛下应举贤任能，广布仁政，修农练兵，减税养民，积蓄国力，以待中原之变！”陆逊说道。

“得一州之地，征一州之民，这又怎么能是得不偿失呢？我东吴战船所战必克又有何险之有？再者，岛上守军做梦也想不到我战船会远袭夷洲，必不设防。”孙权说道。

“不要说夷洲上的守军想不到，就是我们都想不到，圣上会突发如此奇想。”顾雍、张昭、诸葛瑾、虞翻纷纷议论道。

“将军卫温！”

“在！”

“就由你和诸葛直率水军三万，战船五百，去收复夷洲！”孙权命令道。

“是！”

上述陆逊谏阻孙权出兵台湾之事，陈寿在《三国志·吴书十三·陆逊传》中有记载，本著只是如实再现而已。

公元230年正月二十四日，春光明媚，孙权率文武百官亲自为将军卫温、诸葛直送行，号鼓奏起，旌旗飘扬，孙权头顶冕冠，身穿龙袍，坐坛授卫温、诸葛直金斧钺各一支，美酒三大碗。“浩瀚苍天，茫茫仓海，朕命你二人统兵三万，率战船五百，去收复夷洲，望你二人能不辱使命，收复夷洲！”孙权说道。

“请圣上放心，我等保证不辱使命！”二人拜命道。战鼓隆隆，将军卫温、诸葛直率水军三万，战船五百从章安（今浙江临海东南）扬帆起航。孙权看着缓缓而动的船队，若有所思道：“他们会回来吗？”张昭应道：“请陛下放心，他们一定会回来，因为他们的家都在东吴。”陈寿在《三国志·吴书二·孙权传》中记述道：“黄龙二年（公元230年），权遣将军卫温、诸葛直将甲士万人浮海夷洲及亶洲。”

卫温、诸葛直率五百战船从台州出海，沿海岸线一路南下，行至冶县（今福建福州），泉州，然后横渡台湾海峡。随着船队离海岸越来越远，越来越远，船上的军士就像是断了线的风筝，面对浩瀚无际的漂泊荡漾的汪洋大海，无不心生恐怖，备感渺小，一个个都缩着脖子，面色苍白，背靠背倚在一起。许多军士在翻肠倒肚大口大口地呕吐，“将——将军，那夷洲海岛到底在哪里啊，我们还是回去吧……”一个巨浪打来，几个水军慌乱中落入大海，“救——救——救命啊！”军士拼命地在海水中挣扎，然后又艰难地攀上船。

“将军，我们还是回去吧，这样我们都会死在大海中！”

“将军，我们还是回去吧，求你了，我家还有老母和孩子。”军士苦苦哀求道。

“我——我也想回去……可——可我们不能回去……我们奉诏出征，要是现在回去，不仅你们会被杀，我们也会被杀，大家都得死。”将军卫温呕吐道。

“卫将军所言极是，要是我们现在回去，大家就都会一起死！我们应该继续前进，会稽东县有许多商船都到过夷洲，他们能到我们也能到！要是我们收复了夷洲那我们就立了大功，到那时我们再回去，皇上不仅不会杀我们，还会给我们重赏！”将军诸葛直大声喊道。

“可我们什么时候才能到啊！”

“不远！就是四五百里，几天就能到达！”诸葛直继续鼓励道。

三百战船经过八昼夜的艰难航行，终于在风平浪静的黄昏时刻靠近宽阔的海岛。“太好了，我们终于到达夷洲了！我们终于到达夷洲了……”

“赶快下船！赶快下船！赶快下船去抢占岛上的部落区，这样才会有吃的，有住的！快！”将军卫温、诸葛直挥剑指挥道。

三百战船，数千战马，大批东吴水军稀里哗啦纷纷从夷洲南部（今台南及嘉义一带）登陆。岛上的土著（高山族和平埔族）居民，没有任何防备，见身穿盔甲、战服，手持刀枪的大批军马潮水般登陆，大声惊呼，“不好了！海盗来了！海盗来抢东西杀人来了……”土著部落区顿时乱叫声四起，头插羽毛，身穿兽皮，布衣，草衣的土著人如受惊的牛羊群纷纷拖家带口，牵牛拉车，逃出土棚、木屋，四处逃窜。

将军卫温、诸葛直率三万水军冲入土著部落，身穿兽皮，头插羽毛的部落酋长骑马，率上千土著兵，哇哇喊叫，手持用石骨打磨制成的刀斧、木棒，冲杀而来，还没有到跟前便被飞来的箭雨纷纷射倒，余者纷纷溃逃，部落酋长身中数箭从马上栽下。东吴水军轻而易举便占领了土著部落。

“终于吃上热汤热饭了……”军士们正在埋锅造饭，热气腾腾，欢声笑语。

“你们注意到没有？”卫温手指缴获来的兵器道，“土著军士还在用石骨制成的兵器，只有少数首领才有铁制的刀，这些铁制刀枪就是东吴贩运来的。”

“就是这些铁器也都是从东吴贩运来的。如此看来夷洲岛上的土著士卒还整个停留在石器时代，这些军士又怎么是我们的对手？”诸葛直说道。

“看来我们是来对了……”东吴水军七嘴八舌笑道。

夷洲各土著部落为夺回土地，联合在一起，手持石骨兵器、木棒的土著军士，跳着山舞，铺天盖地向吴军围剿而来。吴军在炎日下金光耀日，整齐有序。卫温、诸葛直身着盔甲，威风凛凛，挥剑道：“我军正好可以趁此时打败各土著部落，征服夷洲！前进！”铁骑隆隆，直冲而上，土著军士的石骨兵器在与金属兵器的碰撞中，纷纷拆断，破碎，土著军士纷纷被砍倒，栽入马下。吴军所向无敌，所到之处，土著军士皆鬼哭狼嚎纷纷逃窜。吴军轻而易举便征服了岛上的各土著部落，占领了夷洲西部广阔陆地，各土著部落纷纷逃往东部山区。

可好景不长，公元230年八月，吴军占领夷洲后，由于天气闷热，水土不服，许多东吴军士都生病，营帐中随处可见病倒呻吟的吴兵，三三两两的吴兵用木板将病死的伙伴抬出营帐。尸体被扑腾扑腾扔到土坑里，转身刚要离开，便见几个吴兵应声倒地。“不好！土著人又在放冷箭！”吴兵扔下木板撒腿就跑，可冷箭嗖嗖紧追不舍，十几个吴兵纷纷被射倒。

躲入东部山区的各土著部落乘机反扑，白天放冷箭，晚上烧营寨，不断率土著军士骚扰吴军营寨，搅得吴军坐卧不安。东面火光冲天，喊声滔滔，“不好！东面的营寨起火了！”吴兵纷纷惊道。“又是土著在放火！整备军马赶快随我去营救！”卫温命令道。“将军你看？”一军士又飞报道，卫温顺着手势一看，见南面也火光冲天，“不好！南面的营寨也起火了！诸葛将军你去救南面营寨，我去救东面！”卫温命令道。将军卫温、诸葛直各率数百骑兵分头营救而去，土著部落酋长此时早已率所部人马逃回山林。

“他娘的，我们睡着了，土著人就来了，等我们来了，他们又走了！”卫温扔下头盔怒道。

“不仅如此，还一天到晚给我们放冷箭，昨天就射死了我们二三十人！”诸葛直抱怨道。

“病死的病死，战死的战死，三四成军士都已经死了，箭也早已用完，我们现在只能用刀枪跟土著拼杀，局势对我们已经越来越不利，这样下去总不是个办法。”诸葛直继续说道。

“是啊，将军，这个仗已经没办法打了，这么多人都死了，我们还是回去吧。”

“将军，这个仗已经没办法打了！我们回去吧！”黑夜中，篝火旁，军士们纷纷跪地哀求道。

海浪拍打着海岸，哀声中夹杂着哭声，卫温一阵心酸不禁潸然泪下，泣道：“将士们，我和你们一样，我也想回去，回到我自己的家园，可我们要是回去，皇上能原谅我们吗？”

“皇上就是不原谅我们，我们待在这儿也是死路一条！与其客死他乡做野鬼，不如死在家乡亲人身旁！”

“是啊，与其客死他乡做野鬼，不如死在家乡……”军士们纷纷哭求道。

卫温、诸葛直仰天长叹，泪流满面，“将军，不如再从夷洲迁民回去，这样兴许圣上能原谅我们？”

万里海疆，秋波荡漾。在一个漆黑的夜晚，将军卫温、诸葛直在万般无奈的情况下，只得率船队又悄然无息地撤离夷洲，航行在回家的路上。不幸的是在中途又遭遇到台风，海浪冲天，狂潮巨涌，数百艘战船被掀翻，抛入茫茫的大海，万千东吴水军又葬入大海。

建业宫，丞相顾雍匆忙进殿来报：“将军卫温、诸葛直败回，又遭台风，水军大部都葬于大海，从夷洲迁得数千人！” 陈寿在《三国志·吴书二·孙权传》中记述道：“所在绝远，卒不可得至，但得夷洲数千人还。”

孙权闻讯勃然大怒：“什么？朕的三万水军和五百艘战船就这么被他葬送到了大海之中！”

牢狱中，御史宣诏道：

卫温、诸葛直违诏无功，按令当处死！但鉴于二人忠心耿耿，故赐自尽！钦此！

廷尉宣诏毕，两人泪流满面，摇头不断道：“我们无罪！我们无罪啊！”

“君说臣有罪，臣就有罪，君让臣死，臣不得不死！”御史厉声道，“休再多言，免得再祸及家人。”廷卫劝道。

卫温、诸葛直泪流满面，脑袋随之搬家。欲加之罪何患无辞，这就是王朝社会。陈寿在《三国志·吴书二·孙权传》记述道：“卫温、诸葛直皆以违诏无功，下狱诛。”

“后悔呀，朕真是后悔呀，没有听上大将军陆逊之言。”孙权悔道。

下回请看：姜伯约天水哭老母　孔明渭河战司马懿

第九十六回

姜伯约天水哭老母　孔明渭河战司马懿

公元231年三月，魏大司马曹真四路伐蜀被一场连续三十余天的大雨浇了回去不说，还病死在了洛阳。

汉中，汉城（即沔阳，今陕西勉县东），诸葛亮扬扇笑道："曹真四路大军来势汹汹，可不需吹灰之力，便被一场大雨给浇回去！"

"这可真是天助我也啊！这场大雨不仅把曹真四路大军给浇了回去，还把曹真给浇死了！"长史杨仪、中监军邓芝、司马费祎一个个兴奋道。

"曹真病死，关中、陇右空虚，武都、阴平也已落在我们手上，现正是再次出兵陇右攻取天水、南安、安定三郡之机！"诸葛亮扬眉指图道。

"这的确是取陇右之机。可要是司马懿率大军来救怎么办？"李严问道。

"曹休、曹真先后病死，魏国除过司马懿皆不过是些小儿，可司马懿镇定宛城，督荆州、豫州之事，防犯东吴大敌，又哪有工夫来陇右？"诸葛亮指图道。

"那我军此次该如何行动呢？"长史杨仪问道。

"我与骠骑将军商量了一下，此次出祁山，以骠骑将军李严为中都护，镇守汉中，负责军马粮草供应。我则率十五万大军出祁山，然后兵分四路，对祁山堡、卤城（位于今礼县东33公里盐官镇，为礼县东大门）、上邽、冀城进行分割包围，各个击破！"诸葛亮指图道。

"这次是不是还要到街亭截击魏军呢？"邓芝问道。

“不了，街亭难以挡住魏军。”诸葛亮若有所思道，脑海中又浮现出了马谡在街亭溃败的情景。

“那我军该如何行动？”中监军邓芝问道。

“我军抢占上邽、冀城后，依渭河拦击魏军，使魏军无法渡河！”诸葛亮指图道。

“丞相妙算！如此一来，魏军一旦过河就可以半渡而击之！这样上邽、冀城、祁山堡、卤城就可以连成一片，渭河以南就会为蜀所有。天水郡历史悠久，地理位置十分重要。它南控巴蜀，北达大漠，西通西域，东进关中，历来是兵家必争之地。”长史杨仪赞道。

公元231年三月，诸葛亮以李严为中都护，镇守汉中，以姜维为征西将军，自率十五万大军，沿嘉陵江峡谷北上，趁夜潜入下辨，沿山谷北上向祁山堡袭来。

“不好了！蜀军来袭城了！”镇守祁山堡的魏军纷纷翻身起床，慌忙拿起兵器，冲上城楼，“紧闭城门！赶快迎敌！”守将贾嗣拼命挥剑吼道，城外蜀军铺天盖地，气势汹汹，“赶快投降！否则死路一条！”讨寇将军王平在城下吼道。与此同时卤城也被蜀军围得水泄不通，“赶快投降！否则死路一条！”平北将军马岱手舞大刀吼道。“你们这些蜀贼，有本事就来攻城吧！”守将魏平吼道。“娘的，还敢嘴硬！给我攻城！”魏延吼道。四面蜀军，八方围攻，冲车、云梯齐哄而上，顿时箭如暴雨交射而来，双方军士纷纷中箭倒地。此时诸葛亮、姜维与魏延各率三万军马快速北上，分别向冀城、上邽扑来。

烽火台上狼烟腾起，滚滚入云。

大将军司马懿携军师杜袭、参军梁几匆匆入洛阳，“大司马曹真才亡，西方狼烟便起，现命你总督雍、凉二州兵马，统车骑将军张郃、后将军费曜、征蜀护军戴凌、雍州刺史郭淮，西讨诸葛亮。”明帝曹睿指图道。

“圣上英明！问题是东吴孙权要是也一起寇边该如何是好？”司马懿说道。时司马懿53岁，诸葛亮50岁。

“西方事重，迫在眉睫，非大将军不能当此任！东吴要是有事，我再另行安排好了。”太尉华歆说道。

“没错，非大将军不能当此任！”明帝曹睿说道。

大将军司马懿领命率大军火速入长安。此时蜀军已用冲车撞开城门，讨寇将军王平、平北将军马岱挥军冲入祁山堡、卤城，“给我把这些狗娘养的都杀光！”马岱挥刀吼道。魏兵被杀得鬼哭狼嚎，四处逃窜，守将贾嗣、魏平弃城而逃。而此时姜维、魏延正率大军围攻冀城和上邽，攻势如潮，杀声震天。

司马懿行营中，督军张郃手指地图道：“大将军应兵分前后两军，前军沿千河谷道（千河，东南走向，流经千阳，由宝鸡入渭河）经街亭进军上邽，迎击蜀军主力，后军增援郿县、陈仓，以防蜀从箕谷、斜谷来攻！”

“没错，诸葛亮上次出祁山就是这么两路进的兵！”雍州刺史郭淮附和道。

司马懿捻须沉思片刻，说道：“要是前军能独当诸葛亮大军，二位所言极是。若要不能，而分为前后两军，这样将会削弱前军之势，这是楚国三军被黥布所擒的原因！现诸葛亮率主力出祁山，我军最好捏成一个拳头重拳迎击才是！”

“大将军所言极是！”军师杜袭、参军梁几附和道。

司马懿于是率大军进美阳，逆千河谷道而来。

此时征西将军姜维已率军从四面八方攻入冀城，守军不是弃戈而逃，便是纷纷跪地求饶，城中百姓扶老携幼，牵牛拉车四处逃窜，哭声、喊声、叫声乱成一团，还在城中顽抗的魏兵被蜀军纷纷砍倒在地，“丞相有令，不许伤害无辜百姓！”中监军邓芝骑马挥戟喊道，一名蜀兵从一个老人手上抢夺耕牛，邓芝拨马而至，一戟刺入蜀兵心脏，“丞相有令，不许伤害无辜百姓！违令都格杀勿论！”

姜维身穿铠甲率百十骑冲开混乱的人群，进入民区，姜维下马，把缰绳交到护卫手上，急冲冲推开院门，高声喊道：“娘！娘！我来接你来了！”院内寂静无声，举目四望，荒草丛生，毫无生息，姜维被眼前的情景惊呆了，“怎么会是这样？怎么会是这样？！”姜维疾步冲入堂屋，见门窗洞大

开，尘埃满布，一片杂乱，“娘！娘！你在哪里啊？”姜维急道。可四壁依然寂静无声，只有麻雀在树枝上唧唧喳喳地叫个不停。这时姜维见破烂桌子上放着一块灵牌，上面写着“反贼姜维之母灵”几个字，“娘，你不是好好的吗？官府不是照常供给……”姜维惊异道，说着扑通一声跪倒在地，面对灵牌，咚咚磕头，“娘啊！我的娘啊！我来接你，而你却离我远去……儿不孝！是儿害了你啊！儿不孝，是儿害了你啊……”姜维捶胸道。

“娘啊！我的娘啊！”姜维泪流满面，仰天长啸，“曹睿恶贼！你杀我的娘！你杀我的娘！我与你不共戴天！”姜维纵马持戟，冲入溃逃的守军之中，狂杀乱砍。

魏延此时也攻入上邽城，“杀！把魏狗都给我斩尽杀绝！”魏延挥刀吼道。

史书上虽然没有记载姜维老母后来被曹睿杀害之事，可从后来姜维的仇魏情绪的一贯做法来看，肯定有血海深仇。

姜维披麻戴孝跪倒在地，痛哭流涕，诸葛亮将姜维扶起，悲痛道：“你之仇，即是我之仇，也即蜀之恨！你我应同心协力，共伐曹贼，匡扶汉室，以成兴汉之大业！”

诸葛亮一脸严峻，指图道：“我军现在已经占领了上邽、冀城、祁山堡、卤城，渭河以南已归我所有，可没想到却引来了司马懿，现司马懿已率大军沿千河谷道而来。”

“那我军该如何应对？”长史杨仪等慌慌道。

“该如何应对？按原定计划行动！抢割麦子，据渭河而守，严防司马懿渡河！”诸葛亮有些神情不安地指图道。

此时司马懿已率大军行至街亭，扬鞭指道：“车骑将军三年前在此大败马谡军，使诸葛亮仓皇而逃，陇右三郡失而复得！”话音未落，却见督军薛悌来报：“诸葛亮大军正在上邽抢割小麦！”

“什么？诸葛亮大军正在抢割小麦？！”众文武皆疑惑不解。

“看来，蜀军粮草供应不足，欲抢收小麦补充军粮，与我久峙！”军师杜袭说道。大将军司马懿捻须不语，展开地图指道：“我军现在街亭，街亭在这儿，位于渭河北岸。诸葛亮现正渭河南岸上邽一带割麦，我军应南渡渭河，攻其不备，这样可夺其粮，绝其食本，蜀军将不攻自溃！”

“要是蜀军半渡而击之怎么办？”参军梁几问道。

“是啊，这样会很危险。”张郃、郭淮、费曜、戴凌纷纷议论道。

司马懿起身拍拍手，胸有成竹道：“诸位大可不必多虑！我率大军长途奔袭，千里而来，兵疲马乏，乃兵家之大忌。而他诸葛亮虑多决少，用兵谨慎，不乘机与我决战，反倒先安营自固，割麦求存，显然不懂得用兵之要机。我军正好可乘机渡河，击诸葛亮以不备，一战而决胜负！”

“浮桥已烧，我军又该如何渡河呢？”督军薛悌问道。

“这好办！”雍州刺史郭淮说着指图道，“在西面有一条河叫葫芦河（发源于宁夏西吉县，经甘肃静宁、泰安，注入渭河，是渭河最大的一条支流），由北向南流入渭河。我军可趁夜从葫芦河下水，这样必不被蜀军所察觉，然后顺流而下。”

“没错。”张郃应道。

“此计甚妙！这件事就由雍州刺史郭淮和后将军费曜去办！”司马懿说道。

烈日炎炎，渭河南岸的数万蜀军正挥汗如雨大干快上抢割麦子，“快点割！动作都快一点！一定要抢在魏军到来前把麦子都收了！”姜维催促道。金黄色的麦浪，成片成片倒下，很快便扎成了垛子，诸葛亮、杨仪、邓芝手捧金色而又饱满的麦穗，一个个都喜上眉梢，“司马懿大军已经到渭河北岸，还是要加快速度割麦！”

深夜，山静月明，郭淮、费曜率三千魏兵，乘数百船筏悄悄从葫芦河下水，顺流而下，向渭河而来。可数百魏军船筏刚靠岸，便听到岸边杀声四起，“杀啊！魏军偷渡渭河了！”刹时箭如飞雨，才登岸的魏兵纷纷中箭倒地，马岱率数千军马扑杀而来，吓得郭淮、费曜连忙又跳上船，“蜀军有埋伏，赶快往回划！快划！”许多来不及上船的魏兵随即成了蜀军的刀下鬼。“司马懿还想偷渡渭河，想得美！”诸葛亮及众文武笑道。《三国演义》所谓的诸葛装神纯属虚构。

自此诸葛亮与司马懿便在渭河南北两岸依山据险扎营数十座，几乎每个渡口都扎有营寨，隔河对峙，从四月到五月谁也不敢贸然渡河。

渭河南岸蜀军营帐中。“卤城和祁山堡既是我军进军天水、南安的桥头堡，又是我军的咽喉，一旦咽喉被锁后果将不堪设想。”长史杨仪也指图道。

“那该如何是好？”参军祎问道。

“只有一个办法，就是严把渭河上游各渡口，严防司马懿渡河！渭河犹如东吴之长江天险，是我军的第一道防线。一旦魏军渡河，就可从背后包抄我军，就会威胁到我军的咽喉！”诸葛亮一脸忧虑指图道。

“可问题是渭河那么长。渭河发源于渭源县鸟鼠山，东至潼关汇入黄河，绵延千余里。上游从渭源至上邽约有四五百里，不知有多少处渡口，又怎么个防法？”长史杨仪为难道。

“只有严把各渡口，严防司马懿偷渡！”诸葛亮摇扇指图道。

渭河南岸，诸葛亮与杨仪、邓芝、费祎等正在巡视蜀军军营，眼望河对岸星罗棋布的魏军营寨，邓芝指道：“河对岸的魏军又增加了十数营！”

“河北岸魏军从关中调来的援军一批接一批，而我军从汉中调来的兵马却难以为继，上个月调来六七万兵马，这个月只调来数千兵马。”杨仪焦虑道。

“这个李严到底是怎么搞的？长史你赶紧派人再去催！”诸葛亮烦躁道。

“我已派人催过两次。”杨仪说道。

“怎么说？”诸葛亮催问道。

“李严说，他已多次派人到各郡催调兵马，可——可各郡……”杨仪支支吾吾道。

“各郡怎么了？！”诸葛亮催问道。

“各郡大都不愿调拨兵马，说本郡的兵马都已经调得差不多了。”杨仪说道。

“那何不让各郡赶紧招兵？”诸葛亮怒道，急得团团转。

正在这时姜维来报：“巴西太守吕乂亲率五千兵马来增援！”诸葛亮闻讯大喜，兴冲冲急忙来迎，望着数千军士，诸葛亮紧握吕乂双手，兴奋道：

“好，好，好啊！吕太守你可真是来得太及时了，犹如雪中送炭啊！”

吕乂谦虚道：“我闻诸郡发兵都有困难，要是我再不发兵，丞相在前线必难以为继，故而亲统五千兵马来增援！”吕乂，字季阳，南阳人，刘备拜其为绵竹令，后又提拔为巴西太守。陈寿在《三国志·蜀书九·吕乂传》记述道：“丞相诸葛亮连年出军，调发诸郡，多不相救，乂募取兵五千人诣亮，慰喻检制，无逃遁者。徙为汉中太守。”

六月，夏雨连绵，炎热的天气袭来缕缕凉意。渭河北岸，魏军营帐中，大将军司马懿喝了一大口茶，笑道：“众将莫要担心，我军前番虽渡河失利，可那不过是小挫，据我观察诸葛亮就快要压垮了。”雍州刺史郭淮、车骑将军张郃、军师杜袭、参军梁几、督军薛悌等皆疑惑不解。“蜀国小力弱，却不自量力！你们看看这渭河上游四百余里，渡口无数，需要多少兵马才能把守？随着我军不断在河北岸增兵，诸葛亮的压力也就会越大，其在兵马调集上的问题也就会越大。况蜀道难，难于上青天，现又正值雨季，粮草供应的问题自然也会难于上青天。”司马懿笑道。

帐外小雨不断，诸葛亮从梦中惊醒，一身虚汗从床上坐起，点燃烛灯，独自在营帐中来回踱步：渭河北岸魏军在不断增兵，而我军兵马难以为继，现粮草也难以为继，如此下去渭河防线不久就会突破。可好不容易才得到手的渭河以南就这么又拱手相让吗？诸葛亮忽紧忽慢的脚步声，通宵达旦。鸡鸣报晓，参军费祎端着一碗鸡汤走进来：“丞相你又一夜未合眼，该吃点东西了。”诸葛亮脸色蜡黄，双眼深陷，喝了一口鸡汤问道：“李严的粮车到了没有？”

“还没有。”费祎小心翼翼地应道。

“这个李严到底在干些什么？！”诸葛亮说着放下碗筷，又焦躁不安开始来回踱步，“李严乃先帝托孤之重臣，我往前线，委其后方之重任，而其前番兵马调济不利，现又粮草供应不继，二十几万大军日耗军粮巨大，他这么供粮又怎么可以。”诸葛亮抱怨道。

这时长史杨仪与李严参军狐忠、督军成藩匆匆进帐，“骠骑将军李严有急信！”狐忠说着将一封信交到诸葛亮手上。诸葛亮急急抖开信，只见上面写道：

兵马本难以为继，现值雨季，粮草供应又难以为继。丞相宜速退军，迟疑将有大祸！李严。

诸葛亮看后更是急躁不安，“丞相莫急，还是把鸡汤喝了以后再说。”长史杨仪端上，诸葛亮一把擢开，汤碗当啷落地。

司马懿大营中。“昨夜南岸蜀军开始南撤！”督军薛悌来报，司马懿与众文武紧忙出营登高远望，河南岸蜀军营帐大多已经撤去，漫山遍野到处可见蜀军退去的身影。站于山岭的司马懿眼望河南岸指道：“果然不出我之所料，河南岸的蜀军营帐大部已经撤去！”

“大将军神机妙算！”众文武也一个个兴奋道。

司马懿展开地图指道：“诸葛亮匆匆撤军，必退祁山！我率大军从上游冀城处渡河，张将军率大军从下游青封（今甘肃天水西南）处渡河，两路出击，追击诸葛亮大军！”

“大将军难道不闻兵法云‘围城必开出路，归军勿追’吗？”张郃谏道。

“那只是教条，为将者用兵应审时度势随机应变。”司马懿说道。

魏军两路大举渡河，河面上满是船筏，司马懿数万魏军大举登岸，诸葛亮携杨仪、邓芝、费祎，在姜维五千护卫军掩护下，率蜀军纷纷弃城南撤。

“蜀军不战自退，纷纷弃城而逃！请示下一步行动！”督军薛悌报道。

“后将军费曜、征蜀护军戴凌！”

“在！”

“你二人各率四千精兵，分守上邽和冀城，其余各路军马随我一起追击诸葛亮，进围祁山！”司马懿令道。

“是！”

此时，张郃也已率大军过河，见蜀军早已退潮般而去，后队军马稀里哗啦，散乱不整。

“蜀军原来就这熊样？赶快随我一起追击！”张郃挥剑吼道。张郃率数千魏军铁骑尾追而来，蜀军见魏军铁骑追来，吓得像野兔子一样疯狂逃命。

“魏军骑兵追上来了！赶紧跑啊！”张郃哈哈大笑，率数千铁骑穷追不舍，向木门道（位于今甘肃天水西南5公里处）冲来。

“将军！前面是山口要小心伏兵！”副将喊道。

“蜀军已经吓破了胆，哪还会设什么伏兵？给我马不停蹄继续追击！”

而此时魏延正率数千弓箭手埋伏在山侧的丛林中，负责断后。见张郃率数千铁骑追击而来，一抬手：“听我命令！弓箭手准备！”数千弓箭手纷纷拉弓搭箭，眼见张郃铁骑逼近，已至道口，长声吼道：“放箭！给我放箭！”霎时箭如暴雨，魏军骑兵纷纷中箭落马，张郃连忙调转马头，可马头还没调转过来，便被射中大腿，张郃大叫一声，刚要拨马逃走，又被数箭射中后背和头部，战马仰天长啸数声，张郃轰然栽倒在地，中箭身亡。山谷中堆满了横七竖八中箭身亡的魏军骑兵及战马。张郃就这么战死于木门道，终年65岁。张郃自公元200年背弃袁绍，在曹营一待就是三十一年，可以说是战功赫赫。陈寿在《三国志·魏书十七·张郃传》中记述道：“亮还保祁山，郃追至木门，与亮军交战，飞矢中郃右膝，薨，谥壮侯。”《三国演义》所谓张郃在剑阁木门被杀之说地理位置都搞错了。剑阁在蜀，木门道在天水，相距八百余里。

镇守汉中的中护军李严闻魏延射杀张郃，惊异道：“看来诸葛亮采用的是诱兵之计，欲诱司马懿过河，然后在渭河南岸展开一场大决战！”

“如此一来，司马懿只有背水一战，我军很有可能一举歼灭魏军主力！”督军成藩兴奋道。

“看来诸葛亮很会用兵！”参军狐忠赞叹道。

“是啊，看来我们都低估了他！赶快给圣上写奏章，就说‘丞相率军伪退，诱敌决战’……”李严说道。

可李严又哪里想到，此时诸葛亮不是伪退而是真退，而且已经退守卤城、祁山堡。司马懿率大军尾随而来。烈日当头，盐关河北岸，司马懿与郭淮正骑马循河而视，军师杜袭、参军梁几、督军薛悌紧随其后。“这条东西走向的河叫盐关河，西入西汉水河，蜀军都已撤到河南岸，河上的浮桥已被蜀军拆毁！”郭淮指道。

“卤城与祁山堡坐落在河南岸，这条河犹如是一道天然护城河，这里的地形与渭河两岸很相似啊，蜀军扎营于河南岸，我军扎营于河北岸，隔河对峙。”司马懿深有感触地说道。

河北岸高地上，魏军旌旗高扬，声势如洪，“蜀军都已像老鼠一样逃到了盐关河南岸，据城依山而守，我军应趁势渡河，消灭蜀军，为张郃将军报仇！”将军贾嗣、魏平率众军士请命道。

“过河！攻城！过河！攻城！为张郃将军报仇！”众军士纷纷振臂吼道。

“我已有不战而屈人之兵法，不劳众将费心，不用多日诸葛亮自会退去！”司马懿说道。

“怎么个不战而屈人之兵？”督军薛悌问道。

“在河北岸依山扎营而守，以静制动，以待敌变！”司马懿胸有成竹道。

“这叫如法炮制！”郭淮笑道。

“蜀军狼狈逃窜，势弱力穷，负隅顽抗，正好可一举歼灭。这样只会贻误战机。”贾嗣辩道。

“没错，这样只会贻误战机。”魏平附和道。

“贸然渡河只会是自寻死路！难道你们不见张郃将军是怎么被射杀的吗？！”司马懿怒道。

“怕死我们就不来当兵了！”贾嗣、魏平应道。

“我意已决，休再多论！”司马懿拂袖而去。

两军自此又在盐关河南北两岸隔河对峙，司马懿不断在河北岸增兵以做渡河态势，而诸葛亮则是在河南岸依城据险而守，以防魏军渡河。贾嗣、魏平又率众军士到司马懿营帐中请战：“大将军深通韬略，应趁此时渡河出击才是！”

司马懿躺在病榻上，手巾附头，吟声不断。“你们说话小点声，大将军感染风寒，连日高烧。”军师杜袭轻声吩咐道。

“哎哟，哎哟……这样吧，等我身体转安后马上出兵。”司马懿说道。

贾嗣、魏平等只得悻悻而去。而此时据守卤城的诸葛亮则是坐卧不安，犹豫徘徊，杨仪、费祎、邓芝站在一旁面面相觑，皆不敢言。

贾嗣、魏平又率众军士来请战，督军薛悌挡道："大将军病还未愈，任何人不见！"众军士被挡在帐外。贾嗣、魏平无奈，只得悻悻而回，"大将军畏孔明如虎，必为天下人所笑。"

七月，秋雨绵绵，诸葛亮率大军悄然南撤。"河南岸蜀军营帐已拆，蜀军已趁夜撤军！"都督薛悌报道。司马懿从床上翻起，摆摆手说道："随他去吧！"

"怎么？就这么让诸葛亮拍拍屁股走了？这也有点太便宜他了！"贾嗣疑惑道。

"是啊，我军应渡河追击才是，不能让诸葛亮就这么走了！"魏平愤愤道。

"是啊，我军应渡河追击才是！"众将士纷纷应道。

"难道你们忘了张郃将军是怎么在木门道被射杀的吗？蜀道山高峻险，宜设伏兵，诸葛亮每撤必设重兵断后。"司马懿说道。

上述诸葛亮再次出兵陇右，与司马懿夹渭水相峙，因兵粮后初不济，后又退守祁山，最后只得悄然再次原路返回汉中的整个过程，在《晋书·帝纪第一宣帝》、《汉晋春秋》、《三国志·魏书三·明帝睿》中皆有详细记载，本著只是如实再现而已。《三国演义》诸葛亮装神等，纯属瞎编。

诸葛亮率军退回汉中，中护军李严与督军成藩、参军狐忠将诸葛亮迎入府内，诸葛亮面如铁色，一下子苍老了许多，坐在那儿一言不发。侍从端上茶碗，诸葛亮将茶碗推开。"我军粮已准备充足，待天气转晴就运上，丞相何故要撤军呢？"李严说道。

诸葛亮霍地站起，亟亟踱了几步，怒道："简直是一派胡言！一派胡言！！前番你派督军成藩、参军狐忠催我撤军，今又问我何故要撤军？前言不搭后语，你到底是何意？！"

李严面对突如其来的疾风暴雨，不知所措，"我——我前言让丞相撤军是丞相在渭河与司马懿对峙时，那时是该撤。此时不同意撤军，是丞相在盐关河与司马懿对峙，此一时，彼一时。”李严语无伦次道。

“满口狡辩！简直是胡说八道！！”诸葛亮怒斥道。

“我——我没有胡说八道，实际情况就是如此。”李严本能地辩道。

“我委你重任！让你镇守后方！而你在兵马和粮草调运上却屡屡不继，此番撤军皆你之过！”诸葛亮继续斥责道。

“这——这怎么能是我的责任？蜀国就那么些兵马，天要下雨，我李严又能如何？！”李严苦笑道。

“你——你！事到如今还敢狡辩！来人！”诸葛亮喝道。姜维率数名武士应声而出，可一个个都犹豫不敢动。

“给——给我拉下去！！”诸葛亮吼道。数名武士架起李严就要往外拖。

“慢！李严乃先帝托孤之重臣，战功赫赫，丞相可要慎重啊！”参军费祎语重心长地进言道。诸葛亮面肌扭曲，摆摆手，让武士退下。殿堂内鸦雀无声，杨仪、邓芝、姜维皆不敢言语。诸葛亮面色铁青，步履沉重地走到案几前，颤巍巍拿起毛笔，写奏章道：

李严身为先帝托孤重臣，受恩深重，不思尽忠报国，横造无端，危耻不办，迷罔上下，贪图私利，如此之人，用必为祸。众文武也为此意。故臣请贬李严为平民，以避后患。

李严遂被贬为贫民，成了诸葛亮此败的替罪羊。还好，李严还算命大，脑袋总算保住了。其实李严说的都是实情，此次战败李严没有任何责任。

陈寿在《三国志 · 蜀书十 · 李严传》中记述道：“建兴九年（公元231年）春，亮军祁山，平（李严）催督运事。秋夏之际，值天霖雨，运粮不济，平遣参军狐忠、督军成藩喻指，呼亮来还；亮承以退军。平闻军退，乃更阳惊，说‘军粮饶足，何以便归’，欲以解己不办之责，显亮不进之衍也。又表后主，说‘军伪退，欲以诱贼与战。’”

《三国演义》将此次撤退的原因，先说成是苟安造谣被刘禅召回，后又说成是李严谎言东吴联魏攻蜀不得不撤军，不仅乱七八糟，皆于史无据。

诸葛亮二出祁山，唯有寻找战机击败司马懿主力，才有一线胜机。司马懿看得很清楚，故而才不听张郃的建议，分为前后军，深怕诸葛亮集中优势兵力，截击其的疲惫之师。而哪里想到，做事谨慎的诸葛亮一上手采取的是防守型打法，上邽割麦，据渭河而守，比一出祁山还来得保守。一出祁山，委任马谡为前锋到街亭拦击援军，还有一定的进攻性。诸葛亮一出手便在战略上犯了严重错误，就注定要失败。两军对峙比的是实力，魏、蜀实力对比是九比一，再加上蜀道崎岖，这样蜀军在兵马和粮草供应上就会出现严重问题。司马懿对蜀军的这两大致命弱点看得很清楚，所以一直是保持高压态势，峙而不战，直到把诸葛亮压垮后再出击。在相持过程中，唯一的一次重大战机，就是伪撤，诱司马懿过河，然后全线大反击。要是这样将会在渭河南岸展开一场大会战，局势对蜀军非常有利，当时李严还以为诸葛亮是伪撤。可事实证明，诸葛亮不是伪撤，而是真撤，此时的诸葛亮是既没有那个胆，也没那个略，是不可能有这样的大手笔的。

下回请看：孔明庄园嬉爱子　奇袭长安寻决战

第九十七回

孔明庄园嬉爱子　奇袭长安寻决战

诸葛亮二出祁山（四次伐魏）再遭重挫后，便安民务民，积谷练兵，田间、粮库、练兵场随处可见诸葛亮辛勤的身影，穿行的马车。秋色茫茫，诸葛亮手捧金色麦穗，眼望五谷丰登，人民安乐景象，一脸欣慰。诸葛亮马车所过之处，农人纷纷翘首相望，道跪两旁，“感谢丞相，感谢丞相，今年又是一个好收成。”

成都，诸葛亮家园，金色麦浪，已年过半百的孔明夫人，裹着头巾，正与家农在田间挥汗如雨，收割，打垛，一片繁忙的景象。桑树下，果园中，诸葛亮靠在躺椅上，手摇羽扇，正闭目沉思。一缕阳光正照在脸上，一个小男孩，一脸淘气，一声不响钻到诸葛亮身旁的石台下，悄悄将放在石台上的茶壶拿走。诸葛亮手摇羽扇，随意翻了一下身，伸手去拿茶壶，摸了一下没摸着，然后下意识地伸手在更大的范围内摸了一下，唉，我的茶壶呢？诸葛亮睁开眼睛，一脸惊奇，正茫茫然间，却听石台下传出一阵银铃般的笑声，“好小子，原来是你把我的茶壶给藏了起来，看我打你的屁股。”诸葛亮笑道。诸葛亮共有两子，一是继子，诸葛乔，其兄诸葛瑾次子，过继给诸葛亮，公元228年病逝，亡年25岁。此子，诸葛瞻，为诸葛亮亲子，字思远，公元226年生人，时年8岁。

“去把笔墨砚给我拿来，我要给李严长子李丰写信。”诸葛亮吩咐道。长史蒋琬立于一旁，连忙要去取，诸葛亮手摇羽扇示意让诸葛瞻去取，诸葛瞻应声而去，不多时便蹀躞取来，并在石台上工工整整摆好，诸葛亮一脸欣喜，摸摸诸葛瞻的头说道：“去玩去吧！”诸葛瞻一撅嘴：“不，我要看父亲写字！”

“看我写字？好，好，好啊，那就站在一旁看我写字。”诸葛亮说道。

诸葛亮顿墨给李丰写信道：

我与你父子同心协力共扶汉室，此事天知地知我知。是人都有犯错的时候，关键是要知错能改。现你父亲虽已解任，可待遇照旧，你在朝中任中郎参军，也还是能说得过去。若你父想出来做事，愿与长史蒋琬协手共事，可官复原职。思想过去，不禁长叹，流泪。此乃我心，望你父宽心。

诸葛亮不禁潸然泪下，泪珠滴落在丝绢上。“父亲，你怎么哭了？”诸葛瞻依偎在诸葛亮怀中，用小手轻轻给诸葛亮擦眼泪，“是啊，我怎么哭了……”诸葛亮紧忙把眼角擦干，随之哈哈大笑起来，把诸葛瞻揽入怀中。上述诸葛亮给李丰写信一事，著名史学家裴松之在《三国志·蜀书十·李严传》中有注引，本著只是如实再现而已。

公元234年春，汉中，汉宁府，丞相诸葛亮手摇羽扇指图道：“吴主孙权邀我一同伐魏，东吴起兵三十万，将三路出兵。要是蜀也出兵伐魏，蜀、吴两国就会对魏形成东西两面夹击之势，这可是一次大规模的军事行动，也是我军克服关中的一次千载难逢之机！”

“没错，我军经过近三年的休养生息，现粮谷已足，正是进兵之机！问题是此次该如何出兵？”长史杨仪说道。

“还是让前军师征西大将军魏延给诸位介绍一下！”诸葛亮说道。众人的目光立即投射到了魏延身上。魏延一脸傲然之气，干咳一声，扬起下巴走到台前，拔剑指图道：“丞相之意是：丞相亲率大军起兵十五万，以我为前锋，入斜谷北上，绕开陈仓要塞，向东占领阳遂（五丈原东约20里处葫芦峪）葫芦峪，然后沿秦岭北麓向东，直取长安！”魏延大气道。

魏延一语四惊，“长安城必有重兵防守，这样只会自投虎穴。”众文武纷纷议论道。

“不入虎穴焉得虎子！”魏延豪气道。

“为什么不两路出兵？一路出祁山，一路夺阳遂出武功？！”司马费祎问道。

“我军本来就兵力有限，若兵分两路，兵力将更加分散。如此可集中优势兵力，突入渭南，与司马懿主力决战！只要我军能够消灭司马懿的关中主力，接下来就会势如破竹，关中自然就会成为囊中之物！”魏延说道。

“问题是司马懿会与我军决战吗？”邓芝问道。

“我大军出阳遂，人武功，直捣长安，司马懿能不率主力营救吗？！”魏延说道。

诸葛亮手摇羽扇信心满怀道：“此出兵方案我与文长等蓄谋已久，现又有东吴三路大军遥相呼应，此正是夺取关中之天赐良机！”

关于此次吴蜀协同大出兵，陈寿在《三国志·吴书二·孙权传》中明确记述道：“夏五月，权遣陆逊、诸葛瑾等屯江夏、沔口、孙韶、张承等向广陵、淮阳，权率大众围合肥新城。是时蜀相诸葛亮出武功。”

公元234年四月下旬，诸葛亮以征西大将军魏延为前锋，张翼为前军都督，起兵十五万入阳平关，经斜谷向关中悄然而来，车马粮队紧随其后。张翼，字伯恭，犍为人，曾任蜀郡太守。“前队快速前进！一定要抢在司马懿之前抢占阳遂葫芦峪！”魏延挥鞭道。

长安，大将军府，司马懿从床上惊起：“什么？！蜀军正在向南部山区大量运送粮草和兵马？”

“诸葛亮会不会又来偷袭陈仓？！”军师杜袭问道。

大将军司马懿走到地图前，寻思良久指道：“诸葛亮此次出兵偷袭陈仓的可能性不大。陈仓要塞易守难攻，诸葛亮曾吃过苦头……我看诸葛亮此次用兵，很有可能绕过陈仓，东出阳遂，然后入武功，沿秦岭北麓向东，取长安，以求与我军主力决战！”

“若如此该如何是好？！”参军梁几问道。

“我军若在渭河南岸扎营，将会背水一战，这样将会置身绝地，非常危险！我看不如据渭河北岸，与诸葛亮隔河对峙！”督军薛悌说道。

“没错，两年前大将军在天水、陇西不就是这么退的蜀军吗？”众将纷纷附和道。

司马懿来回踱步道：“渭南人口密集，长安城也在渭南，乃必争之地！可如此又会将我军置于绝地之中。”众文武皆不知所措。

“有了！将军周当！”司马懿一拍脑袋说道。

“在！”

“你马上率两万兵马进屯阳遂，在葫芦峪当道依山扎营！只要能守住这道山门，让诸葛亮这只老虎出不了山，我军自然可万保无忧！否则，麻烦就大了，到时鹿死谁手将难以预料！”司马懿说道。

“其余各路兵马，赶快随我到渭水南岸扎连环大营，以做后备！我要把诸葛亮逼上五丈原（位于今陕西岐山南40里五丈原镇，南靠秦岭，北临渭河），让他出不了山门！”司马懿说道。

周当率两万军马先行向阳遂而来，司马懿则率各路兵马，出长安紧随其后。

此时诸葛亮大军已近五丈原，征西大将军魏延急马来报：“前方阳遂葫芦峪已被魏军抢占，渭河南岸已屯有大批魏军，我军的进路已经被堵死！”

“什么？！司马懿已先行把阳遂葫芦峪给堵死？”诸葛亮惊道。

“这该如何是好？！一上手便让司马懿抢得了先机！”杨仪、费祎、邓芝纷纷议论道。

“既如此，只好先在五丈原安营。”诸葛亮说道。

五丈原，兵马丛丛，粮车万乘，数万军士正忙于安营扎寨，诸葛亮将大营设在郭氏坞。“五丈原高三十余丈，东西宽二里，南北长近十里的高原，南靠秦岭，北临渭河，三面凌空，是一块进可攻，退可守的高地！”长史杨仪指图道。

“可我军此时就像是一只被困在笼子里的老虎，被困在五丈原，出不得山门！”诸葛亮满面愁容手摇羽扇道。

“山不转水转，既然东出阳遂的路被堵死，何不再想想其他路呢？！”魏延说道。

“文长有何妙计，快说来一听？！”诸葛亮急道。

“东面阳遂葫芦峪被堵上了，可还有北面。丞相你看，北面渡过渭河就是北原（亦称积石原，位于今陕西蔡家坡附近），司马懿既然把主力都调到了渭河南岸，北面的防御必然空虚，丞相何不从北面寻找突破口，在凤翔、千阳一带开辟第二战场呢？”魏延指图道。

诸葛亮恍然大悟。

渭河南岸，魏军大帐中。“诸葛亮已经被逼上五丈原，数日不见动静，看来老虎是出不了山门了？”司马懿笑道。

“诸葛亮绝对不会甘心受困，此时他一定正绞尽脑汁想着该如何走出困境……对啊！”郭淮猛然惊起，匆忙起身指图道，“我大军现在都在渭河南岸，诸葛亮很有可能渡渭河争北原，以求走出困境！”

“没错，这很有可能！郭刺史，你赶快率三万兵马去守北原！越快越好！”司马懿命令道。

“是！”凉州刺史郭淮急忙率军马赶往北原。

此时张翼、马岱各率五千蜀兵，趁夜从五丈原西侧谷口中拥出，将船筏推入渭河，黑压压一片，悄悄划向北岸。可哪里想到，刚登上北岸，郭淮便率数千铁骑冲杀而来，“不能让蜀军登岸！杀蜀贼啊！”铁骑隆隆，杀声如潮，才登岸的蜀军纷纷中箭倒地，张翼、马岱连忙率军回撤。诸葛亮痛心疾首，与魏延、杨仪、邓芝、费祎站在五丈原，目睹了整个过程。

五月，东吴孙权兵分三路出击：大将军陆逊、诸葛瑾统兵十万，出夏口，取石阳（今湖北武汉黄坡县）；镇北将军孙韶、张承统兵十万，出京口，取广陵；孙权以朱然、全琮为左右督，与侄儿孙泰统兵十万出濡须坞，取合肥。三路大军，分乘战船，扬帆摇橹浩荡而发。

五丈原，郭氏坞中，诸葛亮挑灯指图道：“东吴三路大军已经出发，而我军却被困在五丈原，东面阳遂和北渡北原的路都已经被堵死，看来也只好走西面了。”

“丞相之意是要三出祁山？”长史杨仪问道。

魏军大营中，督军薛悌匆匆来报：“蜀军正在沿斜谷道大举向西进兵，驻扎在五丈原上面的许多蜀军营寨都已经撤去。”

“诸葛亮这是何意？”司马懿放下手中毛笔疑惑道。

“这不明摆着，诸葛亮东出阳遂和北渡北原的路都已经堵死，不得已只有转道，再出祁山！”督军薛悌指图道。

“我看未必。诸葛亮如此大张旗鼓西行，不过是声东击西，调虎离山罢了！”郭淮喝了一口茶说道。

“我已知诸葛亮之意……”司马懿捻须道。

夏夜，凉风习习，蝉声不断，魏延、王平各率五千精兵，悄悄向阳遂葫芦口摸来，诸葛亮与杨仪、邓芝、费祎立于原头，一个个远望星空，都在默默祈祷。“丞相你听！”长史杨仪惊道，只见东面葫芦口战鼓骤起，杀声动谷，火光冲天，“看来魏延、王平已经与魏军交上火了，胜败在此一举，愿上天保佑我军突袭阳遂成功！”诸葛亮双手合十祈天道。“愿上天保佑我军能突袭成功！”众文武也纷纷祈道。

葫芦口，箭如暴雨，蜀军纷纷中箭倒地，人仰马翻，乱成一团，“我们中了魏军的埋伏！后队变前队，赶紧撤！撤！”魏延、王平慌忙拨马后撤，司马懿、郭淮哈哈笑。

“不好！我军中了魏军的埋伏，征西大将军魏延、讨寇将军王平已大败而归！”姜维慌忙来报，诸葛亮闻声羽扇飘然落地，昏倒在地。病榻上，侍医给诸葛亮摸过脉，说道：“丞相脉跳急速，舌苔干红，乃肝火旺盛，心血凝集所致。丞相喝下汤药，肝火便可渐渐退去。”

费祎将诸葛亮扶起，喝下汤药。“丞相今天的气色比昨天好多了，我看不如——不如回汉中疗养。”司马费祎支支吾吾说道。

“这，这怎么可以？东吴已经三路出兵，我军刚出兵便要退兵，这有失同盟之信！”诸葛亮激愤道。

“可——可我军不能总在五丈原待着，这样进又进不得，还有归路被截之危。”长史杨仪支支吾吾道，费祎、邓芝、马岱、王平等纷纷附和。

“休再多言！”诸葛亮将附在额头上的手巾掷于地，愤然起身怒道。杨仪、费祎、邓芝、马岱、王平等面面相觑，皆低头不语。诸葛亮在大营帐中连踱几步，说道：“如此一则可以牵制司马懿主力……再者，司马懿要是胆敢来断我之后，我军正好可在南部山区与司马懿主力展开一场大会战……”诸葛亮猛然间又看到了一线希望。

“对呀……还是丞相高见，蜀军擅长山地作战，就像吴军擅长水战一样，既然他司马懿把东出阳遂和北渡北原的路都给堵死了，我军何不将司马懿主力诱入南部山区，然后关起门来打狗，如此不是同样可以达到歼灭敌军主力的目的吗？”魏延兴奋道。

“可是又该如何诱敌深入呢？”诸葛亮问道。

“这好办，派兵到阳遂葫芦口挑战不就是了？”魏延指图道。

“丞相，这可是一场豪赌啊！会非常危险！”杨仪、费祎、邓芝纷纷劝道。

“这就是战争，不去冒险就没有成功！”魏延厉声道。

夜晚，征西大将军魏延率三千蜀兵向阳遂葫芦峪魏军营寨袭来，霎时间，火光冲天，箭如飞雨，杀声动谷，数千蜀军齐声大吼：“杀魏贼呀！”魏军慌作一团，“蜀军来袭营了！赶快应战！”周当、胡遵各率所部军马匆忙出帐应战，“蜀军在哪儿？”周当喊道，“蜀军在那边！”胡遵指道，“赶快随我迎击！”周当、胡遵率数千军马冲杀而来。魏延见魏军漫山遍野追杀而来，冷笑一声高声吼道：“魏军杀过来了！赶紧撤！赶紧撤！”蜀军稀里哗啦像兔子一样连忙向山谷中后撤。“不能放走蜀军，赶快随我一同追击！”周当挥剑吼道，魏军如虎豹般冲杀而来，诸葛亮坐在四轮马车上，手摇羽扇正静静地看着山谷中的动静。这时见郭淮率数十骑追赶而来，远远喊道：“不能追击！不能追击！大将军有令不能追击！”周当、胡遵连忙勒住马头，郭淮率数十骑从后面追上，拦住马头，“蜀军溃逃，正是追击之时，何故要收兵！”周当质问道。“难道你们忘了大将军有令，‘只须坚壁据守，不得入山与战’吗？”郭淮质问道。“这……”周当无言以对，只得拨马回军。诸葛亮见魏军又撤了回去，长叹一声，也只得回车。“丞相，你可要多保重身体啊！”在一旁护卫的姜维说道。

天色大亮，魏延又率数千兵马在阳遂葫芦峪不远处扎寨，与魏军营寨遥遥相对，旌旗飘扬，兵马丛丛。“这是诸葛亮的诱兵之计，你们可要当心！”司马懿说道。

“诸葛亮已经把营寨扎到了我们的眼皮底下，这还了得！”周当、胡遵暴跳如雷。

夜晚，蜀军忽而鼓声如雷，忽而杀声动地，搞得魏军一夜数惊，不得安宁。“诸葛亮把营寨扎到了我们的眼皮子底下不说，又连夜惊扰，我军应冲入谷中，一举歼灭蜀军才是！”周当、胡遵请命道。

“是啊，这样总不是个办法，应主动出击才是！”护军秦朗附和道。

司马懿一声不吭，在帐中来回踱步。

这时参军梁几进来，说道：“诸葛亮派使臣求见，称有礼物相送。”

“礼物？好吧，让使臣进来。”司马懿说道。

来使走入大帐，众将皆怒目而视。“听说你家丞相有礼物送予本帅？”司马懿问道。“我家丞相说司马公怯而不战，如女人一般，故有特别礼物相送！”来使说着将礼物呈上。司马懿接过礼物，一脸猜疑，抖开来一看，原来是一件绣花女人服饰。一把扔到地上，怒道：“娘的，诸葛亮竟敢用女人服饰羞辱本帅，简直是太过分了！”

营帐之外，山谷之中，成千蜀兵齐声大吼：“司马懿老儿！你是个孬种！你身为统帅！实为妇人！赶快回家喂奶抱孩子去吧！”

“诸葛亮欺人太甚，杀了这狗娘养的！”众将纷纷怒吼道。

“杀——杀来使算什么？有本事去杀诸葛亮！去杀蜀军！去与蜀军决战！”来使扬着脖子叫道。

司马懿抑制住怒火，摆摆手说道：“两军交战，不斩来使！把来使赶出大帐！”

“哎哟，哎哟，打我算什么本事？有本事去打诸葛亮，去打蜀军……”来使被乱棒打出营帐。《魏氏春秋》记述道：“亮既屡遣使交书，又致巾帼妇人之饰，以怒宣王（司马懿）。”

“蜀本蕞尔小国，却不自量力，屡犯边境，又屡战屡败！今又被逼上五丈原，做困兽之斗！大将军何不趁此时从山谷而入，绕其背后，断其归路，将蜀军主力一举歼灭，铲除后患，然后趁势进军汉中！”军师杜袭进言道。

“没错！诸葛亮屡战屡败，乃大将军手下败将，大将军怕他做甚，正好可一举歼灭蜀军！”督军薛悌、将军周当、胡遵、护军秦朗等纷纷请命道。

司马懿气急败坏，在帐中不停地来回踱步，突然停住脚步说道：“诸葛亮志大而不见机，多谋而少决，好兵而无权，虽提兵十万，已落入我手掌之中，破之必矣！我本想一举歼灭之，今不知天高地厚又来羞辱本帅。可——可是圣命难违啊！”

“是啊，圣命难违啊！”郭淮连忙补充道。

“大将军用兵已老，难道不闻‘将在外君命有所不受’吗？”将军周当说道。

“胡说八道，难道你想抗旨不尊？！”司马懿斥道。

“那该如何是好？”

司马懿随后又与诸将士联名写好请战书，派八百里快马火速送往洛阳。

下回请看：辛毗辕门厉斥司马懿　魏延气壮山河遭暗算

第九十八回

辛毗辕门厉斥司马懿　魏延气壮山河遭暗算

洛阳，建始殿，曹睿看完请战书，不解道："朕已多次申明坚壁拒守，大将军又何故要千里请战呢？"

"司马懿千里请战，自然有其深意之所在。"司徒董昭颤巍巍说道。此时董昭已年近八旬，白发苍苍，手持龙头拐杖。

"赶快给董司徒赐坐！"曹睿连忙说道。

"谢圣上！"等董昭颤巍巍坐定后，曹睿恭恭敬敬地问道："大将军有何深意？"

"司马懿本不愿出战，可诸葛亮屡屡挑衅，帐下诸将屡屡请战，又用妇人服饰当众羞辱之，故不得已才来请战。其意是借圣上以制诸将。"司徒董昭说道。

"司空如何看待此事？"曹睿又问陈群。

"我与董司徒所见一致。"司空陈群应道。

"原来是这样。"曹睿恍然道。

渭河南岸魏军大营中，朝廷使臣诏道：

吴、蜀东西犯边，致使国无宁日。东边之事，朕已命征东将军满宠拒之，望大将军勿忧。西边之事，宜坚壁拒守以挫贼锋，使贼进不得志，守久又无粮继。待贼退时，再行追击。以逸待劳，这才是全胜之道！

现命卫尉辛毗为大将军军师，持节奉诏以镇六军！钦此。

辛毗白发苍苍，持节立于一旁，一脸肃然。司马懿率众文武跪倒在地，连忙接旨。众文武面面相觑，一脸无奈。此事陈寿在《三国志·魏书三·明帝睿》中有记载，本著只是如实再现而已。

六月，盛暑，五丈原，郭氏坞，诸葛亮面色苍白，端起汤药刚要喝，却见姜维满头大汗匆匆走进坞门。“怎么？难道是司马懿出兵了？”杨仪、邓芝、费祎急问道，诸葛亮暗淡的目光一下子点亮了。“哪里呀！曹睿派卫尉辛毗持节奉诏监军，令六军坚壁拒守，不得入山与战！”姜维叹息道。诸葛亮手中的药碗当啷落地，而杨仪、邓芝、费祎一个个却深出一口气。诸葛亮脸色苍白靠在病榻上，侍医号完脉，说道：“丞相脉相虚弱，乃忧心过重所致。丞相万事可要想开点啊。”

“司马懿本无战心，其千里请战，不过是借上命以制众心，我诱敌深入之策看来也无望啊……”诸葛亮长叹道。此事在《汉晋春秋》中有记载，本著只是如实再现而已。

“丞相不如回汉中养病，等来年再战。”长史杨仪说道。

“是啊，丞相不如回汉中养病……”司马费祎、中监军邓芝、征西将军姜维也纷纷劝道。

“这怎么可以？东吴三路出兵，正在与魏军交战，我们又怎么能独自撤军呢？”诸葛亮面露怒色道。

魏延率数千蜀军放火烧山，葫芦峪烟雾弥漫，漫天山火席卷山谷，“不好了！蜀军放火烧山了！”魏军纷纷弃帐而逃，四处逃窜。

“诸葛亮欺人太甚！是可忍，孰不可忍！我实在是再也受不了！”薛悌、周当、胡遵、秦朗等，怒不可遏，纷纷持戟，冲出营帐，“与其在这儿受气，不如决一死战！”司马懿也一脸怒气冲出营帐，这时只见辛毗白须飘飘，持节站在辕门口，凌凌威风，吓得众将倒吸一口冷气。

“请老将军让开，诸葛亮欺人太甚，让我率众将与诸葛亮决一死战！”司马懿怒气冲冲道。

辛毗当先一步挡住司马懿去路，持节站在司马懿面前，厉声道：“你身为全军最高统帅，难道要带头抗旨吗？！”司马懿一跺脚，哀叹一声，又折回营帐，众将也灰灰而回。

此时孙权与侄儿孙泰率十万大军从巢湖北岸大举登陆，朱然、全琮手持斧钺，挥军围合肥新城（今安徽合肥城西30里）。将军张颖率军奋力抵抗，矢石齐下，吴军四面围城，排山倒海。征东将军满宠率数万之众从寿春火速南下，两军激战于城下。吴军攻城战具被烧，孙泰在激战中被射杀。吴军在城里城外的两面夹击下全线溃退，被杀得人仰马翻，尸横遍野。孙权慌忙从巢湖北岸登上战船，仓皇逃回濡须坞。与此同时，陆逊、诸葛瑾与孙韶、张承两路大军在石阳和广陵也被打得落花流水，皆大败而归。孙权三路兵马皆大败而归之事，陈寿在《三国志·魏书三·明帝睿》、《三国志·吴书二·孙权传》中并有记载。

五丈原，郭氏坞中，费祎手举烛灯，诸葛亮支撑着病体颤巍巍地看着地图，杨仪、邓芝立于侧，“也不知道东吴孙权那边到底怎么样了……”诸葛亮自言自语道。这时征西将军姜维亟亟走进营帐，报道：“东吴三路大军皆大败而归！孙权已经逃回建业！”

“什么？东吴三路大军皆大败而归？！”如五雷轰顶，诸葛亮气血上涌，喷出一大口鲜血，随后又大口大口呕血不止，昏厥于地。支撑诸葛亮的最后一线希望随之破灭。杨仪、费祎、邓芝、姜维慌作一团。《三国演义》所谓的“上方谷司马受困，五丈原诸葛禳星”纯属封建迷信活动。

茫茫黑空无边无际，郭氏坞兵马林立，戒备森严，五原丈一片死寂。坞内营帐中，烛光灿灿，诸葛亮躺在病榻上处于昏迷之中。侍医号完脉，低声道：“丞相脉相已细若游丝，恐怕今晚难过，还是赶紧安排后事吧。”

这时见诸葛亮蠕动了一下嘴唇，从昏迷中醒来，“丞相，丞相，你醒来了……”杨仪、邓芝、费祎、姜维连忙近前。诸葛亮看看这个，又看看那个，“我受先帝之重托，兴复汉室，不想屡战屡败，耗尽心血却壮志难酬，这难道是天意吗？”说着两行泪水从眼角滚滚而下。

杨仪、邓芝、费祎、姜维泪流满面，泣不成声，“丞相，丞相，你可要多保重啊……”

“我愧对先帝，愧对蜀国百姓，愧对众文武……我不能跟众文武一起安国讨贼了……我死后，将我葬于汉中定军山，因山为坟，冢足容棺，敛以时服，不需器物……我要傍山而卧，日日望北……”诸葛亮语罢，与世长辞。陈寿在《三国志·蜀书五·诸葛亮传》中记述道：“其年八月，亮疾病，卒于军，时年五十四。”

上述诸葛亮率大军出武功剑指长安，被司马懿封堵山门，困于五丈原，然后屡次突击和引诱司马懿进山不果，最后被困死在五丈原郭氏坞的整个

作战过程，在《晋书·帝纪第一宣帝》有详细记载，陈寿在《三国志·魏书三·明帝睿》中也有记载，本著只是如实再现而已。《三国演义》对此战的描述整个是偏离史实。

"丞相，丞相……"在场的人皆强抑哭声，掩面而泣，黑夜依然星光灿烂，茫茫无际。

坞内营帐中，烛火通明，"丞相已驾鹤仙去，我等也该撤军回汉中了……"长史杨仪低声道。

"没错，只是不知道征西大将军魏延同不同意撤兵？"司马费祎压低声音问道。

"我军屡战不克，东吴三路大军皆大败而归，丞相又仙去，哪有不撤兵之理？应该不会有问题。"中监军邓芝说道。

"魏延要是愿意撤，就让魏延和张翼断后，护军姜维次之。"长史杨仪说道。

"要是魏延不愿意撤呢？"司马费祎问道。

"魏延要是不愿意撤，那我们就自己撤。事不宜迟，费司马你马上到北谷口大营，命魏延撤军。其他人一定要封锁消息，任何人都不许哭，以免惊扰军心，司马懿闻声来袭，明日一大早各路军马就悄悄撤军。"长史杨仪低声吩咐道。

司马费祎连夜赶往魏延北谷口大营，"什么？丞相病逝？！"魏延从床上惊起，"这——这怎么可能？"

"你——你小点声……小心让手下听见？今晚三更，尸骨现在就停在郭氏坞……"费祎低声说道。

"那该如何是好？"魏延问道。

"长史杨仪命全军撤回汉中，由你断后。"费祎说道。

"我是征西大将军，丞相病故，兵马自然由我统率。他杨仪是什么东西，来命令我？！"魏延怒道，"况且，此正是诱敌深入之机。司马懿闻丞相病逝，必率军来追！"

"此正是非常之时，大将军可不能斗个人之气，贻误大事啊。"费祎低声劝道。

"丞相虽亡，可我魏延还在。官属可扶棺还葬，我则统率诸军杀贼，怎可因一人之亡而废天下之大事？况且魏延何人，怎么能被杨仪，一个长史所统领？”魏延说道。毫无疑问，魏延的确是智高胆大，是蜀国最优秀的将领，在蜀国唯有魏延能制住司马懿。可见刘备的确是慧眼识英雄。

费祎急得团团转，“这样吧，既然如此，大将军就写一道手令，我马上通知诸将照大将军的意思办就是了。”司马费祎说道。

“这样就最好了。”魏延亲自手书一封，交予费祎。费祎收好书信，说道：“我马上就去通知杨长史，及诸将，必不违命！”天蒙蒙亮，费祎拱手而别，匆匆驰马而去。“我看费司马行色诡异，且杨长史与父亲向来不和，恐怕会……”魏延长子说道。

“是啊，我也感觉他神色不对。”魏延父子连忙追出营帐，见司马费祎一行已消失在深山大谷之中。“这该如何是好？”长子急道。

“你马上派人去监视，有情况立即来报。我整备军马，准备围歼司马懿。”魏延说道。

魏延长子率数人隐于丛林中，见五丈原兵马匆匆，正收拾车马行囊，拆除营帐，隐隐撤退，连忙驰马回报。“父亲，父亲！”

“怎么了？”

“驻扎在五丈原上的蜀军已经开始撤退！”长子报道。

魏延大怒：“这些狗娘的，皆贪生怕死之徒，竟敢违我将令，戏弄于我……”

“那我们该怎么办？”长子急问道。

“中军都撤了，我们也只能撤！我们也撤！撤！而且要抢在这些人的前面！”魏延命令道。

“是！”

魏延率前锋兵马拔营南撤，尾追而来。

“蜀军撤走了！蜀军撤走了！”南部山区百姓奔向呼告，“什么，蜀军开始南撤？”司马懿从床上翻越。一脸狐疑。

“山区百姓奔向呼告，且屯扎在北谷口的蜀军营帐已经拆走。听说诸葛亮病死在了五丈原，昨夜三更听有哭声。”督军薛悌说道。

“我们应趁此追击才是！”将军周当、胡遵、护军秦朗说道。

“不会吧……这会不会是诱兵之计？”司马懿踱步狐疑道。

“是啊，这很有可能。”郭淮、辛毗附和道。

“这可是一举歼灭蜀军的天赐良机，大将军不可坐失良机啊！”众将纷纷请命道。司马懿则是犹豫不决。

秋雨飘飘，魏延率前锋兵马在深山大谷中大举南撤，所过之处皆烧绝栈道，“加快速度，一定要追上杨仪反贼！”魏延吼道。

杨仪率大军在深山大谷中日夜兼行，诸葛亮棺木放在四轮马车上，上面附裹着蜀锦及战旗，在数十名护卫护送下颠簸前行。众将士皆披麻戴孝，黑白两色大幡在山谷中如林密布。

“报告，反贼魏延已经率军追了上来！”军士飞报道。费祎、邓芝等一脸惊慌。

“征西将军姜维！”长史杨仪喊道。

“在！”

“你负责断后，不得让反贼魏延靠近！”杨仪命令道。

“是！”姜维率军马而去。

杨仪率大军又南行数里，又有军士来报：“前面褒谷口（在今陕西勉县褒城镇北）已经被反贼魏延所占！”众文武皆惊慌失措，纷纷惊慌道：“归路被截，魏延勇猛过人，这该如何是好？”这时见魏延与其子横刀立马挡住褒谷口，身后数千军马皆虎视眈眈。

“将——将军王平！”

“在！”

“你——你马上率军迎击魏延。”杨仪命令道。

王平率三千军马迎面而上，不远处勒住马头，厉声道：“你身为征西大将军，丞相在世，对你恩信备至，现丞相尸骨未寒，你何故要造反？”

“我身为征西大将军，丞相病故，兵马自然由我统率！长史杨仪违我将令，不听调度，擅自率军南撤，临阵脱逃，按令当斩！”魏延挥刀吼道。

双方军士面面相觑，皆一脸茫然。

“你——你胡说八道！”杨仪、费祎、邓芝等也一并拨马来到阵前，“我奉丞相遗命，率军南撤，你身为征西大将军不去断后，何故要来断我军归路？你这是造反！”

“魏延违抗丞相遗命，蓄意造反，通敌叛国，按律当灭三族！”中监军邓芝喝道。

“魏延造反，当灭三族！只拿魏延，余者不问……”长史杨仪、中监军邓芝、司马费祎、平北将军马岱齐声高呼。

“你们这些人贪生怕死，串通一气，满嘴放屁！看我把你们的脑袋一个个都拧下来！”魏延挥刀怒吼，“有听他们这些人满嘴放屁的，不如把他们都杀了！杀呀！”魏延长子飞刀纵马与魏延冲杀而来，王平，马岱、杨仪、邓芝、费祎一个个吓得调转马头就要逃，却见只有魏延父子及数名亲随孤零零地冲杀在前，身后的数千军马皆裹足不前。魏延父子一见此景，勒马而还，雄狮般怒吼道：“你们为什么不随我一起冲锋！你们为什么不随我一起冲锋！杨仪才是反贼！他们才是反贼！我是征西大将军，他们违抗我的军令……”

秋风瑟瑟，细雨飘来，众将士稀拉拉纷纷散开，“你们别走！你们别走！我求你们了！你们别走……你们听我说，杨仪才是反贼，他们才是反贼，是他们违抗我的……”可没有人听魏延解释，褒谷口变成了一块空旷之地，魏延父子孤零零地站在谷口，淅沥沥的秋雨已经将他们浇透，所有的人都站在了杨仪一边，“天哪！这到底是怎么回事啊……”魏延振臂吼道，凄厉的吼叫声夹杂着雨声，随着一声霹雷送入云霄。“父亲，我们先回汉中，然后找圣上去讨说法！”长子说道，“没错，有理走遍天下！”父子二人及数名随从拨马向汉中而去。

“不能放走他们！免得恶人先告状！”费祎说道。“没错。不能放走他们。将军马岱，赶紧追杀！”杨仪命令道。马岱应命而出，率千骑疯狂追杀而来。混战中，魏延父子抡刀连砍数十名骑兵，最后力竭被马岱所杀。马岱骑马将魏延首级献于杨仪，杨仪掷于地，用脚踩踏骂道：“庸奴！庸奴！看你还敢不敢作恶！”

魏延英雄一世，没想到竟落得如此下场。

上述诸葛亮困死五丈原后，魏延与杨仪等人意见不一，相争，最后导致魏延被杀的整个过程，陈寿在《三国志 · 蜀书十 · 魏延传》中详细记载，本著只是如实再现而已。至于杨仪等人诬告魏延北降曹魏之说，《魏略》记述道：“亮长史杨仪宿与延不和，见延摄行军事，惧为所害。乃张言延欲举众北附，遂率其众攻延。延本无此心，不战军走，追而杀之。”《三国演义》

所谓诸葛亮说魏延脑后有反骨，临终授锦囊于马岱杀魏延之事，整个是胡说八道。实际情况是诸葛亮暴病而亡，留下了一个烂摊子，魏延与杨仪本来矛盾极深，在撤军问题上又有矛盾，最后各行其命，产生冲突，所有的人因为都想撤军便站在了杨仪一边，冲突中众将士都听信了杨仪他们的说法，结果魏延父子成为被孤立的一方。就是这么一回事。

“蜀军已全部退回汉中，满城挂孝举哀，哭声恸天，看来诸葛亮真的是死在了五丈原！”辛毗说道。司马懿叹息道：“诸葛亮乃天下奇才！我能料其生，却不能料其死……”

诸葛亮葬于定军山，谥号忠武侯。诸葛亮曾与后主刘禅语：“臣成都有桑树八百株，薄田十五顷，子弟衣食供给，已绰绰有余。至于臣在外为官，随身衣物，皆官府供给，别无其他。臣死之日，不使内有余帛，外有赢才，以负陛下。”诸葛亮去世时，确如其言。

李严闻诸葛亮死，也发病而死。蜀国在一月之内便痛失三位顶级俊杰，这对本来就弱小的蜀国来说，无疑又是一连串的沉重打击。

诸葛亮死后，28岁的刘禅开始亲政。拜蒋琬为尚书令，不久又迁为大将军，领益州牧，总理国政；拜费祎为后军师，不久又代蒋琬为尚书令；拜姜维为辅汉将军，统领诸军；拜吴懿为车骑将军，督汉中。而杨仪则被拜为中军师，整个是闲差一个。看来刘禅、蒋琬等人后来也知道，魏延父子被杀是内讧所致，杨仪也有不可推卸的责任。

而杨仪却大为不满，在费祎面前牢骚满腹道：“蒋琬待在成都一天到晚喝茶论事，却得以大用，而我在前线出生入死，杀魏延，立有大功，挽三军于危难之中，却只落得了这么一个闲职……”

“杨军师啊，我看你还是少发一点牢骚为好……”费祎劝道。

“不，我就是要说，我心里不服，早知今日，何必当初，要知如此，在丞相病故之时我举军投魏就好了……”杨仪怒道。

后来，杨仪也没有好下场，被废为贫民，在狱中自杀身亡。此事陈寿在《三国志·蜀书十·杨仪传》中有记载。

说到第五次伐魏，诸葛亮在时机的把握上，在战略战术是正确的。问题是被司马懿抢占了先机，堵住了山门——阳遂葫芦峪，被困在了五丈原。要是说诸葛亮有什么问题的话，就是过于苛求结果了，不能用平和的心态对待结果，结果没有把心态调整好，呕心沥血而亡。许多优秀人才都没能过这一心理关。袁绍也是这么死的。此时的诸葛亮经过十余年用兵，已经成长为一个集张良、韩信、萧何于一体的统帅型人才，机权干略已经不在司马懿之下，可惜却没能过得了自己的心理关，实在是痛惜。此事也很值得世人深思。

诸葛亮毫无疑问是三国中的一流人物，刘备在世时，他是萧何式人物，安民理政，粮马调度，是一流的人才，为刘备集团立下了汗马功劳。诸葛亮的人品无疑也是上乘的，有一颗仁爱之心，廉洁，朴素，平实。在刘备去世后，诸葛亮虽然是管家带大兵，两次出祁山在战略方向上犯有严重错误，可其平南蛮，袭二郡也功不可没。更加难能可贵的是，诸葛亮还有很强的自我反省能力。他因被自身偏见所误导，错杀了马谡、张休、李盛三将后，就再也没有犯过类似的错误。他重用魏延，准备重新起用李严，都证明诸葛亮不仅在相当程度上认识到了自己的错误，宽容了对方，也证明诸葛亮的思维体系也开始发生根本性的变化，已经从管家思维中走了出来，在军事斗争中已经成长为一个统帅型高级人才，这在第五次伐魏中表现得淋漓尽致，所做出的每一项决策不仅智高而且胆大，与前两次出祁山谨慎小心的样子判若两人。当然不能否认，诸葛亮的头脑就像司徒王允那样还整个被套在古代君臣之道的思维体系之中，这也是他总以正统自居，千方百计要消灭曹魏的主要原因之一。其实一个王朝与另一个王朝本质上没有任何区别，当然诸葛亮也不可能超越他所处的那个时代。这就是我们对诸葛亮的总体定论。

诸葛亮虽然已经绝命五丈原，可残暴自私只会给他人和社会，最终也会给自己造成巨大灾难的诸侯混战、宫廷政变、内部叛乱、官民大战，在王朝社会还会继续下去，无休无止。当然，许多满脑子君臣之道的人是永远都不可能认识到这些的。

公元238年正月，曹睿病逝于洛阳嘉福殿，亡年36岁。由8岁的养子曹芳即位。尊郭皇后为皇太后，驻永宁宫。遗命大将军曹爽和太尉司马懿共辅幼主。曹睿生前无子，曹芳乃曹睿养子，据说是任城王曹楷之子。曹爽，字昭伯，曹真长子，约公元203年生人，时年35岁。之前董昭、刘晔、陈群都已病逝。董昭亡年81岁。

下回请看：孙权逼夫人上吊　陆逊遭辱愤恚亡

第九十九回

孙权逼夫人上吊　陆逊遭辱愤恚亡

公元241年，吴国皇太子孙登病逝。公元242年，立三子孙和为皇太子，立四子孙霸为鲁王。三子孙和，公元223年生人，时年19岁，为琅邪王夫人所生；四子孙霸，也为琅邪王夫人所生。

公元244年秋，孙权大病初愈，时孙权62岁，已是苍白头。此时大将军诸葛瑾、丞相顾雍已先后去世，拜陆逊为丞相。

长女孙鲁班和次女孙鲁育小心翼翼地将孙权扶靠在病榻上。孙权有两颗掌上明珠：一是长女孙鲁班，字大虎，步夫人生，约211年生人，先嫁周瑜长子周循，周循早亡，229年又改嫁全琮，又称全公主。二是次女孙鲁育，字小虎，也为步夫人生，229年嫁于左将军朱据，又称朱公主。由于他们的母亲步夫人温顺美丽，是孙权的最爱，两个女儿自然也成了孙权的两颗掌上明珠。

“来，父皇把参龟灵芝汤端来！”孙鲁班吩咐道。孙鲁育小心翼翼地把汤端来。“什么？你刚才说什么汤？”孙权一脸虚弱地问道。“参龟灵芝汤。这是用从长白山上采摘来的千年古参，东海的千年乌龟，桂林最好的灵芝熬成的，可以强身健体！”孙鲁班说道。

“这是姐姐专门为父皇熬的汤，自从父皇喝了这汤以后，气色好多了，现在都能坐起来了。”孙鲁育说道。

孙鲁班一勺一勺给孙权喂着汤，孙鲁育在一旁用手巾擦着嘴，“哎呀，好喝，好鲜，喝到肚子里热乎乎的，朕还从来没有喝过这么可口的汤。”孙权欣慰道。

“那就多喝一点。”孙权看看孙鲁班，又看看孙鲁育，说道：“你们两个人呀，长得越来越像你们的母亲了，朕生病期间多亏有你们两个女儿在身边照顾。”

“母亲不在，父皇生病，做女儿的不来照顾谁还来照顾。”孙鲁班说道。

“这几天王夫人没有来吗？”孙权问道。

“她？最好别提她了。”孙鲁班眼角露出了一丝不快之色。

“怎么？”孙权警觉了起来。孙鲁育连忙拉拉姐姐的衣袖，孙鲁班欲言又止。“朕在问你呢？到底发生了什么事？？”孙权不快道。

“在父皇生病期间，王夫人不仅很少来照顾父亲，就是来也是做做样子，端汤喂药，换洗衣服都是我们姐妹俩的事，她从不上手，生怕累着了她。”孙鲁班像炮筒子一样说道。

“姐姐，快别这么说，那是因为有我们两个在，王夫人插不上手。”孙鲁育连忙解释道。

“你再别替她说好话了。要是这也就算了，更可恨的是……”孙鲁班欲言又止。

“怎么？快说！”孙权脸色风云骤变。

“更可恨的是，父皇重病期间，王夫人整天乐呵呵的样子。”孙鲁班说道。

“怎么朕生病了她高兴？”孙权疑惑道。

“那不明摆着，父皇百年之后，她的宝贝儿子孙和不就可以即位做皇帝，她就可以扬眉吐气名正言顺地做太后了。”孙鲁班继续说道。

“原来，她是在盼着朕死，好做皇太后！”孙权勃然大怒，一把将汤碗打倒，从病榻上翻起，“朕就是死！也要让她做不成这个皇太后！”

吓得孙鲁育战战兢兢站在一旁，连忙解释道：“不，不，王夫人不是那个意思，那是因为王夫人见父皇病情好转才高兴的。”

可此时的孙权根本听不进去：“你再别替她说好话。朕知道这个王夫人一向趾高气扬，就不是什么好东西，这也是朕不立她做皇后的原因！”孙权斥道。按封建王朝之规，孙和被立为皇太子，其生母王夫人应被立为皇后，可由于全公主孙鲁班从中作梗，一直未能如愿。这是由于步夫人没有生儿子，嫉妒生了两个儿子的王夫人，孙鲁班显然受到了感染。陈寿在《三国志·吴书五·吴主权王夫人传》中记述道："吴主权王夫人，琅邪人也。夫人以选入宫，黄武中得幸，生和，宠次步氏。步氏薨后，和立为太子，权将立夫人为后，而全公主素憎夫人，稍稍谮毁。"

孙鲁班狠狠瞪了妹妹一眼，继续说道："不仅如此，太子孙和也和她娘一个德行！"

"太子孙和又怎么了？"孙权瞪着眼睛问道。

"父皇是不是让太子到寺庙里去祭祀？"孙鲁班问道。

"是我让太子到庙里为我求神祛病。"孙权疑惑道。

"你猜太子到哪里去了？他只是在庙里转了一圈，就住到了寺庙附近妃子叔父张休的家里了。这是我手下人亲眼所见。"孙鲁班说道。

"什么！太子不在庙里？"孙权脸色霎时又变得铁青，"这就是我的儿子？我爱之如命，而他却把我的死活不当一回事？我立他为太子，他却盼着我死，好早早地坐在皇位上……这样的儿子我还要他做什么？我既然能立他为太子，也就能把他废掉！"孙权疯一样的吼道，一边撕扯摔砸着室内的物品，叮里哐当，乱成一片，"滚！滚！都给我滚出去，我怎么没有想到这一对母子用心竟如此险恶……"

犹如晴天霹雳，王夫人莫名其妙被打入冷宫，责令赐死。"天哪！我到底做错了什么事？我可是为孙家生了两个儿子，为孙家立了大功啊！"

"君让臣死，臣不得不死。"御史冷冷地说道。王夫人被逼悬梁自尽。

上述孙权长女全公主孙鲁班陷害孙和母子之事，陈寿在《三国志·吴书十四·孙和传》中记述道："王夫人与全公主有隙。权尝寝疾，和祠祭于庙，和妃叔父张休居近庙，邀和过所居。全公主使人觇视，因言太子不在庙中，专就妃家计议；又言王夫人见上寝疾，有喜色。权由是发怒，夫人忧死。"而王夫人之"忧死"其实是被孙权逼死。

可事情还没有完。21岁的孙和跪在大殿中央，汗流浃背，"朕让你到寺庙去祭祀求神，你去干什么去了？"孙权问道。

"我——我……"

"你是不是到妃子叔父张休家里商量怎么好让朕早点死，你好早点即位去了？"孙权冷声冷气说道。

"不，没——没有……"孙和泪流满面，头磕在地上咚咚直响，"儿有罪，儿有罪，请求父皇的宽恕！”

“你为子不孝，你和你母一样盼朕早死，好早登大位，又让朕怎么宽恕你？！”孙权怒道。孙权的吼声在大殿中回旋，群臣战战兢兢皆无人敢言。

这时见太子太傅（太子老师）吾粲战战兢兢出列道：“还请陛下息雷霆之怒。太子年幼，偶尔犯错，还请陛下宽恕！”

“你！你还敢替他说话？！”孙权怒吼道。

“请陛下息怒。太子一向敦厚聪明，还请陛下宽恕，要责罚就责罚老臣吧，都是我等教导无方！”说着吾粲跪在大殿中央，泪流满面。

“太子敦厚聪明！请陛下息怒，宽恕太子！”这时只见左将军朱据、太常顾谭、尚书丁密也纷纷跪下求情。骠骑将军步骘、车骑将军朱然、卫将军全琮、镇南将军吕岱、左将军吕据皆站在那里，不知所措。孙权愤愤然拂袖而去。

内宫中。“这都是你干的好事，这都是你干的好事。现在王夫人死了，父皇又要废太子，宫里宫外已经乱成一团！”孙鲁育哭道。

“我说的都是实情，这是他们罪有应得！”孙鲁班辩道。

“这不是实情，这只是你的成见，你一向对王夫人母子怀有成见，你这是借机报复，现在你高兴了，现在你高兴了！”孙鲁育继续哭道。

武昌，丞相陆逊此时正在四处视察营防，长史骑马疾驰而来，“宫里出事了，这是太子太傅吾粲派人送来的密函！”陆逊连忙把信打开，只见信中写道：

圣上盛怒，王夫人忧死，欲废太子。朝廷文武人心惶惶，分为两派，卫将军全琮、骠骑将军步骘等拥立鲁王孙霸。现在也只有丞相能说服圣上挽救危局了，否则后果将不堪设想。太子太傅吾粲。

“怎——怎么会发生这样的事？”一贯气定神闲的陆逊神情一下子紧张了起来。

书房中，丞相陆逊不停地搓动着手中的两个棋子，“两子争嗣，终有一败，搞不好会引火烧身，丞相可要三思啊！”长史劝道。“是啊，这个道理我是知道的，可事关重大。”陆逊应道。

建业，卫将军全琮府中。“祸从口出啊，这都是你这张嘴惹的祸。”全琮抱怨道，“他们母子本来就是那样的人，活该！”孙鲁班怒道。这时长子全寄急匆匆进来，“这是丞相陆逊派人送来的信！”全琮接过信连忙打开，只见信中写道：

将军子弟皆有才，不愁不被重用，宜保持中立才是。若有不慎，终必取祸。二子势均力敌，必有彼此，此乃古人大忌也。请将军三思。

卫将军全琮看完后，又把信交到孙鲁班手上，起身不停地来回踱步。“丞相是劝我们保持中立，不要插手此事？”孙鲁班说道。

“谁都想置身事外，可我们现在已经身不由己。公主已经卷入其中，要是孙和即位，他能原谅公主吗？他能原谅我们全家吗？这不可能，这不可能……所以我们只能顺水推舟，站在孙霸一边，别无选择。”全琮自言自语道。

“可孙霸也同为王夫人所生，母子连心，他要是即位能放过我吗？”孙鲁班忧虑道。

“总比孙和即位好。”全琮说道。

“没错。”次子全寄应道。全琮共有四子：长子全绪，次子全寄，三子全怿，四子全吴，为全琮与孙鲁班所生。全寄，公元214年生人。

“这件事就交由你去办，一定要做得神鬼不知，这可是关系到咱们全家上千条身家性命的一件大事啊！”全琮忧虑道。

丞相陆逊因远在南昌，显然还不知道全琮一家已经涉入极深。

建业宫，大殿之上。“丞相陆逊已经一连给朕上了四本奏章，看看这本奏章是怎么写的。”孙权说着随便打开一本奏章念道：

太子正统，如磐石之固。鲁王乃藩臣，各居其位，才能上下有秩，国泰民安。臣陆逊叩头流血求圣上息怒，以安宗室和天下为念。

“什么‘正统’？什么‘磐石之固’？朕说他“正统”就正统，朕想让他稳固就稳固。朕待丞相厚重如山，可他却每每与朕唱反调，朕要东，丞相偏要西，朕要西丞相偏要东。”孙权阴阳怪气地来回踱步道。

这时只见太子太傅吾粲出列道：“丞相所言字字千金，关乎社稷根本。还请圣上明嫡庶之分，将鲁王孙霸迁驻夏口，以安江山社稷！”

“请圣上明断！”左将军朱据、太常顾谭、尚书丁密也一并进谏道。

“我——我看你们这是成心跟朕作对！”孙权恼怒道。

“圣上所言极是，这些人狼狈为奸，在有意跟圣上作对！”尚书杨竺出列道。

“杨侍中你可是知书达理之人，说话可要有根据，可不能血口喷人！”吾粲叫道。

“不是我血口喷人，是你们这些人道貌岸然，做贼心虚！你吾太傅跟大家说说，丞相远在千里之外，怎么会对京城里发生的事了如指掌？！”杨竺质问道。

“是啊，吾太傅快说说丞相远在千里之外，怎么会对京城里发生的事了如指掌？！”侍中全寄、吴安、孙奇纷纷起哄道。全琮、步骘两人在斜眼偷窥着。

“这……”吾粲被问住了。

“我来告诉你们吧！是吾太傅给丞相陆逊通的信，而且不止通了一次，而是通了多次！”杨竺说道。

孙权脸色骤变，冷冷地问道：“有这回事吗？”

“这——这……”吾粲支支吾吾道。

“我问你有这回事吗？！”孙权逼问道。

“有，有，可——可那是……”吾粲支支吾吾道。

“那是什么？那是你们串通一气存心跟朕作对！”孙权怒吼道。

吾粲扑腾跪倒在地，悲道：“圣上，我们这可都是为了社稷安危啊！废长立幼乃取祸之本啊！”

“还敢狡辩！来人，给朕把吾粲拖下去，打入死牢！”孙权吼道。

数名廷卫一起上来，将吾粲拖下，“圣上！我死不足惜！只是东吴社稷根基将从此动摇啊！”吾粲叫道。全琮、步骘、全寄、杨竺、吴安、孙奇皆面露喜色，朱据、顾谭、丁密等不知所措。

吾粲被下狱处死，陆逊外甥顾谭、顾承、姚信被流放至交州（治龙编，今越南河内市北）。陈寿在《三国志·吴书十四·孙和传》中记述道：“权由是发怒，夫人忧死，而和宠稍损，惧于废黜。鲁王霸觊觎滋甚，陆逊、吾粲、顾谭等数陈嫡庶之义，理不可夺，全寄、杨竺为鲁王霸支党，谮诉日兴。粲遂下狱死，谭徙交州。”

可孙权还不解气，公元245年一至二月，孙权数遣中官至武昌丞相府，当众斥责陆逊。

“丞相陆逊年老昏聩，与奸党同谋，企图祸乱国家……”

“丞相陆逊不识大体，处事无度，甚负朕望，按罪当诛，但念曾有大功于朕……”

“丞相陆逊目无圣上，跋扈自大，罪当斩首……”

就像当年的周魴下放，不过这次是真格的，屡遭羞辱的陆逊愤恚吐血而亡，终年63岁。死后家无余财。陆逊无疑也是一代英杰，仁德理智，可与诸葛亮、鲁肃相提并论。当然他也没办法从君臣之道的思维怪圈中走出来。

上述陆逊卷入孙和案始末及最后愤恚而死之事，陈寿在《三国志 · 吴书十三 · 陆逊传》中有详细记载，本著只是如实再现而已。

建业宫。“什么？陆逊死了！”孙权就像被抽取了脊梁一样瘫倒在龙椅上，“父皇，父皇！”孙鲁班连忙扑向前，孙权脸色煞白，喃喃道：“丞相怎么会死呢？朕只是下诏斥责他，并没有让他死啊，他——他怎么会死呢？”孙权说着又挣扎着站起，颤抖着嘴唇喃喃道：“丞相德高望重，才智超群，屡建奇功，东吴不能没有他啊……”孙权又转而大悲道：“天哪！你为何如此薄朕？周瑜、鲁肃、吕蒙、陆逊皆天下奇才，却一个个都先朕而去，这到底是为什么啊？！”

“父皇，父皇，丞相不在了，还有我，还有步骘、全琮、朱然，还有……”长女全公主孙鲁班哭道。

“都怪朕啊！都怪朕啊！我不该听信杨竺之言！”吴主孙权懊悔道。

丞相陆逊死后，孙权的雷霆之怒也随之烟消云散，暂时放弃了废太子的想法，将太子孙和与鲁王孙霸各自静闭在宫，断绝与外界往来，令二人潜心读书。陈寿在《三国志 · 吴书十四 · 孙和传》中记述道：“权沉吟者历年，后遂幽闭和。”

卫将军全琮并不轻松，不久便忧虑成疾。病榻上，孙鲁班用小勺给全琮喂着参汤，全琮勉强刚喝了两口，便又都吐了出来。“父亲，你已多日茶饭不进了。”长子全寄泣道，全琮满脸忧虑道：“我又怎么能喝得下去啊……孙和虽静闭在宫，可他毕竟还是太子啊……不把太子扳倒，我们全家将永无安宁之日啊……”

公元247年正月，全琮忧病身亡，五月丞相步骘也病死。

而在魏国此时也同样酝酿着一场充满血腥的宫廷政变。自公元238年曹爽与司马懿共辅朝政以来，刚开始两人还能和平共处，可没过多久便开始明争暗斗。曹爽先下手为强，表司马懿为太傅，将其架空。自此军政大权皆落入曹爽及其兄弟手中。司马懿力不能争，于公元247年五月，称病退休，以做蛇伏之状。

公元249年正月，开春，大将军曹爽（时年45岁）不听大司农桓范谏言，傻乎乎地与三兄弟一起陪同曹芳车驾出洛阳城祭扫高平陵（魏明帝曹睿陵墓，位于洛阳东南九十里，豫西汝阳县北部的霸陵山下、杜康河畔），结果被蛇伏在城中的司马懿及其弟司马孚、长子司马师、次子司马昭乘机袭夺皇权。大将军曹爽及三兄弟，以及身边近臣桓范、何晏、邓扬、丁谧，毕轨、李胜三族尽灭，数千人被杀。这是司马懿兄弟父子所制造的又一大人间惨剧。

毫无疑问，司马懿和曹操一样。当一个人的智慧用于作恶时，他智慧越高作恶就越大。

二月，中书监刘放宣诏：

太傅司马懿清君侧立大功，邑二万户。拜司马师为卫将军，封长平乡侯，食邑千户。拜司马昭为中军护，食邑千户，帅众卫二宫。

司马师，字子元，司马懿长子，公元207年生人，时41岁，之前为散骑常侍，中护军。司马昭，字子上，司马师胞弟，公元210年生人，时年39岁，公元244年曹爽伐蜀被拜为征蜀将军。

司马懿看了一眼身旁的司马孚，两人会心一笑。自此曹氏皇权便尽在司马氏掌握之中。小曹芳就像当年董卓、曹操手中的汉献帝。

太尉蒋济因听信司马懿之言劝说曹爽及三兄弟归洛阳城追悔莫及，大口大口呕血，悲声痛哭道："曹爽因为听信我言，才遭此横祸啊……我为匡扶朝纲没想到却被司马懿父子所利用，干下了如此伤天害理之事……我到底做了些什么呀？我对不起你们哪，我有罪啊，我罪该万死……"随后气绝身亡。《世语》记述道："济随司马宣王（司马懿）屯洛水浮桥，济书与曹爽，言宣王旨'惟免官而已'，爽遂诛灭。济病其言之失信，发病卒。"

下回请看：孙权长女乱伦恋　孙权昏聩杀亲子

第一〇〇回

孙权长女乱伦恋　孙权昏聩杀亲子

孙鲁班正埋头弹琴，忽而琴声滔滔如激流涌动，忽而如涓涓溪流如泣如诉，孙峻一脸英姿，走进闺房。孙峻，字子远，孙坚弟孙静曾孙，孙权长女全公主孙鲁班堂侄，约公元219年生人，武卫都尉（孙权卫队长）、兼侍中。孙鲁班如痴如醉，全然不知，听到好处，孙峻不禁拍手叫好，“你什么时候进来的？”孙鲁班应了一句，也不回头，继续弹琴。

“从公主的琴声中，我听到了公主的心声。”侍中孙峻坐在一旁说道。

“是吗？一个喜欢骑马射箭的赳赳武夫，还懂得琴弦音乐？”孙鲁班说道，指间的旋律又如狂涛激浪。

“俗话说听话听音听弦听声，从公主的琴声我听出公主正在为某事忧虑，心急如焚，又苦无对策……”侍中孙峻话音刚落，便听琴弦啪嗒绷断，孙鲁班放下古琴，心烦意乱地走到梳妆台前面对铜镜梳理了一下发丝，每一个动作都牵动着孙峻色迷迷的眼神。

“大司马全琮真是不枉活此生啊，娶了一个如此风韵优雅的美丽公主。”侍中孙峻说道。

“少胡说，我看你一天到晚是在宫里女人堆里泡多了。”孙鲁班斥道。

“我有一法可为公主解忧。”孙峻走到孙鲁班跟前低声说道。

“什么办法？”孙鲁班随口问道。

“我可是一只馋嘴的猫。”孙峻嬉道。

“少胡说。”胡鲁班说道。

时孙峻约30岁，孙鲁班约38岁。“圣上共有七子，长子孙登、次子孙虑都已病逝，三子孙和，四子孙霸，为琅邪王夫人所生；五子孙奋，仲姬所生；六子孙休，南阳王夫人所生，234年生人，现15岁；七子孙亮，潘夫人所生，242年生人，现7岁。公主可别忘了在孙和、孙霸下面还有三子。”孙峻说道。

“我也本有此意，可在孙奋、孙休、孙亮三子中具体又该选哪一个呢？”孙鲁班问道。

“圣上当先最疼爱的又是哪一个？”孙峻问道。“自然是小儿子孙亮了，潘夫人年轻貌美。”孙鲁班应道。

“公主在诸夫人中又与何者最要好呢？”孙峻继续问道。

“自然是孙亮的母亲潘夫人了。对呀！看来你鬼点子还不少，了解得很详细啊！”孙鲁班恍然笑道。

“那还用说，为了得到公主的芳心我又怎敢不尽心？”孙峻凑到近前色迷迷地说道。

“少胡说，小心我撕烂你的嘴！”孙鲁班用手指娇滴滴地戳了一下孙峻的脑门佯怒道。

“还有，全尚是不是有一个小全女？”孙峻问道。

“是啊，全尚不是你姐夫吗？你是小全女的舅舅，这个你应该比我清楚啊？”孙鲁班问道。

“我当然清楚，可公主也别忘了，全尚是亡夫全琮的侄儿子，公主可是小全女的奶奶啊。我们两人一个是小全女的奶奶，一个是小全女的舅舅，要是圣上能立幼子孙亮为皇太子，公主就成了国奶，而我就成了国舅。”孙峻一脸兴奋道。

“真有你的！”孙鲁班也兴奋道。孙峻趁势要把孙鲁班搂在怀中，孙鲁班用手把他挡住，说道：“可问题是论辈分小全女是我的侄孙女，孙亮是我的同父异母兄弟，我又怎么能让自己的侄孙女成为自己的弟媳妇呢？这不是乱了套了吗？”

“这有什么？你妹妹公主孙鲁育不是把自己的亲生女儿嫁给了自己的亲

弟弟孙休吗？就像咱俩论辈分你是我的堂姑，我是你的堂侄，这叫亲上加亲，肥水不流外人田。”孙峻色迷迷地说道。

自此，孙鲁班出入皇宫身边总跟着一个漂亮的小女孩，身穿绣花锦袍，头扎小红花。“皇太爷好！给皇太爷请安！”小女孩娇声道。

“这是谁家的小女孩啊，长得这么漂亮，嘴又这么甜，来，让朕抱抱！”孙权一脸怜爱之情，说着将小女孩抱在怀里。

“我是全尚的女儿，名叫小全女。”小全女嗲嗲地说道。

“来，亲亲皇太爷！”小女孩用小嘴轻轻地在孙权的左腮上亲了一下，“唉呀，可真甜啊！这边再亲一下！”小女孩又在孙权的右腮上亲了一下，孙权甜在心窝，喜在眉梢。

“父皇如此喜爱小全女何不让孙亮纳其为妻呢？这样小全女不就成了您老的儿媳了？”孙鲁班望着小全女轻盈欢快的身影说道。

“这对金童玉女可真是天仙配啊！”侍中孙峻赞道。

“这个主意不错。”孙权随口说道。孙鲁班与孙峻两人不动声色地对视了一下，内心深处是一阵狂喜。孙鲁班给孙权端上茶说道：“近来父皇又苍老了许多，总是唉声叹气，不知为何？”孙权接过茶碗，忧虑道：“还能为什么？孙和、孙霸不睦，臣下分歧，明争暗斗，如此下去东吴将会有袁氏之败，我将为天下人所笑。二子中立任何一子都难逃内讧。”孙权此语，殷基在《通语》中有记载。

“也难怪圣上如此忧虑，孙和孙霸相争多年，搞得群臣失和，人心惶惶。圣上共有七子，长子孙登、次子孙虑早逝，除过三子孙和、四子孙霸，下面还有三子可立啊。”孙峻随口说道。“这可是关系到东吴根本的一件大事，父皇年事已高应早定大计才是。”孙鲁班说着看了一眼中书令孙弘，孙弘连忙附和道：“是啊，公主所言有理啊。”孙权喝了一口茶愁眉不展道：“这个问题朕也反复考虑过，可又当立何子呢？”

“听说孙亮母潘夫人在怀孙亮时，梦有天神送龙头于她。”孙鲁班接口道。陈寿在《三国志 · 吴书五 · 吴主权潘夫人传》中记述道：“夫人与姊俱输织室，权见而异之，召充后宫。得幸有娠，梦有以龙头授己者，已以蔽膝受之，遂生亮。”孙权本来就是一个挺迷信的人，梦中之说自然会对其产生深刻影响。

“朕也早有所耳闻，看来诸子中还是幼子孙亮最有天子相啊……”孙权若有所思道。孙鲁班与孙峻两人又暗暗交换了一下眼色，心中不禁又是一阵狂喜。

大殿之上，孙权坐于上位。全寄奏道：“太子不仁不孝，薄学寡闻，性嫉狭隘，不堪为一国之主！圣上年事已高，应早做决断，废太子孙和立鲁王孙霸才是！”

“鲁王仁义孝顺，聪明智慧，众官赞扬，万民拥戴，堪为一国之主！”侍中杨竺、尚书吴安、孙奇也纷纷出列道。

吴主孙权霍地从龙椅上站起，冷冷地问道：“是不是鲁王来让你们这么说的？”几个人一下子都被问住了。“你们快说！是不是鲁王孙霸来让你们这么说的？！”孙权厉声道。

全寄、杨竺、吴安、孙奇一下被问住了，“想坐太子位，是不是也想的有点太急了？！”孙权戏谑道。

“前番就因为听你们这些人胡言乱语，才冤死了吾粲，气死丞相陆逊。你们几个人欲拥立鲁王为太子，到处大放厥词，闹得群臣不和，朝廷内外乱七八糟，人心惶惶，我看你们是唯恐天下不乱！”孙权花须怒张，口沫飞溅斥道。

全寄、杨竺、吴安、孙奇等如同猛然间遇到雷劈一般，战战兢兢，不知所措。“看看你们几个人的熊样，一看就是鲁王党！”孙权继续斥责道。

阶下，丞相朱据面露喜色，出列道：“太子仁德智慧，经多年闭门读书，学有大进，年已二十有七，宜开禁辅圣上料理国政才是！”

哪知孙权拂袖怒道：“太子孙和也不是什么好东西！为争皇位，兄弟二人相互诋毁，整个是狗咬狗！朕就是把皇位让给路边的叫花子也不会给他们！朕要立幼子孙亮为太子，废孙和为庶民！”

孙权一语四惊，顿时掀起轩然大波，“不能，圣上，不能废太子！废长立幼，必遭大祸，东吴将从此大乱啊！”朱据、屈晃及群臣纷纷跪地劝道。

全寄、杨竺、吴安、孙奇则不知所措，大殿内乱成一团。孙权脸色犹如喷血一般怒吼道："朕意已决，休再多言！有再敢乱言者斩！"

"圣上不能废太子，不能废太子啊！这可是取乱之道！"丞相朱据、尚书仆射屈晃率诸将泥头自缚，在皇宫阙下跪地请命，从日出至日中，再到日落，一连数日。群臣窃窃，议论纷纷。孙权在孙鲁班、孙峻、孙弘的陪同下，登白爵观烧香拜道，远远看见朱据、屈晃及诸将泥头自缚，跪在阙前。

"这些人在干什么？"孙权问道。

"那是丞相朱据、尚书仆射屈晃率诸将请求圣上不要废太子孙和。"孙鲁班说道。

"这些人无事忿忿，没事找事，我看是不想活了，把他们都给朕绑到殿上来。"孙权咬牙切齿道。

大殿之上，朱据、屈晃等皆被五花大绑拖入大殿中央。"太子仁明！名扬四海！今三方鼎立！实不宜废太子，以乱众心！愿陛下以大局为重。若如此，老臣虽死，犹生之年！"屈晃磕头流血道。

"太子乃国之根本，雅性仁孝，天下归心，今废之将有一朝之虑！昔晋献公宠信骊姬而申生不存，汉武帝信江充之言而使太子冤死。臣痛心啊！"朱据也磕头道。

"你们还在胡说八道！还在胡说八道！！！"孙权咆哮如雷。

"昔晋献公杀害太子申生，立奚齐为太子，使晋国大乱，今废太子，东吴也将大乱，圣上可不能不察啊！"无难督陈正、五营都陈象也苦苦相谏。

"妖言惑众，整个是妖言惑众……来——来人哪！"随着孙权狂声怒吼，十数名廷卫应命而出。"赶——赶快这几个给朕拉出去，让他们的臭嘴永远都给朕闭上！"孙权吼道。十数名廷卫应命二架一纷纷往外拖。

"圣上，不能啊，不能啊，他们可都是一片忠心啊！"众文武战战兢兢纷纷跪地求饶，哀求声一片。孙鲁育扑通一声跪倒在孙权面前："求父皇念他们一片忠心，宽恕他们！”

孙权长女全公主孙鲁班、武卫都尉孙峻则暗露得意之色。孙权见女儿泪流满面，心又软了下来，哀叹一声，挥挥手命令道：“将陈正、陈象推出斩首，灭三族！朱据、屈晃各廷杖一百。”

廷卫有些不知所措，“你们难道没有听见朕在说话吗？！”孙权厉声吼道。“是……是！”廷卫应命道。

无难督陈正、五营都陈象被推出，“圣上不能废太子，不能废太子啊！废太子国将必乱！”朱据、屈晃被当廷打得嗷嗷惨叫。

“传朕旨令，废太子孙和为庶人，放逐故鄣（位于今浙江安吉县西北十五里），即日起程。鲁王孙霸也不是什么好东西，将鲁王孙霸赐死，其同党也全部处死，一个不留！”孙权吼道。

雷雨交加，雷声如吼，雨声如泣。孙霸府中，廷卫送上毒酒，孙霸跪地泣道：“父皇！父皇！您到底怎么了？您为什么要杀儿臣？杀死您自己的亲儿子啊？！”全寄、杨竺、吴安、孙奇被推出斩首，抛尸于滔滔江水之中，浮流而下。

无难督陈正、五营都陈象被杀，三族遭灭。27岁的太子孙和被废，放逐至故鄣。丞相朱据、尚书仆射屈晃免官，放归田里。

上述孙权听长女全公主孙鲁班之言，立孙亮废太子孙和，毒死孙霸，肆意杀害放逐部下之事，陈寿在《三国志·吴书十四·孙和传》、《三国志·吴书十四·孙霸传》、殷基在《通语》中皆有记载，本著只是如实再现而已。

闺房中。“太好了！太子孙和被废，鲁王孙霸赐死，太子党与鲁王党两败俱伤，几乎全军覆没，同归于尽！”孙鲁班欣喜若狂。“我美丽的公主，今天你可要好好犒劳犒劳我啊！”孙峻与孙鲁班，这一对姑侄相拥在一起，耳鬓厮磨，翻滚于床闱中，激情荡漾，“太好了，太好了，我们成功了！”

上述孙权长女孙鲁班与侄儿孙峻私通之事，陈寿在《三国志·吴书十九·孙峻传》中明确记述道：“峻素无重名，骄矜险害，多所刑杀，百姓嚣然。又奸乱宫人，与公主鲁班私通。”

公元250年十一月，寒风萧萧，年仅8岁的幼子孙亮被立为皇太子，小全女被册封为太子妃，金童玉女一同跪拜在孙权面前，“我皇万岁！万万岁！”群臣贺道。

孙权面露喜色道：“都起来吧，起来吧，我东吴江山自此将稳如泰山！”

公元251年五月，孙鲁班暗中用重金买通道观法师，孙权按照神人授书改年立孙亮母潘夫人为皇后。潘氏自此扬眉吐气，把宫女们招集在一起趾高气扬道：“我知道你们中间有些人成天在背后说老娘的坏话，说老娘出身卑微，是一个织女，靠女色得宠。现在怎么样？现在老娘的儿子是皇太子，老娘也成了皇后，气死你们！你们都给老娘放老实点，小心老娘扒你们的皮，抽你们的筋！”宫女们战战兢兢皆不敢言。

后宫中，潘氏高坐在上，中书令孙弘奉承道：“自圣上称帝二十余年来，夫人可是开国以来正式册封的第一位皇后，皇后国之母，民之福啊！”潘氏一脸光鲜说道：“这都是托神仙之福啊……还请中书令教我吕后摄政之法……”

“吕后摄政之法不可效，效将遭灭族之祸。”中书令孙弘支支吾吾道。

这时一宫女给潘氏端上茶，哆哆嗦嗦不小心撞了一下她的手，潘氏用眼睛剜了宫女一眼，拿起茶碗做喝茶之状，猛然将茶水擢在宫女脸上，宫女惊叫一声，恍然不知所措。“你们这些人连猪狗都不如，连茶水都端不好！”潘氏吼道。弄得坐在一旁的孙弘极为尴尬。

一天清晨，两面宫女小心翼翼地给潘氏梳理头发，长发乌乌，飘飘如云，随后又小心翼翼地开始盘花，打髻，突然发现别发髻的簪子不见了，“唉，荷花簪怎么不见了……”宫女手忙脚乱，“肯定是不怀好意的宫女把我的荷花簪给偷了，把宫女们都给我找来……”潘氏如狮般吼道，二黄门慌忙将宫女找来，十数名宫女哆哆嗦嗦跪倒在地上，“肯定是你们中间有人偷了我的荷花簪，你们快说是谁偷的？”潘氏吼道。“我——我们没见荷花簪，我——我们真的不知道。”宫女们跪在地上哆哆嗦嗦说道。“还敢抵赖！我看你们是合起伙来跟老娘作对！我数三声，你们要是不说就打断你们的腿，交御史处置，到时候你们连身家性命都保不住！”潘氏吼道。

“皇后饶了我们吧，我们真的不知道啊！”宫女们跪地求道。“一！二！”潘氏厉声喝道，“皇后我们真的不知道啊！”“三！给我打！”随着潘氏一声令下，廷卫举起木棒劈头就要打，这时只见一黄门匆忙而来：“荷花簪找到了！荷花簪找到了！掉在了梳妆台后面！”潘氏接过簪子，仔细看了看说道：“没错，是我的荷花簪。”宫女们这才长舒一口气，可哪知潘氏却说道：“肯定是这些人给我藏了起来，给我打！”噼哩啪啦，宫女们被打得鬼哭狼嚎。

下回请看：孙权请大仙辅国　长女偷欢杀亲弟

第一〇一回

孙权请大仙辅国　长女偷欢杀亲弟

皇宫中，潘氏神乎其神说道："听人说，在罗阳县（属会稽郡，今浙江省瑞安县）有一个叫王表的神仙，说话饮食与常人无异，却不见其形。"

孙权一听立即来了神，"是吗？有这样的事？你们听说了没有？"孙权抖动着花白须问道。

"我们早就听说了，确有其人其事，听说能呼风唤雨，为人祛病消灾。"长女全公主孙鲁班附和道。

"在东吴既然有如此神仙，何不请来为朕安邦定国，祛病消灾。"孙权于是命中书郎李崇持辅国将军罗阳王印绶率数百人至罗阳（属会稽郡，今浙江省瑞安县）相迎。王表坐接印绶，乘八抬大轿入京，沿途所过郡县，官吏及万民皆夹道跪拜。七月，初秋小雨，王表随李崇入京城，孙权在潘氏、孙鲁班、孙峻、孙弘等的陪同下率文武百官迎于苍龙门外，盛况空前，孙权安坐于黄龙伞盖下，兵甲威威，王表当众设坛作法，念念有词："我举刀问天！天欲何为？天欲降福东吴圣主，保东吴圣主国泰民安！"

吴主孙权遥遥指道："赶快赐王神仙酒肉美食，朕有神仙相助，还何愁东吴不国泰民安？"

孙权请大仙辅国之事，陈寿在《三国志 · 吴书二 · 孙权传》有明确记述，本著只是如实再现而已。

东晋史学家孙盛一千七百年前对孙权此举的评议是："国将兴，听于民；国将亡，听于神。孙权年老志衰，谗臣在侧，废嫡立庶，以妾为妻，

可谓多凉德矣。而伪设符命，求福妖邪，将亡之兆，不亦显乎！”一个一千七百年前的史学家就能有如此见谛，实在是发人深思。

八月，司马懿因疑太尉王凌欲拥立曹操子曹彪为帝，不仅将曹彪杀害，还将王凌及所有牵连者三族夷灭。司马懿随后也在洛阳一命呜呼，亡年73岁。由其弟司马孚领太尉，总理朝政，长子司马师领大将军，总统天下兵马。

十一月，孙权患风寒，卧病在床。火盆中炭火烧得正旺。“赶快让王神仙为朕设坛作法，祛病消灾！”孙权吩咐道。自此王表在苍龙门外日日设坛作法，祈山祷水，而孙权的病情却在烟雾缭绕中日甚一日。睡梦中，孙霸来到身边，哭道：“父皇！父皇！您为什么要杀死儿臣啊？儿臣死得不明不白啊！”孙和也来到身边，泣道：“父皇！您难道就不能救救儿臣吗？您身边的人都想害死儿臣呀！”忽儿陆逊也来到病榻前，说道：“圣上！您好糊涂啊！您废长立幼，将子孙置于炉火之中，相互残杀，孙氏江山就要毁之一旦啊！”孙权从梦中惊醒，虚汗淋漓，看看这个，又看看那个。

“父皇，喝口参龟灵芝汤！”长女全公主孙鲁班道。孙权摇摇头，“不，朕不要喝，朕要孙和回来，朕要孙和回来……”孙权喃喃道。孙鲁班、潘氏、孙峻、孙弘闻声大惊，面面相觑，“这——这怎么可以？孙和已经被废，让他回来将造成内讧？”孙鲁班说道。

“不，他是朕的儿子，朕想他，朕要看看他……”孙权眼角涌现出了一丝泪花。孙鲁班跪倒在孙权病榻前，泣道：“父皇要杀女儿就明说好了，女儿自裁就是了。父皇要重新更立太子，势必造成孙和与孙登两党你我争斗，到时京城将会大乱，女儿也将在劫难逃……”

“是啊，如此势必会造成两党争斗，重演二袁相争的历史悲剧！”侍中孙峻、中书令孙弘也一并跪倒在病榻前。潘氏木讷坐在一旁，不知所措。

“是啊，如此将会有袁氏之败啊……你们都起来吧……”孙权颤巍巍说道。几人战战兢兢站起。“来，扶我起来！”孙鲁班、潘氏连忙上前将孙权扶靠在床上。孙权喝了一口水颤巍巍说道：“你们说说，现在太子孙亮年幼，朕又重病在身，该如何是好？”

《吴书》记述道：“权寝疾，意颇感寤，欲征和还立之，全公主及孙峻、孙弘等固争之，乃止。”

“为今之计唯有一法可解当前危机。”中书令孙弘欲言又止。“中书令有何妙法，快说来一听。”孙权说道。

“为今之计，圣上应扶持太子孙亮，削弱故太子孙和势力，唯有如此才能避免两虎相争。”中书令孙弘说道。

孙权沉思片刻说道：“现在看来也只能如此了……”

“那具体又该如何扶持太子孙亮，削弱故太子孙和势力呢？”侍中孙峻问道。

“扶持太子孙亮，应在孙亮党的基础上，尽量争取中间力量。削弱故太子孙和，一则可以进一步铲除孙和的主要支持者，如原丞相朱据等，让故太子孙和及其他诸子都原离京城等。”孙弘说道。

“没错，唯有如此才能彻底避免二袁之败。”孙峻附和道。

“削弱故太子孙和容易，可问题是又该如何争取中间力量呢？”孙权长女全公主孙鲁班问道。

“是啊，中间力量是介于太子孙亮与故太子孙和之间的这股势力，若隐若现，又该如何争取呢？”吴主孙权也随口道。

“这简单，只要把中间力量最有威望者委以重任不就可以了？”孙峻说道。

“那这个人是谁呢？”孙鲁班问道。

“他就是大将军诸葛恪！”孙峻说道。

“不可！诸葛恪很有威望，可其性格刚愎自用，不可大用！”中书令孙弘谏道。

诸葛恪，字元逊，诸葛瑾长子，公元202年生人。其父诸葛瑾面长似驴，有一次孙权大会群臣，使人牵一驴入，脖子上挂着一块牌子，上面写道“诸葛子瑜”四子。引得全场哄堂大笑。少年诸葛恪跪拜孙权道：“请让我增加两字！”孙权点头说：“可以！”诸葛恪提笔续后写下“之驴”二字，举座皆欢笑。公元234年拜诸葛恪为抚越将军，领丹阳太守。陆逊气死后，迁诸葛恪为大将军，代陆逊驻南昌，领荆州事。数与魏交战。

“诸葛恪不仅威望高，且长年驻军在武昌，不在京城，是典型的中间派代表，不仅如此，诸葛恪之才略当今朝臣无人能比！”侍中孙峻力挺道。

“没错！”孙权长女孙鲁班附和道。

“不！上大将军吕岱德高望重，也一直镇守在外，可委以重任！”孙弘力荐道。孙弘与诸葛恪素来不和。

“吕岱的确德高望重，可吕岱已年过九旬。”孙峻反驳道，孙鲁班在一旁用眼角瞪了孙弘一眼。

十二月，孙权以诸葛恪为大将军领太子太傅（太子老师，又掌全国兵马大权），以中书令孙弘领少傅（太子老师，及掌管太子宫）。

上述孙峻、孙鲁班在孙权面前力荐诸葛恪之事，在《吴书》中有详细记载，本著只是如实再现而已。

公元252年正月，立故太子孙和为南阳王，居长沙；立孙奋为齐王，居武昌；孙休为琅邪王，居虎林。

此时朱据被委以新都郡丞，正与妻子孙鲁育、长子朱熊、次子朱损乘马车在去新都的路上。突然五百飞骑奔驰而至，将朱据一行马车拦住。“圣上有旨！”当先一将宣道。朱据、孙鲁育连忙呵停马车，下车当道跪地接旨，二子下马紧随其后。使节骑在马上宣诏道：

圣上有旨，朱据乃孙和一党，祸乱国家，按罪当诛，念其为公主之夫，故赐死。旨到此行，不得有误！钦此！

犹如晴天霹雳，“这——这到底是怎么回事？”朱据不知所措。

“父皇，您为什么要杀死我的丈夫？这不可能！天哪，这到底是怎么回事啊？！”孙鲁育悲怆道。数名武士持毒酒而至。朱据望天则泣，泣而又笑，“永别了苍天！永别了我的妻儿！”然后将毒酒满饮而下。孙权就这么又毒死了他的女婿。陈寿在《三国志·吴书十二·朱据传》中记述道：“赤乌九年，迁骠骑将军。遭二宫构争，据拥护太子，言则恳至，义形于色，守之以死。遂左迁新都郡丞。未到，中书令孙弘谮润据因权寝疾，弘为诏书追赐死，时年五十七。”

王表仍在苍龙门外设坛作法，祈山祷水，搞得宫里宫外，香火缭绕，祷声纷纷，乌烟瘴气。

此时潘氏因多日操劳，正在后宫酣睡。数名宫女正在侧室窃窃私语，“听说圣上病危，她马上就要做皇太后了……”一宫女低声道。“自从她儿子被立为太子，她当上皇后，一天好日子都没过过，整天找碴拿我们泄愤，轻则打骂，重则刑罚，日甚一日，等她再当上皇太后，大权在握，那我们这些人还有生路吗？”一宫女愤愤道。“这个人荷花面蛇蝎心，等她来杀咱们，不如先把她给……”一宫女说道。“没错，就是死，最起码也能出一口恶气……”

几名宫女手持绳子、衣被，屏声静气，轻手轻脚走进潘氏卧房，然后一哄而上，勒脖子的勒脖子，捂被子的捂被子，七手八脚，手忙脚乱，不多时潘氏便香消玉殒，窒息而亡。

病榻上。“什么？你刚才说什么？皇后被宫女缢死在后宫！”孙权大惊，昏倒在床榻上，奄奄一息。“赶快！赶快！去求大仙，为皇上祷命！”孙鲁班叫道。而此时的王表已经卷上金银财宝，趁夜骑马逃走，不知去向，身后卷起层层纸钱，黄的，白的，犹如铺天盖地的雪片，层层而落，将孙权淹没。孙权被埋在了数丈厚的纸钱下，于公元252年四月一天深夜，咽下了他在人世间的最后一口气，亡年71岁。陈寿在《三国志·吴书五·吴主权潘夫人传》中记述道：“明年，立夫人为皇后。性险妒容媚，自始自卒，谮害袁夫人（袁术女）等甚众。权不豫，夫人使问中书令孙弘吕后专制故事。侍疾疲劳，因以羸疾，诸宫人伺其入卧，共缢杀之，托言中恶。后事泄，坐死者六七人。权寻薨，合葬蒋陵。”

孙权刚死，孙鲁班、孙峻与诸葛恪便合谋在席间杀死中书令孙弘。10岁的孙亮在灵前继位，立小全女为皇后，改年建兴。以诸葛恪为太傅大将军，以全尚为太常、卫将军总理朝政，以上大将军吕岱为大司马，以腾胤为太常，以孙峻为武卫将军，统领禁卫军。全氏共有五人封侯，皆掌重兵。

孙权是一个既感情用事又迷信之人。年轻时在曹操面前装孙子，208年偷袭黄祖，两次偷袭荆州，干的都是因小失大的蠢事。要是他在这一时期还多少有点头脑的话，就是他还能听进去一些人的话，在周瑜、鲁肃、陆逊这些有头脑的人主导其行为时，还能干出一些有头脑的事，在吕蒙等人主导其行为时，还让人感到有些小聪明。可这丝毫改变不了他的本质。在孙权步入老年，由于他皇权在手更加任性所为，由于他年老思维机能退化更加迷信，老年的孙权可以说是昏聩已极，因感情用事和迷信而废太子孙和，因愚蠢而听信谗言，整个是因小失大，把东吴弄成了一个大烂摊子。毫无疑问，孙权是三国中的第一号蠢人，整个是昏聩一生。而在易中天的眼睛里："孙权确实是天下的政治家，因为他懂得什么是政治。"真是滑天下之大稽。

可宫廷里面的残暴血争并没有结束，也不可能结束。公元253年八月，诸葛恪出兵合肥新城（今安徽合肥城西30里），攻城三月，损失惨重，不克而还。百官到江边来迎，诸葛恪走下楼船一脸愠愠之色。

闺房中，孙峻从背后搂抱住孙鲁班的腰身，两人倒在床上，"你看你浑身酒气，成天出入后宫，与宫女们厮混，以后要是还这样就少到我这儿来了。"孙鲁班说道。孙峻一翻身把孙鲁班压在身下，"我就这么一点爱好，还请公主原谅，我以后再也不敢了还不行吗？"说着便急猴猴地解孙鲁班的腰带，俩人很快便赤身裸体纠缠在一起，"你有那么多女人，而我却只有你一个男人，让我想死你了……"急浪过后，孙鲁班依偎在孙峻宽阔的胸怀中。"诸葛恪刚愎自用，听说此次出兵少说也损失了三五万兵马。"孙峻随口说道。

"这都是小事，更让人担心的还在后面呢。"孙鲁班略显疲惫地说道。

"有什么好担心的？"孙峻问道。

"你难道不知道，孙和有一个妃子姓张，诸葛恪是张妃的舅舅。"孙鲁班说道。

"有这事？"孙峻立即警觉了起来。

"那还能有假。不仅如此，听说前一段张妃还让一个叫陈迁的黄门悄悄到太傅府上找诸葛恪。"孙鲁班说道。孙峻的眼睛一下睁大了："他们说什么？"

"诸葛恪跟陈迁说，我要让张妃胜过其他人。"孙鲁班说道。

"这不明摆着要立孙和为帝，让张妃做皇后？我怎么没想到诸葛恪与孙和会有这一层关系。”孙峻翻身下床。

“外面还传言诸葛恪要迁都武昌，南阳王孙和居长沙，靠近武昌，显然有迎孙和之意。”孙鲁班坐在床上穿衣服说道。

“这还了得！”孙峻急道。

“我们应先下手为强，先除掉诸葛恪，然后斩草除根，这样既可消除后患，还可独揽大权。”孙权长女孙鲁班说道。上述传言诸葛恪欲立孙和为帝之事，陈寿在《三国志·吴书十四·孙和传》中记述道：“四月，权薨，诸葛恪秉政。恪即和妃张之舅也。妃使黄门陈迁之建业上疏中宫，并致于恪。临去，恪谓迁曰：‘为我达妃，期当使胜他人。’此言颇泄。又恪有徙都意，使治武昌宫，民间或言欲迎和。”

十月的一天，孙亮降诏请大将军诸葛恪到皇宫饮酒议事。雪花飘飘，诸葛恪乘豪华四轮马车在五百甲士的护卫下至皇宫阙下，这时一黄门出宫门来迎，神色慌张道：“这是散骑常侍张约、朱恩给太傅的密信！”说着将一个小纸条塞到诸葛恪手上，便匆匆转身离去。诸葛恪连忙打开只见纸条上写道：

今日张设非常，疑有他故！

大将军诸葛恪看完字条后，犹豫不决，在阙下徘徊：入宫恐有不测，可不入宫又抗旨不尊，将会留下把柄，这该如何是好……正在诸葛恪徘徊间，见武卫将军孙峻出宫来迎：“太傅何故在此徘徊，不入宫呢？”

“我忽感腹中剧痛，故不便入宫！”诸葛恪应道。“既然太傅尊体欠安，就回府休息去吧，我进去给圣上通报一下就是了！”孙峻说道。“那就多谢孙将军了……”诸葛恪命车夫调转马头，刚要离去，见亲家太常腾胤（其女是诸葛恪儿媳）乘马车而来。“太傅已经到了宫门又何故要打道回府呢？”腾胤问道。“我忽感腹中剧痛，故不便入宫。”诸葛恪应道。“太傅自出征已好久未见，今圣上置酒请我等来饮酒议事，何不一起进去痛饮几杯，就这么回去实在可惜！”腾胤说道。诸葛恪心想：看刚才孙峻和腾胤的样子不像有什么事，再者，孙峻乃我之同谋，又有何虑？诸葛恪于是走下马车，与腾胤一同剑履上殿。炭火熊熊燃烧，酒宴上，孙亮居于上位，诸葛恪、孙峻、腾胤、吕岱等分坐两侧。“太傅劳苦功高，久战才还，还请太傅先满饮此酒！”孙亮说道。诸葛恪面露疑色，接过酒后置于一旁。这时听孙峻说道：“太傅腹痛还未痊愈，这里有药酒可为太傅祛病。”孙峻说着命人取来药酒，先自饮一樽，然后放到诸葛恪面前供其独饮。诸葛恪这才放心地与诸位开始畅饮。酒过数巡，菜过五味，大殿中歌舞升平，潜埋在心中的猜疑之心也随之荡然无存。“太傅下一步又准备在何处用兵啊？”腾胤问道。“下一步我准备在广陵用兵。”诸葛恪应道。此时孙峻起身如厕，解下长衣，换上短服，持刀而出：“有诏收诸葛恪！”随着孙峻一声厉吼，举座四惊，诸葛恪惊起拔剑，随着刀光一闪诸葛恪手臂被砍下，场内尖叫声四起，张约挥刀向孙峻砍来，孙峻一闪，刀砍左手，孙峻又一刀砍掉张约右臂，又连劈数刀将张约劈倒，此时诸葛恪浑身是血，吼叫着向殿门奔出，“有反贼造反！有反贼造反！”大殿中鬼哭狼嚎声一片，乱成一团，孙亮惊声大呼：“这非我所为！这非我所为！”侍从慌忙护送孙亮抱头鼠窜。埋伏在四围的数百武士持戟冲入，将诸葛恪堵住。“我是太傅！孙峻是反贼！你们要……”十数戟齐刷刷刺入诸葛恪胸膛，诸葛恪大叫一声当场毙命。亡年51岁。

诸葛恪次子长水校尉诸葛竦闻父亲被孙峻杀害，慌忙携母及家人乘马车仓皇出逃，刚逃十数里便被孙峻所遣的骑督刘承追上，诸葛竦挥刀奋战，被乱军所杀，其母及家人也全部被杀。诸葛恪三子步兵校尉诸葛建乘船渡江，准备北面投魏，刚登岸不久便被追兵所杀。诸葛恪长子诸葛绰因与孙霸之事有牵连先前已被杀，如此诸葛瑾子孙在东吴全部被杀，这就是给王权卖命的最终下场，任何人都不可能有好下场。孙峻置宴杀诸葛恪及全家被杀之过程，陈寿在《三国志·魏书十九·诸葛恪传》中有全程记载，本著只是如实再现而已。

闺房中，“南阳王孙和该如何处置？”孙峻问道。“要想高枕无忧就要斩尽杀绝。”孙权长女孙鲁班面无表情地说道。

“他可是你的同父异母兄弟。”孙峻说道。

“不，我们是敌人，势不两立！”孙鲁班说道。

孙峻命人给孙和送来毒酒，孙和与张妃泣泪而别，“父皇啊！这难道就是我的下场吗？”张妃也随后饮毒酒而亡。留下幼子孙皓。

上述孙权长女孙鲁班与孙峻毒死孙和之事，陈寿在《三国志·吴书十四·孙和传》中明确记述道："及恪被诛，孙峻因此夺和玺授，徙新都，又遣使者赐死。和与张妃辞别，张曰：'吉凶当相随，终不独生活也。'亦自杀，举邦伤焉。"

一幕又一幕，让人悲痛、愤恨而又无奈的人间悲剧就这么不断地发生。要是在现代民主社会中，这一切都可以自然避免，给整个人类社会造成巨大灾难的宫廷政变、诸侯混战、官民大战、内部叛乱都不会发生。因为在现代民主社会天下本来就是天下人的，完全没必要去如此争斗。

"哦，太好了，我们现在终于可以高枕无忧了！"孙鲁班依偎在孙峻的怀抱中说道。孙峻杀诸葛恪、孙和后自命为丞相大将军，独掌东吴军政大权，孙鲁班则是幕后操盘手。

下回请看：孙权长女害胞妹　血口嫁祸两外甥

第一〇二回

孙权长女害胞妹　血口嫁祸两外甥

公元254年，24岁的曹芳因不堪忍受被司马师、司马昭兄弟长期禁闭在金色大鸟笼中，像大鹦鹉一样的生活，与太常夏侯玄、中书令李丰、光禄大夫张缉等近臣密议，被司马兄弟发觉，结果不仅三人及全族遭灭，曹芳也遭废，又立曹髦为帝。曹髦，字彦士，曹丕孙，东海定王曹霖子，公元240年生人，时年14岁，公元244年被封为高贵乡公。曹髦即皇位于太极殿，改年正元。

公元255年二月，司马师因眼疾暴死于许昌，亡年48岁。其弟司马昭领大将军，总统诸军，录尚书事（总理朝政）。

公元255年七月，东吴建业，将军孙仪（孙峻叔父）等密谋除掉孙峻，事泄被杀。闺房中，丞相大将军孙峻饮酒中忧虑道："我万万没想到有这么多人恨我，要害我，去年故太子孙登子孙英要害我，多亏走漏风声，今年叔父孙仪也要害我。"

孙权长女全公主孙鲁班给孙峻斟酒间说道："自古做大事者皆有人反对，你也一样。关键是要做好防犯。"

"怎么个防犯法？这样下去我恐怕是有今天没明天。"孙峻又喝了一口酒说道。"关键是找到幕后主使。"孙权长女全公主孙鲁班也喝了一口酒说道。"那此事的幕后主使又是谁呢？"孙峻问道。

"我要是说出来恐怕会吓你一跳。"孙鲁班挑逗道。

“好了，先不说这些了。来，喝酒，今天我陪你一起喝，一醉方休。”孙鲁班说道。

“公主快说，这个幕后主使到底是谁？”孙峻追问道。

“她不是别人，正是我的亲妹妹孙鲁育。”长公主孙鲁班不紧不慢说道。

“是她？！”孙峻的眼睛一下子睁大了，“不会吧？”随后又疑问道。

“怎么不会？孙鲁育一向与你我作对，我们杀了她丈夫，她又怎么会善罢甘休？”孙鲁班说道。

窗外小雨，淅沥沥下个不停。闺房中，公主孙鲁育面如浮雕，一步步走上绞索，喃喃道：“这到底是一个怎样的世界啊？父子相害，手足仇杀，姐妹相残，人间大乱！”忽而孙鲁育又大悲道：“这到底是一个怎样的世界啊！在这个世界中生还不如死！”孙鲁育踢掉板凳，悬梁自尽。孙鲁班就这么又将自己的亲妹妹孙鲁育陷害致死。上述孙权长女孙鲁班杀害亲妹妹之事，陈寿在《三国志·魏书十九·孙峻传》中明确记述道：“是岁，蜀使来聘，将军孙仪、张怡、林恂等欲因会杀峻。事泄，仪等自杀，死者数十人，并及公主鲁育。”

可好景不长，孙峻因作恶多端惶惶不可终日，公元256年九月深秋，孙峻在率大军出江都（今江苏扬州），征魏途中，夜梦遭诸葛恪父子、孙和、张妃、朱据、孙鲁育联手击杀，惊恐万状，发病而死。时年38岁。由其堂弟孙綝继任，杀太常滕胤，骠骑将军吕据，领大将军，总理朝政。孙綝，字子通，与孙峻同祖，公元230年生人，孙峻副将，时年26岁。孙峻与孙权长女孙鲁班的乱伦之恋前后达六七年。

公元257年四月，东吴建业，15岁的孙亮在公主孙鲁班、太常全尚、将军刘丞等的扶持下，登临太初宫正殿，开始亲政。“我皇万岁，万岁，万万岁！”百官朝贺道。此时大司马吕岱也已病逝。

“从即日起朕开始亲政，朝中大小事都要经过朕亲批方能施行，违者将军法从事！”孙亮一脸少童之气地说道。“是！”百官应道。

“太常全尚！”

“在！”

“命你从大将子弟中挑选年18岁以下15岁以上有勇力男子三千人，以为将帅，保家护国！”孙亮满脸少年气地命令道。

“是！”

大将军孙綝出列谏道：“圣上不可。这些子弟虽将门虎子，可尚年幼统兵尚早。”

“大将军此言差矣！朕也年少，年不过十五难道就不能治国了吗？”孙亮尖声问道。

“这……”孙綝被问住。

“况且大将军也不过26岁，还不照样在统率三军？！”孙亮继续说道。孙綝面红耳赤不知所道。孙亮岳父全尚一脸洋洋自得。

公元258年三月，魏征东大将军诸葛诞因对司马兄弟擅行废立、滥杀暴行愤恨至极在淮南寿春进行大规模叛乱。孙綝救援不利，不仅损失了诸葛诞的十五万义军，全军覆灭，东吴也搭上了十几万，还杀了东吴名将朱异。孙綝回到建业后无人不指，无人不怨。孙綝也感到无颜见人，称疾不朝，筑宫室于朱雀桥南，使其弟威远将军孙据把守苍龙门，弟武卫将军孙恩、偏将军孙干、长水校尉孙闿各率禁卫军分屯诸营，镇守京城。

内宫中，黄门宣道：“公主到！”孙鲁班匆匆而入：“圣上有急事找我？”孙亮脸色铁青不理不睬，小全女站在一旁。孙亮摆摆手示意让小全女及侍从退下，硬生生问道：“听说是你害了我姐姐孙鲁育？”这突如其来的一问一下子把孙鲁班给打晕了。“你快说呀，是不是你害死了孙鲁育？”孙亮瞪着眼睛追问道。孙鲁班泪如雨下，“亏你也能想得出来，她是你的亲姐姐，也是我的亲妹妹，我又怎么会害死我自己的亲妹妹呢？我那可怜的妹妹死得可真惨啊，为了救她，我就只差给丞相大将军孙峻下跪了……”孙鲁班一把鼻子一把泪地说道。“那——那你说，她是怎么被孙峻杀害的？”孙亮口气一下软了下来。“我实不知。那是她的两个儿子朱熊、朱损说他们的母亲与孙仪同谋。”孙鲁班嫁祸道。

“原来是他们两个儿子害死了他们的母亲？世上竟还有如此不孝之子！”孙亮切齿道。孙鲁班用眼角看了孙亮一眼，暗自庆幸自己又逃过了一劫。

大殿之上。“将军丁奉！”孙亮叫道。“在！”丁奉应道。“你火速率人把虎林督朱熊、外部督朱损给我杀了！”孙亮命令道。丁奉，字承渊，庐江安丰人，时拜为左将军。话音刚落，就听大将军孙綝高声阻道：“不可！”

“朱熊、朱损害死了他们的母亲孙鲁育，罪该万死！”孙亮吼道。

“那不可能，孙鲁育是他们的母亲，世界上哪有儿子害母亲的！”大将军孙綝谏道。“自古以来为争夺皇权父杀子，子杀父，兄弟姐妹手足相残之事比比皆是，儿子陷害母亲又有什么好稀奇的！”太常全尚说道。

“那你们凭什么说是朱熊、朱损两兄弟害死了他们的母亲孙鲁育？！”大将军孙綝争辩道。

“那是公主孙鲁班亲耳所闻，难道还能有假？！”孙亮尖叫道。

“我看这十有八九是陷害，世界上哪有儿子陷害母亲的？简直是痴人说梦，古今罕有！”孙綝继续争辩道。

“我看因为你妹妹是朱损的妻子，所以大将军才极力袒护！”将军刘丞刻薄道。

“是又怎么样？难道就任由你们这些人胡作非为吗？！”大将军孙綝吼道。

“朕意已决，休再多言！”孙亮尖叫着拂袖而去。丁奉领命而出，杀朱熊于虎林，杀朱损于建业。朱据、孙鲁育及他们的两个儿子就这么都被孙鲁班全害死了。《三国志·吴书十二·朱据传》中明确记述道：“孙亮时，据二子熊、损各复领兵，为全公主鲁班所谮，皆死。”

公元258年九月，深秋，太初殿内宫中。“朱损的妻子是大将军孙綝的妹妹，今圣上杀朱熊、朱损冤仇已结。孙綝手中可握有重兵啊。”孙权长女孙鲁班忧虑道。“那——那该如何是好？”吴主小孙亮急道。“事到如今也只有……”孙鲁班附在孙亮耳边耳语道。陈寿在《三国志·吴书十九·孙綝传》中记述道：“亮内嫌綝，乃推鲁育见杀本末，责怒虎林督朱熊、熊弟外部督朱损不匡正孙峻，乃令丁奉杀熊于虎林，杀损于建业。綝入谏不从，亮遂与公主鲁班、太常全尚、将军刘承议诛綝。”

16岁的小孙亮联合中军都督全尚与将军刘丞想一举剪除大将军孙綝之危害，没想到事泄，孙綝联合威远将军孙据、武卫将军孙恩、偏将军孙干、长水校尉孙闿四兄弟，连夜举兵杀刘丞。十月，迎琅邪王孙休即皇位。孙休，字子烈，孙权第六子，时年24岁。妻子朱氏（孙鲁育女）被立为皇后。改年永安。才登基一年的小孙登被废为会稽王，携小全女流亡于会稽东县。全尚被流放于零陵郡，孙权长女全公主孙鲁班则被流放至豫章。在古代王朝很少有人能像孙綝这样宽容大度。此事陈寿在《三国志·吴书十九·孙綝传》中有明确记载。

孙休以孙綝为丞相大将军，孙恩为御史大夫、卫将军、中军督，孙据为右将军，孙干、孙闿为杂号将军。孙綝一门五侯，皆掌禁兵，权倾朝野。可好景不长，孙綝手握大权，自然是飞扬跋扈，且权高震主。十二月，孙休又设计在太初宫大会群臣时杀了孙綝，亡年28岁。四兄弟逃脱不及全部被追杀，三族被灭。此事陈寿在《三国志·吴书十九·孙綝传》中有明确记载。

公元260年五月，曹髦因实在不堪忍受被司马昭关在鸟笼中的压抑生活，不听劝告率侍卫僮仆数百鼓噪而出，司马昭授意部将成济杀之，然后又杀人灭口。六月，司马昭又迎来陈留王曹奂进洛阳，从郭太后手中接过玺绶，在司马昭、司马孚、高柔的拥立下，人主太极殿。曹奂，字景明，曹操孙，燕王曹宇子。

随后黄门高声宣诏道：

大将军司马昭功高盖世，德广天下。现进大将军司马昭为相国、封晋公，封十郡，加九锡之礼。钦此。

这就是王朝社会，宫廷政变、军阀混战、内部叛乱、官民大战翻来覆去，无休无止，生活在如此社会环境中的人跟在生活在地狱中没什么两样。

下回请看：廖化怒斥姜维滥用兵　钟会智高胆大识兵机

第一〇三回

廖化怒斥姜维滥用兵　钟会智高胆大识兵机

此时蜀国，蒋琬已于公元246年病逝，费祎于公元253年被魏国刺客所杀，姜维于公元256年领大将军。

公元262年，蜀大将军姜维率众出侯和（今甘肃临潭西北），被魏征西将军邓艾大败，退守沓中（今甘肃舟曲县西北）。

成都，大殿之上，光禄大夫谯周奏道："当今蜀国形势应该像周文王那样休养民力，而不应像汉高祖那样与项羽战争不休。只有时合而后动。姜维如此穷兵黩武，使得国无宁日，国力匮乏，民怨沸腾，此乃败国之道。"谯周，巴西西充国人，诸葛亮聘为劝学从事，公元238年后主刘禅聘之为太子家令。陈寿在《三国志·蜀书十二·谯周传》记述道："于时军旅数出，百姓疲瘁，周与尚书令陈祗论其利害，退而书之，谓之仇国论。其辞曰：'极武黩征，土崩势生，不幸遇难，虽有智者将不能谋之矣。'"

"我曾言'兵不息，必自焚'，说的就是大将军姜维啊！智不比敌强，而力又弱于敌，却用兵无厌，又怎能不败？如此大祸将不远矣！"右车骑将军廖化悲怆道。此时廖化已七十有二。《汉晋春秋》记述道："景耀五年（公元262年），姜维率众出狄道，廖化曰：'兵不戢，必自焚'，伯约之谓也。智不出敌，而力少于寇，用之无厌，何以能立？"

"大将军费祎在时，姜维每次要兴兵大举，费祎常有限制，拨其兵马最多不过一万。自253年费祎被刺，姜维连年大举用兵，少则七八万，多则一二十万，九年间共大举用兵八次，忽出陇右，忽伐关中，皆损兵折将不克而还。如此下去又怎能不亡国？"左车骑将军张翼也奏道。陈寿在《三国志·蜀书十五·张翼传》中记述道："维（姜维）议复出军，唯翼廷争，以为国小民劳，不宜黩武。维不听。"

阶下群臣议论纷纷，这时见卫将军诸葛瞻出列道："姜维好战无功，国内疲弊，应召还姜维为益州刺史，罢其兵权，以右大将军阎宇代之！"诸葛瞻，诸葛亮之子，刘禅女婿，时年36岁。诸葛瞻共有二子，长子诸葛尚，公元244年生人，时年18岁，骑都尉。次子诸葛京，公元246年生人。

"没错，应召还姜维为益州刺史，罢其兵权。"辅国大将军董厥、尚书令樊建等纷纷附和道。董厥，诸葛亮时为府令史，代陈祗为尚书令，迁为辅国大将军。樊建代董厥为尚书令。孙盛在《异同记》记述道："瞻、厥等以维好战无功，国内疲弊，宜表后主，召还为益州刺史，夺其兵权。蜀长老犹有瞻表以阎宇代维故事。"

刘禅一脸忧虑说道："此事也不能全怪姜维，树欲静而风不止。再者，有两次出兵都是中原有变，如257年诸葛诞淮南叛乱那次。况且——况且胜败乃兵家常事。"刘禅时年56岁。

内宫中，刘禅喝了一口茶问道："刚才在朝堂上卫将军诸葛瞻等所议，你有什么看法啊？"

"此乃国家大事，臣乃宦官不便妄议。"中常侍黄皓说道。

"只是在后宫议议，但说无妨。"刘禅说着摆摆手让身边的侍女皆退下。

"臣闻卫将军诸葛瞻、辅国大将军董厥、右车骑将军廖化、光禄大夫谯周所言也不是没有道理。但问题是姜维拥兵在外，屯兵沓中，恐生他变。"中常侍黄皓支支吾吾道。

"这也正是朕之所虑……"刘禅说道。

沓中，大将军姜维大营，"此番战败，朝廷议论颇多，纷纷上言欲召大将军回成都，罢大将军兵权。"牙门将赵广说道。赵广，赵云次子，时年30岁。

"我早有耳闻。圣上怎么说？！"大将军姜维自保镇定放下手中竹简问道。

"圣上说'胜败乃兵家常事'。"牙门将赵广应道。

"圣上不失为明主，自然能理解我的苦衷。只是朝中谗臣太多。黄皓就是其中之一，我恨不能立杀此宦竖！"姜维一拳砸在桌子上切齿道。姜维愤而手书道：

黄皓奸巧干政，胜似东汉末年十常侍。陛下应近以张让、段珪，远以赵高为鉴，早杀此人，朝廷自然清平，蜀国自然安泰！

“大将军还需要小心提防啊！”副将宁随忧虑道。

“这我早已有所考虑。屯兵沓中不只是守西关，进陇右……”姜维说道。

成都，刘禅看过信后，不停地来回踱步，中常侍黄皓战战兢兢站在一旁，刘禅坐下，黄皓连忙斟满茶。“这样吧，你亲自到沓中去一趟，去慰劳大将军，顺便再给他赔个不是，以消其忿。”蜀主刘禅喝了一口茶慢条斯理地说道。

“大将军迁怒于我，恐怕我此去会……”黄皓忧虑道道。

“你想到哪儿去了，朕再给手书一封，难道他还敢杀朕派去的使节？”刘禅说道。

沓中，蜀军大营中，姜维放下手中竹简，从黄皓手中接过信，只见信中写道：

黄皓只是我身边的一个小臣，昔尚书令董允切齿，朕常恨之，大将军又何必与其介意呢？今遣黄皓来，一则亲至大营慰劳诸军，二则向大将军请罪。钦此。

“还请大将军恕小臣之罪！”黄皓站在一旁低眉下眼说道。姜维白了黄皓一眼，说道：“我主真乃明智之主。前番所言不过是我一时之愤，言语欠妥，让中常侍千里而来，实在是抱歉！”

“大将军乃国之重臣，宽宏大量，常年为国守边，圣上无日不念，不知大将军几日还成都？”黄皓说道。

“谢圣上一片厚恩。汉中有秦岭山脉为阻，我都已安排停当。陇右乃兵衅之地，我身为大将军应为国镇边伺机拓展陇右才是。”姜维说道。

据陈寿在《三国志·蜀书三·后主传》记述：“景耀五年（公元262年）春正月，是岁，姜维复率众出侯和，为邓艾所破，还往沓中。”《三国演义》所谓姜维听取郤正之言奏请刘禅沓中屯田之说纯属杜撰。再者，《三国演义》所谓黄皓进谗言欲罢姜维兵权之说，并非黄皓一人所言，廖化、张翼、诸葛瞻、董厥、谯周、陈祗等文武都极力反对他穷兵黩武。姜维退守沓中一方面也是为了拥兵自重。

公元263年，春夏，洛阳，晋公府。“众官皆言吴、蜀不可伐，唯独你司隶校尉钟会说可伐蜀，这是何意？”司马昭吃了一粒葡萄问道。“我说蜀可伐是因为，吴、蜀相比，吴强蜀弱，至少两倍于蜀。再者，吴有长江之险，吴之水军战船乃三国最强，短期之内显然无法匹敌。因此，宜先伐蜀。蜀亡吴孤，然后从巴蜀顺流而下，水陆并进，吴也将难以独存，这才是全胜之道。”钟会起身指图道。钟会，字士季，颍川长社人(今河南长葛东北)，太傅钟繇子，约公元224年生人，时为司隶校尉。“那伐蜀有把握吗？”司马昭又摘了一粒葡萄吃道。“现正是灭蜀绝佳之机！”钟会说道。“噢，此话怎讲？”司马昭一下子来了兴趣。钟会继续指图道：“蜀本蕞尔小国，土狭民寡，却不自量力以小伐大，连年兴兵犯境，劳民伤财，致使国力衰竭，民怨沸腾。今姜维又兵败侯和，退守沓中，远离汉中，这显然是本末倒置，致使汉中守备更加空虚。”钟会指图道。

司马昭起身也指图道：“不仅如此。现姜维屯兵沓中，与汉中相距六七百里，兵势分散，东西分离，只要三面出击：西面命征西将军邓艾率军进攻沓中，直捣姜维老巢，中面命雍州刺史诸葛绪率军入祁山，直取阴平桥头，断姜维之归路，从而将姜维大军羁绊于沓中，并一举歼灭之，使其无法东顾汉中，东面也数道并举，袭取汉中。如此三面出兵，将沓中与汉中分割包围，到时还何愁不灭姜维，不破汉中？”司马昭兴奋道。

“是啊，晋公高见！”钟会不禁赞叹道。

“待消灭姜维拿下汉中后，再东西并举，趁势南下，夺取白水关（位于四川青川北，白水江与白龙江交汇处）、葭萌关、剑门关，直捣成都，蜀自然可灭！灭蜀之后，再顺流而下，水陆并进，进取东吴，不出三年便可灭吴，三国统一大业即可在我手中完成！” 司马昭异常兴奋道。司马昭和曹操一样，也怀有称霸天下的帝王之志。

“晋公深谋远虑啊！”钟会赞叹道。

“你我看来是不谋而合。在众文武中也唯有你钟会才识此兵机，看来此番伐蜀也唯有你能担当此重任！这样吧，我拜你为镇西将军，都督关中诸军，从东面袭取汉中，然后与征西将军邓艾、雍州刺史诸葛绪东西并举进军蜀地！”司马昭兴奋道。

“谢晋公信任！”钟会单膝跪地领命道。“此事还要做到神鬼不知。一旦姜维有所察觉，撤回到汉中，机会也将会随之而去。”司马昭说道。

于是司马昭明命青、徐、兖、豫、荆、扬诸州大造战船，整顿兵马，以做伐吴之势，而暗地里却让钟会调集各路兵马，准备入关中。

上述司马昭与钟会共同筹划伐蜀之事，陈寿在《三国志·魏书二十八·钟会传》记述道："文王（司马昭）以蜀大将姜维屡扰边陲，料蜀国小民疲，资力单竭，欲大举图蜀。惟会亦以为蜀可取，豫共筹度地形，考论事势。景元三年（公元262年）冬，以会为镇西将军，假节都督关中诸军事。"

晋公府内室中，晋公司马昭与西曹缘邵悌正在下棋。邵悌问道："听说晋公要派司隶校尉钟会率军伐蜀？"

"没错！"司马昭下了一子应道。

"还请晋公三思。"邵悌喝了一口茶说道。

"此话怎讲？"司马昭说道。

"按魏国惯例，将帅出征都要以家属为质。钟会乃单身又无子嗣，又怎能当此大任呢？因此，还请晋公另觅他人为佳。"邵悌说道。

司马昭投子笑道："这个我又怎能不知？现正是灭蜀之千载难逢之机，易如反掌，而众人皆言蜀不可伐，此乃心怯！心怯则智勇并竭，智勇并竭而强驱之，只会被敌所擒！唯有钟会能识此兵机，与我意同，独言可伐。今遣其伐蜀，必可灭蜀。灭蜀之后，就如你所虑，他一人又能如何？"司马昭喝了一口茶继续说道，"凡败军之将不可言勇，亡国之大夫不可图存，这是因为他们的心胆已破。若蜀亡，官民震恐，不足与图事；中国将士家眷尽在内地各自图归，自然不肯与其为伍。况且其虽为单身，无子嗣，可其兄钟毓子皆为其收养，其若作恶只会是自取灭族之祸。你大可不必为此事担心。"

"还是晋公深谋远虑啊！"西曹缘邵悌叹服道。

"此言万不可外泄。"司马昭吩咐道。上述司马昭与邵悌之对话，陈寿在《三国志·魏书二十八·钟会传》中有详细记载，本著只是如实再现而已。

公元263年八月，司马昭授钟以廷尉卫瓘为监军，以胡烈为征蜀护军，以杜预为长史，军发洛阳。

九月，司马昭命三面出击，齐头并进。西面，征西将军邓艾统兵五万从狄道（今甘肃临洮）两路出兵：命金城太守杨欣统兵一万取甘松（今甘肃迭部东南）；自主中军，统兵五万，命天水太守王欣、陇西太守牵弘夹击沓中姜维大营。中面，雍州刺史诸葛绪统兵三万，从祁山向武街（今甘肃成县）、阴平桥头进发，以断姜维之归路。东面，镇西将军钟会统兵十万，从关中四路并进：一路命魏兴太守刘钦出子午谷（北起陕西长安县西南秦岭山中，南至石泉），直捣石泉；二路命前将军李辅出骆谷（山谷名，北口在今陕西周至西南，南口在今陕西西洋县北），直捣乐城（今陕西城固）；自主三路，出斜谷，统兵三万，以护军荀恺为前锋，直取汉城；四路命护军胡烈统军三万，出斜谷，兵锋指向白水关。上述司马昭的三面伐蜀路线，陈寿在《三国志·魏书二十八·钟会传》中有详细记载。

数千工兵在前加紧铺路，架桥。“快一点！动作快一点！大军都堵在了后面！”许仪喊道。许仪，许褚子，也是五大三粗，颇有其父之风，时为牙门将，钟会率其工兵在前开道。“桥已经架好，现在可以过桥了！”许仪喊道。护军荀恺率前锋兵马在悬崖险谷中穿行，“天上一线天，脚下走悬崖，稍有不留神，就会成碎骨！”钟会说道，“我从来还没听过将军赋诗，这可是头一遭！”监军卫瓘笑道。“这哪是什么诗？整个是打油诗，难登大雅之堂啊！”钟会应道。钟会随大队人马上桥，刚走几步，便听“喀嚓”一声，一根桥梁断裂，战马前蹄陷落，钟会惊叫一声栽下马，随着惊叫声，眼看钟会被抛到桥边，好险，脚下是万丈深崖。“快，快，赶快去拉！”监军卫瓘、长史杜预呼道。杜预，司马昭妹夫。数名军士连忙将钟会扶起。钟会脸色煞白，斥道：“这——这就是你架的桥？！”许仪跪倒在面前，喃喃道：“我——我也没想到会这样？”“我这条命都差点丢在你手上，你还敢抵赖？！给我把许仪拉下去斩了！以正军法！”钟会吼道。众文武皆大惊失色，纷纷跪地求情：“许将军乃世之名将许褚之子，有大功于王室，还请镇西将军法外留情！”“不要说许褚的后代，就是先帝曹操的后代犯法也同样要治罪！还愣在那儿干什么？”钟会吼道。“你这是借故要除掉曹氏亲族……”牙门将许仪挣扎着，被斩首示众，众将无不惊骇。陈寿在《三国志·魏书二十八·钟会传》记述道：“会统十余万众，分斜谷、骆谷人。先命牙门将许仪在前治道，会在后行，而桥穿，马中陷，于是斩仪。”

下回请看：胡渊乔装夜入阳安关　赵云次子战死疆川口

第一〇四回

胡渊乔装夜入阳安关　赵云次子战死疆川口

成都，皇宫。“司马昭三面进犯汉中、沓中，汉城、乐城、阳安关守将纷纷告急，屯军沓中的大将军姜维也来告急，该如何应对才好？”蜀主刘禅喝了一口茶强作镇定道。

“兵来将挡，水来土掩，圣上应赶紧命汉城守将护军蒋斌、乐城守将监军王含、阳安关守将都督傅佥，率军出城断道！”卫将军诸葛瞻进言道。

“没错，圣上应赶紧命各城守将出城断道！”辅国大将军董厥附和道。

“那就赶紧命各城守将出城在山险处扎营断道！”蜀主刘禅命道。

“圣上，不可，这样会很危险！”右车骑将军廖化阻道。

“怎么不可？昔魏大司马曹真四路犯蜀，诸葛丞相一面拒城而守，一面出兵断道。魏大将军曹爽统军十万入骆谷犯汉中，镇北大将军王平也采用此法拒敌，使曹爽狼狈而归。前面出兵断道，后面据城而守，两道防线，攻防有秩，这正是退敌之良策，有何不可？”辅国大将军董厥质问道。

“我用兵多年岂能不知此理？昔先主刘备、丞相诸葛亮镇守汉中，皆实兵诸围，以御外敌，敌若来攻，使不得入。王平拒曹爽时也采取此法。现在的问题是，大将军姜维早已将秦岭山谷中外围守军尽皆撤回汉、乐二城，踞关而过。以为敌千里运粮，必难以久持，在敌退兵之时再出城追击，必大败敌军。于是命汉中都督胡济守葭萌关，命监军王含守乐城，护军蒋斌守汉城，都督傅佥守阳安关。”右车骑将军廖化指图道。陈寿在《三国志 · 蜀书十四 · 姜维传》记述道：“初，先主留魏延镇汉中，皆实兵诸围以御外敌，敌若来攻，使不得人。及兴势之役，王平捍拒曹爽，皆承此制。维（姜维）建议，以为错守诸围，虽合《周易》重门之义，然适可御敌，不获大利。不若使闻敌至，诸围皆剑兵聚谷，退就汉、乐二城，使敌不得入平，且重关镇守以捍之。有事之日，令游军并进以伺其虚。敌攻关不克，野无散谷，千里县粮，自然疲乏。引退之日，然后诸城并出，与游军并力搏之，此殄敌之术也。于是令督汉中胡济却住汉寿，监军王含守乐城，护军蒋斌守汉城。”

“现在的问题是，此时设兵断道一则来不及，二则姜维已把汉中大部兵马调往西线沓中，各城中守军兵不足万，不足守城，又怎么能分出兵马去断道？这是心有余而力不足啊。”右车骑将军廖化继续说道。

“这——这该如何是好？外围防线已自行撤除，魏军的三面大军马上即将兵临城下……”“那是因为大将军姜维把汉中守军都调得差不多了，不得已才冒此险……”众文武乱作一团，议论纷纷。

“争而无益，这样下去只会耽误时日，该想办法才是！”蜀主刘禅怒道。

“现在只有一面命各城守将据城坚守，一面火速派兵北上增援，别无他法！”廖化说道。

“也只能如此了！” 左车骑将军张翼附和道。

“不仅如此，还要火速派人赶往建业，请求吴主孙休出兵救援！”光禄大夫谯周补充道。

“好吧，右车骑将军廖化！”刘禅令道。

“在！”

“你率一万军马火速至沓中，增援大将军姜维！”刘禅起身指图道。

“是！”廖化领命道。

“辅国大将军董厥、左车骑将军张翼！”

“在！”

“你二人各率一万兵马火速到阳安关口，增援汉中，以做外援！”刘禅指图道。

“是！”辅国大将军董厥、左车骑将军张翼领命道。

“卫将军诸葛瞻负责保卫成都，秘书令郤正赶紧往东吴请求救援。”

上述蜀主刘禅两路出兵求援之事，陈寿在《三国志·蜀书十四·姜维传》中明确记述道：“及钟会将向骆谷，邓艾将入沓中，然后乃遣右车骑将军廖化诣沓中为维援，左车骑将军张翼、辅国大将军董厥等诣阳安关口以为诸围绕外助。”按《三国演义》和易中天的说法姜维事先便知此事并通报刘禅。而刘禅听巫师之言，不予理睬，贻误重大战机。这一说法显然又不合事理。理由有三：一、此事属重大机密，司马昭、钟会事先已经做了大量的伪装，泄密的可能性不大。二、姜维地处边远，他怎么能事先知道？三、要是他提前知道，早就应该去救援汉中，而不是等着大兵犯境才匆忙回撤。这一说法，从事理上无论如何也讲不通。

秋风瑟瑟，此时护军荀恺与前将军李辅已率军分别出斜谷、骆谷兵临城下。护军蒋斌慌忙退入汉城，“圣上有旨！闭城坚守！以待援军！”蒋斌吼道。蒋斌，蒋琬子。荀恺率万军近逼关城之下。镇西将军钟会指图道：“汉城、乐城乃汉中北面最后一道门户，只要攻克汉城，我军就可挺进汉中盆地，汉中自然不保！”

“汉城守将蒋斌，拒不投降，该如何办法？”护军荀恺请示道。

“那还用说！”镇西将军钟会说道。

护军荀恺挥军肩扛云梯蜂拥而上，开始正面攻城。鼓声大起，矢石交下，蒋斌在城墙上指挥守城，将魏军一次次击退，使得钟会一连数日攻城无果。行营中。“乐城，前将军李辅那边情况怎么样？”镇西将军钟会问道。“和我们这边一样，也攻城受阻，损失惨重！”监军卫瓘说道。“汉城、乐城皆为诸葛亮所建，城高池坚，看来一时难以拿下啊！”钟会踱步道。“天气已经转冷，不久就要入冬，要是再攻不下城，蜀军援军赶到，我军处境将会非常危险。”长史杜预说道。“有什么好担心的？”钟会说着指图道，“雍州刺史诸葛绪统兵三万，从祁山向武街，直取阴平桥头，以断姜维归路。护军胡烈统兵三万出斜谷，兵向白水关，两路大军皆指向阴平，为的是什么？为的就是对成都进行分而围之，使姜维和成都的援军无法进入汉中！增援部队到达不了，我倒要看看他蒋斌又能坚持多久？”“是啊，也不知胡烈情况此时如何？”监军卫瓘自言自语道。

此时护军胡烈已率三万兵马出斜谷向白水关而来。让胡烈做梦也没想到的是，此时阳安关副将蒋舒原为武兴督，因被降职使用而怀恨在心，便想趁此降魏。心想：我何不趁此设法把都督傅佥支出，然后献关呢？要是我能把此事做成汉中将不保，到时将是大功一件，还何愁得不到重用？

副将蒋舒于是径直找到都督傅佥，指图道：“司马昭数路大兵压境，汉城、乐城危在旦夕，现又派护军胡烈出斜谷向阴平而来，显然是要将汉中分割包围，内外断绝。汉中本来就守备空虚，大部军马都已被大将军调往沓中，若如此汉中危矣！”

“我也正在为此事担心，可又不知该如何办法？”都督傅佥忧虑道。

“今贼至不击而闭城自守，这等于是坐以待毙！都督应主动出击阴平，以迎援军，绝不能让胡烈将汉中与成都、沓中的通道切断！”蒋舒说道。

“可受命保城，以待援军。今若违命出战，若丧师负国，就是长十颗脑袋也保不住。”傅佥来回踱步道。

“此机万不可失啊！”蒋舒力劝道。

“说起来容易，违抗圣旨承担责任的是我傅佥，不是你蒋舒？！休再多言！”都督傅佥斥道。

副将蒋舒看说不通也陷入徘徊之中，心想：这该如何是好啊？对，看来也只能如此了！蒋舒又心生一计，说道：“都督以保城获全为功，我以出城克敌为功，我们何不？”

“怎么？”

“我们何不各行其是，这不就两全其美了吗？”蒋舒说道。

“对呀！”都督傅佥恍然道。副将蒋舒于是率五千军马出阳安关，沿栈道南进，向白水关而去。都督傅佥本以为副将蒋舒此行是请命出战，可又哪里想到蒋舒率五千兵马刚一到阴平便降了魏护军胡烈。胡烈做梦也没想到会有这等好事，自然是大喜，连忙将副将蒋舒扶起：“这可真是天助我也啊！快快请起！快快请起！”

副将蒋舒起身坐在一旁，“将军既然是阳安关守将，还请将军教我破关之法！”护军胡烈说道。副将蒋舒面露为难之色，胡烈一摆手让众人退下，只留下其子骑都尉胡渊。胡渊年18岁。蒋舒喝了一口茶压低声音说道：“这个我在路上就已想好，只要把魏军军士的服装换成蜀军的不就行了？”

“对呀！此计大妙！”护军胡烈欣喜道，“事不宜迟，胡渊，你马上让所部军士都换上蜀军服装！今夜就行动！”胡烈命令道。“衣服从哪儿来？”胡渊问道。“还用问吗？从五千蜀军降兵身上来！”

这边蜀军降兵于是纷纷脱下衣服，那边魏军纷纷换上蜀军衣服，“快点穿！都穿整齐！别让守关军士看出来了！” 骑都尉胡渊催促道。

“进了关，任何人都不许说话，违令者斩！”胡烈吩咐道。

“怎么还不许说话啊？”军士们一边换衣服一边说道。

“你们听听！你们说话的口音，只要一张嘴就知道是中原人！这就是我不让你们开口说话的原因！”胡烈说道。

深夜，阳安关下，蒋舒高声喊门道：“赶快打开城门！我是蒋舒！”

“噢，是副将蒋舒啊！你不是白天才出城，怎么又回来了？”城门校尉在城楼上问道。“外面贼军势大，无处安营，只得打道回府！”蒋舒应道。“还是待在城里好啊！等一等，马上就打开城门！”城门校尉说道。不一会城门便轰隆隆打开。身着蜀军服装的数千军士纷纷入城，胡烈、胡渊隐在人群中间。蒋舒、胡烈、胡渊交换了一下眼色，胡烈拔剑在手，厉声喊道：“赶快抢占城关！杀蜀军啊！”入城的数千魏兵狼群般冲上城关，守城将士措手不及，许多军士还没闹明白怎么回事，便被乱刀砍倒，城中顿时乱成一团，守城军士惊叫着四处奔散，“不要杀我！不要杀我！咱们都是自己人！”

“怎么回事？到底发生了什么事？”都督傅佥持刀冲出营门，正与副将蒋舒相遇，“你！你怎么回来了？这一定是你干的好事？！你这个卖国贼，老子杀了你！”说着便挥刀砍来，蒋舒挥刀招架了几下撒腿就跑，没想到被石头绊倒，傅佥冲上前，劈头盖脸一顿乱砍，“卖国贼！卖国贼！”这时数名魏兵齐冲而上，傅佥抡刀又是一阵乱砍，刀光如电，吼声如雷，最后在激战中被乱军所杀。久攻汉城不克，正窝火的钟会闻护军胡烈攻取阳安关，惊喜万分，留护军荀恺攻汉城，立即率军直奔阳安关而来。公元215年曹操夺取汉中有相当的侥幸因素，钟会此次也不例外。

上述蒋舒引狼入阳安关之过程，在《汉晋春秋》中有全程记载，本著只是如实再现而已。《三国演义》所谓蒋舒将傅佥支出然后献城的说法，整个与史不符。

此时姜维正率军在沓中与邓艾军激战，邓艾，字士载，义阳棘阳人，约公元200年生人，少家贫，丧父，为人养牛，司马懿聘之为尚书郎，破毌丘俭、文钦叛乱有功，被提为安西将军，时拜为征西将军。天水太守王颀正率军对姜维大营进行正面直攻，风集云涌般冲向营垒的魏兵纷纷中箭倒地。

“狗日的邓艾要围我于沓中。传我命令，全军突围，救援汉中！”大将军姜维命令道。

骑兵当前，步兵随后，大将军姜维自主中军，沿白龙江川道滚滚东下。“不能让姜维跑了！赶快拦截！”征西将军邓艾挥剑道，陇西太守牵弘匆忙率军当道拦住去路，密密麻麻在白龙江北岸满是魏兵。“不要停！冲过去！”姜维挥剑道。蜀军铁骑洪流般直冲而上，步兵随后，杀声震天，魏军一见这阵势顿时慌了神，纷纷拨马而逃，蜀军铁骑冲杀而来，如驱赶牛羊群一般，将魏军纷纷驱散，砍倒，陇西太守牵弘仓皇而逃。

“不能让姜维跑了，赶紧追！”天水太守王颀又率数千铁骑追杀而来，铁骑隆隆，越逼越近。

“牙门将赵广！”

“在！”“你率五千精兵断后！”姜维命令道。

“是！”赵广领命而去。

疆川口，牙门将赵广率五千蜀军当道拦住王颀去路。赵广跨下白彪马，一身盔甲，手持长戟，眼望洪流般滚滚逼近的魏军骑兵，厉声挥戟道：“狭路相逢勇者胜！跟我一起冲！”赵广率骑兵迎面而上，蜀军的反常举动让冲在前面的魏军骑兵不知所措，纷纷勒住马头，“不要慌！继续前面，正面迎击！”王颀喊道，可人心惶惶。“贼军已经胆怯！杀啊！” 赵广挥军直冲而来，魏军骑兵乱成一团，被纷纷砍倒在地，人仰马翻，赵广左突右冲，颇有

其父赵子龙之风。魏军哗啦啦开始后撤，正在这时邓艾率大军而来，见王颀败退而来，吼道："不许撤！凡后撤者立斩不赦！"

"不许撤！不许撤！"将军邓忠吼叫着，一连将数名逃兵砍倒。邓忠，邓艾子。邓忠率军迎面而上，两军战成一片，从午时战到傍晚，白龙江岸边横七竖八满是战死的军士，赵广精疲力竭战死沙场，为姜维的顺利撤退赢得了宝贵的时间。

天色放亮，姜维率军沿白龙江一路东行临近阴平桥头，此时魏雍州刺史诸葛绪与将军庞会（庞德子）、护军田续率三万兵马严阵以待，挡其归路。姜维用声东击西之法，将兵马北向转入孔函谷以做反断其归路之势，雍州刺史诸葛绪连忙回军，姜维又回过头夺了阴平桥头，才避免了前后夹击的险境。陈寿在《三国志·蜀书六·赵云传》中明确记述道："云子统嗣，官至虎贲中郎将，督行领军。次子广，牙门将，随姜维沓中，临阵战死。"

大将军姜维与副将宁随率军顺利通过阴平桥头，在白水关与前来增援的右车骑将军廖化相会合。"我已在此恭候多时，只是因为诸葛绪屯兵阴平桥头挡住去路。"廖化说道。"既然如此，我们就合兵一处赶紧去救援汉中！"姜维说道。"不行了，不行了，已经来不及了……"廖化说着不禁哽咽了起来，老泪纵横。"怎么？到底发生什么事了？！"姜维惊恐道。廖化背过脸仰天长叹道："蒋舒引狼入室，都督傅佥战死，阳安关已沦入敌手！"

"什么？！"如五雷轰顶一般，姜维顿感天旋地转，"怎么会发生这样的事？！怎么会发生这样的事？！这可是天要亡蜀啊！"姜维悲怆道。正在这时，副将宁随亟亟来报："邓艾、诸葛绪率数万大军正向白水关扑来，我军该如何应对？"

"该如何应对？西面邓艾、诸葛绪数万大军直扑而来，东面阳安关已落入钟会之手，白水关处在东西两面夹击之中。为今之计，只有撤，赶紧撤！退守剑门关，再图退敌之策！"右车骑将军廖化颤抖着手指图道。"撤！赶快撤！退守剑阁！"大将军姜维、副将宁随上马挥军道，大队人马拥上马鸣阁道，向剑山阁道而来，正行间，见大批蜀军从葭萌关溃逃而来，密密麻麻川道中拥满了四面八方溃逃而来蜀兵，汉中都督胡济、辅国大将军董厥、左车骑将军张翼也夹杂在溃逃的人群中，姜维、廖化连忙骑马迎上，“阳安关、汉城、乐城已相继落入贼手！都督傅佥被杀，护军蒋斌、监军王含相继投降！汉中已整个落入贼手！葭萌关已孤城难守！”汉中都督胡济勒住马头说道。

“没办法，只有撤，钟会大军就要追上来了……”左车骑将军张翼、辅国大将军董厥附和道。

于是姜维、廖化、张翼、董厥等便一起退守剑门关。陈寿在《三国志·蜀书十四·姜维传》中记述道：“会（钟会）攻乐城不能克，闻关口已下，长驱而前。翼、厥甫至汉寿，维、化亦舍阴平而退，适与翼、厥合，皆退保剑阁以拒会。”

下回请看：姜维剑门关上显神威　钟会邓艾协同袭成都

第一〇五回

姜维剑门关上显神威 钟会邓艾协同袭成都

葭萌关，镇西将军钟会一脸兴奋鞭指地图道："蜀军望风而逃，葭萌关又落入我军之手，接下来由北至南还有剑门关、涪水关、绵竹关，成都！成都在这儿，你们看见了没有？那是蜀主刘禅待的地方，那里可有数不清的蜀锦美绣、金银财宝，不过眼前首先要攻克剑门关！"

"攻克剑门关！进军成都！攻克剑门关！进军成都！"众将士纷纷吼道。

长史杜预喝了一口茶慢条斯理地说道："剑门关可不是容易拿下的。俗话说，秦有潼关，蜀有剑门，皆国之门户，天下至险！相传战国后期，秦惠王想吞并巴蜀沃土。可干瞪眼，没办法，蜀有剑门之险，道路崎岖，难以通行。就在这时大将司马错想出一个办法，你们猜什么办法？"

"别再卖关子了，快说吧，急死人了！"护军胡烈笑道。

"诈称秦天降石牛，夜能粪金，再加上他们知道蜀王好色，于是秦惠王便给蜀王写信，为互邻友好，愿送五石牛和五美女给蜀王，让蜀王开道到秦国迎接回去。蜀王大喜，连忙派五大力士在大、小剑山七十二峰悬崖绝壁处，令军士日夜凿山岩，架飞梁，搭栈道，以通行旅。剑阁道建好后，秦惠王派张仪、司马错引兵而入，秦军长驱直入，势如破竹，直捣成都，蜀王毫无防备，随之灭亡。诸葛亮为了便于向汉中和秦陇输送兵马粮草又对剑阁道进行了修缮加固，还在大剑山断崖之间的峡谷隘口处依崖砌石为门，并派重兵把守。这就是现在的剑门关。”长史杜预继续说道。

“这是我所听到过的最动人的故事。”镇西将军钟会憧憬道。

“现蜀军闻风丧胆，抱头鼠窜，将军正好可一举夺下剑门关！”护军胡烈、骑都尉胡渊兴奋道。

“剑门关不仅在大剑山断崖之间的峡谷隘口处沿山筑有关门。且从小剑山至大剑山，东北至西南蜿蜒有三十里剑阁道，悬崖夹峙，深涧飞瀑，一线中通，真可谓是‘一夫当关，万夫莫开’！将军可要三思啊！”长史杜预劝阻道。

“照长史的说法，我这个镇西将军还不如回家抱孩子好！”钟会笑道。

公元263年十月，初冬，寒风习习。辅国大将军董厥回成都复命，大将军姜维、右车骑将军廖化、左车骑将军张翼合军五万列营守险。剑门关筑于绝壁峡谷之间，两侧奇峰如剑，直入云天，深涧飞流奔腾，阁道凌空穿关门而过。在宽百米的三层关楼上，守关将士林立。“诸位将士！‘剑门天下险’！现又有五万重兵守关，他钟会纵有百万大军又何足为惧？况且他不过是十数万兵马！”大将军姜维喊话道。“大将军你看！”副将宁随指道。只见大批魏军盛兵如蟒蛇沿剑阁道而来，旌旗林立。镇西将军钟会、监军卫瓘、护军胡烈、骑都尉胡渊等，威风凛凛行于中军之中。

万丈深崖在脚下，两侧峭壁似斧劈。昂首只见一线天，燕雀难过剑门关！

关楼上廖化高声诵道，声声朗朗，在绝壁山崖间回荡。“这是何人？”钟会问道。“他是老将廖化！”监军卫瓘道。“世人都笑蜀中无大将，廖化为先锋，今观此，果然是名不虚传！先礼后兵，把信射到关楼上去！”镇西将军钟会趾高气扬道。

胡渊搭箭，将信射到关楼上。副将宁随将信交到大将军姜维手上，姜维抖开，只见上面写道：

公侯以文武之德，怀天下之略，声扬华夏，远近无不慕名。可奈国小力弱，壮志难逞。若大将军能早已归命，这不失为安民定邦之大策！还望公侯三思！魏镇西将军钟会。

此劝降信陈寿在《三国志·蜀书十四·姜维传》中有全文记载。

大将军姜维看罢信，也不言语，举火将信点燃，抛于关下，放声吼道：

“钟会你侥幸夺取了汉中！有本事你就来攻关！老子正等着你呢！”吼叫声雷石般在山谷中振荡，眼望从三层关楼上缓缓飘落的信函，钟会勃然大怒，挥剑道：“给我放箭！攻关！一定要把剑门关拿下！”数千魏兵手持盾牌蜂拥般沿剑阁道扑向关门。姜维厉声吼道：“火箭手放箭！”顿时三层关楼上万箭齐发，矢石如雨，杀声震天，冲到关前的魏军纷纷中箭中石，从阁道上栽到崖下，落入山涧。阁道腾起熊熊大火，关上姜维亲擂战鼓，白须飘飘，“不要停！继续放箭！放箭！”老将廖化、张翼指挥道。剑阁道在大火中开始断裂，垮塌，成千魏兵从垮塌的阁道坠入万丈深崖，鬼哭狼嚎声响彻山崖，“撤！赶紧撤！”胡烈、胡渊、钟会、卫瓘匆忙后撤。姜维、廖化、张翼及众将士，眼望魏军沿剑阁道仓皇而逃的背影，一个个放声大笑。陈寿在《三国志·魏书二十八·钟会传》记述道：“会进攻剑阁，不克，引退，蜀军凭险拒守。”

白水关，蜀军大营中，邓艾抱怨道：“东面镇西将军钟会收复汉中，成就了不巧之功。而我们这边却两手空空，一无所获，本来已经落入网中的大鱼，不小心又放跑了！”

“诸葛刺史要是坚守阴平桥头，姜维的五万蜀军此时就只有束手就擒的分了。两路大军此时可直捣成都！”司马师纂抱怨道。诸葛绪只是闷头喝酒，一言不发。“现在说这些已经无益，镇西将军钟会在剑门关，十万大军寸步难行，该想想如何破剑门关才是！”天水太守王颀说道。“没错。”邓艾说着展开图指道，“剑门关乃蜀之国门，和潼关、阳平关一样都是极天下至险，前有栈道，后有雄关，正面直攻纵有千军万马也难有作为。我有一法可破此关。”

“征西将军有破剑门关之法？”司马师纂一下子来了兴致。

“我在天水时，曾听人言在西面山中有一条道，叫阴平小道（北起甘肃文县，南止四川平武县南坝镇），北起阴平，南至江油关（今四川平武县南坝），全长三百五十余里。夺取江油关后，再顺涪江一路南下夺取德阳亭（位于今四川江油东北马阁山道中），出此口进入成都平原，便可绕到剑门关背后。如此一则可拦腰切断成都至剑门关的补济线，剑门关将不攻自破；二则可挥军南上直捣其心腹——成都！”邓艾指图兴奋道。

“可这是一招险棋啊！我长年在陇西又怎么能不知道此道呢？阴平小

道是一条古道，据说是汉武帝刘彻为平定西南少数民族叛乱临时所建，距今已两百余年。可由于长年无人行走，早已荒废。当年蜀国丞相诸葛亮在平定武都、阴平后，曾踏勘此道。看到此道后，曾惊叹：‘蜀地之防，当在阴平！’可见蜀人对此道就像对剑阁道一样早已有所防犯。征西将军若走此道，一则道路艰险，早已荒废，大军难以通行。二则蜀人早已有所防犯，若在险要处设一军就是都插上翅膀也难以通行。三则即便能侥幸通过三百五十里的阴平小道，向南还有三百五十里，还有江油关、德阳亭两道险关，这两道关，哪道关过不去都不行。”护军田续也指图道。

“没错！”将军庞会应道。

“不仅如此。即便侥幸又过了江油关和德阳亭这两道险关，顺利进入了成都平原，又能怎样？你在断别人路的时候，自己因孤军深入也同时处在了成都与剑门关的南北夹击之中，成都此时必然要派大军来救，姜维此时也必然会回军来救。到时处境将会非常危险，再加上我军从阴平小道远道而来，粮草难济，此时恐怕只会是有去无回。况且，现在已值冬季，不便于大举用兵。征西将军此举只会是自入死地，自取灭亡！”雍州刺史诸葛绪用嘲弄的口吻指图道。

“你们这是只知其一，不知其二。兵法云：‘出其不意，攻其不备。’阴平小道因长年无人行走，早已荒废，蜀人必疏于防犯。姜维大军又正在剑门关忙于应对钟会大军。蜀人才失汉中，又失武都、阴平，正惊恐万状，我大军突至，江油关、德阳亭守军必闻风丧胆。粮草问题，我军可组织大队人马自行运送，进攻涪城再就地取粮，应该问题不大。至于孤军深入南北夹击之说，我看也大可不必过于担心。成都兵马大都已被调往前线，守备必然空虚，守军最多不过两万。你我兵马约合七八万，三万当军，三万当运，三万对两万又有何惧？至于姜维驻扎在剑门关的四五万兵马，若其分兵还救，钟会的十万大军则可乘虚而人，若其不还，涪城守军又不够。诸葛刺史你说是不是啊？”征西将军邓艾反问道。

“这！”诸葛绪被噎住了，面红耳赤，反问道，“那——那你的大军又怎么过阴平小道？总不能像鸟儿一样飞过摩天岭吧？”

“这一点你也放心好了！这就像是一道门，只要开一条缝，能过去一个人，也就能过去一百人，能过去一百人，也就能过去一万人。此只不过是个时间问题。”邓艾挖苦道。

“征西将军所言有理啊！”司马师纂、天水太守王颀、陇西太守牵弘纷纷附和道。

“好，好，我说不过你们。总而言之，我只奉命到阴平桥头拦截姜维军，并没有让我偷渡阴平小道。谁本事大谁去，我去到葭萌关与钟会会合！”诸葛绪说罢，怒冲冲拂袖而去。护军田续、将军庞会也一同尾随而去。

“一个放羊出身之人，好像干了多大的事似的，竟敢奚落于我！”雍州刺史诸葛绪一怒之下，率所部三万兵马出白水关，向葭萌关而去。诸葛绪，琅邪阳都人，与诸葛亮同族，当时也是显赫一族。

葭萌关，关楼中。“邓艾由阴平小道经德阳亭取涪城之计非常之大胆！”镇西将军钟会指图道。诸葛绪指图道：“邓艾此举恐怕只会是有去无回。况且包抄剑门关并非只有阴平小道，镇西将军还可以从东面由葭萌关越牛头山，经达摩戍（民间称大木树），直抵剑门关口，还可由米仓道一路南下巴中，取阆中。”

“看来你对这一带的地形很是了解啊！我的十万兵马就屯扎在牛头山一带，与姜维四五万蜀兵对峙。可是山高峻险，多次交锋均不得而进。米仓道，当年大将张郃就是这么由汉中进入巴中的，结果被张飞、马超打得大败。”镇西将军钟会说道。

钟会看了一眼雍州刺史诸葛绪悻悻而去的背影，说道：“前番在阴平桥头让姜维五万蜀军脱逃，今番畏缩不前。如此之人带兵只会误事，监军应该奏明晋公才是。”

“没错，我应奏明晋公，收其兵权，归将军统一调度。”监军卫瓘说道。

“现在看来我军应一面让将军田章率一万兵马支援邓艾偷渡阴平小道，一面盛兵南下，向阆中一带移动，以吸引和牵制姜维兵马。如此东西两面包抄，还何愁剑门关不破？蜀亡指日可待！”镇西将军钟会指图兴奋道。上述钟会与邓艾协同两路袭成都之事，陈寿在《三国志·魏书二十八·钟会传》中记述道：“邓艾追姜维到阴平，简选精锐，欲从汉德阳入江由、左儋道诣绵竹，趣成都，与诸葛绪共行。绪以本受节度邀姜维，西行非本诏，遂进军前向白水，与会合。会遣将军田章等从剑阁西，径出江由。”《三国演义》所谓邓艾与钟会相互斗气、各行其是之说于史不符。

洛阳，晋公府。司马昭看完奏报后，拍案而起：“雍州刺史诸葛绪前番在阴平桥头让姜维五万蜀军脱逃，误我大事！今番又畏缩不前。立即将其兵权给我收了，将所部兵马交镇西将军钟会指挥！”寒风呼啸，诸葛绪被槛车押回洛阳。陈寿在《三国志·魏书二十四·钟会传》记述道：“会欲专军势，密白绪畏缩不进，槛车征还。军悉属会。”《三国演义》所谓钟会擅自用槛车将诸葛绪押往洛阳之说纯属杜撰。而吴主孙休闻魏大举伐蜀，命大将军丁奉出兵合肥新城，将军留平出兵襄阳，将军丁封、孙异出兵房陵、上庸。“三路救蜀，绝不能有丝毫懈怠，蜀亡吴孤！”孙休命令道。此时吴、蜀两家早已认识到联盟抗霸的至关重要性。其实这还远远不够，只有每个人都坚持自己的利益，人人当家做主，从而形成更加广泛的人民联盟，共同抗霸，才能共同创造一个民主的社会。

就在此时，征西将军邓艾以将军邓忠、护军田章为前锋，身背绳索、斧凿器具，在高山密林中开山铺路，在望崖断魂的绝壁上凿山架梁，搭设栈道，不断有军士不慎从崖壁中坠落。“小心！一定要小心！走路的时候脚下要看稳，攀爬的时候手上要抓牢！”征西将军邓艾、司马师纂、陇西太守牵弘则率两万精兵身背干粮、轻装随后，攀木缘崖，鱼贯而进，天水太守王颀则负责粮草运送。山高云端，绝崖断壁，寒风在谷间狼吼般呼啸，司马师纂不禁叹道：

阴平鸟道接天斜，翠薇连峰遮日月。

幽深九曲盘点壑，险迹堪称冠蜀川。

穿过落衣沟、通过绳索艰难地攀上犹如通天之窗的控夷关，邓艾喘着粗气，拧开竹筒喝了一口水说道：“姜维若在此设一营兵马，纵有千军万马也难过此关！”正在这时陇西太守牵弘来报：“前面发现有蜀军营垒！”“什么？”邓艾刚喝进嘴的水一下喷了出来。“将军莫慌，那只是一座空寨！”牵弘说道。邓艾、师纂、牵弘三人来到营垒前，荒草丛生，缘山用石块筑成的营垒清晰可见。“你们看，不仅缘山筑有营垒，那边还有点将台！刘备、诸葛亮显然在此险隘曾经设有兵马。只可惜就像设在秦岭山脉中的外围防线，早就被姜维给撤除了！否则我军就是插上翅膀也难以兵临城下！”征西

将军邓艾说道。“这可是一夫当关，万夫莫开的险要关口，姜维为什么要撤除呢？”师纂疑惑道。“这些兵马设于山中，长年维护需要大量的人力物力，而又长年无战事，故以为不值得维护。姜维的整个防御体系都是本末倒置，因小失大。其擅自撤除外围防线退守城中，结果使大军兵临城下，其驻军沓中失去汉中，结果沓中也不保。”邓艾说道。

邓艾五六万军马就这么在阴平小道穿行了二三百里，到达摩天岭，将士纷纷顺绳索而下，上百条绳索在绝壁上悬荡，一匹匹战马四蹄被束缚好后用绳索吊到崖下。一些军士因失手和绳索磨断而坠入深崖。

“我军已经翻山越岭穿过阴平小道，前面就是江油关。江油关是一座关城，背靠涪江，三面环山，是设在阴平小道南口上的唯一一道关卡，必不防备。”邓艾指图道。

深夜，寒风呼呼，邓艾率军突然从山谷中而出扑向江油关，寥寥无几的守城军士被眼前的一幕惊呆了，“你——你——你们看，哪来这么多兵马，是不是鬼来了？”一个军士惊道。“唉，哪来这么多兵马，这是不是在做梦？”一个军士也惊道，“不好，是魏军来袭城了！魏军从天而降！来袭城了！”守城军士心惊胆裂，乱成一团。魏军洪流般拥来，将军田章率军纷纷攀上关楼，将手忙脚乱匆忙赶来的守城军士纷纷砍断，丁零当啷，刀光剑影，关门不久便被打开，邓忠率军冲入城中，江油关守将马邈及官吏只得伏地求降。

邓艾军在江油关吃饱喝足后，邓艾打了一个饱嗝，指图道：“江油城已经成为我军的桥头堡。接下来我军应抢占德阳亭，这样我军就会像一把尖刀一样插进蜀国心腹！”邓艾、邓忠、田章、牵弘纷纷上马，“抢占德阳亭！快！”邓艾率一千骑兵沿涪江西岸疾驰而下，步兵随后急行跟进。上述邓艾偷渡阴平及袭取江油的整个过程，陈寿在《三国志·魏书二十四·邓艾传》中有全程记载，本著只是如实再现而已。《三国演义》所谓邓艾率两千军士偷渡阴平小道之说显然有问题。此时邓艾又招募了五千羌兵，加上田章带来的一万兵马，邓艾至少也有两三万兵马偷渡阴平小道。

下回请看：姜维见死不救绵竹关　庞会报仇关羽遭灭门

第一〇六回

姜维见死不救绵竹关　庞会报仇关羽遭灭门

而此时蜀军的八百里快马，经涪城（今四川绵阳市东），绵竹关（位于今四川德阳黄许镇，德阳北20里处），雁桥（通向雒城的浮桥），正日夜兼程一路南进，向成都飞奔而来。

成都，皇宫大殿内，就像炸开的油锅。“什么？魏征西将军邓艾率数万魏军偷渡阴平小道，昨夜袭取江油关（今四川平武县南坝），正向德阳亭（位于今四川江油东北马阁山道中）、涪城（今四川绵阳市东）扑来！”

“这还了得！如此成都危矣！剑门关将不保！”蜀主刘禅脸色大变，大殿内乱成一团，辅国大将军董厥、光禄大夫谯周、尚书令樊建、秘书令郤正纷纷惊呼，“这该如何是好？！这该如何是好啊？！”

“别吵了！别吵了！”刘禅双手挠头叫道。可大殿内乱哄哄，根本听不到他的声音，刘禅勃然怒起，死命地敲着案几叫道：“别吵了！别吵了！朕让你们都静一静！别吵了！”大殿内迅即又鸦雀无声。

“卫，卫将军诸葛瞻！”

“在！”诸葛瞻出列道。

“你——你赶紧率禁卫军北上迎敌，绝不能让邓艾靠近成都！”刘禅命令道。

“是！可成都兵马已基本调空，该带多少兵马迎敌？”诸葛瞻问道。

“兵马少了不够。这样吧，留三千兵马守成都，其余一万五千兵马全部带去！”刘禅说道。

“是！”卫将军诸葛瞻领命而去。

“你——你回来！”蜀主刘禅又把诸葛瞻叫住。

“圣上还有何吩咐？”诸葛瞻问道。

“现在就全靠你了……”刘禅悲声道。

“臣将用生命捍卫成都，纵使肝脑涂地也在所不辞！”诸葛瞻抱拳铮铮道。

卫将军诸葛瞻与长子诸葛尚，张飞孙尚书张遵、尚书郎黄崇身着皮甲，率一万五千禁卫军过雁桥，出绵竹关，迎着刺骨的寒风日夜兼程向涪城而来。张遵，张苞子，张飞孙，时为尚书。张苞早亡。黄崇，黄权子，时为尚书郎。此时已值十一月，寒风呼啸。诸葛瞻、诸葛尚，张遵、黄崇下马。“前方十里就是涪城，我军到底是守涪城，还是去抢占德阳亭？”尚书张遵问道。“德阳亭位于涪江河谷谷口，是邓艾军由阴平小道进入平原的最后一道关口，我军应马不停蹄赶紧去抢占德阳亭，把邓艾军封堵在里面才是！”尚书郎黄崇展开地图指道。“已经来不及了，我军现在只能坚守涪城，待姜维军对其进行南北夹击！”卫将军诸葛瞻也指图道。“这怎么可以？德阳亭乃决胜之关键所在，一旦放魏军入成都平原，犹如洪水决堤，将一发不可收拾！”尚书郎黄崇坚持道。“我也知道此关至关重要！可你想过没有？邓艾从江油关到德阳亭只有不到三百里的路程，从江油关到成都约七百余里，把信报到成都，再从成都发兵到德阳亭约四百余里，合计千余里，路程近四倍于邓艾军，德阳亭此时早已落入邓艾之手！”卫将军诸葛瞻躁道。“我看未必。我们走的是大道，邓艾走的是峡谷，不便行军，谁抢在前面还不一定！将军此机万不可失啊！”尚书郎黄崇声泪俱下道。正在这时前方探马来报，“前方发现魏军大队人马，正向我军而来！”原来德阳亭无兵防守，邓艾军早已抢占多时，此时又率军来抢夺涪城。

“诸葛尚、张遵赶紧率前军迎敌！”诸葛瞻命令道。诸葛尚、张遵领命而出，正与魏军前锋田章、邓艾相遇，蜀军惊慌失措，刚一接战便败下阵来，诸葛瞻只得率军退守绵竹。

绵竹关城楼上，“关外魏征西将军邓艾使者求见！”尚书郎黄崇报道。“见他做甚，无非是劝降！”尚书张遵吼道。“那我就让他回去！”尚书郎黄崇说道。“慢！让他进来，看看怎么说！”卫将军诸葛瞻说道。诸葛尚、张遵怒目圆睁，使者来到近前，递上书信，诸葛瞻瞪了来使一眼，打开信只见上面写道：

蜀军连战连败，先失汉中，又失武都、阴平二郡，姜维乃败国之将抱头鼠窜。我五万大军现已过阴平小道，夺江油关、取德阳亭，围涪城，所向披靡，皆不战而屈人之兵。镇西将军钟会正率十五万大军从东侧牛头山、米仓道包抄剑门关，成都将不日而亡。将军乃诸葛武侯之后，自然知道识时务者为俊杰。若将军肯降，我将保举将军为琅邪王，一言九鼎，绝不食言！征西将军邓艾。

“果然是劝降信，你们说说当降不当降？”诸葛瞻问道。“宁死不屈，血战到底！”诸葛尚、张遵、黄崇吼道。

“宁死不屈！血战到底！宁死不屈！血战到底！”守城将士也纷纷吼道。“来人！把来使给我拉下去砍了！”卫将军诸葛瞻说道，“两——两军交战，不斩来使。”来使慌乱道。来使的头颅被悬挂在绵阳关上。陈寿在《三国志 · 蜀书五 · 诸葛瞻传》记述道：“瞻督诸军至涪停住，前锋破，退还，住绵竹。艾遣书诱瞻曰：‘若降者必有为琅邪王。’瞻怒，斩艾使。”

军马行进中，“诸葛瞻看来是决意要与我军决一死战！”司马师纂说道。

“自入蜀以来，我还未遇对手，今天终于遇到对手了。诸葛瞻不愧是诸葛武侯之后，只可惜像这样的人在蜀国实在是太少了。”征西将军邓艾说道。

“看来免不了要有一场大战了！”将军邓艾、护军田章、陇西太守牵弘纷纷议论道。

“蜀人已经胆裂，他一个诸葛瞻又能有何为？”邓艾不屑道。

而此时姜维军与钟会军正在牛头山、阆中一带激战，护军胡烈、护军田续、将军庞会正在率军攻险，姜维、廖化、张翼则据险坚守。大营中，炭火烧得正旺，大将军姜维急得团团转，冷笑道：“诸葛瞻不是能力过人？怎么能让邓艾偷渡阴平？现在又来求援！”

“大将军不可斗气啊！现邓艾率数万兵马偷渡阴平，已兵临涪城，成都兵马倾巢出动，成都危在旦夕！大将军应趁邓艾立足未稳，分一支军与卫将

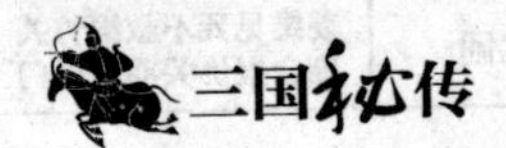

军诸葛瞻南北夹击邓艾军才是！”右车骑将军廖化指图急道。

“是啊，邓艾军已进入心腹之地，南北夹击一举可歼，大将军可不能见死不救啊！”左车骑大将军张翼也劝道。

“老将军差矣，我这不是斗气，也不是见死不救，钟会十数万兵马正从牛头山、米仓道向剑门关包抄而来，阆中危在旦夕，我军的兵马本来就捉襟见肘！”大将军姜维指图道。

“若绵竹关有失，成都沦陷，剑门关也就没有守的必要了，孰轻孰重一目了然……”

可实际情况是，姜维并没有分兵回救，否则邓艾军处境会十分危险。著名史学家孙盛在《晋阳秋》记述道：“邓艾之入江油，士众鲜少，维（姜维）进不能奋节绵竹之下，退不能总帅五将，拥卫蜀主。”

寒风呼啸，绵竹关北面山口处，卫将军诸葛瞻正严阵以待。金戈铁马，战旗飞扬，万千兵马列成三大方阵，威风凛凛。诸葛瞻、诸葛尚主中军，命张遵主左军、黄崇主右军，各率数千军马。“贼军汹汹，远道而来！他们要抢我们的土地，杀我们的父母和孩子！你们能答应吗？”诸葛瞻激励道。“消灭邓艾！把贼军打回老家走！”全军将士激愤道。

“我们决不答应！”众将士应道。

“我军应趁贼军立足未稳，一举歼灭贼军，把邓艾军打回老家去！”诸葛瞻继续激励道。

“消灭贼军！保卫成都！消灭贼军！保卫成都！”众将士纷纷挥戈激愤道。

而对面率前锋部队先行到达的将军邓忠轻蔑地笑道：“鸟蜀兵，还想阻我大军去路！我大军所向披靡，蜀人已心惊胆裂！我观此阵不过是虚张声势！擂鼓！左右两翼出击！”随着邓忠一声令下，战鼓轰然擂起，将军邓忠出左，司马师纂出右，各率五千兵马洪流般齐冲而上。

“稳住阵脚！出击！”诸葛瞻也挥剑厉声吼道。诸葛尚、张遵、黄崇各率禁卫军三路出击，战马嘶鸣，鼓声阵阵，“保卫成都！杀贼军啊！”两军如同两股巨大的海潮相向而来，互不相让，越逼越近，最后交会在一起，刀枪相见，战成一片，刀光剑影，撕抱滚打，山口下，河岸边，战天动地，血肉横飞，也分不清是蜀军还是魏兵，无数军士抛头颅，洒热血，横尸河川。

诸葛尚、张遵、黄崇冲锋陷阵，奋力拼搏，像砍瓜切菜一般将魏军一个个砍倒。将军邓忠、司马师纂不能敌，慌乱弃军而逃。

蜀军士气大振，"趁胜追击！要一举歼灭贼军！"卫将军诸葛瞻挥剑道，诸葛尚、张遵、黄崇率军铺天盖地追杀而来，魏军纷纷抱头鼠窜。上述诸葛瞻大败邓忠、师纂之战，陈寿在《三国志·魏书二十四·邓艾传》中有详细记载，《三国演义》所谓用诸葛亮木雕吓退邓忠、纂弃之说，纯属文学虚构。

将军邓忠、司马师纂弃军逃来，见邓艾率后军横刀立马挡住去路，慌忙下马，跪道："贼军势大，众志成城，不可击也！还是赶紧撤吧！"

"放屁！存亡之分，在此一举，怎么不可击？！"邓艾怒道。

"蜀军实在是厉害，都已经拼上命了！"邓忠、师纂嘟囔道。

"败我军威！还在此满口胡言，给我拉下去斩了！"征西将军邓艾怒吼道。

"父亲！你，你，我可是你的儿子啊！"邓忠惊道。

"临阵斩将，亲者痛，仇者快，乃是败军之举！"众将纷纷求道。征西将军邓艾骑在马上，扫了众人一眼，说道："权且寄下你二人的项上人头，戴罪立功，有再敢言退者立斩不赦！"邓艾吼道。

"现诸葛瞻倾巢出击，欲一举歼灭我军。这也正是我军一举歼灭之的天赐良机！将军田章、陇西太守牵弘！"

"在！"

"此时的蜀军已是强弩之末，你二人各率五千精兵马上从正面迎击蜀军！"

"是！"田章、牵弘领命道。

"邓忠、师纂！"

"在！"

"你二人各率五千兵马继续从两翼出击，包抄蜀军！胜败在此一举！"

"是！"邓忠、师纂领命道。

田章、牵弘、邓忠、师纂纷纷上马率军出击。蜀军士气正盛，沿川道汹汹而来，田章、牵弘率军正面拦住蜀军进路，魏军军士一个个战战兢兢，"冲上去！杀啊！"诸葛尚、张遵、黄崇冲杀而来。"稳住阵脚！迎头痛击！有敢撤退者格杀勿论！”两军在川道又交会在一起，战成一片，混战中无数军士被砍倒在地，就在这时，邓忠、师纂又各率一路军马从两翼杀来，在两翼冲击下，已经精疲力竭的蜀军开始招架不住，可还在拼命力战。“我父子深受重恩，不早罢姜维，才有倾国之祸，活着还有何意！”诸葛尚纵马持戟冲入敌阵。诸葛瞻、张遵、黄崇被围在中间，极力拼杀，最后也皆阵亡。诸葛瞻亡年37岁。

尸横遍野，血流成河，可河山依旧，天地依然。我不知是该哭还是该笑，可我知道这是用血和泪汇成的人类历史长河，什么时候才是个头啊。上述诸葛瞻携子诸葛尚、张飞孙张遵、黄权子黄崇血战邓艾及阵亡的整个过程，陈寿在《三国志·魏书二十四·邓艾传》、《三国志·蜀书五·诸葛瞻传》中都有记载，本著只是如实再现而已。

“绵竹关已落入我军之手，成都离我们现在只有一百五十里路程，接下来就是跨过雁桥，进军雒城！”征西将军邓艾指图道。

大将军姜维闻诸葛瞻绵竹战败阵亡，连忙与右车骑将军廖化、左车骑将军张翼率军弃剑门关撤往德阳。镇西将军钟会命护军胡烈、护军田续、将军庞会追击，并率军经三十里剑阁道入剑门关。

此时成都已乱成一团，逃难的百姓像开闸泄流的洪水一样，有的手推木车，有的赶着牛车，驴车，背扛肩挑，拖家带口，纷纷拥出城，逃往山野，“赶紧逃啊！诸葛丞相的儿子和孙子都已经被魏军杀了！魏军马上就要来屠城了！”漫山遍野到处都是逃难的人群。成都皇宫也已乱成一团。

刘禅眼看大势已去，退避南中山区等于是落草为寇非长久之计，顺流而下投奔东吴孙休，失地之君既得不到尊重，又要寄人篱下。只得听光禄大夫谯周之言，归土纳降。

“父皇，万不可听谯周之言！应与邓艾军决一死战！”北地王刘谌疾言道。刘谌，刘禅五子，时年30岁。

“城中只有三千兵马，又怎么决一死战？！”刘禅质问道。

“即便是势穷力竭，即便是还剩最后一口气，父子君臣也应当背城一战，战至最后，以身殉国！绝不能屈膝投降，像狗一样地活着！”刘谌吼道。

“你这只会是白白送死！”刘禅也吼道。

“即便是白白送死也不能屈膝投降！”刘谌叫道。

"整个是满嘴胡言，给我轰出去！"刘禅怒道。大殿内乱哄哄一片，廷卫将刘谌往外拖，"父皇，不能降啊！你就听儿一句话！不能降啊！这可是先帝用一生的心血所开创的家业啊！儿就是死也不降！"刘谌声嘶力竭道，刘禅痛心疾首。刘谌归家，杀妻灭子，遂自刎而亡。该降不降，还杀妻灭子，愚蠢透顶。

光禄大夫谯周手捧玺绶至绵竹跪地请降，宣奏道：

大魏雄师，震荡四海，我蜀地小国不自量力，又怎敢不臣服归命？今悉数送上蜀地户籍，土地，府库粮财，乞大魏广布仁德，安蜀地百姓。臣等则扶棺自缚，听命发落！

征西将军邓艾从谯周手中接过降书，大喜。连忙率大军浩浩荡荡过雁江，雒城，入成都。

十一月，雪花飘飘，寒风凛凛，刘禅率太子刘睿及辅国大将军董厥、尚书令樊建、秘书令郤正、侍中黄皓等六十余人，载棺自缚至成都城北邓艾军面前跪地请降。邓艾将刘禅扶起，解缚焚棺。

上述刘谌杀妻灭子，刘禅归土纳降之整个过程，在陈寿《三国志 · 蜀书三 · 后主传》、《汉晋春秋》并有记载，本著只是如实再现而已。

此时姜维、廖化、张翼引军退至广汉（今四川遂宁县东北）、郪县（今四川三台县南）一带，接到刘禅的投降诏命：

征西将军邓艾已入成都，朕已率百官归顺，各路将士也应投戈放甲，归顺大魏，切勿再战。钦此。

"不！不！怎么会是这样？我们不降！我们不降！"众将士闻讯大乱，有的哭，有的叫，有的怒吼，拔刀剁石，乱成一团。姜维、廖化、张翼率众至涪城，投戈放甲，跪于城门前。镇西将军钟会一脸傲然来到近前，监军卫瓘、长史杜预、护军胡烈、护军田续、将军庞会紧随左右。姜维正色道："败军之将姜维，奉命愿将本部五万兵马悉数交予将军调遣！"钟会将姜维扶起，说道："将军何其来迟？"

"我等来迟，请将军致罪！"姜维凄声道。

东吴孙休闻刘禅降魏，大为惊恐："自八月司马昭三面伐蜀到十一月，前后仅四个月，蜀亡何其之速！"随后罢兵而还，不久便忧虑成疾。

十二月，诏命拜邓艾为太尉，钟会为司徒，两人皆进封为万户侯。

邓艾入成都，命军士不得侵扰官署及百姓。以刘禅为骠骑将军，以司马师纂为益州刺史，命陇西太守牵弘领蜀中诸郡。司马昭疑邓艾专权，命钟会收之。钟会随后与姜维、杜预、胡烈、田续、庞会等入成都，不久邓艾、邓忠被打入槛车，押往洛阳。师纂、牵弘、王颀及手下将士无不叹息。

将军庞会带所部兵马恶狼般闯入关羽家中，“你关羽杀了我父亲庞德，我就要掘你的根，灭你全族！”庞会恶狼般吼叫着，一边将屠刀砍向男女老少，将关羽一门尽皆杀绝。《蜀记》记述道：“庞德子会，随种、邓伐蜀，蜀破，尽灭关氏家。”

司徒钟会与姜维合谋欲自立为成都之主，结果姜维被乱军刺死，钟会被乱箭射成了刺猬。姜维终年63岁，钟会终年40岁。邓艾父子则被监军卫瓘所杀。

这就是王朝社会，没有一个人会有好下场。俗话说 “一将功成万骨枯”。其实就是功成又怎样呢？曹操、刘备、孙权……哪一个功成以后能有好下场？一个个不是在宫廷政变中被杀，就是在内部叛乱、军阀混战中被杀。这些人在王权的争斗和捍卫中不仅祸国殃民，最终自己也不可能有什么好下场。王权是既祸国殃民又危害自己，给社会和自己造成巨大灾难的根源。这完全是王朝社会的本质所决定的，只有在现代民主社会才能从根本上解决这些问题。当然那个时候的人是认识不到这些的，还以为这是什么宏伟壮举。

《三国演义》把蜀亡的原因归咎于刘禅的昏庸和黄皓干政，极力为姜维开脱，显然有问题。实际情况，姜维是一位败国之将。对于蜀亡姜维毫无疑问应负首要责任。我们父子这么说的理由主要有三：一、蜀国本来就弱小，而姜维自公元253年以来，九年八伐，连年穷兵黩武，劳民伤财，致使国力衰竭。其中除过公元253年配合诸葛恪围合肥新城，公元257年配合诸葛诞淮南叛乱，两次出兵还能说得过去以外，大都是滥用兵。二、姜维本末倒置。这主要表现在两方面：一则姜维把镇守汉中的大部兵马调往西线，使得汉中守备力量匮乏，还自以为是的把刘备、诸葛亮时屯守在秦岭山谷中的守军全部撤回汉城、乐城，造成钟会的三路兵马直接兵临城下。二则姜维又长年屯兵沓中，把大本营由汉中移至七百里之外的沓中，从而给司马昭留下了分割包围之机。在刘备、诸葛亮、蒋琬、费祎时代没有一个人敢这么干。虽然最后是因为蒋舒叛投这一意外因素导致汉中沦陷，可姜维的本末倒置才是根本原因。三、姜维从沓中东撤时，没有设兵对阴平道进行设防，这就像秦岭山谷中守军一样，结果导致邓艾偷渡阴平小道，直取绵竹，剑阁在前后包抄中失守。

当然刘禅也负有不可推卸的责任，他的责任在于过于信任和迁就姜维，应该早早就采纳廖化、张翼、诸葛瞻、董厥、黄皓等人的建议，把姜维给撤换掉。黄皓在此事件中没有任何责任。在中国历史上，国家一出现动乱就习惯性地把责任推卸到宦官身上，常常是站不住脚的。

公元264年二月，刘禅举家迁往洛阳，车马行头已无往日之气派。秘书令郤正、殿中督张通单身相随。一路颠簸，右车骑将军廖化病死在路上，光禄大夫谯周病倒。孟达子督军孟兴，诸葛瞻次子诸葛京尾随于后。

公元264年七月，东吴孙休病亡，时年30岁，由23岁的孙和子孙皓即位。

公元265年八月，司马昭病死于洛阳，时年55岁，由长子司马炎即位。十二月，如汉魏故事，20岁的魏元帝曹奂被迫于洛阳南郊，禅位于20岁的晋王司马炎。史称武皇帝，改年泰始。魏国自此灭亡。

公元271年，刘禅病逝，终年65岁。诸葛亮孙诸葛京后在晋为官，先为郿令，官至江州刺史。

公元280年三月，孙皓降，吴亡，赐号归命侯。自此三分归晋，都归于司马家族。普天之下莫非王土，率土之滨莫非王臣，曹操称霸天下的帝王梦想，终于通过司马懿父子之手实现了。

【全书完】

后记

揭示：百代演绎秦政治之谜

天下大势，分久必合，合久必分。周末七国纷争，并入于秦；秦灭之后，楚汉分争，又并入于汉，一统天下；传至献帝，又分为三国。三国归晋，苟延残喘了半个多世纪又天下分崩，分裂为东晋十六国。随后又分为南北朝……一直到清王朝。几千年来，中国古代王朝就这么宫廷政变、官民大战、诸侯混乱不断，就像大气环流一样，分了合，合了又分，百代循环演绎秦政治。这也是学者们千百年一直都在探索的一个千古之谜。

据分析，导致中国王朝百代循环演绎的最根本原因是教育问题。为什么这么说呢？

（一）

古代君臣之道是一套完全以帝王为中心，天下人必须完全无条件服从其利益需求的行为规范。其实质是一套对帝王家族来说则是利益最大化，而对天下人却是利益最小化，是以损害天下人的利益为代价的行为规范。是一套彻头彻尾的强权逻辑。

帝王为了让天下人接受这套古代君臣之道，巩固自己的统治地位，永保江山，代代相传。他们一方面大力宣传各种“圣经”，如“君权神授说”及各种圣人学说等；一方面又把古代君臣之道奉为人类的最高道德行为准则：

把自己尊为圣君明主，把心甘情愿效忠于他们的人奉为世之楷模。从而让世人认为这是天经地义的。

不仅如此，他们又用威逼利诱的方式，一方面把军政大权都牢牢地控制在皇亲国戚的手上，建立一套首先为他们统治利益服务的王法，别说造反了，就是稍有言辞不慎，就会人头落地。一方面又用官职、俸禄，及各种赏赐来吸引一些人为他们做事。在这样一种情况下几乎任何人都会接受这套逻辑，按照圣人的指示，按照帝王的要求去做。在这样情况下，古代君臣之道也就成了广大民众的唯一生存之路，否则连命都保不住。处在这样一种环境之中的人，用不了多久就会接受这一现实，久而久之又会成为一种习惯思维。不仅如此，这套思维逻辑又与人的本能相呼应。这套古代君臣之道就这么再自然不过地嫁接并根植到广大民众的头脑中了，成了广大民众的基本思维逻辑，在潜在地支配着广大民众的行为。

满脑子古代君臣之道的人，自然也就会认为帝王的所作所为是天经地义的，不仅不觉其恶，不仅认识不到称霸是愚蠢透顶的穷奢极欲，反而还认为他们是大英雄。不仅不认为自己在遭受奴役，反而认为自己是世之良臣，世间楷模。

满脑子古代君臣之道的人，是具有“君”与“臣”双重人格的人。其半个脑子是帝王意识，半个脑子又是奴才思想，其行为常常会在“君”与“臣”两个角色上换位，处在什么位置上，就会被什么思想主导。当他手中握有权力，处在支配他人的优势地位上时，帝王意识就会主导其行为：完全以自我为中心，唯我独尊，把自己的意志强加于别人，“宁我负人，毋人负我”；当处在被支配的位置上时，奴才思想又会主导其行为，满脑子忠君思想，唯命是从，膝盖骨总爱发软。他们在社会中所担任的角色也基本上可分为两种：一是“君”，一是“臣”。这大大小小的“君”与“臣”，就像金字塔一样形成了一个树枝状结构的君臣关系网。皇帝立于最顶端，是天下最大的君，万民处于最底层是天下最小的臣，俗称为草民。在这张像金字塔一样的树枝状结构君臣关系网中，所有的人都处在王权的控制下，只有处在最顶端手握皇权的帝王可以为所欲为，其他人虽然也都怀有帝王意识，可由于受到王权的控制，自然不敢胡来。当然手中的权力越大的，为所欲为的程度也就越大。手中没有一寸权力的万民，除过在家要要大男子的威风以外，只能任人摆布。可一旦王权失控，把抑制在民众头脑中的帝王意识释放出来也是非常可怕的。

帝王就这么把广大民众都教化成了满脑子古代君臣之道的人，古代君臣之道也是王朝社会最基本的人际关系。整个王朝历史，实际上也就是这些满脑子古代君臣之道的人，在善与恶，智慧与愚昧相互较量的过程中所演绎出来的一段人类历史。从诸侯割据、诸侯混战、联盟抗霸、王朝一统，王朝社会由分至合的四个阶段，可以清楚地看到古代君臣之道这一思维逻辑在每一个阶段都起到主导作用。

（二）

由于王朝体制的三大先天不足，每次在皇权失控之际，古代王朝也就走到了一个非常危险的十字路口上：一条路是诸侯割据，私分天下；还有一条是天下归公，走民主发展之路。何去何从关系到天下安危，国家兴亡。

可每一次中国古代王朝历史在走到这一十字路口上时，都会毫不犹豫地要驶向诸侯割据的私分天下之路。为什么会这样?

这主要是由于天下人普遍已经接受了“天下为君”的古代君臣之道，以为这是天经地义之事。在皇权失控天下分崩时，各地方长官一下子都换位到了“帝王”的位置上，成了大大小小的各路诸侯。在帝王意识的支配下他们的管辖地天经地义的也就该归他们所有，这又正好迎合了他们的私欲，再加上他们手中有军队，天下很自然便被这些人给私分了。

而满脑子古代君臣之道的广大民众，也早已普遍接受了“天下为君”的思想，自然也很容易接受这一现实。当然也有许多民众因皇权失控换位到了“帝王”的位置上，便趁机开始闹民变。

不管是官，还是民，都满脑子的古代君臣之道，“天下为君”的思想，当然也就想不到走天下归公的民主发展之路，更认识不到这是一条可以有效避免宫廷政变、官民大战、诸侯混乱三大战役，通向永久和平和共同繁荣发展之路了。

因此，在中国，人类历史每次驶到这一古老的十字路口上时，都会自然地不能再自然地驶向诸侯割据的私分天下之路：各地方长官在帝王意识的支配下趁机私分天下，把辖地变成大大小小的独立王国。

（三）

各路诸侯私分天下后，由于在诸侯中总有一些像曹操、袁术、公孙瓒、孙权那样心怀帝王之志总想称霸天下的人，四处侵略，这样不可避免的就会在吞并与反吞并的过程中导致诸侯混战。

其实就是这样也不可怕，只要各诸侯联盟抗霸，共同消灭和遏制像曹操这样的人，天下就会太平许多，就会走向联盟。英国的《大宪章》和日本的幕府制就是这种情况下的产物。这是一种较王权统一更高级的统一方式，当然较民主统一又低级多了。

可在联盟抗霸的过程中，一些诸侯像袁绍、吕布、马腾、韩遂那样，因没有看清曹操的嘴脸，被曹操假仁义面孔和花言巧语所迷惑，一会东郭救狼，一会拍马屁，结果都死得非常之惨。

还有一些诸侯又像刘表那样，对联盟抗霸的至关重要性认识不够，“下邳之战”、“官渡大战”误以为事不关己高高挂起，结果一次又一次痛失联盟抗霸的时机，也自取灭亡。

还有一些诸侯虽然也在一定程度上认识到了联盟抗霸的至关重要性，可又像袁谭、袁尚、孙权那样，因满脑子帝王思想，总想着先吃掉对方然后再来抗曹，结果没把对方吃掉，却让曹操钻了空子，一个个被生吞活剥。袁谭、袁尚两兄弟是这么灭亡的，最后的蜀、吴也是这么灭亡的。孙权偷袭荆州后，虽然得到了一点眼前之利，却因此堵上了蜀国从江陵进军魏国的出兵口，两家的联盟关系遭受重创，使本来就弱小的蜀、吴更是雪上加霜。

不仅如此，像曹操这样具有称霸天下之志的人能够得逞，还有一个重要原因，是得到了像荀彧、荀攸、董昭、贾诩、郭嘉、陈登这些智者及千千万万普通民众的支持。这些人满脑子都是古代君臣之道，不仅感觉不到曹操之霸，反而还认为他是大英雄，从而为了一己之私纷纷为曹操尽忠效力，冲锋陷阵。这才使得曹操有广泛的群众基础，才使得曹操霸业有成。否则像曹操这样的人，机会再好，就是有天大的野心，也只能是空怀帝王之梦。

帝王意识和私欲导致诸侯割据；帝王意识和称霸天下的穷奢极欲又导致诸侯混战；帝王意识和愚蠢导致联盟抗霸失败，才使得像曹操这样的人有机可乘；最终又因广大民众满脑子都是古代君臣之道，这才使得曹操这样的人有广泛的群众基础，从而一统天下。王朝由分到合的四个阶段，古代君臣之道都起着主导的作用。正是这些满脑子古代君臣之道的人，共同推翻了旧的王朝，走向“分”，又是他们共同建立了一个新的王朝，一步步走向“合”。

（四）

新王朝建立起来以后，帝王为了巩固自己的统治地位，永享威福，代代相传，无一例外都要大力推行古代君臣之道。可不管他们怎么搞奴化教育，刀把子握得多么紧，每一个朝代由于王朝体制的三大先天不足——政权更迭不规则，公私不分，官民矛盾等，最终都难逃在内忧外患中分崩离析，诸侯混战的命运。有时三大矛盾聚合在一起产生核裂变；有时官逼民变，导致天下分崩；有时内忧再加上外患。

然后又开始重演诸侯割据、诸侯混战、联盟抗霸、王朝一统这一由分到合的全过程，每次都是一将功成万骨枯。中国古代社会就这么周而复始，分了合，合了又分，城头变换大王旗，百代演绎秦政治。天下人就这么在为帝王尽忠效力乞求得到赏赐的过程中，一次又一次自己把自己变成了任人宰割的羔羊。这也是中国古代王朝没有走向联盟制，更没有走向民主制的根本原因。

那么到底是什么原因造成的呢？

归根结底，这都是教育的问题。由王权教化出来的满脑子古代君臣之道的人，也只能演绎出那样的历史。要想走出这一循环圈，也只有从教育上入手：只有在民主思想的教育中，民众才会认识到王权的本质，民众的头脑才会从古代君臣之道这一思维逻辑中走出来，中国社会也才会从王朝循环演绎的怪圈中走出来。

只有在现代民主社会中，文明有序地进行权力更迭，才能彻底避免在王朝社会中无休无止的宫廷政变、官民大战、诸侯混战给全社会所造成的巨大灾难。这样民众才会像爱自己的家一样爱社会，爱国家，国家才会有强大的凝聚力，才会有强大的动力。

可在王朝社会这一历史潮流中是完全不可逆转的，人们不仅认识不到，就是极少数人认识到了，王朝统治者也不愿放弃手中的既得利益。慈禧太后就这么砍掉了六君子的人头……

明末清初，大思想家黄宗羲一针见血指出王权的本质是：“以天下之利尽归于己，天下之害尽归于人。”“为天下之大害者君而已！”千真万确。

整个三国历史其实就是这样一部惊心动魄的血泪史。它是中国人的血泪史，也是世界人的血泪史，它值得人们深刻反思和吸取教训，从而珍惜来之不易的现代民主社会，共创和谐发展的文明社会。

公元1945年七月，民主人士黄炎培访问延安，向毛泽东提出了一个问题：“中国共产党、人民民主政权如何跳出‘其兴也浡焉，其亡也忽焉’的历史周期率的支配？”毛泽东很有把握地回答道：“我们已经找到了新路，我们能跳出这个周期率。这条新路，就是民主。只有让人民来监督政府，政府才不敢松懈。只有人人起来负责，才不会人亡政息。”